HEYNE <

W0060112

SCIENCE FICTION

Von ANNE MCCAFFREY erschien in der Reihe
HEYNE SCIENCE FICTION & FANTASY:

DIE DRACHENREITER VON PERN:

DINOSAURIER-PLANET:

ROWAN:

PEGASUS:

DIE PLANETENPIRATEN:

EINZELBÄNDE:

Anne McCaffrey

Drachenträume

Drei Romane im Zyklus
Die Drachenreiter von Pern

WILHELM HEYNE VERLAG
MÜNCHEN

HEYNE SCIENCE FICTION & FANTASY
Band 06/7037

Titel der amerikanischen Originalausgaben
MORETA: DRAGON LADY OF PERN
NERILKA'S STORY
DRAGONSDAWN
Deutsche Übersetzung von
Birgit Reß-Bohusch und Irene Holicki

Umwelthinweis:
Dieses Buch wurde auf chlor- und
säurefreiem Papier gedruckt.

Redaktion: Wolfgang Jeschke
Copyright © 1983, 1986, 1988 by Anne McCaffrey
Copyright © 2002 der deutschen Ausgabe und der Übersetzung
by Ullstein Heyne List GmbH & Co. KG
Der Wilhelm Heyne Verlag ist ein Verlag der
Ullstein Heyne List GmbH & Co. KG
http://www.heyne.de
Printed in Germany 11/02
Umschlaggestaltung: Nele Schütz Design, München
Technische Betreuung: M. Spinola
Satz: Schaber, Satz- und Datentechnik, Wels
Druck und Bindung: Ebner & Spiegel, Ulm

ISBN 3-453-86363-1

INHALT

Moreta –
Die Drachenherrin
von Pern

Rubkat im Sagittarius-Sektor war eine goldene Sonne vom G-Typ. Sie besaß fünf Planeten, zwei Asteroiden-Gürtel und einen Wanderstern, den sie angezogen und während der letzten Jahrtausende festgehalten hatte. Als sich Menschen auf Rubkats dritter Welt niederließen und sie Pern nannten, schenkten sie dem Wanderer, der in einer stark ellipsenförmigen Bahn um seine Adoptivsonne zog, wenig Beachtung. Zwei Generationen lang verschwendeten die Kolonisten kaum einen Gedanken an ihn – bis sich der helle Rote Stern im Perihel seiner Stiefschwester näherte. Waren nämlich die Umstände günstig und schoben sich keine anderen Planeten des Systems dazwischen, dann versuchte eine bestimmte Lebensform des Wanderplaneten ihrer unwirtlichen Heimat zu entfliehen und den Raum nach Pern mit seinem gemäßigten, angenehmen Klima zu überbrücken. Zu diesen Zeiten regneten Silberfäden von Perns Himmel, die alles vernichteten, was sie berührten. Die Verluste, welche die Siedler anfangs erlitten, waren erschreckend hoch. Und während des Kampfes ums Überleben ging Perns enge Bindung zum Mutterplaneten verloren.

Um die Gefahr der schrecklichen Fäden in den Griff zu bekommen – denn die Bewohner von Pern hatten gleich zu Beginn ihre Transportschiffe ausgeschlachtet und auf alle technischen Geräte verzichtet, die auf einem ländlichen Planeten nicht unbedingt nötig waren –, arbeiteten weitsichtige Männer und Frauen einen langfristigen Plan aus. In der ersten Phase züchteten sie aus einer einheimischen Lebensform eine spezielle Abart und bildeten Menschen mit starkem Einfühlungsvermögen und telepathischen Fähigkeiten aus, diese Tiere zu steuern. Die Drachen – so genannt nach den mythischen Geschöpfen auf der Erde, mit denen sie Ähnlichkeit aufwiesen – besaßen zwei wertvolle Eigenschaften: Sie konnten ohne Zeitverzug von einem Ort an den anderen gelangen, und sie spien

Flammen, wenn sie bestimmtes Phosphorgestein fraßen. Da die Drachen fliegen konnten, waren sie in der Lage, die Fäden mitten in der Luft zu versengen und sich blitzschnell an einen anderen Ort zu begeben, wo ihnen die Plage nichts anhaben konnte.

Es dauerte Generationen, bis das Potential der Drachen voll entwickelt war. Die zweite Phase der Abwehr gegen die tödliche Infiltration sollte aber noch länger dauern. Denn die Fäden, Pilzgeflecht-Sporen ohne jeden Verstand, verschlangen in blinder Gefräßigkeit jede organische Materie und vermehrten sich, sobald sie einmal im Boden eingenistet waren, mit erschreckendem Tempo. Man hatte jedoch einen Wurm entdeckt, der eine Symbiose mit den Fäden einging und verhinderte, daß sie sich im Boden ausbreiteten. Diesen Wurm setzte man auf dem Südkontinent aus. Der ursprüngliche Plan sah vor, daß die Drachen Menschen und Herden aus der Luft schützen sollten, während die Würmer alle Fäden vernichteten, die zu Boden fielen und die Vegetation gefährdeten.

Die Leute, die diesen Zweistufenplan ausgearbeitet hatten, bedachten jedoch nicht, daß sich im Laufe der Zeit manches verändern könnte, und sie ließen zudem geologische Besonderheiten außer acht. Der Südkontinent, üppiger und schöner als der rauhe Norden, erwies sich nämlich als instabil, und die gesamte Kolonie mußte schließlich in den Norden ziehen und vor den Fäden Zuflucht in den natürlichen Höhlen der Gebirge suchen, von denen unzählige den gesamten Kontinent durchzogen.

Fort, die erste Siedlung, in die Ostflanke der Großen Westberge gebaut, wurde bald zu eng, um alle Menschen aufzunehmen. Eine neue Kolonie entstand ein Stück weiter im Norden, an einer höhlendurchzogenen Klippe nahe einem großen See. Aber auch Ruatha, wie sich der Ort nannte, war nach wenigen Generationen übervölkert.

Da der Rote Stern im Osten stand, beschlossen die Bewohner von Pern, auch einen Stützpunkt in den Ostbergen zu errichten, falls sich dort geeignete Höhlen finden ließen. Denn nur Felsen und Metall, beides beklagenswert knapp auf Pern, waren ein zuverlässiger Schutz gegen die sengende Sporenplage.

Inzwischen hatte man die geflügelten, feuerschnaubenden Drachen immer größer gezüchtet, so daß sie mehr Raum benötigten, als die Höhlenfestungen boten. Uralte Kegel erloschener Vulkane, einer hoch über der Burg Fort, der andere in den Bergen von Benden, erwiesen sich als bewohnbar, vor allem da sich auch in ihren Flanken Höhlen fanden. Mit der letzten Kraft der großen Steinschneider, die man einst von der Erde mitgebracht hatte, um Bergwerke anzulegen, sprengte man zwei Drachen-Weyr in den Fels. Alle nachfolgenden Burgen und Weyr mußten von Menschenhand in den Stein gehauen werden.

Die Drachenreiter auf den Höhen und die Bewohner der Burgen und ihrer Dörfer gingen ihren jeweiligen Aufgaben nach, und im Lauf der Zeit entwickelte jede der Gruppen ihre eigenen Gebräuche und Traditionen, die bald so starr wie Gesetze waren.

Dann kam eine Spanne von zweihundert Umläufen des Planeten Pern um seine Sonne; in dieser Zeit befand sich der Rote Stern am anderen Ende seines stark ellipsenförmigen Orbits, ein eisbedeckter, einsamer Gefangener des fremden Systems. Keine Fäden fielen auf Pern. Die Bewohner tilgten die Spuren der Verheerungen, bauten Getreide an und zogen Obstbäume aus den kostbaren Samen, die sie mitgebracht hatten. Ja, sie dachten sogar daran, die kahlen, versengten Berghänge wieder aufzuforsten. Nach und nach vergaßen sie, welche Plage einst ihre Vorfahren um ein Haar ausgelöscht hätte. Dann fielen die Fäden von neuem, als der Wanderplanet in Perns Nähe zurückkehrte; fünfzig Jahre lang litt die Welt unter dem Sporenangriff aus dem Raum. Die Bewohner von Pern gedachten mit Dankbarkeit ihrer Vorfahren, welche die Drachen gezähmt hatten. Die Geschöpfe mit ihrem Feueratem erwiesen sich auch jetzt als die Retter von Pern.

Die Drachenreiter hatten sich während des langen Intervalls ausgebreitet und gemäß dem alten Verteidigungsplan an vier weiteren Orten niedergelassen.

Die Bedeutung der Südhemisphäre und der dort ausgesetzten Würmer war im unmittelbaren Kampf um die neuen Lebensräume verlorengegangen. Mit jeder Generation verblaßte zudem die Erinnerung an die Erde, bis sie den Bewohnern von Pern nur noch als Mythos oder Legende greifbar war oder ganz in Vergessenheit geriet.

Beim sechsten Auftauchen des Roten Sterns hatte sich ein kompliziertes wirtschaftliches und soziologisches Gefüge entwickelt, mit dessen Hilfe man die stets wiederkehrende Plage zu besiegen hoffte. Die sechs Weyr, wie man die alten Vulkan-Horte des Drachenvolkes nannte, verpflichteten sich, Pern in Zeiten der Gefahr beizustehen, wobei jeder Weyr ein genau abgegrenztes geographisches Gebiet im wahrsten Sinn des Wortes unter seine Fittiche nahm. Die übrige Bevölkerung leistete den Weyrn Tribut, denn die Drachenkämpfer besaßen auf ihren Vulkankegeln kein Ackerland und konnten auch kein Handwerk erlernen, da sie in ruhigen Zeiten mit der Ausbildung von Drachen und Jungreitern und bei Fädeneinfall mit dem Schutz der Siedlungen genug zu tun hatten.

Kolonien entstanden überall da, wo sich Höhlen fanden – manche natürlich größer oder strategisch günstiger gelegen als andere. Eine starke Hand war vonnöten, um die verängstigten, hysterischen Menschen während der Fädeneinfälle zu leiten; man brauchte eine kluge Vorratswirtschaft, um Lebensmittel zu lagern, wenn der Anbau stets in Gefahr war, und außergewöhnliche Maßnahmen, um das Volk gesund und produktiv zu halten, bis die Zeit der Gefahr wieder vorüber war.

In der Umgebung jeder Felsenburg entstanden auch Werkstätten, wo Leute in den verschiedensten Fertigkeiten ausgebildet wurden. Die Handwerksgilden waren unabhängig von den Burgen, in deren Bereich sie sich befanden, und kein Burgherr konnte die Produkte ›seiner‹ Gildenhallen Bewohnern aus anderen Gebieten vorenthalten. Jede Gilde hatte ihre Meister, Gesellen und Lehrlinge, dazu einen Mann, der den Berufsstand nach außen hin vertrat und verwaltete. Er trug die Verantwortung für die Qualität der Waren, die seine Gilde herstellte, und sorgte dafür, daß die Produkte gerecht verteilt wurden.

Natürlich entwickelten sich im Lauf der Zeit gewisse Rechte und Privilegien der Burgherren und Gildemeister, ebenso der Drachenreiter, von denen in Zeiten der Sporenregen ganz Pern abhing.

Der stärkste soziale Strukturwandel vollzog sich naturgemäß in den Weyrn, da man die Bedürfnisse der Drachen über alle anderen Erwägungen stellte. Die Drachen – das waren die goldenen und die grünen Weibchen sowie die blauen, braunen und bronzefarbenen Männchen. Nur die goldenen Drachenköniginnen legten Eier; die Grünen wurden steril, sobald sie Feuerstein kauten – und das war gut so, da sie einen starken Sexualtrieb besaßen und ihre Nachkommen die Weyr sicher bald übervölkert hätten. Als Kampfdrachen zeigten sie jedoch eine enorme Wendigkeit und Aggressivität und waren unersetzliche Streiter gegen die Fäden. Da die Königinnen keinen Feuerstein fraßen, konnten sie nicht direkt gegen die Sporen anrücken; ihre Reiterinnen setzten jedoch Flammenwerfer gegen die Plage des Roten Sterns ein. Die blauen Männchen waren etwas kräftiger als ihre zierlichen grünen Schwestern, während die Braunen und die Bronzedrachen vor allem durch ihre Ausdauer bestachen. Theoretisch erwählte eine Königin jeweils das Männchen, das den langen, anstrengenden Paarungsflug als Sieger bestand. In der Regel waren das Bronzedrachen, und der Reiter, dessen Tier die König eines Weyrs für sich gewann, übernahm das Kommando über die Kampfgeschwader. Die eigentliche Verantwortung für den Weyr – sei es nun während oder nach dem Vorbeizug des Roten Sterns – trug jedoch die Reiterin der Drachenkönigin. Das Geschick der Drachen lag ebenso in ihren Händen wie das der Weyrbewohner. Eine starke Weyrherrin war für das Überleben des Weyrs so wichtig wie die Drachen für das Überleben von Pern.

Ihre Aufgabe bestand darin, den Weyr mit allem Nötigen zu versorgen, die hier geborenen Kinder gründlich ausbilden zu lassen, Ausschau nach Reiter-Kandidaten in Burgen und Gildehallen zu halten und sie den frischgeschlüpften Jungdrachen gegenüberzustellen. Da das Leben im Weyr freier und weniger hart war als auf den Höfen und in den Werkstätten und die Drachenreiter zudem ein hohes Ansehen genossen, fehlte es nie an geeigneten Bewerbern. Selbst Angehörige der edelsten Burggeschlechter zählten zu den Drachenreitern.

Unsere Geschichte beginnt zu dem Zeitpunkt, da sich der sechste Vorbeizug des Roten Sterns seinem Ende nähert – etwa vierzehnhundert Planetenumläufe nach der Landung der ersten Menschen auf Pern.

KAPITEL I

Fort-Weyr, Ruatha, 10. 3. 43–1541

»Sh'gall muß einige dringende Weyr-Angelegenheiten erledigen«, erklärte Moreta zum dritten Mal und zog ihren verschwitzten, ölfleckigen Kittel aus, in der Hoffnung, daß Nesso den Wink verstünde.

»Im Moment wäre es seine wichtigste Aufgabe, dich zu dem Fest auf Ruatha zu begleiten.« Selbst wenn Nesso gutgelaunt war, klang ihre Stimme quengelig. Im Moment aber schien die Wirtschafterin des Fort-Weyrs entrüstet über die Schmach, die ihrer Weyrherrin offensichtlich drohte, und ihr Tonfall bekam Ähnlichkeit mit dem Kreischen einer Säge.

»Er suchte Baron Alessan bereits gestern auf. Ein Fest ist nicht der rechte Zeitpunkt zur Erörterung wichtiger Dinge.« Moreta erhob sich, um das Gespräch zu beenden, das sie nicht begonnen hatte und das endlos mit echten oder eingebildeten Klagen gegen Sh'gall weitergehen würde, wenn sie Nesso nicht irgendwann zum Schweigen brachte. Die Feindschaft beruhte auf Gegenseitigkeit, und Moreta fand sich nicht selten in der Rolle der Vermittlerin. Sie konnte Sh'gall leider nicht ändern, aber sie hatte auch keine Lust, Nesso zu entlassen, denn trotz ihrer Fehler war die Frau eine hervorragende Wirtschafterin, die ihre ganze Kraft für den Weyr einsetzte. »Ich muß jetzt baden, Nesso, sonst komme ich unverzeihlich spät nach Ruatha. Es freut mich, daß du für die Daheimgebliebenen ein besonders gutes Essen eingeplant hast. Und K'lon geht es besser, seit das Fieber ausgebrochen ist. Berchar wird nach ihm sehen. Laß *du* ihn in Ruhe!«

Der warnende Blick, den Moreta Nesso zuwarf, unterstrich

ihren Befehl. Nesso hatte die übereifrige Angewohnheit, Moretas Platz ›einzunehmen‹, wann immer die Weyrherrin abwesend war. »Laß mich jetzt bitte allein, Nesso! Du hast eine Menge Arbeit, und ich sehne mich nach einem Bad.« Moreta begleitete ihre Worte mit einem Lächeln, während sie Nesso sanft am Ellbogen nahm und zum Ausgang schob.

»Sh'gall hätte dich begleiten sollen, wirklich!« murmelte die streitbare Frau, als Moreta den bunten Türvorhang zur Seite schob. Sie schwieg erst, als sie die schlafende Drachenkönigin erreichte.

Orlith, die nun bald ihre Eier in der Brutstätte ablegen würde, döste weiter, ohne die Wirtschafterin zu bemerken. Die Drachenkönigin hatte auf dem Felsensims Platz genommen, um den satten Goldglanz ihrer Haut, die Moreta am Vormittag mit viel Öl eingerieben hatte, nicht wieder zu zerstören. Die Weyrherrin war bereits auf dem Weg zu ihrem Bad gewesen, als sie von K'lons Fieber erfuhr und nach dem kranken Drachenreiter schaute. Dann hatte sie sich noch rasch vergewissert, ob Leri, der früheren Weyrherrin von Fort, nichts fehlte, denn die alte Frau lehnte es strikt ab, sich von Nesso bedienen zu lassen.

Das Gespräch mit der Wirtschafterin war unvermeidlich gewesen, denn Nesso hatte von dem Streit zwischen Sh'gall und Moreta ›gehört‹ und auch erfahren, daß Sh'gall danach sehr unvermittelt aus dem Weyr verschwunden war – in seinen Reitkleidern und nicht im Feststaat. Außerdem hatte sie Angst, daß K'lon an seinem Fieber sterben oder den ganzen Weyr anstecken könnte – und das drei Tage vor dem nächsten Fädeneinfall!

Moreta zog sich aus. Sie hätte längst auf dem Fest sein und ein paar freundliche Worte mit den anderen Gästen wechseln sollen, bevor die Wetten auf die Renner abgeschlossen wurden.

»Orlith?« Moretas Gedanken strahlten Gelassenheit und Frieden aus, als sie Kontakt mit ihrer Königin aufnahm. Die verschlafene Antwort Orliths ließ sie Nessos kleinliches Gekeife vergessen. »Mach dich allmählich bereit, meine Schöne! Wir fliegen bald nach Ruatha.«

Scheint auf Ruatha noch die Sonne? fragte Orlith hoffnungs-voll.

»Ich nehme es an. T'ral flog die Morgenrunde, und er meint, daß es schön bleibt.« Während Moreta sprach, öffnete sie ihre Truhe und holte das neue Festgewand hervor; die warmen goldbraunen Töne unterstrichen die Farbe ihrer Augen. »Du weißt, er kennt das Wetter wie kein zweiter.«

Die Königin summte zufrieden und räkelte sich.

»Sei vorsichtig!« warnte Moreta besorgt.

Ich weiß. Meine Haut soll glänzen, entgegnete Orlith gedul-dig. *Das schaffe ich schon, bis wir Ruatha erreichen. Aber da-nach will ich mich sonnen. Und wenn mir so richtig warm ist, nehme ich ein Bad im See von Ruatha.*

»Hältst du das für richtig – bei deinem prall gespannten Leib, Liebes? Der See ist so eisig wie das *Dazwischen!*« Moreta erschauerte bei dem Gedanken an die kalten Fluten.

Nichts ist kälter als das Dazwischen, erklärte Orlith mit großer Entschiedenheit.

Moreta legte ihre Sachen zurecht und betrat die Badehöhle. Sie nahm eine Handvoll Duftsand und schwang die Beine über den Rand der erhöhten Steinmulde, von der schwacher Dampf aufstieg. Als sie bis an die Hüften im warmen Wasser des Ba-deteiches stand, begann sie sich abzuschrubben, bis die Haut prickelte. Dann tauchte sie kurz unter und bearbeitete das nasse Haar ebenfalls mit Duftsand.

Du brauchst lange, um dich zu säubern, obwohl nicht viel dran ist an dir, stellte Orlith ein wenig ungeduldig fest.

»Mag sein, daß an mir nicht viel dran ist, aber du vergißt, daß ich dich Koloß baden und ölen mußte! Da gerät man ins Schwitzen.«

Du sagst immer das gleiche.

»Du aber auch!«

Diese kleinen Sticheleien störten in keiner Weise das herz-liche und enge Verhältnis zwischen Drachenkönigin und Rei-terin. Die beiden bildeten seit zwanzig Planetenumläufen eine telepathische Gemeinschaft, auch wenn Moreta die Führung im Fort-Weyr erst letzten Winter übernommen hatte, als Leris Holth sich weigerte, zum Paarungsflug aufzusteigen.

Moreta spülte ihr Haar noch einmal durch, trocknete es ab und fuhr mit den Fingern durch die kurzen Locken, um sie in Form zu bringen. Sie erinnerte sich noch gut, wie stolz sie früher auf ihre schweren blonden Flechten gewesen war. Aber der Lederhelm, den sie im Kampf gegen die Fäden tragen mußte, saß so eng und heiß um den Kopf, daß sie sich bald entschlossen hatte, ihre Haarpracht zu opfern. Aber das ließ sich wieder ändern, sobald der Rote Stern weitergezogen war.

Sobald der Rote Stern weitergezogen war ... Moreta, die gerade in ein frisches Untergewand schlüpfte, hielt überrascht inne. Noch acht Planetenumläufe bis zum nächsten Intervall - oder sieben, wenn man die bereits angebrochene Bahn nicht mitzählte. Wenn diese Spanne vorbei war, mußte sie nie mehr mit Orlith aufsteigen, um gegen die Sporen anzukämpfen. Der Rote Stern war dann so weit von Pern entfernt, daß seine Fäden die Kontinente des Planeten nicht mehr erreichten.

Ob der Sporenregen so unvermittelt aufhörte wie nach einem Sommergewitter? überlegte Moreta und schlüpfte in die weichen braunen Schuhe. Oder würde er wie die Winterregen ganz allmählich verebben?

Das Land konnte ein wenig Regen gebrauchen. Schnee wäre natürlich noch besser. Oder ein richtig klirrender Frost. Frost war stets der Verbündete der Weyr.

Sie streifte das Kleid über die etwas zu kräftigen Schultern und strich es über den festen Brüsten und der schmalen Taille glatt. Der fließende, weiche Stoff verdeckte die harten Muskeln von Gesäß und Oberschenkeln, die ein Erbe ihres Lebens als Drachenreiterin waren.

Insgeheim störte es sie, daß Sh'gall sie nicht nach Ruatha begleitete. Sie kannte Alessan, den neuen Burgherrn, kaum. Unbestimmt erinnerte sie sich an einen langbeinigen jungen Mann mit grünen Augen, die in einem merkwürdigen Kontrast zu seiner dunklen Haut und der verwilderten schwarzen Haarmähne standen. Er hatte immer zwei Schritte hinter seinem Vater gewartet. Leef, der alte Burgherr, war ein strenger, aber gerechter Mann gewesen, einer von denen, die stets pünktlich ihren Tribut an den Weyr entrichteten. Er besaß die starke Hand, die nötig war, um einen so großen, blühenden Besitz zu verwalten. Die Burgherren auf Ruatha hatten stets auf Tradition geachtet, und viele ihres Geschlechts waren von Drachen auserwählt worden.

Der alte Leef hatte eine Reihe von Söhnen gezeugt, und es war bis zuletzt nicht sicher gewesen, welchen er zu seinem Nachfolger bestimmen würde. Um Zwietracht zu vermeiden, hatte er die Zügel selbst fest in der Hand gehalten. Obwohl die Annäherung des Roten Sterns viele Gefahren brachte, war es Baron Leef gelungen, mehrere neue Burgen und Höfe an den Steilflanken von Ruathas Tälern zu errichten und dort die tüchtigsten seiner Söhne mit ihren Familien anzusiedeln. Diese Expansion hatte ihm geholfen, Ruhe und Ordnung auf seiner Burg zu gewährleisten. Baron Leef hatte für die Zukunft geplant. Moreta fand diese Voraussicht in Ordnung; Sh'gall und viele andere Drachenreiter betrachteten das Ausdehnungsbestreben der Burgen und ihrer Bewohner allerdings mit Besorgnis. Sechs Weyr mit insgesamt zweitausenddreihundert Drachen waren mehr als ausgelastet, wenn sie all die Ländereien frei von Fäden halten wollten. Man sprach deshalb davon, während des nächsten Intervalls einen neuen Weyr zu gründen – doch das war nicht ihr Problem.

Moreta befestigte das Goldkollier mit den grünen Steinen und streifte die schweren Armbänder über. Der junge Mann mit den hellen Augen mußte Alessan sein. Sie hatte ihn oft gegen Ende eines Sporeneinfalls bei den Flammenwerfer-Trupps gesehen. Obwohl er sich immer korrekt verhalten hatte, war er ihr doch aufgefallen. An ihn konnte sie sich deutlicher erinnern als an die übrigen neun Söhne des Barons, die alle die scharfgeschnittenen, kantigen Züge ihres Erzeugers geerbt zu haben schienen und wenig Ähnlichkeit mit ihren jeweiligen Müttern hatten.

Heute nun sollte das erste Fest auf Ruatha stattfinden, seit der Rat der Barone zu Beginn dieses Planetenumlaufs Alessans Erbanspruch auf die Burg bestätigt hatte. Ruhetage, an denen schönes Wetter herrschte und obendrein keine Sporen fielen, waren selten.

»Da heute zwei Feste stattfinden, werde ich mich nach Ista begeben«, hatte Sh'gall ihr am Morgen erklärt. »Ich sprach bereits gestern mit Alessan darüber, und er schien nicht gekränkt.« Sh'gall rümpfte die Nase. »Der Pöbel strömt bereits in Scharen zusammen, um den Rennen beizuwohnen; ich schätze, du wirst auf deine Kosten kommen.« Sh'gall mißbilligte Moretas Gefallen an Rennen und Wetten, und auf den wenigen Festen, bei denen sie seit Orliths Paarung mit Kadith gemeinsam erschienen waren, hatte er ihr die Freude an diesem Zeitvertreib mit seinen bissigen Bemerkungen verdorben. »Mir wird die Sonne und die leichte Fischkost guttun. Baron Fitatruc ist bekannt für seine ausgezeichnete Küche. Ich kann nur hoffen, daß auf Ruatha dein Gaumen nicht zu kurz kommt.«

»Bis jetzt ließ die Gastfreundschaft auf Ruatha nie zu wünschen übrig.« Etwas in Sh'galls Tonfall zwang sie, die Burg zu verteidigen. Sh'gall hatte für den alten Baron große Ehrfurcht empfunden, schien aber von seinem Nachfolger nicht allzuviel zu halten. Moreta wußte, daß er oft vorschnell urteilte, und so beschloß sie, sich selbst eine Meinung von Alessan zu bilden.

»Außerdem habe ich Baron Ratoshigan versprochen, daß ich ihn nach Ista mitnehme. Er hat keine Lust, das Fest von Ruatha zu besuchen, sondern will unbedingt dieses kuriose Geschöpf besichtigen, das auf Ista herumgezeigt wird.«

»Welches kuriose Geschöpf?«

»Davon weißt du gar nichts?« Sh'galls Tonfall verriet Staunen über ihre Unkenntnis. »Ein paar Seeleute von der Meerburg Igen fanden das Tier. Es hatte sich an einen entwurzelten Baum geklammert und trieb in der Großen Strömung. Da die Männer noch nie ein solches Geschöpf gesehen hatten, brachten sie es zum Herdenmeister nach Keroon.«

Ach, deshalb der hochfahrende Ton! Sh'gall schien aus irgendeinem Grund anzunehmen, daß sie immer noch auf dem laufenden über die Ereignisse ihrer Heimatburg war. Dabei lebte sie seit mehr als zehn Planetenumläufen im Fort-Weyr!

»Wie ich hörte, handelt es sich um eine Art Raubkatze«, fügte Sh'gall hinzu. »Wohl irgendein Tier, das die Vorfahren auf dem Südkontinent zurückließen. Ein ziemlich wildes Biest. Von so etwas läßt man am besten die Finger.«

»Nun, manchmal könnten auch bei uns ein paar wilde

hungrige Raubkatzen nicht schaden. Die Tunnelschlangen haben sich so vermehrt, daß die Hunde mit der Plage nicht mehr fertig werden.« Ihre Antwort paßte ihm irgendwie nicht. Er warf ihr einen seiner finsteren, schwer zu deutenden Blicke zu und verließ wortlos den Weyr. Seine unerwartete Reaktion verärgerte Moreta. Nicht zum ersten Mal bedauerte sie, daß Kadith auch beim zweiten Paarungsflug Orlith besiegt hatte. Aber dann rief sie sich in Erinnerung, daß der alte L'mal Sh'gall für einen der fähigsten Geschwaderführer gehalten hatte. Und bis zum Ende der Sporeneinfälle brauchte der Weyr den fähigsten Geschwaderführer. Alle hatten geglaubt, daß L'mal bis zum nächsten Intervall durchhalten würde; als er erkrankte und bald danach starb, waren die Weyrbewohner fassungslos über den Verlust. Moreta hatte L'mal hochgeschätzt, und Leri sprach stets mit großer Achtung und Liebe von ihrem Weyrgefährten. Sh'gall war noch jung, überlegte Moreta; es war keine einfache Aufgabe, in dieser schweren Zeit den Weyr zu übernehmen, und er litt unter dem Vergleich mit dem älteren, erfahrenen L'mal. Mit der Zeit würde auch Sh'gall mehr Toleranz und Verständnis entwickeln. Inzwischen mußte eben sie diese Eigenschaften in vollem Maß einsetzen, um ihn in seiner Lernperiode zu unterstützen.

Als Moreta den Pelzumhang über die Schultern warf, klirrten die Goldreifen an ihren Armen. Der Schmuck war ein Geschenk des alten Baron Leef, weil sie seine liebevoll gehegten Obstgärten durch ein äußerst riskantes Tiefflug-Manöver vor den Sporen bewahrt hatte. Unterstützt von ihrer wendigen Königin, hatte Moreta die Fädenklumpen mit einem Flammenwerfer zu Asche versengt, bevor sie Schaden anrichten konnten. Sie war damals noch sehr jung gewesen und eben erst von Ista in den Fort-Weyr gekommen; es hatte sie gereizt, den neuen Weyrgenossen vorzuführen, wie klug und geschickt Orlith war. Jetzt würde sie ein solches Wagnis nicht mehr eingehen; sie erinnerte sich noch gut an den kalten Zorn in L'mals Augen, als er sie wegen ihrer Tollkühnheit zur Rede gestellt hatte. Leefs Dank hatte kaum dazu beigetragen, ihr schlechtes Gewissen zu beruhigen – und sie trug die Reifen heute auch nur, weil sie großartig zu ihrem neuen Kleid paßten.

Gehen wir überhaupt noch zu dem Fest? erkundigte sich Orlith voller Sehnsucht.

»Aber ja, mein Liebes!« Gewaltsam schob Moreta ihre Erinnerungen beiseite.

Sie freute sich auch auf das Fest, auf die heitere Ausgelassenheit der jungen Leute, die auf Ruatha zusammenströmen und mit Baron Alessan den jüngsten Sieg über die Sporenplage feiern würden. Sh'gall hatte berichtet, daß die Bewohner voller Stolz über ihren Erfolg waren und daß er Alessan ermahnt habe, über der Erleichterung nicht seine Aufgaben als Burgherr zu vernachlässigen.

»Vielleicht ist es ganz gut, daß sich Sh'gall für Ista entschieden hat ... und daß er Baron Ratoshigan gleich mitnimmt«, sagte Moreta zu Orlith.

Dort sind er und Kadith gut aufgehoben, stellte Orlith gleichmütig fest, während sie ihrer Reiterin ins Freie folgte.

Orlith blieb auf dem schmalen Sims stehen und spähte über den Weyr-Kessel hinweg. Die meisten Felsvorsprünge, auf denen sich sonst Drachen sonnten, waren leer.

Sind denn alle fort? fragte Orlith erstaunt und reckte den langen biegsamen Hals, um einen Blick auf die schattigen Simse im Westen zu werfen.

»Wenn an einem Tag gleich zwei Feste stattfinden? Aber sicher! Hoffentlich kommen wir nicht zu spät zu den Rennen!«

Orliths große Facettenaugen kreisten. *Du und deine Rennen!*

»Dir machen sie nicht weniger Spaß als mir, und im allgemeinen hast du droben von den Feuerhöhen einen viel besseren Überblick als ich. Nur keine Eifersucht! Auch wenn ich eine Schwäche für schnelle Renner habe – reiten würde ich nur auf dir!«

Besänftigt durch Moretas Worte, machte sich Orlith klein und streckte die Vorderpfote so aus, daß die Reiterin sie besteigen und sich auf ihren Sitz zwischen den beiden Nackenwülsten schwingen konnte. Moreta strich die Röcke glatt und wickelte sich fester in den Umhang. Im Grunde reichte kein noch so warmes Gewand aus, um sie gegen die totale Kälte des

Dazwischen zu schützen; aber der Ritt dauerte nur ein paar Atemzüge, und das ließ sich ertragen.

Orlith stieß sich vom Felsensims ab. Obwohl ihr Leib bereits geschwollen war, gehörte sie nicht zu den faulen Drachen, die sich einfach in die Tiefe sacken ließen, um dann im letzten Moment die Schwingen auszuspreizen. Holth, die alte Königin, trompete einen Abschiedsgruß, und der Wachreiter auf dem Sternenstein winkte, als Moreta sich bei ihm abmeldete.

Orlith ließ sich vom Wind tragen, der in den länglichen Kessel einfiel: den Krater eines erloschenen Vulkans, der nun seit langem den Weyr beherbergte. Irgendwann in grauer Vorzeit war eine Steinlawine über die Hänge in die Tiefe gedonnert, hatte die Südwestflanke des Weyrs durchbrochen und war in den See gestürzt. Zwar hatten Maurer den See freigeräumt und an seinem Ufer einen hohen Damm errichtet, aber es war weder gelungen, die verschütteten Höhlen und Weyr freizuräumen, noch die Symmetrie des Kessels wiederherzustellen.

»Du betrachtest dein Reich, meine Königin?« fragte Moreta mit einem leisen Lachen, als Orlith in einer weiten Spirale über den Fort-Weyr flog.

Aus der Höhe sieht man viele Einzelheiten in der richtigen Relation. Es ist alles in Ordnung.

Der Wind riß Moretas Antwort weg, und sie klammerte sich an die Reitgurte. Orlith überraschte sie oft mit solchen freiwilligen Auskünften. Wenn Moreta jedoch zu bestimmten Dingen oder Personen etwas erfragen wollte, entgegnete Orlith meist, daß sie die Gedanken fremder Reiter nicht lesen könne. Die Königin äußerte sich zum Weyr im allgemeinen oder zur Moral der Kampfgeschwader. Manchmal lieferte sie auch Informationen über Kadith, den Bronzedrachen des Weyrführers. Über Sh'gall sprach sie kaum. Aber in zwanzig Planetenumläufen telepathischer Symbiose hatte Moreta gelernt, selbst ein Schweigen oder eine ausweichende Antwort richtig zu interpretieren. Die Reiterin eines goldenen Drachen hatte es nie leicht. Und das Amt der Weyrherrin, so hatte Leri mehr als einmal beteuert, verdoppelte die Ehren und die Mühen. Man mußte das eine wie das andere hinnehmen und sich ab und zu einen kleinen Schluck Fellis-Saft gönnen.

Moreta stellte sich die Feuerhöhen von Ruatha vor, mit ihren unverkennbaren Feuerkuhlen, den Leuchttürmen und dem Wehrgang im Osten.

»Bring uns nach Ruatha!« befahl sie Orlith und biß die Zähne gegen die Kälte des *Dazwischen* zusammen.

> *Schwärze, dunkler als die Nacht,*
> *Kälte jenseits aller Dinge.*
> *Zwischen Tod und Leben wacht*
> *nur die dünne Drachenschwinge.*

Moreta murmelte die Worte des alten Liedes oft als eine Art Bannspruch gegen den Schock des *Dazwischen*. Zum Glück war Ruatha nicht weit entfernt vom Fort-Weyr, und Moreta hatte kaum das Wort ›Kälte‹ gedacht, als bereits die Sonne wieder schien und sie über den Feuerhöhen von Ruatha kreisten. Ganze Drachengeschwader lagen auf den warmen Klippen und begrüßten Orlith, als sie aus dem Nichts erschien. Die Königin freute sich über die Ehrenbezeigungen. Es geschah so selten, daß sich Drachen einfach zum Vergnügen trafen, dachte Moreta. Die Sporenplage ließ es nicht zu. Noch acht Planetenumläufe ...

Während Orlith tiefer glitt, beobachtete Moreta die Drachen. Viele erkannte sie an ihren Rumpf- und Flügelnarben, aber andere waren ihr auch fremd.

Sie kommen von Telgar und aus dem Hochland, berichtete Orlith. *Bronzedrachen, Braune, Blaue und Grüne. Unsere Freunde von Benden waren hier, mußten aber bereits aufbrechen. Wir hätten eher kommen sollen.* Der letzte Satz klang ein wenig vorwurfsvoll, denn Orlith besaß eine Schwäche für Tuzuth, den Bronzedrachen von Benden.

»Tut mir leid, Liebes, aber es gab vorher soviel zu erledigen.«

Orlith schnaubte und spannte die Brustmuskeln an. Sie stieß auf die Feuerhöhen zu, aber während sich Moreta innerlich bereits auf die Landung einstellte, glitt die Königin weiter, hinweg über die Straßen mit den dichtgedrängten Buden und die buntgekleidete Menschenmenge. Nun begriff Moreta. Orlith hatte sich die leere, von Tischen, Bänken und Lampions gesäumte Tanzfläche als Landeplatz ausgesucht.

Wir vertreten immerhin den Fort-Weyr, meinte Orlith knapp. *Das sollen die Bewohner von Ruatha merken.*

Orlith landete mitten auf der Tanzfläche, die Schwingen hochgestellt, um Luftwirbel zu vermeiden. Die Banner ringsum flatterten heftig, aber vom Boden stieg kaum eine Staubwolke auf.

»Gut gemacht, Liebes!« lobte Moreta ihre Königin und tätschelte sie liebevoll.

Sie warf einen Blick auf die imposanten Steilklippen, an die sich Ruatha schmiegte, gekrönt von Felsenbändern, auf denen ganze Scharen von Drachen die Sonne genossen. Die Fenster der Burg standen weit offen und waren mit bunten Tüchern und Flaggen geschmückt. Auf den Vorplatz hatte man Tische und Stühle gestellt, damit die Ehrengäste die Marktbuden und die Tanzfläche gut überblicken konnten. Moreta schaute rasch in die entgegengesetzte Richtung. Hier erstreckte sich die Ebene, auf der die Rennen stattfanden. Die Startschranken waren zum Glück noch nicht errichtet, und sie atmete erleichtert auf.

Einen Moment lang ruhte jede Aktivität. Die Besucher standen dichtgedrängt um die Tanzfläche und beobachteten Orlith. Doch dann entstand Bewegung unter den Zuschauern. Eine Gasse bildete sich, und jemand bahnte sich einen Weg nach vorn.

Der neue Burgherr, stellte Orlith fest.

Moreta schwang das rechte Bein über Orliths Nacken und glättete ihren Rock. Dann warf sie einen Blick auf den Mann, der ihr mit gelassenen, selbstsicheren Schritten entgegenkam. Er hatte breite Schultern und die hellen Augen, an die sie sich von früher erinnerte.

Kurz vor Orlith blieb er stehen und verneigte sich. Die Drachenkönigin nahm seinen Gruß mit einem leichten Nikken entgegen. Dann war der hochgewachsene junge Baron mit zwei Schritten neben Moreta, um ihr beim Absteigen zu helfen.

Die grünen Augen, die einen so ungewöhnlichen Kontrast

24

zu seiner dunklen Haut bildeten, hielten Moretas Blick fest. Er umfaßte sie leicht an der Taille, hob sie von Orliths Vorderpfote und stellte sie sanft zu Boden. Dann verbeugte er sich noch einmal. Moreta stellte fest, daß seine wirre dunkle Mähne inzwischen zu einer ordentlichen Frisur gebändigt war.

»Willkommen auf Ruatha, Weyrherrin!« sagte er mit einem überraschend weichen Tenor. »Ich fürchtete schon, Sie und Orlith würden unser Fest nicht besuchen.«

»Der Weyrführer läßt grüßen. Es tut ihm leid, daß er nicht selbst kommen konnte.«

»Er suchte mich bereits gestern auf und brachte sein Bedauern zum Ausdruck. Aber es wäre traurig gewesen, wenn Ruatha auch auf die Anwesenheit seiner Weyrherrin hätte verzichten müssen.« Seine Stimme gewann an Wärme. »Orlith glänzt prächtig – und das in ihrem Zustand!«

Die Königin schaute ihn aus großen regenbogenbunten Augen an, ebenso überrascht wie Moreta, daß sich der junge Mann so streng an das alte Begrüßungsritual hielt. Nun, Leef hatte sicher darauf geachtet, daß sein Erbe die Traditionen kannte, bevor er das Amt des Burgherrn übernahm.

»Oh, sie ist bei ausgezeichneter Gesundheit«, entgegnete Moreta, die nur zu gern über ihre Königin sprach. »Ihren Glanz besitzt sie allerdings schon immer – ein ganz eigenartiger Farbton ...«

Ihre Antwort wich vom Ritual ab, und Alessan zögerte einen Moment lang.

»Manche Königinnen sind so hell, daß sie beinahe gelb wirken, und andere wieder so dunkel wie Bronzedrachen.« Moreta ließ ihre Blicke über Orlith schweifen. »Mein Drache hat auch nicht die klassische Goldnuance.«

Alessan lachte leise. »Spielt der Farbton denn eine Rolle?«

»Für mich ganz bestimmt nicht. Mich würde es nicht einmal stören, wenn Orlith grüngolden wäre. Ich bin ihre Reiterin!« Sie schaute Alessan prüfend an. Ob er sich über sie lustig machte? Aber seine grünen Augen mit den winzigen braunen Punkten um die Pupille verrieten nichts als höfliches Interesse.

»Sie sind Orliths Reiterin und die Herrin von Fort.«

»So wie Sie der Herr von Ruatha.« In ihrem Innern breitete sich eine leise Abwehr aus, denn sie glaubte in seinen formellen, harmlosen Sätzen einen seltsamen Unterton zu spüren. Hatte etwa Sh'gall mit einem Baron über seine Weyrherrin gesprochen?

Orlith?

Die Feuerhöhen liegen warm in der Sonne, entgegnete die Königin ausweichend und wandte ihrer Reiterin den Kopf zu. Ihre Augen schillerten sehnsüchtig.

»Dann geh nur, Liebes!« Moreta gab ihr einen leichten Klaps auf die Schulter und verließ an Alessans Seite die Tanzfläche. Sobald sie sich ein Stück entfernt hatten, schnellte Orlith in die Höhe und steuerte die Felsensimse in einem extrem flachen Winkel an. Dabei flog sie so dicht über die Marktbuden hinweg, daß die Besucher entsetzt aufschrien. Alessan versteifte sich.

Was soll das, Liebes? fragte Moreta freundlich, aber bestimmt. *Bist du im Moment nicht etwas zu schwer für solche Kapriolen?*

Ich zeige ihnen nur, wozu die Weyr-Königin fähig ist! Ihnen tut so eine Demonstration gut, und mir schadet sie nicht. Paß auf!

Von Moretas Platz sah es so aus, als würde Orlith jeden Moment mit den Vorderpfoten den Klippenrand streifen, aber sie hatte den Winkel haarscharf berechnet. Lässig schwebte sie über die Kante hinweg, vollführte eine knappe Wende und landete direkt über dem Haupteingang der Burg, wo die übrigen Drachen ein Stück zur Seite gerückt waren. Die Schwingen eng an den Körper geschmiegt, legte sie sich auf den warmen Stein und stützte den flachen dreieckigen Kopf auf die Vorderpfoten.

Exhibitionistin! spöttelte Moreta und wandte sich ihrem Begleiter zu. »Jetzt fühlt sie sich wohl, Baron Alessan.«

»Orliths Flugkünste sind Legende«, entgegnete er, und sein Blick streifte ihren Goldschmuck.

Allem Anschein nach wußte er, woher das kostbare Geschmeide stammte.

»Ein unschätzbarer Vorteil bei einem Sporenregen!«

»Ja, aber heute wollen wir ein Fest feiern«, erklärte Alessan mit Nachdruck.

»Die beste Gelegenheit, Geschick und Kunstfertigkeit von Burg *und* Weyr zur Schau zu stellen.« Moreta deutete auf die reich geschmückten Verkaufsstände und die festlich herausgeputzte Menschenmenge. Sie löste ihre Hand von seinem Arm, zum einen, weil seine versteckte Kritik sie ärgerte, zum anderen aber, um ihren Umhang abzunehmen. Die Nachmittagssonne von Ruatha hatte die Kälte des *Dazwischen* vertrieben. »Kommen Sie, Baron Alessan!« meinte sie und nahm erneut seinen Arm. »Es ist Ihr erstes Fest als Erbbaron von Ruatha und mein erster Ausflug seit der Wintersonnenwende. Versuchen wir also, den Tag zu genießen!«

Sie hatten die Straße mit den Verkaufsständen erreicht, wo die Besucher die ausgestellten Waren besichtigten und bereits lebhaft feilschten. Moreta schaute mit einem Lächeln zu Baron Alessan auf. Seine kantigen Züge mit den leicht gerunzelten Brauen entspannten sich ein wenig.

»Ich fürchte, ich habe wenig von den Tugenden meiner Mutter geerbt, Lady Moreta.«

»Dafür alle Laster von Ihrem Vater, wie?«

»Baron Leef hatte keine Laster«, entgegnete Alessan, wie es die Höflichkeit verlangte, aber das Blitzen in seinen Augen verriet Moreta, daß er zumindest eine Spur vom Humor des alten Herrn besaß.

»Die Rennen haben noch nicht begonnen?«

Alessan verlangsamte seine Schritte und musterte sie aufmerksam.

»Nein, noch nicht!« Das klang zurückhaltend. »Wir wollten warten, bis alle Gäste eingetroffen sind.«

»Ich sah eine Menge Renner drunten angepflockt. Wie viele Läufe werden denn durchgeführt?« Sie warf ihm einen Blick von der Seite zu. Machte er sich überhaupt etwas aus Rennen?

»Insgesamt waren zehn geplant, aber es kamen weniger Anmeldungen als erwartet. Mögen Sie Rennen, Lady Moreta?«

»Ich komme aus Keroon, Baron Alessan; auf dem Hof meines Vaters wurden Renner gezüchtet. Meine Leidenschaft für diese Tiere ist nie ganz geschwunden.«

»Dann wissen Sie sicher, auf welche Teilnehmer Sie setzen müssen.«

Sie bemühte sich, den lockeren Gesprächston beizubehalten. »Ich wette nie, Baron Alessan. Der Anblick eines guten Rennens ist mir Genuß und Aufregung genug.« Seine Miene wirkte so unsicher, daß sie das Thema wechselte. »Leider sieht es so aus, als hätten wir die Besucher aus dem Osten verfehlt.«

»Die Weyrführer von Benden verließen Ruatha kurz vor Ihrer Ankunft.« Stolz schwang in seiner Stimme mit. Es geschah nicht oft, daß so illustre Gäste zu einem Fest kamen.

»Schade. Ich hätte gern ein wenig mit ihnen geplaudert.« Moretas Bedauern war ehrlich, aber sie empfand auch eine gewisse Erleichterung. Die Weyrführer von Benden sahen Orliths Leidenschaft für den Bronzedrachen Tuzuth ebenso ungern wie sie selbst. Bei Jungköniginnen waren Beziehungen zwischen den Weyrn erwünscht, nicht aber bei den Herrscherinnen. »War Bendens Erbbaron ebenfalls hier?«

»Ja.« Alessan strahlte. »Baron Shadder und ich hatten ein kurzes, aber sehr herzliches Gespräch. Leider treffen Ost und West viel zu selten zusammen. Sie kennen Baron Shadder?«

»Ich traf ihn im Ista-Weyr.« Moreta erwiderte Alessans Lächeln, denn Shadder von Benden war zweifellos sehr populär. Die Wärme und Fürsorge, die er ausstrahlte, hatte stets etwas sehr Persönliches. Sie seufzte. »Es tut mir wirklich leid, daß ich nicht früher kommen konnte. Wer ist sonst noch anwesend?«

Ein Schatten huschte über Alessans Gesicht. »Im Moment Hofbewohner und Gildemeister von Ruatha, Fort, Crom, Nabol, Tillek und dem Hochland«, zählte er knapp auf. »Eine lange Reise für manche von ihnen, aber alle scheinen begeistert, daß das schöne Wetter bis jetzt gehalten hat.« Er beobachtete den regen Handel an den dicht umdrängten Buden. »Tilleks Erbbaron kommt vielleicht später mit dem Weyrführer vom Hochland. Baron Tolocamp traf vor etwa einer Stunde ein. Er kleidet sich gerade um.«

Moreta lachte mitfühlend. Baron Tolocamp war ein tatendurstiger, ungestümer Mann, der stets seine Meinung laut kundtat und sich zum Experten in allen Dingen machte. Da er keine Spur von Humor besaß, waren Gespräche mit ihm anstrengend und langweilig. Moreta ging ihm aus dem Weg, wann immer sie konnte. Seit sie das Amt der Weyrherrin bekleidete, konnte sie sich seinem Geschwätz allerdings nicht mehr so leicht entziehen wie früher.

»Wie viele seiner Damen hat er denn mitgebracht?«

»Fünf.« Alessans Miene war unbewegt. »Lady Uma, meine Mutter, freut sich sehr über die Besuche von Lady Pendra.«

Moreta wandte den Kopf ein wenig ab, weil sie gegen das Lachen ankämpfte. Ganz Pern wußte, daß Lady Pendra alles daransetzte, eine ihrer zahlreichen Töchter, Nichten oder Kusinen an Alessan zu verheiraten. Alessans junge Gemahlin Suriana war einen Planetenumlauf zuvor bei einem Sporenregen ums Leben gekommen. Baron Leef hatte seinen Sohn nicht zu einer Wiederheirat gedrängt. Viele vermuteten deshalb, daß er Alessan nicht zu seinem Nachfolger ernennen würde. Die Töchter des Barons von Fort galten als tüchtig, waren jedoch alles andere als reizvoll, und Moreta räumte ihnen nur geringe Chancen ein. Aber Alessan würde in der Tat bald wieder heiraten müssen, um die Erbfolge zu sichern.

»Liegt Ihnen als Weyrherrin von Fort viel an einer Verbindung mit Burg Fort?« Seine Stimme klang kühl und verhalten.

»Ich denke, Sie verdienen etwas Besseres!« entgegnete Moreta ernst, doch im nächsten Moment prustete sie los. »Verzeihen Sie, ich weiß, daß dies eine wichtige Angelegenheit ist ... aber Sie haben ja keine Ahnung, wie Sie klingen!«

»Wie denn?« Auch Alessan hatte Mühe, ernst zu bleiben.

»Wie jemand, der in die Ecke gedrängt wird, um dort Prügel zu beziehen! Hören Sie, das hier ist Ihr erstes Fest! Sie sollten es genießen.«

»Wollen Sie mir dabei helfen?« Der reine Schalk blitzte jetzt in seinen Augen.

»Kann ich das?«

»Nun – Sie sind meine Weyrherrin.« Er verbeugte sich übertrieben. »Da Sh'gall Sie nicht begleiten konnte, ist es meine Pflicht, an Ihrer Seite zu bleiben.«

»Ich hätte ein schlechtes Gewissen, wenn ich Sie ganz in Beschlag nehmen würde.« Noch während sie das sagte, wußte Moreta, daß sie nicht die Wahrheit sprach. Der junge Mann hatte etwas Rebellisches an sich, das ihr gefiel.

»Dann wenigstens die meiste Zeit?« Der flehende Tonfall stand in krassem Widerspruch zu den spöttisch blitzenden Augen und Alessans Lachen. »Ich kenne meine Pflichten, aber ...«

»Die jungen Mädchen warten nur darauf, Ihnen vorgestellt zu werden.«

»Ich habe fast den Eindruck, daß man meinetwegen die Heiratskandidatinnen von ganz Pern hier versammelt hat.«

»Wundert Sie das? Sie sind jetzt eine ausgezeichnete Partie, Baron Alessan.«

»Suriana hat *mich* geliebt, nicht meinen Rang«, entgegnete Alessan mit gepreßter Stimme. »Als unsere Heirat arrangiert wurde, hatte ich nichts außer mir selbst zu bieten. Sie nahm mich, wie ich war.«

Das erklärte, weshalb Baron Leef seinem Sohn Zeit gelassen und nicht sofort auf eine zweite Heirat gedrängt hatte. Moreta war erstaunt und empfand zugleich eine Spur von ... Neid? Oder Sehnsucht? »Da hatten Sie mehr Glück als die meisten von uns«, entgegnete sie leise. Wer eine Bindung mit einer Drachenkönigin einging, konnte den Menschenpartner nicht mehr frei wählen. Andererseits verblaßte jede menschliche Partnerschaft neben dem innigen Verhältnis zwischen Reiterin und Drachen ...

»Ja, und ich war mir dessen voll bewußt!« Mit diesem ruhigen Satz deutete Alessan an, daß er seine neuen Pflichten als Burgherr kannte und anzunehmen gedachte. Moreta begann sich zu wundern, weshalb Sh'gall eine so starke Antipathie gegen den jungen Mann entwickelt hatte.

Sie schlenderten inmitten des Gewühls an den Verkaufsbuden vorbei. Moreta stieg der Duft von würzigen Speisen und süßen Pasteten in die Nase, der Geruch nach gegerbtem Leder, die Ätzlauge am Glasbläserstand, das Gemisch aus Parfüm und Kräutern, der Schweiß von Menschen und Tieren. Freudige Erregung hatte die Menge erfaßt.

»Ich fühle mich wohl hier ... und ich hoffe nur, daß Sie Freude an den Rennen und am Tanz haben.«

»In dieser Reihenfolge?«

»Da das eine vor dem anderen auf dem Programm steht: ja.«

»Vielen Dank für Ihr Kompliment, Weyrherrin.« Sein Ton war gespielt formell.

»Sind die Harfner schon eingetroffen?«

»Gestern ...« Alessan schnitt eine Grimasse.

»Die Leute entwickeln einen gesunden Appetit, nicht wahr?«

»Das wäre halb so schlimm, aber sie reden ununterbrochen! Immerhin sind es so viele, daß wir bis in den Morgen hinein tanzen können. Sogar der Meisterharfner hat versprochen, das Fest mit seiner Gegenwart zu beehren.«

Moreta glaubte schon wieder einen sonderbaren Unterton in Alessans Worten zu hören. Mochte er Tirone etwa nicht? Der Meisterharfner war ein Hüne von einem Mann, und sein Baß übertönte alle anderen Stimmen. Er bevorzugte die stürmischen Balladen und Sagas, die sein Können am besten zur Geltung brachten, aber das war seine einzige Schwäche, und Moreta hatte sie nie als solche empfunden. Freilich besaß sie erst seit kurzem das Amt der Weyrherrin und kannte ihn in seiner Eigenschaft als Bewahrer der Tradition von Pern sicher nicht so gut wie Alessan. Und sie konnte sich vorstellen, daß es nicht gerade einfach war, Tirone zum Gegner zu haben.

»Er besitzt eine herrliche Stimme«, stellte sie zurückhaltend fest. »Kommt Meister Capiam ebenfalls?«

»Ich glaube schon.«

Wieder diese knappe Antwort! Moreta ärgerte sich über Alessan. Schätzte er denn außer Baron Shadder gar niemanden von den Führern Perns, die ihr so ans Herz gewachsen waren? Capiam, der Meisterheiler, hatte einfach keine Feinde! Oder konnte es sein, daß Alessan ihn unbewußt für den Tod seiner Frau verantwortlich machte?

»Halten Sie es für richtig, Moreta, daß Orlith in ihrem Zustand noch Schauflüge absolviert?« Unvermittelt stand Baron Tolocamp neben ihnen. Er war ihnen offenbar schon eine geraume Weile durch die Menschenmenge gefolgt, sonst wäre es ihm kaum gelungen, ihnen so wirksam den Weg abzuschneiden.

»Sie begibt sich frühestens in zehn Tagen zur Brutstätte, um ihre Eier abzulegen.« Moreta versteifte sich, gereizt über die Frage und den Fragensteller.

»Orlith flog mit meisterlicher Präzision«, warf Alessan ein. »Eine Gabe, die wir hier auf Ruatha sehr zu schätzen wissen.«

Baron Tolocamp blieb stehen, hüstelte und schaute Alessan verständnislos an.

»Sie setzt sich gern in Szene, wenn genug Publikum da ist, um ihre Künste zu bestaunen«, lachte Moreta. »Aber bis jetzt hat sie sich dabei noch nicht einmal eine Kralle abgebrochen.«

»Ah so, hmm. Dort drüben steht übrigens Lady Pendra, Moreta!« meinte Tolocamp mit plumper Jovialität. »Alessan, darf ich Sie mit meinen Töchtern bekannt machen?«

»Im Moment würde ich gern Lady Moreta über den Festplatz begleiten, Baron Tolocamp, da Sh'gall leider verhindert ist, Ruatha zu besuchen.« Er warf einen Blick auf die Gruppe junger Damen, die friedlich mit einigen seiner Höflinge plauderten. »Ihre Töchter führen ohnehin gerade eine angeregte Unterhaltung in der ich sie nicht gern störe.«

Tolocamp begann zu schmollen.

»Ein Glas Wein, Moreta? Hier entlang.« Alessan führte sie mit festem Griff von Baron Tolocamp weg, der ihnen nachstarrte, entgeistert über den brüsken Abschied.

»Das wird er mir noch lange vorhalten«, murmelte Moreta, aber sie folgte dem Baron von Ruatha nur zu bereitwillig.

»Dann ertränken Sie Ihren Kummer in einem Glas von Bendens köstlichem Weißwein. Ich habe eigens einen Schlauch davon kaltstellen lassen.« Er winkte einen Diener herbei und gab ihm einen leisen Auftrag.

»Der Weiße von Benden? Mein Lieblingstropfen!«

»Und ich hatte schon befürchtet, Sie würden die Weine Tilleks bevorzugen.«

Moreta rümpfte die Nase. »Ich *muß* die Weine von Tillek bevorzugen.«

»Mir schmecken sie zu herb. Das macht der saure Boden von Tillek.«

»Stimmt, aber Tillek leistet seinen Tribut an den Fort-Weyr nun mal in Form von Wein. Und es ist leichter, Baron Diatis recht zu geben, als mit ihm zu streiten.«

Alessan lachte.

Als der Diener mit zwei feingeschliffenen Gläsern und einem Weinschlauch zurückkam, erspähte Moreta in einiger Entfernung Baron Tolocamp, der mit seiner Gemahlin, Lady Uma und den Töchtern im Schlepptau auf sie zusteuerte. Im gleichen Moment verkündete ein Ausrufer den Beginn der Wettrennen.

»Lady Pendra läßt sich bestimmt nicht so rasch abschütteln«, seufzte Moreta. »Wie können wir ihr nur entkommen?«

Alessan starrte zum Rennplatz hinüber. »Ich möchte aus einem bestimmten Grund vor allem das erste Rennen mitverfolgen. Wenn wir uns beeilen ...« Er deutete auf die gewundene Straße, die zur Ebene hinunterführte. Aber auf diesem Weg konnten sie der Abordnung von Burg Fort auf keinen Fall entgehen.

»Das schaffen wir höchstens noch mit Orliths Hilfe ... und sie schläft.« Dann erblickte Moreta ein Gerüst, mit dessen Hilfe am Südende des Hofes eine Mauer errichtet wurde. »Warum sehen wir uns die Sache nicht von dort oben an?« Sie deutete.

»Großartig! Eine Reiterin kennt eben keine Angst vor der Höhe.« Alessan nahm ihre Hand und steuerte sie geschickt durch die Menschenmenge. Sie entfernten sich immer weiter von Baron Tolocamp und seinen Damen. Die Leute, die bereits auf der halbfertigen Mauer standen, machten Platz für den Baron und die Weyrherrin. Alessan drückte Moreta sein Glas in die Hand und erklomm geschickt die oberste Reihe der Steinquader. Dann kniete er nieder und gab ihr mit einem Wink zu verstehen, daß sie die beiden Gläser nach oben reichen sollte.

Einen Moment lang zögerte Moreta. L'mal hatte ihr oft genug eingeschärft, den Weyr mit Würde zu vertreten, besonders wenn die kritischen Blicke von Burgbewohnern und Gildenangehörigen auf sie gerichtet waren. Aber höchstwahrscheinlich hatte Orlith sie mit ihrer Tollkühnheit angesteckt. Der Tag war herrlich warm – genau das, was sie brauchte, um einmal die Bürde der Verantwortung zu vergessen. Es gab Benden-Wein, Rennen und später sicher Musik und Tanz. Moreta, die Weyrherrin von Fort, wollte sich einmal richtig amüsieren.

Das ist dein gutes Recht, pflichtete Orlith ihr schläfrig bei.

»Schnell!« drängte Alessan. »Die Renner nehmen schon Aufstellung.«

Moreta wandte sich an den Drachenreiter, der ihr am nächsten stand.

»R'limeak, kannst du mir nach da oben helfen?«

»Moreta!«

»Nun sieh mich nicht so entsetzt an! Ich will das Rennen mitverfolgen, das ist alles!« Sie raffte die Röcke und stieg mit dem rechten Fuß auf R'limeaks verschränkte Hände. »Und jetzt mit Schwung, sonst schürfe ich mir die Nase an den Steinen auf!«

R'limeak leistete ihren Anweisungen nur halbherzig Folge, und wenn Alessan sie nicht mit starker Hand gestützt hätte, wäre sie wohl abgerutscht.

»Wie verdattert er aussieht!« lachte Alessan, und seine grünen Augen strahlten.

»Vielleicht tut ihm das Erlebnis gut. Diese blauen Reiter können unheimlich steif sein.« Sie nahm Alessan ein Glas ab. »Ah, was für eine herrliche Aussicht!« rief sie, nachdem sie sich rasch vergewissert hatte, daß die Startschranken noch geschlossen waren. Ihr Blick schweifte vom Fuß der Ruatha-Klippen über die Holzdächer der bunten Verkaufsstände, die leere Tanzfläche, die Felder und die von Steinwällen geschützten Obstgärten bis hin zum Ruatha-Fluß, der vom Eissee hoch droben in den Bergen gespeist wurde. Zwar waren die Bäume noch kahl, und ein später Frost hatte die Weiden bräunlich verfärbt, aber ein seidiger blaugrüner Himmel wölbte sich über der Landschaft, kein Wölkchen war zu sehen, und in der Luft lag eine angenehme Wärme. Moreta sah mit den geübten Augen der Drachenreiterin, daß drei Renner verspätet der Startlinie zustrebten.

»Ruatha wirkt heute so heiter«, sagte sie. »Wenn ich sonst herkomme, sind in aller Regel die Fensterläden verschlossen und die Türen verrammelt, und Mensch und Tier haben sich vor den Sporen in die Innenhöfe geflüchtet.«

»Dabei haben wir häufig Gäste«, entgegnete Alessan. Seine Blicke waren fest auf die Startschranken gerichtet. »Ruatha liegt äußerst günstig. Fort mag ein gutes Stück älter sein, aber den Vergleich mit unserer Burg hält es nicht aus.«

»In den Harfner-Archiven steht, daß Fort als Provisorium gleich nach der Überfahrt errichtet wurde.«

»Ein Provisorium, das sich vierzehnhundert Planetenumläufe lang erhalten hat! Wir auf Ruatha bauen unsere Burganlage ständig aus. Seit neuestem besitzen wir sogar eigene Unterkünfte für Leute, die unsere Rennen besuchen.«

Moreta lachte ihn an. Sie spürte, daß sie beide nur redeten, um die Aufregung vor dem Start zu überspielen.

»Da! Endlich sind sie aufgestellt!«

Zum Glück trieb eine schwache Brise die Staubwolken, die am Startplatz aufgewirbelt wurden, in die entgegengesetzte Richtung. Moreta sah die weiße Flagge niedergehen und hielt den Atem an, als die Tiere mit gewaltigen Sätzen lospreschten.

»Eine Kurzstrecke?« fragte sie und kniff die Augen zusammen. In dem Gewirr von Köpfen, Leibern und Beinen waren die Favoriten schwer zu erkennen. Die Tiere stürmten so dichtgedrängt dahin, daß sich die Farben der Satteldecken verwischten.

»Ja, damit fangen wir immer an«, erklärte Alessan geistesabwesend und hielt eine Hand über die Augen, um das grelle Sonnenlicht abzuschirmen.

»Allmählich wird das Feld auseinandergezogen ... ich könnte schwören, daß der Renner an der Spitze Ruathas Farben trägt!«

»Ich hoffe es«, flüsterte Alessan erregt.

Anfeuerungsrufe drangen von der Rennbahn bis zu ihnen herauf.

»Fort greift an!« schrie Moreta, als sich das zweite Tier aus dem Hauptfeld löste. »Und schnell!«

»Er muß nur sein Tempo beibehalten!« Das klang wie ein Gebet.

»Er schafft es!« Alessan gab keine Antwort, sondern starrte

mit zusammengepreßten Lippen zur Ziellinie. »Na bitte ... er *hat* es geschafft!«

»Sind Sie sicher?«

»Völlig sicher. Die Ziellinie befindet sich parallel zu mir. Sie haben einen Siegrenner! Stammt er aus eigener Zucht?«

»Ja, ja! Er hat tatsächlich gewonnen?« Alessan sah sie fragend an. Er schien auf ihre Bestätigung zu warten.

»Und ob! Mit respektablen zwei Längen. Sie dürfen mir schon glauben. Bei Rennen irre ich mich nie.« Moreta hob ihr Glas. »Auf Ihren Sieger!«

»Auf meinen Sieger!« Seine Stimme klang sonderbar heftig, und in seinen Augen lag eher Trotz als Triumph.

»Ich begleite Sie gern in den Zielraum«, schlug sie vor, als sie sah, daß sich die Tiere im kurzen Gras hinter der Rennstrecke versammelten.

»Ich genieße den Moment lieber hier oben in Ihrer Gesellschaft«, meinte er und fügte lachend hinzu: »Hier muß ich mir keine Zwänge auferlegen. Dag ist unten. Er betreut meine Zucht, und er hat an dem Sieg mindestens den gleichen Anteil wie ich. Heute ist sein großer Tag. Außerdem wäre es höchst unschicklich für den Gastgeber, sich wie ein Irrer zu freuen, nur weil einer seiner Renner gewonnen hat.«

Moreta fand seine Offenheit erfrischend. »Es ist doch sicher nicht der erste Sieg, den Sie mit einem Renner einheimsen?«

»Doch.« Er winkte einen Diener zu sich und bat ihn, die Gläser noch einmal vollzuschenken. »Vor acht Planetenumläufen erhielt ich von Baron Leef die Aufgabe, Renner für Spezialzwecke zu züchten.« Obwohl er sich um einen leichten Plauderton bemühte, schwang in seiner Stimme eine gewisse Schärfe mit. »Die geeignete Zuchtwahl hat eine große Tradition auf Pern.«

»Vor *acht* Umläufen?« Moreta sah Alessan prüfend an. »Dann kann das da aber keinesfalls Ihr erster Sieg sein.« Sie deutete zum Ziel hinunter.

Der Burgherr lächelte. »Mein Vater hatte ganz bestimmte Vorstellungen. Er benötigte ausdauernde, kräftige Zugtiere, die obendrein nicht zuviel Futter verschlangen.«

Moreta nickte. Sie kannte den alten Baron. Doch dann warf

sie Alessan einen verwirrten Blick zu. »Und aus diesen Kreuzungsversuchen ist ein Sprinter hervorgegangen?«

»Nicht direkt.« Alessan schmunzelte. »Der Sieger stammt von einer Linie ab, die als untauglich ausgesondert wurde. Zäh, mutig, gute Futterverwerter, aber klein und von zierlichem Knochenbau. Die Tiere schaffen es, all ihre aufgestaute Energie in kurzen Sprints explodieren zu lassen ... fünfzig Drachenlängen im Höchstfall, wenn ich ehrlich bin. Über die Neunzig-Längen-Marke hinaus sind sie unbrauchbar. Aber eine halbe Stunde Ruhepause, und sie halten die Strecke erneut voll durch. Langlebige Geschöpfe übrigens. Eigentlich war es Dag, der die Qualitäten der drahtigen kleinen Biester erkannte.«

»Wenn ich Sie recht verstehe, konnten Sie die Tiere zu Lebzeiten Ihres Vaters nicht bei Rennen einsetzen?« fragte Moreta mit einem verhaltenen Lächeln.

»Kaum.« Alessan grinste sie an.

»Ich kann mir denken, daß Sie heute eine hohe Summe einnehmen werden: ein Neuling, der sofort den Sieg davonträgt ...«

»Hoffen wir es! Wenn Sie wüßten, wie lange Dag und ich darauf warten mußten!«

»Meinen herzlichen Glückwunsch, Baron Alessan!« Moreta hob das gefüllte Glas. »Sie sind ein Mensch, vor dem man sich in acht nehmen muß. Erst führen Sie Baron Leef hinters Licht – und dann geben Sie dem Renngeschehen einen völlig unerwarteten Verlauf!«

»Ich hatte keine Ahnung, daß Sie soviel von Rennern verstehen, sonst hätte ich Sie zu einer Wette überredet ...«

»Ich bin als Zuschauerin hier, nicht zum Geldverdienen. Werden Sie Ihren Trumpf nun auch bei den Fort-Rennen einsetzen?«

»Ich könnte das Tier sogar heute noch einmal laufen lassen; aber das wäre unhöflich gegenüber meinen Gästen.« Das Rennfieber in seinen Augen verriet, daß ihm seine Rolle als Burgherr im Moment lästig war. »Aber vielleicht ist das ganz gut. Die anderen werden an einen Zufallssieg glauben. Ein einziger Renner am Start ... der Mann hat mehr Glück als Verstand!« Er ahmte den näselnden, etwas abschätzigen Tonfall der Züchter nach. »Sie haben recht, ich werde das Tier bei möglichst vielen Rennen starten lassen. Ich siege gern. Es ist eine ganz neue Erfahrung.«

Seine Ehrlichkeit überraschte sie. »Sind Sie übrigens sicher, daß Ihr Vater nichts von diesen Experimenten wußte? Baron Leef machte auf mich stets den Eindruck eines Mannes, der über das Geschehen auf seiner Burg genau im Bilde war – nicht nur auf seiner Burg übrigens, sondern im gesamten Westen.«

Alessan schaute sie nachdenklich an. »Möglich, daß er etwas merkte, obwohl Dag und ich alle erdenklichen Vorsichtsmaßnahmen trafen. Wir glaubten uns sicher vor einer Entdeckung.« Der Burgherr lachte leise. »Sie können sich gar nicht vorstellen, was wir alles auf uns nahmen, um ihn zu täuschen. Aber vermutlich haben Sie recht. Mein Vater ließ sich nicht ohne weiteres hinters Licht führen.«

»Nun, ich nehme an, daß er Sie nicht allein wegen Ihrer Zuchterfolge zum Erben ernannte. Sicher stecken ganz besondere Fähigkeiten in Ihnen ...«

Alessan blinzelte ihr zu. »Der Weyr hat Anspruch auf meine Dienste, aber nicht auf meine Geheimnisse.«

»*Eines* habe ich bereits aufgedeckt. Soll ich ...« Moreta sprach den Satz nicht zu Ende, weil ihr zu Bewußtsein kam, daß ihr Geplänkel mit Alessan aufmerksam beobachtet wurde. Aber warum sollte sie auf einem Fest nicht fröhlich sein? Sie warf R'limeak einen finsteren Blick zu, und der blaue Reiter wandte sich verlegen ab.

Alessan sah sich ebenfalls um und begann leise zu fluchen. »Nicht einmal auf einer halbfertigen Mauer hat man seine Ruhe«, meinte er kopfschüttelnd, als er Baron Tolocamp samt Gefolge zielstrebig näher kommen sah.

»Bloß das nicht!« seufzte Moreta. »Ich lasse mir die Rennen nicht durch albernes Geplauder oder gar eine Heiratsvermittlung vermiesen. Da, von dort drüben überblicken wir das Geschehen ebenso gut!« Sie deutete auf eine kleine Anhöhe im Feld unterhalb der Straße. Im nächsten Moment raffte sie entschlossen die Röcke und balancierte über einen Haufen von Steinblöcken, die noch nicht in die Mauer eingefügt waren, in die Tiefe. »Vergessen Sie den Wein nicht!« rief sie über die Schulter zurück.

»Vorsicht, Sie brechen sich noch das Genick!« Alessan nahm dem verdutzten Diener den Weinschlauch aus den Händen und folgte ihr, bevor die anderen merkten, was sie vorhatten.

Steine rollten unter ihren Sohlen, aber sie erreichten unbeschadet die Straße. Im Laufschritt überquerten sie die Wiese hinter den Verkaufsbuden. Da sich in Moretas Rock ständig Kletten und Ranken festhängten, hob sie den schweren Saum einfach ein Stück an.

»Nicht die Spur von Würde«, stellte Alessan mit gespielter Entrüstung fest, während sie sich vorsichtig einen Weg über das holprige Feld bahnten.

»Ein Fest ist keine formelle Angelegenheit.«

»Leider sind Sie sehr formell gekleidet.« Er erwischte sie gerade noch am Ellbogen, als sie ins Stolpern geriet »Dieses Prachtgewand eignet sich schlecht für ein Querfeldeinrennen. So, da wären wir!« Alessan blieb abrupt stehen. »Von hier haben wir einen ungehinderten Ausblick auf die Start- und Ziellinie. Geben Sie mir Ihr Glas!«

»Ich wüßte nicht, was ich lieber täte.« Moreta hielt ihm den feingeschliffenen Kelch entgegen.

»Warum hatte ich bisher keine Ahnung davon, daß die Weyrherrin von Fort rennbesessen genug ist, um auf die Annehmlichkeiten der Ehrentribüne zu verzichten?«

»Ich war während der letzten zehn Planetenumläufe auf jedem Ruatha-Fest ...«

»Allerdings *dort!*« Er deutete zum Burghof hinauf.

»Wie es sich für mich geziemte. L'mal war dagegen, daß ich mich unter die Reitknechte mischte.«

»Wo Sie mit großer Sicherheit mich angetroffen hätten!« Alessan grinste.

»Sammelten Sie Erfahrungen mit Siegrennern?«

»Beim Goldenen Ei, nein!« Alessan täuschte Entsetzen vor. »Ich hatte nicht den Auftrag, schnelle, sondern ausdauernde Tiere zu züchten. Bei den Festen mußte ich unserem Rennverwalter Norman zur Seite stehen.«

Moreta hob erneut das Glas. »Auf den Mann, der sich durchsetzte und gewann!«

Ihre Blicke trafen sich. Moreta fühlte sich immer stärker von dem neuen Burgherrn angezogen, und das nicht nur, weil er ihre Leidenschaft für Rennen teilte. Er ließ sich schwer einordnen. Mit Tolocamp, Ratoshigan oder Diatis hatte er wenig gemeinsam. Er wirkte aufgeschlossener und sehr humorvoll; wenn er nun noch gut tanzte, dann konnte es tatsächlich sein, daß sie ihn den ganzen Abend für sich in Beschlag nahm.

Als Moreta zögernd den Blick von Alessan löste, entdeckte sie, daß zwei weitere Drachen über der Burg kreisten. Sie suchte nach Orlith, die sich immer noch über dem Haupteingang der Burg sonnte, und freute sich über den goldenen Schimmer ihrer Haut. Dann spürte sie, daß Alessan sie beobachtete, und wandte sich etwas verlegen ab.

»Eine liebe alte Gewohnheit«, murmelte sie und zuckte mit den Schultern.

»Kein Wunder bei einer so langen Partnerschaft ...«

»Haben Sie sich eigentlich bereits an Ihr neues Amt als Herr von Ruatha gewöhnt?«

»Nein. Ich bin eben erst dabei ...« Alessan unterbrach sich, als er das zärtliche Lächeln sah, das Orlith galt. »Selbst nach zwanzig Planetenumläufen ...?«

»Da – die Flagge! Der nächste Lauf beginnt.« Moreta lenkte seine Aufmerksamkeit auf das Renngeschehen. Jemand, der selbst kein Drachenreiter war, würde kaum begreifen, daß die telepathische Gemeinschaft, die bei der Gegenüberstellung geknüpft wurde, ein Wunder war – ein sehr intimes Wunder.

KAPITEL II

Ruatha, 10. 3. 43

Das zweite Rennen ging über eine längere Strecke. Man hatte die Zielflaggen versetzt und die Bahn verbreitert, weil auf dieser Distanz mehr Renner antraten.

»Haben Sie diesmal ebenfalls einen Kandidaten im Feld?« fragte Moreta, als die Startfahne niederging.

»Nein. Ich besitze nur drahtige Sprinter und schwere, ausdauernde Zugtiere. Aber einer meiner Pächter hat einen aussichtsreichen Bewerber gemeldet. Man kann im Gedränge die Farben zwar schlecht erkennen; seine Satteldecke müßte jedoch blau mit roter Schraffierung sein.«

Das Feld war bereits etwas auseinandergezogen, als unvermittelt einer der Renner stürzte und zwei weitere mit zu Fall brachte. Moreta hielt den Atem an. Sie hoffte, daß sich die Tiere rasch wieder aufrappeln würden. Zwei der Renner kamen wieder auf die Beine. Der eine schüttelte benommen den Kopf, während der zweite reiterlos hinter dem Hauptfeld herrannte. Der dritte allerdings machte nicht einmal den Versuch aufzustehen.

Moreta rannte los, quer über das Feld.

»Ich verstehe nicht, weshalb er stürzte.« *Orlith!*

»Vermutlich ist er bei dem Gedränge ausgerutscht.« Alessan lief an ihrer Seite zur Rennstrecke hinunter. Ihre Besorgnis hatte ihn angesteckt.

»So dicht war das Feld nicht, und gestrauchelt ist er auch nicht!« Sie rannte weiter, obwohl sie sah, daß sich die beiden abgeworfenen Reiter über der Tier beugten und von der Startlinie Rennknechte herbeiliefen. *Orlith, warum steht er nicht auf?*

Beim Näherkommen erkannte Moreta, daß sich die Flanken des gestürzten Renners hoben und senkten. Seine Nase berührte den Boden, und er machte keine Anstalten, sich zu erheben. Das war sehr ungewöhnlich. Renner zogen es im allgemeinen vor, so rasch wie möglich auf die Beine zu kommen.

Hat er sich etwas gebrochen, Orlith?

»Er bekommt keine Luft«, sagte ein Reiter zum anderen. »Und die Nüstern sind blutig.«

Orlith, wach auf! Ich brauche dich!

»Dennoch – er hätte sich längst aufrichten müssen. Baron Alessan! Lady Moreta!« Der eine Reiter wandte sich ihnen zu, und Moreta erkannte Helly, einen tüchtigen Stallmeister, der viel Rennerfahrung besaß.

Er kann nicht atmen, erklärte Orlith schläfrig und ein wenig unwirsch über die Störung. *Seine Lungen sind mit Flüssigkeit gefüllt.*

Moreta beugte sich über den Kopf des Renners. Sie beobachtete das verzweifelte Blähen der Nüstern und den blutigen Ausfluß. Als sie nach der Halsschlagader tastete, spürte sie nur einen schwachen Puls. Er war viel zu unregelmäßig für ein Tier, das erst einige Drachenlängen gelaufen war.

Ein paar Männer ringsum schlugen vor, den Renner hochzustemmen. Moreta scheuchte sie mit einer Handbewegung zur Seite.

»Er kann nicht atmen. Die Luft dringt nicht bis in die Lungen vor.«

»Dann müssen wir einen Luftröhrenschnitt machen. Wer hat ein scharfes Messer?«

»Zu spät«, meinte Moreta. Sie schob die Lefzen des Tieres zurück und deutete auf den weißlich verfärbten Gaumen.

Die Umstehenden wußten ebenso wie sie, daß das Tier im Sterben lag. Vom Ziel erreichte sie das Jubelgeschrei der Zuschauer. Der Renner stieß einen gequälten Seufzer aus, und sein Kopf sackte zur Seite.

»So etwas erlebe ich zum ersten Mal«, murmelte der zweite am Sturz beteiligte Reiter. »Und ich beschäftige mich mit Rennern, seit ich einen Sattelgurt festziehen kann.«

»Haben Sie ihn geritten, Helly?« fragte Alessan.

»Ja, weil Vander mich darum bat. Sein Jockey ist erkrankt. Am Start wirkte das Tier ganz ruhig.« Helly unterbrach sich und schüttelte langsam den Kopf. »Zu ruhig, wenn ich mir's genau überlege. Aber ich kam eben erst vom Vorrennen zurück, und die anderen hatten das Tier für mich gesattelt ... Ging am Start tüchtig los, als sei es gewillt, sein Bestes zu geben.« Ärger und Hilflosigkeit schwangen in Hellys Stimme mit.

»Könnte das Herz gewesen sein«, erklärte einer der Zuschauer mit Kennermiene. »Da kippen sie oft ganz plötzlich weg. Wie wir Menschen auch.«

Nicht bei dem blutigen Nasenschleim, dachte Moreta.

»He, was ist denn hier los?« rief jemand gereizt. »Warum schafft man das Tier nicht ... Oh, Baron Alessan! Ich wußte nicht, daß Sie hier sind.« Der Rennverwalter schob sich an den Umstehenden vorbei. »Ist es tot? Verzeihung, Baron, aber wir müssen die Bahn für den nächsten Lauf freimachen.«

Alessan und Moreta nahmen den erschütterten Helly in ihre Mitte und führten ihn an der Menge vorbei die bereitwillig eine Gasse bildete.

»Ich begreife das nicht ... ich begreife das ehrlich nicht.«

Der Stallmeister stand offensichtlich unter einem Schock. Moreta merkte, daß sie immer noch den Kelch in der Hand hielt, und reichte ihn Alessan, der den Weinschlauch von der Schulter nahm und einschenkte. Moreta bot das gefüllte Glas Helly an, und er trank es in einem Zug leer.

»Helly, was ist geschehen? Brachte er die Beine durcheinander – oder was?«

Ein untersetzter Mann in den Farben Ruathas war schwankend näher gekommen und wich nun erschrocken zurück, als er erkannte, wer Helly beistand. Er hielt ein feuchtes Tuch an die Stirn gepreßt und versuchte sich gleichzeitig vor Moreta und Alessan zu verbeugen. Wieder geriet er ins Taumeln.

»Helly, was war denn los?« In diesem Moment kam der Karren mit dem toten Renner in Sicht. »Beim Ei!« murmelte der Mann und tupfte sich die Stirn ab.

»Vander, fühlen Sie sich nicht wohl?« Helly gab Moreta das leere Glas zurück und trat neben den völlig verwirrten Pächter. Gemeinsam folgten sie dem Wagen mit dem Kadaver.

Moreta und Alessan blieben zurück. Das Interesse der Menge wandte sich wieder dem Renngeschehen zu. Knechte schleppten Eimer mit Wasser zu den eingezäunten Weiden am Rande der Bahn, wo die Tiere angepflockt auf ihren Einsatz warteten. Hin und wieder übertönte ein aufgeregtes Wiehern das Geschrei der Zuschauer.

»Ich kenne keine Erkrankung der Atemwege die zu einem so plötzlichen Tod führen könnte«, murmelte Moreta.

»Ich war fest davon überzeugt, daß der Renner lediglich vom Sturz betäubt war und rasch wieder auf die Beine kommen würde«, stellte Alessan fest. »Woher wußten Sie so rasch, daß ihm etwas anderes fehlte?«

»Auf unserem Hof gab es immer Renner«, entgegnete sie ausweichend, denn außerhalb des Weyrs wußte kaum jemand, daß Orlith sie bei ihrer Heiler-Tätigkeit unterstützte.

»Dann haben Sie in Ihrer Jugend eine bemerkenswerte Ausbildung erhalten. Ich bilde mir nämlich ein, einiges von Rennern zu verstehen.«

»Davon bin ich überzeugt – wenn es Ihnen gelungen ist, aus Zugtier-Material einen Renner zu züchten ...«

In diesem Moment wurden zwei Renner an ihnen vorbeigeführt, allem Anschein nach Teilnehmer am Langstreckenlauf, und Moreta beobachtete die Tiere, bis sie in der Menge verschwanden.

»Nun – fehlt den beiden etwas?«

»Bestimmt nicht. Sie sind auf ihr Rennen gut vorbereitet. Nicht ein Tropfen Angstschweiß im Fell.«

»Könnte Vanders Tier schon vorher krank gewesen sein?«

»Das läßt sich nicht ausschließen«, meinte Moreta nachdenklich, »aber ich halte es für unwahrscheinlich. Helly sagte, daß der Renner laufen *wollte*. Ein krankes Tier würde sich anders verhalten. Vielleicht war es doch das Herz.«

»Gut. Ich möchte auch keine Probleme heraufbeschwören. Nicht heute, auf meinem ersten Fest.« Alessan runzelte die Stirn und drehte sich langsam um. Sein Blick streifte die Reihen der angepflockten Renner. »Es muß sich um irgendeinen dummen Zufall handeln. Ich kenne Vander. Sein Hof liegt einen guten Tagesritt im Süden. Er hat diesen Renner für den heutigen Lauf gründlich vorbereitet.« Alessan seufzte. »Aber werfen wir zur Sicherheit einen Blick auf seine anderen Tiere. Sie müßten da drüben stehen, wenn ich die Koppel-Nummern noch richtig im Kopf habe.« Er nahm Moreta am Arm und führte sie nach rechts.

Aber wie konnte sich so rasch Flüssigkeit in den Lungen stauen, wenn das Tier gesund gewesen war? überlegte Moreta. Sie wollte Orlith fragen, aber sie spürte, daß die Königin bereits wieder schlief. Renner spielten bei Drachen längst keine so große Rolle wie bei Menschen.

Alessan zog Moreta unvermittelt an sich, als ein Renner an ihnen vorbei zum Startplatz galoppierte. Seine Hufe wühlten das Gras auf, und er tänzelte so nervös, daß der Reiter Mühe hatte, im Sattel zu bleiben. Zwei Rennknechte liefen nebenher, aber sie hielten einen Respektabstand zu dem aufgeregten Tier ein. Moreta schaute der Gruppe nach.

»Nun?« erklang Alessans warmer Tenor dicht neben ihrem Ohr. Jetzt erst merkte sie, daß er immer noch schützend den Arm um sie gelegt hatte.

»Nein, der hier war alles andere als krank«, meinte sie lachend und löste sich von ihm. »Der hatte lediglich das Rennfieber.«

»Hier ist Vanders Koppel. Wenn ich mich recht erinnere, hatte er sieben Tiere angemeldet.« Alessan zählte und nickte dann. »Sagten Sie nicht, daß Sie aus Keroon stammen? Hier – diesen Renner kaufte er kürzlich in Keroon.«

Moreta streckte lachend die Hand aus und ließ das Tier an ihren Fingern schnüffeln, bis es sich an ihren Geruch gewöhnt hatte. Dann tastete sie seine Ohren nach dem Brandzeichen ab.

»Nein, von unserem Hof kommt er nicht.«

Alessan zuckte lächelnd mit den Schultern und untersuchte die übrigen Tiere. »Sie sehen prächtig aus. Vander kam schon vor zwei Tagen hier an, damit seine Tiere vor dem Rennen gut erholt sind. Ich werde mich später mit ihm unterhalten. Sollen wir jetzt zurück zu den ... nein, das darf nicht wahr sein!« Das Geschrei der Menge verkündete, daß der nächste Lauf begonnen hatte. Alessan warf ihr einen zerknirschten Blick zu. »Nun versäumen Sie meinetwegen schon wieder ein Rennen!«

»Ich sehe mir die Rennen an, weil das die Würde einer Weyrherrin besser unterstreicht als das Herumschleichen zwischen den Koppeln – obwohl mir letzteres weit mehr Freude bereitet! Darf ich einen Blick auf Ihren Sieger werfen, wenn wir schon hier sind? Ich hege den finsteren Verdacht, daß Sie mit Rücksicht auf Ihre Gastgeberpflichten darauf verzichtet haben, nach ihm zu sehen.«

Die Erleichterung und Freude in Alessans Augen bestätigten ihre Vermutung. Er wollte eben losgehen, als ihm ein untersetzter Mann mit langen, kräftigen Armen und den typischen Säbelbeinen des Jockeys entgegengerannt kam. Auf seinen Zügen lag ein breites Grinsen.

»Baron Alessan! Suchen Sie etwa Squealer?«

»Allerdings, Dag! Das hast du großartig gemacht, wirklich

großartig!« Alessan hieb Dag kräftig auf die Schultern. »Ein perfektes Rennen!«

Dag verbeugte sich steif vor Moreta.

»Meine Gratulation zu einem solchen Tier!« sagte die Weyrherrin. Dann konnte sie nicht widerstehen und fügte hinzu: »Es gibt nur wenige Menschen, denen es gelang, Baron Leef so hinters Licht zu führen.«

Dag warf ihr einen bestürzten, ja entsetzten Blick zu. »Lady Moreta, ich hätte nie gewagt ...«

Alessan boxte den kleinen Mann freundschaftlich in die Rippen. »Lady Moreta kommt von einem Hof, auf dem Renner gezüchtet wurden. Sie freut sich über unseren Erfolg.«

»Wo ist denn nun Ihr Squealer, Dag? Ich würde ihn gern aus der Nähe sehen.«

»Hier entlang, Lady. Aber im Moment kann man gar keinen Staat mit ihm machen. Ich habe ihn langsam auf und ab geführt, bis er nicht mehr so erhitzt war, Baron Alessan, und ihn dann mit lauwarmem Wasser gewaschen. Das Rennen hat ihn nicht im geringsten erschöpft. Er könnte jederzeit ...« Dag warf Moreta einen erschrockenen Blick zu und schwieg.

»Er ist ein Hengst?« fragte Moreta erstaunt.

»Ja. Weil er so knochig aussieht, konnte ich den Herdenmeister bisher immer beschwatzen, daß er zu jung oder zu kränklich zum Kastrieren sei. Und danach brachte ich ihn meist heimlich auf eine andere Weide.«

»Und das über Planetenumläufe hinweg?« Moreta war beeindruckt von soviel Anhänglichkeit.

»Squealer besitzt zum Glück keine auffälligen Merkmale«, sagte Alessan. »Das erleichtert die Sache ein wenig.«

Moreta sah einen hageren braunen Renner, der allein am Ende einer halbleeren Koppel wartete. Er hatte lange staksige Beine, aber derbe Gelenke. Einen Moment lang überlegte sie, was sie zum Lob des struppigen kleinen Kerls sagen könnte.

»Er hat wunderschöne Augen«, meinte sie schließlich.

Als hätte Squealer verstanden, daß von ihm die Rede war, drehte er sich um und betrachtete sie.

»Und er ist intelligent! Bleibt völlig gelassen.«

Squealer nickte ein paarmal, und die drei lachten über seine Reaktion.

Alessan winkte ab. »Ich weiß, daß es nicht viel über Squealer zu sagen gibt«, meinte er und tätschelte den Renner liebevoll.

»Squealer hat sein erstes Rennen gewonnen«, entgegnete Moreta. »Das will etwas heißen! Vielleicht gewinnt er noch viele andere, aber ...« Sie lächelte. »... nicht alle an einem Tag!«

Dag schnitt eine enttäuschte Grimasse.

»Hatten Sie eigentlich mehr Bewerber erwartet, Baron Alessan?« fragte Moreta und deutete auf ein paar unbenutzte Koppeln.

»Dag, das weißt du besser. Du hast Norman geholfen ...«

»Nun, wir hatten in der Tat mit mehr Leuten gerechnet. Während der ganzen letzten Siebenspanne herrschte schönes Wetter, und es gibt genug Höfe, in denen man die Renner für eine Nacht unterbringen kann. Uns wundert vor allem das Fehlen von Baron Ratoshigan; er besitzt einen Sprinter, der in diesem Jahr sämtliche Wettläufe für sich entschied. Sein Herdenmeister nahm auf dem Fest, das Baron Ratoshigan kürzlich gab, den Mund ziemlich voll ...«

»Es war vielleicht ganz gut, daß Squealer nicht gleich bei seinem ersten Lauf gegen die besten Renner des Westens antreten mußte ...«

»Er hätte es geschafft!« fuhr Dag auf, doch dann merkte er, daß Alessan ihn nur neckte. »Squealer ist jetzt abgekühlt. Ich bringe ihn rasch in seinen Stall.«

»Gut, dann sehen wir uns wieder die Rennen an.« Alessan wandte sich an Moreta. »Start- oder Ziellinie?«

»Ziel. Vielleicht erleben wir noch ein spannendes Finish.«

Für Leute, die ein Finish sehen wollten, schlenderten sie etwas zu lässig dahin, aber ihr Weg führte mitten durch die Koppeln, und Moreta genoß das.

»Ich frage mich tatsächlich, warum Baron Ratoshigan nicht kam.«

»Mir fehlt er nicht.« Moreta gab sich keine Mühe, ihre Abneigung zu verbergen.

»Ich teile Ihre Gefühle, aber ich hätte Squealer gern mit seinem Sprinter gemessen.«

»Das verstehe ich. Es muß großes Vergnügen bereiten, Ratoshigan zu schlagen.«

»Ich denke, Süd-Boll untersteht dem Fort-Weyr?«

»Das bedeutet nicht, daß ich den Mann mögen muß.«

Im gleichen Moment kam von der Seite ein gewaltiger Wasserschwall und durchtränkte Moreta bis auf die Haut. Den bildreichen Flüchen Alessans entnahm die Weyrherrin, daß auch er vor dem Segen nicht verschont geblieben war.

Was ist dir zugestoßen? erkundigte sich Orlith augenblicklich. Moreta war froh um die moralische Unterstützung ihrer Drachenkönigin, als sie wie erstarrt dastand und ihr das Wasser aus den Haaren in die Augen lief.

»Nichts Besonderes – ich bin nur naß geworden«, erklärte die Weyrherrin ihrer Königin.

Die Sonne scheint. Du wirst rasch trocknen.

»Nur naß? Völlig aufgeweicht sind Sie!« polterte Alessan.

Der Rennknecht, der im hohen Bogen einen Eimer Schmutzwasser ausgekippt hatte, weil er nicht ahnen konnte, daß die Weyrherrin von Fort und der Baron von Ruatha nicht auf den Tribünen saßen, wo sie eigentlich hingehörten, reichte Moreta völlig verstört ein Tuch, das allerdings schon verschiedenen anderen Zwecken gedient hatte und das Unheil nur verschlimmerte. Alessan rief wütend nach sauberem Wasser und frischen Kleidern und befahl, daß man ein Zelt freimachen solle.

Mit seinem Toben erreichte er, daß sämtliche Umstehenden das Mißgeschick bemerkten. Helfer rannten los, während Moreta dem entsetzten Knecht immer wieder versicherte, daß sie ihm nicht böse sei. Allerdings wußte sie genau, daß die Rennen nun ohne sie ablaufen mußten. Am liebsten hätte sie Orlith geholt und wäre in den Weyr heimgekehrt – aber sie holte sich in den nassen Klamotten vermutlich den Tod, sobald sie ins *Dazwischen* ging. Das neue braungoldene Festgewand war jedenfalls gründlich ruiniert.

Alessan zupfte sie am Ärmel. »Ich weiß, daß Sie Besseres gewöhnt sind, Moreta«, sagte er drängend. »Aber der Kittel hier ist sauber und trocken, und Sie könnten damit wenigstens die Rennen zu Ende verfolgen. Ich habe keine Ahnung, ob meine Schwester oder das Gesinde meiner Mutter Ihr Festkleid bis zum Abend trocken bekommen, aber ich verspreche Ihnen, daß ein paar angemessene Gewänder zur Auswahl bereitliegen werden, wenn die Rennen vorbei sind.«

Alessan hielt in einer Hand ein einfaches, schmal geschnittenes braunes Kleid und in der anderen Sandalen sowie einen hübschen, aus bunten Lederschnüren geflochtenen Gürtel. Er deutete auf das gestreifte Zelt des Rennverwalters. Im gleichen Moment schleppte der unglückliche Knecht zwei Eimer mit sauberem heißem Wasser herbei. Unter einen Arm hatte er sich einen Stapel mit frischen Handtüchern geklemmt.

»Kommen Sie, Moreta, bringen wir die Sache in Ordnung, ja?« Die Bitte in Alessans Worten und der Kummer in seinem Blick hätten selbst einen Stein erweicht.

»Und Sie?« fragte sie den Burgherrn, während sie zum Zelt ging. Die rechte Seite seines Anzugs war völlig durchnäßt.

»Ich fürchte, Sie haben den größeren Schwall abbekommen. Mein Zeug trocknet in der Sonne ... während wir die Rennen beobachten.«

Moreta lachte. »Also gut, ich werde mich beeilen.«

Der Knecht brachte das Wasser und die Handtücher ins Zelt. Sobald er gegangen war, streifte sich Moreta die Sachen vom Leib. Selbst ihre Unterwäsche tropfte, und so war sie froh, daß der schlichte braune Kittel aus einem kräftigen, undurchsichtigen Gewebe bestand. Rasch tauchte sie die Haare in das klare Wasser, denn die Schmutzbrühe hatte ihnen nicht gerade gutgetan. Dann rubbelte sie sich mit viel Wasser und den Tüchern gründlich sauber. Als das Geschrei der Menge das Finish des vierten Laufes ankündigte, erschien sie fertig angezogen vor dem Zelt.

»Jetzt glaube ich, daß Sie von einem Pächterhof stammen«, meinte Alessan mit leisem Lachen. Er reichte ihr ein gefülltes Glas. »Der Wein ist unversehrt geblieben.«

»Das nenne ich Glück!«

Der Knecht wand sich vor Verlegenheit und entschuldigte sich immer wieder, bis Moreta ihn mit einer ungeduldigen Geste verscheuchte. »Hinter den Rennzäunen fliegen oft schlimmere Dinge durch die Gegend als Schmutzwasser«, meinte sie lachend. »Ich bin froh, daß die Sache so glimpflich abgegangen ist.«

Alessan geleitete sie zur Ziellinie.

»Der letzte Lauf war ein Sprint – nur fünf Bewerber«, berichtete er.

»Und Squealer nicht dabei?« Moreta unterdrückte ein Lachen, als Alessan die gleiche säuerliche Miene aufsetzte wie zuvor Dag.

Die nächsten Rennen waren so spannend, daß sie die Tragödie des zweiten Laufes und auch ihr Mißgeschick völlig vergaß. Da sie in dem schlichten Gewand kaum jemand erkannte, konnte sich Moreta ungestört unter die Menge mischen. Sie fühlte sich zurückversetzt in die Zeit, als sie die Rennen von Keroon an der Seite ihres Jugendfreundes Talpan mitverfolgt hatte. Merkwürdig, daß sie ausgerechnet jetzt an ihn dachte ...

Ein geschäftstüchtiger Bäcker trug ein Tablett mit duftenden Fleischpasteten durch die Menge. Erst jetzt merkte Moreta, wie hungrig sie war.

»Kommen Sie!« sagte Alessan, der ihren Blick bemerkt hatte. »Sie sind mein Gast.« Er führte sie durch das Gewühl.

Der lockere, knusprige Teig war mit herrlich gewürztem Fleisch gefüllt, und Moreta verschlang im Nu drei Pasteten.

»Bekommen Sie im Weyr denn nichts zu essen?« neckte sie Alessan.

»Keine Sorge, ein Topf mit Stew steht immer bereit«, entgegnete sie. »Aber das Zeug schmeckt längst nicht so gut wie die Pasteten hier.«

Alessan musterte sie mit einem seltsamen Gesichtsausdruck.

»Sie sind ganz anders, als ich mir die Weyrherrin von Fort vorgestellt hatte«, erklärte er dann freimütig. Moreta überlegte müde, was Sh'gall wohl über sie erzählt haben mochte. »Leri habe ich näher kennengelernt«, fuhr der Burgherr fort. »Sie bleibt gewöhnlich ein Weilchen und plaudert mit den Bodentrupps ...«

»Ich würde das auch tun«, wehrte Moreta seine versteckte

Kritik ab, »wenn ich nicht sofort nach dem Sporenregen zurück in den Weyr müßte.«

»Müßte?« Alessan zog die Brauen hoch.

»Haben Sie sich nie überlegt, wer die verwundeten Drachen versorgt?« Sie sprach schärfer als beabsichtigt, weil er sie an ihre Pflichten erinnert hatte. In zwei Tagen mußten die Reiter von Fort wieder zum Kampf gegen die Fäden aufsteigen, und sie hatte Angst, daß es zu neuen Verletzungen käme.

»Ich dachte natürlich, daß den Weyrn stets die besten Heiler zur Verfügung stehen.« Alessans Antwort klang so formell, daß Moreta ihre heftige Antwort bedauerte. Sie legte dem Burgherrn rasch die Hand auf den Arm. Er drückte sie lächelnd und fuhr fort: »Aber ich hatte keine Ahnung, daß diese Aufgabe Ihnen zufällt.«

»Baron Alessan ...« Dag kam mit wiegenden Schritten auf sie zu. »Runel setzt Squealer ständig herunter! Ich habe ihm den Stammbaum zu erklären versucht, aber er will mir einfach nicht glauben.«

Alessan verzog das Gesicht und schloß einen Moment lang die Augen.

»Und ich hatte so gehofft, Runel auf diesem Fest nicht zu begegnen.«

»Das ist Ihnen bei fast allen anderen Gästen gelungen, Baron; aber Runel kann ich Ihnen nicht abnehmen!«

Alessan seufzte resigniert.

»Wer ist denn Runel?« erkundigte sich Moreta.

Die beiden Männer schauten sie erstaunt an.

»Soll daß heißen, daß Sie Runel nicht kennen?« Heiterkeit vertrieb die Resignation aus Alessans Zügen. »Na, dann wird es aber höchste Zeit!«

Dag stieß einen entsetzten Laut aus.

»Das Rennen fängt gleich an«, erinnerte Alessan Dag. »Das ist das einzige Ereignis – außer einem Sporenregen vielleicht –, das Runels Litaneien Einhalt gebietet.«

Moreta war neugierig geworden.

»Da drüben steht er mit seinen Kumpanen.« Dag deutete verstohlen mit dem Daumen.

Moreta fiel zuerst auf, daß die Festbesucher einen deutlichen Abstand zu den drei Männern wahrten. Zwei waren allem Anschein nach Hofbesitzer – einer trug die Farben von Fort und der andere die von Ruatha. Bei dem dritten handelte es sich um einen wettergegerbten Alten, dessen Kleider nach Stall rochen, obwohl sie ordentlich gebürstet und gebügelt waren. Der Mann von Ruatha verneigte sich tief vor Alessan, während er Moreta nur einen flüchtigen Blick zuwarf.

Alessan wandte sich an den Alten. »Hör zu, Runel! Ich habe den Renner, der heute auf der Kurzstrecke siegte, vor vier Planetenumläufen selbst gezüchtet. Seine Mutter ist die Sprintstute Dextra und sein Vater Vanders brauner Hengst Evest.«

Runels Gesichtsausdruck änderte sich dramatisch. Er warf den Kopf zurück, sein Blick verschleierte sich. »Squealer im Besitz von Alessan, Sieger des Ruatha-Festes im dritten Monat des dreiundvierzigsten Planetenumlaufs, sechstes Wiedererscheinen des Roten Sterns. Sohn von Dextra, der fünfmaligen Siegerin auf der Sprintstrecke, und Evest aus dem Stall Vander, im Besitz von Baron Leef, neunmaliger Sieger über Kurzstrecken. Dextra, gezeugt von Dimnal und geboren von Tran, der neunzehnfachen Siegerin über ...«

»Da, nicht mehr zu bremsen!« flüsterte Dag der Weyrherrin zu.

»Wie lange geht das noch?«

»Bis zurück zur Überfahrt«, murmelte Alessan. Er hatte die Arme verschränkt und tat so, als hörte er Runel aufmerksam zu.

»Allerdings kennt er nur die Renner des Westens«, merkte Dag kritisch an.

»Das reicht voll und ganz. Der Mann hat ein eidetisches Gedächtnis? Ich wußte zwar, daß es solche Leute gibt, habe aber noch nie jemanden von der Sorte persönlich kennengelernt.«

»Nennen Sie ihm einen Renner, und schon fährt er ab! Das Schlimme dabei ist nur, daß er ganz vorn anfangen muß ...«

»Geht er denn auf sämtliche Feste?«

»Auf alle, die er irgendwie erreichen kann.« Dag warf Alessan einen düsteren Blick zu.

Der Burgherr hob die Schultern. »Es ist sein einziges Talent. Mein Vater sorgte übrigens dafür, daß seine älteren Söhne in den verschiedensten Gilden gute Lehrplätze erhielten. So dient Runels Gedächtnis einem bestimmten Zweck ...«

»Genau. Er langweilt die Leute damit zu Tode«, seufzte Dag und warf einen sehnsüchtigen Blick auf den Rennplatz. »Es geht los!« Erleichterung machte sich auf seinen Zügen breit. Er stellte sich direkt vor Runel auf und sagte laut: »Das Rennen!«

Runels Begleiter zerrte an den Armen des Mannes, doch der schien sich immer noch in Trance zu befinden. »Das Rennen, Runel! Das Rennen beginnt!«

Runel schaute verwirrt umher.

»Runel, das Rennen beginnt«, wiederholte der Hofbesitzer von Fort und zerrte den Hirten in Richtung Ziellinie.

Alessan nahm Moreta ein Stück beiseite, und auch Dag ergriff die Flucht vor dem Trio. Moreta sah, daß die Zuschauer vor Runel rascher eine Gasse bildeten als vor Alessan.

»Sie sollten ihn erst mal hören, wenn er einen Familienstammbaum herunterrasselt!«

»Haben Sie das schon miterlebt?«

»Bei jedem Geburtsfest!« Alessan rollte die Augen zum Himmel.

»Ich könnte mir denken, daß so ein Mann in der Harfnerhalle von größerem Nutzen wäre als auf einer Burg.«

»Mein Vater hatte genug Verstand, das zu verhindern.«

»Warum? Bei dem Talent ...«

»Sein Großvater war Harfner auf unserer Burg und erinnerte sich zu oft an Dinge, die besser in Vergessenheit geraten wären.« Alessan grinste boshaft. »Mein Großvater sorgte dann dafür, daß seine Fähigkeiten weniger ... nun ja, weniger rufschädigend eingesetzt wurden. Aber eine ganze Reihe seiner Verwandten sind der Harfnergilde eng verbunden. Sie arbeiten vor allem in den Archiven, wo sie sich die alten Schriften einprägen, ehe die Tinte auf den dünnen Häuten ganz verblaßt ist.«

Sie suchten sich einen freien Platz im Zielraum und beobachteten den Einlauf des sechsten Rennens. Hier und da fingen sie Gesprächsfetzen auf. Die meisten Leute schienen zufrieden mit dem Fest und dem neuen Burgherrn, auch wenn manche eher freimütige Bemerkung Alessan in Verlegenheit zu bringen schien. Das Hauptgesprächsthema bildete jedoch das Wetter.

»Die Hitze kommt viel zu früh! Wir werden im Sommer zerfließen.«

»Ich ziehe die milden Tage zwar Regen- und Schneestürmen vor, aber irgendwie widerspricht es dem natürlichen Rhythmus der Jahreszeiten ...«

»Meine Herden sind unruhig. Bei der Wärme steigen ganze Wolken von Insekten auf und quälen die Tiere, bis sie nichts mehr fressen ...«

»Ein paar Tage Frost würden Pern guttun. Auch die Tunnelschlangen vermehren sich wie rasend.«

»Ich überlege schon, ob ich vorzeitig mit der Schur anfangen soll. Die Wolle ist zwar noch dünn, aber die Tiere schwitzen zum Erbarmen. Wenn es dann allerdings wieder kalt wird ...«

Moreta warf Alessan einen lächelnden Blick zu. »Seien Sie froh, daß die Leute sich nur über das Wetter beschweren. Kein Pächter erwartet von seinem Burgherrn, daß er das Wetter ändert. Für solche Dinge müssen meist die Weyr herhalten.« Sie schnitt eine Grimasse.

Der letzte Lauf brachte ein überraschendes Ergebnis. Zwei Renner überquerten die Ziellinie so dicht nebeneinander, daß selbst das geübteste Auge keinen Unterschied sah. Unter den Wettern und Besitzern entwickelte sich ein heftiger Disput. Alessan, der genau an der Ziellinie gestanden hatte, griff in den Streit ein und verdoppelte kurzerhand die Siegprämie.

Das war genau die richtige Entscheidung. Zufrieden und gutgelaunt verließen Reiter, Rennknechte und Zuschauer die Bahn.

»Sie sind ein großzügiger Burgherr, Alessan.«

»Vielen Dank.« Alessan schaute zu den Koppeln hinüber. »Ah, gerade rechtzeitig ...« Moreta folgte seinen Blicken. Ein Knecht führte ein kräftiges hochbeiniges Tier heran, das eine Satteldecke in den Farben von Ruatha trug. »Steigen Sie auf, Lady Moreta!«

»*Das* ist die Kreuzung, die Sie für Ihren Vater züchten mußten, nicht wahr?«

Alessan nickte lachend. Er half ihr beim Aufsteigen und schwang sich dann hinter sie auf den breiten Sattel.

»Also, ich persönlich würde Squealer vorziehen«, meinte sie, als sich das Tier in Bewegung setzte.

»Aus Ihnen spricht die Rennbegeisterung. Mein Vater ließ sich mehr von der Vernunft leiten.« Alessans Blick streifte erneut die halbleeren Koppeln zu beiden Seiten der Rennbahn.

»Ich verstehe wirklich nicht, was Ratoshigan gehindert hat, seine Renner hier antreten zu lassen. Er hätte geradewegs den Fluß heraufsegeln können.« Alessan schüttelte den Kopf. »Im Normalfall läßt sein Pächter Soover – Sie kennen ihn sicher von Süd-Boll – selbst bei Feuer, Nebel oder Sporeneinfall kein Rennen aus.«

»Es sind doch mehr als genug Leute auf Ihrem Fest erschienen!« Moreta deutete auf die Verkaufsbuden, vor denen sich dichte Menschentrauben drängten.

Auch die Tische rund um die Tanzfläche waren bereits belagert. Verlockender Bratenduft drang zu ihnen herüber.

Alessan war quer durch das Feld geritten und lenkte das Tier jetzt auf die Straße, die zur Burg hinaufführte. Moreta warf einen Blick auf die Feuerhöhen. Sie stellte fest, daß sich Tamianth vom Hochland zu Orlith gesellt hatte.

»Manche Geschöpfe lieben die Wärme«, meinte Alessan. »Kann es sein, daß die ausgiebigen Sonnenbäder den Drachen helfen, die Kälte im *Dazwischen* besser zu ertragen?«

Moreta erschauerte unwillkürlich, und Alessan legte ihr den Arm fester um die Taille.

»Wenn wir gegen die Fäden ankämpfen, bin ich dankbar für die Kälte des *Dazwischen*«, entgegnete sie. Ihre Gedanken wandten sich dem nächsten Einsatz zu, der in zwei Tagen bevorstand.

Dann führte Alessan das Reittier die Rampe zum Burghof hinauf. Die Hufe dröhnten schwer über das Pflaster und erregten die Aufmerksamkeit der Ehrengäste. Moreta winkte Falga, der Weyrherrin vom Hochland, fröhlich zu.

»Ist dein neues Festkleid nicht rechtzeitig fertig geworden, Moreta?« fragte Falga, als sie ihnen entgegenkam.

»Du kannst es beim nächsten Fest bewundern, Falga«, erklärte Moreta lachend. »Das hier ist mein Renntribünen-Kostüm.«

»Ach, du und deine Rennen!« meinte Falga gutmütig und wandte sich wieder ihren Gesprächspartnern zu.

Plötzlich tauchte Tolocamp neben ihnen auf. Seine joviale Miene konnte nicht darüber hinwegtäuschen, daß er Moretas staubiges Reitgewand mißbilligte.

»Vielen Dank, Baron, ich schaffe das schon!« Sie übersah Tolocamps hilfreich ausgestreckte Hand und schwang sich geschickt vom Rücken des Renners.

»Kommen Sie, Lady Moreta, ich bringe Sie gleich in meine Räume!« Lady Uma hatte sich durch die Menge gekämpft und nahm sie nun am Arm.

Froh, daß sie Tolocamps kritischer Musterung entrann, folgte Moreta Alessans Mutter. Als sich jedoch ihre Blicke trafen, war ihr klar, daß die Baronin ihr Verhalten nicht weniger mißbilligte als Tolocamp – wenn auch aus anderen Gründen. Allem Anschein nach hatte sie die Vermittlungspläne der Burgherrin gründlich durchkreuzt. Schweigend brachte Lady Uma sie in die inneren Gemächer der Burg, und dieses Schweigen wirkte stärker als jedes Wort des Tadels. In den Privaträumen der Baronin lagen jedoch mehrere elegante Kleider zur Auswahl bereit, und in der Badestube dampfte bereits warmes, mit Duftkräutern angerichtetes Wasser.

»Wir haben Ihr Kleid in Ordnung gebracht, Lady Moreta«, erklärte Lady Uma, als sie die Tür hinter sich schloß. »Ich fürchte nur, daß es vor dem Tanz nicht mehr richtig trocken wird.« Sie musterte Moretas Figur. »Hm, Sie sind schmaler, als ich dachte. Vielleicht das hier ...« Sie deutete auf ein rostrotes Kleid, winkte dann jedoch ungeduldig ab, eine Geste, die Moreta an Alessan erinnerte. »Nein, das wird Ihrem Rang einfach nicht gerecht. Eher dieses ...« Lady Uma hob ein glitzerndes grünes Gewand aus steifer Seide hoch.

Moreta strich mit den Fingern über den weichen Stoff des roten Kleides. Das Leibchen war wie für sie geschaffen, aber der Rocksaum saß eine Handbreit höher, als es sich für eine Weyrherrin geziemte. Ihr Blick fiel abwägend auf den prächtigen grünen Feststaat. Nein, in dem Zeug würde sie auf der Tanzfläche nur schwitzen.

»Das rote Kleid gefällt mir sehr gut; ich danke der Besitzerin, daß sie es mir für ein paar Stunden leiht.« Sie musterte lächelnd die Frauen, die sich um sie geschart hatten, aber keine der Anwesenden schien die Worte auf sich zu beziehen. »Ich werde mich beeilen«, versprach Moreta. Sie ging mit raschen Schritten ins Bad und zog den Vorhang hinter sich zu, in der Hoffnung, daß der Hinweis genügen und man sie allein lassen würde.

Die Wärme entspannte ihre verkrampften Muskeln, und sie blieb länger im Wasser, als sie beabsichtigt hatte. Erst als sie aus dem Bad gestiegen war und ihr Haar abzutrocknen begann, hörte sie im Vorraum ein Geräusch. Offenbar hatte doch jemand auf sie gewartet.

»Lady Uma?« rief sie ein wenig erschrocken.

»Ich bin es nur, Oklina«, entgegnete eine schüchterne junge Stimme. »Haben Sie alles gefunden, was Sie brauchen?«

»Ja, vielen Dank.«

»Darf ich Ihnen beim Frisieren helfen?«

»Nicht nötig – mein Haar ist kurz.«

»Ach so!« Leise Enttäuschung schwang in der Stimme mit.

»Ich bin fürchterlich selbständig, Lady Oklina«, lachte Moreta. »Nur mit den Haken und Verschlüssen des Kleides komme ich nicht zurecht.« Sie schob den Vorhang mit einem Ruck beiseite, und Oklina, die ihr zu Hilfe eilen wollte, hätte sie beinahe überrannt. Verlegen wich das junge Mädchen zurück.

Oklina ähnelte ihrem Bruder sehr stark, Lady Uma dagegen überhaupt nicht. Moreta schloß daraus, daß die Baronin wohl nicht ihre leibliche Mutter war. Die dunkle Haut, die bei Alessan einen so reizvollen Kontrast zu den grünen Augen bildete, verlieh dem Mädchen ein eher schwermütiges Aussehen, aber sie hatte ein ausdrucksvolles Gesicht und anmutige Bewegungen. Mit einer Spur von Neid registrierte Moreta die langen glänzendschwarzen Haarflechten Oklinas.

»Ich ... es tut mir leid, daß Sie mit mir auskommen müssen, aber draußen wird gerade aufgetragen, und bei all den Gästen ...« Oklina hakte geschickt das Leibchen am Rock fest und begann es am Rücken zu schnüren.

»Wenn ich besser achtgegeben hätte ...«

»Oh, Marl wäre am liebsten im Erdboden versunken, als er merkte, wen er da mit dem Schmutzwasser übergossen hatte! Er brachte das Gewand selbst hierher und ging erst wieder, als er sah, daß die Mägde es ins Waschhaus trugen. So ein schönes neues Kleid – und noch vor dem ersten Tanz verdorben ...« Oklina seufzte und warf einen wehmütigen Blick auf ihr eigenes Kleid, das offensichtlich eine ihrer älteren Schwestern abgelegt hatte.

»Mit dieser Robe kann ich sicher leichter tanzen«, lachte Moreta und wirbelte im Kreis, daß der Rock flog.

»Alessan befahl uns ausdrücklich, Kleider herzurichten, die elegant genug sind, daß Sie zum Tanz bleiben.«

»Tatsächlich?«

»Ich ... das hätte ich wohl nicht sagen dürfen.« Tränen standen in Oklinas Augen, aber dann schluckte sie und fuhr fort: »Wissen Sie, er war seit Surianas Tod auf keinem Fest mehr. Nicht einmal zu seiner Einsetzung als Erbbaron kam er. Hat er sich gefreut, als Squealer siegte?«

»Er war begeistert!« Moreta lächelte über die Bewunderung, die Oklina ihrem Bruder entgegenbrachte. »Und das mit Recht! Der Renner gewann mit fünf Längen Vorsprung.«

»Oh, wirklich? Und er hat seine Freude echt gezeigt?« Als Moreta nickte, begannen die dunklen Augen des Mädchens zu leuchten. »Ich habe nur den Start mitverfolgt ...« Das ausdrucksvolle Gesicht verdüsterte sich kurz. »... und die Anfeuerungsrufe gehört. Sind Sie Dag begegnet? Dag läßt Squealer nicht aus den Augen. Der Alte versteht eine Menge von Rennen. Er arbeitete früher als Jockey bei Baron Leef. Siegrenner wittert er geradezu. Und er hatte Vertrauen in Alessans Zuchtversuche, obwohl alle anderen meinten, er solle die Finger davon lassen, ehe Baron Leef ...« Oklina biß sich auf die Unterlippe. »Ich fürchte, ich rede zuviel.«

»Ich höre Ihnen gern zu.« Moreta erlebte einen solchen Redeschwall nicht selten. Gerade die jüngeren Mädchen auf einer Burg wurden ziemlich unterdrückt und fanden kaum Gelegenheit, ihre Gefühle und Meinungen zu äußern. »Und ich bin sicher, daß Squealer die Zeit und die Mühe lohnen wird, die Alessan und Dag aufgewendet haben.«

»Ja?« Oklina strahlte. »Oh, die Harfner fangen an!« Das Mädchen lief ans Fenster und schaute zur Tanzfläche hinunter.

»Dann kommen Sie! Es wird höchste Zeit zum Tanz!«

Oklina warf ihr einen schüchternen Blick zu. Moreta konnte sich denken, daß Lady Uma dem jungen Mädchen eine Reihe anderer Arbeiten zugedacht hatte, aber sie wollte persönlich dafür sorgen, daß die Kleine das Fest ein wenig genießen konnte.

Die Korridore und der Saal waren leer, und im Hof entzündeten Mägde eben die Leuchtkörbe. Moreta blieb einen Moment lang auf der Rampe stehen und warf einen Blick hinauf zu den Feuerhöhen. Orlith hatte die Augen geschlossen und schlief in der Abendsonne. Wahrscheinlich wachte sie erst wieder auf, wenn die kühle Nachtbrise einsetzte. Die meisten anderen Drachen aber betrachteten das lebhafte Treiben mit großen funkelnden Augen.

»Herrliche Geschöpfe!« Oklinas Tonfall verriet Entzücken und Furcht zugleich. Einen Moment lang stockte sie, doch dann sprudelte sie hervor: »Hatten Sie ... große Angst?«

»Bei der Gegenüberstellung? Und wie! Die Sucher entdeckten mich erst am allerletzten Tag auf dem Hof meines Vaters. Man brachte mich in höchster Eile nach Ista, wo ich gerade noch Zeit fand, ein Bad zu nehmen und mich umzuziehen. Ehe ich so richtig erfaßte, was geschah, stand ich schon in der Brutstätte. Orlith verzieh mir zum Glück, daß ich zu spät kam ...« Ein sanftes Lächeln huschte über Moretas Züge.

Oklina seufzte sehnsüchtig.

Früher hatte Moreta oft Schuldgefühle entwickelt, wenn junge Mädchen sie um ihr Leben im Weyr beneideten. Inzwischen aber wußte sie, daß es nicht genügte, eine Drachenkönigin für sich zu gewinnen. Was danach kam, waren meist harte Arbeit und Pflichterfüllung.

»Wenn mein Bruder nicht zum Nachfolger auf Ruatha bestimmt worden wäre, hätte er vielleicht auch einen Drachen für sich gewonnen«, wisperte Oklina der Weyrherrin zu.

»Tatsächlich?« Moreta war verblüfft. Sie wußte gar nicht, daß man auf Ruatha nach möglichen Kandidaten für die Gegenüberstellung gesucht hatte.

»Dag hat es mir verraten.« Oklina nickte heftig. »Es war vor zwölf Planetenumläufen. Dag erzählte, Baron Leef sei wütend gewesen, weil Alessan doch sein Erbe antreten sollte, und er bot den Drachenreitern seine übrigen Söhne an, aber die Drachen wollten keinen haben. Woher wissen die Tiere eigentlich so genau Bescheid?«

»Suchdrachen haben ein feines Gespür«, erklärte Moreta und verlieh ihrer Stimme einen geheimnisvollen Klang. »Jeder Weyr besitzt Drachen, die das Potential in jungen Menschen erkennen.« Moreta zuckte mit den Schultern. »Es gibt Weyrgeborene, die ihr Leben lang mit Drachen zu tun hatten und nie ein Tier für sich gewinnen konnten, und dann wieder völlige Außenseiter – wie mich –, denen es auf Anhieb gelingt. Die Drachen wissen es immer.«

»Die Drachen wissen es immer ...« Oklinas Flüstern klang wie ein Gebet oder wie eine Beschwörung. Sie warf einen verstohlenen Blick zu den Feuerhöhen, als fürchtete sie, einer der schlummernden Drachen könnte ihre geheimen Wünsche übelnehmen.

»Kommen Sie, Oklina!« sagte Moreta rasch. »Ich habe schon eine Ewigkeit nicht mehr getanzt.«

Kapitel III

Ruatha, 11. 3. 43

Die Dämmerstimmung auf Ruatha rief in Moreta Glücksgefühle wach. So sollte ein Fest sein – Weyr, Burgen und Gilden vereint bei Speisen und Trank, Tanz, Gesprächen und fröhlichem Lachen. Die Leuchtkörbe warfen goldene Lichtkreise auf die dicht besetzten Tische, auf die Tänzer, auf die kleinen und größeren Gruppen, die herumstanden und sich unterhielten, und auf die durstigen Seelen, die das große Weinfaß umlagerten. Kinder liefen in der Menge umher, und hin und wieder übertönten ihre hellen Stimmen die Musik und das rhythmische Stampfen der Tänzer. Herrliche Bratendüfte stiegen ihr in die Nase.

Auf dem Podest hatten sich neun Harfner eingefunden; fünf weitere saßen in der Nähe und warteten auf ihren Einsatz. Moreta suchte nach Tirone, aber sie konnte den Meisterharfner nirgends entdecken. Er würde es doch nicht versäumen, dem neuen Erbbaron seine Aufwartung zu machen? Nun, vielleicht kam er später noch.

Moreta und Oklina erreichten den Ring der Zuschauer, und die Menge machte bereitwillig eine Gasse frei als sie sich der Tanzfläche näherten. Oklina wollte umkehren, nachdem sie die Weyrherrin an den Tisch der Ehrengäste geleitet hatte, aber Moreta hielt sie am Arm fest. Und als Alessan aufsprang, um ihr Platz anzubieten, zog sie das Mädchen einfach neben sich auf die Bank.

»Das reicht für uns beide!« Moreta warf Alessan einen bedeutsamen Blick zu. »Ihre Schwester war so lieb, auf mich zu warten und mir beim Umkleiden zu helfen.«

Auf einen Wink Alessans rückten die übrigen Gäste ein wenig zusammen. Der Burgherr musterte kritisch Moretas Kleid und runzelte die Brauen. »Konnten die Frauen nichts Besseres für Sie auftreiben?« fragte er leise.

»Oh, ich hatte die Wahl zwischen mehreren Prunkroben, aber das hier schien mir zum Tanzen am besten geeignet. Es fühlt sich herrlich leicht an.« Sie lächelte ihm zu. »In Zukunft werde ich immer zwei Kleider mitnehmen, wenn ich auf ein Fest gehe: eines, in dem ich mir die Rennen ansehen kann, und ein zweites, in dem mich die Leute ansehen können.« Sie hob den Kopf und versuchte die exaltierte Miene von Tolocamps Gemahlin zu imitieren.

Alessan blinzelte mit Verschwörermiene und füllte ihr Glas. »Der Weiße von Benden!« flüsterte er.

Sie hatte kaum den ersten Schluck getrunken, als die Harfner eine schnelle, fröhliche Tanzmelodie anstimmten.

»Darf ich bitten, Weyrherrin?« Alessan war aufgesprungen und streckte beide Hände aus.

»Gern.« Moreta wandte sich mit einem Lächeln an Oklina. »Könnten Sie inzwischen darauf achten, daß mir niemand den Platz und den Wein wegnimmt?« Dann folgte sie Alessan auf die Tanzfläche. Sie fand rasch den Rhythmus und genoß es, in seinen Armen herumzuwirbeln.

Moreta tanzte leidenschaftlich gern, aber im Fort-Weyr gab es selten Gelegenheit dazu. Eigentlich tanzte man nur bei der Gegenüberstellungszeremonie. Hin und wieder kam ihr zwar zu Ohren, daß die blauen und grünen Reiter nach dem Tod eines Drachen oder nach einem besonders harten Kampf gegen die Sporen wilde Tanz-Orgien abhielten, aber von solchen Zusammenkünften hielt sich Moreta im allgemeinen fern.

Die Musik verscheuchte ihre Gedanken an den Weyr und ihre Pflichten, und sie war außer Atem, als Alessan sie endlich an den Tisch zurückbrachte. Begeistert applaudierte sie den Harfnern.

»Ich muß mich jetzt ein wenig um Falga kümmern«, sagte Alessan, nachdem Moreta Platz genommen hatte. »Aber ich hoffe, daß Sie mir noch den einen oder anderen Tanz reservieren.«

»Macht es Spaß, mit Alessan zu tanzen?« fragte Oklina, als sie Moreta den Kelch mit dem goldenen Benden-Wein zuschob.

»Und ob! Er ist leichtfüßig und kennt sämtliche Schrittfolgen.«

»Ich weiß: Er hat mir die wichtigsten Tänze beigebracht. Wenn bei uns im Großen Saal musiziert wird, fordert er mich auch meist auf – aber heute, bei all den jungen Mädchen, die eigens seinetwegen gekommen sind, hat er bestimmt keine Zeit ...«

»Dann suche ich Ihnen eben einen anderen Partner!« Moreta ließ ihre Blicke über die Menge schweifen.

»Nein, das geht nicht.« Oklina sah sie ängstlich an. Eben formierten sich auf dem Podium die Paare zu einem neuen Tanz. »Ich soll doch bei der Betreuung der Gäste helfen.«

»Tun Sie das nicht? Sie sorgen seit geraumer Zeit für mein Wohlbefinden!« Moreta lächelte das junge Mädchen an. »Aber das bedeutet nicht, daß Sie den ganzen Abend stillsitzen müssen.«

»Moreta!« Eine kräftige Hand legte sich auf ihre Schulter. Sie schaute auf und erkannte B'lerion, den Reiter des Bronzedrachen Nabeth aus dem Hochland-Weyr. »Ich weiß, daß du dieser Musik nicht widerstehen kannst. Und mir erst recht nicht!«

Der Bronzereiter wartete ihre Zustimmung nicht ab, sondern zog Moreta hoch und blinzelte über ihre Schulter hinweg Oklina zu.

Moreta war der sehnsüchtige Ausdruck in Oklinas Gesicht nicht entgangen. Sie wußte, daß B'lerion auf die meisten Frauen Eindruck machte. Er war hochgewachsen und kräftig, hatte verführerische dunkle Augen und lachte gern. Außerdem verstand er es, die Mädchen mit seiner Schlagfertigkeit und seinen lebhaften Erzählungen zu begeistern. Nach ihrem Einzug im Fort-Weyr hatte sie eine kurze Affäre mit ihm gehabt, und sie war sicher, daß ihr drittes Kind von ihm stammte. Leider wuchs es als Pflegling in einer anderen Familie auf, aber Moreta war von Anfang an als Heilerin der verwundeten Drachen eingesetzt worden, und diese Pflicht hatte absoluten Vorrang. Obwohl B'lerion als Geschwaderführer nicht an Sh'gall heranreichte, hatte Moreta insgeheim gehofft, daß Nabeth Orlith bei ihrem ersten Paarungsflug besiegen würde. Nun, es half nichts, versäumten Möglichkeiten nachzutrauern. Der stärkste, klügste Drache machte in der Regel das Rennen – das war der einzige Weg, die Rasse zu verbessern. Und Sh'galls Kadith hatte sich eben zweimal als der stärkste und schnellste Bronzedrache erwiesen. Das sagte sich Moreta immer wieder eisern vor.

B'lerion war gutgelaunt und erwies sich wieder einmal als ausgezeichneter Tänzer. Er hatte von ihrer unfreiwilligen Dusche gehört und meinte, das sei die gerechte Strafe dafür, daß sie den jungen Burgherrn für sich ganz allein in Anspruch genommen habe. Dann begann er zu sticheln, warum Sh'gall nicht auf dem Fest sei, um sein Eigentum zu schützen.

»Ich habe nie verstanden, wie du es zulassen konntest, daß Kadith deine Königin nahm. Stell dir vor, Nabeth wäre Sieger geblieben! Wir beide hätten den Fort-Weyr schon in den Griff bekommen! Und du magst Sh'gall nicht. Gib es ruhig zu!«

Er preßte sie enger an sich, und Moreta wußte, daß er halb im Ernst sprach. Aber sie wußte auch, daß B'lerion immer im Ernst sprach, wenn er eine Frau für sich gewinnen wollte. Er war ein Charmeur, der seine Aktivitäten nicht auf einen Weyr oder eine Burg beschränkte.

»Du und Weyrführer von Fort? Du hast nicht die Spur von Verantwortungsgefühl!«

»Mit deiner Hilfe wäre ich über mich hinausgewachsen. Außerdem sind es nur noch acht Planetenumläufe, bis der Rote Stern endgültig verschwindet. Stell dir vor, was für ein herrliches Leben wir dann geführt hätten!« Er legte den Arm um ihre Taille. »Du kannst nicht leugnen, daß wir beide gut zusammenpassen ... und daß wir unseren Spaß hatten ...«

»Wann hattest du mal keinen Spaß, du Weiberheld?« Moreta löste sich lachend aus seinem Arm. Sie befürchtete, daß jemand B'lerions Aufmerksamkeiten mißdeuten könnte. Und sie schuldete Sh'gall ihre ungeteilte Unterstützung – zumindest bis zum Ende der Sporeneinfälle. Als sie an den Tisch zurückkehrte, folgte er ihr und nahm neben Oklina Platz.

»Darf ich um den nächsten Tanz bitten, Lady Oklina? Ich bin B'lerion, der Reiter des Bronzedrachen Nabeth. Moreta wird Ihnen bestätigen, daß ich völlig harmlos bin. Gönnen Sie mir einen Schluck von Ihrem Wein?«

»Das ist Lady Moretas Wein!« protestierte Oklina und versuchte das Glas festzuhalten, aber B'lerion nahm es lachend an sich.

»Moreta würde mich bestimmt nicht verdursten lassen. Ich trinke auf Sie und Ihre großen dunklen Augen!«

Moreta merkte deutlich, daß Oklina bei B'lerions Komplimenten in Verwirrung geriet. Das junge Mädchen zählte sicher erst sechzehn Planetenumläufe. Man würde sie bald an einen Hofbesitzer oder Handwerksmeister im Osten oder Süden von Pern verheiraten, möglichst weit weg von Ruatha, um den Stammbaum stark zu erhalten. Wenn der Rote Stern weitergezogen war, hatte Oklina bestimmt schon eine große Kinderschar und würde nur noch verschwommen an dieses Fest zurückdenken. Oder sie erinnerte sich mit Freude an B'lerions Aufmerksamkeiten. Die Harfner spielten einen langsamen Tanz, und B'lerion führte das Mädchen aufs Podium.

Die Bänke leerten sich, denn die getragenen Klänge lockten auch die älteren Gäste auf die Tanzfläche. An einem Ende der Tafel saß Lady Uma und hörte ernsthaft dem Geplauder einer protzig gekleideten Gutsbesitzerin zu. Als beide zufrieden zum Podium hin nickten, sah Moreta, daß Alessan mit einem jungen Mädchen tanzte. Wohl die Tochter der Gutsbesitzerin – eine Heiratskandidatin? Lady Umas schwaches Lächeln hatte etwas Berechnendes, und Moreta betrachtete das Mädchen genauer. Sie war hübsch, mit lockigem dunklem Haar, wirkte jedoch mit ihrem gezierten Augenaufschlag ziemlich albern. Moreta konnte sich nicht vorstellen, daß Alessan viel mit so einem naiven Ding anfangen konnte – vor allem jetzt, da er als Erbbaron von Ruatha unter den schönsten und klügsten Frauen des Kontinents wählen konnte. In diesem Moment bemerkte Moreta einen Bronzereiter von Fort am Rande der Tanzfläche. Sie war verblüfft, denn sie hatte geglaubt, daß S'peren nach Ista geflogen sei.

»Ist das Fest auf Ista schon vorbei?« fragte sie ihn erstaunt.

»Es war eher enttäuschend, nachdem sie das Tier weggeschafft hatten. Keine Rennen.« S'peren lächelte. »Und längst nicht so viele Gäste wie auf Ruatha.« Er nickte zur überfüllten Tanzfläche hin. »Die Leute waren nicht in Feststimmung. Es geht eine Krankheit in Igen, Keroon und Telgar um.«

»Unter den Tieren?« Der rätselhafte Tod des Renners kam ihr plötzlich wieder in den Sinn.

S'peren warf ihr einen erstaunten Blick zu. »Nein, unter den Menschen. Eine Art Fieber, wie ich hörte. Meister Capiam kümmert sich darum. Angeblich befand er sich auf Ista, aber ich sah ihn nirgends.«

»Wie geht es den Weyrführern von Ista?« Mit F'gal und Wimmia hatte sie während ihres Aufenthalts im Ista-Weyr stets eine enge Freundschaft verbunden.

»Gut. Sie lassen dich wie immer herzlich grüßen. Ach, da fällt mir noch etwas ein! Ein Tierheiler namens Talpan hat sich nach dir erkundigt. Er erzählte, daß er dich noch vom Hof deines Vaters her kennt.«

Seltsam, dachte Moreta, nachdem sie noch ein paar höfliche Worte mit S'perens Begleitern gewechselt hatte. Heute war ihr erstmals seit vielen Planetenumläufen Talpan in den Sinn gekommen ... und einige Stunden später erhielt sie ein Lebenszeichen von ihm.

Der Tanz ging zu Ende, und sie hielt nach Alessan Ausschau. Er war ein so angenehmer Partner. Dann sah sie ihn auf dem Podium, an der Seite eines dunkelhaarigen Mädchens. Oklina? Als die Kleine sich umdrehte, erkannte Moreta, daß es eine Fremde war. Alessan tat ihr allmählich leid. Sie konnte sich noch gut erinnern, wie elend sie sich gefühlt hatte, kurz bevor Orlith zum entscheidenden Paarungsflug aufgestiegen war und ihr plötzlich sämtliche Bronzereiter von Pern den Hof machten.

Moreta trank ihr Glas leer und begann nach einem Partner zu suchen. Als sie keinen entdeckte, schlenderte sie an den nächstbesten Weinausschank und ließ sich ihren Kelch nachfüllen. Ein Schluck – und sie schüttelte sich! Das war kein Benden-Wein, sondern der herbe Rebensaft von Tillek. Ein Blick auf die Ehrentafel zeigte ihr Alessan, flankiert von zwei hübschen Mädchen, eines davon mit prächtigem rotblondem Haar. Lady Uma war offensichtlich nicht untätig geblieben. Ein wenig enttäuscht suchte sich Moreta einen freien Hocker und lauschte den Harfnern, die jetzt mit Liedvorträgen begannen.

Die erste Ballade hatte einen temperamentvollen Refrain, und die Weyrherrin sang ihn begeistert mit. Nach der zweiten Stufe spürte sie Orlith in ihren Gedanken.

Gefällt dir der Gesang? fragte sie ihre Königin.

Singen ist eine schöne Beschäftigung. Es macht die Seele leicht und frei und vereint die Gedanken.

Es folgten vier Traditionsballaden, jede mit großem Eifer vorgetragen. Dann überraschte sie der junge Harfner von Ruatha, der eine schöne Tenorstimme hatte, mit einem Lied, das ihm beim Durchforschen der Archive in die Hände gefallen war. Es hatte eine eingängige Melodie und fremdartige, sehr eigenwillige Rhythmen. Ein uralter Gesang, dachte Moreta, und genau richtig für diesen weichen Tenor. Auch Orlith fand Gefallen daran.

Unser Geschmack ist oft der gleiche, stellte Moreta fest.

Oft, aber nicht immer.

Wie meinst du das?

Die Harfner singen! wich Orlith aus, und Moreta wußte, daß sie keine direkte Antwort erhalten würde.

Dann fragten die Harfner nach Wünschen aus dem Publikum. Moreta hätte gern ein Lied aus den Ebenen von Keroon gehört, aber es war eine düstere Ballade, die nicht zur Stimmung dieses Festes paßte. Talpan hatte sie oft gesummt ...

Nach den Vorträgen betrat Alessan die Bühne und dankte den Harfnern für ihr Kommen und ihre Musik. Er lud sie ein, sich mit Ruatha-Wein zu stärken, damit sie so lange weiterspielen konnten, bis auch der letzte Tänzer erschöpft das Podium verließ. Von den Tischen kamen Hochrufe. Den Gästen gefiel es, daß der Burgherr nicht gleich bei seinem ersten Fest knauserte.

Die nächste Tanzrunde eröffneten die Harfner mit einem Reigen. Das gab Alessan Gelegenheit, beide Partnerinnen gleichzeitig aufs Podium zu führen. B'lerion tanzte wieder mit Oklina, aber Lady Uma achtete nicht darauf, weil sie nur Augen für Alessan hatte.

Moreta machte sich entschlossen auf die Suche nach Benden-Wein. Unterwegs hielten sie ein paar Gutsleute auf und erkundigten sich nach dem Befinden von Leri und Holth. Sie bedauerten, daß die einstige Weyrherrin von Fort das Fest nicht besuchte.

Gib ihre Grüße an Holth weiter, Orlith. Es wird die beiden freuen, daß man sie vermißt.

Nach einer Pause entgegnete Orlith, Holth sei ganz froh, nicht die ganze Nacht auf einem kalten Felsensims herumsitzen zu müssen.

Spürst du die Kälte, Liebes? erkundigte sich Moreta besorgt.

Die Feuerhöhen bleiben lange warm. Außerdem liegen Nabeth und Tamianth dicht neben mir. Du solltest etwas essen! Mich ermahnst du immer, wenn ich nichts esse.

Moreta lächelte über Orliths selbstgefälligen Ton. Aber ihre

Königin hatte nicht unrecht. Der herbe Tillek-Wein machte sie fast ein wenig beschwipst, und ihr Magen knurrte. Am besten besorgte sie sich etwas zu essen, ehe der Reigen zu Ende ging. Sie ergatterte ein Tablett mit scharf gewürzten Wherhuhn-scheiben, gebackenen Gemüseknollen und anderen Delikatessen. Als sie damit den Tisch der Ehrengäste – und die Karaffe mit dem Benden-Wein – ansteuerte, endete der Tanz. Alessan verbeugte sich vor seinen beiden Tänzerinnen, und schon stand Lady Uma neben ihm und stellte ihm das nächste Mädchen vor. Aus dem Augenwinkel erspähte Moreta Baron Tolocamp, der mit wichtiger Miene auf sie zusteuerte, und sie bog ab, als habe sie ihn nicht gesehen. Sie hatte keine Lust, sich den Abend durch seine Beschwerden und Quengeleien verderben zu lassen. Einen Moment lang überlegte sie, ob sie am Tisch der Harfner haltmachen sollte, denn dort gab es sicher den besten Wein, aber die Harfner konnten sie auch nicht vor Tolocamp schützen. So schlängelte sie sich unauffällig hinter das Podium und blieb aufatmend im Halbdunkel stehen.

Um ein Haar wäre sie über einen Stapel Packsättel gestolpert, die jemand hier außer Sichtweite der Gäste gelagert hatte. Das brachte sie auf eine Idee. Sie zog einen der Sättel heran, setzte sich und begann in aller Ruhe zu essen. Tolocamp bereitete ihr ernsthafte Sorgen. Wenn der Rote Stern erst weiterwanderte und die Burgherren nicht mehr auf die Drachenreiter angewiesen waren, würde er sicher ständig an den Weyrn herummäkeln. Moreta hegte ihre Zweifel, ob Sh'gall ihn ebensogut in Schach halten konnte wie die Sporenplage.

Endlich ißt du! stellte Orlith fest.

Moreta klappte eine Bratenscheibe zusammen und biß herzhaft hinein. Das Fleisch war zart und saftig.

Das Zeug schmeckt großartig! berichtete sie ihrer Königin.

Jemand kam um die Ecke des Podiums gestolpert, und Moreta zog sich tiefer in die Schatten zurück. Hatte Tolocamp etwa ihren Zufluchtsort entdeckt? Oder war da jemand, der einem dringenden Bedürfnis nachgeben wollte?

Es ist Alessan, beruhigte sie Orlith. Moreta staunte. Im allgemeinen besaß ihre Königin kein besonders gutes Namengedächtnis.

»Moreta?« Alessans Stimme klang unsicher. »Ah, da sind Sie ja!« rief er erleichtert und kam ein paar Schritte näher. »Ich sah, wie Sie vorhin die Flucht vor Tolocamp ergriffen. Ich komme beladen mit Speis und Trank. Störe ich?«

»Überhaupt nicht, falls Sie an einen Schluck Benden-Wein gedacht haben! Das Zeug von Tillek, das Sie da ausschenken lassen, ist nicht schlecht, aber ...«

»Aber es hält den Vergleich mit Benden nicht aus, ich weiß. Hoffentlich haben Sie das keiner Menschenseele verraten ...«

»Damit sich alle auf den kostbaren Tropfen stürzen? Beim Großen Ei, ich werde mich hüten! Und Sie haben noch mehr von dem knusprigen Wherhuhn mitgebracht? Meine Hochachtung vor Ihren Köchen! Hier, machen Sie es sich bequem!« Sie schob ihm einen Sattel zu und reichte ihm dann das leere Glas. »Ich bin am Verdursten.«

»Ich habe gleich den ganzen Schlauch mitgebracht.« Alessan schenkte vorsichtig ein.

»Aber sicher müssen Sie ihn mit Ihren Freunden teilen.«

»Sagen Sie das noch einmal ...« Alessan traf Anstalten, ihr das gefüllte Glas wieder abzunehmen.

»Das war unfair von mir. Sie taten nur Ihre Pflicht als Gastgeber ...«

»Aber das gründlich! Von jetzt an nehme ich mir die Freiheit, das Fest zu genießen.«

»Das können Gastgeber selten.«

»Meine Mutter hat mir mit viel Geschick ...«

»... und Eifer ...«

»... jedes heiratsfähige Mädchen im Westen vorgeführt, und ich habe brav mit jeder der Damen getanzt. Reden kann man allerdings mit den wenigsten. Übrigens – wer ist der Bronzereiter, der Oklina nicht mehr losläßt? Kann man sich auf ihn verlassen?«

»B'lerion ist ein liebenswerter Mensch, den ich sehr schätze. Aber weiß Oklina, daß Drachenreiter selten feste Bindungen eingehen?«

»Wie jedes Mädchen auf Pern«, entgegnete Alessan trocken.

»Ich kenne B'lerion seit vielen Planetenumläufen«, setzte

Moreta hinzu. Es sprach für Alessan, daß er seiner Schwester Kummer ersparen wollte.

Sie aßen schweigend, und Alessan schien nicht weniger hungrig zu sein als sie. Plötzlich stimmten die Harfner einen neuen Tanz an, einen temperamentvollen Rhythmus, bei dem die Partnerin gehoben, herumgewirbelt und wieder aufgefangen werden mußte. Moreta erkannte die Herausforderung in Alessans Augen: Im allgemeinen nahmen nur die jungen, beweglichen Leute an diesem akrobatischen Tanz teil. Moreta lachte leise. Sie war weder ein schüchternes, unsicheres junges Ding noch eine der müden Burg-Matronen, die nach allzu häufigem Kindersegen matt und ohne jede Vitalität waren. Als Kampffreiterin nahm sie es mit jedem Tänzer auf. Orlith ermutigte sie.

So stellte sie ihr Tablett ab, gab Alessan die Hand und betrat an seiner Seite die Tanzfläche, wo eben die ersten Tänzer zu Fall gekommen waren und nun den gutmütigen Spott der Zuschauer ertragen mußten.

Moreta und Alessan blieben das einzige Paar, das den wilden Tanz unversehrt überstand. Tosender Beifall belohnte ihre Geschicklichkeit. Atemlos und ein wenig schwindlig von den schnellen Drehungen, trat Moreta an den Rand des Podiums. Jemand drückte ihr ein Glas Wein in die Hand, und noch vor dem ersten Schluck wußte sie, daß es der köstliche Weiße von Benden war. Alessan stand mit glühendem Gesicht und schweratmend von der Anstrengung neben ihr, aber ebenso begeistert und gelöst wie sie.

»Beim Ei mit dem richtigen Partner zeigst du deine wahren Talente, Moreta!« rief Falga und gesellte sich zu ihnen. »In solcher Form habe ich dich noch nie erlebt. Alessan, das hier ist mein schönstes Fest seit vielen Planetenumläufen. Damit übertreffen Sie sogar Baron Leef, dessen gesellige Zusammenkünfte ich immer zu schätzen wußte. S'ligar wird es bedauern, daß er nicht mit herkam.«

Die Drachenreiter in Falgas Begleitung prosteten Alessan zu.

»Wir sehen uns hoffentlich in Crom wieder, Moreta«, meinte Falga, ehe sie sich zum Gehen wandte. Die Harfner spielten eine sanfte alte Melodie an.

»Können Sie sich überhaupt noch rühren?« flüsterte Alessan.

»Aber ja.« Moreta schaute unauffällig in die Richtung, in die seine Blicke schweiften, und sie sah, daß Lady Uma ein junges Mädchen zum Podium schleppte.

»Mir sind heute schon genug Heiratskandidatinnen auf die Zehen gestiegen«, seufzte er und führte sie auf die Tanzfläche, ohne auf Lady Umas finstere Miene zu achten.

Alessan zog sie eng an sich, und sie gaben sich der wiegenden Musik hin. Moreta pochte immer noch das Blut in den Schläfen, aber allmählich ließ ihr Herzklopfen nach, die Muskeln hörten zu zittern auf, und eine kühle Brise streifte ihr erhitztes Gesicht. Sie merkte, daß sie diese Melodie seit ihrer Jugend in Keroon nicht mehr gehört hatte – und wieder kam ihr Talpan in den Sinn.

»Sie denken an einen anderen Mann!« murmelte Alessan dicht neben ihrem Ohr.

»An einen Jungen, den ich kannte. In Keroon.«

»Sie denken gern an ihn zurück?«

Schwang da eine Spur von Eifersucht in Alessans Stimme mit?

»Wir machten beide eine Lehre bei dem gleichen Heiler. Er beendete seine Ausbildung, aber ich kam nach Ista und gewann Orlith für mich.«

»Und jetzt heilen Sie Drachen.« Einen Moment lang lockerte Alessan seinen Griff, doch dann preßte er sie wieder eng an sich. »Tanzen Sie, Moreta von Keroon! Beide Monde stehen am Himmel. Wir können die ganze Nacht tanzen.«

»Die Harfner sind vielleicht anderer Ansicht.«

»Nicht, solange wir sie gut mit Wein versorgen ...«

Alessan blieb an ihrer Seite, bis die Mehrzahl der Gäste aufgebrochen waren und Orlith im Morgengrauen auf der Tanzfläche landete.

»Es war ein Fest, an das ich lange denken werde, Baron Alessan.« Sie wählte bewußt einen formellen Abschied.

»Ihre Gegenwart hat es verschönt, Weyrherrin«, entgegnete er und half ihr beim Aufsteigen. »Vorsicht!« raunte er, als sie von Orliths Vorderpfote abrutschte. »Glauben Sie, daß Sie den Weyr erreichen, ohne vorher einzuschlafen?«

»Ich habe meinen Weyr noch immer wohlbehalten erreicht.«

»Stimmt das, Orlith?«

Moreta warf ihm einen entrüsteten Blick zu. Er wagte es, in
ihrer Gegenwart die Drachenkönigin zu Rate zu ziehen?

Er meint es gut. Orlith blinzelte sie aus schläfrigen Augen an.

Moreta lachte leise. »Orlith behauptet, daß Sie es gut meinen!«

»Sie hat recht, Weyrherrin. Ich wünsche Ihnen eine sichere
Heimkehr.«

Alessan winkte ihr noch einmal zu und schlenderte dann an
den leeren Tischen und halb umgekippten Bänken vorbei zur
Burgstraße, wo die Mehrzahl der Verkaufsbuden bereits abgebaut waren.

»Zurück zum Fort-Weyr«, sagte Moreta mit einem leisen Bedauern. Ihre Augen brannten, und ihre Glieder fühlten sich
steif und schwer an. Es kostete sie Mühe, das Bild des Stern-
steins heraufzubeschwören. Dann schwang sich Orlith in die
Lüfte, und Ruatha blieb im Dunkel zurück, einem Dunkel, in
dem hier und da noch ein paar Leuchtkörbe glommen.

Kapitel IV

Süd-Boll, Fort-Weyr, 11. 3. 43

»Und?«

Capiam, der vor dem kleinen Holztisch im Labor saß und
den Kopf auf die verschränkten Arme gelegt hatte, schrak auf,
als er die gebieterische Frage hörte. Einen Moment lang war
ihm vor Erschöpfung so schwindlig, daß er die Gestalt, die vor
ihn hingetreten war, nicht erkannte.

»Und, Meisterheiler? Sagten Sie nicht, daß Sie sofort zurückkommen und mir das Ergebnis Ihrer Untersuchung mitteilen
würden? Das war vor Stunden! Nun finde ich Sie hier, und Sie
schlafen!«

Die gereizte Stimme und die anmaßende Haltung konnten nur zu Baron Ratoshigan gehören. Hinter ihm tauchte der hochgewachsene Weyrführer von Fort auf, der Capiam und Ratoshigan von dem Fest auf Ista nach Süd-Boll gebracht hatte.

»Ich mußte mich nur einen Augenblick hinsetzen, Baron Ratoshigan, um meine Aufzeichnungen zu ordnen.«

»*Und?*« Die dritte Aufforderung war an Unverschämtheit kaum zu überbieten. »Welche Diagnose haben Sie für diese ...« Ratoshigan sagte nicht ›Simulanten‹, aber es wäre selbst dann deutlich aus seinem Tonfall hervorgegangen, wenn die verängstigte Pflegerin Capiam nicht mehrmals darauf hingewiesen hätte, daß Baron Ratoshigan jeden als Simulanten und Drückeberger bezeichnete, der sein Brot aß und in seinem Haushalt lebte, ohne dafür hart zu arbeiten.

»Ihre Leute sind schwerkrank, Baron Ratoshigan.«

»Sie wirkten noch recht fidel, als ich nach Ista aufbrach. Es waren keine Siechen und keine von Sporen Verwundeten darunter.« Ratoshigan wippte auf den Zehen, ein hagerer Mann mit einem langen knochigen Gesicht, einem schmalen verkniffenen Mund und harten kleinen Augen über einer messerscharfen Nase.

»Wir haben bereits zwei Tote zu beklagen«, sagte Capiam langsam. Es fiel ihm schwer, die furchtbare Schlußfolgerung auszusprechen, zu der er gelangt war, ehe ihn die Müdigkeit übermannt hatte.

»Tote – zwei? Und Sie wissen nicht, woran sie starben?«

Verschwommen nahm Capiam wahr, daß Sh'gall einen Schritt zurückgetreten war. Der Weyrführer verkraftete Krankheit und Tod nicht sonderlich gut, offenbar weil es ihm bis jetzt gelungen war, beidem auszuweichen.

»Nein, ich weiß nicht genau, woran sie starben. Die Symptome – Fieber, Kopfschmerzen, Appetitlosigkeit, ein trockener, stoßweiser Husten – treten ungewöhnlich heftig auf, und die Kranken sprechen auf die normalen Heilmittel nicht an.«

»Aber Sie *müssen* etwas tun! Schließlich sind Sie der Meisterheiler!«

»Der Rang bedeutet nicht, daß ich allwissend bin.« Capiam

hatte leise gesprochen, weil seine erschöpften Heiler in einem Nebenraum schliefen, aber Ratoshigan kannte solche Rücksichten nicht, und er steigerte sich mit wachsender Entrüstung in ein immer lauteres Geschrei. Capiam erhob sich und kam um den Tisch herum. Langsam wich Ratoshigan zurück, bis er draußen im Dunkel stand. »Wir haben viele Dinge vergessen, die wir nicht mehr brauchten.« Capiam seufzte. Er hätte einfach nicht einschlafen dürfen. Es gab soviel zu tun. »Diese Todesfälle sind erst der Anfang, Baron Ratoshigan. Ich fürchte, daß eine Epidemie auf uns zukommt.«

»Haben Sie und Talpan deshalb den Befehl erteilt, das exotische Tier zu töten?« Zum ersten Mal meldete sich Sh'gall zu Wort. In seiner Stimme schwangen Ärger und Verblüffung mit.

»Epidemie?« Ratoshigan brachte Sh'gall mit einer Handbewegung zum Schweigen. »Epidemie? Mann, was reden Sie da? Ein paar kranke Leute sind ...«

»Nicht nur ein paar, Baron Ratoshigan!« Capiam straffte die Schultern und lehnte sich gegen die kühle Stuckwand. »Vor zwei Tagen erreichte mich ein Hilferuf von der Meerburg Igen. Dort starben innerhalb kürzester Zeit vierzig Menschen, darunter drei der Seeleute, die das seltsame Katzentier aus dem Wasser gefischt hatten. Hätten sie es nur auf seinem Baumstamm im Meer treiben lassen!«

»*Vierzig* Tote?« Ratoshigan schien die Nachricht nicht recht zu glauben. Sh'gall dagegen zog sich noch weiter vom Eingang zur Krankenstation zurück.

»Es werden immer mehr – auf Igen selbst, aber auch auf dem nahegelegenen Berghof, dessen Bewohner gekommen waren, um die Sensation zu bestaunen.«

»Warum brachte man die Katze dann zum Fest von Ista?« Der Erbbaron wirkte jetzt empört.

»Um die Neugier der Leute zu befriedigen«, entgegnete Capiam bitter. »Außerdem transportierte man sie noch vor Ausbruch der Krankheit nach Keroon, weil man hoffte, daß der dortige Herdenmeister sie identifizieren könnte. Ich half gerade den Heilern von Igen bei ihrer harten Arbeit, als mich eine Trommelbotschaft nach Keroon rief. Die Leute von Herdenmeister Sufur litten ebenso wie die Renner an einer rätselhaften Krankheit, die unheimlich schnell ausgebrochen war. Sie nahm den gleichen Verlauf wie die auf Igen. Die nächste Botschaft kam von Telgar. Auch dort wütete die Seuche, allem Anschein nach eingeschleppt von zwei Händlern aus Keroon, die in Telgar Renner gekauft hatten. Sämtliche Tiere starben, dazu die beiden Händler und zwanzig weitere Menschen. Ich vermag nicht abzuschätzen, wie viele Menschen Kontakt mit den Erkrankten hatten und ihrerseits angesteckt wurden. Diejenigen unter uns, die am Leben bleiben werden, können Talpan danken ...« Capiam warf Sh'gall einen düsteren Blick zu. »... daß er so rasch die Zusammenhänge erkannte.«

»Aber das Katzentier strotzte doch vor Gesundheit!« widersprach Sh'gall.

»Das stimmt«, erklärte Capiam mit mattem Lächeln. »Es war allem Anschein nach immun gegen die Krankheit, die es nach Igen, Keroon, Telgar und Ista einschleppte.«

Sh'gall verschränkte abwehrend die Arme über der Brust.

»Wie kann ein in einem Käfig eingesperrtes Tier eine Krankheit übertragen?« Ratoshigans Nasenflügel zuckten erregt.

»Auf Ista wurde es ebensowenig in einem Käfig gehalten wie auf dem Schiff; es war halb verdurstet und völlig entkräftet, als man es an Bord holte. Und auf Keroon befand es sich in einem Freigehege, damit der Herdenmeister seine Gewohnheiten besser beobachten konnte. Es hatte genügend Zeit und Gelegenheit, eine Reihe von Leuten anzustecken.«

Zuviel Zeit und Gelegenheit, dachte Capiam verzweifelt. Die Heiler konnten einfach nicht alle Menschen aufspüren, die das exotische Geschöpf besichtigt und sein weiches Fell berührt hatten, um dann infiziert in ihre Höfe und Burgen zurückzukehren.

»Aber ... aber ... ich habe eben erst eine Schiffsladung wertvoller Renner von Keroon erhalten!«

Capiam seufzte. »Ich weiß, Baron. Meister Quitrin berichtete mir, daß einige der inzwischen gestorbenen Rennknechte in den Zuchtställen gearbeitet hatten. Außerdem war die Katze eine Nacht lang auf einem der Züchterhöfe untergebracht. Auch dort wütet inzwischen die Epidemie.«

Endlich begannen Ratoshigan und Sh'gall den Ernst der Lage zu begreifen.

»Und das zu einem Zeitpunkt, da der Rote Stern uns mit seinen Sporen bedroht!« murmelte Sh'gall.

»Dieses Virus nimmt ebensowenig Rücksicht auf uns, wie es die Fäden tun«, meinte Capiam mit einem Achselzucken.

»Sie haben doch sämtliche alten Schriften in Ihrer Gildenhalle gesammelt! Durchforschen Sie die Archive! Es muß sich der eine oder andere Hinweis finden.«

Sh'gall hatte wohl noch nie im Leben einen Mißerfolg hinnehmen müssen, dachte Capiam und unterdrückte ein müdes Lächeln. Eines Tages, das hatte er sich fest vorgenommen, würde er die vielfältigen Reaktionen der Menschen auf Leid und Unglück niederschreiben. Wenn er diese Katastrophe überlebte ...

»Ich veranlaßte eine gründliche Suche, sobald ich die Berichte von Igen in der Hand hielt. Hören Sie gut zu, Baron Ratoshigan! Sie müssen folgendes tun ...«

»Ich *muß*?« Der Baron richtete sich erbost auf.

»Ja, Baron Ratoshigan. Sie kamen her, um meine Diagnose zu hören. Ich habe eine Epidemie festgestellt. Als Meisterheiler von Pern besitze ich in einem solchen Fall Befehlsgewalt über Burg, Gilde und Weyr!« Er warf Sh'gall einen verstohlenen Blick zu, um sich zu vergewissern, daß auch der Fort-Weyrführer seine Worte hörte. »Lassen Sie per Trommel verbreiten, daß ab sofort die Burg und sämtliche Höfe, die Ihre Leute auf dem Weg von der Küste bis hierher besuchten, unter Quarantäne stehen! Niemand darf die Burg verlassen, niemand darf sie betreten. Verbieten Sie größere Menschenansammlungen ...«

»Aber wer erntet das Obst ...?«

»Sie werden genug damit zu tun haben, die Kranken zu versorgen. Meister Quitrin und ich haben beschlossen, neue Behandlungsmethoden zu erproben, da sich die üblichen Heilmittel als wirkungslos erwiesen. Bitten Sie Ihren Verwalter und die Frauen Ihres Haushalts, den Großen Saal als Lazarett herzurichten ...«

»*Meinen* Großen Saal?« Ratoshigan starrte ihn entsetzt an.

»Und bringen Sie in den neugebauten Ställen keine Tiere unter, sondern Ihr Gesinde, das in viel zu engen Kammern zusammengepfercht haust!«

»Ich *wußte*, daß Sie auf diesen Punkt kommen würden!« geiferte Ratoshigan.

»Leider erweist sich nun, daß die Warnungen der Heiler ihre Berechtigung hatten!« schrie Capiam ihn an. Die aufgestauten Sorgen und Ängste brachen sich endlich Bahn. »Sie werden die Kranken isolieren und für sie sorgen! Dazu sind Sie als Burgherr verpflichtet. Wenn Sie es nicht tun, haben Sie keine Burg mehr, sobald der Rote Stern weitergezogen ist.«

Die Schärfe, mit der Capiam sprach, brachte Baron Ratoshigan endlich zum Schweigen. Der Heiler wandte sich an Sh'gall.

»Weyrführer, bringen Sie mich bitte zur Burg Fort! Ich muß so rasch wie möglich zurück in meine Gildehalle. Und versetzen Sie sofort nach Ihrer Ankunft den Weyr in Alarmbereitschaft!«

Sh'gall zögerte, aber nicht, um mit seinem Drachen Kontakt aufzunehmen.

»Weyrführer!«

Sh'gall schluckte. »Haben *Sie* dieses Tier berührt?«

»Nein. Talpan warnte mich rechtzeitig.« Aus dem Augenwinkel sah Capiam, wie Ratoshigan zusammenzuckte.

»Sie können mich jetzt nicht im Stich lassen, Meister Capiam!« rief der Baron und umklammerte hysterisch seine Hand. »Ich habe das Tier berührt. Ich könnte ebenfalls sterben.«

»Ja, das ist möglich. Sie besuchten das Fest auf Ista, um ein eingesperrtes, wehrloses Tier zu ärgern und zu reizen ... und nun hat es sich auf unerwartete Weise für diese Grausamkeit gerächt.«

Sh'gall und Ratoshigan starrten den im allgemeinen sehr taktvollen Meisterheiler sprachlos an.

»Kommen Sie, Sh'gall, ich habe keine Zeit zu verlieren! Sie selbst sollten möglichst rasch alle Reiter isolieren, die das Fest auf Ista besuchten, besonders jene, die dem Tier zu nahe kamen.«

»Aber was soll ich tun, Meister Capiam, was soll ich tun?«

»Das, was ich Ihnen vorhin befahl. Sie werden in zwei bis drei Tagen wissen, ob Sie sich angesteckt haben. Regeln Sie deshalb die Burgangelegenheiten möglichst noch vorher!«

Capiam winkte, und Sh'gall folgte ihm bedrückt in den Hof, wo die großen Augen des Bronzedrachen aus dem Dunkel glommen.

»Drachen!« Sh'gall blieb unvermittelt stehen. »Bekommen auch Drachen diese Krankheit?«

»Talpan verneinte es. Glauben Sie mir, Weyrführer, das war seine Hauptsorge.«

»Sie sind völlig sicher?«

»Talpan war sicher. Bis jetzt haben sich weder Where noch Wachwhere oder Wherhühner angesteckt, obwohl alle drei Arten auf Keroon oder auf Igen mit dem Katzentier in Berührung kamen. Die Renner erkranken, nicht jedoch Herdentiere und die von Pern stammenden Wher-Arten. Da Drachen Verwandte der ...«

»Doch nicht der Wherhühner!« fiel ihm Sh'gall ins Wort.

Capiam widersprach nicht, obwohl man in seiner Gilde mit Sicherheit wußte, daß Drachen und Wherhühner gemeinsame Vorfahren hatten.

»Der Drache, der die Katze von Igen nach Keroon brachte, ist gesund geblieben – und er beförderte das Tier bereits vor zehn Tagen!«

Sh'gall schien immer noch zu zweifeln, aber er führte den Meisterheiler schweigend zu Kadith.

Der Bronzedrache hatte seine Vorderpfote gesenkt, damit Sh'gall und der Heiler bequem aufsteigen konnten. Capiam liebte diese Flüge hoch über das Land hinweg, auch wenn er sich bemühte, dieses Privileg seiner Gilde nicht allzuoft auszunützen. Dankbar nahm er hinter Sh'gall auf dem Nacken des Tieres Platz. Er hatte keine Gewissensbisse, daß er Sh'gall und Kadith in diesem außerordentlich dringlichen Fall für seine Dienste einsetzte. Der Weyrführer war gesund und kräftig; er würde vermutlich sogar eine Ansteckung überleben.

Capiam war so beschäftigt mit all den Dingen, die er im Lauf der nächsten Stunden erledigen mußte, daß er den Flug durch die Morgendämmerung nicht so wie sonst genoß. Talpan hatte versprochen, auf Ista die Quarantäne vorzubereiten, die Ostgebiete zu warnen und alle jene zu isolieren, die mit der Katze in Kontakt gekommen waren. Er wollte versuchen, den Weg sämtlicher Renner zu verfolgen, die im Lauf der letzten achtzehn Tage den Zuchtbetrieb von Keroon verlassen hatten. Capiam selbst mußte den Westen alarmieren und sich noch einmal in die Archive vertiefen. Die Trommeln von Fort kamen vermutlich den ganzen Tag nicht mehr zum Stillstand. Zuerst galt es, Ruatha zu verständigen. Viele Drachenreiter hatten zunächst das Fest von Ista besucht und waren dann nach Ruatha weitergeflogen, um dort noch ein paar Stunden bei Wein oder Tanz zu verbringen. Wenn er nur nicht eingeschlafen wäre! Er hatte kostbare Zeit verschwendet, in der ahnungslose Männer und Frauen die Krankheit weiterverbreiten konnten!

Sh'galls Warnruf gab Capiam gerade noch Zeit, die Schenkelriemen fester zu umklammern. Als sie ins *Dazwischen* tauchten, kam ihm flüchtig der Gedanke, ob die erbarmungslose Kälte vielleicht die Krankheitserreger abtötete ...

Unvermittelt kreisten sie über den Feuerhöhen von Fort und landeten auf dem Feld vor der Hauptburg. Sh'gall war offensichtlich nicht gewillt, auch nur eine Sekunde länger als nötig in seiner Gesellschaft zu verweilen. Er wartete, bis Capiam abgestiegen war, und bat den Heiler dann noch einmal seine Anweisungen zu wiederholen.

»Richten Sie Berchar und Moreta aus, daß sie die Symptome nach eigenem Gutdünken bekämpfen sollen. Ich melde mich, sobald wir eine wirksame Behandlungsmethode gefunden haben. Die Seuche hat eine Inkubationszeit von zwei bis vier Tagen. Es gibt Überlebende. Versuchen Sie festzustellen, wo sich Ihre Reiter und die übrigen Weyrbewohner in dieser Zeit aufhielten.« Das freizügige Kommen und Gehen in einem Weyr erwies sich nun als gefährlicher Nachteil. »Keine Menschenansammlungen ...«

»Es steht ein Sporenregen bevor!«

»Gut, die Weyr müssen ihre Pflicht erfüllen ... aber versuchen Sie die Kontakte mit den Bodentrupps einzuschränken.«

Capiam versetzte Kadith einen dankbaren Klaps auf die Schulter. Der Bronzedrache sah den Meisterheiler aufmerksam an, lief dann ein paar Schritte vorwärts und erhob sich senkrecht in die Lüfte.

Capiam schaute dem Drachen und seinem Reiter nach, bis sie die Bergkette jenseits der Burg erreicht hatten und im *Dazwischen* verschwanden. Dann ging er mit müden Schritten die kleine Anhöhe zum Haupteingang hinauf. Er sehnte sich nach seinem Bett. Aber zunächst mußte er die für Ruatha bestimmte Trommelbotschaft entwerfen.

Die Nachtluft enthielt eine Spur von Feuchtigkeit, die sich später zu Morgennebel verdichten würde. Im Hof war alles finster; lediglich am Eingang zur Harfnerhalle brannte ein Leuchtkorb. Capiam staunte, welche Fortschritte der Anbau zur Harfnerhalle in den zwei Tagen seiner Abwesenheit gemacht hatte. Dann kam der Wachwher angehetzt, beschnüffelte ihn und begrüßte ihn mit gurgelnden Lauten. Capiam tätschelte liebevoll Burrs häßlichen Kopf. Wachwhere waren sehr nützliche Geschöpfe, aber die meisten Menschen fühlten sich von ihrem Aussehen abgestoßen, wohl weil es in einem so krassen Gegensatz zur Eleganz und Schönheit der Drachen stand. Der Legende nach hatte man einst Wachwhere als letzte Verteidigungskette gegen die Fäden eingesetzt – in welcher Weise, konnte sich Capiam allerdings nicht denken, denn die Tiere waren Nachtgeschöpfe, die kein Sonnenlicht ertrugen.

Auch das Innere der Harfnerhalle war nur schwach erhellt. Capiam schloß die Tür und beschleunigte seine Schritte. Er wandte sich nach links, in den Korridor, der zu den Archiven führte.

Ein lautes, mißtönendes Rasseln empfing ihn, und er warf einen Blick in das Bibliotheksgewölbe. Zwei Lehrlinge, einer gegen die Wand gelehnt, der andere halb über einem Stapel von Pergamenten zusammengesunken, schnarchten um die Wette. Sein anfänglicher Ärger wich einem gutmütigen Lächeln. Der Morgen zog bald herauf, und Meister Fortine würde die beiden schon mit dem nötigen Nachdruck an die Arbeit zurückholen. Plötzlich fühlte sich Capiam zu erschöpft, um

die Fragen zu beantworten, mit denen sie ihn sicherlich überfielen, wenn er sie weckte.

Leise holte er sich ein Stück sorgfältig geschabter Haut und
setzte eine knappe Botschaft auf, die später mit der großen
Trommel an die Weyr und Hauptburgen ausgesandt und von
dort an die kleineren Höfe und Handwerksbetriebe weiterge-
leitet werden sollte. Er legte die Botschaft so auf Fortines
Schreibpult, daß der Meister sie auf keinen Fall übersehen
konnte. Wenn alles klappte, würde die Nachricht von der Epidemie im Lauf des Vormittags sämtliche Bewohner von Pern
erreichen.

Verfolgt vom Schnarchen der Lehrlinge, schleppte sich Ca-
piam zu seinen Räumen. Er bekam vielleicht noch ein paar
Stunden Schlaf, ehe die Trommeln zu lärmen begannen.
Wenn sich der Rote Stern wieder von Pern entfernte, wollte er
endlich damit beginnen, eine eigene Heiler-Halle zu errichten.
Der Krach in der Harfnerhalle war oft nicht zu ertragen.

Er erreichte sein Zimmer und öffnete die Tür. Gedämpftes
Licht brannte, auf einem Tisch standen eine Schale mit frischem Obst und ein kleiner Krug Wein, und die Bettdecke
war einladend zurückgeschlagen. Desdra! Wie aufmerksam
von ihr!

Capiam warf seine Sachen in eine Ecke, setzte sich auf die
Bettkante und zerrte mit letzter Kraft die Stiefel von den Füßen. Nachdem er den Gürtel abgenommen hatte, fühlte er sich
einfach zu müde, um noch aus den Kleidern zu schlüpfen. Er
rollte sich auf die Matratze und zog die Felldecke über die
Schultern.

Dann stöhnte er. Durch die Trommelbotschaft im Archiv
würde Fortine zwar wissen, *daß* er zurückgekehrt war, aber
nicht, zu welcher Uhrzeit. Wenn der Mann ihn nun in aller
Frühe aufsuchte? Capiam brauchte seinen Schlaf, sonst fiel er
selbst dieser Epidemie zum Opfer, ehe er wußte, wie man sie
bekämpfte.

Er stolperte vom Bett zu seinem Schreibtisch. NICHT STÖ-
REN! schrieb er in Großbuchstaben auf ein Blatt und legte es
vor die Tür.

Dann endlich fand er den ersehnten Schlaf.

KAPITEL V

Fort-Weyr, 11. 3. 43

Moreta war sicher, daß sie höchstens ein paar Minuten geschlafen hatte, als Orlith sie weckte.

*Zwei Stunden, wenn du es genau wissen willst – aber Kadith
ist außer sich!*

»Warum?« Moreta fiel es entsetzlich schwer, den Kopf aus
den Kissen zu heben. Auch ihre Beine fühlten sich steif und
schwer an. Sie wußte nicht, ob das vom Tanzen oder vom
Wein kam; aber vermutlich fand sie nicht mehr die Zeit, es
herauszukriegen, wenn Sh'gall wieder einmal einen Anfall
schlechter Laune hatte.

Eine Krankheit geht um, erklärte Orlith ein wenig verwirrt.
Sh'gall lief erst einmal zu K'lon und weckte ihn.

»Weckte K'lon?« Kopfschüttelnd streifte Moreta das erstbe-
ste Gewand über, das ihr in die Finger kam. Der Stoff fühlte
sich ein wenig klamm an, und in ihrer Schlafkammer war es
kühl. Offenbar hatte sich das Wetter geändert.

Über dem Weyr liegt feiner Nebel, stellte Orlith fest.

Moretas Zähne klapperten. »Warum in aller Welt mußte er
K'lon wecken? Der Mann war schwerkrank und brauchte seine
Ruhe!«

*Er ist überzeugt davon, daß K'lon die Krankheit hier einge-
schleppt hat.* Orlith klang völlig perplex. *K'lon war in Igen.*

»K'lon ist oft in Igen. Sein Freund lebt dort ... ein grüner
Reiter.«

Moreta wusch sich das Gesicht mit kaltem Wasser und
putzte die Zähne mit einem Minzestift, aber der schlechte Geschmack ließ sich nicht vertreiben. Während sie mit einer
Hand Ordnung in ihr verstrubbeltes Haar zu bringen versuchte, holte sie aus der Obstschale ihres Wohnraums eine
Goru-Birne. Die herbe Frucht half vielleicht, die Nachwirkungen des Benden-Weins zu mildern.

»Moreta!« Sh'galls herrische Stimme erklang am Weyr-Eingang.

Moreta fand gerade noch Zeit, Orliths Schnauze liebevoll

zu tätscheln, ehe Sh'gall hereinstürmte. Die Drachenkönigin schloß die Augen und tat, als schliefe sie. Sh'gall rannte an ihr vorbei bis zur Schlafkammer der Weyrherrin, blieb jedoch an der Schwelle abrupt stehen.

»Eine Krankheit breitet sich über ganz Pern aus. Menschen sterben. Auch Renner scheinen betroffen. Niemand darf den Weyr verlassen!«

In Sh'galls weitaufgerissenen Augen spiegelte sich echte Angst, und Moreta starrte ihn einen Moment lang verblüfft an.

»Morgen werden Fäden fallen, Sh'gall! Die Drachenreiter müssen den Weyr verlassen.«

»Komm mir nicht zu nahe! Ich bin vielleicht auch schon angesteckt.«

Moreta hatte sich nicht vom Fleck gerührt. »Was hältst du davon, wenn du mir in aller Ruhe erzählst, was du weißt?« meinte sie betont gelassen.

»Dieses Tier aus dem Süd-Kontinent, das sie auf Ista herumzeigten ... es hatte die Keime einer tödlichen Krankheit in sich. Die Seuche hat sich inzwischen über Igen und die Zuchthöfe von Keroon bis nach Telgar ausgebreitet. Selbst in Süd-Boll gibt es bereits Kranke. Auf Baron Ratoshigans Burg sterben die Bewohner. Meister Capiam hat ihm und seinen Leuten eine Quarantäne aufgezwungen. Und uns!«

»Renner, sagst du?« Moreta hielt den Atem an und wandte sich ängstlich Orlith zu. »Auch Drachen?« Sie hatte den gestürzten Renner berührt, und wenn nun ihre Königin ...

»Nein, nein – keine Drachen! Capiam und Talpan waren sich darüber einig. Sie ließen die Raubkatze töten. Mir erschien sie völlig gesund.«

»Wie konnten Menschen auf Süd-Boll sterben, wenn sich das Tier noch in Ista befand?«

»Weil eine Epidemie herrscht! Alles fing damit an, daß diese Seeleute die Katze aus dem Meer fischten und mit nach Hause nahmen. Jeder wollte sie sehen, und man führte sie in Igen, Keroon und Ista vor, ehe dieser Talpan erkannte, daß sie ein Überträger war. Ja, so hieß das Wort, das Capiam benutzte: Die Katze war ein Krankheitsüberträger.«

»Und man stellte sie auf dem Fest von Ista aus?«

»Keiner wußte es, bis dieser Talpan ankam und mit Capiam sprach. Er hatte sämtliche infizierten Orte besucht.«

»Wer? Talpan?«

»Nein, Capiam! Talpan ist ein Tierheiler.«

»Ja, ich weiß.« Moreta blieb ruhig, weil sie spürte, daß die Ereignisse Sh'gall völlig durcheinandergebracht hatten. »Auf dem Fest von Ruatha sprach kein Mensch von diesen Dingen.«

Sh'gall seufzte. »Weil man dem Volk die Wahrheit noch nicht gesagt hatte! Außerdem – wer redet schon auf einem Fest von Krankheiten? Aber ich habe Capiam eben zu seiner Gilde-halle zurückgebracht. Und zuvor mußte ich Ratoshigan und Capiam nach Süd-Boll fliegen, weil der Baron die Botschaft er-halten hatte, unverzüglich heimzukehren. Einige der Erkrank-ten auf seiner Burg waren gestorben. Und er hatte eine frische Ladung Renner aus Keroon erhalten. Vermutlich schleppten sie die Seuche ein.« Sh'gall starrte düster vor sich hin und er-schauerte dann. »Capiam meinte, daß ich vielleicht verschont bleibe, weil ich das Katzentier nicht berührte. Ich darf nicht krank werden. Ich bin doch der Weyrführer!« Wieder überlief ihn ein Frösteln.

Moreta musterte ihn aufmerksam. Die Haarsträhnen kleb-ten ihm feucht an den Schläfen. Er hatte bläuliche Lippen und eine blasse Haut. »Du siehst nicht gut aus.«

»Mir geht es großartig – wirklich! Ich habe im Eissee geba-det. Capiam sagte, daß die Krankheit Ähnlichkeit mit den Spo-ren habe. Kälte und Wasser vernichten die Sporen!«

Moreta riß ihre Felldecke vom Bett und ging damit auf ihn zu.

»Komm mir nicht nahe!« Er streckte abwehrend die Arme aus und trat zwei Schritte zurück.

»Nun sei nicht albern, Sh'gall!« Sie warf ihm die Decke zu. »Nimm das, sonst bekommst du eine Erkältung! Und eine Er-kältung macht dich anfällig gegen jede andere Krankheit.« Moreta trat an den Tisch und schenkte ihm in aller Hast ein Glas Wein ein. »Trink! Wein wirkt antiseptisch. Nein, keine Sorge, ich komme dir nicht zu nahe!« Erleichtert sah sie, daß er sich in die Decke gewickelt hatte, und stellte den Wein so ab, daß er ihn bequem erreichen konnte. »Wie kann man nur so idiotisch sein und vor Sonnenaufgang im Wasser des Eissees baden – um anschließend ins *Dazwischen* zu gehen! Nun setz dich und berichte noch einmal der Reihe nach, was auf dem Fest von Ista vorgefallen ist! Wohin mußtest du Capiam bringen, und was sagte er ganz genau?«

Während sie Sh'galls immer noch aufgeregten Worten lauschte, ging sie bereits im Geist die Maßnahmen durch, die sie treffen mußte, um den Weyr so gut wie möglich vor der Seuche zu schützen.

»Aus dem Süd-Kontinent kam noch nie etwas Gutes!« fügte Sh'gall unnötig hinzu. »Es hat schon seinen Grund, wenn niemand dieses Land betreten darf!«

»Von einem Verbot war nie die Rede! Es hieß lediglich, daß die Alten bei ihrer Übersiedlung alles mit in den Norden nahmen, was sie zum Leben brauchten. Worin bestehen nun die Symptome dieser Krankheit?« Moreta erinnerte sich an den blutigen Nasenschleim des verendeten Renners: das einzige äußere Zeichen seiner tödlichen Krankheit.

Sh'gall starrte eine Weile verständnislos ins Leere; erst allmählich sammelte er seine Gedanken. »Fieber. Ja, genau – es tritt Fieber auf.« Er sah sie beifallheischend an.

»Es gibt viele Arten von Fieber, Sh'gall.«

»Berchar weiß sicher Näheres. Capiam sprach jedenfalls von Fieber, Kopfschmerzen und einem trockenen Husten. Sowas wirft doch im allgemeinen weder Mensch noch Tier um!«

»Welche Heilmittel nannte Capiam?«

»Wie sollte er ein Heilmittel nennen, wenn er noch gar nichts Näheres über diese Seuche weiß! Aber sie werden es herausfinden. Sie müssen nur gründlich genug suchen. Ach so, er erwähnte, daß du die Symptome nach eigenem Gutdünken bekämpfen sollst.«

»Sagte er etwas von einer Inkubationszeit? Wir können eine Quarantäne schließlich nicht ewig aufrechterhalten.«

»Ich weiß. Capiam hat vor Menschenansammlungen gewarnt. Und er machte Ratoshigan harte Vorwürfe, weil der auf seiner Burg zu viele Leute auf engstem Raum zusammenpfercht.« Sh'gall lächelte dünn. »Das sagen wir den Burgherren ständig, aber hören sie auf uns? Jetzt müssen sie dafür büßen.«

»Sh'gall, Capiam muß dir doch gesagt haben, wieviel Zeit von der Ansteckung bis zum Ausbruch der Krankheit vergeht!«

Der Weyrführer hatte seinen Wein leergetrunken. Er runzelte die Stirn und strich sich über die Augen. »Ich bin todmüde. Ich habe die halbe Nacht bei Ratoshigan auf den Meisterheiler gewartet. Er erwähnte etwas von zwei bis vier Tagen Inkubationszeit. Dann gab er mir den Auftrag herauszufinden, wo sich unsere Reiter in den letzten Tagen aufhielten. Und er erließ ein Versammlungsverbot. Nun, der Weyr hat auch seine Pflichten. Ich muß jetzt ein wenig schlafen. Da du ohnehin wach bist, kannst du den anderen ja Bescheid geben. Sag ihnen, daß sie sich gestern womöglich eine schwere Krankheit geholt haben.« Er warf ihr einen gebieterischen Blick zu. »Ich hoffe sehr, daß du nicht wie gewohnt beschwichtigst und beschönigst.«

»Eine Epidemie ist etwas anderes als ein verwundeter Kampfreiter, der Trost braucht.«

»Und sprich mit Berchar! Ich möchte genau wissen, was K'lon fehlt. K'lon selbst wußte es nicht, und Berchar war nicht in seinen Räumen.« Sh'galls Tonfall drückte Mißbilligung aus. Da er in einer Burg aufgewachsen war und obendrein keine Männerfreundschaften pflegte, hatte er nicht das geringste Mitgefühl oder Verständnis für die vielschichtigen Beziehungen der grünen und blauen Reiter.

»Gut, ich werde mit Berchar sprechen.« Sie war ziemlich sicher, daß sie ihn bei S'gor, einem grünen Reiter, finden würde.

Sh'gall stand auf, schwankend vor Müdigkeit und von dem Wein, den er auf leeren Magen getrunken hatte. »Keiner verläßt mir den Weyr, und keiner kommt herein, verstanden? Sorg dafür, daß der Wachreiter die entsprechenden Befehle erhält!« Er hob mahnend den knochigen Zeigefinger.

»Es ist ein wenig spät, vor Fäden zu warnen, die sich bereits eingegraben haben, findest du nicht auch?« entgegnete sie bitter. »Man hätte die Feste absagen müssen.«

»Bis gestern wußte kein Mensch, wie ernst die Sache war. Gib meine Anordnungen sofort an die Weyrbewohner weiter!«

Immer noch in die Decke gewickelt, stolperte Sh'gall aus

dem Weyr. Moreta sah ihm nach. Ihre Schläfen pochten. Warum hatten sie die Feste nicht abgesagt? All die Menschen auf Ruatha! Und Drachenreiter aus sämtlichen Weyrn, die sich sowohl auf Ista wie auf Ruatha vergnügt hatten! Was hatte S'peren erzählt? Krankheit in Igen, Keroon und Telgar? Aber von einer Epidemie war nicht die Rede gewesen. Oder von Toten. Und Vanders Renner? Moreta stöhnte leise, als sie an die Koppeln längs der Rennstrecke dachte. Wie ansteckend war der Renner im Moment seines Todes gewesen, als sich erschrockene Reiter und hilfreiche Zuschauer um ihn scharrten? Sie hätte sich nicht einmischen sollen. Es war nicht ihre Angelegenheit.

Du bist bekümmert, meinte Orlith, und die Facetten ihrer großen Augen nahmen ein besänftigendes Blau an. *Ein Renner darf dich nicht bekümmern!*

Moreta preßte die Stirn gegen den Kopf des Drachen und streichelte seine Augenwülste.

»Es geht nicht nur um den Renner, Liebes. Eine Krankheit breitet sich im Land aus. Eine sehr gefährliche Krankheit! Wo ist Berchar?«

Bei S'gor. Er schläft. Es ist noch sehr früh. Und neblig!

»Dabei war es gestern so schön!« Sie dachte an die starken Arme, die sie herumgewirbelt, hochgeworfen und wieder aufgefangen hatten, an die Herausforderung in Alessans grünen Augen.

Du hast den Tag genossen, stellte Orlith mit tiefer Befriedigung fest.

»Allerdings!« Moreta seufzte wehmütig.

Nichts kann das Gestern ungeschehen machen, erklärte Orlith philosophisch. *Aber nun mußt du dich um das Heute kümmern*. Moreta lachte leise über die Logik des Drachen. *Leri möchte dich sprechen*, fügte die Königin hinzu.

»Gut. Leri ist vielleicht die einzige, die je von einer solchen Epidemie gehört hat. Und sie weiß vielleicht auch, wie man einen Tag vor Sporeneinfall eine solche Nachricht im Weyr verbreitet.«

Sie streifte ihre warme Reitjacke über. Orlith hatte wie immer recht mit dem Wetter. Als Moreta ihren Weyr verließ und die Stufen zu Leris Räumen hinaufeilte, kam der Nebel in Schwaden vom Gebirge herab. Nebel oder nicht – morgen würden Sporen fallen. Sie hoffte inständig auf eine Wetterbesserung. Wenn kein Wind aufkam, der die grauen Wände zerriß, dann verdreifachte sich die Gefahr der Unfälle. Drachenaugen durchdrangen den Nebel, Menschenaugen jedoch nicht. Manchmal achteten die Reiter nicht auf die Warnungen ihrer Tiere und prallten gegen Berggipfel oder Klippen.

Orlith, richte bitte dem Wachreiter aus, daß heute niemand, weder Drachenreiter noch Burgbewohner, den Weyr betreten oder verlassen darf! Er soll den Befehl auch an seine Ablösung weitergeben.

Wer würde den Weyr schon bei diesem Nebel besuchen? fragte Orlith. *Und das einen Tag nach den Festen!*

»Orlith?«

Ich habe die Botschaft ausgerichtet. Belgeth ist zu schläfrig, um Fragen zu stellen. Orlith klang verdächtig zahm.

»Einen angenehmen Tag, Holth!« sagte Moreta höflich, als sie das Quartier der früheren Weyrherrin betrat und am Schlaflager ihrer Königin vorbeikam.

Holth blinzelte kurz und vergrub dann den Kopf um so tiefer in den Vorderpfoten. Die greise Königin war so altersdunkel, daß man sie fast für einen Bronzedrachen halten konnte.

Neben ihr, am Rand der Felsenplattform, die Holth als Bett diente, saß Leri auf einem Berg von Kissen, dick vermummt in wollene Tücher. Leri schlief neben Holth, einmal, wie sie feststellte, weil der Drache die Wärme seiner vielen Sonnenbäder gespeichert zu haben schien, zum anderen aber auch, weil sie selbst dann keine so langen Wege zurücklegen mußte. In den letzten Planetenumläufen rebellierten Leris Gelenke gegen die starke Beanspruchung, der sie so lange ausgesetzt gewesen waren. Wiederholt hatten Moreta und Meister Capiam die frühere Weyrherrin gedrängt, in den warmen Süden zu ziehen. Auf Ista war sie jederzeit willkommen. Leri blieb unnachgiebig. Sie erklärte, sie sei keine Tunnelschlange, die sich häutete. Sie sei im Weyr geboren und habe die Absicht, ihre letzten Tage bei den wenigen Freunden zu verleben, die ihr noch geblieben waren.

»Ich höre, du hast dich bis über die erste Wache hinaus vergnügt.« Leri hob fragend die Augenbrauen. »War das der Grund für Sh'galls dramatischen Auftritt?«

»Nein. Und so dramatisch war sein Auftritt gar nicht – eher kläglich. Eine Epidemie geht auf Pern um.«

Besorgnis verdrängte den Spott aus Leris Zügen. »Was? Wir hatten noch nie eine Epidemie auf Pern. Zumindest keine, von der ich gehört oder gelesen hätte.«

Da ihre Bewegungsfreiheit durch die geschwollenen Gelenke stark eingeschränkt war, betreute Leri das Archiv des Weyrs, um Moreta wenigstens in diesem Bereich ein wenig zu entlasten. Leri nahm sich oft die alten Aufzeichnungen vor – vor allem den Klatsch, wie sie betonte.

»Schade! Ich hatte so gehofft, daß du etwas beisteuern könntest. Eine Ermutigung vielleicht. Sh'gall befindet sich in heller Aufregung, und diesmal mit Recht.«

»Mag sein, daß ich noch nicht weit genug in die Vergangenheit vorgestoßen bin.« Leri schob Moreta eines ihrer Kissen zu und deutete gebieterisch auf den kleinen Holzhocker, der für Besucher reserviert war. »Wir sind im großen und ganzen eine zähe, gesunde Rasse. Knochenbrüche gibt es zwar mehr als genug, dazu Verbrennungen von Fäden und gelegentlich mal Fieber – aber nichts, das einen Kontinent erschüttern könnte. Um welche Art von Krankheit handelt es sich denn?«

»Meister Capiam konnte sie bisher nicht identifizieren.«

»Hm, das klingt nicht besonders schön.« Leri rollte die Augen. »Und gestern fanden zwei Feste statt, nicht wahr?«

»Man erkannte die Gefahr zu spät. Meister Capiam und Talpan ...«

»Dein Jugendfreund?«

»Ja. Er ist Tierheiler, und er kam dahinter, daß diese Raubkatze aus dem Südkontinent der Krankheitsüberträger war.«

»Die Katze aus dem Südkontinent?« Leri schnalzte leise mit der Zunge. »Und irgendein Idiot brachte das Geschöpf aus reiner Angeberei nach hier, nach dort und nach überall, damit die Krankheit nun ganz sicher hier, dort und überall ist! Jeder mußte das Ding mit eigenen Augen sehen – auch unser edler Weyrführer!«

»Sh'galls Bericht klang ein wenig wirr, aber allem Anschein nach hatte er Baron Ratoshigan nach Ista mitgenommen, weil der das Tier besichtigen wollte. Gleichzeitig traf Capiam ein, der die Krankheitsfälle auf Igen, Keroon und Telgar untersucht hatte ...«

»Große Faranth!«

Moreta nickte. »Dann erreichte den Baron eine dringende Trommelbotschaft aus seiner Burg. Auch dort war die Seuche ausgebrochen. Sh'gall brachte ihn und Meister Capiam heim.«

»Wie gelangte die Krankheit so rasch zu ihm? Das Tier kam doch nur bis Ista?«

»Ja, aber man hatte es zunächst nach Keroon transportiert, wo Meister Sufur es untersuchte. Niemand ahnte, daß es Krankheitskeime in sich trug ...«

»Und weil wir einen milden Winter mit eisfreien Flüssen hatten, verfrachteten die Züchter von Keroon ihre Renner per Schiff über den halben Kontinent!« schloß Leri. Die beiden Frauen sahen sich betroffen an.

»Talpan versicherte Capiam, daß Drachen immun sind.«

»Offenbar müssen wir im Moment auch für kleine Lichtblicke dankbar sein«, meinte Leri.

»Morgen fallen Fäden. Diesen Einsatz schaffen wir wohl noch, bevor die ersten Reiter erkranken. Die Inkubationszeit beträgt zwei bis vier Tage.«

»Das ist kein großer Vorsprung.« Leri runzelte die Stirn. »Du warst nicht auf Ista?«

»Nein, nur Sh'gall. Allerdings brach bei den Rennen von Ruatha eines der Tiere im zweiten Lauf ganz unvermutet zusammen ...«

Leri nickte. »Und du standest so nahe, daß du helfen wolltest? Der Renner starb?«

»Ja, zu diesem Zeitpunkt eine rätselhafte Sache. Sein Besitzer hatte kurz zuvor einige Tiere aus Keroon erhalten.«

»Nein!« Leri seufzte resigniert. »Welche Behandlung empfiehlt Capiam? Er muß sich doch einiges überlegt haben, wenn er die Fälle im ganzen Land untersucht?«

»Er will, daß wir die Symptome nach eigenem Gutdünken bekämpfen, bis er weiß, um welche Krankheit es sich genau handelt.«

»Und *was* gibt es zu bekämpfen?«

»Kopfschmerzen, Fieber, einen trockenen Husten.«

»Aber davon stirbt man doch nicht!«

»Dachten wir bis jetzt ...«

»Mir gefällt die ganze Sache nicht.« Leri wickelte sich enger in ihr Tuch. »Obwohl wir mal einen Harfner hatten – L'mal ließ ihn versetzen, weil er meist nur die düsteren Balladen vortrug –, der behauptete, es gäbe nichts Neues unter der Sonne. Eine karge Hoffnung unter diesen Umständen, aber wir sollten sie nicht außer acht lassen. Bring mir bitte einen Stapel Aufzeichnungen her! Am besten die ganz alten, die so etwa beim letzten Erscheinen des Roten Sterns beginnen. Zum Glück wollte ich heute morgen nicht ausreiten!«

Da Leri ihren Weyr nur bei Sporeneinfall verließ, um das Kampfgeschwader der Königinnen zu verstärken, lächelte Moreta ihr zaghaft zu. Die alte Frau versuchte die Sache mit Humor zu nehmen.

»Sh'gall hat es sicher dir überlassen, den Weyr zu benachrichtigen.«

»Zumindest alle jene, die bereits wach sind. Und Nesso ...«

Leri rümpfte die Nase. »Das ist genau die Richtige. Sieh zu, daß sie die Neuigkeit nicht in die falsche Kehle bekommt, sonst haben wir heute mittag die ersten Hysterieanfälle. Und wenn du schon hier bist, mach mir doch bitte meinen Wein zurecht, ja?« Leri streckte sich voller Unbehagen. »Der Wetterwechsel tut meinen Gelenken nicht gut.« Sie sah Moretas Zögern. »Wenn du ihn selbst mischst, kannst du sicher sein, daß die Fellissaft-Dosis nicht zu hoch ausfällt.« Sie warf der jüngeren Weyrherrin einen herausfordernden Blick zu. Moreta sah es nämlich nicht gern, daß Leri soviel Fellissaft nahm. Sie vertrat die Ansicht, daß die alte Frau überhaupt keine Medikamente bräuchte, wenn sie in den Süden ginge.

Aber sie mischte wortlos den Wein. Die feuchte Kälte, die sie selbst frösteln ließ, war für Leri sicher eine Qual.

»Hat es dir auf dem Fest gefallen?« erkundigte sich Leri, während Moreta die Fellistropfen zählte.

»O ja! Ich war unten auf der Rennbahn und konnte einen Großteil der Läufe von einem erhöhten Aussichtspunkt mitverfolgen. Baron Alessan begleitete mich.«

»Was? Hast du damit nicht die ehrgeizigen Vermittlungspläne seiner Mutter durchkreuzt?«

Moreta lachte. »Keine Sorge, er tanzte mit ganzen Scharen von jungen, hübschen Mädchen! Übrigens gelang es uns als einzigem Paar, beim Wurftanz auf den Beinen zu bleiben.«

Leri nickte. »Alessan besitzt eine große Anziehungskraft. Ich nehme an, daß er allmählich über den Tod dieser wilden, schönen Frau hinwegkommt, die er geheiratet hatte. Eine traurige Angelegenheit. Sein Großvater übrigens, Baron Leefs Vater ... ach was, das sind alte Geschichten, die du längst kennst.« Moreta kannte sie nicht, schloß aber aus Leris Tonfall, daß sie auch nichts Näheres erfahren würde. »Ich unterhalte mich oft mit Alessan, wenn sich die Bodentrupps nach einem Sporeneinfall wieder sammeln. Er hat immer eine Flasche Benden-Wein bei sich.«

»Das ist mir auch schon aufgefallen.«

Leri lachte über Moretas Ton.

»Sieh an, sieh an! Ich hege den Verdacht, daß sein Weinkeller bis an die Decke mit Benden-Weißem gefüllt ist. Aber ich bin froh, daß Leef gerade ihn zu seinem Nachfolger machte. Er hat mehr Schwung und Verstand als sein älterer Bruder ... ich vergesse immer, wie er heißt. Egal. Alessan übertrifft ihn bei weitem. Wußtest du eigentlich, daß er bei einer Suche entdeckt wurde?«

»Ja, und daß sein alter Herr sich weigerte, ihn im Weyr ausbilden zu lassen.« Moreta runzelte die Stirn. Alessan hätte einen prachtvollen Bronzereiter abgegeben.

»Nun, er hatte das Recht dazu, wenn der Junge als sein Nachfolger vorgesehen war. Das ist inzwischen zwölf Planetenumläufe her. Damals lebtest du noch auf Ista.«

Moreta drückte der alten Frau den Weinkelch in die Hand.

»Auf deine Gesundheit!« meinte Leri ironisch, bevor sie den ersten Schluck nahm. »Hmm! Versuch dich heute noch ein wenig auszuruhen, Moreta! Zwei Stunden Schlaf reichen nicht, wenn morgen Fäden fallen. Und viele der Reiter werden nach dem ausgiebigen Feiern zu Dummheiten neigen. An Capiams seltsame Epidemie will ich gar nicht denken ...«

»Ich lege mich später hin. Erst muß ich noch ein paar wichtige Punkte erledigen.«

»Manchmal frage ich mich, ob es richtig von L'mal und mir war, deine Fertigkeit als Heilerin voll für den Weyr in Anspruch zu nehmen.«

»Bestimmt!« Moretas prompte Antwort wurde von Holth und Orlith bekräftigt.

»Ist ja schon gut!« Leri kraulte Holths Augenwülste.

»Noch einmal – was benötigst du nun genau aus den Archiven?«

»Die ältesten noch lesbaren Aufzeichnungen.«

Moreta nahm das Kissen, das Leri ihr geliehen hatte, und warf es der alten Frau zu, die es geschickt auffing.

»Und iß etwas!« rief Leri ihr nach, als sie den Weyr verließ.

Nebel zog in die Täler und trieb zum Westrand des Weyrkessels. Der Wachreiter hatte sich eng in die Vorderpfoten seines Drachen geschmiegt und fand so ein wenig Schutz vor den Elementen. Moreta fröstelte. Obwohl sie bereits zehn Planetenumläufe hier lebte, konnte sie den Nebel des Nordens immer noch nicht ausstehen; allerdings hatte sie auch die feuchte Hitze der südlichen Breiten nicht sonderlich geschätzt. Und es half nicht viel, sich voller Sehnsucht an das angenehme Klima von Keroon zu erinnern. Ob die Epidemie inzwischen auch die Hochfläche erreicht hatte? Und ausgerechnet Talpan war der Krankheit auf die Spur gekommen! Talpan, von dem sie so lange nichts gehört hatte und der seit gestern ständig in ihren Gedanken herumspukte ...

Moreta warf den Kopf zurück und stieg zur Sohle des Kessels ab. Zuerst wollte sie nach K'lon sehen und dann Berchar aufsuchen, selbst wenn das bedeutete, daß sie in S'gors privaten Wohnbereich eindringen mußte.

K'lon schlief, als sie den Krankentrakt erreichte, aber auf seiner Stirn war nicht die Spur von Fieberschweiß zu erkennen. Seine helle Haut hatte wieder eine gesunde Farbe. Da Berchar K'lon in der schlimmen Phase seines Fiebers ständig betreut hatte, sah Moreta keinen Grund, den blauen Reiter ein zweites Mal zu wecken.

Ein Teil der Leute war inzwischen wach, und die Vorbereitungen für den Sporeneinfall am kommenden Tag liefen. Das Gelächter der Jungreiter, die Feuerstein in kleine Säcke füllten, klang gedämpft durch den Nebel. Moreta überlegte, ob sie Ausbilder F'neldril fragen sollte, wie viele der Jungen er am Vortag zur Beförderung der Festgäste abgestellt hatte. Die auf Ista ausgestellte Raubkatze hatte einige von ihnen womöglich bewogen, entgegen dem Befehl zur sofortigen Rückkehr, die Sensation zu besichtigten.

»Etwas mehr Schwung, Freunde! Hier kommt die Weyrherrin persönlich, um nachzusehen, ob die Säcke für den morgigen Sporenkampf auch ordentlich gefüllt sind!«

Viele Drachenreiter von Fort behaupteten, daß F'neldril der einzige Reiter sei dem sämtliche Drachen des Weyrs gehorchten, weil er sie alle ausgebildet hatte. Er besaß in der Tat einen unheimlichen Instinkt, dachte Moreta, wenn er sie durch den wallenden Nebel erkennen konnte. Nun tauchte er rechts von ihr auf, ein Mann mit kantigen Zügen und einer Sporennarbe, die von der Stirn bis zum Ohr verlief. Moreta hatte ihn von Anfang an gemocht, und er war einer ihrer ersten Freunde im Fort-Weyr gewesen.

»Wie geht es Ihnen, Weyrherrin? Orlith gedeiht? Wie ich höre, bekommen wir bald ein neues Gelege.«

»Und damit neue Jungreiter, die Sie tyrannisieren können, F'neldril!«

»Ich?« Er schlug sich entsetzt an die Brust. »Habe ich je einen Jungreiter tyrannisiert?«

Moreta lachte, wurde aber gleich darauf ernst. »Wir haben Probleme, F'neldril ...«

»Wer von ...«

»Nein, es hat nichts mit Ihren Jungreitern zu tun. Im Südosten hat sich eine Epidemie ausgebreitet, die langsam, aber sicher nach Westen vorrückt. Ich muß deshalb wissen, wie viele Ihrer Schützlinge gestern die Festbesucher beförderten und wie lange sie in Ista blieben. Ich werde diese Frage übrigens allen Reitern unseres Weyrs stellen. Wenn wir verhindern wollen, daß sich die Seuche hier einnistet, müssen wir vorbeugen.«

»Ich bringe es heraus, Moreta, verlassen Sie sich darauf!«

»Gut, aber vermeiden Sie trotz der ernsten Lage jede Panik! Leri hat übrigens gebeten, daß ihr jemand die ältesten noch lesbaren Aufzeichnungen vom Archiv in ihren Weyr bringt.«

»Was treibt eigentlich der Meisterheiler? Liegen seine Lehrlinge auf der faulen Haut, weil wir ihre Arbeit mit übernehmen müssen?«

»Je mehr Leute nach der Ursache der Krankheit forschen, desto besser. Eile tut not!« Moreta seufzte ungeduldig. F'neldril konnte manchmal stur und pedantisch sein.

»Leri bekommt die Aufzeichnungen, sobald die Jungreiter die Säcke gefüllt und sich ein wenig gesäubert haben. Es hätte wenig Sinn, die kostbaren Häute mit schwarzen Fingerabdrücken zu verzieren. He, M'barak, nennst du das *voll?* Du mußt den Sack schütteln – dann geht noch eine Menge hinein!«

Es gehörte zu F'neldrils Prinzipien, erst eine Arbeit abzuschließen, ehe er die nächste begann. Aber Moreta entfernte sich in dem sicheren Wissen, daß Leri nicht lange auf ihre Unterlagen warten würde.

Sie ging weiter zu den Unteren Höhlen und blieb einen Moment lang im Eingang stehen. Nur wenige Leute saßen an den langgestreckten Tischen, und sie kämpften offensichtlich gegen die Folgen des Festes an. Mußte diese Epidemie ausgerechnet am Tag nach zwei Festen ausbrechen, da die eine Hälfte der Reiter diese Nachricht als schlechten Scherz abtäte und der Rest nicht nüchtern genug wäre, um den Ernst der Lage zu begreifen? Und morgen stand ein Sporenregen bevor! Wie sollte sie nur die Aufmerksamkeit der Leute erringen?

Wenn du gegessen hast, fällt dir sicher etwas ein! kam die ungerührte Antwort ihres Drachen.

»Eine ausgezeichnete Idee!« Moreta ging an den kleinen Frühstücksherd, goß sich einen Becher *Klah* ein, rührte einen großen Löffel Süßwürze dazu und nahm sich ein warmes Brötchen aus dem Rohr. Als sie Ausschau nach einem ruhigen

Plätzchen hielt, entdeckte sie Peterpar, den Herdenaufseher des Weyrs, der gerade sein Hufmesser wetzte. Er war ungekämmt und alles andere als ausgeschlafen.

»Schneid dich nicht!« meinte sie ruhig und setzte sich neben ihn.

Peterpar zuckte beim Klang ihrer Stimme zusammen, hörte jedoch keine Sekunde auf, das Messer zu wetzen.

»Warst du auf Ista oder auf Ruatha?«

»Leider hier wie dort. Auf Ista gab es Bier. Und auf Ruatha diesen sauren Wein von Tillek.«

»Hast du auch das Raubtier auf Ista besichtigt?« Moreta hielt es für günstiger, dem Mann die Neuigkeit schonend beizubringen.

»Mhm.« Peterpar runzelte die Stirn. »Meister Talpan war ebenfalls da. Verbot mir, in die Nähe der Bestie zu gehen, obwohl sie in einem Käfig mit dicken Gitterstäben saß. Läßt Sie übrigens grüßen, der Mann. Später ...« Peterpar schüttelte den Kopf, als mißtraue er seiner Erinnerung. »Später brachten sie das Tier dann um!«

»Aus gutem Grund.« Moreta berichtete, was sie erfahren hatte.

Peterpar hielt das Messer starr in die Luft und schaute sie entsetzt an. Als sie fertig war, fand er seinen Gleichmut jedoch rasch wieder.

»Was kommen muß, kommt!« Er begann erneut, sein Messer zu wetzen.

»Die letzte Ladung Renner, die wir als Tribut bekamen ...« Sie nahm langsam einen Schluck von dem warmen, anregenden *Klah*. »Woher stammten die eigentlich?«

»Von Tillek.« Peterpars Miene spiegelte die Erleichterung wider, die er empfand. »Auf Ista ging das Gerücht um, daß eine Krankheit unter den Rennern von Keroon herrscht. Die ... gleiche Geschichte?« Sie spürte, daß er die Frage nur zögernd stellte.

Moreta nickte.

»Wie kann ein Raubtier aus dem Süd-Kontinent an Menschen und Tiere des Nordens eine Krankheit übertragen?«

»Meister Talpan sagte, daß es so ist. Offensichtlich besitzen weder wir noch die Renner eine Immunität gegen die Infektion, die diese Katze einschleppte.«

Peterpar hielt den Kopf schräg und verzog das Gesicht zu einer Grimasse. »Dann hatte das Tier, das beim Ruatha-Rennen zusammenbrach, ebenfalls diese Krankheit?«

»Alles deutet darauf hin.«

»Tillek bekommt kein Zuchtmaterial von Keroon. Ein Glück! Aber ich will dennoch die Herden untersuchen, sobald ich meinen *Klah* getrunken habe.« Er schob das Hufmesser in die Scheide, rollte den Streichriemen zusammen und steckte ihn ein. »Drachen erkranken nicht, oder?«

»Meister Tarpan verneint es.« Moreta stand auf. »Die Reiter sind allerdings in Gefahr.«

»Ach, hier im Weyr lebt ein robuster Schlag«, sagte Peterpar stolz. »Wir wissen jetzt Bescheid und können uns vorsehen. Ich möchte wetten, daß kaum einer von uns krank wird. Machen Sie sich keine Sorgen, Moreta! Wir müssen uns zunächst einmal um den morgigen Sporeneinfall kümmern.«

Oft kam der Trost von völlig unerwarteter Seite, dachte Moreta. Aber Peterpars Worte erinnerten sie daran, daß die Weyrbewohner unter anderem deshalb so robust waren, weil sie gut und vernünftig aßen. Viele Krankheiten ließen sich durch die richtige Kost vermeiden oder abschwächen. Und eine ihrer wichtigsten Pflichten als Weyrherrin bestand darin, die Zusammenstellung der Speisen entsprechend des jahreszeitlichen Angebots abzuwandeln. Moreta spähte umher und suchte das Gewölbe nach Nesso ab. Die Küchenaufseherin genoß es vermutlich, so wichtige Neuigkeiten zu erfahren und im Weyr zu verbreiten.

»Nesso, könntest du bitte in der nächsten Zeit etwas Speerlauch und Weißknollen in deine Stews mischen?«

Nesso schniefte gekränkt. »Das hatte ich ohnehin vor. Und wenn du heute schon gefrühstückt hast, ist dir vielleicht aufgefallen, daß die Morgenbrötchen mit Zitruskraut gewürzt sind. Ein Quentchen Vorsorge erspart den Heiler!«

»Dann weißt du schon von dieser Krankheit?«

Wieder ein Schniefen. »Nachdem ich im ersten Morgengrauen wachgerüttelt wurde ...«

»Sh'gall hat dir Bescheid gesagt?«

»Nicht direkt. Aber er klirrte und polterte mit dem Küchengeschirr herum und schimpfte halblaut vor sich hin, ohne Rücksicht auf diejenigen, die im Gewölbe schliefen!«

Moreta wußte genau, warum Nesso so gern an Festtagen Nachtwache im Küchengewölbe hielt. Sie spionierte begeistert die kleinen Geheimnisse der Weyrbewohner aus und registrierte genau, wann wer mit wem heimkehrte. Dieses Wissen gab ihr offenbar ein Gefühl der Macht.

»Wer hat außer dir noch von der Sache erfahren?«

»Alle, mit denen du sprachst, ehe du zu mir kamst.« Und sie warf Peterpar, der mit schlurfenden Schritten das Gewölbe verließ, einen düsteren Blick nach.

»Also, was hast du genau gehört?« Moreta kannte Nessos Hang zum Klatschen ebenso wie ihre Unfähigkeit, die Tatsachen korrekt weiterzugeben.

»Daß auf Pern eine Epidemie ausgebrochen ist, an der alle sterben.« Nesso warf Moreta einen entrüsteten Blick zu. »Was natürlich völlig idiotisch ist!«

»Nicht ganz. Meister Capiam hat uns in der Tat vor einer Krankheit gewarnt, die epidemisches Ausmaß angenommen hat.«

»Nun, hier merken wir noch nichts davon.« Nesso schwang ihren Schöpflöffel. »K'lon geht es wieder prächtig, obwohl er brutal aus dem Schlaf gerissen und mit Fragen überhäuft wurde. An Epidemien sterben höchstens Burgbewohner.« Nesso verachtete jeden, der nicht in einem Weyr lebte. »Was kann man anderes erwarten, wenn die Menschen in Quartieren hausen, die nicht einmal geräumig genug für einen Wachwher wären!« Nessos selbstgerechte Entrüstung verebbte, als sie Moretas Gesichtsausdruck sah. »Du ... du meinst das im Ernst?« Ihre Augen weiteten sich. »Ich dachte, Sh'gall hätte zuviel Wein erwischt. Oh! Und sämtliche Reiter besuchten gestern Ista oder Ruatha!« Nesso klatschte zwar gern, aber sie war nicht dumm, und sie erfaßte den Ernst der Lage sofort. Die Frau atmete tief durch, wischte den Schöpflöffel mit einem Lappen ab und tauchte ihn dann so heftig in den Brei, daß ein paar Tropfen in die Glut zischten. »Woran erkennt man diese Krankheit?«

»An Kopfschmerzen, Fieber, Schüttelfrost, einem trockenen Husten ...«

»Genau die Symptome, die K'lon hatte!«

»Bist du sicher?«

»Natürlich bin ich sicher. Und K'lon befindet sich auf dem Weg der Genesung. Ich wußte es doch: Wir Weyrleute sind nicht so leicht unterzukriegen!« Es tröstete Moreta ein wenig, daß die Aufseherin die gleiche Ansicht vertrat wie Peterpar. »Gestern war Berchar noch bei ihm, aber es ging ihm bereits viel besser. Paß auf, wir sollten den Reitern nicht sofort die Symptome schildern, denn heute morgen haben sicher die meisten von ihnen einen Brummschädel – aber nicht von der Epidemie, sondern vom Wein!« Sie rührte den Brei noch einmal kräftig durch und wandte ihre Aufmerksamkeit dann ganz Moreta zu. »Wie lange dauert es, bis diese Krankheit durchbricht?«

»Zwei bis vier Tage, nach Capiams Auskunft.«

»Na, dann können sich die Reiter wenigstens noch voll auf den morgigen Sporeneinfall konzentrieren.«

»Der Meisterheiler hat ein Versammlungsverbot erlassen. Niemand darf den Weyr besuchen, niemand darf ihn verlassen. Der Wachreiter weiß bereits Bescheid.«

»Nach den beiden Festen und bei dieser Nebelsuppe kommen ohnehin keine Besucher. Falls du Berchar suchst – der ist bei S'gor.«

»Das hatte ich vermutet. Und noch eines: Sh'gall darf auf keinen Fall gestört werden.«

»Oh?« Nessos Brauen hoben sich fast bis zum Haaransatz. »Glaubst du etwa, daß er die Krankheit bereits erwischt hat? Er muß morgen unbedingt einsatzbereit sein! Und was erzähle ich den Geschwaderführern, wenn sie nach ihm fragen?«

»Daß sie sich an mich wenden sollen! Sh'gall ist nicht krank, sondern völlig erschöpft. Er war gestern bis spät in die Nacht mit Meister Capiam unterwegs.«

Damit verließ Moreta die Küchenaufseherin. Sh'gall würde im Schlaf die erste Panik überwinden und dann mit frischen Kräften gegen die Sporen anreiten. Sein ganzes Talent entfaltete sich, wenn er die Kampfgeschwader anführte.

Nebel hüllte die Weyrherrin ein, als sie die Unteren Höhlen verließ.

Orlith, könntest du Malth sagen, daß er mich in S'gors Weyr bringen soll?

Ich komme selbst.

Ich weiß, daß du alles für mich tun würdest, Liebes, aber du mußt dich schonen, und außerdem herrscht dichter Nebel. Wenn Malth mich abholt, tauche ich nicht völlig unerwartet in S'gors Weyr auf.

Malth kommt. Etwas in Orliths Tonfall vermittelte Moreta das Gefühl, daß Malth der Bitte nur zögernd nachkam. Dabei sollte Malth eigentlich wissen, daß die Weyrherrin die Privatsphäre ihrer Reiter nur im äußersten Notfall verletzte.

Das weiß Malth, versicherte Orlith sofort.

Kaum hatte die Königin diesen Gedanken übermittelt, als die Nebelschwaden in heftige Bewegung gerieten und der grüne Drache so dicht neben Moreta landete, daß sie nur noch aufzusteigen brauchte.

Richte ihm meinen Dank und meine Bewunderung für den exakten Flug aus, Orlith!

Schon geschehen!

Moreta schwang sich auf Malths Nacken. Sie hatte immer ein merkwürdiges Gefühl, wenn sie einen Drachen bestieg, der um so vieles kleiner war als ihre Königin. Dabei besaß sie bestimmt nicht S'gors Gewicht und Statur und mußte sich eigentlich keine Vorwürfe machen, daß sie das Tier überlastete.

Malth wartete einen Augenblick, bis Moreta richtig saß, und startete dann durch den Nebel nach oben. Sanft landete der grüne Drache auf dem Felsensims vor seinem Weyr.

»Danke, Malth!« Moreta sprach betont laut, um S'gor Zeit zu geben, sich auf ihre Ankunft vorzubereiten. Sie stieg ab und ging auf den gelben Schein zu, der aus dem Weyr in den Felsengang herausdrang. Der Drache hinter ihr schien mit dem Nebel zu verschmelzen; nur seine großen Augen schimmerten ermutigend.

»Bleib draußen!« rief S'gor mit eindringlicher Stimme. Seine Gestalt hob sich schemenhaft gegen den Lichtschein ab.

»S'gor, ich kann nicht hier im Nebel stehenbleiben! Ich hatte mich wirklich rechtzeitig angekündigt!« Im Moment konnte sie keine Rücksicht auf seine Gefühle nehmen.

»Berchar ist schwerkrank, Moreta! Er fühlt sich entsetzlich elend, und er hat mir verboten, irgend jemanden in den Weyr zu lassen!« Während er sprach, ging S'gor rückwärts, und Moreta folgte ihm zielbewußt in den Korridor und die Felsenkammer. Mit ausgebreiteten Armen blieb S'gor vor der Schlafnische stehen.

»Ich muß mit ihm sprechen, S'gor!« Moreta kam näher.

»Bitte nicht, Moreta! Er ist im Delirium. Und bleib auch mir fern! Ich habe mich vermutlich angesteckt ...« S'gor trat zur Seite, aus Angst, die Weyrherrin könnte ihn berühren. In diesem Moment vernahm sie das zusammenhanglose Stammeln und Stöhnen des Fieberkranken. »Siehst du?« S'gor fühlte sich bestätigt.

Moreta schob den Vorhang beiseite, der die Schlafnische vom Weyr abtrennte, und blieb auf der Schwelle stehen. Selbst im Halbdunkel konnte sie die Veränderung erkennen, die mit Berchar vorgegangen war. Seine Züge wirkten eingefallen und hager, die Haut war bleich und glänzte vor Schweiß. Berchars Medizintasche lag auf dem Tisch, und sie trat näher. »Seit wann ist er krank?« Sie hob ein Fläschchen hoch.

»Gestern hatte er bereits schreckliche Kopfschmerzen, deshalb gingen wir nicht wie geplant zum Fest.« S'gor ordnete nervös die Medikamente auf dem Tisch. »Beim Frühstück war noch alles in Ordnung. Wir wollten nach Ista, um einen Blick auf diese Raubkatze zu werfen. Dann bekam Berchar auf einmal rasende Kopfschmerzen und mußte sich hinlegen. Ich glaubte ihm anfangs nicht ...«

»Er nahm *Schwitzwurzel* gegen Kopfschmerzen?«

»Nein, Weidensalz natürlich!« S'gor hob das Fläschchen mit den Kristallen hoch.

»Danach dann Schwitzwurzel?«

»Ja, aber das half überhaupt nichts. Gegen Mittag glühte er richtig, und dann bestand er darauf, dieses ... dieses Akonit zu nehmen. Ich fand das reichlich komisch, denn immerhin helfe ich ihm öfter bei seiner Arbeit und weiß einigermaßen Bescheid. Aber er fuhr mich nur an, daß er genau wisse, was er tue. Heute morgen bat er mich dann, ihm eine Federfarn-Infusion zu machen und zehn Tropfen Fellissaft beizumischen. Das habe ich getan. Er litt unter fürchterlichen Schmerzen.«

Moreta nickte beruhigend, obwohl sie eine große Unsicherheit spürte. Akonit bei Fieber und Kopfschmerzen? Federfarn und Fellissaft ja, aber ...

»War das Fieber sehr hoch?«

»Er wußte noch, was er tat – wenn deine Frage darauf abzielt.« Das klang, als wollte S'gor sich und den Freund verteidigen.

»Daran habe ich keine Sekunde gezweifelt, S'gor. Berchar zählt zu den Besten seiner Gilde, und wir schätzen uns glücklich, daß er dem Fort-Weyr zugeteilt wurde. Welche Anweisungen erteilte er dir sonst noch?«

»Alle Besucher von hier fernzuhalten.« Er warf Moreta einen anklagenden Blick zu. Sie ließ sich davon nicht im mindesten beeindrucken. »Unverdünnte Federfarn-Essenz alle zwei Stunden, bis das Fieber nachläßt; außerdem alle vier Stunden eine Dosis Fellissaft.«

»Glaubte er, daß ihn K'lon angesteckt hatte?«

»Berchar sprach mit mir nie über seine Patienten.«

»Ich wollte, er hätte diesmal eine Ausnahme gemacht!«

S'gor musterte sie erschrocken. »Geht es mit K'lon ... zu Ende?«

»Nein, er schläft im Moment ganz ruhig.« Moreta wünschte, sie könnte das gleiche von sich sagen. »Ich muß Berchar allerdings sofort sprechen, wenn sein Fieber ein wenig sinkt. Vergiß das nicht! Es ist ungeheuer wichtig.« Von Zweifeln geplagt, musterte sie den Kranken. Allem Anschein nach hatte K'lon die gleiche Krankheit erwischt, die Meister Capiam als Epidemie bezeichnete. Aber warum war er genesen, während die Seuche im Südosten von Pern die Menschen dahinraffte? Konnte das tatsächlich mit dem Leben im Weyr zusammenhängen? Förderten die Übervölkerung in den Burgen und das viel zu warme Wetter die Ausbreitung der Krankheit? Sie merkte, daß ihr Schweigen S'gor ängstigte. »Halte dich an Berchars Anweisungen! Ich werde dafür sorgen, daß euch niemand stört. Dein Grüner soll Orlith Bescheid geben, sobald ich mit Berchar sprechen kann. Und richte Malth meinen Dank aus! Ich weiß, daß es ihm schwerfiel, etwas gegen deinen Willen zu tun.«

S'gor lächelte. »Malth meint, es sei schon gut. Er ist bereit, dich nach unten zu bringen.«

Der Flug durch den dichten Nebel war ein unheimliches Erlebnis.

Malth würde es nicht wagen, die Weyrherrin von Fort abzuwerten, erklärte Orlith mit Nachdruck.

Das habe ich keine Sekunde angenommen – aber ich kann die Hand vor den Augen nicht mehr erkennen!

Der grüne Drache landete geschickt an der gleichen Stelle neben den Unteren Höhlen, wo er sie abgeholt hatte. Als er wieder zu seinem Weyr aufstieg, wand sich der Nebel in einer trägen Spirale nach oben.

Keine Schwitzwurzel, um das Fieber zum Ausbruch zu bringen, wiederholte Moreta im Geist. Eher Federfarn, um es zu senken. Akonit – vielleicht, um das Herz zu kräftigen? Dann mußte das Fieber gefährlich hoch ansteigen. Und Fellissaft gegen die Schmerzen. Hatte Sh'gall die Schmerzen beim Aufzählen der Symptome vergessen – oder hatte Capiam sie nicht genannt? Zu dumm, daß es ihr nicht möglich gewesen war, wenigstens ein paar Worte mit Berchar zu wechseln! Aber vielleicht war K'lon inzwischen wach und konnte ihr weiterhelfen.

Er schläft, erklärte Orlith. *Und du solltest auch eine Weile schlafen.*

Allmählich verebbte das Entsetzen, das Sh'galls Neuigkeit ihr eingeflößt hatte, und Erschöpfung breitete sich aus. Der Nebel hatte sich zu einer so undurchdringlichen Masse verdichtet, daß man sich auf dem Wege zum Krankentrakt verlaufen konnte.

Mich verfehlst du bestimmt nicht, meinte Orlith ruhig. *Wenn du dich etwas nach links hältst, kommst du geradewegs auf mich zu. Ich sorge dafür, daß du sicher in unseren Weyr zurückkehrst.*

»Gut, ich werde mich jetzt ein paar Stunden ausruhen«, sagte Moreta. Sie brauchte den Schlaf, den Sh'gall mit seinem stürmischen Eindringen unterbrochen hatte. Für den Augenblick war alles Nötige getan; sie wollte nur noch die Medizinvorräte überprüfen, ehe sie zum Weyr hinaufstieg. Also wandte sie sich etwas nach links.

Und jetzt immer geradeaus! riet Orlith.

Das war für den Drachen leichter gesagt, als für Moreta getan. Nach ein paar Schritten konnte sie nicht einmal mehr den gelben Lichtschein aus den Unteren Höhlen erkennen; aber sie spürte Orliths Teilnahme und Nähe und schöpfte daraus Zuversicht. Mutig drang sie in den Nebel vor.

K'lon war vergessen. Ihre Gedanken kehrten immer wieder zu diesem Punkt zurück. Die Burgbewohner starben, aber K'lon, der Drachenreiter, lebte. Sh'gall war völlig übermüdet gewesen, als er sie aufsuchte. Vielleicht hatte er Capiams Botschaft nicht vollständig ausgerichtet. Aber S'peren waren ebenfalls Gerüchte von einer schweren Krankheit zu Ohren gekommen. Und morgen sollten Sporen fallen. Und der gestrige Tag war so harmonisch verlaufen ... bis auf den Zwischenfall mit dem Renner ...

Nun hör endlich auf, dich zu quälen! schimpfte Orlith. *Du hast getan, was du konntest. Ganz bestimmt findet sich irgendein Hinweis in den Archiven. Leri wird ihn entdecken.*

»Ich glaube, es ist der Nebel, der mich so deprimiert. Ich habe das Gefühl, als müßte ich für alle Ewigkeit durch das Nichts irren.«

Du bist mir ganz nahe. Gleich hast du die Treppe erreicht!

Orlith behielt recht. Eine Sekunde später stieß Moreta mit der Fußspitze hart gegen die unterste Felsenstufe. Sie ertastete mit einer Hand die Wand und dann den Türrahmen zum Lagerraum. Die Riegel waren so alt, daß Moreta sich manchmal fragte, weshalb man die Dinger überhaupt noch benutzte. Sie drückte die schwere Sohlentür nach innen. Selbst der Nebel konnte die vielfältigen Gerüche, die ihr entgegenströmten, nicht ersticken. Moreta griff nach oben und deckte den Leuchtkorb ab. Der würzige Duft getrockneter Kräuter belebte und schärfte ihre Sinne. Als sie weiter in den Raum vordrang, konnte sie die einzelnen Gerüche unterscheiden; das große Licht deckte sie gar nicht ab, da sie wußte, wo sich die Fiebermittel befanden. Die mit Federfarn gefüllten Regale sowie die dicken Bündel, die von der Decke hingen, um durchzutrocknen, erschienen ihr mehr als ausreichend, um sämtliche Weyrbewohner gleichzeitig zu behandeln. Ganz schwach vernahm sie das hastige Rascheln der Tunnelschlangen. Die lästigen Biester hatten ihre eigenen Ein- und Ausgänge durch die Felsenspalten. Nesso mußte mal wieder Gift auslegen. Auf dem Regal rechts war Akonit – ein viereckiger Glasbehälter, bis an den Rand gefüllt mit der zerstoßenen Wurzel. Daneben große Mengen Weidensalz und vier Gefäße mit Fellissaft. Sh'gall hatte außerdem von Husten gesprochen. Moreta sah sich um: Tussilago, Schwarzwurz, Ysop, Thymus, Oesob und Borrago – alles im Übermaß vorhanden. Die Alten hatten bei ihrer Überfahrt sämtliche Heilkräuter und Bäume mitgebracht, mit denen sie Krankheiten und Unwohlsein lindern konnten. Einige davon halfen sicher auch gegen diese neue Epidemie.

Sie kehrte um, verdeckte den Leuchtkorb und blieb einen Moment lang in der Tür stehen. Der Rahmen war blankpoliert von all den Händen, die sich dagegen gestemmt hatten. Generationen. Generationen, die alle möglichen seltsamen Ereignisse und ungewöhnlichen Krankheiten überlebt hatten – so wie sie diese neue Prüfung überleben würden!

Der Nebel hatte sich nicht gelöst, und sie sah die Treppe nur schemenhaft. Wieder stieß sie mit dem Fuß gegen die unterste Stufe.

Sei vorsichtig! warnte Orlith.

»Ich werde mir Mühe geben.« Moretas rechte Hand tastete die Felswand entlang. Ihre Füße suchten im Nichts, bis sie die Sicherheit der nächsten Stufe spürten. Der Nebel spann sie immer dichter ein. Aber Orlith sprach ihr so lange Mut zu, bis sie den schwachen Schimmer ihres Weyrs erkennen konnte.

In der Felsenkammer war es deutlich wärmer als draußen. Orliths Augen leuchteten, als Moreta näher trat und sie streichelte. Einen Moment lang schmiegte sie sich an die weiche duftende Haut ihres Drachen.

Du bist müde. Du mußt jetzt endlich schlafen!

»Du kommandierst mich schon wieder herum, was?« Aber

Moreta ging gehorsam in ihre Schlafkammer, zog sich rasch aus, wickelte sich in die Felldecken und war im Nu eingeschlafen.

KAPITEL VI

Ruatha, 11. 3. 43

Alessan sah, wie Moreta den Arm zum Abschied hob und winkte. Gleich darauf stieß sich der große Drache kraftvoll ab und schnellte in die Höhe; seine goldene Haut hob sich schimmernd gegen den dunkelgrauen Himmel ab und überstrahlte den schwachen Lichtschein der halb heruntergebrannten Fackeln. Und dann trat das ein, worauf Alessan gewartet hatte: Orlith und ihre Reiterin, die schöne Weyrherrin von Fort, verschwanden im *Dazwischen*. Die Festflaggen, die im Sog der mächtigen Schwingen geflattert hatten, hingen wieder schlaff an ihren Masten.

Alessan atmete tief durch und reflektierte lächelnd noch einmal die Glanzpunkte seines ersten Festes als Herr von Ruatha. Sein Vater hatte ihm oft genug eingeschärft, daß eine gute Planung der Schlüssel zum Erfolg sei. Gewiß, daß Squealer gesiegt hatte, war das Ergebnis einer langen, sorgfältigen Planung, aber er hatte nie und nimmer mit Moretas Gesellschaft bei den Rennen gerechnet. Und sie war eine so spontane Begleiterin gewesen. Ebensowenig hatte er geahnt, daß sie mit ihm tanzen würde, eine leichtfüßige Partnerin, die es verstand, das Temperament und die Begeisterung eines Mannes zu wecken. Wenn seine Mutter ein Mädchen für ihn fand, das sich mit Moreta messen konnte ...

»Baron Alessan!«

Er wirbelte herum, von einem heiseren Wispern aus seinen angenehmen Träumen geschreckt. Dag kam aus den Schatten gehuscht und blieb ein halbes Dutzend Schritte von ihm entfernt bolzengerade stehen.

»Baron Alessan ...« Die formelle Anrede und die Angst in Dags Stimme beunruhigten Alessan.

»Was ist denn, Dag? Irgend etwas mit Squealer ...«

»Dem geht es prächtig. Aber sämtliche Tiere von Vander husten, ganz hart und trocken! Außerdem fiebern sie und sind mit kaltem Schweiß bedeckt. Und ein Teil der Renner, die in der Nähe von Vanders Koppel angepflockt sind, fangen ebenfalls zu husten an. Norman weiß nicht, was er davon halten soll ... es kam alles so plötzlich. Aber ich kenne mich aus, Baron Alessan, und ich bringe unsere Tiere weg, zumindest alle, die in den Ställen untergebracht waren und nicht auf der Koppel. Ich bleibe mit ihnen im Freien und warte ab, ob sich dieser Husten ausbreitet oder nicht.«

»Dag, glaubst du wirklich ...?«

Dag hob besänftigend die Hand. »Es ist ja gut möglich, Baron Alessan, daß es nur am warmen Wetter liegt oder am Gras. Aber ich denke nicht daran, unseren Squealer aufs Spiel zu setzen! Nicht nach seinem heutigen Sieg ...«

Alessan unterdrückte ein Lächeln. Er kannte Dags Liebe zu den Rennern.

»Ich hüte unsere Vollblüter auf den höhergelegenen Zuchtweiden, bis *die* da ...«, er deutete mit dem Daumen zu den Koppeln, »... verschwunden sind. Ich habe ein wenig Proviant eingepackt, und in den Bergen gibt es genug Felsenschlangen, die ich fangen und braten kann. Außerdem nehme ich meinen mißratenen Enkel mit; das wird uns beiden guttun.«

Dags zweitgrößte Liebe nach Squealer galt Fergal, dem jüngsten Sohn seiner Tochter, einem gerissenen kleinen Burschen, der auf ganz Ruatha für seine Streiche bekannt war. Insgeheim bewunderte Alessan den Einfallsreichtum des Jungen, aber als Burgherr hatte er die Pflicht, seinen Späßen Grenzen zu setzen. Seine jüngste Untat – die zum Bleichen ausgelegte Bettwäsche für die Gästezimmer war plötzlich mit Ruß beschmiert gewesen – hatte Lady Uma so empört, daß er für das Fest Hausarrest bekam.

»Wenn ich nur wüßte ...«

Dag preßte einen Finger gegen die ohnehin leicht nach oben gerichtete Nase. »Vorsicht ist besser als Reue!«

»Also gut, dann tu, was du für richtig hältst!« Alessan sehnte sich nach Schlaf, und wenn Dag sich einmal etwas in den Kopf gesetzt hatte, gab er nicht so leicht nach. »Und kümmere dich um diesen ... diesen ...«

»Schmutzfink?« half Dag ihm grinsend aus.

»Genau. Auf den Weiden kann er vermutlich weniger anstellen als auf der Burg.«

»Lassen Sie mir eine Botschaft zukommen, Alessan, wenn sämtliche Besucher mit ihren hustenden Tieren abgezogen sind!« Dags Grinsen wurde breiter. Er machte auf dem Absatz kehrt und ging mit wiegenden, zielbewußten Schritten auf die Ställe zu.

Alessan sah ihm einen Moment lang versonnen nach und überlegte, ob er Dag zu viele Freiheiten einräumte. Vielleicht versuchte der alte Narr nur wieder einen Streich seines Enkels zu vertuschen. Andererseits stellte ein Husten, der sich so rasch auf den Koppeln ausbreitete, durchaus eine Gefahr dar. Wenn er ausgeschlafen hatte, mußte er Norman aufsuchen und ihn fragen, ob man schon eine Erklärung für den Tod von Vanders Renner hatte. Konnte es sein, daß Vander in seinem Ehrgeiz die Krankheitszeichen übersehen hatte? Alessan wollte es nicht glauben, aber er wußte selbst, wie das Rennfieber einen Menschen packen konnte.

Er schlenderte zur Burg zurück, vorbei an Gruppen von Besuchern, die sich in ihre Fellsäcke gerollt hatten und am Wegrand schliefen. Es war ein schönes Fest gewesen. Auch das Wetter hatte durchgehalten. Eine Spur von Feuchtigkeit in der Luft kündigte für den neuen Tag allerdings Dunst oder Nebel an.

Auch in der Burg selbst stieß man überall auf Schläfer, und Alessan bewegte sich mit äußerster Vorsicht, um niemanden zu stören. Sogar auf dem breiten Korridor vor seinen Räumen lagen die Leute auf Strohsäcken. Zum Glück hatte seine Mutter nicht verlangt, daß er sein Quartier mit irgendwelchen Gästen teilte. Oder hatte sie insgeheim sogar darauf gehofft, daß er Besuch mitbrachte? Er lächelte, als er die Tür schloß und sich aus seinem Festtagsstaat schälte. Erst in diesem Moment fiel ihm ein, daß Moreta ihr Gewand nicht mitgenommen hatte. Halb so schlimm. Das gab ihm die Gelegenheit, sie nach dem Sporeneinfall aufzusuchen. Er streckte sich auf seinem Bett aus,

zog die Decken bis ans Kinn und war gleich darauf fest eingeschlafen.

Aber kurze Zeit später – ihm erschien es wie Sekunden –
wurde er so unbarmherzig wachgerüttelt, daß er sich in seine
Kindheit zurückversetzt fühlte, als ihn seine Brüder des öfteren mit vereinten Kräften aus dem Bett geworfen hatten.

»Alessan!« Lady Umas entnervter Ausruf machte ihn hellwach. »Gutsherr Vander ist schwer erkrankt. Zwei der Leute,
die ihn begleiteten, liegen ebenfalls mit Fieber zu Bett. Heiler
Scand glaubt nicht, daß sie zuviel gegessen oder getrunken
haben. Und dein Rennverwalter läßt ausrichten, daß vier Tiere
verendet und eine Reihe weiterer krank sind!«

»Wessen Tiere?« Hatte Dag mehr gewußt, als er sagen
wollte?

»Keine Ahnung, Alessan!« Lady Uma kümmerte sich nicht
um die Renner, obwohl sie Ruathas Haupteinnahmequelle
waren. »Baron Tolocamp besprach die Angelegenheit mit ...«

»Baron Tolocamp maßt sich Befugnisse an, die er nicht besitzt!« Alessan sprang auf, schlüpfte hastig in seine Kleider
und Stiefel, wischte mit einer ärgerlichen Geste den Fest-
schmuck beiseite und streifte im Laufen eine warme Jacke
über. In seiner Hast wäre er um ein Haar über die Schläfer gestolpert, die den Korridor bevölkerten. Die meisten der im
Großen Saal untergebrachten Gäste waren jedoch wach und
rückten zur Seite, als er vorbeikam. Alessan nickte ihnen
lächelnd zu, während er insgeheim Tolocamp verwünschte.

Erbbaron Tolocamp stand im Hof, einen Arm gegen die
Brust gepreßt und das Kinn nachdenklich in eine Hand gestützt. Norman war bei ihm und verlagerte ängstlich das Gewicht von einem Fuß auf den anderen. Unter seinen Augen
zeichneten sich dunkle Ringe ab; allem Anschein nach war er
diese Nacht überhaupt noch nicht ins Bett gekommen. Seine
Miene hellte sich auf, als er den Burgherrn heranstürmen sah.

»Einen guten Morgen, Tolocamp!« Alessan gab sich keine
Mühe, den Ärger zu verbergen, den er über die Einmischung
des älteren Mannes empfand. »Was gibt es, Norman?«

Er versuchte, den Rennverwalter beiseite zu ziehen, aber so
leicht ließ sich Tolocamp nicht vertreiben.

»Das hier könnte eine ernste Sache sein, Alessan«, erklärte er mit wichtiger Miene.

»Vielen Dank, darüber werde ich befinden.« Alessan sprach so knapp und scharf, daß Tolocamp ihn verblüfft anstarrte. Der Burgherr nutzte seine Schrecksekunde und trat mit Norman beiseite.

»Vier von Vanders Rennern sind tot«, flüsterte Norman, »und der fünfte macht es nicht mehr lange. Neunzehn Tiere, die in unmittelbarer Nähe standen, leiden inzwischen an Schweißausbrüchen und einem scheußlichen Husten.«

»Habt ihr sie von den gesunden Tieren isoliert?«

»Daran arbeiten meine Leute seit dem Morgengrauen, Baron Alessan.«

»Lady Uma berichtete mir, daß Vander und zwei seiner Männer erkrankt sind.«

»Ja, Baron. Ich bat Meisterheiler Scand noch in der Nacht, nach ihnen zu sehen. Anfangs dachte ich, Vander sei nur erregt über den Verlust seines Renners, aber seine Leute haben hohes Fieber bekommen. Und nun klagt auch noch Helly über unerträgliche Kopfschmerzen. Da Helly nicht trinkt, kann das nicht vom Wein herrühren.«

»Vander hatte gestern Kopfschmerzen, nicht wahr?«

»Ich ... ich weiß nicht mehr, Baron Alessan.« Norman seufzte und fuhr sich mit der Hand über die Stirn.

»Ja, natürlich, Sie hatten soviel zu erledigen, und die Organisation klappte auch großartig.« Alessan dachte mit einem Lächeln an die Zeit zurück, da er Norman bei der Vorbereitung der Rennen geholfen hatte.

»Das freut mich, aber ...« Normans Blicke wanderten zur Burgstraße, und er deutete auf einen Reisewagen, vor den vier Renner gespannt waren. »Kulan sollte Ruatha wirklich nicht verlassen ...«

Noch während die Männer das Gespann beobachteten, begann das Leittier hart zu husten.

»Ich sagte Kulan, daß er mit dem kranken Tier nicht losziehen dürfte, aber er hörte nicht auf mich.«

»Wie viele Besucher brachen heute morgen ihr Lager ab?« Alessan spürte zum ersten Mal eine nagende Unruhe. Wenn sich dieser Husten in seinem Burgbereich ausbreitete, zu einer Zeit, da erst die Hälfte der Felder gepflügt waren ...

»Einige Dutzend verschwanden im ersten Morgengrauen, vor allem jene mit eigenen Reisewagen und Gespannen. Ihre Tiere befanden sich nicht in der Nähe der Rennkoppeln. Kulans Renner dagegen ist eindeutig krank ...«

»Ich werde selbst mit ihm sprechen. Erkunden Sie inzwischen, wie viele Leute bereits den Heimweg angetreten haben. Und schicken Sie mir einige unserer Pächter! Ich brauche sie als Boten. Wir müssen alle Besucher zurückholen. Kein Tier verläßt die Burg, ehe wir wissen, was es mit diesem Husten auf sich hat!«

»Und die Menschen?«

»Auch die Menschen bleiben hier. Noch eines: Ich möchte Meister Scand wegen Vander sprechen.«

Kulan zeigte sich alles andere als begeistert, daß er aufgehalten wurde. Sein Renner habe nur einen Frühhusten, behauptete er. Das käme von der staubigen Luft und dem ungewohnten Gras und würde sich schon wieder legen. Kulan war unruhig. Er hatte eine beschwerliche Dreitagereise vor sich, ehe er seinen Hof erreichte. Sein Zweitältester führte während seiner Abwesenheit die Geschäfte, und er bezweifelte, daß der Junge alles richtig machte. Alessan fragte ihn ruhig, ob er es sich leisten könne, ein krankes Tier heimzubringen, das dann seine gesunden Herden ansteckte. Ein Tag Aufschub oder zwei bis man Näheres über diesen rätselhaften Husten wisse, müßte ihm die Sache doch wert sein!

Tolocamp gesellte sich zu ihnen und hörte gerade noch den letzten Teil der Diskussion. Aus seinen Blicken sprach Entsetzen, aber zum Glück schwieg er wenigstens, bis Kulan und seine Leute umgedreht hatten und zur Festwiese zurückkehrten.

»Sind solche drastischen Maßnahmen wirklich notwendig? Ich meine, die Leute müssen zurück auf ihre Höfe – so wie ich auf meiner Burg endlich nach dem Rechten schauen muß!«

»Sobald wir wissen, was den Tieren fehlt, Tolocamp! Sicher stört es Sie und Ihre reizenden Damen nicht allzusehr, noch ein paar Tage meine Gäste zu bleiben.«

Tolocamp musterte den jungen Burgherrn unsicher, entwaffnet von soviel freundlicher Bestimmtheit. »Die Damen können bleiben, wenn sie wollen, aber ich muß heim. Wenn Ihr Trommler so nett wäre, vom Fort-Weyr einen Drachen für mich zu bestellen ...«

»Sie sagten selbst erst vor wenigen Minuten, Tolocamp, daß dies hier eine ernste Sache sein könnte. Sie haben recht behalten. Keiner von uns kann es sich leisten, seine Herden durch Krankheit zu verlieren. Nicht zu diesem Zeitpunkt! Vielleicht stellt sich heraus, daß nur die Tiere, die an den Rennen beteiligt waren, betroffen sind. Aber ich müßte mir schwere Vorwürfe machen, wenn ich keine Vorsichtsmaßnahmen zur Eindämmung der Infektion ergriffen hätte.« Alessan glaubte zu erkennen, daß Tolocamps Widerstand schwächer wurde. »Kulan ist einer von meinen Pächtern; ich wäre Ihnen sehr dankbar, wenn Sie mit den Leuten sprechen würden, die zu Ihrem Burgbereich gehören. Ich will keine Panik verbreiten, aber es sind bereits vier Renner eingegangen, und auf den Koppeln gibt es eine Reihe von Tieren, die von einem schlimmen Husten befallen sind.«

»Hmm, ja ...«

»Ich danke Ihnen, Tolocamp. Ich wußte, daß ich auf Ihre Hilfe zählen kann.«

Alessan wandte sich rasch ab, ehe Tolocamp ein Gegenargument einfiel. Er ging zur Küche hinüber, wo übermüdete Mägde große Krüge mit *Klah* sowie Tabletts mit Weißgebäck und Obst herrichteten. Wie er gehofft hatte, überwachte Oklina die Aktivitäten. Auch ihr sah man an, daß sie diese Nacht keinen Schlaf gefunden hatte.

»Oklina, es gibt Probleme«, sagte er ruhig. »Drunten auf der Festwiese breitet sich unter den Rennern eine Krankheit aus. Bestell Lady Uma, daß niemand die Burg verlassen darf, bis ich Genaueres weiß. Ich bin im Moment auf ihre Überredungskunst und ihre großzügige Gastfreundschaft gegenüber den Besuchern angewiesen.«

Oklinas Augen hatten sich entsetzt geweitet, aber sie gewann rasch ihre Fassung wieder und wies eine der Mägde zurecht, die einen Krug *Klah* verschüttet hatte.

»Schläft unser Bruder Makfar noch?« erkundigte sich Alessan.

»Nein. Er brach mit seinen Leuten vor zwei Stunden auf.«

Alessan fuhr sich mit der Hand über die Stirn. Makfar hatte zwei Renner an den Wettläufen teilnehmen lassen. »Schick ihm einen Boten nach, sobald du mit Mutter gesprochen hast! Wie ich Makfar kenne, ist er noch nicht weit gekommen. Hmm – was sagen wir ihm nur?«

Oklina lächelte. »Daß du dringend seinen Rat benötigst ...«

»Genau.« Er legte ihr einen Moment lang den Arm um die Schultern. »Und trommle die übrigen Geschwister zusammen! Sie müssen für Sicherheit auf dem Burggelände selbst sorgen.«

Als Alessan in den Hof zurückkehrte, erwartete ihn Norman mit einer ganzen Anzahl von Ruatha-Pächtern. Alessan befahl ihnen, sich mit Kurzschwertern zu bewaffnen und jeweils zu zweit die wichtigsten Straßen abzureiten, um die Reisenden zurückzuholen. Wo Überredungskünste nichts halfen, sollten sie Gewalt anwenden. Kurz darauf meldeten sich seine Brüder mehr oder weniger verschlafen zur Stelle. Er gab ihnen den Auftrag, sich ebenfalls Waffen zu besorgen und notfalls die Boten zu unterstützen, in erster Linie aber darauf zu achten, daß niemand mehr Ruatha verließ. Genau in diesem Moment kam Baron Tolocamp in den Hof gestürmt. Er hatte eine streitbare Miene aufgesetzt.

»Alessan, ist das alles nicht ein wenig übertrieben ...?«

Sein Einwand wurde übertönt vom Dröhnen der Nachrichtentrommeln aus der Burg am Fluß. Alessan erkannte den Code der Heiler, und einen Moment lang weidete er sich an Baron Tolocamps Verwirrung, aber die Schadenfreude verflog, als er den Inhalt der Botschaft voll begriff. Die Umstehenden, die den Trommelcode nicht verstanden, lasen Furcht und Betroffenheit in den Gesichtern der Barone. Trommeln eigneten sich hervorragend zum Übermitteln von Botschaften, dachte Alessan grimmig, nur machten sie eben verdammt viel Lärm, der meist die falschen Zuhörer anlockte.

Achtung, Epidemie! Sie breitet sich von Igen, Keroon, Telgar und Ista über den gesamten Kontinent aus! verkündeten die Trommeln. *Äußerst ansteckend und gefährlich! Zwei bis vier*

Tage Inkubationszeit. Kopfschmerzen. Fieber. Husten. Unbe-
dingt Nebeninfektionen vermeiden. Hohe Todesrate. Symptome
behandeln! Ab sofort Quarantäne! Renner ebenfalls gefähr-
det. Wiederholung: Achtung, Epidemie! Sämtliche Reisen un-
tersagt. Versammlungsverbot. Capiam.

Die letzten Trommelwirbel waren ein Befehl, die Botschaft
weiterzuleiten.

»Aber hier hat ein Fest stattgefunden!« rief Tolocamp in seiner einfältigen Art. »Außer einer Handvoll Renner ist niemand
krank! Und die waren weder auf Igen noch in Keroon oder
sonstwo!« Tolocamp funkelte Alessan so wütend an, als sei der
Burgherr der Urheber der Nachricht.

»Vander ist krank, dazu zwei seiner Leute ...«

»Weil sie zuviel getrunken haben!« behauptete Tolocamp.
»Es kann nicht dieselbe Krankheit sein. Capiam sagt, daß eine
Epidemie näherrückt: er erwähnt mit keinem Wort, daß sie be-
reits auf Ruatha wütet!«

»Wenn der Meisterheiler von Pern eine Quarantäne verhängt«, sagte Alessan mit leiser, zorniger Stimme, »dann haben Sie und ich uns seiner Autorität zu beugen, Erbbaron Tolocamp!« Alessan kam nicht zu Bewußtsein, daß er in diesem
Moment starke Ähnlichkeit mit seinem strengen Vater hatte.
Tolocamp schwieg mit einem Mal.

Das war auch gut so, denn nun stürmten all jene auf die beiden Burgherren ein, die Capiams Botschaft verstanden hatten.

»Was redet Capiam da?«

»Er kann doch keine Quarantäne verhängen! Ich muß zurück auf meinen Hof.«

»Meine Herdentiere sind hochträchtig ...«

»Meine Frau ist mit den Kleinen allein im Haus ...«

Tolocamp hatte sich gefangen. Er stand breitbeinig neben
Alessan und bestätigte immer wieder, daß die furchtbare Botschaft stimmte und Meister Capiam das Recht hatte, eine Quarantäne anzuordnen.

»Meister Capiam weiß, was er tut!« – »Wir erfahren sicher
Näheres, sobald die Botschaft auf dem ganzen Kontinent verbreitet ist.« – »Es handelt sich lediglich um eine Vorsichtsmaßnahme.« – »Richtig: Bereits gestern ging ein Renner ein!« –

»Meister Scand wird uns mehr dazu sagen.« – »Nein, absolut niemand darf Ruatha verlassen. Sie bringen Ihren eigenen Hof in Gefahr und verschleppen die Krankheit womöglich noch weiter!« – »Ein paar Tage Verzögerung sind wirklich nicht zuviel verlangt.«

Alessan antwortete rein mechanisch, während die erste Woge der Panik über ihn hinwegschwappte. Er hatte die ersten Schritte unternommen, indem er die Leute zurückholen ließ und einen Massen-Exodus unterband. Nun taten er und Tolocamp ihr Bestes, um die Besorgnis zu dämpfen. Während er Rede und Antwort stand, errechnete Alessan im Geist, wie lange die Vorräte in der Burg reichten. Die Festbesucher konnten kaum mehr als einen Tag von ihrem Reiseproviant leben. Und wenn Vander seine Umgebung angesteckt hatte – sollte man dann die Kranken in der Burg unterbringen oder einen der Ställe leerräumen? Das Lazarett konnte im Höchstfall zwanzig Leute aufnehmen. Vier Tiere tot, eines halbtot und neunzehn mit schwerem Husten – in einem Tag vierundzwanzig von insgesamt einhundertzweiundzwanzig Rennern befallen! Er hatte sich noch nie in einer solchen Notlage befunden. Darauf war er nicht vorbereitet. Er kannte den Sporenregen, diese unvermeidliche Plage, die seit Menschengedenken auf Pern wütete. Die beiden Ereignisse hatten nichts miteinander zu tun; aber ebenso gleichgültig, wie die Fäden das Land zerstörten, würde diese neue heimtückische Gefahr die Menschenleben auslöschen. ›Hohe Todesrate!‹ hatten die Trommeln gewarnt. Gegen die Sporen gab es Drachen. Womit bekämpfte man die neue Krankheit? Fand er vielleicht Aufschluß über Katastrophen dieser Art in den alten Aufzeichnungen von Ruatha, die sein Vater so oft zu Rate gezogen hatte?

»Da kommt ja endlich Ihr Heiler, Alessan«, sagte Tolocamp.

Die beiden Burgherren gingen Meister Scand ein Stück entgegen. Das sonst so freundliche runde Gesicht des Mannes war knallrot vom Laufen, und er hatte die Lippen zu einem dünnen, ärgerlichen Strich zusammengepreßt. Schweiß perlte ihm über die Stirn, und er fächelte sich mit einem nicht gerade sauberen Lappen Luft zu. Alessan hatte schon immer geahnt, daß Scand sein Handwerk gerade gut genug verstand, um die zahlreichen Schwangerschaften auf der Burg zu überwachen und hier und da eine kleine Wunde zu versorgen; aber der neuen Lage schien er nicht gewachsen.

»Baron Alessan, Baron Tolocamp«, keuchte Scand, »ich kam, so schnell ich konnte! Täusche ich mich, oder war das vorhin eine Trommelbotschaft im Code der Heiler? Ist etwas geschehen?«

»Was fehlt Vander?«

Alessans scharfe Frage ließ Scand zusammenzucken. Er räusperte sich und tupfte sich den Schweiß von den Schläfen. Offenbar fiel es ihm schwer, seine Ohnmacht einzugestehen. »Also, ich bin gewissermaßen ratlos, denn der Kranke hat bis jetzt nicht auf den Schwitzwurzelsud angesprochen, den ich ihm in der Nacht einflößte. Eine Dosis, wenn ich das bemerken darf, die einem Drachen Schweißausbrüche verursacht hätte! Sie zeigte keinerlei Wirkung.« Scand fuhr sich wieder nervös über das Gesicht. »Der Mann klagt über fürchterliches Herzjagen und Kopfschmerzen, die keinesfalls vom Wein herrühren, da er nicht einen Tropfen Alkohol zu sich nahm; er fühlte sich schon vor den gestrigen Rennen elend.«

»Und die beiden anderen Männer, seine Knechte?«

»Auch sie sind ohne jeden Zweifel krank.« Scands geschraubte Sprechweise ging Alessan mehr denn je auf die Nerven. »Sehr, sehr krank, denn sie können sich nicht von ihren Strohlagern erheben und leiden an den nämlichen Herzbeschwerden und Kopfschmerzen wie ihr Herr. Ich bin geneigt, diese beiden Symptome zu bekämpfen, anstatt die Männer schwitzen zu lassen, wie das bei normalem Fieber üblich ist. Darf ich nun fragen, ob die Nachricht aus der Heiler-Halle in irgendeiner Weise mich betraf?« Scand hielt den Kopf schräg.

»Meister Capiam hat eine Quarantäne über das Land verhängt.«

»Eine Quarantäne? Wegen drei Leuten?«

»Baron Alessan?« Ein hochgewachsener hagerer Mann im blauen Gewand der Harfner schlenderte näher. Graue Fäden durchzogen sein Haar, und seine Nase schien mehrfach Bekanntschaft mit Gewalt gemacht zu haben, aber er hatte einen offenen Blick und strahlte Ruhe und Tüchtigkeit aus. »Ich bin

Harfnergeselle Tuero. Wenn Sie wollen, übermittle ich Meister Scand den vollen Inhalt der Botschaft, damit Sie weitermachen können.« Tuero nickte zu der erregten Menschenmenge hin, die sich im Hof versammelt hatte.

In diesem Moment dröhnten Ruathas Trommeln auf und gaben die Neuigkeit an die Siedlungen und Höfe im Norden und Westen weiter. Der dumpfe Hall der mächtigen Instrumente verstärkte noch die Atmosphäre der Besorgnis. Lady Uma, begleitet von Lady Pendra und deren Töchtern, erschien am Haupteingang. Angespannt lauschte sie auf den Rhythmus der Trommeln. Dann warf sie Alessan einen langen, ruhigen Blick zu und nickte kaum merklich. Die Frauen scharten sich um Harfner Tuero und den Heiler, der nun am ganzen Körper zitterte und den schmuddeligen Lappen schlaff in der Hand hielt.

Zum ersten Mal im Leben empfand Alessan echte Dankbarkeit für die bedingungslose Unterstützung durch seine Familie – ja, sogar für Baron Tolocamps übereifrige Hilfsbereitschaft. Ein Reiter kam angestürmt und bat um Verstärkung; ein widerspenstiger Hofbesitzer, mit dem Alessan bereits in der Vergangenheit Schwierigkeiten gehabt hatte, weigerte sich umzukehren. Dann dröhnte der große Reisewagen von Makfars Familie über die Auffahrt, und die Umstehenden wichen zur Seite. Alessan bat seinen ältesten Bruder, ein paar Helfer zu organisieren, die aus Verkaufsbuden und Festzelten Unterkünfte für die Besucher errichteten. Den meisten Leuten machte es nichts aus, eine Nacht lang am Straßenrand oder in einem überfüllten Korridor zu kampieren; bei vier Nächten dagegen würde das Probleme geben. Tolocamp stürzte sich sofort auf Makfar, um ihm gute Ratschläge zu erteilen, und Alessan überließ es den beiden, das Unterbringungsproblem gemeinsam zu lösen. Er selbst wollte sich endlich mit Norman die kranken Tiere auf den Rennkoppeln ansehen.

Alessan atmete erleichtert auf, als er den Wirrwarr des Burghofes hinter sich gelassen hatte.

»So etwas habe ich noch nie erlebt, Baron Alessan!« Norman mußte laufen, um sich den langen Schritten des Burgherrn anzupassen. »So viele Tiere in so kurzer Zeit angesteckt!

Und ich weiß absolut nicht, was ich tun kann. Wenn man überhaupt etwas tun kann ...« Seine Stimme klang verzweifelt. »Ein Tier kann schließlich nicht sagen, daß ihm etwas fehlt.«

»Nun, man erkennt eine Krankheit daran, daß die Renner die Nahrung verweigern und völlig apathisch werden.«

»Nicht die Zugtiere! Die machen weiter, bis sie zusammenbrechen.«

Beide Männer blickten auf die großen Weiden jenseits der Felder, wo die kräftigen Tiere grasten, die Alessan auf Wunsch seines Vaters gezüchtet hatte.

»Errichten Sie eine Sperrzone! Renner und Zugtiere dürfen nicht zusammenkommen.«

»In Ordnung, Baron Alessan, aber die Tränke der Renner liegt weiter oben am Wasser.«

»Nun, der Fluß ist breit. Hoffen wir das Beste!«

Alessan sah, daß der Rennverwalter die gesamte Ebene ausgenutzt hatte, um kranke und gesunde Tiere voneinander zu trennen. Die gesunden Tiere befanden sich auf den Außenkoppeln; dann kam ein breiter ringförmiger Grasstreifen, und in der Mitte drängten sich die erkrankten Renner. Ihr Husten klang hart und abgehackt durch die kühle Vormittagsluft. Die Gelenke der Tiere waren geschwollen, und ihr Fell wirkte stumpf und fleckig.

»Mischen Sie Federfarn und Thymus ins Trinkwasser, Norman! Falls die Tiere die Flüssigkeitsaufnahme verweigern und Austrocknungsgefahr besteht, flößen Sie ihnen das Zeug mit Spritzen ein! Vielleicht könnten wir ihnen auch Nesseln zu fressen geben. Manche Renner sind klug und wissen selbst am besten, was ihnen hilft. Und Nesseln haben wir in Hülle und Fülle.« Alessan warf einen Blick auf die Weiden, an deren Rändern sich wie jedes Jahr dichte Büsche des sonst so ungeliebten Unkrauts ausbreiteten. »Husten die Herdentiere ebenfalls?« Er schaute in die entgegengesetzte Richtung.

»Ehrlich gestanden, an die habe ich bis jetzt keinen Gedanken verschwendet.« Norman besaß wie alle Rennerliebhaber eine tiefe Verachtung für die trägen, friedlichen Herdentiere. »In der Trommelbotschaft war nur von Rennern die Rede.«

»Gut. Wir werden nämlich einige der Herdentiere schlachten müssen, um die unerwarteten Gäste zu versorgen. Ich habe nach dem Fest nicht mehr genügend Frischfleisch in der Burg.«

»Baron Alessan, hat Dag ...« Norman deutete zaghaft zu den großen Höhlen am Fuße der Klippe, die als Ställe ausgebaut waren. Hierhin brachte man die Renner vor jedem Sporeneinfall.

Alessan warf Norman einen wissenden Blick zu. »Ah, dann hatten Sie also die Finger mit in diesem Komplott?«

»Ja, Baron«, entgegnete Norman ruhig. »Dag und ich machten uns große Sorgen, als sich dieser Husten auszubreiten begann. Ich wollte Sie nicht beim Fest stören, aber da die Zucht-Vollblüter keinerlei Kontakt zu den Tieren hier hatten – oh, sehen Sie sich das an!«

»Beim Ei!«

Ein Vierergespann wartete am Rande des Feldes darauf, von einem großen Reisewagen abgeschirrt zu werden. Plötzlich sackte das Leittier zusammen und riß seinen Nachbarn mit.

»Holen Sie ein paar Männer, die sich um das Gespann kümmern, Norman! Benutzen Sie die drei übrigen Tiere zum Wegschaffen der Kadaver. Sämtliche toten Renner sollen dort draußen verbrannt werden.« Alessan deutete auf eine Mulde in den Feldern, die man vom Burghof aus nicht sehen konnte. »Und halten Sie schriftlich fest, welche Tiere verendet sind. Wir werden Schadenersatz anbieten müssen.«

»Ich habe niemanden mehr für diese Aufgabe.«

»Dann schicke ich Ihnen einen unseren Pfleglinge. Er soll außerdem in Erfahrung bringen, wie viele Menschen heute nacht hier auf den Koppeln kampierten.«

»Soviel ich weiß, die meisten Rennknechte, dazu der alte Runel und seine beiden Freunde. Später, als Sie ein Weinfaß hier aufstellen ließen, kamen noch einige Züchter, die keine Lust zum Tanzen hatten.«

»Wenn wir nur mehr über diese Krankheit wüßten! Wie lautete die Trommelbotschaft? ›Symptome behandeln‹ – nicht wahr?« Alessan ließ seine Blicke erneut über die von Husten gequälten Tiere wandern.

»Dann versuchen wir es erst einmal mit Federfarn, Thymus

und Nesseln. Vielleicht erhalten wir noch eine nähere Anweisung vom Herdenmeister.« Norman schaute zuversichtlich in Richtung Osten.

Im allgemeinen war von dort keine Hilfe zu erwarten, dachte Alessan, aber er klopfte Norman ermutigend auf die Schulter. »Tun Sie einfach das, was Sie für das Beste halten.«

»Sie können sich auf mich verlassen, Baron Alessan!«

Normans ruhige Worte richteten Alessan ein wenig auf, als er quer über ein Stoppelfeld zur Burg zurückkehrte. War es erst einen Tag her, seit er und Moreta auf der Anhöhe dort gestanden hatten, um die Rennen zu beobachten? Unvermittelt blieb er stehen. Moreta hatte Vanders sterbenden Renner untersucht! Da die Trommelbotschaft ihren Weyr eher erreichte als Ruatha, wußte sie inzwischen sicher, welche Folgen ihr Handeln haben konnte. Aber als Heilerin besaß sie wohl am ehesten die Möglichkeit, dieser Krankheit vorzubeugen.

Wie alle anderen Bewohner von Ruatha hatte er die Weyrherrin von Fort vom Sehen gekannt, war jedoch bei früheren Festen kaum in ihre Nähe gekommen. So hatte er sie für eine zurückhaltende, kühle Frau gehalten, die ganz der Kultur und Tradition der Weyr verhaftet war. Die Entdeckung, daß sie sich von Rennen ebenso begeistern ließ wie er selbst, hatte sein Herz schneller schlagen lassen. Lady Uma hatte ihn am frühen Abend beiseite genommen und ihn scharf getadelt, weil er Moretas Zeit zu sehr in Anspruch nahm. Alessan wußte, daß sie im Grunde wütend war, weil er sich nicht genügend um die heiratswilligen Mädchen kümmerte, die sie eingeladen hatte. Er wußte auch, daß es seine Pflicht war, das Geschlecht der Ruatha zu erhalten, und so hatte er sich nach der Zurechtweisung ehrlich um die Kandidatinnen bemüht ... bis er Moreta hinter dem Harfner-Podium verschwinden sah. Zu diesem Zeitpunkt war er es mehr als leid, sich das neckische Gekicher und das alberne Geschwätz junger Mädchen anzuhören, die alles daransetzten, ihn von ihren Qualitäten zu überzeugen. Er hatte seine Pflicht als Burgherr getan, aber es mußte ihm auch gegönnt sein, dieses erste Fest als Erbbaron ein wenig zu genießen. In Moretas Gesellschaft! Und genau das hatte er getan. Einen Moment lang kam ihm nun der Gedanke, daß die harten

Prüfungen des heutigen Tages eine Art gerechter Ausgleich für die Freuden des gestrigen Abends waren, aber er merkte selbst, daß das eine kindische Anwandlung war, und verdrängte sie rasch wieder.

Er kannte jetzt die Situation auf der Koppel. Seine nächste vordringliche Aufgabe bestand darin, die Angehörigen aller jener zu verständigen, die nicht vom Nachrichtennetz der Trommler erfaßt wurden; sie warteten vermutlich voller Sorge auf die Rückkehr der Festbesucher und würden in Scharen nach Ruatha strömen, wenn man sie nicht umgehend warnte. Dann galt es herauszufinden, ob noch mehr Leute außer Vander Renner in Keroon gekauft hatten und wo sich diese Tiere nun befanden. Und er mußte überlegen, was er mit den Gästen anfing, die sich seinen Befehlen widersetzten. Die kleine Burgzelle hielt zwar einem aufsässigen Halbwüchsigen wie Fergal stand, aber nie und nimmer einem aggressiven Pächter oder Hofbesitzer.

Tolocamp, der den Aufbau eines großen Zeltes an der Südmauer der Burg überwacht hatte, fing Alessan ab.

»Einen Augenblick, Baron Alessan!« begann der ältere Mann steif und mit ausdruckslosem Gesicht. Er hatte das Kinn entschlossen vorgeschoben. »Ich begreife zwar, daß die Quarantäne auch mich betrifft, aber ich möchte dennoch zurück auf meine Burg. Ich werde in meinen Räumen bleiben und keinen Menschen in meine Nähe lassen. Sehen Sie sich das hier an ...« Er deutete auf das Durcheinander zwischen Burgstraße und Hof. »... und Sie können sich vorstellen, was während meiner Abwesenheit auf Fort vor sich geht!«

»Baron Tolocamp, ich hatte immer den Eindruck, daß Sie Ihre Söhne ausgezeichnet auf ihre Pflichten als künftige Burgverwalter vorbereitet haben.«

»Das ist richtig.« Tolocamp hob stolz den Kopf. »Das ist richtig. Ich übergab Campen die Verantwortung, ehe ich zum Fest aufbrach. Damit er Erfahrung sammeln kann ...«

»Gut. Diese Quarantäne gibt ihm die beste Gelegenheit dazu.«

»Mein lieber Alessan, einer Krise wie dieser ist er auf keinen Fall gewachsen!«

Alessan preßte die Lippen zusammen. »Baron Tolocamp, Sie wissen besser als ich, was eine dringende Botschaft im Code des Meisterheilers bedeutet. Würden Sie zulassen, daß jemand dagegen verstößt?«

»Nein, nein, selbstverständlich nicht. Aber hier handelt es sich um außergewöhnliche Umstände ...«

»*Hier* – ganz recht. Ihr Sohn muß allerdings keine Gäste betreuen.« Beide Männer beobachteten, wie sechs Männer mit gezogenen Schwertern eine Gruppe von aufgebrachten Pächtern auf die Burgstraße zurückdrängten. Zwei von Alessans Brüdern waren bei den Bewaffneten. »Außerdem gehören Heiler- und Harfnergilde zum Einflußbereich Ihrer Burg. Campen kann sich dort Rat holen.« Alessan dämpfte seinen barschen Ton. Er durfte Tolocamp nicht vor den Kopf stoßen; er brauchte die Unterstützung des Barons vor allem bei den älteren Leuten, die es nicht gewohnt waren, von einem jungen, unerfahrenen Burgherrn Befehle entgegenzunehmen. »In Meister Capiams Botschaft hieß es, daß die Inkubationszeit zwei bis vier Tage beträgt. Einen Tag sind Sie bereits hier.« Alessan warf einen Blick auf die hochstehende Sonne. »Wenn Sie sich auch morgen noch völlig gesund fühlen, können Sie in aller Stille nach Fort zurückkehren. Inzwischen aber sollten Sie den anderen mit gutem Beispiel vorangehen.«

»Allerdings.« Tolocamps Miene wurde milder. »Sie haben völlig recht. Der Burgherr muß seinen Untertanen Vorbild sein. Auf der anderen Seite scheint sich die Krankheit auf jene zu beschränken, die unmittelbar mit den Rennen zu tun hatten. Ich konnte diesem Sport noch nie etwas abgewinnen.« Mit einer verächtlichen Geste tat er den beliebtesten Zeitvertreib des Kontinents ab.

Alessan fand keine Zeit zu einer Antwort, denn in diesem Moment kamen einige Männer mit besorgten und zugleich entschlossenen Mienen auf die beiden Burgherren zu.

»Baron Alessan ...«

»Ja, Turvine?« Der Sprecher war ein Pflanzer aus der südöstlichsten Ecke von Ruatha. In seiner Begleitung befanden sich einige Hirten aus dem Grenzgebiet.

»Die Trommeln reichen nicht in die entlegenen Bezirke von Ruatha. Wir werden von unseren Familien zurückerwartet. Es liegt mir fern, eine Anordnung der Heiler zu mißachten, aber man muß auch gewisse Rücksichten nehmen. Wir können unmöglich länger warten ...«

Makfar hatte die Abordnung bemerkt, und obwohl Alessan Turvine seine ganze Aufmerksamkeit schenkte, entging ihm nicht, daß sein Bruder eine Handvoll Bewaffneter zusammenrief.

»Ihr bleibt – das ist mein Befehl!« erklärte Alessan so scharf, daß die Männer zurückwichen. Unsicher wandten sie sich an Tolocamp, in der Hoffnung, Hilfe von ihm zu erhalten, aber der Erbbaron von Fort versteifte sich und ignorierte ihre stumme Bitte. Alessan erhob die Stimme, damit ihn auch diejenigen verstehen konnten, die auf der Straße und im Hof die Auseinandersetzung mitverfolgten. »Die Trommeln haben eine Quarantäne verkündet. Ich bin euer Burgherr. Im Moment habt ihr mir zu gehorchen. Und ich sage, daß weder Mensch noch Tier diese Burg verläßt, ehe die große Trommel ...« Alessan deutete gebieterisch zum Turm hinauf. »... die Quarantäne wieder aufhebt!«

Stille folgte seinen Worten. Alessan begab sich mit raschen Schritten zum Haupteingang der Burg, dicht gefolgt von Tolocamp.

»Sie müssen Boten aussenden, sonst kommen die Angehörigen dieser Leute nach Ruatha«, sagte Tolocamp leise.

»Ich weiß. Aber wie kann ich das bewerkstelligen, ohne die Gesunden zu gefährden?« Alessan wandte sich nach links, dem Arbeitszimmer der Burg zu; hier warteten in herausfordernd ordentlichen Stapeln die verdammten Aufzeichnungen, für die er im Moment keine Zeit fand. Man hatte auch diesen Raum für das Fest in ein Gästezimmer umgewandelt, und auf dem Boden lagen Schlafsäcke, deren Besitzer offenbar in aller Hast aufgebrochen waren. Alessan stieß sie mit dem Fuß beiseite und durchsuchte die Kartenregale. Endlich hatte er den großen Plan gefunden, auf dem Ruatha mit seinem gesamten Einflußbereich eingetragen war; das Straßen- und Wegenetz wies einen Farbcode auf, der die Wichtigkeit der einzelnen

Verbindungen kennzeichnete; auch die Höfe und Siedlungen waren je nach Größe unterschiedlich markiert.

Baron Tolocamp äußerte sich erstaunt über die hervorragende Qualität der Karte. »Ich hatte keine Ahnung, daß Sie hier so gut ausgerüstet sind!« meinte er mit dem ihm eigenen Mangel an Takt.

Alessan lächelte. »Sie kennen sicher den alten Spruch der Harfner: ›Burg Ruatha war geplant, während Fort durch Zufall entstand.‹« Er fuhr mit dem Zeigefinger die Nordverbindung entlang bis zu einer Stelle, wo sich die Wege nach Nordwesten, Westen und Nordosten verzweigten. Etwa zwanzig Höfe lagen in diesem Gebiet. Die große Weststraße dagegen wand sich ohne Nebenwege durch die Berge und mündete in die Hochfläche.

»Baron Alessan ...«

Er wandte sich um und sah die Harfner, die zum Fest aufgespielt hatten. Tuero hatte sich zum Sprecher der Gruppe gemacht.

»Wir möchten uns als Boten zur Verfügung stellen.« Tuero grinste schief, was seine Nase noch abenteuerlicher erscheinen ließ. »Vielleicht lassen sich damit die erregten Debatten auf dem Vorplatz etwas dämpfen. Die Harfner von Pern warten auf Ihre Befehle.«

»Ich danke euch für das Angebot, aber ihr könntet euch ebenfalls angesteckt haben, wie alle, die das Fest von Ruatha besuchten. Mir geht es nicht darum, die Leute festzuhalten, sondern ich will ein Ausbreiten der Krankheit verhindern.«

»Baron Alessan ...« Tuera lächelte immer noch. »Eine Botschaft muß nicht unbedingt *persönlich* überbracht werden.« Er trat mit raschen Schritten näher, beugte sich über die Karte und deutete auf einen Punkt an der Nordstraße. »Wir verständigen die Bewohner dieses Hofes per Trommel und bitten sie, die Nachricht an die nächstgelegenen Anwesen weiterzugeben. So entsteht eine Staffette, die bis an die Grenzen von Ruatha vordringt.«

Alessan starrte die Karte an und ließ im Geist die Siedlungen an sich vorbeiziehen. Am weitesten entfernt von der Burg lag zweifellos das Eisenbergwerk, aber der Ritt dorthin dauerte auch nicht länger als drei Tage. Dag hatte nur die Zuchtrenner fortgeschafft; es gab bestimmt noch genug Tiere auf der Burg, die den ersten Abschnitt der Nachrichtenstaffette schafften; und sie stellten kein Risiko für andere Renner dar, da sie wieder nach Ruatha zurückkehrten. *Falls* sie nicht unterwegs erkrankten ...

»Da keiner von uns länger als nötig Ihre Gastlichkeit entbehren möchte, können Sie sich darauf verlassen, daß wir wiederkommen. Und das Übermitteln von Botschaften gehört schließlich zu den Pflichten unserer Gilde.«

»Ein sehr gutes Argument«, murmelte Tolocamp.

»Gut, ich bin einverstanden. Darf ich es Ihnen überlassen, Tuero, die Botschaft zu formulieren? Unsere Trommeln reichen bis etwa hierher.« Alessan zog mit dem Finger einen Kreis um Ruatha. »Ich bezweifle, daß irgend jemand daran dachte, die Unheilsnachricht an die weiter entfernten Orte zu übermitteln. Insgesamt sieben Höfe in jenem Randgebiet besitzen Renner; sie können die Botschaft am leichtesten weiterverbreiten.«

»Ein Glück, daß wir ebenfalls sieben sind.«

Alessan nickte lächelnd. »Jemand soll dem Volk draußen berichten, daß geeignete Boten gefunden sind. Ich nehme an, daß unser Trommler droben in seinem Turmzimmer wartet, aber seine Sachen sind hier in den Schränken aufbewahrt – Tinte, Häute und Federn. Sagt mir Bescheid, wenn ihr losreitet! Ich habe Reisekarten und werde Renner bereitstellen lassen. Vermutlich wollt ihr rasch aufbrechen, damit ihr nicht im Freien übernachten müßt.«

»Das ist nichts Ungewohntes für uns Harfner, glauben Sie mir.«

»Und vielleicht könnt ihr unterwegs erfragen, wer im Lauf der letzten Wochen Tiere von Keroon erhielt.«

»Oh?« Tuero zog erstaunt die Brauen hoch.

»Vander bekam eine Schiffsladung Renner aus der Zucht von Keroon ...«

»Und die Trommelbotschaft nannte Keroon als Seuchengebiet, nicht wahr? Gut, wir werden uns umhören. Der eisfreie Winter hat sich demnach nicht unbedingt als Segen erwiesen.«

»Nein, alles andere als das.«

»Nun, wir werden sehen.« Mit einer leichten Verbeugung wandte sich Tuero ab und kehrte mit seinen Gildegenossen in den Burghof zurück.

»Alessan, es gibt auch in Fort soviel zu tun ...«, jammerte Tolocamp.

»Farelly ist droben im Turm und steht Ihnen zur Verfügung, Tolocamp!« Alessan deutete betont höflich zur Turmtreppe und verließ dann seinen Arbeitsraum. Baron Leef hatte ihm einmal sein Rezept anvertraut: Man vermied Streit am besten dadurch, daß man ihm aus dem Wege ging. ›Taktvollen Rückzug‹ hatte sein Vater diese Methode genannt.

Alessan blieb kurz im Schatten des großen Tores stehen und beobachtete das Gewimmel im Burghof und auf der Straße. Zelte wurden aufgeschlagen, kleine Kochfeuer brannten, und die Glut unter dem großen Drehspieß war neu angefacht. Über die Felder bewegte sich langsam eine Reitergruppe. Alessan erkannte seinen Bruder Dangel und zwei Pächter von Ruatha. Alle drei hatten die Schwerter gezogen. Der Mann, den sie bewachten, war Pflanzer Baid. Sie ritten auf die dünne graue Rauchsäule zu, die aus einer Mulde in der Ferne aufstieg. Der Burgherr nickte. Das war die richtige Antwort auf Gehorsamsverweigerung. Wer dabei ertappt wurde, daß er heimlich die Burg verlassen wollte, mußte Norman beim Verbrennen der Tierkadaver helfen.

Ein Reiter kam über das Stoppelfeld galoppiert und lenkte sein Tier die Straße herauf, vorbei an Zelten und Feuern. Er sprang im Hof ab und schaute nervös umher. Als Alessan aus dem Schatten trat, ließ der Mann die Zügel los und rannte ihm entgegen.

»Baron Alessan – Vander ist tot!«

Kapitel VII

Harfner-Halle und Fort-Weyr, 11. 3. 43

Das Dröhnen hallte in Capiams Kopf wider, bis er aufschrak und schützend die Hände gegen die Stirn preßte. Selbst durch seinen Schlaf waren die Trommeln gegeistert, begleitet von quälenden Bildern, und das Erwachen war nicht nur eine Flucht vor den eindringlichen Rhythmen, sondern ebenso ein Protest gegen die Pein, die ihm die Alpträume bereiteten. Er lag im Bett, erschöpft von der Anstrengung des Wachseins. Der nächste Trommelwirbel ließ ihn zusammenfahren, und er wühlte sich tiefer in sein Kissen.

Hörte das denn gar nicht mehr auf? Er hatte nicht gewußt, daß Trommeln so infernalisch laut sein konnten. Warum war ihm das bist jetzt nicht aufgefallen? Es wurde höchste Zeit, daß die Heiler ihre eigene, ruhige Unterkunft bekamen. Das Pochen wurde so stark, daß er sich die Ohren zuhielt. Dann erinnerte er sich an die Botschaften, die er selbst niedergeschrieben hatte und die an alle Gildehallen und Burgen hinausgehen sollten. Wurden sie etwa jetzt erst ausgesandt? Es mußte längst Mittag sein! Begriffen die Trommler nicht, wie wichtig eine Quarantäne war? Oder hatte ein Lehrling den Text leichtsinnig beiseite gelegt, um selbst länger schlafen zu können?

Die Schmerzen durchfuhren ihm den Schädel wie Nadeln. Es war unerträglich. Und sein Herz pochte ebenso schnell wie die Trommelwirbel. Merkwürdig! Capiam lag im Bett, gequält von den Trommelechos und seinem eigenen unruhigen Herzschlag.

Dann verstummten die Trommeln draußen, aber weder sein Kopf noch sein Herz nahmen davon Notiz. Capiam rollte sich auf die Seite und versuchte aufzustehen. Er mußte etwas gegen diese Kopfschmerzen unternehmen. Stöhnend schwang er die Beine über den Bettrand. Die Schmerzen nahmen zu, als er zu seinem Schrank wankte.

Fellissaft! Ein paar Tropfen. Das würde ihm helfen. Das hatte bisher immer noch geholfen. Er maß die Dosis mit zitternden Händen ab, goß Wasser dazu und schluckte das Gemisch. Sein Schwindel verstärkte sich, als er die paar Schritte zu seinem Bett zurückging. Er atmete schwer. Schweiß brach ihm aus allen Poren.

Capiam kannte schlaflose Nächte und Überarbeitung, und ihm war klar, daß sein Zustand damit nichts zu tun hatte. Wieder stöhnte er. Er hatte jetzt keine Zeit, krank zu werden! Ausgerechnet er sollte diese Epidemie aufgeschnappt haben! Heiler wurden einfach nicht krank! Außerdem hatte er sich nach jedem Patientenbesuch gründlich mit Rotwurz gewaschen.

Warum wirkte der Fellissaft nicht? Er konnte mit diesen Kopfschmerzen nicht nachdenken. Aber er *mußte* nachdenken. Es gab soviel zu erledigen: Notizen zu ordnen, den Verlauf der Krankheit zu analysieren, die Möglichkeit gefährlicher Nebeninfektionen wie Bronchitis oder Lungenentzündung abzuklären ... Aber wie sollte er arbeiten, wenn es ihm nicht einmal gelang, die Augen offenzuhalten? Stöhnend fuhr er sich mit den Fingern über die Schläfen und dann über die heiße, feuchte Stirn. Beim Ei! Er glühte vor Fieber.

Er spürte, daß jemand den Raum betreten hatte. »Nicht in meine Nähe kommen!« rief er und riß unwillkürlich einen Arm hoch. Ein neuer Schmerz durchzuckte seinen Schädel.

»Keine Angst, ich bleibe hier stehen!«

»Desdra!« Ein erleichterter Seufzer.

»Ich gab einem Lehrling den Auftrag, an deiner Tür Wache zu halten, bis du richtig ausgeschlafen warst.« Ihre ruhige Stimme tat ihm wohl. »Du hast dieses seltsame Fieber selbst erwischt?«

»Ironie des Schicksals, was?« Selbst in dieser Sekunde bewies der Heiler noch Humor.

»So könnte man es nennen, wenn du im Moment nicht der gefragteste Mann von ganz Pern wärst!«

»Die Quarantäne gefällt den Leuten nicht, habe ich recht?«

»Ganz und gar nicht. Der Trommlerturm wurde regelrecht belagert. Aber Fortine versteht sich durchzusetzen.«

»Meine Aufzeichnungen befinden sich in der Reisetasche. Gib sie Fortine! Der Mann kann hervorragend organisieren, aber von Diagnosen versteht er wenig. Er wird alles brauchen, was ich über diese Epidemie in Erfahrung gebracht habe.«

Desdra beugte sich über sein Gepäck und holte die Notizen heraus. »Viel ist es nicht.«

»Nein, aber in Kürze weiß ich mehr!«

»Es geht eben nichts über persönliche Erfahrung. Hast du irgendwelche Wünsche?«

»Nein. Halt, doch: Wasser, frische Säfte ...«

»Durch die Quarantäne ist der Nachschub blockiert.«

»Dann eben nur Wasser. Niemand darf diesen Raum betreten, und *du* kommst am besten nicht näher als zu diesem Tisch.«

»Ich habe mich darauf eingestellt, dich zu versorgen.«

Er schüttelte den Kopf und bedauerte es gleich darauf. »Nein, ich bleibe lieber allein.«

»Stumm dem Leid ergeben?«

»Laß die Witze, Mädchen! Die Krankheit ist hochgradig ansteckend. Gibt es noch mehr Betroffene auf der Burg oder in unserer Gilde?«

»Zumindest bis vor einer halben Stunde gab es keine.«

»Und jetzt ist es?« Capiam konnte die Uhr nicht erkennen.

»Spätnachmittag: vier.«

»Jeder, der auf einem der beiden Feste war und hierherkommt ...«

»Was aufgrund deiner Trommelbotschaft ausdrücklich verboten ist ...«

»Es gibt immer Leute, die der Ansicht sind, für sie gelte das Verbot nicht ... Jeder, der zurückkommt, muß vier Tage lang isoliert werden. Zwei Tage scheinen die Inkubationsnorm zu sein, wenn man die Berichte durchgeht ...«

»... und dich anschaut ...«

»Erfahrung macht klüger. Leider weiß ich noch nicht, wie lange die Ansteckungsgefahr nach Ausbruch der Krankheit bestehen bleibt. Deshalb müssen wir doppelt achtsam sein. Ich werde Buch über meine Symptome und den Heilungsverlauf führen. Das Zeug liegt hier, falls ...«

»Sind wir jetzt nicht eine Spur zu pathetisch?«

»Du behauptest doch seit Jahren, daß ich eines Tages an einer der Krankheiten sterben werde, die ich nicht heilen konnte.«

»Bitte, hör endlich mit diesem Unsinn auf, Capiam!« Desdras Stimme klang eher wütend als besorgt. »Meister Fortine läßt die Lehrlinge und Gesellen rund um die Uhr in den Archiven schuften ...«

»Ich weiß. Ich hörte sie letzte Nacht schnarchen.«

»Ah – den Verdacht äußerte Meister Fortine auch, als ihm niemand den Zeitpunkt deiner Heimkehr nennen konnte. Leider war er selbst sehr spät ins Bett gekommen und erschien erst gegen Mittag wieder an seinem Arbeitsplatz. Er will dich sicher sprechen.«

»Er darf keinen Fuß über die Schwelle meines Zimmers setzen.«

»Das weiß er vermutlich.«

Warum wirkte der Fellissaft nicht? Sein Herz schlug immer rasender.

»Bitte, Desdra, richte Fortine aus, daß Schwitzwurzel keinerlei Erleichterung bringt. Im Gegenteil, sie scheint den Zustand noch zu verschlimmern. In Igen und Keroon verwendeten sie dieses Medikament im Anfangsstadium der Krankheit, und es gab viele Tote. Er soll lieber mit Federfarn arbeiten. Und andere Fiebermittel erproben.«

»Was? Verschiedene Mittel für *einen* Patienten?«

»Er wird genug Patienten für die verschiedensten Heilmethoden bekommen«, murmelte Capiam. »Geh jetzt, Desdra! Mein Schädel fühlt sich an wie ein Trommlerturm.«

Desdra lachte leise. Hielt sie es für das beste, ihn normal zu behandeln, damit er nicht auf Todesgedanken kam? Bei Desdra wußte man nie so recht, wie man dran war. Das verlieh ihr einen besonderen Reiz, war aber wohl auch die Ursache, daß sie den Meistergrad nicht erhielt. Eine Heilerin mußte hin und wieder sanft und diplomatisch ans Werk gehen. Und sanft behandelte sie ihn nicht gerade. Dennoch war Capiam erleichtert, daß gerade sie sich um ihn kümmerte.

Er lag flach ausgestreckt da und bemühte sich, den Kopf ganz still zu halten. Das Kissen schien sich in Stein verwandelt zu haben. Er verdrängte den Schmerz mit ganzer Willenskraft, sagte sich immer wieder vor, daß der Fellissaft gleich wirken und seinen Körper wohltuend betäuben würde. Sein Herz begann wieder zu rasen, ein Symptom, über das viele Patienten klagten. Er hatte nicht geahnt, daß es die Kranken so sehr schwächte. Immer noch hoffte er, daß der Fellissaft ihm helfen würde.

Lange Zeit rührte er sich nicht. Die Kopfschmerzen ließen merklich nach, aber sein Herz pochte hart, und er fand keinen Schlaf. Dabei spürte er eine Mattigkeit, die bis ins Mark ging; die wenigen Ruhestunden waren von Alpträumen durchzogen gewesen und hatten ihm keine Erholung verschafft. Capiam überlegte, welche Kräuter wohl am ehesten gegen das harte Hämmern seines Herzens halfen – Weißdorn, Adonis, Fingerhut, Tanacetum, Akonit ... Er entschied sich für Akonit, die zuverlässige Wurzel, die so viele Leiden heilte.

Als er sich aufrichtete, unterdrückte er mühsam ein Stöhnen; er wollte nicht, daß jemand Zeuge seiner Schwäche wurde. Es reichte schon, daß der Meisterheiler zusammengeklappt war; die Einzelheiten seines Leidens mußten nicht unbedingt mit der großen Trommel verkündet werden.

Zwei Tropfen reichten sicher. Akonit war ein starkes Mittel und mußte stets mit Vorsicht eingenommen werden. Capiam kramte eine dünne Pergamentrolle sowie Feder und Tinte aus seinem Schrank, nahm alles mit ans Bett und rückte den Hocker so nahe heran, daß er darauf schreiben konnte. Dann trug er das Datum und die genaue Uhrzeit ein und schrieb daneben seine Beobachtungen. Sein Herz schlug wie verrückt.

Er war froh, als er sich endlich wieder hinlegen konnte. Er zählte seine Atemzüge, setzte seine ganze Willenskraft ein, um das Herz zu einem langsameren Rhythmus zu zwingen. Irgendwann bei dieser Übung übermannte ihn der Schlaf.

Holth ist erregt. Sh'gall hat Streit mit Leri. Orliths besorgter Tonfall weckte Moreta aus ihrem tiefen Schlaf.

»Warum bleibt er nicht im Bett und überläßt das Kommando über den Weyr mir?«

Er meint, daß Leri zu alt zum Fliegen sei und daß die Seuche die Alten zuerst hinrafft.

»Beim Roten Stern! Diese Geschichte mit der Epidemie hat ihm den Verstand verwirrt!« Moreta zog sich rasch an; als sie in ihre feuchtkalten Stiefel schlüpfte, schnitt sie eine Grimasse.

Leri beharrt darauf, mit den Bodentrupps zu sprechen – jetzt erst recht! Sie will herausfinden, wie weit sich die Krankheit ausgebreitet hat. Sie ist der Ansicht, das sei ungefährlich, solange sie jeden direkten Kontakt vermeide.

»Sie hat völlig recht.« Leri stieg nie von ihrem Drachen, wenn sie die Berichte der Bodentrupps entgegennahm. Das hatte sich im Lauf vieler Planetenumdrehungen oft als Vorteil erwiesen.

Moreta rannte die Felsentreppe nach oben. Immer noch herrschte dichter Nebel. Noch ehe sie den Weyr erreichte, sah sie, wie sich Holth erregt auf ihrem Lager hin und her warf. Sh'galls wütende Stimme klang ihr entgegen, und sie beschleunigte ihre Schritte.

»Was fällt dir ein, dich in die Arbeit des Königinnen-Geschwaders einzumischen!« fauchte sie, noch ehe sie richtig zum Stehen kam.

Sh'gall wirbelte herum und streckte beide Arme aus, um sie auf Distanz zu halten. Holth schwang den schweren Kopf erschrocken hin und her. »Und wie kannst du es wagen, Holth und Leri vor einem Einsatz so aufzuregen?«

»Ich bin keineswegs so klapprig, daß ich mit einem hysterischen Bronzereiter nicht allein fertigwerde!« stellte Leri trokken fest, aber ihre Augen funkelten wütend.

»Ihr Königinnen haltet zusammen, was?« schrie Sh'gall. »Auch gegen jede Vernunft und Logik!«

Holth brüllte los, und aus dem Weyr darunter hörte man Orlith trompeten. Gleich darauf drangen die verwirrten Rufe der übrigen Drachen durch den Nebel.

»Beruhige dich, Sh'gall! Es hat keinen Sinn, den ganzen Weyr aufzuscheuchen.« Leris Stimme klang hart, aber beherrscht, und ihre Blicke ließen Sh'gall nicht los. Auch wenn sie die Herrschaft über den Weyr abgegeben hatte, strahlte sie immer noch Macht und Befehlsgewalt aus. Als Sh'gall sich betreten abwandte, sah Leri mit strenger Miene Moreta an. Die Weyrherrin sprach besänftigend auf Orlith ein, und der Lärm außerhalb des Weyrs verebbte. Auch Holth hörte auf, den schweren Schädel bedrohlich hin und her zu pendeln.

»So!« Leri faltete die Hände über den unförmigen Schriften, die sie auf dem Schoß liegen hatte. »Genau der rechte Augenblick, um wegen Kleinigkeiten einen Streit anzufangen! Der Weyr braucht mehr denn je Einigkeit und eine starke Hand, die ihn lenkt. Wir haben eine doppelte Gefahr zu bewältigen. Deshalb möchte ich dir jetzt ein paar Dinge sagen, Sh'gall, die du in deiner durchaus löblichen Sorge um den Weyr übersehen hast. Nahezu alle Reiter können sich auf den beiden gestrigen Festen angesteckt haben. Aber der Hauptüberträger bist vermutlich *du*, weil du nicht nur dieses arme Geschöpf auf Ista besichtigt hast, sondern obendrein im Krankentrakt von Süd-Boll warst.«

»Ich habe weder die Krankenstube betreten noch die Katze angerührt! Außerdem badete ich im Eis-See, ehe ich in den Weyr zurückkehrte.«

»Schade, daß deine Zunge eher aufgetaut ist als dein Verstand! Einen Augenblick noch, Weyrführer!« Leris scharfer Tonfall wischte die Antwort beiseite, die der Bronzereiter auf den Lippen hatte. »Während *du* schliefst, waren Moreta und ich nicht untätig.« Sie deutete auf die schweren Archivrollen. »Die Wachreiter wissen, daß niemand den Weyr aufsuchen darf – was bei dem Nebel und nach den beiden Festen ohnehin kaum jemand tun wird. Die Trommeln von Burg Fort haben keine Sekunde geschwiegen. Peterpar untersuchte die Herden, fand aber keine Krankheitssymptome; kein Wunder, da die letzte Lieferung von Tillek kam. Nesso sagte allen Reitern Bescheid, die bereits wieder nüchtern genug waren, um die harten Tatsachen aufzunehmen. Und K'lon befindet sich auf dem Wege der Genesung. Moreta, weißt du inzwischen Näheres über Berchar?«

Moreta hatte nie daran gezweifelt, daß Leri über die Vorgänge außerhalb ihres Weyrs genau informiert war. Aber die ehemalige Weyrherrin war viel zu klug und diskret, um ihr Wissen auszuspielen.

»Berchar!« rief Sh'gall. »Was ist mit ihm?«

»Er hat sich allem Anschein nach bei K'lon angesteckt. S'gor pflegt ihn in seinem Weyr und läßt niemanden in die Nähe.«

Sh'gall begann sie mit erregten Fragen zu bestürmen.

»Wenn K'lon genesen ist, wird Berchar vermutlich auch wieder gesund«, erklärte Moreta ruhig.

»Zwei Kranke!« Sh'gall fuhr sich mit der Hand an die Kehle und dann über die Stirn.

»Capiam sagt, daß bis zum Ausbruch der Krankheit zwei bis vier Tage vergehen. Dir kann also noch nichts fehlen«, gab ihm Leri in ihrer direkten, aber nicht unfreundlichen Art zu verstehen. »Du wirst morgen die Geschwader in den Kampf gegen die Sporen führen. Holth und ich begleiten das Königinnen-Geschwader, und ich werde wie gewohnt die Berichte der Bodentrupps entgegennehmen – wenn Bodentrupps abgestellt werden. Ich glaube aber nicht, daß Nabol und Crom so schnell in Panik ausbrechen. Die beiden Burgen liegen so weitab, daß die Krankheit auf gar keinen Fall bis dorthin gelangt sein kann. Aber ich werde wie gewohnt im Sattel bleiben und so die Ansteckungsgefahr auf ein Minimum herabsetzen. Es gehört zu den wesentlichen Pflichten der Weyr, mit jedem Burgherrn in Kontakt zu bleiben. Ohne die Hilfe der Bodentrupps hätten wir die doppelte Arbeit; oder bist du anderer Ansicht, Weyrführer?«

In Sh'galls Zügen spiegelte sich Ratlosigkeit. Offenbar hatte er bisher nicht darüber nachgedacht, daß die Bodentrupps ihn im Stich lassen könnten.

»Außerdem – was macht es schon, wenn ich mir diese merkwürdige Krankheit zuziehe? Ich bin nicht nur alt ...« Sie warf Sh'gall einen boshaften Blick zu. »... sondern obendrein die Reiterin, die ihr am leichtesten entbehren könnt!«

Holth und Orlith trompeteten besorgt. Selbst Kadith röhrte, als Moreta zu Leri lief und sie umarmte.

»So etwas darfst du nie mehr sagen! Du bist die tüchtigste und tapferste Königinreiterin von ganz Pern!«

Leri löste sich sanft aus Moretas Umklammerung und entließ Sh'gall mit einer gebieterischen Geste. »Geh jetzt! Alles, was im Moment getan werden kann, ist getan.«

»Ich kümmere mich um Kadith«, murmelte er und rannte los, als würde ihn jemand verfolgen.

»Und du beruhigst dich wieder!« sagte Leri zu Moreta. »Meinetwegen muß niemand Tränen vergießen. Es stimmt doch: Ich bin entbehrlich. Vielleicht möchte Holth längst Schluß machen, aber das kann sie nur, wenn ich abtrete.«

»Leri! Sag doch nicht solche Sachen! Was täte ich ohne dich?«

Leri warf ihr einen langen, prüfenden Blick zu, und ihre Augen glänzten. »Das, was du tun mußt, Mädchen. Eine andere Möglichkeit hast du gar nicht. Aber du würdest mir fehlen. Und nun begibst du dich am besten zu den Unteren Höhlen. Der Wirbel, den die Königinnen und Kadith vorhin veranstaltet haben, trägt sicher nicht dazu bei die Leute zu beruhigen.«

Moreta trat ein paar Schritte zurück. Sie schämte sich ihrer intensiven Gefühle.

»Du machst dir Sorgen, weil du diesen Renner auf Ruatha berührt hast, nicht wahr?«

Moreta zuckte gleichmütig mit den Schultern. »Es ist nun mal geschehen, und ich kann es nicht mehr rückgängig machen. Mein impulsives Handeln hat L'mal des öfteren verärgert ...«

»Dafür hat er dein Geschick im Umgang mit verwundeten Drachen um so mehr bewundert. Geh jetzt, sonst regen sich die Weyrbewohner unnötig auf! Und bring bitte diesen Gurt zu T'ral! Er soll ihn flicken.« Sie warf Moreta einen zusammengerollten Lederriemen zu. »Wäre ein schmähliches Ende, wenn ich mitten im Flug aus dem Sattel rutschen würde. Ab mit dir, mein Kind! Und überprüfe auch dein Kampfgeschirr; in harten Zeiten ist der Alltagstrott eine gute Hilfe. Ich muß jetzt meine spannende Lektüre fortsetzen.« Leri schnitt eine Grimasse und begann in den Aufzeichnungen zu blättern.

Moreta kehrte in ihren Weyr zurück. Gehorsam inspizierte sie das Reitgeschirr, das sie nach dem letzten Fädeneinfall geölt und an seinen Haken gehängt hatte.

Es tat mir leid, daß ich dich wecken mußte; aber Holth bestand darauf.

»Das war vollkommen in Ordnung.«

Holth ist eine großartige Königin. Orliths Augen leuchteten.

»Und Leri eine wunderbare Reiterin.« Moreta trat neben ihre

Königin, die den Kopf senkte und sich streicheln ließ. »Das wird unser letzter Sporenkampf für die nähere Zukunft«, fügte sie hinzu und fuhr sanft über Orliths gewölbten Bauch.

Ich kann noch lange fliegen, wenn es nötig ist.

»Es stört dich doch nicht, daß ich mich das kurze Stück von Malth mitnehmen ließ?«

Nein. Aber du sollst wissen, daß ich immer für dich da bin.

»So groß kann eine Notlage gar nicht sein, daß ich dich von deinen Eiern wegholen würde.« Moreta tätschelte ihre Flanken. »Es wird bestimmt wieder ein prächtiges Gelege.«

Bestimmt. Die Antwort der Königin klang selbstgefällig.

»Bis später. Ich muß zu den Unteren Höhlen.« Moreta straffte die Schultern, als könnte sie so dem Ansturm ängstlicher Fragen leichter begegnen. Dann rief sie sich in Erinnerung, daß im Weyr ein harter, tüchtiger Schlag lebte. Die Bewohner mußten bei jedem Sporeneinfall damit rechnen, daß einer der Ihren verwundet oder gar getötet wurde. Sie ertrugen dieses Wissen mit großer Tapferkeit. Warum sollte die neue unsichtbare Drohung ihnen gefährlicher erscheinen als die sichtbaren Fäden, die alles ringsum versengten?

Sie durfte sich nicht von Sh'galls Furcht beeinflussen lassen. Noch konnte niemand mit Sicherheit sagen, daß bereits der Kontakt zur Erkrankung führte. Und was war mit K'lon und Berchar? Nun, vielleicht ein dummer Zufall; K'lon war so oft auf Igen, um A'murry zu besuchen.

Moreta nahm Leris Lederriemen und verließ den Weyr nach einem letzten Blick auf Orlith, die sich bequem in ihre Felsenkuhle bettete. Der Nebel löste sich allmählich auf. Durch die dünnen Schleierfetzen konnte sie die Felsenstufen in der Tiefe erkennen, und nach der Hälfte des Weges wurde auch der Eingang zu den Unteren Höhlen sichtbar.

Der Speisesaal war gedrängt voll. Geschirr klapperte, und ein würziger Duft stieg Moreta in die Nase. Mägde und Jungreiter gingen mit *Klah*-Krügen von Tisch zu Tisch; kaum jemand trank Wein. Die übrigen Königinreiterinnen – Lidora, Haura und Kamiana – saßen mit ihren Weyrgefährten an einem erhöhten Tisch.

Bei Moretas Ankunft verstummten die Gespräche einen Moment lang. Sie entdeckte T'ral, der bereits eine Reihe von zerrissenen Gurten neben sich liegen hatte, und ging lächelnd durch die Tischreihen auf ihn zu.

»Leris Riemen müßte geflickt werden, T'ral.«

»Nur her damit! Wir können es uns nicht leisten, die tüchtige alte Dame zu verlieren!« entgegnete der braune Reiter und legte den Gurt ganz nach oben.

»Haben wir die Trommeln richtig verstanden, Moreta?« fragte einer der jüngeren braunen Reiter. Seine Stimme klang eine Spur zu laut und sorglos.

»Das kommt darauf an, wie stark deine Kopfschmerzen heute morgen waren«, meinte sie. Hier und da klang ein Lachen auf.

»*Klah* oder Wein?« erkundigte sich Haura, als Moreta an den Tisch trat.

»Wein«, erklärte Moreta ruhig, und die Reiter an den Nachbartischen nickten anerkennend.

»Ihre Beine sind sicher noch schwach!« rief jemand.

»Herrlich, die Tänze auf Ruatha, nicht wahr?« Sie nahm einen Schluck Wein und schaute dann in die Runde. Alle Blicke waren auf sie gerichtet. »Wer kennt die Nachricht der großen Trommel noch nicht?«

»Wer sie noch nicht kannte, den hat Nesso am Frühstücksherd damit empfangen«, stellte einer der Männer boshaft fest, und die Küchenaufseherin schwang grimmig ihren Schöpflöffel.

»Dann wißt ihr ebensoviel wie ich. Eine Epidemie bedroht Pern, ausgelöst durch das seltsame Geschöpf, das die Seeleute zwischen Igen und der Insel Ista aus der Meeresströmung fischten. Die Krankheit erfaßt Menschen und Renner, nicht aber Wachwhere, Wherhühner und Drachen, wie Meister Talpan, der Tierheiler, versicherte. Meister Capiam meint, wenn die Seuche aus dem Süd-Kontinent kommt, ist sie mit Sicherheit in den alten Aufzeichnungen erwähnt ...«

»Wie alles verlorengegangene Wissen«, witzelte jemand.

»Infolgedessen ist es nur eine Frage der Zeit, bis wir sie bekämpfen können. Aber ...« Moretas Tonfall wurde ernst. »Meister Capiam warnt vor Menschenansammlungen ...«

»Das hätte er *gestern* tun sollen.«

»Zugegeben. Uns steht morgen ein Sporeneinfall bevor, aber ich halte nicht viel von Helden. Die Symptome sind Kopfschmerzen und Fieber.«

»Dann hat K'lon die Krankheit bereits erwischt?«

»Es sieht so aus; aber er befindet sich auf dem Wege der Genesung.«

Eine besorgte Stimme meldete sich von der Ostseite des Gewölbes: »Was ist mit Berchar?«

»Er hat sich höchstwahrscheinlich bei K'lon angesteckt, liegt aber völlig isoliert und wird von S'gor gepflegt.«

»Sh'gall?« Ein unsicheres Raunen ging durch die Menge.

»Vor zehn Minuten war er noch völlig gesund«, meinte Moreta trocken. »Er wird morgen kämpfen wie wir alle.«

»Moreta?« T'nure, der Reiter des grünen Drachen Tapeth, war aufgestanden. »Wie lange soll diese Quarantäne dauern?«

»Bis Meister Capiam sie wieder aufhebt!« Sie bemerkte den rebellischen Ausdruck in T'nures Zügen. »Und der Fort-Weyr hält sich an seine Weisungen!« Noch ehe sie den Satz beendet hatte, erklang das unmißverständliche Trompeten der Königinnen. Kein Drache hätte es je gewagt, Orlith oder einer ihrer goldenen Gefährtinnen den Gehorsam zu verweigern. »Declan und Maylore – ihr beide kümmert euch um die Verwundeten, solange Berchar krank ist! Nesso, du hältst dich mit deinen Frauen bereit, um ihnen zu helfen! S'peren, kann ich auf deine Unterstützung rechnen?«

»Jederzeit, Weyrherrin.«

»Haura?« Die Königinreiterin nickte zögernd. »Gut. Gibt es noch irgendwelche Fragen?«

»Fliegt Holth?« erkundigte sich Haura ruhig.

»Ja«, entgegnete Moreta knapp. »Leri wird wie gewohnt mit den Bodentrupps sprechen. Auf Holths Rücken hat sie genügend Schutz vor einer Ansteckung.«

T'ral meldete sich zu Wort. »Wie steht es mit den Bodentrupps, Moreta? Soviel ich weiß, schicken Nabol und Crom morgen ihre Leute. Aber was geschieht die nächsten Male, wenn die Fäden über Tillek und dann über Ruatha fallen? Bis dahin hat sich die Epidemie vielleicht ausgebreitet ...«

»Warten wir ab, bis es soweit ist!« meinte Moreta betont unbekümmert. *Ruatha! Vollgepfropft mit Festgästen!* »Die Burgen werden ihrer Pflicht ebenso nachkommen wie die Weyr!«

Beifall begleitete ihre letzten Worte. Sie nahm Platz und gab mit einer Geste zu verstehen, daß die Diskussion beendet war. Nesso kam und stellte ein Gedeck vor ihr ab.

»Du solltest vielleicht wissen, daß die neueren Trommelbotschaften alle Fortines Code tragen«, sagte sie leise.

»Nicht den von Capiam?«

Nesso schüttelte langsam den Kopf. »Nur die erste kam vom Meisterheiler selbst.«

»Ist das sonst jemandem aufgefallen?«

Nesso schniefte gekränkt. »Ich kenne meine Pflichten, Weyrherrin!«

Die Kopfschmerzen wollten und wollten nicht nachlassen. Capiam suchte mühsam nach einer Lage, in der sein fieberheißer Körper weniger schmerzte. Seine Uhr ging viel zu langsam: noch eine Stunde, bis er die vierte Dosis Fellissaft einnehmen konnte! Sein Herz schlug etwas langsamer, seit er das Akonit geschluckt hatte. Vorsichtig rollte sich der Heiler nach rechts. Er entspannte die Nackenmuskeln und ließ den Kopf auf das riedgefüllte Kissen sinken. Der Druck nahm zu. Er spürte jede einzelne Faser.

Zu allem Übel begann die große Trommel zu dröhnen. Um diese Zeit? War der Turm etwa rund um die Uhr besetzt? Konnte man überhaupt nicht mehr schlafen? Capiam entzifferte noch, daß die Botschaft an den Telgar-Weyr gerichtet war, aber dann ließ seine Konzentration nach.

Sollte er die Stunde wirklich abwarten? Es war seine Pflicht gegenüber Pern, stark zu bleiben. Aber manchmal fiel die Pflicht schwer ...

Capiam seufzte wieder und kämpfte mit ganzer Willenskraft gegen die Kopfschmerzen an. Er hätte auf die Botschaft achten sollen, die nach Telgar hinausging. Wie sonst erfuhr er, was auf dem Planeten geschah; welchen Verlauf die Krankheit nahm? Aber er konnte nicht klar denken ...

KAPITEL VIII

Fort-Weyr, 12. 3. 43

Als Orlith Moreta früh am nächsten Morgen weckte, war der Nebel von den Berghängen des Fort-Weyrs verschwunden.

»Und im Nordwesten, nach Crom und Nabol zu?« fragte Moreta, während sie ihre Reitsachen überstreifte.

Der Patrouillenreiter ist unterwegs. Er wird uns Bescheid geben, entgegnete Orlith.

»Sh'gall?«

Zieht sich gerade an. Kadith berichtet, daß er gesund und ausgeruht ist.

»Könntest du Malth nach Berchars Befinden fragen?«

Eine kleine Pause entstand, als Orlith mit dem grünen Drachen Kontakt aufnahm. *Malth meint, daß es ihm noch schlechter als gestern geht.*

Das gefiel Moreta gar nicht. Wenn Berchar am Vortag Schwitzwurzel genommen hatte, mußte das Fieber eigentlich längst aus seinem Körper gewichen sein.

Laß den Kopf nicht hängen! meinte Orlith ermutigend. *Der Weyrführer ist gesund geblieben, und du bist es ebenfalls!*

Moreta verließ mit einem leisen Lachen ihre Schlafkammer, umarmte die goldene Königin und kraulte ihr liebevoll die Augenwülste. Dann musterte sie kritisch Orliths geblähten Bauch.

»Kannst du wirklich noch fliegen?«

Was denkst du? Orlith drehte den langen biegsamen Nacken und betrachtete die Wölbungen an ihren Flanken. *Das verschwindet, sobald ich durch die Lüfte segle!*

»Holth und Leri?«

Schlafen noch.

»Vermutlich hat Leri bis spät in die Nacht über diesen Aufzeichnungen gebrütet.«

Orlith blinzelte nur.

Nachdem Moreta aus dem Speisesaal zu Leris Weyr zurückgekehrt war, um ihr den geflickten Gurt zu bringen, hatte sie die einstige Weyrherrin in die Schriften vertieft angetroffen.

»Weyrbewohner werden nun mal nicht krank«, hatte die alte Frau mit einem tiefen Seufzer bemerkt. »Bauchschmerzen von zu reichlichem Essen oder jungem Wein, Fädenverletzungen, Zusammenstöße in der Luft, Messerstechereien, Abszesse, jede Menge Nieren- und Leberinfektionen, aber *richtig krank* war in den letzten zwanzig Planetenumläufen seit dem Wiedererscheinen des Roten Sterns niemand.« Leri gähnte. »Verdammt langweiliges Zeug. Aber keine Sorge, ich werde weiterlesen. Jedenfalls haben wir es hier schriftlich, daß die Drachenreiter ein robustes Volk sind.«

Moreta hatte diese angenehme Gewißheit mit in den Schlaf genommen. Und auch über die sonstigen Kümmernisse tröstete sie sich hinweg. Nesso zog vielleicht die falschen Schlüsse aus der Tatsache, daß Fortine die Trommelbotschaften aussandte. Capiam mußte sich vermutlich erst einmal von seinen vielen Krankenbesuchen erholen. Nach Sh'galls Worten war der Mann vier Tage lang nicht ins Bett gekommen! Sh'galls Furcht vor dieser Epidemie paßte zu seinem ewigen Gejammer über jedes kleine Wehweh. Der Weyrführer reagierte einfach übertrieben. Selbst den eigenen Kontakt mit dem kranken Renner nahm Moreta nicht mehr so ernst; die Berührung war so kurz gewesen, daß es schon ein Riesenzufall sein mußte, wenn sie sich angesteckt hatte.

So trat die Weyrherrin nach einem langen, tiefen Schlaf in den frostigen, hellen Morgen hinaus und sah dem Sporeneinfall guten Mutes entgegen. Moreta begann einen Kampftag immer zu früher Stunde – und ganz besonders diesmal, da Berchar krank war und sie noch einmal kontrollieren mußte, ob alles für die Behandlung verwundeter Reiter und Drachen vorbereitet war.

Declan, Maylone und sechs Helfer stellten bereits die Medikamente im Lazarett zurecht. Declan und Maylone stammten von einem Rennergestüt aus ihrer Heimat. Sie waren im vergangenen Planetenumlauf als Kandidaten für Pelianths Gelege in den Weyr geholt worden, hatten aber keinen der Jungdrachen für sich gewinnen können. Da sich Declan als geschickter Helfer für Berchar entwickelte und Maylone jung genug war, um eine zweite Gegenüberstellung mitzumachen, hatte man beide behalten. Moreta beabsichtigte auf jeden Fall, Declan zu ihrem Assistenten auszubilden. Ein Weyr hatte nie genug Heiler für Mensch und Tier.

Declan, ein schmalgesichtiger Zwanzigjähriger, brachte Moreta einen Becher *Klah*, während sie einen Blick auf die vorbereiteten Sachen warf. Die Weyrherrin hatte einen Moment lang in Erwägung gezogen, einen Jungreiter in die Heiler-Halle zu schicken, damit er einen erfahrenen Mann für den erkrankten Berchar holte, aber die Quarantäne und die Tüchtigkeit, die Declan und Maylone an den Tag legten, hielten sie davon ab; sie würden das schon allein schaffen. Die meisten Reiter waren ohnehin in der Lage, kleinere Wunden selbst zu behandeln.

Sie bediente sich eben aus dem Kessel mit dem Frühstücksbrei als Sh'gall die Höhle betrat. Er ging geradewegs zu seinem Tisch und schob alle Stühle bis auf einen beiseite. Dann setzte er sich und winkte einen verschlafenen Jungreiter näher. Der Junge wollte das Podest betreten, aber Sh'gall wehrte ihn mit einem kurzen, scharfen Befehl ab. Während die Anwesenden das Schauspiel verblüfft und ein wenig amüsiert beobachteten, holte der Junge einen Becher *Klah* und eine Schale mit Brei und stellte beides vorsichtig an der äußersten Kante des langgestreckten Tisches ab. Sh'gall wartete, bis der Junge fort war, ehe er sein Frühstück holte.

Moreta empfand diese umständlichen Vorsichtsmaßnahmen als übertrieben. Der Weyr hatte mit dem Sporeneinfall heute mittag genug zu tun. Um jedoch die Autorität des Weyrführers nicht zu untergraben, schwieg sie. Nesso hatte ein neues Gewürz in den Brei gemischt, und sie versuchte herauszuschmecken, was es war.

Nach und nach kamen die Geschwaderführer und ihre Stellvertreter und meldeten sich bei Sh'gall. Alle waren klug genug, seine selbstgewählte Isolation zu respektieren.

Die drei Königinreiterinnen erschienen gemeinsam und gesellten sich zu Moreta. Sie gab einem Jungreiter durch eine Geste zu verstehen, daß er die Frauen bedienen und ihr noch einen Becher *Klah* bringen sollte. Kamiana, ein paar Planetenumläufe jünger als Moreta, war wie gewohnt die Ruhe selbst.

Ihr kurzes dunkles Haar ringelte sich widerspenstig nach dem Morgenbad, und das gebräunte glatte Gesicht strahlte Zuversicht aus. Dagegen wirkte Lidora, die schon genug Einsätze geflogen hatte, um einen kühlen Kopf zu bewahren, ziemlich erregt. Aber Lidora hatte erst kürzlich den Weyrgefährten gewechselt, und ihre Stimmung schwankte seitdem des öfteren. Haura, die Jüngste, schien vor jedem Fädeneinfall zu zittern, aber sie beruhigte sich stets, sobald das Königinnengeschwader aufstieg.

»Er geht kein Risiko ein, was?« fragte Kamiana nach einem Blick auf Sh'gall.

»Er brachte Capiam von Ista nach Süd-Boll und Burg Fort.«

»Wie geht es Berchar?«

»Er hat noch Fieber.« Moretas Geste deutete an, daß dies völlig normal sei.

»Hoffentlich gibt es keine ernsthaften Verletzungen.« Kamiana hatte sich an Haura gewandt, die eine tüchtige, aber nicht gerade begeisterte Krankenpflegerin war.

Moreta brachte Kamiana mit einem tadelnden Blick zum Schweigen. »Holth übernimmt die Spitze«, sagte sie. »Leri ist mutig, und wir können sie in dieser Position gut im Auge behalten. Haura und Kamiana fliegen unten, Lidora und ich oben. Vielleicht herrscht in Crom und Nabol kein Nebel ...«

»Habt ihr einen Patrouillenreiter ausgesandt?« erkundigte sich Lidora.

»Von allen Weyrführern, die ich kenne, ist Sh'gall am wenigsten geneigt, sich auf einen Blindflug einzulassen«, entgegnete Moreta trocken.

Der Jungreiter kam mit dem Frühstück und bediente die Frauen. Nach und nach trafen die Kampfreiter ein, holten sich ihr Essen vom Herdkessel und nahmen an den Tischen Platz. Die Geschwader-Zweiten besprachen sich mit ihren Leuten und erteilten Anweisungen. Alles verlief völlig normal und ruhig – bis zu dem Moment, da der Patrouillenreiter eintraf.

»Nach Auskunft des Hochland-Reiters ist die Sicht bis zur Küste hinunter völlig klar«, verkündete A'dan gutgelaunt, während er seinen Helm abnahm und zum Frühstücksherd schlenderte.

»Nach Auskunft des Hochland-Reiters?« fragte Sh'gall. »Hast du etwa mit ihm gesprochen?«

»Natürlich.« A'dan wandte sich erstaunt dem Weyrführer zu. »Sonst wüßte ich doch nicht Bescheid. Wir trafen uns in ...«

Sh'gall richtete sich zu seiner vollen Größe auf. Er war rot angelaufen und warf Moreta einen vernichtenden Blick zu. »Hat man dir nicht gestern mitgeteilt, daß absolutes Versammlungsverbot besteht und Kontakte zu anderen Personen zu meiden sind?«

»Die Begegnung mit einem Reiter ist doch keine Versammlung ...«

»Der Reiter kam aus einem anderen Weyr! Willst du diese Krankheit unbedingt auf Fort einschleppen? Achtung, alles herhören! Heute während des Sporenregens nähert sich kein Reiter unseres Weyrs einem Hochlandbewohner, egal ob Reiter, Pächter oder Burgherr! Erteilt alle notwendigen Befehle vom Sattel aus, am besten im Flug! Berührt nichts und niemanden! Habe ich mich wenigstens diesmal klar und deutlich ausgedrückt?« Wieder warf er Moreta einen anklagenden Blick zu.

»Wie gedenkt Sh'gall dieses Verbot durchzusetzen?« raunte Kamiana der Weyrherrin zu.

Moreta winkte ungeduldig ab. Sh'gall war mit seiner Rede noch nicht zu Ende.

»Heute kämpfen wir gegen die Sporen!« fuhr er laut, aber etwas weniger aggressiv fort. »Nur die Drachen und ihre Reiter können Pern frei von Fäden halten. Deshalb leben wir abgeschieden in unseren Felsenfestungen, und deshalb müssen wir uns von den übrigen Bewohnern Perns absondern. Denkt daran! *Nur Drachenreiter können Pern frei von Fäden halten!* Wir müssen dieser Aufgabe gewachsen bleiben.«

»Wie das die Leute aufmuntert!« sagte Lidora halblaut zu Moreta. In ihrer Stimme schwang Ärger mit, und auf ihren Wangen zeigten sich hektische rote Flecken. »Glaubt er etwa, er kann uns ewig hier einsperren?«

Moreta warf der dunkelhaarigen Frau einen langen, scharfen Blick zu. Lidora begann an ihrer Unterlippe zu nagen.

»Ärgerlich, Lidora, ich weiß. Aber Liebeleien auf einem Fest sind ohnehin selten von Dauer.« Sie hatte die Ursache von Lidoras Unmut richtig erraten und überlegte nun, wer wohl die Leidenschaft der Reiterin auf dem Fest von Ruatha geweckt haben mochte. Scheinbar gleichgültig wandte sie sich ab, aber sie dachte wieder an Alessan und die herrlichen Stunden, die sie mit ihm verbracht hatte. War das nun die Strafe? Sie hatte ein wenig angegeben, als sie dem gestürzten Renner zu Hilfe kam, hatte versucht, Alessans Aufmerksamkeit zu erringen ...

Bänke und Stiefel scharrten über den harten Stein. Das Geräusch rief sie in die Wirklichkeit zurück. Hastig erhob sie sich. Die Tradition verlangte, daß Sh'gall dem Königinnen-Geschwader letzte Anweisungen erteilte. Moreta blieb ein paar Schritte vor seinem Tisch stehen, gewarnt von dem Blick, den er ihr zuwarf.

»Leri besteht darauf, mitzufliegen?«

»Es gibt keinen Grund, sie davon abzuhalten.«

»Sag ihr noch einmal ausdrücklich, daß sie nicht absteigen darf!«

»Das tut sie nie.«

Sh'gall zuckte mit den Schultern, als wollte er andeuten, daß damit seine Verantwortung gegenüber Leri endete. »Dann kümmert euch um eure Drachen! Der Sporenregen ist für Mittag angekündigt.« Er drehte sich um und winkte die Geschwaderführer zu sich.

»Hat er schon wieder was an Leri auszusetzen?« erkundigte sich Kamiana, wobei sie vergaß, daß sie kurz zuvor selbst Bedenken geäußert hatte.

»Halb so schlimm.« Moreta verließ die Höhle, gefolgt von den Königinreiterinnen.

Überall im Weyr herrschte Aufbruchstimmung. Auf den Felsensimsen und der Kesselsohle legten Reiter ihren Drachen die Kampfriemen an und befestigten Säcke mit Feuerstein. Manche rieben Öl in eben erst verheilte Wunden oder massierten rauhe Hautstellen am Rumpf und an den Schwingen ihrer Gefährten. Die Geschwaderführer und ihre Stellvertreter überwachten die Vorbereitungen. Jungreiter flitzten auf Botengängen hin und her. Die Atmosphäre war betriebsam, aber nicht hektisch. Die Geschäftigkeit machte einen vertrauten, ja beinahe tröstlichen Eindruck auf Moreta. Wenn sie überlegte, daß jetzt anderswo Menschen und Tiere im Sterben lagen ...

Das ist kein guter Gedanke, ermahnte Orlith sie streng.

»Du hast recht. Ich sollte mich lieber auf den Fädeneinfall konzentrieren. Verzeih mir!«

Schon gut. Wir haben einen klaren Tag und werden die Sporen vernichten.

Orliths Ruhe und Zuversicht erfüllten Moreta mit Optimismus. Das erste Sonnenlicht fiel vom Osten in den Kessel ein, und die frische Luft wirkte nach dem feuchtkalten Wetter des letzten Tages belebend. Ein richtiger Frost wäre jetzt ein Segen, dachte sie, als sie die Felsentreppe erklomm. Keine längere Kälteperiode, nur ein paar kühle Tage, in denen die lästigen Insekten erfroren und die junge Brut der Tunnelschlangen einging.

»Ich kümmere mich zuerst um Holths Geschirr.«

Leri hat Hilfe.

Moreta lachte über Orliths Ungeduld. Das war Kampfgeist! Als sie ihren Weyr betrat, hatte sich die Drachenkönigin bereits aus ihrer Felsenkuhle erhoben. Ihre großen Augen funkelten und kreisten erregt. In einem Ausbruch von Leidenschaft und Zuneigung preßte Moreta die Arme so fest wie möglich um die stumpfe dreieckige Schnauze; sie wußte, daß sie ihrer Gefährtin nicht wehtun konnte. Orlith begann zu summen, und Moreta spürte, wie sich die Vibrationen auf ihren Körper übertrugen. Mit einem Seufzer gab sie ihre Königin frei und wandte sich dem Kampfgeschirr zu, das an einem Haken hing.

Während sie die Gurte befestigte, befühlten ihre Finger noch einmal das Leder. Die Kälte im *Dazwischen* machte die Ausrüstung rasch brüchig, und die meisten Reiter mußten ihre Ledergeschirre drei- bis viermal während einer Planetenumdrehung erneuern. Moreta fand keine Schwachstellen. Dann untersuchte sie Orliths Schwingen und begutachtete den Agenodrei-Behälter. Die Ungeduld ihrer Königin wuchs, aber Moreta vergewisserte sich, daß die Düse nicht verstopft war, und schnallte den schweren Tank um. Erst dann begab sie sich auf den Felsensims hinaus. Ein Stück weiter oben warteten bereits Holth und Leri.

Moreta winkte Leri zu, und die ehemalige Weyrherrin salutierte zackig. Moreta setzte den Helm auf, rückte das Visier zurecht, schob den unhandlichen Flammenwerfer etwas nach hinten und bestieg Orlith. Mit einem mächtigen Satz schwang sich die Drachenkönigin in die Luft.

»Streng dich nicht so an!« meinte Moreta besorgt.

Fliegen ist für mich keine Anstrengung.

Zu Moretas Beruhigung flog Orlith eine elegante Spirale und landete genau neben Kadith auf dem Rand des Kessels. Der Drache des Weyrführers war ein kräftiges Geschöpf mit einem satten Bronzeton und grünlich schimmernder Unterhaut. Und obwohl es größere Bronzedrachen im Weyr gab, hatte er bei seinen Paarungsflügen mit Orlith alle anderen Bewerber an Beweglichkeit, Wagemut und Ausdauer übertroffen. Kadith schaute zu Orlith auf und rieb seinen Kopf liebevoll an ihrem Nacken. Orlith nahm den Gunstbeweis zurückhaltend entgegen; sie preßte nur kurz ihre Schnauze gegen die seine.

Dann gab Sh'gall den Reitern der grünen, blauen, braunen und bronzefarbenen Drachen das Signal, ihre Gefährten mit Feuerstein zu füttern. Moreta konnte dieses Zeremoniell nie so recht ernst nehmen, obwohl sie wußte, daß es eine entscheidende Voraussetzung zur Vernichtung der Fäden war. Sie beherrschte sich jedoch und blickte starr geradeaus, sie kannte die nachdenklichen, beinahe ängstlichen Mienen der Drachen, wenn sie die Feuersteinbrocken zwischen den breiten Zähnen zermalmten und dabei gut achtgaben, daß sie sich nicht aus Versehen auf die Zunge bissen.

Aber nach Abschluß der Vorbereitungen boten die zwölf Drachengeschwader einen Anblick, der Moreta jedesmal von neuem mit Begeisterung und Stolz erfüllte.

Orlith trat nervös von einem Fuß auf den anderen. Moreta gab ihr einen liebevollen Klaps auf die Schulter. »Setz dich doch hin!«

Sie sind bereit. Alle haben Feuerstein geschluckt. Warum fliegen wir nicht? Kadith?

Moreta gehörte nicht zu den Reiterinnen, die jeden Drachen verstehen konnten. So wußte sie nicht, was Kadith entgegnete, aber Orlith schien sich zu beruhigen. In Normalzeiten herrschte die goldene Königin über Fort, den ältesten und größten Weyr des Planeten; sie und ihre Reiterin besaßen auf Pern eine hervorragende Position. Aber während des Fädeneinfalls lag das Kommando beim Weyrführer, und Orlith hatte Kadith und Sh'gall bedingungslos zu gehorchen. Das gleiche galt für Moreta.

Plötzlich hob sich das äußere Geschwader in die Lüfte und ging mit kräftigen Schwingenschlägen immer höher. Es bildete die oberste von drei versetzt angeordneten Staffeln, die den Luftraum im Westen kontrollieren sollten. Das zweite Geschwader startete und verharrte in mittlerer Höhe, bis auch die Drachen des dritten Geschwaders die ihnen zugewiesenen Positionen eingenommen hatten. Dann verschwand die Gruppe unvermittelt im *Dazwischen*. Als nächstes erhoben sich die Nord-Süd-Geschwader, die quer zur vermuteten Bahn der Fäden fliegen sollten. Auch sie gingen ins *Dazwischen*. Die Diagonalgeschwader, die im Nordwesten beginnen würden, stiegen nun ebenfalls auf und tauchten ins *Dazwischen*. Wieder hob Sh'gall den Arm, und diesmal stimmte Kadith in das ungeduldige Trompeten von Orlith ein. Der Weyrführer wollte seine drei Geschwader nach Osten lenken, etwa auf eine Linie mit der Hochfläche von Crom, weil man dort die vorrückende Front der Fäden erwartete. Die Königinnen bildeten die untere Staffel, da es Aufgabe ihrer Reiterinnen war, die Sporen zu vernichten, die den Erdboden erreichten. Mit ihren kräftigen Schwingen konnten sie langsamer gleiten als die übrigen Drachen und besaßen bei den unberechenbaren Aufwinden eine bessere Flugstabilität.

Kadith löste sich von der Klippe, und Orlith folgte so ungestüm, daß Moreta hart gegen die Gurte gepreßt wurde. Dann glitten sie in Position. Holth schwebte dicht vor ihnen. Haura und Kamiana nahmen die Plätze ganz außen ein, und Lidora gesellte sich zu Moreta.

Kadith sagt, wir sollen ins Dazwischen *gehen.*

Hast du die Erkennungsmerkmale?
Klar und deutlich.
Dann auf ins Dazwischen, Orlith!

>»Schwärze, dunkler als die Nacht,
>Kälte jenseits aller Dinge,
>Zwischen Tod und Leben ...«

Die schroffen Berge von Nabol lagen in der Ferne, und die Sonne auf ihrer Winterbahn wärmte ihnen Schultern und Rücken. In der Tiefe breitete sich die kahle Ebene östlich von Crom aus; hier und da schien glitzernder Rauhreif die Flächen zu überziehen.

Moretas erster Blick fiel auf Leri und Holth, die den Sprung unbeschadet überstanden hatten. Haura und Kamiana richteten ihre Positionen so aus, daß die Fünfergruppe ein weit auseinandergezogenes Delta bildete. Über ihnen glitten die Kampfgeschwader nach Westen, zum Teil so hoch, daß sie nur als dunkle Punkte zu erkennen waren. An den übrigen Verteidigungsfronten flogen neun weitere Geschwader dem bis jetzt unsichtbaren Feind entgegen. Moreta drehte den Kopf nach hinten. *Wie ist der Wind?*

Schwach. Orlith scherte leicht nach rechts und links aus, um die Windstärke zu testen.

Das hieß, daß die Fäden aller Voraussicht nach schräg einfallen würden. Probleme gab es wohl erst in der Nähe der Nabol-Berge, wo Aufwinde die Fädenklumpen in die Höhe wirbelten oder unvermittelt absacken ließen.

Sie sind da!

Moreta warf wieder einen Blick nach hinten. Sie sah den silbrigen Schleier, der sich über den Himmel zog, den Vorhang, der unerbittlich zum Boden hin wuchs. Fädeneinfall!

Der Front entgegen! Und Orlith schoß mit mächtigen Flügelschlägen auf den vernichtenden Regen zu.

Moreta fühlte sich wie stets gebannt, hin- und hergerissen zwischen Sorge und Begeisterung. Sie legte sich in die Kampfriemen und atmete tief durch. Es dauerte eine Weile, bis die Geschwader in der Höhe die Fäden erreichten – und noch länger, ehe sie und die übrigen Königinnen eingreifen konnten. Wieder warf sie einen Blick auf Holth.

Sie fliegen ausgezeichnet, beruhigte Orlith sie. *Die warme Sonne tut beiden gut.*

Dann tauchte die Fädenfront auf, und über den Himmel schossen kurze, grelle Flammen. Moreta konnte erkennen, daß die in verschiedenen Höhen gestaffelten Drachen die Sporen gut abdeckten, schloß jedoch aus dem Muster der orangeroten Blitze, daß die Fäden ungleichmäßig fielen. Es gab Stellen, an denen kein Feuerstrahl über den Himmel züngelte.

Kadith will, daß wir die Formation weiter auseinanderziehen. Der Regen fällt nicht überall gleich dicht. Die zweite Staffel schließt auf. Jetzt haben die Südgeschwader Kontakt mit den Sporenmassen. Orlith pflegte das Kampfgeschehen zu kommentieren, bis das Geschwader der Königinnen die Flammenwerfer einsetzte. Von da an konzentrierte sie sich dann ganz darauf, den sengenden Fäden so auszuweichen, daß sie und Moreta unverletzt blieben. *Die oberste Staffel greift ein. Bis jetzt haben wir keine Ausfälle.*

Die gab es selten in den ersten erregenden Momenten des Sporenregens, dachte Moreta. Die Reiter waren frisch und ihre Drachen angriffslustig. Fehler schlichen sich später ein, wenn die Kämpfer damit vertraut waren, wie dicht und wie schnell die Fäden fielen. Die zweite Stunde war die gefährlichste. Die Spannung hatte nachgelassen, Reiter und Drachen verschätzten sich in der Entfernung oder die Flammen schossen am Ziel vorbei. Außerdem nahm der Regen gegen Ende oft einen ganz anderen Verlauf als zu Beginn.

Kadith sieht sich um. Kadith sprüht Flammen! Getroffen! Erregung mischte sich in Orliths bis dahin so ruhige Aussagen. *Jetzt ist er im Dazwischen. Und wieder hier. Alle Geschwader kämpfen jetzt. Die ersten Drachen kehren um und starten ein zweites Mal!*

Der Wind zerrte an Moreta, und sie verlagerte das Gewicht des Flammenwerfer-Riemens auf ihrer Schulter. Langsam trieben die zu Ascheflocken verkohlten Fädenbündel in die Tiefe. An stürmischen Tagen war ihr Visier oft bedeckt von einer klebrigen schwarzen Schicht. Sie befanden sich jetzt am unteren Saum des Sporeneinfalls.

Sh'galls Geschwadern ist nichts entgangen, stellte Orlith fest.

Manchmal regneten die Sporen gleich zu Beginn dicht geballt vom Himmel, und die Reiter hatten es schwer, sämtliche Fäden zu zerstören. Es gab allerdings unter den erfahrenen Kämpfern nicht wenige, die diese Art des Sporeneinfalls bevorzugten; sie behaupteten, daß dann gegen Ende des Einsatzes, wenn Drachen und Reiter bereits erschöpft waren, nur noch vereinzelt Fäden niedergingen. Aber Moreta hatte den Eindruck, daß nicht zwei Sporenplagen gleich waren. Es gab so viele Faktoren, die ein Abweichen von der Norm bewirkten ...

Der alte L'mal hatte Moreta einmal erklärt, daß man die Tüchtigkeit eines Drachen nicht danach beurteilen sollte, wie gut sein Reiter zu prahlen verstand. Solange keine Fäden den Boden erreichten, waren Flug und Kampf geglückt!

Die Ebenen von Crom huschten in der Tiefe vorbei. Moretas Blicke wanderten ein Stück voraus; automatisch tauschte sie ihre Eindrücke und Beobachtungen mit Orlith aus. In diesem Moment war sie eins mit ihrem Drachen und empfand wie Orlith den glühenden Wunsch, in die Tiefe zu stoßen und anzugreifen, anstatt abzuwarten, ob das eine oder andere Fädenknäuel den Kampfgeschwadern entging. Manchmal beneidete sie die Grünen um ihren Flammenatem. Aber Feuerstein machte steril – was bei der Paarungslust der grünen Weibchen ein Segen war –, und eine Königin mußte für Nachwuchs in den Weyrn sorgen!

Fäden!

»Haura!«

Werth hat das Knäuel entdeckt und verfolgt es!

Moreta beobachtete, wie die jüngere Königin in einer Steilkurve tieferging und unter dem Gewirr der tödlichen Parasiten auftauchte. Der Flammenwerfer züngelte. Die Asche verteilte sich in der Luft.

Nun sind alle gewarnt, erklärte Orlith.

Sag ihnen, daß sie etwas weiter ausschwärmen sollen! Wir haben die Fädenfront hinter uns gelassen. Kamiana begleitet

Holth und Leri! Haura fliegt nach Norden, und wir begeben uns nach Süden!

Orlith wendete und gewann an Tempo und Höhe.

Dieses Hin- und Herhetzen kostete am meisten Kraft. Aber das dunkle Erdreich der Hochfläche enthielt eine Menge Mineralstoffe, und wenn sich die Fäden hier erst einnisteten, fanden sie genug Nahrung, um die Felder zu verwüsten, die man in Hunderten von Planetenumläufen dem Boden abgerungen hatte.

Sie näherten sich den Fußbergen mit den ersten Höfen von Crom. Die Häuser mit ihren fest verrammelten Fenstern und Toren schmiegten sich schutzsuchend an die Hügelflanken. Auf den Feuerhöhen loderten Flammen. Moreta kam der Gedanke, ob die Bewohner wohl noch alle gesund waren.

»Frag den Wachwher, Orlith!«

Der hat doch keine Ahnung! Orliths Tonfall enthielt eine Spur von Arroganz. Die Königin ließ sich nur ungern zu einem Gedankenaustausch mit den einfältigen Nachtreptilien herab.

»Diese Geschöpfe haben auch ihren Nutzen!« meinte Moreta. »Sh'gall sieht es sicher nicht gern, wenn wir mit den Menschen selbst Kontakt aufnehmen – und so können wir vielleicht doch etwas erfahren.«

Orlith stieg höher, als sich die nächste Bergkette in den Himmel schob. Reiterin und Drache behielten den silbernen Schauer im Auge, während sie im Zickzack den ihnen zugewiesenen Streifen abflogen. Über dem nächsten Plateau sahen sie Lidora und Ilith das gleiche tun.

Kadith befiehlt, daß wir uns über Crom sammeln sollen, erklärte Orlith nach mehreren langen Flügen.

»In Ordnung.«

Moreta stellte sich die Feuerhöhen von Crom vor, murmelte ihren Bannspruch gegen das *Dazwischen* und tauchte bei dem Wort ›Nacht‹ über Crom auf. Die Burg lag an einem Fluß, der in Kaskaden zu Tal floß. Wenn die Metalljalousien geöffnet waren, konnte man von den Festern aus den ersten der beiden Wasserfälle bewundern. Die Weiden waren leer; offenbar hatte man die Tiere rechtzeitig in die Ställe getrieben. Moreta dachte flüchtig an die bunten Tücher und Fahnen, die ihr von den Fenstern Ruathas entgegengeweht hatten, und sie bat Orlith, den Wachwher von Crom nach der Epidemie zu fragen.

Er weiß nichts von einer Krankheit, sondern fürchtet sich nur vor den Fäden. Orlith wirkte gereizt. *Kadith sagt, daß die Fäden jetzt sehr dicht fallen. Er mahnt zur Vorsicht. Bis jetzt gab es nur drei kleinere Verletzungen. Alle Drachen stoßen mächtige Flammen aus. Formationsflug!*

Moreta betrachtete das herrliche Schauspiel, das sich bot, als sämtliche Kampfgeschwader über Burg Crom zusammenströmten. Zu schade, daß die Burgbewohner das nicht sehen konnten! Der Formationsflug war ein stolzer Anblick – aber die Konzentration aller Geschwader auf einer kleinen Fläche ließ viele Freiräume für die Fäden.

Unvermittelt schoß Orlith zur Seite. Moreta sah das Sporenknäuel – und einen blauen Drachen heranjagen!

»Wir haben den kürzeren Weg!« rief sie, ergriff den Flammenwerfer und neigte sich weit nach links, während Orlith das Knäuel unterflog. Der Feuerstrahl fand sein Ziel, aber zugleich sah Moreta verschwommen ein blaues Schwingenpaar.

»Zu nahe, der Idiot! Wer war das?«

N'men, der Reiter von Jelth, erklärte Orlith. *Einer der jungen Blauen. Du hast ihn nicht getroffen.*

»Ein Treffer hätte ihm vielleicht Vernunft in den Schädel gebrannt!« fauchte Moreta, war aber doch erleichtert, daß der junge Reiter unverletzt geblieben war. »Wahnsinn, so tief zu fliegen! Hat er denn nicht gesehen, daß wir kamen? Ich werde dafür sorgen, daß er nächstes Mal die Augen besser aufmacht!«

Fäden! Orlith schoß in eine andere Richtung. Lidora hatte das Knäuel ebenfalls erblickt, und da sie näher war, überließ Orlith ihr die Beute. *Kadith lockert die Formation. Verteilen!*

Das Königinnengeschwader veränderte seine Position, flog nach Norden und versengte einzelne Fäden, die in den Luftströmungen der Drachenschwingen zu Boden trudelten.

Moreta und Orlith setzten hier einem Klumpen nach und zerstörten dort ein Geflecht. Sie registrierten, daß Sh'gall mitten im Kampf die Geschwader neu ordnete, um die höheren Bereiche besser in den Griff zu bekommen. Überschneidungen ließen sich dabei kaum vermeiden, besonders da man den einzelnen Geschwadern stets einschärfte, zusammenzubleiben und den richtigen Abstand beizubehalten. Dann schickte Sh'gall ein paar Patrouillenreiter nach Norden; er wollte sichergehen, daß sich nirgends Fäden eingegraben hatten.

Der Sporenregen dauerte an. Der Feuerstein wurde knapp, und man vereinbarte Treffpunkte mit den Jungreitern, die für den Nachschub zuständig waren. Moreta überprüfte ihren Flammenwerfertank. Er war noch halbvoll.

Orlith meldete weitere Verletzungen, die aber alle nicht ernsthaft schienen: vor allem Brandwunden an den Flügeln und Schweifenden der Drachen. Moreta erreichte die schneebedeckten Gipfel des Bergmassivs, das die Grenze zwischen Crom und Nabol bildete. In der Kälte erfroren und verschrumpelten die Fäden meist, aber zur Sicherheit überflogen die Königinnen die Hänge, während Sh'gall und Kadith die übrigen Geschwader ins *Dazwischen* und nach Nabol beorderten.

Haura erklärte, daß sie und Leri neue Brennstoffzylinder für ihre Flammenwerfer benötigten und deshalb in der Nähe des Bergwerks landen würden.

»Leri, setz dich bitte mit dem dortigen Wachwher in Verbindung!«

Holth sagt, daß alle Wachwhere dumm sind und keine Ahnung von den Dingen haben, die für uns Wichtigkeit besitzen. Ich werde aber weiterfragen.

Für Holth, die nicht mehr die Beweglichkeit der jungen Königinnen besaß, bedeutete jede Landung ein Risiko. Moreta beobachtete sie besorgt, aber Leri nahm Rücksicht auf ihre Gefährtin und lenkte sie zu einem breiten Felsenband ganz in der Nähe der Bergwerkshütten. Ein Jungreiter erschien auf einem grünen Drachenweibchen aus dem *Dazwischen*. Trotz der unförmigen Zylinder, die zu beiden Seiten des Nackens befestigt waren, landete das Tier elegant. Der Junge löste einen Tank und stieg ab. Er lief zu Holth, erklomm ihre Vorderpfote und tauschte die Behälter aus. Moreta und Orlith kreisten ein Stück weiter oben. Der Jungreiter kehrte zu seinem Drachen zurück. Holth erreichte mit ein paar Schritten den Rand des Felsenbandes, beugte sich weit vor und ließ sich in die Tiefe fallen.

Sie fliegen, berichtete Orlith. *Alles in Ordnung.*

»Bring uns zu Kadith!«

Sie gingen ins *Dazwischen* und tauchten über einem schroffen Felsental auf, als ein Fädenknäuel den nahen Grat berührte.

Tapeth kümmert sich darum!

Das grüne Drachenweibchen legte die Schwingen eng an den Körper und ließ sich wie ein Stein nach unten sacken. Ihr Flammenatem versengte die Felsen. Erst dicht vor den Klippen spreizte sie die Schwingen und glitt in einer eleganten Kurve zur Seite.

Bring uns hin! Moreta warf einen Blick auf ihre Tankanzeige. Sie würde mehr Brennstoff brauchen, um den gesamten Grat zu übersprühen. Aber das mußte sein, denn in dieses unwegsame Tal kamen keine Bodentrupps.

Dann schwebten sie über dem rußgeschwärzten Stein. Orlith verharrte an Ort und Stelle, bis Moreta beide Hänge in Flammen gehüllt hatte. Fäden zischten und kringelten sich, zerfielen zu schwarzer Asche. Systematisch jagte sie das Feuer in einem immer weiteren Bogen über die Fläche. Sie wollte sichergehen, daß auch nicht ein Fingerbreit des Schädlings entkam.

»Wir landen am Rand der verkohlten Zone, Orlith. Ich brauche jetzt ebenfalls einen neuen Tank.«

Schon unterwegs! Orlith setzte mit Leichtigkeit auf.

»Ich möchte mir den Bergrücken genauer ansehen. Bisher konnte ich nicht erkennen, ob er aus Sandstein oder Schiefer besteht.«

Moreta löste die Kampfriemen und glitt zu Boden. Ihre Füße, vom langen Ritt wund und trotz der gefütterten Stiefel kältestarr, schmerzten bei dem Sprung in die Tiefe. Zögernd ging sie auf die geschwärzte Fläche zu, die Finger an der Düse des Flammenwerfers. Sie spürte die Restwärme der Feuerstrahlen und verlangsamte ihre Schritte noch mehr, einmal um ihre klammen Zehen zu wärmen, zum anderen aber, weil Vorsicht nie schaden konnte. Sie hatte eine Abneigung gegen solche Inspektionen, aber sie waren nötig, und je eher man sie durchführte, desto besser, denn die Fäden gruben sich in die kleinsten Spalten und Nischen.

Die Ostseite des Kamms bestand aus glattem, rissefreiem Urgestein, in dem sich keine Fäden festsetzen konnten. Auch der Westhang bildete eine undurchdringliche Wand. Tapeths Flammen mußten die Parasiten beim Auftreffen vernichtet haben.

Ihre Füße erwärmten sich auf dem Rückweg zu Orlith. Unvermittelt tauchte ein Jungreiter aus dem *Dazwischen*: Die Fänge seines Drachen schwebten kaum eine Handbreit über dem Felsvorsprung. Blitzschnell zog der Blaue die Schwingen eng an den Körper und landete. Orlith knurrte tief in der Kehle; der junge Drache senkte den Kopf und begann zu zittern. Auch die fröhliche Miene seines Reiters wirkte mit einem Mal gedämpft.

»Du hast wohl vergessen, was F'neldril euch immer über den Sicherheitsabstand predigt!« fauchte Moreta den jungen T'ragel an. »Stell dir vor, du fliegst gegen die Felswand! Du warst noch nie in dieser Gegend und kannst ihre Gefahren nicht beurteilen!«

Der Jungreiter löste stumm den Tank von der Flanke seines Drachen. »Vernunft ist mir lieber als Eleganz!« fuhr Moreta fort und riß ihm den Behälter wütend aus den Händen. »Damit du dieses Tal besser kennenlernst, bleibst du hier, bis sich der Grat abgekühlt hat! Halt Ausschau nach Sporennestern, vor allem da unten, wo sich die Kuhlen mit Moosbewuchs befinden! Kannst du mit einem Flammenwerfer umgehen? Gut! Der Rest in meinem Tank müßte reichen. Aber dein Drache soll sich melden, sobald du das geringste bemerkst. Das geringste – hast du verstanden?«

Eine Stunde Wachdienst in der Kälte und Einsamkeit würde dem Kerlchen die Liebe zu riskanten Landemanövern vielleicht austreiben. Immer wieder geschah es, daß Jungreiter trotz eindringlicher Warnungen des Weyrführers und der Ausbilder auf unerklärliche Weise verschwanden. Diese Todesfälle, unter denen die älteren Drachen so sehr litten, waren unnötige Verluste, hervorgerufen durch puren Leichtsinn.

Moreta schwang sich wieder auf Orlith. Der Junge hatte sich in Wachposition begeben, allerdings so nahe wie nur möglich bei seinem blauen Drachen. Die beiden sahen klein und verloren aus.

Kadith ruft!

»Ich nehme an, der Sporenregen geht allmählich zu Ende.« Moreta schnallte die Kampfriemen fest. Ihre Strafpredigt machte sicher nur den halben Eindruck, wenn sie selbst gegen die Vorschriften der Drachenreiter verstieß!

B'lerion reitet!

Moreta lächelte, als sie Orlith bat, sich zu den übrigen Geschwadern zu gesellen. Und während sie ins *Dazwischen* tauchten, fragte sie sich einen Moment lang, wie es B'lerion bei Oklina ergangen war.

Dann befanden sie sich auf der Westseite der Nabol-Berge, und die Fäden fielen in dichten Klumpen. Moreta fand keine Zeit, ihren Dank für die frischen Drachen und ihre Reiter zum Ausdruck zu bringen. Aber der Einsatz dauerte nicht lange. Sie versengte gerade noch ein oder zwei Fädenknäuel, als Orlith unvermittelt verkündete: *Der Sporenregen ist vorbei!*

Die Königin bremste ihren Flug und begann zu gleiten, während Moreta sich müde gegen die Kampfriemen lehnte. Der Gurt des Flammenwerfers schnitt ihr mit einem Mal tief in die Schulter. Sie spürte einen dumpfen Druck im Kopf, vermutlich weil sie sich auf zu viele Dinge gleichzeitig konzentriert hatte – Windrichtung und Gleitwinkel, Flammenstärke und Abstand ...

»Verwundete?«

Dreiunddreißig – meist harmlose Sachen. Allerdings auch zwei schlimm versengte Schwingen. Dann vier Reiter mit angebrochenen Rippen und drei mit ausgerenkten Schultern.

»Hm ... solche Verletzungen sind meist die Folge von schlampigen Flugmanövern!« Dennoch war Moreta erleichtert, daß den Reitern nicht mehr fehlte. Schwerer wogen die Verletzungen der Drachen. Sie haßte es, Schwingen zusammenzuflicken, aber sie besaß eine Menge Übung darin.

B'lerion grüßt uns. Sein Bronzedrache Nabeth ist ausgezeichnet geflogen. Orlith bog voller Bewunderung den geschmeidigen Hals nach hinten, als der Bronzedrache vom Hochland sie einholte und neben ihnen herflog. B'lerion hob den Arm und winkte.

»Frag ihn, ob er sich auf dem Fest gut amüsiert hat!« Sie begrüßte die Ablenkung, weil sie im Moment nicht an ihre Pflichten als Heilerin denken mochte.

Ja. Kadith will, daß wir in den Weyr zurückkehren und die Verletzten behandeln!

»Erkundige dich noch rasch, ob B'lerion etwas von der Epidemie gehört hat!«

Ja, aber er weiß nichts Näheres. Drängend fügte Orlith hinzu: *Kadith sagt, daß Dilenth schwer verwundet ist!*

Moreta winkte B'lerion zum Abschied. Schade, daß Sh'gall und Kadith B'lerion und Nabeth immer als Rivalen betrachteten! Aber vielleicht waren sie es wirklich. Orlith hatte eine Schwäche für den tüchtigen Bronzedrachen, und Moreta ertappte sich häufig bei dem Gedanken, daß sie das kommende Intervall lieber mit einem so heiteren Gefährten wie B'lerion als mit Sh'gall verbringen würde.

»Bring uns zurück zum Weyr!«

Die Kälte und das Schweigen im *Dazwischen* halfen Moreta, sich wieder zu sammeln. Dann kreisten sie dicht über dem Weyrtrichter; Orlith hatte ihr Auftauchen nicht weniger knapp berechnet als der blaue Jungreiter. Auf der Kesselsohle waren die verletzten Drachen versammelt, umgeben von aufgeregten Helfern. Das durchdringende Wimmern der verwundeten Tiere erfüllte die Luft. Moreta schloß einen Moment lang erschöpft die Augen.

»Zeig mir Dilenth!« befahl sie, als Orlith sich in den Kessel senkte.

Die große Schwingenmembran ist versengt! Ich werde ihn beruhigen. Mitleid färbte die Gedanken der Königin, während sie dicht über dem wild um sich schlagenden Blauen kreiste. Reiter und Weyrvolk versuchten den verwundeten Flügel mit Betäubungssalbe einzustreichen, aber Dilenth war außer sich vor Schmerzen und ließ niemanden in seine Nähe. Moreta sah deutlich die schlaff herabhängende Schwinge, deren Saum kraftlos im Staub schleifte.

158

Es war in der Tat eine böse Verletzung. Am schlimmsten hatte es die Vorderkante des Flügels von der Speiche bis zum Daumengelenk erwischt. Die Stützknorpel waren verbrannt und verschwanden in der großen Armschwingenmembran. Moreta vermutete, daß auch die Handschwinge zwischen Gelenk und Fingerspanten beschädigt war; hier hatten sich einige Fäden verfangen, als Dilenth ein Ausweichmanöver versuchte. Die Haut um die Stützrippen schien verhältnismäßig heil. Ob die Fingerstreben gebrochen waren, konnte sie nicht erkennen, aber sie hoffte das Gegenteil, denn falls die Handschwinge kein Wundsekret bildete, würde der Flügel vielleicht für immer steif bleiben.

Dilenths Verletzung gehörte zu den schlimmsten, die ein Drache überhaupt erleiden konnte, da sowohl die Vorderkante wie auch der hintere Saum der Armschwinge betroffen waren. In der verheilten Membran bildete sich oft verhärtetes Gewebe, das den Gleitflug des Drachen beeinträchtigte. Zuerst mußte Moreta das noch vorhandene Gewebe stützen; sie hoffte nur, daß genug übriggeblieben war, um den Heilungsprozeß in die Wege zu leiten. Dilenth war jung und konnte noch neues Gewebe bilden – aber er würde lange Zeit auf der Invalidenliste stehen.

Moreta sah Nesso in der Gruppe, die Dilenth betreute. F'duril tat sein Bestes, um den Blauen zu beruhigen, aber der Drache riß sich immer wieder von seinem Reiter los und warf den Kopf heftig hin und her.

Orlith landete dicht vor dem verwundeten Blauen. Sie hatte kaum den Boden berührt, als Moreta bereits die Kampfriemen von ihren Schenkeln löste und in die Tiefe glitt. Jungreiter liefen herbei und nahmen den Agenodrei-Tank sowie ihren Reitumhang im Empfang.

»Wo ist Rotwurz? Ich muß mir zuerst die Hände waschen.« Moreta versuchte den Lärm zu übertönen. *Orlith, bring ihn zur Ruhe!*

Die Königin bohrte ihre Blicke in die von Dilenth, und der Drache hörte auf, sich umherzuwälzen. Der erleichterte F'duril beschwor Dilenth, tapfer zu sein, und bedankte sich im gleichen Atemzug bei Orlith und Moreta.

»Die Hälfte des Wirbels, den er veranstaltet, ist auf den Schock zurückzuführen«, sagte Moreta zu F'duril, während sie ihre Hände in einem Becken mit Rotwurz wusch. Die Lösung brannte in ihren kalten, starren Fingern.

»Die große Membran besteht nur noch aus Fetzen«, murmelte Nesso dicht neben ihr. »Wie soll das je wieder zusammenwachsen?«

»Wir werden sehen«, entgegnete Moreta knapp. Es ärgerte sie, daß Nesso die Zweifel aussprach, die sie insgeheim selbst hegte. »Du kannst mir den Ballen breiten weichen Stoffs bringen, den wir im Lager haben, dazu unsere dünnsten Ruten zum Körbeflechten. Wo stecken Declan und Maylone?«

»Declan ist bei L'rayl. Sorth wurde am Kamm von einem Fädenklumpen getroffen. Maylone ... ich weiß nicht, er behandelt irgendeinen anderen Drachen.« Nesso zappelte nervös. Sie mochte es nicht, wenn sie mehrere Dinge gleichzeitig erledigen mußte. »Mir blieb keine andere Wahl, als die verletzten Reiter der Pflege ihrer Gefährtinnen oder der Mägde zu überlassen. Oh, warum mußte ausgerechnet Berchar krank werden?«

»Das läßt sich nicht ändern. Haura wird in Kürze landen. Sie kann sich dann mit dir zusammen um die Reiter kümmern.« Moreta verdrängte ihre Ungeduld. Gefühle waren in diesem Moment ein Luxus, den sie sich nicht leisten konnte. »Besorgt mir nur den Tuchballen und die Ruten! Dann brauche ich hier dicht neben dem verwundeten Flügel meinen Arbeitstisch. Schick mir jemanden mit ruhigen Händen! Ach ja, Öl und dünnflüssige Salbe fehlen auch noch. Wenn das erledigt ist, kannst du wieder nach den Reitern sehen. Warte – mein Nadelkästchen und die Spule mit dem Wundfaden ...«

Während Nesso losrannte und nach Helfern rief, inspizierte Moreta den verletzten Flügel. Die wichtigsten Stützknochen waren zum Glück unbeschädigt. Aber man hatte soviel Betäubungssalbe aufgetragen, daß sie nicht erkennen konnte, ob sich Wundsekret bildete. Fetzen der Armschwinge hingen von den Ellbogen- und Fingergelenken. Vielleicht reichten sie zum Zusammenflicken. Jedes noch so kleine Hautstück war eine Hilfe. Sie beugte die Finger, die immer noch steif vom langen Flug durch die Kälte waren.

Dilenth wimmerte nur noch gedämpft, aber ein neuer Laut störte ihre Konzentration.

»Du weißt, daß ich von Anfang an eine böse Vorahnung hatte! Du weißt, daß uns beiden nicht wohl zumute war! Irgendwie fühlte ich, daß wir nicht richtig flogen ...« F'durils Litanei der Selbstvorwürfe erreichte Moreta. »Ich hätte einen Atemzug länger im *Dazwischen* verharren sollen! Du konntest nicht anders, Dilenth. Es ist nicht deine Schuld, sondern meine! Du hattest nicht genügend Raum zum Wenden. Und ich schickte dich zu früh zurück ins Kampfgetümmel! Es ist ganz allein meine Schuld!«

Moreta fuhr den Mann hart an, um ihn aus seiner Hysterie zu reißen. »F'duril, nun nimm dich aber zusammen! Du regst Dilenth weit mehr auf als ...« Moreta brach mitten im Satz ab. Sie hatte die Brandspuren an seiner Kleidung entdeckt. »Hat dich denn niemand versorgt, F'duril?«

»Ich flößte ihm einen Becher Wein ein, Moreta.« Ein Reiter in rußverschmierter Kampfkleidung tauchte links von Dilenth auf. »Und eben habe ich Salbenverbände geholt.«

»Dann sieh zu, daß du sie anlegst!« Moreta drehte sich gereizt um. »Wo bleibt denn Nesso? Bringt sie heute überhaupt nichts zuwege?«

»Wie schlimm steht es um Dilenth?« erkundigte sich der Reiter, während er geschickt die Reste von F'durils Reitjacke aufschlitzte. Moreta erkannte ihn nun. Es war A'dan, F'durils Weyrgefährte. Er sprach mit leiser, besorgter Stimme.

»Schlimm genug.« Sie beobachtete A'dan, der die Verbände sicher anlegte und befestigte. »Du bist sein Weyrgefährte? Hast du eine ruhige Hand?«

Ein fürsorglicher Weyrgefährte war besser als gar keine Hilfe und für Moreta auf alle Fälle angenehmer als die jammernde Nesso mit ihren düsteren Prognosen. Die ersten Sekretperlen drangen durch die Salbe auf Dilenths Flügelrippen.

»Diese Nesso ...«

Moreta wollte eben selbst die Unteren Höhlen aufsuchen, als die dicke Küchenaufseherin in Sicht kam, beladen mit Ruten, einem Gefäß dünnflüssiger Salbe und Moretas Nadelkästchen. Hinter ihr hetzten drei Jungreiter her. Einer trug

eine Waschschüssel und einen in Wherhaut gehüllten Stoff-
ballen, der so groß war wie er selbst. Die beiden anderen
schleppten einen Tisch und stellten ihn neben der verwundeten Schwinge des blauen Drachen auf.

»Oh, das wird eine Ewigkeit dauern, bis es verheilt ist ...
wenn es je wieder richtig heilt!« stöhnte Nesso und schüttelte
den Kopf. Dann bemerkte sie Moretas Gesichtsausdruck und
ergriff die Flucht.

Moreta holte einmal tief Luft, um sich zu beruhigen, und
griff dann nach dem Topf mit dem Öl. Während sie ihre Hände
gegen die betäubende Wirkung der Salbe einfettete, erteilte sie
A'dan und den Jungreitern ihre Befehle.

»Paß auf, D'ltan!« Sie deutete auf den Jungen mit den kräftigsten Händen. »Schneid mir Tuchbahnen ab, etwa so lang
wie die Vorderkante von Dilenths Flügel. A'dan, du badest
deine Hände in diesem Öl und trocknest sie gut ab! Das Ganze
wiederholst du noch zweimal. Beim letzten Mal tupfst du die
Finger nur vorsichtig ab. Wir müssen unsere Hände oft
einölen, damit die Salbe sie nicht gefühllos macht. M'barak ...«
Sie deutete auf einen hochgewachsenen Jungreiter. »... du
mißt Wundzwirn von dieser Länge ab ...« Sie breitete die Arme
aus. »... und fädelst ihn in die Nadeln. B'greal ...« Sie wandte
sich dem dritten Jungen zu. »... du reichst mir die Ruten, wenn
ich es dir sage. Wascht euch aber erst mal alle die Hände in
Rotwurz!

Wir stützen den Flügel von unten mit Tuch, das mit ein paar
Stichen am Schwingenknochen befestigt und vom Rücken zu
den Fingergelenken gespannt wird«, erklärte sie A'dan und musterte ihn scharf, um sich zu vergewissern, daß er sie verstand.
»Dann müssen wir ... wenn du dich übergeben willst, A'dan, tu
es gleich! Später brauchen wir dich. Es wird für Dilenth wie
auch für F'duril eine Beruhigung sein, daß du mir hilfst. F'duril
weiß, daß du seinen Drachen besonders sorgsam behandelst!«
Sie ließ nicht locker, denn sie war auf seine Hilfe angewiesen.
»Betrachte das Ganze nicht als Operation einer Drachen-
schwinge, sondern stell dir vor, du hättest eine feine Sommer-
tunika vor dir, die geflickt werden muß! Etwas anderes machen
wir nicht: Wir flicken ein feines Gewebe zusammen!«

Mit ihren eingefetteten Fingern nahm sie von einem der Jungreiter die eingefädelte Nadel mit der dünnen Spitze entgegen. Sie hoffte auf A'dans Tapferkeit. *Orlith?*

Ich kann kurz mit seinem Grünen Tgrath sprechen, meinte Orlith ein wenig scharf. *Dilenth erfordert meine ganze Aufmerksamkeit, und bisher ist keine der anderen Königinnen zurückgekehrt.*

Aber bereits in der nächsten Sekunde warf A'dan entschlossen den Kopf zurück, trocknete sich die Hände und trat neben Moreta. Seine Blässe verlor sich, und seine Miene wirkte ruhig, obwohl er immer noch zwanghaft schluckte.

»Gut! Fangen wir an! Und denk daran: Wir flicken ein Gewebe zusammen, das ist alles!«

Moreta schwang sich auf den stabilen Tisch, winkte ihn neben sich und griff nach der ersten Tuchbahn. Bei den ersten Stichen entlang der Rippe zuckten Dilenth und A'dan gleichzeitig zusammen. Der Flügel war mit Betäubungssalbe bestrichen, und Orlith hatte Dilenth völlig unter mentaler Kontrolle. Der Drache konnte keinen Schmerz empfinden. Vermutlich beeinflußte A'dan die Reaktion des Tieres. Also lenkte Moreta ihn mit Befehlen ab, während sie nähte; bat ihn, hier das feine Tuch zu spannen und dort lockerzulassen.

»Jetzt befestige ich den Saum hier an der Unterseite. Zieh den Stoff nach links! Die Vorderkante des Flügels wird wulstig bleiben, das läßt sich nicht ändern ... aber wenn wir genug von der Armschwinge retten können ... So! Nimm jetzt den Salbenspachtel, A'dan, und streich das Tuch ein! Wir legen es auf die Fragmente der Armschwingen-Membran. Ganz vorsichtig ... wie bei einem hauchdünnen Stoff! M'barak, die nächste Bahn! Die Sehne hier ist arg gedehnt, aber zum Glück nicht gerissen.« *Orlith, sorg dafür, daß er nicht ständig mit dem Schwanz umherpeitscht! Jede Bewegung macht die Operation noch schwieriger.*

Moreta nahm dankbar zur Kenntnis, daß Dilenth wieder ruhiger wurde. Vermutlich war eine zweite Königin gelandet, die nun Orlith unterstützte. Einen Moment lang glaubte sie Sh'gall zu erkennen, aber er blieb nicht stehen. Sie wußte, daß dem Weyrführer dieser Aspekt des Sporenkampfes nicht sonderlich behagte.

»Als nächstes brauche ich die Ruten, B'greal! Die längste zuerst! Siehst du, A'dan, wir können sie mit Gaze befestigen und damit den schlaff herabhängenden Flügelsaum stützen. Und ich glaube, daß die Membranfragmente ausreichen. Ja, er wird wieder fliegen können, ganz bestimmt. Langsam jetzt, ganz sachte – wir breiten die Hautfetzen auf dem Gazestreifen aus. M'barak, kann ich die dünnflüssige Salbe haben? Wir tauchen die Stücke hinein, dann verkleben sie nicht mit dem Stoff ...«

Während sie mit A'dans Hilfe geduldig die Armschwingenmembran zusammensetzte, konnte sie den Weg des Fädenklumpens genau erkennen. Wären F'duril und der Blaue nur einen Atemzug früher aus dem *Dazwischen* getaucht, hätte die brodelnde Masse den Reiter getötet. Sie mußte F'duril sagen, daß er nicht mit dem Schicksal hadern durfte. Er hatte enormes Glück gehabt ...

Sie retteten mehr Segelfragmente, als Moreta ursprünglich zu hoffen gewagt hatte. Ihre Zuversicht wuchs. Nach und nach würde alles wieder zusammenwachsen, obwohl die neue Membran bestimmt lange Zeit wulstig und dick aussah; erst im Lauf der Planetenumdrehungen würde der kräftige Höhenwind das gröbere Gewebe abschleifen. Dilenth lernte sicher, mit der verhärteten Tragfläche umzugehen. Die meisten Drachen gewöhnten sich an solche Unebenheiten, sobald sie wieder zu fliegen begannen.

Dilenth wird wieder fliegen, erklärte Orlith gelassen, als Moreta von der geflickten Schwinge zurücktrat. *Du hast getan, was du konntest.*

»Orlith meint, daß die Operation geglückt ist, A'dan«, erklärte sie dem grünen Reiter mit einem erschöpften Lächeln. Sie wandte sich an die drei Jungen und nickte ihnen dankbar zu. »Ihr wart großartige Helfer. Nun müssen wir Dilenth noch zu einem der Weyr auf der Kesselsohle schaffen; dann seid ihr erlöst.«

Sie sprang vom Tisch und wäre nach vorn gekippt, wenn A'dans Hand sie nicht gestützt hätte. Sie lehnte sich einen Moment an die Tischkante. Nesso erschien und reichte ihnen Wein.

Dilenth begann mit einem Mal zu schwanken; Orlith hatte

ihre strenge Kontrolle über ihn gelockert. Sofort kümmerte sich die Drachenkönigin wieder um den verwundeten Artgenossen, während Moreta nach F'duril Ausschau hielt.

»Der wird dir keine große Hilfe sein«, stellte Nesso säuerlich fest und deutete zu dem blauen Reiter hin, der ganz langsam in die Knie ging und zusammenbrach.

»Es war die Angst um Dilenth, dazu die eigene Verletzung ...«, stieß A'dan hervor und eilte dem Weyrgefährten zu Hilfe.

Dilenth stöhnte und versuchte ihren Reiter mit der Schnauze zu erreichen.

»Es ist schon gut, Dilenth«, meinte A'dan, während er F'duril umdrehte. »Er hat nur ein wenig Sand abbekommen ...«

»Und etwas mehr Wein!« murmelte M'barak, während er den beiden anderen Jungreitern zu verstehen gab, daß sie A'dan helfen sollten.

»Das Schlimmste ist jetzt überwunden!« erklärte A'dan mit gespielter Munterkeit.

»Was weiß der!« Nesso warf Moreta einen düsteren Blick zu, während der blaue Drache zu einem Felsenlager taumelte, auf einer Seite gestützt von A'dans Tigrath und K'lon und auf der anderen von Rogeth.

Es dauerte ein paar Sekunden, bis Moreta dämmerte, daß K'lon und Rogeth hier gar nichts zu suchen hatten. »K'lon ...?«

»Er meldete sich freiwillig!« sagte Nesso mit quengeliger Stimme. »Er fühlte sich wieder gut und wollte nicht tatenlos herumsitzen. Außerdem war er der einzige Reiter, der uns zur Verfügung stand.«

»Der einzige Reiter *wofür?*«

Nesso schaute an der Weyrherrin vorbei. »Es war nun mal ein Befehl, den der Weyr nicht ignorieren konnte! Eine Notlage. Er und F'neldril kamen zu dem Schluß, daß man der Trommelbotschaft Folge leisten müsse.«

»Von welcher Trommelbotschaft redest du da, Nesso?« Nun verstand Moreta Nessos Verlegenheit: Die Küchenaufseherin hatte wieder einmal ihre Kompetenzen überschritten.

»Sie benötigten dringend einen Drachenreiter, der Baron Tolocamp nach Burg Fort brachte. Auf Ruatha herrscht die

Krankheit – und auf Fort noch schlimmer. Man kann doch eine Burg in so einer verzweifelten Lage nicht ohne Führung lassen!« stammelte Nesso und schielte dabei ängstlich nach Moreta. »Meister Capiam ist krank ... er muß krank sein, denn Fortine beantwortet alle Botschaften.« Nesso schnitt eine Grimasse und begann die Hände zu ringen. »Auf Igen und Ista gibt es kranke Reiter, und auf Telgar wütet die Seuche ganz besonders! Dabei gehen in zwei Tagen im Süden Sporen nieder! Ich frage dich, wer wird sie bekämpfen, wenn drei der sechs Weyr keine Reiter schicken können?«

Moreta zwang sich, ganz langsam und tief durchzuatmen; allmählich begriff sie den Kern von Nessos wirrem Geschwätz. Die Frau begann jetzt zu schluchzen – entweder weil sie Gewissensbisse spürte oder weil sie erleichtert über die Beichte war.

»Wann traf die Trommelnachricht ein?«

»Es waren zwei. Die erste kam gleich, nachdem die Geschwader aufgebrochen waren. Man verlangte nach einem Reiter, der Baron Tolocamp heimbringen könnte.« Nesso wischte sich die Augen trocken und warf Moreta flehende Blicke zu. »Curmir bestand darauf, daß wir antworten müßten.«

Nessos Geheul machte Moreta nervös. »Mir ist klar, daß du die Antwort nicht bis zu unserer Rückkehr hinausschieben konntest. Aber Curmir gab doch sicher zu verstehen, daß die Geschwader gerade gegen die Fäden ankämpften?«

»Das ... das wußten sie ohnehin. Nur ... F'neldril und K'lon waren in der Nähe ... hier ... nein, dort ...« Nesso deutete auf einen Punkt nahe den Unteren Höhlen. »... und hörten die Botschaft mit. K'lon erklärte sich sofort bereit, den Auftrag zu übernehmen. Da er die Krankheit bereits überstanden hat, ist er wohl immun dagegen. Wir mußten ihm beipflichten, daß er besser geeignet sei als F'neldril oder einer der Jungreiter.« Nesso sah sie unterwürfig an. »Wir wollten Berchar nach dem Infektionsrisiko fragen, aber S'gor ließ keinen Menschen auch nur in die Nähe des Heilers; und er selber konnte keine Auskunft geben. Hätten wir Tolocamps Bitte abschlagen sollen? Es ist doch selbstverständlich, daß er in dieser Krise die Burg nicht im Stich lassen will. Auch Curmir fand, daß es unter diesen außergewöhnlichen Umständen unsere Pflicht sei, dem Burgherrn zu helfen, selbst wenn wir dabei gegen ein Gebot des Weyrführers verstießen ...«

»Ganz zu schweigen vom Meisterheiler und seiner Quarantäneanordnung!«

»Aber Capiam befindet sich doch im Herrschaftsbereich der Burg Fort!« widersprach Nesso, als ob das ihr Handeln rechtfertigte. »Und ich denke mit Schaudern an die Dinge, die in Baron Tolocamps Abwesenheit auf Burg Fort geschehen könnten!«

Moreta dachte eher mit Schaudern an die Krankheit, die sich offenbar auch auf Ruatha ausbreitete. Außerdem hatte Nesso ihr immer noch nicht den Inhalt der zweiten Trommelbotschaft verraten.

»Wie war das mit den kranken Reitern? Kam diese Nachricht etwa unverschlüsselt?«

»Aber nein, ich bitte dich! Curmir sah den Code im Archiv nach. Wir haben noch nichts in dieser Sache unternommen; wir gaben die Botschaft auch nicht weiter, weil der entsprechende Hinweis fehlte. F'neldril und K'lon meinten, erst müßtest du davon erfahren. Allein in Telgar sind fünfundvierzig Reiter erkrankt!« Nesso preßte in einer dramatischen Geste die Hand an die Brust. »Neun davon geht es äußerst schlecht. Igen meldet zweiundzwanzig und Ista vierzehn Ausfälle.« Nesso schien die düsteren Zahlen irgendwie zu genießen.

Einundachtzig Reiter von dieser Epidemie erfaßt? Angst und Verzweiflung stiegen in Moreta auf. *Reiter krank?* Ihre Gedanken wirbelten im Kreis. Ausgerechnet jetzt, in der Zeit der Sporeneinfälle, da sämtliche Drachenreiter gebraucht wurden! Im Fort-Weyr waren dreißig Mann noch vom letzten Einsatz her und dreiunddreißig seit heute verletzt. Und bis Dilenth wieder fliegen konnte, verging sicher eine Planetenumdrehung! Warum das alles? Noch acht Umläufe bis zum Beginn des nächsten Intervalls, in dem die Sporenplage für lange Zeit gebannt war! Moreta schüttelte den Kopf. Sie hätte sich Sh'galls gestammelten Bericht von dieser Krankheit doch aufmerksamer anhören sollen, anstatt die Fakten zu verdrängen, weil sie unbequem waren. Sie wußte, daß Meister Capiam keine willkürlichen Verbote erteilte. Aber im allgemeinen waren die Reiter kerngesund und gut trainiert; wenn sie einmal erkrankten, kamen sie rasch wieder auf die Beine. Warum sollten sie in ihren abgelegenen, geräumigen Felsenweyrn eine Infektion bekommen, die in den überfüllten Burgen, Gesindestuben und Ställen wütete?

Die Vernunft sagte ihr, daß die Epidemie längst auf dem Vormarsch gewesen war, als Sh'gall ihr die Neuigkeit überbrachte. Sie selbst hatte sich vielleicht angesteckt, als sie in ihrem Wunsch, Alessan zu beeindrucken, das kranke Tier untersuchte! Aber wie hatte irgend jemand die Gefahr ahnen können? Zu dem Zeitpunkt, da Talpan den Zusammenhang zwischen der Seuche und dem Reiseweg der gefangenen Raubkatze erkannte, hatte sie vermutlich gerade die Rennen auf Ruatha beobachtet.

Dich trifft keine Schuld, vernahm sie die zärtlichen Gedanken Orliths. *Es war dein Recht, das Fest zu genießen.*

»Sollen wir etwas wegen der anderen Weyr unternehmen, Moreta?« fragte Nesso. Sie hatte zu flennen aufgehört, aber sie rang immer noch die Hände, eine unentschlossene Geste, die Moreta nicht weniger nervte als vorher die Tränen.

»Ist Sh'gall schon heimgekommen?«

»Er war kurz da, machte sich aber gleich auf die Suche nach Leri. Er schien wütend.«

Orlith?

Sie sind beschäftigt, aber ihnen fehlt nichts weiter.

»Nesso, hast du ihm die Trommelbotschaften ausgerichtet?«

Nesso warf Moreta einen verzweifelten Blick zu und schüttelte dann den Kopf. »Er war einfach nicht lange genug da – ehrlich, Moreta!«

»Ich verstehe.« Moreta wußte, daß Nesso dem Weyrführer nie und nimmer eine so niederschmetternde Nachricht überbringen würde, selbst wenn ihr eine halbe Ewigkeit zur Verfügung gestanden hätte. Also mußte sie selbst Sh'gall informieren – ein Gespräch, das sicher neue Bitterkeit hervorrief, und dies an einem Tag, da sie beide vor Sorgen nicht mehr ein und aus wußten. »Wie geht es Sorth?«

»Oh, ich glaube, das haben wir geschafft«, erklärte Nesso

begeistert. Sie schien froh, daß Moreta das Thema wechselte. »Er ist hier drüben. Ich dachte mir schon, daß du einen Blick auf meine Arbeit werfen würdest.«

Die Spätnachmittagssonne spiegelte sich am Zahnfelsen des Fort-Weyrs, und Moreta kniff die Augen zusammen, als sie mit den Blicken Nessos ausgestrecktem Arm folgte. Die Behandlung von Dilenths Flügel hatte weit länger gedauert, als ihr zu Bewußtsein gekommen war.

Noch liegt dein Schlaffelsen in der Sonne, Orlith. Du solltest nach dem harten Kampf und dem Ritt im Dazwischen *die Wärme genießen.*

Du bist auch müde. Wann legst du eine Ruhepause ein?

Wenn ich das Wichtigste erledigt habe, entgegnete Moreta. Die Fürsorge ihrer Königin tröstete sie. Moreta knetete ihre Fingerkuppen; an manchen Stellen war Salbe durch den Ölfilm gedrungen und hatte die Haut gefühllos gemacht. Sie tauchte beide Hände in Rotwurzlösung und trocknete sie gründlich mit einem Tuch ab, das Nesso ihr reichte.

Ein blauer Drache wimmerte auf seinem Felsensims; besorgt schaute Moreta auf.

»Sein Reiter hat sich die Schulter gebrochen.« Nesso schniefte. »Ein zerrissener Reitgurt ...«

Ein anderer blauer Reiter fiel Moreta ein. *Orlith, der Junge – ist er noch in diesem Felsental?*

Nein. Es hatten sich keine Sporen eingegraben. Er meldete sich beim Ausbilder zurück. Der Mann war erstaunt, daß du ein halbes Kind solchen Gefahren aussetzt!

Das Kerlchen wäre in viel größere Gefahren geraten, wenn er weiter so verwegene Flugmanöver veranstaltet hätte! Ich werde mal ein paar ernste Worte mit dem Ausbilder sprechen müssen – nicht nur wegen des Jungen! Sie wandte sich an Nesso und sagte laut: »Sehen wir uns Sorth an!«

»Er ist schon alt. Ich bezweifle, daß seine Wunde rasch verheilt.« Nesso versuchte mit aller Gewalt, wieder Gnade vor Moretas Augen zu finden, aber im Grunde verstand sie wenig von Drachenverletzungen – noch weniger als von der Verwaltung eines Weyrs.

Doch Moreta war inzwischen zu dem Schluß gekommen,

daß sie wohl ebenfalls jemanden losgeschickt hätte, der Baron Tolocamp heimbrachte. Fort brauchte seinen Burgherrn, und auf Ruatha war er sicher ein unbequemer Gast. Flüchtig kam ihr der Gedanke, daß auf Ruatha vermutlich noch niemand krank war, sonst hätte Alessan nicht zugelassen, daß Tolocamp die Quarantäne brach.

Sorth hatte eine Wunde an der Vorderkante der Handschwinge davongetragen; der Knochen war dicht hinter dem Gelenk durchtrennt. L'rayl äußerte sich begeistert über Declans Geschick bei der Behandlung und bezog hastig Nesso in sein Lob ein, als er ihre wütenden Blicke bemerkte. Moreta sah, daß der Knochen ordentlich geschient und die Brandwunde mit Salbe bestrichen war.

»Eine böse Verletzung«, stellte sie fest, als Sorth vorsichtig die Schwinge senkte.

»Etwas näher am Gelenk, und er könnte die Flügelspitze nicht mehr bewegen«, erklärte L'rayl betont sachlich. Der Mann hatte die Angewohnheit, nach jedem Satz die Zähne zusammenzubeißen, als wollte er seine Worte abhacken, ehe sie jemanden kränkten.

»Ein Bad im See wird die Schwellung abklingen lassen. Aber er soll damit bis morgen warten; dann hat sich bereits eine Sekretkruste gebildet!« meinte Moreta und legte dem alten braunen Reiter beruhigend eine Hand auf die Schulter.

»Sorth sagt, daß er sich schon darauf freut«, entgegnete L'rayl nach einer Pause. »Das Wasser wird den Flügel tragen und die Schmerzen lindern.« Der Alte schien hin und her gerissen zwischen Sorge und Bewunderung. Unvermittelt wandte er sich ab und streichelte die Schnauze seines Gefährten.

»Wie viele Reiter wurden insgesamt verletzt?« fragte sie Nesso, als sie sich dem Krankentrakt zuwandten. Bei einundachtzig Ausfällen in den anderen Weyrn mußte Fort vielleicht in die Bresche springen.

»Mehr als nötig.« Nesso hatte ihre bissige Art wiedergewonnen.

Die Küchenaufseherin blieb ihr hartnäckig auf den Fersen, als sie einen kurzen Besuch im Lazarett machte. Da die meisten der verwundeten Reiter halb betäubt von Fellissaft waren oder bereits schliefen, wandte sich die Weyrherrin bald wieder zum Gehen. Aber Nesso ließ sich immer noch nicht abschütteln.

»Moreta, du mußt jetzt etwas von meinem ausgezeichneten Stew essen: Das wird dir guttun!«

Moreta hatte keinen Hunger. Sie wußte, daß Nessos Vorschlag vernünftig war, aber sie hätte lieber erst nach der Rückkehr von Sh'gall und Leri gegessen. In einem Anflug von Bosheit überquerte sie die Kesselsohle zu den Unteren Höhlen mit so schnellen Schritten, daß die Küchenaufseherin laufen mußte, um sie wieder einzuholen. Verärgert über diese kindische Regung ließ es Moreta stumm zu, daß Nesso ihr eine mächtige Portion auf den Teller häufte und eigenhändig dicke Brotscheiben vom Laib schnitt. Zum Glück kam in diesem Moment ein Jungreiter in den Speisesaal gehetzt und erklärte, daß Tellani Nesso sofort brauchte.

»Aha, das Kind kommt! Sie hatte bereits zu Beginn des Sporenregens die ersten Wehen.« Nesso hob die Arme und Blicke resigniert zum Himmel. »Obwohl wir vermutlich nie erfahren werden, wer der Vater war. Tellani weiß es nicht ...«

»Nun, irgendwelche Erbmerkmale gibt es immer. Grüße Tellani von mir und wünsch ihr alles Gute!«

Insgeheim dankte die Weyrherrin Tellani daß sie ausgerechnet diesen Zeitpunkt für die Entbindung gewählt hatte. Nesso ließ sie endlich in Ruhe, und eine Geburt kurz nach einem Fädeneinfall galt als gutes Omen. Ein wenig Glück konnte der Weyr im Moment gebrauchen. Und wenn es ein Junge war, stießen sich die Drachenreiter wohl kaum an der ungeklärten Vaterschaft. Dennoch mußte sie ein ernstes Wort mit Tellani reden. Es war doch nicht so schwer, sich zu merken, mit wem man das Lager teilte – obwohl Tellani natürlich außergewöhnlich hübsch und begehrt war. Vielleicht sollte man Tellanis Kinder in anderen Weyrn aufziehen lassen, um das Risiko der Blutsverwandtschaft möglichst gering zu halten.

Es war leichter, an eine bevorstehende Geburt zu denken, als sich den müden Kopf mit den anderen unlösbaren Problemen zu zerbrechen: kranke Reiter; ein Meisterheiler, der keine

Botschaften mehr unterzeichnete; ein Reiter und ein Harfner, die gegen den Befehl ihres Weyrführers handelten; ein verwundeter Drache, der monatelang an den Weyr gefesselt sein würde; und ein kranker Heiler, der womöglich starb ...

Malth sagt, daß Berchar sehr schwach ist. S'gor macht sich große Sorgen, meldete Orlith verschlafen. *Wir sind zu dem Schluß gekommen, daß die Frau einen Sohn zur Welt bringen wird*, fuhr Orlith fort. Moreta war erstaunt. Orlith benutzte sehr selten den Plural; offenbar bezog sie sich auf andere Drachen.

Ich danke dir, meine Schöne! Moreta barg das Gesicht in den Händen, damit niemand in der Höhle die Tränen in ihren Augen sah. Orlith wußte, daß sie gerade jetzt Ablenkung von ihren Sorgen brauchte. Und wieder einmal empfand sie tiefe Dankbarkeit, daß die Königin unter allen Mädchen in der Brutstätte ausgerechnet sie, die Nachzüglerin, gewählt hatte!

»Moreta?«

Verwirrt schaute Moreta auf. Vor ihrem Tisch standen Curmir, K'lon und F'neldril und warteten respektvoll.

»*Ich* hatte darauf bestanden, Baron Tolocamp zu fliegen«, erklärte K'lon mit fester Stimme. Er hatte das Kinn vorgeschoben, und seine Augen glänzten. »Du könntest vielleicht sagen, daß ich von Sh'galls Quarantäne-Befehl nichts gehört hatte, da Rogeth und ich während meiner Erkrankung in einem Weyr an der Kesselsohle untergebracht waren.« K'lon blinzelte Moreta zu, eine Geste, die sie bei jedem anderen Reiter empört hätte. Aber sie wußte, daß der im Weyr ergraute Mann nicht sonderlich erbaut gewesen war, als Kadith bei Orliths Paarungsflug den Sieg davontrug und der in seinen Augen viel zu junge Sh'gall die Rolle von L'mal übernahm. K'lons Abneigung hatte sich noch verstärkt, als Sh'gall ihm offen zu verstehen gab, daß er seine Bindung zu dem grünen Igen-Reiter A'murry mißbilligte.

Moreta versuchte ernst zu bleiben, merkte aber an Curmirs Miene, daß ihr das nicht ganz gelang.

»Du hast dich an die Tradition gehalten.« Soviel Spielraum mußte sie ihm gewähren. »Der Burgherr von Fort hat ein Recht darauf, von Reitern unseres Weyrs befördert zu werden. Hast du seine Familie heimgebracht?«

»Nein, obwohl Rogeth durchaus bereit war, es zu tun. Aber Lady Pendra entschied, daß sie und ihre Töchter die Quarantäne nicht brechen könnten.«

Wieder fing Moreta Curmirs Blick auf; der Harfner wußte ebenso wie alle anderen hier im Westen, weshalb Lady Pendra die Quarantäne nicht brechen wollte. Moreta empfand großes Mitleid für Alessan. Nicht nur die Töchter von Baron Tolocamp – auch alle anderen heiratsbesessenen Schönen saßen auf Ruatha fest!

»Lady Pendra meinte, daß sie die vier Tage ausharren würde.«

»Ob vier Tage oder vier Planetenumläufe«, spöttelte F'neldril, »das verbessert weder ihre Gesichter noch ihre Chancen!«

»Hast du Meister Capiam gesehen, K'lon?«

In K'lons Zügen spiegelten sich jetzt Ärger und gekränkter Stolz. »Nein, Moreta. Baron Tolocamp befahl mir, ihn im Vorhof der Burg abzusetzen, und das tat ich. Gleich darauf holten ihn Baron Campen, Meister Fortine und noch ein paar Männer zu einer wichtigen Besprechung ab. Mir verwehrte man den Zutritt zu den Hauptgebäuden, angeblich um mich vor der Ansteckung zu schützen! Sie hörten mir gar nicht zu, als ich erklärte, daß ich die Krankheit bereits überstanden hätte.«

Ehe Moreta antworten konnte, hörte man das laute Trompeten des Wachdrachen. Sh'gall und sein Geschwader kehrten endlich heim. Noch während sich die Weyrherrin hastig erhob, sah sie die Staubwolken, die bei der Landung der Tiere vom Boden aufstiegen.

Alle sind heil und gesund, berichtete Orlith. *Kadith meint, der Sporenregen sei ohne weitere Zwischenfälle zu Ende gegangen. Aber Sh'gall ist wütend, weil ihn kaum Bodentrupps unterstützten.*

»Keine Bodentrupps!« erklärte sie den Männern an ihrer Seite warnend.

Sh'gall kam durch den Staub direkt auf Moreta zu. In einigem Abstand folgten die Reiter seines Geschwaders, während die Drachen sich zu ihren Felsensimsen in der Höhe begaben.

Die Miene des Weyrführers wirkte so drohend, daß K'lon, Curmir und F'neldril taktvoll beiseite traten.

»Crom hat keine Bodentrupps geschickt!« schrie Sh'gall und feuerte Handschuhe, Helm und Schutzbrille so heftig auf einen der Tische, daß ein Teil der Sachen zu Boden schlitterte. »Nabol kam mit zwei Mannschaften an, aber erst nachdem Leri dem Baron ernste Folgen angedroht hatte! Dabei hat die Krankheit weder Crom noch Nabol erreicht. Faule, dumme, starrköpfige Gebirgler! Sie benutzen diese Seuche als Ausrede, um sich vor ihren Pflichten zu drücken. Wenn unser Weyr ausrückt, um die Fäden zu bekämpfen, dann sollen sie gefälligst auch ihren Teil beitragen! Und ich werde mich mit Meister Capiam unterhalten müssen! Diese ständigen Trommelbotschaften machen uns die Burg- und Hofbesitzer kopfscheu.«

»Wir haben eine neue Unglücksnachricht«, begann Moreta. Es war jetzt nicht die Zeit, ihm die Dinge schonend beizubringen. »Unter den Reitern von Igen und Telgar gibt es viele Kranke. Möglicherweise können die Weyr ihre Pflichten nicht wie sonst erfüllen.«

»*Unser* Weyr wird kämpfen, solange ich etwas zu sagen habe!« Sh'gall funkelte sie an, als hätte sie ihm widersprochen. Dann wirbelte er herum und wandte sich den Leuten zu, die an den Tischen des Speisesaals saßen. »Habe ich mich klar genug für alle ausgedrückt? Der Fort-Weyr tut seine Pflicht!«

Seine Rede wurde von einem Laut überlagert, den jeder Reiter fürchtete: dem schrillen, nervenzerrenden Kreischen von Drachen, das den Tod eines Artgenossen verkündete.

Ch'mon, der Bronzereiter von Igen, war am Fieber gestorben, und sein Drache Helith hatte sich gleich darauf ins *Dazwischen* gestürzt. Es war der erste von zwei Todesfällen in Igen; im Lauf des Abends ereigneten sich in Telgar fünf weitere. Der Fort-Weyr befand sich in einem Schockzustand.

Leichenblaß schleppte Sh'gall den Harfner mit in die Turmstube und gab ihm den Befehl, in der Heilerhalle nach dem jüngsten Stand der Dinge zu fragen. Curmir leitete die Botschaft mit dem Trommelcode für ›äußerst dringend‹ ein. Die Aufregung des Weyrführers steigerte sich noch, als er von

Fortine erfuhr, daß die Epidemie inzwischen den gesamten Kontinent erfaßt hatte. Als Medikamente empfahlen sie fiebersenkende, aber keine schweißtreibenden Mittel, kleine Dosen von Akonit bei Herzbeschwerden, Weidensalz oder Fellissaft gegen Kopfschmerzen sowie Schwarzwurz, Tussilago oder sonstige Hausmittel gegen den Husten. Sh'gall ließ von Curmir eine persönliche Stellungnahme des Meisterheilers anfordern. Die Heilerhalle bestätigte zwar den Eingang der Nachricht, aber es folgte keine Antwort.

»Seid ihr sicher, daß K'lon diese Krankheit hatte?« fragte er, während er zurück zu den Unteren Höhlen stürmte. Seine Stimme überschlug sich vor Erregung, und er funkelte den blauen Reiter so wütend an, daß der entsetzt zurückwich. »Womit hat ihn Berchar behandelt?« Er schoß auf Moreta zu und blieb drohend vor ihr stehen. »Weißt du, welche Mittel K'lon bekam?«

»Nach S'gors Worten genau diejenigen, die Meister Fortine vorschlägt. *Und K'lon ist wieder gesund!*«

»Aber Ch'mon starb!«

Irgendwie schien er ihr die Schuld daran zu geben.

»Die Krankheit hat uns im Griff, Sh'gall«, entgegnete Moreta und sammelte Kraft aus jener inneren Quelle, die Orlith hieß. »Was immer wir jetzt reden oder tun – an dieser Tatsache kommen wir nicht vorbei. Niemand verlangte von uns, an diesen Festen teilzunehmen.« Sie merkte, daß einige der umstehenden Reiter nickten. »Aber die meisten von uns genossen den Tag.«

»Und das hier ist dabei herausgekommen!« Sh'galls Körper zitterte vor Wut.

»Wir können das Geschehene nicht rückgängig machen, Sh'gall. Nur – K'lon überlebte die Seuche, so wie wir heute den Kampf gegen die Sporen überlebten und wie die Drachenreiter seit dem Wiedererscheinen des Roten Sterns jeden Kampf gegen die Sporen überlebten; so wie wir alle Naturkatastrophen überlebten, die uns seit der Großen Überfahrt heimsuchten!« Sie lächelte müde. »Offenbar sind wir doch ein zäher Schlag, sonst wäre Pern schon längst unser Untergang gewesen!«

Weyrvolk und Reiter atmeten bei Moretas Worten zaghaft auf; Sh'gall jedoch warf ihr einen langen, zornerfüllten Blick zu und verließ stumm die Unteren Höhlen.

Die Begegnung hatte Moreta aus dem Gleichgewicht gebracht. Ihre – und Orliths – Energie war bis zum letzten Funken aufgezehrt, und es fiel ihr schwer, sich auf den Beinen zu halten. Zitternd griff sie nach der Stuhllehne. Die Schwäche hatte nicht nur mit Sh'galls Zorn zu tun, sondern mit der bitteren, nicht mehr zu umgehenden Erkenntnis, daß sie allem Anschein nach das nächste Opfer dieser Epidemie im Weyr wurde. Ihr Kopf schmerzte, aber nicht so wie sonst nach einer längeren Anspannung oder der Konzentration beim Operieren verletzter Drachenschwingen.

Dir geht es nicht gut, bestätigte Orlith ihre Eigendiagnose.

Das Zeug steckt vermutlich in mir, seit ich diesem Renner zu Hilfe eilte, entgegnete Moreta. *L'mal warnte mich stets, daß die Renner noch einmal mein Untergang sein würden.*

Du bist zwar krank, aber von Untergang kann nicht die Rede sein, stellte Orlith trocken fest. *Komm jetzt in den Weyr und ruh dich aus!*

»Curmir!« Moreta winkte den Harfner näher. »Angesichts von Berchars Erkrankung halte ich es für notwendig, daß wir noch einen Heiler von der Gildenhalle anfordern. Einen Meister ... und zumindest noch einen Gesellen!«

Curmir nickte langsam und warf ihr einen langen prüfenden Blick zu.

»S'peren soll für Dilenth eine Halteschlinge anfertigen. Wir können nicht verlangen, daß Tgrath den verletzten Flügel stützt, bis die Membran heilt. So große Opfer führen nur zu Zwist unter Weyrgefährten.« Moreta erhob sich mühsam und setzte vorsichtig einen Fuß vor den anderen, um ihrem Kopf jede Erschütterung zu ersparen. Noch nie hatten Schmerzen sie so unvermittelt und heftig überfallen. Vor ihren Augen war ein Flimmern. »Ich denke, das ist im Moment alles. Ich habe einen harten Tag hinter mir und fühle mich kaputt.«

Curmir bot ihr seinen Arm, aber sie wehrte mit einer leichten Geste ab und verließ langsam die Unteren Höhlen.

Ohne Orliths Zuspruch hätte Moreta es wohl nicht geschafft, die Weyrsohle zu überqueren; sie fröstelte in der plötzlichen Kühle der Nachtluft, und der Weg schien sich endlos hinzudehnen. Auf der Treppe mußte sie sich mehrmals gegen die innere Felswand lehnen.

»Hat es dich also erwischt!« sagte Leri unvermutet. Die alte Frau saß auf den Stufen vor Moretas Weyr; ihre Hände ruhten auf dem Knauf ihres Gehstocks.

»Komm nicht näher!«

»Ich werde mich hüten. Aber Orlith bat mich um Hilfe. Jetzt verstehe ich, warum. Sieh zu, daß du ins Bett kommst!« Leri schwang ihren Stock. »Ich habe alle Medikamente abgemessen und bereitgestellt, die auf Fortines Liste genannt sind. Weidensalz, Akonit, Federfarn ... ach ja, und der Wein enthält einen Schuß Fellissaft aus meinen Privatvorräten. Da siehst du, welche Opfer ich für dich bringe! Los, du schaffst es! Tragen kann ich dich nicht. Ich habe heute schon genug für diesen Weyr geleistet.«

Leris trockener Humor gab Moreta die Kraft, die letzten paar Stufen zu erklimmen und in den Korridor ihres Weyrs zu wanken. An seinem Ende schimmerten Orliths Augen wie zwei große gelbe Räder. Einen Moment blieb sie stehen und schöpfte Atem. Ihre Schläfen pochten unerträglich.

»Ich nehme an, die Leute in den Unteren Höhlen wissen nicht, daß du krank bist.«

»Curmir ahnt es wohl, aber er wird schweigen.«

»Vernünftig von dir – angesichts der Schreckensbotschaft von Igen! Sie schafft es, Orlith!« Dann schwenkte Leri wütend den Stock. »Nein, du hilfst ihr nicht. Du würdest mit deinem aufgeblähten Bauch höchstens im Korridor steckenbleiben. Beeil dich, Moreta! Ich kann nicht die ganze Nacht auf dieser zugigen Treppe verbringen. Ich brauche meinen Schlaf. Morgen bekomme ich sicher jede Menge Arbeit.«

»Danke. Ich hatte gehofft, daß du meine Aufgaben übernehmen würdest.«

»So verkalkt bin ich noch nicht, daß ich Nesso nach Belieben schalten und walten lasse! Ich wünsche dir gute Besserung, Moreta!« Leris Stimme klang mit einem Mal sanft und leise. Sie richtete sich mühsam auf.

Orlith kam bis an den Korridor und streckte die Schnauze aus, so daß Moreta sich festhalten konnte, als sie die Felsenkammer durchquerte. Orlith sandte beinahe greifbare Wogen von Zuneigung, Mitgefühl und Trost aus. Dann war Moreta in ihrem Schlafgemach; sie heftete den Blick fest auf die Medikamente, die auf dem Tisch bereitstanden. Insgeheim segnete sie Leri. Sie wußte, wie schwer es der alten Frau fiel, die Treppen nach oben zu steigen. Moreta trank den mit Fellissaft vermischten Wein in einem Zug und schnitt eine Grimasse, als sie den bitteren Nachgeschmack spürte. Wie konnte Leri das Zeug den ganzen Tag schlucken? Ohne sich auszuziehen, schlüpfte Moreta unter die Felldecke und bettete den Kopf ganz langsam auf das Kissen.

KAPITEL IX

Heilerhalle, 13. 3. 43; Kuppenfels-Konferenz und
Fort-Weyr, 14. 3. 43; Heilerhalle, 15. 3. 43

Capiam konnte nicht weiterschlafen, obwohl er sich am liebsten wieder in seine verrückten Fieberträume verkrochen hätte, weil sie leichter zu ertragen waren als das Elend, das die Rückkehr ins Bewußtsein brachte. Etwas drängte sich in sein verschwommenes Denken und zwang ihn zum Erwachen. Etwas, das er unbedingt erledigen mußte. Etwas, das keinen Aufschub duldete. Er öffnete mühsam die verquollenen, klebrigen Lider und richtete den Blick auf die Uhr. Es war neun. »Ach so ... Zeit für meine Medizin!«

Ein Heiler konnte seine Berufsgewohnheiten offenbar nicht einmal dann abschütteln, wenn er selbst krank war. Er stützte sich auf einen Ellbogen und wollte das Pergament heranziehen, auf dem er den Krankheitsverlauf festhielt, aber ein Hustenreiz kratzte ihn wie mit winzigen Messern in der Kehle und ließ sich nicht unterdrücken. Diese Anfälle, die seinen ganzen Körper schüttelten, schwächten Capiam noch mehr als die Kopfschmerzen, das Fieber und die bleierne Gliederschwere.

Ganz vorsichtig, um nur ja keinen neuen Anfall hervorzurufen, zog er die Notizen auf sein Bett und tastete nach seinem Schreibgerät.

»Erst der dritte Tag?« Seine Krankheit schien jede einzelne Stunde zu einer Ewigkeit des Leidens auszudehnen. Zum Glück war der Tag schon zu drei Vierteln vorbei.

Es tröstete Capiam kaum, daß sein Fieber nachgelassen hatte und die rasenden Kopfschmerzen zu einem dumpfen, aber erträglichen Pochen abgeflaut waren. Er legte die Finger der Rechten leicht auf die Schlagader des linken Handgelenks. Der Puls war immer noch schneller als normal, aber doch wesentlich ruhiger. Capiam trug den Wert ein und fügte eine Beschreibung des harten, trockenen Hustens an. Wie auf dieses Stichwort hin schüttelte ihn der nächste Anfall. Er krümmte sich zusammen und zog die Knie bis ans Kinn, um die Muskelkrämpfe zu lindern, die den Husten begleiteten. Schließlich lag er schweißgebadet und erschöpft da; erst nach geraumer Zeit brachte er die Energie auf, seine Weidensalz-Dosis zu nehmen.

Er mußte sich ein neues Mittel gegen diesen Husten überlegen. Was unterdrückte die Krampfanfälle wohl am ehesten? Er fuhr sich über die schmerzende Kehle. Die Luftröhre brannte und fühlte sich völlig wund an.

»Demütigend ist das!« murmelte er heiser. Und er schwor sich, in Zukunft den Kranken, zu denen er gerufen wurde, mehr Mitgefühl entgegenzubringen.

Die Trommeln begannen zu dröhnen, und ihre Botschaft verwirrte ihn: Baron Tolocamp sandte sein Beileid an die Weyrführer von Telgar und Igen. Was tat der Erbbaron eigentlich auf Burg Fort? Hätte er nicht auf Ruatha die Quarantäne abwarten sollen? Und wie viele Tote ...? Capiam begann erneut zu husten, und so entgingen ihm die Namen der Opfer. *Tote Reiter;* Pern konnte es sich nicht leisten, auch nur einen Drachenreiter zu verlieren!

Warum hatte man ihn nicht früher zu Rate gezogen? Wenn in einer einzigen Meerburg neun Menschen erkrankten, war das doch außergewöhnlich genug, um wenigstens einen Bericht an die Heilerhalle zu entsenden! Aber er hegte selbst

Zweifel, ob er die Bedeutung einer solchen Botschaft richtig eingeschätzt hätte.

»Capiam?« wisperte Desdra.

»Ich bin wach.« Seine Stimme war ein heiseres Krächzen.

»Dann hast du die Trommelbotschaft gehört?«

»Zum Teil ...«

»Deiner Miene nach zu schließen, war es der falsche Teil.«

»Komm nicht näher! Wie viele Reiter starben?«

»Fünfzehn in Igen, zwei in Ista und acht in Telgar. Das ist der augenblickliche Stand.«

Capiam wußte nicht, was er darauf antworten sollte.

»Und wie viele sind krank?« seine Stimme schwankte.

»Eine ganze Reihe befindet sich auf dem Wege der Besserung«, entgegnete Desdra betont forsch. »Neunzehn in Igen, vierzehn in Ista, zwei in Fort ... sie alle scheinen die Epidemie überstanden zu haben.«

»Und in den Burgen, Höfen und Gilden?« Er hatte Angst vor ihrer Antwort und ballte die Finger kraftlos zu Fäusten.

»Im Moment führt Fortine die Heilerhalle. Boranda und Tirone unterstützen ihn dabei.« Capiam erkannte an ihrem Tonfall, daß er ihr keine weiteren Informationen entlocken würde.

»Was suchst du eigentlich in meinem Zimmer?« fragte er gereizt. »Du weißt ...«

»Ich weiß, daß du das Husten-Stadium erreicht hast. Ich bringe dir einen Saft, der die Anfälle lindert.«

»Woher weißt du, was ich in meinem Falle verschreiben würde?«

»Der Narr, der sich selbst behandelt, hat nur einen Narren als Patienten.«

Capiam wollte über ihre Antwort lachen, aber der Versuch endete mit einem schmerzhaften Hustenanfall; als er vorbei war, rollten dem Meisterheiler Tränen über die Wangen.

»Ein schönes Gemisch aus Schwarzwurz, Süßstoffen und etwas Salbenkraut, um die wunde Luftröhre zu betäuben. Es müßte den Hustenreiz dämpfen.« Sie stellte den dampfenden Krug auf seinen Tisch und zog sich mit ein paar schnellen Schritten an die Tür zurück.

»Du bist eine tapfere, mitleidige Seele, Desdra«, meinte er, ohne auf ihr sarkastisches Nasenrümpfen zu achten.

»Das täuscht – ich handle durchaus mit der nötigen Feigheit. Wenn es irgendwie geht, möchte ich mir nämlich die Qualen ersparen, die du durchgemacht hast.«

»Bin ich so ein schwieriger Patient?« fragte Capiam trostbedürftig. Er nippte an dem Gebräu.

Desdra zuckte mit den Schultern.

»Ich nehme an, daß sich bis jetzt keine Hinweis auf diese seltsame Krankheit in den Archiven gefunden hat.«

»Meister Tirone bezieht sämtliche Lehrlinge, Gesellen und Meister in die Suche mit ein. Sie gehen die Aufzeichnungen der letzten zweihundert Planetenumläufe um jeweils ein Jahrzehnt zurück ...«

Capiam stöhnte und mußte erneut husten, bis ihm jeder Knochen im Leib weh tat. Er hörte Desdra in seinem Medizinschrank kramen.

»Ich habe hier eine aromatische Salbe gesehen. Vielleicht hilft es, wenn du sie auf die Brust reibst. Den Saft hast du zum Großteil verschüttet.«

»Wirf her! Ich reibe mich selbst ein!«

»Ich hatte gar nicht die Absicht, mich zu opfern. Pfui! Das räumt deine Nase bis zur Stirnhöhle hinauf frei!«

»Völlig unnötig.« Capiam konnte die scharfe Salbe bis ans Bett riechen. Merkwürdig, wie empfindlich der Geruchssinn bei dieser Krankheit reagierte! Erschöpft von dem letzten Hustenanfall, ließ er sich in die Kissen sinken.

»Spürst du neben dem Husten auch eine starke Müdigkeit?«

»Starke Müdigkeit?« Capiam lächelte gequält. »Totale Erschöpfung! Mein Körper ist wie Blei. Und so geschwächt, daß ich nicht einmal einen Krug heben kann, ohne die Hälfte des Inhaltes zu verschütten! Ich war noch nie im Leben so entsetzlich geschafft ...«

»Oh, dann hast du das Schlimmste dieser Krankheit hinter dir!«

»Wie tröstlich!« Seine Energie reichte gerade noch für Sarkasmus.

»Wenn ...« Sie betonte das erste Wort. »... deine Aufzeichnungen stimmen, müßte es dir ab morgen besser gehen. Das heißt, falls wir es schaffen, dich hier im Bett festzuhalten und Zweitinfektionen zu vermeiden.«

Das Weidensalz begann zu wirken. Er spürte ein leises Summen im Kopf. Eben wollte er Desdra ein Kompliment über ihren Hustensaft machen, da erschütterte ihn der nächste Anfall.

»Mit der frohen Kunde lasse ich dich jetzt allein«, meinte Desdra, winkte ihm zu und verließ den Raum.

Capiam preßte beide Hände gegen die wunde Kehle.

Er hoffte von ganzem Herzen, daß Desdra vorsichtig war. Er wollte auf gar keinen Fall, daß sie die Krankheit bekam. Warum hatten diese verdammten Seeleute das Katzenvieh nicht absaufen lassen? Neugier hatte schon immer ins Verderben geführt.

Kuppenfels-Konferenz, 14. 3. 43

In den Ebenen von Keroon, weitab von jeder menschlichen Siedlung, hatte ein Erdbeben in grauer Vorzeit einen Granitbuckel aufgeschoben. Der auffallende Kuppenfels diente den Jungreitern oft als Orientierungshilfe bei ihren Übungsflügen. Nun aber wurde er zum Schauplatz einer ungewöhnlichen Begegnung: Die Weyrführer von Pern trafen sich, um über das Geschick des Planeten zu beraten.

Die mächtigen Bronzedrachen landeten beinahe gleichzeitig und bildeten einen großen Kreis an der Südflanke des Felsens. Die Reiter stiegen ab und gingen zögernd noch etwas näher an den Kuppenfels heran, bis K'dren von Benden, den der Humor auch in harten Zeiten nie verließ, zu lachen begann.

»Keiner von uns wäre hier, wenn er die Krankheit hätte«, meinte er und nickte S'peren zu, der an Sh'galls Stelle gekommen war.

»Zu viele hatten sie bereits«, entgegnete L'bol von Igen. Seine Augen waren vom Weinen gerötet.

M'tani von Telgar blickte nur zu Boden und ballte die Hände zu Fäusten.

»Wir haben euren Schmerz geteilt«, antwortete S'ligar vom Hochland mit großem Ernst und verneigte sich vor L'bol und M'tani sowie vor F'gal von Ista. Die beiden anderen Bronzereiter murmelten ebenfalls ihr Beileid. »Heute aber versammeln wir uns hier, um Notmaßnahmen zu besprechen, die wir den Trommeln nicht anvertrauen können und die unsere Königinnen nicht übermitteln«, fuhr S'ligar fort. Da er der älteste unter den Anwesenden war, übernahm er stillschweigend die Leitung der Konferenz. Er überragte die anderen Drachenreiter um Haupteslänge; seinen breiten Schultern und dem mächtigen Brustkasten sah man die Kraft an, die in dem Mann steckte. Aber er hatte ein ungemein sanftes Wesen und nutzte seine Körpergröße nie aus, um andere einzuschüchtern. »Wie unsere Weyrherrinnen ganz richtig feststellten, wäre es unklug, die Zahl der Kranken und der Todesopfer in unseren Weyrn offen zu verkünden. Im Moment herrscht einfach zuviel Angst und Entsetzen. Und die Bewohner der Burgen leiden noch stärker als wir.«

»Das ist kein Trost!« fauchte F'gal. »Wie oft versuchte ich Baron Fitatric davon zu überzeugen, daß die Übervölkerung von Burg und Handwerkerhütten schlimme Folgen haben könnte!«

»Keiner von uns dachte dabei an *so etwas*«, warf K'dren ein. »Andererseits: Wer befahl *uns*, dieses fremdartige Tier aus dem Süden zu begaffen ... oder gleich zwei Feste an einem Tag zu besuchen?«

»Genug, K'dren!« unterbrach ihn S'ligar. »Ursache und Wirkung spielen nun keine Rolle mehr. Wir haben uns hier eingefunden, um zu beraten, wie die Drachenreiter ihre Pflicht am besten erfüllen können.«

»Die Pflicht verliert ihren Sinn, S'ligar!« stieß L'bol hervor. »Sollen wir leere Gehöfte gegen die Fäden schützen? Sollen wir unsere Haut und die der Drachen in Gefahr bringen, um *ein Nichts* zu verteidigen? Wir schaffen es nicht einmal, uns gegen diese Pest zu wehren!« L'bols Drache summte und streckte dem gequälten Reiter seinen großen flachen Kopf tröstend entgegen. Die anderen Bronzedrachen fielen ein. L'bol wischte sich die Tränen von den Wangen.

»Wir werden die Fäden bekämpfen, weil das der einzige Dienst ist, den wir den Kranken in Burgen und Höfen erweisen können. Sie sollen keine Angst vor dem Sporeneinfall aus der Tiefe des Raumes haben«, sagte S'ligar mit seiner tiefen, sanften Stimme. »Wir kämpfen nun schon zu lange um diese Welt, als daß wir sie einer unsichtbaren Gefahr wegen den Parasiten des Roten Sterns überlassen dürften! Diese Krankheit, mag sie sich noch so schnell ausbreiten und noch so heftig gegen uns wenden, sie wird uns nicht bezwingen! Haben wir nicht seit Hunderten von Planetenumläufen den Sieg gegen die Fäden errungen? Jede Krankheit läßt sich mit Medikamenten bekämpfen. Wir werden sie ausrotten, so wie wir eines Tages die Fäden am Ort ihres Entstehens ausrotten werden!«

»K'lon, der Reiter von Rogeth, hat die Epidemie überwunden«, erklärte S'peren in die Stille, die S'ligars Worten folgte. »Und er berichtet, daß sich auch Meister Capiam auf dem Wege der Besserung befindet ...«

»Zwei!« schleuderte L'bol ihm verächtlich entgegen. »Ich habe auf Igen fünfzehn Tote und einhundertvierzig Kranke! Manche Höfe im Osten melden sich nicht mehr, wenn man ihren Trommelcode anschlägt. Ich mag nicht daran denken, wie es in den Siedlungen aussieht, die kein eigenes Nachrichtensystem besitzen und deshalb nicht kundtun können, wie es ihnen ergangen ist.«

»Capiam auf dem Wege der Besserung?« S'ligar klammerte sich an diese Hoffnung. »Er ist der Mann, der diese Epidemie am ehesten in den Griff bekommt! Und es gibt sicher mehr als zwei Leute, die überlebt haben. Aus Keroon ertönen immer noch die Trommeln, obwohl dort die Pest am härtesten zuschlug. Im Hochland-Weyr und im Fort-Weyr gibt es zwar Krankheitsfälle, aber die Burgen von Tillek, Hochland, Nabol und Crom blieben verschont.« S'ligar heftete seine Blicke fest auf L'bol. »Es sind nur noch sieben Planetenumläufe bis zum Abzug des Roten Sterns. Mein Leben war geprägt von der Geißel der Sporen!« Plötzlich straffte er die Schultern und setzte eine strenge Miene auf. »Glaubt ihr, ich habe fünfzehn Planetenumdrehungen lang als Drachenreiter gekämpft, um dann vor einem obskuren Fieber klein beizugeben?«

»Das gleiche gilt für mich«, erklärte K'dren. Er trat einen Schritt auf den Weyrführer des Hochlands zu. »Ich habe Kuzuth geschworen, daß wir die Plage des Roten Sterns heil und gesund überstehen würden.« K'drens Tonfall wurde schärfer. »Morgen fallen Fäden über Keroon, und es ist die Pflicht *aller* Weyr, sie zu bekämpfen. Benden kann zwölf Geschwader zur Verfügung stellen.«

»Igen hat selbst acht!« Zorn überlagerte L'bols Verzagtheit, und er starrte K'dren trotzig an. Timeth trompetete laut los, richtete sich auf und breitete die Schwingen aus. Die übrigen Bronzedrachen stimmten verwirrt in den Angriffsschrei ein und spreizten ebenfalls die Flügel. »Igen wird bereit sein.«

»Das bezweifelt niemand«, erklärte S'ligar besänftigend und hob den Arm zu einer Geste des Zuspruchs. »Aber wir wissen auch, wie viele Igen-Reiter krank sind. Der Kampf gegen die Sporen ist, wie K'dren schon sagte, zu einer Aufgabe für *alle* Weyr geworden. Und wir werden jeweils unsere kräftigsten und gesündesten Reiter schicken. Solange diese Epidemie herrscht, müssen die Weyr zusammenstehen. Es ist wichtig, daß die Geschwader vollzählig antreten, da uns in manchen Gebieten keine Bodentrupps zur Verfügung stehen.«

S'ligar holte eine Pergamentrolle aus seiner Tasche. Sie bestand aus fünf Streifen, die der Weyrführer in den Sand legte und mit der Fußspitze den übrigen Bronzereitern entgegenschob.

»Hier sind die Namen meiner Geschwaderführer und ihrer Stellvertreter. Den Königinnen fällt es offensichtlich schwer, diese Dinge zu übermitteln. Ich habe meine Reiter in der Reihenfolge ihrer Tüchtigkeit aufgeführt. Sollte mir etwas zustoßen, so schlage ich B'lerion als meinen Nachfolger vor.« Ein Lächeln huschte über die Züge des Hochland-Führers. »Falga ist damit voll und ganz einverstanden.«

K'dren lachte dröhnend. »Hat nicht *sie* ihn vorgeschlagen?«

S'ligar warf K'dren einen Blick zu, in dem ein leiser Vorwurf zu erkennen war. »Ein wirklich kluger Weyrführer kommt den Gedanken seiner Weyrherrin zuvor.«

»Genug!« fauchte M'tani. Die dunklen Augen unter den dichten schwarzen Brauen blitzten ärgerlich. Er warf seine Listen neben die von S'ligar. »T'grel bildet sich schon immer ein, daß er ein guter Anführer ist. Und er machte mich darauf aufmerksam, daß er keines der beiden Feste besucht hatte ... also muß ich ihn wohl oder übel für seine Tugend belohnen.«

»Du hast Glück«, meinte K'dren trocken. Er legte auch seine Listen in den Sand. »L'vin, W'ter und H'grave aus meinem Weyr besuchten leider beide Feste. Deshalb schlage ich M'gent vor. Er ist zwar noch jung, scheint aber ein außergewöhnliches Talent im Umgang mit anderen Reitern zu entwickeln. Er war nicht auf den Festen.«

F'gal schien sich nur ungern von seinen Aufstellungen zu trennen. »Es steht alles Nötige darauf«, erklärte er schließlich müde und ließ sie zu Boden sinken.

»Leri hat mich vorgeschlagen«, meinte S'peren achselzuckend. »Obwohl Sh'gall das vermutlich rückgängig machen wird, sobald es ihm wieder besser geht. Er hatte hohes Fieber, als uns die Kunde von der Konferenz erreichte, und so stellte Leri die Listen zusammen.«

»Leri kennt sich aus.« K'dren nickte. Er bückte sich, nahm die fünf Streifen auf, legte sie aufeinander und rollte sie ein. »Hoffen wir, daß die Dinger in meinem Weyr verstauben können!« Er schob die Unterlagen in seine Tasche. »Aber ich empfinde es als Trost, daß wir diese Bestandsaufnahme machen und die künftigen Pläne besprechen konnten.«

»Das erspart eine Menge unnötiger Sorgen«, pflichtete S'ligar ihm bei und hob ebenfalls fünf der Streifen auf. »Ich schlage außerdem vor, daß wir ganze Geschwader als Ersatz entsenden und keine Einzelreiter – denn die meisten Leute sind an ihren Verband und an ihren Geschwaderführer gewöhnt.«

Die anderen nickten.

»Was mich beunruhigt«, meinte L'bol und starrte düster auf die Listen in seiner Hand, »ist die Tatsache, daß wir kaum von Bodentrupps unterstützt werden.«

K'dren winkte ab. »Die Königinnen haben bereits beschlossen, daß sie diese Aufgabe übernehmen. Sie werden sich – sofern sie gerade flugfähig sind – bei jedem Sporeneinfall bereithalten.«

»Von wem stammte der Vorschlag, Jungreiter für diese Arbeit einzusetzen?« erkundigte sich M'tani.

»Wir werden vielleicht auf sie zurückgreifen müssen«, meinte S'ligar.

»Jungreiter haben niemals die Umsicht, die ...«, begann M'tani.

»Das kommt ganz auf ihren Ausbilder an«, warf K'dren ein.

»Die Königinnen werden die Jungreiter ein wenig im Auge behalten«, sagte S'ligar rasch, ehe M'tani auf den Gedanken kam, K'drens Bemerkung als persönlichen Angriff aufzufassen. »Welche andere Möglichkeit habe wir denn, wenn sämtliche Bodenmannschaften ausfallen?«

»Hm, ich kenne keinen Jungreiter, der einer Königin den Gehorsam verweigern würde«, gab F'gal zu.

»S'peren, wer führt den Fort-Weyr, nachdem nun auch Moreta erkrankt ist? Kamiana?«

»Nein, Leri.« S'peren blickte besorgt in die Runde. »Schließlich ist sie mit dieser Aufgabe am besten vertraut.«

Die Weyrführer murmelten erstaunt.

»Wenn eine der übrigen Königinnenreiterinnen ihr den Entschluß ausreden könnte, wären wir alle erleichtert.« S'peren zeigte offen, daß er mit der Entscheidung nicht einverstanden war. »Leri hat ihre Pflichten gegenüber dem Weyr mehr als erfüllt. Andererseits weiß sie, wie man die Drachenreiter führt. Die Leute vertrauen ihr, und das ist wichtig, nun da sowohl Sh'gall wie Moreta krank sind.«

»Wie geht es Moreta?« erkundigte sich S'ligar.

»Leri meinte, daß Orlith nicht sonderlich beunruhigt wirkt. Die Königin wird jetzt bald die Brutstätte aufsuchen, um ihre Eier zu legen. Da ist es fast gut, daß Moreta an den Weyr gefesselt ist. Wie ich sie kenne, wäre sie per Renner über das Land geritten.«

M'tani schüttelte den Kopf. »Jetzt eine Königin zu verlieren: welche Katastrophe! Die Krankheit schlägt so schnell und unvermittelt zu, daß die Drachen gar nicht begreifen, was geschieht. Und wenn ihre Reiter tot sind, stürzen sie sich ins *Dazwischen*.« Er biß die Zähne zusammen und schluckte. Die anderen Reiter schauten taktvoll über seine Tränen hinweg.

»In Kürze wird Orlith ihre Eier legen und die Brutstätte nicht mehr verlassen«, sagte S'ligar sanft. »S'peren, habt ihr genug Kandidaten im Fort-Weyr?«

S'peren schüttelte den Kopf. »Wir dachten, es bliebe uns noch eine halbe Ewigkeit bis zur Suche ...«

»Seht euch die Jungen und Mädchen, die ihr von außerhalb in den Weyr bringt, ganz genau an!« riet L'bol dumpf.

»Wenn es soweit ist, könnte der Hochland-Weyr mit ein paar vielversprechenden jungen Leuten aushelfen, die garantiert gesund sind. Vielleicht schließen sich die übrigen Weyr an.« Die Männer im Kreis murmelten zustimmend. »Würdest du das Leri ausrichten?«

»Der Fort-Weyr nimmt euer Angebot dankbar zur Kenntnis.«

L'bol wandte sich ungeduldig seinem Drachen zu. »Dann wären wir also fertig?«

»Einen Augenblick. Wenn wir schon hier versammelt sind, würde ich gern noch ein Thema anschneiden, das ich für sehr wichtig halte.« S'ligar hakte die Daumen in seinen Gürtel. »Ich weiß, daß einige unter uns daran denken, den Süd-Kontinent zu erforschen, sobald der Rote Stern weitergewandert ist ...«

»Nach diesem Unheil?« L'bol starrte S'ligar ungläubig an.

»Eben. Die Alten haben uns in ihren Schriften eine Menge Wissen überliefert. Aber solange wir keine wirksame Waffe gegen derartige Epidemien kennen, muß der Süden tabu bleiben!« S'ligar durchschnitt mit einer scharfen Handbewegung die Luft und warf dann dem Weyrführer von Benden einen forschenden Blick zu.

»Ein sehr vernünftiger Gedanke!« stellte K'dren fest.

M'tani nickte kurz und wandte sich an S'peren.

»Ich kann natürlich nicht für Sh'gall sprechen, aber ich nehme an, daß der Fort-Weyr dieser Entscheidung voll zustimmen wird.«

»Seid versichert, daß von *meinem* Weyr niemand den Süd-kontinent betritt!« erklärte F'gal mit lauter, mühsam beherrschter Stimme.

»Gut, dann ist auch diese Angelegenheit geklärt. Die Königin-Reiterinnen werden beraten, wie viele Geschwader die

Weyr jeweils für einen Fädeneinfall abstellen. Die Listen besitzen wir ja.« S'ligar schwenkte seine Pergamentrolle. »Ich wünsche euch einen guten Heimflug. Mögen die Weyr ...« Er unterbrach sich. Offenbar war ihm jetzt erst zu Bewußtsein gekommen, daß der traditionelle Abschiedsgruß im Moment etwas unpassend klang.

»Die Weyr *werden* gedeihen, S'ligar!« K'dren lächelte den Hünen zuversichtlich an. »Sie werden gedeihen wie früher!«

Die Bronzereiter gingen zu ihren Tieren und schwangen sich mit der Leichtigkeit und Eleganz langer Übung auf die Nacken ihrer Gefährten. Nahezu gleichzeitig schnellten die sechs Drachen in die Lüfte und verschwanden nach einigen kräftigen Flügelschlägen im *Dazwischen*.

Fort-Weyr, 14. 3. 43

Etwa zur gleichen Zeit, da sich die Bronzereiter am Kuppenfels trafen, entdeckte Capiam, daß er für seinen Husten nur den richtigen Zeitpunkt wählen mußte, um einen Teil der hereinkommenden, noch schmerzlicheren Botschaften zu versäumen. Selbst nachdem das Dröhnen der großen Trommeln im Turm verstummt war, hallten die Kadenzen in seinem Kopf nach und verdrängten den Schlaf, nach dem er sich so sehr sehnte. Nicht daß er im Schlaf Erholung fand! Er fühlte sich meist völlig zerschlagen, wenn er nach kurzem Einnicken wieder erwachte. Und die Alpträume! Das hellgefleckte Biest mit seinen Büschelohren, das einen ahnungslosen Kontinent mit Krankheitskeimen verseucht hatte, würde ihn wohl bis in alle Ewigkeit verfolgen. Und die Ironie des Schicksals war, daß vermutlich die Alten selbst das Werkzeug erschaffen hatten, das nun ihre Nachkommen auszurotten drohte.

Wenn nur die Seeleute das Katzentier auf seinem Baumstamm in der Östlichen Strömung hätten treiben lassen! Wenn es nur auf dem Schiff verdurstet oder an Erschöpfung eingegangen wäre, ehe es all die Menschen auf dem Festland anstecken konnte! Wenn nur die Leute nicht so verdammt erpicht darauf gewesen wären, sich nach der Langeweile des

Winters zu zerstreuen! Wenn! Wenn! Wenn! Wenn Wünsche Drachen wären, könnte ganz Pern fliegen ...

Und wenn er selbst nur einen Funken Energie aufbrächte, wäre ihm vielleicht ein Mittel in den Sinn gekommen, das die Krankheit linderte oder gar heilte. Ganz sicher hatten auch die Alten gegen Epidemien zu kämpfen gehabt. In den ältesten Schriften fanden sich in der Tat Abschnitte, in denen sie sich rühmten, daß sie die Krankheiten, welche die Menschheit vor der Großen Überfahrt heimgesucht hatten, auf Pern gänzlich ausgerottet hatten (für Capiam übrigens ein Beweis dafür, daß es zwei Überfahrten gegeben hatte und nicht nur eine, wie viele Leute – einschließlich Tirone – behaupteten.) Die Alten hatten bei jener ersten Überfahrt viele Tiere mitgebracht: das Pferd, von dem der Renner abstammte; das Rind als Vorfahr der Herdentiere; dazu kleine eierlegende Haustiere, Hunde und eine kleine Abart dieses verdammten Katzentiers, das sich nun als Seuchenüberträger erwiesen hatte. Die Geschöpfe (so stand es in den Aufzeichnungen) hatten die Reise vom Ursprungsplaneten der Alten in Embryoform mitgemacht. Das bedeutete, daß die Alten von einer anderen *Welt* als Pern stammten – nicht nur von einem anderen *Kontinent*. Die zweite Überfahrt war dann jene von Süd nach Nord gewesen. Vermutlich hatten die Ahnen die Flucht vor den Krankheitskeimen ergriffen, überlegte Capiam bitter. Hätten die Alten nicht wenigstens für kurze Zeit ihre Eigenlobhymnen unterbrechen und näher beschreiben können, *wie* sie die Epidemien besiegt hatten? Was nützte das Wissen um ihren Erfolg, wenn man den Weg zum Erfolg nicht kannte?

Capiam zerrte mit kraftlosen Fingern an den Felldecken. Sie stanken, weil man sie eine Ewigkeit nicht mehr gelüftet hatte. Aber er wagte nicht, sein Zimmer zu verlassen. Was hatte Desdra gesagt? *Wenn man eine Krankheit nicht heilen kann, muß man sie eben ertragen ...*

Aber er war Heiler. Er würde zuerst sich selbst heilen und damit den anderen beweisen, daß man diese elende Krankheit durchaus überwinden konnte. Er mußte nur seine Logik und seine ganze Willenskraft einsetzen, um das Problem zu lösen. Wie auf dieses Stichwort hin schüttelte ihn ein neuer Hustenkrampf. Als er sich einigermaßen erholt hatte, griff er nach dem Sirup, den Desdra auf das Nachtkästchen gestellt hatte. Warum kam sie nicht und kümmerte sich um ihn?

Fortine war insgesamt dreimal erschienen und hatte ihn vom Korridor aus in verschiedenen Dingen um Rat gefragt. Capiam konnte sich nicht mehr entsinnen, worum es gegangen war. Er hoffte, daß er vernünftige Entscheidungen getroffen hatte. Auch Tirone hatte bei ihm vorbeigeschaut, wohl weniger, um ihn zu trösten, als vielmehr, um sich davon zu überzeugen, daß er noch am Leben war.

Die Burg selbst und die Gildehallen in ihrem Bereich waren von der Epidemie verschont geblieben, obwohl man Heiler – Meister, Gesellen und Lehrlinge – in die Krankheitsregionen entsandt hatte. Dagegen meldeten vier Gutsbesitzer und zwei Pflanzer nahe der Küste Opfer.

Der Sirup erwies sich als wohltuend für seine wunde Kehle. Wenn die Krankheit bei ihm den gleichen Verlauf nahm wie bei den anderen, dann mußte der Husten bald nachlassen. Und falls er sich keine Lungenentzündung oder Bronchitis zuzog, würde er bald wieder auf dem Damm sein.

K'lon, der blaue Reiter vom Fort-Weyr, war wieder vollkommen gesund. Capiam hoffte, daß der Mann in der Tat an der Epidemie und nicht an irgendeiner schweren Erkältung gelitten hatte; diese Hoffnung wurde durch die Tatsache gestützt, daß K'lon einen engen Freund im Igen-Weyr hatte, wo die Seuche besonders heftig wütete, und daß Berchar, der Heiler des Fort-Weyrs, ebenso erkrankt war wie der grüne Reiter, mit dem er sein Lager teilte. Capiam versuchte sich von dem schmerzhaften Gedanken abzulenken, daß auch Drachenreiter unter den Opfern waren. *Drachenreiter konnten einfach nicht sterben.* Noch waren acht Planetenumläufe bis zum Abzug des Roten Sterns zu überstehen. Es gab Hunderte von Pulvern, Wurzeln, Rinden und Kräutern, um die Krankheit auf Pern zu bekämpfen; aber die Anzahl der Drachen und Reiter war eng begrenzt.

Warum kam Desdra nicht mit einer ihrer hochgepriesenen Kraftbrühen? Er sehnte sich weniger nach der Suppe als nach dem Gespräch mit ihr, denn die langen Stunden, die er allein in seinem Zimmer verbrachte, verführten ihn nur zum Grübeln. Er wußte, daß er dankbar für die Abgeschiedenheit seines Raumes sein sollte, denn sie reduzierte die Gefahr einer Zweitinfektion auf ein Minimum, aber ihm fehlte einfach die Gesellschaft. Dann aber dachte er an die überfüllten Krankenräume der Burgen, und ihm kam in den Sinn, daß die armen Menschen, die dort dahinsiechten, sicher gern mit ihm getauscht hätten.

Capiam empfand keine Schadenfreude bei dem Gedanken, daß er die Barone seit langem vor der Übervölkerung ihrer Burgen gewarnt hatte. Im Gegenteil, es schmerzte ihn, daß er recht behalten hatte. Aber warum litten auch die Drachenreiter an dieser Epidemie? Sie hatten geräumige Unterkünfte, waren abgehärtet und erwiesen sich gegen viele der kleinen Leiden, die der einfachen Bevölkerung zu schaffen machten, als immun. Igen, Keroon und Ista – diese Weyr hatten direkten Kontakt mit der exotischen Katze gehabt. Und die Reiter der Fort-, Hochland- und Benden-Weyr hatten die Feste besucht. Beinahe jeder Drachenreiter hatte somit Zeit und Gelegenheit gefunden, sich anzustecken.

Capiam machte sich schwere Vorwürfe, daß er Sh'gall gebeten hatte, ihn von Süd-Boll zurück nach Fort zu bringen. Andererseits hatte Sh'gall Baron Ratoshigan eigens nach Ista geflogen, weil sie dort das seltene Geschöpf besichtigen wollten. Das war ein paar Stunden vor seiner beunruhigenden Konferenz mit dem jungen Tierheiler Talpan gewesen. Erst nach seinem Besuch in Süd-Boll und dem Anblick von Baron Ratoshigans kranken Rennknechten war Capiam klar geworden, wie kurz die Inkubationszeit der Krankheit war und wie heimtückisch sie um sich griff. Die Sorge um das Wohl von Pern hatte ihn bewogen, auf schnellstem Weg in die Heilerhalle zurückzukehren – und der schnellste Weg war eben immer noch der Flug mit einem Drachenreiter. Sh'gall hatte sich angesteckt, aber, so sagte Capiam sich vor, er war jung und kräftig. Auch Ratoshigan war erkrankt, eine Tatsache, die Capiam beinahe als eine Art ausgleichende Gerechtigkeit empfand. Bei der Vielzahl menschlicher Charaktere war es einfach nicht möglich, alle Leute zu mögen. Capiam mochte Ratoshigan nicht; aber er sollte eigentlich keine Schadenfreude darüber empfinden, daß der Mann nun Seite an Seite mit seinen Knechten litt.

Wieder einmal schwor sich Capiam, mehr Toleranz und Verständnis für die Kranken aufzubringen, wenn er sich erholt hatte. Wenn! Jawohl, *wenn* und nicht *falls!* Falls ... das klang so mutlos. Wie hatten die vielen tausend Patienten, die er in seiner langen Laufbahn als Heiler betreut hatte, die langen Stunden der Seelenerforschung überstanden? Capiam seufzte und spürte, daß sich in seinen Augenwinkeln Tränen sammelten: ein weiterer Beweis seiner entsetzlichen Schlaffheit. Wann würde er endlich wieder die Kraft zu konstruktivem Denken und Nachforschen aufbringen?

Es mußte eine Antwort geben, eine Lösung, eine Heilmethode, eine Therapie, eine Abhilfe, ein Mittel. Irgend etwas gab es ... irgendwo. Wenn es den Alten gelungen war, unvorstellbare Entfernungen zu überbrücken und aus gefrorenen Samen oder Embryos Tiere zu züchten, Drachen nach dem Muster der legendären Feuer-Echsen zu entwickeln, dann mußten sie auch in der Lage gewesen sein, Bakterien oder Viren zu bekämpfen, die sie selbst oder diese Tiere bedrohten. Es konnte nur eine Frage der Zeit sein, versicherte Capiam seinem müden Gehirn, bis man die entsprechenden Hinweise entdeckte. Fortine hatte die Aufzeichnungen durchforschen lassen, die in den Archivhöhlen gestapelt lagen. Als er dann seine Leute in die Burgen und Höfe schicken mußte, um die überarbeiteten Gildegefährten abzulösen, hatte Tirone großmütig seine Harfner für diese Aufgabe zur Verfügung gestellt. Die Harfner waren allerdings Laien auf dem Gebiet der Heilkunde, und wenn sie nun einen wichtigen Satz übersahen, weil sie die Bedeutung nicht erkannten oder falsch einschätzten ... Aber so gefährliche Dinge wie eine Epidemie wurden doch sicher nicht in einem einzigen Satz abgehandelt ...

Wann kam endlich Desdra mit der Suppe, damit er aufhörte, sich das Gehirn zu zermartern? »Hör auf zu jammern!« Seine Stimme war ein heiseres Krächzen, das ihn selbst erschreckte. »Du benimmst dich wie ein grämlicher alter Mann! Dabei bist du am Leben! Wenn man eine Krankheit nicht heilen kann, muß man sie ertragen ... sich an sie gewöhnen ...«

Wieder drangen die Trommeln wie Hämmer in seine Gedanken. Die Botschaft kam von Keroon. Sie brauchten Medikamente. Heiler Gorby meldete, daß seine Vorräte an Borrago und Akonit zur Neige gingen, daß er große Mengen Tussilago für die Bronchitis-Kranken und Stechpalme gegen Lungenentzündungen benötigte.

Neue Furcht durchzuckte Capiam. Bei diesem unvorhergesehenen Bedarf an Arzneien gingen der Apotheke in der Heilerhalle sicher bald die Rohstoffe aus. Die Zuchtbetriebe von Keroon, die viel mit Tierkrankheiten zu tun hatten, mußten eigentlich selbst in der Lage sein, sich zu versorgen. Aber Verzweiflung erfaßte ihn, wenn er an die kleineren Höfe dachte. Dort hatte man vermutlich nur ein paar Allerweltsmittel zur Hand, heimische Kräuter und Rinden, die man gelegentlich gegen Heilpflanzen aus anderen Gebieten tauschte ... Welche noch so tüchtige Hausfrau würde sich mit Vorräten eindecken, die für eine Epidemie reichten?

Dazu kam, daß die Krankheit während der kalten Jahreszeit zugeschlagen hatte. Die meisten Arzneipflanzen pflückte man während der Blüte, wenn sie ihre Heilkraft am stärksten entfalteten. Die Wurzeln und Knollen dagegen sammelte man im Herbst. Frühlingsblüte und Herbsternte waren so fern ...

Capiam wälzte sich auf seinem Lager hin und her. Wo blieb Desdra? Wie lange mußte er hier noch allein ausharren?

»Capiam?« Desdras ruhige Stimme durchbrach sein Selbstmitleid. »Noch etwas Suppe?«

»Desdra! Diese Botschaft von Keroon ...«

»Als ob es nur *ein* Fiebermittel gäbe! Fortine hat eine lange Liste von Ersatzmedikamenten zusammengestellt.« Desdra schien wütend auf Gorby. »Da wären Eschenrinde, Buchsbaum und Thymus, neben Borrago und Federfarn. Vielleicht erweist sich eine dieser Arzneien sogar als Lösung unseres Problems. Semment vom Großen Gutshof beispielsweise glaubt, daß Thymus bei Lungenleiden besser als alles andere wirkt. Meister Fortine schwört auf Federfarn, eine Pflanze, die man zu jeder Jahreszeit und überall findet. Wie geht es dir übrigens?«

»Elend. Ich kann nicht einmal die Hände hochheben.« Er versuchte seine Schwäche zu demonstrieren.

»Die Müdigkeit ist Teil dieser Krankheit. Du hast die Symptome selbst niedergeschrieben. Wenn man eine Krankheit nicht heilen kann ...«

Er nahm seine letzte Kraft zusammen und warf mit dem Kissen nach ihr. Es plumpste einen Meter neben dem Bett zu Boden. Lachend hob Desdra das Wurfgeschoß auf und legte es wieder an seinen Platz.

»Zumindest dein Temperament zeigt eine Aufwärtstendenz. Nun trink die Suppe!« Sie stellte die Kraftbrühe auf dem Tisch ab.

»Sind auf Fort alle gesund?«

»Alle, ja. Sogar der pompöse Tolocamp, der sich in seinen Privaträumen verbarrikadiert hat. Ich fürchte nur, der Kerl holt sich eine Lungenentzündung, weil er ständig am Fenster steht und seine Wachen kontrolliert.« Desdra grinste boshaft. »Er hat Boten im Hof stationiert. Ihnen wirft er Zettel zu, auf denen er die säumigen Posten beschimpft. Nicht einmal eine Tunnelschlange würde seiner Aufmerksamkeit entgehen.« Ein spöttisches Lächeln kräuselte ihre Lippen. »Meister Tirone mußte ein ernstes Wort mit ihm reden, ehe er überhaupt ein Lazarett auf seinem Gelände errichten ließ. Der Baron befürchtete, daß dies eine willkommene Ausrede für seine Untertanen sein würde, sich auf seine Kosten durchfüttern und pflegen zu lassen. Tirone ist unheimlich wütend auf Tolocamp. Er möchte seine Harfner aussenden, aber der Burgherr verweigert ihnen die Rückkehr. Der Mann läßt sich nicht davon überzeugen, daß die Harfner einer Infektion aus dem Wege gehen können. Er sieht die Epidemie als eine Art Nebel, der aus den Wiesen, Bächen und Felsspalten aufsteigt und alles einhüllt ...«

Desdra versuchte ihn wohl aufzuheitern, denn im allgemeinen war sie nicht klatschsüchtig.

»Ich hatte doch eine Quarantäne angeordnet!«

Desdra zog die Nase kraus. »Stimmt! Tolocamp überrumpelte Alessans Bruder, als der junge Burgherr krank wurde. Seitdem klagt er ununterbrochen, daß er seine geliebte Gemahlin und die zarten Töchter in den Fängen der Epidemie auf Ruatha zurücklassen mußte!« Desdra schüttelte den Kopf. »Als ob er oder Lady Pendra das nicht absichtlich getan hätten! Die jungen Damen rissen sich darum, Alessan zu pflegen.«

»Wie ist die Lage im Fort-Weyr und auf Ruatha?«

»K'lon berichtet, daß es Moreta den Umständen entsprechend gut geht. Berchar leidet vermutlich an einer Lungenentzündung, und neunzehn Reiter – einschließlich Sh'gall – sind an ihre Lager gefesselt. Ruatha scheint besonders hart betroffen. Fortine hat Freiwillige auf die Burg geschickt. Aber jetzt trink deine Suppe, ehe sie kalt wird! Ich habe unten eine Menge zu tun und kann hier nicht ewig herumstehen.«

Capiam merkte, daß seine Hand stark zitterte, als er den Becher nahm.

»Und sowas wirft mit Kissen!« stellte Desdra trocken fest.

Er hob das Gefäß mit beiden Händen an die Lippen, ohne einen Tropfen zu verschütten. »Was hast du da hineingemischt?« fragte er nach dem ersten Schluck.

»Eine Prise von diesem und eine Spur von jenem. Ich möchte ein paar Stärkungsmittel ausprobieren. Wenn sie bei dir anschlagen, mache ich einen ganzen Bottich von dem Gebräu.«

»Es schmeckt miserabel.«

»Aber es ist nahrhaft. Beeil dich!«

»Ich ersticke an dem Zeug!«

»Wenn du jetzt nicht trinkst, hole ich Nerilka, Tolocamps dürre, langbeinige Tochter! Sie wartet nur darauf, dich pflegen zu dürfen.«

Capiam fluchte, aber er trank den Becher leer.

»So, das klingt schon sehr viel besser«, meinte sie lachend und zog die Tür hinter sich zu.

»Glaubst du vielleicht, mir gefällt es?« erkundigte sich Leri bei S'peren. »Aber alte Drachen besitzen ein gutes Gleitvermögen. Deshalb fliegen Holth und ich bei Fädeneinfall auch immer noch im Königinnengeschwader mit.« Leri tätschelte liebevoll

Holths Flanke. »Es sind vor allem die Finger- und Ellbogenge-
lenke, die verhärten, so daß in der Flügelspitze kein Gefühl
mehr für waghalsige Flugmanöver ist. Das Gleiten dagegen erfolgt aus dem Schultergelenk. Kostet kaum Mühe bei unseren
Windverhältnissen. Warum mußte es zu allem anderen so verdammt kalt werden? Regen ließe sich leichter ertragen und
wäre der Jahreszeit besser angemessen.« Leri zog den Fellumhang enger um die Schultern. »Ich möchte den Jungreitern
diese Routinearbeiten nicht anvertrauen. Die wollen immer
nur große Taten vollbringen – wie der junge T'ragel, der damals auf dem Bergkamm Millimeter neben Moreta landete.
Hm, L'bol geht es also nicht sehr gut?«

»Er hat zwei Söhne verloren.« S'peren schüttelte traurig den
Kopf, ehe er einen Schluck von dem Wein nahm, den Leri ihm
vorgesetzt hatte. S'peren weilte gern bei Leri, um ihr Bericht
zu erstatten. Das erinnerte ihn an die Zeit, da L'mal auf Fort geherrscht und er selbst viele Stunden in diesem Weyr verbracht
hatte. Er wartete unterbewußt darauf L'mals kräftige Gestalt
auftauchen zu sehen und seinen herzlichen Gruß zu vernehmen. L'mal hatte es verstanden, seine Leute selbst in schlimmen Zeiten zu trösten und zu ermutigen. Nun, wenigstens war
Leri da, klug und aufmerksam wie eh und je. »Könnte Igen
acht volle Geschwader stellen?«

»Was?« Leri warf ihm einen erstaunten Blick zu. »Vermutlich nicht. Torenth übermittelte Holth, daß die eine Hälfte der
Weyrbewohner krank ist und der Rest zumindest krank wirkt.
Die verdammte Neugier ... und dazu die viele Sonne da unten!
Macht die Kerle träge und brennt ihnen den letzten Verstand
aus den Köpfen! Gingen natürlich alle hin, um das Wundertier
anzugaffen! Und merken jetzt erst, daß sie einen viel zu hohen
Eintrittspreis gezahlt haben.« Sie las aufmerksam die Listen,
die S'peren ihr überreicht hatte. »Tut mir leid, von den Namen
ist mir kaum einer bekannt. Die müssen alle neu sein. Als
L'mal noch lebte, wußte ich genau, wie die Reiter und ihre Drachen hießen.«

»S'ligar erkundigte sich, wie es Moreta geht.«

»Hat wohl Angst um Orlith und ihre Eier?« Leri schaute den
Bronzereiter über die Listen hinweg prüfend an.

S'peren nickte. »S'ligar hat uns Kandidaten angeboten, für den Fall ...«

»Das war auch seine verdammte Pflicht!« Als Leri S'perens Gesichtsausdruck bemerkte, lächelte sie. »Ich will sagen, es war nett von ihm, daß er daran dachte. Besonders da Orlith im Moment die einzige Königin mit einem Gelege ist ...« Über Leris Züge huschte ein etwas boshaftes Lächeln.

S'peren nickte noch einmal. Aus diesem Blickwinkel hatte er die Sache noch nicht betrachtet. Es warf ein neues Licht auf S'ligars rührende Besorgnis um Moreta und Orlith.

»Nur keine Panik, S'peren! Moreta geht es gut. Orlith ist ständig bei ihr, und jeder im Fort-Weyr weiß, daß sich die Königin darauf versteht, Trost zu spenden.«

»Ich dachte, das träfe nur auf verwundete Drachen zu.«

»Glaubst du im Ernst, Orlith würde ihre Weyrgefährtin und Reiterin im Stich lassen? Selbstverständlich kümmert sie sich um Moreta. Von unserer Drachenkönigin könnten alle Weyr etwas lernen. Würde mich nicht wundern, wenn Moreta ein paar tiefgreifende Änderungen vornimmt, sobald sie wieder gesund ist ... und sobald Orlith erneut zum Paarungsflug aufsteigt.« Leri blinzelte S'peren zu. »Das Mädchen muß ihrer Königin endlich zu verstehen geben, welche Partner sie bevorzugt.«

S'peren verbarg nur mühsam sein Erstaunen über Leris direkte Worte. Natürlich waren sie alte Freunde, und sie hatte das Gefühl, in seiner Gegenwart offen sprechen zu können. Er nahm rasch einen Schluck Wein. Was versuchte Leri da anzudeuten? Er mochte Moreta sehr gern. Sie hatte im letzten Planetenumlauf die schlimm zugerichtete Flanke von Clioth geheilt. Und Clioth war natürlich auch zum Paarungsflug aufgestiegen. Aber S'peren war seltsam erleichtert gewesen, als Clioth zurückkam, ohne den Sieg errungen zu haben, trotz seiner freundschaftlichen Gefühle für Moreta und trotz des natürlichen Wunsches, Clioth als besten Bronzedrachen des Fort-Weyrs zu sehen. Andererseits hatte er Sh'galls Fähigkeiten als Geschwader- und Weyrführer nie in Frage gestellt. Der Mann besaß einen unheimlichen Instinkt dafür, wann einen Drachen die Kräfte verließen oder wann sein Flammenatem nicht mehr ausreichte; er sah auch genau, welcher Reiter sich nicht mutig genug den Fäden in den Weg stellte. S'peren strebte daher die Position des Weyrführers nur halb so begeistert an wie Clioth den Paarungsflug mit Orlith.

»K'lon?« unterbrach Leri seine Gedankengänge. Ihre Blicke wanderten zum Weyreingang.

Clioth bestätigte S'peren, daß der blaue Drache Rogeth soeben neben ihm auf dem Felsensims landete.

»War auch höchste Zeit, daß der junge Mann in seinen eigenen Weyr zurückkehrte«, meinte Leri mit gerunzelter Stirn. »Er muß Helfer bekommen, sonst macht er sich kaputt. Völlig unangebrachte Schuldgefühle ... vielleicht sieht er auch die Chance, zwischen den Botenritten seinen Freund in Igen versorgen zu können.«

Es stand außer Zweifel, daß der blaue Reiter völlig erschöpft war, als er den Weyr betrat. Seine Schultern hingen müde nach vorn, und die Schritte besaßen keine Spannkraft. Sein Gesicht war schmutzverkrustet von dem Flug, mit Ausnahme der hellen Flecken um die Augen, wo ihn die Brille geschützt hatte. Die Kleider hatten sich mit Feuchtigkeit vollgesogen und waren in der Kälte des *Dazwischen* gefroren.

»Fünf Tropfen aus dem blauen Fläschchen«, raunte Leri S'peren zu. Dann richtete sie sich auf und sagte in normaler Lautstärke: »S'peren, mach K'lon einen Becher *Klah* zurecht! Misch einen Schuß Wein aus meinen Vorräten hinein! Und du, junger Mann, nimm Platz, ehe du mir umkippst!« Leri deutete gebieterisch auf einen Stuhl. Sie hatte den Besucherhocker durch mehrere Stühle ersetzt, die in einem, wie sie es ausdrückte, ›ansteckungssicheren‹ Abstand im Raum verteilt waren.

K'lon konnte sich in der Tat kaum noch auf den Beinen halten; er sank auf den Stuhl und nahm dankbar den Becher, den S'peren ihm reichte.

»Trink das Zeug in einem Zug, K'lon!« ermunterte ihn Leri. »Das wird dein Blut nach all den Flügen im *Dazwischen* wieder auf Normaltemperatur bringen. Du siehst beinahe so blau aus wie Rogeth. Na, wie schmeckt das? Ein Spezialrezept von mir, um müden Kämpfern wieder auf die Beine zu helfen.« Ihre

Stimme klang freundlich, aber sie beobachtete K'lon mit scharfen Augen. »Was gibt es Neues in den Gildehallen?«

K'lons Miene hellte sich auf. »Erstmals bringe ich gute Nachrichten. Meister Capiam befindet sich auf dem Weg der Besserung. Der Meisterheiler ist noch sehr geschwächt, aber er flucht bereits wieder. Desdra meint, sie wird ihn noch festbinden müssen, damit er das Bett nicht zu früh verläßt. Er läßt sich bereits ganze Stapel von Aufzeichnungen aus den Archiven kommen. Und noch etwas ...« K'lon schien die Müdigkeit mit Gewalt beiseitezuschieben. »Er ist ganz fest davon überzeugt, daß die Krankheit selbst nicht zum Tod führt! Die Menschen sterben an Folgeinfektionen wie Lungenentzündung, Bronchitis und sonstigen Erkrankungen der Atemwege. Wenn man das vermeiden kann, wird alles gut.« Dann lief ihm ein Schatten übers Gesicht. »Aber in den Burgen ist diese Vorsorge einfach nicht möglich. So viele Menschen auf so engem Raum zusammengepfercht ... und keine Ausweichmöglichkeiten ... vor allem jetzt nicht, wo es wieder Stein und Bein friert. Die Barone hätten die Patienten am liebsten in Zelten untergebracht. Die dünnen Häute eignen sich vielleicht für ein Fest, aber niemals für Kranke! Ich war überall, selbst auf abgelegenen Höfen, wo man nichts von der Seuche wußte. Die Leute dachten, nur sie hätten Probleme ...« Er schlug die Hände vor die Augen und stöhnte.

»A'murry?« fragte Leri leise.

K'lons Kummer durchbrach die Schranken, die er sich mühsam auferlegt hatte. »Er leidet an einer Brustfellentzündung. Eine der Frauen, die ihn pflegte, war stark erkältet.« Die Anklage in seinen Worten war nicht zu überhören. »Von Fortine bekam ich Schwarzwurzsalbe und eine Mixtur, die er selbst zusammengestellt hatte. Ich gab A'murry eine Dosis, und der Husten schien in der Tat nachzulassen. Außerdem rieb ich ihm Brust und Rücken dick mit der Salbe ein.« Ängstlich sah er die beiden anderen an. »Ich muß wieder zu A'murry. Wann immer ich kann! Er darf doch nicht an der Krankheit sterben, mit der ich ihn ansteckte! Und sagt bitte nicht, es reicht, wenn Rogeth und Granth in Verbindung bleiben! Ich muß mich selbst um A'murry kümmern.« K'lons Gesicht verzerrte sich. Er sah so aus, als würde er jeden Moment in Tränen ausbrechen. Um seine Erregung zu meistern, nahm er einen tiefen Zug von dem heißen *Klah*. »Das tut gut«, sagte er mit einer leichten Verbeugung zu Leri hin. »Aber zurück zu den Gilden ...«

Er stockte, blinzelte erstaunt, und dann sackte sein Kopf zur Seite. Leri gab S'peren einen Wink.

»Genau im richtigen Augenblick«, meinte sie, als S'peren den Reiter auffing. Sie nahm ihren Fellumhang von den Schultern. »Wickle ihn damit ein und schieb ihm ein Kissen in den Nacken. Er wird jetzt mindestens zwölf Stunden schlafen. Holth, sei ein Schatz und sag Rogeth, daß er in seinen Weyr zurückkehren und sich gründlich ausschlafen soll.« Sie stupste die Flanke der Königin an. »Du horchst auf Nachricht von Granth!«

»Und wenn er nun gebraucht wird?« fragte S'peren, während er K'lon ein bequemes Lager bereitete. »Von der Gilde oder von A'murry?«

»Obwohl A'murry schwer krank ist, kann ich nicht zulassen, daß K'lon die Quarantänebestimmungen bricht«, erklärte Leri. »Ich muß mir später eine Strafe für ihn ausdenken, denn er hat eindeutig gegen meinen Befehl verstoßen. Und da er in der Hauptsache den Transport von Medikamenten und von Heilern übernimmt, können wir auch andere Boten einsetzen. Jungreiter zum Beispiel. Die werden sich tapfer und wagemutig vorkommen und doch genügend Respekt vor der Epidemie haben, um nicht zu nahe an die Kranken heranzugehen. Päckchen lassen sich an vorher vereinbarten Stellen abwerfen, ohne daß es zum direkten Kontakt kommt. Das gleiche gilt für Botschaften. Die Jungen werden diesmal eben keine markanten Felsformationen ansteuern, sondern Orientierungsfähnchen. Eine gute Übung!« Leri warf einen nachdenklichen Blick auf den schlafenden K'lon. »Aber jetzt verbreitest du am besten die Nachricht, die er von der Heilerhalle mitgebracht hat: daß diese Epidemie nicht zum Tod führt. Wir müssen noch stärker als bisher auf unsere Genesenden achten. Wer auch nur das geringste Anzeichen einer Erkältung hat, wird von der Krankenpflege ausgeschlossen.«

»Es ist schwer genug, überhaupt Pfleger zu finden«, stellte S'peren fest.

»So! Dann frag die Feiglinge mal, wer sie im Krankheitsfall versorgen wird!« Leri rollte die Listen zusammen und verstaute sie sorgfältig in einem Regal. »So, mein Freund, du verkündest erst mal die frohe Botschaft in den Unteren Höhlen und stellst anschließend die Geschwader für den morgigen Fädeneinfall zusammen!«

Heilerhalle, 15. 3. 43

Hart fiel das Licht der vielen Lampen, die Capiam hatte heranschaffen lassen, um die engen, verblaßten Schriftzeichen der alten Aufzeichnungen zu erhellen, auf die angenehmen Züge von Tirone, dem Meisterharfner von Pern. Tirone, der an Capiams ausladendem Schreibtisch Platz genommen hatte, sah den Heiler mit düster gerunzelter Stirn an – ein völlig ungewohntes Mienenspiel bei einem Mann, der bekannt war für seine Liebenswürdigkeit und seinen ausgeprägten Sinn für Humor. Die Epidemie hatte alle gezeichnet, selbst jene, die ihr entkommen waren.

Viele glaubten, Tirone sei auf seinen Wegen quer durch den Kontinent irgendwie gegen die Krankheit gefeit gewesen. Man hatte den Harfner ins Grenzgebiet von Tillek und Hochland gerufen, damit er dort einen Streit um die Bergwerke schlichtete, und auf diese Weise war er nicht mehr rechtzeitig zum Fest von Ruatha erschienen. Als dann die Trommeln von der Quarantäne kündeten, war er eilends zurückgeritten und hatte die Renner jeweils auf Höfen gewechselt, die nicht von der Krankheit befallen waren. Er bekam einen heftigen Streit mit Tolocamp, der nicht zulassen wollte, daß er den Burgbereich und die Heilerhalle betrat; aber allem Anschein nach trugen Tirones Logik und die Tatsache, daß er jeden Kontakt mit Kranken vermieden hatte, den Sieg davon. Oder hatte einer der Wachtposten dem Meisterharfner verraten, auf welche Weise Baron Tolocamp von Ruatha auf seine Burg zurückgekehrt war?

Schließlich war es Tirone auch noch gelungen, von Desdra eine Besuchserlaubnis beim Meisterheiler zu erkämpfen.

»Wenn ich die Einzelheiten nicht von Euch erfahre, Capiam, muß ich mich auf Gerüchte stützen – nicht gerade die ideale Quelle für einen Meisterharfner.«

»Geduld, Tirone, ich liege doch nicht im Sterben! Euer Wunsch, einen wahrheitsgetreuen und genauen Bericht vom Verlauf der Krankheit abzufassen, ist durchaus lobenswert, aber ich habe im Moment Dringlicheres zu tun.« Capiam deutete auf die Schriftrollen. »Ich muß herausfinden, wie man diese verdammte Krankheit heilt oder zum Stillstand bringt, ehe sie noch mehr Menschenleben kostet.«

»Ich habe die strikte Anweisung, Euch nicht zu ermüden, sonst bläst mir Desdra das Lebenslicht aus!« entgegnete Tirone mit einem schwachen Lächeln. »Aber Ihr müßt verstehen, daß ich im Augenblick der schlimmsten Krise keinerlei Kontakt zu meiner Gilde hatte. Nicht einmal der Meister der Trommeln kann mir eine vernünftige Auskunft geben, obwohl ich natürlich einsehe, daß weder er noch seine Gesellen die Zeit fanden, die Botschaften aufzuzeichnen, die Tag und Nacht bei ihnen eintrafen. Tolocamp weigert sich, mich zu empfangen, obwohl seit dem Fest auf Ruatha fünf Tage vergangen sind und er keinerlei Krankheitssymptome zeigt. Und die wirren, zusammenhanglosen Reden des Volkes nützen mir nichts. Der Chronist braucht die Angaben eines geübten Beobachters, wie Ihr es seid. Man sagte mir, daß Ihr mit Talpan von Ista gesprochen hättet?« Tirone nahm die frisch geschnittene Feder zur Hand.

»Talpan ... mit dem Mann müßt Ihr Euch länger unterhalten, wenn diese Geschichte erst ausgestanden ist.«

»Das wird nicht möglich sein. Beim Ei! Hat man Euch nicht Bescheid gesagt?« Der Harfner richtete sich auf und streckte ihm die Hände voller Mitgefühl entgegen.

»Danke, es geht! Nein, man hat mir nicht Bescheid gesagt.« Einen Moment lang schloß Capiam die Augen, um den Schock zu verarbeiten. »Sie dachten wohl, die Wahrheit würde mich zu sehr bedrücken. Mit Recht. Talpan war ein großartiger Mann mit einem klaren, scharfen Verstand. Hatte das Zeug zum Herdenmeister.« Capiam spürte, wie Tirone einen Moment lang den Atem anhielt, und schaute ihn forschend an. »Auch Herdenmeister Trume?« Und als Tirone nickte, biß Capiam die Zähne zusammen. So war das also. Man hatte Tirone zu ihm gelassen, damit der ihm schonend die harten Tatsachen beibrachte. »Bitte, erzählt nun auch den Rest der schlimmen Nachrichten, die Desdra und Fortine verschwiegen! Im Moment bin ich zu betäubt, um den Schmerz voll zu spüren.«

»Ihr wißt sicher, daß es schreckliche Verluste gab ...«

»Existieren bereits Zahlen?«

»In Keroon starben neun von zehn Erkrankten. Auf der Meerburg in Igen traf das Hilfsschiff fünfzehn Kranke an, die zwar sehr geschwächt waren, aber am Leben bleiben werden. Wir wissen noch nichts Endgültiges über die Höfe rund um Igen, Keroon oder Ruatha. Ihr könnt stolz auf Eure Heiler sein, Capiam. Sie taten alles Menschenmögliche, um den Kranken beizustehen ...«

»... und sie starben ebenfalls?« fragte Capiam, als Tirone nicht weitersprach.

»Sie brachten Eurer Gilde große Ehre.«

Capiams Herz schien zu stocken. Alle tot? Mibbut, der sanfte Kylos, die sinnliche, robuste Loreana, der ernsthafte Rapal, Sneel, der sich besser als jeder andere auf das Einrichten von Brüchen verstand, Galnish? Sie *alle*? War es wirklich erst sieben Tage her, seit er die Kunde von dieser furchtbaren Krankheit erhalten hatte? Und jene bereits vom Tod Gezeichneten, die er auf Keroon und Igen behandelt hatte? Obwohl er inzwischen sicher war, daß die Epidemie an sich nicht zum Tod führte, mußten sich die Überlebenden auf eine neue Art von Verlust einstellen – auf den Tod von Hoffnungen und Freundschaften, auf die Vernichtung von Zukunftsplänen. Und das alles so dicht vor dem Intervall, der lange ersehnten Zeit des Friedens! Capiam spürte, wie ihm Tränen über die Wangen liefen, aber wenigstens milderten sie den Druck, der seine Brust einschnürte. Er ließ ihnen freien Lauf und atmete langsam ein und aus, bis er seine Gefühle wieder unter Kontrolle hatte. Er durfte sich nicht von ihnen leiten lassen; er mußte logisch denken. »Auf der Meerburg von Igen leben an die tausend Menschen. Fünfzehn davon waren krank, als mich Burdion rief und um Rat fragte.«

»Burdion gehört zu den Überlebenden.«

»Ich nehme an, er hat den Verlauf der Krankheit für Euch aufgezeichnet.« Capiam konnte nicht verhindern, daß sein Tonfall heftig wirkte.

»Ich glaube schon«, entgegnete Tirone, ohne die Erregung des Kranken zu beachten. »Das Logbuch der *Windtoss* steht uns ebenfalls zur Verfügung.«

»Der Kapitän war bereits tot, als ich die Meerburg erreichte.«

»Habt Ihr dieses Tier mit eigenen Augen gesehen?« Tirone beugte sich ein wenig vor, und in seinem Blick glitzerte die Neugier, die er nicht zu äußern wagte.

»O ja, ich habe es gesehen.« Das Bild hatte sich tief in Capiams Gedächtnis gebrannt. Ruhelos war die Katze durch seine Fieber- und Alpträume geschlichen. Capiam würde nie mehr das gereizte Fauchen vergessen, die schwarzweißen, starr abstehenden Schnurrhaare, die braunen Flecken auf den Fängen, die Risse und Kerben in den zurückgelegten Büschelohren, die dunkelbraunen bis schwarzen Ringe auf dem schimmernden hellen Fell. Er erinnerte sich an den ohnmächtigen Haß der eingesperrten Kreatur; schon damals, beim ersten Anblick der wütenden Katze, hatte er das Gefühl gewonnen, daß dieses Geschöpf sich an den Menschen rächen würde, die in dichten Trauben sein Gefängnis umstanden und es anstarrten. »Ja, Tirone, ich habe es gesehen. Wie Hunderte anderer Menschen, die das Fest von Ista besuchten. Talpan und ich standen an die zwanzig Minuten vor seinem Käfig, während der Tierheiler mir klarzumachen versuchte, weshalb man es seiner Meinung nach töten mußte. In diesen zwanzig Minuten steckte es wohl noch eine ganze Reihe Menschen an, wenngleich Talpan die Gaffer ein Stück von den Gitterstäben zurückgedrängt hatte. Womöglich habe ich mir die Seuche ebenfalls dort geholt: gleich an der Quelle und nicht durch andere Kranke.« Diese Erkenntnis erleichterte Capiam irgendwie. Da er völlig übermüdet und erschöpft gewesen war, hatte die Krankheit bereits nach vierundzwanzig Stunden die Herrschaft über seinen Körper gewonnen. Diese Vermutung war besser als der Verdacht, er habe es auf Igen und Keroon an Hygiene fehlen lassen. »Talpan war zu dem Schluß gelangt, daß nur die Katze als Überträger jener Krankheit in Frage kam, die bereits eine Reihe von Rennern zwischen Igen und Keroon erfaßt hatte. Mich hatte man nach Keroon gerufen, weil dort so viele Bewohner erkrankt waren. Auf der Suche nach der Ursache kam ich während des Festes von Ista zu dem gleichen Ergebnis wie Talpan. Das Geschöpf hatte übrigens panische Angst vor den Drachen.«

»Tatsächlich?«

»Ja, die Leute berichteten mir davon. Aber K'dall vom Telgar-Weyr gehört ebenso zu den Toten wie sein blauer Drache.«

Tirone schrieb, so schnell er konnte, und stellte immer neue Fragen. »Aber wie gelangte die Krankheit nach Süd-Boll, wenn die Katze bereits auf dem Fest von Ista getötet wurde?«

»Ihr vergeßt das Wetter.«

»Das Wetter?«

»Ja. Das Frühjahr begann so mild, daß die Herdenzüchter von Keroon ihre Renner schon gegen Ende des Winters auf Schiffe verfrachteten. So bekam Baron Ratoshigan seine Zuchttiere zu einem viel früheren Zeitpunkt als normal. Das gleiche gilt für die anderen Züchter. Viele von ihnen besuchten das Fest auf Ruatha.«

»Hm, das ist eigenartig. Ein tödliches Zusammenspiel von so vielen kleinen Ereignissen ...«

»Wir können dankbar sein, daß Tillek eine eigene Zucht besitzt und die Höfe von Hochland, Crom und Nabol beliefert. Und daß die in Keroon gezüchteten Renner, die für Benden, Lemos, Bitra und Nerat bestimmt waren, entweder an der Epidemie eingingen oder wegen der Quarantäne nicht mehr auf die Reise geschickt wurden.«

»Die Weyrführer haben sämtliche Reisen in den Südkontinent untersagt«, erklärte Tirone. »Die Alten hatten sicher ihre Gründe, ihn zu verlassen. Zu viele Gefahren ...«

»Nun mal langsam, Tirone!« widersprach Capiam verärgert. »Die meisten Lebensformen *hier* stammen aus dem Süden oder wurden dort entwickelt.«

»Dafür gibt es bis heute keinen schlüssigen Beweis ...«

»Das Leben und die Erhaltung des Lebens fallen in mein Fach, Meisterharfner.« Capiam schwenkte eine der Schriftrollen. »So wie die Erschaffung und Vermehrung des Lebens einst Sache unserer Vorfahren war. Die Alten brachten vom Südkontinent sämtliche Tiere mit, die wir heute um uns haben, einschließlich der Drachen, die sie durch Gen-Manipulation eigens für ihre Zwecke schufen.«

Tirone wollte widersprechen, aber Capiam fuhr bereits fort:

»Wir besitzen längst nicht mehr das Wissen und Können unserer Vorfahren, auch wenn wir heute in der Lage sind, Renner und Herdentiere für bestimmte Aufgaben zu züchten. Und ...« Capiam schluckte und wehrte sich gegen die Kälte, die in seinem Innern aufstieg. »Und mir kommt plötzlich zu Bewußtsein, daß wir in einer doppelten Gefahr schweben.« Er dachte an Talpan und die Hoffnungen, die er in den klugen jungen Mann gesetzt hatte, an Herdenmeister Trume, an den Kapitän der *Windtoss,* an die Toten seiner eigenen Gilde, von denen jeder ein besonderes Talent besessen hatte ... Das alles war nun ausgelöscht – durch eine kurze, tödliche Krankheit! »Es gibt vielleicht sehr viel mehr festzuhalten als die Zusammenhänge einer Epidemie, Tirone. Das sollte Euch in Unruhe versetzen! Nicht nur das Leben, auch das Wissen von Pern geht unwiederbringlich verloren. Was Ihr so bald wie möglich niederschreiben solltet, ist das aussterbende Wissen, sind die Techniken, die uns nicht mehr zugänglich sind!« Capiam deutete auf die alten Schriften. »Wir können den Aufzeichnungen der Alten bereits heute nicht mehr genau entnehmen, auf welche Weise sie ihre Wunder vollbrachten. Dabei sind es noch nicht einmal die Wunder, an denen uns liegt, sondern all die Kleinigkeiten, die sie einfach nicht erwähnten, weil sie ihnen selbstverständlich erschienen, weil sie *Allgemeinwissen* waren. Allgemeinwissen, das heute keinem mehr geläufig ist! *Das uns fehlt!* Und es sieht so aus, als hätten wir im Lauf der letzten sieben Tage wieder ein gewaltiges Stück dieses Allgemeinwissens verloren! Mehr, als wir je ersetzen können ...«

Capiam lehnte sich zurück, erschöpft von seinem Ausbruch. Die Aufzeichnungen lagen ihm wie ein drückendes Gewicht auf den Knien. Das Gefühl des Verlustes, der Druck der Angst waren ständig in ihm gewachsen. An diesem Morgen, als die Lethargie erstmals schwand, war er sich der vielen Fakten und Praktiken, der Eingebungen und Ideen bewußt geworden, die er nie niedergeschrieben oder nur flüchtig angedeutet hatte. Im Normalfall hätte er sie irgendwann beiläufig an seine Gesellen weitergegeben, wenn diese das komplexe Gefüge ihres Berufes erfaßt hatten. Auch er war auf diese Weise in den Besitz vieler Informationen gelangt, fast immer durch mündliche Überlieferung, durch Diskussionen und Gespräche mit seinen Lehrern und anderen Meistern.

Capiam merkte, daß Tirone ihn scharf musterte. Es lag ihm fern, Reden zu schwingen. Das war im allgemeinen die Aufgabe der Harfner.

»Ihr habt nur zu recht, Capiam«, begann Tirone zögernd. Er räusperte sich und fuhr dann fort: »Aber ein wenig Geheimniskrämerei scheint zu allen Gilden zu gehören, sogar zur Hierarchie der einzelnen Berufsgruppen ...«

»Oh, nicht schon wieder die Trommeln!« Capiam vergrub den Kopf in den Händen und preßte die Daumen an die Ohren, um das Dröhnen auszusperren.

Tirones Miene hellte sich auf. Er gab Capiam durch Gesten zu verstehen, daß er die Hände von den Ohren nehmen solle. »Eine gute Nachricht! Von Igen. Sie haben den Fädeneinfall unversehrt überstanden. Zwölf Geschwader stiegen zum Kampf auf.«

»Zwölf?« Capiam überschlug im Geist noch einmal die Zahl der Toten und Kranken. »Igen kann nie und nimmer zwölf Geschwader stellen!«

»*Drachenreiter müssen streiten, wenn Silberfäden vom Himmel gleiten!*« In Tirones wohltönender Stimme schwang Stolz und Freude mit.

Capiam starrte ihn an. Also hatten sich die Weyr vereint, um die Gefahr, die vom Roten Stern drohte, zu bekämpfen?

»Das Kämpfen liegt ihnen im Blut. Trotz ihrer entsetzlichen Verluste steigen sie auf wie eh und je, um den Kontinent zu verteidigen ...«

Tirone starrte in weite Ferne, fast in Trance versunken. Ärgerlich sah Capiam ihn an. Jetzt war nicht der rechte Moment, Balladen und Lehrgesänge zu verfassen! Und doch lösten die Worte des Meisterharfners irgendeine Erinnerung aus, rührten an längst vergessene Dinge ...

»Seid einen Augenblick still, Tirone! Ich muß nachdenken. Es gibt einen Weg, Pern von dieser Epidemie zu befreien. Bitte, laßt mich jetzt allein!«

Blut! murmelte Capiam. *Es liegt ihnen im Blut ... Blut ...* Er schlug sich mit den Fäusten gegen die Schläfen, als könnte er die verschütteten Erinnerungen aus seinem Gehirn prügeln. Aus weiter Ferne glaubte er die brüchige Stimme von Meister Gallardy zu hören. Ja, er hatte sich auf seine Gesellenprüfung vorbereitet, und der alte Gallardy hatte Stunde um Stunde von außergewöhnlichen und veralteten Heilmethoden erzählt. Dabei war auch die Rede von Blut gewesen ... von den heilenden Eigenschaften, die das Blut ... nein, das Blutserum hatte! *Genau das war es!*

»Capiam?« Desdra stand besorgt neben ihm. »Geht es dir gut? Tirone meinte ...«

»Mir geht es ausgezeichnet, ganz ausgezeichnet! Was hast du immer zu mir gesagt? Wenn man eine Krankheit nicht heilen kann, muß man sie eben ertragen. Aber es gibt noch einen anderen Weg. Man kann sich gegen eine Krankheit auch abhärten: immun machen! Und das geschieht mit Hilfe von Blut. Nicht mit Pulvern, Säften oder Kräutern. Nein, mit Blut! Und zwar mit meinem Blut! Weil ich die Epidemie überwand!«

»Meister Capiam!« Desdra trat auf ihn zu und stockte dann, weil ihr die Vorsichtsmaßnahmen der vergangenen fünf Tage wieder einfielen.

»Ich glaube nicht, daß ich dich noch anstecken kann, meine tapfere Desdra! Ich bin das Heilmittel! Zumindest glaube ich das.« In seiner Erregung stieg Capiam aus dem Bett und ließ die Felldecken achtlos zu Boden gleiten. Er wollte zu dem Regal, in dem er seine Schriften aus der Lehrlings- und Gesellenzeit aufbewahrte.

»Capiam! Du wirst stürzen!«

Capiams Beine gaben nach, und er umklammerte den Stuhl,

auf dem Tirone gesessen hatte. Ihm fehlte die Kraft, bis ans Regal weiterzugehen.

»Hol mir bitte meine Aufzeichnungen! Die ältesten ... da links, im obersten Fach!« Er setzte sich, vor Schwäche an allen Gliedern zitternd. »Es stimmt. Es muß stimmen. ›Das Blut eines Genesenen hilft anderen, sich vor der Krankheit zu schützen!‹«

»Dein Blut, mein Freund, ist im Moment recht dünn und schwach«, erklärte Desdra und pustete den Staub von den Aufzeichnungen. »Ich bringe dich jetzt wieder ins Bett.«

»Gleich, gleich!« Capiam blätterte hastig die Pergamentstöße durch. Die spröden Blätter knisterten und raschelten. »Wann war das nur? Im Frühling – ja.« Das wußte er noch, denn seine Gedanken hatten sich während der Lektionen eher mit Herzensdingen als mit der Heilkunde beschäftigt. Desdra legte ihm die Hand auf die Schulter.

»Nun hör mir gut zu! Da bringe ich zwei Stunden lang Leuchtkörbe rings um dein Bett an, damit du genug Licht zum Lesen hast, und nun sitzt du im finstersten Winkel deines Zimmers und schmökerst! Marsch, zurück ins Bett! Ich habe dich nicht tagelang gepflegt, damit du mir jetzt an einer Erkältung stirbst!«

»Und bring mir meinen Koffer, bitte!« Er las weiter, während Desdra ihn zum Bett geleitete. Sie hüllte ihn fürsorglich in seine Felldecken, aber er schob das Zeug ungeduldig beiseite.

»Capiam!« Sie war wütend, als sie mit seinem Heilerkoffer zurückkam und die zerknüllten Decken sah. Energisch hielt sie ihn mit einer Hand an der Schulter fest und legte ihm die andere auf die Stirn. Er versuchte seinen Ärger über die ständigen Störungen zu unterdrücken.

»Was willst du – es geht mir großartig!«

»Tirone glaubte, du hättest einen Rückfall, weil du dich so sonderbar benahmst. Wie kann ein erwachsener Mensch rufen: *Blut! Blut! Es ist in meinem Blut!* Das meinst du doch wohl nicht im Ernst?«

Er hörte kaum auf ihre Worte, denn er hatte die Lektionen gefunden, die er in jenem Frühling vor dreißig Planetenumläufen niedergeschrieben hatte, als es für ihn weit wichtigere

Dinge gab als Brandwunden, Infektionen, präventive Maßnahmen oder gesunde Ernährung.

»Da steht es doch!« rief Capiam triumphierend. »Das farblose Serum, das sich nach dem Gerinnen von Blut abscheidet, produziert die lebenswichtigen Globuline, die eine Erkrankung verhindern. Intravenös gespritzt, schützt das Blutserum mindestens vierzehn Tage lang, eine Zeitspanne, die im allgemeinen ausreicht, um eine Epidemie zum Stillstand zu bringen.« Capiam las hastig weiter. Die Blutbestandteile ließen sich durch Ausschleudern trennen. Meister Gallardy hatte gesagt, daß die Alten dazu besondere Trennzentrifugen besessen hätten, aber das Serum ließ sich auch mit anderen Geräten absondern. »Das Serum überträgt die Krankheit in so abgeschwächter Form, daß die körpereigenen Abwehrstoffe erwachen und auch die bösartigen Keime vernichten.«

Capiam ließ sich in die Kissen sinken und schloß die Augen. Die Schwäche, die er in diesem Moment empfand, entsprang der Erleichterung und dem Triumph. Er erinnerte sich sogar, wie er innerlich gegen das Mitschreiben dieser veralteten Methode rebelliert hatte, einer Methode, die jetzt vielleicht Tausenden von Burgbewohnern und Drachenreitern das Leben retten konnte.

Desdra beobachtete ihn mit einem merkwürdigen Gesichtsausdruck. »Aber das ist doch eine rein homöopathische Angelegenheit, mal abgesehen davon, daß dieses Zeug direkt in die Vene gespritzt wird.«

»Je rascher das Serum vom Körper aufgenommen wird, desto besser! Und wir brauchen eine Behandlung, die schnell wirkt. Desdra, wie viele Drachenreiter sind im Moment krank?«

»Wir wissen es nicht, Capiam. Man hat aufgehört, uns Zahlen zu übermitteln. In der Trommelbotschaft hieß es, daß zwölf Geschwader aufgestiegen seien, aber in dem jüngsten Bericht, den uns übrigens K'lon brachte, war von einhundertfünfundsiebzig Reitern die Rede. Auch eine Königinreiterin befand sich darunter. L'bol verlor gleich zu Beginn zwei Söhne.«

»Einhundertfünfundsiebzig? Gibt es Nebeninfektionen?«

»Davon wurde nichts gesagt. Wir haben allerdings auch nicht gefragt ...«

»Wie steht es auf Telgar? Und im Fort-Weyr?«

»Wir kümmerten uns in erster Linie um die Sterbenden und nicht um die Drachenreiter«, erklärte Desdra tonlos. Sie ballte die Hände zu Fäusten, bis ihre Knöchel weiß hervortraten.

»Ich verstehe. Aber unser aller Leben hängt von den knapp zweitausend Drachenreitern auf Pern ab. Nörgle bitte nicht ständig an mir herum, sondern besorg lieber alles, was ich für das Serum benötige. Und sobald K'lon hier eintrifft, soll er sich bei mir melden. Gibt es sonst noch jemanden in unserer Halle, der die Krankheit bekam und überstand?«

»Nein – keinen, der sie überstand.«

»Hmm. Wann wird K'lon hier sein?«

»Wir erwarten ihn jeden Moment. Er übernahm in den letzten Tagen den Transport unserer Heiler und Medikamente.«

»Gut. Was ich jetzt brauche, sind jede Menge steriler Zweiliterglässer mit Schraubdeckeln, reißfeste Schnur, frisch geschnittenes Schilfrohr ... hm, Nadeldorne habe ich selbst ... Rotwurz und ... ach ja, koch mir einige von den Spritzen aus, mit denen die Köche immer das Fleisch begießen. Ich besitze zwar einen Kasten mit gläsernen Spritzen, die Meister Clargesh eigens nach meinen Anweisungen fertigen ließ, aber mir fällt im Moment einfach nicht ein, wo ich sie verstaut habe. So, ab mit dir! Halt, noch etwas, Desdra: ein wenig hochprozentigen Schnaps und noch mehr von deiner guten Suppe!«

»Das mit dem Schnaps leuchtet mir ein«, entgegnete sie von der Tür her. »Aber die Suppe, die du so verabscheust?«

Er schwang ein Kissen, und sie schloß lachend die Tür hinter sich.

Capiam blätterte in seinen Notizen, bis er den Anfang von Meister Gallardys Lektion gefunden hatte:

Bei Ausbruch einer übertragbaren Krankheit hat sich der Einsatz eines Serums bewährt, das aus dem Blut eines genesenen Patienten gewonnen wird. Verabreicht man einem Gesunden eine Serum-Injektion, so ist er vor Ansteckung geschützt. Wird sie einem bereits Infizierten gegeben, so mildert das Blut-

serum den Verlauf der Krankheit. Lange vor den Überfahrten behandelte man viele ansteckende Krankheiten mit Serum-Impfungen, und es gelang, eine Reihe davon völlig auszumerzen: Windpocken, Diphtherie, Grippe, Röteln, Roseola, Masern, Scharlach, Pocken, Typhus und Typhoide, Kinderlähmung, Tuberkulose, Hepatitis, Virus-Zytomegalie, Herpes, Gonokokken ...

Typhus und Typhoide waren Capiam bekannt; es hatte mehrere Ausbrüche aufgrund unzureichender Hygiene gegeben. Er und die anderen Heiler fürchteten diese Krankheit wegen der beengten Lebensverhältnisse in den Burgen. Diphtherie und Scharlach waren im Lauf der letzten hundert Planetenumdrehungen gelegentlich aufgeflackert, zumindest so oft, daß er Symptome und Therapien während seiner Ausbildung gelernt hatte. Die anderen Krankheiten kannte er nicht; die Wortstämme waren sehr, sehr alt. Er mußte die einzelnen Begriffe im Lexikon der Harfner nachsehen.

Capiam las weiter. Wenn man einem genesenen Patienten anderthalb Liter Blut abzapfte, konnte man daraus fünfzig Milliliter Serum zur Immunbehandlung gewinnen. Die Injektionsmenge schwankte nach Gallardys Worten zwischen einem und zehn Millilitern. Capiam dachte an sein Gespräch mit Tirone, bei dem er den Verlust der alten Techniken bedauert hatte. Mußte er nicht bei sich selbst beginnen? Hätte er nicht besser auf Meister Gallardys Worte achten sollen?

Capiam mußte nicht lange rechnen, um zu erkennen, welche gewaltige Aufgabe ihm bevorstand, wenn er sämtliche Drachenreiter impfen wollte, ganz zu schweigen von den Baronen und Gildemeistern oder den Heilern, die sich um die Kranken kümmern und die Impfungen durchführen mußten.

Die Tür schwang auf, und Desdra kam zurück. Capiam konnte sich nicht erinnern, sie je so aufgelöst wie an diesem Tag gesehen zu haben. Sie schleppte einen Weidenkorb und stieß die Tür mit dem Fuß zu.

»Hier ist alles, was du mir aufgetragen hast ... dazu die Glasspritzen, die Meister Genjon für dich anfertigte. Drei waren zerbrochen, aber die übrigen habe ich bereits ausgekocht.«

Desdra stellte den Korb vorsichtig neben seinem Bett ab. Sie rückte seinen Nachttisch näher und stellte darauf eine Schale mit konzentrierter Rotwurzlösung ein Bündel Schilfrohre und die in Blätter gehüllten Nadeldorne. Dann schob sie einen dampfenden Kessel auf eine Stahlunterlage. Capiam sah darin einen kleinen Glasbehälter, einen Verschluß und Genjons Spritzen. Aus ihrer Tasche holte Desdra eine Rolle fester Schnur. »So!«

»Das ist doch nie und nimmer ein Zweiliter-Gefäß!«

»Nein, aber du bist auch noch nicht kräftig genug, um zwei Liter Blut zu spenden. Mehr als einen halben Liter darfst du nicht verlieren. K'lon wird sicher bald eintreffen.«

Desdra wusch seinen Arm rasch mit Rotwurz und schnürte ihm den Oberarm mit der Kordel ab, während er die Hand zur Faust ballte, damit die Vene besser hervortrat. Sie lag wie ein dicker bläulicher Strick unter der blassen Haut. Mit einer Zange nahm Desdra den Glasbehälter aus dem Kessel. Sie öffnete das Bündel mit den Schilfrohren, holte eines heraus und befestigte einen Nadeldorn an seinem Ende. »Ich kenne die Technik zwar, habe sie aber noch nicht oft angewandt.«

»Dann bekommst du jetzt sicher Übung. Ich kann nicht selbst einstechen, meine Hand zittert zu stark.«

Desdra preßte die Lippen zu einem dünnen Strich zusammen, tauchte die Finger in Rotwurz, stellte den Glasbehälter neben das Bett auf den Boden, hielt das eine Ende des Schilfrohrs schräg hinein und befestigte den Dorn am anderen Ende. Die Spitzen eines Nadeldorns waren so fein, daß man die winzige Öffnung darin kaum sah. Desdra stach ohne große Mühe in die gestaute Ader und lockerte dann den Knebel. Capiam schloß die Augen. Er spürte einen leichten Schwindel, als die ersten Tropfen durch den Dorn und das Rohr zu fließen begannen und der Blutdruck absank. Der Augenblick der Schwäche ging rasch vorbei und er beobachtete fasziniert den Weg, den das Blut in den Glasbehälter nahm. Er machte eine Faust, und das Blut floß stärker. Wie aus weiter Ferne schien er wahrzunehmen, daß der Lebenssaft seinen Körper verließ; sein Herz schlug schneller, um sich dem Fließen anzugleichen. Aber das war absurd. Er kämpfte gegen Übelkeit an, als

Desdras Finger einen mit Rotwurz getränkten Bausch über die Einstichstelle drückten und den Dorn mit einer geschickten Bewegung herauszogen.

»Das reicht voll und ganz, Meister. Ein Dreiviertelliter ... du bist ganz bleich. Drück den Bausch fest auf! Hier, ein Schluck Schnaps!«

Sie drückte ihm den Becher in die Linke. Das starke Getränk schien sich sofort in seinen Adern zu verteilen und den Platz des verlorenen Blutes einzunehmen. Aber als Heiler wußte er natürlich, daß diese Vorstellung Unsinn war.

»Und was nun?« fragte Desdra. Sie hielt das verschlossene Gefäß mit seinem Blut hoch.

»Ist der Deckel wirklich fest zugeschraubt?« Und als sie nickte, fuhr er fort: »Dann wickle die Schnur fest um den Hals und verknote sie mehrmals! Gut so. Gib her!«

»Du glaubst doch nicht im Ernst, daß ich dich jetzt aufstehen lasse?« Ihre Miene war streng und ihr Blick grimmig entschlossen. Für eine Frau, die immer kühle Gelassenheit predigte, wirkte sie plötzlich sehr besorgt.

»Gallardy meinte, daß sich die Blutbestandteile unter dem Einfluß der Zentrifugalkraft trennen. Mit anderen Worten, wir müssen das Gefäß schnell herumwirbeln, damit das Serum entstehen kann.«

»Also schön.« Desdra trat so weit vom Bett zurück, daß sie genügend Bewegungsfreiheit hatte, und begann dann das Glas über ihrem Kopf zu schwingen.

Capiam sah, daß ihr nach kurzer Zeit der Schweiß auf der Stirn stand. Er war froh, daß sie ihm die Arbeit abgenommen hatte. Er selbst wäre einfach noch zu schwach gewesen. »Vielleicht könnten wir die Hunde einsetzen, die sonst den Bratenspieß drehen ... wenn wir sie irgendwie dazu bringen, ihr Tempo zu steigern. Außerdem muß die Drehung gleichmäßig erfolgen ...«

»Warum? Glaubst du, wir ... müssen das ... noch öfter ... tun?«

»Wenn meine Theorie stimmt, werden wir ziemlich viel von dem Serum brauchen. Hast du ausrichten lassen, daß K'lon sofort nach seiner Ankunft hierhergebracht werden soll?«

»Ja. Wie ... lange ... noch?«

Capiam hatte Angst, daß alles umsonst war, wenn sie zu früh mit der Schleuderbewegung aufhörte. Andererseits hatte Meister Gallardy von einer ›kurzen Zeit‹ gesprochen ... wenn die alten Notizen stimmten ...

Heute, da er auf eine Heilertätigkeit von dreißig Jahren zurückblickte und wußte, daß man diesen Beruf ungeheuer ernst nehmen mußte, verfluchte er insgeheim die Gleichgültigkeit des von Frühlingsgefühlen geplagten jungen Burschen, der er damals gewesen war. »Das müßte reichen, Desdra. Vielen Dank!«

Atemlos verlangsamte Desdra den Schwung, stoppte den Glasbehälter mit der freien Hand und stellte ihn sacht auf den Tisch. Capiam beugte sich vor, und gemeinsam bestaunten sie die Schichten, die sich gebildet hatten.

Desdra deutete zweifelnd auf die strohfarbene Flüssigkeit, die ganz oben schwamm. »Das ist also dein Heilmittel?«

»Im Grunde kein Heilmittel. Es macht den Körper immun.« Capiam sprach das ungewohnte Wort sorgfältig aus.

»Muß man es trinken?« Die Stimme der jungen Frau klang neutral, aber unterschwellig spürte er ihr Entsetzen.

»Nein, obwohl es bestimmt nicht schlechter schmecken würde als manche der Sachen, die ich in den letzten Tagen schlucken mußte. Nein, das hier wird in die Vene injiziert.«

Sie warf ihm einen langen, nachdenklichen Blick zu. »Deshalb also wolltest du die Glasspritzen.« Desdra schüttelte den Kopf. »Wir haben nicht genug davon.« Sie machte eine Pause und fügte dann hinzu: »Ich finde, wir sollten zuallererst Meister Fortine aufsuchen ...«

»Hast du kein Vertrauen in mich?« fragte Capiam gekränkt.

»O doch. Gerade deshalb mache ich diesen Vorschlag. Meister Fortine war einige Male zu oft im Lazarett unseres übervorsichtigen Burgherrn. Er hat sich angesteckt.«

KAPITEL X

Fort, Weyr und Ruatha, 16. 3. 43

Als Moreta erwachte, spürte sie Orliths Nähe. Die Königin strahlte Freude und Erleichterung aus.

Es geht dir besser! Das Schlimmste ist vorbei!

»Es geht mir besser?« Moreta ärgerte sich über das Zittern in ihrer Stimme. Zu deutlich erinnerte es sie an die entsetzliche Mattigkeit, die sie noch am Vortag gequält hatte.

Viel besser. Du wirst sehen, heute schöpfst du wieder Kraft.

»Weißt du das, oder hoffst du das nur?«

Moreta erkannte selbst, daß diese Frage eigentlich überflüssig war. Während der Krankheit war ihr Orlith so nahe gewesen, als habe sie in ihrem Körper Wohnung genommen. Sie hatte jeden Augenblick des Leidens mit Moreta geteilt, hatte versucht, die Auswirkungen der Krankheit zu dämpfen und zu vermindern. Die Drachenkönigin durchlitt mit ihr die rasenden Kopfschmerzen, die Fieberqual und den harten, trockenen Husten. Nun, am vierten Tag der körperlichen und geistigen Erschöpfung, benötigte sie vor allem Orliths Trost.

Holth hat eine großartige Neuigkeit! Meister Capiam besitzt ein Serum, das den Ausbruch der Krankheit verhindert.

»Verhindert? Und die bereits Angesteckten ... werden sie geheilt?« Moreta war sich selbst in der Abgeschiedenheit ihres Krankenlagers bewußt, daß es auf Fort eine Reihe von Kranken gab und daß in anderen Weyrn einige Reiter und Drachen sogar den Tod gefunden hatten. Sie hatte auch erfahren, daß am Vortag zwei Geschwader des Fort-Weyrs aufgestiegen waren, um für Igen die Fäden zu bekämpfen. Und daß Berchar und Tellanis Baby gestorben waren. Sie wußte, daß die Epidemie den gesamten Kontinent in ihren Klauen hielt. Es war höchste Zeit, daß die Heiler ein Mittel entdeckt hatten, um ihr Einhalt zu gebieten.

Die Seuche hat einen Namen. Es ist eine sehr alte Krankheit.

»Ja? Wie heißt sie?«

Ich kann mich nicht erinnern, meinte Orlith schuldbewußt.

Moreta seufzte. Namen waren eine Schwäche der Drachen.

Und doch, dachte sie stolz, Orlith behielt eigentlich sehr viele Namen.

Holth erkundigt sich, ob du bereits Hunger verspürst.

»Bestell Grüße an Holth und unsere prächtige Leri und sag ihnen, daß ich sehr hungrig bin.« Moreta war selbst erstaunt über diese Tatsache. Vier Tage lang hatte ihr der bloße Gedanke an Essen Übelkeit bereitet. Durst hatte sie geplagt, ein hartnäckiger Husten, der in der Kehle brannte, und eine so entsetzliche Schwäche, daß sie zwischendurch geglaubt hatte, sie würde sich nie wieder von ihrem Krankenlager erheben. Ohne Orlith hätte sie diese Zeit wohl nicht durchgestanden.

»Wie geht es Sh'gall?« fragte Moreta. Sie hatte bereits heftig gefiebert, als Kadith die beiden Königinnen Holth und Orlith mit der Nachricht weckte, sein Reiter sei zusammengebrochen.

Er ist schwach. Und er fühlt sich elend.

Moreta lächelte. In Orliths Gedanken schwang Verachtung mit, als wollte die Königin ausdrücken, ihre eigene Reiterin habe sich viel tapferer verhalten.

»Du darfst nicht vergessen, Orlith, daß Sh'gall noch nie im Leben krank war. Es muß ein schlimmer Schock für sein Selbstwertgefühl gewesen sein.«

Orlith entgegnete nichts.

»Was hört man von Ruatha? Bitte, verschweig mir nichts!« fügte sie hinzu, als sie Orliths Zögern spürte.

Leri kommt. Erleichterung begleitete diese Feststellung. *Sie weiß Bescheid.*

»Leri kommt hierher?« Moreta versuchte sich aufzusetzen, keuchte aber, weil ihr sofort schwindlig wurde. Mit geschlossenen Augen blieb sie liegen und horchte auf die schlurfenden Schritte und das resolute Klopfen des Gehstocks. »Leri, du sollst doch nicht ...«

»Warum nicht?« ertönte Leris Stimme im Vorraum. »Guten Morgen, Orlith! Ich bin am Ende meines Lebens angelangt und fürchte mich nicht vor diesem ›ansteckenden Virus‹, wie es die Heiler nennen.« Leri schob den bunten Türvorhang beiseite und musterte die jüngere Weyrherrin mit einem gutgelaunten Blick. »Ah, endlich hast du etwas Farbe im Gesicht!« In der Linken trug sie einen verschlossenen Topf und eine Henkelflasche. Außerdem baumelten noch zwei Behälter von ihrem Gürtel, damit sie die rechte Hand frei für ihren Stock hatte. Als Leri den Raum betrat, stellte Moreta fest, daß die alte Frau beweglicher wirkte als in den ganzen Monaten zuvor. Sie stellte ihre Sachen auf der Truhe ab und ließ sich mit einem Seufzer auf das Fußende von Moretas Bett fallen. »So!« sagte sie befriedigt und legte den knorrigen Stock neben sich. »Du scheinst es geschafft zu haben.«

»Irgend etwas riecht da sehr verlockend«, meinte Moreta und atmete tief ein.

»Ein Brei den ich eigenhändig für dich gekocht habe. Ich ließ mir Vorräte und ein Kohlebecken bringen, damit ich die Speisen selbst zubereiten kann. Nesso hat es auch erwischt. Das heißt, daß sie mich eine Weile in Frieden läßt. Gorta hat die Küchenaufsicht übernommen, und sie macht ihre Sache gut, wenn du mich fragst.« Leri schöpfte den Brei in zwei Schalen und sah Moreta von der Seite an. »Ich leiste dir Gesellschaft, da ich auch noch kein Frühstück hatte und mir das Zeug vielleicht guttut. Übrigens habe ich Orlith heute morgen zum Futterplatz geschickt, ehe sie uns völlig vom Fleisch fällt. Sie verschlang vier fette Böcke und einen Wher. Nun sieh mich nicht so schuldbewußt an! Du konntest kaum etwas für dich selbst tun, geschweige denn für deine Königin. Sie hat sich wirklich nicht vernachlässigt gefühlt. Und sie kennt mich schon so lange, daß sie auch auf mich hört. Schließlich stammt sie aus Holths Gelege. Sie mußte einfach fressen, Moreta. In Kürze sucht sie die Brutstätte auf; sie wollte nur noch warten, bis es dir besser geht. Aber nun haben wir es bald geschafft.«

Moreta rechnete rasch. »Ist sie nicht etwas früh dran? Eigentlich hat sie noch fünf bis sechs Tage Zeit.«

»Sie befand sich unter starkem seelischem Druck. Nun mach dir keine Gedanken! Iß! Je eher deine Kräfte zurückkehren, desto besser für uns alle!«

»Ich bin bereits viel kräftiger. Gestern ...« Moreta lächelte wehmütig. »Wie kommst du zurecht?«

»Ganz problemlos.« Leri wirkte sehr selbstzufrieden. »Wie

gesagt, ich ließ mir ein Kohlebecken und Vorräte bringen. Da Orlith auf jeden deiner Atemzüge horchte und Holth immer auf dem laufenden hielt, konnten wir dich so gut versorgen, als hätte Meister Capiam persönlich an deinem Bett gestanden.«

»Ich erfuhr eben von Orlith, daß er ein Mittel gegen die Seuche entdeckt hat.«

»Einen Impfstoff, wie er es nennt. Aber ich lasse nicht zu, daß er dir Blut abnimmt!«

»Warum sollte er?« fragte Moreta verblüfft.

»Er zapft allen Genesenen Blut ab und stellt daraus ein *Serum* her, das den Ausbruch der Krankheit bei anderen verhindert. Behauptet, das sei eine alte Heilmethode. Ich kann nicht sagen, daß mir die Angelegenheit gefällt.« Leri schüttelte sich. »Als K'lon sich zum Transport von Medikamenten in der Heilerhalle einfand, schnappte er ihn wie ein Schlachtopfer.« Leri lachte leise und fuhr dann fort: »K'lon übernahm sich bei seinen Botenritten für die Heilerhalle. Ich habe jetzt ein paar Jungreiter dazu bestimmt, ihm zu helfen. Gefiel mir selbst nicht recht ... aber sie haben ihre Aufgabe bis jetzt recht ordentlich erledigt. Oh, es war so viel los, daß ich gar nicht weiß, wo ich anfangen soll!«

Unter Leris leichtem Geplauder spürte Moreta Sorge und Erschöpfung, aber die alte Frau schien mit der Krise zu wachsen.

»Hat es ... noch mehr Tote im Weyr gegeben?« fragte Moreta zögernd.

»Nein!« Leri schüttelte trotzig den Kopf. »Und es hätte überhaupt keine geben müssen. Aber die Leute wollten einfach ihren Verstand nicht einsetzen. Du weißt, wie schnell die Grünen und Blauen die Nerven verlieren. Genau das taten sie, als ihre Reiter erkrankten, statt sie zu unterstützen. Vielleicht ist sogar was dran an Jalloras These, daß die Panik die Krankheit erst recht verschlimmerte ...« Leri starrte einen Moment lang ins Leere. »Jallora ist die Gesellin, die man uns zusammen mit zwei Lehrlingen von der Heilerhalle schickte. Dich hatte es am schlimmsten erwischt, weißt du das? Vermutlich warst du erschöpft nach dem langen Fest ... kein Schlaf, die Aufregung, dann der Fädeneinfall und die schwierige Behandlung von Dilenth ... Ihm geht es übrigens gut. Nun, Orlith hätte niemals zugelassen, daß du stirbst. Sie gab ein so gutes Beispiel, daß wir die übrigen Königinnen baten, die Kranken zu bewachen und auf keinen Fall sterben zu lassen. Es wäre doch gelacht, wenn die Drachenreiter dieses seltsame Virus nicht besiegen könnten! Schließlich leben wir nicht in der dumpfen Enge der Burgen ...«

»Wie viele sind denn krank, wenn die Weyr sich bereits vereinigen müssen, um gegen die Fäden anzukämpfen?«

Leri schnitt eine Grimasse. »Du mußt jetzt tapfer sein. Mit Ausnahme des Hochland-Weyrs melden alle Weyr einen Ausfall von nahezu zwei Dritteln. Wir können – wenn man die Kranken und Verletzten abzieht – gerade zwei Geschwader zusammenstellen.«

»Aber du sagtest doch, Meister Capiam hätte ein neues Mittel?«

»Zur Vorbeugung. Und dieser Impfstoff reicht längst nicht aus.« Leris Stimme klang wütend. »So beschlossen die Weyrherrinnen, daß man zunächst die Hochland-Reiter impfen müsse, da wir im Moment alle von S'ligar und Falga abhängen. Sobald mehr von dem Serum hergestellt ist, kommen die übrigen Weyr an die Reihe. Im Moment läßt Meister Capiam per Trommeln Leute suchen, die von der Krankheit genesen sind. Tolocamp beschwert sich natürlich, daß die Drachenreiter bevorzugt werden, aber ich finde die Entscheidung vernünftig.«

»Tolocamp ist nicht krank?«

»Er rührt sich nicht aus seinen Räumen.«

»Für eine Frau, die ihren Weyr nur selten verläßt, bist du hervorragend informiert.«

Leri lachte. »K'lon hält mich auf dem laufenden. Sofern Capiam ihn nicht für seine Dienste beschlagnahmt. Zum Glück hat Rogeth einen gesunden Appetit und kommt täglich in den Weyr zurück, um sich vollzufressen.«

»Drachen fressen doch nicht täglich!«

»Blaue Drachen, die zweimal in der Stunde ins *Dazwischen* gehen, schon!« Leri warf Moreta einen ernsten Blick zu. »Ich bekam eine kurze Nachricht von Capiam, konnte seine Schrift aber kaum lesen. Er lobte K'lons unermüdlichen Einsatz ...«

»A'murry?«

»Auf dem Weg der Besserung. Eine knappe Angelegenheit, aber Holth blieb ständig in Kontakt mit Granth, sobald wir erkannten, wie wichtig die Hilfe der Drachen ist. L'bol verlor beide Söhne und weiß sich vor Trauer nicht zu fassen. M'tani benimmt sich unmöglich, aber er hat eben schon länger als alle anderen gegen die Fäden gekämpft und sieht in diesem Zwischenfall eine persönliche Kränkung. Wenn wir K'dren und S'ligar nicht hätten, gäbe es wohl auch Probleme mit F'gal. Er hat den Mut verloren.«

»Leri, du redest und redest, aber du verschweigst mir etwas!«

»Ja, Mädchen.« Leri tätschelte sanft Moretas Arm, öffnete die Flasche und schenkte ein Glas voll. »Trink einen Schluck!« befahl sie.

Gehorsam trank Moreta; sie wollte eben fragen, was in aller Welt Leri da zusammengebraut hatte, als sie Orliths Gedanken schützend in ihrem Innern spürte.

»Euer Familiensitz ...« Leri schaute an ihr vorbei, und ihre Stimme klang belegt. »... ist hart betroffen.«

Moreta richtete sich ein wenig auf und beobachtete das abgewandte Gesicht der alten Frau. Tränen strömten Leri über die Wangen.

»Nachdem wir zwei Tage lang keine Trommelbotschaft mehr erhalten hatten, machte sich der Harfner von Keroon auf die Reise flußabwärts ...« Leris Finger umklammerten Moretas Arm. »Es ... war niemand mehr am Leben.«

»Niemand?« Moreta war starr. Der Besitz ihres Vaters hatte an die dreihundert Menschen ernährt; weitere zehn Familien wohnten in Hütten nahe der Flußklippen.

»Trink das!«

Wie betäubt gehorchte Moreta. »Niemand am Leben? Nicht einmal die Hirten draußen bei den Rennern?«

Leri schüttelte langsam den Kopf. »Weder die Hirten noch die Renner«, wisperte sie. Moreta konnte die Tragödie nicht in ihrem vollen Ausmaß erfassen. Was sie im Moment am meisten schmerzte, war die Vernichtung des Gestüts. Als vor zwanzig Planetenumläufen die Suche der Drachenreiter positiv verlaufen war, hatte sie sich dem Wunsch ihrer Familie gefügt und ein neues Leben im Weyr begonnen. Natürlich bedauerte sie den Tod ihrer Familie; sie hatte ihre Mutter, ihre Brüder und den alten Onkel, der im Hause lebte, sehr gern gehabt und ihrem Vater großen Respekt entgegengebracht. Aber die Renner, die ihre Vorfahren seit acht Generationen mit soviel Sorgfalt gezüchtet hatten ... der Verlust traf sie tief.

Orlith summte leise, und das Mitgefühl ihres Drachen wurde sanft verstärkt von einem zweiten Gedankenstrom. Moreta spürte, wie das entsetzliche Gewicht ihres Kummers durch Liebe und Zuneigung erleichtert wurde, durch ein tiefes Verständnis für ihr umfassendes Leid, durch die Bereitschaft, ihr einen Teil des schweren Druckes und der Trauer abzunehmen.

Tränen strömten Moreta über die Wangen und versiegten erst, als sie sich völlig leergeweint hatte. Ihre Gefühle schienen merkwürdig losgelöst von Körper und Geist zu schweben. Mit merkwürdiger Klarheit erkannte sie, daß Leri ein starkes Mittel in ihren Wein gemischt hatte. Dann sah sie, daß die alte Frau sie mit unendlich müden, traurigen Augen beobachtete. Jede Linie und Falte in dem schmalen Gesicht wirkte noch tiefer eingegraben als sonst.

»Das Werk meiner Familie ist also völlig zerstört?« fragte Moreta schließlich.

»Vielleicht haben einige Jungtiere auf den Ebenen überwintert. Der Harfner konnte es nicht überprüfen, weil er nicht wußte, wo sich die Weiden befinden. Und wir hatten noch keine Zeit, einen Patrouillenreiter loszuschicken.«

»Nein, nein, natürlich nicht ...« Moreta begriff, daß es in der augenblicklichen Lage unmöglich war, solche Dinge herauszufinden. Aber sie klammerte sich insgeheim an diese Hoffnung. »Die Einjährigen und die trächtigen Tiere standen im allgemeinen auf der Winterweide. Jemand vom Hof hat sie sicher versorgt ...«

Gefühle der Liebe und Zuversicht hüllten sie ein. *Wir sind bei dir!*

Orlith, ist das Holth?

Natürlich.

Ich danke euch. Moretas Gedanken schwebten umher, losgerissen von ihrem Körper, bis sie Leris ängstlichen Gesichtsausdruck bemerkte. »Ich habe mich gefaßt. Holth wird es dir bestätigen. Wußtest du, daß sie mit mir spricht?«

»Ja, sie hat sich während deiner Krankheit daran gewöhnt, dich zu beobachten«, meinte Leri mit einem freundlichen, gelassenen Lächeln.

»Was hast du in den Wein gemischt? Ich fühle mich ... schwerelos.«

»Genau das wollte ich erreichen. Fellissaft, Betäubungskraut und ein paar Tropfen einer Euphorie-Droge. Nur um den Schock zu dämpfen.«

»Kommt noch mehr?« An Leris zitternden Lippen erkannte Moreta, daß sie in der Tat noch nicht alle schlimmen Nachrichten erfahren hatte. »Dann ... berichte, solange ich mich noch in diesem merkwürdigen Schwebezustand befinde! Der Hof meiner Familie ... kann kein Einzelfall gewesen sein.«

Leri schüttelte den Kopf. »Ruatha?« fragte Moreta zögernd.

»Wurde schwer geprüft.«

»Alessan?« Angst stieg in ihr auf. Der junge Erbbaron, der eben erst sein Amt übernommen hatte ...

»Nein, er hat die Krankheit überstanden und befindet sich auf dem Weg der Genesung. Aber in seiner Familie und unter den Gästen hat die Epidemie entsetzlich gewütet. Auch in den Rennställen ...«

»Dag?«

»Wir erfuhren kaum Namen. Der Igen-Weyr und die Burg sind nahezu menschenleer. Baron Fitatric, seine Gemahlin, die Hälfte ihrer Kinder ...«

»Beim Großen Ei wurde denn nichts und niemand verschont?«

»Doch. Auf Bitra, Lemos, Nerat, Benden und Tillek gab es verhältnismäßig wenige Kranke, und diese Leute wurden sofort isoliert, so daß sich die Ansteckung in Grenzen hielt. Die Burgen sandten Helfer aus ...«

»Warum?« Moreta ballte die Fäuste. »*Warum?* So dicht vor dem Ende unserer Leiden! Noch acht Planetenumläufe bis zum nächsten Intervall!« Moretas Stimme klang hart und schrill. »Wußtest du, daß sich meine Familie nach dem letzten Vorbeizug des Roten Sterns in Keroon niederließ? Daß sie bereits damals die Rennerzucht begründete? Und jetzt – so kurz vor dem Ende der Sporenplage – wird alles ausgelöscht!«

»Du hast doch eben selbst gesagt, daß ein Teil der Herden vielleicht auf den Winterweiden war. Behalt diese Möglichkeit im Auge!« Die Drachen verstärkten Leris Optimismus.

Moretas Ausbruch verging so rasch, wie er gekommen war. Sie sank in die Kissen zurück, ihre Lider wurden schwer, der Körper erschlaffte. Leri schien in weite Ferne zu entschwinden, obwohl Moreta wußte, daß sie noch an ihrem Bett saß.

»So ist es gut. Schlaf jetzt!« sagte die alte Weyrherrin sanft.

»Ich könnte gar nicht wachbleiben«, murmelte Moreta und entspannte sich.

Ruatha, 16. 3. 43

K'lon war unendlich erleichtert, als Heilergeselle Follen aus Baron Alessans Räumen kam. Der Totengestank in dem eiskalten Korridor erschütterte K'lon, obwohl er inzwischen abgehärtet war von dem Leid, das ihm überall begegnete.

»Ich habe seine Schwester und den Harfner geimpft. Baron Alessan meint, daß in diesem Korridor vielleicht noch mehr Patienten liegen; die oberen Stockwerke konnten sie inzwischen freimachen. Ich weiß nicht, wie der Mann das geschafft hat. Wenn ich geahnt hätte, daß die Dinge hier so schlimm stehen, hätte ich darauf bestanden, daß Meister Capiam uns mehr Serum mitgibt.«

»Wir haben nicht sehr viel davon.«

»Als ob ich das nicht wüßte!«

Follen lächelte dünn. Am Vorabend hatte der blaue Reiter den Heilergesellen nach Süd-Boll gebracht, nachdem die Trommeln verkündet hatten, daß es dort Überlebende der Epidemie gab. Da Capiams Besuch gleich zu Beginn des Krankheitsausbruchs sowie seine Empfehlungen an die Heiler von Süd-Boll dazu geführt hatten, daß sich die Seuche nicht so stark ausbreitete wie in den mittleren Regionen des Kontinents, war es nur gerecht, daß sämtliche Genesenen ein wenig Blut opferten. Selbst Baron Ratoshigan zählte zu den Spendern; allerdings hatte man den leicht erregbaren Burgherrn in dem Glauben gelassen, daß die Blutabnahme ein Teil der notwendigen Behandlung sei.

»Wir können auch hier Blut bekommen«, fuhr Follen fort und strich sich mit den Fingern durch die Haare. »Wenn Baron Alessans Zahlen stimmen, müßte die Burg in der Lage sein, sich selbst mit Impfstoff zu versorgen. Ich möchte den Patienten jedoch zuerst etwas von Desdras Kräftetrank geben. Fragen Sie Baron Shadder, ob er noch ein paar Freiwillige auftreibt, die uns unterstützen. Ich bin sicher, daß wir auch viele der an Nebeninfektionen Erkrankten retten können, wenn wir nur genügend Pfleger bekommen. Wir müssen es zumindest versuchen. In dieser Burg hat die Krankheit entsetzlich zugeschlagen.«

K'lon nickte langsam. Der Zustand von Ruatha hatte die Hilfsmannschaft entsetzt. Der Fort-Reiter war mit drei Grünen von Benden hergekommen, um den Heilergesellen Follen und sechs Freiwillige von der Burg Benden abzusetzen. Der Anblick, der sich ihnen geboten hatte, als sie aus dem *Dazwischen* tauchten, war grauenvoll gewesen. Die hoch aufgetürmten Begräbnishügel auf der Flußweide, der Ring von verbrannten Kadavern nahe der Rennebene und die hastig errichteten Zelte auf dem Festplatz hatten gezeigt, welche Anstrengungen Ruatha unternommen hatte, um diese Heimsuchung zu bekämpfen. Die traurigen Fetzen der bunten Festwimpel, die von den Simsen der fest verrammelten Fenster wehten, schienen die Ankömmlinge zu verhöhnen. Abfälle übersäten die Tanzfläche, und über einem längst erloschenen Lagerfeuer schwang ein Metallkessel auf einem Dreibein im eiskalten Wind hin und her.

»Lady Pendra?« begann K'lon.

Follen schüttelte stumm den Kopf. »Weder sie noch die Töchter, die sie zum Fest mitgebracht hatte, überlebten die Krankheit. Das ist sicher hart für Baron Tolocamp, aber Alessan erging es noch schlimmer: Seine Familie wurde bis auf eine Schwester des Burgherrn vollständig ausgerottet.«

»Was? Von allen Nachkommen, die Leef zeugte ...«

»Baron Alessan hat große Angst, auch sie zu verlieren. Sprechen Sie mit ihm!« Follen nickte ihm kurz zu und hastete dann den dunklen Korridor entlang zum nächsten Zimmer.

K'lon straffte die Schultern. Er hatte in den letzten Tagen gelernt, seine Gefühle hinter einer ausdruckslosen Maske zu verbergen und seine Worte so zu wählen, daß sie ermutigend, aber nicht allzu forsch klangen. Immerhin bestand seit Entdeckung der Impfmethode die berechtigte Hoffnung daß man die Epidemie besiegen und die noch nicht Erkrankten vor der Ansteckung bewahren konnte. Er klopfte höflich an, öffnete jedoch die Tür, ohne die Aufforderung zum Eintreten abzuwarten.

Baron Alessan kniete neben einem Strohsack und wusch einem Kranken das Gesicht. An der Wand, die zu seiner Schlafkammer führte, befand sich ein weiteres Lager. K'lon unterdrückte einen entsetzten Ausruf, als er sah, wie sehr sich der jungen Erbbaron verändert hatte. Wahrscheinlich verlor sich mit der Zeit seine Blässe und der schlaffe, ausgezehrte Körper wurde wieder straff, aber die scharfen Falten, die sich tief in das Gesicht gegraben hatten, würden ihn wohl für immer prägen. Alessan wandte sich mit einem Seufzer dem blauen Reiter zu.

»Seid mir vielmals willkommen, K'lon, Reiter des Blauen Rogeth!« Der Burgherr verneigte sich. Dann faltete er das feuchte Tuch und legte es dem Kranken auf die Stirn. »Laßt Meister Tirone wissen, daß wir ohne die Unterstützung und Erfindungsgabe seiner Harfner noch mehr gelitten hätten. Tuero hier verhielt sich großartig. Der junge Heiler ... wie hieß er?« Alessan fuhr sich mit zittriger Hand über die Stirn.

»Follen.«

»Seltsam, alle die anderen Namen kommen mir in den Sinn ...« Alessan schwieg und starrte aus dem Fenster. K'lon wußte, daß der Erbbaron die Begräbnishügel vor Augen hatte, und er fragte sich, ob der erschöpfte junge Mann die Namen jener meinte, die nun in den Massengräbern ruhten. »Man wird vergeßlich, wenn man im Bett liegt und darauf wartet, daß ...« Alessan warf den Kopf zurück. Er griff nach der Tischkante und richtete sich langsam auf. »Ihr habt uns in der Tat Trost gebracht. Follen sagt, daß Tuero, Deefer ...« Er deutete auf das zweite Lager. »... und meine Schwester überleben werden. Und er entschuldigte sich noch, weil er nicht mehr ... Impfstoff? Ist das richtig? ... weil er nicht mehr Impfstoff besaß ...«

»Setzen Sie sich, Baron ...«

»Ehe ich zusammenbreche?« Alessan lächelte schwach, aber er gehorchte.

»Die Leute haben eingeheizt, und bald wird es eine kräftige Suppe geben. Das Rezept stammt von Desdra. Sie pflegte Meister Capiam, und er behauptet, das Zeug habe bei ihm wahre Wunder gewirkt.«

»Vielleicht tut es das auch bei uns.« Aus Alessans Kammer drang ein schwaches Husten. Alessan horchte und atmete tief durch.

»Ihre Schwester? Sie werden sehen, daß es nach der Impfung rasch aufwärts mit ihr geht!«

»Ich hoffe es von ganzem Herzen. Sie ist die einzige Verwandte, die mir blieb.«

Obwohl Alessan bei diesen Worten ruhig wirkte, schnürte es K'lon vor Mitleid die Kehle zu.

»Das Serum wird die Viruswirkung stark dämpfen. Zumindest habe ich bei anderen Patienten erstaunliche Heilerfolge erlebt. Wenn ich mich nicht täusche, stammt das Medikament sogar von meinem eigenen Blut.« K'lon redete und redete, und es störte ihn nicht, daß er gelegentlich von der Wahrheit abwich. Was der Burgherr im Moment brauchte, war ein Anker, an den er sich klammern konnte.

Alessan zog überrascht die Brauen hoch und lächelte schwach. »Das Geschlecht von Ruatha war stets stolz auf das Drachenreiterblut, das in seinen Adern floß, aber daß die Bande so eng werden ...«

K'lon lachte. »Wenigstens haben Sie Ihren Humor behalten.«

»Das ist so ziemlich das einzige, was mir blieb.«

»Nein, Baron Alessan, Sie haben noch sehr viel mehr«, entgegnete K'lon ernst. »Und Sie werden jede nur mögliche Hilfe von Weyr, Burg und Gilde bekommen, um Ihren Besitz zu erhalten.«

»Vorausgesetzt das Serum weist die Krankheit in ihre Schranken ...« Wieder horchte Alessan angespannt zur Schlafkammer hin. »Nun, es ist bereits mehr, als wir erhofften.«

»Ich werde mir Ihre Vorräte ansehen und notieren, was Sie am dringendsten brauchen«, begann K'lon. Insgeheim schwor er sich, als erstes diese entsetzlichen bunten Fetzen von den Fenstern reißen zu lassen. Wenn er die Flaggen bereits als Hohn und Spott empfand, wie grausam mußte dann erst der Anblick für Baron Alessan sein!

Der Burgherr erhob sich ein wenig zu schnell und mußte sich an der Stuhllehne festhalten. »Ich weiß genau, was wir benötigen ...« Er ging unsicher zu seinem Schreibtisch am Fenster und stapelte geistesabwesend ein paar schmutzige Teller. Dann nahm er ein Stück Pergament in die Hand. »Zuallererst Medikamente. Wir haben kein Akonit und kein Fiebermittel mehr, nur noch einen viel zu schwachen Sirup gegen diesen verdammten Husten. Außerdem fehlen Thymus, Schwarzwurz, Mehl und Salz. Die Schwarzsteinvorräte sind aufgebraucht, und seit drei Tagen gibt es weder Gemüse noch Fleisch.« Er reichte K'lon das Blatt mit einem bitteren Lächeln. »Begreifen Sie, wie wichtig Ihre Ankunft für uns war? Tuero schickte heute morgen noch eine Trommelbotschaft los, ehe er zusammenbrach. Ich fürchte, ich selbst hätte nicht die Kraft aufgebracht, den Turm zu erklimmen.«

K'lon nahm die Liste entgegen, und seine Hand zitterte kaum weniger als die des Burgherrn. Er verneigte sich, um seinen Gesichtsausdruck zu verbergen. Als er wieder aufschaute, starrte Alessan mit verschlossener Miene aus dem Fenster.

»Follen sagte mir, daß sich ähnliche Szenen auf dem gesamten Kontinent abspielen.«

»Hier ... ist es besonders schlimm.« K'lons Stimme schwankte.

»Wie ... wie hart sind die Weyr betroffen?«

»Auch da gab es Verluste, aber die Drachenreiter konnten bei jedem Fädeneinfall aufsteigen.«

Alessan warf ihm einen verwirrten Blick zu, dann schaute er wieder aus dem Fenster. »Ja, ich nehme an, daß sie ihr Bestes taten. Ihr kommt vom Fort-Weyr?«

Da Alessan seine Weyr-Zugehörigkeit kennen mußte, zielte er mit seiner Frage wohl auf etwas Bestimmtes ab. K'lon erinnerte sich an den Klatsch, den Nesso verbreitet hatte: daß der junge Burgherr sich auf jenem Fest auffällig um Moreta bemüht hatte ...

»Lady Moreta befindet sich ebenso auf dem Wege der Besserung wie unser Weyrführer. Wir hatten auf Fort nur einen Todesfall zu beklagen – einen älteren braunen Reiter und seinen Drachen Koth. Auf Igen starben fünfzehn, auf Telgar acht und auf Ista zwei Männer; aber seit es den Impfstoff gibt, steigen unsere Hoffnungen.«

»Das ist gut.« Alessans Blicke schweiften von den Feldern hin zu den Bergketten, und seine Miene wirkte mit einem Mal erleichtert.

»Wußten Sie, daß sich hier noch vor wenigen Tagen einhundertzwanzig der besten Renner aus dem Kontinent tummelten? Und daß siebenhundert Gäste sich bei Tanz, Wein und Speisen vergnügten ...?«

»Baron Alessan, weshalb quälen Sie sich? Durch Ihre strikte Einhaltung der Quarantäne gelang es, die Epidemie auf ein kleines Gebiet zu beschränken!«

Alessan wandte sich abrupt vom Fenster ab. »Übermitteln Sie Baron Tolocamp mein tiefes Beileid! Lady Pendra und ihre Töchter kümmerten sich aufopfernd um die Kranken, bis sie selbst der Seuche zum Opfer fielen. Sie waren so tapfer.« Alessans Stimme klang hart.

K'lon nickte wortlos. Er war nicht der einzige, der Baron Tolocamp seine feige Flucht ein Leben lang vorwerfen würde. Es gab Leute, die es richtig fanden, daß Tolocamp das Wohl seiner Burg über das seiner Gemahlin und seiner Töchter gestellt hatte. Der Baron hielt sich in seinen Privaträumen verbarrikadiert, während auf Ruatha die Menschen litten und starben. Der Burgherr von Fort bekam die Krankheit sicher nicht, denn er hatte sehr energisch darauf bestanden, geimpft zu werden, ungeachtet der Prioritätenliste, die Meister Capiam und die Weyrherrinnen zusammengestellt hatten.

»Ich werde Ihre Worte ausrichten. Die Vorräte, die wir mitbrachten, stammen übrigens von Benden und Nerat.«

Alessans Augen blitzten kurz auf, und es hatte den Anschein, als sähe er K'lon zum ersten Mal richtig an.

»Ich danke Ihnen für diese Auskunft. Bestellen Sie Baron Shadder und Baron Gram, daß ich ihre Großzügigkeit zu schätzen weiß.« Wieder schweiften seine Blicke zu den Begräbnishügeln. Allmählich machte sich K'lon Sorgen um ihn.

»Ich muß gehen«, meinte der blaue Reiter unentschlossen. »Es gibt soviel zu tun.«

»Natürlich. Vielen Dank für Ihr Kommen und den Trost, den Sie mir gespendet haben. Und grüßen Sie Rogeth von mir!« Alessan streckte ihm die Hand entgegen.

K'lon durchquerte den Raum und umschloß die kraftlosen Finger mit einem warmen Druck beider Hände. Dann verließ er rasch den Raum. Er wollte nicht, daß der Burgherr merkte, wie nahe ihm dieser Besuch gegangen war. K'lon eilte durch den dunklen Korridor – jemand mußte neue Leuchtkörbe anbringen – in den Großen Saal, wo zwei Freiwillige von Benden saubermachten. Der Lärm, den sie dabei veranstalteten, war ein wohltuender Gegensatz zu der Grabesstille, die sie empfangen hatte. Er bat die beiden, Leuchtkörbe zu besorgen und so bald wie möglich die Festbanner einzuholen. Draußen hörte er Rogeth trompeten.

Das ist der trostloseste Ort, an dem wir bisher waren, klagte der blaue Drache. *Müssen wir noch sehr lange hierbleiben?*

K'lon bedankte sich noch einmal herzlich bei den Leuten von Benden und eilte hinaus in den Hof. Rogeth kam ihm entgegengestürzt.

Dieser Platz erfüllt auch dich mit Trauer! Können wir jetzt zu Granth und A'murry?

»Zumindest fliegen wir jetzt los.« K'lon schwang sich auf Rogeths Nacken. Unwillkürlich wanderte sein Blick über die trostlose Festwiese mit den halb eingesunkenen Notzelten, über die Rennebene und die Begräbnishügel. Zogen *sie* Baron Alessans Blicke an? Oder war es die Handvoll Renner, die weit weg am Horizont weideten? Das Poltern eines von Herdentieren gezogenen Totenkarrens scheuchte K'lon aus seinen Gedanken. Das Gespann zog zum Fluß hin.

»Bring mich weg von hier!« befahl er Rogeth. Er fühlte sich

elend. »Ich muß mich kurz bei A'murry ausruhen. Vielleicht kann ich danach dieses Leid besser ertragen.«

K'lon empfand eine überwältigende Sehnsucht nach seinem einfühlsamen Freund, nach einem Moment der Stille und der Wärme. Er wußte, daß man ihn in der Heilerhalle erwartete. Es gab soviel zu tun. Dennoch schickte er Rogeth zu den sonnenhellen Höhen des Igen-Weyrs. Der blaue Drache schnellte in die Lüfte und tauchte ins *Dazwischen*.

KAPITEL XI

Fort-Weyr, 17. 3. 43

»Beim Ei!« rief Jallora. »Er ist ohnmächtig geworden!«

Kadith trompetete in ihrem Weyr, und Moreta sprang auf, um den Drachen zu beruhigen, während die Heilergesellin sich über den Blutspender beugte und ihn untersuchte.

Was ist geschehen? erkundigte sich Orlith besorgt.

»Sh'gall hat eine Überreaktion gezeigt«, entgegnete Moreta. Sie wußte, daß ihre Königin die Botschaft sofort an Holth und Leri weitergeben würde. »Sei so gut und beruhige Kadith!«

»Meist sind es die kräftigsten Kerle, die umkippen«, stellte Jallora fest, als Moreta wieder neben sie trat. »Es besteht nicht die geringste Gefahr. Sosehr wir sein Blut für unser Serum benötigen – ich wäre nie und nimmer ein Risiko eingegangen.«

»Das hatte ich auch keine Sekunde angenommen, Jallora«, versicherte Moreta mit einem leisen Lachen.

Die Heilergesellin hatte eine erregte Diskussion zwischen Moreta und Sh'gall unterbrochen, in deren Verlauf der Weyrführer jede einzelne Entscheidung abwertete, die seit Beginn seiner Krankheit getroffen worden war. Daß Moreta selbst das Bett gehütet hatte und in keiner Weise für die Beschlüsse verantwortlich war, nahm er überhaupt nicht zur Kenntnis.

»Leute wie er sind keine angenehmen Patienten«, fuhr Jallora im Plauderton fort und beobachtete dabei aufmerksam den dünnen Blutstrahl, der in den Glasbehälter rann.

»Geht das hier nach Ruatha?«

»Ein Großteil davon – sobald die restlichen Fort-Reiter ge-impft sind.« Als Moreta mit einer warnenden Geste auf Sh'gall deutete, fügte die Heilerin diplomatisch hinzu: »Keine Sorge, ich weiß Bescheid. Er hat das Bewußtsein noch nicht wieder-gewonnen. So! Mehr nehme ich ihm nicht ab, obwohl er einen halben Liter zusätzlich kaum spüren würde.« Geschickt schob sie einen kleinen Bausch über den Nadeldorn und zog ihn her-aus; Moreta drückte den Finger auf die Einstichstelle, solange Jallora den Glasbehälter verschloß. »Er kommt in ein paar Mi-nuten zu sich.« Die Heilerin begann ihre Utensilien auf ein Ta-blett zu legen. »F'duril sagte mir übrigens, daß Sie Dilenths Schwinge versorgt haben. Eine großartige Leistung!«

»Macht er Fortschritte?« Die Anerkennung der jungen Frau tat Moreta wohl.

»Zum Glück ja. Auch F'duril und dem jungen A'dan geht es besser. Ich war noch nie zuvor in einem Weyr. Offen gestan-den hatte ich keine Ahnung, daß sich Drachen bei den Spo-renkämpfen so schwer verletzen können. Sie wirken immer so imposant.«

»Leider sind sie nicht unverwundbar.«

»Wir können unseren Glückssternen danken, daß sie sich als immun gegen dieses Virus erwiesen.«

In diesem Moment begann Sh'gall leise zu stöhnen. Jallora eilte an sein Lager und räumte die restlichen Instrumente bei-seite.

»Nun, Weyrführer, wieder unter den Lebenden?« Sie nahm eine orangefarbene Flüssigkeit vom Tisch, stützte Sh'gall mit einem Arm und setzte ihm das Glas an die Lippen. »Trinken Sie, dann werden Sie sich gleich besser fühlen!«

»Ich weiß nicht, ob es klug war, mich ...«, begann Sh'gall ge-reizt, aber er nahm das Glas entgegen und trank.

»Die Reiter von Fort brauchen das Serum, Weyrführer. Sie müssen alle geimpft werden, damit nicht noch mehr von ih-nen das erleiden, was Sie soeben durchgemacht haben!«

Die Heilerin schlug den richtigen Ton an, und Sh'gall entließ sie mit einem gnädigen Kopfnicken. Moreta bedauerte, daß sie nicht auch einfach verschwinden konnte.

»Trotzdem – ich halte es nicht für klug, einem ohnehin geschwächten Menschen Blut abzunehmen«, erklärte Sh'gall, sobald Jallora außer Hörweite war.

»Mich hat sie auch schon gemolken.« Moreta schob den Ärmel hoch und deutete auf den winzigen blauen Fleck in der Armbeuge. Sh'gall wandte den Blick ab. »Im Moment fallen einhundertzweiundachtzig Reiter wegen der Krankheit oder einer Verletzung aus.«

»Warum hat uns Capiam diese ... Frau geschickt, anstatt selbst zu kommen?«

»Jallora ist eine erfahrene Heilerin. Sie lernte gerade für ihre Meisterprüfung, als die Epidemie ausbrach. Capiam hat selbst gerade erst das Krankenlager verlassen, und er muß sich um den ganzen Kontinent kümmern!«

»Ich kann nicht glauben, daß Leri nichts von meiner Absicht wußte, P'nine als Stellvertreter einzusetzen!« Sh'gall nahm seine Beschwerden an dem Punkt wieder auf, wo Jallora ihn unterbrochen hatte.

»Leri hat sämtliche Entscheidungen aufgrund ihrer großen Erfahrung getroffen. Vergiß nicht, sie leitete diesen Weyr bereits, als wir noch keine Drachen für uns gewonnen hatten!«

»So? Und warum erfahre ich dann von Kadith, daß T'ral heute zwei Geschwader in Tillek anführte?« entgegnete Sh'gall erbost. »T'ral ist nur *Geschwaderzweiter!*«

»Mit Ausnahme des Hochlands werden im Moment alle Weyr von Geschwaderzweiten geführt. Du siehst: Je eher du das Kommando wieder übernimmst, desto besser.«

Die Bemerkung schien Sh'gall einzuleuchten, aber seine Miene blieb grimmig. »Ich war krank, sehr krank.«

»Du kannst auf mein Mitgefühl zählen.« Moreta versuchte ernst zu bleiben. »Aber glaub mir, bis zum Abend wirst du dich bedeutend besser fühlen.«

»Das kann ich jetzt noch nicht sagen ...«, quengelte er.

»Aber ich! Vergiß nicht, daß ich die gleiche Krankheit durchgemacht habe wie du!«

Sh'gall warf ihr einen Blick puren Hasses zu, aber Moreta ließ sich davon nicht beirren. Wenigstens ein Teil der schweren Last mußte von S'ligars Schultern genommen werden.

Sh'gall war ein verdammt guter Führer im Kampf gegen die Fäden, und seine Fähigkeiten wurden dringend gebraucht.

»Nerat und Tillek sind die nächsten Kampffronten«, fuhr sie fort. »Du hast Glück: Dort gibt es wenigstens Bodentrupps.«

»Ich wollte Kadith nicht glauben, daß uns keine Bodenmannschaften zu Hilfe kamen! Begreifen denn die Bauern nicht ...«

»Sie begreifen sehr wohl, aber sie haben schlimmere Verluste erlitten als wir, Sh'gall. Unterhalte dich mal ein paar Minuten mit K'lon! Er wird dir ein paar harte Fakten erzählen.« Sie erhob sich. »Ich habe eine Menge zu tun. Jallora meinte, daß du heute noch das Bett hüten sollst. Morgen kannst du aufstehen. Kadith wird mich verständigen, wenn du etwas brauchst.«

»Von dir brauche ich nichts.« Sh'gall drehte sich zur Wand und zog die Felldecke bis über die Ohren.

Moreta ließ ihn nur zu gern in seinem Schmollwinkel. Aber sie hoffte, daß in drei Tagen sein Wunsch, die Geschwader anzuführen, größer sein würde als das Verlangen, seine eingebildeten Leiden zu pflegen. An der Spitze der vereinigten Weyr zu stehen, war für einen ehrgeizigen Mann wie Sh'gall sicher eine große Herausforderung. Sie bemühte sich, ihn mit etwas mehr Nachsicht zu betrachten: Er war geschockt von den schweren Verlusten und flüchtete sich vor der grausigen Wahrheit in nebensächliche Details, die er begreifen und bewältigen konnte.

Als sie sich zu Leris Weyr begab, stellte sie fest, daß ihr die Treppe nur noch halb so viel Mühe bereitete wie am Vortag. Sie hatte beschlossen, Holth das Kampfgeschirr anzulegen, nachdem Leri es sich nicht nehmen ließ, persönlich im Königinnengeschwader mitzureiten. Danach wollte Moreta aus den kläglich geschrumpften Rohstoffen des Weyrs neue Medikamente herstellen. Sie wußte, daß K'lon die Regale geplündert hatte, aber sie konnte es ihm nicht verdenken.

»Liegt er flach?« Leri kicherte boshaft. »Und er war alles andere als zufrieden mit den Entscheidungen, die ich während seiner Krankheit traf, stimmt's?«

»Hat Holth schon wieder gelauscht?«

»Gar nicht nötig! Ich sehe die roten Ärgerflecken auf deinen Wangen, ha!«

»Du machst mir mindestens genausoviel Ärger wie er!« sagte Moreta grimmig. »Du weißt genau, daß du dich übernimmst ...«

Leri winkte ab. »Ich denke nicht daran, freiwillig auf den Genuß des Fluges zu verzichten! Ich bleibe im Königinnengeschwader, solange ich mich im Sattel halten kann. Und ich fühle mich heute besser als seit vielen Planetenumläufen.« Sie nahm einen Schluck Wein.

»Hmm.« Moreta warf einen bedeutsamen Blick auf das Glas.

»Keine Sorge, da ist kein Fellissaft drin! Wir besitzen keinen mehr, meine Liebe!« erinnerte Leri sie mit einem honigsüßen Lächeln.

»K'lon versprach, mir zumindest ein paar getrocknete Früchte zu besorgen.«

Beide Frauen wußten, daß viele von K'lons Vorräten aus Höfen stammten, die keine Medikamente mehr benötigten. »Nun gut.« Leri hob stumm das Glas und trank.

Moreta wandte sich rasch dem Reitgeschirr zu, um ihre Tränen zu verbergen. Sie durfte nicht ständig an den verwaisten Hof ihrer Eltern denken. Aber die Erinnerung an den sonnigen Ort, an die Kinder, die fröhlich über die Wiesen tollten, an die alten Leute, die an der warmen Hausmauer auf Bänken saßen und plauderten, ließen sich nicht verbannen. Das alles war jetzt ohne Leben. Sicher hatten Schlangen und wilde Where ...

»Moreta?« Leris Stimme klang sanft und liebevoll. Dann setzte sie hastig hinzu: »Holth sagt, daß K'lon soeben eingetroffen ist.«

In diesem Moment übermittelte ihr Orlith die gleiche Nachricht.

»Manchmal meine ich, daß ich mehr als zwei Ohren und einen Kopf habe!«

Ich habe keine Ohren, stellte Orlith richtig.

K'lon betrat den Weyr. Er strahlte Energie und gute Laune aus. Moreta fiel plötzlich seine gesunde braune Hautfarbe auf. Und als er den Helm abnahm, sah sie, daß sein Haar sonnengebleicht war.

»Nerat hat Fellissaft in Hülle und Fülle, Moreta«, verkündete er fröhlich und setzte einen prall gefüllten Sack ab. »Und von Lemos bekommen wir Akonit und Weidensalz.«

»Und wie geht es A'murry?« fragte sie mit einem warmen Lächeln. Sie wollte ihm mit der Frage zu verstehen geben, daß sie den kurzen Umweg billigte.

»Sehr, sehr viel besser.« K'lon strahlte erleichtert. »Natürlich ist er immer noch schwach, aber er sitzt den ganzen Tag in der Sonne, und allmählich bekommt er wieder Appetit.«

»Na, du hast dich wohl ausgiebig bei ihm gesonnt, was?« fragte Leri.

Moreta warf ihr einen raschen Blick zu, denn die Stimme der alten Frau klang betont arglos.

»Wann immer ich die Zeit dazu fand«, murmelte K'lon und machte sich an dem Sack zu schaffen.

»Soll das heißen ...« Endlich begriff auch Moreta, was Leri längst durchschaut hatte. »Soll das heißen, daß du *per Zeitsprung* bei A'murry warst?«

»Ich hatte soviel Arbeit und ...« Draußen trompetete Rogeth los.

»Niemand macht dir Vorwürfe, K'lon!« sagte Leri rasch. Holth summte beruhigend, und die Facetten der großen wirbelnden Augen glitzerten blau. »Aber du gehst ein großes Risiko ein. Du könntest dir bei so einem Ausflug selbst begegnen.«

»Aber ich habe genau aufgepaßt!« K'lons Stimme klang trotzig und unsicher zugleich.

»Sag mal, auf wie viele Stunden hast du deinen Tag eigentlich ausgedehnt?« Leri sprach mit großem Verständnis und Mitgefühl; aber auch eine Spur von Belustigung war zu vernehmen.

»Ich weiß nicht. Ich habe nicht mitgerechnet.« K'lon schob rebellisch das Kinn vor. »Es ging einfach nicht anders. Es gab soviel zu erledigen, und A'murry brauchte mich. Ich hatte ihm *versprochen*, jeden Nachmittag nach Igen zu kommen, ganz gleich, was ich zu tun hatte. Ich mußte mein Versprechen halten. Aber ich fühlte mich auch gezwungen, Meister Capiam beizustehen ...«

»Glaub uns, K'lon«, sagte Moreta, als er sie mit einem flehenden Blick ansah, »wir wissen, mit welchem Mut und mit welcher Hingabe du dich in der letzten Woche für die Kranken eingesetzt hast. Aber der Zeitsprung ist und bleibt eine gefährliche Angelegenheit ...«

»... die uns der Ausbilder nie erklärte!« warf K'lon ein wenig gereizt ein.

»Das Wissen um den Zeitsprung bleibt im allgemeinen den Bronzedrachen und Königinnen vorbehalten, K'lon. Ich nehme an, daß du durch Zufall dahinterkamst ...«

»Ja, irgendwie schon.« K'lons Miene spiegelte das Staunen wider, das er bei jenem ersten Erlebnis empfunden hatte. »Ich hatte mich verspätet und wußte, daß A'murry sich Sorgen machen würde. Ich sah ihn dasitzen und auf mich warten, und plötzlich war ich bei ihm ... rechtzeitig!«

»Ein Schock, nicht wahr?« Leri lachte.

K'lon sah sie an und begann breit zu grinsen. »Ich wußte nicht so recht, wie ich das geschafft hatte.«

»Also hast du es am nächsten Tag noch einmal ausprobiert ...«

K'lon nickte und entspannte sich ein wenig, als er sah, daß die Weyrherrin die Sache gelassen aufnahm. »Inzwischen sieht mein Zeitplan so aus: Ich melde mich morgens bei Meister Capiam und nehme seine Aufträge entgegen. Nachmittags fliege ich nach Igen, und abends erledige ich alle anderen Dinge.«

»Du wirst von jetzt an vorsichtiger sein«, erklärte Leri streng. »A'murry geht es besser, das hast du uns selbst erklärt. Aber du machst dich kaputt, wenn du deinen Tag willkürlich ausdehnst! Heute nachmittag – und nur heute nachmittag – bist du vom Fädeneinsatz befreit. Du kannst die Zeit bei deinem Freund verbringen. Aber von nun an hältst du dich an den normalen Stundenablauf auf Pern! Holth wird darüber wachen. Und wir wollen Meister Capiam bitten, daß er dich des öfteren nach Igen schickt.«

»Aber ... aber ...«

Leri hob warnend den verkrümmten Zeigefinger. »Du bist von den Zeitsprüngen zu müde, um das Risiko richtig einzuschätzen. Ein einziger Fehler, und A'murry muß für immer auf seinen Freund verzichten!« Die alte Frau musterte ihn scharf, und K'lon senkte den Blick. Holth stieß ein paar dumpfe, warnende Laute aus, und Rogeth antwortete verwirrt. K'lon starrte Leri aus weitaufgerissenen Augen an. »O ja, wenn es um die Disziplin des Weyrs geht, ist alles möglich. Ich nehme an, dir ist Holth lieber als Kadith?«

K'lon wandte sich an Moreta, aber sie schüttelte langsam den Kopf. Der junge Reiter wirkte niedergeschlagen, und seine strahlende Laune war wie weggeblasen; aber er mußte in seine Schranken gewiesen werden.

»Man braucht mich heute nachmittag während des Fädeneinfalls«, meinte er schließlich unsicher. »Wie soll ich das A'murry erklären? Wir bringen ohnehin nur knapp zwei Geschwader zusammen. Ista kann nicht mehr als ein Geschwader und zehn Ersatzleute schicken.«

»Sag A'murry, daß wir uns um deine Gesundheit Sorgen machen! Daß wir es für ratsam hielten, dich heute nachmittag ausruhen zu lassen. Daß du zu hart geschuftet hast und dein Einschätzungsvermögen während des Sporenkampfes herabgesetzt sein könnte. Wir wollen dich nicht verlieren!«

»K'lon, wir brauchen dich ebenso wie A'murry!« fügte Moreta hinzu.

»Die Heilerhalle und der Weyr stehen tief in deiner Schuld«, erklärte Leri. Ihre Stimme klang jetzt freundlicher. »Verschwinde jetzt und übergib die restlichen Aufträge Capiams an M'barak! Und noch eines, K'lon: Du wirst keiner Menschenseele – auch nicht A'murry! – verraten, daß Drachen von einer Zeit in die andere gelangen können!«

Holths große Facettenaugen glommen rötlich. Der Reiter trat erschrocken einen Schritt zurück.

»Gut, Leri.«

Die alte Weyrherrin deutete auf Moreta.

»In Ordnung, Moreta, ich verspreche es!«

»Dann erwähnen wir die Angelegenheit nicht mehr. Grüße A'murry von uns!« Leri war die Liebenswürdigkeit selbst. »Wenn es hier nicht so verdammt kalt wäre, würde ich vorschlagen, daß du ihn nach Fort bringst. Aber ich schätze, er ist

mit seinem Brustleiden im Süden momentan besser aufgehoben.«

Der gescholtene Reiter verließ den Weyr mit schweren
Schritten. Sein Drache stupste ihn an und summte tröstend.

»Er wird jetzt eine Weile den Märtyrer spielen«, sagte Leri
mit einem Seufzer.

»Besser das, als er setzt tatsächlich sein Leben aufs Spiel.«

Dann begann Leri leise zu lachen. »Es fiel mir verdammt
schwer, ernst zu bleiben. Nicht ungeschickt, der Bursche!
Wäre er nicht so braungebrannt gewesen, so hätten wir wohl
nie Verdacht geschöpft.«

»Er besitzt schon wieder zuviel Energie. Einfach schändlich,
wenn ich daran denke, wie ausgehöhlt ich mich fühle! Sag
mal, kann Holth ihn wirklich überwachen?«

»Solange K'lon das glaubt, reicht es. Du kümmerst dich
doch hin und wieder um Rogeth, meine Liebe, ja?« Sie tätschelte ihrer Königin liebevoll die Schnauze. »Moreta legt
dir jetzt das Reitgeschirr an, und dann vernichten wir die
Fäden ...«

Moreta zog die Augenbrauen hoch und warf ihr einen vorwurfsvollen Blick zu.

»Ach, Mädchen, laß mich zufrieden und geh deinen Fellissaft brauen!« Leri erhob sich ungeduldig von ihrem Lager.

Während Moreta Holth die Riemen festzurrte, überlegte sie,
ob Orlith die alte Drachenkönigin unauffällig überwachen
konnte, damit kein Unglück geschah.

Nein.

Moreta hob überrascht den Kopf, denn sie hatte ihre Gedanken gut abgeschirmt. Und sie konnte nicht einmal sagen, welcher Drache geantwortet hatte, Holth oder Orlith. Achselzuckend konzentrierte sie sich auf das Reitgeschirr. Nachdem
sie Leri beim Aufsitzen geholfen hatte, begleitete Moreta die
beiden zum Felsensims hinaus und sah ihnen nach, wie sie in
die Lüfte stiegen. Die Geschwader, die zum Kampf gegen die
Fäden ausrückten, wurden von den daheim gebliebenen Drachen mit einem lauten, trotzigen Trompeten verabschiedet.
Wieder kam Moreta zu Bewußtsein, wie verwundbar im Moment nicht nur der Weyr, sondern ganz Pern war.

Entschlossen wandte sie sich ab und ging hinunter, um die Fellisfrüchte zu schälen und als Saft einzukochen. Ihre Hände waren nicht mehr so zittrig wie am Vortag, und dafür war sie dankbar, denn das scharfe Messer glitt des öfteren von der ledrigen Haut der Früchte ab. Während der dicke Brei blubberte, warf sie einen Blick auf die Medizinvorräte. Was ihr sechs Tage zuvor als überreichlich erschienen war, hatte sich nun in ein Nichts aufgelöst. Aber die Reiter waren alle geimpft, und man würde kaum noch Fiebermittel, Kräftigungsmedikamente oder Brustsalben benötigen. Ein Glück, denn gerade diese Dinge konnte sie im Moment nicht aufstocken.

»Wo ist K'lon?« fragte sie Orlith.

Auf Igen.

»Und wie geht es Sh'gall?« erkundigte sie sich pflichtschuldig.

Er schläft tief. Kadith sagt, daß er tüchtig gegessen hat. Seine Genesung macht Fortschritte.

Moreta lächelte über die Gleichgültigkeit in Orliths Gedanken, denn auch sie hing nicht sonderlich an Sh'gall. Wenn sie erneut zum Paarungsflug aufstieg ...

HOLTH KOMMT! Falga und Tamianth sind schwer verwundet.

Moreta zog rasch den Kessel von der Feuerstelle und eilte dann hinaus. Holth tauchte über den Sternsteinen auf und flog direkt ihren Sims an. Die Weyrherrin hastete die Stufen nach oben. Mit einer Beweglichkeit, die Moreta verblüffte, schwang sich Leri von ihrem Drachen und warf den unförmigen Agenodrei-Tank ab, der polternd zur Seite rollte.

»Tamianth hat eine schlimme Wunde davongetragen, Moreta!« Leris Gesicht war grau vor Angst und Entsetzen. »Die Heiler kümmern sich um Falgas Bein, aber Tamianths Schwinge ...« Tränen liefen ihr über die Wangen und gruben helle Furchen in die Schmutzkruste. »Hier! Nimm meine Reitjacke! Mein Helm und die Brille müßten dir ebenfalls passen. Bitte, mach rasch!«

»Orlith darf nicht mehr fliegen!« sagte Moreta hilflos. Sie spürte Leris Verzweiflung.

»Ich weiß. Nimm Holth!« Leri drückte ihr die Reitausrüstung in die Arme. »Du kannst den beiden jetzt besser beistehen als sonst jemand. Holth stört es nicht, und Orlith hat sicher auch nichts dagegen. Es handelt sich um einen Notfall!«

Beide Königinnen waren erregt. Orlith kam aus ihrem Weyr. Summend reckte sie den langen, biegsamen Hals nach ihrer Reiterin. Moreta schlüpfte in die Reitjacke. Da sie ein Stück größer war als Leri reichte ihr das Kleidungsstück nicht einmal bis zur Taille; auch Leris Gürtel paßte nur knapp. Moreta setzte den Helm auf und schwang sich auf Holths Nacken, ehe ihre Bedenken zu stark werden konnten.

Verzeih mir, Orlith! Moreta winkte ihrer Königin zu.

Was gibt es da zu verzeihen?

»Los!« drängte Leri verzweifelt.

Holth setzte sich beinahe so mühsam in Bewegung wie Orlith mit ihrem schweren Leib. Moreta empfand einen Moment lang totale Verwirrung. Sie war an Orlith gewöhnt. Wie in aller Welt sollte sie eine Gedankenverbindung zu Holth herstellen? Und plötzlich schaffte sie es. Holth war in ihren Gedanken, und daneben spürte Moreta Orlith. Eifersucht? Nein, nur die Besorgnis, daß sie mit Holth nicht zurechtkam. Die alte Drachenkönigin schwang sich in die Lüfte. Moreta spürte, wie unendlich müde und erschöpft Holth war, aber der Wunsch, Tamianth zu helfen, gab ihr Kraft.

Ganz langsam und locker, meinte Moreta ermutigend und voller Verständnis.

Der Wachdrache verabschiedete sie. Er schien nicht zu bemerken, daß Leri und Moreta die Plätze getauscht hatten.

Moreta stellte sich den Hochland-Weyr vor. Sie übermittelte Holth das Bild des zerklüfteten Felsgrates mit seinen sieben ungleichen Zacken.

Ich weiß, wohin wir müssen. Vertrau mir! erklärte die alte Königin.

Ich vertraue dir voll und ganz, Holth, entgegnete Moreta. Sie war sich im klaren darüber, daß die Erfahrung von Holth weit größer war als die von Orlith, wenngleich die jüngere Königin mehr Kraft besaß. *Bring uns zum Hochland!*

Diesmal murmelte Moreta nicht ihren Bannspruch gegen die Kälte im *Dazwischen,* sondern versuchte den Unterschied zwischen den beiden Drachenköniginnen zu erfassen. Holth wirkte alt und müde, aber ihre Ausstrahlung war voll und tief, viele Schichten dichter als die von Orlith. Vielleicht würde Orlith im hohen Alter ähnlich sonor klingen.

Dann schwebten sie in der warmen Luft über dem Hochland-Weyr, und Holth glitt die zerklüfteten Grate entlang. Sie ging in einer langgezogenen Linkskurve tiefer, so daß Moreta einen ungehinderten Ausblick auf die Kesselsohle und die verwundeten Drachen hatte. Die Weyrherrin war erschrocken über die wenigen Helfer, die sich um die Verletzten kümmerten. Als Holth zur Landung ansetzte, konnte sie sehen, daß Tamianth alle drei Vorderkanten der Handschwingen verloren hatte. Und ihre linke Flanke war schlimm versengt.

Wie konnte das geschehen? fragte Moreta entsetzt.

Bei einem Formationswechsel, erklärte Holth. *Sie wollte den Geschwadern helfen und überforderte sich einfach.* Zusammen mit der Trauer gingen die Bilder des Unglücks auf Moreta über. Tamianth war in einem steilen Winkel aufgestiegen, damit Falga den Flammenwerfer einsetzen konnte, und geriet in einen Aufwind. Sie kam ins Trudeln, konnte nicht mehr ausgleichen, und ein großes Fädenknäuel legte sich über ihre Schwinge und Schulter, streifte Falgas Bein ...

Holth konnte nicht auf der Stelle wenden wie Orlith, aber die alte Königin berechnete ihre Bahn so genau, daß sie eine Schwingenbreite neben der verwundeten Tamianth landete.

Kannst du mir helfen, ihre Schmerzen zu dämpfen, Holth? fragte Moreta, die in fieberhafter Eile vom Rücken der Königin glitt. Zuallererst mußte man Tamianths Schmerzgebrüll unterdrücken.

Orlith ist bei uns, erklärte Holth mit großer Würde, und ihre Augen funkelten gelb.

Falga lag auf einer Bahre und hatte das Gesicht ihrer Königin zugewandt, aber sie war kaum bei Bewußtsein. Zwei Heiler umwickelten ihr Bein mit Bandagen, auf die sie Betäubungssalbe gestrichen hatten.

Tamianth! Moreta hoffte, daß die Drachenkönigin ihre Gedanken auffing. *Ich bin Moreta, und ich möchte dir helfen!*

Tamianth schlug mit den Vorderpfoten heftig um sich und warf den Kopf von einer Seite auf die andere. Die Weyrleute kamen nicht nahe genug heran, um Betäubungssalbe auf die freigelegten Fingerknochen zu streichen. Moreta erkannte mit einem raschen Blick, daß es ihnen wenigstens gelungen war, die tiefe Flankenwunde zu behandeln, aus der Sekret austrat. Aber der Flügel verursachte Tamianth entsetzliche Schmerzen.

»*Haltet sie fest!*« schrie Moreta den Drachen und Menschen in ihrer Umgebung zu.

Die anderen verwundeten Tiere trompeteten los. Holth stellte sich auf die Hinterpfoten und spreizte die Schwingen. Aus den Weyrn in der Felsflanke kamen Drachen, deren Reiter noch zu geschwächt waren, um gegen die Fäden aufzusteigen. Und plötzlich wurde Tamianth durch die vereinte Willenskraft der Drachen ringsum festgehalten.

»Rasch!« fauchte Moreta die Weyrleute an, die fassungslos das Schauspiel begafften. »Tragt die Betäubungssalbe auf!«

Sie nahm selbst ein Gefäß und einen Spatel in die Hand; während sie verbissen arbeitete, versuchte sie das Ausmaß der Verletzung abzuschätzen. Irgendwie erinnerte sie der Unfall an Dilenth. Allerdings hatte Tamianth weit mehr Schwingenmembran eingebüßt. Es würde sehr, sehr lange dauern, ehe sie wieder fliegen konnte.

»Können wir irgendwie helfen?« Ein kleiner Mann mit hellen Augen, vorspringender Nase und entschlossenem Kinn schaute prüfend zu ihr auf. In seiner Begleitung befand sich ein hochgewachsener, kräftiger Bursche, dessen Miene zu einer Grimasse der Angst und Besorgnis erstarrt schien. Beide trugen die Purpurstreifen der Heiler und den Schulterknoten der Gesellen. Moreta warf einen raschen Blick auf Falgas Bahre. »Ihre Wunde ist versorgt, aber sie hat das Bewußtsein noch nicht wiedergewonnen. Viel können wir im Moment nicht für sie tun. Ich benötige Öl, Schilfrohr, dünnen Gazestoff, Nadeln, behandelten Faden ...«

»Ich kenne mich in diesem Weyr nicht aus«, erklärte der Kleinere der beiden und wandte sich fragend an seinen Gefährten. Der nickte und lief zu dem niedrigen Steinbau, der den Bewohnern vom Hochland-Weyr als Hauptunterkunft diente. »Mein Name ist Pressen, Weyrherrin.«

»Gut, Pressen. Streichen Sie die Schwinge weiter mit Betäubungssalbe ein! Immer an den Knochen entlang. Ich möchte, daß sie dick bedeckt sind, besonders an den Gelenkstellen. Und vergessen Sie nicht die Flankenwunde! Tamianth darf nicht zuviel Sekret absondern.«

Eine alte Frau schleppte einen Eimer mit Rotwurzlösung herbei; ein paar Kinder mit Ölgefäßen folgten ihr im Laufschritt. Zwei Reiter mit frisch verbundenen Wunden kamen näher; ihre Drachen, ein Blauer und ein Brauner – beide ebenfalls verletzt – ließen sich auf dem Felsboden nieder und hefteten die Blicke fest auf Tamianth.

Moreta hatte mit einem Mal mehr Helfer, als sie beschäftigen konnte, und so schickte sie die Reiter los, um den Heiler bei der Suche nach den Geräten und Medikamenten zu unterstützen. Die alte Frau berichtete kurz, daß die Heiler des Weyrs gestorben waren und die beiden Neuen sich zwar alle Mühe gaben, aber absolut nichts von Drachen verstanden. Sie selbst hätte gern geholfen, wie sie sagte, aber in ihren Händen war bereits »das Zittern«.

Moreta schickte sie nach Gazestoff los, den brauchte sie im Moment am dringendsten. Als sie ihre Vorbereitungen getroffen hatte, erfuhr sie von Orlith und Holth, daß Tamianths Wahnsinnsschmerzen einem dumpfen Pochen gewichen waren. Tamianths Schwinge war ein gutes Stück größer als die von Dilenth, und die Fäden hatten mehr von der Membran zerstört. Die beiden Reiter suchten in geduldiger Kleinarbeit sämtliche Fragmente zusammen und breiteten sie auf den Stoffbahnen aus. »Auf Gaze wäre ich nie im Leben gekommen«, murmelte Pressen. Er beobachtete fasziniert ihre Arbeit. Bei den feineren Stichen konnte er ihr assistieren; seine schmalen Hände erwiesen sich als ungemein sanft und geschickt. Nattal, die alte Küchenaufseherin, zwang Moreta zu einer kleinen Pause, in der sie ihr eine Schale Suppe anbot. Sie wußte, daß die Weyrherrin von Fort eben erst von ihrer schweren Krankheit genesen war. Allem Anschein nach enthielt die Suppe ein Anregungsmittel, denn als Moreta ihre Operation fortsetzte, konnte sie weit konzentrierter und exakter arbeiten als zuvor.

Dennoch zitterte sie vor Erschöpfung, als sie endlich fertig war.

Wir müssen heim! erklärte Holth in einem Tonfall, der keinen Widerspruch duldete.

Moreta war mehr als bereit, ihrem Befehl Folge zu leisten, aber eine unerklärliche Angst ließ sie zögern. Sie warf einen Blick auf Falga, die entweder immer noch bewußtlos war oder sehr tief schlief. Unruhig musterte sie den Weyrkessel und die verwundeten Drachen.

»Sie sehen sehr blaß aus, Weyrherrin«, sagte Pressen und berührte sie mit seiner rotfleckigen Hand leicht am Arm. »Ich bin sicher, daß wir mit den übrigen Problemen fertig werden. Nur, diese Schwinge hätten wir bestimmt nicht geschafft. Ich habe viel von Ihnen gelernt.«

»Danke. Achten Sie darauf, daß die Knochen immer mit Betäubungssalbe bestrichen sind. Sobald sich an den Gelenken Wundsekret bildet, wird es die offenen Stellen überkrusten. Dann beginnt der eigentliche Heilprozeß.«

»Mir war nie so recht zu Bewußtsein gekommen, daß Drachen beim Kampf gegen die Fäden verletzt werden«, meinte Pressen und warf einen nahezu ehrfürchtigen Blick auf die Riesengeschöpfe, die auf den Felsensimsen und Zinnen des Weyrs lagen.

Komm! Steig auf! Holths Botschaft klang drängend, und Moreta spürte nichts von Orlith.

»Ich muß aufbrechen.« Moreta schwang sich auf Holths Nacken. Sie fand, daß Holth hagerer war als Orlith und längst nicht so breit in der Schulter. Vielleicht entstand dieser Eindruck aber auch dadurch, daß Holth sich bereits zum Sprung duckte, als sie aufstieg.

Während sich die alte Königin konzentrierte, unterdrückte Moreta die Sorge, daß der Drache zu erschöpft für einen Start vom Boden aus sein könnte. Ihre Hinterpfoten ... Moretas Kopf flog nach hinten, als Holth sich kraftvoll abstieß, und die Weyrherrin hoffte verlegen, daß die Königin ihre Gedanken nicht erraten hatte. Sie stellte sich die Sternsteine des Fort-Weyrs vor, jenes uralte Monument, und den dahinter aufragenden Berggipfel. *Bring uns bitte nach Fort, Holth!*

Holth ging ins *Dazwischen*, sobald sie den Rand des Hochland-Weyrs erreicht hatte. In dem kurzen Moment der Kälte brannten Moretas Finger trotz der dicken Handschuhe, die sie trug. Sie hätte sie noch einmal einölen müssen. Während einer Operation zog sie sich immer kleine Schnitte und Kratzer zu. Der grüne Wachreiter winkte ihr zu, und auch das Trompeten seines Drachen klang erleichtert.

Holth glitt eine Spur zu schnell auf den Felsensims ihres Weyrs zu, und Moreta mußte sich festhalten, als sie abrupt landete.

Du wirst gebraucht, erklärte Holth, als Moreta die Riemen löste und zu Boden glitt.

»Ich nehme dir nur das Reitgeschirr ab ...«

Ich brauche dich jetzt! Orliths Stimme wirkte kläglich. *Ich habe lange auf dich gewartet.*

»Natürlich, mein Liebes, und es war großzügig, daß du mich mit Holth ...«

Leri sagt, du sollst keine Zeit verschwenden! unterbrach sie Holth, und die Facetten ihrer Augen begannen schneller zu kreisen.

»Ist Orlith etwas zugestoßen?« Moreta lief mit klopfendem Herzen die Steinstufen nach unten. Sie raste um die Kurve und stieß mit der Schulter schmerzhaft gegen die Eingangskante.

Orlith reckte den Hals und starrte ihr entgegen. Sobald sie ihrer ansichtig wurde, begann sie zu trompeten.

Leri stand neben ihrem Drachen, in eine Felldecke gehüllt. Sie strahlte Moreta an.

»Gerade noch geschafft!« verkündete sie erleichtert, während Moreta ihre Königin umarmte. »Aber je eher du sie zur Brutstätte hinunterbringst, desto besser. Ich weiß nicht, ob sie noch sehr viel länger durchgehalten hätte ...«

Moreta entschuldigte sich wieder und wieder bei ihrer Königin, daß sie gerade jetzt so lange ausgeblieben war.

»Kein Mensch wußte, daß du den Weyr verlassen hattest«, meinte Leri. »Aber es wäre mir schwergefallen, Orlith ohne Aufsehen zur Brutstätte zu schaffen.«

Es ist wirklich eilig! jammerte Orlith.

KAPITEL XII

Burg Fort, Fort-Weyr und Hochland-Weyr, 18. 3. 43

»Ich jedenfalls freue mich, daß wir auch mal wieder eine angenehme Nachricht bekommen«, erklärte Capiam, nachdem das Echo der Trommelbotschaft verhallt war.

Sie alle hatten das Dröhnen der Trommeln gehört, aber die dicken Mauern von Baron Tolocamps Privatgemächern machten es unmöglich, die einzelnen Rhythmen zu unterscheiden. Erst als die Harfnerhalle die Botschaft weiterleitete, verstanden sie den Inhalt.

»Fünfundzwanzig Eier, nicht eben überwältigend«, quengelte Baron Tolocamp.

Capiam überlegte, ob seine Leute dem Burgherrn irgendein Gift in den Impfstoff gemischt hatten. Der Mann schien in seiner gesamten Persönlichkeit verändert. Mitleidige Seelen mochten sagen, daß er um seine Gemahlin und vier seiner Töchter trauerte, aber Capiam wußte, daß sich Tolocamp ziemlich rasch mit einer neuen Frau getröstet hatte; seine zur Schau gestellte Grabesmiene war irgendwie verdächtig. Tolocamp hatte es sich angewöhnt, eine ganze Reihe von Unzulänglichkeiten, so auch seinen Jähzorn und sein Zaudern, mit Kummer und Leid zu entschuldigen.

»Fünfundzwanzig Eier sind eine ganze Menge!« entgegnete Capiam entschieden. »Wir befinden uns immerhin kurz vor einem Intervall.«

Baron Tolocamp kaute an seiner Unterlippe und seufzte tief.

»Moreta darf nicht zulassen, daß Kadith noch einmal mit Orlith zum Paarungsflug aufsteigt. Sh'gall war sehr, sehr krank.«

»Das sind Dinge, die uns nichts angehen«, mischte sich Tirone erstmals in das Gespräch. »Außerdem hat die Krankheit eines Reiters keine Auswirkung auf die Leistungsfähigkeit eines Drachen. Und da Sh'gall heute in Nerat gegen die Sporen kämpft, scheint er wieder gesund zu sein.«

»Ich wollte, man würde uns über die Verhältnisse in den Weyrn besser aufklären«, entgegnete Tolocamp und seufzte erneut. »Ich mache mir solche Sorgen ...«

»Die *Weyr*«, betonte Tirone und warf dem Baron einen wütenden Seitenblick zu, »haben ihre Pflichten gegenüber den Burgen auch in dieser schweren Zeit erfüllt, wie es die Tradition verlangt.«

»Habe *ich* etwa die Krankheit in den Weyrn eingeschleppt? Oder in den Burgen? Wenn die Drachenreiter nicht ständig hierhin und dorthin fliegen würden ...«

»Und die Burgherren nicht so sehr darauf bedacht wären, in jedem Winkel des Kontinents ...«

»Jetzt ist nicht der geeignete Moment für gegenseitige Vorwürfe!« Tirone warf Capiam einen warnenden Blick zu. »Tolocamp, Sie wissen ebensogut, wenn nicht besser als wir alle, daß ein paar Seeleute dieses Katzenscheusal auf unseren Kontinent brachten!« Der tiefe Baß des Meisterharfners klang hart. »Kehren wir lieber zu dem Thema zurück, das von der Trommelbotschaft unterbrochen wurde!« Tirones Miene verriet Capiam deutlich, daß er seine Antipathie gegen Tolocamp besser zügeln mußte. »In dem Lazarett, das Sie errichten ließen, liegen eine Reihe von Schwerkranken.« Tirone trat ans Fenster und schaute düster in die Ferne. »Wir haben im Moment nicht genug Impfstoff, um ihnen zu helfen, aber man könnte ihnen wenigstens anständige Quartiere beschaffen und eine gute Pflege angedeihen lassen.«

»Sagten Sie nicht selbst, daß Heiler bei ihnen sind?« entgegnete Tolocamp mürrisch.

»Heiler sind nicht immun gegen Viren, und auch sie können ohne Medikamente nichts ausrichten.« Capiam beugte sich über den Tisch und schaute dem Burgherrn fest in die Augen. Tolocamp wich verängstigt zurück, eine weitere Angewohnheit, die den Heiler wütend machte. »Sie besitzen große Arzneivorräte ...«

»... die noch meine verstorbene Gemahlin gesammelt und zubereitet hatte ...«

Capiam schluckte grimmig an seinem Ärger. »Baron Tolocamp, wir brauchen diese Arzneien!«

Tolocamp verengte boshaft die Augen. »Für Ruatha, habe ich recht?«

»Es gibt noch mehr Burgen und Höfe auf Pern.« Capiam sprach rasch, um Tolocamps Verdacht zu entkräften.

»Die Vorratshaltung gehört zu den Pflichten eines jeden Burgherrn. Ich denke nicht daran, meinen Untertanen die Dinge zu rauben, die sie vielleicht selbst dringend benötigen.«

»Wenn es die Weyr schaffen, in dieser harten Zeit ihre Verantwortung weit über die Grenzen der ihnen anvertrauten Gebiete auszudehnen, dann werden Sie sich doch nicht weigern, das gleiche zu tun?« In Tirones vollem Baß schwang ein bittender Ton mit.

»O doch!« Tolocamp schob die Unterlippe vor. »Ich weigere mich! Kein Fremder soll es wagen, meinen Besitz zu betreten! Ich will nicht, daß diese Seuche oder sonst eine ansteckende Krankheit eingeschleppt wird. Ich setze das Wohl von Burg Fort nicht länger aufs Spiel. Und ich gebe nichts mehr von meinen Vorräten ab!«

»Dann werden meine Heiler die Burg verlassen«, erklärte Capiam. Er stand abrupt auf.

»Aber, aber, *das können Sie nicht tun!*«

»Selbstverständlich kann er, können *wir* das tun«, entgegnete Tirone. Er erhob sich und trat neben Capiam. »Sie haben vergessen, daß die Gildenangehörigen unserer Rechtsprechung unterstehen ...«

Capiam verließ den Raum, so wütend über Tolocamps schäbigen Geiz, daß er einen bitteren Geschmack auf der Zunge hatte. Tirone folgte ihm dicht auf den Fersen.

»Ich hätte nicht geglaubt, daß es dazu kommen würde.« Capiam legte Tirone eine Hand auf die Schulter, um seinen Dank für den Beistand auszudrücken.

»Tolocamp hat die Großherzigkeit der Gilden einmal zu oft ausgenützt.« Tirones sonst so gütige Stimme klang scharf. »Ich hoffe, dieser Vorfall erinnert auch andere Burgherren daran, daß wir gewisse Rechte besitzen.«

»Meister Capiam ...«

Die beiden Männer wirbelten herum, als dicht hinter ihnen eine weibliche Stimme aufklang. Eine junge Frau löste sich aus dem Schatten eines Torbogens. Es war eine der drei Töchter Tolocamps, die das Fest auf Ruatha nicht besucht und deshalb überlebt hatten. Sie wirkte grobknochig, besaß ein intelligentes, aber unscheinbares Gesicht mit großen braunen Augen und hatte das dichte schwarze Haar streng nach hinten gekämmt.

»Ich besitze die Schlüssel zu den Vorratsräumen.«

»Aber, wie ...?« Tirone wußte nicht recht, was er sagen sollte.

»Baron Tolocamp machte seinen Standpunkt bereits klar, als der Hilferuf nach Arzneien hier eintraf. Aber einen Großteil der Pflanzen und Kräuter habe ich gesammelt und zubereitet.«

»Lady?« Capiam konnte sich nicht an ihren Namen erinnern.

»Nerilka.« Ein schwaches Lächeln huschte über ihre Züge. Sie schien nicht zu erwarten, daß sich jemand ihren Namen merkte. »Es ist mein Recht, Ihnen die Früchte meiner Arbeit anzubieten.« Sie warf Tirone einen herausfordernden Blick zu und wandte sich dann an Capiam: »Allerdings stelle ich eine Bedingung.«

»Wenn ich sie erfüllen kann ...« Capiam hätte eine Menge getan, um an die wertvollen Arzneien heranzukommen.

»Ich möchte die Burg mit Ihnen verlassen und die Kranken in diesem schrecklichen Lazarett vor den Toren von Fort pflegen. Ich bin geimpft.« Ein müdes Lächeln zuckte um ihre Mundwinkel. »Baron Tolocamp war an jenem Tag ungemein großzügig. Aber wie dem auch sei, ich habe keine Lust mehr, in einer Burg zu leben, in der mich ein Mädchen, das jünger ist als ich, als billige Arbeitskraft auszunützen versucht. Sie und ihre Familie durften die Burg betreten, während die Heiler und Harfner da draußen sterben!«

Die beiden Männer spürten, daß ihr eigentlicher Vorwurf unausgesprochen blieb: ... *während er meine Mutter und meine Schwestern auf Ruatha sterben ließ!*

»Hier entlang, rasch.« Sie faßte Capiam leicht am Arm und führte ihn weg.

»Ich werde inzwischen unsere Gildenangehörigen verständigen und mit ihnen die Burg verlassen«, sagte Tirone. Er wandte sich ab und ging über den Hof.

»Junge Frau, sind Sie sich über die Folgen dieses Schrittes im klaren? Wenn Sie die Burg ohne Erlaubnis Ihres Vaters verlassen, besonders jetzt, da seine Stimmung mehr als gereizt ist ...«

»Meister Capiam, ich bezweifle, daß er mein Verschwinden überhaupt bemerkt«, unterbrach sie ihn leichthin. Ihre Verbitterung schien vor allem der zweiten Frau ihres Vaters zu gelten. »Vorsicht, die Stufen sind sehr steil!« setzte sie hinzu und entfachte eine Handlampe.

Steil, gewunden und eng, erkannte Capiam, als sein Fuß von der ersten Stufe abglitt. Er haßte Geheimtreppen, von denen es auf Fort mehr als überall sonst zu geben schien. Die Alten hatten sie oft beim Bau der ursprünglichen Burgen in den Fels gehauen, um Hilfsverbindungen zwischen den in verschiedenen Höhen gelegenen Naturhöhlen zu schaffen. Er war dankbar, daß Nerilka mit dem Licht vorausging, aber der Abstieg schien eine Ewigkeit zu dauern. Dann schimmerte Tageslicht auf, und sie erreichten einen Absatz mit hohen, schmalen Gängen, die in drei Richtungen auseinanderliefen. Neben der Wendeltreppe, die sie eben benutzt hatten, befand sich eine zweite. Capiam hoffte sehnlichst, daß sie ihm erspart bleiben würde.

Nerilka führte ihn nach rechts, dann ein paar kurze, breite Stufen hinunter und nach links. Er kannte sich überhaupt nicht mehr aus. Nerilka bog erneut nach links ab. Drei Knechte, die auf einer Bank neben einer schweren Holztür warteten, sprangen mit unbewegten Gesichtern auf.

»Ihr seid pünktlich, wie ich sehe«, meinte Nerilka und nickte ihnen zu. »Vater schätzt Pünktlichkeit«, fuhr sie fort, an Capiam gewandt, während sie den Schlüsselbund hervorkramte. Sie benötigte drei verschiedene Schlüssel, um die massive Bohlentür zu öffnen. Einer der Männer stemmte sie auf; ein wirres Gemisch von scharfen, bitteren und würzigen Gerüchen wehte ihnen entgegen, vermischt mit abgestandener, staubiger Luft.

Nerilka machte Licht. Es fiel auf Spülsteine, Kohlepfannen, Arbeitstische, hohe Hocker, Meßgeräte und Waagen, glänzende Becken und Glasflaschen. Capiam stand nicht zum ersten Mal in diesem Raum, doch er hatte ihn bisher stets in Begleitung von Lady Pendra und von der Burgseite her betreten. Nun sperrte Nerilka eine weitere Tür auf und winkte ihm zu, ihr zu folgen. Sie lächelte, als sie seinen erstaunten Ausruf hörte.

Capiam hatte gewußt, daß es auf Burg Fort eine großzügige Vorratshaltung gab, aber er war nie weiter als bis in die Kräuterküche vorgedrungen. Sie standen auf einer breiten Galerie, die durch ein Geländer von der dämmerigen Weite abgeschirmt war. Eine Holzstiege führte in die Tiefe. Tunnelschlangen flüchteten mit Geraschel und Gescharre, als das Licht aufflammte. Capiam erkannte Regale, die allem Anschein nach bis zum Deckengewölbe hinaufreichten. Fässer, Kisten und staubbedeckte Trockengestelle drängten sich aneinander. Er hatte den Eindruck, daß hier gewaltige Schätze lagerten, und sein Zorn über Tolocamps Geiz wuchs.

»Sehen Sie, Meister Capiam! Das sind die Früchte meiner Arbeit, seit ich alt genug war, Blätter und Blüten zu pflücken oder Wurzeln und Knollen auszugraben.« Nerilkas sarkastisches Flüstern war nur für seine Ohren bestimmt. »Ich will nicht behaupten, daß ich jedes einzelne Regal bis an den Rand gefüllt habe, aber meine Schwestern würden mir ihren Anteil nicht verweigern, wenn sie noch lebten. Leider sind nicht mehr alle dieser Schätze zu gebrauchen, selbst Kräuter und Wurzeln verlieren mit der Zeit ihre Heilkraft. Nur die Tunnelschlangen werden fett von dem Zeug. Sim, verteile die Joche, die dort drüben in der Ecke liegen! Ihr schafft zuerst die Ballen ins Freie.« Ihre Stimme klang freundlich, aber befehlsgewohnt. »Meister Capiam, darf ich Ihnen den Fellissaft anvertrauen?« Sie deutete auf eine große Glasflasche in einem Korb aus Weidengeflecht. »Ich nehme das da.« Sie zerrte ein unförmiges Bündel an einem Tragriemen hoch und schwang sich einen zweiten Packen über die Schulter. »Ich habe heute nacht frischen Tussilago gemischt. So ist es gut, Sim. Ihr könnt jetzt losgehen. Wir benutzen den Küchenausgang. Baron Tolocamp hat sich erst kürzlich darüber beschwert, daß die Dienstboten die Teppiche des Wohntraktes zu sehr abnützen. Wir richten uns am besten nach seinen Befehlen, auch wenn es einen Umweg für uns bedeutet.« Sie deckte die Leuchtkörbe wieder zu.

Nerilka setzte ihre Last ab, um die Tür zum Vorratsraum wieder zu versperren. Capiam erkannte, daß sie den Diebstahl der Medikamente und ihre Flucht sorgfältig vorbereitet hatte.

Einmal trafen sich ihre Blicke, als sie nachdenklich in der Kräuterküche umherschaute. Die Knechte waren bereits ein Stück vorausgegangen.

»Ich würde gern mehr mitnehmen, aber so ist es sicherer. Vier Knechte bei der mittäglichen Wachablösung, das fällt dem Posten vermutlich nicht auf.«

Erst jetzt bemerkte Capiam, daß Nerilka die groben dunklen Gewänder und die schweren Filzstiefel der Arbeiter trug.

»Keiner wird sich Gedanken darüber machen, wenn einer der Knechte zum Lager weitergeht.« Sie zuckte mit den Schultern. »Und das Gesinde in der Küche wird nichts dabei finden, daß der Meisterheiler Vorräte mitnimmt. Im Gegenteil, es würde die Leute wundern, wenn Sie mit leeren Händen gingen.«

Sie hatte die Außentür verschlossen und warf nun einen nachdenklichen Blick auf ihren Schlüsselbund. »Man weiß nie«, murmelte sie und schob ihn in ihre Gürteltasche. Ein schwaches Lächeln huschte über ihre Züge, als sie Capiams Blick bemerkte. »Meine Stiefmutter hat ihre eigenen Schlüssel. Sie denkt, es seien die einzigen. Mutter dagegen fand immer, daß die Kräuterküche das geeignete Reich für mich sei. Hier entlang, Meister Capiam!«

Capiam folgte ihr. Die Fügsamkeit der Fort-Töchter hatte Anlaß zu manchen Lästerreden gegeben, wo immer Lady Pendra aufgetaucht war, um eine aus ihrer Schar an den Mann zu bringen. Nerilka, rechnete Capiam rasch nach, mußte die älteste der insgesamt elf Tolocamp-Mädchen sein. Vor ihr kamen noch zwei Söhne, Campen und Mostar, und nach ihr neben den Schwestern vier jüngere Brüder. Lady Pendra war ununterbrochen schwanger gewesen, eine weitere Quelle von Spott und Zoten unter den Heilerlehrlingen. Capiam hätte nie geglaubt, daß jemand aus der riesigen Fort-Nachkommenschaft einen scharfen Verstand oder auch nur eine Spur von eigenem Willen besitzen könnte. Nerilka belehrte ihn eines Besseren.

»Lady Nerilka, wenn Sie jetzt die Burg verlassen ...«

»Daran besteht kein Zweifel«, unterbrach sie ihn mit leiser, aber fester Stimme.

»... wird Baron Tolocamp ...«

Sie blieb unter dem großen Torbogen stehen und warf einen Blick auf das geschäftige Treiben im Küchengewölbe. »Er wird meine Abwesenheit gar nicht bemerken.« Sie deutete auf ihr Gepäck. »Und das da fehlt ihm sicher nicht.« Nerilka seufzte und starrte zu dem Ausgang, durch den die Knechte verschwunden waren. »Ich kann den Leuten im Lager echte Hilfe bringen, denn ich weiß, wie man Pulver mischt und Heiltränke braut. Es ist besser, etwas Nützliches zu vollbringen, als abgeschoben in irgendeiner Ecke herumzusitzen. Und ich weiß, daß Ihre Heiler überfordert sind. Sie brauchen jede Unterstützung.

Außerdem ...«, sie warf ihm einen Blick zu, der schon beinahe kokett wirkte, »... kann ich notfalls immer noch zurückkehren.« Sie deutete auf ihren Schlüsselbund. »Sehen Sie mich nicht so erstaunt an! Die Dienstboten machen das ständig. Warum nicht auch ich?«

Dann ging sie weiter, und er folgte ihr rasch und wortlos. Sobald sie das Küchengewölbe verlassen hatten, änderte sich ihr aufrechter Gang. Sie war jetzt nicht mehr die stolze Tochter eines Barons, sondern eine unbeholfene, schlurfende Frau, die ihre Schultern hängen ließ und mürrisch in die Runde schaute.

Capiam warf einen verstohlenen Blick nach links, wo der Haupthof und der Treppenaufgang zur Burg lagen. Tirone kam mit den Harfnern und Heilern, die bis jetzt bei Tolocamp ihren Dienst versehen hatten, die Rampe herunter.

»Er wird Sie beobachten und nicht uns«, meinte Nerilka mit einem leisen Lachen. »Gehen Sie etwas gebückter, Meister Capiam! Im Augenblick sind Sie nur ein Knecht, der widerwillig bis zur Burggrenze geht, weil er Angst hat, sich anzustecken und wie alle im Lager zu sterben.«

»Es sterben nicht alle im Lager!«

»Natürlich nicht, aber Baron Tolocamp ist davon überzeugt. Und er hämmert es den Burgbewohnern immer wieder ein. Oh, ein verspäteter Versuch, den Exodus aufzuhalten! Gehen Sie weiter, als sei nichts geschehen!« Ihre Stimme klang mit einem Mal wieder sehr gebieterisch.

Capiam wäre wohl verwirrt stehengeblieben, wenn sie ihn

nicht gewarnt hätte. Er sah, wie vier Wachtposten Tirone und seine Gruppe einzuholen versuchten.

»Sie können so langsam gehen, wie Sie wollen, das machen alle Dienstboten, aber halten Sie auf keinen Fall an!« wisperte sie.

Auch sie beobachtete die Wachen, und ihre Augen blitzten boshaft, als die Männer halbherzig versuchten, Tirone und seine Leute zur Umkehr zu überreden. Nach einem kurzen Wortwechsel setzten die Männer ihren Weg zur Harfnerhalle unbehelligt fort. Nerilka und Capiam näherten sich der Postenkette.

Das Lazarett befand sich zur Linken der steilen Klippe, in einem kleinen Tal, das man von der Burg aus nicht einsehen konnte. Die Wachen waren oberhalb des Lagers postiert, wo Baron Tolocamp sie im Blickfeld hatte. Eine roh gezimmerte Wachhütte und ein provisorischer Zaun bildeten die Grenze.

Nerilkas drei Knechte legten ihre Lasten am Wachhaus ab, neben einigen Körben mit Nahrungsmitteln, die schon zum Abholen bereitstanden. Dann trotteten die Männer langsam zur Burg zurück, die leeren Tragjoche über den Schultern.

»Wenn Sie den Grenzzaun überschreiten, Meister Capiam, läßt er Sie nicht mehr in die Burg zurück!« warnte ihn Tolocamps Tochter.

Capiam nickte. »Wir sehen uns später, Lady Nerilka.«

Als sie sich der Hütte näherten, erhielten gerade einige Posten den Befehl, die Körbe und Ballen in das abgegrenzte Gelände zu bringen. In gebührendem Abstand warteten geduldig ein paar Männer und Frauen, um die Sachen in Empfang zu nehmen.

»Einen Moment, Meister Capiam.« Der Gardeoffizier trat näher und warf ihm einen verlegenen Blick zu. »Sie müßten im Lazarett bleiben, wenn Sie ...«

»Keine Sorge. Ich möchte lediglich verhindern, daß diese Medizin hier mehr als nötig herumgestoßen wird, Theng. Machen Sie den Leuten klar, daß die Fracht kostbar und sehr zerbrechlich ist!«

»Gut, den Gefallen kann ich Ihnen gern erweisen«, entgegnete Theng erleichtert. Er nahm den großen Glasbehälter entgegen. »He, das hier ist ein Medikament, das ihr mit Vorsicht behandeln sollt!« rief er den Wartenden zu. »Am besten übergebt ihr es gleich einem Heiler!«

Die Gruppe aus dem Lazarett setzte sich in Bewegung, um die Vorräte abzuholen, und Theng trat hastig den Rückzug an. Nerilka stand direkt hinter ihm, und als er sich umdrehte, um zur Wachhütte zu stapfen, huschte sie an ihm vorbei und gesellte sich zu der Abordnung aus dem Lager.

Capiam erwartete einen Aufschrei denn sicher hatten die übrigen Posten sie bemerkt. Aber nichts geschah. Nerilka wanderte bereits den Hang hinunter auf die Zeltreihen des Lazaretts zu, als Theng ihn am Arm nahm.

»Ah, Sie verstehen, Meister Capiam, ich kann nicht zulassen, daß Sie mit einem Ihrer Gildeangehörigen zusammenkommen«, erklärte er schüchtern, als Capiam noch einmal nach Nerilka Ausschau hielt.

»Ich weiß, Theng. Mir ging es vor allem um die Medizin. Wir haben nur noch so wenig davon.«

Theng schnalzte bekümmert mit der Zunge und begann dann seine Posten neu zu ordnen. Langsam wandte sich Capiam ab.

Das Lazarett hatte nicht nur reichliche Vorräte, sondern obendrein eine wertvolle Pflegerin erhalten. Er mußte ein paar Freiwillige bitten, daß sie einen Teil der Medikamente holten und so rasch wie möglich nach Ruatha brachten.

»Man könnte das Sekret einer gesunden Königin anzapfen und auf Tamianths Gelenke streichen«, sagte Moreta zu Leri. »Außerdem sollst du nicht so weit laufen! Wäre es nicht einfacher, einen Boten mit der Nachricht hierherzuschicken?«

Sie standen am Eingang der Brutstätte und unterhielten sich leise, obwohl Orlith so fest schlief, daß sie vermutlich selbst bei lautem Geschrei nicht erwacht wäre. Die Drachenkönigin war immer noch erschöpft vom Eierlegen. Sie hatte ihren Körper um die fünfundzwanzig ledrigen Eier geringelt und hielt das Königinnen-Ei zwischen den Vorderpfoten fest. Ihr Bauch spannte nicht mehr, und die Haut nahm allmählich wieder eine gesunde Farbe an, so daß Moreta Zeit fand, an Falga und ihre verwundete Königin zu denken.

»Das schafft doch keiner von denen!« entgegnete Leri mit einer Spur von Verachtung. »Zumindest erklärte das Kilanath. Holth meinte, daß sie sehr beunruhigt wirkte.«

»Dazu gibt es auch allen Grund. Wenn sich bei Tamianth kein Wundsekret bildet ...« Moreta ging auf und ab. »Ist Falga bei Bewußtsein?«

»Sie phantasiert.«

»Die Epidemie?«

»Nein, Wundfieber. Sie haben es unter Kontrolle.«

»Verdammt. Falga weiß, wie man Sekret abzapft. Kilanath und Diona müßten sich zur Verfügung stellen ...« Moretas Blick streifte die schlafende Orlith.

»Sie wird so rasch nicht erwachen«, murmelte Leri. Die alte Frau trat neben Moreta und umklammerte ihre Hände. »Es dauert nicht lange, Sekret abzuzapfen und aufzutragen ...«

»Aber es hieße, Orliths Vertrauen zu mißbrauchen ...«

»Sie vertraut auch mir. Jede Sekunde, die wir zögern ...«

»Ich weiß, ich weiß.« Moreta dachte mit einem Gefühl des Elends an Falga und Tamianth, an all die Opfer, welche die Weyr in den letzten Tagen gebracht hatten.

»Wenn deine Königin tatsächlich erwachen sollte, wird Holth es erfahren. Aber angesichts der Notlage hat Orlith sicher Verständnis für deinen Entschluß.« Leris Druck um Moretas Handgelenke verstärkte sich.

Ungewöhnliche Ereignisse fordern ungewöhnliche Maßnahmen, dachte Moreta mit einem Seufzer. Nur gab es nach ihrem Geschmack im Moment einfach zu viele ungewöhnliche Ereignisse.

»Holth ist bereit, uns zu helfen. Ich habe sie gefragt, nachdem ich von Tamianths Zustand erfuhr.«

Moreta löste sich aus Leris Griff und eilte aus der Brutstätte.

»Langsamer!« wisperte Leri. »Vergiß nicht, daß ich eine alte Frau bin!«

Moreta nahm sich den Rat zu Herzen. Ein guter Beobachter hätte zwar bemerkt, daß ein Größenunterschied zwischen der Frau, die zur Brutstätte kam, und der Frau, die sie verließ, bestand, aber so kurz vor der Morgendämmerung war niemand in der Nähe. Da man am kommenden Tag Fäden über Nerat erwartete, versuchten die Reiter so lange wie möglich zu schlafen.

Moreta nahm sich die Zeit, ihre eigenen Reitsachen überzustreifen. Leris Jacke war ihr ein Stück zu kurz, und sie konnte jetzt keine Nierenentzündung riskieren. Holth begrüßte sie am Weyr-Eingang, und Moreta wartete, bis die Königin auf den Sims hinaustrat. Dann schwang sie sich auf den Rücken von Leris Gefährtin. Sie hoffte nur, daß Orlith ihr Verhalten nicht als Betrug empfinden würde.

»Bring mich bitte zum Hochland-Weyr, Holth!« sagte sie mit gedämpfter Stimme.

Der Wachreiter schläft, und der Blaue wird unseren Aufbruch nicht bemerken, erklärte Holth ruhig, und trotz ihrer düsteren Gedanken mußte Moreta lächeln. Leri und Holth hatten jede Einzelheit in Betracht gezogen.

Dann stieß sich Holth vom Felsensims ab. Sie schwebten nur einen Moment lang in der Luft, ehe sie ins *Dazwischen* tauchten. Moreta keuchte über die Kühnheit der alten Königin. Noch ehe sie ihre Beschwörungsformel gegen die Kälte und das Dunkel murmeln konnte, erkannte sie in der Tiefe die Lichter des Hochland-Weyrs.

Tamianth befindet sich auf der Kesselsohle, aber mir fällt es leichter, von einem Sims aus zu starten, erklärte Holth und landete auf einem der Felsenbänder. Dann setzte sie sanft hinzu: *Orlith schläft. Und Leri ebenfalls.*

»Ihr beide!« meinte Moreta mit einem leisen Lachen.

Holth schaute sie aus großen, leuchtenden Augen an.

»Bist du das, Moreta?« erklang eine ängstliche Stimme.

»Ja.«

»Oh, was für ein Glück, was für ein Glück! Entschuldige, daß ich dich rufen ließ, aber ich kann es einfach nicht. Ich habe solche Angst, Kilanath zu verletzen, einen Nerv zu treffen, oder so ... Alle reden mir zu, daß gar nichts dabei wäre, aber ich schaffe es nicht. Komm, Kilanath, wach auf! Moreta ist da.«

Ein Paar Drachenaugen glomm sanft im Dunkel. Moreta tastete mit den Fußspitzen nach der Treppe, die in die Tiefe führte. Aus den Jungreiter-Quartieren, wo die verletzte Tamianth untergebracht war, quoll Licht, aber die Stufen selbst lagen im Schatten.

»Bitte, beeil dich, Moreta!« wimmerte Diona.

»Gern, wenn ich etwas sehen könnte.« Moretas Tonfall klang gereizt. Sie war verärgert über Dionas nutzloses Gejammer.

»Ja, natürlich. Das hatte ich vergessen. In diesem Weyr ist aber auch nichts zu finden.« Pflichtschuldig deckte Diona einen Leuchtkorb ab, hielt ihn jedoch ins Innere der Kammer. »Pressen, sie ist hier! Schnell, komm!« Erst jetzt merkte sie, daß sie mit der Lampe herumfuchtelte, anstatt den Weg zu beleuchten. »Entschuldige ...«

Moreta ging los, ehe Diona sich wieder von irgend etwas ablenken ließ. Kilanath hob den Kopf und schnüffelte.

»Keine Sorge, Kilanath«, flötete Diona zuckersüß. »Du weißt, daß sie eigens gekommen ist, um uns zu helfen.« Moreta dachte insgeheim, daß der Tonfall jeder normalen Königin auf die Nerven gehen mußte. Diona wandte sich an die Besucherin. »Sie wird bestimmt lieb sein, denn sie macht sich schreckliche Sorgen um Tamianth.«

Als Moreta das Krankenlager betrat, konnte sie den Grund erkennen. Tamianths Haut wirkte eher grün als golden; die verletzte Schwinge und die Wunde an ihrer Flanke hatten einen grauen Überzug. Obwohl der Flügel an der Schulter abgestützt war, damit sich die Königin entspannen konnte, zuckten ihre Muskeln unaufhörlich. Tamianth öffnete ein Augenlid, und Moreta las die Qual in ihrem Blick.

»Wasser! Wasser, bitte, Wasser!« stöhnte Falga im Fieber.

»Da, das ist alles, was sie sagt!« Diona rang die Hände.

Pressen, der Heiler mit den hellen Augen, rannte an die Seite der Kranken und bot ihr Wasser an, aber sie schob es weg und warf sich wieder unruhig hin und her.

Moreta war mit drei langen Schritten neben der Königin, nahm eine Hautfalte zwischen die Finger und stieß einen Fluch aus. Die Drachenkönigin war praktisch ausgetrocknet. Ihre Haut fühlte sich wie Pergament an.

»Wasser! *Tamianth* braucht das Wasser, nicht Falga! Ist denn keiner auf den Gedanken gekommen, der Königin etwas zu trinken zu geben?« Moreta sah sich nach einem Behälter um.

»Nein ...« Diona schlug entsetzt die Hände vor das Gesicht. »Kilanath sagte auch ständig etwas von Wasser, aber wir alle dachten, daß Falga ...« Sie deutete mit einer fahrigen Geste auf die fiebernde Frau.

»Dann tu endlich etwas, beim Ei von Faranth!« donnerte Moreta. »Wo sind die Jungreiter? Trommle ein paar von ihnen aus den Betten! Besorgt einen Kessel aus der Küche, so rasch wie möglich! Ein Wunder, daß das arme Geschöpf noch lebt! Soviel Einfalt und Unfähigkeit auf einmal ist mir noch nie begegnet ...« Moreta sah Pressens erschrockenen Gesichtsausdruck und nahm sich zusammen. »Ich kann doch nicht auch noch die Pfleger beaufsichtigen!« meinte sie mit einem hilflosen Achselzucken.

»Nein, natürlich nicht!« Pressens Antwort klang beschwichtigend und ängstlich zugleich.

Da die arme Königin zu schwach war, Kontakt mit anderen Drachen aufzunehmen, hatte ihre Reiterin selbst im Fieber versucht, die Weyrbewohner auf Tamianths Notlage hinzuweisen. Moreta schäumte vor Zorn über Dionas Unfähigkeit. Sie riß einen Leuchtkorb an sich und begann Tamianths Schwinge zu untersuchen. Zwei Tage ohne Sekret, und die Membranstücke heilten womöglich nie mehr zusammen! Das Licht fing sich in einer feuchten Pfütze unter Tamianths Flanke. Mit einem unterdrückten Aufschrei kniete Moreta nieder, tauchte einen Finger in die Flüssigkeit und roch daran.

»Pressen! Bringen Sie Ihren Koffer, ich brauche Rotwurz und Öl! Der Drache verblutet ja!«

»*Was?*«

Pressen hastete an ihre Seite, und Moreta hielt den Leuchtkorb höher. Düster erinnerte sie sich an die Anweisungen, die sie dem mit Drachen völlig unerfahrenen Heiler erteilt hatte: Sorgen Sie dafür, daß die Wunde mit Betäubungssalbe bedeckt ist! Warum hatte sie nicht selbst nach dem Rechten gesehen? Warum war sie so leichtsinnig gewesen, sich auf unerfahrene Heiler und übermüdete Reiter zu verlassen? Sie hatte sich nach der Operation einfach selbstzufrieden zurückgezogen!

»Die Schuld liegt bei mir, Pressen. Ich hätte mich auch um die Flankenwunde kümmern müssen. Offensichtlich haben die Sporenknäuel die Venen an der Flanke zerfressen. Die Betäubungssalbe deckte die Bruchstellen zu. Deshalb gelangt auch kein Sekret an die Schwinge. Wir müssen die Adern zusammenflicken. Das geht genauso wie bei einem verletzten Menschen, nur das Blut hat eine andere Farbe.«

»Chirurgie ist nicht mein Fach«, meinte er zögernd. Als er aber Moretas verzweifelte Miene sah, fügte er hinzu: »Ich habe hin und wieder assistiert. Das kann ich auch jetzt tun, wenn Sie wollen.«

»Ich brauche Klammern, Öl, Rotwurz, eingefädelte Nadeln ...«

Pressen goß bereits Öl und Rotwurz in flache Schalen. »Ich habe alle Instrumente hier, die wir brauchen. Man übergab mir Barlys Sachen, als ich hier ankam.«

Mit einem bangen Gefühl begann Moreta den verwundeten Flügel zu untersuchen. Zwar hatten sich auf den Gelenken hier und da Sekretperlen gebildet, aber weit weniger, als zur Heilung nötig waren. Tamianth benötigte jetzt eine gute Portion Glück, um die Dummheit ihrer Pfleger wieder wettzumachen. Vielleicht ließ sich der Schaden noch in Grenzen halten, wenn man Kilanath etwas Sekret abnahm und auf die am stärksten gefährdeten Stellen strich. Umschläge mit Betäubungssalbe hatten die Stücke wenigstens feucht gehalten. Sobald Tamianths Adern geflickt waren und das arme Geschöpf getrunken hatte ...

Moreta tauchte die Hände in Rotwurz. Sie preßte die Zähne zusammen, als das Zeug in den halb verheilten Rissen brannte. Dann ölte sie die Finger gründlich ein. Pressen folgte ihrem Beispiel.

»Zuerst müssen wir die Betäubungssalbe von der Wunde entfernen. Ich würde sagen, die Unterbrechungen liegen hier ... und hier, vielleicht auch noch da unten, ganz in der Nähe des Herzens.« Mit ölgetränkten Tupfern begannen sie die Salbe abzuwischen. Tamianth zuckte. »Sie kann keine

Schmerzen empfinden. Die Flanke ist völlig betäubt. Hier! Sehen Sie, wie das Sekret hervorquillt ...« Ihr Vater hatte ihr früher jeden Handgriff erklärt, während er verletzte Renner behandelte. Und sie hatte einen Großteil der Dinge, die er ihr beibrachte, später bei den Drachen anwenden können. Vielleicht war es falsch, ausgerechnet in diesem Moment an ihren Vater zu denken, aber wenn sie einige seiner Lehren an Pressen weitergeben konnte ... Jemand im Weyr mußte Bescheid wissen. »Ah, da haben wir die erste Ader. Dicht unter Ihrer Hand müßte die zweite verlaufen, Pressen. Und hier die große Vene, die zu den Herzen führt.« Moreta griff nach der feinen Nadel, die Pressen hergerichtet hatte.

»Tatsächlich, die Farbe ist anders.« Pressen betrachtete das grünliche Fleisch, das dunklere Sekret, das man als Drachenblut bezeichnen konnte, und die merkwürdig schillernden Fasern, aus denen sich die Muskeln zusammensetzten. Aufmerksam untersuchte er die Wunde. »Wurde die Schwinge überhaupt mit Sekret versorgt?«

»Kaum.«

»Durst! Durst! Wasser, bitte Wasser!« stöhnte Falga.

»Ist dieses alberne Frauenzimmer denn zu gar nichts nütze?« fauchte Moreta. »Da draußen ist ein See mit klarem Wasser.«

Noch während sie sprach, hörte sie das Klappern von Blecheimern, das Schwappen von Wasser und die verschlafenen Rufe der Jungreiter. Das heiß ersehnte Naß riß Tamianth aus ihrer Apathie.

Moreta, der die Sicht durch die große, abgespreizte Schwinge versperrt war, hörte nur das gierige Schlürfen der Drachenkönigin.

»Beim Ei, die Gute scheint am Verdursten zu sein!« hörte sie den erstaunten Ausruf eines Mannes. »Laßt euch Zeit mit dem Nachfüllen, Jungen, sie darf nicht soviel auf einmal trinken. Kann ich sonst noch etwas helfen?« Der Kopf des Ausbilders tauchte hinter der Flügelspitze auf. Er starrte Moreta mißbilligend an. »Weyrherrin! Ich dachte, Ihre Königin sei in der Brutstätte!«

»Ja, aber hier geht es um Leben und Tod ...«

Als Moreta auf die Sekretpfütze am Boden deutete, wich die Empörung des Ausbilders blankem Entsetzen.

»S'ligar ist trotz der Impfung erkrankt«, stammelte Cr'not. »Aber ...« Er deutete hilflos zu Pressen und Diona hinüber. »Als ich Falga um Wasser rufen hörte, dachte ich ...«

»Keinen trifft die Schuld, Cr'not. Die Leute sind übermüdet oder müssen sich plötzlich mit ganz neuen Aufgaben befassen. *Ich* hätte mir die Wunde vor zwei Tagen besser ansehen sollen.«

»Manchmal habe ich das Gefühl, daß uns nur noch der Alltagstrott aufrecht erhält«, murmelte Cr'not und fuhr sich mit beiden Händen über die Augen.

»Das kann stimmen. So, die letzte Naht! Vielen Dank, Pressen. Sie haben das Zeug zu einem guten Heiler.«

»Sobald ich mich an so riesige Patienten gewöhnt habe ...« Pressen lächelte erschöpft.

»Und nun zeige ich Ihnen noch eine ganz wichtige Heilmethode für Drachen.« Moreta winkte Pressen neben sich. Sie nahm die größte Spritze aus Barlys Koffer, setzte einen Nadeldorn an die Öffnung, tauchte ein Stück Leinen kurz in Rotwurz und bückte sich unter Tamianths Schwinge. »*Diona!*«

»Nein!« wimmerte Diona und breitete die Arme aus, als wollte sie ihre Königin schützen. »Tamianth sieht schon viel besser aus. Ihre Farbe ist zurückgekehrt ...«

»Das hoffe ich. Aber wenn wir nicht etwas Sekret auf die Gelenke streichen, kann sie womöglich nie wieder fliegen. Holth, sag bitte Kilanath Bescheid!«

Cr'not trat mit finster entschlossener Miene neben die Weyrherrin, und Diona stöhnte von neuem.

»Es dauert nicht lange, und Kilanath wird nichts spüren.«

Die Königin zeigte mehr Hilfsbereitschaft als ihre Reiterin. Sie ging in die Knie und senkte einen Flügel bis zum Boden, damit Moreta sich nicht strecken mußte.

»Sehen Sie, Pressen? Hier, die Stelle, wo die Ader über dem Knochen verläuft!« Der Heiler nickte, und Moreta rieb die Fläche mit Rotwurz ein. Der feine, scharfe Nadeldorn durchdrang Haut und Ader so glatt, daß die Drachenkönigin den

Stich überhaupt nicht spürte. Moreta sog geschickt das Sekret in die Spritze. Es schimmerte sattgrün im Schein des Leuchtkorbs.

»Erstaunlich.« Pressen ließ kein Auge von der Flüssigkeit. Die beiden achteten weder auf Dionas Gejammer noch auf Cr'nots ärgerliches Räuspern.

»Und nun tragen wir das hier ...« Moreta wandte sich wieder an Tamianth. »... auf die Gelenke und Knorpel auf. Sehen Sie, wie ausgetrocknet die Knorpelschicht ist? Saugt das Sekret richtig auf. Da, neben der Schulter bilden sich die ersten Perlen. Tamianth scheint sich zu erholen.« Sie strahlte den Heiler an. »Und ihre Augen nehmen wieder Farbe an.«

»Tatsächlich! Da, blinzelt sie mir zu?«

Moreta lachte leise. Allmählich wich das Grau aus Tamianths großen Augen, und das ›Blinzeln‹ war nichts anderes als der Glanz, der in die Facetten zurückkehrte. »Schon möglich. Sie weiß, wer ihr geholfen hat.«

»Und Falga schläft.« Pressen eilte an das Lager und fühlte nach Falgas Halsschlagader. Er seufzte erleichtert. »Sie ist jetzt viel ruhiger.«

Holth? erkundigte sich Moreta besorgt.

Sie schlafen ebenfalls, entgegnete Holth gelassen.

»Ich muß jetzt zurück nach Fort. Cr'not, könnten Sie Tamianths Schwinge beobachten? Pressen weiß jetzt, wie man Sekret abzapft und aufträgt, aber er hat keine Ahnung, wann die Behandlung notwendig ist. Beraten Sie ihn!«

»Gern.« Cr'not nickte ernst. »Aber Sie hätten Ihre Königin nicht allein lassen dürfen«, setzte er hinzu und schüttelte besorgt den Kopf.

»Manchmal muß man sich von Regeln freimachen, Cr'not. Ich wurde um Hilfe gebeten, und ich kam. Aber jetzt muß ich wieder zurück.« Die Ausbilder der Jungreiter waren eine Rasse für sich. Sie maßten sich an, jeden und alles zu kritisieren. Moreta blinzelte Pressen zu, während sie ihre Reitsachen einsammelte und Tamianths Quartier verließ.

Sobald sie im Freien war, begann sie zu laufen.

Sie schlafen, wiederholte Holth mit Nachdruck.

»Und wir werden das gleiche tun, sobald wir daheim sind«,

erklärte Moreta, als sie sich auf Holths schmalen Nacken schwang. »Bring uns bitte zum Fort-Weyr, Holth!«

Bereitwillig stieß sich die alte Königin vom Felsensims ab und ging ins *Dazwischen*, sobald sie Luft unter den Schwingen spürte. Moreta überlegte, ob sie mit Leri über diesen Trick von Holth sprechen sollte. War die Königin etwa zu alt, um eine Zeitlang in der Luft zu kreisen? Gleich darauf schämte sich Moreta dieses Gedankens.

Dann tauchte sie dicht über dem See von Fort auf. Das war die Erklärung: Holth versuchte so unauffällig wie möglich zu bleiben. Der Wachreiter konnte die Königin im diffusen Dämmerlicht bestimmt nicht erkennen, wenn sie so niedrig hereinflog.

Holth glitt zu ihrem eigenen Weyr und nahm Moretas überschwenglichen Dank entgegen, ehe sie müde in ihre Steinmulde sank. Moreta rannte die Treppe nach unten. Zu ihrer Erleichterung hatte Orlith während ihrer Abwesenheit nicht einmal den Kopf auf die andere Seite gedreht. Und Leri schlief friedlich auf Moretas Lager.

Kapitel XIII

Ruatha und Fort-Weyr, 19. 3. 43

Alessan mußte anhalten. Schweiß stand ihm auf der Stirn und perlte über Wangen und Kinn. Die Hände am Pflug waren feucht, und das Gespann keuchte ebenso wie er bei der harten Arbeit auf dem regenschweren Acker. Der Burgherr von Ruatha nahm einen Lumpen, den er am Gürtel befestigt hatte, und rieb sich Hände und Gesicht trocken. Die Blasen, die er sich bei der ungewohnten Arbeit zugezogen hatte, brannten. Alessan trank einen Schluck Wasser, ehe er das störrische Gespann wieder vorwärtstrieb.

Noch einen Tag, und die Renner hatten vergessen, daß sie je für den Wettkampf gezüchtet worden waren. Aber das sagte er sich schon eine geraume Weile. Irgendwann würde es wohl eintreffen. Nun, er hatte derbere Tiere an den Reitsattel gewöhnt; es mußte ihm irgendwie gelingen, die schlanken Renner für die Feldarbeit abzurichten, wenn er die Burg behalten wollte. Mit einem bitteren Lächeln überlegte er, ob das eine späte Rache dafür war, daß er sich den Befehlen seines Vaters widersetzt hatte. Allerdings, von den Arbeitstieren hatte nicht eines überlebt. Die schwerfälligen Last- und Zugtiere waren besonders rasch an der Lungenentzündung erkrankt, die sich nach den ersten Tagen der Epidemie wie ein Lauffeuer ausgebreitet hatte. Die Renner hingegen hatten zufrieden auf den üppigen Flußweiden gegrast. Bis zu dem Moment, da er sie, und sich selbst, an den Pflug spannte.

Aber das Land mußte bestellt, das Volk ernährt, die Abgabe entrichtet werden, egal, wie er das schaffte. Er hatte den Feldrand erreicht und wendete die Tiere in einem weiten Bogen. Die Furchen waren krumm, aber zumindest hatte er die Scholle umgebrochen. Er ließ seine Blicke kurz über die anderen Felder schweifen, auf denen ebenfalls gearbeitet wurde. Von der Nordstraße her näherte sich ein Reiter der Burg. Alessan beschattete die Augen mit einer Hand und fluchte im nächsten Moment, da eines der Tiere seine Unaufmerksamkeit nützte und den Pflug aus der Furche riß. Als er das Mißgeschick wieder in Ordnung gebracht hatte, war der Mann so nahe, daß er die blaue Tracht der Harfner erkannte. Tuero kam von seinem Inspektionsritt der nördlichen Höfe zurück. Wer sonst hätte es gewagt, sich Ruatha zu nähern? Alessan hatte an seine Pächter eine Trommelbotschaft ausgesandt und um schwere Arbeitstiere gebeten, aber weder Drohungen noch hohe Geldangebote hatten bis jetzt einen Erfolg gebracht.

»Es ist die Seuche, Alessan«, hatte Tuero mit ernster Miene erklärt. »Auf Ruatha hat sie am schlimmsten gewütet. Solange nicht alle geimpft sind, werden sie kaum hierherkommen. Und selbst dann werden sie keine Tiere mitbringen, weil nahezu der gesamte Bestand verendete.«

Alessan war wütend auf und ab gegangen. »Wenn sie nicht kommen, werde ich mir die Gespanne eben selbst holen! Sie sollen ihrem Burgherrn ins Gesicht sagen, daß sie ihm die Unterstützung verweigern!« Insgeheim verstand er seine Pächter allerdings. Er selbst hatte bis jetzt nicht den Mut aufgebracht, Dag, Fergal und die Zuchtherde nach Ruatha zurückzuholen. Follen hatte ihm zwar immer wieder versichert, daß die Seuche durch Husten oder Niesen übertragen würde, durch persönlichen Kontakt also, und daß sich weder auf den Weiden noch auf der Rennbahn Krankheitskeime befanden ... aber Alessan wollte auf keinen Fall die kostbaren Renner gefährden, die Dag am Morgen nach dem verdammten Fest in Sicherheit gebracht hatte.

Nach einer längeren Diskussion mit Tuero, Deefer und Oklina, seinem engsten Beraterstab, war der Entschluß gefaßt worden, daß er auf der Burg bleiben mußte, da es niemanden von Rang und Namen gab, der seine Befehle auf Ruatha durchsetzen konnte. Alessan hatte lange gezögert, den eben erst genesenen Tuero auf die Reise zu schicken. Aber Tuero verstand es wie alle Harfner, die Leute zu überreden, und schon deshalb eignete er sich besonders gut als Sendbote. Ein paar Tage an der frischen Frühlingsluft würden ihm eher guttun, behauptete er. Außerdem habe er keine Ahnung von Pflügen. Alessan hatte seinem Drängen schließlich nachgegeben, weil ihm gar keine andere Wahl blieb.

Der hochgewachsene, hagere Harfner saß auf einem viel zu kleinen, ebenfalls ausgemergelten Renner, und seine Beine schlenkerten im Takt. Alessan wollte ihm winken, aber er hatte gerade einen Abhang erreicht, und die Zugtiere wurden störrisch, weil ihnen das Geschirr immer wieder gegen die Beine schlug. Zum Glück war das Feld fast fertig. Alessan beschloß, seine Arbeit zu beenden und sich dann ganz auf Tueros Neuigkeiten zu konzentrieren.

Schade nur, daß der Harfner nicht gleich ein Zuggespann mitgebracht hatte! Alessan biß die Zähne zusammen und pflügte die beiden letzten Furchen.

Als er die erschöpften Tiere zu den Ställen brachte, waren die Säer bereits am Werk. Sie würden trotz der verdammten Seuche auch dieses Jahr ihre Ernte einfahren! Das hieß, wenn das Wetter mitmachte und keine Fäden auf Ruatha fielen ...

Zu seiner Überraschung wartete Tuero im Stall. Er hatte auf

einem umgestülpten Eimer Platz genommen, die Satteltaschen lagen zu seinen Füßen, und er strahlte Zufriedenheit aus. Sein Klepper stand bereits abgerieben in der Box und vergrub die Nase in einem Berg von frischem Gras.

»Ich sah Sie bei der Arbeit, Baron Alessan«, begann Tuero, und seine Augen blitzten belustigt. Er erhob sich und nahm die Zügel des Gespanns. »Ihre Furchen wirken schon recht ordentlich.«

»Das hoffe ich.« Alessan begann das Geschirr zu lösen.

»Ihr Vorbild gibt den anderen Mut. Die Pächter sprechen mit Hochachtung von Ihrem Einsatz. Es hat Ihrem Ruf nicht geschadet, daß Sie selbst den Pflug in die Hand nehmen ...«

»Aber ein Zuggespann kann ich mir davon auch nicht kaufen.« Alessan seufzte und streifte einem der Renner das schwere Kummet ab. »Oder war das nur die Einleitung zu den schlechten Nachrichten?«

»Nun, Sie können sich selbst ausmalen, wie es auf den Höfen aussieht.« Tuero half Alessan mit dem zweiten Kummet und deutete auf seine Satteltaschen. »Ich habe hier und da eine Kleinigkeit bekommen, aber ich sah mit eigenen Augen, wie leer die Vorratskammern Ihrer Leute sind. Zumindest im Norden.«

»Und?« Alessan zog es vor, die Wahrheit ganz und sofort zu erfahren.

»Hier und da beginnen sie mit der Feldarbeit«, berichtete Tuero, »aber manche der Höfe haben schwere Verluste erlitten. Ein Teil der Festbesucher brach auf, ehe die Quarantäne erlassen wurde, und sie verbreiteten die Krankheit. Ich habe eine Liste der Toten zusammengestellt – eine traurige Bilanz, die ich Ihnen gern erspart hätte. Es heißt, daß Elend die Gesellschaft liebt, nun ja ...« Tuero zog die Brauen hoch. »Aber mir kam unterwegs ein Gedanke, der unsere Probleme möglicherweise ein wenig erleichtert.

Ich hatte recht mit meiner Annahme, daß die Leute Ihre Burg aus Angst vor der Ansteckung meiden. Ich hatte recht, daß sie ihre Tiere nicht in den Tod schicken wollten. Anfangs wollten sie Skinny nicht einmal in ihre Ställe lassen. Sie befürchteten, daß er ihnen die Seuche bringen würde.«

»Aber der Renner hat die Krankheit doch *überlebt!*«

»Genau. So wie Sie und ich sie überlebt haben. Das Serum, das ich mitnahm, erwies sich als gutes Argument. Und nun hören Sie mir genau zu: Könnte man aus dem Blut genesener Renner nicht auch einen Impfstoff für Tiere herstellen?« Er grinste breit, als er Alessans Verblüffung sah. »Wenn sich diese Idee verwirklichen läßt, könnten wir hier auf Ruatha eine ganze Menge Serum herstellen und hätten einen hervorragenden Tauschartikel in der Hand!«

Alessan starrte Tuero an. Warum war ihm das nicht eingefallen? Viele der Hofbesitzer und Pächter hingen von der Rennerzucht ab, und er verstand im Grunde ihre Furcht, daß sich die Seuche in den Ställen einnisten könnte.

»Daß ich darauf nicht selbst gekommen bin!« meinte er kopfschüttelnd. »Kommen Sie, versorgen wir die Tiere, und dann besprechen wir die Angelegenheit mit Heiler Follen!« Er gab dem Renner einen übermütigen Klaps. »Wie konnte ich so etwas übersehen?«

»Sie hatten ein paar andere Probleme am Hals, vergessen Sie das nicht!«

Die beiden entdeckten Follen im Großen Saal, wo er die Patienten versorgte. Alessan spürte, wie sich seine Kehle zusammenschnürte, nicht einmal der Duft der Räucherstäbchen konnte den Geruch von Krankheit und Tod überdecken. Er mied den Saal, so gut es ging. Das Husten, das rasselnde Atmen und das Stöhnen klangen ihm wie ein steter Vorwurf entgegen. Follens besorgte Miene hellte sich ein wenig auf, als Tuero die Satteltaschen schwenkte. Sie gingen in Alessans Arbeitszimmer, das jetzt dem Heiler als Quartier diente. Follen sah sich die Kräuter und Medikamente an, und seine Schultern sanken wieder nach vorn. Alessan mußte seine Frage nach einem Impfstoff für die Renner wiederholen, ehe der Mann sie überhaupt erfaßte.

»Der Vorschlag klingt vernünftig, Baron Alessan, aber ich besitze wenig Erfahrung mit der Tiermedizin. Der Herdenmeister ... Unsinn, ich vergaß, daß ... Aber auf Keroon muß es Leute geben, die besser Bescheid wissen als ich.«

Tuero seufzte enttäuscht. »Es ist zu spät, um heute noch

eine Trommelbotschaft nach Keroon zu entsenden. Sie wären nicht gerade begeistert, wenn wir sie aus den Betten holen würden.«

»Ich kenne noch jemand, der uns Auskunft geben könnte«, meinte Alessan nachdenklich. »Äh, Follen, haben Sie noch ein wenig Impfstoff übrig? Genug für zwei Personen?«

»Ich kann jederzeit neues Serum zubereiten.«

»Bitte, tun Sie es, während Tuero und ich eine Trommelnachricht zum Fort-Weyr schicken! Moreta wird wissen, ob wir die Renner impfen können oder nicht.« Wenn ja, setzte er insgeheim hinzu, werde ich Dag und die Herde zurückholen.

Moreta empfand Verwirrung, als sie die Trommelbotschaft erhielt. Aber die Quarantäne war aufgehoben, und Alessan hatte eigens betont, daß er geimpft und wieder genesen sei. Sie sah keinen Grund, die Begegnung abzusagen, und mehr als einen Grund, sich darauf zu freuen. Orlith gehörte nicht zu den eifersüchtigen Drachenköniginnen. Sie hatte es sogar gern, wenn Besucher ihr Gelege bewunderten, das jetzt in einem schützenden Ring um das Königinnen-Ei gestapelt war.

»Als ob dir jemand die Eier wegnehmen wollte!« hatte Moreta liebevoll gespottet. Nachdem Orlith erwacht war, hatte sie ihr den Besuch im Hochland-Weyr gebeichtet.

Leri war hier. Holth hat dich begleitet. Ein fairer Tausch angesichts der besonderen Umstände. Außerdem schlief ich.

Moreta hatte sich nach ihrer Rückkehr vom Hochland-Weyr eine Weile hingelegt, aber sie schreckte immer wieder unruhig aus dem Schlaf. Vielleicht wäre es besser gewesen, bei Tamianth zu bleiben, bis feststand, daß sich wirklich neues Sekret auf der Wunde bildete. Aber sie hatte nun Pressen über die Gefahren aufgeklärt und ihm auch gezeigt, wie man die Verletzung behandelte. Es war zu erwarten, daß Tamianth und Falga sich ein wenig erholten und keine neue Krise auftrat.

So schob Moreta ihre Nervosität der Anspannung des langen Tages zu und schickte Leris bevorzugten Jungreiter M'barak nach Ruatha. K'lon hatte ihnen von den verheerenden Verlusten auf Ruatha berichtet. Wie sollte sie einem Mann begegnen, der so großes Leid erfahren hatte?

Und dann stand Alessan am Eingang der Brutstätte. Unter dem einfachen Ledergewand trug er ein frisches Hemd. Neben ihm befand sich ein hagerer, hochgewachsener Mann in der geflickten, ausgebleichten Tracht der Harfner. M'barak winkte die beiden Männer, die an der Schwelle zögerten, ungeduldig zu dem Teil der Galerie, den Moreta vorübergehend in ein Wohnquartier umgewandelt hatte. Orlith war wach und beobachtete die Besucher, aber sie verriet keinerlei Aufregung.

Moreta erhob sich und streckte in einer unbewußten Abwehrgeste die Hand aus, als sie die Veränderung in Alessans Zügen bemerkte. Zu deutlich erinnerte sie sich an den selbstsicheren jungen Mann, der sie acht Tage zuvor auf dem Fest von Ruatha begrüßt hatte. Er hatte Gewicht verloren und mußte das Wams mit einem Gürtel raffen. Sein Haar wirkte struppig und ungepflegt. Das störte sie mehr als die Flecken auf seinen Händen, die wohl von der ungewohnten Feldarbeit herrührten. Sie selbst hatte rissige, von Rotwurz verfärbte Finger. Mit Sorge sah sie die tief eingegrabenen Linien in seinem Gesicht und die bitter zusammengepreßten Lippen. Die hellgrünen Augen hatten ihre Leuchtkraft verloren.

»Das hier ist Tuero, Moreta, der mir seit ... seit dem Fest unermüdlich zur Seite stand.« Mit einem entschlossenen Ton, der jedes Beileid abwehrte, fuhr Alessan fort: »Er hatte eine Idee, die mir einleuchtend erschien, aber ich brauche den Rat von Experten. Und da ich um diese Zeit niemand mehr in Keroon befragen konnte, möchte ich Sie um ein Urteil bitten.«

»Ja?« Moreta spürte seine Angst vor Mitleid und beschränkte sich auf die notwendigsten Worte. Seine Veränderung schien tiefgreifend.

»Tuero ...«, Alessan verneigte sich leicht vor dem Harfner, »... überlegte, ob man nicht auch aus dem Blut genesener Renner einen Impfstoff herstellen könnte ...«

»Aber natürlich! Heißt das etwa, daß dies bis jetzt nicht geschehen ist?« Heftiger Zorn durchzuckte Moreta, und Orlith stemmte sich mit rötlich glimmenden Augen von ihrem Lager hoch.

»Nein«, entgegnete Alessan gepreßt.

»Weil bisher niemand daran dachte oder weil noch keine

Zeit war ...?« fragte sie, elend bei dem Gedanken an weitere Verluste. »Ich nahm an, daß ...« Sie unterbrach sich, schloß einen Moment lang die Augen und ballte die Hände zu Fäusten. Die leeren Ställe von Keroon kamen ihr in den Sinn und der verlassene Hof ihrer Familie.

»Andere Dinge gingen vor«, sagte Alessan resigniert, aber ohne Bitterkeit.

»Ja, natürlich.« Sie riß sich mühsam von den düsteren Bildern los. »Gibt es Heiler auf Ruatha?«

»Einige.«

»Das Serum wird auf die gleiche Weise gewonnen wie bei Menschen. Natürlich kann man den Rennern mehr Blut abnehmen. Die Impfstoffmenge sollte sich nach dem Körpergewicht richten. Je schwerer ...«

Alessan zog die Brauen hoch, und sie verstand. Es gab keine schweren Tiere mehr auf Ruatha.

»Könnten Sie uns mit Nadeldornen aushelfen?« fragte Alessan in die Stille.

»Ja.« In diesem Moment hätte Moreta ihm alle ihre Vorräte ausgehändigt. »Benötigen Sie sonst noch etwas?«

»Man hat uns Nachschub von Fort versprochen«, erklärte Tuero. »Aber solange wir die Kärrner nicht überzeugen können, daß auf Ruatha Mensch und Tier gesund sind, werden sie sich nicht auf die Burg wagen.«

Moreta nickte langsam, ohne die Blicke von Alessan abzuwenden. Er wirkte so distanziert, als gingen ihn die Dinge nicht das geringste an. Aber irgendwie mußte er sich gegen das Leid abschotten, sonst hätte es ihn wohl zerbrochen.

»M'barak, bring bitte Baron Alessan und Harfner Tuero zur Vorratskammer. Sie können mitnehmen, was sie brauchen.«

M'barak sah sie mit großen Augen an.

»Ich komme gleich nach«, meinte Alessan, und Tuero machte sich mit M'barak auf den Weg. Alessan begann ein Paket auszuwickeln, das er unter dem Arm trug. »Ich kann mich für Ihre Großzügigkeit im Moment nicht erkenntlich zeigen. Aber ich habe wenigstens Ihr Kleid zurückgebracht.« Er holte das sorgfältig zusammengelegte goldbraune Festgewand aus der Umhüllung und reichte es ihr mit einer tiefen Verbeugung.

Moreta nahm es gefaßt entgegen, aber ihre Hände zitterten. Sie dachte an das Rennen, ihre ausgelassene Freude über das gelungene Fest, den wirbelnden Tanz an seiner Seite ... Die aufgestaute Verzweiflung, der Zorn, der Kummer, die wiederholten Trennungen von Orlith, die sie als Verrat empfand, das alles durchbrach unvermutet die mühsam aufgebauten Schranken. Sie vergrub das Gesicht in dem weichen Stoff und begann hemmungslos zu schluchzen.

Orlith summte tröstend, und Alessan zog sie an sich. Der Druck seiner Arme, die vermischten Gerüche von Mensch und Tier und feuchter Erde lösten ihre Tränen. Und sie spürte, daß auch sein Leid endlich ein Ventil fand. Seine Schultern zuckten wie im Krampf. Und jeder von ihnen spürte Trost in der Befreiung des anderen.

Das ist gut für dich! Orliths Mitgefühl schloß Alessan ein.

Moreta fing sich zuerst wieder. Sie hielt Alessan fest an sich gepreßt, murmelte Trost und Ermutigung, lobte seinen entschlossenen Einsatz für Ruatha, der für die anderen Vorbild und Ansporn war. Sie übertrug mit ihrer Stimme und ihrem Körper Wärme und Zuneigung, und erst als sie merkte, daß sein Schluchzen nachließ, löste sie ihren Griff. Langsam hob Alessan den Kopf und schaute sie an. Die Spuren des Leids und der Sorgen waren nicht ausgelöscht, aber der bittere Zug um seinen Mund hatte sich verloren.

Der Burgherr hob eine Hand und wischte ihr mit einer sanften Geste die Tränen von den Wangen. Einen Moment lang zögerte er, doch dann preßten sich seine Lippen auf die ihren. Moreta wich nicht aus. Sie wollte ihm Trost geben, mehr nicht. An Leidenschaft dachte keiner von ihnen, Moreta nicht, weil sie Bindungen außerhalb des Weyrs längst aufgegeben hatte, und Alessan nicht, weil er sich ausgehöhlt von den Ereignissen auf Ruatha glaubte.

Orlith summte nahezu unhörbar, und ihre Erregung übertrug sich auf Moreta. Sie spürte Alessans harte Schenkel, seinen sehnigen Körper, und eine Sinnlichkeit durchzuckte sie, die sie nicht einmal bei Talpan, ihrer großen Jugendliebe, empfunden hatte.

Langsam gab Alessan sie frei, erschreckt durch die Intensität seiner Gefühle und das Summen der Drachenkönigin, das sich immer mehr steigerte.

»Sie hat nichts dagegen!« sagte Moreta leise.

Mit großem Bedauern trat sie einen Schritt zur Seite, ohne jedoch seine Hände loszulassen.

»Hört man das nicht im ganzen Weyr?« Alessan horchte auf Orliths ekstatisches Summen.

»Eine Königin in der Brutstätte ist unberechenbar.«

»Das Kleid!« Hastig griff er nach dem Festgewand, das achtlos zerknüllt zu Moretas Füßen lag. Im gleichen Moment, da sie es entgegennahm, tauchten M'barak und Tuero wieder auf.

»Daß Sie daran dachten, obwohl Sie so viele andere Dinge zu erledigen hatten!« Moreta staunte über ihre beherrschte Stimme.

Tuero beobachtete sie mit wachen Augen. Er spürte, daß etwas vorgefallen war, vermochte die Situation aber nicht so recht zu deuten.

»Ich habe nicht alles genommen, was wir benötigen«, erklärte der Harfner mit einem Lächeln. »Sonst hätte ich Ihre Kammern vollständig plündern müssen.«

»Ich kann vermutlich leichter Ersatz besorgen als Sie.« Moreta machte eine Pause. »Wie ich bereits mit Baron Alessan besprach, meiner Ansicht nach gibt es in den Archiven einige Hinweise darauf, daß unsere Vorfahren Tiere impften. Vielleicht könnte man das Serum erst einmal an weniger wertvollen Beständen erproben ...«

»Im Moment ist jedes Tier auf Ruatha wertvoll«, warf Alessan rasch ein. »Ich habe keine andere Wahl, als die Methode anzuwenden und zu hoffen, daß sie sich als ebenso wirksam erweist wie bei den Menschen.«

»Haben Sie schon mit Meister Capiam gesprochen?«

»Sie kennen sich mit Rennern besser aus als Meister Capiam. Warum sollte ich ihn mit einem Problem belasten, das ihm vermutlich nur Kopfzerbrechen bereitet?«

»Ich bin überzeugt davon, daß Sie Erfolg haben werden.« Moreta legte ihm die Hand auf den Arm. Sie sehnte sich danach, etwas von seiner Berührung festzuhalten. »Dennoch sollten Sie die Heilerhalle unverzüglich verständigen. Und halten Sie mich auf dem laufenden.«

Alessan nickte mit einem höflichen Lächeln. Seine Finger lagen sanft auf den ihren.

»Verlassen Sie sich darauf!«

»Ich habe gehört, daß Oklina am Leben blieb«, sagte sie hastig. »Was ist mit Dag ... und Squealer?«

»Beide haben es geschafft. Deshalb denke ich auch über die Impfungen nach. Squealer ist vermutlich der einzige vollwertige Zuchthengst, den ich noch habe.« Alessan wandte sich dem Ausgang zu. Ehe er die Brutstätte verließ, verneigte er sich tief vor Orlith.

Tuero eilte ihm nach, gefolgt von M'barak, der eine leicht verwunderte Miene aufgesetzt hatte.

Erschöpft und von zwiespältigen Gefühlen hin und her gerissen, sank Moreta auf die Steinbank und verschränkte die zitternden Finger. Sie hoffte nur, daß Leri und Holth die aufwühlende Begegnung entgangen war.

Kapitel XIV

Heilerhalle, Ruatha, Fort-Weyr, Burg Ista 20. 3. 43

»Betrachten Sie die Situation doch einfach als Herausforderung!« schlug Capiam Meister Tirone vor.

Der Harfner knallte die Tür so heftig hinter sich zu, daß Desdra zusammenzuckte und Meister Fortine nervös zu husten begann.

»Herausforderung? Als ob wir in den letzten zehn Tagen nicht genug davon gehabt hätten!« polterte Tirone. »Der halbe Kontinent krank! Der Rest wie gelähmt vor Furcht und hysterisch bei jedem Niesen! Drachenreiter, die der Fädenplage kaum Herr werden! Sämtliche Gilden haben unersetzliche Lehrmeister und vielversprechende Gesellen verloren! Und ich soll die Situation als Herausforderung betrachten!« Tirone hakte die Daumen in den Gürtel und starrte den Meisterheiler düster an. Er war in die Haltung verfallen, die Capiam respektlos als ›Harfner-Pose‹ bezeichnete.

»Sagten Sie nicht vor ein paar Stunden«, fuhr Tirone mit dröhnendem Baß fort – ›Harfner-Pathos‹, dachte Capiam schonungslos –, »daß nirgendwo auf dem Kontinent neue Krankheitsfälle aufgetreten sind?«

»Ganz recht. Aber ich werde erst erleichtert sein, wenn ich das auch noch nach einer Spanne von vier Tagen behaupten kann. Die erste Welle der Virusinfektion ist abgeklungen, ja. Aber die Grippe – so nannten die Alten die Epidemie – kann von neuem aufflackern. Und dieser zweite Schub bereitet mir Sorgen.«

»Der zweite Schub?« Tirone starrte Capiam an, als habe er nicht richtig gehört.

»Du liebe Güte, ja!« warf Meister Fortine von seinem Lager aus ungeduldig ein. Er hatte das Gefühl, daß sein Gildemeister Unterstützung brauchte. »Bis jetzt haben wir vier eindeutige Hinweise auf diese Art von Krankheit gefunden. Sie scheint zu mutieren. Der Impfstoff, der die eine Variante bekämpft, wirkt mitunter nicht mehr bei der nächsten.«

»Die Einzelheiten werden Meister Tirone vermutlich langweilen«, unterbrach ihn Capiam. Es hatte wenig Sinn, die Angst auf Pern noch zu schüren.

»Glauben Sie das nicht!« Tirone trat näher, zog sich einen Stuhl heran und nahm mit überkreuzten Armen vor Capiams Schreibtisch Platz. Seine Stimme klang aggressiv. »Ich höre.«

Capiam kratzte sich im Nacken, eine Gewohnheit, die er erst seit kurzem hatte und über die er sich selbst ärgerte.

»Sie wissen, daß wir in den alten Archiven den Namen der Krankheit entdeckten, Grippe oder Virus-Influenza ...«

»Ja. Ein alberner Begriff.«

»Aber sehr treffend. Es gibt insgesamt vier Erwähnungen von Grippe-Wellen, die unsere Vorfahren geißelten. Sie gehen auf die Zeit vor der Ersten Großen Überfahrt zurück.«

»Lassen wir diese Streitfrage aus dem Spiel!«

Capiams Blick enthielt einen sanften Vorwurf. »Für mich ist das keine Streitfrage. Ich nahm an, Sie gehörten wie ich zu den

Verfechtern der These, daß es zwei Überfahrten gab. Die Archivtexte jedenfalls scheinen diese Theorie zu bestätigen. Egal ...«, fuhr Capiam hastig fort, als er merkte, daß Tirone zu einer wütenden Entgegnung ansetzte, »... unsere Vorfahren schleppten jedenfalls bestimmte Bakterien und Viren ein, die unausrottbar waren.«

»Und die sich als notwendig für die Körperchemie der Menschen und Tiere erwiesen, die sich auf Pern ansiedelten«, warf Fortine mit ernster Stimme ein.

»Ganz recht. Aus diesem Grunde können wir manchen Infektionen nicht entgehen. Und deshalb müssen wir Maßnahmen gegen eine zweite Influenza ergreifen. Sie kann wieder auftauchen. Hier und jetzt. So wie sie das von Zeit zu Zeit auch auf dem Südkontinent tut. Wir wissen inzwischen leider, daß ein einziger Krankheitsträger genügt, um sie zu verbreiten. Darum müssen wir auf der Hut sein, Tirone. Wir haben weder die Medikamente noch die Leute, um mit einer zweiten Epidemie fertig zu werden.«

»Das weiß ich ebensogut wie Sie.« Tirones Stimme klang scharf. »Und verraten Ihre kostbaren Aufzeichnungen nicht, wie die Alten diese Plage bekämpften?« Er deutete auf den dicken Pergamentestapel auf Capiams Schreibtisch. Seine Geste sollte verächtlich wirken, verriet aber seine unterschwellige Angst.

»Durch Massenimpfung.«

Es dauerte einen Moment, bis Tirone erfaßte, daß Capiam ihm eine ehrliche Antwort gegeben hatte.

»Massenimpfung? Sie meinen den ganzen Kontinent?« Tirone machte eine fahrige Handbewegung.

»Die Immunität der Geimpften hält mit der Art von Serum, das wir herstellen können, etwa vierzehn Tage an. Begreifen Sie nun, uns bleibt nur ein begrenzter Handlungsspielraum! Das ist die Herausforderung! Meine Gilde stellt das Serum und die Heiler, Ihre Gilde sorgt dafür, daß Burgen, Höfe und Weyr nicht in Panik geraten.«

»Panik? Ja, da haben Sie recht.« Tirone wies mit dem Daumen zur Burg hinüber. Baron Tolocamp weigerte sich immer noch strikt, seine Privaträume zu verlassen. »Im Moment haben wir mehr von der Panik als von der Krankheit selbst zu befürchten.«

»Ja.« Capiam legte großen Nachdruck in diese knappe Antwort. Desdra war während der Diskussion neben ihn getreten. Er wußte nicht recht, ob sie ihn zu schützen versuchte oder ob sie selbst Schutz suchte, aber er schätzte ihre Nähe. »Und wir müssen rasch und mit Umsicht zu Werke gehen. Wenn es noch einen Krankheitsträger auf Igen, Keroon, Telgar oder Ruatha geben sollte ...«

Der Zorn und die Hilflosigkeit in Tirones Augen erinnerten ihn an seine eigene Reaktion, als Fortine und dann Desdra ihm die Stellen in den Aufzeichnungen gezeigt hatten und er die unausweichlichen Schlüsse zog.

»Um eine zweite Epidemie zu vermeiden, müssen wir innerhalb der nächsten Tage impfen.« Capiam wandte sich entschlossen an die Karten, die er vorbereitet hatte. »Teile von Lemos, Bitra, Crom, Nabol, das obere Telgar, das Hochland und Tillek hatten seit Beginn der kalten Jahreszeit keinen Kontakt mit den übrigen Bezirken. Wir können dort später impfen, wenn der Schnee schmilzt, aber noch vor Beginn der Frühjahrsregen. Also müssen wir uns im Moment nur mit diesem Teil des Kontinents befassen.« Capiams Finger kreiste die südliche Hälfte ein. »Die Gesellschaftsstruktur auf Pern hat gewisse Vorteile, Tirone, besonders in den Zeiten, da der Rote Stern vorbeizieht. Wir wissen genau, wo sich Siedlungen befinden. Wir können auch ungefähr sagen, wie viele Menschen die erste Grippewelle überlebt haben und wer von ihnen geimpft ist. Es geht also vor allem darum, den Impfstoff möglichst rasch unter die Leute zu bringen. Da auch Drachenreiter anfällig für die Krankheit sind, werden sie uns sicher helfen, das Serum an die Verteilerstellen zu befördern, die ich hier über den gesamten Kontinent hinweg markiert habe.«

Tirone lachte sarkastisch. »Von M'tani auf Telgar können Sie keinen Beistand erwarten. L'bol von Igen ist ein Versager, Wimmia regiert den Weyr, und wir können von Glück reden, daß im Moment alle Drachenreiter gemeinsam die Fäden bekämpfen. F'gal unterstützt uns vielleicht, aber ...«

Capiam schüttelte ungeduldig den Kopf. »Es reicht, wenn

Moreta, S'ligar und K'dren helfen. Aber wir müssen sofort an die Arbeit gehen, ehe ein weiterer Grippefall auftritt. Diese Influenza kann zum Stillstand gebracht, kann abgewehrt werden, wenn sie keine neuen Opfer findet, die sie weiterverbreiten.«

»Das erinnert mich an die Fäden.«

»Kein schlechter Vergleich.« Capiam nickte müde. Er hatte in den letzten Tagen so viele Menschen überzeugen müssen, Fortine, Desdra, die übrigen Meister, und nebenbei kämpfte er gegen die Zweifel in seinem Innern. »Ein Fädenknäuel, das man übersieht, kann ein Feld, einen ganzen Kontinent ruinieren. Und ein Krankheitsträger genügt, um eine Epidemie auszulösen.«

»Oder ein idiotischer Seemann, der sich vorschnell Landbesitz auf dem Südkontinent zu sichern versucht ...«

»*Was?*«

Tirone holte aus seinem Wams ein fleckiges Pergamentbündel, das offensichtlich eine Zeitlang im Wasser gelegen hatte.

»Ich kam eigentlich her, um mit Ihnen darüber zu sprechen, Meister Capiam. Meister Burdion, Ihr Heiler auf der Meerburg von Igen, vertraute das hier meinem Gesellen an.« Er machte eine Pause und fuhr dann fort: »Die Geschichte von der Katze, die im Wasser trieb, ist erlogen, Capiam. Die Leute *landeten* auf dem Südkontinent. Burdion war sehr krank, wie Sie wissen, aber während seiner Genesung las er das Log der *Windtoss*, eigentlich eher aus Langeweile. Und er lebte lange genug auf der Meerburg, um sich mit Kurseintragungen auszukennen. Wohlgemerkt, Meister Varney war ein ehrenwerter Mann. Es gab tatsächlich einen Sturm, der ihn vom Kurs abtrieb. Aber er hätte auf keinen Fall landen dürfen. Nach einem alten Beschluß wird der Südkontinent erst erforscht, wenn der Rote Stern wieder verschwunden ist. Und es sollen sich alle daran beteiligen, Burgen, Höfe und Weyr. *Die Leute ankerten drei Tage!*« Tirone schlug mit der flachen Hand auf das zerknitterte Log. Capiam nahm es auf, und Desdra trat neben ihn, um die Einträge zu lesen.

»Aber das bedeutet, daß es sich nicht um einen Fall von Zoonose, sondern um eine Direktansteckung handelt!« erklärte Meister Fortine.

»Nur dann, wenn es Menschen auf dem Südkontinent gibt«, meinte Capiam nachdenklich.

»Davon steht nichts in den Logeinträgen«, entgegnete Tirone.

»Und die Aufzeichnungen von der Zweiten Überfahrt schließen diese Möglichkeit aus.«

»Können wir denn sicher sein, daß sie sich in südlichen Gewässern befanden?« warf Desdra ein.

»O doch«, erwiderte Tirone. »Der Harfnergeselle stammt von der Küste. Er erklärte, daß die angegebenen Positionen eindeutig zum Südkontinent gehören. Und er meinte außerdem, daß die See nur in der Nähe der kontinentalen Landmasse seicht genug zum Ankern ist. Drei Tage waren sie da!«

Desdra hatte sich in die Aufzeichnungen vertieft. »Im Log heißt es, daß sie das Boot reparieren mußten. Der Sturm hatte es beschädigt.«

»Zweifellos führten sie auch Reparaturen durch.« Tirone nickte grimmig. »Aber Burdion hat dem Log eine Notiz beigefügt ...« Tirone schwenkte ein Stück dünnes Leder und las dann vor: »Ich entdeckte ungewöhnlich große Obstkerne im Abfalleimer der Kombüse, dazu halb verrottete Schalen von Früchten, die mir unbekannt waren, obwohl ich seit vielen Planetenumdrehungen auf dieser Burg lebe.« Tirone beugte sich vor, und seine Augen blitzten. »Also, meine Freunde, ist die *Windtoss* gelandet! Und was sich daraus entwickelt hat, wißt ihr selbst!« Tirone schwenkte die Arme.

Capiam ließ sich in seinen Sessel sinken und starrte die Karten an, die er vorbereitet hatte.

»Das Log bringt nicht nur Licht in diese Geschichte, mein guter Freund. Es warnt uns außerdem vor der geplanten Rückkehr auf den Südkontinent!«

»Darin pflichte ich Ihnen voll und ganz bei.«

»Und es bestärkt mich in dem Entschluß, alle Leute zu impfen, um ein Ausbreiten der Krankheit zu verhindern.« Er stockte. »Außerdem müssen die Renner geimpft werden, eine Komplikation, an die ich bisher nicht gedacht hatte ...«

»Wir sollten das als Herausforderung betrachten«, meinte Desdra trocken und begann Capiams verkrampfte Nackenmuskeln zu massieren.

»Ob unser neuer Herdenmeister das auch so sieht?« fragte Capiam. »Ich fürchte, er wird mit dieser Arbeit überfordert sein.«

»Wir könnten Moreta zu Rate ziehen. Ihr Vater hatte in Keroon eine Rennerzucht ...« Der Meisterharfner schwieg einen Augenblick. Auch er wußte von der Tragödie, die sich dort abgespielt hatte. »Kümmerte sie sich nicht um dieses Tier, das bei den Rennen von Ruatha zusammenbrach, Capiam?«

»Keine Ahnung«, entgegnete Capiam schroff. Mußte er nun auch noch die erkrankten Tiere des Kontinents heilen? »Sie sind das Gedächtnis von Pern, nicht ich.«

»Wenn wir für Menschen Serum herstellen können, ist das für Renner sicher ebenso möglich«, warf Desdra besänftigend ein. »Und soviel ich weiß, haben bei Baron Alessan einige Tiere die Epidemie überlebt.«

»Ja, das stimmt.« Tirone warf einen besorgten Blick auf den niedergeschlagenen Meisterheiler. »Kommen Sie, mein Lieber, Sie haben so viele unserer Probleme gelöst! Sie dürfen jetzt nicht den Mut verlieren.« Tirones Baß klang bittend.

»Er hat recht, Capiam, wir dürfen jetzt nicht den Mut verlieren«, murmelte Fortine von seinem Lager.

Tirone erhob sich energisch. »Hören Sie, Capiam, ich fordere per Trommelbotschaft einen Drachenreiter an. Sie suchen den Fort-Weyr auf und führen ein Gespräch mit Moreta. Dann begeben Sie sich zu dem neuen Mann, der die Herden betreut, Bessel, nicht wahr? Ich werde inzwischen die Bewohner der Burgen und Höfe auf Ihre Impfaktion vorbereiten. Am besten beginne ich bei Tolocamp.« Tirone deutete mit dem Daumen zur Burg hinüber. »Wenn er einverstanden ist, werden wir kaum Probleme mit den übrigen Baronen haben, nicht einmal mit dieser Tunnelschlange Ratoshigan.«

»Und wie wollen Sie Tolocamp überzeugen?« fragte Capiam, ein wenig aufgemuntert von Tirones Schwung. »Der Mann ist doch kaum noch bei Verstand.«

»Sie vergessen, daß er seit einigen Tagen auf unsere Dienste verzichten muß. Da er weder seine Kinder noch seine Pächter zu eigenständigem Denken erzogen hat, ist er auf uns angewiesen. Er hatte jetzt Zeit genug, um seine Starrköpfigkeit zu bereuen.« Tirones Lächeln strahlte trügerische Milde aus. »Sie kümmern sich um den Impfstoff, und ich übernehme den Rest.«

Der Meisterharfner steckte das Log der *Windtoss* ein, verließ mit raschen Schritten den Raum und schloß energisch die Tür hinter sich.

Die gehobene Stimmung, in der sich Alessan nach seinem Besuch im Fort-Weyr befand, war ein Gemisch aus neuer Hoffnung und Herzklopfen bei dem Gedanken an Moreta. Er hätte sich gern länger mit dieser unerwarteten Begegnung befaßt, aber das vordringliche Problem bestand jetzt darin, Impfstoff für die Renner herzustellen, besonders für die kleine Zuchtherde, die Dag von der Burg weggebracht hatte. Der junge Baron hoffte inständig, daß die Tiere noch am Leben waren.

M'barak flog Alessan und Tuero nach Ruatha zurück und setzte sie im vorderen Hof ab. Oklina erschien mit ängstlicher Miene auf der Treppe. Alessan glitt über die Flanke des blauen Drachen zu Boden und winkte ihr fröhlich zu. Erleichtert lief sie ihm entgegen. Alessan schloß sie in die Arme und wirbelte sie herum. Sie war nach ihrer Krankheit immer noch leicht wie eine Feder.

»Moreta hält die Idee mit dem Impfstoff für sehr vernünftig. Wir werden sie erproben und zwar sofort!« sprudelte Alessan hervor. »Wenn alles klappt, herrscht auf Ruatha keine Ansteckungsgefahr mehr, und die Pächter werden mir ihre Hilfe nicht länger verweigern können. Und wenn es nicht klappt, haben wir auch nichts verloren.«

»Es *muß* klappen!« sagte Oklina leise.

Alessan rief nach Follen. »Wir werden seine Hilfe und seine Instrumente brauchen. Und jemand soll die alte Zuchtstute holen. Ich weiß, daß sie die Grippe hatte, und ich möchte keines der Zuggespanne riskieren.«

»Arith! Benimm dich! Das hier ist Lady Oklina!« rief M'barak erschrocken. Der blaue Drache hatte den Kopf weit vorgestreckt und kam schnüffelnd immer näher an Oklina heran. Sie wußte nicht recht, was sie tun sollte, und drückte sich eng an Alessan.

»Ich begreife wirklich nicht, was ihm einfällt! Arith benimmt sich im allgemeinen sehr gut. Aber es ist spät, er ist müde, und wir kehren am besten zum Weyr zurück.« Arith schnaubte hörbar, und M'barak schaute ihn verwirrt an. »Ich will aber heim, mein Lieber«, setzte er hinzu.

Alessan bedankte sich bei M'barak für den Flug und brachte Oklina weg, gefolgt von einem sehr nachdenklichen Tuero.

»Blaue Drachen fühlen sich im allgemeinen nicht vom anderen Geschlecht angezogen«, meinte der Harfner trocken zu Alessan.

»Nein?« entgegnete der Burgherr höflich, aber seine Gedanken weilten bereits bei der Herstellung des Impfstoffs.

»Und in der Brutstätte des Fort-Weyrs reift ein Königinnen-Ei heran!«

»Ja, und?« fragte Alessan ungeduldig. Es gab noch eine Menge zu tun, ehe er nach Dag und der Herde schauen konnte.

Tuero grinste breit. »Wenn ich mich recht erinnere, verbinden enge Blutsbande Ruatha und die Drachenreiter ...«

Alessan starrte von Oklina zu dem blauen Drachen, der sich bereits in die Lüfte erhoben hatte. »Das kann nicht sein!«

In diesem Moment kam Follen ins Freie gerannt, und Alessan wandte seine ganze Aufmerksamkeit wieder dem Impf-Problem zu.

Tuero holte die Zuchtstute vom Feld; sie war so gutmütig, daß man sie an der Mähne führen konnte. Follen, Oklina, Deefer und die vernünftigsten unter den Pfleglingen brachten die medizinische Ausrüstung zu den Ställen. Einen Moment lang herrschte Ratlosigkeit, als sie entdeckten, daß ihre Glasbehälter zu klein für die Blutmengen waren, die sie den Tieren abzapfen mußten. Dann aber fiel Oklina ein, daß Lady Uma vor langer Zeit ein paar große Zierflaschen auf die Seite gestellt hatte, die Meister Clargesh dem Erbbaron als Beispiele für die Kunstfertigkeit und den Fleiß seiner Lehrlinge überreicht hatte. Alessan, Tuero und Deefer bastelten inzwischen aus einem Wagenrad, einer Handkurbel und Drehspießen eine große Zentrifuge.

Die Stute stand ungerührt da und ließ sich Blut abnehmen. Ganz offensichtlich bereitete ihr die Prozedur keinerlei Schmerzen.

»Komisch«, sagte Follen, als der erste Behälter geschleudert war und man die strohfarbene Serumflüssigkeit in ein besonderes Gefäß geschüttet hatte. »Die gleiche Farbe wie bei Menschenblut.«

»Nur Drachen haben grünes Blut«, warf Oklina ein.

»Wir probieren den Impfstoff zunächst an dem lahmen Renner aus«, meinte Alessan. Er war sichtlich nervös. Am liebsten wäre er sofort aufgebrochen, um Dag und die Herde zu suchen und sich Gewißheit zu verschaffen. »Wenn sich keine negativen Reaktionen zeigen, können wir annehmen, dürfen wir annehmen, daß das Serum wie bei den Menschen wirkt.«

»Aber heute abend läßt sich nichts mehr entscheiden«, meinte Follen mit einem deutlichen Gähnen, nachdem er dem lahmen Tier das Serum injiziert hatte.

Tuero nickte und rieb sich die Augen. »Die Leute in der Harfnerhalle sind sicher nicht begeistert, wenn wir zu dieser Stunde eine Botschaft loslassen.«

»Ich bleibe heute nacht hier, nur für den Fall, daß eine Reaktion auftritt«, meinte Alessan und deutete auf den Renner.

»Und du brichst morgen in aller Frühe auf, um Dag und Squealer zu suchen, nicht wahr?« flüsterte Oklina ihm zu.

Er nickte und zog sie kurz an sich, ehe sie den anderen nacheilte. Alessan beobachtete die drei Leute mit ihren Leuchtkörben, bis sie am Ende des Weges verschwunden waren. Dann legte er sich ins Stroh der leeren Box neben dem geimpften Renner. Obwohl er sich fest vorgenommen hatte, hin und wieder nach dem Tier zu schauen, schlief er bis zum Morgengrauen durch. Der Renner lahmte immer noch, aber er zeigte keine Spur von Unruhe, sein Fell war frei von Schweiß, und er hatte das Heu in seiner Box gefressen.

Beruhigt sattelte Alessan den dürren Klepper, den Tuero Skinny genannt hatte, ein Reittier, das er keinem seiner Feinde angeboten hätte, aber Bettler konnten nun mal nicht wählerisch sein. Sorgfältig packte Alessan das Serum, die Nadeldorne und Follens Glasspritze in die Satteltaschen, polsterte alles mit sauberem Stroh aus und ritt los.

Am Abend zuvor, während das Serum hergestellt wurde, hatten ihn Zweifel überfallen: Zweifel über viele Dinge, auch über Moretas Reaktion. War Moretas Wärme nichts anderes gewesen als Wiedersehensfreude und der Wunsch, seine Trauer zu lindern? Auch er hatte bei seiner Heimkehr Oklina an sich gedrückt und geküßt. Aber jetzt, in der klaren Kälte des Frühlingsmorgens, wußte er, daß Moreta mehr als Trost zum Ausdruck gebracht hatte. Einen Moment lang waren er und die Weyrherrin eins gewesen, und die Drachenkönigin hatte es gespürt.

Skinny scheute vor einer eingebildeten Gefahr in den Büschen am Wegrand, und Alessan hatte Mühe, das Tier wieder zu beruhigen. Ärgerlich schüttelte er die Gedanken ab, die ihn bedrängten. Er mußte sich jetzt auf den Ritt konzentrieren. Wenn der Renner ausbrach, gefährdete er das kostbare Impfserum. Außerdem, Moreta war die Weyrherrin von Fort! Selbst wenn sie in eine heimliche Verbindung mit ihm einwilligte, selbst wenn sie eine Schwangerschaft zuließ – und plötzlich sehnte er sich nach einem Kind wie nie zuvor –, so mußte Alessan doch in erster Linie dafür sorgen, daß das Ruatha-Geschlecht erhalten blieb. Er mußte eine Gemahlin nehmen, die vom Rat der Barone anerkannt wurde, und so viele Nebenfrauen wie möglich, um eine große Nachkommenschaft zu zeugen.

Skinny trabte locker dahin. Alessan wollte nicht darüber nachdenken, welche Tiere Dag ausgewählt hatte. Hoffentlich waren einige von Baron Leefs kräftigen Arbeitsbiestern dabei ... Norman hatte begonnen, Zuchtlisten anzulegen, aber dann waren die Rennställe in ein Lazarett umgewandelt worden, und seitdem schienen die Aufzeichnungen spurlos verschwunden. Und Runel lebte nicht mehr. Alessan selbst hatte keinen Blick mehr in die Ställe geworfen, seit er selbst krank wurde.

Der junge Baron erreichte eine Stelle, wo sich der Weg teilte. Er blieb stehen und hielt Ausschau nach einem Zeichen von Dag, aber er fand nichts, kein Stück Stoff, keinen Knochen, keine unnatürliche Kieselansammlung. Nun, vermutlich hatte der Alte den weniger steilen Weg genommen. Neun Tage waren vergangen, seit er mit Fergal die Burg verlassen hatte. Die Angst, die Alessan bis jetzt eisern aus seinen Gedanken verbannt hatte, machte sich breit.

Er trieb Skinny zur Eile an, und der Renner, der wohl die Erregung seines Reiters spürte, trabte los. Alessan legte besänftigend eine Hand auf die Mähne des Tieres.

Dann hatten sie eine Anhöhe oberhalb der Weiden erreicht. Einen Herzschlag lang sah Alessan weder Mensch noch Tier auf der weiten, gewellten Ebene. Aber der Zaun aus Gestrüpp und Steinen war von Menschenhand angelegt! Der Burgherr richtete sich in den Steigbügeln auf. Wenn nun Dag die Grippe bekommen hatte und mit den Tieren hier draußen umgekommen war? Alessan erspähte eine dünne Rauchsäule zu seiner Rechten. Ein Hemd war zum Trocknen über einen Strauch gebreitet. Er hörte einen schrillen Pfiff.

Vom Bachlauf kam ein Trupp Renner angelaufen. Alessan spürte, wie ihm Tränen in die Augen stiegen. Er versetzte Skinny einen leichten Klaps, das Tier setzte über die niedrige Barriere und wieherte erstaunt, als es im Gras landete. Sie galoppierten auf die Herde zu. Jetzt erst sah der Burgherr einige staksige Fohlen und die gewölbten Leiber von hochträchtigen Stuten. Alessan stieß einen Jubelschrei aus. Hatte Dag etwa alle tragenden Tiere mitgenommen? Bis zu diesem Moment war er davon überzeugt gewesen, daß es in diesem Jahr keine Jungtiere geben würde, denn auf den Weiden nahe der Burg hatte er nur unfruchtbare Stuten und ein paar Wallache vorgefunden.

Auf seinen Schrei hin wurde die Tür der primitiven Hütte aufgerissen, die sich an den Felshang lehnte. Eine kleine Gestalt erschien im Eingang und winkte mit beiden Armen. *Eine* Gestalt? Unwillkürlich umklammerte Alessan die Zügel fester, und Skinny begann zu laufen. Fergal erwartete sie. Die dunklen Locken hingen ihm zerzaust in die Stirn, und er hatte die Hände grimmig in die Hüften gestemmt.

»Sie haben sich aber Zeit gelassen, Baron Alessan!« Die Miene des Jungen verriet Trotz und Empörung.

»Dag, was ist mit ihm?« Alessans Stimme klang heiser vor Erregung. Bis zu diesem Moment hatte er nicht gewußt, wie sehr er den alten Mann schätzte und wie notwendig er Dags Ratschläge brauchte. Allein würde er es nie und nimmer schaffen, eine neue Zucht aufzubauen ...

Fergal zuckte mit den Schultern und reckte wütend das Kinn vor.

»Ich dachte, Sie hätten uns *vergessen!*« Er wies mit dem Daumen in die Hütte. »Er hat sich das Bein gebrochen. Seitdem kümmere ich mich um die Renner, auch um die beiden neugeborenen Fohlen. Na, wie finden Sie das?«

Im Normalfall hätte sich kein Burgherr diesen Tonfall bieten lassen, und der Knirps wußte das auch, denn er rannte auf die Weide, ehe Alessan etwas erwidern konnte.

»Alessan?« rief Dag aus der Hütte, und der Baron eilte an die Seite seines alten Vertrauten. »Ich habe so viele mitgenommen, wie ich nur konnte, Alessan, so viele, wie ich nur konnte ...«

»Weißt du, daß du damit ganz Ruatha gerettet hast?«

»Es tut mir leid, daß ich Sie in der Brutstätte stören muß, Moreta.« Capiam blieb zögernd am Eingang stehen.

»Kommen Sie nur, kommen Sie!« Moreta winkte ihn zu ihrem Behelfsquartier auf den Zuschauerrängen.

Einen Moment lang schaute Capiam über die Schulter zurück, doch dann trat er näher. Er ließ Orlith keine Sekunde aus den Augen.

»Sie wirkt recht gelassen, nicht wahr?«

»Sie ist es, mein Lieber.«

»M'barak, der Desdra und mich hierherflog, behauptete sogar, sie würde Besuchern mit Vergnügen ihr prächtiges Königinnen-Ei zeigen.« Auf Zehenspitzen eilte Capiam über den heißen Sand der Brutstätte zu Moreta.

»Desdra ist hier? Ich habe von K'lon und M'barak schon so viel Gutes über sie gehört.«

»Sie plaudert draußen mit Jallora, weil ich Sie unter vier Augen sprechen wollte.« Capiam räusperte sich nervös.

Moreta nahm an, daß er Angst vor Orlith hatte, und sie streckte ihm beide Hände entgegen. Sie mußte sich allmählich daran gewöhnen, daß die Krankheit die Menschen ringsum verändert hatte. Capiam schien allerdings nur schmaler geworden zu sein. Seine Augen leuchteten wie eh und je aus dem kantigen Gesicht, das mit zunehmendem Alter immer anziehender wirkte. Auch wenn sich das Haar an den Schläfen lichtete und die grauen Strähnen zunahmen, verriet der Druck seiner Hände die ganze Kraft seiner Persönlichkeit.

»Was bringt mir das unverhoffte Vergnügen?« fragte sie.

Seine Augen blitzten. »Kein Vergnügen, eher eine Herausforderung, wie ich schon Meister Tirone sagte.«

Seine Freundlichkeit weckte ihr Mißtrauen. Forschend musterte sie ihn. »Eine Herausforderung?«

»Ich komme gleich darauf zu sprechen. Aber zunächst eine Frage: Glauben Sie, daß man auch die Renner mit einem Impfserum gegen die Epidemie schützen könnte?«

Moreta starrte ihn einen Moment lang an, verwirrt, weil ihr diese Frage innerhalb kurzer Zeit zum zweiten Male gestellt wurde, und erstaunt, daß es der Frage überhaupt bedurfte. Sie war wütend, daß niemand daran gedacht hatte, die Renner zu versorgen, obwohl sie auf dem Nordkontinent von unschätzbarem Wert waren. Gewiß, Menschenleben hatten Vorrang, aber war denn keiner der Züchter auf die Idee gekommen, das Prinzip der Schutzimpfung auf die Tiere auszudehnen?

»Gestern abend suchte mich Baron Alessan mit dem gleichen Anliegen auf.«

»Tatsächlich?« Capiam wirkte verblüfft. »Und wie fiel Ihre Antwort aus?«

»Positiv.«

»Nahm er Kontakt mit Meister Balfor auf?«

»Es war zu spät für eine Trommelbotschaft nach Keroon. Ist Balfor der neue Herdenmeister?«

»Er nimmt zumindest seine Aufgaben wahr. Jemand muß es schließlich tun.«

»Alessan hätte Sie oder zumindest die Harfnerhalle benachrichtigen sollen ...« Moreta zog die Stirn kraus. Warum nahm Tuero ihm diese Arbeit nicht ab? Oder hatte die Zeit nicht ausgereicht, um genügend Serum herzustellen? Nein. Wie sie Alessan kannte, war er sofort an die Arbeit gegangen.

»Es ist noch nicht Mittag«, nahm der Heiler den geplagten

Burgherrn in Schutz. »Theoretisch müßte ein Serum, das aus dem Blut genesener Renner gewonnen wird, die gleiche Wirkung haben wie bei Menschen. Wünschen wir Alessan Glück und Erfolg! Er kann beides gebrauchen.«

Moreta nickte ernst. »Aber weshalb befaßt sich plötzlich die Heilerhalle mit den Rennern?«

»Weil ich guten Grund zu der Annahme habe, daß die Epidemie auch von Tier zu Mensch übertragen wird und deshalb von neuem ausbrechen kann – als ›zoonotisch‹ und ›rekurrent‹ beschrieben die Alten diese Eigenschaften.«

»Hm.« Moreta versuchte die neue Erkenntnis zu verarbeiten. Die Konsequenzen waren überwältigend. »Sie meinen, es könnte jederzeit eine zweite Epidemie ausbrechen? Beim Ei, Capiam, noch eine Grippewelle würde der Kontinent nicht verkraften!« Sie riß erregt die Arme hoch. »Die Weyr haben kaum genügend Leute, um die Fäden zu bekämpfen. Die Reiter tragen Verletzungen davon, weil sie übermüdet sind, oder sie leiden an Nebeninfektionen. Wenn die Krankheit ein zweites Mal ausbricht, sind wir verloren.« Erregt ging sie auf und ab. Capiam wartete geduldig, bis sie sich gefangen hatte. Schließlich blieb Moreta stehen und schaute ihn an. »Und wenn der Impfstoff bei Rennern wirkt, könnten wir diese Zoonose aufhalten? Deshalb möchten Sie Mensch und Tier impfen? Und Sie ...« Ein Lächeln huschte über ihre Züge, als sie endlich den Grund seines Besuchs erkannte. »Und Sie bitten die Drachenreiter um Mithilfe bei der Verteilung des Serums?«

»Am liebsten wäre mir, wenn wir die Impfung an einem einzigen Tag durchführen könnten.« Capiam rollte vorsichtig eine Karte auf und beobachtete unauffällig Moretas Reaktion. »Eine Massenimpfung ist die einzige Möglichkeit, der Seuche Einhalt zu gebieten. Aber sie erfordert einen ungeheuren Einsatz. In meiner Halle wird bereits damit begonnen, Menschenserum herzustellen. Um ehrlich zu sein, die Heiler-Gilde hatte die Renner übersehen. Wenn ich mich auf Tirones Berichte und Desdras gründliche Nachforschungen stütze, muß ich sagen, daß es keine andere Ursache als eine Zoonose für die rasche Ausbreitung der Epidemie geben kann. Und das bedeutet, daß wir die Viren in den nächsten

Tagen immunisieren müssen. Andernfalls droht uns eine zweite Epidemie.«

Moreta erschauerte. Dann studierte sie aufmerksam seine Karte.

Capiam deutete auf das Pergament. »Natürlich steht und fällt der Plan damit, daß wir genügend Renner-Serum auftreiben und daß die Drachenreiter den Impfstoff verteilen.«

»Haben Sie sich schon an die übrigen Weyr gewandt?«

»Ich wollte mir zunächst Gewißheit verschaffen, daß man die Renner impfen kann, und Sie waren meine oberste Autorität.« Er lachte sie an.

»Baron Tolocamp wird ...«

»Baron Tolocamp überlasse ich Meister Tirone.« In der Stimme des Heilers schwang Schärfe mit. »Einer meiner Gesellen ist ein wahres Genie, wenn es um die Organisation von großräumigen Aktionen geht. Wenn wir von jedem Weyr ein Minimum von sechs Reitern erhalten, würde er dafür sorgen, daß der Rest reibungslos abläuft.«

Moreta schwieg einen Moment und überschlug die Zahlen im Kopf. Dann meinte sie skeptisch: »Unmöglich. Es sei denn, die Reiter ...« Sie unterbrach sich mitten im Satz und schluckte. Capiam grinste breit.

»Ganz genau. Sehen Sie, Moreta, ich habe in jüngster Zeit viel in den Archiven gelesen. Vor mir müssen Sie die Zeitsprünge nicht verheimlichen.«

»Wie kommt es, daß solche Dinge in den Heiler-Archiven stehen?« Sie war so verärgert, daß Orlith den Kopf hob und die Klauen fest um das Königinnen-Ei preßte.

»Weshalb sollten sie da nicht stehen?« erkundigte sich Capiam mit trügerischer Sanftheit. »Schließlich hat meine Gilde die Drachen gezüchtet.« Er seufzte wehmütig. »Können sie tatsächlich von einer Zeit in die andere gelangen?«

»Ja«, entgegnete sie nach einer kleinen Pause. »Aber wir ermutigen sie im allgemeinen nicht dazu.« K'lon kam ihr in den Sinn. Sie wußte genau, wie oft sich der blaue Reiter in der Heilerhalle aufgehalten hatte. War der entscheidende Tip von dort gekommen? Andererseits kannten die Heiler viele Dinge, die bei den übrigen Bewohnern von Pern längst in Vergessenheit geraten waren. Sie schalt sich, daß sie auch nur einen Augenblick an Meister Capiams Rechtschaffenheit gezweifelt hatte, besonders in einem so kritischen Moment, da man jede Strategie billigen mußte, um den Planeten zu retten. »Capiam, die Zeitsprünge führen mitunter zu paradoxen Situationen, die sehr gefährlich sein können.«

»Ich weiß, deshalb mein Stufenplan. Auf diese Weise kommt es zu keinen Überschneidungen.« Sein Eifer war entwaffnend.

»Es wird Ihnen nicht leicht fallen, M'tani von Telgar zu überzeugen.«

»Ich habe von seinem Treuebruch gehört. Und ich erfuhr, daß F'gal von Ista eine schwere Nierenentzündung hat. L'bol leidet an Depressionen ... Aus diesem Grunde nannte ich nur die Mindestzahl an Reitern, die das Unternehmen erfordert. Ich weiß nicht, wie der Kontinent bis jetzt ohne die Hilfe der Drachenreiter überlebt hätte.«

»Sie haben genug Impfstoff für die Menschen?«

»Ich denke schon. Meister Tirone trägt sein Anliegen bereits auf den Burgen und Höfen vor. Und er ist bekannt für seine Überredungskünste.«

»Sehr gut.«

Capiam seufzte tief. »Dann müssen wir nur noch herausfinden, ob es Baron Alessan tatsächlich gelungen ist, das Tierserum herzustellen.«

Geh mit ihnen nach Ruatha! meinte Orlith. Und nach einer winzigen Pause fügte sie hinzu: *Holth ist damit einverstanden.*

Moreta wehrte sich gegen diesen großzügigen Vorschlag, ohne recht zu wissen, warum. Es war doch völlig natürlich, daß sie das Ergebnis von Alessans Experiment sehen wollte. Oder hatte sie Angst vor der Anziehungskraft, die er auf sie ausübte? Verdammt, wo blieb nur ihre sonstige Entschlußkraft?

Du hattest schon immer eine Schwäche für Renner. Und nun brauchen sie deine Hilfe. Orliths Gedanken wurden verstärkt von Holth. *Irgendwann wirst du Ruatha wiedersehen müssen.* Der letzte Satz kam eindeutig von Orlith.

Moreta spürte einen Druck in der Kehle. Die Drachenkönigin hatte den wunden Punkt berührt, den Kern ihres Widerstands. Moreta hatte Angst davor, Ruatha in dem Zustand zu sehen, den ihr K'lon geschildert hatte.

»Vielleicht sollte ich Sie begleiten, Capiam«, sagte sie so gefaßt wie möglich.

Arith brennt darauf, euch hinzubringen, stellte Orlith fest. *Er mag das Mädchen. Sie lockerte ihren Griff um das goldene Ei. Ariths Trompeten erklang aus dem Weyrkessel.*

»Welches Mädchen?« erkundigte sich Moreta erstaunt.

Orlith gab keine Antwort, sondern buddelte eine Kuhle für das Ei. Achselzuckend suchte Moreta ihre Reitkleidung hervor.

»Arith wird uns nach Ruatha bringen.«

»Sie können Orlith allein lassen?«

»Der Vorschlag stammt von ihr selbst. Sie gehört nicht zu den Königinnen, die sich ständig von ihren Reiterinnen umhätscheln lassen. Leri und Holth befinden sich in der Nähe. Und wir bleiben nicht lange.« Sie warf Capiam einen düsteren Blick zu und lächelte dann über seine zerknirschte Miene.

Als Moreta und Capiam den Weyrkessel erreichten, führte Jallora gerade ein ernstes Gespräch mit einer dunkelhaarigen Frau, die ein paar Drachenlängen von M'barak und Arith entfernt stand. Desdra war älter, als Moreta nach K'lons Bemerkungen geschätzt hatte, vermutlich älter als sie selbst. Die Heilerin stand kurz vor ihrer Meisterprüfung, wie sie von Jallora wußte. Man konnte sie nicht arrogant nennen, aber sie wirkte kühl und zurückhaltend. Dennoch schienen ihr die Aktivitäten im Weyrkessel nicht zu entgehen. Zwei Geschwader von Fort bereiteten sich zum Fädenkampf über Bitra und Lemos vor. Sh'gall war nach Benden geflogen, um mit K'dren zu sprechen. Der Weyrführer von Benden war ein taktvoller Mann, und Moreta hoffte, daß er seinen Einfluß auf den störrischen M'tani von Telgar geltend machen würde. Sie sehnte sich nach dem Tag, da jeder Weyr wieder für sein traditionelles Territorium zuständig war.

»Desdra, Moreta kommt mit uns nach Ruatha«, erklärte Capiam. »Allem Anschein nach hat Baron Alessan die Herstellung des Renner-Impfstoffs bereits in die Hand genommen.«

Desdra verneigte sich höflich vor der Weyrherrin. Ihre großen grauen Augen ruhten einen Moment lang auf Moreta.

»Lassen Sie sich von Desdra nicht aus dem Gleichgewicht bringen, Moreta«, meinte Capiam. »Namen machen keinen Eindruck auf sie. Sie behauptet, daß sich eine Heilerin ihr eigenes Urteil über einen Menschen bilden muß.«

»Jallora hat mir berichtet, was für ein Meisterwerk Sie an Dilenth vollbrachten«, sagte Desdra mit einem Lächeln, und ihre Blicke streiften Moretas Hände.

»Wenn wir einmal mehr Zeit haben, können Sie den Drachen untersuchen. Ind, der Heiler vom Ista-Weyr, brachte mir die Technik bei. Ich konnte sie inzwischen vervollkommnen.«

»Ich hatte völlig vergessen, daß heute Sporen fallen, Moreta.« Capiam beobachtete besorgt die Vorbereitungen im Weyrkessel.

»Nun, ich muß erst zum *Ende* des Einsatzes wieder hier sein«, entgegnete Moreta. »Zum Glück kommen die Geschwader zur Zeit mit weniger Verletzungen zurück als früher. Die ständigen Einsätze in fremden Weyrn scheinen eine gute Übung für sie zu sein.«

»Tatsächlich?« Capiam schaute sie erstaunt an.

In diesem Moment verneigte sich M'barak vor Moreta, und sie schwang sich als erste auf Arith. Dann half der junge Reiter Desdra beim Aufsteigen. Obwohl die Heilerin kein Wort verlor und sehr gelassen wirkte, spürte Moreta, daß sie noch nicht oft geflogen war.

Capiam dagegen liebte Ausflüge mit Drachen. Er drehte sich lachend zu den beiden Frauen um und vergewisserte sich diskret, ob Desdra bequem saß. »Sind vier Leute nicht zu schwer, M'barak?« erkundigte er sich, als der Reiter dicht hinter dem Nacken seines Tieres Platz nahm.

»Nicht für Arith«, verkündete der junge Mann stolz.

Wie um seine Tüchtigkeit zu beweisen, stieß sich der Drache so kraftvoll vom Boden ab, daß seine Passagiere ein Stück nach hinten rutschten. Desdra umklammerte eine Nackenfalte des Tieres, und M'barak nahm die Zügel seines Gefährten kürzer. Sie kreisten über den Feuerhöhen. Der Jungreiter drehte sich kurz nach Moreta um, und sie nickte kaum merklich.

»Schwärze, dunkler als die Nacht ...«

Moreta hatte kaum die erste Zeile ihrer Beschwörungsformel gedacht, da kam die Helligkeit zurück, und in der Tiefe tauchte Ruatha auf. Die Weyrherrin hielt den Atem an. Sie stählte sich gegen den Anblick der Burg, gegen die aufgewühlte Rennebene, die großen Feuerkreise, die aufgetürmten Grabhügel. Erst nach einer Weile merkte sie, daß sie Desdras Taille fest umklammert hielt. Sie spürte die warmen Hände der Heilerin auf den ihren.

Schmerzhaft deutlich erinnerte sie sich an ihren ersten Besuch auf Ruatha. Am Ende der Rennstrecke ragten immer noch verloren die Zielpfosten auf. Einen Moment lang spürte sie Zorn. Warum hatte niemand die Spuren des Festes beseitigt, die Reisewagen, die Koffer und die Verkaufsbuden weggeräumt? Aber dann sah sie die düsteren Metall-Läden vor den Fenstern des Wohntraktes, und sie rief sich in Erinnerung, daß Ruatha einem schlimmeren Angriff standgehalten hatte als dem Sporeneinfall.

Und noch während sich ihr Herz beim Anblick der Burg verkrampfte, erspähte sie auf den Feldern eine Herde von Rennern, nicht die großen, kräftigen Zugtiere, die Alessan auf Weisung seines Vaters gezüchtet hatte, sondern drahtige kleine Sprinter wie Squealer. Die Ironie des Schicksals trieb ihr Tränen in die Augen, aber sie beherrschte sich rasch wieder. Alessan brauchte jetzt Zuspruch und Ermunterung, keine Trauer.

Arith landete nicht auf dem Haupthof, sondern in der Nähe der Ställe. Drei Renner wurden gerade von den Pflügen abgeschirrt, ein Stapel von Sätteln lehnte an der Wand, und mitten auf dem Hof stand ein Leiterwagen. Männer und Frauen eilten mit gefüllten Körben zu den Feldern hinüber. Allem Anschein nach ging das Leben auf Ruatha weiter.

»M'barak sagt, daß er Alessan bei den Ställen gesehen hat«, rief Desdra der Weyrherrin zu, während Arith tieferglitt. Nichts in ihrem Gesichtsausdruck verriet, daß sie Moretas Qual erkannt hatte.

Die Burgbewohner bemerkten nun auch den Drachen, und als Arith neben dem Weg landete, kamen ihnen zwei Männer entgegen. Beide waren hochgewachsen, und ihre Gesichter lagen im Schatten, aber Moreta wußte sofort, welcher von ihnen Alessan war. Der Burgherr zuckte zusammen, als er sie erkannte, doch dann kam er seinen Besuchern mit Würde entgegen. Moreta sah erleichtert, daß er seine Apathie abgeschüttelt hatte.

»Es tut mir leid, wenn wir ungelegen kommen, Baron Alessan«, rief ihm Capiam von seinem Hochsitz zu.

»Sie sind mir immer willkommen«, entgegnete der Burgherr, und seine Blicke ruhten auf Moreta, während er dem Heiler höflich beim Absteigen half. »Tuero und ich ...« Er deutete auf den Harfner, der ihn begleitete. »... wollten eben eine Botschaft an Sie absenden.« Dann gab Alessan seine steife Haltung auf und strahlte Moreta an. »Dag hat Squealer gerettet! Und wir haben Fohlen! Drei prächtige kleine Hengste ...« Der letzte Satz war ein einziger Jubelschrei.

»Das ist ja wunderbar, Alessan!« Sie ließ sich zu Boden gleiten, und der Burgherr umfaßte ihre Taille, um sie zu stützen. Seine grünen Augen leuchteten. »Squealer am Leben! Endlich einmal eine gute Nachricht!«

»Ich komme eben erst von den Zuchtweiden zurück«, berichtete er, ohne ihren Arm loszulassen. »Leider hatte ich nicht genug Impfstoff bei mir. Aber ich war nie und nimmer auf Fohlen gefaßt! Dag hat sich leider das Bein gebrochen. Wir müssen ihn mit dem Wagen holen, denn wir erwarten in sechs Tagen den nächsten Sporenregen. Aber er hat das wertvollste Zuchtmaterial gerettet und Ruatha vor dem Ruin bewahrt!«

Moreta hängte sich bei ihm ein und schüttelte ihm mehrmals die Hand. Ob die anderen merkten, daß sie seine Nähe suchte? Aber es war doch nicht verboten, ihm zu seinem großen Glück zu gratulieren! Danach stellte Capiam dem Burgherrn Desdra vor. Die Heilerin betrachtete Alessan mit dem gleichen durchdringenden Blick, mit dem sie bereits Moreta gemustert hatte. Ein Gefühl der Eifersucht beschlich die Weyrherrin.

»Ich entnehme Ihren Worten, daß Sie den Impfstoff präpariert und bereits angewandt haben«, meinte Capiam.

»Allerdings, Capiam. Ich konnte nicht riskieren, die Zuchtherde auf infiziertes Gelände zu bringen.« Alessans Geste umfaßte die Ställe, die Burg und die Felder ringsum. »Follen stellt bereits neues Serum her.« Er ging zu den Ställen voraus. »Die Epidemie hat uns schlimme Verluste zugefügt. Deshalb erprobten wir noch gestern die neue Methode an diesem Tier hier.« Er deutete auf den lahmen Renner, der in seiner Box stand. »Sie scheint ihm nicht geschadet zu haben.«

»Sie wird ihm nicht schaden, verlassen Sie sich darauf!« Capiam trat ein wenig zur Seite, wo die Stallknechte ihn nicht hören konnten. »Das Heilverfahren hilft Tieren wie Menschen. Und ...« Er senkte die Stimme und warf Alessan und Tuero einen bedeutungsvollen Blick zu. »... und es ist zu dieser Stunde schlechthin unentbehrlich.« Desdra zog ein wenig spöttisch die Augenbrauen hoch. Erst jetzt fiel ihm auf, daß er unbewußt einen von Tirones Lieblingssätzen wiederholt hatte. Mit einer raschen Geste winkte Capiam seine Zuhörer noch näher zu sich heran. Follen war an der Zentrifuge beschäftigt, und einige Pächter kümmerten sich um die Renner, denen man Blut abgezapft hatte. »Baron Alessan«, sagte der Heiler leise, »die Epidemie könnte erneut ausbrechen.«

Moreta nahm entschlossen Alessans Arm, als sie sah, daß der junge Burgherr zurückwankte. Der Meisterheiler stützte ihn von der anderen Seite. Tuero beobachtete Alessan mit einem Gemisch aus Besorgnis und Mitgefühl.

»Deshalb müssen wir diesmal Menschen und Tiere impfen«, fuhr Capiam fort. »Auf dem gesamten Kontinent! Ich habe einen Einsatzplan ausgearbeitet, und Moreta wird versuchen, Unterstützung bei den Drachenreitern zu bekommen. Was wir vor allem brauchen, ist Serum von genesenen Tieren. Sie besitzen die meisten davon, zumindest genug, um Ihre eigenen Gebiete, Süd-Boll und den Teil von Telgar, der an Ihr Territorium angrenzt, zu versorgen. Baron Shadder wird uns wohl in den Ostregionen aushelfen.«

»Aber die Herden von Keroon sind riesig ...« warf Alessan zaghaft ein.

»Nicht mehr«, entgegnete Capiam ernst. »Daß es Dag gelungen ist, Ihre Zuchtherde zu retten, macht Sie zu einem reichen Mann, Baron Alessan.«

Alessan warf dem Meisterheiler einen müden Blick zu.

»Ruatha hat viel verloren, an Menschen, Herden, Ehre und Stolz. Vielleicht trägt unsere Hilfe dazu bei, den Makel der schlechten Gastfreundschaft, der auf uns lastet, etwas zu verringern.«

»Was bringt Sie auf den Gedanken, daß Sie für die Ereignisse verantwortlich sind? Oder für das da?« Capiam deutete zu den Grabhügeln hinüber. »Sie trifft nicht die geringste Schuld. Eine unglückliche Verkettung von Umständen brachte die *Windtoss* vom Kurs ab. Opportunismus bewog den Kapitän, auf dem Südkontinent zu landen, und Habgier hielt ihn drei Tage dort fest. Weshalb die Mannschaft das Raubtier nach Norden mitnahm, werden wir nie mehr erfahren, denn alle Beteiligten haben ihren Entschluß mit dem Leben bezahlt. Sie dagegen kämpfen mit bewundernswertem Mut gegen die Auswirkungen der Katastrophe an, Baron Alessan! Sie haben sich um die Kranken gekümmert, haben die Felder bestellt und die Zuchtherde von Ruatha gerettet. Und vor allem ...« Capiam holte tief Luft. »... und vor allem sind Sie gewillt, trotz der schweren Prüfungen, die Ihnen auferlegt wurden, anderen zu helfen!

Nur der einfallslose Dummkopf wird versuchen, einen Schuldigen zu finden, wenn ihn ein Schicksalsschlag trifft; der tüchtige Mensch akzeptiert, was er nicht ändern kann, und reift mit den Aufgaben, die ihm das Leben auferlegt.

Ein Schiff, das durch einen unvorhergesehenen Sturm abgetrieben wird, und dieser lächerliche Vorfall bringt einen Kontinent an den Rand des Untergangs!« Capiam schüttelte traurig den Kopf. Er schaute kurz zu Desdra hinüber, die ihn verblüfft anstarrte. »Wenn Sie Gerechtigkeit als Ihre Lebensgrundlage betrachten, dann ist alles wieder ins Lot gekommen, denn Kapitän, Mannschaft und Raubkatze sind tot. *Wir* leben. Und *wir* haben eine Menge Arbeit vor uns.« Capiam packte Alessan an beiden Schultern und schüttelte ihn. »Hören Sie, Baron, Sie trifft nicht die geringste Schuld! Im Gegenteil, Ihnen gebührt Anerkennung für Ihre Weitsicht!«

Vom Feldrand her klang plötzlich das helle Trompeten von Arith auf, und aus der Luft hörten sie einen vollen, mächtigen Antwortschrei.

»Ein Bronzedrache? Hier?« Moreta war mit ein paar schnellen Schritten am Stalltor. M'barak stand neben Arith, hielt eine Hand vor die Augen und spähte zum Himmel. Der Blaue wirkte ganz ruhig. Ob Sh'gall ihr gefolgt war? Aber dann hätte Orlith sicher Kontakt mit ihr aufgenommen. »M'barak! Wer kommt?«

»Nabeth und B'lerion«, entgegnete der Jungreiter gelassen.

»B'lerion?« Moreta war erleichtert. Und als eine schmale Gestalt die Burgrampe heruntergelaufen kam, begriff sie auch den Grund für den überraschenden Besuch.

Arith erhob sich auf die Hinterpfoten und schrie dem Bronzedrachen eine Herausforderung entgegen.

»Ich weiß nicht, was in ihn gefahren ist, Moreta«, meinte M'barak verlegen. »Irgendwie wacht er voller Eifersucht über Lady Oklina.«

»Nun ja, wir haben ein Königinnen-Ei in der Brutstätte«, entgegnete die Weyrherrin. Als sie merkte, daß der Jungreiter mit dieser Erklärung nichts anfangen konnte, fügte sie hinzu: »Blaue Drachen haben bei der Suche nach Kandidaten oft ein besonders feines Gespür. Bei Arith allerdings scheint sich dieser Sinn besonders früh zu entwickeln.« Sie beobachtete Oklina mit gerunzelter Stirn. »Ich weiß nicht, ob der Fort-Weyr das Recht hat, noch mehr von Ruatha zu fordern ...«

Achselzuckend wandte sie sich ab. Alessan führte Capiam, Desdra und Tuero gerade zur Zentrifuge. Das große Rad kam allmählich zur Ruhe, und der nächste Behälter mit Serum war voll. Moreta warf einen Blick über die Schulter. B'lerion ließ sich ohne große Umstände vom Rücken des Bronzedrachen in die Tiefe gleiten. Oklina begrüßte ihn zurückhaltend und deutete zu den Ställen hinüber. Der Bronzereiter nahm ihre Hand, und gemeinsam schlenderten sie näher. Als sie den Feldweg heraufkamen, erkannte Moreta, daß B'lerion den linken Arm in einer Schlinge trug. Er konnte also keine Einsätze gegen die Sporen fliegen. Mied er die Leere des Weyrs, nachdem seine Gefährten zum Kampf aufgestiegen waren? Spürte er die gleiche Unrast wie sie selbst, wenn die Geschwader allein loszogen? Oder war die Verletzung für ihn ein willkommener Grund, Oklina zu besuchen?

Als die Weyrherrin ihre Aufmerksamkeit wieder der Gruppe an der Zentrifuge zuwandte, diskutierten die Heiler gerade über die Dosis, die man den Rennern spritzen mußte, um sie wirksam gegen die Grippe zu schützen. Ein weiterer Unsicherheitsfaktor war die Zahl der Tiere, die auf den einzelnen Höfen standen.

»Ausschlaggebend ist immer das Körpergewicht«, mischte sich Moreta in das Gespräch ein.

»Gewiß«, entgegnete Alessan. »Aber wir müssen die Dosiervorschrift so einfach wie möglich halten. Viele Heiler werden der Methode skeptisch gegenüberstehen oder zu ungeschickt sein, um sie anzuwenden.« Er wurde rot, als Capiam ihm einen vorwurfsvollen Blick zuwarf.

»Wir haben dafür gesorgt, daß unsere tüchtigen Leute so gleichmäßig wie möglich verteilt wurden. Und es ist erstaunlich, was die Leute alles schaffen, wenn sie keine andere Wahl haben.«

»Meister Capiam, wie wichtig ist diese Impfung der Renner überhaupt zu diesem Zeitpunkt?« fragte Desdra und sah den Heiler aus ihren grauen Augen forschend an.

»Das hatten wir doch bereits besprochen ... Da wir inzwischen wissen, daß die Zoonose ein entscheidender Faktor ist ...«

»Sicher, aber ich fürchte, daß wir unsere Mühe verschwenden.« Desdra deutete auf die großen, kunstvoll verzierten Glasbehälter, in denen sich das Blut allmählich abgesetzt hatte. »Ich muß gestehen, daß unsere Nadeldorne kaum ausreichen, um alle *Menschen* zu impfen, geschweige denn die Tiere. Und es wäre Unfug, die Dorne mehrfach zu benutzen. Die Gefahr der Ansteckung ...«

»Ich weiß, ich weiß.« Capiam fuhr sich mit der Hand über die Stirn und ließ sich erschöpft auf einen Ballen Stroh sinken. »Das Risiko einer zweiten Epidemie läßt sich aber nur bannen, wenn wir Mensch *und* Tier schützen.«

»Sind die Nadeldorne unser einziges Problem?« fragte Moreta den niedergeschlagenen Heiler und hielt einen Moment lang seinen Blick fest. Capiams Augen weiteten sich ungläubig, als ihm klar wurde, was sie mit ihrer Frage zum Ausdruck bringen wollte.

»Ja, aber es bleibt uns leider bis zum Herbst erhalten«, murmelte Desdra enttäuscht. »Ich habe Trommelbotschaften an alle Burgen und Höfe gesandt und die Leute gebeten, uns mit ihren Vorräten auszuhelfen. So wie die Dinge stehen, wird uns nichts anderes übrigbleiben, als einige Gebiete auszuschließen ...«

»Wie? Wer? Und zu welchem Zeitpunkt?« wisperte Capiam der Weyrherrin zu. Seine angespannten Fragen ließen die anderen aufhorchen. Desdra wirbelte herum und kam näher.

Mit einem nervösen Lachen ließ Moreta die Diskretion fallen und redete laut weiter: »Wie? Einfach über den Feldweg. Wer? Am besten wir, denn Verschwiegenheit ist bei dieser Angelegenheit mindestens ebenso wichtig wie die Nadeldorne selbst. Und was den Zeitpunkt betrifft – ich würde sagen, sofort, ehe ich diesen Entschluß wieder bereue.« Sie lachte Capiam an und deutete dann auf B'lerion und Oklina, die eben am Stalltor aufgetaucht waren. »Bist du schwer verwundet, B'lerion?« erkundigte sie sich und flüsterte Capiam zu: »So schlimm kann es nicht sein, sonst hätte er nicht gewagt, ins *Dazwischen* zu gehen.«

»Nein, nur die Schulter verrenkt. Aber ich kann es nicht ertragen, wenn die Geschwader ohne mich aufsteigen. Und da Pressen ohnehin jemanden brauchte, der einen Teil unserer Medikamente nach Ruatha bringen würde, meldete ich mich freiwillig.« B'lerion tat so, als habe er nichts mit Oklina zu tun, die atemlos neben ihm stand. Alessan kam ihm entgegen, und er verneigte sich. »Ich weiß nicht, wie ich meine Betroffenheit zum Ausdruck bringen soll ...« Der Bronzereiter spürte Alessans Trauer und sprach den Satz nicht zu Ende.

»B'lerion, du könntest uns einen großen Gefallen erweisen«, sagte Moreta und zog ihn beiseite, um ihm die Sachlage zu erklären.

Der Bronzereiter ließ seine Blicke unsicher von Capiam zu Alessan wandern. »Ich gebe zu, daß es sich um eine Notlage handelt«, raunte er. »Um eine schlimme Notlage sogar. Aber es ist eine Sache, hier und da einen Tag um eine Stunde zu verlängern, und eine ganz andere, ein paar Monate zu überspringen. Ein verdammt gefährliches Unternehmen, das weißt du so gut wie ich, Moreta!« B'lerion war zwar ein Draufgänger, der sich wenig um Vorschriften und Etikette kümmerte, aber er besaß ein ausgeprägtes Verantwortungsgefühl.

»B'lerion, ich weiß genau, an welchen Plätzen in Ista und Nerat die Dornen wachsen. Und ich weiß auch, zu welcher Zeit man sie am besten erntet – wenn der *Ging*-Baum in voller Blüte steht. Ich sah den Regenwald, als er einem grünen Gesicht mit tausend dunkel geränderten Augen glich ...«

»Sehr poetisch, Moreta, aber nicht die Wegzeichen, die mir weiterhelfen ...«

»Immerhin haben wir einen Anhaltspunkt für die Zeit. Um die richtigen Koordinaten zu bekommen, müssen wir nur die Herbstposition des Roten Sterns ermitteln, die sich immer weiter nach Westen verschiebt. Alessan hat sicher Karten im Haus, nach denen sich der Winkel errechnen läßt.« Sie spürte, daß dieses Argument B'lerion beruhigte.

»Ich hatte eigentlich nicht die Absicht, meinen Nachmittag mit dem Sammeln von Nadeldornen zu verbringen ...«, murmelte er zögernd, aber Moreta ließ nicht locker.

»Wir können uns dabei soviel Zeit lassen, wie wir wollen, B'lerion. Aber wir müssen *jetzt* aufbrechen, damit ich zum Ende des Sporenregens wieder zurück im Weyr bin. Nabeth eignet sich hervorragend für ein solches Unternehmen.«

»Natürlich. Aber *sie* ...« Er deutete mit dem Daumen auf die Wartenden. »... würden vom Geheimnis des Zeitsprungs erfahren, Moreta.«

»Capiam und Desdra kennen es bereits.« Sie lächelte, als sie B'lerions entrüstete Miene sah. »Schließlich wurden die Drachen einst von Heilern gezüchtet.«

»Du hast recht.« Allmählich erholte sich B'lerion von seiner Verblüffung.

»Wir werden die besonderen Talente unserer Gefährten außerdem nützen müssen, um den Impfstoff zu verteilen.«

B'lerion riß die Augen auf, aber dann fiel sein Blick auf Oklina, und er schien sich zu beruhigen. »Bei *dem* Unternehmen werden die Weyr die Zeitsprünge vermutlich billigen.«

»Das nehme ich an. Und von unserem heutigen Ausflug

müssen sie nichts erfahren. Wer weiß von deinem Besuch in Ruatha?«

»Pressen und der Junge da draußen.«

»M'barak schicke ich mit einem Auftrag fort, und auf Oklinas Schweigen können wir uns verlassen. Das heißt, daß wir insgesamt sechs wären. Dieser Zeitsprung ist absolut notwendig, B'lerion. Pern steht keine zweite Epidemie durch!«

»Du hast recht.« B'lerions Blicke schweiften über die Burg und die düsteren Überreste des großen Sterbens. »Die Veränderungen von Ruatha legen sich aufs Gemüt.« Er nahm ihre Hand und drückte sie kurz zum Zeichen der Zustimmung. »Ich werde Nabeth bitten, mit Orlith Kontakt aufzunehmen. Wenn sie einverstanden ist, fliegen wir los.«

»Sag Orlith, daß die Renner unsere Hilfe brauchen.«

»Du und deine Renner!«

Als Moreta ihren Plan mit Capiam, Desdra und Alessan besprach, wandten alle bestürzt ein, daß sie keine Zeit für derartige Expeditionen hätten.

»Meister Capiam, die Zeit, die wir für unser Vorhaben benötigen, wird nicht vom Jetzt und Heute abgezogen«, entgegnete sie ernst. »Sie, Alessan, können Ruatha ruhig einmal eine Stunde allein lassen. Es wird länger als das dauern, bis die Männer Dag mit dem Wagen abgeholt und die Herde von der Zuchtweide hierhergetrieben haben. Was wollen Sie in der Zwischenzeit tun? Zusehen, wie sich die Flaschen drehen? Das Hauptrisiko besteht darin, daß die falschen Leute von unserem Unternehmen erfahren. Capiam und Desdra wissen bereits um die besondere Fähigkeit der Drachen, und sie benötigen die Nadeldorne dringend. Ruatha wird unser Geheimnis wahren, dessen bin ich sicher. Nun hat uns ein glücklicher Zufall B'lerion geschickt, und der Bronzereiter ist bereit, uns zu helfen. Nabeth kann ohne weiteres sechs Leute befördern, und wenn wir alle einen Tag lang hart arbeiten, besitzen wir genug Nadeln, um der Epidemie Einhalt zu gebieten.«

»Sechs?« fragte Alessan nach einer überraschten Pause.

»Ist Ihnen entgangen, daß B'lerion die Nähe Ihrer Schwester sucht?«

Desdra lachte leise. Alessan sah sie verwirrt an und stimmte dann zögernd in das Lachen ein.

»Und wie steht es mit dem Zeit-Paradox, von dem Sie sprachen, Moreta?« erkundigte sich Capiam.

»Das betrifft uns nicht, solange keiner von uns nach Ista reist, wenn die *Ging*-Bäume blühen.«

»Sehr unwahrscheinlich«, pflichtete Capiam ihr bei.

»Außerdem können die Schluchten, die ich im Sinn habe, nur von einer hohen Klippe aus erreicht werden. Ich kenne sie noch aus der Zeit, da ich auf Ista lebte.«

Alessan schien immer noch unentschlossen. Seine Blicke wanderten von Follen zu den Männern, die neben den gesattelten Rennern und dem Wagen warteten.

»Noch eine kleine, aber wichtige Sache, Alessan«, sagte Desdra, die ihn beobachtet hatte. »Ihre Ställe sind sauber und gut geführt, aber nicht die richtige Umgebung für die Herstellung großer Mengen von Serum, das absolut keimfrei sein sollte.« Sie deutete auf die Exkremente des lahmen Renners.

»Ein guter Gedanke.« Alessan lächelte und fügte dann hinzu: »Die Umquartierung dürfte etwa eine Stunde in Anspruch nehmen. Was brauchen wir für unsere Expedition alles?«

»Nur Tragnetze«, erwiderte Moreta rasch. »Alles andere liefert uns der Regenwald.«

B'lerion kam auf sie zugeschlendert und grinste breit.

»Nabeth fand es zwar ungewöhnlich, mit zwei Königinnen gleichzeitig Kontakt aufzunehmen, aber du hast die Erlaubnis, nach Ista zu fliegen, wenn du nicht allzu lange bleibst. M'barak habe ich zur Hochland-Burg geschickt. Er soll dort noch einige der großen Ziergefäße holen, die Meister Clargesh den Baronen schenkte. Auch in den anderen Burgen gibt es sicher einige davon. Meister Clargesh war so stolz auf das Werk seiner Lehrlinge. Und der Auftrag wird den Jungen in Trab halten.«

»Gut, B'lerion. Nun brauchen wir noch eine Reitjacke für Oklina.«

»Sie *ist* etwas Besonderes, findest du nicht auch? Arith spürte es sofort, ein kluger Kerl! Kein Wunder, daß ich mich zu ihr hingezogen fühle.«

»Warte nur, bis das Königinnen-Ei hart ist, mein Freund! Jedes bricht auf seine Weise ...«

Capiam und Desdra erklärten Follen und Tuero, weshalb sie die Instrumente zur Serumherstellung umsiedeln mußten. Nachdem Alessan die Männer verabschiedet hatte, die Dag und die Herde heimholen sollten, schlug er vor, alles in den Großen Saal zu schaffen, da man inzwischen die meisten Patienten in die oberen Stockwerke verlegt hatte, wo sie eigene Zimmer zur Verfügung hatten. Moreta half dem Burgherrn, die mitgebrachten Tragnetze zu einem großen Bündel zusammenzurollen. Als B'lerion und Oklina aus der Hauptburg zurückkamen, warteten die übrigen vier bereits mit Ungeduld.

»Ich mußte erst die Karten holen, meine liebe Moreta. ›Ein grünes Gesicht mit tausend dunkel geränderten Augen‹ genügt mir nicht als Anhaltspunkt für den Sprung. Um ganz sicherzugehen, werden wir im Morgengrauen landen, denn zu diesem Zeitpunkt stehen beide Monde am Himmel.« Er hob die Faust, eine Geste, die seine Bereitschaft und den Wunsch nach Erfolg zum Ausdruck brachte.

Während sie zu dem kräftigen Bronzedrachen hinübergingen, flüsterte Moreta dem Burgherrn zu:

»Tuero beobachtet uns. Ahnt er etwas?«

Alessan legte die Hände um ihre Taille, zog sie einen Moment lang an sich und hob sie dann auf den Rücken des Drachen, dicht hinter B'lerion, der bereits Platz genommen hatte.

»Das weiß man bei Harfnern nie. Aber er nimmt wohl an, daß wir zu Meister Balfor fliegen, um ihn wegen des Tierserums um Rat zu fragen. Und er hat mit dem Umzug der Geräte so viel zu tun, daß er kaum zum Denken kommen wird.«

Nacheinander saßen die Teilnehmer der Expedition auf.

Orlith, es wird nicht lange dauern!

Das erklärte mir Nabeth bereits. Die Gedanken ihrer Königin klangen unbesorgt.

»Moreta!« B'lerions Stimme und ein leichter Rippenstoß unterbrachen ihr Zwiegespräch mit Orlith. »Ich stelle mir jetzt die Monde und den Roten Stern vor. Der Rote Stern befindet sich vor uns am nordwestlichen Horizont, Belior wandert als Halbmond über den Himmel, und dazwischen steht die Sichel vom

Timor. Du konzentrierst dich bitte darauf, wie Ista mit diesen blühenden *Ging*-Bäumen aussieht. Denk an die Sommerhitze und den fauligen Geruch, der von den Regenwäldern aufsteigt!«

Nabeth war aufgeregt, aber er hob sich mit dem Geschick des erfahrenen Kampfdrachen vom Boden ab, und seine Reiter spürten nicht den leisesten Ruck, als er in die Luft schnellte.

Moreta hatte sich daran gewöhnt, zwei Drachen in ihren Gedanken zu spüren; nun schob sich ein dritter sacht, aber doch kraftvoll dazwischen. Sie beschwor das Bild von Istas südlicher Steilküste in herbstlicher Farbenpracht herauf, das düstere Glimmen des Roten Sterns über dem Westmeer, den Halbmond Belior, der immer höher stieg, und die Sichel des kleineren Timor. Sie hielt diese Vision in ihren Gedanken fest, während Nabeth ins *Dazwischen* tauchte. Unvermittelt spürte sie einen unglaublichen Druck auf Herz und Lungen, und dann schwebten sie in der warmen Luft hoch über Istas Felsenküste. Die cremeweißen Augen der *Ging*-Blüten wandten sich der Sonne zu, die eben im Osten heraufzog. B'lerion stieß einen Triumphschrei aus und zog Oklina fester an sich. Alessan umklammerte Moretas Taille, als suchte er einen Halt.

Nabeth flog den Felsensims an, auf dem Moreta oft mit Orlith gelandet war, um Nadeldorne zu sammeln. Er lag hoch über der hereinströmenden Flut, die gegen die Klippen donnerte. Der Bronzedrache landete so geschickt, wie er sich kurz zuvor in die Lüfte erhoben hatte. Seine Schwingen drückten die Sträucher flach, die sich ringsum an die Steilhänge krallten.

»Dort drüben am Hang wachsen die meisten Dornensträucher!« rief Moreta den anderen zu.

B'lerion sprang so tollkühn zu Boden, daß sein Drache erschrocken lostrompetete.

»Willst du dir den zweiten Arm verrenken, B'lerion?« fragte Moreta kopfschüttelnd und zeigte dann Oklina, wie man gefahrlos vom Nacken des mächtigen Bronzedrachen in die Tiefe gleiten konnte.

»Sind wir wirklich in der Zukunft?« fragte Capiam, als Alessan die Tragnetze verteilte. Er sah sich mit einer gewissen Scheu um.

»Ich hoffe es sehr«, meinte B'lerion und sah Moreta mit düster gerunzelter Stirn an, ehe er sich den drei Leitgestirnen am Himmel zuwandte.

»Keine Sorge«, entgegnete sie so ruhig, wie sie nur konnte. Ein eigenartiger Schwindel hatte sie erfaßt, ein Gefühl der Schwerelosigkeit und der wachsenden Euphorie – Empfindungen, die ihr bis zu diesem Moment fremd gewesen waren. Gewaltsam riß sie sich von dem Sog los und deutete eine Böschung hinunter. »Wir gehen hier entlang. Sobald wir auf die Dornsträucher stoßen, werden wir sicher sein. Ich kam nämlich letztes Jahr hierher und sammelte Dornen, mit Erlaubnis des Burgherrn, denn die Küstenbewohner holen sich das Zeug an leichter zugänglichen Stellen.« Die Weyrherrin von Fort ging voraus.

Die Schlucht lag zehn oder mehr Drachenlängen vom Rand der Klippe entfernt, und Moreta war plötzlich von Besorgnis erfüllt. Sie hatte die Sträucher im letzten Herbst nicht vollständig abgeräumt; aber damals hatten die Monde eindeutig eine andere Position eingenommen, und der Rote Stern war höher im Westen gestanden. Erleichtert atmete sie auf, als sie den Rand der Schlucht erreichte und die dichten braunen Nadelbüschel an den Zweigenden entdeckte. Über ihnen schloß sich der Regenwald zu einem Blätterdach. Die Schlucht, die gewunden von Nord nach Süd verlief, war in grauer Vorzeit vermutlich durch ein Erdbeben entstanden, und die dünne Humusschicht über dem blanken Fels ernährte nur Kletterpflanzen und die anspruchslosen Dornsträucher. Alessan stellte verwundert fest, daß die Schlinggewächse einen großen Abstand zu den Sträuchern einhielten.

»Der Nadeldorn verzehrt alles, was in seine Nähe kommt«, erklärte Moreta. »Im Frühling und im Sommer sind die Nadeln giftig. Sie nehmen den Saft von Tieren und anderen Pflanzen auf, bis der dicke Stamm der Pflanze im Herbst genügend Feuchtigkeit und Nährstoffe besitzt. Im Winter wächst der Strauch und sprengt seine Außenhülle. Es heißt, daß sein Fleisch sehr saftig schmeckt.«

Oklina schüttelte sich, aber Desdra ging in die Knie und untersuchte einen der Büsche genauer.

»Im Frühling und Sommer verströmt die Pflanze einen Geruch, der Schlangen und Insekten anzieht. Die hohlen Dornen saugen den aufgespießten Opfern den Lebenssaft aus, leiten aber auch das Regenwasser weiter. Der Strauch dort drüben hat eine Lücke. Hier scheint ein größeres Tier einen Teil der Dornen abgebrochen zu haben. Das erleichtert das Einsammeln.«

»Hast du nicht gesagt, daß das Zeug giftig ist?« B'lerion schien nicht gerade wild darauf, mit der Arbeit zu beginnen.

»Nur im Frühling und Sommer. Jetzt ist das Gift versiegt. Seht ihr die neuen Dornknospen am Zweigansatz? Sie sprengen mit der Zeit die alten Dornen ab. Paßt auf ...« Sie streifte mit der flachen Hand eines der Büschel vom Ast. »Es ist nicht schwer, die Dinger zu ernten. Aber seid nicht zu ehrgeizig! Ihr müßt darauf achten, daß die Spitzen nicht abbrechen und sich in eure Finger bohren. Und meidet die feinen Härchen an der Pflanze selbst! Sie können Entzündungen hervorrufen, die sich bei der Rückkehr nur schwer erklären lassen.«

»Und wie sollen wir die Dinger befördern?« fragte Capiam skeptisch, nachdem er einen Blick auf die feinen Nadeln auf Moretas Handfläche geworfen hatte.

»Wir wickeln sie in die Wedel des *Ging*-Baumes. Wenn man die Blätter an den Rändern einschneidet, sondern sie einen Saft ab, der wie Klebstoff wirkt. Und sie besitzen ein Schwammgewebe, das die Nadeln wie ein Polster schützt. Eine sehr praktische Angelegenheit! Wir teilen uns am besten in Zweiergruppen auf. Einer streift die Nadeln von den Sträuchern, der andere verpackt sie.«

»Gut, ich bleibe bei Ihnen, Moreta«, sagte Alessan schnell. Er nahm sein Gürtelmesser in die Hand und suchte nach einem *Ging*-Baum, um die breiten Wedel abzuschneiden.

B'lerion legte besitzergreifend den gesunden Arm um Oklinas Schultern. »Macht es dir etwas aus, mit einem Invaliden zusammenzuarbeiten?« fragte er mit blitzenden Augen.

Capiam verneigte sich vor Desdra. »Bleiben nur noch wir beide übrig. Möchtest du lieber sammeln oder verpacken? Obwohl wir uns natürlich abwechseln können, wenn die Sache zu langweilig wird.«

»Nachdem ich im Sammeln bereits Übung habe, fange ich am besten damit an«, meinte die Heilerin lachend und suchte vorsichtig einen Weg in die Schlucht hinunter. »Schau mir eine Weile zu, damit du dich später nicht stichst!«

»Alessan, wir brauchen vor allem die zarten, jungen Wedel!« rief Moreta dem Burgherrn zu. »Sie sind geschmeidig und enthalten mehr Saft.«

Der Baron säbelte verbissen an den großen Blattgebilden herum, bis ihm Moreta zeigte, daß man die Wedel mit einem kurzen Ruck nach unten leicht vom Stamm lösen konnte. Sie legte die inzwischen abgestreiften Nadeln auf die konkave Fläche eines Blattes, schnitt die Ränder zurecht, schlug die Kanten übereinander und verklebte das Ganze geschickt zu einem kleinen Paket.

»So einfach geht das!« staunte Alessan. »Der Regenwald liefert tatsächlich alles, was wir brauchen.«

»Wenn man weiß, wie man ihm seine Schätze entlockt – ja.« Sie lachte ihn an. »Dieses Päckchen enthält an die zweihundert Nadeldornen. Ich habe versucht, sie zu zählen, aber ich kann mich schlecht konzentrieren. Eine Folge der Zeitverzerrung, nehme ich an. An manchen der größeren Sträucher sitzen sicher Tausende von Nadeln, jede groß genug für die kräftigsten Renner des Kontinents.«

Alessan nahm ihre Hand, und Moreta gab es auf, ihre Nervosität durch hastiges, leeres Geschwätz zu überdecken. Sie waren allein, auch wenn sie die Stimmen der anderen noch hören konnten.

»Du hast gesagt, daß wir hierbleiben können, solange wir wollen«, sagte Alessan ruhig. Er kniete jetzt neben ihr. »Und daß wir mit einem Zeitverzug von höchstens einer Stunde zurückkehren würden ...« Moreta hatte das Gesicht abgewandt, aber Alessan nahm ihre Hände, ehe sie nach den nächsten Nadelbüscheln greifen konnte. »Warum nutzen wir nicht *ein wenig* von dieser Zeit für uns selbst?«

Oklinas Lachen scholl zu ihnen herüber, gefolgt von einem kräftigen Fluch B'lerions.

»Die Dinger brennen abscheulich!«

Moreta lächelte über die Entrüstung in der Stimme des Bronzereiters. Dann trafen ihre Blicke Alessan. Sie hob die Hände an sein Gesicht und strich sanft über die Falten, die

Kummer und Anspannung in die jungen Züge gegraben hatten. Schon die leise Berührung erregte sie, und sie wehrte sich nicht, als er sie in die Arme riß und an sich preßte. Ohne Scheu genoß sie seine Küsse.

»Was kannst du von einem einarmigen Mann mehr erwarten?« klang B'lerions Baß dicht neben ihnen auf. Erschrocken fuhren sie auseinander. Der Bronzereiter war nicht zu sehen, aber er schien sich ganz in ihrer Nähe zu befinden. Moreta sah Alessan lächelnd an.

»Mittags wird es viel zu heiß zum Arbeiten, Alessan, und ich nehme an, daß wir dann mehr Zeit und Abgeschiedenheit für uns finden.«

Der Burgherr nickte und wandte sich mit einer heftigen Bewegung den Sträuchern zu. Im nächsten Moment stieß er einen unterdrückten Fluch aus. »Die Dornen brennen tatsächlich!« Er rieb sich mit einer Grimasse den geröteten Arm.

»Nicht!« Moreta griff nach einem *Ging*-Blatt und preßte etwas Saft auf die wunde Stelle. »So, nun tritt kein Blut aus.« Sie küßte ihn leicht auf die Wange. »Und nun müssen wir wirklich sehen, daß wir mit der Arbeit fertig werden.«

»Gut, aber dann laß mich die Nadeln sammeln! Ich habe mit dem Strauch hier eine offene Rechnung!« Und mit gespielter Grimmigkeit begann er ganze Händevoll der Dornenbüschel von den Zweigenden zu reißen.

»He, langsam, so schnell kann ich die Dinger gar nicht verpacken!« bremste sie seinen Eifer.

»Habt ihr beide Probleme?« fragte B'lerion, der plötzlich an der Biegung der Schlucht aufgetaucht war.

»Keine Sorge, wir schaffen das schon!« entgegneten sie im Chor und winkten ihm lachend zu. Der Bronzereiter sah sie einen Moment lang nachdenklich an und entfernte sich dann wieder.

Sie arbeiteten schweigend weiter, jeder erfüllt von der Nähe des anderen. Die Zeit verging wie im Flug, und sie hatten die Anwesenheit der anderen beinahe vergessen, als B'lerion und Oklina plötzlich am oberen Rand der Schlucht auftauchten und nach ihnen riefen.

»So etwas nennt man Fleiß!« meinte B'lerion kopfschüt-

telnd. »Merkt ihr überhaupt nicht, wie heiß es inzwischen ist?«
Er hatte das Hemd ausgezogen, und Oklina trug ihre Bluse
unter der Brust verknotet. Sie schleppten vier Netze mit ordentlich verpackten Nadeldornen. »Außerdem habe ich Hunger.« Er schwenkte sein Hemd. »Wir haben ein paar reife
Früchte gesammelt und Palmenmark geschält. Los, gebt euch
einen kleinen Ruck und macht eine Pause, sonst klappt ihr
noch zusammen!« Er drehte sich um. »Capiam! Desdra! Mittagessen!«

Capiam und Desdra führten ein tiefschürfendes Gespräch
über die adstringierende Wirkung des *Ging*-Saftes, als sie zu
den anderen stießen. Auch Capiam hatte den Oberkörper freigemacht. Er war von der Krankheit so ausgezehrt, daß man
seine Rippen zählen konnte.

»Ich weiß, daß es heiß ist«, stellte Moreta trocken fest. »Aber
wir sollten uns davor hüten, mit einem Sonnenbrand nach
Ruatha zurückzukehren.«

Capiam schwenkte ein großes Blatt wie einen Fächer. »Auch
ein Hitzschlag würde uns verraten.« Er schnalzte mit der
Zunge, als er die vielen Nadelpäckchen sah. »Wir haben unsere Netze weiter hinten gestapelt. Ich schlage vor, daß wir
jetzt eine Ruhepause einlegen, wie es auf dieser Insel während
der heißesten Stunden des Tages üblich ist.«

Alle fanden den Gedanken großartig.

»Hier sind Melonen und einige der Rotfrüchte, die man auf
Ista so gern auf den Tisch bringt«, verkündete Desdra stolz.

Alessan erklärte sich ebenfalls bereit, einen Beitrag zum
Mittagessen zu leisten. Er streifte Wams und Hemd ab und
erklomm geschickt einen nahegelegenen Nußbaum, um die
Früchte herunterzuschütteln. Moreta breitete sein Hemd aus
und fing die Nüsse damit auf.

Während des Essens entspannten sich alle. Die Rotfrüchte
enthielten viel Saft, die Nüsse hatten ein herrliches Aroma,
und das Palmenmark zerging kühl auf der Zunge. Die überrei-
fen Melonenscheiben, die sie sich bis zuletzt aufgehoben hatten, schmeckten fast nach Wein. B'lerion unterhielt die Gesellschaft mit seinen Späßen und einer pikanten Geschichte über
Baron Diatis.

»Ist er immer so?« fragte Alessan leise. »Er kann besser erzählen als die meisten Harfner.«

»Nun, er singt recht passabel, aber irgendwie war B'lerion von Anfang an der Idealtyp des Bronzereiters.«

»Warum ist er dann nicht dein Weyrgefährte?«

»Orlith hat sich für Kadith entschieden.«

»Besitzt du kein Mitbestimmungsrecht?« Alessan schien um ihretwillen verärgert. Aus der einen oder anderen Bemerkung, die er im Laufe des Vormittags gemacht hatte, wußte sie, daß Alessan Sh'gall nicht mochte, und sie überlegte, ob ihre Beziehung zu dem jungen Burgherrn das Verhältnis zwischen Ruatha und dem Fort-Weyr belasten könnte. Während sie noch nach einer ehrlichen Antwort auf die Frage suchte, der sie bisher selbst vergeblich ausgewichen war, legte Alessan reumütig eine Hand auf die ihre. »Verzeih, Moreta, das sind Weyr-Angelegenheiten, die mich nichts angehen.«

»Ich will deine Frage wenigstens teilweise beantworten«, erklärte sie mit gedämpfter Stimme. »B'lerion ist tatsächlich immer so, charmant und amüsant. Aber Sh'gall *führt* die Männer, und er entwickelt bei Sporeneinfällen einen Instinkt, den der alte L'mal einmal als unheimlich bezeichnete.«

»Also wirklich, B'lerion, diese Geschichte war mir neu.« Capiam lachte immer noch, während er sich aufrichtete. »Ich schätze, Harfner müssen bei der Wahl ihrer Themen etwas diskreter sein.« Er streckte Desdra eine Hand entgegen. »Erinnerst du dich noch, wo du diese Pflanzen gesehen hattest, Desdra? Ja, ich weiß, daß wir eigentlich hier sind, um Nadeldornen zu sammeln, aber uns sind auch alle anderen Vorräte knapp geworden.«

»Ich helfe dir später gern bei der Suche«, entgegnete Desdra energisch, »aber jetzt solltest auch du eine Pause einlegen!« Keiner der beiden Heiler drehte sich um, als sie die Schlucht nach oben geklettert waren und hinter einer Biegung verschwanden.

»Und ich gönne mir ebenfalls einen Mittagsschlaf!« verkündete B'lerion. »Komm, Oklina, bei unserem Nadeldornen-Dickicht gibt es genügend Schatten und eine angenehme Brise. Wir haben uns die Ruhe ehrlich verdient.«

Lächelnd nahm er das Mädchen am Arm und führte sie tiefer in das Dämmerlicht des Regenwaldes.

»Wenn er denkt, daß ich ihm das abnehme ...« Alessan lachte leise. Dann riß er Moreta an sich und küßte sie stürmisch. »Gehen wir zur Klippe hinüber! Ich möchte kein zweites Mal in Konflikt mit den Dornen geraten.« Während sie zur Steilwand schlenderten, meinte er nachdenklich: »Warum schnüffelt eigentlich der blaue Drache von M'barak immer so merkwürdig an Oklina herum? Ich könnte ja verstehen, daß sich Nabeth näher mit ihr befaßt, aber Arith ... Tuero deutete an, daß vielleicht ein Zusammenhang mit dem Königinnen-Ei besteht.«

»Vielleicht. Aber der Fort-Weyr würde Oklina niemals fordern, Alessan. Wir wissen, daß eure Linie vom Aussterben bedroht ist.«

»Hier.« Alessan war stehengeblieben und deutete auf einen schattigen Platz am Rande der Klippe. »Wenn ich noch ein paar *Ging*-Wedel über die Steine breite ...« Moreta half ihm, ein bequemes Lager herzurichten. Alle ihre Sinne waren mit einem Mal wach. Sie bedauerte nur, daß Nabeth und nicht Orlith droben auf dem Felsensims lag und sich sonnte. »Was Oklina betrifft, so weiß ich inzwischen aus berufenem Munde, daß in ihren Adern Drachenreiterblut fließt ...« Alessan sah Moreta lachend an, doch dann fuhr er ernst fort: »Wenn sich vereinbaren ließe, daß Oklinas Kinder nach Ruatha zurückkehren, würde ich ihr nichts in den Weg legen. Ich bin schließlich nicht mein Vater.« Er schlang die Arme um Moreta und zog sie auf das Lager.

»Mit deinem Vater wäre ich auch nicht hier im Regenwald.«

»Warum nicht? Er war ein sinnlicher Mensch. Und ich werde dir beweisen, daß ich sein würdiger Nachfolger bin.«

Die Sonne malte Kringel und Kreise auf die Blätter. Und Alessan zeigte sich in der Tat so sinnlich und so zärtlich, wie sich eine Frau einen Mann nur wünschen konnte. Moreta gab sich ganz ihrer Leidenschaft hin.

Danach ließ die Hitze sie eine Weile einschlummern, aber die winzigen Insekten des Regenwaldes hatten die schlafenden Opfer bald entdeckt und umsurrten sie in Schwärmen.

»Die Biester fressen mich bei lebendigem Leib!« schimpfte Alessan und schlug um sich.

»Siehst du die breiten Blätter der Liane, die sich um den Baum dort drüben windet? Reiß ein paar davon ab und zerdrücke sie! Der Saft verhindert, daß die Stiche zu jucken beginnen.«

»Woher weißt du das alles?«

»Ich habe die ersten Jahre mit Orlith auf Ista verbracht. Ich kenne die Gegend und ihre Gefahren.«

Sie ließen sich Zeit mit der Rückkehr in die Schlucht. Die Sonne war ein Stück weiter nach Westen gewandert, und unter dem Blätterdach herrschte jetzt angenehme Kühle. Erst als die tropische Dämmerung hereinbrach, traf sich die Gruppe wieder auf dem Felsensims, wo Nabeth neben den prall gefüllten Netzen döste.

»So, hoffentlich reicht das!« meinte B'lerion und hob anklagend seinen zerkratzten Arm. »Ich muß sagen, soviel Arbeit an einem Tag habe ich noch nie geschafft – und das einhändig!«

Capiam und Desdra warfen einen Blick auf die Ausbeute und zuckten dann ratlos mit den Schultern.

»Hat einer von euch daran gedacht, die Dinger zu zählen?« fragte der Heiler schließlich.

»Nein«, entgegnete B'lerion entschieden, »aber ich mache Ihnen einen Vorschlag. Wenn das Zeug nicht reicht, kehre ich gern an diesen idyllischen Fleck zurück und besorge Ihnen Nachschub.«

Moreta legte ihm eine Hand auf die Schulter. »Nicht hierher, B'lerion! Falls die Nadeln wirklich nicht ausreichen, müßtest du nach Nerat gehen.«

»Ich verstehe, die Zeitüberschneidung. Und über der Landspitze von Nerat wäre die Position der Monde ähnlich.«

»Gut«, sagte Meister Capiam müde. »Dann können wir ja allmählich aufbrechen.«

»Im Gegenteil, Meister Capiam, das würde uns nur verraten.« B'lerion schnalzte mit der Zunge. »Wir verlasen Ruatha frisch und munter und kommen eine Stunde später erschöpft und ausgehungert zurück! Oklina, wo ist das Netz mit dem Abendessen? Ah, da haben wir es schon! Bitte sehr, nehmt in einem schönen Halbkreis Platz! Nabeth hat nichts dagegen, wenn ihr euch anlehnt.«

Oklina reichte ihm ein Netz aus Gräsern, und er hielt es hoch, so daß alle die im Feuer gehärteten Lehmkugeln sehen konnten.

»Ich habe während unserer Ruhepause ein wenig geangelt«, erklärte B'lerion und sah sich herausfordernd um, ob jemand diese Darstellung bezweifelte. »Und Oklina fand eine Menge Knollen. Also hüllten wir sie in Lehm und buken sie. Auf den Felsen oberhalb der Schlucht war es mittags so heiß, daß man ein Drachenei braten konnte – Verzeihung, Moreta! Eine gute Mahlzeit stärkt das Gemüt. Ach ja, Alessan und Moreta könnten noch ein paar dieser herrlichen Melonen holen, ehe es ganz dunkel wird.«

Als sie später auf den warmen Felsen saßen und sich den Fisch und die mehligen Knollen schmecken ließen, merkten sie erst, daß der Hunger ein Teil ihrer Erschöpfung gewesen war. Alle dankten B'lerion und Oklina für ihre weise Voraussicht.

»Oh, keine Ursache«, grinste B'lerion bescheiden. »Essen gehört zu den wenigen Lastern, die ich besitze. Obst mag ja ganz gut sein, um den Durst zu stillen, aber vor dem Schlafengehen sollte man doch etwas Warmes in den Magen bekommen.«

»Vor dem Schlafen!« riefen Capiam und Moreta gleichzeitig.

»Aber ja.« B'lerion warf Moreta einen strengen Blick zu. »Du mußt in spätestens vier Stunden bereitstehen, um die verwundeten Drachen zu betreuen. Das kannst du nur, wenn du ausgeruht bist.« Er deutete auf die Tragnetze, die im Schatten lagen. »Und Alessan wird alle Hände voll zu tun haben, um die Zuchtherde zu versorgen, die von den Bergen herunterkommt. Desdra und Capiam müssen die gesamte Impfaktion koordinieren. Also schlafen wir jetzt!« Der Bronzereiter legte eine Hand auf den Nacken seines Drachen. »Nabeth wird uns wecken, sobald Belior am Himmel steht, nicht wahr, mein Freund?«

Moreta schüttelte heftig den Kopf. »B'lerion, ich muß endlich zurück zu Orlith.«

»Orlith geht es prächtig. Ihr fehlt nicht das geringste. Für sie dauert deine Abwesenheit nicht länger als eine Stunde, vergiß das nicht. Und du siehst so aus, als könntest du etwas Schlaf gebrauchen.« B'lerion fuhr ihr wie in alten Zeiten durch das Haar, und Moreta spürte, wie Alessan sich anspannte. Die Weyrherrin trat unauffällig einen Schritt zur Seite. »Außerdem hast du gar keine Wahl«, fuhr B'lerion mit einem Lachen fort. »Du bist auf Nabeth angewiesen, und Nabeth gehorcht *mir*.«

»Er hat vollkommen recht«, kam ihm Desdra zu Hilfe. »Ich fürchte mich schon vor dem Moment, da der Trubel in der Heilerhalle wieder losgeht. Ganz zu schweigen davon, wie ich das hier erklären soll.« Sie untersuchte ihre zerkratzten Hände.

»Wenn du die Leute so auf Trab hältst wie gewohnt, Mädchen, dann finden sie gar keine Zeit, darüber nachzudenken«, spottete Capiam gutmütig.

»Hier, macht es euch an Nabeths Flanke bequem«, forderte B'lerion die Gruppe auf. »Die Brise vom Meer her wird die Mücken in Schach halten.«

Er schmiegte sich an die weiche Haut des Drachen, und die übrigen Teilnehmer der Expedition folgten seinem Beispiel.

»Wenn der Drache sich nun auf die andere Seite rollt?« wisperte Alessan Moreta zu.

»Keine Sorge, er steht mit B'lerion in Verbindung.«

Die Tropennacht war lau und erfüllt von schweren Düften. Moreta hörte, wie Capiams leiser Bariton nach einiger Zeit verstummte. Alessan schlief bereits, und sie wollte das gleiche tun, aber sie wurde wieder von jenem merkwürdigen Schwindel gequält, den sie bereits am Morgen gespürt hatte. Sie schmiegte sich eng an die weichen Hautfalten des Drachen; der schwache Geruch nach Feuerstein beruhigte und tröstete sie. Ihr kam zu Bewußtsein, daß sie erstmals seit zwanzig Planetenumläufen einen Tag ohne Orlith verbracht hatte. Die Drachenkönigin fehlte ihr. Sie hätte gern Alessans zärtliche Liebe mit Orlith geteilt. Nur das hatte zu ihrem vollkommenen Glück gefehlt. Bei dem Gedanken an Alessan schlief sie endlich ein.

Im gleichen Moment, da Nabeth über Ruatha auftauchte, spürte Moreta die erregten Gedanken Orliths.

Da bist du endlich! Woher kommst du?

Wo wart ihr so lange? Auch Holths Frage klang besorgt.

Auf Ista. Hatte Nabeth euch das nicht gesagt?

Wir konnten dich dort nicht finden! erklärten die Königinnen.

Nun bin ich hier. Ich habe die Nadeldornen, die wir so dringend benötigen. Alles ist gut. Es dauert nicht mehr lange, bis ich daheim bin.

Das Gefühl der Verlorenheit, wohl ausgelöst durch die Zeitverschiebung, das auf Ista sogar durch ihre Träume gegeistert war, verschwand, sobald sie Kontakt mit ihrer Königin hatte. Jetzt erst merkte sie, wie gut ihr die Ruhe getan hatte, und sie war B'lerion nachträglich dankbar, daß er auf dieser Erholung bestanden hatte.

Alessan, der hinter ihr auf Nabeth saß, spannte sich mit einem Mal an. Moreta schaute in die Tiefe. Die öde, verlassene Weite von Ruatha war unter ihnen aufgetaucht, ein erschütternder Anblick aus dieser Perspektive. Als Moreta sich zu dem jungen Burgherrn umdrehte, hatte er sich wieder gefaßt; seine zusammengepreßten Lippen verrieten Entschlossenheit.

Sobald Nabeth in der Nähe der Ställe gelandet war, wandte sich Alessan seiner Schwester zu: »Einige unserer Leute müßten doch inzwischen gesund genug sein, um bei den Aufräumarbeiten zu helfen. Hast du dir die Hauptburg angesehen? Sie wirkt völlig verwahrlost. Einen Augenblick, Moreta!« Er hob sie vom Drachen und legte einen Arm um ihre Taille, als er sie von Nabeth wegführte.

»Ich werde also noch mehr von dem Serum anfertigen, Meister Capiam?« rief er dem Heiler zu, der gar nicht abgestiegen war. »Sie verständigen mich, wenn Sie etwas brauchen.« Dann reichte er Oklina die Hand und half ihr nach unten. »Hast du gesehen, was ich meine? Wir müssen unbedingt wieder Ordnung schaffen.« Alessan verneigte sich vor dem Bronzedrachen, dessen große Facettenaugen blaugrün schillerten. »Nabeth, ich danke dir!«

»Es war ihm ein Vergnügen«, entgegnete B'lerion mit einem Lächeln. Er wartete, bis Oklina ein Stück von Nabeth entfernt war, winkte ihr noch einmal fröhlich zu und erhob sich dann mit seinem Bronzedrachen in die Lüfte.

Sie hatten ihr weiteres Vorgehen bereits beim Aufbruch besprochen, als der grüngoldene Belior majestätisch am Himmel von Ista aufgetaucht war. B'lerion sollte die beiden Heiler mit den Nadeldornen zu ihrer Gildehalle zurückbringen. Der Bronzereiter hatte sich bereiterklärt, mit Desdra und Oklina weitere Dornen von Nerat zu holen, falls die gesammelte Menge nicht ausreichte. Capiam hatte unterwegs eine Botschaft an den Herdenmeister und alle Höfe entworfen, auf denen Renner gehalten oder gezüchtet wurden. Die Siedlungen, die man mit Trommeln nicht erreichen konnte, sollten durch Boten verständigt werden.

Der Staub, den Nabeths Schwingen aufgewirbelt hatten, legte sich gerade, als Tuero aus den Ställen gelaufen kam. Er warf den Heimkehrern einen überraschten Blick zu.

»Das ging aber schnell«, meinte er. »Alessan, wir können kein Serum anfertigen, solange M'barak keine neuen Glasgefäße auftreibt. Ich weiß nicht, wo er so lange steckt.«

Als habe er nur auf dieses Stichwort gewartet, jagte Arith im Tiefflug über die Felder heran und landete dicht neben der Stelle, von der Nabeth kurz zuvor aufgestiegen war. Moreta griff erschrocken nach Alessans Hand.

»Was ist denn in den Bengel gefahren?« rief Tuero. Der blaue Drache zog die Schwingen ein, und nun sahen sie, daß M'barak neben ein paar riesigen Tragnetzen auch drei Leute transportiert hatte.

»Moreta!« Der Jungreiter fuchtelte aufgeregt mit den Armen. »Kann mir jemand diese albernen Gläser abnehmen? Und ich habe ein paar Leute mitgebracht, die mit Rennern umzugehen wissen. Schnell, ich muß zurück und mich für den Sporenkampf vorbereiten. F'neldril zieht mir die Haut bei lebendigem Leib ab, wenn ich zu spät komme!«

Also eilten Alessan, Tuero, Oklina und Moreta zu Arith, um den Drachen von seinen Passagieren und den großen Zierflaschen zu befreien. Alessan hob Moreta mit Schwung auf Ariths Rücken. Seine Blicke ließen sie nicht los, und er bedauerte, daß sie ihm zum Abschied nicht mehr als ein Lächeln schenken konnte. Dann trat er zurück und begrüßte die Neuankömmlinge, darunter eine hochgewachsene, schmalhüftige Frau, die das dunkle Haar so kurz wie eine Drachenreiterin trug und Moreta an irgend jemanden erinnerte. Doch im nächsten Moment hatte sich Arith abgestoßen, und M'barak erklärte, daß sie ins *Dazwischen* gehen würden, sobald Arith genügend Bodenfreiheit besaß.

Im Kessel des Fort-Weyrs herrschte so reges Treiben, daß niemand ihre Ankunft bemerkte. Arith flog niedrig über dem See herein und setzte Moreta direkt vor dem Eingang der Brutstätte ab. Die Weyrherrin gab dem blauen Drachen einen liebevollen Klaps und rannte dann über den heißen Sand der Höhle auf Orlith zu. Es erstaunte sie nicht, Leris schmale Gestalt neben ihrer Königin zu sehen.

Du bist da! Endlich! Orlith trompetete erleichtert und schlug so heftig mit den Flügeln, daß sie Leri mit Sand überschüttete.

»Schon gut, Orlith! Ich bin da. Nun mach keinen solchen Wirbel!« Moreta schlang die Arme um den Kopf ihrer Königin und strich ihr liebkosend über die Augenwülste.

»Beim Ersten Ei!« erklärte Leri mit einem Seufzer. »Bin ich erleichtert über deine Heimkehr! Wo hast du nur gesteckt? Holth konnte dich auch nicht finden. Ach, sei still, Orlith! *Holth!*«

Das war aber höchste Zeit! Holth drückte die Vorwürfe aus, die Orlith niemals geäußert hätte.

»Habt ihr denn keinen Kontakt zu Nabeth aufgenommen?« Moreta schaute von ihrer Königin zu Leri. Orliths goldener Glanz wirkte stumpf, und die alte Frau hatte graue, eingefallene Züge. Die Weyrherrin von Fort machte sich bittere Vorwürfe.

Ich wollte dich! entgegnete Orlith kläglich.

»Ich denke, du bist mir eine Erklärung schuldig«, sagte Leri mit brüchiger Stimme. Zerknirscht legte ihr Moreta eine Hand auf die Schulter. »Die vergangene Stunde war furchtbar. Ich hatte alle Mühe, Orlith zurückzuhalten. Sie wollte dich suchen, wo immer du warst.«

»Aber B'lerion sagte doch, daß Nabeth euch alles erklärt hätte.«

Leri winkte wütend ab. »Er sagte nur, daß du dringend fort müßtest und in spätestens einer Stunde wieder zurück wärst.«

»Wir waren nach einer Stunde wieder zurück!« Moreta wußte, daß sie es dabei belassen mußte.

»Nach einer reichlichen Stunde«, entgegnete Leri fest. »Du

hattest eine geheime Besprechung mit Capiam ...« Leri machte eine bedeutsame Pause. »... und dann brachte M'barak den Meisterheiler, Desdra und dich nach Ruatha. Und kurze Zeit später nahm dann B'lerions Nabeth mit uns Verbindung auf.« Während sie sprach, trat sie unbehaglich von einem Fuß auf den anderen.

»Der heiße Sand tut dir nicht gut, Leri. Komm, wir begeben uns zu meinem Wohnquartier. Ich habe dir eine Menge zu berichten. Nein, Orlith, ich bleibe in Sichtweite. Aber was deinen Eiern nützt, schadet deiner Reiterin.« Moreta führte Leri zu den Rängen und tätschelte Orlith noch einmal liebevoll die Schnauze.

Leri nahm auf dem bequemen Lager Platz, und Orlith begann sorgfältig das Königinnen-Ei zu wenden.

»Es fing damit an, daß Meister Capiam mir die gleiche Frage stellte wie zuvor Alessan«, erklärte Moreta, als sie neben Leri Platz genommen hatte. »Er erkundigte sich, ob man auch Renner impfen könne.«

Leri machte eine abfällige Handbewegung. »Hat er nicht genug damit zu tun, die Menschen wieder gesund zu machen?«

»Das schon. Aber die Epidemie beruht auf Zoonose. Mit anderen Worten: Die Viren werden von Tieren auf Menschen und andere Tiere übertragen.«

Leri starrte Moreta entsetzt an. »Zoonose? Schon das Wort klingt abstoßend.« Sie schob sich ein weiteres Kissen unter. »So, nun sitze ich bequem. Meinetwegen kannst du jetzt mit den Einzelheiten herausrücken.«

Moreta berichtete von Capiams Besuch, von seiner Sorge, daß die Epidemie ein zweites Mal ausbrechen und den Kontinent erfassen könnte, und von seinem Vorschlag, eine Massenimpfung durchzuführen. Sie zeigte Leri die Karte, die der Meisterheiler mitgebracht hatte.

»Nach Capiams Plan benötigen wir nur ein Minimum an Drachenreitern für die Verteilung des Serums ...« Sie sprach nicht weiter, als sie die Empörung in den Zügen der alten Frau bemerkte. Leri hatte sofort begriffen, auf welche Weise der Impfstoff verteilt werden sollte.

»Die Reiter könnten das Pensum nur mit *Zeitsprüngen* bewältigen!« Ihre Nasenflügel zuckten. »Und du behauptest, daß Meister Capiam diesen unglaublichen Plan *mit*gebracht hat?« Als Moreta nickte, zitterte Leris Stimme vor Zorn. »*Woher*, frage ich dich, *woher* wußte Meister Capiam, daß die Drachen in eine andere Zeit gelangen könnten? Ich drehe diesem K'lon den Hals um!« Leri schnellte von ihrem Lager hoch, und Holth begann erregt zu trompeten.

»K'lon war es nicht!« Moreta nahm Leris Hände und hielt sie einen Moment fest. »Beruhige Holth, sonst kommt noch Sh'gall angestürmt!«

»Wenn *du* Capiam Bescheid gesagt hast, Moreta ...« Leris Augen funkelten angriffslustig.

»Ich bitte dich! Er wußte von Anfang an Bescheid.« Moreta verstand Leris Reaktion. Sie dachte an ihren eigenen Zorn, als sie erkannt hatte, daß der Heiler mit dem bestgehüteten Geheimnis der Weyr vertraut war. »Er mußte auch mich erst daran erinnern, daß seine Gilde schließlich die Drachen gezüchtet hatte.«

Leri holte tief Luft und nickte dann stumm. »Dennoch bist du mir einige Erklärungen schuldig, Moreta. Wo warst du in der vergangenen Stunde, als weder Orlith noch Holth dich erreichen konnten?«

Moreta zweifelte plötzlich, ob Leri ihren Aufenthalt gutheißen würde, besonders seit sie wußte, daß Nabeth die Wahrheit geschickt umgangen hatte.

»Wir begaben uns nach Ista, und zwar ein Stück in die Zukunft, um Nadeldornen zu ernten. Es hätte wenig Sinn, Serum herzustellen, wenn wir es dann nicht impfen können.«

Sie senkte den Kopf vor Leris durchdringendem Blick, vor ihrem ungläubigen, wütenden Gesichtsausdruck. Doch dann wirkte die alte Frau mit einem Mal resigniert.

»Du hast einfach *aufs Geratewohl* vier bis fünf Monate übersprungen?«

»Nicht aufs Geratewohl. B'lerion überprüfte den Stand des Roten Sterns und die Stellung der beiden Monde, um sicherzugehen, daß wir ungefähr zum Herbstäquinoktium auftauchten. Und wir trafen eine Stunde später wieder auf Ruatha ein, wie Nabeth versprochen hatte.«

Moreta streckte zögernd die Hand aus, und Leri nahm sie mit einem Seufzer. Zum ersten Mal bemerkte sie die vielen kleinen Kratzer an den Händen der Weyrherrin.

»Geschieht dir recht«, brummte sie. Dann fügte sie mit einem schwachen Lächeln hinzu: »Ich dachte, du hättest von K'lons Ungeschicklichkeit gelernt. Sonnenbrand, Kratzer!«

»Ein wenig Rotwurz, und keiner merkt etwas.« Aber Moreta preßte beide Hände gegen den kühlen Stein, um den Schmerz der tieferen Risse ein wenig zu lindern. »Ich wählte einen Ort in den Regenwäldern, den man nicht so leicht erreichen kann. Es gibt nur zwei Stellen auf dem Nordkontinent, wo die Nadeldornsträucher wachsen, und ich fand die Schlucht auf Ista sicherer als Nerat. Wir waren die ganze Zeit über völlig ungestört.«

»*Wir?*« Leri spannte sich erneut an.

»Allein hätte ich all die Nadeldornen nicht sammeln können.«

»*Wer* hat dich begleitet?« erkundigte sich Leri ruhig.

»B'lerion ...«

»Das dachte ich mir bereits.«

Moreta zuckte bei Leris trockenem Sarkasmus zusammen.

»Meister Capiam und Desdra. Die Heilergesellin hatte die Einträge über den Zeitsprung in den alten Archiven entdeckt.«

»Könnten wir Meister Capiam bitten, daß er die Aufzeichnungen verbrennt?« fragte Leri hoffnungsvoll.

»Er hat sich bereiterklärt, sie zu ›verlegen‹. Anders hätte ich die Reise nicht mitgemacht.«

»Das sind bis jetzt vier. Wer noch? Heraus mit der Sprache, meine Liebe! Wir kennen uns lange genug, mir kannst du nichts vormachen.«

»Alessan und Oklina.«

Die alte Frau seufzte und fuhr sich mit der Hand über die Augen.

»Für Alessan steht eine Menge auf dem Spiel. Er würde niemals verraten, was geschehen ist. Und wenn ich das Benehmen von Arith richtig deute, dann dürfte Oklina eine der aussichtsreichsten Kandidatinnen für Orliths Königinnen-Ei sein.«

»Du, du kannst doch Alessan nicht die einzige Schwester wegnehmen ...«, meinte Leri verwirrt.

»Ich nicht, aber Orlith tut es vielleicht. Alessan meinte, er hätte nichts dagegen, falls ihre Kinder nach Ruatha zurückkehrten.«

»Nun ja.« Die alte Frau nickte. »Ich gebe zu, daß du in der einen Stunde allerhand geschafft hast.«

»B'lerion bestand darauf, daß wir in der *anderen* Zeit sechs Stunden schliefen.«

»Und niemand wunderte sich über die Massen von Nadeldornen?«

Moreta begann sich zu entspannen. Sobald Leri über den ersten Schock hinweggekommen war, würde sie das Abenteuer in einem anderen Licht sehen.

»B'lerion setzte Alessan, Oklina und mich auf Ruatha ab und flog mit Capiam und Desdra weiter zur Heilerhalle. Kaum war er gestartet, da kam M'barak mit Glasgefäßen und einigen freiwilligen Helfern zurück ... Außerdem, wer würde es wagen, von einem Erbbaron Rechenschaft über eine Stunde Abwesenheit zu verlangen, oder den Meisterheiler nach dem plötzlichen Reichtum an Nadeldornen zu fragen? Er hat sie. Und damit Schluß der Debatte!«

Die alte Frau lachte mit brüchiger Stimme. »Ja, wenn du es so betrachtest ...«

»Morgen muß ich nur noch zu den übrigen Weyrn fliegen und die Leute bitten, Capiam bei der Verteilung des Serums zu helfen. Ich habe es dem Meisterheiler versprochen.«

»Mein liebes Kind, du kannst zwar unbemerkt eine Stunde verschwinden, aber wie willst du deine Weyrbesuche erklären?«

»Oh, das ist einfach. In unserer Brutstätte reift ein Königinnen-Ei heran. Ich muß nach Kandidatinnen Ausschau halten. Selbst Orlith wird die Notwendigkeit dieser Flüge einsehen. Und wenn ich mich recht erinnere, versprachen die Weyrführer bei jenem denkwürdigen Treffen am Kuppenfels, daß sie uns nicht im Stich lassen würden.«

»Das liegt eine Weile zurück«, warf Leri düster ein. »Dir wird M'tanis Veränderung nicht entgangen sein. Ich kann mir nicht vorstellen, daß du von seinem Weyr auch nur eine Küchenmagd bekommst.«

»Daran habe ich bereits gedacht. Erinnerst du dich an die Listen, die die Weyrführer S'peren aushändigten? Hast du sie an Sh'gall weitergegeben?«

»Wofür hältst du mich? Sie liegen wohlverwahrt in meinem Weyr.«

»Schön. Dann können wir nachsehen, welche von den Bronzereitern auf Telgar am ehesten zu Zeitsprüngen fähig und bereit sind. Benden und der Hochland-Weyr halten vermutlich ihr Wort ...«

»Ganz sicher. T'grel auf Telgar dürfte der Bronzereiter sein, der dir am ehesten weiterhilft. Und auf Igen könntest du dich an Dalova wenden. Sie klatscht zwar gern, aber sie ist im Grunde eine vernünftige Person.« Moreta nickte, und die alte Frau schüttelte den Kopf. »Du hast das alles längst einkalkuliert, nicht wahr? Meine Liebe, du besitzt das Zeug zu einer außergewöhnlichen Weyrherrin! Vielleicht gelingt es dir auch noch, diesen ekligen Bronzereiter abzuschütteln und jemanden zu finden, mit dem du glücklich wirst. Wohlgemerkt, mit ›jemand‹ meine ich nicht diesen helläugigen Baron, der deine Vorliebe für Benden-Wein teilt, auch wenn er ein gutaussehender junger Mann ist!«

Draußen trompetete Kadith, und die Kampfgeschwader sammelten sich zum Aufbruch.

KAPITEL XV

Fort-, Benden-, Ista-, Igen-, Telgar- und
Hochland-Weyr, 21. 3. 43

»Eines Tages in nicht allzu ferner Zukunft werden wir überhaupt nichts mehr zu tun haben, M'barak«, erklärte Moreta dem Jungreiter am nächsten Morgen. »Dann können wir in der Sonne liegen und faulenzen.«

»Die Transporte machen mir nichts aus, Moreta. Und für Arith sind sie ein gutes Training.« M'barak wandte den Blick ab, und die Weyrherrin sah, daß er rot angelaufen war.

»F'neldril hat mir übrigens gestern abend die Aufgabe von Suchdrachen erklärt. Nun weiß ich, warum Arith so unhöflich war.«

»Das hat nichts mit Unhöflichkeit zu tun, M'barak.«

»Jedenfalls ist es kein anständiges Benehmen für einen Drachen, und mich stört es einfach, wenn er eine so hochgestellte Dame wie Lady Oklina belästigt.«

»M'barak, sie versteht das. Und es ist ein Dracheninstinkt, den wir sogar fördern. Arith gehört zu den besonders sensiblen blauen Drachen unseres Weyrs, und auch du leistest Großartiges für Weyr, Burg und Gilde. Heute müssen wir auf Benden mit der Suche beginnen. Die Weyrführer dort haben uns Kandidaten angeboten ...«

»Sind alle geimpft?« fragte M'barak hastig.

»Aber ja.« Sie gingen zu Arith hinüber und saßen auf.

»Du bist immer willkommen auf Benden«, meinte Levalla, als Moreta den Königinnen-Weyr betrat, »aber vor allem, wenn du ohne Orlith kommst. Du weißt, es gibt immer Ärger mit Tuzuth.« Die Weyrherrin von Benden warf einen wissenden Seitenblick auf K'dren. »Ich nehme an, sie ist im Moment an die Brutstätte gefesselt.«

»Das ist mit ein Grund meines Besuches.« Moreta hatte M'barak und Arith im Weyrkessel zurückgelassen und stand jetzt den beiden Weyrführern allein gegenüber. Sie wirkten erschöpft, und es tat ihr leid, daß nun auch sie ihre Dienste in Anspruch nehmen mußte, aber eine andere Möglichkeit, den Impfstoff zu verteilen, gab es einfach nicht.

»Orlith?« K'dren grinste schwach. »Ach so, natürlich. Ihr braucht Kandidaten für ihr Gelege. Keine Sorge, ich halte mein Versprechen. Wir haben ein paar vielversprechende Pfleglinge in unserem Weyr. Und sie sind inzwischen alle geimpft ...«

»Das ist der zweite Punkt.« Moreta ließ ihm keine Zeit zum Nachdenken, sondern trug mit knappen Worten ihr Anliegen vor.

K'dren und Levalla hörten ihr mit bedrücktem Schweigen zu. Der Weyrführer strich sich über die langen Koteletten, und Levalla spielte mit einer Holzkette, die vom langen Gebrauch glattpoliert war.

»Ich sehe ein, daß wir uns keine zweite Epidemie leisten können«, meinte Levalla, als Moreta ihren Plan erläutert hatte. »Wir hier im Osten haben nicht so viele Rennerherden verloren, aber Baron Shadder ist sicher dankbar für den Impfstoff. Wenn man bedenkt, daß Alessan nach all dem Leid, das er durchgemacht hat, nun das Serum für den gesamten Kontinent herstellt ...«

»Ich bitte Reiter nicht gern darum, in eine andere Zeit zu gehen, Levalla.«

»Unsinn, K'dren, wir wenden uns nur an diejenigen, die es ohnehin tun. Erst während der letzten Planetendrehung mußte Oribeth V'mul streng bestrafen, und er ist nur ein brauner Reiter. Stinkfaul, er und sein Drache. Du weißt ja, wie braune Reiter sein können, Moreta. Und dir, K'dren, dürfte nicht entgangen sein, daß auch M'gent Zeitsprünge macht, wann immer es ihm paßt.«

K'dren schnippte mit den Fingern. »Dann soll er die Benden-Reiter befehligen, die wir für die Heilerhalle abstellen. Das ist genau die Aufgabe, die ihn davon abhält, Unfug zu machen.« Er blinzelte Moreta zu. »Ich glaube, er war ziemlich enttäuscht, daß ich mich so schnell von dieser Grippe erholte. Es macht ihm Spaß, die Geschwader zu führen. Vielleicht löst er mich bereits in Kürze als Weyrführer ab, nicht wahr, Levalla?« Er warf seiner schönen Weyrgefährtin einen so übertrieben eifersüchtigen Blick zu, daß Moreta lachen mußte. Die beiden verstanden sich großartig, und sie wußte, daß er keine Befürchtungen dieser Art hegte.

Levalla stimmte in ihr Lachen ein. »Als ob ich ausgerechnet jetzt Zeit für die Liebe hätte! Du siehst übrigens blendend aus, Moreta. Hattet ihr beim gestrigen Sporenkampf keine Verletzungen zu beklagen?«

»Ein paar Brandwunden und wieder eine ausgerenkte Schulter. Ich glaube, daß der Zusammenschluß der Weyr alle Geschwader zu Höchstleistungen anspornt.«

»Genau.« K'dren nickte. »Dennoch werde ich heilfroh sein, wenn ich mich nur noch um mein eigenes Territorium kümmern muß. Nein, nichts gegen Sh'gall, er ist ein verdammt guter Führer. Aber diese Ausgeburt von Telgar ...«

»K'dren ...« warf Levalla scharf ein.

»Ach was, wir sind unter uns.« K'dren ballte die Fäuste, und seine Augen blitzten. »Glaub ja nicht, Moreta, daß er auf deine Bitte eingehen wird.«

»Er vielleicht nicht.« Moreta holte ihre Listen heraus, und K'dren nahm sie mit einem erstaunten Ausruf in die Hand.

»Dann erfüllen die Dinger letzten Endes doch noch einen guten Zweck.« Er blätterte, bis er auf M'tanis eckige Handschrift stieß. »Ich denke, daß T'grel der richtige Mann für uns ist. Selbst wenn er kein verantwortungsbewußter Anführer wäre, er würde es tun, um sich für M'tanis Unverschämtheiten zu rächen. Und du brauchst Reiter aus jedem Weyr, Leute, die auch die kleinen, schlecht gekennzeichneten Siedlungen finden. Auf Benden kannst du jedenfalls zählen. Ich hatte mich schon gewundert, weshalb unser Heiler mir erneut Blut abnahm.« Er rieb sich mit einem Lächeln den Arm.

»Und Capiam ist sicher, daß diese Impfaktion Erfolg hat?« Wieder befingerte Levalla nervös ihre Holzkette.

»Er vergleicht die Krankheit mit den Sporen. Wenn sie nicht Fuß fassen kann, richtet sie keinen größeren Schaden an.«

»Hoffen wir es! Und was deine Suche betrifft, so haben wir einen tüchtigen jungen Mann aus einer Bergwerkssiedlung von Lemos, den wir vor zwei Planetenumläufen entdeckten«, meinte Levalla. »Ich weiß nicht, weshalb er damals keinen Drachen für sich gewann. Wenn er auch bei euch ohne Erfolg bleibt, würden wir ihn gern wiederhaben. Er versteht eine Menge von Bergwerken.«

»Sucht ihr jetzt mehr unter den Handwerkern als auf den Burgen und Höfen?«

»Der Rote Stern wird bald für immer verschwinden, und dann brauchen wir Leute mit handwerklichem Geschick in den Weyrn.«

»Wir erhalten unseren Tribut, ob Fäden fallen oder nicht«, entgegnete Moreta mit gerunzelter Stirn.

K'dren schaute auf. »Sicher, aber sobald die Gefahr vorbei ist, werden die Burgherren vielleicht nicht mehr so großzügig sein.« Er deutete auf die Listen. »Ich habe die Reiter angestrichen, von denen ich vermute, daß sie Zeitsprünge wagen. Mit

L'bol auf Igen brauchst du gar nicht erst zu reden. Der Mann ist nutzlos. Wende dich direkt an Dalova, die Reiterin von Allaneth. Sie verlor einen Großteil ihrer Familie auf der Meerburg von Igen. Und sie wird wissen, wer von ihren Reitern in eine andere Zeit geht. Die Hilfe von Igen ist besonders wichtig, weil es dort all die winzigen Nester am Rande der Wüste und längs der Flußläufe gibt. Auf Ista findest du sicher am ehesten Verbündete, nachdem du zehn Planetenumläufe dort gelebt hast. Weißt du, daß F'gal an einer Nierenentzündung leidet?«

»Ja, ich wollte Wimmia schon deswegen aufsuchen. Dann ist da noch D'say, der Reiter von Kridith.«

»Du hast einen Sohn von ihm, nicht wahr?« warf Levalla mit einem Lächeln ein. »Solche Bande sind oft eine unerwartete Hilfe.«

»D'say ist ein vernünftiger Mann, und der Junge gewann aus Torenths letztem Gelege einen Braunen für sich«, erzählte Moreta stolz. Sie stand auf. Es hätte ihr gutgetan, noch eine Weile mit den Weyrführern von Benden zu plaudern, aber sie hatte noch einen langen Tag vor sich.

»Wir geben Dannell Zeit zum Packen und schicken ihn morgen mit M'gent nach Fort. Du kannst bei dieser Gelegenheit alle Einzelheiten mit ihm besprechen. Soll ich inzwischen die Barone unseres Territoriums aufsuchen?«

»Meister Tirone will ihre Hilfsbereitschaft wecken, aber er ist sicher froh um Unterstützung.«

K'dren brachte Moreta bis an die Steinstufen. Als die Weyrherrin sich noch einmal umdrehte, sah sie, daß Levalla wieder ihre Holzkette umklammert hielt.

Die Ermutigung, die Moreta auf Benden erhalten hatte, gab ihr Kraft für die nächsten drei Besuche. F'gal und Wimmia von Ista hatten sich in ihren Weyr zurückgezogen, und Timenth lag draußen auf dem Felsensims, ein sicheres Zeichen dafür, daß die Weyrführer ungestört bleiben wollten. So landete M'barak auf Moretas Anweisung vor D'says Weyr. Kridith spreizte zur Begrüßung die Schwingen, und die Facetten seiner großen Augen schimmerten blau. Er schien allerdings enttäuscht, daß sie Orlith nicht mitgebracht hatte. Dann trat D'say aus seiner Kammer, hohlwangig und erschöpft. Allem Anschein nach hatte sie ihn mitten aus dem Schlaf gerissen. Moreta machte sich heftige Vorwürfe. Er war einer der wenigen gewesen, den die erste Grippewelle verschont hatte, und deshalb stand er pausenlos im Einsatz: Er kämpfte gegen die Sporen, versorgte kranke Reiter und stand dem geschwächten F'gal zur Seite.

Als Moreta ihm dann ihr Anliegen vortrug, wünschte sie insgeheim, daß D'say die Krankheit am eigenen Leib gespürt hätte; vielleicht wäre er dann leichter zu überzeugen gewesen. D'say hörte sich ihre Bitte mit düsterem Schweigen an, und seine Niedergeschlagenheit steckte sie an, als plötzlich ihr Sohn M'ray die Stufen heraufgestürmt kam.

»Entschuldige, D'say, aber ich hörte von Quoarth, daß Moreta hier ist!« Der Junge, in seiner Erscheinung bereits ein halber Mann, wartete einen Moment, bis sein Vater ihn näherwinkte. Dann lief er auf Moreta zu und schloß sie in die Arme. Er hatte die gleiche Augenfarbe und die gleichen geschwungenen Brauen wie sie. Im Körperbau und Ausdruck allerdings glich er weit mehr seinem Vater als ihr. Jetzt warf er ihr einen aufmerksamen Blick zu. »Es hieß, daß du sehr krank warst. Ich freue mich, dich wieder gesund hier zu sehen.«

»Orlith liegt in der Brutstätte und bewacht ihr Gelege. Ich hatte weniger zu tun als sonst, nur ein paar Wunden zu versorgen.«

M'ray schaute von Moreta zu seinem Vater, stellte aber keine Fragen.

»Moreta braucht Hilfe, die sie wohl im Moment von F'gal nicht bekommen wird«, sagte D'say mit unbewegter Miene. Er reichte Moreta einen Becher *Klah* und gab ihr durch einen Wink zu verstehen, daß sie M'ray einweihen könne.

Die Weyrherrin von Fort schilderte die Lage in kurzen Sätzen. Die anfängliche Bestürzung des Jungen verwandelte sich rasch in ungestüme Hilfsbereitschaft.

»Wimmia wäre einverstanden, D'say, das weißt du so gut wie ich. Wir müssen ihr nur klarmachen, wie dringend die Angelegenheit ist. Sie läßt sich nicht so gehen wie F'gal. Er, er hat sich in jüngster Zeit stark verändert.« Der junge Reiter biß sich auf die Lippen und warf seinem Vater einen erschrockenen

Blick zu, als habe er zuviel gesagt. Aber D'say zuckte nur mit den Schultern. »*Ich* jedenfalls würde mich sofort freiwillig melden. Und T'lonneg, mein Geschwaderführer, auch. Er stammt von einem Hof, und keiner kennt die Siedlungen in den Regenwäldern besser als er. Er bekam die Grippe, und er verlor seine Familie. Wir müssen ihn einweihen, unbedingt! Eine solche Aufgabe dürfen wir nicht ablehnen, Vater, ebensowenig wie den Kampf gegen die Sporen!« Er trat vor D'say, die Schultern gestrafft, das Kinn trotzig vorgeschoben, und Moreta erinnerte sich an ihre eigene Jugend, wenn sie versucht hatte, ihren Willen gegen Erwachsene durchzusetzen. »Ich bin mehr als einmal mit den Geschwadern von Ista aufgestiegen, und ich habe mir nicht einen Kratzer geholt.«

»Dann sieh zu, daß es so bleibt«, entgegnete sein Vater unwirsch. Moreta spürte, daß er seinen Stolz über den Jungen zu verbergen suchte. Und sie behielt recht, denn D'say setzte hinzu: »T'lonneg hat mir berichtet, daß M'ray und Quoarth ausgezeichnet fliegen.«

»So wie wir es erhofft hatten.« Moreta warf ihrem Sohn ein warmes Lächeln zu. Schade, daß sie nicht mehr Zeit für ihn gefunden hatte, aber sie war nach Fort berufen worden, und er hatte seine Kindheit in Ista verbracht. »K'dren meinte, daß wir von jedem Weyr sechs bis sieben Reiter benötigen.«

D'say erhob sich und trat neben seinen Sohn; sie waren bereits jetzt gleich groß. Moreta hatte nie eine besonders starke Mutterbeziehung zu ihren Kindern aufgebaut; als Königinreiterin war ihr nichts anderes übriggeblieben, als sie kurz nach der Geburt in Pflege zu geben. Aber sie konnte stolz auf M'ray sein, auf seinen Kampfgeist und seine Hilfsbereitschaft.

»Wir werden Reiter benennen, die sich für diese Aufgabe eignen, und sie an die Heilerhalle abstellen«, versicherte ihr D'say. »Ich spreche mit Wimmia, sobald sie Zeit hat. Sie wird unter den Pfleglingen nach möglichen Kandidaten für die Gegenüberstellung Ausschau halten, obwohl ich dir gleich sagen muß, daß wir große Verluste im Weyr und auf den Höfen hatten. Jeder wollte diese Raubkatze sehen, als sie auf dem Weg zum Fest hier vorbeikam.«

»Ich teile eure Trauer.« Moretas Blicke streiften M'ray, und sie empfand unendliche Dankbarkeit, daß er verschont geblieben war. »Schickt einen Boten zu Meister Capiam, wenn ihr bereit seid. Er kann euch über die Einzelheiten Auskunft geben.«

»Sehen wir uns bei der Gegenüberstellung?« fragte M'ray und blinzelte ihr zu. Sie umarmte ihn noch einmal, ehe die beiden Reiter sie zum Ausgang geleiteten.

»Fliegst du weiter nach Igen?« erkundigte sich D'say. »Dann wende dich an Dalova! Sie wird dich bestimmt nicht im Stich lassen.« In D'says Lächeln spürte sie etwas von dem Charme, der sie früher einmal verzaubert hatte. Der Bronzereiter machte sich Entscheidungen nicht leicht, aber wenn er einmal einen Entschluß traf, dann stand er dazu. »Und geh auf Telgar M'tani aus dem Weg! Frag nach T'grel! Er ist ein vernünftiger Mann.«

Moreta nickte und schwang sich auf Arith. M'barak steuerte seinen Drachen ins *Dazwischen*.

Über dem Igen-Weyr lag eine trockene, flirrende Wüstenhitze, und die Sonne ließ den Teich in der Tiefe wie einen Spiegel blitzen. Aber Moreta tat die Wärme nach dem Aufenthalt im *Dazwischen* wohl.

Dalova war auf den Felsensims herausgetreten, um Moreta zu begrüßen. Ihr gebräuntes Gesicht verriet ehrliche Freude über den Besuch.

»Du bist auf der Suche?« Sie umarmte Moreta und zog sie in die Kühle ihrer Gemächer. Dalova hatte ein herzliches Wesen, aber auch an ihr war die harte Zeit nicht spurlos vorübergegangen. Ihre nervösen Gesten, ihr Aufundabgehen, während sie Moreta zuhörte, die Art, wie sie Allaneths Nähe suchte, das alles verriet, wie gequält sie war.

»Selbstverständlich leisten wir unseren Beitrag, Moreta. Silga, Empie und Namurra werden bestimmt mitmachen. Hm, sechs Leute braucht Meister Capiam? Ich wette jede Summe ...« Sie lachte ein wenig zu schrill. »... daß P'leen hin und wieder in einer anderen Zeit landet. Irgendwie merkt man das einfach.« Dalova schnitt eine Grimasse. »Wenn nur L'bol nicht so entsetzlich depressiv wäre! Er macht sich Vorwürfe, weil er unseren Reitern erlaubte, die Raubkatze zu transportieren ...« Sie brach mitten im Satz ab und zuckte hilflos mit den Schultern. Allaneth stupste sie liebevoll an. »Ich kann dir helfen, den Impfstoff zu verteilen, aber ich könnte es gegenüber dem Weyr nicht verantworten, dir Kandidaten zu schicken. Wir haben so wenige junge Leute. Außerdem steigt Allaneth bald zum Paarungsflug auf. Ich rechne jedenfalls damit.« Ein Ausdruck der Verzweiflung huschte über Dalovas Züge.

»Ein gelungener Paarungsflug gibt dem ganzen Weyr neue Kraft und Auftrieb«, meinte Moreta.

»Glaubst du wirklich?« Tränen standen in Dalovas braunen Augen. Ohne Zögern nahm Moreta die Weyrherrin von Igen in die Arme, und Dalova weinte still vor sich hin, wie jemand, dem die Tränen keinen Trost und keine Erleichterung mehr brachten.

»So viele, Moreta, so viele! Und so plötzlich! Der Schock, als uns Ch'mon und Helith verließen. Dann ...« Sie schluchzte haltlos. »Und L'bol ist völlig in Apathie versunken. P'leen führt im Moment die Geschwader von Igen. Eine Zeitlang geht das, aber wenn wieder jeder Weyr für sich kämpft und *er* nicht mehr führen kann ... Deshalb hoffe ich so sehr auf Allaneths Paarungsflug. Vielleicht legt sich dann endlich die Furcht vor dieser Krankheit, auch bei L'bol.«

Dalova hob den Kopf und rieb sich die Augen trocken. »Du weißt doch, wie sehr mich der Geruch von Feuerstein zum Niesen reizt. Beim Ei, ich wäre oft schier geplatzt, um es zu unterdrücken! Aber die Leute hatten solche Angst, wenn jemand nieste oder hustete. Lächerlich, nicht wahr?« Dalova putzte sich geräuschvoll die Nase. »So, jetzt geht es mir wieder besser. Sehen wir uns einmal die Karte an! Ja, ich verstehe, was Meister Capiam meint. Sein Plan ist gut ausgearbeitet, das schaffen wir ohne weiteres. Ich werde selbst alles in die Hand nehmen. Warst du schon auf Telgar? Nein? Dann wende dich an T'grel. Und danach fliegst du zum Hochland-Weyr? Geht es Falga besser? Und Tamianth wird echt wieder fliegen können? Oh, endlich eine gute Nachricht! Es ist besser, du gehst jetzt, sonst fange ich wieder zu heulen an. Ich nehme mich so zusammen, um L'bol nicht noch stärker zu belasten. Wenn wir alles vorbereitet haben, schicke ich Empie. Vielleicht schaffen wir es allein mit den Königinnen und P'leen. Auf ihr Schweigen kann ich mich verlassen. L'bol wettert nämlich schon unter normalen Umständen gegen die Zeitsprünge, und in seiner jetzigen Verfassung ...« Dalova hatte Moreta zum Weyrausgang gebracht. Sie streichelte Arith, half der Weyrherrin beim Aufsteigen und winkte ihr noch einmal zu, als der blaue Drache sich in die Lüfte schwang.

Auf Telgar trompetete der Wachdrache Arith eine zornige Warnung zu und befahl ihm, am oberen Rand des Kessels zu landen.

»Ich habe meine Befehle, Weyrherrin«, erklärte C'ver arrogant. »M'tani duldet keine Fremden im Weyrkessel.«

»Seit wann sind Drachenreiter eines anderen Weyrs Fremde?« erkundigte sich Moreta, empört über den Befehl und die Unverschämtheit, mit der er vorgetragen wurde. »Ich bin auf der Suche ...«

»... Sie wagen es, Ihre Königin im Stich zu lassen?« unterbrach C'ver sie höhnisch.

»Die Eier werden allmählich hart. Ich möchte M'tani an das Versprechen erinnern, das er S'peren gab. Und ich habe Impfstoff bei mir, falls der Weyr nicht genug davon besitzt.«

»Er reicht für diejenigen, die es verdienen, geimpft zu werden.«

»Wenn ich jetzt Orlith bei mir hätte, C'ver ...«

»Selbst dann wären Sie nicht willkommen, Moreta von Fort! Führen Sie Ihre Suche auf eigenem Territorium durch, falls es auf den Burgen und Höfen in Ihrer Umgebung noch Menschen gibt!«

»Sind das Ihre Gefühle, C'ver?«

»Allerdings!«

»Dann seien Sie vorsichtig, wenn der Rote Stern nicht mehr am Himmel steht! Seien Sie vorsichtig!«

C'ver lachte nur. Sein Brauner richtete sich hoch auf und trompetete verächtlich. Arith zitterte von der Schnauze bis zur Schweifspitze.

»Weg von hier, M'barak!« befahl Moreta mit zusammengebissenen Zähnen. Telgar mochte an seinem Fieber verbrennen, sie würde keinen Finger rühren! Fäden konnten fallen, und sie ... »Bring uns zum Hochland-Weyr!«

Nicht einmal die Kälte im *Dazwischen* dämpfte Moretas Zorn, und Arith hörte erst zu zittern auf, als der Wachdrache vom Hochland sie begrüßte.

»Laß Arith anfragen, ob wir in der Nähe von Tamianths Krankenlager landen dürfen! Erkläre ihnen, daß wir auf der Suche sind.«

»Schon geschehen, Moreta.« M'baraks Miene war noch überschattet von der Kränkung, die ihnen auf Telgar widerfahren war. »Wir sind hier mehr als willkommen. Arith berichtete, daß Tamianth singt!«

Als Arith an den Sieben Nadeln und dem winkenden Wachreiter vorbeiglitt, hörten sie tatsächlich Tamianths helle, langgezogene Trillertöne. B'lerions Nabeth gab Antwort und kam dann von seiner Lagerstatt auf den Felsensims herausgeschossen Auch S'ligars Gianarth tauchte auf. Er spreizte die Schwingen und fiel in den Gesang ein, während Arith zur Landung ansetzte.

M'barak drehte sich um und strahlte Moreta an. Sein angeknackstes Selbstbewußtsein war durch diesen Empfang wiederhergestellt. Moreta sah B'lerion im Eingang zu den Quartieren der Jungreiter stehen, wo man die verwundete Tamianth untergebracht hatte. Er winkte und trat ihr entgegen.

»Einen Augenblick«, wisperte er und legte ihr den gesunden Arm freundschaftlich um die Schultern. »Ich war mit Desdra und Oklina gestern in Nerat, um Nachschub zu besorgen. Wir besitzen jetzt mehr als genug Nadeldornen für unser Unternehmen. Falga und S'ligar wissen nichts von dem Ausflug, und niemand sonst stellte Fragen.« Er hob die Stimme. »Auf Tamianths Schwinge hat sich eine Kruste gebildet. Wir ließen große Bottiche mit Wasser herschleppen, damit sie baden kann. S'ligar geht es besser, im Weyr herrscht wieder Ordnung, und Pressen und ich stützten Falga gerade bei einem kurzen Spaziergang. Pressen spricht mit Hochachtung von dir, Moreta. Cr'not kann mir lange erzählen, daß das Dionas Werk war. *Wir* kennen unsere Diona, nicht wahr? Der Heiler hat sich übrigens um die Wunden gekümmert, die unsere Drachen gestern vom Fädenkampf mitbrachten. Er verbringt seine ganze freie Zeit an Falgas Lager und läßt sich genau erklären, wie man Drachen behandelt. So, da sind wir. Falga, ich bringe dir Tamianths Retterin.«

Das erste, was Moreta auffiel, waren die riesigen Bottiche neben Tamianths Lager und ein Stapel leerer Eimer.

B'lerion lachte leise. »Meine Idee! Jeder, der Falga besucht, macht einen kurzen Abstecher zum See und bringt einen Eimer Wasser mit. Von Zeit zu Zeit schafft ein Jungreiter die leeren Behälter wieder ans Seeufer. Wie du an dem Stapel erkennen kannst, hatte Falga in den letzten Stunden eine Menge Gesellschaft.«

Falga empfing sie sitzend, von einer Unmenge weicher Kissen gestützt. Sie bedankte sich so überschwenglich für die Behandlung ihrer Drachenkönigin, daß Moreta verlegen abwehrte und sich zu Tamianth begab, um die Schwinge zu begutachten. Der Heilprozeß machte große Fortschritte, und auch Falga schien sich allmählich zu erholen.

Holth läßt ausrichten, daß Orlith schläft. Es war Tamianth, die ihr diese Botschaft übermittelte.

Verwirrt schaute Moreta zu Falga, die ebenfalls überrascht schien, ihr dann jedoch freundlich zunickte.

»Du befindest dich auf der Suche«, begann Falga. »Ist es dafür nicht noch ein wenig zu früh?« Falga deutete auf ihr breites Lager, und Moreta nahm am Fußende Platz.

Moreta zögerte und warf einen Blick auf Pressen, aber der Heiler war am anderen Ende des großen Raumes beschäftigt und achtete nicht auf das Gespräch.

»Ich habe zwei Gründe für meinen Besuch.«

Falga ließ sich mit einem Seufzer in die Kissen fallen. »Also, was ist jetzt wieder schiefgegangen?« fragte sie resigniert.

»Du siehst das falsch«, erklärte Moreta mit großer Entschiedenheit. »Wir haben eine neue Erkenntnis gewonnen, wie sich die Epidemie wirksam bannen läßt. Aber dazu benötigt Meister Capiam unsere Unterstützung.« Wieder einmal erklärte Moreta die Sachlage. »Die abgelegenen Teile von Nabol, Crom und dem Hochland blieben von der Grippe verschont und können nach Ansicht Meister Capiams bis später warten. Ihr habt also etwas weniger Arbeit als die übrigen Weyr.«

»Moreta, nach allem, was du für Tamianth getan hast,

kannst du von uns fordern, was du willst, nur nicht von S'ligar und Gianarth. Zum Glück ...« Falga lachte leise. »... sieht er selbst ein, daß er alt wird. B'lerion, bei deinem Lebenswandel bist du auf Zeitsprünge angewiesen. Und da du auch in den entlegensten Höfen nach hübschen Mädchen Ausschau hältst, kennst du unser Territorium wie kein anderer. Ich schlage deshalb vor, daß du die Aktion organisierst.«

»Falga!« B'lerion heuchelte gekränkten Stolz. »Darf ich einmal Meister Capiams Plan sehen?«

Der Bronzereiter erwies sich als geschickter Schauspieler, denn er betrachtete die Karten, als sähe er sie zum ersten Mal. Moreta war innerlich beinahe entrüstet über seine Verstellungskünste.

Falga streifte die Weyrherrin von Fort mit einem nachdenklichen Blick. »Wenn Holth dir ausrichten läßt, daß Orlith schläft, dann war dein Besuch hier bestimmt nicht der erste.«

»Nein. Ich habe mir das Beste bis zuletzt aufgehoben.«

»Hm, das erklärt einiges. Holth hat Tamianth nämlich eben wissen lassen, daß Raylinth und sein Reiter in großer Erregung gelandet sind.« Sie machte eine kurze Pause. »M'tani hat sich geweigert, Capiam zu helfen?«

»Nicht nur das! Der Wachreiter zwang Arith, auf dem Rand des Weyrkessels zu landen!«

Diesmal war B'lerions Gefühlsausbruch echt. Die charmante Pose fiel von ihm ab, und er begann erregt zu fluchen.

»Wenn ich mit Orlith unterwegs gewesen wäre, hätte der schäbige Braune von C'ver das nicht gewagt ...«

»Bleib ruhig, Moreta!« meinte Falga ernst. »Ein einfältiger brauner Reiter ist deinen Zorn nicht wert. Ich weiß nicht, was in letzter Zeit in M'tani gefahren ist. Vielleicht hat er zu lange gegen Fäden gekämpft. Aber seine schlechte Laune wirkt sich negativ auf den ganzen Weyr aus. So etwas ist schon in Normalzeiten schlimm genug, aber erst die Epidemie hat seine Führungsschwäche deutlich aufgezeigt. Glaubst du, wir werden einen Wechsel erzwingen müssen? Später vielleicht, wenn diese Aktion vorbei ist. Der Hochland-Weyr jedenfalls übernimmt die Verteilung des Impfstoffs im östlichen Grenzgebiet von Telgar. Bessara versteht etwas von Zeitsprüngen. Ich kann das an ihrer selbstzufriedenen Miene ablesen. B'lerion, welche Bronzedrachen schlägst du vor?«

»Sharth, Melath, Odioth«, zählte B'lerion an den Fingern ab. »Nabeth, wie du schon vermutet hattest, Ponteth und Bidorth. Das wären sieben, und wenn mich mein Gedächtnis nicht im Stich läßt, stammt N'mool, der Reiter von Bidorth, aus den Hochebenen von Telgar. Außerdem ist T'grel nicht der einzige Reiter, der von M'tanis Führung die Nase voll hat. Sobald einer von ihnen Geschmack an der Macht gewonnen hat, wird es Probleme für den alten Mann geben.«

Falga winkte ab. »Wir müssen Moreta jetzt entlassen, B'lerion. Holth hat eine Botschaft an Tamianth gesandt, daß sie im Fort-Weyr dringend gebraucht wird. Wir schicken dir einige von unseren Weyrlingen. Du kannst selbst die Wahl treffen. Und wenn wir bei der Verteilung des Impfstoffes weitere Kandidaten entdecken, fliegen wir sie einfach ein.«

Moreta bedankte sich und verabschiedete sich hastig. B'lerion begleitete sie nach draußen.

»Ich wollte eigentlich noch auf Ruatha landen«, meinte Moreta nervös.

»Das dachte ich mir. Aber es ist nicht nötig. Sie kommen gut zurecht. Capiam hat noch ein paar Helfer geschickt, und Desdra leitet die Serumherstellung. Sie läßt ausrichten, daß Tirone und seine Harfner auf den Burgen und Höfen ausgezeichnete Aufklärungsarbeit leisten.«

Orlith war wach, als Moreta nach Fort zurückkehrte. Sh'gall hatte sie geweckt, als er auf der Suche nach Moreta in die Brutstätte stürmte. Nun wanderte er gereizt auf der Galerie auf und ab und wirbelte angriffslustig herum, als sie im Eingang auftauchte.

»M'tani hat einen grünen Jungreiter geschickt«, schäumte er. »Praktisch ein halbes Kind! Und die Botschaft, die er unserem Wachreiter übermittelte, stellt eine unerhörte Beleidigung dar! Er hat jede beim Kuppenfelsen getroffene Vereinbarung zurückgewiesen, ein Treffen, bei dem *ich nicht* anwesend war und bei dem Dinge entschieden wurden, die *ich* nicht billigen kann.« Sh'gall ballte die Faust und wies in die ungefähre Richtung des Kuppenfelsens. »M'tani will mit den Absprachen nicht das geringste zu tun haben. Er will in Zukunft nicht mehr von den Problemen anderer Weyr belästigt – jawohl, belästigt – werden. Wenn wir so arm sind, daß wir um Kandidaten betteln müssen, dann verdienen wir kein Gelege!« Sh'gall fuchtelte mit den Armen wie ein Trommlerlehrling.

Moreta hatte ihn noch nie so wütend gesehen. Sie hörte ihn ruhig an, als er jedoch wieder seine Litanei anfing, daß sie dem Weyr Schande machte, daß er sich todkrank fühle und daß ein so armseliges Gelege die Suche nicht wert sei, konnte sie nicht länger an sich halten.

»Wir haben ein Königinnen-Ei, Sh'gall! Wir brauchen genug Kandidatinnen, um dem kleinen Geschöpf, das in Kürze ausschlüpfen wird, eine Auswahl zu ermöglichen. Ich wandte mich nicht nur an den Telgar-Weyr, sondern auch an Benden, Igen, Ista und das Hochland. Niemand dort empfand meine Suche als Bettelei. Und jetzt verlaß auf der Stelle die Brutstätte! Du hast Orlith für heute genug aufgeregt.«

Orlith war in der Tat erregt, als Moreta über den heißen Sand zu ihr eilte, aber nicht durch Sh'galls Verhalten, sondern durch die Botschaft von Telgar. Ihre Augen wirbelten, und die Facetten glommen rötlich, als sie ihrer Reiterin erklärte, was sie diesem räudigen Hogarth alles antun würde. Moreta war zwischen Lachen und Entsetzen hin und her gerissen. Ein Drache in Paarungshitze zeigte oft ein extrem aggressives Verhalten, während der Brutzeit benahm er sich im allgemeinen jedoch passiv.

Moreta strich Orlith über die Augenwülste und kraulte sie am Nacken, um sie zu besänftigen.

Orlith hat völlig recht, kam die unmißverständliche Ausstrahlung von Holth. *Leri sagt, daß Raylinths Reiter das Nötigste mitbekommt. Und sie meint, daß du jetzt im Interesse des Weyr-Friedens hier bleiben und tüchtig ausschlafen sollst.*

Fehlt euch etwas, Holth und Leri?

Nein. Wenn Orlith Hogarth nicht fertigmacht, übernehme ich die Arbeit.

»Und ich ziehe diesem C'ver die Haut ab! Er ist haarig genug, daß ich ihn als Bettvorleger verwenden kann!« fauchte Moreta. Am liebsten hätte sie Sh'gall das gleiche Schicksal bereitet, aber das sprach sie lieber nicht aus, um Kadith nicht zu kränken.

Kamiana kommt, verkündete Orlith. Sie hatte sich so weit beruhigt, daß ihre Augen grünlich schillerten.

Moreta schaute auf und sah die Königinreiterin droben auf der Galerie winken. Die Weyrherrin gesellte sich zu ihr.

»Leri empfahl mir, eine Weile zu warten, bis ihr beide euch wieder gefangen habt«, meinte Kamiana und rollte die Augen zur Decke. »Sh'gall kann einem ganz schön auf die Nerven gehen, was? Er faßt diese Grippe-Epidemie als persönliche Schmach auf. Und M'tani erst! Beim Ei, wir haben es alle satt, gegen die Sporen zu kämpfen, aber wir tun dennoch unsere Pflicht. Er treibt es noch so weit, daß er von den übrigen Weyrn keine Hilfe mehr erhält, dabei weiß ich, daß nur die Hälfte seiner Geschwader einsatzbereit ist. Könnten *wir* ihn nicht stürzen? Oder müssen wir abwarten, bis Dalgerth beim nächsten Paarungsflug die Führung übernimmt? Aber eigentlich kam ich her, um dir zu sagen, daß Lidora, Haura und ich morgen für Capiam arbeiten. Leri versteift sich darauf, uns zu begleiten, aber ich habe kein gutes Gefühl dabei. Allerdings kennt sie die versteckten Orte besser als jeder andere hier im Weyr. Sie hat S'peren überredet, einige der Flüge zu übernehmen – und K'lon, obwohl der nur einen Blauen reitet.« Kamiana runzelte skeptisch die Stirn. »P'nine wäre geeigneter, aber er brachte vom letzten Sporenkampf eine Brandwunde mit.«

»K'lon ist bereits durch Zufall auf das Geheimnis der Zeitsprünge gestoßen. Außerdem kennt er die Gegend, weil er in jüngster Zeit eine Menge Kurierdienste übernahm.«

»Alles geht drunter und drüber«, seufzte Kamiana. »Und ausgerechnet jetzt muß Orlith in der Brutstätte sitzen und ihre Eier mit warmem Sand bedecken!«

. *22. 3. 43*

Im Großen Saal von Ruatha, der bis vor kurzem als Lazarett gedient hatte, standen vierzig zu Zentrifugen umgerüstete Wagenräder. Auf dem erhöhten Podest, wo bei Festbanketten die

Tafel für die Ehrengäste ihren Platz hatte, stapelten sich nun
über hundert große Glasbehälter. Die hektische Schufterei der
vergangenen drei Tage war in den späten Abendstunden mit
den Vorbereitungen für die letzte, entscheidende Aktion des
neuen Tages ausgeklungen. Die völlig erschöpften Helfer fanden keinen Trost in der Tatsache, daß in den Ställen von
Keroon und auf Burg Benden die gleiche fieberhafte Aktivität
geherrscht hatte.

Der lange Tisch in der Ecke neben dem Kücheneingang
hatte abwechselnd zum Essen und zum Arbeiten gedient, und
so sah man Reste der Abendmahlzeit dicht neben ausgebreiteten Karten und Plänen liegen. Die acht Leute, die Alessan
seine ›Getreuen‹ nannte, saßen auf rasch herbeigeschafften
Bänken und entspannten sich bei einem Becher Benden-Wein.

»Ich war nicht gerade begeistert von diesem Meister Balfor«,
murmelte Dag, ohne den Blick von seinem Weinglas zu
heben.

»Noch ist er nicht in seinem Amt als Herdenmeister bestätigt.« Alessan war zu müde, um mit dem Alten ein Streitgespräch anzufangen. Außerdem sah er, daß Fergal mit wachen
Augen und gespitzten Ohren Dinge aufzuschnappen versuchte, die nicht für ihn bestimmt waren.

»Er besitzt als einziger den Meistertitel, aber ihm fehlt die
Erfahrung.«

»Er hat bisher alles getan, was Meister Capiam von ihm verlangte«, stellte Tuero nach einem Seitenblick auf Desdra fest.

»Ah, es ist traurig, wie viele tüchtige Männer und Frauen
den Tod fanden.« Dag hob sein Glas zu einem stummen Toast.
»Und wie viele Geschlechter ganz ausstarben! Wenn ich an die
Rennen denke, die Squealer nun ohne jede Konkurrenz bestreiten soll ...«

Alessan schenkte ihm noch ein Glas ein, kritisch beobachtet
von Fergal, der sich als eine Art Beschützer seines Großvaters
aufspielte.

»Runel ist auch tot, nicht wahr?« fuhr Dag fort. Er konnte
nicht fassen, daß nur so wenige seiner alten Gefährten überlebt hatten. »Wurden alle seine Nachkommen ausgelöscht
oder ...?«

»Der älteste Sohn und seine Familie leben ganz in der Nähe.«

»Gut. Wir werden sein Gedächtnis brauchen. Aber jetzt muß ich einen Blick auf die braune Stute werfen. Sie könnte heute nacht fohlen. Komm mit, Fergal!« Dag nahm die Krücken, die Tuero ihm angefertigt hatte, und stemmte sich hoch. Einen Moment lang machte Fergal ein mürrisches Gesicht und zögerte.

»Ich begleite Sie gern«, erklärte Rill. Sie stand auf und stützte den Alten unauffällig. »Eine Geburt ist immer ein schönes Ereignis.«

Sofort trat Fergal an die andere Seite seines Großvaters. Er duldete es nicht, daß ihm jemand den alten Mann abspenstig machte, auch nicht Nerilka, zu der er großes Vertrauen entwickelt hatte.

Tuero beobachtete die drei, bis sie den Saal verlassen hatten. »Irgendwo habe ich die junge Frau schon gesehen«, murmelte er.

»Ich auch«, bestätigte Desdra. »Sie oder jemanden, mit dem sie große Ähnlichkeit besitzt.« Sie wischte sich erschöpft über die Stirn. »Im Moment allerdings verschwimmen mir alle Gesichter vor den Augen. Wenn der große Tag morgen vorbei ist, werde ich nur noch schlafen, schlafen und schlafen. Und wehe ... einer wagt es ... mich zu wecken!«

»Der Wein war ausgezeichnet, Baron Alessan.« Follen erhob sich und zupfte Deefer am Ärmel. »Wir müssen noch die letzten drei Behälter fertigmachen. Wenn eines der Gläser bricht, benötigen wir Ersatz.«

Deefer gähnte ausgiebig und murmelte eine Entschuldigung.

Tuero starrte in seinen leeren Becher. Alessan beobachtete ihn lächelnd und fragte dann: »Nun, haben Sie sich mein Angebot überlegt, als Harfner auf Ruatha zu bleiben?«

»Genau darüber denke ich nach ...«

»Wenn Sie mich fragen, ich würde ablehnen«, stichelte Desdra. »Bei der vielen Arbeit ...«

»Sie fragt aber keiner«, entgegnete Alessan ebenso boshaft.

»Es ginge«, fuhr Tuero fort, »aber nur unter einer Bedingung ...«

»Was?« stöhnte Alessan. »Sie haben von mir bereits eine

Suite in bester Lage erpreßt, Tribut an Ihre Gilde, einen erstklassigen Renner Ihrer Wahl und die Erlaubnis, nach dem Abzug des Roten Sterns in die Gildehalle zurückzukehren, um die Meisterprüfung abzulegen! Was verlangen Sie noch von einem verarmten Burgherrn?«

»Diese Dinge stehen einem Mann meiner Fähigkeiten auch zu.« Tuero legte eine Hand auf sein Herz und blickte bescheiden zu Boden.

»Also, wie lautet Ihre letzte Bedingung?«

»Daß Sie mich mit Benden-Wein versorgen.« Er streckte Alessan anklagend den leeren Becher entgegen.

Alessan schenkte nach und erklärte feierlich: »Mein lieber Harfner, ich verspreche Ihnen, daß Sie Ihren gerechten Anteil haben sollen, falls uns Benden wieder den einen oder anderen Schlauch Wein zukommen läßt.« Er hob sein Glas und stieß mit Tuero an. »Einverstanden?«

»Einverstanden!«

Desdra schüttelte tadelnd den Kopf und warf einen vorwurfsvollen Blick auf den Wein.

»Keine Sorge, es ist nicht mehr viel da!« meinte Alessan lachend.

»Ein Glück für uns alle! Morgen brauchen wir klare Köpfe. Kommen Sie, Oklina, Ihnen fallen ja im Sitzen die Augen zu!« Untergehakt gingen die beiden Frauen die Treppe nach oben. Beide hatten einen etwas unsicheren Gang.

Alessan schaute ihnen nach und überlegte schläfrig, daß er den Saal neu tünchen mußte. Das nackte Weiß erinnerte ihn zu sehr an die Kranken und Sterbenden. Tuero neben ihm sagte etwas, aber es klang wie aus weiter Ferne. Der Burgherr legte mit einem Seufzer den Kopf auf den Tisch und begann zu schnarchen. Einen Moment lang beobachtete ihn der Harfner kopfschüttelnd, dann hob er den Weinschlauch und prüfte den Inhalt. Enttäuscht stellte er fest, daß nur eine winzige Pfütze am Grund schwappte.

Hinter ihm klangen Schritte auf, und Tuero drehte sich um.

»Hat er das leergetrunken?«

»Mehr oder weniger. Zumindest ist er der einzige, der weiß, wo sich Nachschub befindet.«

Rill lächelte. »Das Fohlen ist ein Hengst, ein kräftiges Tier. Ich dachte, die Nachricht würde Baron Alessan freuen. Dag und Fergal sind noch im Stall und beobachten, ob der kleine Kerl richtig steht und trinkt.« Sie warf einen Blick auf den schlafenden Burgherrn, und ein zärtlicher Ausdruck verlieh ihren herben Zügen mit einem Mal eine stille Schönheit.

Tuero schaute sie zweimal an, um sicherzugehen, daß ihm der viele Wein keinen Streich spielte. Die Frau hatte ein gut geschnittenes Gesicht, stellte er nach eingehender Prüfung fest. Wenn sie nur etwas mehr auf ihre Kleidung achten und hellere Farben wählen würde! Auch aus dem dichten schwarzen Haar ließ sich mehr machen als diese Strubbelfrisur. Unvermittelt erlosch der Zauber, und der Harfner rätselte wieder, woher er dieses Gesicht nur kannte.

»Ich weiß, daß ich Sie schon mal gesehen habe«, murmelte er.

»Das kann ich mir nicht vorstellen. Ich gehöre nicht zu den Frauen, die sich Harfnergesellen einprägen müssen«, entgegnete sie nüchtern. »Kommen Sie, Tuero! Wir müssen ihn nach oben bringen. Er braucht dringend etwas Schlaf.«

»Ich bin nicht so sicher, daß ich noch gehen kann.«

»Versuchen Sie es!« Ihr Tonfall klang so gebieterisch, daß Tuero gehorchte, obwohl er in der Tat wacklig auf den Beinen stand.

Rill war nur einen halben Kopf kleiner als Alessan. Mit Tueros Hilfe stemmte sie den Burgherrn von der Bank hoch. Alessan ließ sich halb schlafend die kurze Treppe nach oben und in sein Schlafgemach schleppen. Rill bettete ihn vorsichtig auf sein Lager und deckte ihn zu. Tuero fand, daß sie entschieden zu viele Umstände machte.

»Wenn ich ... wenn ich ...«, begann er, aber er fand nicht die rechten Worte, um seinen Anflug von Eifersucht auszudrücken.

»Das Notbett steht immer noch im Nebenraum, Harfner.«

»Werden Sie mich auch zudecken?« fragte Tuero hoffnungsvoll.

Rill deutete nur lächelnd auf den Strohsack, der auf dem Boden lag, und nahm die Decke vom Fußende. Mit einem dankbaren Seufzer streckte sich Tuero aus.

»Sie sind zu gut zu einem müden, beschwipsten Harfner«, murmelte er, als sie die Decke über ihn breitete. »Eines Tages werde ich ...«

Der Morgen begann wie jeder andere im Weyr. Nesso hatte sich einigermaßen von ihrer Grippe erholt, obwohl sie immer noch von einem hartnäckigen Husten geplagt wurde. Sie brachte Moreta das Frühstück und so viele Klagen über Gortas Wirtschaftsführung während ihrer Abwesenheit, daß Moreta ihr Gejammer mit dem Hinweis abschnitt, sie müsse sich um Leris Reitgeschirr kümmern.

»Ich begreife nicht, warum das Königinnen-Geschwader ausrückt, nach all der Schmach, die M'tani uns gestern zufügte!«

Moreta war froh, daß der Sporeneinfall die eigentliche Mission der Königinnen vertuschte, und doppelt froh, daß Nesso die Sache bis jetzt nicht durchschaut hatte.

»Es ist das letzte Mal«, erklärte Moreta und trank hastig ihren Becher leer. »Wir haben unsere Pflichten gegenüber Burg und Hof.«

Orlith wendete sorgfältig die Eier auf dem heißen Sand und prüfte die Härte der Schalen mit der Zungenspitze. Moreta wollte Leri beim Aufbruch helfen und Orlith dann zur Futterstelle begleiten. Dabei fiel ihr ein, daß sie kaum noch Vieh hatten. Sie mußte mit Peterpar sprechen. Vielleicht ließen sich im Vorgebirge einige fette Wildwhere aufstöbern. Und danach wurde es höchste Zeit, daß sie die Gegenüberstellung vorbereitete.

Leri trug bereits ihre Reitkleider, aber sie wirkte gereizt.

»Vielleicht solltest du doch nicht fliegen, wenn dir die Gelenke solche Schmerzen bereiten. Hast du genug Fellissaft in den Wein gemischt?«

»Ha! Ich wußte, daß du eines Tages kommen und mich betteln würdest, mehr Fellissaft zu schlucken!«

»Wer bettelt ...?«

»Nun, du brauchst mich jedenfalls auch nicht daran zu erinnern. Ich habe letzte Nacht schlecht geschlafen, das ist alles. Mußte noch einmal genau überlegen, wer den Impfstoff wohin befördert. M'tani hätte sich keinen besseren Zeitpunkt für seinen blöden Auftritt aussuchen können!« Leris Tonfall war düster und sarkastisch. »Dir fällt heute das Los zu, Sh'gall in seiner gekränkten Würde zu ertragen. Ein Glück, daß du heute in der Brutstätte bleibst, sonst wäre er mißtrauisch geworden.«

»Er schläft.«

»Kein Wunder. Gorta erzählte mir, daß er zwei Weinschläuche mit in sein Quartier nahm. Könntest du mir den Riemen da reichen? Danke.«

Holth stupste Moreta liebevoll an, als sie sich bückte, um das Nackengeschirr zu befestigen, und die Weyrherrin strich ihr über die Augenwülste.

»Du achtest mir heute besonders gut auf Leri, Holth, ja?«

Natürlich.

»He, redet nicht hinter meinem Rücken, als sei ich unzurechnungsfähig!« Leri tat entrüstet, aber sie lächelte Moreta herzlich zu, ehe sie das Reitgeschirr noch einmal überprüfte. »Wir verschwinden jetzt. Ich übernehme die Bergregion. Soll ich etwas bestellen, wenn ich die Impfstoffbehälter in Ruatha abhole?«

»Grüße und meine besten Wünsche. Und frag Holth, was sie von Oklina hält!«

»Gern.«

Moreta begleitete Leri zum Felsensims und half ihr beim Aufsteigen. Die alte Frau winkte, und Moreta trat ein paar Schritte zurück, als die Drachenkönigin mit sicheren Schwingenschlägen startete. Sie flog zur Futterstelle und tauchte dann unvermittelt ins *Dazwischen*. Die Weyrherrin seufzte. Auch wenn Leri im Moment unentbehrlich war, hoffte sie, daß die alte Frau sich bald überreden ließ, nach Ista umzusiedeln. Dort war das Klima weit zuträglicher für sie und Holth.

Als sich Moreta der Futterstelle zuwandte, jagten gerade einige Drachen die Weyrherde in Richtung See. Ein grünes Weibchen stieß auf einen Wher nieder, der sich in seiner Angst ins Wasser stürzen wollte. Triumphierend schleppte sie ihre Beute davon, aber nicht zu ihrem Weyr, sondern ans andere Ende des Sees, wo ein blauer Drache wartete. Es war Tigrath, die für Dilenth gejagt hatte. A'dan und F'duril standen in der Nähe und unterhielten sich mit einem dritten Mann, der eigentlich nur Peterpar, der Herdenmeister des Weyrs, sein konnte.

Als Moreta sich zu den Männern gesellte, hörte sie gerade noch, daß Peterpar für den Nachmittag eine Wherjagd ankündigte.

»Die Biester haben Schlupfwinkel in den Schluchten, Moreta«, erklärte Peterpar. »Wenn es so sonnig bleibt ...«, er warf einen prüfenden Blick zum wolkenlosen Horizont, »... werden sie vermutlich zum Vorschein kommen und grasen. A'dan hat sich bereiterklärt, mir zu helfen.«

»Vielleicht bitte ich sogar S'gor, daß er sich uns anschließt«, erklärte A'dan. »Malth brennt darauf, sich zu bewegen, und S'gor würde ein Flug ebenfalls recht gut tun.«

»Er darf sich nicht weiter abkapseln«, pflichtete F'duril ihm bei und warf einen Blick zum Westrand des Kessels, wo S'gors Weyr lag. Dann nickte er Moreta zu. »A'dan hier könnte eine Schlange zum Fliegen überreden, wenn er es sich in den Kopf setzt.« Grinsend hieb er dem Freund auf die Schulter.

Nur Peterpar blieb düster. »Wir werden auch in den Hügeln bald nichts mehr finden, Moreta«, meinte er kopfschüttelnd. »Wie lange kann es noch dauern, ehe uns die Barone wieder mit Herdentieren versorgen?«

»Könnten wir nicht einfach um Jagderlaubnis bitten?« schlug A'dan vor. Weder er noch F'duril waren krank gewesen, da sie beide während der schlimmsten Ansteckungsphase bei dem verwundeten Blauen geweilt hatten.

»Das würde den Baronen den Transport ersparen«, sagte Moreta. »Vielleicht sind sie einverstanden.«

Peterpar deutete zum Himmel. »Wohin fliegt das Königinnen-Geschwader? Und, das ist doch S'peren?«

»Sie gehen auf die Suche«, erklärte Moreta beiläufig.

»*Königinnen gehen nie* auf Suche«, widersprach Peterpar.

»Sie tun es, wenn eine Weyrherrin so unhöflich behandelt wurde wie ich auf Telgar«, entgegnete Moreta scharf. »Orlith muß fressen. Bitte sorg dafür, daß sie bald ein paar saftige Böcke vorfindet!«

Lächelnd verließ sie die Männer. Dieser Peterpar war ein Pedant, der seine Nase immer in die falschen Dinge steckte. Zum

Glück schien er wenigstens Leris Aufbruch nicht bemerkt zu haben. Hoffentlich verschlief Sh'gall den Rest des Tages ...

Sie fühlte sich an diesem Morgen großartig. Die Luft roch nach Frühling, die Sonne schien, und von den Kindern, die vor den Unteren Höhlen spielten, drang helles Lachen herüber. Sobald die Drachen gefressen hatten, würde sie an den See zurückkehren und baden. Die Atmosphäre im Weyrkessel entspannte sich allmählich. Als sie allerdings einen Blick ins Lazarett warf, wo Jallora einen der verwundeten Reiter impfte, spürte sie wieder die Hektik und Anspannung der vergangenen Tage.

»Guten Morgen, Moreta«, begrüßte sie Jallora. »Wenn du schon hier bist, kann ich dir die zweite Impfung verpassen, die Capiam für die Weyr angeordnet hat. Drachenreiter kommen so viel herum ...« setzte sie entschuldigend hinzu. Mit geschickter Hand führte sie die Nadel ein.

»Kann ich dir hier helfen?«

»Ich hätte nichts dagegen. Ich muß noch die Leute in den Unteren Höhlen versorgen. Die Königin-Reiterinnen bekamen ihre Dosis bereits vor dem Aufbruch.«

Bildete sich Moreta nur ein, daß Jallora ihr zublinzelte? Zumindest war sie außer Sh'galls Reichweite, wenn sie der Heilerin half, und der Vormittag verging wie im Flug. Als sie Peterpar mit A'dan und S'gor aufbrechen sah, übermittelte sie Orlith, daß sie ihren Hunger noch bis zum Nachmittag bezähmen solle, weil sie dann ein paar besondere Leckerbissen bekäme.

Wildwhere sind zäh, stellte Orlith ein wenig verdrießlich fest. *Aber sie schmecken nicht schlecht*, setzte sie hinzu, als sie Moretas Sorge spürte. *Kadith schläft. Holth läßt ausrichten, daß bis jetzt alles gut verläuft.*

Moreta war sehr dankbar, daß Kadith noch schlief. Sh'gall entging sicher nicht, daß Fort-Reiter an der Verteilung des Impfstoffs mitgewirkt hatten, aber es war ihr lieber, wenn er sich bis dahin vom Alkohol und von M'tanis Kränkung erholt hatte. Moreta konnte sich täuschen, aber sie hegte den leisen Verdacht, daß Sh'gall sich insgeheim über M'tanis Verhalten ihr gegenüber freute.

Plötzlich richtete sich Orlith auf, und ihre Augen glommen orangerot. Moreta lief erschrocken zum Eingang der Brutstätte.

Er läßt die Bronzedrachen nicht fliegen. Sutanith macht sich Sorgen. Er ist gefährlich. Dalgeth, die älteste Königin, hält alle zurück. Orliths Gedanken klangen verwirrt und abwehrend zugleich.

»Sutanith nimmt Kontakt mit dir auf?« Moreta war erstaunt. Sutanith gehörte zu Miridan, der jüngsten Königin-Reiterin vom Telgar-Weyr. Moreta kannte sie kaum, denn Fort hatte im allgemeinen wenig Kontakt mit Telgar.

Der Anführer ist ins Dazwischen *gegangen, um gegen die Fäden zu kämpfen. Deshalb fand Sutanith Gelegenheit, uns zu warnen. Die Bronzereiter können uns nicht helfen.*

»M'tani hat herausgefunden, daß T'grel den Impfstoff verteilen wollte?«

Sutanith ist fort. Orlith entspannte sich.

»Und Dalgeth hält alle zurück? Wie kam M'tani bloß dahinter? Ich dachte, Leri und T'grel hätten alle Details ausgearbeitet. Und Keroon braucht den Impfstoff unbedingt.« Moreta wanderte hin und her und fuhr sich mit den Fingern nervös durch das kurze Haar. »Wenn Keroon den Impfstoff nicht erhält, ist der ganze Plan in Gefahr.« Sie lief über den Sand zu ihrem Lager und nahm Capiams Aufzeichnungen in die Hand. Auf Keroon und Telgar gab es eine ganze Reihe von Siedlungen, die versorgt werden mußten. Wer von den Reitern kannte die Gebiete gut genug?

Oribeth kommt. Diesmal sprang Orlith auf und breitete die Schwingen schützend über ihre Eier.

»Sei nicht albern, Orlith! Levalla kommt zu *mir!*«

Erstaunt lief Moreta der Weyrherrin von Benden entgegen. Die Königin war in der Mitte des Kessels gelandet, weit weg von der Brutstätte. Als Moreta ihre Besucherin erreichte, warf Levalla gerade einen kritischen Blick auf den Sonnenstand im Vergleich zu den Sternsteinen.

»Das war ein Zeitsprung, der sich sehen lassen kann. Ich wollte dich nicht unnötig beunruhigen.«

»Was? Du kommst aus der Zukunft? Orlith übermittelte mir

eben Sutaniths rätselhafte Botschaft. Weißt du mehr darüber?« Moreta mußte schreien, um sich über den Lärm der Drachen verständlich zu machen, die von Orliths Angst angesteckt waren. Moreta sandte ihrer Königin beruhigende Gedanken zu, und die Drachen verstummten.

»Ich wollte euren Weyr nicht in Panik versetzen, aber ich mußte dich sofort sprechen.« Levalla streifte die Reithandschuhe ab. »Am Spätvormittag unserer Zeit kam M'gent zu dem Schluß, daß irgend etwas nicht stimmte, denn Baron Shadder erklärte, daß weder bei ihm noch bei Balfor der Impfstoff für Telgar abgeholt worden war. Wir waren also ein wenig vorgewarnt ... Dann sandte Sutanith ihre Botschaft an Oribeth, Wimmia und Allaneth. Ich muß Miridan wegen ihres Mutes bewundern. Aber K'dren sagte, daß sie mit T'grel zusammenlebt, und er lehnt sich offen gegen M'tanis Maßnahmen auf.« Levalla lächelte Moreta vielsagend zu. »Wir nahmen uns die Zeit und suchten zwei braune Reiter, die sich in den Ebenen und Flußniederungen von Telgar auskennen. D'say erklärte sich bereit, einen seiner Leute entlang der Küste bis zum Delta zu schicken. Dalova will ihr Gebiet bis in die Berge ausdehnen. Aber wir haben niemanden, der die Ebenen von Keroon gut genug kennt.« Sie machte eine Pause und sah Moreta lange an. »Du bist die einzige. Könntest du es mit diesen jungen blauen Drachen schaffen?«

Holth kommt. Ich komme. Sie vernahm Orliths und Holths Gedanken zur gleichen Zeit.

»Oh, der Kummer naht!« zischte Levalla und warf einen Blick zur Weyrtreppe. Dann zog sie Moreta in den Schatten von Oribeths mächtigem Leib. »Weiß Sh'gall Bescheid, oder hat ihn Orliths heftige Reaktion geweckt?«

»Er hat keine Ahnung.« Moreta schwirrte der Kopf von all den Neuigkeiten. Dann tauchte Holth auf, knapp zwei Flügelspannen über dem Kessel.

»Beim Ei, das ist ein knapper Anflug!« Levalla trat instinktiv einen Schritt zurück. »Sh'gall weiß nur, daß du gestern auf der Suche warst, nicht wahr?« Als Moreta nickte, fuhr sie fort: »Gut. Ich halte ihn auf. Du versorgst Keroon auf dem erstbesten Drachen, der zur Hand ist. Gerade die Zuchtbetriebe brauchen den

Impfstoff! Meister Balfor hat alles vorbereitet, und seine Helfer warten auf den einzelnen Höfen. Such dir einen Drachen! Oribeth und ich haben getan, was wir konnten.«

Levalla umklammerte ihre Holzkette und ging Sh'gall entgegen, der sich über den Lärm und die fremde Königin im Weyr beschwerte.

Holth hatte ihren Gleitflug fortgesetzt und landete direkt am Eingang der Brutstätte. Sie starrte Oribeth an, die allmählich auf die feindselige Atmosphäre zu reagieren begann. Moreta rannte zu Leri, ehe Sh'gall sie erspähte.

»Was ist los? Orlith rief Holth in schierer Panik. Irgend etwas mit Sutanith und Oribeth ...«

Moreta hob beschwichtigend die Hände und deutete zur Treppe hin, wo Sh'gall stand. Holth machte sich ganz klein, so daß die Weyrherrin mit Leri sprechen konnte, ohne zu schreien.

»M'tani befahl Dalgeth, T'grel und die übrigen Bronzereiter zurückzuhalten. Deshalb konnte bis jetzt kein Impfstoff in Keroon verteilt werden. Sutanith gelang es, einige der Königinnen zu warnen. Levalla hat Ersatzreiter für die Ebenen und Flußniederungen von Telgar besorgt, D'say übernimmt die Küste bis zum Delta und Dalova die Berge ...«

»Bleibt *dir* also die Ebene von Keroon! Hol sofort dein Reitzeug! Der Tag im Osten ist halb vorbei. Ich sage Kamiana Bescheid, daß sie den Rest meiner Arbeit erledigen muß. S'peren kann sich um die Küste westlich des Deltas kümmern. Ich hatte so eine Ahnung, daß etwas schieflaufen würde. Deshalb suchte ich die versteckten Orte zuerst auf. Der Rest ist leicht zu finden. Geh nur, Mädchen! Ich bleibe bei Orlith. Und wenn du die Wahrheit wissen willst ...« Sie ließ sich ächzend zu Boden gleiten. »... ich bin froh, daß meine alten Knochen ein wenig ausruhen können.«

»Peterpar will einige Wildwhere fangen. Sorg dafür, daß Orlith genug Futter bekommt!«

»Natürlich. Und für Holth hebe ich ebenfalls einen Bissen auf. Sie wird hungrig sein, wenn ihr heimkehrt.« Moreta packte ihr Reitzeug und wollte sich von Orlith verabschieden, aber Leri drängte zur Eile. »Ich grüße sie von dir. Verschwinde jetzt!«

Du mußt nach Keroon, erklärte Orlith, ohne einen Blick von der Benden-Königin abzuwenden. *Holth bringt dich hin. Ich bewache inzwischen meine Eier.*

»Oribeth will deine Eier nicht!« rief Moreta und schwang sich auf Holth.

Das habe ich ihr auch schon gesagt, meinte Holth.

Moreta verstellte das Reitgeschirr mit ein paar hastigen Handgriffen auf ihre Größe und gab Holth das Zeichen zum Aufbruch. Die alte Drachenkönigin drehte sich um, lief an Oribeth vorbei und ein paar Längen auf den See zu und stieß sich dann vom Boden ab. Der Kessel zog unter ihnen vorbei. Levalla stand auf den Weyrstufen und hatte Sh'gall in ein so ernsthaftes Gespräch verwickelt, daß er bei Holths Start nicht einmal aufschaute. Erleichtert atmete Moreta durch. Der Weyrführer hatte von dem Tausch nichts bemerkt.

»Bitte, bring mich zu den Herden von Keroon, Holth!« Moreta beschwor das Bild der Felder herauf, die sie vom Boden ebenso gut kannte wie aus der Luft. Sie fand keine Zeit, an ihre Beschwörungsformel zu denken, sondern berechnete, *wann* sie landen mußte, um die entstandene Verspätung wiedergutzumachen. Die Gegend von Keroon stand vor ihrem inneren Auge wie die große Karte im Wohnraum ihrer Familie. Sie hatte die Region auf dem Rücken schneller Renner durchstreift und kannte jeden Hügel und jeden Bach. Lediglich den Norden hatte sie bis jetzt nur auf Drachenschwingen erkundet.

Die Zuchtbetriebe von Keroon bestanden aus einer Gruppe massiver Steinhäuser und den niedrigen, schiefergedeckten Ställen inmitten grüner Koppel-Rechtecke. Dorthin hatte man die Raubkatze zur Untersuchung gebracht, und von dort hatten die Renner die Krankheit über den ganzen Kontinent verbreitet. Wenige Tiere standen auf den Weiden, aber es waren doch mehr, als sie erwartet hatte. Vielleicht war auch die eine oder andere Herde von den Zuchtweiden ihres Vaters hier. Sie hoffte es, denn es fiel ihr schwer zu glauben, daß seine sorgfältige Arbeit ganz umsonst gewesen sein sollte. Holth glitt tiefer und landete neben einer Gruppe von Männern, die bereits mit gefüllten Netzen warteten.

Moreta erkannte Balfor, einen ernsten Mann, dem man nur

selten einen Satz entlocken konnte. An diesem Tag war er allerdings so aufgeregt, daß er Moreta mit einem wahren Wortschwall überfiel.

»Wir haben alles hergerichtet, Weyrherrin«, rief er. »Die Netze sind so geordnet, daß Sie die Burgen und Höfe von Ost nach West beliefern können. Wir haben uns vergewissert, daß die Mengen jeweils für Mensch und Tier ausreichen. Rasch, der Nachmittag ist halb vorbei.«

Balfor übertrieb, denn die Sonne hatte gerade erst den Mittagspunkt überschritten.

»Dann wollen wir keine Zeit verschwenden. Wartet hier in der Nähe! Ich komme auf direktem Weg wieder zurück.«

Moreta richtete Holth beim Start so aus, daß sie einen guten Blick auf den Sonnenwinkel hatte. Dann warf sie einen Blick auf das Schild des ersten Behälters: Siedlung am Fluß. Die Weyrherrin nickte. Die Höfe lagen am Eingang einer engen Schlucht, durch die sich der Fluß nach seinem Weg vom Hochplateau herunter ergoß. Noch ehe sich Moreta den Ort richtig vorgestellt hatte, stieg Holth höher und verschwand im *Dazwischen*. Als sie am Ziel auftauchte, erwartete sie bereits ein Heiler. Sie überreichte ihm die Impfstoffbehälter und wehrte seinen wortreichen Dank hastig ab. Im nächsten Moment startete Holth wieder.

Ihr zweites Ziel, die Burg am Hochplateau, lag etwas mehr im Nordosten. Hier hatte man die Renner in einem natürlichen Hohlweg eingefangen und alles zum Impfen vorbereitet. Der Burgherr brauchte allerdings eine genaue Gebrauchsanweisung, da er seit Ausbruch der Quarantäne von der Umwelt abgeschnitten war und nur durch Trommelbotschaften über den Impfvorgang Bescheid wußte. Sie erklärte ihm das Nötigste und fügte hinzu, daß er nach der Impfaktion seine Burg verlassen und mit anderen Leuten Kontakt aufnehmen könne. Dann ging es weiter nach Westen, entlang der großen Plateauverwerfung bis zum Hof am Krummhügel, und danach war ihr erstes Netz leer.

Sie schaffte vier weitere Ritte, und jedesmal, wenn sie wieder bei den Zuchtbetrieben landete, war die Sonne um genau einen Stundenbogen gesunken, obwohl sie und Holth weit länger unterwegs gewesen waren. Bei jedem neuen Start schien die alte Drachenkönigin ein Stückchen flacher zu fliegen. Zweimal fragte Moreta, ob sie eine Rast einlegen sollten. Und beide Male lehnte Holth entschieden ab.

Der Sonnenwinkel bestimmte die Koordination, die Moreta an Holth weitergab. Das Zentralgestirn war zu einem drohenden Leuchtfeuer geworden, dessen Farbe immer rötlicher glomm, je weiter es in den Westen sank. Moreta begann die Sonne als ihren Feind zu betrachten. Sie kämpfte gegen die Zeit, die Holth benötigte, um sich jedes neue Ziel einzuprägen und um in die Tiefe zu gleiten. Sie kämpfte gegen die Minuten, die es dauerte, die Impfstoffbehälter und Nadeldornpakete abzuliefern. Geduldig erklärte sie immer wieder die Dosierung für Mensch und Tier sowie die Impftechnik. Und obwohl Meister Tirones Leute ihr Bestes getan hatten, herrschte in den abgelegenen Orten, die nicht von der Epidemie berührt worden waren, große Panik. Die Bewohner fürchteten die unbekannte Gefahr und versuchten sich abzukapseln. Nur die Tatsache, daß Moreta auf Drachenschwingen kam, dämpfte das Mißtrauen ein wenig. Drachen hatten stets Sicherheit bedeutet, auch für die fernsten Siedlungen. Wieder kostete es wertvolle Zeit, Holth zu ermuntern und das nächste Netz zu holen.

Während der letzten Landungen wählte Moreta stets die Koordinaten des Spätnachmittags. Sie spürte, wie die Zeitsprünge an ihrer Kraft zehrten. Holth bewegte sich mit bleiernen Schwingenschlägen. Aber als sie der Drachenkönigin erneut eine Pause vorschlug, stöhnte Holth nur: *Ich wollte, Keroon hätte ein paar Berge anstatt all dieser verdammten Ebenen!*

Dann hatten sie den letzten Impfstoffbehälter abgeliefert, und das Tragnetz hing schlaff an Holths Geschirr. Sie befanden sich auf einem kleinen Hof ganz im Westen, inmitten der weiten, welligen Ebene. Die Renner hatten sich unruhig um das große Wasserloch geschart, das ihnen als Tränke diente. Der Hofbesitzer wußte nicht recht, ob er mit dem Impfen beginnen sollte, solange das Tageslicht noch reichte, oder ob er sich um seine Gäste kümmern sollte.

»Gehen Sie nur, es gibt eine Menge zu tun«, meinte Moreta. »Das hier war unser letzter Transport.«

Der Mann bedankte sich überschwenglich und begann den Inhalt des Netzes an seine Helfer zu verteilen. Als er sich unter Verbeugungen entfernte, merkte Moreta, daß Holths Flanken unter ihr zitterten. Sie strich der alten Königin zärtlich über den Nacken.

»Geht es Orlith gut?« Sie hatte die Frage allzu häufig gestellt. *Ich bin zu müde, um so weit zu tasten.*

Moreta warf einen Blick auf die Nachmittagssonne über der Ebene von Keroon und überlegte mit schrecklicher Lethargie, wie spät es jetzt wirklich sein mochte.

»Ein letzter Sprung, Holth, dann haben wir es geschafft.«

Erschöpft sammelte die alte Königin ihre Kräfte. Moreta begann dankbar mit der Beschwörungsformel:

»Schwärze, dunkler als die Nacht ...«

Sie gingen ins *Dazwischen.*

»Sollte Moreta nicht längst zurück sein, Leri?« Der blaue Reiter wanderte unruhig durch die Ränge und stieß sich hier und dort das Schienbein an.

Leri blinzelte und wandte den Blick von K'lon ab. Seine Rastlosigkeit verstärkte ihre Angst, obwohl sie den ganzen Nachmittag Wein mit Fellissaft getrunken hatte. Der Schmerz in den überanstrengten Gelenken war allmählich gewichen, nicht aber die dumpfe Sorge. Sie straffte ärgerlich die Schultern, beugte sich über das Geländer und deutete auf Orlith, die neben ihren Eiern döste.

»Da, nimm dir ein Beispiel an ihr! Sie wirkt völlig entspannt. Und ich will die Konzentration der beiden nicht durch einen Kontakt im unpassenden Moment stören«, setzte sie hinzu. »Sicher sind sie völlig erschöpft. Um den Impfstoff noch rechtzeitig unter die Leute zu bringen, mußten sie aus jeder Minute zwanzig machen.« Leri hieb sich mit der geballten Faust gegen den Schenkel und krümmte dann die Finger. »Diesen M'tani bringe ich um! Und Holth wird seinen Bronzedrachen in Stücke fetzen!«

K'lon warf ihr einen entsetzten Blick zu. »Aber ich dachte, Sh'gall ...«

Leri lachte verächtlich. »L'mal hätte die Angelegenheit nicht erst mit K'dren und S'ligar ›diskutiert‹. Er wäre auf der Stelle nach Telgar geflogen und hätte Genugtuung verlangt!«

»*Was?*«

»Kein Weyrführer darf einen derartigen Hilferuf mißachten. Capiam hatte den Ausnahmezustand noch nicht zurückgenommen. Nun, M'tani wird sich noch bittere Vorwürfe machen, daß er dem Kontinent seinen Beistand verweigerte. Und ...« Leri lächelte boshaft, »... Dalgeth wird sich vor den übrigen Königinnen verantworten müssen.«

»›Tatsächlich?‹«

»Ja, tatsächlich. Warte nur, bis Moreta zurückkommt!« Sie trommelte mit den Fingern an den Rand ihres Weinglases.

K'lon warf einen Blick zum Ausgang. »Die Sonne steht fast am Horizont. In Keroon muß es dunkel sein ...«

Später wurde K'lon klar, daß Reiterin und Drachen es im gleichen Moment erfuhren. Aber Orliths Reaktion war laut und spektakulär. Ihr Schrei ging ihm durch Mark und Bein. Die Drachenkönigin richtete sich auf, stemmte den Schweif gegen die Felsen der Brutstätte und brüllte ihre Verzweiflung heraus. Immer schriller und höher wurden die Töne, abgerissene Dissonanzen, die wie Messer ins Herz schnitten. Dann warf sich Orlith mit einem mächtigen Satz über die Eier und verfehlte sie um eine Handbreite. Lang ausgestreckt lag sie da, die Schnauze im Sand vergraben, und aus ihrer goldenen Haut war jede Farbe gewichen. Dann begann sie sich zu winden, warf sich hin und her, ohne es zu merken, daß sich die rechte Schwinge unter ihrem Körper verfangen hatte.

Holth ist nicht mehr, erklärte Rogeth.

»Holth tot? Und Moreta?« K'lon konnte kaum fassen, was er hörte. Sein Inneres wehrte sich gegen die Wahrheit, noch während er den Schmerz der Drachenkönigin mitansah.

Leri!

»O nein!«

K'lon wirbelte herum. Leri lag keuchend in den Kissen, ihr Mund zuckte, und die Augen quollen weit vor. Eine Hand war gegen die Brust gepreßt, die andere umfaßte die Kehle. K'lon war mit einem Satz neben ihr.

Sie bekommt keine Luft.

»Erstickst du?« wisperte K'lon, und sein Entsetzen wuchs, als er das verzerrte Gesicht sah. »Versuchst du aus dem Leben zu gehen?« Ohne lange nachzudenken, packte K'lon Leri an beiden Schultern und schüttelte sie heftig. Diese Bewegung zwang Luft in ihre Lungen. Mit einem dünnen Wimmern, das noch ergreifender klang als Orliths schrille Schreie, ließ sich Leri schlaff in seine Arme sinken. Ihr Körper wurde von Schluchzen geschüttelt.

Halt sie ganz fest! Rogeths Befehl klang sonderbar laut.

»Warum?« rief K'lon. Erst jetzt kam ihm zu Bewußtsein, daß er in seiner Panik Leri am Sterben gehindert hatte. Aber wenn Holth tot war, hatte sie das Recht, ebenfalls aus dem Leben zu gehen. Mitgefühl, Schmerz und Gewissensbisse sprengten ihm beinahe die Brust.

»Wie ist das geschehen?« murmelte er. Welche schrecklichen Umstände mochten Orlith von Moreta und Leri von Holth getrennt haben?

Sie waren zu müde. Sie hätten nicht so lange weitermachen dürfen. Sie gingen ins Dazwischen ... *ins Nichts*, entgegneten die Drachen.

»Was habe ich nur getan?« Tränen strömten K'lon über die Wangen, als er die zerbrechliche alte Frau in den Armen wiegte. »Verzeih, Leri! Rogeth, so hilf mir doch! Was habe ich getan?«

Das, was nötig war, entgegnete Rogeth voller Trauer. *Orlith braucht sie. Sie muß bleiben.*

Nun war die Luft erfüllt vom Klagen der Weyr-Drachen. Der Lärm erschütterte die Brutstätte und hallte von den Felswänden wider. Während K'lon Leri sanft wiegte, sammelten sich die Drachen an den Eingängen zur Brutstätte. Sie senkten die großen Köpfe, und die Facetten ihrer Augen nahmen ein stumpfes Grau an. Sie teilten das Leid der Drachenkönigin, die ihrer Reiterin im Tod nicht folgen konnte, weil ein Gelege sie an die Brutstätte fesselte.

Menschen drängten jetzt an den Drachen vorbei und verneigten sich tief vor Orlith. K'lon erkannte S'peren und F'neldril, dicht gefolgt von den Königin-Reiterinnen und Jallora. Kamiana gab dem Weyrvolk mit einer gebieterischen Geste zu verstehen, daß alle draußen warten sollten. Jallora eilte auf den blauen Reiter zu. Die Heilerin murmelte Leri sanfte Worte ins Ohr und strich ihr über das Haar.

»Sie wollte sterben«, stammelte K'lon, als Jallora ihm die zerbrechliche Last abnahm. »Sie hatte es fast geschafft ...«

»Wir wissen es.« Kamianas Züge waren verzerrt.

»Gieß etwas Wein ein, Kamiana!« befahl die Heilerin und wiegte Leri, wie es zuvor K'lon getan hatte. »Vermische ihn mit viel Fellissaft! Aus dem braunen Fläschchen dort! Gib auch K'lon einen Becher!«

Aber als Jallora Leri den Becher reichte, preßte die alte Frau die Lippen zusammen und wandte den Kopf ab.

»Trink, Leri!« In Jalloras Stimme schwang tiefes Mitgefühl.

»Du *mußt*, Leri!« fügte Kamiana leise hinzu. »Orlith hat jetzt nur noch dich.«

Der Vorwurf in Leris Augen war mehr, als K'lon ertragen konnte. Er vergrub das Gesicht in den Händen und begann am ganzen Körper zu zittern. F'neldril stützte ihn.

»Bitte, Leri, auch L'mal würde es von dir erwarten. Ich flehe dich an, trink den Wein! Er wird dir helfen.« S'perens Stimme klang heiser.

»Tapfere Leri, großartige Leri!« murmelte Jallora bewundernd, und als K'lon aufschaute, sah er, daß die alte Weyrherrin den Becher entgegennahm.

Lidora drückte ihm ein Glas in die Hand. Das Zeug schmeckte bitter vom Fellissaft, aber er kippte es hinunter. Es half nichts. Der Schmerz und die Reue ließen sich nicht vertreiben. Tränen strömten ihm über die Wangen, während das Getränk allmählich seine Sinne betäubte. Selbst F'neldrils hartes, wettergegerbtes Gesicht zeigte Tränenspuren.

»Bringen wir sie hinauf in den Weyr!« wisperte Jallora S'peren und F'neldril zu.

»Nein!« entgegnete Leri heftig. Orliths Kreischen unterstrich ihre Abwehr.

Nein, erklärten auch die Drachenstimmen, und K'lon faßte S'peren am Arm.

»Ich bleibe.« Leri deutete auf Orlith. »Ich bleibe bei ihr.«

»Wird *sie* bleiben?« fragte Jallora die umstehenden Reiterinnen nach einem Blick auf die Drachenkönigin.

»Orlith bleibt«, entgegnete Kamiana mit kaum hörbarer Stimme, während Leri langsam nickte. »Sie wird bleiben, bis die Eier hart genug sind.«

»Dann werden wir beide gehen«, fügte Leri leise hinzu.

K'lon wußte, daß diese Worte für immer in seinem Gedächtnis sein würden, unauslöschlich eingeprägt wie das ganze entsetzliche Geschehen. S'peren und F'neldril standen neben ihm, schmerzgebeugt, um Jahre gealtert. Haura und Lidora klammerten sich schluchzend aneinander, während Kamiana erstarrt schien. An den gewölbten Eingängen zur Brutstätte drängten sich Drachen, grau vor Kummer, und das verängstigte, trauernde Weyrvolk. In diesem Moment ging eine Bewegung durch die Menge, und drei Reiter betraten langsam den Sand der Brutstätte: Sh'gall, geleitet von S'ligar und K'dren. Sh'gall legte die letzten Schritte allein zurück. Sein Körper war gramgebeugt, er fiel auf die Knie und vergrub das Gesicht in den Armen. Orlith, die sich immer noch wimmernd hin und her wälzte, sah ihn überhaupt nicht.

Ausklang

23. 4. 43

Eine Gegenüberstellung sollte ein freudiges Ereignis sein, überlegte Capiam ohne jeden Schwung, als er beobachtete, wie die Drachen tieferglitten, um die Gäste abzuholen und zum Fort-Weyr zu bringen.

Er hatte nicht recht aufgenommen, was Tirone zu ihm sagte. Erst nach einer Weile durchdrang der letzte Satz des Meisterharfners seine düsteren Gedanken.

»Ich werde meine neue Moreta-Ballade zur Feier des großen Tages singen!«

»Zur Feier des großen Tages!« fuhr Capiam auf. Desdra packte ihn am Arm und zog ihn von Rogeth weg, der wild um sich zu schlagen begann. »Zur *Feier*? Ist Tirone wahnsinnig geworden?«

»Oh, Capiam!« Desdras leiser Ausruf klang ungewöhnlich

sanft für die sonst so kühle junge Frau, die eben ihren Meistertitel erworben hatte. Capiam drehte sich erstaunt um. Er sah K'lons versteinertes Gesicht, als sich der Reiter zu Boden schwang.

»Leri und Orlith gingen im Morgengrauen«, berichtete K'lon mit zitternder Stimme. »Keiner konnte und wollte sie aufhalten. Wir blieben bei ihnen bis zuletzt. Das war alles, was wir tun konnten.« K'lons Augen füllten sich mit Tränen.

Desdra nahm ihn in die Arme, und Capiam strich ihm über die Schultern. Desdra weinte nicht, aber ihre Mundwinkel zuckten verräterisch.

»Sie blieben nur, bis die Eier hart waren. Dann mußten wir sie gehen lassen.« K'lon schluchzte.

Capiam überlegte, ob er dem Mann ein Beruhigungsmittel geben sollte, aber als er Desdra fragend anschaute, schüttelte sie den Kopf.

»Sie waren so tapfer! So heldenhaft! Es war furchtbar, das Wissen, daß sie gehen würden! Das Wissen, daß wir eines Morgens aufwachen und erkennen würden, daß sie uns verlassen hatten! Wie Moreta und Holth!«

»Stell dir vor, sie wären gleich gegangen ...« Capiam wußte, daß dieser Einwurf keinen Trost für K'lon bedeutete.

»Orlith hätte auf alle Fälle ausharren müssen, bis die Eier hart waren«, meinte Desdra. »Leri blieb bei ihr. Sie hatten ein Ziel, und nun ist es erreicht. Heute muß auch ein Freudentag sein, denn junge Drachen kommen zur Welt. Das ist ein schöner Zeitpunkt für den Abschied. Ein Tag, der mit großem Leid begonnen hat, wird in großem Jubel enden. Ein Neubeginn für fünfundzwanzig, nein, für fünfzig Leben, denn die jungen Leute, die heute einen Drachen für sich gewinnen, fangen auch völlig neu an!«

Capiam starrte Desdra verwundert an. Er hätte das nie so gut auszudrücken vermocht. Desdra redete selten, aber wenn sie es tat, dann wählte sie die richtigen Worte.

»Ja, ja!« K'lon fuhr sich über die tränennassen Augen. »Ich muß mich darauf konzentrieren. Ich muß an die Zukunft denken. Nicht an das, was geschehen ist.« Er straffte die Schultern und schwang sich auf Rogeth.

Drachen weinten nicht wie Menschen, aber Capiam fand, daß Tränen vielleicht besser waren als dieses entsetzliche Grau, das die Augen und die Haut der Drachen verfärbte, wenn sie trauerten. Sie stiegen auf, und K'lon brachte sie zum Fort-Weyr. Capiam war erschüttert, als er den dichten Ring von Drachen um den Weyrkessel von Fort sah. Er konnte sie nicht zählen, aber allem Anschein nach waren auch die Vertreter von Telgar, dem in Ungnade gefallenen Weyr, zu diesem großen Ereignis erschienen. K'lon lenkte Rogeth dicht an die Brutstätte heran, eine nicht ganz ungefährliche Aufgabe bei all den Drachen, die über dem Kessel ihre Kreise zogen.

Jeder wird sich heute zusammennehmen müssen, dachte Capiam, und wieder strömten ihm Tränen über die Wangen. Desdra streichelte seine Hände, und er wußte, daß sie seine Gefühle teilte, auch wenn sie äußerlich unbewegt wirkte. Jeder verarbeitete die Trauer auf seine Weise. Und ihre klugen Worte vorhin hatten auch ihn ein wenig getröstet.

Capiam stellte fest, daß man wie immer Tische und Bänke vor den Unteren Höhlen aufgestellt hatte, um die Gäste zu bewirten. Er hoffte, daß er sich betrinken konnte, ehe Meister Tirone seine Ballade vortrug. Der Duft von Bratenfleisch strömte ihm entgegen, aber Capiam spürte keinen Hunger. Es war ein prachtvoller Tag, der vermutlich mit einem strahlenden Morgen begonnen hatte. Energisch wischte sich Capiam über die Augen. Der Meisterheiler von Pern mußte Haltung bewahren und den anderen mit gutem Beispiel vorausgehen. Dieser Tag war ein Beginn, kein Ende.

Als Desdra ihn zur Brutstätte zog, warf er unwillkürlich einen Blick zur Galerie hin, wo Moreta sich während der letzten Tage ihres Lebens eingerichtet hatte. Er putzte sich geräuschvoll die Nase und folgte Desdra zu einem Platz, der weit genug entfernt von den bitteren Erinnerungen lag.

Die Eier weckten seine Aufmerksamkeit. Sie waren im Kreis auf dem warmen Sand angeordnet. Nur das Königin-Ei lag etwas abgesondert in einer Kuhle. Ringsum schluchzten und wisperten Menschen.

Hätten die Drachen, die sich auf den Felsensimsen scharten, verhindern können, daß Orlith und Leri gingen? Capiam schüttelte ärgerlich den Kopf. Nutzlose Gedanken! Nein, die fehlenden Hälften ließen sich nie ersetzen. Orlith sehnte sich nach Moreta und Leri nach Holth. Wie K'lon mußte auch Capiam das Unvermeidliche akzeptieren.

Dann spürte er eine Vibration durch die Stiefelsohlen und blickte nach unten. Es dauerte nur einen Moment, ehe er begriff, daß die Gegenüberstellung begann. Die Drachen summten leise. Sie summten, bis der Felsengrund der Brutstätte mitschwang. Der Chor vermittelte Melancholie, aber auch freudige Erwartung. Die Zuschauer strömten herein.

Capiam sah sich um. Auf dem obersten Rang zu seiner Linken erkannte er Baron Shadder mit seiner Gemahlin, daneben Levalla und K'dren. M'gent saß bei Meister Balfor, der freiwillig auf die Ehre verzichtet hatte, Herdenmeister von Pern zu werden. Jemand sagte, er fühle sich mitschuldig am Tode von Moreta.

Desdra berührte seinen Arm, und er folgte ihren Blicken. Alessan betrat die Brutstätte zusammen mit Lady Nerilka. Ein auffallendes Paar, der hochgewachsene Burgherr und die dunkle, schlanke Frau, die nur einen halben Kopf kleiner war als er. Selbst auf die Entfernung konnte Capiam erkennen, daß Alessan sehr blaß wirkte. Er hatte sich bei Nerilka untergehakt und kam ruhig, aber langsam näher. Rechts von ihm ging Tuero, und den Schluß bildeten Dag und der kleine Fergal. Capiam war ein wenig erstaunt über die Wahl Alessans gewesen, aber Desdra meinte, daß Rill dem Burgherrn den Halt geben konnte, den er im Moment brauchte.

Meister Tirone traf ein, zusammen mit Baron Tolocamp und dessen alberner junger Frau. Capiam war nicht sicher, ob Baron Tolocamps Auftauchen aus seiner freiwilligen Quarantäne ein Zugeständnis an den großen Tag war oder ob er seine Angst endgültig überwunden hatte. Dem Mann war tatsächlich nie aufgefallen, daß eine seiner Töchter das Haus verlassen hatte. Und als er von Nerilkas Ehe mit Alessan erfuhr, hatte er nur sarkastisch bemerkt, daß wohl alle seine Frauen im Hause Ruatha endeten.

Baron Ratoshigan kam, allein wie immer, und überquerte den heißen Sand mit lächerlichen Trippelschritten. Das Summen der Drachen schwoll an. Die Trauer wich nach und nach Zuversicht. S'ligar stützte Falga, die ihr Bein immer noch nachzog, obwohl sie bereits wieder in die Sporenkämpfe eingriff. B'lerion erschien, ohne jemanden anzusehen, und setzte sich auf den erstbesten freien Platz. Unter den Handwerkern und Pächtern, den Lehrlingen und Weyrbewohnern sah Capiam nur selten die Farben von Telgar, aber um so häufiger das Abzeichen von Keroon.

Das Summen steigerte sich zu einem hellen Willkommensschrei. Eines der Eier begann zu schaukeln, und die Zuschauer schwiegen erwartungsvoll.

Sh'gall geleitete die Kandidaten in ihren weißen Gewändern herein. Die vier Mädchen gingen voraus. Der Weyrführer scheuchte die Jungen ungeduldig zu einem Halbkreis und brachte dann die Mädchen zum Königin-Ei. Capiam zählte rasch zweiunddreißig, keine große Auswahl, aber immerhin ...

Capiam fand, daß Oklina zu einer vollen Schönheit erblüht war. Er kannte sie nur als schüchternes, unauffälliges Mädchen, das in der lärmenden Großfamilie auf Ruatha stets ein wenig im Hintergrund gestanden hatte. Dann bemerkte er, wie sich B'lerion anspannte. Auch der Bronzereiter war seit dem Tode Moretas wie umgewandelt. *Seit dem Tode Moretas* – da war es heraus! Wieder traten dem Heiler Tränen in die Augen. Desdra umklammerte seine Hand.

Die Besucher reckten die Hälse, als sich die ersten Sprünge in der Eischale zeigten. Das Summen hatte einen neuen Höhepunkt erreicht. Capiams Atem ging schneller. Ein zweites Ei rührte sich und ein drittes. Man wußte nicht, wo man zuerst hinschauen sollte. Das Summen der Drachen hüllte alles ein, wurde beinahe greifbar.

Das erste Ei zerbrach, und ein feuchter kleiner Drache arbeitete sich unter jämmerlichem Geschrei aus dem Schalengefängnis. Es war ein Bronzedrache! Ein Seufzer der Erleichterung ging durch die Menge. Ein gutes Zeichen! Das kleine Geschöpf stolperte direkt auf einen hochgewachsenen Jungen mit einem dichten hellbraunen Haarschopf zu. Auch das war gut, ein Drache, der wußte, wen er als Partner wollte! Der Junge glaubte noch nicht recht an sein Glück und warf hilflose

Blicke auf seine Nachbarn. Einer von ihnen schob ihn zu dem kleinen Geschöpf hin. Der Junge rannte los, kniete im Sand nieder und begann dem Kleinen die Augenwülste zu streicheln.

Diesmal hatte Capiam Tränen der Freude in den Augen. Wieder war das Wunder der Gegenüberstellung geschehen. Es linderte den Schmerz und vertrieb die Sorgen. Während er sich die Augen trocknete, fand ein kleiner blauer Drache seinen Partner.

Plötzlich ging ein Ruck durch das Königin-Ei. Es schaukelte zwei-, dreimal hin und her, heftiger als die anderen Eier. Ein Riß klaffte in der Mitte der Schale, die Hälften fielen mit einem leisen Knirschen auseinander, und die kleine Königin drängte mit ungestümer Kraft ins Freie. Wieder ein ausgezeichnetes Omen! Zwei der Mädchen beugten sich vor, aber für Capiam hatte es nie einen Zweifel gegeben, wen die kleine Königin wählen würde.

Capiam jubelte und umarmte Desdra. Schulter an Schulter beobachteten sie, wie Oklina sich mit leuchtenden Augen aufrichtete und B'lerion anschaute.

»Sie heißt Hannath!«

Drachen-Index

*Die wichtigsten Burgen und ihre Weyrzugehörigkeit
in der Reihenfolge ihrer Gründung*

Fort-Weyr
    Symbol: BILD
    Farbe: braun
Weyrführer: Sh'gall; Bronzedrache Kadith
Weyrherrin: Moreta; Drachenkönigin Orlith
Geschwaderführer: S'peren; Bronzedrache Clioth
    Burg Fort (älteste Burg), Erb-Baron Tolocamp
    Ruatha (zweitälteste Burg), Erb-Baron Alessan
    Süd-Boll, Erb-Baron Ratoshigan

Benden-Weyr
    Symbol: BILD
    Farbe: rot
Weyrführer: K'dren; Bronzedrache Kuzuth
Weyrherrin: Levalla; Drachenkönigin Oribeth
Geschwaderführer: M'gent; Bronzedrache Ith

Hochland-Weyr
    Symbol: BILD
    Farbe: blau
Weyrführer: S'ligar; Bronzedrache Gianarth
Weyrherrin: Falga; Drachenkönigin Tamianth
Geschwaderführer: B'lerion; Bronzedrache Nabeth
    Tillek, Erb-Baron Diatis

Igen-Weyr
    Symbol: BILD
    Farbe: gelb
Weyrführer: L'bol; Bronzedrache Timenth
Weyrherrin: Dalova; Drachenkönigin Perforth

Ista-Weyr
   Symbol: BILD
   Farbe: orange
Weyrführer: F'gal; Bronzedrache Sanalth
Weyrherrin: Wimmia; Drachenkönigin Torenth
Geschwaderführer: T'lonneg; Bronzedrache Jalerth
Geschwaderführer: D'say; Bronzedrache Kridith
   Burg Ista, Erb-Baron Fitatric
   Nerat, Erb-Baron Gram

Telgar-Weyr
   Symbol: BILD
   Farbe: weiß
Weyrführer: M'tani; Bronzedrache Hogarth
Weyrherrin: Miridan; Drachenkönigin Sutanith
Geschwaderführer: T'grel; Bronzedrache Raylinth

Worterklärungen

Agenodrei: der chemische Brennstoff, der sich in Flammenwerfern befindet. Mit Flammenwerfern bekämpfen Bodentrupps und Königinreiterinnen die Sporen, die sich ins Erdreich gegraben haben.
Belior: Perns größerer Mond.
Dämmer-Schwestern: ein von Pern aus sichtbares Dreier-Ge-
   stirn, auch Tag-Schwestern genannt.
Dazwischen: ein Kontinuum, das Drachen durchqueren, um
   von einem Ort zum anderen zu gelangen; ein eiskaltes
   Nichts.
Drachen: die geflügelten, feuerspeienden Geschöpfe, die Pern
   vor den Fäden schützen. Die Drachen wurden von den ersten Kolonisten auf Pern gezüchtet, ehe ihnen das Wissen
   um Gen-Manipulation verlorenging. Drachen binden sich
   beim Ausschlüpfen aus dem Ei telepathisch und empa-
   thisch an einen Menschen; die Partnerschaft bleibt bis in
   den Tod erhalten. Es gibt verschiedene Drachen:

Grüne: Weibchen, 20–24 Meter. Die kleinsten und zahlreichsten Drachen. Leicht, wendig und agil, die Sprinter ihrer Rasse. Sie atmen kurze Flammenstöße aus. Durch das ständige Fressen von Feuerstein werden Grüne steril.

Blaue: Männchen, 24–30 Meter. Die Arbeitstiere unter den Drachen. Mittelgroß, ebenso zäh wie die Grünen, aber nicht so wendig. Sie zeigen auch in schwierigen Situationen großes Durchhaltevermögen und senden längere Flammenstöße aus.

Braune: Männchen, 30–40 Meter. Größer als Grüne und Blaue, manche kräftige Braune sind ebenso groß wie kleinere Bronzedrachen und könnten sich sogar mit den Königinnen paaren, wenn sie es wagen. Die Braunen sind die eigentlichen Kämpfer unter den Drachen, agil und kräftig genug, um sich ohne Zögern in die Schlacht gegen die Fäden zu stürzen. Sie besitzen mehr Intelligenz und Konzentration als Grüne und Blaue. Braune und ihre Reiter trainieren oft die jungen Drachen.

Bronzedrachen: Männchen, 35–45 Meter. Die Anführer der Drachen. Sämtliche Bronzedrachen bewerben sich um die Gunst der goldenen Königinnen; der Reiter, dessen Drache sich im Paarungsflug gegen die Konkurrenten durchsetzt, wird Weyrführer. Bronzedrachen werden im allgemeinen für Führungsrollen ausgebildet. Sie befinden sich meist an der Spitze der Kampfgeschwader.

Goldene Königin: Weibchen, 40–45 Meter. Sie sorgt für den Nachwuchs im Weyr und paart sich nach alter Tradition mit dem Bronzedrachen, der sie während des rituellen Fluges einfangen kann. Obwohl auch Braune sich mit Königinnen paaren dürfen – und dies mitunter auch tun, vor allem bei jungen Königinnen, wird es nicht gern gesehen. Die Königin ist fruchtbar und hütet die Eier, die sie legt, bis zum Ausschlüpfen der Jungen. Ein Gelege enthält zehn bis vierzig Eier; am größten sind die Gelege dann, wenn der Rote Stern am Himmel steht. Die älteste Königin hat großen Einfluß auf die anderen Drachen und die Fortpflanzung ihrer Rasse.

Fäden: pilzgeflechtartige Sporen vom Roten Stern, die über Pern niedergehen und sich ins Erdreich graben, wo sie jegliche organische Materie zersetzen.

Fellissaft: Schlaftrunk, der aus den Früchten des Fellis-Strauches gewonnen wird.

Feuerstein: phosphinhaltiges Gestein, das die Drachen kauen, um Flammen ausatmen zu können.

Gegenüberstellung: die telepathische Kontaktaufnahme zwischen einem neugeborenen Drachen und seinem künftigen Reiter.

Harfner: Harfner sind die Lehrer und Musikanten von Pern. Sie unterrichten die Kinder in Weyr, Burg und Hof; sie leiten die Erwachsenen in der Ausübung ihrer traditionellen Pflichten. Der Meisterharfner von Pern trägt die Verantwortung für die Ausbildung der Harfner, für die Entsendung von Harfnern auf die Burgen und Höfe und für die Disziplin der Harfner. Er wird als Richter und Mittler bei Streitigkeiten zwischen Baronen und Weyr angerufen. Bei kleineren Meinungsverschiedenheiten gilt das Wort eines einfachen Harfners.

Hochland: bergiges Gebiet auf dem Nordkontinent von Pern.

Intervall: die Zeit zwischen zwei Annäherungen des Roten Sterns, im allgemeinen 200 Planetenumläufe, bei einem Großen Intervall meist doppelt so lang.

Klah: ein heißes, anregendes Getränk, das aus Baumrinde gebraut wird und schwach nach Zimt schmeckt.

Pern: der dritte von Rubkats fünf Planeten; er besitzt zwei natürliche Monde.

Planetenumlauf: ein Jahr auf Pern.

Renner: ein aus dem terranischen Pferd entwickeltes und an die Verhältnisse von Pern angepaßtes Tier. Zwischen den einzelnen Züchtungen gibt es deutliche Unterschiede: schwere Zug- und Ackertiere; gutmütige, friedliche Reittiere und die feingliedrigen, für Wettrennen geeigneten Tiere.

Roter Stern: Perns Schwesterplanet; besitzt eine sehr exzentrische Bahnellipse.

Rubkat: ein gelber Stern im Sagittarius-Sektor, besitzt fünf Planeten und zwei Asteroidengürtel.

Salbe: eine aus Heilkräutern zusammengebraute Tinktur, die eine schmerzbetäubende Wirkung besitzt.

Siebenspanne: eine Woche auf Pern.

Sternsteine: Markierungssteine am Rande eines jeden Weyr-kessels. Wenn man bei Sonnenaufgang den Roten Stern über einem bestimmten Stein erkennen kann, ist das Intervall vorbei und man muß wieder mit dem Einfall von Fäden rechnen.

Timor: Perns kleinerer Mond.

Tunnelschlangen: Sie stellen weniger eine Gefahr, als ein Ärgernis auf Pern dar. Von den zahllosen Arten, die es auf diesem Planeten gibt, sind zwei besonders tückisch: eine Art lebt in Kellern und Tunnelanlagen, die andere gräbt selbst Tunnel in den Sand der Strände. Die letztere Art verspeist mit Vorliebe Feuerechsen-Eier.

Wachwher: ein Nachtreptil, entfernt verwandt mit Drachen.

Weyr: Heimstatt der Drachen und ihrer Reiter, auch Schlaflager der Drachen.

Weyrführer: im allgemeinen der Reiter des Bronzedrachen, der sich mit der ranghöchsten Drachenkönigin gepaart hat. Der Weyrführer befehligt die Geschwader des Weyrs während des Fädenkampfes und ist verantwortlich für die Disziplin der Reiter. Während eines Intervalls muß er dafür sorgen, daß die Kampftaktiken nicht in Vergessenheit geraten. Sein Rangabzeichen ist ein Drache.

Weyrherrin: Die Reiterin der ranghöchsten Drachenkönigin, die an der Seite des Weyrführers den Weyr regiert. Sie führt das Königinnen-Geschwader in den Kampf gegen die Sporen und kümmert sich um die inneren Angelegenheiten des Weyrs. Sie stellt das Gesinde ein, vergibt alle Posten, überwacht die Tributabgaben und schlichtet Streit – mit Ausnahme von Duellen zwischen den Reitern. Sie trägt die Verantwortung für die Ausbildung und den Austausch der Weyrkinder und -pfleglinge. Da jeder Drache einer Königin gehorcht, auch gegen den Willen seines Reiters, ist die Weyrherrin im Grunde die mächtigste Frau auf Pern. In ihrem Weyr haben die Weyrherrinnen volle Autonomie, in Angelegenheiten, die ganz Pern betreffen, beraten sie sich mit den übrigen Königin-Reiterinnen. Auch das Rangabzeichen einer Weyrherrin ist ein Drache.

Weyrling: unerfahrener Jungreiter, der von einem Ausbilder betreut wird.

Wherhühner: eine Art Geflügel, die Ähnlichkeit mit den Truthühnern auf der Erde haben, aber so groß wie Straußvögel werden können.

Wirtschafterin: wird von der Weyrherrin bestimmt und leitet die Unteren Höhlen. Sie überwacht im allgemeinen den gesamten Haushalt eines Weyrs, darunter auch die Schlaflager der Drachen und ihrer Reiter. Neben dem Heiler eines Weyrs übernimmt sie gelegentlich auch die Pflege der kleinen Kinder und Kranken.

Die Menschen auf Pern

A'dan:	Reiter von Fort; grüner Drache Tgrath
Alessan:	Erb-Baron von Burg Ruatha
A'murry:	Reiter von Igen; grüner Drache Granth
Baid:	Pächter von Ruatha
Balfor:	Meister in den Zuchtbetrieben von Keroon
Barly:	(verst.) Heiler auf dem Hochland-Weyr
Berchar:	Heiler-Meister auf dem Fort-Weyr
Bessel:	Züchter
Bessera:	Königin-Reiterin vom Hochland-Weyr; Drachenkönigin Odioth
B'greal:	Jungreiter von Fort
B'lerion:	Geschwaderführer vom Hochland-Weyr; Bronzedrache Nabeth
Boranda:	Heilerin in der Heilerhalle
Bregard:	Heiler auf Peyton
Burdion:	Heiler auf der Meerburg Igen
Campen:	erbberechtigter Sohn von Tolocamp, dem Erb-Baron von Burg Fort
Capiam:	Meisterheiler auf Burg Fort
Ch'mon:	Reiter von Igen; Bronzedrache Helith
Clargesh:	Handwerksmeister für Glas, auf Burg Tillek
Cr'not:	Ausbilder auf dem Hochland-Weyr; Bronzedrache Caith

Curmir:	Harfner auf Fort
C'ver:	Reiter auf Telgar; brauner Drache Hogarth
Dag:	Renner-Experte auf Burg Ruatha
Dalova:	Weyrherrin auf Igen; Drachenkönigin Perforth
Dangel:	Bruder von Alessan, dem Erb-Baron auf Burg Ruatha
Dannell:	Kandidat zur Gegenüberstellung von der Bergwerksgilde auf Lemos, zur Ausbildung im Benden-Weyr
Declan:	Kandidat von Fort
Deefer:	Aufseher auf Ruatha
Desdra:	Heilergesellin auf Burg Fort
Diatis:	Erb-Baron von Tillek
Diona:	Königin-Reiterin vom Hochland-Weyr; Drachenkönigin Kilanath
D'ltan:	Weyrling im Fort-Weyr
D'say:	Geschwaderführer von Ista; Bronzedrache Kritith
Empie:	Königin-Reiterin von Ista; Drachenkönigin Dulchenth
Emun:	Harfnergeselle auf Ruatha
Falga:	Weyrherrin vom Hochland-Weyr; Drachenkönigin Tamianth
Farelly:	Harfner auf Ruatha
F'duril:	Reiter von Fort; blauer Drache Dilenth
Felldool:	Heiler auf Burg Brum
Fergal:	Enkel von Dag, Renner-Experte auf Ruatha
F'gal:	Weyrführer auf Ista; Bronzedrache Sanalth
Fitatric:	Erb-Baron von Burg Ista
F'neldril:	Ausbilder der Jungreiter auf Fort; brauner Drache Mnanth
Follen:	Heilergeselle auf Ruatha
Fortine:	Archiv-Meister auf Burg Fort
Gale:	Heiler auf dem Hof an der Großen Bucht
Gallardy:	Heiler in der Heilerhalle
Galnish:	Heiler auf Gar
Genjon:	Meister, Glasbläser auf Burg Tillek
Gorby:	Heiler in den Höfen von Keroon

Gorta:	Vertreterin der Wirtschafterin auf dem Fort-Weyr
Gram:	Erb-Baron von Nerat
Haura:	Königin-Reiterin von Fort; Drachenkönigin Werth
Helly:	Rennreiter auf Ruatha
H'grave:	Reiter von Benden; grüner Drache Hallath
Ind:	Heiler im Ista-Weyr
Jallora:	Heilergesellin im Fort-Weyr
J'tan:	Reiter vom Hochland-Weyr; Bronzedrache Sharth
Kamiana:	Königin-Reiterin von Fort; Drachenkönigin Pelianth
K'dall:	Reiter von Telgar; blauer Drache Teelarth
K'dren:	Weyrführer von Benden; Bronzedrache Kuzuth
Kilamon:	Harfnergeselle auf Ruatha
K'lon:	Reiter von Fort; blauer Drache Rogeth
Kulan:	Pächter von Ruatha
Kylos:	Heiler in der Burg an den Klippen
L'bol:	Weyrführer von Igen; Bronzedrache Timenth
Leef:	Vater von Alessan, dem Erb-Baron von Ruatha
Leri:	frühere Weyrherrin von Fort; Drachenkönigin Holth
Levalla:	Weyrherrin von Benden; Drachenkönigin Oribeth
Lidora:	Königin-Reiterin von Fort; Drachenkönigin Ilith
L'mal:	(verst.) Weyrführer von Fort; Bronzedrache Clinnith
Loreana:	Heilerin in der Meerburg von Bay Head
L'rayl:	Reiter von Fort; brauner Drache Sorth
L'vin:	Reiter von Benden; Bronzedrache Jith
Markfar:	Bruder von Alessan, dem Erb-Baron von Ruatha
Marl:	Rennerknecht auf Ruatha
Masdek:	Harfnergeselle auf Burg Fort
Maylone:	Kandidat im Fort-Weyr
M'barak:	Jungreiter von Fort; blauer Drache Arith
Mellor:	Königin-Reiterin von Telgar; Drachenkönigin Dalgeth

M'gent:	Geschwaderführer von Benden; Bronzedrache Ith
Mibbut:	Heiler von Keroon
Miridan:	Königin-Reiterin von Telgar; Drachenkönigin Sutanith
Moreta:	Weyrherrin von Fort; Drachenkönigin Orlith
Mostar:	Sohn von Tolocamp, dem Erb-Baron von Burg Fort
M'ray:	Reiter von Ista; brauner Drache Quoarth; Sohn von Moreta und D'say
M'tani:	Weyrführer von Telgar; Bronzedrache Hogarth
Namurra:	Königin-Reiterin von Igen; Drachenkönigin Jillith
Nattal:	alte Wirtschafterin im Hochland-Weyr
Nerilka (Rill):	Tochter von Tolocamp, dem Erb-Baron von Burg Fort
Nesso:	Wirtschafterin im Fort-Weyr
N'men:	Reiter von Fort; blauer Drache Jelth
N'mool:	Reiter vom Hochland-Weyr; Bronzedrache Bidorth
Norman:	Renn-Verwalter auf Ruatha
N'tar:	Reiter vom Hochland-Weyr; Bronzedrache Melath
Oklina:	Schwester von Alessan, dem Erb-Baron von Ruatha
Pendra:	Burgherrin von Fort
Peterpar:	Betreuer der Weyrherden von Fort
P'leen:	Reiter von Igen; Bronzedrache Aaith
P'nine:	Reiter von Fort; Bronzedrache Ixth
Pollan:	Heiler in der Großen Bucht
Pressen:	Heiler im Hochland-Weyr
Quitrin:	Heiler in der Burg von Süd-Boll
Rapal:	Heiler auf Campbells Feld
Ratoshigan:	Erb-Baron von Süd-Boll
Rill:	siehe Nerilka
R'len:	Reiter vom Hochland-Weyr; Bronzedrache Ponteth
R'limeak:	Reiter von Fort; blauer Drache Gionth

Runel:	alter Herdenbetreuer auf Ruatha
Scand:	Heilermeister auf Ruatha
S'gor:	Reiter von Fort; grüner Drache Malth
Shadder:	Erb-Baron von Burg Benden
Sh'gall:	Weyrführer von Fort; Bronzedrache Kadith
Silga:	Königin-Reiterin von Igen; Drachenkönigin Brixth
Sim:	Knecht auf Burg Fort
S'kedel:	Reiter von Fort; brauner Drache Adath
S'ligar:	Weyrführer vom Hochland; Bronzedrache Gianarth
Sneel:	Heiler auf Greenfields
Soover:	Pächter von Süd-Boll
S'peren:	Geschwaderführer von Fort; Bronzedrache Clioth
Sufur:	Herdenmeister von Keroon
Suriana:	verstorbene Gemahlin von Alessan, dem Erb-Baron auf Ruatha
Talpan:	Tierheiler von Keroon
Tellani:	Frau im Fort-Weyr
T'grel:	Geschwaderführer; Bronzedrache Raylinth
Theng:	Wachoffizier auf Burg Fort
Tirone:	Meisterharfner auf Burg Fort
T'lonneg:	Geschwaderführer von Ista; Bronzedrache Jalerth
T'nure:	Reiter von Fort; grüner Drache Tapeth
Tolocamp:	Erb-Baron von Burg Fort
Tonia:	Heilerin auf der Meerburg Igen
T'ragel:	Weyrling von Fort; blauer Drache Keranth
T'ral:	Reiter von Fort; brauner Drache Maneth
Trume:	Herdenmeister in der Hochland-Burg
Tuero:	Harfnergeselle auf Ruatha
Turvine:	Pächter von Ruatha
Turving:	Pächter von Ruatha
Uma:	Baronin, Mutter von Alessan, dem Erb-Baron von Ruatha
Vander:	Pächter von Ruatha
Varney:	Kapitän der *Windtoss*

V'mal: Reiter vom Hochland-Weyr; brauner Drache
            Koth
V'mul: Reiter von Benden; brauner Drache Tellath
Wimmia: Weyrherrin von Ista; Drachenkönigin Torenth
W'ter: Reiter von Benden; Bronzedrache Taventh
W'ven: Reiter von Fort; grüner Drache Balgeth

Zeittabelle

58	1. Erscheinen des Roten Sterns nach der Landung
258	2. Erscheinen
508	3. Erscheinen
758	4. Erscheinen
	Erstes Großes Intervall
1208	5. Erscheinen
1458	6. Erscheinen
1505	Moretas Ritt (Die Epidemie)
1758	7. Erscheinen
2008	8. Erscheinen
	Zweites Großes Intervall
2405	Lessa im Benden-Weyr
2408	9. Erscheinen

Nerilkas Abenteuer

DIE PERSONEN

Burg Fort

Nerilka	Tochter von Erb-Baron Tolocamp und seiner Gemahlin Pendra
Ihre Geschwister in der Reihenfolge ihrer Geburt:	Campen, Pendora (verheiratet), Mostar, Doral, Theskin, Silma, Nerilka, Gallen, Jess, Peth, Amilla, Mercia & Merin (Zwillinge), Kista, Gabin, Mara, Nia und Lilla
Munchaun	Nerilkas Lieblingsonkel und Tolocamps älterer Bruder
Sira	Tante, Aufseherin über die Webstube
Lucil	Tante, Aufseherin der Kindermädchen
Felim	oberster Koch
Barndy	Burgverwalter
Casmodian	Burg-Harfner
Theng	Wachoffizier
Sim	Nerilkas Knecht
Garben	ein Kleinpächter, Nerilkas Verehrer
Anella	Tolocamps zweite Gemahlin

Harfner- und Heiler-Halle

Capiam	Meisterheiler
Tirone	Meisterharfner
Desdra	Heilergesellin, kurz vor der Meisterprüfung
Fortine	Meister, Stellvertreter von Capiam
Brace	Meister, Stellvertreter von Tirone
Macabir	Heiler im Lazarett

Hügelland-Burg

Bestrum	Herr über die kleine Burg an der Grenze von Fort und Ruatha
Gana	Bestrums Gemahlin
Pol	Renner-Betreuer
Sal	sein Bruder
Trelbin	Heiler von Hügelland, vermißt

Burg Ruatha

Alessan	der junge Erb-Baron von Ruatha
Oklina	seine jüngere Schwester
Tuero	Harfnergeselle, während der Quarantäne auf Ruatha festgehalten
Dag	Alessans bester Renner-Betreuer
Fergal	Dags Enkel
Deefer	Pächter
Baron Leef	Alessans Vater, verstorben
Suriana	Alessans Gemahlin, verstorben, früher Nerilkas Pflegeschwester in der Nebel-Burg

Drachenreiter aus verschiedenen Weyrn

Moreta	Weyrherrin von Fort, Drachenkönigin Orlith
Leri	frühere Weyrherrin von Fort, Drachenkönigin Holth
Falga	Weyrherrin vom Hochland, Drachenkönigin Tamianth
Bessera	Königin-Reiterin vom Hochland, Drachenkönigin Odioth
Kamiana	Königin-Reiterin von Fort, Drachenkönigin Pelianth
G'drel	Reiter von Fort, Bronzedrache Dorianth

B'lerion	Geschwaderführer vom Hochland-Weyr, Bronzedrache Nabeth
Sh'gall	Weyrführer von Fort, Bronzedrache Kadith
M'tani	Weyrführer von Telgar, Bronzedrache Hogarth
S'peren	Geschwaderführer von Fort, Bronzedrache Clioth
K'lon	Reiter von Fort, blauer Drache Rogeth
M'barak	Reiter von Fort, blauer Drache Arith

Sonstige Personen

Ratoshigan	Erb-Baron von Süd-Boll
Balfor	Herdenmeister-Anwärter von Keroon

PROLOG

Falls der Leser mit der Serie *Die Drachenreiter von Pern* nicht vertraut ist, könnte eine gewisse Verwirrung entstehen. *Nerilkas Abenteuer* spielt in der gleichen Zeit wie der Roman *Moreta – Die Drachenherrin von Pern* und schildert die Geschehnisse aus der Sicht einer Nebenperson.

Die folgende Zusammenfassung der Hintergrund-Ereignisse erleichtert vielleicht das Verständnis der Handlung:

Rubkat im Sagittarius-Sektor war eine goldene Sonne vom G-Typ. Sie besaß fünf Planeten, zwei Asteroiden-Gürtel und einen Wanderstern, den sie angezogen und während der letzten Jahrtausende festgehalten hatte. Als sich Menschen auf Rubkats dritter Welt niederließen und sie Pern nannten, schenkten sie dem Wanderer, der in einer stark ellipsenförmigen Bahn um seine Adoptivsonne zog, wenig Beachtung. Zwei Generationen lang verschwendeten die Kolonisten kaum einen Gedanken an ihn – bis sich der helle Rote Stern im Perihel seiner Stiefschwester näherte. Waren nämlich die Umstände günstig und schoben sich keine anderen Planeten des Systems dazwischen, dann versuchte eine bestimmte Lebensform des Wanderplaneten ihrer unwirtlichen Heimat zu entfliehen und den Raum nach Pern mit seinem gemäßigten, angenehmen Klima zu überbrücken. Zu diesen Zeiten regneten Silberfäden von Perns Himmel, die alles vernichteten, was sie berührten. Die Verluste, welche die Siedler anfangs erlitten, waren erschreckend hoch. Und während des Kampfes ums Überleben ging Perns enge Bindung zum Mutterplaneten verloren.

Um die Gefahr der schrecklichen Fäden in den Griff zu bekommen (die Bewohner von Pern hatten gleich zu Beginn ihre Transportschiffe ausgeschlachtet und auf alle technischen Geräte verzichtet, die auf einem ländlichen Planeten nicht unbedingt nötig waren), arbeiteten weitsichtige Männer und Frauen einen langfristigen Plan aus. In der ersten Phase züchteten sie aus einer einheimischen Lebensform eine spezielle Abart und bildeten Menschen mit starkem Einfühlungsvermögen und telepathischen Fähigkeiten aus, diese Tiere zu steuern. Die Drachen – so genannt nach den mythischen Geschöpfen auf der Erde, mit denen sie Ähnlichkeit aufwiesen – besaßen zwei wertvolle Eigenschaften: Sie konnten ohne Zeitverzug von einem Ort an den anderen gelangen, und sie spien Flammen, wenn sie bestimmtes Phosphorgestein fraßen. Da die Drachen fliegen konnten, waren sie in der Lage, die Fäden mitten in der Luft zu versengen und sich blitzschnell an einen anderen Ort zu begeben, wo ihnen die Plage nichts anhaben konnte.

Es dauerte Generationen, bis das Potential der Drachen voll entwickelt war. Die zweite Phase der Abwehr gegen die tödliche Infiltration sollte aber noch länger dauern. Denn die Fäden, Pilzgeflecht-Sporen ohne jeden Verstand, verschlangen in blinder Gefräßigkeit jede organische Materie und vermehrten sich, sobald sie einmal im Boden eingenistet waren, mit erschreckendem Tempo. Man hatte jedoch einen Wurm entwickelt, der eine Symbiose mit den Fäden einging und verhinderte, daß sie sich im Boden ausbreiteten. Diesen Wurm setzte man auf dem Südkontinent aus. Der ursprüngliche Plan sah vor, daß die Drachen Menschen und Herden aus der Luft schützen sollten, während die Würmer alle Fäden vernichteten, die zu Boden fielen und die Vegetation gefährdeten.

Die Leute, die diesen Zweistufenplan ausgearbeitet hatten, bedachten jedoch nicht, daß sich im Laufe der Zeit manches verändern könnte, und sie ließen zudem geologische Besonderheiten außer acht. Der Südkontinent, üppiger und schöner als der rauhe Norden, erwies sich nämlich als instabil, und die gesamte Kolonie mußte schließlich in den Norden ziehen und vor den Fäden Zuflucht in den natürlichen Höhlen der Gebirge suchen, von denen unzählige den gesamten Kontinent durchzogen.

Fort, die erste Siedlung, in die Ostflanke der Großen Westberge gebaut, wurde bald zu eng, um alle Menschen aufzunehmen. Eine neue Kolonie entstand ein Stück weiter im Norden, an einer höhlendurchzogenen Klippe nahe einem großen

See. Aber auch Ruatha, wie sich der Ort nannte, war nach wenigen Generationen übervölkert.

Da der Rote Stern im Osten stand, beschlossen die Bewohner von Pern, auch einen Stützpunkt in den Ostbergen zu errichten, falls sich dort geeignete Höhlen finden ließen. Denn nur Felsen und Metall, beides beklagenswert knapp auf Pern, waren ein zuverlässiger Schutz gegen die sengende Sporenplage.

Inzwischen hatte man die geflügelten, feuerschnaubenden Drachen immer größer gezüchtet, so daß sie mehr Raum benötigten, als die Höhlenfestungen boten. Die höhlendurchzogenen Kegel erloschener Vulkane, einer hoch über Fort, der andere in den Benden-Bergen, erwiesen sich als geeignete Unterkünfte, da man sie mit wenigen Mitteln bewohnbar machen konnte.

Die Drachenreiter auf den Höhen und die Bewohner der Burgen und ihrer Dörfer gingen ihren jeweiligen Aufgaben nach, und im Lauf der Zeit entwickelte jede der Gruppen ihre eigenen Gebräuche und Traditionen, die bald so starr wie Gesetze waren. Und wenn ein Fäden-Einfall drohte – wenn der Rote Stern sich am frühen Morgen im Felsenöhr der Sternsteine zeigte, die auf dem Kraterrand jedes Weyrs errichtet waren – dann stiegen die Drachen und ihre Reiter in Geschwadern auf, um die Bewohner von Pern zu verteidigen.

Dann kam eine Spanne von zweihundert Umläufen des Planeten Pern um seine Sonne; in dieser Zeit befand sich der Rote Stern am anderen Ende seines stark ellipsenförmigen Orbits, ein eisbedeckter einsamer Gefangener des fremden Systems. Keine Fäden fielen auf Pern. Die Bewohner tilgten die Spuren der Verheerungen, bauten Getreide an und zogen Obstbäume aus den kostbaren Samen, die sie mitgebracht hatten. Ja, sie dachten sogar daran, die kahlen versengten Berghänge wieder aufzuforsten. Nach und nach vergaßen sie, welche Plage einst ihre Vorfahren um ein Haar ausgelöscht hätte. Dann fielen die Fäden von neuem, als der Wanderplanet in Perns Nähe zurückkehrte; fünfzig Jahre litt die Welt unter dem Sporenangriff aus dem Raum. Die Bewohner von Pern gedachten mit Dankbarkeit ihrer Vorfahren, welche die Drachen gezähmt hatten. Die Geschöpfe mit ihrem Feueratem erwiesen sich auch jetzt als die Retter von Pern.

Die Drachenreiter hatten sich während des langen Intervalls ausgebreitet und gemäß dem alten Verteidigungsplan an vier weiteren Orten niedergelassen.

Mit jeder Generation verblaßte die Erinnerung an die Erde, bis sie den Bewohnern von Pern nur noch als Mythos greifbar war oder ganz in Vergessenheit geriet. Auch die Bedeutung der Südhemisphäre und der dort ausgesetzten Würmer war im unmittelbaren Kampf um die neuen Lebensräume verlorengegangen.

Beim sechsten Auftauchen des Roten Sterns hatte sich ein kompliziertes wirtschaftliches und soziologisches Gefüge entwickelt, mit dessen Hilfe man die stets wiederkehrende Plage zu besiegen hoffte. Die sechs Weyr, wie man die alten Vulkanhorte des Drachenvolkes nannte, verpflichteten sich, Pern in Zeiten der Gefahr beizustehen, wobei jeder Weyr ein genau abgegrenztes geographisches Gebiet im wahrsten Sinn des Wortes unter seine Fittiche nahm. Die übrige Bevölkerung leistete den Weyrn Tribut, denn die Drachenkämpfer besaßen auf ihren Vulkankegeln kein Ackerland und konnten auch kein Handwerk erlernen, da sie in ruhigen Zeiten mit der Ausbildung von Drachen und Jungreitern und bei Fädeneinfall mit dem Schutz der Siedlungen genug zu tun hatten.

Von Felsenburgen überragte Kolonien entstanden überall da, wo sich Höhlen fanden – manche natürlich größer oder strategisch günstiger gelegen als andere. Eine starke Hand war vonnöten, um die verängstigten, hysterischen Menschen während der Fädeneinfälle zu leiten; man brauchte eine kluge Vorratswirtschaft, um Lebensmittel zu lagern, wenn der Anbau stets in Gefahr war, und außergewöhnliche Maßnahmen, um das Volk gesund und produktiv zu halten, bis die Zeit der Gefahr wieder vorüber war.

Leute mit besonderen Fertigkeiten in der Metallverarbeitung, Tier- und Pflanzenzucht, Landwirtschaft, Fischerei und Bergbau schlossen sich innerhalb der größeren Kolonien zu Handwerksgilden zusammen. Sie waren unabhängig von den Burgen, in deren Bereich sie sich befanden, und kein Burgherr konnte die Produkte ›seiner‹ Gildenhallen Bewohnern aus anderen Gebieten vorenthalten. Jede Gilde hatte ihre Meister, Gesellen und Lehrlinge, dazu einen Mann, der den Berufsstand nach außen hin vertrat und verwaltete. Er trug die Verantwortung für die Qualität der Waren, die seine Gilde herstellte, und sorgte dafür, daß die Produkte gerecht verteilt wurden.

Natürlich entwickelten sich im Lauf der Zeit gewisse Rechte und Privilegien der Burgherren und Gildemeister, ebenso der Drachenreiter, von denen in Zeiten der Sporenregen ganz Pern abhing.

Der stärkste soziale Strukturwandel vollzog sich naturgemäß in den Weyrn, da man die Bedürfnisse der Drachen über alle anderen Erwägungen stellte. Die Drachen – das waren die goldenen und die grünen Weibchen sowie die blauen, braunen und bronzefarbenen Männchen. Nur die goldenen Drachenköniginnen legten Eier, die Grünen wurden steril, sobald sie Feuerstein kauten – und das war gut so, da sie einen starken Sexualtrieb besaßen und ihre Nachkommen die Weyr sicher bald übervölkert hätten. Als Kampfdrachen zeigten sie jedoch eine enorme Wendigkeit und Aggressivität und waren unersetzliche Streiter gegen die Fäden. Da die Königinnen keinen Feuerstein fraßen, konnten sie nicht direkt gegen die Sporen anrücken; ihre Reiterinnen setzten jedoch Flammenwerfer gegen die Plage des Roten Stern ein. Die blauen Männchen waren etwas kräftiger als ihre zierlichen grünen Schwestern, während die Braunen und die Bronzedrachen vor allem durch ihre Ausdauer bestachen. Theoretisch erwählte eine Königin jeweils das Männchen, das den langen, anstrengenden Paarungsflug als Sieger bestand. In der Regel waren das Bronzedrachen, und der Reiter, dessen Tier die Königin eines Weyr für sich gewann, übernahm das Kommando über die Kampfgeschwader. Die eigentliche Verantwortung für den Weyr – sei es nun während oder nach dem Vorbeizug des Roten Sterns – trug jedoch die Reiterin der Drachenkönigin. Das Geschick der Drachen lag ebenso in ihren Händen wie das der Weyrbewohner. Eine starke Weyrherrin war für das Überleben des Weyr so wichtig wie die Drachen für das Überleben von Pern.

Ihre Aufgabe bestand darin, den Weyr mit allem Nötigen zu versorgen, die hier geborenen Kinder gründlich ausbilden zu lassen, Ausschau nach Reiter-Kandidaten in Burgen und Gildehallen zu halten und sie den frischgeschlüpften Jungdrachen gegenüberzustellen. Da das Leben im Weyr freier und weniger hart war als auf den Höfen und in den Werkstätten und die Drachenreiter zudem ein hohes Ansehen genossen, fehlte es nie an geeigneten Bewerbern. Selbst Angehörige der edelsten Burggeschlechter zählten zu den Drachenreitern.

Nun, im Planetenumlauf 1541 der Zeitrechnung von Pern, da sich der sechste Vorbeizug des Roten Sterns seinem Ende nähert, sehen sich die Bewohner der Burgen, Gilden und Weyr einer neuen Gefahr gegenüber, die sie ebenso zu vernichten droht wie der Sporenregen.

KAPITEL I

11. 3. 1553 – Intervall

Ich bin keine Harfnerin, erwartet also keine allzu geschliffenen Worte. Was ich hier niederschreibe, sind persönliche Erlebnisse, so wie sie sich in mein Gedächtnis eingegraben haben – und sicherlich sehr einseitig geschildert. Fest steht, daß ich einen stürmischen Abschnitt in der Geschichte von Pern durchgemacht habe, eine tragische Zeit. Ich gehöre zu den Überlebenden der Großen Seuche und kann mich glücklich preisen, auch wenn die Trauer um die Opfer immer noch tief in meinem Herzen sitzt und wohl nie mehr ganz von mir weichen wird.

Ich glaube, es ist mir allmählich gelungen, dem Tod eine positive Seite abzugewinnen. Selbst die bittersten Selbstvorwürfe bringen die Toten nicht zurück, damit sie uns freisprechen könnten von Schuld. Wie so viele andere denke ich vor allem an die Dinge, die ich *nicht* getan oder gesagt habe, als ich meine Familie zum letzten Male sah.

An jenem verflixten Morgen, da mein Vater, Baron Tolocamp, meine Mutter, Lady Pendra, und vier meiner jüngeren Schwestern ihre Viertagesfahrt nach Ruatha antraten, wünschte ich ihnen weder Lebewohl noch eine gute Reise. Eine Zeitlang, ehe ich zur Vernunft zurückfand, befürchtete ich sogar, daß dieses Versäumnis von meiner Seite ihr Unglück heraufbeschworen habe. Aber eine Menge guter Wünsche begleiteten ihren Aufbruch, und ganz sicher hätten die herzlichen Worte meines Bruders Campen mehr bewirkt als ein widerstrebender, schmollender Abschied von mir. Denn Campen war während der Abwesenheit meines Vaters Herr über Burg Fort, und er gedachte das Beste aus der Gelegenheit zu machen.

Campen ist ein netter Kerl, auch wenn er keinen Funken Humor oder Feingefühl besitzt. Immerhin meint er es absolut ehrlich. Und da er nichts anderes im Sinn hatte, als meinen Vater durch seinen Fleiß und seine Tüchtigkeit als Verwalter zu beeindrucken, hoffte er natürlich, daß meine Eltern heil und gesund zurückkehren würden. Ich hätte dem armen Campen von vornherein sagen können, daß Vater ihn statt eines Lobes nur anknurren würde, denn Fleiß und Tüchtigkeit erwartete er von seinem Sohn und Erben ohnehin. Außer Campen war noch das gesamte Wachregiment angetreten, um meine Eltern zu verabschieden, dazu die Bewohner der Hütten und die Lehrlinge der Harfner-Halle – eine imposante Kulisse, die jeden Burgherrn zufriedenstellen mußte. Niemand hätte mein Fehlen bemerkt, außer vielleicht meine scharfäugige Schwester Amilla; ihr entging nichts, das sie irgendwann zu ihrem Vorteil nutzen konnte.

Nun, um die Wahrheit zu gestehen: Ich wünschte ihnen zwar nichts Böses, denn wir hatten eben erst einen Fädeneinfall in der Nähe der Winterfelder überstanden, aber freuen mochte ich mich auch nicht. Denn sie hatten mich absichtlich daheim gelassen, und es war mir nicht leicht gefallen, dem Geplapper meiner Schwestern zu lauschen, die fest damit rechneten, auf Ruatha eine große Eroberung zu machen.

Was mich empörte, war die Willkür meines Vaters. Ein Fingerschnippen genügte, um mich von der Reiseliste zu streichen. Menschliche Gefühle spielten für ihn keine Rolle – und wenn doch, dann nur seine eigenen, wie sich nach der Rückkehr von Ruatha herausstellte.

Es gab keinen stichhaltigen Grund, mich auszuschließen. Eine Person mehr hätte die Vorbereitungen meines Vaters nicht im geringsten beeinflußt oder gar eine Unbequemlichkeit für die übrigen Reisenden bedeutet. Als ich mich jedoch bittend an meine Mutter wandte und ihr vor Augen hielt, wie viele der unangenehmsten Arbeiten auf der Burg ich in letzter Zeit übernommen hatte, in der Hoffnung, Alessans erstes großes Fest besuchen zu dürfen, blieb auch sie hart. In der ersten bitteren Enttäuschung besiegelte ich mein Daheimbleiben dann endgültig. Als ich nämlich hervorstieß, daß ich immerhin die Ziehschwester von Alessans verstorbener Gemahlin Suriana gewesen sei, erklärte meine Mutter mit Entschlossenheit:

»Dann wird Baron Alessan nicht gerade scharf darauf sein, dein Gesicht zu sehen. Er soll auf diesem Fest nicht an das vergangene Leid erinnert werden.«

»Er hat mein Gesicht doch nie gesehen«, widersprach ich. »Aber Suriana war meine Freundin. Du weißt, daß sie mir viele Briefe von Ruatha schrieb. Wäre sie noch am Leben und Burgherrin, hätte sie mich als ihren persönlichen Gast eingeladen. Davon bin ich überzeugt.«

»Sie liegt jetzt seit einer Planetenumdrehung im Grab, Nerilka«, erinnerte mich meine Mutter kühl. »Baron Alessan muß eine neue Gemahlin wählen.«

»Du glaubst doch nicht im Ernst, daß meine Schwestern die geringste Chance haben, Alessans Aufmerksamkeit zu erringen ...«, begann ich.

»Nerilka! Wenn du schon selbst keine Würde besitzt, dann solltest du wenigstens stolz auf deine Familie sein«, hatte mich meine Mutter wütend getadelt. »Fort ist das älteste Geschlecht weit und breit, und es gibt keine Familie auf Pern ...«

»... die etwas mit den häßlichen Fort-Töchtern dieser Generation zu tun haben möchte! Dein Pech, daß du Silma so schnell unter die Haube gebracht hast. Sie war die einzig Hübsche von uns allen.«

»Nerilka! Ich bin sprachlos. Wenn du jünger wärst ...«

Selbst jetzt, da sie sich zornig aufrichtete, mußte Mutter zu mir aufschauen, eine Haltung, die sie sicherlich nicht milder gegen mich stimmte.

»Da ich es nun mal nicht bin, soll ich während deiner Abwesenheit wohl wie üblich das Gesinde beim Baden überwachen.«

Ihr Gesichtsausdruck verschaffte mir eine gewisse Befriedigung, denn das war genau die Aufgabe, die sie mir zugedacht hatte. Disziplin auf der Burg ging meiner Mutter über alles.

»Ganz recht. In der kalten Jahreszeit verschwenden diese Leute einfach zuviel warmes Wasser und Waschsand. Und wenn das erledigt ist, kümmerst du dich um die Schlangenfallen in den Vorratshöhlen.« Sie begann mit erhobenem Zeigefinger vor meiner Nase herumzufuchteln. »Ich finde, daß dein Betragen in letzter Zeit sehr zu wünschen übrigläßt, Nerilka! Sorge dafür, daß sich das bis zu meiner Rückkehr ändert, sonst sehe ich mich gezwungen, deine Freiheiten zu stutzen und deine Pflichten zu vermehren. Und wenn meine Autorität nicht ausreicht, wird mir keine andere Wahl bleiben, als deinen Vater einzuschalten.« Damit ließ sie mich allein. Ihre Wangen glühten vor Ärger über meine Aufsässigkeit.

Ich verließ ihre Räume mit hocherhobenem Kopf, aber die Drohung, daß sie Vater zu Hilfe holen würde, verfehlte ihre Wirkung nicht. Er schreckte nicht davor zurück, seine Töchter persönlich zu bestrafen, egal ob sie klein oder bereits erwachsen waren.

Später, als ich Zeit fand, über das Gespräch mit meiner Mutter nachzudenken (an den Badeteichen, wo ich mit grimmiger Miene dafür sorgte, daß sich die Mägde mit viel Sand den Rücken schrubbten und den Schmutz mit reichlich warmem Wasser herunterspülten), bedauerte ich meine voreiligen Worte in mehr als einer Hinsicht. Ich hatte vermutlich meine Chance vertan, in dieser Planetenumdrehung noch ein Fest besuchen zu dürfen, und ich hatte meine Mutter unnötig gekränkt.

Es lag bestimmt nicht an ihr, daß sie so unscheinbare Töchter in die Welt gesetzt hatte. Selbst jetzt um die fünfzig war sie noch eine ansehnliche Frau – und das, obwohl sie nicht weniger als neunzehn Kinder geboren hatte. Auch Baron Tolocamp galt als gutaussehender Mann. Er war groß und kräftig, vor allem zeugungskräftig, denn die Fort-Horde, wie die Harfner-

Lehrlinge uns spöttisch nannten, waren längst nicht seine einzigen Nachkommen. Was mich besonders in Wut versetzte, war die Tatsache, daß die meisten seiner unehelichen Töchter sehr viel hübscher waren als die ehelichen – mit Ausnahme von Silma, meiner nächstjüngeren Schwester.

Ob ehelich oder unehelich – hochgewachsen und robust waren wir alle. Das ließ sich nicht ändern, auch wenn solche Eigenschaften besser zu jungen Männern als zu Mädchen paßten. Vielleicht urteilte ich auch zu pauschal; meine jüngste Schwester Lilla entwickelte sich allmählich zu einem hübschen jungen Ding und hatte auch einen zierlicheren Körperbau als wir anderen. Die größte Ungerechtigkeit aber war, daß meine Brüder Campen, Mostar, Doral, Theskin, Gallen und Jess all das besaßen, was uns fehlte: schwarze, dichte Wimpern anstelle der struppigen paar Härchen, die uns zierten; große dunkle Augen – die unseren waren fahl und wäßrig – und gerade edle Nasen, während sich die unseren zu wahren Haken krümmten. Sie hatten weiches welliges Haar, wir Mädchen dagegen struppige Borsten. Mein Haar, das offen bis zur Taille reichte und das ich meist in Flechten aufsteckte, war kohlschwarz; es gab meiner Haut ein fahles Aussehen. Aber die Schwestern, die nach mir kamen, waren noch schlimmer dran; ihre dunkelblonden Strähnen ließen sich weder durch Kräuter noch durch Spülungen aufhellen. Die ungerechte Verteilung empörte mich um so mehr, weil häßliche Männer bestimmt nicht ledig blieben – besonders jetzt nicht, da der Vorbeizug des Roten Sterns fast abgeschlossen war und der Baron von Fort seine Ländereien ausdehnen konnte. Für häßliche Mädchen gab es dagegen keine Chance.

Ich hatte längst die romantischen Träume anderer junger Frauen aufgegeben, ja selbst die Hoffnung, daß der Rang meines Vaters mir den Mann verschaffen würde, den ich meines Aussehens wegen nicht bekam. Aber ich reiste gern. Ich liebte das bunte Treiben und die ungezwungene Atmosphäre eines Festes. Und ich hatte mir so gewünscht, Baron Alessans erstes großes Fest als Erbbaron mitzuerleben. Ich wollte wenigstens aus der Ferne den Mann sehen, der die Liebe und Bewunderung von Suriana aus der Nebel-Burg errungen hatte – Suriana, deren Eltern mich als Pflegetochter aufgenommen hatten; Suriana, meine beste Freundin, die mühelos all das gewesen war, was ich nicht sein konnte, und die uneingeschränkt ihre Freundschaften mit mir geteilt hatte. Alessan konnte nicht mehr als ich getrauert haben, als sie bei jenem Sturz vom Renner umkam, denn der schreckliche Unfall nahm mir ein Leben, das ich mehr schätzte als mein eigenes. Es ist keine Übertreibung, wenn ich sage, daß ein Teil von mir mit Suriana starb. Wir hatten uns wortlos verstanden, beinahe wie Drache und Reiter. Wir lachten über die gleichen Dinge und sprachen wie aus einem Mund die gleichen Gedanken aus. Jede spürte sofort, was in der anderen vorging, und unser Zyklus stimmte stets auf die Minute überein, ganz gleich, welche Entfernung uns trennte.

In jenen glücklichen Jahren auf der Nebel-Burg sah ich auch besser aus. Vielleicht war ein Widerschein von Surianas Lebhaftigkeit auf mich gefallen. Ganz sicher hatte ich in ihrer Gesellschaft mehr Mut. Ich jagte mit meinem Renner über halsbrecherische Pfade, immer dicht hinter Suriana her. Und selbst bei heftigen Stürmen segelte ich in unserem kleinen Boot über den Fluß und ins Meer hinaus. Suriana besaß noch andere Vorzüge. Sie hatte einen klaren hellen Sopran, der meine Altstimme voll zum Klingen brachte. Auf Burg Fort verlor meine Stimme an Kraft und Ausstrahlung. Suriana zeichnete mit kühnen sicheren Strichen und stickte so fein, daß man ihr selbst die kostbarsten Gewebe aushändigte. Unter ihrer ruhigen Anleitung lernte auch ich so gut zu sticken, daß meine Mutter mich hin und wieder widerwillig lobte. Nur als Heilerin übertraf ich Suriana – aber was nützte mir dieses Talent? Als Tochter eines Erbbarons konnte ich keine Ausbildung in der Heiler-Halle machen. Und schon gar nicht, wenn es sich als so praktisch erwies, meine Dienste kostenlos in Anspruch zu nehmen – in den düsteren Kräuterküchen von Burg Fort.

Heute schäme ich mich der harten, unbedachten Worte, die ich an jenem Tag meiner Mutter ins Gesicht schleuderte. Aber ich war zu enttäuscht und gekränkt, um meinen glücklicheren Schwestern eine gute Reise zu wünschen. Bald darauf zeigte sich nämlich, daß dieses ›Glück‹ in Wahrheit ein Verhängnis war. Doch wer hätte das ahnen können, als sie an jenem sonnigen Tag gegen Ende der Winterzeit nach Ruatha aufbrachen?

Wir wußten von dem seltsamen Geschöpf, das Seeleute aus dem Meer gefischt hatten, denn mein Vater hatte darauf bestanden, daß alle seine Kinder die Trommel-Kodes erlernten. Und da wir in der Nähe der Harfner-Halle lebten, entging uns kaum ein großes Ereignis des Nord-Kontinents. Allerdings war es uns verboten, die Trommelbotschaften auszuplaudern; sie galten als geheim, und man hatte Angst, daß sie zu den falschen Leuten gelangten. Jedenfalls hatten wir erfahren, daß man in Keroon eine unbekannte Raubkatze aus dem Süden zur Schau stellte. Und bald darauf erhielt Meister Capiam die Botschaft, daß er sofort nach Igen kommen solle, um eine seltsame Krankheit zu untersuchen, die sich dort ausbreitete. Natürlich hatte ich keine Ahnung, daß ein Zusammenhang zwischen den beiden Nachrichten bestehen könnte. Aber ich greife den Ereignissen vor.

Meine Eltern und vier meiner Schwestern – Amilla, Mercia, Merin und Kista – begaben sich also zu dem verhängnisvollen Fest von Ruatha. Sie wählten den Weg durch die Nordgebiete von Fort, weil mein Vater die Absicht hatte, unterwegs einige seiner Pächter zu überprüfen. Ich blieb daheim, obwohl ich der Ansicht war, daß ich als einzige einen Anspruch auf diese Reise hatte.

Zum Glück gelang es mir, Campen aus dem Weg zu gehen; er hatte sicher ein paar Sonderaufgaben für mich bereit, um sich bei Vater wichtig zu tun. Campen liebte es, Pflichten zu delegieren, und da es ihm meist gelang, die Knochenarbeit anderen aufzuhalsen, blieb ihm genügend Energie, die Ergebnisse der anderen zu kritisieren und wichtige Ratschläge zu erteilen. Er besitzt viel Ähnlichkeit mit unserem Vater. Wenn er eines Tages die Burg übernimmt, wird sich für mich nicht das geringste ändern.

Das Sammeln von Kräutern, Wurzeln und anderen Arzneipflanzen gehörte jedoch zu meinen wichtigsten Aufgaben und genoß Vorrang vor Campens Befehlen. Was mein Bruder nicht ahnte, war der Umstand, daß es gegen Ende der kalten Jahreszeit wenig zu sammeln gab; aber ich rechnete nicht damit, daß mich jemand bei ihm anschwärzte. Ich nahm Lilla, Nia, Mara und Gaby zu einem ausgedehnten Streifzug durch die Wiesen und Felder mit. Wir kehrten mit Frühkresse und wilden Zwiebeln zurück, und Gaby schaffte es zu seiner eigenen Verblüffung, mit einem gutgezielten Lanzenwurf einen Wildwher zu erlegen. Der Erfolg unseres Nachmittagsausflugs entlockte sogar Campen ein Lob, doch während des ganzen Abendessens nörgelte er über die Faulheit des Gesindes, das nur dann ordentlich arbeitete, wenn man es streng überwachte. Das klang so nach den Worten meines Vaters, daß ich unwillkürlich von meiner Wherkeule aufschaute, um mich zu vergewissern, daß Campen und nicht Baron Tolocamp gesprochen hatte.

Ich weiß nicht mehr genau, wie ich die nächsten Tage verbrachte. Es geschah nichts Bemerkenswertes – bis auf die häufigen Trommelbotschaften, in denen dringend nach Meister Capiam verlangt wurde und die ich zu jenem Zeitpunkt nicht weiter beachtete. Der fünfte Tag zog strahlend und klar herauf, und ich hatte mich so weit von meiner Enttäuschung erholt, daß ich hoffte, auf Ruatha würde zum Fest ebenfalls schönes Wetter herrschen. Ich wußte, daß meine Schwestern keine Chance hatten, Alessan zu erobern, aber vielleicht fand sich in der Menge der Festgäste die eine oder andere Familie, die Vater als vornehm genug für eine seiner Töchter erachtete. Besonders jetzt, da sich der Vorbeizug des Roten Sterns seinem Ende näherte und die Höfe und Burgen ihren Grundbesitz erweitern konnten. Baron Tolocamp war nicht der einzige, der sein Siedlungs- und Ackerland zu vergrößern gedachte. Wenn mein Vater nur nicht so dünkelhaft in der Wahl seiner Schwiegersöhne gewesen wäre ...

Ein Mann hatte um meine Hand angehalten, das gestehe ich mit einer gewissen Genugtuung. Mir hätte es nichts ausgemacht, eine neue Heimstatt zu gründen – und wenn ich sie eigenhändig aus den Klippen hätte meißeln müssen! Zumindest wäre ich meine eigene Herrin gewesen. Garben stammte aus dem Geschlecht Tillek und hatte ehrbare Vorfahren. Ich mochte ihn auch, aber weder er noch sein Besitz hatten Gnade vor meinem Vater gefunden. Garben war, was mich mit Stolz erfüllt, noch zweimal gekommen, um sein Angebot zu wiederholen (und konnte jedesmal von einer Vergrößerung seines bescheidenen Anwesens berichten), aber mein Vater hatte ihn abgewiesen. Hätte man mich gefragt, ich wäre ihm gefolgt. Amilla, die das wußte, hatte bissig bemerkt, ich nähme wohl jeden Mann, der des Weges kam. Vielleicht. Aber Garben gefiel mir. Er war einen halben Kopf größer als ich, und wir paßten zusammen. Nun, seit seinem letzten Antrag waren fünf Planetenumläufe vergangen.

Suriana hatte um meine Lage und meine Enttäuschungen gewußt und mir mehrmals geschrieben, daß sie Baron Leef bitten wolle, mich zu einem längeren Besuch nach Ruatha einzuladen. Sie hatte gehofft, daß er ja sagen würde, wenn sie erst schwanger war. Aber mit dem Tod Surianas war selbst dieser Hoffnungsfunke erloschen, zerstört von dem wilden jungen Renner, der sie abgeworfen hatte. Vermutlich war sie wie immer zu schnell geritten. Sie hatte mir anvertraut, daß Alessan einige ungemein wendige Renner gezüchtet hatte – hinter dem Rücken seines Vaters, der mehr Wert auf ausdauernde, robuste Zugtiere legte. Über den Hergang des Geschehens hatte ich auch nicht mehr erfahren als alle anderen: Suriana war von einem Pferd gestürzt und hatte sich das Genick gebrochen. Obwohl man sofort Meister Capiam kommen ließ, starb sie, ohne noch einmal das Bewußtsein zu erlangen.

Ich bespreche viele medizinische Dinge mit dem Meisterheiler von Pern, und er schätzt mein Talent und mein Wissen. Aber er verlor kein Wort über die Tragödie auf Ruatha.

Kapitel II

11. 3. 43 – 1541

Zu meinem Kummer begann die neue Tragödie von Ruatha genau zur gleichen Stunde, da ich von Surianas Tod erfahren hatte. Der Turm auf den Trommlerhöhen der Harfner-Halle erdröhnte unter Capiams Quarantäne-Befehl. Ich maß gerade Gewürze für den Küchenaufseher ab und hatte Mühe, meine

Hand so ruhig zu halten, daß ich die kostbaren Zutaten nicht verschüttete. Mit letzter Beherrschung – der Küchenaufseher verstand den Trommel-Kode nicht, und ich wollte abends etwas Eßbares auf dem Tisch sehen – beendete ich die Arbeit, verschloß sorgfältig das Glas, stellte es an seinen gewohnten Platz und sperrte den Vorratsschrank zu. Die Trommelbotschaft erklang ein zweites Mal, als ich die Wohngemächer der Burg erreichte, aber ihr Wortlaut unterschied sich nicht von der ersten. Campen rief aus seinem kleinen Büro nach mir und verlangte eine Erklärung, aber ich achtete nicht darauf.

Zum Glück strömten so viele Menschen zur Harfner-Halle, daß meine unziemliche Hast nicht weiter auffiel. Im Hof wimmelte es von aufgeregten Lehrlingen und Gesellen der Harfner- und Heiligengilde. Da beide Zünfte stets auf strenge Disziplin achteten, entstand keine Panik. Aber die Besorgnis war unverkennbar, und Fragen machten die Runde.

Ja, man hatte nicht nur in den Zuchthöfen von Keroon und in der Seeburg Igen nach Meister Capiam verlangt. Telgar benötigte seinen. Es ging das Gerücht um, daß kein Geringerer als der Weyrherr Sh'gall von Fort den Meisterheiler mit seinem Bronzedrachen Kadith zum Fest von Ista und anschließend zu Baron Ratoshigan von Süd-Boll gebracht hatte.

In diesem Moment erschienen Meister Fortine und Meister-Anwärterin Desdra von der Heiler-Halle sowie die Meister Brace und Dunegrine von der Harfner-Halle auf der breiten Freitreppe. Die Gespräche verstummten.

»Ihr macht euch natürlich Sorgen wegen der Trommelbotschaft«, begann Meister Fortine, nachdem er sich nachdrücklich geräuspert hatte. Fortine weiß eine Menge über die Kunst des Heilens, aber ihm fehlt die Wärme und Menschlichkeit von Meisterheiler Capiam. Als er nach einer kleinen Pause mit seiner Rede fortfuhr, hatte seine Stimme einen schrillen Unterton: »Aber ihr wißt sicher, daß Meister Capiam eine solche Notmaßnahme niemals ohne zwingenden Grund befehlen würde. Ich bitte alle Harfner oder Heiler, die eines der beiden Feste besucht haben, sich zu Heilerin Desdra in den Kleinen Saal zu begeben. Ich selbst möchte im Großen Saal zu den Heilern sprechen. Meister Brace ...«

Der Angesprochene trat einen Schritt vor, rückte den Gürtel zurecht und räusperte sich ebenfalls. »Da Meister Tirone im Moment unterwegs ist, um den Streit der Bergleute zu schlichten, übernehme ich als Rangältester in dieser Zeit der Krise die Führung der Gilde, bis der Meisterharfner zurückkehrt.«

»... und hoffst, daß Tirone von der Quarantäne oder gar von der Krankheit erwischt wird ...«, murmelte ein Lehrling in meiner Nähe. Die anderen brachten ihn durch Rippenstöße zum Schweigen.

Ehe Tirone zum Meisterharfner gewählt wurde, hatte er Baron Tolocamps Kinder unterrichtet, und ich kannte den Mann ziemlich gut. Er hatte seine Fehler, aber er besaß eine volle, einschmeichelnde Stimme, die selbst dem gleichgültigsten, abweisendsten Zuhörer unter die Haut drang, ganz gleich welche Botschaft der Harfner zu verkünden hatte. Wie es hieß, konnten nur Männer mit einem eindringlichen Bariton an die Spitze der Harfner-Gilde gewählt werden. Und selbst Leute, die Tirone nicht mochten, mußten eingestehen, daß er bisher nur ein einziges Mal als Schlichter versagt hatte – als er heiser war. Ansonsten gelang es ihm mühelos, die jeweiligen Gegner zur Annahme seiner Entscheidungen zu bewegen.

Ich selbst hatte den Meisterharfner bei seinen Überredungskünsten noch nicht beobachtet, denn selbst er hütete sich, dem Erbbaron von Fort allzu nahe zu treten – trotz der Autonomie seiner Gilde.

Was mir eigenartig erschien, war die Tatsache, daß Meister Brace diese Ankündigung überhaupt machte und daß Desdra und Fortine die Heiler-Halle vertraten. Wo befand sich Meister Capiam? Es sah ihm gar nicht ähnlich, eine unangenehme Aufgabe auf andere abzuschieben. Während sich Harfner und Heiler zu den Versammlungssälen begaben, entfernte ich mich von der Halle – sehr besorgt und keine Spur klüger als zuvor.

Meine Mutter, meine vier Schwestern und mein Vater saßen also auf Ruatha fest. Mit einer gewissen Rachsucht dachte ich, daß es ihnen jetzt vielleicht leid tat, mich nicht mitgenommen zu haben. Ich besaß beachtliche Talente als Heilerin, auch wenn ich sie außerhalb der Familie selten anwenden durfte.

Im nächsten Moment schämte ich mich meiner Gedanken und richtete die Schritte zu den unteren Höhlen der Burg, wo sich die Vorratsräume befanden.

Wenn diese Krankheit eine Quarantäne erforderte, dann lohnte es sich vielleicht, unsere Arzneien zu überprüfen. Zwar besaß die Heiler-Halle Medikamente für alle möglichen Notfälle, aber von den Burgen und größeren Höfen wurde erwartet, daß sie sich einige Vorräte für den Eigenbedarf anlegten. Und die besondere Situation erforderte vielleicht seltene Kräuter und Heilpflanzen, die wir nicht in ausreichender Menge gesammelt hatten. Leider erspähte mich Campen. Er schoß auf mich zu, schwer schnaufend wie immer, wenn er aufgeregt war.

»Rill, was ist los? Stimmt das mit der Quarantäne? Soll das etwa heißen, daß Vater auf Ruatha bleiben muß? Was tun wir jetzt?« Dann fiel ihm ein, daß es unter seiner Würde als Stellvertreter des Burgherrn war, den Rat von Untergebenen einzuholen – ganz besonders den seiner Schwester. Er räusperte sich heftig, blähte die Brust und setzte eine so strenge Miene auf, daß ich ein Lachen unterdrücken mußte. »Haben wir genügend frische Kräuter für unsere Leute im Haus?«

»Mehr als genug.«

»Laß die schnippischen Antworten, Rill! Dazu ist jetzt nicht der rechte Augenblick.« Er sah mich mit düster gerunzelter Stirn an.

»Ich bin dabei, die Arzneien zu überprüfen, Bruder, aber ich kann schon jetzt ohne Übertreibung sagen, daß unsere Vorräte jedem Notfall gewachsen sind.«

»Sehr gut. Ich erwarte von dir ein schriftliches Verzeichnis aller gelagerten Medikamente und Kräuter.« Er tätschelte mir die Schulter, als sei ich sein Lieblingshund, und trollte sich schnaufend. Mit einer gewissen Genugtuung stellte ich fest, daß er nicht recht wußte, wie er sich in dieser Katastrophe verhalten sollte.

Manchmal bin ich entsetzt über die Verschwendung in unseren Vorratshöhlen. Im Frühling, Sommer und Herbst sammeln wir Unmengen von Kräutern, Obst und Feldfrüchten. Wir kochen sie ein, pökeln sie, legen sie in Essig oder Öl ein. Aber trotz Mutters Bemühungen schaffen wir es nie, die Ernte eines Planetenumlaufs aufzubrauchen. Und so stapeln sich die Vorräte. Tunnelschlangen und Insekten räumen in den tiefergelegenen Nischen auf. Wir Mädchen zweigen hin und wieder ein paar Sachen ab und verschenken sie heimlich an notleidende Familien im Herrschaftsbereich der Burg. Weder Vater noch Mutter neigen zur Freigebigkeit, nicht einmal dann, wenn die Pächter durch Mißernten in Not und Armut geraten. Meine Eltern betonen stets, daß es die Pflicht der Burgherren sei, für die Zeit der Krise vorzusorgen, aber irgendwie haben sie den Begriff ›Krise‹ nie näher erklärt. Und so horten wir weiterhin nicht verbrauchte und nicht mehr brauchbare Dinge.

Natürlich behalten Kräuter und Arzneipflanzen, richtig getrocknet und gelagert, viele Planetenumläufe ihre Wirksamkeit. In den Regalen stapelten sich die Säckchen, die Trockengestelle quollen über von Bündeln, die Glasbehälter waren bis zum Rand mit Samen und Salben gefüllt. Schwitzwurzel und Federfarn – all die Fiebermittel, die man seit undenklichen Zeiten als Medikamente verwendete. Schwarzwurz, Akonit, Thymus, Ysop und Oesob: Ich betrachtete sie der Reihe nach; wir hatten so viel davon, daß Burg Fort notfalls jeden einzelnen der knapp zehntausend Bewohner behandeln konnte. Im letzten Planetenumlauf hatten wir eine Rekordernte an Fellis eingebracht. Hatte das Land gewußt, was geschehen würde? Auch Akonit war in großen Mengen vorhanden.

Erleichtert über die Fülle wandte ich mich zum Gehen, als ich einen Blick auf die Regale warf, in denen die medizinischen Archive der Burg verwahrt wurden – die Rezepte für diverse Mixturen und Säfte, dazu die Aufzeichnungen der jeweiligen Arznei-Verwalter.

Ich öffnete den Leuchtkorb über dem Lesetisch und holte aus einem Stapel von Bänden mühsam die ältesten Aufzeichnungen hervor. Vielleicht war diese Seuche schon einmal aufgetreten, in einem der vielen Planetenumläufe seit der Überfahrt. Das Archiv war staubig, und der Einband bröckelte ab, als ich ihn anfaßte. Nun, wenn Mutter es nicht für notwendig hielt, die Dinger abstauben zu lassen, dann fiel ihr der angerichtete Schaden vielleicht nicht auf. Der Band roch modrig; ich öffnete ihn vorsichtig, um die vergilbten Seiten nicht zu zerreißen. Doch die Mühe hätte ich mir sparen können. Die Tinte war so stark verblaßt, daß auf dem Pergament nur ein paar Flecken und Punkte zurückblieben, die an Sommersprossen erinnerten. Ich fragte mich, weshalb wir uns die Mühe machten, das vergilbte Zeug überhaupt aufzubewahren. Aber ich kannte Mutters Reaktion, wenn ich vorschlug, eines der geheiligten Stücke ›aus der Vorzeit‹ wegzuwerfen.

Der erste Band, den ich entziffern konnte, trug die Aufschrift *Fünftes Erscheinen des Roten Sterns.*

Welch langweilige Chronisten meine Vorfahren doch waren! Ich fühlte mich ehrlich erleichtert, als Sim auftauchte und mir ausrichtete, daß der Koch mich dringend in der Küche benötigte. Während Mutters Abwesenheit brauchte er meinen Rat. Er war es nicht gewohnt, selbständige Entscheidungen zu treffen. Ich schickte Sim, der ohnehin nicht gern zu seiner Arbeit am Spülstein zurückkehrte, mit einer kurzen Notiz in die Heiler-Halle. Desdra sollte erfahren, daß die Vorräte unserer Arzneihöhlen zu ihrer Verfügung standen. Ich beschloß, mein Angebot so bald wie möglich in die Tat umzusetzen, denn es würde mir schwerfallen, mein Versprechen einzulösen, sobald Mutter erst wieder die Schlüssel zu den Vorratshöhlen an sich genommen hatte.

Zu diesem Zeitpunkt kam mir wohl erstmals der Gedanke, daß auch Lady Pendra nicht immun gegen diese rätselhafte Seuche war. Furcht durchzuckte mich, und ich hielt mit dem Schreiben inne, bis Sims Räuspern mich aufschreckte. Ich lächelte ihm beruhigend zu. Es hatte wenig Sinn, das Gesinde mit meinen dummen Ängsten zu belasten.

»Bring das in die Heiler-Halle! Aber händige es Meisteranwärterin Desdra höchstpersönlich aus! Verstehst du? Nicht, daß du es dem erstbesten Lehrling in Heilertracht übergibst!«

Sim nickte eifrig, verzog das Gesicht zu einem leeren Grinsen und trollte sich.

Ich kümmerte mich um den Koch, der eben von meinem Bruder den Auftrag erhalten hatte, sich auf eine unbestimmte Zahl von Gästen einzustellen. Nun wußte er nicht recht, was er tun sollte, da das Abendessen auf dem Herd stand.

»Suppe natürlich – eine deiner wohlschmeckenden Fleischbrühen, Felim. Dazu etwa ein Dutzend Wherhühner von der letzten Jagd. Sie sind inzwischen so gut abgehangen, daß man sie zubereiten kann. Wenn du sie mit Kräutern würzt, kann man sie auch als kalten Braten servieren. Außerdem Wurzelgemüse, weil sich das leicht aufwärmen läßt. Und Käse. Wir haben jede Menge Käse.«

»Für wie viele Personen?« Felim war nicht ohne Grund so gewissenhaft. Mutter hatte ihn oft genug wegen seiner ›Verschwendungssucht‹ getadelt. Er konnte sich gegen die Vorwürfe nur zur Wehr setzen, wenn er genau Buch darüber führte, wie viele Personen zu Tisch kamen und was sie verzehrten.

»Das werde ich noch herausfinden, Felim.«

Campen war allem Anschein nach überzeugt davon, daß die Pächter von weit und breit herbeiströmen würden, um ihn in dieser Ausnahmesituation um Rat zu fragen; aus diesem Grunde bereitete er Burg Fort auf einen Massenansturm vor. Aber die Trommelbotschaft hatte ausdrücklich eine Quarantäne befohlen, und ich machte ihm klar, daß die Hofbesitzer und Pächter die Anordnung befolgen würden, ganz gleich wie besorgt sie waren. Am ehesten kamen noch die Leute, die unsere Ländereien bewirtschafteten, da sie rechtlich gesehen zur Stammburg gehörten. Aus Rücksicht auf das ohnehin nur schwach ausgeprägte Selbstbewußtsein meines Bruders verkniff ich mir die Bemerkung, daß die meisten von ihnen mit einer Notlage besser zurechtkamen als er.

Ich kehrte also zu Felim zurück und riet ihm, die Essensrationen nur um ein Viertel zu erhöhen, dafür aber eine Menge *Klah* und frische Kekse zubereiten zu lassen; außerdem genehmigte ich ihm einen neuen Laib Käse. Ein Gang in den Weinkeller verriet mir, daß die angestochenen Fässer noch fast voll waren, so daß wir jede Menge Gäste bewirten konnten.

Danach begab ich mich in den Aufenthaltsraum im Obergeschoß. Die Tanten und sonstigen Familienangehörigen befanden sich wegen der Trommelbotschaften in hellem Aufruhr. Ich bat sie, die leeren Gästezimmer in Behelfslazarette umzuwandeln. Selbst den Älteren unter ihnen konnte man zumuten, Strohsäcke zu füllen und Laken auszubreiten; und ihre

Angst legte sich vermutlich am schnellsten, wenn sie etwas zu tun bekamen. Dann blinzelte ich Onkel Munchaun zu, und es gelang uns, in den Korridor zu entwischen, ohne daß uns jemand folgte.

Munchaun war der älteste von den noch lebenden Brüdern meines Vaters, und von allen Familienangehörigen, die bei uns ihren Lebensabend verbrachten, schätzte ich ihn am meisten. Bis zu dem Zeitpunkt, da er beim Bergsteigen über einen Felshang abgestürzt war, hatte er sämtliche Jagden organisiert und beaufsichtigt. Er besaß so viel Verständnis für menschliche Schwächen, so viel Humor und Bescheidenheit, daß ich mich stets fragte, weshalb man meinen Vater zum Erbbaron erwählt hatte und nicht Munchaun, der weit mehr von Menschenführung verstand als er.

»Ich sah dich von der Heiler-Halle kommen. Was gibt es Neues?«

»Capiam ist ebenfalls an der Seuche erkrankt. Desdra hat die Heiler angewiesen, zunächst einmal die Symptome der Epidemie zu bekämpfen.«

Er hob die fein geschwungenen Augenbrauen, und die Mundwinkel zuckten schwach. »Sie wissen also nicht, womit sie es zu tun haben?« Als ich den Kopf schüttelte, nickte er. »Ich werde mir mal die Archive vornehmen. Sie müssen doch noch einen anderen Zweck haben, als uns unnütze Esser zu beschäftigen.«

Ich wollte ihm widersprechen, aber grinste nur wissend, und ich wußte, daß mein Protest auf taube Ohren gestoßen wäre.

An diesem Abend erschienen mehr Pächter, als ich vermutet hatte, dazu sämtliche Gildemeister – natürlich mit Ausnahme der Harfner und Heiler. Wir konnten sie großzügig bewirten, und sie diskutierten bis tief in die Nacht hinein, wie man Vorräte von Hof zu Hof schaffen könnte, ohne die Quarantänebestimmungen zu verletzen.

Ich schenkte zum letzten Mal *Klah* nach, obwohl ich den Eindruck hatte, daß nur Campen davon trank, und zog mich dann in mein Zimmer zurück. Dort las ich in dem alten Archiv-Folianten, bis mir die Augen zufielen.

KAPITEL III

Als die Trommeln losdröhnten, sprang ich aus dem Bett und rannte in den Korridor, wo ich die Schlagfolge besser erkennen konnte. Die Botschaft war erschreckend. Noch ehe ihr Echo verklungen war, kam die nächste vom Süden herein: Ratoshigan bat die Heiler-Halle dringend um Hilfe. Zu dieser frühen Stunde rissen uns die Trommeln selten aus dem Schlaf. Ich ließ meine Tür offen, während ich hastig eine lange Hose und den Arbeitskittel überstreifte und den Gürtel mit dem schweren Schlüsselring der Wirtschaftsräume umschnallte. Dann schlüpfte ich in meine Stiefel, denn die weichen Hausschuhe boten weder gegen die kalten Steinböden der unteren Höhlen noch gegen die unbefestigten Straßen genügend Schutz.

Die Trommeln schwiegen nicht mehr. Sie berichteten von Todesfällen in Telgar, Ista, Igen und Süd-Boll und übermittelten aufgeregte Fragen der weiter entfernten Höfe und Heiler-Hallen. Aber auch Freiwillige meldeten sich, und es gab zu meiner großen Erleichterung Hilfsangebote von Benden, Lemos, Bitra, Tillek und dem Hochland, Orten, die bis jetzt von der Katastrophe verschont geblieben waren. Der Zusammenhalt, der allem Anschein nach unter den Bewohnern von Pern herrschte, ermutigte mich.

Als ich über das Feld lief, traf der erste verschlüsselte Bericht vom Telgar-Weyr ein: Es hatte Tote unter den Reitern gegeben, und ihre Drachen waren ins *Dazwischen* gegangen. Auf dem Weg zu den Ställen begegnete ich den Feldarbeitern. Ich versuchte, gelassen zu bleiben, und nickte ihnen lächelnd zu, beschleunigte aber meine Schritte, damit keiner mich anzuhalten wagte. Vielleicht wollten sie im Moment aber auch keine schlechten Nachrichten mehr hören. Dicht auf Telgars düsteren Bericht folgte eine Botschaft von Ista.

Ich weiß nicht, weshalb ich geglaubt hatte, Drachenreiter könnten immun gegen diese Seuche sein. Irgendwie kamen sie mir auf dem Rücken ihrer mächtigen Kampfgenossen völlig unverwundbar vor, scheinbar unberührt von den Gefahren der

Sporen (obwohl ich natürlich wußte, daß Reiter und Drachen oftmals schlimme Verbrennungen davontrugen) und unempfindlich gegen die Leiden und Ängste gewöhnlicher Sterblicher. Mir fiel ein, daß Drachenreiter gern von Fest zu Fest eilten, und an jenem Tag hatte sowohl Ruatha wie auch Ista Gäste geladen. Zwei Burgen – und auf beiden hatte sich zum Zeitpunkt der Feiern die Seuche bereits eingenistet! Dabei befand sich Ista weit entfernt im Osten. Wie konnte sich die Krankheit mit solcher Macht an zwei völlig voneinander isolierten Orten gleichzeitig ausbreiten?

Ich eilte weiter und betrat den Hof der Heiler-Halle. Die Bewohner waren längst wach; Renner wurden gesattelt und mit Reisegepäck beladen. Über uns verkündeten die Trommeln schlimme Nachrichten. Die Botschaften der Heiler-Halle trugen Meister Fortines Zeichen. Wo mochte sich Meister Capiam befinden?

Desdra kam die flachen Stufen der Gildehalle herab, je zwei Satteltaschen über den Schultern und in beiden Händen. Zwei Lehrlinge, ebenfalls schwerbeladen, hasteten vorbei. Die Frau sah aus, als habe sie nicht geschlafen, und ihre sonst so freundlichen, beherrschten Züge waren von Ungeduld und Angst geprägt. Ich ging am Rande des gepflasterten Hofes entlang, in der Hoffnung, ihren Weg zu kreuzen, doch in diesem Moment blieb sie stehen und begann die Satteltaschen an die wartenden Männer und Frauen zu verteilen.

»Nein, sein Befinden ist unverändert«, hörte ich sie zu einem Gesellen sagen. »Capiam muß die einzelnen Phasen der Krankheit ebenso durchstehen wie jeder andere. Die eingepackten Medikamente dienen der Behandlung der Symptome; einen besseren Rat weiß ich im Moment nicht. Achtet auf die Trommelbotschaften! Wir benutzen den Krisen-Code, und ich bitte euch, daß auch ihr verschlüsselte Nachrichten sendet.«

Sie trat zur Seite, als die Heiler auf ihren Rennern aus dem Hof stoben, und ich nahm die Gelegenheit wahr, mich ihr zu nähern.

»Heilerin Desdra?«

Sie drehte sich um und sah mich an, erkannte mich aber nicht als eine der Fort-Horde.

»Ich bin Nerilka. Wenn die Vorräte der Heiler-Halle nicht ausreichen, kommen Sie bitte zu *mir* ...« Ich betonte das letzte Wort. »Wir besitzen genug Arzneien, um den halben Planeten zu versorgen.«

»Nun, im Moment besteht kein Anlaß zur Sorge, Lady Nerilka«, begann sie und setzte eine zuversichtliche Miene auf.

»Unsinn!« Meine Stimme klang schärfer, als ich beabsichtigt hatte, und sie musterte mich erstaunt. »Ich kenne jeden Geheimcode bis auf den des Meisterheilers, und selbst den errate ich einigermaßen. Er befindet sich offenbar in den Bergen und will so rasch wie möglich heimkommen.« Jetzt schenkte sie mir ihre volle Aufmerksamkeit. »Wenn Sie Medikamente benötigen, fragen Sie auf Burg Fort nach mir. Ich könnte auch als Pflegerin aushelfen ...«

Jemand rief nach Desdra, und mit einer entschuldigenden Geste wandte sie sich ab. Dann kam die nächste bedrückende Trommelbotschaft aus dem Osten, von Keroon. Ich wanderte zurück, wie gelähmt von dem Wissen, daß am tragischen Ausgangspunkt der Seuche Hunderte von Menschen im Sterben lagen, während von vier kleineren Burgen im Bergland überhaupt keine Antwort auf die Trommelsignale kam.

Ich hatte das Feld zur Hälfte überquert, als ich das unverkennbare Trompeten eines Drachen vernahm. Eisige Kälte machte sich in meinem Innern breit. Was konnte ein Drache auf Burg Fort suchen – zu diesem Zeitpunkt? Ich raffte meine Röcke und rannte los. Das massive Burgtor stand weit offen, und Campen befand sich am oberen Ende der Steinstufen, die Arme halb erhoben, offenbar starr vor Verblüffung. Eine Gruppe ängstlicher Gildemeister und zwei Pächter aus der Nachbarschaft umringten ihn, aber auch ihre Aufmerksamkeit galt jetzt dem blauen Drachen, der mit seiner mächtigen Gestalt den Hof überragte. Mir fiel auf, daß der Drache eine fahle ungesunde Farbe hatte. Doch dann blieb auch ich wie vom Donner gerührt stehen. Mein Vater stürmte die Stufen hinauf, geradewegs auf die Wartenden zu.

»Es herrscht Quarantäne! Tod lauert über dem Land! Habt ihr die Botschaft nicht gehört? Seid ihr alle taub, daß ihr euch in solchen Massen versammelt? Weg von hier! Weg von hier!

Begebt euch in eure Häuser und verlaßt sie unter keinen Umständen! Los – weg von hier, sage ich!«

Er schubste den nächststehenden Pächter auf die Renner zu, die eben von Knechten in die Ställe geführt wurden. Zwei Gildemeister stießen zusammen, als sie hastig versuchten, seinen fuchtelnden Armen auszuweichen.

Sekunden später war der Hof leergefegt, und nur die Staubwolken auf der Straße zeugten vom übereilten Aufbruch unserer Besucher.

Der blaue Drache trompetete erneut und unterstrich mit seinem Flügelpeitschen den fluchtartigen Rückzug der Pächter und Gildemeister. Dann schnellte er in die Höhe und ging ins *Dazwischen*, noch ehe er den Trommelturm der Harfner-Halle erreicht hatte.

Vater wandte sich an uns, denn meine Brüder waren beim unerwarteten Auftauchen des Drachen ins Freie gerannt.

»Seid ihr wahnsinnig geworden, daß ihr hier Volksversammlungen zulaßt? Hat denn keiner von euch auf Capiams Warnung geachtet? Auf Ruatha sterben die Menschen wie Fliegen!«

»Weshalb seid Ihr dann hier, Vater?« Die Frage meines Bruders Campen entsprang weniger seinem Mut als seinem schlichten Gemüt.

»Was hast du gesagt?« Vater richtete sich auf wie ein Drache, der jeden Moment Feuer speit, und Campen zog sich ein paar Schritte zurück, um seiner Wut zu entgehen. Mich wunderte, daß Vater ihm keine Ohrfeige versetzte.

»Aber – aber – aber Capiam sagte, die Quarantäne ...«

Vater hob den Kopf, so daß sein schönes Profil voll zur Geltung kam, und streckte die Arme abwehrend aus, obwohl ohnehin niemand gewagt hätte, ihm zu nahe zu kommen.

»Ich befinde mich von diesem Augenblick an ebenfalls in Quarantäne! Ich werde mich in meine Privatgemächer zurückziehen, und keiner von euch«, – er schien uns der Reihe nach mit seinem ausgestreckten Zeigefinger aufzuspießen –, »kommt in meine Nähe, bis«, – er machte eine theatralische Pause –, »die Inkubationszeit um ist und ich weiß, daß ich mich nicht angesteckt habe.«

»Was ist über die Seuche bekannt?« hörte ich mich fragen. Es war wichtig für uns, möglichst genau über den Verlauf der Krankheit Bescheid zu wissen. »Wie groß ist die Ansteckungsgefahr?«

»Keine Sorge, ich werde meine Familie nicht in Gefahr bringen.« Seine Miene troff vor Edelmut. Ich hätte ihm beinahe ins Gesicht gelacht.

Keiner wagte sich nach Mutter und unseren Schwestern zu erkundigen.

»Ihr werdet mir wichtige Mitteilungen unter der Tür durchschieben und das Essen im Korridor abstellen. Das ist im Moment alles.«

Damit winkte er uns beiseite und stürmte in die Burggemächer. Wir hörten seine schweren Stiefel auf den Fliesen knallen und die Treppe hinaufstampfen. Alle schwiegen. Ein unterdrücktes Schluchzen brach schließlich den Bann.

»Was ist mit Mutter?« fragte Mostar mit weit aufgerissenen Augen.

»Eine berechtigte Frage«, entgegnete ich. »Aber es hat keinen Sinn, wenn wir hier Wurzeln schlagen und dem Volk ein schönes Schauspiel bieten.« Ich deutete mit dem Kinn zur Straße hin, wo sich die Bewohner der Hütten versammelt hatten und gafften, zunächst angezogen von dem blauen Drachen und nun von unserem Gruppenbild auf der Burgtreppe.

Stumm zogen wir uns ins Innere der Burg zurück. Ich war nicht die einzige, die einen Blick auf die fest verschlossene Tür im Erdgeschoß warf.

»Das ist nicht anständig«, begann Campen und ließ sich auf den nächstbesten Stuhl fallen. Ich wußte, daß er Vaters viel zu frühe Rückkehr meinte.

»Mutter wüßte, wie man mit Krankheiten umgeht«, sagte Gallen, und in seinen Augen stand Furcht.

»Sie hat mir alles Nötige beigebracht«, entgegnete ich knapp. Ich glaube, ich ahnte schon damals, daß Mutter nicht mehr heimkehren würde. Außerdem war es wichtig, daß die Familie nicht in Panik geriet oder ihre Besorgnis offen zeigte. »Wir sind ein ziemlich zäher Schlag, Gallen. Das weißt du am besten. Du warst noch nie im Leben richtig krank.«

»Ich hatte das Fleckfieber.«

»Das hatten wir alle«, meinte Mostar spöttisch, und allmählich entspannten sich meine Geschwister.

»Dennoch – er hätte die Quarantäne nicht durchbrechen dürfen«, erklärte Theskin sehr nachdenklich. »Der Burgherr muß mit gutem Beispiel vorangehen. Weshalb hat Alessan ihn nicht auf Ruatha festgehalten?«

Darüber zerbrach ich mir auch den Kopf. Allerdings kann Vater so gebieterisch auftreten, daß selbst Barone, die mehr Einfluß besitzen als er, seinen Wünschen nachgeben. Ich weigerte mich aus irgendeinem Grund, Alessan Unfähigkeit zu unterstellen, auch wenn er sich Vaters Willen gebeugt hatte. Immerhin – eine Quarantäne blieb eine Quarantäne.

In dieser Nacht fiel ich rasch in einen erschöpften Schlaf, aber ich wachte sehr früh auf. Selbst das Gesinde schlief noch, als ich mich erhob, und so las ich als erste die Notiz, die Vater unter dem Türschlitz durchgeschoben hatte. Am liebsten hätte ich den Zettel zerrissen. Daß er einen Fiebermittel-Vorrat verlangte, war ebenso verständlich wie sein Wunsch nach dem guten Wein und einigen Delikatessen. Aber er befahl Campen, Anella und ›ihre Familie‹, wie er es ausdrückte, in die Sicherheit der Burg zu bringen. Während er also meine Mutter und meine Schwestern in der Gefahr von Ruatha zurückließ, forderte er von seinem ältesten Sohn und Erben, nicht nur seine Mätresse nach Fort zu holen, sondern auch die beiden Bastarde, die sie ihm geboren hatte.

Nun, es war kein echter Skandal. Mutter hatte über das Verhältnis stets hinweggesehen. In solchen Dingen besaß sie seit vielen Planetenumläufen Übung, und ich hatte einmal mitangehört, wie sie zu einer der Tanten sagte, sie sei ganz froh, hin und wieder den Aufmerksamkeiten des Barons zu entgehen. Aber ich konnte Anella nicht leiden. Sie kicherte albern und hängte sich wie eine Klette an Vater. Sobald er sie nicht beachtete, machte sie sich an Mostar heran. Sie hoffte wohl, Vater würde sie mit meinem Bruder verheiraten, wenn er genug von ihr hatte. Ich hätte ihr gern ins Gesicht geschleudert, daß Mostar andere Pläne hatte. Dabei wußte ich selbst nicht so genau, ob ihr jüngster Sohn von Vater stammte oder von Mostar.

Ärgerlich verdrängte ich meine boshaften Gedanken. Zumindest hatte das Kerlchen eine ausgeprägte Familienähnlichkeit. Mit meinem Gürtelmesser trennte ich den Teil der Botschaft ab, der für Campen bestimmt war, und schob ihn unter seiner Tür durch. Die weniger verfänglichen Zeilen nahm ich mit in die Küchengewölbe, wo das schläfrige Gesinde eben die Strohmatten zusammenrollte und mit der Morgenarbeit begann. Meine Gegenwart rief zaghaftes Lächeln und eine gewisse Anspannung hervor. Ich bemühte mich um eine freundliche, zuversichtliche Miene und befahl der intelligentesten der Mägde, Vaters Frühstückstablett herzurichten.

Im Hof stieß ich auf Campen, der den Wisch mit Vaters Anordnung geistesabwesend zusammenknüllte. »Was soll ich tun, Rill? Ich kann doch nicht einfach losreiten und diese Person am hellichten Tag in die Burg bringen.«

»Schleuse sie über die Feuerhöhen ein. Dorthin richtet heute bestimmt keiner sein Augenmerk.«

»Mir gefällt das nicht, Rill. Mir gefällt das überhaupt nicht.«

»Wann hat Vater je gefragt, was uns gefällt, Campen?«

Da ich keine Lust hatte, mir sein hilfloses Gejammer weiter anzuhören, schlenderte ich zur Kinderkrippe auf der Südseite der Burg. Hier wenigstens befand sich eine Oase des Friedens – soweit man bei neunundzwanzig Säuglingen und Kleinkindern von Frieden sprechen konnte. Die Mädchen wickelten, badeten und fütterten die Babys unter dem wachsamen Blick von Tante Lucil und ihren Pflegerinnen. Bei dem Stimmengewirr, das hier herrschte, hatte man die Trommelbotschaften sicher nicht genau genug mitverfolgt, um sich Sorgen zu machen. Die Kinderkrippe besaß ihre eigene kleine Küche, und ich überlegte mir, daß ich den Trakt vollständig abriegeln konnte, wenn die Seuche tatsächlich auf Burg Fort eingeschleppt wurde. Vielleicht sollte ich zur Vorsorge schon jetzt die wichtigsten Vorräte herschaffen lassen ...

Als nächstes inspizierte ich die Wäscherei und die Leinenkammer und schlug einen Großwaschtag vor, denn das Wetter war sonnig und nicht zu kalt. Die Tante, die hier die Aufsicht führte, war eine gutmütige Person, zögerte solche Unternehmen aber meist hinaus, weil sie der irrigen Ansicht war, daß sie ihre Mägde ständig überlastete. Ich wußte, daß auch Mutter ihr meist einen Schubs geben mußte, ehe sie mit der Arbeit anfing. Es war mir ein wenig peinlich, daß ich mir, wenn auch vorübergehend, Mutters Stellung anmaßte, aber wenn der schlimme Ernstfall eintrat, würden wir jede Menge Leinen benötigen.

Die Weber saßen eifrig an der Arbeit, als ich ihre Werkstatt betrat. Eben wurde eine große Spule des robusten Mischgarns, auf das meine Mutter so stolz war, vom Schützen genommen. Tante Sira begrüßte mich mit gewohnt kühler, beherrschter Miene. Vermutlich hatte sie trotz des Klapperns der Holzrahmen einen Teil der Trommelbotschaften verstanden, aber sie enthielt sich jeden Kommentars über die Vorgänge auf Pern.

Ich frühstückte spät in dem kleinen Zimmer des ersten Untergeschosses, das Mutter ihr ›Büro‹ nannte und das ihr wohl hin und wieder als Zufluchtsort diente. Immer noch dröhnten die Trommeln, bestätigten die düsteren Botschaften, die hereinkamen, und leiteten sie an die nächste Station weiter. Auf diese Weise hörte ich die Katastrophenmeldung gleich mehrmals. Als der Code von Keroon erneut aufklang, zuckte ich zusammen und summte laut vor mich hin, um die Nachricht zu übertönen. Ruatha befand sich ganz in der Nähe. Weshalb erhielten wir keine Botschaft von dort, keine Beruhigung, daß es Mutter und meinen Schwestern gutging?

Ein Klopfen unterbrach meine angstvollen Gedanken, und ich war fast froh, als ich hörte, daß Campen mich im ersten Stock erwartete. Auf halber Treppe kam mir in den Sinn, daß er wohl mit Anella zurückgekehrt war. Wenn sie sich im ersten Stock befanden, dann rechnete sie damit, in den Gästezimmern untergebracht zu werden. Ich persönlich hätte sie am liebsten in den Innenkorridor des fünften Stocks verbannt. Die Räume am Ende des ersten Stockwerks waren fast zu schade für sie. Nun, zumindest würde ich sie von der Suite meiner Mutter mit ihrem bequemen Zugang zu Vaters Schlafzimmer fernhalten. Baron Tolocamp befand sich schließlich in Quarantäne, und meine Mutter weilte nur vorübergehend auf Ruatha.

Anella hatte Tolocamps Einladung wörtlich genommen. Sie rückte nicht nur mit ihren zwei kleinen Kindern an, sondern hatte ihre Eltern, drei jüngere Brüder und sechs der gebrechlichsten Familienangehörigen mitgebracht. Wie es die Alten geschafft hatten, die Feuerhöhen zu erklimmen, war mir ein Rätsel; zwei von ihnen sahen so aus, als würden sie jeden Moment zusammenbrechen. Ich schickte sie in den Flügel, in dem auch unsere alten Leute untergebracht waren. Dort würde man sich um sie kümmern. Anella schmollte ein wenig, als sie sah, daß ihr Quartier so weit entfernt von Tolocamps Räumen war, aber weder Campen noch ich achteten auf die spitzen Bemerkungen, die sie und ihre zänkische Mutter machten. Ich war nur erleichtert, daß sie nicht auch den Rest ihrer Verwandtschaft angeschleppt hatte. Vermutlich besaßen die beiden älteren Brüder Verstand genug, sich nicht auf die Zukunftsaussichten ihrer raffinierten kleinen Schwester zu verlassen. Ich wies Anella ein Kindermädchen und eine Magd zu, obwohl ich fand, daß sie auch selbst für ihre beiden Kinder sorgen konnte. Aber ich hatte keine Lust, mir von meinem Vater vorhalten zu lassen, daß ich die Gesetze der Gastfreundschaft verletzte. Ich hätte wohl für jeden fremden Besucher das gleiche getan. Das hieß allerdings, daß ich es mit Freuden tat.

Dann eilte ich in die Küche hinunter, um mich kurz mit Felim zu besprechen. Ich mußte ihm nur versichern, daß er seine Sache großartig machte. In den meisten Burgen sind die Küchen der Ausgangspunkt für Klatsch und Gerüchte. Zum Glück verstand niemand vom Gesinde die verschlüsselten Botschaften, aber die Leute ahnten natürlich, daß etwas Schlimmes vorging. Manchmal spürte man ganz einfach, daß die Trommeln eine gute Nachricht übermittelten. Dann wirkten die Schläge heller und höher, so als würden die gespannten Häute vor Freude singen. Wer konnte es mir verübeln, wenn ich an diesem Tag den Eindruck hatte, daß die Instrumente weinten?

Gegen Abend schlichen sich Fehler in die Nachrichten ein, als die übermüdeten Trommler immer häufiger im Rhythmus stockten. Ich war gezwungen, mir Wiederholungen anzuhören – verzweifelte Bitten, Ersatzheiler nach Keroon und Telgar zu schicken, weil die Leute, welche die Seuche bekämpfen sollten, selbst daran gestorben waren. Ich stopfte mir Watte in die Ohren, damit ich schlafen konnte. Dennoch schien mein Trommelfell im Rhythmus der Unheilsbotschaften zu vibrieren.

KAPITEL IV

14. 3. 43

Einer der Wattepfropfen löste sich während meines unruhigen Schlafs, und so hörte ich am Morgen schmerzhaft laut die Trommelbotschaft vom Tod meiner Mutter und meiner Schwestern. Ich zog mich an und ging zu Lilla, Nia und Mara, um sie zu trösten. Gabin flüchtete sich zu uns; sein Gesicht war gerötet, so sehr hatte er sich bemüht, nicht in der Öffentlichkeit zu weinen. Kaum angelangt, preßte er den Kopf an meine Schulter und schluchzte laut los. Ich weinte ebenfalls. Um meine Schwestern, aber auch aus Reue, weil ich ihnen keine glückliche Reise gewünscht hatte.

Sämtliche Geschwister bis auf Campen kamen im Laufe des Vormittags zusammen, und wir trauerten gemeinsam. Ich frage mich, ob insgeheim jemand von uns Tolocamp die Seuche wünschte. Er hatte sich in Sicherheit gebracht, während er Mutter und meine Schwestern kaltherzig der Ansteckungsgefahr aussetzte.

Als ein Bote von Desdra nach mir fragte, war ich froh um die Ausrede, den Ort des Grams zu verlassen. Ich hätte die Hintertreppe zu den Vorratsräumen benutzen können, um Desdras Bitte nach Arzneien zu erfüllen, aber ich führte den Mann durch den Hauptkorridor. Deutlich hörte ich, wie mein Vater seine Anweisungen mit befehlsgewohnter Stimme durch das offene Fenster brüllte, und ich sah Anella an der ersten Biegung des Korridors lauern. Sie verschwand zwar rasch wie eine Tunnelschlange, aber ihr triumphierender Blick verwandelte meine Gleichgültigkeit ihr gegenüber in Haß und Abscheu.

Der Heiler-Lehrling hatte alle Mühe, mir zu folgen, so schnell rannte ich die Wendeltreppe zu den unteren Höhlen hinab. Als ich Sack um Sack der Kräuter und Wurzeln aufstapelte, die Desdra aufgelistet hatte, wandte er schüchtern ein, daß er solche Mengen niemals bis zur Heiler-Halle schleppen könne. Meine Stimme klang schrill, als ich nach einem Knecht rief. Sim schoß verängstigt herein und schaute mich mit großen ängstlichen Augen an, wohl in der Furcht, daß er etwas Wichtiges vergessen hatte.

Mühsam fand ich die Beherrschung wieder und entschuldigte mich bei dem Heiler für meine Gedankenlosigkeit. Vermutlich hätte ich einem zweiten Knecht befohlen, Sim und dem jungen Mann tragen zu helfen. Als ich jedoch den Küchentrakt betrat, entdeckte ich Anella, die Felim gebieterisch zu sich winkte. Ich wußte, wenn ich das Küchengewölbe betrat und dort mitansehen mußte, wie das raffinierte kleine Luder Burgherrin spielte, würde es zum offenen Streit kommen. So nahm ich einen Teil der Last und führte den Heiler-Lehrling und Sim durch einen Seitenausgang ins Freie. Kühle Nachmittagsluft hüllte mich ein und beruhigte mich, aber meine Begleiter hatten immer noch Mühe, meinen schnellen Schritten zu folgen.

Die Harfner-Halle befand sich in hellem Aufruhr, als ich dort anlangte. Von allen Seiten vernahm ich Rufe und Freudengeschrei. Ich konnte mir nicht denken, was diese Fröhlichkeit hervorrief, aber sie war ansteckend, und ich lächelte, ohne zu wissen warum, einfach erleichtert, daß hier gute Stimmung herrschte. Dann vernahm ich in dem Stimmengewirr einen vertrauten Bariton.

»Zwischen den beiden letzten Burgen erwischte mich dichter Nebel«, berichtete Meister Tirone, »und dann lahmte zu allem Pech noch mein Renner. Ich fing mir von der nächstbesten Weide ein frisches Tier – der Besitzer möge mir verzeihen – und ritt gerade los, als ich die erste Trommelbotschaft vernahm. Von dem Moment an legte ich keine einzige Rast mehr zum Essen oder Schlafen ein, Freunde.« Er seufzte. »Um den Weg abzukürzen, ritt ich über die Feuerhöhen herein. Deshalb höre ich jetzt erst, daß Baron Tolocamp Wachen aufgestellt hat, um uns am Betreten und Verlassen seines Herrschaftsgebietes zu hindern.« Das war das erste, was ich von den Vorsichtsmaßnahmen meines Vaters erfuhr. Meister Tirones Stimme senkte sich zu einem vertraulichen Flüstern. »Was bedeutet dieser Unfug von einem Internierungslager für alle Heiler und Harfner, die versuchen, mit den beiden Gildehallen von Fort Kontakt aufzunehmen? Wie sollen wir unsere Arbeit tun, wenn man unsere Bewegungsfreiheit derart einschränkt?«

Der Heiler warf mir einen bestürzten Blick zu, denn Tirone übte offen Kritik an Erbbaron Tolocamp. Ich tat, als hätte ich nichts gehört. Zum einen waren die Worte nicht für meine Ohren bestimmt gewesen. Zum anderen wollte ich nicht vor Fremden zugeben, daß ich das Verhalten meines Vaters widerwärtig und empörend fand.

Dann erschien Desdra auf der anderen Seite des Hofes. Ihre Züge hellten sich auf, als sie die Säcke sah, die wir anschleppten. »Aber Lady Nerilka, es hätten kleinere Mengen gereicht, um uns aus dem gegenwärtigen Engpaß zu helfen ...«

»Ich rate Ihnen, nehmen Sie, was Sie bekommen können, solange ich noch in der Lage bin, Sie zu unterstützen.«

Sie stellte keine Fragen, aber ich sah an ihren Blicken, daß sie verstanden hatte, was ich meinte.

»Ich wiederhole mein Angebot, die Kranken zu pflegen, wer und wo immer sie sein mögen«, sagte ich so ruhig wie möglich, während sie mir die schweren Säcke abnahm.

»Sie werden in der nächsten Zeit den Platz Ihrer Mutter einnehmen müssen, Lady Nerilka«, entgegnete sie leise und freundlich. In ihren tiefliegenden ausdruckslosen Augen war Mitgefühl zu lesen. Ich hatte einmal geglaubt, Desdra sei viel zu passiv und distanziert für ihren Beruf, aber inzwischen wußte ich, daß diese Einschätzung falsch war. Wie konnte ich ihr erklären, daß sie meine Lage völlig falsch beurteilte? Offenbar wußte man in den beiden Gildehallen noch nichts von Anellas Ankunft in Burg Fort.

»Wie geht es Meister Capiam?« fragte ich, ehe sie sich abwenden konnte.

»Er hat inzwischen die schlimmsten Stadien der Krankheit hinter sich.« Trockener Humor schwang in Desdras Stimme mit, und ich entdeckte ein Blinzeln in ihren Augenwinkeln. »Er ist viel zu eigensinnig zum Sterben und fest entschlossen, ein Heilmittel gegen die Seuche zu finden. Vielen Dank noch einmal, Lady Nerilka.«

Sie nickte mir zu, und ich trat den Rückweg an. Sim trottete hinter mir her. Der arme Kerl! Ich vergaß immer wieder, daß Sim kurze Beine hat und meinen raschen Schritten kaum zu folgen vermochte.

»Sim, wo befindet sich dieses Internierungslager von Baron Tolocamp?« Ich hatte noch keine Lust, in die Burg zurückzukehren. Mein Zorn war zu heftig, mein Kummer zu frisch. Ich besaß im Moment nicht die Spur von Selbstbeherrschung.

Sim deutete nach rechts, wo die große Straße nach Süden in ein Tal abfällt und in einem Wäldchen untertaucht. Ich schlenderte die Straße entlang, bis ich die Wachtposten an der willkürlich gezogenen Grenze patrouillieren sah.

»Werden hier viele Reisende aufgehalten?«

Sim nickte mit ängstlichem Blick. »Harfner und Heiler auf dem Rückweg in ihre Gildehallen. Und Angehörige der Wanderstämme. Die ziehen hier oft durch. Aber bald werden Kranke darunter sein, die Hilfe in der Heiler-Halle suchen. Was werden sie tun? Sie haben ein Recht auf Behandlung.«

Das stimmte. Selbst meine Mutter hatte sich stets großzügig gegenüber den Wanderstämmen gezeigt.

»Lassen die Wachtposten niemanden in das Tal?«

»Doch.« Sim nickte. »Aber nicht mehr heraus.«

»Wer ist der Wachoffizier?«

»Theng, soviel ich weiß.«

Selbst Theng ließ sich überlisten, wenn man es geschickt anstellte. Er hatte eine Vorliebe für Wein, und wenn er einen guten Tropfen bekam, sah er vermutlich nicht über den Rand des Bechers hinweg. Heiler und Harfner, denen der Zugang zu ihren Gilden abgeschnitten war? Vater benahm sich nicht nur wie ein Idiot, er war auch ein Feigling. Und ein Heuchler. Er hatte das von der Seuche befallene Ruatha verlassen und damit die Bewohner von ganz Fort in Gefahr gebracht! Nun, ich jedenfalls kannte meine Pflichten den Gildehallen gegenüber – mein Vater hatte sie mir selbst eingebleut. Und ich brauchte ihre Hilfe vielleicht schon bald. Ich beschloß, ein Gespräch mit Felim und mit Theng zu führen.

Als ich mich der Burg näherte, sah ich eine Gestalt an einem der Fenster im ersten Stock. Mein Vater? Ja, es war sein Fenster, und er beobachtete Sim und mich. Sim in seinem Knechtskittel konnte er vom übrigen Gesinde wohl kaum unterscheiden, aber wenn er mich erkannte? Nun, es wäre wohl das erste Mal, daß er Notiz von mir nahm. Ich ging weiter, lässig und stolz. Allerdings benutzte ich den Seiteneingang zum Küchengewölbe. Ich hatte noch etwas Wichtiges mit Felim zu besprechen.

»Was soll ich denn tun, Lady Nerilka?« begann der Koch, ehe ich ihn bitten konnte, die Fleischreste für die Männer im Internierungslager aufzuheben. »Sie kam herunter und bestellte Gerichte, mit denen Lady Pendra nie und nimmer einverstanden gewesen wäre ...« Und dann brach er wieder in Tränen aus und wischte sich das Gesicht mit dem Geschirrtuch ab, das er stets im Schürzenlatz trug. »Sie war streng, unsere Lady Pendra, aber gerecht. Ich wußte, daß es keine Klagen gab, wenn ich meine Sache ordentlich machte.«

»Was wollte Anella denn?«

»Sie erklärte uns, daß ab jetzt sie sich um die Burgangelegenheiten kümmern würde. Ich soll eine eigene Brühe für ihre Kinder zubereiten, weil sie so empfindliche Mägen haben. Und sie will, daß zu jedem Essen Konfekt aufgetragen wird, da ihre Eltern Süßigkeiten bevorzugen. Außerdem hat sie befohlen, mittags und abends Braten zu servieren. Lady Nerilka, Sie wissen, daß das nicht möglich ist.« Er zuckte mit den Schultern, und Tränen liefen ihm über die Wangen. »Muß ich ihre Anweisungen wirklich ausführen?«

»Das werde ich herausfinden, Felim. Im Moment hältst du dich an den Speiseplan, den wir heute morgen aufgestellt haben. Nicht einmal für Anella können wir eine seit langem eingespielte Routine in einem Tag ändern.«

Dann bat ich ihn, soviel wie möglich vom Abendessen abzuzweigen und zu Theng hinausschaffen zu lassen.

»Ich nahm mir bereits gestern die Freiheit, die Reste ins Lazarett zu schicken, Lady Nerilka. Das hätte Lady Pendra auch getan. Oh, sie war gerecht, sie war gerecht ...« Er vergrub das Gesicht noch einmal im Geschirrtuch.

Felim verhielt sich großartig, auch wenn er mich ständig an meine Mutter erinnerte. Ich fand Ablenkung in dem Gedanken an Anella. Diese kleine Hure glaubte wohl, sie könne sich eine Burg von der Größe Forts unter den Nagel reißen und darin ebenso wirtschaften wie in dem rückständigen Stall, aus dem sie stammte. Der Gedanke an das Chaos, das dabei in Kürze entstehen mußte, erfüllte mich mit einer perversen Genugtuung. Anella verstand praktisch nichts von der Bewirtschaftung einer Burg; wenn sie meinen Vater auf Dauer zufriedenstellen wollte, mußte sie diese Dinge aber schleunigst erlernen. Wie kam sie auf die Idee, daß sie ohne weiteres Lady Pendras Aufgabenbereich übernehmen könnte, so wie sie ihren Platz im Bett übernommen hatte? Es sei denn ...

Wieder stieß ich im Aufenthaltsraum auf einen verzweifelten Campen. Das Gesicht meines Bruders war zornrot, und er beherrschte sich nur mühsam. Doral, Mostar und Theskin, die sich leise mit ihm unterhielten, trugen ähnliche Mienen zur Schau.

»Können wir denn gar nichts dagegen tun?« fragte Theskin gerade und umklammerte nervös den Griff seines Gürtelmessers.

Doral schlug sich mit der Faust hart gegen die Innenfläche der anderen Hand. »Nerilka, wo warst du? Weißt du, was geschehen ist?«

»Anella breitet sich aus und stellt Ansprüche.«

»Vater hat sie in Mutters Suite untergebracht! Bereits jetzt!« Der Zorn, den Campen und meine Brüder empfanden, war verständlich. »Er sucht übrigens nach dir, Rill. Er will wissen, was du den ganzen Tag getrieben hast, was du in der Nähe des Lazaretts wolltest – und weshalb du es überhaupt wagen konntest, dich dorthin zu begeben!«

»Ich wollte mich überzeugen, daß es dieses Internierungslager – oder Lazarett, wie er es nennt – tatsächlich gibt«, entgegnete ich bitter, ohne die restlichen Fragen zu beantworten. »Seit wann besteht es?«

»Das war unsere erste Aufgabe nach seiner Heimkehr«, erklärte Theskin und deutete auf sich und Doral. »Wir mußten die Wachen und ihre regelmäßige Ablösung organisieren. Und nun dies! Hätte er nicht wenigstens die Trauerzeit abwarten können?«

»Nun, vielleicht befürchtet er, daß er sich angesteckt hat, und will seine letzten Stunden genießen!«

»*Nerilka!*« Campen war entsetzt über meine Respektlosigkeit, aber Theskin und Doral lachten schallend.

»Damit könnte sie durchaus recht haben, Campie!« warf Theskin ein. »Unser Erzeuger hat noch nie auf seine kleinen Freuden verzichtet.«

»Theskin, jetzt reicht es aber!« zischte Campen voller Empörung.

Theskin zuckte mit den Schultern. »Ich verschwinde jetzt, um die Wachtposten zu überprüfen. Zum Abendessen bin ich wieder da. Das Schauspiel lasse ich mir auf gar keinen Fall entgehen.« Er blinzelte mir zu, zog Doral am Arm mit und ließ mich mit Campen allein zurück.

Ich hatte allerdings nicht die geringste Lust, mir eine Strafpredigt über meine Verfehlungen anzuhören. »Sieh dich vor, Campen!« sagte ich deshalb. »Sie hat zwei Söhne, und wenn sie weiter so rangeht, verdrängt sie uns bald in die oberen Stockwerke.«

Ganz offensichtlich hatte mein ältester Bruder an diese Möglichkeit noch nicht gedacht. Während er an dem Brocken kaute, den ich ihm hingeworfen hatte, verschwand ich in meinem behaglichen kleinen Zimmer an der Innenseite der Burg.

Ich weiß nicht mehr, ob ich beim Abendessen einen Bissen hinunterbrachte. Aber ich erinnere mich genau an die gespannte Atmosphäre. Unsere verstorbene Mutter hatte uns mit aller Strenge zur Gastfreundschaft erzogen, und so kam es, daß keiner von uns angesichts der Provokation aufbegehrte und unhöflich wurde. Ich erschien als eine der letzten im Speisesaal, und so überraschte es mich, daß sich so viele unserer älteren Verwandten aus dem zweiten Stockwerk eingefunden hatten. Die großen Tische waren aufgestellt; selbst der Platz meines Vaters auf dem Podium war gedeckt. Allem Anschein nach hatte sich Anella große Mühe gegeben.

»Hat man euch eingeladen?« flüsterte ich Onkel Munchaun zu, als er zu mir herüberkam.

»Nein, aber sie kennt unsere Gewohnheiten, oder?«

Man konnte sicher sein, daß Onkel Munchaun und die anderen Alten jedes aufregende Ereignis witterten und in Scharen herbeiströmten, damit ihnen ja nichts entging.

»Leider konnte ich in den Archiven bis jetzt nichts Brauchbares finden«, fuhr Onkel ruhig fort. »Aber ich habe noch einige der anderen für die Nachforschungen eingesetzt. Gibt es etwas Neues in den Gildehallen? Wie ich hörte, warst du heute drüben.«

Ich mißachtete den kleinen Seitenhieb. »Meister Tirone kam von seinem Schlichtungsauftrag zurück. Über den Bergpfad.«

»Dann sind ihm die neuen Errungenschaften unserer Burg entgangen?«

»Vermutlich. Ganz sicher ist er der Begegnung mit den Wachtposten entgangen.«

»Was ich beinahe schade finde«, murmelte Onkel Munchaun mit einem boshaften Glanz in den Augen. Dann stieß er mich warnend an. Ich drehte mich um und sah, wie Anella in den Saal rauschte, gefolgt von ihren Eltern.

Ihr großer Auftritt wurde von den hektischen roten Flecken auf den Wangen und dem schwankenden Gang ihres Vaters etwas getrübt. Wie ich später erfuhr, war er nicht betrunken, sondern hatte einen verkrüppelten Fuß. Aber ich war in jenem Augenblick nicht dazu fähig, Barmherzigkeit oder Mitleid zu empfinden. Der Alte besaß zumindest soviel Anstand, eine verlegene Miene aufzusetzen.

Anella trug ein üppig besticktes Goldgewand, das weder einem Abendessen im Familienkreis noch der Trauer von Burg Fort angemessen war. Sie schwebte die drei Stufen zum Podium empor und ging mit festen Schritten auf Mutters Stuhl zu. Onkel Munchauns Hand legte sich beruhigend auf meinen Arm.

»Baron Tolocamp wünscht, daß ich folgende Erklärung verlese!« Ihre Stimme klang schrill und schneidend, als wolle sie ihre neue Autorität durch Lautstärke unterstreichen. Sie entrollte ein Pergament und richtete die vorquellenden Augen auf die Botschaft:

»Ich, Erbbaron Tolocamp, zur Zeit aus Gründen der Quarantäne an der aktiven Leitung von Burg Fort verhindert, ernenne hiermit Lady Anella zur Burgherrin und übertrage ihr die Geschäfte der Burg, bis die von uns erwünschte eheliche Verbindung öffentlich vollzogen werden kann. Mein Sohn Campen wird unter meiner Leitung die Pflichten des Burgherrn übernehmen, bis die Quarantäne aufgehoben ist.

Ich verlange hiermit ausdrücklich von euch allen, daß ihr meine Anordnungen beachtet und jeden Kontakt mit Fremden meidet, bis Meister Capiam oder sein Stellvertreter in der Heiler-Halle die Quarantäne aufgehoben hat. Zuwiderhandlungen werden mit Aberkennung der Familienrechte und Verbannung bestraft. Ich fordere ferner das absolute Einhalten aller zusätzlichen Vorkehrungen, die ich getroffen habe, um die Sicherheit und das Wohlergehen von Fort, der ältesten und größten Burg auf Pern, zu gewährleisten. Gehorsam heißt Leben, Befehlsverweigerung bedeutet unweigerlich den Untergang.«

Anella hob das Pergament hoch. »Hier seht ihr seine Unterschrift und sein Siegel.« Und dann kam die eigentliche Kränkung. »Baron Tolocamp hat mich beauftragt herauszufinden, wer von euch sich heute so gefährlich nahe an das Lazarett heranwagte.« Ihre vorquellenden Augen musterten uns der Reihe nach.

Ich trat einen Schritt nach vorn. Peth, Jess, Nia und Gabin folgten meinem Beispiel.

»Was soll das?« kreischte Anella los. »Baron Tolocamp hat von einer Person gesprochen.«

»Wir alle waren das eine oder andere Mal in der Nähe dieses Internierungslagers«, erklärte Jess, ehe ich den Mund auftun konnte. »Keiner von uns kannte so eine Einrichtung.«

»Begreift ihr denn nicht? In diesem Lager leben Kranke!« Anellas Gesicht war bleich vor Angst. »Wenn ihr euch ansteckt, können wir alle an dieser Seuche sterben!«

»Die vielleicht schon von Baron Tolocamp eingeschleppt wurde, als er von Ruatha zurückkehrte!« hörte man eine Stimme aus dem Hintergrund.

»Wer war das? Wer hat diese abscheuliche Äußerung getan?«

Statt einer Antwort hörte man nur das Scharren von Stiefeln

auf den Steinfliesen. Selbst ich konnte nicht genau sagen, wer die Worte geflüstert hatte – wenngleich ich es Theskin am ehesten zutraute.

»Ich werde es herausfinden!« Anella keifte noch ein wenig weiter, aber sie würde die Wahrheit nie erfahren. Sie hatte gleich am ersten Abend die Chance vertan, das Vertrauen und die Achtung der Burgbewohner für sich zu gewinnen. »Baron Tolocamp soll erfahren, daß er eine Schlange an seinem Busen nährt!«

Sie musterte alle Anwesenden noch einmal mit zornerfülltem Blick, dann zerrte sie an dem schweren geschnitzten Stuhl, der am Ehrenplatz meiner Mutter stand. Sie war nicht kräftig genug, um ihn unter dem Tisch hervorzuziehen, und leises Gekicher begleitete ihre Anstrengungen. Ihre Mutter winkte gebieterisch eine Magd herbei, die ihr half. Als Anella endlich Platz genommen hatte, ließen sich ihre Eltern neben ihr nieder. Diejenigen unter uns, die normalerweise auf dem Podium saßen, verzichteten auf die Ehre, und alle rückten ein wenig zusammen, so daß wir an den Schragentischen Platz fanden.

»Wo sind Baron Tolocamps Kinder?« fragte sie, als wir uns gesetzt hatten. »Campen!« Sie deutete auf ihn, denn sie kannte ihn vom Sehen. »Theskin, Doral, Gallen! Nehmt eure Plätze ein!« Sie machte eine kurze Pause. Ich konnte sehen, daß ihre Mundwinkel ärgerlich zuckten. »Nalka? Ist das nicht die älteste überlebende Tochter?«

Onkel Munchaun stieß mich an. »Geh lieber hin, Rill, auch wenn sie deinen Namen nicht richtig kennt. Dein Vater wird sich an dir rächen, wenn du ihn in der Öffentlichkeit lächerlich machst.«

Ich wußte, daß er recht hatte. Als ich mich erhob, sah ich, wie die Mutter Anella etwas zuflüsterte.

»Außerdem gibt es sicher einen Harfner auf der Burg, oder? Wir pflegen dem Harfner die Ehre zu erweisen, die ihm gebührt.«

Casmodian verneigte sich mit einem gequälten Lächeln.

»Weshalb habt ihr dort unten Platz genommen?« erkundigte sie sich, als Campen und Theskin die Stufen zum Podium erklommen hatten.

»Verzeihen Sie, Lady Anella, wir dachten, Ihre Familie würde die Plätze beanspruchen«, entgegnete Theskin betont höflich.

Anella war nicht dumm; sie verstand den Seitenhieb genau, auch wenn sie keine passende Antwort parat hatte. Da übrigens niemand erwähnte, daß sie einige von Baron Tolocamps erwachsene Kinder vergessen hatte, war Peth, Jess und Gabin ein angenehmeres Abendessen beschieden als uns.

Mutig nahm Casmodian neben Anellas Vater Platz. Ich glaube, die beiden waren die einzigen an unserem Tisch, die zumindest versuchten, ein Gespräch anzuknüpfen. Ich zwang mich, ein paar Bissen zu essen, aber ich weiß nicht mehr, was ich zu mir nahm. Leider hatte ich nun die Muße, an all die Dinge zu denken, die ich *nicht* gesagt oder getan hatte, solange Mutter lebte. Ich bereute mein trotziges Fernbleiben, als sie mit meinen Schwestern von Burg Fort aufbrach. Und ich kochte vor Wut, daß Anella sich ihre Stellung anmaßte. Deshalb schwor ich mir, daß ich keinen Finger krumm machen würde, um ihr die Rolle als Burgherrin zu erleichtern. Da paßte es gut in mein Konzept, daß sie nicht einmal genau wußte, wie ich hieß. Und wenn ich die Stimmung im Speisesaal richtig einschätzte, dann hatte sie auch von den anderen keine Hilfe zu erwarten. Nicht einmal den kleinen Hinweis, daß Baron Tolocamps älteste Tochter den Namen Nerilka trug.

Ich trank an diesem Abend mehr Wein als gewohnt – oder vielleicht aß ich auch nur weniger als sonst. Jedenfalls schaffte ich es gerade noch, nach dem Abendessen in die Küche zu schlüpfen und mich zu vergewissern, daß die neue Burgherrin meinen Befehl hinsichtlich der Essensreste nicht rückgängig gemacht hatte. Dann wankte ich in mein Zimmer und fiel in einen tiefen tröstlichen Schlaf.

KAPITEL V

15. 3. 43

Die Trommeln weckten mich im Morgengrauen, denn in meiner Weinschwere hatte ich vergessen, mir Stöpsel in die Ohren zu schieben. Ich setzte mich kerzengerade auf, als ich die Botschaft vernahm: Zwölf Drachengeschwader hatten auf Igen erfolgreich einen Fädeneinfall bekämpft.

Wie konnten zwölf Geschwader in die Lüfte aufgestiegen sein, wenn die Hälfte der Drachenreiter an der Seuche erkrankt waren und der Weyr bereits die ersten Todesfälle gemeldet hatte? Wenn die Botschaften der letzten Tage stimmten, dann besaß Igen im Moment höchstens neun Geschwader – und weshalb hätte jemand die Dinge noch schrecklicher darstellen sollen, als sie ohnehin waren?

Ich stand auf und zog mich an. Als ich in die Küchengewölbe hinunterkam, brauten die Mägde gerade den ersten Kessel *Klah*. Der aromatische Duft belebte mich, und ich trank einen Becher des ersten, besonders kräftigen Suds, um meine Trauer und Verzweiflung zu verscheuchen. Als ich gerade den Haferbrei für das Frühstück anrührte, erschien Felim. Seine Miene heiterte sich auf, als er mich sah, doch gleich darauf runzelte er wieder gramvoll die Stirn.

»Ich mußte ganze Körbe mit Essensresten zum Lager schikken, Lady Nerilka. War die Abendmahlzeit nicht nach Ihrem Geschmack?«

»Wir hatten nach den Ereignissen des Tages kaum Appetit, Felim. Dich trifft daran keine Schuld.«

»*Sie* beschwerte sich über die geringe Auswahl an Süßspeisen«, berichtete er gekränkt. »Weiß sie überhaupt, was sie da verlangt? Ich kann doch nicht zwischen Mittag und Abend die Speisepläne einer ganzen Siebenspanne ändern!«

Ich versuchte ihn zu besänftigen. Das geschah aus reiner Gewohnheit; ich hatte nicht die geringste Lust, Anella in seinen Augen reinzuwaschen. Ein verärgerter Koch konnte in einer Burg von der Größe Forts durchaus zu einem echten Problem werden. Sollte Anella ruhig aus ihren Fehlern lernen und erfahren, wie schwer die Pflichten einer Burgherrin waren.

Erst in diesem Moment begriff ich die volle Bedeutung des Manifests, das sie am Vorabend verlesen hatte: Sie *war* jetzt Burgherrin und besaß sämtliche Machtbefugnisse meiner verstorbenen Mutter. Nun, es gab gewisse private Dinge aus dem Besitz von Lady Pendra, die ihr auf keinen Fall in die Hände fallen durften. Ich richtete noch ein paar tröstende Worte an Felim, um sicherzugehen, daß er abends ein vernünftiges Essen auf den Tisch brächte, und suchte dann hastig Mutters Büro in den Unteren Höhlen auf.

Dort nahm ich in aller Eile ihre privaten Aufzeichnungen an mich. Wir Mädchen wußten seit langem, daß sie sich Notizen über uns und das Personal zu machen pflegte, und wir vermieden es, allzu häufig in ihren Niederschriften aufzutauchen. In Anellas Händen würden die Einträge ein Erpressungswerkzeug darstellen, denn sie enthielten nicht nur unsere Kindheitssünden, sondern auch die intimen Nöte und Probleme der Bewohner im zweiten Stockwerk. Darüber hinaus besaß Mutter eine Schatulle mit Juwelen und Schmuck, der ihr ganz persönlich gehörte und nicht zu den Erbschätzen der Burg zählte. Von Rechts wegen mußten die Pretiosen unter ihren leiblichen Töchtern aufgeteilt werden. Da ich bezweifelte, daß Anella das tun würde, beschloß ich, diese Aufgabe selbst zu übernehmen.

Zunächst galt es, die Dinge sicher zu verwahren, noch ehe Anella den Besitz meiner Mutter zu durchwühlen begann. So eilte ich durch die Gesinde-Korridore zu den Lagerräumen und versteckte die beiden Pakete mit den Aufzeichnungen sowie das kleine Päckchen mit dem Schmuck auf dem obersten Brett eines staubigen Regals. Anella war mindestens zwei Handbreit kleiner als ich.

Ich befand mich gerade auf dem Rückweg, als Sim mir in den Weg trat.

»Lady Nerilka, sie sucht nach einer Lady Nalka.«

»Tatsächlich? Aber es gibt auf Burg Fort keine Lady Nalka, oder?«

Sim starrte mich verwirrt an. »Aber – aber meint sie damit nicht Sie, Lady?«

»Vielleicht, doch solange sie sich nicht angewöhnt, mich bei meinem richtigen Namen zu nennen, bin ich keineswegs verpflichtet, ihr Rede und Antwort zu stehen, Sim.«

»Wenn Sie meinen, Lady Nerilka.«

»Gut. Du gehst jetzt zu ihr, Sim, und sagst, daß du Lady Nalka nirgends auf der Burg finden kannst.«

»Das soll ich wirklich tun?«

»Ja, genau das sollst du tun.«

Er schlurfte davon und murmelte die Antwort vor sich hin: »Lady Nalka nirgends auf der Burg ... keine Lady Nalka auf der Burg ...«

Ich überquerte den Hof zur Harfner-Halle. Anella hatte im Moment vermutlich andere Dinge im Kopf als die Arzneivorräte, aber irgendwann würde ihr jemand den Tip geben, daß die älteste Tochter von Baron Tolocamp Lady Nerilka hieß. Und sie würde sich ganz bestimmt bei meinem Vater beschweren. Das bedeutete daß ich mit einer harten Strafe zu rechnen hatte, sobald Baron Tolocamp die Quarantäne beendete und seine Räume verließ. Aber noch besaß ich das volle Verfügungsrecht über die Arzneien, und ich hatte mir geschworen, daß die Heiler davon profitieren sollten.

Ein gutgelaunter Lehrling wies mir den Weg zum Küchentrakt der Halle. Während ich hinüberschlenderte, kam mir in den Sinn, daß ich in jüngster Zeit fast nur noch Küchengewölbe sah.

»Die Glasflaschen müssen richtig sterilisiert werden! Das bedeutet, daß du sie fünfzehn Minuten lang in sprudelnd kochendes Wasser tauchst und nicht einfach in den heißen Sand steckst!« erklärte Desdra gerade einem Gesellen. »Außerdem – oh, Lady Nerilka!« Desdra strahlte einen völlig neuen Optimismus aus, als sie mich begrüßte.

»Geht es Meister Capiam besser?«

»Er ist zum Glück wieder ganz der alte. Nicht jeder, der diese Seuche erwischt, muß daran sterben. Ist auf Burg Fort jemand erkrankt?«

»Wenn Sie meinen Vater meinen – er verläßt zwar seine Räume nicht, ist aber gesund genug, um seine Befehle zu erteilen.«

»Ich habe davon gehört.« Ihr schwaches Lächeln verriet mir,

daß sie die Veränderungen auf Burg Fort ebenfalls geschmacklos fand.

»Ich weiß nicht, wie lange ich noch über die Arzneivorräte verfügen kann. Deshalb möchte ich, daß Sie mir sagen, was Sie am dringendsten benötigen.«

Desdra hatte sich wieder dem Gesellen zugewandt, um ihn bei der Arbeit zu beobachten. Ganz offensichtlich hatte sie wichtigere Dinge im Kopf als die Arzneien. Aber dann sah sie mich mit einem Lächeln an und fragte: »Haben Sie die Möglichkeit zum Sieden, Filtrieren und Mixen?«

»Ich stelle seit Jahren sämtliche Medikamente für den Bedarf unserer Burg her.«

»Dann wäre ich Ihnen dankbar, wenn Sie aus Tussilago eine größere Menge Hustensirup sieden könnten. Warten Sie, ich gebe Ihnen das Rezept, das in diesem Fall am wirksamsten zu sein scheint.« Sie nahm ein Stück Wildleder und einen Kohlestift und schrieb hastig, aber gut leserlich die Zutaten und Mengen auf. »Scheuen Sie sich nicht, mehr Tussilago als gewohnt zu verwenden – es ist das einzige Mittel gegen den quälenden Hustenreiz.« Dann warf sie einen Blick auf eine andere Liste. Meine Anwesenheit schien sie ein wenig zu verwirren. »Und hat Ihre Mutter – oh, ich bitte um Verzeihung!« Ihre Hand legte sich kurz auf meinen Arm, und ich las Verlegenheit und Trauer in ihrem Blick. »Wir benötigen eine kräftige Brühe für die Kranken – ganze Kessel voll, wenn es geht!«

Ich überlegte, wie Felim reagieren würde, wenn ich nun auch noch Extrawünsche anmeldete. Aber vielleicht konnte ich die Brühe selbst auf dem kleinen Nachtherd zubereiten – Knochen und Fleischreste gab es genug in unserem großen Haushalt. Und der Ort, an dem Anella mich zuletzt vermuten würde, war der Herd im hintersten Winkel des Küchengewölbes.

»Kochen Sie die Flüssigkeit ein, bis die Brühe geliert«, meinte Desdra. »Auf diese Weise kann man sie leichter transportieren.« Wieder warf sie einen Blick auf die Glasflaschen. Das Wasser begann zu sprudeln.

Ich überließ sie ihrer Arbeit und verabschiedete mich. Die Heilerin wirkte so angespannt und erregt wie selten. Ob das allein mit Meister Capiams Genesung zusammenhing? Oder hatte man etwa ein Heilmittel gegen die Epidemie gefunden?

Es kostete mich den Rest des Tages, die Brühe und den Husten-sirup herzustellen. Der Tussilago brannte in der Tat so scharf, daß der Gaumen davon ganz gefühllos wurde. Ich fügte ein paar harm-lose Süßkräuter bei, um den Geschmack zu verbessern, und füllte das Gemisch in zwei riesige Glasballons, nachdem ich eine große Flasche für unseren eigenen Bedarf beiseite gestellt hatte. Außerdem trug ich das Sirup-Rezept in unser Arzneibuch ein.

Als Sim und ich die Produkte meiner Arbeit zur Halle hin-überbrachten, hatte die erregte Stimmung auch die übrigen Bewohner erfaßt. Aber der Heiler-Geselle, der mir den Sirup und die Brühe abnahm, ließ sich nicht aushorchen. Er be-dankte sich zwar überschwenglich, aber ich merkte deutlich, daß er mit seinen Gedanken weit weg war.

Irgendwie kam ich mir albern vor. Ich wollte helfen, und ich wußte, daß ich helfen konnte, aber niemand nahm mein Ange-bot an. Langsam kehrte ich über den dunklen Hof zur Burg zurück. In der Suite meines Vaters brannte Licht, ebenso in den Räumen, die meiner Mutter gehört hatten. Aber niemand stand am Fenster, um auszuspionieren, ob die neuen Vor-schriften und Verbote auch eingehalten wurden.

Ich warf einen Blick über die Schulter. Die Wachtposten pa-trouillierten am Rande des sogenannten Lazaretts. Benötigte Desdra den Sirup und die Brühe für das Lager? Wenn ja, dann hatte sich meine Arbeit gelohnt. Mit hocherhobenem Kopf be-trat ich die Burg.

KAPITEL VI

16. 3. 43

Campen entdeckte mich am nächsten Morgen in der Küche, als ich gerade den nächsten Kessel Brühe zusetzen wollte. »Hier bist du also! Anella sucht dich überall.«

»Sie sucht eine Lady Nalka. Kennst du jemanden auf Fort, der so heißt?«

Campen winkte unwirsch ab. »Du weißt ganz genau, daß sie dich meint.«

»Wenn sie nicht mal meinen Namen kennt, sehe ich keinerlei Verpflichtung, mit ihr zu reden.«

»Und inzwischen macht sie unseren Schwestern das Leben schwer. Dabei haben sie es auch ohne ihr Gekeife nicht einfach, Mutters Tod zu verkraften.«

Ich fühlte mich plötzlich elend. In meinem Zorn und Selbstmitleid hatte ich völlig vergessen, daß Lilla und Nia meinen Beistand brauchten.

»Sie will neue Kleider haben, die ihrem neuen Stand angemessen sind. Du kannst am geschicktesten mit der Nadel umgehen.«

»Kista war die beste Näherin von uns allen«, fauchte ich wütend. »Und Merin machte die ordentlichsten Säume. Aber ich gehe schon.«

Es war keine angenehme Unterredung. Natürlich hatte ich die Spielregeln der Höflichkeit verletzt. Dazu kam, daß Anella um einige Planetenumläufe jünger und ein gutes Stück kleiner war als ich. Aber ich hörte mir ihr Geschimpfe wortlos an, da ich wußte, daß ich diese Situation selbst verschuldet hatte. Es war ein schwacher Trost, daß sie den Kopf in den Nacken legen mußte, um mich zu schelten. In ihrem reich bestickten Morgenmantel, der ihre schmale Figur zu erdrücken schien und ihr ständig über die Hängeschultern rutschte, erinnerte sie an eine aufgeplusterte Wherhenne. Es fehlte ihr an Würde, Erfahrung, gesundem Menschenverstand und Humor.

»Was hat das zu bedeuten, daß Sie zwei volle Tage abwesend waren? Wenn Sie sich heimlich mit irgendeinem Pächterlümmel herumtreiben ...«

Bei dieser Anschuldigung unterbrach ich sie scharf: »Ich war mit der Zubereitung von Kraftbrühen und Hustensirup beschäftigt. Außerdem mußte ich unsere Arzneivorräte überprüfen – für den Fall, daß auch auf Fort die Seuche ausbrechen sollte.« Sie errötete bei meinem Hinweis auf die gegenwärtige Krise. »Ich trage seit Jahren die Verantwortung für alle medizinischen Belange des Burghaushalts.«

»Warum hat man mir das nicht gesagt? Ihr Vater ...« Sie preßte die Lippen zusammen und sprach nicht weiter.

»Mein Vater hat keine Ahnung von diesen Dingen. Alle häuslichen Angelegenheiten lagen in den Händen meiner verstorbenen Mutter.«

Sie warf mir einen forschenden Blick zu, aber ich hatte ruhig gesprochen und meine Worte mit großer Sorgfalt gewählt.

»Niemand hier gibt mir die richtigen Auskünfte!« beschwerte sie sich. »Wie heißen Sie denn – wenn nicht Nalka?«

»Nerilka.«

»Das klingt doch ganz ähnlich. Weshalb sind Sie nicht gekommen, als ich nach Ihnen schickte?«

»Weil man mich nicht verständigte.«

»Aber die Leute wußten, daß ich die älteste Tochter des Burgherrn suchte.«

»Sie sollten berücksichtigen, daß im Moment auf Burg Fort große Trauer und Verwirrung herrschen.«

Anella preßte die Lippen zu einem dünnen Strich zusammen, aber ihre vorquellenden Augen blitzten vor Zorn und verrieten, daß sie innerlich kochte. Sie rauschte zum Fenster, zerrte am Ausschnitt ihres Morgenmantels und kehrte wieder um.

»Da Ihre Mutter alles so perfekt organisiert hatte, gibt es auf Fort sicher irgendwo einen Vorrat an Stoffen und Schnittmustern. Begleiten Sie mich, damit ich das passende Material für meine neue Garderobe abmessen kann!«

»Tante Sira beaufsichtigt die Webstube.«

»Was kümmert mich diese Webstube? Ich möchte, daß Sie ein paar Kleider für mich nähen. Sie können doch mit Nadel und Faden umgehen, oder?« Als ich nickte, fuhr sie fort: »Wo sind die Schlüssel?« Ich deutete auf die kleine Truhe. Mit einem triumphierenden kleinen Aufschrei lief sie hin und riß die Schublade so weit auf, daß sie fast aus den Führungen kippte. Die Schlüssel der Burg hatten ihr noch zum Zeichen ihrer neuen Würde gefehlt. Sie mußte den massiven Ring mit beiden Händen festhalten. »Welcher Schlüssel gehört zur Stoffkammer? Und welcher öffnet den Tresor mit dem Familienschmuck? Und den Spezereien-Schrank?«

»Die einzelnen Stockwerke sind durch Farben gekennzeichnet. Die Schlüssel zu den Wirtschaftsräumen sind kleiner als die zu den Wohn- und Schlafräumen. Die goldenen Schlüssel führen in den Speise- und Aufenthaltssaal, die grünen in die Küchengewölbe.«

Ich verbrachte den Rest des Vormittags damit, meine Stiefmutter durch die verschiedenen Stockwerke der Burg zu führen – bis hinunter in die Gewölbe mit den Wirtschaftsräumen. Ihre Fragen beantwortete ich ausführlich und wahrheitsgemäß, aber ich dachte nicht daran, ihr freiwillig irgendwelche Informationen zu liefern. Hinterher wußte ich nicht, was mich mehr ärgerte – mein eigenes Verhalten oder ihre totale Ahnungslosigkeit in Haushalts- und Verwaltungsdingen. Hatte ihre Mutter sie denn überhaupt nicht zur Arbeit angehalten, obwohl sie die einzige Tochter des Hofes war? Ich nahm an, daß mein Vater den Tag verwünschen würde, an dem seine Sinnlichkeit über die Vernunft gesiegt hatte. Und die Inkonsequenz seines Verhaltens! Garben, der Mann, der um meine Hand angehalten hatte, war ihm nicht vornehm genug gewesen, obwohl er aus dem gleichen gesellschaftlichen Umfeld stammte wie Anellas Familie. Plötzlich wußte ich, daß ich auf keinen Fall hier sein wollte, wenn für Baron Tolocamp das große Erwachen kam.

Anella brauchte mich zum Zuschneiden einiger Kleider. Wenigstens besaß sie so viel Verstand, daß sie Nia und Lilla den Rest der Stoffbahnen für neue Kittel schenkte. Das hatte zur Folge, daß die beiden bereitwillig bei der Näharbeit halfen. Sobald die Schnitte geheftet waren und die Mädchen allein zurechtkamen, zog ich mich unter dem Vorwand zurück, daß ich nach meinen Arzneien sehen müßte.

An diesem Tag erfuhr ich in der Harfner-Halle erstmals von den Blutserum-Injektionen, die man den Kranken verabreicht hatte. Man schilderte mir in Kurzform die alte Heilmethode, an die sich Meister Capiam erinnert hatte: Aus dem Blut der Genesenen wurde durch Ausschleudern des Serums ein Impfstoff gewonnen, der gerade so viele Krankheitskeime enthielt, daß er die Abwehrreaktion des Körpers in Gang setzte und auf diese Weise die Seuche bekämpfte. Die Heiler hatten die ersten Injektionen erhalten, da sie am stärksten gefährdet waren. Bei Meister Fortine, der bereits erkrankt war, verlief der Heilungsprozeß seit der Impfung wesentlich rascher. Man hoffte, daß es bald, sehr bald genug von diesem Serum geben würde, um alle Bewohner von Pern vor der Ansteckung zu schützen. Unser Planet war gerettet!

Ich blieb trotz der Begeisterungsstürme ein wenig skeptisch, aber die Atmosphäre in der Halle war durchdrungen von Hoffnung und Erleichterung. Als ich in die Burg zurückkehrte, fühlte ich mich befreit von der bedrückenden Angst, daß noch mehr Menschen, die ich liebte, den Tod finden könnten. Ich rannte in die Nähstube, um meinen Schwestern die gute Nachricht zu bringen. Natürlich war auch Anella anwesend; ihr entging kein Wort, und sie befragte mich eingehend, ehe sie aus dem Zimmer stürzte. Vielleicht lag ihr die Gesundheit meines Vaters doch mehr am Herzen als sein großer Besitz.

Wie es genau geschah, weiß ich nicht, aber am Abend tauchten plötzlich drei Heiler in der Burg auf. Sie wurden sofort in die Privaträume meines Vaters geleitet. Ich nehme an, daß sie ihn zuerst impften. Ganz sicher kamen gleich danach Anella und ihre beiden Kleinen an die Reihe. Zu meiner völligen Verblüffung versammelte Vater jedoch auch seine übrigen Söhne und Töchter und ließ uns allen eine Injektion verabreichen. Meine jüngeren Geschwister ertrugen das Pieksen der Nadeldorne, ohne eine Träne zu vergießen.

»Der Impfstoff reicht noch für etwa fünfzehn Personen, Lady Nerilka«, flüsterte mir der Heilergeselle zu, während er mich behandelte. »Wen schlagen Sie vor? Desdra meinte, ich soll mich an Sie wenden. Sie wüßten hier am besten Bescheid.«

Ich bat ihn, zunächst sämtliche Pflegerinnen der Kinderkrippe zu impfen, dann unsere drei Harfner sowie Felim und seinen Stellvertreter. Außerdem Tante Sira, da sie allein all die herrlichen Brokatmuster kannte, auf die unsere Burg so stolz war. Und Burgverwalter Barndy mitsamt seinem Sohn. Die beiden waren unersetzlich, solange Vater sich weigerte, seine Räume zu verlassen. Onkel Munchaun sollte ebenfalls eine Injektion erhalten. Er konnte im Notfall die Rolle des Burgverwalters übernehmen, und er war der einzige, der Baron Tolocamp gelegentlich anbrüllte, ohne eine Vergeltungsmaßnahme zu riskieren.

17. 3. 43

Anella zwang mich, den größten Teil des Vormittags in der Nähstube zu verbringen. Ständig mäkelte sie an unserer Arbeit herum. Ab und zu mußten wir eine Naht auftrennen, die völlig in Ordnung war, während sie tatsächliche Schlampereien übersah. Nach einer Weile begannen meine Nerven zu flattern. Lilla, Nia und Mara zeigten mehr Geduld als ich, aber immerhin sollten sie ja neue Kittel für ihre Mühe erhalten.

Anella war zudem geschmacklos genug, uns Baron Tolocamps neueste Anweisungen an den Burgverwalter und Campen zu übermitteln: Ab sofort durfte aus den Vorratskammern der Burg nichts mehr an die Bedürftigen abgegeben werden. Da Fort die Verantwortung für die Bewohner seines Herrschaftsbereiches trage, sei es in dieser Zeit der Krise verpflichtet, mit gutem Beispiel voranzugehen und äußerste Sparsamkeit walten zu lassen. Das gelte auch, fuhr Anella mit sichtlichem Vergnügen fort, für die Heiler- und Harfner-Halle. Meister Capiam und Meister Tirone hätten sich bereits zu einem Gespräch angesagt – vermutlich um Lebensmittel und Arzneien zu erbitten.

Als ich das hörte, reichte es mir endgültig. Meine Geduld, meine Höflichkeit und meine Loyalität waren erschöpft. Ich konnte weder die Anwesenheit dieser Frau ertragen noch die Feigheit und den Geiz meines Vaters, der mit seinem Verhalten Schande über unser altehrwürdiges Geschlecht brachte. Mein Entschluß stand fest: Ich würde Burg Fort verlassen.

Unter dem Vorwand, daß ich ein neues Konfekt-Rezept für das Abendessen ausprobieren wolle, verließ ich die Nähstube. Ich durchquerte die Küchengewölbe und begab mich in den kleinen Apotheken-Raum. Dort destillierte ich Fellis in dem größten Kessel, den ich fand, und kochte noch einmal eine Riesenmenge Tussilago-Sirup. Während die Flüssigkeit auf dem Herd siedete, plünderte ich die vollgestopften Regale. Ich zweigte von sämtlichen Kräutern und Wurzeln großzügige Portionen ab, bündelte und verpackte sie und stapelte sie in einer kühlen Ecke des inneren Lagerraums. Ich war ziemlich sicher, daß Anella hier nicht auftauchen würde. Dann füllte ich den Fellissaft und den Tussilago-Sirup in strohumwickelte Glasballons und schnürte ein kleines Bündel mit meiner persönlichen Habe. Um keinen Verdacht zu erregen, bereitete ich noch etwas von dem klebrigen Konfekt, das Anella und ihre Eltern so sehr schätzten.

An diesem Abend suchte ich Onkel Munchaun auf. Ich überreichte ihm den persönlichen Schmuck meiner Mutter und bat ihn, die Sachen später an meine Schwestern zu verteilen.

»Hm.« Er warf einen nachträglichen Blick auf das Päckchen und wog es in der Hand. »Hast du nichts davon für dich behalten?«

»Nur einige Erinnerungsstücke. Ich glaube nicht, daß ich an meinem neuen Wirkungsort Schmuck brauchen werde.«

»Gib mir die Nachricht, wenn du kannst, Rill. Ich werde dich sehr vermissen.«

»Ich dich auch, Onkel. Gibst du ein wenig auf meine Schwestern acht?«

»Habe ich das nicht immer getan?«

»Mehr als alle anderen.« Ich konnte nichts mehr sagen, sonst wäre mein Entschluß ins Wanken geraten. Hastig floh ich aus dem zweiten Stock in mein Zimmer.

18. 3. 43

Ich hatte am nächsten Tag eben wieder einen Kessel mit Kraftbrühe angesetzt, als ich den Meisterharfner und den Meisterheiler zu ihrer Unterredung in die Burg kommen sah. Ich winkte Sim zu mir und befahl ihm, mit zwei anderen Knechten vor dem Apothekenraum auf mich zu warten, weil ich in Kürze einen Auftrag für sie hätte.

Hastig schlüpfte ich in meine vorbereiteten Reisekleider und stopfte noch ein paar persönliche Dinge in die Gürteltaschen. Dann warf ich einen Blick in den kleinen Spiegel an der Wand meines Zimmers. Einen Moment lang zögerte ich. Auf mein langes dichtes Haar war ich immer sehr stolz gewesen. Aber dann nahm ich kurzentschlossen die Schere, schnitt die dicken Flechten ab und schob sie in den dunkelsten Winkel meines Zimmers. In den nächsten Stunden würde wohl kaum jemand auf den Gedanken kommen, mein Zimmer zu durchsuchen. Und das kurze Haar paßte gut zu der Rolle, die ich von nun an im Leben spielen wollte.

Ich kämmte die Haare straff nach hinten und band sie mit einer Lederschnur im Nacken zusammen. Dann verließ ich das Zimmer, das mir seit meinem achtzehnten Sommer Zuflucht geboten hatte, und huschte über die Wendeltreppe in den ersten Stock, wo sich die Suite meines Vaters befand.

Dicht neben der Tür zu seinen Räumen bildete ein Torbogen eine Nische an der inneren Korridorwand. Kaum hatte ich in seinem Schatten Stellung bezogen, als von der Harfner-Halle die Trommeln herüberdröhnten. Sie verkündeten, daß Orlith fünfundzwanzig Eier gelegt hatte und daß sich darunter ein Königinnen-Ei befand. Endlich eine gute Nachricht! Sicher herrschte im Fort-Weyr großer Jubel über das Ereignis. In diesem Moment vernahm ich die mürrische, unzufriedene Stimme meines Vaters jenseits der Tür. Ich schüttelte den Kopf. Zu normalen Zeiten hätte er ein Gelege des Fort-Weyrs mit einer Runde Wein für alle gefeiert.

Es befand sich niemand in der Nähe. Zu dieser frühen Stunde hatte das Gesinde in den Wirtschaftsräumen mehr als genug zu tun. Ich trat dicht an die Tür heran und preßte das Ohr gegen das Holz. So konnte ich den größten Teil der Unterredung verstehen. Capiam und Tirone hatten klare, kräftige Stimmen, die weit trugen – besonders jetzt, da sie ärgerlich schienen. Nur meinen Vater verstand ich schlecht.

»Fünfundzwanzig Eier sind eine ganze Menge!« sagte Capiam gerade. »Wir befinden uns immerhin kurz vor einem Intervall.«

»Moreta ... Kadith ... Paarungsflug aufsteigt. Sh'gall ... sehr krank.«

»Das sind Dinge, die uns nichts angehen«, hörte ich Meister

Tirone sagen. »Außerdem hat die Krankheit eines Reiters keine Auswirkungen auf die Leistungsfähigkeit eines Drachen. Und da Sh'gall heute in Nerat gegen die Sporen kämpft, scheint er wieder gesund zu sein.«

Ich wußte, daß beide Weyrführer an der Seuche erkrankt waren, denn man hatte in aller Eile Jallora von der Heiler-Halle in den Fort-Weyr entsandt, nachdem der dortige Heiler gestorben war. Weshalb Sh'gall allerdings in Nerat Fäden bekämpfte, entzog sich meiner Kenntnis.

»Ich wollte, man würde uns über die Verhältnisse in den Weyrn besser aufklären«, meinte mein Vater. »Ich mache mir solche Sorgen ...«

»Die *Weyrn*«, – Tirone betonte das Wort –, »haben ihre Pflichten gegenüber den Burgen auch in dieser schweren Zeit erfüllt, wie es die Tradition verlangt.«

»Habe *ich* etwa die Krankheit in den Weyrn eingeschleppt?« fragte mein Vater streitsüchtig. »Oder in den Burgen? Wenn die Drachenreiter nicht ständig hierhin und dorthin flögen ...«

»Und die Burgherren nicht so sehr darauf bedacht wären, in jedem Winkel des Kontinents ...«, zischte Capiam wütend.

»Jetzt ist nicht der geeignete Augenblick für gegenseitige Vorwürfe!« unterbrach Tirone sie rasch. »Tolocamp, Sie wissen ebensogut, wenn nicht besser als wir alle, daß ein paar Seeleute dieses Katzenscheusal auf unseren Kontinent brachten!« In der Stimme des Meisterharfners schwang Mißbilligung mit. »Kehren wir lieber zu dem Thema zurück, das von der Trommelbotschaft unterbrochen wurde. In dem Lazarett, das Sie errichten ließen, liegt eine Reihe von Schwerkranken. Wir haben im Moment nicht genug Impfstoff, um ihnen zu helfen, aber man könnte ihnen wenigstens anständige Quartiere beschaffen und eine gute Pflege angedeihen lassen.«

»Sagten Sie nicht selbst, daß Heiler bei ihnen sind?« Die Stimme meines Vaters klang unwirsch.

»Heiler sind nicht immun gegen Viren, und auch sie können ohne Medikamente nichts ausrichten«, sagte Capiam drängend. »Sie besitzen große Arzneivorräte ...«

»... die noch meine verstorbene Gemahlin gesammelt und zubereitet hatte ...«

»Baron Tolocamp«, – ich konnte den Zorn in Meister Capiams Stimme spüren –, »wir brauchen diese Arzneien!«

»Für Ruatha, habe ich recht?«

»Es gibt noch mehr Burgen und Höfe auf Pern!« erklärte Capiam, und das klang, als stünde Ruatha ganz unten auf seiner Liste.

»Die Vorratshaltung gehört zu den Pflichten eines jeden Burgherrn. Ich denke nicht daran, meinen Untertanen die Dinge zu rauben, die sie vielleicht selbst dringend benötigen.«

Tirone mischte sich in das Streitgespräch ein. »Wenn es die Weyr schaffen, in dieser harten Zeit ihre Verantwortung weit über die Grenzen der ihnen anvertrauten Gebiete auszudehnen, dann werden Sie sich doch nicht weigern, das gleiche zu tun.« In seinem vollen Baß schwang ein bittender Ton mit.

Ich war empört über die grobe Antwort meines Vaters:

»O doch! Ich weigere mich! Kein Fremder soll es wagen, meinen Besitz zu betreten! Ich will nicht, daß diese Seuche oder sonst eine ansteckende Krankheit eingeschleppt wird. Ich setze das Wohl von Burg Fort nicht länger aufs Spiel. Und ich gebe nichts mehr von meinen Vorräten ab!«

Hatte mein Vater denn keine einzige der Botschaften vernommen? Wußte er nicht, daß in Keroon, Ista, Igen, Telgar und Ruatha Tausende den Tod gefunden hatten? Meine Mutter und vier meiner Schwestern gehörten zu den Opfern, desgleichen wohl auch die Wächter und Diener, die sie begleitet hatten – aber das waren insgesamt vierzig von ... vierhundert, viertausend, vierzigtausend?

»Dann werden meine Heiler die Burg verlassen.« Ich nickte zustimmend, als ich Capiams Drohung hörte.

»Aber, aber, *das können Sie nicht tun?*«

»Selbstverständlich kann er, können *wir* das tun«, entgegnete Meister Tirone. Stuhlbeine scharrten über den Boden; offenbar hatten sich die Männer erhoben. Ich preßte beide Hände gegen die Lippen. »Sie haben vergessen, daß die Gildeangehörigen unserer Rechtsprechung unterstehen ...«

Ich zog mich hastig in den Schatten des Torbogens zurück, als die Tür heftig aufgerissen wurde und Capiam in den Korridor stürmte. Zorn lag auf den Zügen des Meisterheilers. Tirone folgte ihm und schmetterte die Tür ins Schloß.

»Ich trommle meine Leute zusammen. Dann treffen wir uns im Lager.«

»Ich hätte nicht gedacht, daß es dazu kommen würde.« Capiam schüttelte düster den Kopf.

Ich hielt den Atem an. Einen Moment lang befürchtete ich, daß sie ihren Entschluß rückgängig machen könnten – dabei brauchte mein Vater Widerstand, um zur Vernunft zu kommen.

»Tolocamp hat die Großherzigkeit der Gilden einmal zu oft ausgenützt. Ich hoffe, dieser Vorfall erinnert auch andere Burgherren daran, daß wir gewisse Rechte besitzen.«

»Holen Sie Ihre Leute, Tirone, aber kommen Sie nicht mit ins Lager. Sie werden in der Halle dringend gebraucht.«

»Wozu?« Tirone lachte bitter. »Meine Leute schmachten bis auf wenige Ausnahmen in diesem verdammten Lager ...«

In diesem Moment wußte ich, wohin ich gehen würde, wenn ich die Burg verließ, und ich wußte auch, wie ich die Schande, die mein Vater über die Familie gebracht hatte, wieder tilgen konnte.

»Meister Capiam.« Ich trat aus dem Schatten. »Ich besitze die Schlüssel zu den Vorratsräumen.«

»Aber wie ...?« Tirone beugte sich vor und musterte meine Züge. Er kannte mich ebensowenig wie Meister Capiam, aber ihnen war wohl klar, daß ich zur ›Fort-Horde‹ gehörte.

»Baron Tolocamp machte seinen Standpunkt bereits klar, als der Hilferuf nach Arzneien hier eintraf. Aber einen Großteil der Pflanzen und Kräuter habe ich gesammelt und zubereitet.«

»Lady?« Capiam wartete darauf, daß ich meinen Namen nannte. Seine Stimme klang sanft und freundlich.

»Nerilka«, sagte ich hastig. »Es ist mein Recht, Ihnen die Früchte meiner Arbeit anzubieten.« Tirone schien zu begreifen, daß ich an der Tür gehorcht hatte, aber das war mir gleichgültig. »Allerdings stelle ich eine Bedingung.« Ich ließ die Schlüssel durch die Finger gleiten.

»Wenn ich sie erfüllen kann«, meinte Capiam vorsichtig.

»Ich möchte die Burg mit Ihnen verlassen und die Kranken

in diesem schrecklichen Lazarett vor den Toren von Fort pflegen. Ich bin geimpft. Baron Tolocamp war an jenem Tag ungemein großzügig. Aber wie dem auch sei, ich habe keine Lust mehr, in einer Burg zu leben, in der mich ein Mädchen, das jünger ist als ich, als billige Arbeitskraft auszunützen versucht. Sie und ihre Familie durften die Burg betreten, während die Heiler und Harfner da draußen sterben.« Beinahe hätte ich hinzugefügt: ›So wie er meine Mutter und meine Schwestern auf Ruatha sterben ließ!‹ Statt dessen faßte ich Capiam leicht am Ärmel. »Hier entlang, rasch!«

Ich wußte, daß Tolocamp sich bald von seinem Schock erholen und dann nach Barndy oder einem meiner Brüder rufen würde.

»Ich werde inzwischen unsere Gildenangehörigen verständigen und mit ihnen die Burg verlassen«, sagte Tirone. Er wandte sich ab und ging über den Hof.

»Junge Frau, sind Sie sich über die Folgen dieses Schrittes im klaren? Wenn Sie die Burg ohne Erlaubnis Ihres Vaters verlassen, besonders jetzt, da seine Stimmung mehr als gereizt ist ...«

»Meister Capiam, ich bezweifle, daß er mein Verschwinden überhaupt bemerkt«, unterbrach ich ihn. Vielleicht hatte sogar er Anella gesagt, daß ich Nalka hieße. »Vorsicht, die Stufen sind sehr steil!« warnte ich, als mir einfiel, daß es der Meisterheiler nicht gewöhnt war, Hintertreppen zu benutzen. Ich entfachte eine Handlampe.

Capiam stolperte einige Male, während wir die gewundene Treppe hinunterstiegen, und ich hörte seinen erleichterten Seufzer, als wir endlich den breiteren Gang zu den Vorratsräumen erreicht hatten. Sim und zwei andere Knechte saßen mit unbewegten Mienen auf der Holzbank neben der Tür.

»Ihr seid pünktlich, wie ich sehe.« Sim hatte wohl nicht damit gerechnet, hier dem Meisterheiler zu begegnen, und ich nickte ihm beruhigend zu. »Vater schätzt Pünktlichkeit.« Mit diesen Worten sperrte ich die Tür auf.

Ich ging voraus und machte Licht. Meister Capiam tat einen erstaunten Ausruf, als er den Raum erkannte, in dem er und meine Mutter oft die Kranken der Burg behandelt hatten. Ich betrat den Vorratsraum.

»Sehen Sie, Meister Capiam! Das sind die Früchte meiner Arbeit, seit ich alt genug war, Blätter und Blüten zu pflücken oder Wurzeln und Knollen auszugraben. Ich will nicht behaupten, daß ich jedes einzelne Regal bis an den Rand gefüllt habe, aber meine Schwestern würden mir ihren Anteil nicht verweigern, wenn sie noch lebten. Leider sind nicht mehr alle dieser Schätze zu gebrauchen, selbst Kräuter und Wurzeln verlieren mit der Zeit ihre Heilkraft. Nur die Tunnelschlangen werden fett von dem Zeug.« Ich hatte das Rascheln gehört, als ich die Leuchtkörbe ansteckte und die lästigen Schmarotzer die Flucht ergriffen. »Sim, verteil die Joche, die dort drüben in der Ecke liegen!« Ich hob meine Stimme, denn meine vorangegangenen Worte waren nur für den Meisterheiler bestimmt gewesen. Er sollte nicht den Eindruck erhalten, daß er unsere Burg um lebensnotwendige Dinge beraubte. »Ihr schafft zuerst die Ballen ins Freie.« Sie gehorchten, und ich wandte mich Meister Capiam zu. »Darf ich Ihnen den Fellissaft anvertrauen? Ich nehme das da.« Ich packte den zweiten Glasballon an der Trageschlaufe und schlang ihn mir über die Schulter. »Ich habe heute nacht frischen Tussilago gemischt, Meister Capiam. So ist es gut, Sim. Ihr könnt jetzt losgehen. Wir benutzen den Küchenausgang. Baron Tolocamp hat sich erst kürzlich darüber beschwert, daß die Dienstboten die Teppiche des Wohntraktes zu sehr abnützen.« Das war eine schamlose Lüge. »Wir richten uns am ehesten nach seinen Befehlen, auch wenn es einen Umweg für uns bedeutet.«

Ich deckte die Leuchtkörbe zu und setzte den Glasballon ab, um die Tür zum Vorratsraum wieder zu versperren. Capiam warf mir einen sonderbaren Blick zu, aber ich kümmerte mich nicht darum. Jetzt kam es nur darauf an, die Burg ungesehen zu verlassen.

»Ich würde gern mehr mitnehmen, aber so ist es sicherer. Vier Knechte bei der mittäglichen Wachablösung, das fällt dem Posten vermutlich nicht auf.« Jetzt erst bemerkte Capiam mein grobes Arbeitsgewand und die schweren Stiefel. »Keiner wird sich Gedanken darüber machen, wenn einer der Knechte zum Lager weitergeht. Und das Gesinde in der Küche wird nichts dabei finden, daß der Meisterheiler Vorräte mitnimmt.«

An solche Dinge hatte ich die Dienstboten seit langem gewöhnt. »Im Gegenteil, es würde die Leute wundern, wenn Sie mit leeren Händen gingen.«

Ich hatte die Außentür verschlossen und warf einen nachdenklichen Blick auf meinen Schlüsselbund. Ich konnte ihn nicht so einfach an den Wandhaken hängen. »Mart weiß nie«, murmelte ich und schob ihn in meine Gürteltasche. »Meine Stiefmutter hat ihre eigenen Schlüssel. Sie denkt, es seien die einzigen. Mutter dagegen fand immer, daß die Kräuterküche das geeignete Reich für mich sei. Hier entlang, Meister Capiam!«

Er folgte mir, und ich spürte, wie er nach Argumenten suchte, um mich zum Hierbleiben zu bewegen.

»Lady Nerilka, wenn Sie jetzt die Burg verlassen ...«

»Daran besteht kein Zweifel.«

»... wird Baron Tolocamp ...«

Ich blieb mit einem Ruck stehen und sah den Heiler an. Das Küchengesinde mußte nicht unbedingt mitanhören, daß wir ein Streitgespräch führten. »Er wird meine Abwesenheit gar nicht bemerken. Und das da fehlt ihm sicher nicht.« Während ich den Glasballon aufnahm, verschwand Sim bereits durch den Nebenausgang. Ich hielt es für besser, ihm zu folgen. »Ich kann den Leuten im Lager echte Hilfe bringen, denn ich weiß, wie man Pulver mischt und Heiltränke braut. Es ist besser, etwas Nützliches zu vollbringen, als abgeschoben in irgendeiner Ecke herumzusitzen.« *Und Säume für die Prunkgewänder meiner Stiefmutter zu nähen*, dachte ich, aber ich sprach es nicht aus. »Und ich weiß, daß Ihre Helfer überfordert sind. Sie brauchen jede Unterstützung.

Außerdem«, – ich berührte die Schlüssel in meiner Gürteltasche –, »kann ich notfalls immer noch zurückkehren. Sehen Sie mich nicht so erstaunt an! Die Dienstboten tun das ständig. Warum nicht auch ich?«

Ich mußte Sim und die anderen einholen, wenn ich nicht unangenehm auffallen wollte. Und ich durfte nicht vergessen, mich wie ein Knecht zu verhalten. Sobald wir das Küchengewölbe verlassen hatten, ließ ich die Schultern hängen, senkte den Kopf, schlurfte mit schwerfälligen Schritten über

den Sand und tat, als würde mich meine Last völlig nieder-
drücken.

Meister Capiam warf einen Blick nach links, wo der Haupthof und der Treppenaufgang zur Burg lagen. Tirone kam mit
den Heilern, die bis jetzt unsere alten Leute versorgt hatten,
und mit drei Harfnern die Rampe herunter.

»Er wird sie beobachten und nicht uns«, erklärte ich Meister
Capiam, denn auch ich hatte die Gestalt meines Vaters am offenen Fenster bemerkt. Vielleicht holte er sich noch durch eine
Erkältung den Tod. »Gehen Sie etwas gebückter, Meister Capiam! Im Augenblick sind Sie nur ein Knecht, der widerwillig
bis zur Burggrenze geht, weil er Angst hat, sich anzustecken
und wie alle im Lager zu sterben.«

»Es sterben nicht alle im Lager!«

»Natürlich nicht«, erklärte ich hastig, als ich den Ärger in
seiner Stimme spürte. »Aber Baron Tolocamp ist davon überzeugt. Und er hämmert es den Burgbewohnern immer wieder
ein. Oh, ein verspäteter Versuch, den Exodus aufzuhalten!«
Ich entdeckte Helmspitzen an der Balustrade. »Gehen Sie weiter, als sei nichts geschehen!« Der Meisterheiler war für einen
Moment stehengeblieben, und ich wollte vermeiden, daß Vater seine Aufmerksamkeit uns zuwandte. Der Abzug der Heiler
und Harfner bot eine willkommene Ablenkung. »Sie können
so langsam gehen, wie Sie wollen, das tun alle Dienstboten,
aber halten Sie auf keinen Fall an!«

Ich drehte den Kopf nach links. Das fiel sicher nicht auf,
denn das Gesinde hatte die Angewohnheit, Befehle zu mißachten, wenn es etwas Interessanteres als den Alltagstrott zu
sehen bekam. Und Wachen, die eine Gruppe von Heilern und
Harfnern verfolgten, waren ein aufregender Anblick. Ganz besonders Wachen, die nur widerwillig zu gehorchen schienen.
Ich konnte mir Barndys Bestürzung vorstellen. »Den Meisterharfner festhalten, Baron Tolocamp? Aber das geht doch nicht!
Die Heiler ebenfalls? Werden sie nicht dringend in ihrer Gildehalle gebraucht?«

Nach einem kurzen Wortwechsel mit Tirone blieben die
Wachen stehen, und die Gruppe setzte ihren Weg zur Harfner-
halle unbehelligt fort.

Wir hatten bereits die Straße überquert. Ich ging noch immer in der gebückten Knechtshaltung, aber ich bezweifelte, daß mein Vater auch nur einmal in unsere Richtung geschaut hatte. Sim und die beiden anderen hatten die Postenkette erreicht, und Theng warf einen mißtrauischen Blick auf die Lasten, die sie schleppten, aber dann sah er den Korb mit dem Mittagessen für seine Leute, und er entspannte sich.

Ich begann mir Sorgen um Meister Capiam zu machen. Er wurde dringend in der Gildehalle gebraucht, und ich wollte nicht, daß man ihn im Lager festhielt.

»Wenn Sie den Grenzzaun überschreiten, Meister Capiam, läßt er Sie nicht mehr zurück.«

»Wenn es mehr als einen Weg in die Burg gibt, dann wird es auch mehr als einen Weg über den Grenzzaun geben«, meinte er mit einem spöttischen Lächeln. »Wir sehen uns später, Lady Nerilka.«

Ich nickte erleichtert. Wir waren dem Lager inzwischen so nahe, daß ich die Männer und Frauen erkennen konnte, die in gebührendem Abstand warteten, um die Sachen in Empfang zu nehmen.

»Einen Moment, Meister Capiam!« Theng kam erschrocken auf uns zu, als er sah, daß sich der Meisterheiler zielstrebig der Wachhütte näherte. »Sie müßten im Lazarett bleiben, wenn Sie ...«

»Keine Sorge. Ich möchte lediglich verhindern, daß diese Medizin hier mehr als nötig herumgestoßen wird, Theng. Machen Sie den Leuten klar, daß die Fracht kostbar und sehr zerbrechlich ist.«

Ich wandte mich ab und beschäftigte mich eingehend mit dem Glasballon. Theng kannte mich gut, und er würde für einigen Wirbel sorgen, wenn er meine Absicht durchschaute.

»Gut, den Gefallen kann ich Ihnen gern erweisen«, entgegnete Theng. Er stellte den Glasbehälter neben die Ballen und schrie den wartenden Männern und Frauen zu: »He, das hier ist ein Medikament, das ihr mit Vorsicht behandeln sollt! Am besten übergebt ihr es gleich einem Heiler.«

Ich hätte Capiam gern gesagt, daß ich mich um den Glasballon und die übrigen Medikamente kümmern würde, aber ich wagte mich nicht in Thengs Nähe. Der Wachoffizier geleitete Meister Capiam ein Stück zur Straße zurück, um sich zu vergewissern, daß er jenseits der Grenzlinie blieb. Ich nutzte die Gelegenheit und ging mit schnellen Schritten den Weg hinunter, auf die Abordnung des Lagers zu.

»Äh, Sie verstehen, Meister Capiam«, hörte ich Theng sagen, »ich kann nicht zulassen, daß Sie mit einem Ihrer Gildeangehörigen zusammenkommen.«

Ich war ungemein erleichtert, daß Theng den Meisterheiler so energisch am Betreten des Lazaretts gehindert hatte. Vielleicht war es anmaßend von mir, aber ich fand, daß Capiam in der Halle mehr ausrichten konnte als hier. Er mußte seine Leute führen und sich mit den Meistern der anderen Gilden beraten – besonders jetzt, da er und der Meisterharfner meinem Vater den offenen Kampf angesagt hatten. Auch wenn ich seine Haltung als Heiler bewunderte – es hatte keinen Sinn, wenn er sich in diesem Lager in Gefahr brachte. Vielleicht konnte man das Lazarett nun, da der neue Impfstoff zur Verfügung stand, ohnehin bald auflösen. Dagegen würde es noch lange dauern, bis Burg, Halle und Weyr die Folgen der Seuche überwunden hatten und zum Alltag zurückkehrten.

Außerdem hatte ich einen sehr selbstsüchtigen Grund, wenn ich mich gegen Capiams Anwesenheit im Lager sträubte. Ich hatte nämlich die Absicht, nicht nur meine Identität, sondern auch meine Burgzugehörigkeit zu wechseln. Möglich, daß einige der Harfner und Heiler im Lazarett mein Gesicht schon gesehen hatten, aber sie würden mich nicht mit Baron Tolocamp in Verbindung bringen. Eine Tochter aus gutem Hause hatte in der Unbequemlichkeit eines Internierungslagers, umgeben von Ansteckungsgefahr und Tod, nicht das geringste zu suchen.

Desdra hatte mein Hilfsangebot zweifellos auch aus diesem Grund abgelehnt. Sie wußte, daß eine junge Dame des Erbadels nicht öffentlich als Heilerin arbeiten konnte. Möglicherweise sah sie in mir aber auch eine verwöhnte, trotzige Person, und damit hatte sie nicht so ganz unrecht. Einige meiner jüngsten Reaktionen mußte man in der Tat als kleinlich und störrisch bezeichnen. Mir ging es jedoch nicht darum, heroisch auf meinen hohen Rang zu verzichten. Ich suchte vielmehr eine echte Aufgabe, anstatt auf Burg Fort festzusitzen, wo ich meine Energie mit Trivialitäten verschwendete. Zu den ›passenden Beschäftigungen‹ für Mädchen meines Standes zählte beispielsweise das Säumen von Anellas Kleidern – und das konnte jede Magd aus der Web- und Nähstube besser erledigen als ich.

Diese Gedanken gingen mir flüchtig durch den Kopf, während ich in das Lager schlurfte – obwohl ich als Tochter aus vornehmem Hause gelernt hatte, in winzigen Trippelschritten gleichsam über dem Boden zu schweben. Nun, ich hatte es in dieser Disziplin ohnehin nie zur Perfektion gebracht. Gebückt folgte ich den Männern und Frauen, die mit den Körben zur Grenzlinie gekommen waren. Nun konnte ich sehen, daß die meisten von ihnen die Harfnertracht trugen. Ich erkannte die Farben der Burg am Fluß und die der Meeresburg. Wanderer, die sich nach Burg Fort begeben hatten, um von Baron Tolocamp Hilfe zu erbitten? Der Weg bog in ein Wäldchen ab, und vor mir tauchten die primitiven Baracken und Zelte auf, die mein Vater hatte errichten lassen. Es war in der Tat ein Glück, daß wir bis jetzt so mildes Wetter hatten; meist brachte nämlich der dritte Monat noch Stürme, Schnee und schneidende Kälte. In Steinkreisen brannten offene Feuer. Ich sah Eisengestelle zum Befestigen von Kesseln und Bratspießen. Hatte Desdra meine Kraftbrühen hierher geschickt? Hohlwangige Gestalten mit glanzlosen Augen, gezeichnet von der eben erst überstandenen Krankheit, drängten sich um die Feuerstellen. Obwohl sie in Decken oder Felle gehüllt waren, schienen sie zu frieren.

Etwas abseits am Waldrand stand eine große, aus allerlei Resten zusammengeflickte Hütte. Lautes Stöhnen und heftige Hustenanfälle verrieten mir, daß sich dort das eigentliche Lazarett befand. Der Glasballon mit dem Fellissaft wurde dorthin geschleppt, während die Leute mit den Essenskörben Brot an die Menschen verteilten, die um die Feuer saßen. Drei Frauen füllten das Gemüse und die Fleischreste in die Kessel. Das Schweigen, das über der Szene lastete, war für mich das allerschlimmste.

Ich hastete zum Lazarett und wurde am Eingang von einem hochgewachsenen unrasierten Heiler empfangen. »Fellis, Kräuter – und was haben Sie mitgebracht?« fragte er eifrig.

»Tussilago. Lady Nerilka hat ihn letzte Nacht frisch hergestellt.«

Er schnitt eine Grimasse, als er mir den Glasbehälter abnahm. »Erfreulich zu wissen, daß nicht alle in der Burg die Anordnungen des Barons gutheißen.«

»Dieser feige Heuchler!« stieß ich hervor.

Der Heiler zog strafend die Augenbrauen hoch. »Junge Frau, es ziemt sich nicht, so von Ihrem Burgherrn zu sprechen, selbst wenn er Ihren Unwillen herausgefordert hat.«

»Er ist nicht mein Burgherr«, erklärte ich und begegnete gelassen seinem strafenden Blick. »Ich bin hergekommen, um Ihnen meine Hilfe anzubieten. Ich kenne die meisten Heilpflanzen und verstehe mich darauf, Arzneien herzustellen. Ich ... habe Lady Nerilka in der Kräuterküche geholfen. Sie und ihre verstorbene Mutter, Lady Pendra, brachten mir alles Notwendige bei. Ich bin auch in Krankenpflege ausgebildet, und ich habe keine Angst mehr vor dieser Seuche. Alle, die mir nahestanden, sind tot.«

Er legte mir tröstend die Hand auf die Schulter. Niemand hätte sich eine solche Geste gegenüber Lady Nerilka erlaubt, aber ich empfand sie nicht als störend. Im Gegenteil, sie vermittelte mir menschliche Wärme.

»Dieses Schicksal teilen Sie mit vielen.« Er schaute mich fragend an, und ich nannte meinen Namen. »Also gut, Rill, ich bin froh um Freiwillige. Meine beste Pflegerin hat sich nun ebenfalls angesteckt ...« Er deutete auf eine Gestalt, die weiß und reglos auf einer Matte aus geflochtenen Zweigen lag. »Wir können im Grunde nicht viel tun. Nur die Symptome lindern«, – er strich mit einer Geste der Erleichterung über den Glasbehälter mit dem Tussilago –, »und hoffen, daß es nicht zu Sekundärinfektionen kommt. Sie führen zum Tod, nicht die Seuche selbst.«

»Es wird bald genug Impfstoff für alle geben«, sagte ich, um ihn aufzumuntern, denn ich spürte, wie sehr ihn seine Hilflosigkeit angesichts der Krankheit verbitterte.

»Wo haben Sie das gehört, Rill?« Er senkte die Stimme und umklammerte hart meinen Arm.

»Das ist allgemein bekannt. Gestern wurde die Familie des Burgherrn geimpft. In der Heiler-Halle stellen sie bereits neues Serum her. Das Lager liegt nicht weit entfernt ...«

Der Mann zuckte nur verbittert mit den Schultern. »Es liegt nicht weit entfernt, aber es steht sicher nicht an der Spitze der Dringlichkeitsliste.«

Die Frau auf der Matte begann sich im Fieber hin und her zu werfen, und ihre Decke glitt zu Boden. Ich trat rasch an ihr Lager. Und so begann mein erster Zwanzigstundentag als Pflegerin. Wir waren zu dritt – neben dem Heilergesellen Macabir –, um die insgesamt sechzig Schwerkranken des primitiven Lazaretts zu versorgen. Ich erfuhr nie, wie viele Menschen sich insgesamt im Lager befanden, denn die Bewohner wechselten ständig. Manche waren zu Fuß oder auf Rennern hierhergekommen, in der Hoffnung, von Burg Fort oder der Heiler-Halle Hilfe zu erhalten, und sie zogen wieder davon, als sie merkten, daß man ihnen keinen Beistand geben wollte oder konnte. Ich fragte mich oft, wie viele Menschen die Quarantänevorschriften tatsächlich befolgt hatten. Aber hier im Westen blieben mehr Menschen am Leben als im Ostteil des Kontinents. Und im Herrschaftsbereich von Fort gab es längst nicht so hohe Verluste wie auf Ruatha. Wir erfuhren, daß Meister Capiams energisches und frühes Eingreifen in Süd-Boll eine Katastrophe verhindert hatte. Und es gab nicht wenige, die sich zuraunten, im Grunde habe Ratoshigan das Schicksal verdient, das Ruatha und den jungen Baron Alessan getroffen hatte.

Alessan war durchgekommen, wie ich hörte. Aber er und seine jüngste Schwester waren die einzigen Überlebenden des Ruatha-Geschlechts. Seine Verluste mußten also weit mehr schmerzen als meine. Ob er daraus den gleichen Gewinn ziehen konnte wie ich?

Mich quälte die Sorge um die Kranken, ich rackerte Tag und Nacht, war übermüdet und schlecht ernährt – aber ich hatte mich noch nie im Leben so glücklich gefühlt. Glücklich? Ein merkwürdiges Wort im Zusammenhang mit meiner Tätigkeit im Lager, denn an diesem und dem nächsten Tag verloren wir zwölf der sechzig Kranken im Lazarett, und für sie kamen fünfzehn neue. Aber ich konnte mich zum ersten Mal in meinem Leben nützlich machen, ich wurde gebraucht, und ich spürte den stummen Dank jener, die ich pflegte. Natürlich hatte ich meine Anfangsschwierigkeiten. Als Tochter aus gutem Haus war ich nie mit Dingen wie Blut, Schweiß und menschlichen Ausscheidungen in Berührung gekommen. Nun mußte ich Männer wie Frauen waschen und versorgen. Ich unterdrückte meinen anfänglichen Ekel, schnitt mein Haar noch kürzer, krempelte die Ärmel auf und arbeitete weiter. Wenn das mit zu meiner Aufgabe gehörte, dann gab es für mich kein Kneifen.

Außerdem wußte ich, daß ich geimpft war und die Seuche, die ich bekämpfte, selbst nicht bekommen konnte. Manchmal wurde ich richtig verlegen, wenn Macabir meinen Mut lobte. Und dann betrat ein Heiler unser Lager. Er brachte so viel Serum mit, daß wir alle Anwesenden impfen konnten, und verkündete die Auflösung des Lazaretts. Die Kranken sollten zur Harfner-Halle transportiert werden, wo man die Lehrlingsquartiere freigemacht hatte, um sie unterzubringen. Alle übrigen erhielten eine Nacht das Gastrecht in der Halle und durften dann ihren Heimweg antreten. Man bat sie allerdings, Medikamente und Impfstoff zu den entlegenen Höfen mitzunehmen.

Ich meldete mich freiwillig für diese Aufgabe, obwohl Macabir mich noch einmal bat, in der Heiler-Halle eine richtige Ausbildung mitzumachen. »Sie besitzen ein Naturtalent für den Heilerberuf, Rill.«

»Ich bin viel zu alt, um irgendwo als Lehrling anzufangen, Macabir.«

»Was heißt alt, wenn jemand mit Kranken so gut umgehen kann wie Sie? Ein Planetenumlauf, und Sie besitzen das nötige Grundwissen. Drei, und jeder Heiler nimmt Sie mit offenen Armen als Assistentin auf.«

»Ich möchte im Moment meine Freiheit genießen und etwas mehr von diesem Kontinent sehen als Burg Fort und ihre nähere Umgebung.«

444

Macabir seufzte und strich sich über die zerfurchte Stirn. »Ich hoffe, Sie erinnern sich an meinen Vorschlag, wenn Sie einmal Heimweh bekommen.«

KAPITEL VII

19. 3. 43 – 20. 3. 43

Ich brach am frühen Abend auf, ausgerüstet mit einer primitiven Karte, die mir den Weg zu drei Gehöften weit im Norden wies, ganz in der Nähe der Ruatha-Grenze. Dort benötigte man dringend Serum und andere Medikamente. Macabir wollte mich überreden, bis zum nächsten Morgen zu warten, aber ich entgegnete, daß wir Vollmond hatten und die Straßen kaum durch unwegsames Gelände führten. Ich hatte Angst, die Heiler-Halle zu betreten. Es konnte sein, daß Desdra oder sonst jemand in der verwahrlosten und erschöpften Pflegerin Lady Nerilka von Fort erkannten.

Ich ritt an Burg Fort vorbei, ohne auch nur einen Blick zu den Fenstern meines Vaters zu werfen, passierte die Hütten und Stallungen und fragte mich, ob von all den Menschen, mit denen ich bis vor zwei Tagen mein Leben verbracht hatte, auch nur einer nach mir Ausschau hielt. Wem außer Anella und meinen Schwestern mochte aufgefallen sein, daß ich mich nicht mehr auf Burg Fort befand?

Das Dumme war, daß ich meine Erschöpfung unterschätzt hatte, und so nickte ich im Sattel immer wieder ein. Zum Glück war der Renner ein braves Tier, das einfach die Straße entlangtrabte, solange es keine anderen Anweisungen erhielt. Gegen Mitternacht erreichte ich das erste Gehöft. Ich konnte gerade noch die Mitglieder des Haushalts impfen, ehe ich zusammenklappte. Sie ließen mich ausschlafen und brachten mir bei Tagesanbruch ein kräftiges Frühstück. Als ich der Hausherrin Vorwürfe machte, weil sie mich nicht geweckt hatte, entgegnete sie ruhig, sie habe die beiden anderen Gehöfte von meiner baldigen Ankunft verständigt. Das Wissen, daß man sie nicht vergessen habe, sei bereits eine wertvolle Hilfe für die Leute.

Also ritt ich weiter und gelangte am späten Vormittag an mein nächstes Ziel. Die Bewohner sahen meine Erschöpfung und bestanden darauf, daß ich mit ihnen aß. Sie wußten, daß es in der Hügelburg, dem letzten Ort, den ich aufsuchen sollte, keine Seuchenfälle gab, und so befragten sie mich nach den Ereignissen in den großen Burgen und Weyrn. Bis zu meiner Ankunft hatten sie nur hin und wieder eine Trommelbotschaft von der Hügelburg erhalten, die sich im Grenzgebiet von Ruatha befand.

Ich gestand mir endlich ein, daß ich auf dem Wege nach Ruatha war. Unterbewußt hatte es mich seit vielen Planetenumläufen dorthin gezogen, aber meine Pläne waren immer wieder gescheitert. Nun konnte ich Ruatha und seinen Bewohnern vielleicht meine Hilfe anbieten. Die Gerüchte über die hohen Verluste auf Alessans Stammburg waren erschreckend, aber ich hatte irgendwie das Gefühl, daß ich ein Opfer bringen mußte, weil ich eine gewisse Mitschuld am viel zu frühen Tod meiner Mutter und meiner Schwestern trug. Sicher gab es auf dem leidgeprüften Ruatha genug Arbeit für mich, überlegte ich, während ich dahinritt. Ich verstand mich auf die Krankenpflege und sämtliche Haushaltsangelegenheiten einer großen Burg.

Mir dämmerte auch, daß die Seuche ohne Rücksicht auf Rang und Namen zugeschlagen hatte, ohne Ansehen des Alters oder der Wichtigkeit einer Person. Gewiß, die Kinder und die Alten waren anfälliger gegen jede Krankheit, aber die Epidemie hatte so viele Menschen aus der Blüte ihres Lebens und ihrer Schaffenskraft gerissen. Ihre Werke blieben jetzt unvollendet, und irgendwie wollte ich meinen Beitrag leisten, damit sie nicht in Vergessenheit gerieten. Oder machte ich mir da selbst etwas vor?

Als ich nachmittags die Hügelburg erreichte, wurde ich bereits sehnlichst erwartet. Ein Sohn des Burgherrn hatte sich eine lange klaffende Wunde zugezogen, und die Leute baten mich, sie zu nähen, obwohl ich einwandte, daß ich nur eine Botin der Heiler-Halle sei. Trelbin, der Burg-Heiler, hatte sich nach Fort begeben, als die Trommeln Ruathas die schlimme Nachricht von der Seuche verkündeten. Da mir weder auf Fort noch in der Heiler-Halle ein Mann dieses Namens begegnet war, vermuteten sie, daß auch er den Tod gefunden hatte. Lady Gana konnte zwar kleinere Schnittwunden selbst versorgen, aber die Behandlung dieses tiefen Risses traute sie sich nicht zu. Nun, ich hatte mehr als einmal bei chirurgischen Eingriffen assistiert, und ich wußte zumindest in der Theorie, was zu tun war.

Die Praxis bereitete mir mehr Probleme. Einen Saum zu nähen ist wesentlich einfacher als lebendiges Gewebe, das unter den Händen der Helfer zuckte und zitterte. Zum Glück hatte ich Fellis-Saft und Betäubungssalbe in meinen Vorräten, und der Junge spürte wenig von der Operation. Ich hoffte nur, daß die Stiche halten würden. Lady Gana zumindest zeigte sich beeindruckt, als ich fertig war.

Später erklärte ich, was es mit dem Serum auf sich hatte, und ich impfte alle Burg-Angehörigen mit Ausnahme der Berghirten, die nur selten in die bewohnten Gebiete herunterkamen. Lady Gana ließ sich nicht davon abbringen, daß die Seuche eventuell durch den Wind übertragen wurde, und deshalb mußte ich ihr in allen Einzelheiten beschreiben, mit welchen Mitteln man die Krankheitssymptome bekämpfte. Ich weiß, daß sie mir nicht glaubte, als ich ihr klarzumachen versuchte, daß nicht die Epidemie selbst zum Tod führte, sondern Sekundärinfektionen, die den bereits geschwächten Patienten befielen. Schon aus diesem Grunde konnte ich nicht offen eingestehen, daß ich keine ausgebildete Heilerin war. Es hätte den Erfolg meiner Mission hier nur gefährdet.

Ein Sohn und eine Tochter von Bestrum und Gana hatten das Fest von Ruatha in Begleitung einiger Diener besucht. Seitdem fehlte jede Nachricht von ihnen, wie Lady Gana mir bedrückt erzählte. Allem Anschein nach hofften sie, daß ich nach Ruatha weiterreiten und mich nach dem Verbleib ihrer Kinder erkundigen werde.

Bestrum zeichnete gerade umständlich eine Wegekarte für mich, als draußen ein freudiges Geschrei ertönte. Wir beugten uns aus den Fenstern und entdeckten einen schwerbeladenen blauen Drachen, der soeben im Hof landete. Alle rannten ins Freie, um den Reiter zu begrüßen.

»Ich bin M'barak, Ariths Reiter aus dem Fort-Weyr«, stellte sich der junge Mann vor und deutete mit einem Grinsen auf die Fracht, die sein Drache trug. »Wir benötigen dringend Glasbehälter wie diese. Könnt ihr einige davon aus euren Vorräten entbehren?«

Obwohl der Reiter noch ein halbes Kind war, empfing man ihn mit großer Ehrerbietung. Bei einem Becher *Klah* und Lady Ganas ausgezeichnetem Kuchen berichtete der Besucher, daß auch die Renner an der Seuche erkrankten und geimpft werden mußten. Bestrum und Gana erzählten stolz, daß sie eben erst mit dem Serum aus der Heiler-Halle behandelt worden waren. Sie deuteten auf mich, und M'barak musterte mich so verblüfft, daß ich beinahe losgelacht hätte. Sicher hatte er angenommen, daß ich hier auf der Burg lebte. Ich trug keine Heilertracht, nur einen Umhang, den mir Macabir gegen die Kälte der Nacht gegeben hatte – und darunter mein grobes Arbeitsgewand. Der Drachenreiter wußte das ebenso wie ich; nur die Leute in dieser abgelegenen Burg an der Grenze hatten keine rechte Vorstellung vom Auftreten eines richtigen Heilers.

»Hatten Sie vor, zur Heiler-Halle zurückzukehren?« erkundigte sich M'barak. »Ich frage das aus einem ganz bestimmten Grund. Falls Sie nämlich mit Rennern umgehen könnten, wären Sie von unschätzbarem Wert für Ruatha. Ich könnte Sie mitnehmen«, – er blinzelte mir lachend zu –, »und Ihnen so einen langen mühsamen Ritt ersparen. Notfalls gibt Tuero in der Halle per Trommelbotschaft Bescheid über Ihren Aufenthalt. Auf Ruatha fehlen Menschen – Menschen, die geimpft sind und sich nicht vor der Seuche fürchten. Sie fürchten sich doch nicht, oder?«

Ich schüttelte stumm den Kopf, ein wenig verwirrt darüber, daß mein Herz wie rasend zu klopfen begann, als er die unerwartete Einladung aussprach. Zu Surianas Lebzeiten war Ruatha das Ziel meiner Sehnsüchte gewesen, der Inbegriff von Glück und Freiheit. Nun hatte ich mich von meiner Familie losgesagt und konnte aus freiem Willen nach Ruatha gehen. Der Drachenreiter hatte mich sogar darum gebeten. Gewiß, es würde ein Ruatha sein, das nichts mehr mit Surianas Schilderungen gemein hatte. Aber ich konnte meinem Leben dort einen Sinn geben – als Rill, nicht als Lady Nerilka. Und war es nicht mein erklärtes Ziel gewesen, meinem Leben einen Sinn zu geben?

»Falls Sie Leute brauchen, die etwas von Rennern verstehen – ich habe da zwei Knechte, die am Herd hocken und Holzlöffel schnitzen, weil die Frühjahrsarbeit noch nicht richtig angefangen hat«, warf Bestrum ein. »Da Rill sie heute morgen geimpft hat, droht ihnen auf Ruatha keinerlei Gefahr.«

M'barak nahm das großzügige Angebot sofort an. Während die Männer – zwei untersetzte, schweigsame Brüder, die sich zum Verwechseln ähnlich sahen – ihre Habseligkeiten zusammensuchten, brachte mir Gana einen warmen Umhang gegen die schneidende Kälte des *Dazwischen*. Sie richtete Proviant für drei Personen her und schleppte drei große Glasbehälter an, die M'barak und ich so an Ariths Flanken befestigten, daß sie nicht aneinanderschlagen konnten.

Ich hatte mich noch nie so lange in unmittelbarer Nähe eines Drachen aufgehalten. Drachen besitzen eine warme, sehr glatte weiche Haut, die einen würzigen Geruch verströmt. Arith brummte vor sich hin, aber M'barak versicherte, daß er keineswegs verärgert über die ungewöhnliche Fracht war. Wir umhüllten die großen Flaschen mit Stroh. Fort besaß jede Menge dieser Glasbläsererzeugnisse, aber ich hatte keine Ahnung, wo Mutter sie aufbewahrte.

Ich sah noch einmal nach der Wunde des Jungen. Sie war unverändert, und der Kleine, der noch unter der Wirkung des Fellis-Saftes stand, schlief mit einem Lächeln auf den Zügen. Dann nahm ich Abschied von Bestrum und Gana. Obwohl ich sie erst seit wenigen Stunden kannte, gaben sie mir ihren Segen und ihre guten Wünsche mit auf den Weg. Ich versprach ihnen, nach den Vermißten zu forschen und ihnen so bald wie möglich Nachricht zu geben. Die beiden wußten, daß kaum noch Hoffnung bestand, aber das Angebot schien sie zu trösten.

Bestrum half ein wenig nach, als ich mich auf den Rücken des großen Drachen schwang. Ich plumpste rittlings hinter M'barak auf meinen Platz und hoffte nur, daß ich Arith mit meiner Ungeschicklichkeit nicht weh tat. Die beiden Brüder stiegen gelassener auf, und es war beruhigend zu wissen, daß noch zwei Leute hinter mir saßen, die mich auffangen konnten, wenn ich ins Rutschen geriet.

Arith lief ein paar Meter über den Hof, ehe er sich abstieß und an Höhe gewann. Seine transparenten, zerbrechlich wirkenden Schwingen schlugen kräftig auf und nieder. Es war ein begeisterndes Erlebnis für mich, und ich begann die Drachenreiter zu beneiden, als Arith in die dünne kalte Luft der höheren Regionen stieg. Jetzt war ich froh um den Umhang und die warmen Körper, die sich an mich preßten.

M'barak spürte wohl, was in mir vorging, denn er drehte sich um und grinste mir zu: »Festhalten, Rill, wir gehen ins *Dazwischen!*« schrie er. Zumindest glaube ich, daß dies seine Worte waren, denn der Wind riß sie davon.

War das Fliegen auf dem Rücken eines Drachen der Gipfel an Begeisterung, so bedeutete der Wechsel ins *Dazwischen* schieres Entsetzen. Schwärze, Nichts, eine schneidende Kälte, die meine Arme und Beine erstarren ließ ... Nur das Wissen, daß Reiter und Drachen diese Erfahrung täglich machten, ohne Schaden zu erleiden, hielt mich davon ab, einen lauten Angstschrei auszustoßen. Eben als ich glaubte, ersticken zu müssen, umgab uns wieder Sonnenlicht, und Arith segelte mit dem untrüglichen Instinkt des Drachen auf sein Ziel zu. Bei dem Anblick, der sich mir bot, verblaßte der flüchtige Eindruck des *Dazwischen.*

Ich war noch nie auf Ruatha gewesen, aber Suriana hatte mir zahllose Zeichnungen von der Burganlage geschickt und begeistert von ihren Vorzügen erzählt. Da der Bau in die Felsenklippen gemeißelt war, ließ sich eigentlich kaum etwas verändern. Dennoch hatte die Burg nicht die geringste Ähnlichkeit mit Surianas Skizzen. Sie hatte mir das milde Klima geschildert, die Gastfreundschaft, Wärme und Liebenswürdigkeit der Bewohner, die sich so sehr von der steifen, kalten Formalität auf Fort unterschied. Sie hatte von den Menschen berichtet, die in der Burg ein- und ausgingen. Sie hatte mir die Wiesen beschrieben, den Rennplatz, die fruchtbaren Felder am Fluß. Es war gut, daß ihr der Anblick erspart geblieben war, der sich mir nun bot: die Grabhügel, der Ring aus geschwärzter Erde, wo man die Toten verbrannt hatte, die Reisewagen und Koffer, die immer noch verloren die Straße säumten, die verlassenen Verkaufsbuden des Festplatzes.

Ich war wie betäubt und nahm nur am Rande wahr, daß auch die beiden schweigsamen Brüder das Schauspiel fassungslos betrachteten. Zum Glück war M'barak ein taktvoller junger Mann. Er sagte nichts, während Arith über die trostlose Burg hinwegglitt. Ein schwacher Hoffnungsschimmer keimte in mir auf, als ich im Hof eine kleine Menschengruppe in der Nachmittagssonne sitzen sah.

»Sieh mal, noch ein Drache, Bruder!« rief der Mann, der hinter mir saß.

Ich hob den Kopf und entdeckte einen großen Bronzedrachen, der gerade seine Passagiere neben dem großen Tor zu den Stallungen absetzte. Er schwang sich in die Lüfte, als Arith über die gepflügten Felder hereinglitt. Die Sonne glitzerte auf seiner Haut und den Flügeln, und dann war er plötzlich verschwunden. Arith landete an der gleichen Stelle, die der Bronzedrache eben verlassen hatte.

»Moreta!« rief M'barak und fuchtelte aufgeregt mit den Armen. Die hochgewachsene Frau mit dem kurzen lockigen Blondhaar drehte sich um. Ich sah sie verblüfft an. Auf Ruatha hatte ich die Weyrherrin von Fort zu allerletzt erwartet.

Ich werde mich stets daran erinnern, daß ich Gelegenheit hatte, Moreta in diesem besonderen Augenblick ihres Lebens wiederzusehen. Sonnenlicht hüllte sie ein, und ihr Gesicht strahlte von einer inneren Heiterkeit, deren Ursache ich erst sehr viel später verstand. Sie war natürlich schon auf Burg Fort gewesen, seit sie Leris Aufgaben als Weyrherrin übernommen hatte. Aber die Besuche erfolgten selten – meist zu offiziellen Anlässen –, und ich hatte noch nie ein Wort mit ihr gewechselt. Mir war sie immer schüchtern oder zurückhaltend erschienen, aber vielleicht hatte Vater mit seinem pompösen Geschwätz sie auch nicht zu Wort kommen lassen.

M'barak riß mich aus meinen Erinnerungen. »Kann mir jemand diese albernen Gläser abnehmen? Und ich habe ein paar Leute mitgebracht, die mit Rennern umzugehen wissen.

Schnell, ich muß zurück und mich für den Sporenkampf vorbereiten! F'neldril zieht mir die Haut bei lebendigem Leib ab, wenn ich zu spät komme.«

Zwei Männer und ein schlankes dunkelhaariges Mädchen traten aus den Schatten. Alessan erkannte ich sofort. Das Mädchen an seiner Seite war vermutlich seine Schwester Oklina – die einzige Überlebende seiner Familie. Der andere Mann trug Harfnerblau. Die beiden Brüder stiegen rasch ab, während M'barak und ich vorsichtig die großen Flaschen lösten und den Wartenden hinunterreichten. Keine davon war beschädigt.

»Wenn Sie absteigen, kann ich Moreta zurückfliegen«, meinte M'barak und grinste entschuldigend, weil er so zur Eile trieb.

Also tauschte ich Platz mit Moreta. Ich hätte sie gern näher kennengelernt, denn sie machte sofort einen sehr sympathischen Eindruck auf mich. Hier wirkte sie auch längst nicht so abweisend wie auf Burg Fort. Während Arith Anlauf nahm und abhob, drehte sich die Weyrherrin noch einmal um und schaute zurück.

Ich folgte ihrem Blick. Alessan hatte eine Hand über die Augen gelegt und sah dem Drachen nach, bis er im *Dazwischen* verschwand. Dann wandte er sich mit einem Lächeln den beiden Brüdern und mir zu. »Ihr seid gekommen, um uns bei der Versorgung der Renner zu helfen? Hat M'barak auch deutlich gemacht, was euch hier erwartet?«

Seine Stimme klang ein wenig bitter, aber ich begriff bald, daß er sich mit der harten Realität abgefunden hatte. Von Suriana wußte ich, daß er einen ausgesprochenen Galgenhumor besaß, und das bestätigte sich nun. Was hätte meine Ziehschwester wohl zu unserer Begegnung unter diesen Umständen gesagt?

»Bestrum schickt uns, Baron Alessan«, begann der ältere der beiden Brüder. »Er bittet uns, sein aufrichtiges Beileid zu übermitteln. Ich heiße Pol – und das hier ist mein Bruder Sal. Wir mögen Renner – jawohl, das tun wir.«

Alessan wandte sich mir zu und musterte mich. Als ich seine hellgrünen Augen sah, fiel mir alles ein, was Suriana

452

über ihn geschrieben hatte. Doch die Skizzen, die sie von ihm geschickt hatte, entsprachen nicht der Realität. Alessan war nicht mehr der unbekümmerte junge Mann, den sie gezeichnet hatte. Um seine Augen und seinen Mund lag ein Zug von Härte und eine unauslöschliche Trauer – trotz des Lächelns, mit dem er mich begrüßte. Es war eine Trauer, die verblassen, aber nie ganz vergehen würde. Der Baron war hager und vom Fieber gezeichnet; seine Schulterknochen standen eckig vor, und seine Hände hatten mehr Schwielen und Risse als die eines Ackerknechts.

»Ich bin Rill«, sagte ich, um unangenehmen Fragen zuvorzukommen. »Ich besitze Erfahrung im Umgang mit Rennern. Außerdem verstehe ich etwas vom Heilen und kann Arzneien herstellen. Ich habe einige Vorräte aus der Heiler-Halle mitgebracht.«

»Auch etwas gegen diese schlimmen Hustenanfälle?« warf das Mädchen mit glänzenden Augen ein. Auch sie machte einen sehr glücklichen Eindruck. Ich konnte mir nicht vorstellen, daß das etwas mit den Arzneien zu tun hatte. Erst sehr viel später erfuhr ich, wie sie und die anderen die Zeit vor unserer Ankunft verbracht hatten.

»Gewiß«, entgegnete ich und deutete auf die Flaschen mit dem Tussilago, die ich in meinen Satteltaschen verstaut hatte.

»Bestrum möchte wissen, ob sein Sohn und seine Tochter überlebt haben«, platzte Pol heraus und trat verlegen von einem Fuß auf den anderen. Sein Bruder vermied es, Baron Alessan anzusehen.

»Ich werde in den Listen nachsehen«, erwiderte der Harfner leise, aber wir alle hatten bemerkt, wie ein Schatten über die Züge des Burgherrn huschte. »Ich bin Tuero«, fuhr der Harfner fort und lächelte uns der Reihe nach an. »Alessan, was steht als nächstes auf der Tagesordnung?«

Mit diesen Worten lenkte Tuero unsere Gedanken geschickt auf die Zukunft, weg von der sorgenschweren Vergangenheit. Und kurz darauf konnten wir weder an die Vergangenheit noch an die Zukunft denken. Die Gegenwart nahm uns voll in Anspruch.

Alessan erklärte in groben Zügen, welche Arbeit uns erwartete, Zuerst galt es, die wenigen Kranken, die sich noch im Lazarett des großen Saals befanden, in den zweiten Stock der Burg umzusiedeln. Als nächstes mußte der Saal gründlich mit Rotwurzlösung geschrubbt werden. Der Burgherr sah mich kurz an, dann schweifte sein Blick zu Pol und Sal.

»Wir brauchen eine Menge Serum, um alle Renner zu impfen.« Er trat ans Fenster und deutete auf die Weiden. »Deshalb werden wir allen Tieren, die diese Seuche überlebt haben, Blut abzapfen.«

Pol nickte und erstarrte mitten in der Bewegung. Er sah seinen Bruder Sal entsetzt an. Und ich muß gestehen, daß auch ich beim Anblick der Tiere wie betäubt war. Viele waren schmal, hochbeinig, mit leichten Knochen und langen dünnen Hälsen. Sie hatten kaum Ähnlichkeit mit den robusten, muskulösen Arbeitstieren, die einst der Stolz von Ruatha gewesen waren. Manche konnte man nur als Klepper bezeichnen.

Alessan bemerkte unsere Bestürzung. »Fast alle Renner aus der Zucht meines Vaters starben an der Seuche.« Sein Tonfall war sachlich, und ich machte mir meinen Reim darauf. »Aber ich hatte einige Tiere für Kurzstrecken-Rennen gezüchtet, und sie erwiesen sich als besonders zäh. Sie überlebten die Katastrophe ebenso wie einige der Kreuzungen, die unsere Gäste zu den Rennen mitgebracht hatten.«

»Jammerschade, einfach jammerschade!« murmelte Pol und schüttelte den ergrauten Kopf. Sein Bruder imitierte die Geste.

»Oh, wir werden wieder starke, prächtige Renner haben!« entgegnete Alessan. »Kennt ihr Dag, der sich um meine Zuchtställe kümmert?« Die Mienen der Brüder hellten sich auf, und sie nickten. »Er brachte einige trächtige Stuten und einen jungen Hengst auf die Bergweiden. Sie blieben von der Seuche verschont, und so besitzen wir einen Grundstock für unsere künftigen Zuchtherden.«

»Eine gute Nachricht, Baron, eine gute Nachricht.« Sals Worte waren mehr an die Renner als an Alessan gerichtet.

»Aber ...« Alessan zuckte mit den Schultern und sah die beiden Männer entschuldigend an. »Ehe wir Blut für das Serum sammeln, benötigen wir einen vollkommen keimfreien Raum, in dem wir arbeiten können.«

Pol krempelte die Ärmel hoch. »Keine Sorge, Baron, das geht in Ordnung. Mein Bruder und ich schrubben nicht zum ersten Mal Böden.«

»Wunderbar.« Alessan grinste ihn an. »Wenn wir die Sache nämlich nicht gleich richtig anpacken, läßt uns Desdra von der Heiler-Halle noch einmal von vorn anfangen. Sie kommt morgen vorbei, um das Ergebnis unserer Mühen zu begutachten.«

Als wir den Hof vor dem Burgportal erreichten, sahen wir, daß Tuero, ein Mann namens Deefer, fünf Pfleglinge und vier der genesenen Pächter eine eigenartige Konstruktion aus Wagenrädern errichteten.

»Das sind Zentrifugen, mit denen wir das kostbare Serum vom Blut trennen«, erklärte Alessan. Die Brüder nickten, als wüßten sie genau, wovon er sprach; auf Sals Zügen zeichnete sich allerdings eine gewisse Verwirrung ab.

Oklina erwartete uns in der Großen Halle. Sie befehligte eine Schar von Mägden, die Eimer mit heißem Wasser, Scheuerlappen und Schrubber schleppten. Auch Behälter mit Rotwurzlösung standen bereit. Wir rollten alle die Ärmel hoch. Mir fiel auf, daß Alessans Hände bis zu den Ellbogen rötlich verfärbt waren. Dann machten wir uns an die Arbeit.

Wir schrubbten, bis wir Leuchtkörbe brauchten, aßen zwischendurch eine Kleinigkeit, die nach Rotwurz schmeckte, und schrubbten immer noch, als die ersten Leuchtkörbe aufflackerten und ausgingen.

Alessan rüttelte mich an der Schulter. Ich merkte, daß ich mechanisch den Boden wischte. Die anderen hatten zu arbeiten aufgehört. »Du schrubbst ja im Schlaf, Rill«, meinte er mit einem schwachen Lächeln, und ich stand verlegen auf.

Ich hatte kaum noch die Kraft, Oklina zu dem kleinen Raum im ersten Stock zu folgen, den sie mir zugewiesen hatte. Ich weiß noch, daß ich ihr Gute Nacht wünschte, als ich die Tür schloß. Und ich weiß, daß ich überlegte, was ich zu Desdra sagen sollte, wenn sie morgen hier auftauchte. Ich hatte Angst, daß sie mich als Baron Tolocamps rebellische Tochter bloßstellte. Aber kaum war ich aufs Bett gesunken, da schlief ich wie eine Tote.

KAPITEL VIII

21. 3. 43 – 22. 3. 43

Ich war am nächsten Morgen etwas verwirrt, wie die meisten Menschen, die an einem fremden Ort erwachen, und brauchte eine Weile, bis ich erkannte, daß ich mich nicht in meinem Zimmer auf Burg Fort befand. Es war die Stille, eine beinahe greifbare Stille, die mich mehr beunruhigte als die leicht veränderte Umgebung. Dann dämmerte mir, worin der Unterschied bestand: Ich hörte keine Trommeln. Ich stand auf, zog mich an und begann meinen ersten vollen Arbeitstag auf Ruatha.

Als ich gerade *Klah* und eine Schale heißen Brei frühstückte, traf Desdra mit M'barak ein. Wir liefen ins Freie, denn Arith war wieder schwer mit Glasgefäßen beladen – großen Zierflaschen, aber auch mit kleineren Haushaltsgläsern für das kostbare Serum.

Ich fand keine Möglichkeit, ein paar Worte mit Desdra zu wechseln, denn Alessan winkte mich und die beiden Brüder zu sich, und wir begaben uns zu den Rennern, um den nächsten Schritt der Serumherstellung in die Wege zu leiten.

Entweder waren die Tiere noch apathisch von der eben überstandenen Krankheit, oder man hatte sie gut abgerichtet; jedenfalls konnten wir immer zwei zugleich von der Weide in die Stallungen führen. Nach kurzer Zeit waren alle Boxen besetzt, und Alessan zeigte uns, wie man von der Halsschlagader der Tiere Blut abnahm. Die Renner ließen sich die Behandlung gutmütig gefallen. Ich tat mich mit Sal zusammen, und als ich merkte, daß es ihm schwerfiel, den Nadeldorn einzustechen, übernahm ich diese Arbeit und bat ihn, die Köpfe der Tiere während der Blutabnahme festzuhalten.

Es war Mittag, als wir uns alle vierundzwanzig Renner vorgenommen hatten. Wir brachten die Ausbeute des Vormittags in den Großen Saal und sahen zu, wie die Glasbehälter mit dem Blut auf den Wagenrad-Konstruktionen befestigt wurden. Ich war sicher nicht die einzige, die beim Anblick dieser provisorischen Zentrifugen Skepsis empfand. Aber Desdra strahlte eine solche Zuversicht und Ruhe aus, daß niemand ihre Anordnungen in Frage stellte. Sobald sie sich vergewissert hatte, daß die Gefäße nicht verrutschen konnten, winkte sie den Männern an den Handkurbeln zu, und die Zentrifugen begannen sich gleichmäßig zu drehen. Mir kam flüchtig in den Sinn, wie der Große Saal aussehen würde, wenn sich auch nur ein Behälter von der Vorrichtung löste. Doch die anderen Zuschauer wirkten so voller Hoffnung, daß ich den Gedanken rasch verdrängte.

Oklina kam und verteilte Suppe und warmes Fleisch mit Brot. Wir saßen dichtgedrängt an einem langen Schragentisch, als sich Desdra zu uns gesellte und die Lage erläuterte. Nur eine sofortige Massenimpfung der bedrohten Renner konnte verhindern, daß sich die Seuche erneut ausbreitete. Jeder auf Ruatha mußte seinen Beitrag leisten, damit die Krankheit ein für allemal zum Stillstand gebracht wurde. Es herrschte nachdenkliches Schweigen, als die Heilerin mit ihren Ausführungen fertig war.

Während im Großen Saal die Zentrifugen arbeiteten, um das Serum vom Blut zu trennen, kehrten Pol, Sal und ich zu den Stallungen zurück, um nach den Patienten zu sehen. Dag war gerade dabei, Kleie mit Wein und Kräutern zu vermischen. Der alte Mann behauptete, daß dieses Kraftfutter die Blutbildung seiner Schützlinge unterstützen werde. Wir warteten, bis die Tiere gefressen hatten. Dann striegelten wir ihr Fell und befreiten Mähnen und Schwänze von Kletten und getrockneten Schlammklümpchen.

Obwohl Dags rechtes Bein geschient war, arbeitete er tüchtig mit. Und was er selbst nicht schaffte, erledigte sein Enkel Fergal für ihn, ein vorlauter kleiner Schlingel, der keinerlei Respekt kannte. Er schien die Renner als sein Eigentum zu betrachten, und jeder, der den Stall betrat, bekam sein Mißtrauen zu spüren – auch Alessan, der gekommen war, um sich nach dem Befinden der Tiere zu erkundigen. Die einzige Person, der Fergal bedingungslos gehorchte, war Oklina, während er die Befehle aller anderen mit unverschämten Fragen unterlief. Seinen Großvater Dag betete er an. Ganz offensichtlich hielt er den krummbeinigen Alten für unfehlbar. Und trotz aller Aufmüpfigkeit schien er die Tiere sehr zu lieben. So kümmerte er sich rührend um eine trächtige Stute, die jeden Moment fohlen konnte. Wenn er in ihre Nähe kam, spitzte sie die Ohren und stieß ihn mit der Schnauze an, als suchte sie Trost bei ihm.

»Das erste Serum ist gleich fertig«, verkündete Alessan. »Wollt ihr es sehen?«

Nur Fergal und ich zeigten Interesse. Pol und Sal lümmelten auf den Strohballen, plauderten mit Dag und schüttelten träge die Köpfe.

Was mich am meisten verblüffte, war die strohgelbe Farbe der Flüssigkeit, die sich beim Schleudern von den Blutplättchen getrennt hatte. Als wir zu den Zentrifugen kamen, füllte Desdra das Serum gerade vorsichtig in kleinere Behälter ab. Sie erklärte, daß man bei diesem Vorgang auf keinen Fall den dunklen Bodensatz aufwirbeln durfte. Außerdem sollte man für jedes Glas einen frischen Nadeldorn nehmen, um die Gefahr einer Verschmutzung möglichst gering zu halten. Ich sah ihr eine Weile zu und half ihr dann. Andere folgten meinem Beispiel.

»Heute nachmittag bekommen wir sicher neue Flaschen«, erklärte Tuero. »M'barak versprach, nach dem Sporenkampf verschiedene Burgen und Gehöfte aufzusuchen.« Er hatte uns mit seinen Worten aufmuntern wollen, aber wir stöhnten nur bei dem Gedanken an die zusätzliche Arbeit.

»Wieviel von dem Zeugs da brauchen wir eigentlich?« wollte Fergal wissen. Er warf einen Blick auf die Weide, wo seine geliebten Renner grasten.

»Genug, um die Stuten und Fohlen der Restherden in Keroon, Telgar, Fort, Boll, Igen und Ista zu impfen«, entgegnete Alessan. Ich unterdrückte einen Seufzer, als ich an die Serummengen dachte, die dazu nötig waren.

»Ista züchtet gar keine Renner«, widersprach Fergal streitsüchtig. »Das ist doch eine Insel.«

»Die Seuche gelangte auch nach Ista und befiel Menschen und Tiere«, erklärte Tuero, als Alessan nicht antwortete. »Aber Keroon und Telgar stellen das Serum selbst her. Ruatha muß nicht für alle sorgen.«

»Ruatha tut sein Bestmögliches«, murmelte Alessan, als habe er Tueros Bemerkung nicht gehört. »Das sind wir Pern schuldig. Ich hoffe, daß unser Serum vielen Rennern hilft. Kehren wir an unsere Arbeit zurück!«

Also machten wir weiter. Die Genesenden arbeiteten im Sitzen. Sie spülten Glasflaschen, verstöpselten die Serumbehälter und betteten sie in Korbgeflechte. Die Jüngsten verrichteten Botengänge oder schleppten zu zweit die Serumkisten in die Kühlräume.

Meine Aufgabe blieb es zunächst, den Rennern Blut abzuzapfen. Hin und wieder entrann ich dem durchdringenden Rotwurzgestank, wenn ich meine jeweiligen Patienten – oder Opfer? – zurück auf die Weide führte und die nächsten Tiere einfing. Dag hatte die ›Blutspender‹ mit Farbe markiert, damit wir nicht versehentlich zweimal die gleichen Tiere behandelten. Das wäre bei ihrem geschwächten Zustand lebensgefährlich gewesen. Auf dem Weg zur Weide hatte ich Gelegenheit, mir ein genaueres Bild von dem ›verwüsteten‹ Ruatha zu machen – wie Alessan es nannte. Meiner Ansicht nach ließen sich die meisten Schäden ohne großen Zeit- und Kraftaufwand beheben. Ich begann Pläne zu schmieden und Strategien zu entwerfen, wie man die stattliche Burg wieder auf Hochglanz bringen könnte – bis mir einfiel, daß ich als Pflegerin hierhergekommen war und nicht als die Tochter eines Burgherrn.

Am späten Vormittag erreichten uns die ersten Trommelbotschaften. Wir erfuhren, welche Burgen und Weyr wieviel Serum benötigten und welche Drachenreiter die vorbereiteten Mengen abholen würden. Alessan war der Ansicht, daß man die Zahlen genau aufschreiben müsse, aber er brauchte Tuero, den Harfner, für wichtigere Dinge.

»Dann soll Rill das übernehmen«, meinte Desdra trocken.

»Verstehst du denn die Trommelbotschaften, Rill?« fragte Alessan ein wenig überrascht. Das Ganze kam so unverhofft, daß ich nicht wußte, was ich entgegnen sollte. Ich war nämlich zu der Überzeugung gelangt, daß Desdra in der verschwitzten schmutzigen Rill mit dem kurzgeschorenen Haar nie und nimmer Lady Nerilka von Fort vermuten würde.

»Ich nehme an, daß sie sogar die Geheimcodes kennt – habe ich recht, Rill?« Desdra war mehr als direkt, aber zum Glück erläuterte sie nicht näher, weshalb sie so gut über mich und meine Fähigkeiten Bescheid wußte. »Zwischen den Botschaften kann sie beim Abfüllen des Serums helfen. Es ist gut, wenn sie ein wenig zum Sitzen kommt, denn sie hat ein paar anstrengende Tage hinter sich.«

Ich schloß aus diesen Worten, daß Desdra mit meiner Arbeit hier und im Lazarett zufrieden war und nichts gegen meinen Entschluß einzuwenden hatte. Zu meiner Erleichterung stellte Alessan keine weiteren Fragen, obwohl es ihn sicher wunderte, daß eine einfache Pflegerin den geheimen Harfnercode verstand. Und ich war tatsächlich dankbar für die Möglichkeit, mich eine Weile hinzusetzen. Woher Alessan seine Energie nahm, kann ich nicht sagen. Aber ich begriff nun, warum Suriana ihn bewundert und geliebt hatte. Er verdiente allen Respekt, und ich entdeckte ständig neue Züge an ihm, die mich begeisterten. Eine innere Kraft trieb ihn vorwärts. Irgendwie spürte ich, daß es Alessan gelingen würde, Ruatha wieder aufzubauen, auch wenn im Moment alles dagegen sprach. Er würde dafür sorgen, daß neues Leben in die Hütten und Höfe kam, daß auf den Feldern neue Ernten heranreiften und sich auf den Weiden wieder die Herden tummelten. Und ich hatte den Wunsch, hierzubleiben und ihm dabei zu helfen.

Ich merkte, daß ich unterbewußt die Organisation des Burghaushalts übernahm, so wie ich es auf Fort getan hatte. Ich gab dem Gesinde Anweisungen und zeigte ihnen, daß man so manche Arbeit wirksamer erledigen konnte, wenn man sie nur richtig anpackte.

Oklina wirkte ungemein zart und zerbrechlich, aber sie schuftete nicht weniger hart als ihr Bruder. Mich erschreckte die Fülle ihrer Pflichten, denn auf Fort hatte sich die Last der Arbeit stets auf mehrere Geschwister verteilt. Wann immer ich konnte, unterstützte ich sie. Sie war kein hübsches Mädchen – und Spötter werden behaupten, daß ich mich deshalb zu ihr hingezogen fühlte –, denn die dunklen rassigen Züge, die ihrem Bruder so gut standen, ließen sie etwas herb erscheinen. Aber sie war außergewöhnlich anmutig, mit einem bezaubernden Lächeln und großen ausdrucksvollen dunklen Augen, die oft gedankenverloren in die Ferne gerichtet waren. Mehr als einmal ertappte ich sie dabei daß sie nach Nordwesten starrte, und ich überlegte, ob sie vielleicht verliebt war. Sicher konnte sie einen Mann glücklich machen, auch wenn sie noch sehr jung war, und ich hoffte nur, daß Alessan sie nicht an Ruatha zu binden versuchte, wenn ein tüchtiger Baron oder Hofbesitzer um ihre Hand anhielt. Obwohl Ruatha im Moment arm war – das Geschlecht hatte eine ruhmreiche Vergangenheit und einen großen Namen. Und jeder mußte anerkennen, daß Alessan und Oklina sich alle Mühe gaben, das Leid wiedergutzumachen, das durch die Seuche auf Ruatha über ganz Pern gekommen war.

Wir arbeiteten weiter, aßen hastig einen Teller Suppe oder ein Stück Brot mit Fleisch und packten die nächste dringende Aufgabe an. Jemand hatte frisches Obst gebracht – ein Drachenreiter, wenn ich mich nicht täusche. Oklina stiegen Tränen in die Augen, als sie die Melonenscheiben sah. Ich bezweifelte, daß es das Geschenk an sich war, das sie so rührte. Dann bemerkte ich, daß auch Alessan die Früchte mit einem versonnenen Lächeln betrachtete. Doch ehe ich mir einen Reim darauf machen konnte, stand er auf, eine Scheibe Brot in der einen und ein Stück Melone in der anderen Hand, und ging wieder an seine Arbeit. Trommeln dröhnten, und ich mußte auf die Botschaft achten, die Ruatha erreichte.

In der hektischen Betriebsamkeit verlor die Zeit ihre Bedeutung. Am dritten Tag nach meiner Ankunft auf Ruatha befand sich ein Großteil der Helfer gerade bei einem verspäteten und wohlverdienten Abendessen, als Alessan, Desdra und Tuero plötzlich von ihren Karten und Tabellen aufschauten und lautes Freudengeheul anstimmten.

»Wir haben es geschafft, Freunde!« rief Alessan. »Wir besitzen genug Serum, um selbst den einen oder anderen Transportschaden zu verkraften! Das muß gefeiert werden! Oklina,

Rill – holt vier Flaschen vom Besten aus meinem privaten Weinkeller!«

Er warf seiner Schwester einen langen zierlichen Schlüssel zu, den sie geschickt auffing. Sie packte mich an der Hand und zog mich lachend an Küche und Kühlraum vorbei zu den tiefer gelegenen Vorratskammern.

»Er muß wirklich erleichtert sein, denn von seiner Lieblingsmarke trennt er sich selten.« Oklina kicherte. »Die trinkt er nur bei ganz besonderen Gelegenheiten.« Plötzlich glitt ein Schatten über ihre Züge. »Ich hoffe, daß es bald wieder dazu kommt«, fügte sie geheimnisvoll hinzu. »Er wird gar keine andere Wahl haben.« Sie blieb stehen. »Da sind wir schon.«

Als sie die niedrige Tür geöffnet hatte, warf ich einen verblüfften Blick auf die Weinschläuche und hohen Flaschenregale. Im schwachen Licht, das vom Korridor hereindrang, glaubte ich das Benden-Etikett zu erkennen. Rasch staubte ich eine der Flaschen ab.

»Es ist *tatsächlich* der Weiße von Benden!« rief ich.

»Du hast schon mal Benden-Wein getrunken?«

»Nein, natürlich nicht.« Tolocamp hätte so einen guten Tropfen niemals an seine Töchter verschwendet. Für uns war der saure Rote von Tillek gerade gut genug. »Aber ich habe davon gehört.« Ich bemühte mich um einen leichteren Tonfall. »Ist er wirklich so gut, wie man immer behauptet?«

»Das kannst du gleich selbst probieren, Rill.«

Sie sperrte die Tür wieder zu und reichte mir zwei der Flaschen.

»Kommst du eigentlich von der Heiler-Halle, Rill?«

»Nein, nein.« Ich brachte es nicht fertig, Oklina anzulügen, obwohl ich befürchtete, in ihrer Achtung zu sinken. »Ich habe mich freiwillig zur Pflege der Kranken gemeldet, weil ich daheim nicht mehr gebraucht wurde.«

»Oh – ist dein Mann etwa auch an der Seuche gestorben?«

»Ich habe keinen Mann.«

»Nun, Alessan wird dich schon verheiraten. Das heißt – natürlich nur, wenn du auf Ruatha bleiben willst. Du hast uns unheimlich geholfen, Rill, und du scheinst eine Menge von den Wirtschaftsangelegenheiten einer Burg zu verstehen. Ich meine, wir werden ganz von vorn anfangen müssen. Unsere besten Leute sind tot, und viele Höfe stehen leer. Alessan will das Land unter den Tüchtigsten der Besitzlosen verteilen, aber wir wären froh, wenn wir ein paar Leute um uns hätten, die wir bereits kennen und denen wir vertrauen. Ach, Rill, es fällt mir schwer, um den Brei herumzureden. Alessan hat mich gebeten, dich ein wenig auszuhorchen, ob – ob es dir Spaß machen würde, auf Ruatha zu leben. Er hat große Achtung vor dir. Tuero wird ebenfalls bleiben – obwohl er sich immer noch mit Alessan um sein Gehalt und die Zusatzleistungen streitet.«

Wir lachten beide. Wann immer sich Tuero und der Burgherr begegneten, kamen sie auf dieses Thema zu sprechen. Tuero war mit anderen Musikanten zum Fest von Ruatha gekommen, um mit dem Harfner der Burg zum Tanz aufzuspielen. Er war der einzige Überlebende seiner Gilde geblieben. Alessan wollte ihn behalten, und seit Tuero das wußte, stellte er – natürlich im Spaß – ständig neue Bedingungen.

Als wir zurückkehrten, hatten die Männer die Zentrifugen sowie die großen Glasballons in eine Ecke des Großen Saals geschafft und dort gestapelt. Alessan und Tuero räumten den großen Tisch frei, wo wir bis jetzt unsere hastigen Mahlzeiten eingenommen hatten. Dag und Fergal brachten das dampfende Stew aus der Küche, Desdra schleppte Brote und eine große Holzschale mit Obst und Käse an, und Follen holte die Becher und einen Korkenzieher.

Draußen hörten wir die gedämpften Stimmen der Helfer, die während der vergangenen zwei Tage kaum einmal zur Ruhe gekommen waren und sich nun zum ersten Mal entspannten.

Wir selbst saßen zu acht am Tisch, eine bunt zusammengewürfelte Gruppe – der ›harte Kern‹ von Alessans Arbeitsmannschaft. Das Wissen, daß wir eine nahezu unmögliche Herausforderung geschafft hatten, machte uns alle zu Freunden. Sogar Fergal schlossen wir ein, obwohl der Bengel einen Becher Benden-Wein mit solcher Entschiedenheit ablehnte, daß Alessan fast gekränkt war. Ich hätte wetten mögen, daß der Junge genau wußte, welche Ehre er da ausschlug. Er gehörte zu denen, die bereits naseweis auf die Welt kommen und denen absolut nichts verborgen bleibt. Mir gefiel Fergal – trotz

463

seiner Frechheit und seiner mißtrauischen Art gegenüber allen Erwachsenen.

Das Abendessen machte mich sehr glücklich. Alessan hatte neben mir Platz genommen, und ich fand seine Nähe höchst beunruhigend. Da wir sehr eng zusammengerückt waren, blieb es nicht aus, daß wir uns gelegentlich berührten, und dann klopfte mein Herz zum Zerspringen. Ich merkte, daß ich etwas zu laut und schrill lachte, wenn Tuero seine Späße machte. Vielleicht war ich überreizt von der Arbeit oder der hervorragende Benden-Wein vernebelte mir den Kopf.

Dann wandte sich Alessan mir zu und schlang einen Moment lang den Arm um meine Schultern. Meine Haut begann zu kribbeln.

»Nun, wie findest du den Benden-Weißen, Rill?«

»Er macht mich schwindlig«, entgegnete ich rasch. Falls er mein sonderbares Benehmen bemerkt hatte, akzeptierte er den Wein vielleicht als Ausrede.

»Das ist nicht weiter schlimm. Entspann dich! Das haben wir uns redlich verdient.«

»Sie mehr als alle anderen, Alessan.«

Er zuckte mit den Schultern und starrte in seinen Becher. Um uns wogte reges Stimmengewirr und Gelächter. »Ich tue, was getan werden muß«, entgegnete er leise.

»Für Ruatha«, murmelte ich.

Er schaute mich überrascht an, und in seinen eigenartig grünen Augen schimmerte Wärme. »Du scheinst das Wesentliche zu sehen, Rill. War ich in den letzten Tagen ein strenger Zuchtmeister?«

»Ruatha verdient es, daß man sein Letztes gibt.«

»Das hier«, – er deutete auf die Zentrifugen und die leeren Gläser –, »geschah nicht für Ruatha.«

»O doch! Sie haben es selbst gesagt. *Ruatha tut sein Bestmögliches ... das sind wir Pern schuldig!*«

Er wirkte ein wenig verlegen, aber sein Lächeln verriet Wärme, und ich glaube, daß ihm meine Antwort gefiel.

»Ruatha wird die Krise überwinden, davon bin ich überzeugt.« Ich fand es am sichersten, über Ruathas Zukunft zu sprechen.

Über Alessans Züge huschte ein sonderbarer Ausdruck. »Dann hat Oklina mit dir gesprochen? Du überlegst dir meine Bitte?«

»Ich würde gern auf Ruatha bleiben. Die Epidemie hat mein Leben grundlegend verändert.«

Seine warmen kräftigen Finger legten sich auf meine, und er drückte mir mitfühlend die Hand. »Und welche Bedingungen stellst du, Rill, um unseren Kontrakt zu festigen?« Er warf einen amüsierten Blick in Richtung Tuero.

Seine Frage kam so unerwartet, daß ich nicht recht wußte, was ich antworten sollte. Mein einziger Gedanke war, daß sich mein sehnlichster Wunsch erfüllt hatte. So begann ich zu stammeln, und Alessan nahm wieder meine Hand.

»Denk in Ruhe darüber nach, Rill, und sag es mir später. Du wirst sehen, daß ich meine Leute gut behandle.«

»Ich hatte es auch nicht anders erwartet.«

Er lachte über den Nachdruck meiner Worte, und dann besiegelten wir unseren Kontrakt in traditioneller Weise mit einem Glas Wein – auch wenn meine Kehle so zugeschnürt war, daß ich kaum einen Schluck herunterbrachte. Wir aßen etwas Käse und Brot und wandten uns wieder den anderen zu, die in eine lebhafte Diskussion vertieft waren.

»Ich war nicht gerade begeistert von diesem Meister Balfor, Baron Alessan«, murmelte Dag, ohne den Blick von seinem Weinglas zu heben. Er sprach von dem Mann, der sich im Moment um die Herden von Keroon kümmerte.

»Noch ist er nicht in seinem Amt als Herdenmeister bestätigt«, entgegnete Alessan knapp. Ich konnte spüren, daß er zu müde war, um mit dem Alten ein Streitgespräch anzufangen, ganz besonders nicht in Gegenwart von Fergal, der ständig Dinge aufzuschnappen versuchte, die nicht für ihn bestimmt waren.

»Er besitzt als einziger den Meistertitel, aber ihm fehlt die Erfahrung.«

»Er hat bisher alles getan, was Meister Capiam von ihm verlangte«, stellte Tuero nach einem Seitenblick auf Desdra fest.

»Ah, es ist traurig, wie viele tüchtige Männer und Frauen den Tod fanden.« Dag hob sein Glas zu einem stummen Toast.

»Und wie viele Geschlechter ganz ausstarben! Wenn ich an die Rennen denke, die Squealer nun ohne jede Konkurrenz bestreiten soll ...« Dag machte eine Pause und fuhr dann fort: »Runel ist auch tot, nicht wahr? Wurden alle seine Nachkommen ausgelöscht oder ...?«

»Der älteste Sohn und seine Familie leben ganz in der Nähe.«

»Gut. Wir werden sein Gedächtnis brauchen. Aber jetzt muß ich einen Blick auf die braune Stute werfen. Sie könnte heute nacht fohlen. Komm mit, Fergal!« Dag nahm die Krükken, die Tuero ihm angefertigt hatte, und stemmte sich hoch. Einen Moment lang machte Fergal ein mürrisches Gesicht.

»Ich begleite Sie gern«, erklärte ich und stützte den Alten ein wenig. »Eine Geburt ist immer ein schönes Ereignis.« Ich sehnte mich nach der frischen Nachtluft. Der Benden-Wein hatte meine Gedanken vernebelt. Außerdem machte mich Alessans Nähe nervös.

Mein Herz war am Überfließen, und wirres Zeug schoß mir durch den Kopf. Ich wollte Alessan weder durch übertriebene Dankbarkeit noch durch irgendwelche Treuebekundungen in Verlegenheit bringen, obwohl ich das starke Bedürfnis hatte, ihm eben diese Gefühle mitzuteilen. Durch einen verrückten Zufall war ein Wunder geschehen: Er hatte mich eingeladen, auf Ruatha zu *bleiben*. Ich verdrängte Alessans prosaische Beweggründe: Man brauchte mich, man vertraute mir, und Ruatha mußte von Grund auf erneuert werden. Ich wollte nicht über die Argumente nachdenken, die Oklina erwähnt und Alessan verschwiegen hatte. Mir reichte es, auf Ruatha leben zu können. Ich würde in seiner Nähe sein, an dem Ort, der in meinen Tagträumen seit langem eine zentrale Rolle spielte. Hier war Suriana glücklich gewesen. Und nun bekam ich die völlig unerwartete Chance, dafür zu sorgen, daß auf Ruatha das Glück wieder seinen Einzug hielt.

Fergal trat an die andere Seite seines Großvaters. Er duldete es nicht, daß ihm jemand den alten Mann abspenstig machte.

Die Nacht war klar und frisch, und ich spürte den Geruch des Frühlings in der Luft. Wir nickten den Leuten zu, die vor dem offenen Feuer im Hof und im Schatten der Hütten saßen.

Ich trug einen Leuchtkorb, der uns den Weg erhellte, obwohl wir inzwischen jeden Stein und jede Stufe der Stallungen kannten. Fergal lief voraus.

»Wenn sie bis Mitternacht nicht gefohlt hat, wird es eine harte Geburt«, meinte Dag. »Dabei brauchen wir so dringend noch einen kleinen Hengst.«

»Wer ist der Vater des Fohlens?«

»Eines der kräftigsten Lasttiere, die der alte Baron Leef züchtete. Wenn wir einen Hengst bekommen, bleibt diese Linie erhalten. Sie gehen nicht fort von hier, Rill, oder?« Dag war es gewohnt, direkte Fragen zu stellen.

Ich schüttelte stumm den Kopf. Die Freude und Erleichterung über die gute Wende in meinem Schicksal waren zu kostbar, als daß ich darüber viele Worte verlieren wollte. Dag nickte kurz und fuhr sich mit den Fingern durch das struppige Haar.

»Wir brauchen jetzt tüchtige Leute. Gibt es da, wo Sie herkommen, noch mehr von Ihrer Sorte?« Er musterte mich von der Seite.

»Nicht daß ich wüßte«, entgegnete ich freundlich, in der Hoffnung, damit seine Neugier zu befriedigen. Wir hatten in den vergangenen zweieinhalb Tagen nicht viel Zeit für persönliche Gespräche gefunden. Nun sah ich, daß ich mir eine einigermaßen plausible Vergangenheit zurechtbasteln mußte.

»Nicht jede Frau kennt sich so gut in Haus und Stall aus. Waren Sie vor der Seuche auf einem größeren Gut?«

»Ja – und es macht mich traurig, an all die zu denken, die ich verloren habe.«

Vielleicht genügte dieser Hinweis, um ihn von weiteren Fragen abzuhalten. Etwas in meinem Innern sperrte sich dagegen, Lügen zu verbreiten. Ich seufzte. Eines Tages würde die Wahrheit sicher ans Licht kommen, aber bis dahin wollte ich auf Ruatha so fest verwurzelt sein, daß man mir sowohl meine Herkunft wie meinen Schwindel verzieh.

Zum Glück hatten wir die Stallungen erreicht. Pol und Sal saßen auf Strohballen vor der Box der Stute und reinigten eines der Ledergeschirre, die sie von den halbzerstörten Wagen des Festplatzes geholt hatten. Pol reichte Fergal eine mit

Grünspan überzogene Messing-Brustplatte. Der Junge schaute fragend zu Dag, und als der nickte, schnitt er Pol eine Grimasse. Aber er setzte sich hin und begann das Teil mit einem Tuch zu polieren. Dag und ich nahmen ebenfalls auf den Strohballen Platz und beschäftigten uns mit den Lederriemen.

»Bestrums Zweitältester sucht Ackerland«, sagte Pol in das Schweigen.

»Tatsächlich?« erkundigte sich Dag.

»Kräftiger junger Bursche – und sehr arbeitsam. Will ein Mädchen vom Nachbargut heiraten.«

»Ob Bestrum damit einverstanden ist, wenn er erfährt, daß zwei seiner Kinder hier auf Ruatha umkamen?«

»Er schätzt Alessan. Der Junge hätte es hier besser, und Bestrum weiß das. Ist ein anständiger Mann, jawohl, das ist er.«

»Sicher. Sonst hätte er euch nicht hergeschickt.« Dag nickte anerkennend. Dann musterte er Pol mit zusammengekniffenen Augen. »Wie lange kann er euch entbehren? Ich muß die anderen Stuten zu den Hengsten bringen, und mit meinem kaputten Bein ...«

»Du weißt doch, daß ich dir helfen werde, Dag!« fauchte Fergal und warf Pol einen zornigen Blick zu.

»Das wirst du auch, mein Junge, aber es gibt mehr Arbeit, als wir beide bewältigen können.«

»In den Bergen kommt das Frühjahr später«, meinte Pol.

»Es kann noch eine Weile dauern, bis die uns brauchen«, setzte Sal hinzu.

»Soll ich das Thema zur Sprache bringen, wenn ich Bestrum und Lady Gana schreibe?« warf ich ein.

»Wäre vielleicht nicht schlecht.«

Tuero hatte herausgefunden, daß Lady Ganas Tochter zu den Opfern der ersten Grippewelle gehört hatte. Eine alte Dienerin hatte sie bis zuletzt gepflegt und war dann selbst der Epidemie erlegen. Beide ruhten im ersten Grabhügel. Der Sohn hatte sich mit Norman, dem Renn-Verwalter, um die Tiere gekümmert, bis sie ebenfalls erkrankten und starben. Sie waren im zweiten Grabhügel bestattet.

»Die Stute wird unruhig«, unterbrach Sal das Schweigen.

Fergal kletterte auf den Stapel mit den Strohballen, stellte sich auf Zehenspitzen und reckte das Kinn, um über den Rand der Box zu schauen.

»Es geht los«, erklärte er mit solcher Autorität, daß ich ein Lachen unterdrücken mußte.

Keiner der Männer zweifelte seine Feststellung an. Wir hörten, wie sich die Stute in das aufgeschüttete Stroh fallen ließ. Tiere ertragen eine Geburt im allgemeinen viel gelassener als Menschen. Sie schrie und kreischte nicht, wie es gebärende Frauen tun, und sie verfluchte auch nicht den Partner, der sie in diese mißliche Lage gebracht hatte.

»Hufe!« flüsterte Fergal. »Jetzt der Kopf. Normale Lage!«

Ich sah Dag an. Der kaute an einem Strohhalm und blinzelte mir zu.

»So!« ermunterte Fergal die Stute. »Noch einmal pressen, meine Schöne, nur noch einmal ... Siehst du, jetzt hast du es geschafft!«

Plötzlich wurde die Anspannung zu groß. Gleichzeitig rannten wir zur Box und spähten über die Trennwand. Die Stute befreite ihr Fohlen nach und nach von der Plazenta. Der Kopf kam zum Vorschein, und der feuchte kleine Körper begann zu zappeln. Es war unglaublich, mit welcher Kraft die überlangen Beine des Neugeborenen ausschlugen.

»He, ihr verstellt mir die Sicht!« rief Fergal. Er zwängte sich neben Dag und zog sich mit beiden Armen an der Trennwand hoch. »Was ist es? Was ist es denn?«

Aber das Fohlen ließ uns im unklaren über diese Frage. Es versuchte seine Beine zu ordnen, doch das schien ein hoffnungsloses Unterfangen. Die Stute stieß das Kleine mit der Schnauze an und versuchte es aufzurichten, aber es knickte wieder ein. Dann fand es Halt im Stroh, scharrte verzweifelt, stemmte sich mit gespreizten Beinen hoch – und stand. Der Schwanz peitschte hin und her.

»Ein kleiner Hengst!« schrie Fergal, der dieses Detail viel schneller erspäht hatte als wir Erwachsenen. Er riß die Tür auf und schoß in die Box. »Was bist du für ein braves Mädchen!« lobte er die Stute und tätschelte ihr die Nase. »Sieh mal den prächtigen Sohn, den du geboren hast!« Dann näherte er sich mit leisen Schnalzlauten dem Fohlen und strich ihm vorsichtig über die Mähne, um es an die Berührung durch Menschen zu gewöhnen. Der kleine Hengst hatte noch genug damit zu tun, sich auf den Beinen zu halten. Er zeigte keinerlei Angst vor Fergal.

»Der Knirps hat was drauf, Mann!« knurrte Pol anerkennend.

»Auf der Bergweide half er bei drei Geburten, nachdem ich mir das Bein gebrochen hatte«, berichtete Dag voll Stolz.

Ich wandte mich zum Gehen. »Ich werde Baron Alessan Bescheid sagen.«

»Tun Sie das!« meinte Dag. »Je mehr gute Nachrichten er erhält, desto eher kommt er wieder auf die Beine.« Auf dem Weg zur Burg kam mir in den Sinn, daß diese Bemerkung erstaunlich einfühlsam für einen schlichten Mann wie Dag war.

Als ich in den Großen Saal zurückkehrte, war es bereits nach Mitternacht. Oklina und Desdra hatten sich zurückgezogen; vermutlich schliefen sie schon. Tuero saß Alessan gegenüber. Er hatte beide Ellbogen aufgestützt und redete umständlich auf den Burgherrn ein. Der war vornüber auf die Tischplatte gesunken und schlief.

»Das ist nur angemessen«, erläuterte Tuero gerade in einem sehr vertraulichen und geheimnisvollen Ton. »Wenn es einem Harfner nicht gelingt, die Wahrheit herauszufinden – und dieser Harfner ist ein schlauer Bursche, der so ziemlich alles herausfindet –, dann verdient er es nicht, noch einen zu heben. Habe ich recht, Alessan?«

Die Antwort war ein langgezogenes Schnarchen. Tuero starrte den Burgherrn einen Moment lang mitleidig und vorwurfsvoll zugleich an und schüttelte dann den Weinschlauch. Eine winzige Pfütze schwappte am Grund.

»Hat er das leergetrunken?« fragte ich, belustigt über die Enttäuschung, die sich auf Tueros Zügen spiegelte. Seine lange, leicht nach links gebogene Nase zuckte.

»Mehr oder weniger. Zumindest ist er der einzige, der weiß, wo sich Nachschub befindet.«

Nun, ich wußte es ebenfalls, denn Oklina hatte mir den Weg zum Weinkeller gezeigt. Aber ich würde mich hüten, das Geheimnis zu verraten. Ich lächelte. »Das Fohlen ist ein Hengst, ein kräftiges Tier. Ich dachte, die Nachricht würde Baron Alessan freuen. Dag und Fergal sind noch im Stall und beobachten, ob der kleine Kerl richtig steht und trinkt.« Ich warf einen Blick auf den schlafenden Burgherrn. Jetzt, da er entspannt war, wirkte er um Jahre jünger. Die tiefe Trauer, die seine grünen Augen durchdrang, verbarg sich hinter den geschlossenen Lidern ...

»Ich weiß, daß ich Sie schon mal gesehen habe«, murmelte Tuero.

»Das kann ich mir nicht vorstellen. Ich gehöre nicht zu den Frauen, die sich Harfnergesellen einprägen müssen«, entgegnete ich. »Kommen Sie, Tuero! Wir müssen ihn nach oben bringen. Er braucht dringend etwas Schlaf.«

»Ich bin nicht so sicher, daß ich noch gehen kann.«

»Versuchen Sie es!« Ich bin groß, aber nicht so groß wie Tuero oder Alessan und nicht kräftig genug, um Alessan allein von der Bank hochzustemmen. So legte ich einen der schlaffen Arme um meine Schultern und befahl Tuero, der sich schwankend erhoben hatte, den Burgherrn von der anderen Seite zu stützen.

Alessan war schwer. Und Tuero stellte keine große Hilfe dar. Er mußte sich selbst am Treppengeländer festhalten und Stufe um Stufe hochziehen. Zum Glück befand sich Alessans Suite gleich am Anfang des Korridors. Im Wohnzimmer standen noch die Faltbetten, die zur Aufnahme der Gäste gedient hatten. Die Unordnung erschreckte mich, aber Alessan hatte bis jetzt wichtigere Dinge erledigen müssen. Vielleicht konnten wir in den nächsten Tagen damit beginnen, die Wohnquartiere etwas aufzuräumen.

Dann betraten wir das Schlafgemach. Ich holte mit einem Ruck die schwere Felldecke von Alessans Bett. Sie fiel zu Boden und wickelte sich um meine Füße, so daß ich stolperte. Alessan plumpste wie ein Sack auf sein Bett. Tuero umklammerte den Bettpfosten und murmelte eine Entschuldigung, als er bei dem Manöver ein Stück des Bettvorhangs herunterriß. Ich zog Alessan die Stiefel aus, lockerte seinen Gürtel und rollte ihn zur Mitte des Bettes, damit er nicht herunterfallen konnte.

»Wenn ich ...«, begann Tuero, als ich Alessan sorgfältig die Decke um die Schultern wickelte. Ein Lächeln glitt über die Züge des Schlafenden, und mir stockte der Atem. »Wenn ich ...« Tuero starrte mich an, wußte nicht mehr, was er sagen wollte, und ließ müde den Kopf hängen.

»Das Notbett steht immer noch im Nebenraum, Harfner.« Ich bezweifelte, daß ich noch die Kraft gefunden hätte, Tuero zu seinem Zimmer am anderen Ende des Korridors zu geleiten.

»Werden Sie mich auch zudecken?«

Tuero sah mich so flehend an, daß ich lachen mußte. Auf unsicheren Beinen folgte er mir nach nebenan. Ich nahm die Decke vom Lager und schüttelte sie. Mit einem dankbaren Seufzer streckte sich Tuero aus.

»Sie sind so gut zu einem müden, beschwipsten Harfner«, murmelte er, als ich die Decke über ihn breitete. »Eines Tages werde ich ...«

Er war eingeschlafen. Eines Tages würde sich Tuero vielleicht daran erinnern, daß er den Begriff ›Fort-Horde‹ geprägt hatte – ein Spottname, den die anderen begeistert aufgriffen, um mich und meine Geschwister damit zu ärgern. Möglicherweise würde das dann einen Schatten auf unser Verhältnis werfen. Aber das war im Grunde sein Problem.

Mein Problem bestand darin, daß ich allein zu Bett gehen mußte – und mir sehnlichst wünschte, daß mich ein ganz bestimmter Mann liebevoll zudeckte.

Kapitel IX

23. 3. 43

Hell und klar dämmerte jener folgenschwere Tag herauf. In der Luft lag ein Hauch von Frühling, doch er sollte bald von bitterem Reif erstickt werden. Trotz oder gerade wegen des vielen Weins, den wir am Vorabend getrunken hatten, erwachten wir ausgeruht und trafen uns zu einem ausgiebigen Frühstück. Alle strahlten, selbst Desdra, die nur selten ihre Gefühle offen zeigte. Wir verteilten am Frühstückstisch die Arbeit des Tages. Alessan lief zu den Ställen, um einen Blick auf das Hengstfohlen zu werfen; er war begeistert von dem kräftigen, lebhaften kleinen Kerl. Oklina und ich befahlen den Pfleglingen und einigen der genesenen Erwachsenen, die übriggebliebenen Glasbehälter in einem der leeren Ställe unterzubringen, und begannen dann den Großen Saal gründlich aufzuräumen.

Deefer begab sich mit ein paar Männern auf die Jagd. Wir alle fanden, daß ein paar fette Wildwhere aus den Hügeln eine willkommene Abwechslung sein würden. Das Fleisch der Herdentiere schmeckte zäh und ging allmählich zur Neige.

Ich überlegte insgeheim, wie man die Burg wieder in ihren alten Zustand versetzen könnte, und beschloß, am Abend mit Alessan über meine Pläne zu sprechen. Meiner Ansicht nach reichte eine Woche harter Arbeit, um die Spuren der Katastrophe zu beseitigen. Und ich glaubte fest, daß es Alessan guttun würde, nicht auf Schritt und Tritt an die schlimmen Ereignisse erinnert zu werden. Gegen die Grabhügel konnten wir natürlich nichts tun, aber ich hoffte, daß im Laufe des Frühjahrs eine Grasdecke über die düsteren Erdwälle wachsen würde. Später – sehr viel später – konnte man sie vielleicht ganz einebnen.

»Drachen!« rief jemand vom Außenhof. Wir alle rannten los, um das Schauspiel zu betrachten. Als erster landete B'lerion auf seinem Bronzedrachen Nabeth. Oklinas schmales Gesicht strahlte vor Freude. Bessera, eine der Königin-Reiterinnen vom Hochland-Weyr, setzte ihr prächtiges goldschimmerndes Tier dicht neben Nabeth auf. Der große Vorplatz wirkte mit einem Mal eng und klein. Sechs weitere Bronzedrachen landeten auf der Straße zur Burg.

Oklina lief B'lerion mit dem Serum entgegen. Mir entging nicht, daß sich die Miene des Bronzereiters erhellte, als er sich von seinem Tier schwang. Oklina lächelte ihn verliebt an.

Jemand versetzte mir einen leichten Rippenstoß. Es war Desdra, die mir eine Kiste mit Serumflaschen entgegenstreckte. »Starr sie nicht so an, Rill! Alessan hat seine Zustimmung erteilt.«

»Ich – ich hatte es nicht so gemeint. Aber sie ist noch ein halbes Kind, und von B'lerion erzählt man sich allerhand.«

»Im Fort-Weyr reift ein Königinnen-Ei heran.«

»Aber Oklina wird hier gebraucht.«

Desdra zuckte mit den Schultern. Sie drückte mir das Serum in die Hand und gab mir einen aufmunternden Schubs. Ich setzte mich in Bewegung, aber meine Gedanken befanden sich in Aufruhr. Oklina war noch so jung, und B'lerion galt als Frauenheld. Hatte Alessan die Verbindung tatsächlich gebilligt? Merkwürdig. Er brauchte doch auch Oklinas Kinder, wenn das Geschlecht der Ruatha überleben sollte. Gewiß, es gab viele Königin-Reiterinnen mit Ruatha-Blut in den Adern, und sie brachten Kinder zur Welt wie ganz normale Frauen, wenngleich nicht so viele. Aber ich stellte mir das Leben im Weyr nicht angenehm vor. Meiner Ansicht nach war die Bindung zwischen Reiter und Drachen zu stark und verzehrend. Oklina strahlte vor Glück, als sie zu B'lerion aufschaute, und darum beneidete ich sie ein wenig. Die großen schillernden Augen von Nabeth ruhten auf dem Paar, als wüßte der Drache genau, was zwischen den beiden vorging. Es war bekannt, daß die Drachen telepathische Kräfte besaßen. Ich weiß nicht, ob es nach meinem Geschmack gewesen wäre, ständig mit einem anderen Wesen meine Gedanken und Gefühle zu teilen. Aber als Drachenreiter gewöhnte man sich wohl daran.

Kaum hatten wir uns vom Abflug des ersten Drachenkontingents erholt, da tauchten bereits die Königinnen des Fort-Weyrs auf. Zu meiner Überraschung war auch Leri gekommen, die frühere Weyrherrin von Fort. Sie steuerte ihre alte Drachenkönigin Holth in den Hof, während Kamiana, Lidora und Haura auf der Straße landeten. Als nächste erschienen S'peren und K'lon. Leri scherzte gutgelaunt mit Alessan und Desdra, aber ich bemerkte, daß sie insgeheim Oklina beobachtete. Das gleiche tat Holth. Offenbar war die Entwicklung noch ziemlich neu. Ich erinnerte mich plötzlich an meine Ankunft auf Ruatha. Sie lag erst drei Tage zurück, aber es hatte sich so viel ereignet, daß mir diese Zeit wie drei Monate erschien. Alessan und Moreta hatten damals auch so glücklich ausgesehen wie Oklina. Versuchte sich Leri persönlich ein Bild von der Situation zu machen?

Die Weyr hatten das Recht, in Burgen und Gehöften nach geeigneten Kandidaten für die Gegenüberstellung zu suchen, ganz besonders dann, wenn in der Brutstätte ein Königinnen-Ei heranreifte. Aber Oklina war so jung, so unerfahren. Dann schalt ich mich, daß ich Kritik an meinem neuen Burgherrn übte. Seine Entscheidungen gingen mich nichts an. Außerdem neigte ich dazu, mir zu viele Sorgen zu machen und in allen Dingen sofort die negative Seite zu sehen.

Gegen Mittag fanden wir Zeit für einen Teller Suppe und etwas Brot. Die meisten Serumbehälter waren abgeholt. Ich versuchte mir ein Bild von der Verteilungsstrategie zu machen. Es dauerte knapp fünf Minuten, bis ein Drache landete. Wenn wir so rasch wie möglich arbeiteten, benötigten wir weitere fünf Minuten, um den Reitern die Flaschen zu überreichen. Ehe die Drachen wieder am Himmel kreisten, vergingen noch einmal drei bis vier Minuten. Auch wenn der eigentliche Flug im *Dazwischen* nur ein paar Sekunden in Anspruch nahm, verstrich insgesamt mindestens eine halbe Stunde, bis das Serum an Ort und Stelle abgeliefert war. Bei den vielen Burgen und Höfen im Westen, in Süd-Boll, Crom, Nabol und Fort sowie den weitverstreuten Siedlungen in Ruatha, Ista und dem Westen von Telgar hätte man die Drachenreiter sämtlicher Weyr für diese Aktion einsetzen müssen. Aber es waren nur acht vom Hochland, sieben von Fort und sechs von Ista.

»Zerbrich dir nicht den Kopf darüber, Rill!« rief mir Desdra mit schwachem Lächeln. »Es ist zu schaffen, wenn man die besonderen Fähigkeiten der Drachen berücksichtigt.«

Dieser Hinweis verwirrte mich noch mehr, aber in diesem Moment landeten die Drachenreiter von Ista und Fort, um ihre letzte Lieferung in Empfang zu nehmen. Die Tiere wirkten ein wenig fahl – kein Wunder, denn die Passage im *Dazwischen* forderte noch mehr Kraft als die häufigen Start- und Landeflüge. Leri sah völlig erschöpft aus, aber sie war auch die älteste Königin-Reiterin von Fort. Daß sie sich überhaupt auf eine so schwere Aufgabe einließ, zeugte von ihrem sehr starken Verantwortungsgefühl für Pern und die Weyr.

Plötzlich bäumten sich die Königinnen hoch auf und trompeteten empört los. Der einzige blaue Drache in der Gruppe duckte sich ängstlich. Leri sah ebenso wütend aus wie die übrigen Königin-Reiterinnen. Zwischen Tieren und Menschen schien eine hastige lautlose Konferenz stattzufinden. Da ich Leri am nächsten stand, winkte sie mich heran und reichte mir kurzentschlossen die Serumbehälter, die ich ihr eben erst ausgehändigt hatte.

»Gib das S'peren, mein Kind! Er wird den Impfstoff für mich verteilen.«

Eine Staubwolke hüllte mich ein, als Holth einen kurzen Anlauf nahm und sich in die Luft schwang. Kaum hatte die alte Drachenkönigin den Außenwall von Ruatha überflogen, da verschwand sie auch schon im *Dazwischen*. Ein kalter Windstoß ließ mich frösteln. Auch die anderen Königin-Reiterinnen wirkten mit einem Mal ernst und grimmig. Ich verstand das nicht. Die Verteilung des Serums hatte geklappt, und eigentlich gab es eher einen Grund zur Freude und zum Feiern. Langsam kehrte ich zur Burg zurück.

»Das hier kommt in die Kühlräume«, befahl Alessan und deutete auf die Kisten mit dem übriggebliebenen Serum. Wir hatten etwas mehr Impfstoff als nötig hergestellt, falls auf dem Transport der eine oder andere Behälter zerbrach. »Sobald der ganze Wirbel vorbei ist, bringen wir das Zeug zu den Zuchtställen von Keroon. Der dortige Herdenmeister – wer immer das sein wird – kann den Impfstoff vermutlich gut gebrauchen. Ich bin sicher, daß man in Keroon oder Telgar noch die eine oder andere verlassene Renner-Herde entdeckt. So viele Höfe stehen völlig leer.«

Während wir das Serum verstauten, traf Deefer mit seinen Jägern ein. Triumphierend schwenkten sie die Beute – gut ein halbes Dutzend fetter Wildwhere.

»Heute abend wird gefeiert! Oklina, Rill – untersucht mal die Speisekammern! Vielleicht findet ihr die Zutaten für ein richtiges Festmahl. Das ewige Stew hängt mir allmählich zum Hals heraus.«

Die Ankündigung löste Jubel aus, und einige der Leute erboten sich, in der Küche zu helfen. Andere entrümpelten den

Großen Saal und stellten die schweren Tische auf, die man nach dem Fest so achtlos in einer Kammer gestapelt hatte. Einige trugen noch Tischdecken mit Fett- und Weinflecken. Oklina und ich nahmen sie hastig ab und brachten sie in die Waschküche.

»Ich gehe nur ungern fort von hier«, sagte Desdra zu mir, während sie ihre Instrumente und Aufzeichnungen verstaute. »Ruatha erholt sich rasch – auch wenn es im Moment nicht danach aussieht ...« Sie deutete auf die Unordnung.

»Sie und Meister Capiam müssen uns bald besuchen!« rief Oklina mit leuchtenden Augen. »Sie werden sehen, wie Ruatha dann strahlt, nicht wahr, Rill?«

»Gebt mir nur die nötige Ellbogenfreiheit, und ich bringe die Burg auf Hochglanz!« erklärte ich mit solchem Nachdruck, daß Desdra lachte.

Dann blinzelte sie mir zu und sagte so leise, daß es Oklina nicht hören konnte: »Ich glaube, Sie haben die richtige Entscheidung getroffen. Auf Burg Fort wurden Ihre Fähigkeiten nie richtig anerkannt. Und es tut mir nachträglich leid, daß ich Ihr Angebot falsch verstand und ablehnte. Sie wären in der Heiler-Halle eine große Hilfe gewesen.«

»Mein Vater hätte mich zurückgeholt«, entgegnete ich, erleichtert darüber, daß Oklina sich entfernte. »Hier dagegen stehe ich auf eigenen Füßen und weiß, daß man meine Leistungen objektiv beurteilt, weil niemand meine Herkunft kennt. Ich glaube, daß ich auf Ruatha gebraucht werde, besonders wenn Oklina ...« Ich machte eine Pause und wußte nicht recht, wie ich fortfahren sollte.

Desdra zog eine Augenbraue hoch. Ich wußte sofort, was sie dachte, und winkte ärgerlich ab.

»Ach, das ist doch Unsinn, Desdra! Ruatha gehört zu den angesehensten Burgen des Landes – auch wenn hier im Moment Chaos herrscht. Und Alessan hat sich durch sein Verhalten nach der Katastrophe die Achtung von ganz Pern errungen. Jeder Baron wird ihm mit Freuden seine heiratsfähigen Töchter anbieten, sobald man wieder normal reisen kann.«

»Ihr Rang ist seinem ebenbürtig, Lady Nerilka.«

Ich schüttelte vehement den Kopf. »Mein Rang *war* seinem

ebenbürtig. Deshalb möchte ich auch, daß wir das ›Du‹ beibehalten, Desdra. Es befriedigt mich ganz einfach, ein Teil von Ruathas Zukunft zu sein. Auf Fort hatte ich keine.«

Desdra musterte mich ruhig und nickte. »Soll ich jemanden grüßen oder einweihen? In aller Diskretion natürlich.«

»Wenn du willst, kannst du Onkel Munchaun berichten, daß du mich auf deinen Reisen getroffen hast und daß es mir gut geht. Er wird meine Schwestern beruhigen.«

»Auch Campen machte sich große Sorgen um dich. Er und Theskin suchten einen Tag lang die umliegenden Hügel ab, weil sie dachten, dir sei beim Kräutersammeln etwas zugestoßen.«

Mit einem Nicken akzeptierte ich Campens Treue und Desdras unausgesprochene Bitte.

Ich erinnere mich, daß ich im Großen Saal stand und überlegte, ob wir den beißenden Rotwurz-Gestank je wieder vertreiben könnten. In diesem Moment schrie Oklina, die gerade ein paar polierte Kupfergefäße auf dem Kaminsims verteilte, laut auf und begann zu schwanken. Desdra war mit einem Schritt neben ihr und fing sie auf. Zugleich kam Alessan mit kalkweißem Gesicht aus dem kleinen Büro gestürmt, das Follen in jüngster Zeit so oft als Untersuchungsraum gedient hatte.

»MORRRETTTAAA!« Alessans Schrei war der Schmerz eines Menschen, der bereits zu viel Kummer und Leid ertragen hatte. Er sank in die Knie und trommelte mit beiden Fäusten auf die Steinfliesen ein, während ein wildes Schluchzen seinen Körper schüttelte. Follen versuchte ihn hochzureißen, aber vergeblich.

Ich konnte den Anblick nicht ertragen und lief zu ihm, kniete neben ihm nieder und preßte seine wundgeschlagenen Fäuste gegen meine Schenkel. Er umklammerte mich so heftig, daß ich einen Aufschrei unterdrückte, aber dann vergrub er seinen Kopf in meinem Schoß und ließ seinem Kummer freien Lauf.

Moreta! Welches Unheil mochte ihr im Fort-Weyr zugestoßen sein? Ich wußte, daß sich ihre Königin in der Brutstätte befand, dem sichersten Ort des ganzen Weyrs.

Alessans Arme umkrampften meine Hüften, und seine Finger krallten sich in meinen Rücken, während er gegen das neue, furchtbare Leid ankämpfte. Ich drückte ihn so fest an mich, wie ich nur konnte, murmelte besänftigende Worte und versuchte zu begreifen, was geschehen war.

Ich merkte, daß Follen und Tuero neben uns standen, aber ihre Worte gingen in Alessans heftigem Schluchzen und dem Scharren seiner Stiefel unter. Sein ganzer Körper bäumte sich gegen die neue Tragödie auf.

»Laßt ihn weinen!« sagte ich. »Nur so löst sich der Schmerz. Was kann Moreta zugestoßen sein?«

Desdra gesellte sich zu uns. »Schwer zu sagen. Auch Oklina hat das Bewußtsein verloren. Ich begreife das nicht. Er ist kein Reiter, sie noch keine Kandidatin.«

Wir hörten einen langgezogenen Schrei, schriller und lauter, als er je aus der Kehle des Wachwhers kommen konnte.

»Beim Ei!« wisperte Desdra.

Ich schaute auf und sah B'lerion die Stufen zur Burg heraufstürmen. Jede Farbe war aus seinem Gesicht gewichen, und sein Blick wirkte völlig erloschen. Nabeth hatte sich entsetzlich verändert. Seine Haut wirkte stumpf und grau. Es war das Wimmern des Bronzedrachen, das wir gehört hatten.

»Oklina!« rief B'lerion und sah sich suchend um.

»Sie ist ohnmächtig, B'lerion.« Desdra deutete auf einen der Tische. Dort lag das junge Mädchen, betreut von einer Dienerin. »Was ist mit Moreta geschehen?«

B'lerions Augen füllten sich unvermittelt mit Tränen. Seine Blicke wanderten von Oklina zu Alessan, der immer noch vom Schluchzen geschüttelt wurde. Dann senkte der Reiter den Kopf auf die Brust und ließ die Schultern hängen. Tuero und Follen stützten ihn.

»Moreta ging ins *Dazwischen!*«

Ich begriff nicht gleich, was er damit meinte. Drachen und ihre Reiter gingen so oft ins *Dazwischen.*

»Auf Holth. Die Weyrführer von Telgar verhinderten, daß ihre Reiter das Serum verteilten. Moreta sprang ein. Sie kannte Keroon am besten. Aber Holth war bereits von den vorangegangenen Flügen erschöpft. Sie verirrten sich im *Dazwischen.* Und starben!«

Ich drückte Alessan noch fester an mich. Meine Tränen vermischten sich mit den seinen, aber mein Schmerz galt im Moment eher ihm als der tapferen Weyrherrin. Wie konnte er diese dritte Tragödie überstehen? Er hatte sich so mutig gegen die Seuche zur Wehr gesetzt und länger um Suriana getrauert, als es die meisten anderen Männer getan hätten. Ich dachte an meinen Vater, und Verachtung stieg in mir auf. Gab es überhaupt keine Gerechtigkeit mehr auf der Welt? Alessan wurde von einem Schicksalsschlag nach dem anderen heimgesucht, während Tolocamp ein unverdientes Übermaß an Gesundheit, Wohlstand und Sinnenfreuden genoß.

Mir dämmerte in diesem Moment, weshalb Alessan an jenem Tag, als ich nach Ruatha kam, so glücklich ausgesehen hatte. Ich wußte nicht, wann und wie er und Moreta Zeit für ihre Liebe gefunden hatten; die sechs Gefährten waren höchstens eine Stunde von Ruatha fort gewesen. Aber ich verstand nun besser, weshalb Alessan das Verhältnis zwischen Oklina und dem Bronzereiter B'lerion billigte. Und daß die Weyrherrin Trost bei dem jungen Burgherrn gesucht hatte, konnte ich ihr nachfühlen. Sh'gall war alles andere als ein angenehmer Partner. Arme Moreta. Armer, armer Alessan. Was konnte ihm jetzt noch helfen?

Desdra wußte es. Sie wartete, bis Alessans Schluchzen allmählich verebbte. Dann richteten sie und Tuero ihn auf. Meine Beine waren eingeschlafen, und ich konnte mich kaum noch rühren. Aber ich hielt seinen Kopf, während Desdra ihm einen Becher Wein einflößte, den sie mit Fellis-Saft vermischt hatte.

Der Ausdruck in seinen Augen wird mich mein Leben lang verfolgen: verloren, völlig verloren, fassungslos angesichts des Verlustes – und unendlich traurig. Er hatte den Becher leergetrunken, und es war eine Gnade für ihn wie für uns, daß der Fellis-Saft sofort wirkte.

Sie trugen ihn in sein Schlafzimmer, und ich erklärte mich bereit, an seiner Seite zu wachen, obwohl Desdra mir versicherte, daß er bis zum nächsten Tag durchschlafen würde.

»Was können wir für ihn tun, Desdra?« fragte ich immer noch erschüttert von seinem Leid. Unwillkürlich liefen mir Tränen über die Wangen.

»Meine liebe Lady Nerilka, wenn ich darauf eine Antwort wüßte, wäre ich dem Meisterheiler überlegen.« Sie schüttelte langsam den Kopf und drückte damit die Hilflosigkeit aus, die auch ich empfand. »Es kommt ganz darauf an, ob er unseren Beistand annimmt. Wie grausam dieser neue Verlust ist – wie grausam und sinnlos!«

Wir zogen ihn aus und breiteten die Felldecke über ihn. Er sah um Jahre gealtert aus. Die Augen waren tief in die Höhlen gesunken, die Lippen zusammengepreßt. Seine Züge wirkten wächsern. Desdra fühlte seinen Puls und nickte erleichtert. Dann setzte sie sich auf die Bettkante und stützte den Kopf müde gegen einen der Pfosten.

»Er hat Moreta geliebt?« fragte ich.

»Es geschah, als wir damals die Nadeldornen sammelten. Was war das für ein herrlicher Tag!« Sie seufzte, und der Hauch eines Lächelns huschte über ihre sonst so strengen Züge. »Wenigstens dieses Glück konnten sie genießen. Und, so hart und bitter das im Moment klingen mag – für den Fortbestand von Ruatha ist dieses Unglück vielleicht ein Segen.«

»Weil Alessan Nachkommen braucht?« Noch nie in der Geschichte von Pern war eine Weyrherrin die Gemahlin eines Erb-Barons geworden; den umgekehrten Fall gab es häufiger. Außerdem hatte Moreta ein Alter erreicht, in dem sie nicht mehr ohne Risiko gebären konnte. Nun, Alessan hätte eine zweite Frau nehmen können. Zur Sicherung der Erbfolge konnte ein Burgherr in seinem Herrschaftsbereich sogar eigene Gesetze erlassen. Diesen Grundsatz hatte man den Fort-Töchtern von frühester Jugend an eingeprägt.

»Oklinas Kinder sollten hier aufwachsen«, meinte Desdra.

»Aber das würde niemals reichen – bei all den Verlusten, die Ruatha erlitt!«

»Sie müssen ihm Ihre wahre Herkunft verraten, Lady Nerilka!«

Ich schüttelte den Kopf, noch während sich der Gedanke in meinem Gehirn festsetzte, dieser aussichtslose, völlig unmögliche Gedanke. Er brauchte eine Frau, die schön und anziehend war, klug und charmant – eine Frau, die ihn vergessen ließ, was er durchgemacht hatte.

Desdra erhob sich und sagte, sie wolle dafür sorgen, daß man mir etwas zu essen brächte. Ich war zu erschöpft, um zu entgegnen, daß ich wahrscheinlich keinen Bissen hinunterbrächte.

KAPITEL X

24. 3. 43 – 23. 4. 43

Ich weiß nicht mehr genau, wie wir die nächsten Tage durchstanden. B'lerion kümmerte sich um Oklina. Es zeigte sich immer deutlicher, daß ihre Zukunft dem Weyr gehörte. Sie hatte das Entsetzen der Drachen gespürt – ein seltenes Talent, wenn jemand weder Drachenreiter war noch zur Gemeinschaft des Weyrs gehörte. Daß Alessan auf telepathischem Wege Kunde von Moretas Tod erhielt, blieb allen bis auf Desdra und Oklina ein Rätsel. Ich reimte mir die Geschichte nach und nach zusammen, unterstützt von einer wachsenden Intuition in allen Angelegenheiten, die Alessan betrafen.

Die Drachenreiter und ein Großteil der Weyrbewohner hatten das tragische Ende von Moreta und Holth unmittelbar miterlebt. Später erfuhren wir von B'lerion, daß die Disziplin und die Gesetze der Weyr verschärft worden waren, um in Zukunft ähnliche Katastrophen zu vermeiden.

Es hatte damit begonnen, daß verwundete Reiter ihre Drachen baten, mit einem unverletzten Ersatzmann zu fliegen, um die Geschwaderstärke während des Sporenkampfes nicht zu vermindern. Zwar besaß jeder Drache seine ganz speziellen Fluggewohnheiten, die nur sein Partner kannte und verstand, aber im Prinzip konnte jeder Reiter mit jedem Drachen fliegen. Leri traf keine Schuld, daß sie diese Gepflogenheit mitgemacht und Moreta ihre Königin in dieser besonderen Notlage überlassen hatte. Aber erschöpfte Reiter und Drachen begingen Fehler, und an jenem Spätnachmittag waren Moreta und Holth über die Grenzen ihrer Kräfte hinausgegangen. Mir fiel ein, daß Holth damals dicht über dem Außenwall von Ruatha ins *Dazwischen* gegangen war.

»Genau«, bestätigte B'lerion mit leiser Stimme. »Holth besaß nicht mehr die nötige Sprungkraft in den Hinterbeinen. Vermutlich wechselte sie so rasch ins *Dazwischen*, daß Moreta ihr keine Bilder mehr vom Landeplatz übermitteln konnte. Und so blieben sie in der eiskalten Zwischenwelt gefangen.«

Später, als Meister Tirone eine Ballade über Moretas mutigen Ritt zu schreiben begann, bedrängten ihn die Weyrführer, Orlith und nicht Holth als Königin zu nennen. Die Wahrheit, so befürchteten sie, könnte zuviel Schaden anrichten. Auf diese Weise blieb einem Großteil der Bewohner Perns verborgen, was sich in den Tagen nach der Seuche wirklich abgespielt hatte. Und manchmal bedauerte ich, daß ich den wahren Ablauf kannte. Nicht, daß ich Moretas Tapferkeit schmälern wollte – aber es quälte mich, daß ein einziger Fehler solches Leid verursacht hatte.

Desdra, die mir inzwischen voll vertraute, erklärte auch, wie es die Drachenreiter geschafft hatten, den Impfstoff rechtzeitig in ganz Pern zu verteilen: Ihre Tiere konnten nicht nur von Ort zu Ort, sondern auch von einer Zeit in die andere wechseln – ein Talent, von dem nur Eingeweihte wußten. Doch die Zeitverzerrung, die bei solchen Sprüngen auftrat, zehrte an der Substanz von Drachen und Reitern – ein weiterer Faktor, der die Tragödie ausgelöst hatte. Denn nur durch eine Reihe von Zeitsprüngen war es Moreta und Holth gelungen, das Serum in der gesamten Ebene von Keroon zu verteilen. Und dabei hatten sie ihre Kräfte überschätzt.

Ein Weyr-Gericht befand einstimmig, daß Moreta am Leben geblieben wäre, wenn M'tani sich nicht geweigert hätte, seine Reiter für die Aktion einzusetzen. Ich erfuhr nie, welche Strafe man über den Telgar-Weyr verhängte. Wenn Oklina es wußte, so erwähnte sie es nicht.

Ich verstand nun vieles besser – aber mein Wissen reichte nicht aus, um Alessan zu helfen. Er kam vierundzwanzig Stunden später zu sich. Ich war gerade ein wenig eingenickt und erwachte, als er sich auf seinem Lager umherzuwälzen begann. Als ich seinen gequälten Blick sah, hatte ich das Gefühl, daß er dem Wahnsinn nahe war.

»Desdra hat mir ein Schlafmittel verpaßt, nicht wahr?« Ich

nickte, und er stieß einen heiseren Fluch aus. »Es hilft nicht. Nichts hilft mehr. Wißt ihr inzwischen, was geschehen ist?«

Also schilderte ich ihm die Ereignisse. Ich versuchte leise und ruhig zu sprechen, aber meine Kehle war wie zugeschnürt. Der Schmerz, der von Alessan ausging, war greifbar, rollte wie eine schwere Woge über mich hinweg. Als ich schwieg, starrte er mich mit brennenden Augen an.

»Leri und Orlith sind noch am Leben?« Das klang wie eine Anschuldigung.

»Die Eier! Orlith bleibt, bis sie ausgebrütet sind, und Leri betreut sie.«

»Tapfere Leri! Brave Orlith!« Sein Hohn ließ mich zusammenzucken, aber sein starrer Körper und die geballten Fäuste verrieten mir, welcher Kampf in seinem Innern tobte. »Drachen und Reiter haben manche Vorteile, die unsereinem versagt bleiben. Warum mußte mein Vater mich zurückhalten, als ich damals bei der Suche auserwählt wurde? Mein Leben hätte ganz anders verlaufen können ...« Er wandte sich ab und starrte aus dem Fenster. Dann, als sein Blick auf die Grabhügel fiel, drehte er sich mit einem Ruck um und schloß die Augen.

»Du hast also meinen Schlaf bewacht, Rill. Und solange ich wach bin, wird mir vermutlich ein anderer Schutzengel auf Schritt und Tritt folgen, um zu verhindern, daß ich aus einem Leben gehe, das keinen Sinn mehr für mich hat ...«

In diesem Moment brach mein eigener Kummer durch. Ich war nicht mehr die vernünftige, pflichtbewußte Älteste der Fort-Horde, sondern Surianas Freundin, die neue Wirtschafterin auf Ruatha – und eine Frau, die Alessan weit mehr schätzte, als sie es sich eingestand. Jeder Kummer läßt sich ertragen. Die Zeit heilt die tiefsten Wunden des Herzens – aber um diese Zeit mußte ich kämpfen.

»Selbst wenn Sie nicht mehr leben wollen, Alessan – Sie sind Erb-Baron von Ruatha und *dürfen* nicht sterben!«

»Ruatha ist nicht mehr Grund genug für mich, am Leben zu bleiben«, entgegnete er bitter. »Es hat schon einmal versucht, mich umzubringen.«

»Und Sie haben gekämpft und das Steuer herumgerissen!

Keiner außer Ihnen hätte das geschafft. Sie haben sich Würde und Ehre errungen.«

»Was zählen Würde und Ehre da draußen?« Er deutete, ohne sich umzudrehen, zu den Erdhügeln vor dem Fenster.

»Noch atmen Sie, und Sie sind ein Ruatha!« Ich hatte mit Schärfe gesprochen. Vielleicht konnte ich ihn auf diese Weise aufrütteln und von dem Kurs abbringen, den er eingeschlagen hatte. Aber Pflicht, Ehre und Tradition waren ein schaler Ersatz für Moretas Liebe. »Als Ihre Untertanin, Baron Alessan, verlange ich, daß Sie am Leben bleiben, bis Sie einen Sohn in die Welt gesetzt haben, der eines Tages Herr über Ruatha wird!« Ich war selbst verblüfft über meinen scharfen Tonfall, und Alessan musterte mich mit gerunzelter Stirn. »Außer es stört Sie nicht, daß Fort, Tillek und Crom sich nach Ihrem Tod um Ihren Besitz streiten werden! Dann mische ich Ihnen eigenhändig die nötige Dosis Fellis-Saft in Ihren Wein, und Sie können ein Ende machen.«

»Ein Handel also!« Mit einer Schnelligkeit, die ich dem gebrochenen Mann nicht zugetraut hatte, sprang er auf und streckte mir die Hand entgegen. »Abgemacht, Lady Nerilka! Sobald Sie schwanger sind, werde ich diesen Becher leertrinken!«

Ich starrte ihn an, entsetzt über die Reaktion, die meine Worte ausgelöst hatten. Er legte meinen Appell völlig falsch aus, schob mir persönliche Motive unter ... Dann erst dämmerte mir, daß er meinen wahren Namen kannte.

»Ihre Eltern förderten die Verbindung mit allen Mitteln!« Seine Stimme klang schneidend.

»Aber dabei dachten sie nie und nimmer an mich!«

»Warum nicht, Nerilka? Sie haben bewiesen, daß Sie das Zeug zur Burgherrin besitzen. Weshalb sonst sind Sie so plötzlich hier aufgetaucht? Oder wollten Sie Rache nehmen, weil Ihre Angehörigen durch meine Schuld ums Leben kamen?«

»Nein! Beim Ei! Ich konnte das Leben auf Fort nicht mehr ertragen, nachdem Tolocamp Schande über uns alle gebracht hatte. Wie hätte ich noch daheim bleiben können, nachdem er den Heilern Arzneien, Nahrung und Hilfe versagte? Daß ich hierherkam, beruht auf einem Zufall. Ich war gerade bei Bestrum, um das Serum abzuliefern, als M'barak landete und nach Leuten suchte, die mit Rennern umgehen konnten. Aber woher wissen Sie, wer ich bin?«

»Durch Suriana!« Ärger schwang in seiner Stimme mit, aber dann wandte er wieder das vertraute Du an. »Du warst ihre Ziehschwester, Rill. Und du weißt, daß sie alles und jeden zeichnete. Es gab unzählige Skizzen von dir. Ich erkannte dich sofort, als du vor mir standest. Allerdings wußte ich nicht, was dich nach Ruatha geführt hatte, und so machte ich das Spiel mit und wartete ab.« Dann schnippte er ungeduldig mit den Fingern. »Komm, Mädchen, schlag ein! Es ist kein schlechter Handel. Du wirst Herrin auf Ruatha und kannst schalten und walten, wie du willst, unabhängig von deinem Vater oder sonst einem Baron. Du hast doch keine Angst vor mir? Sicher weißt du von Suriana, daß ich ihr ein guter Partner war.«

Ich wußte es, auch wenn Suriana es nicht in Worte gekleidet hatte. Aber der Gedanke an die verstorbene Freundin und an Alessans fühlbare Trauer um Moreta trieb mir Tränen in die Augen.

»Sie sind ein guter, tapferer Mensch. Ich möchte nicht, daß Sie unter dem Druck der Umstände eine Entscheidung treffen, die Sie eines Tages bereuen.«

»Ich scheine das Unheil anzuziehen.« Seine Miene war verschlossen, und seine Stimme klang kalt. »Ich brauche kein Mitleid, Nerilka. Es nützt mir nichts mehr. Wirst du mir statt dessen ein Kind geben, damit das Geschlecht der Ruatha nicht ausstirbt? Und den Becher?«

Ich verstehe heute noch nicht, weshalb ich beide Bedingungen dieses absurden Handels akzeptierte, aber ich war damals wohl fest davon überzeugt, daß Alessan zur Vernunft kommen würde, wenn erst der schlimmste Schmerz überwunden war.

»Dann gehen wir an die Erfüllung des Vertrags.« Er zog mich mit harter Hand an sich, und ich riß mich mit einer Geste des Entsetzens los.

»Nein! Ich denke nicht daran, Anella zu imitieren!«

Alessan schaute mich wütend und verständnislos an.

»Tolocamp holte sich Anella ins Bett, noch ehe die Trommelbotschaft vom Tod meiner Mutter verhallt war.«

»Bei uns liegen die Dinge doch völlig anders, Nerilka!« Seine Augen brannten, und sein starrer Gesichtsausdruck erschreckte mich.

»Sie haben Moreta geliebt!«

Seine Wangenmuskeln begannen zu zucken. In seinen Augen glitzerte etwas wie Haß.

»Ist es das, was dich zurückhält? Jungfräuliche Scham wäre mir lieber gewesen. Rill, du hast dein Versprechen gegeben, und du bist es der Ehre von Fort schuldig, dieses Versprechen zu halten!«

Er verhöhnte mich. Der Druck auf meinem Handgelenk verstärkte sich. Ich versuchte mein Zögern in Worte zu kleiden, versuchte ihm klarzumachen, daß neues Leben nicht aus Bitterkeit und Haß entstehen sollte. In diesem Moment klangen draußen Schritte auf.

»Du bekommst einen kurzen Aufschub, Nerilka!« flüsterte er mir zu. »Aber denk daran – wir haben einen Vertrag geschlossen, und wir werden ihn erfüllen. Ich sehne mich nach diesem Becher!«

Tuero trat ein. Als er sah, daß Alessan wach war und mit mir sprach, zeichnete sich auf seinen Zügen Erleichterung ab. »Brauchen Sie etwas, Alessan?« erkundigte er sich.

»Meine Kleider.« Alessan streckte die Hand aus. Ich holte frische Sachen aus dem Schrank, und Tuero reichte ihm seine Stiefel. Er kleidete sich rasch an und verließ mit uns den Raum.

Mehr noch als sein Erscheinen löste sein Verhalten bei den Anwesenden im Großen Saal Befremden aus. Er schickte nach Deefer, ließ Dag holen und wollte wissen, wo sich Oklina befand. Als seine Schwester zusammen mit Desdra den Saal betrat, erkundigte er sich mit keiner Silbe, weshalb die Heilerin ihre Abreise verschoben hatte. Aber er wich zurück, als Oklina ihn umarmen wollte, und forderte Tuero und mich scharf auf, mit den anderen in sein Büro zu kommen. Dort erläuterte er mit beherrschter, tonloser Stimme, wie er sich den Wiederaufbau von Ruatha vorstellte, und er bat uns, unverzüglich alles Notwendige in die Wege zu leiten.

Alle waren erleichtert, daß er sich so vehement in die Arbeit stürzte. Außer mir schien niemand zu bemerken, daß er Ruathas Angelegenheiten ordnete, um für immer Abschied zu nehmen. Er packte mit an, wo es nötig war, und saß abends stundenlang mit Tuero zusammen, um Verwaltungsdinge zu erledigen. Trommelbotschaften wurden ausgesandt, und berittene Boten beförderten versiegelte Briefe. Einige der Nachrichten bekam ich mit. Alessan suchte nach Zuchtstuten für seine Hengste und forderte besitzlose Familien mit gutem Leumund auf, sich bei ihm als Pächter zu melden. Er schickte Leute zu Fuß und zu Pferde aus, um einen Überblick zu gewinnen, wie viele verlassene Höfe es gab, welche Herden überlebt hatten und welche Äcker bereits bestellt waren.

Die Betriebsamkeit wurde überschattet von Alessans düsterem Ernst. Als wir das Serum herstellten, hatten wir härter geschuftet, aber damals hatte Freude und Hoffnung unsere Arbeit beflügelt. Nun schien Alessan uns alle mit seiner Kälte angesteckt zu haben. Nicht einmal die Tatsache, daß die Spuren der Seuche nach und nach verschwanden und Ruatha in neuem Glanz erstrahlte, vermochte Begeisterung in uns zu wecken. Oklina pflanzte Frühlingsblumen rund um die Burg, in der Hoffnung, uns ein wenig aufzuheitern, aber viele davon verwelkten, als könnten auch sie in der frostigen Atmosphäre nicht überleben. Ich machte mir ständig Vorwürfe, daß ich die Schuld an Alessans schrecklicher Veränderung trug, weil ich nicht mit allen Mitteln versucht hatte, ihn von seinen Selbstmordplänen abzubringen.

Zehn Tage nach Moretas Tod saßen wir gerade schweigend beim Abendessen, als Alessan sich feierlich erhob und ein zusammengerolltes Pergament aus seinem Gürtel zog.

»Baron Tolocamp hat hiermit seine Zustimmung erteilt, daß ich seine Tochter Lady Nerilka zur Gemahlin nehme«, verkündete er in seiner schroffen, unbewegten Art.

Sehr viel später entdeckte ich im hintersten Winkel einer Truhe das Schreiben, das mein Vater an Baron Alessan abgeschickt hatte. Es lautete: »Wenn Sie auf Ruatha weilt – bitte, machen Sie mit ihr, was Sie wollen. Sie ist nicht mehr meine Tochter.« Alessan hätte meine Gefühle nicht schonen müssen. Aber seine Reaktion bewies, daß sich hinter der erstarrten Fassade ein weicher, mitfühlender Kern verbarg.

An jenem Abend machte sich ein verblüfftes Raunen in der Tischrunde breit, aber niemand achtete auf mich, nicht einmal Tuero. Desdra war fünf Tage zuvor in die Heiler-Halle heimgekehrt.

»Lady Nerilka?« fragte Oklina zaghaft und starrte ihren Bruder aus großen Augen an.

»Ruatha braucht einen Erben«, entgegnete Alessan und setzte trocken hinzu: »Rill versteht diese Notwendigkeit.«

Alle Blicke wandten sich mir zu. Ich wagte kaum, von meinem Teller aufzuschauen.

»Jetzt weiß ich endlich, woher ich Sie kenne!« rief Tuero. Er lächelte, das erste Lächeln auf Ruatha seit zehn Tagen. »Lady Nerilka!« Er stand auf und verneigte sich tief vor mir. Den anderen schien der Atem zu stocken.

Oklina sah mich einen Moment lang verwirrt an, dann sprang sie auf, lief um den Tisch herum und schloß mich in die Arme. »O, Rill – du bist wirklich Nerilka von Fort?« Es gelang ihr nicht, die Tränen zurückzuhalten.

»Baron Tolocamp hat sein Einverständnis zu unserer Ehe erklärt. Ein Harfner und genügend Zeugen sind anwesend – also können wir das Bündnis nach Recht und Sitte besiegeln!«

»Ohne jedes Fest?« fragte Oklina empört.

Ich nahm ihre Hand und drückte sie fest. »Ohne jedes Fest, Oklina!« Meine Blicke baten um ihr Verständnis. »Wir haben im Moment zu wenig Zeit und Geld für eine große Zeremonie.«

Sie gab nach, aber auf ihrer glatten jungen Stirn zeichnete sich eine scharfe Falte ab. Ich wußte, daß sie sich Sorgen machte – um meinetwillen. Also erhob ich mich, Alessan nahm meine Hand, und wir traten vor die Versammelten. Alessan reichte mir eine goldene Vermählungsmünze aus seinem Beutel und bat mich förmlich, seine Gemahlin und Burgherrin zu werden, die Mutter seiner Kinder, geehrt und geachtet vor allen anderen Bewohnern Ruathas. Ich legte meine Hand auf die Münze – später sah ich, daß der Tag unserer Eheschließung eingraviert war – und gab ihm feierlich mein Heiratsversprechen. Bei den Worten »... die Mutter deiner Kinder« schwankte meine Stimme ein wenig, aber ich wußte, daß dies ein wichtiger Teil unserer Abmachung war.

Oklina bestand darauf, daß wenigstens Wein aufgetischt wurde, und bei einem Glas perlendem Weißen von Lemos tranken alle Anwesenden auf unser Wohl. Der Harfner hielt eine Festrede, aber kein Lächeln kam dabei über seine Lippen, und er hatte auch kein Hochzeitslied bereit. Ich bemühte mich, wie eine strahlende Braut auszusehen, aber ich kämpfte mit den Tränen.

Später brachte Tuero das Familienbuch und trug unsere Namen in das Register ein. Ich war nun rechtmäßige Herrin über Ruatha.

Alessan und ich zogen uns bald zurück. Er war sanft und liebevoll, aber ich spürte, wie mechanisch er seiner Pflicht nachkam, und in meinem Innern brannte der Schmerz.

Sonst änderte sich nicht viel für mich. Für die meisten auf der Burg blieb ich Rill, da ich wenig Wert auf Formalitäten legte. Onkel Munchaun schickte mir den Familienschmuck, den ich ihm in Verwahrung gegeben hatte, und meine Mitgift, eine kleine, aber wohlgefüllte Geldkassette. Er schrieb mir auch, was Tolocamp geäußert hatte, als er erfuhr, wo ich mich aufhielt: »Offenbar enden alle Frauen von Fort im Hause Ruatha. Wenn Nerilka Alessans Gastfreundschaft ihrem Elternhaus vorzieht, dann mag sie für immer dort bleiben.«

Onkel Munchaun wollte mir mit seinem Brief nicht weh tun, sondern verhindern, daß ich Vaters Äußerung von der falschen Seite erfuhr. Er selbst fand, daß ich genau das Richtige getan hatte, und er wünschte mir viel Glück für die Zukunft. Ich bedauerte nur, daß Glück nicht so handfest war wie Gold und Schmuck, sonst hätte ich es Alessan zusammen mit meiner Mitgift überreicht. Mit großer Genugtuung fügte Onkel Munchaun hinzu, daß Anella mein Verschwinden mit einem hysterischen Zornausbruch registriert hatte. Sie war zunächst überzeugt davon gewesen, daß ich mich in einem Winkel der Burg versteckt hielt und schmollte. Schließlich hatte sie sich bei Tolocamp beschwert – dem meine Abwesenheit bis dahin tatsächlich nicht aufgefallen war.

Ein steter Strom von Räderkarren und Planwagen brachte Besitzlose und ihre Familien nach Ruatha. Oklina und ich versorgten sie mit Essen, schickten die Frauen mit ihren Kindern in die Waschhäuser und Badeteiche und versuchten herauszufinden, welche von ihnen besonders sauber und ordentlich waren. Tuero, Dag, Pol, Sal und Deefer führten bei einem Becher *Klah* oder einem Teller Suppe Gespräche mit den Männern. Follen untersuchte die Neuankömmlinge, um zu gewährleisten, daß sie keine Krankheiten einschleppten. Merkwürdigerweise hatte oft Fergal das letzte Wort, wenn es darum ging, die Leute als Pächter einzusetzen. Alessan gab viel auf sein Urteil, denn der Bengel horchte die Kinder aus und stieß dabei nicht selten auf Dinge, die uns die Erwachsenen vorenthielten.

Energiegeladene junge Männer aus Keroon, Telgar, Tillek und dem Hochland meldeten sich bei uns, meist die nachgeborenen Söhne von Nebenlinien, so daß sich die Hütten rund um die Burg wieder mit Leben füllten und wir keine Mühe hatten, tüchtige Verwalter und Dienstboten zu bekommen. Handwerker trafen ein; sie brachten Empfehlungsschreiben ihrer Gildehallen, Werkzeug und Arbeitsmaterial mit. Wenn ich zu den Stallungen ging, begegnete ich zufriedenen Frauen, die mich freundlich grüßten, und Kindern, die auf den Wiesen herumtollten, ehe Tuero sie zum Unterricht holte. Ganz allmählich verflog auch die Düsterkeit, die unsere Mahlzeiten im Großen Saal überschattet hatte. Die Entspannung hielt an, bis wir von M'barak erfuhren, daß die Eier in der Brutstätte reif waren.

Das brachte uns das furchtbare Geschehen wieder nahe, das Schicksal von Moreta, Holth, Leri, Orlith – und Oklina. Ich wurde schmerzhaft an mein Abkommen mit Alessan erinnert. Noch war es zu früh, um eine Schwangerschaft festzustellen. Dieser Gedanke erleichterte mich ein wenig und gab mir die Kraft, meinen Kummer zu verbergen.

Obwohl Alessan nie von der Gegenüberstellung sprach, stand für uns fest, daß er Oklina erlauben würde, ihren Platz unter den Kandidatinnen für das Königin-Ei einzunehmen. Wir alle wußten, daß B'lerion nicht nur zu Höflichkeitsbesuchen auf Ruatha weilte.

Ich war wie vom Schlag gerührt, als Alessan mich fragte, ob ich ein Festgewand für die Gegenüberstellung hätte.

»Du willst doch nicht hingehen?«

»Ich will nicht, nein! Aber der Erb-Baron von Ruatha und seine Gemahlin dürfen bei dieser Gegenüberstellung nicht fehlen. Oklina verdient unsere Unterstützung.« Sein Blick gab mir zu verstehen, daß er dieses Thema nicht eingehender besprechen wollte. Er stand schmutzig und schlammverspritzt vor mir, denn er war weit geritten, um einigen der Neuankömmlinge ihre Höfe und ihr Weideland zu zeigen. »Öffne die Truhen meiner Mutter! Sie hatte immer ein paar kostbare Stoffe beiseitegelegt. Leider bist du zu groß für die Roben, die sie anfertigen ließ.« Ein Schatten huschte über seine Züge, und er zog sich rasch ins Bad zurück.

Alessan kam Nacht für Nacht zu mir, sanft aber beharrlich, bis zum Morgen, da wir beide erkannten, daß ich noch nicht schwanger war. Meine Erleichterung war unsagbar, denn die Tatsache bedeutete, daß ich mindestens einen Monat Aufschub erhalten hatte – einen Monat in seiner Nähe. Ich konnte nicht länger leugnen, daß Alessan zum Mittelpunkt meines Lebens geworden war. Ich genoß jede Berührung und merkte mir jedes Wort, das er sprach. Ich hortete diese Dinge, wie andere Gold oder Edelsteine horten – ich wollte an ihnen zehren, wenn er nicht mehr bei mir war.

Während ich mit Oklina und zwei Frauen, die geschickt mit Nadel und Schere umgehen konnten, einen weichen roten Stoff zuschnitt und daraus mein Festgewand nähte, war mir leichter ums Herz als in den Tagen zuvor. Oklina hatte das schlichte weiße Gewand, das sie für die Gegenüberstellung brauchte, bereits heimlich in ihrem Zimmer angefertigt – sie wollte uns jeden Kummer ersparen. Wenn wir zusammen nähten, sprach sie viel von Ruatha und seiner Vergangenheit. Und als sie merkte, daß es mich nicht mehr schmerzte, von meiner Ziehschwester zu hören, erzählte sie sogar einige Anekdoten von Suriana.

Allmählich machte es mir Spaß, auf Ruatha zu leben, neue Fundamente zu errichten, neue Siedler und Pächter willkommen zu heißen. Wir besaßen kaum Vorräte, aber da meine Mutter mich stets zu äußerster Sparsamkeit erzogen hatte, fiel es mir leicht, den großen Haushalt zu verwalten. Die Truhe mit dem Geld, das Onkel Munchaun mir geschickt hatte, half uns über die erste Not hinweg. Auch die Heiler-Halle entlohnte uns für das Serum, das wir in solchen Mengen hergestellt hatten, mit Geld, Arzneien und Vorräten.

Alessan nahm die Entschädigung zähneknirschend an. Er wußte, daß man für Edelmut nichts kaufen konnte. Wir bestellten Ackergeräte, Pflüge, Wagen und Räder bei der Schmiedegilde und verrechneten sie mit den Pächterlöhnen. Ich saß abends oft ebenso lange über meinen Wirtschaftsbüchern wie Alessan über den Lohnlisten. Aber ich genoß die stillen Stunden in seiner Nähe, die nur ab und zu unterbrochen wurden, wenn Oklina uns eine Kleinigkeit zu essen brachte. Mir fiel auf, daß sich Alessan hin und wieder zu entspannen schien. Aber dann genügte ein Wort oder eine Geste, und er zog sich wieder zurück in seine Trauer und Isolation.

KAPITEL XI

23. 4. 43

Die Trommeln verkündeten, daß Reiter im Anflug waren, um uns zum Fort-Weyr zu bringen. B'lerion holte Oklina ab. Er brachte einen prächtigen Umhang zum Schutz gegen die Eiseskälte im *Dazwischen* mit. Oklina, Alessan und ich warteten in Festkleidung auf der Burgtreppe, als er formell darum bat, Oklina als Kandidatin für das Königin-Ei in die Brutstätte bringen zu dürfen. Steif und ohne sichtbare Gefühlsregung legte Alessan Oklinas Hand in die von B'lerion und gab sie damit offiziell in die Obhut des Weyr.

Tränen schimmerten in den Augen des Bronzereiters, und dann schlang Oklina die Arme um den Hals ihres Bruders und begann heftig zu schluchzen. Alessan machte sich schweigend von ihr frei und schob sie auf B'lerion zu. Seine Miene wirkte versteinert, als der Bronzereiter Oklina wegführte. Ich wußte, wie schwer Alessan diese Trennung fiel, und ich senkte den Kopf, weil ich seine Verzweiflung nicht mitansehen konnte.

M'barak hatte geschwollene Augen, als er uns abholte, und mir stockte der Atem, denn ich kannte den Grund für seine Trauer. Dann aber nahm ich mir ein Beispiel an Alessans Haltung. Man mußte das Unvermeidliche akzeptieren.

Eine Gegenüberstellung sollte ein freudiges Ereignis sein, denn an diesem Tage fanden sich junge Menschen und junge Drachen zu einer Partnerschaft, die erst mit dem Tode wieder endete. Aber ich konnte mir nicht vorstellen, daß dieses Mal auch nur ein Funken von Freude aufkommen würde. Und die Ankunft im Fort-Weyr bestätigte meine schlimmsten Befürchtungen. Die Reiter hatten geweint, und die Haut der Drachen war grau verfärbt. Die Gäste wirkten ernst und still, obwohl nicht alle wußten, daß Leri und Orlith im Morgengrauen für immer ins *Dazwischen* gegangen waren.

Trotz der Besucher-Scharen, die ein buntes festliches Bild boten, hörten wir kaum Gespräche, als wir durch den Weyrkessel zur Brutstätte gingen. Ich hoffte, daß sich die düstere Stimmung nicht auf die frisch geschlüpften Drachen übertragen würde. Nur keinen weiteren Fehlschlag, dachte ich, das wäre zuviel für mich!

So klammerte ich mich an das Wissen, daß ich noch einen Monat in Alessans Gesellschaft verbringen durfte, wenn wir diesen schrecklichen Tag überstanden. Ich mußte mir positive Dinge vorstellen. Meine Ehre und meine Würde standen auf dem Spiel. Ich sagte mir vor, daß ich jetzt Herrin auf Ruatha war, einer der ältesten Burgen von Pern, und daß Alessans Schwester eine Kandidatin für das Königin-Ei war. Ich hatte das Recht, heute stolz zu sein. So stand ich hoch aufgerichtet neben Alessan und hoffte aus ganzem Herzen, daß er durchhalten würde.

Er war blaß, wie ich mit einem raschen Seitenblick feststellte, aber der Stolz gab auch ihm Kraft. Als wir die Brutstätte betraten, reichte er mir den Arm. Ich war froh darüber, denn es fiel mir schwer, meine Würde beizubehalten, als der heiße Sand durch die dünnen Sohlen meiner Schuhe brannte. Alessan führte mich zu den oberen Rängen auf der linken Seite der Brutstätte. Sobald wir Platz genommen hatten, richtete er den Blick unverwandt auf die Eier, ganz besonders auf das Königin-Ei, das etwas abgesondert in einer Kuhle lag.

Da ich weder das Gelege noch Alessan ansehen konnte, ließ ich meine Blicke in der Brutstätte umherschweifen. Meisterheiler Capiam putzte sich gerade geräuschvoll die Nase. In seiner Begleitung befand sich Desdra, die stolz die Zeichen der eben erworbenen Meisterwürde trug. Angeblich wollte sie nicht in ihre eigene Gildehalle zurückkehren, wie es ursprünglich vereinbart gewesen war, sondern bei Meister Capiam bleiben. Ich glaubte, den Grund für diesen Entschluß zu kennen ...

Jetzt traf Tirone ein, wie immer von seiner Harfner-Schar umgeben. Dicht hinter ihnen betraten Baron Tolocamp und Anella die Brutstätte. Meine Stiefmutter hatte sich so herausgeputzt, daß der Tand ihr schmächtiges Figürchen zu erdrükken schien. Als sie mich bemerkte, wandte sie sich mit einem Ruck ab und zerrte meinen Vater auf die andere Seite der Tribüne – wohl um sich von mir und Alessan zu distanzieren. Die Ränge füllten sich. Weyrführer und Weyrherrinnen nahmen Platz, Barone und ihre Gemahlinnen, Handwerks- und Herdenmeister ... Ich sah, daß Falga humpelte, als sie den Sand überquerte. Ratoshigan kam allein wie immer. Mir wurde erstmals bewußt, daß ich durch meine Eheschließung mit Alessan zur Elite von Pern gehörte. Aber was bedeutete das schon? Von Telgar waren nur wenige Besucher gekommen; viele dagegen trugen das Abzeichen von Keroon.

Dann hörte ich das Summen der Drachen. Es begann leise und schwoll an, bis der Felsengrund der Brutstätte mitschwang. Der Chor vermittelte Melancholie, aber auch freudige Erwartung. Sh'gall selbst geleitete die Kandidatinnen herein. Er scheuchte die Jungen ungeduldig zu einem Halbkreis und brachte dann die vier Mädchen zum Königin-Ei. Das Summen steigerte sich zu einem hellen Willkommensschrei. Eines der Eier begann zu schaukeln, dann noch eines. Mein Herz schlug schneller. O bitte, Oklina, du mußt es schaffen! Es wäre ein Zeichen, daß noch alles gut wird, daß die Sorgen von Ruatha vergehen ...

Sie stand stolz und aufrecht da, nicht mehr das schüchterne, unauffällige Mädchen von früher, sondern eine selbst bewußte, würdevolle junge Frau. Ich hatte Tränen in den Augen. Unwillkürlich ballte ich die Fäuste. Ich spürte Alessans eiskalte Finger auf meinem Handgelenk.

Ein Ei zerbrach, und ein feuchter kleiner Drache arbeitete sich unter jämmerlichem Geschrei aus seinem Schalengefängnis. Es war ein Bronzedrache! Ein Seufzer der Erleichterung ging durch die Menge. Ein gutes Zeichen! Das kleine Geschöpf stolperte direkt auf einen hochgewachsenen Jungen mit einem dichten hellbraunen Haarschopf zu. Auch das war gut, ein Drache, der wußte, wen er als Partner wollte! Der Junge glaubte noch nicht recht an sein Glück und warf hilflose Blicke auf seine Nachbarn. Einer von ihnen schob ihn zu dem kleinen Geschöpf hin. Der Junge rannte los, kniete im Sand und streichelte dem Kleinen die Augenwülste.

Tränen strömten mir über die Wangen, und ich war nicht die einzige, die weinte. Ich hatte nicht gewußt, daß in meinem Innern so viele Tränen aufgestaut waren. Das Weinen half mir, den Druck und die Anspannung der letzten Wochen zu lindern. Es war, als würde ich aus einem langen dunklen Traum in den sonnenhellen Tag treten. Dann sah ich durch den Schleier meiner Tränen, daß ein kleiner blauer Drache ebenfalls seinen Partner gefunden hatte. Das Summen der erwachsenen Drachen wurde durch das Kreischen der Jungtiere und das aufgeregte Geschrei ihrer neuen Partner noch verstärkt.

Plötzlich hatten alle nur noch Augen für das Königin-Ei. Es schaukelte heftig hin und her. Alessans Finger auf meinem Handgelenk verkrampften sich, und ich spürte plötzlich, daß ihm der Ausgang dieser Gegenüberstellung weit wichtiger war, als er sich einzugestehen wagte – vielleicht weil er die Erfahrung gemacht hatte, daß immer dann Leid über ihn kam, wenn er Gefühle äußerte.

Das Ei kippte hin und her. Ein Riß klaffte in der Mitte der Schale, die Hälften fielen mit einem leisen Knirschen auseinander, und die kleine Königin drängte mit ungestümer Kraft ins Freie. Wieder ein ausgezeichnetes Omen!

Zwei der Mädchen beugten sich vor. Ich merkte, wie Alessan den Atem anhielt, aber seltsamerweise hegte ich nicht den geringsten Zweifel daran, wen die kleine Königin wählen würde. Entschlossen und mit großer Behendigkeit steuerte der feuchte goldene Winzling geradewegs auf Oklina zu. Ich merkte nicht, daß ich mich eng an Alessan schmiegte, aber ich spürte seinen Arm auf meinen Schultern, als Oklina sich mit leuchtenden Augen aufrichtete. Ihr Blick wanderte instinktiv zu B'lerion.

»Sie heißt Hannath!« rief sie. In ihrer Stimme schwangen Staunen und Jubel mit, und ihr Gesicht strahlte. So schön hatte ich sie noch nie gesehen.

»Sie wußte, daß Oklina es schaffen würde!« murmelte Alessan mit gebrochener Stimme, während er seine Schwester beobachtete. »Sie wußte es!« Mir war klar, daß er von Moreta sprach. Sein Arm hielt mich so fest, daß ich kaum noch atmen konnte. Ich spürte den Schmerz in seinem Innern, das harte Schlagen seines Herzens. Dann entrang sich seiner Brust ein Schluchzen, und er barg das Gesicht an meiner Schulter. Einen Moment lang standen wir engumschlungen da, dann trat Alessan einen Schritt zur Seite und starrte auf den Sand der Brutstätte hinaus. Ich weiß, daß er nichts sah, denn er rührte sich nicht, als Oklina und B'lerion zu uns heraufschauten. Ich gab den beiden durch ein Zeichen zu verstehen, daß wir nachkommen würden.

Die Stille in der Felsenhöhle war vollkommen, als sich die Ränge geleert hatten. Selbst das aufgeregte Geschrei im Weyrkessel drang nur gedämpft durch die dicken Wände. Schließlich hob Alessan den Kopf und ließ seine Blicke über die Tribüne der gegenüberliegenden Seite schweifen. Eine Veränderung schien in ihm vorgegangen zu sein, aber sie war so vage, daß ich sie nicht zu fassen bekam. Es war, als habe sich die Erstarrung in seinem Innern gelöst – in dem Moment, da Oklina die kleine Drachenkönigin für sich gewonnen hatte. Endete seine Trauer da, wo für sie ein neues Leben begann? Und würde er es schaffen, ebenfalls ein neues Leben zu beginnen?

»Dort drüben traf ich sie, als ich ihr Festgewand zurückbrachte.« Ich mußte mich anstrengen, um seine Worte zu verstehen. »Sie schenkte mir Hoffnung, verstehst du? Ich kann sie nie vergessen, Rill.«

Er hatte nicht geweint, obwohl seine Augen rotgerändert waren und sein Gesicht fleckig aussah. Er wischte mir die Tränen von den Wangen, wie es früher oft Onkel Munchaun getan hatte. Er lächelte nicht, aber er wirkte auch nicht so versteinert wie zuvor. Dann reichte er mir den Arm und geleitete mich die Stufen herab.

»Heute ist Oklinas Freudentag. Nichts, nicht einmal der alte Kummer, sollen einen Schatten auf ihr Glück werfen. Und – ich werde den Becher nicht mehr von dir fordern, Rill!« Da er auf die Stufen achtete, konnte er nicht sehen, daß ich schon wieder weinte. »Es gibt so viel Arbeit auf Ruatha, jetzt da wir Oklina an den Weyr verloren haben. Ich wollte ihr nicht im Wege stehen. Ich weiß, wie mir zumute war, als mein Vater mich nicht freigab. Heute bin ich froh über seine Entscheidung. Ich mußte wohl erst hierherkommen, um zu begreifen, daß Tod und Leben im steten Wechsel begriffen sind.«

»Ach, Alessan!«

Wir hatten den heißen Sand erreicht, und da ich nun nicht mehr auf meine Würde bedacht sein mußte, packte ich seine Hand und begann zu laufen. Ich mußte meine Freude irgendwie austoben, ehe sie mich erstickte. »Komm! Meine Sohlen brennen, und wir wollen nicht als letzte gratulieren!«

Mit einem leisen Lachen folgte mir Alessan aus der Brutstätte in den Weyrkessel, wo das Fest bereits begonnen hatte. Auf den Simsen am Rand des Kraters zeichneten sich Drachen gegen den Himmel ab. Und das Sonnenlicht tauchte sie alle in Gold.

KAPITEL XII

11. 3. 1553 – Intervall

Zehn Planetenumläufe sind seither vergangen. Die letzten fünf davon blieben verschont von Fädeneinfällen. Auf Ruatha gibt es kaum noch Spuren der furchtbaren Seuche. Die Grabhügel wurden eingeebnet, und üppiges Gras wächst da, wo sie aufragten.

Vieles hat sich verändert, seit der Rote Stern weitergezogen ist. Kamiana ist Weyrherrin auf Fort, und G'drel, der joviale vierschrötige Bronzereiter von Telgar, unterstützt sie bei ihrer Arbeit, seit sein Dorianth Pelianth auf dem Paarungsflug eroberte. Um Geschwaderführer Sh'gall ist es still geworden, aber G'drel und Kamiana besuchen uns oft, und G'drel zieht Alessan ständig mit seinem Renner Squealer auf. Das darf sich außer ihm nur noch Fergal erlauben – obwohl Alessan in den meisten anderen Dingen zugänglicher geworden ist.

B'lerions Nabeth besiegte alle anderen Bronzedrachen, als Hannath erstmals zum Paarungsflug aufstieg – ein Ergebnis, das im Grunde alle erwartet hatten. Oklinas beide Söhne spielen mit unseren Kindern – denn ich habe den ersten Teil meines Abkommens mit Alessan gleich fünffach erfüllt. Wir besitzen vier kräftige Söhne und eine Tochter, die wir Moreta nannten. Alessan möchte mir keine weiteren Schwangerschaften mehr zumuten, obgleich ich ihm versichere, daß ich mich in anderen Umständen stets großartig fühle und jede Geburt als großes Glück empfinde.

Er bringt es inzwischen sogar fertig, seine Liebe zu den Kindern offen zu zeigen. Anfangs täuschte er völlige Gleichgültigkeit vor – als würden zärtliche Gefühle sofort ein Unglück heraufbeschwören. Unsere Tochter Moreta – und Desdra hat mir mehr als einmal versichert, sie sei das schönste Kind, das sie je sah – gelang es, das Eis zu schmelzen. Sie strahlt, wann immer sie ihm begegnet, und ihre Freude ist ansteckend. Alessan wird wohl nie mehr so sorglos, fröhlich und heiter sein, wie Suriana ihn in ihren Briefen schilderte, aber er lächelt jetzt oft – über die Streiche seiner Söhne ebenso wie über Tueros umwerfenden Humor. Er freut sich, wenn Squealer ein Rennen gewinnt, und er ist seinen Besuchern ein zuvorkommender Gastgeber.

Sobald das Frühlingsgrün sprießt, wollen wir – in einem sehr bescheidenen Rahmen – unser erstes Fest geben. Hin und wieder zieht ein Schatten über Alessans Züge, wenn wir die Vorbereitungen besprechen, aber das war nicht anders zu erwarten, und ich gehe schweigend darüber hinweg.

Wenn er mich nicht so stürmisch und temperamentvoll liebt

wie Suriana oder so verzweifelt wie Moreta, so herrscht zwischen uns doch ein inniges Verstehen, und es kann vorkommen, daß wir zur gleichen Zeit denselben Satz beginnen. Wir sind uns einig über die Verwaltung von Ruatha und die Erziehung unserer Kinder. Er lobt meine Arbeit, und dieses Lob empfinde ich als großes Geschenk, denn auf Fort erfuhr ich für mein Wirken niemals Anerkennung oder Dank.

Ganz allmählich schwindet seine Angst, daß er alles, was er liebt, wieder verlieren könnte, und wenn er nachts zu mir kommt, hält er weder den Schatten von Suriana im Arm noch den Traum von Moreta, sondern Nerilka, seine Frau.

Dies ist also das Ende einer Geschichte, die mit Leid und schweren Prüfungen begann und zu einem tiefen, dauerhaften Glück führte. Möge sie jenen Hoffnung geben, die am Schicksal verzagen.

Drachendämmerung

Danksagungen

Dieses Buch hätte nicht ohne den Rat, die Unterstützung und die Hilfe von Dr. Jack Cohen, D. Sc, seit kurzem Dozent für Reproduktive Biologie an der Universität Birmingham, geschrieben werden können. Seine Sachkenntnis und seine Begeisterung halfen mir, die Drachen von Pern und das dazugehörige botanische, biologische und ökologische Umfeld zu *schaffen*. Jack ließ Fakten aus Mythen, ließ Wissenschaft aus Legenden erstehen. Ich bin nicht die einzige mit ihm bekannte Schriftstellerin, die ihm in höchstem Maße zu Dank verpflichtet ist.

Dank schulde ich auch Harry Alm, Marineingenieur aus New Orleans, Louisiana, für seine Ausarbeitung der Fädenfallmuster, die lediglich auf beiläufigen Bemerkungen in verschiedenen meiner Bücher basieren. Seine Frau Marilyn hat mit viel Geduld und großer Präzision genau diese unglaublichen technischen Daten per Compuserve übertragen. Auch ihr möchte ich hiermit meinen Dank übermitteln.

TEIL I

DIE LANDUNG

»Die Meßwerte kommen durch, Sir«, meldete Sallah Telgar, ohne den Blick von den flimmernden Lichtern auf ihrem Terminal abzuwenden.

»Übermitteln Sie die Daten bitte auf meinen Bildschirm, Telgar«, antwortete Admiral Paul Benden. Neben ihm am Kommandopult saß Emily Boll, reglos gegen die Seitenlehne ihres Sitzes gepreßt, und starrte den sonnenhellen Planeten an, ohne die Hektik ringsum wahrzunehmen.

Nach fünfzehn Jahren hatte die Pern-Expedition ihren Höhepunkt erreicht: Die drei Kolonistenschiffe *Yokohama, Bahrain* und *Buenos Aires* näherten sich ihrem Ziel. In den Räumen unter dem Kommandodeck warteten Experten voller Ungeduld auf Daten, um die Protokolle des Erkundungs- und Vermessungs-Teams, das vor zweihundert Jahren Rubkats dritten Planeten zur Kolonisation empfohlen hatte, auf den neuesten Stand zu bringen.

Die lange Reise in den Sagittarius-Sektor war völlig problemlos verlaufen. Einzig und allein die Entdeckung einer Oort'schen Wolke um das Rubkat-System hatte die Wissenschaftler an Bord in Aufregung versetzt, aber Paul Bendens Interesse an dem Phänomen verlor sich rasch, nachdem Ezra Keroon, der Kapitän der *Bahrain* und Astronom der Expedition, ihm glaubhaft versichert hatte, daß die nebelartige Masse tiefgefrorener Meteoriten nicht mehr war als eine astronomische Kuriosität. Man würde die Wolke im Auge behalten, hatte Ezra erklärt, da sie möglicherweise den einen oder anderen Kometen ausschleuderte, aber er sei überzeugt davon, daß sie weder für die drei Kolonistenschiffe noch für den Planeten, dem sie sich rasch näherten, eine ernsthafte Gefahr darstellte. Schließlich hatte das Erkundungs- und Vermessungs-Team keine ungewöhnliche Häufung von Meteoreinschlägen auf Pern erwähnt.

»Sondenmeßwerte auf Schirm zwei und fünf, Sir«, meldete Sallah. Aus dem Augenwinkel sah sie, wie die Andeutung eines Lächelns über Admiral Bendens Züge huschte.

»Alles halb so erhebend, wie wir gedacht hatten, wie?« murmelte er Emily Boll zu, als die neuesten Daten auf den Bildschirmen erschienen.

Emily saß mit verschränkten Armen an ihrem Platz. Sie hatte sich seit dem Absetzen der Sonden nicht von der Stelle gerührt. Nur hin und wieder fuhr sie sich mit den Fingern über die Oberarme. Jetzt hob sie sarkastisch die rechte Augenbraue, ohne den Blick vom Monitor abzuwenden.

»Ach, ich weiß nicht. Es ist immerhin ein weiterer Schritt näher ans Ziel. Zwar müssen wir die Daten nehmen, wie sie kommen«, fügte sie trocken hinzu, »aber ich rechne damit, daß wir es schaffen.«

»Uns bleibt gar keine andere Wahl, oder?« entgegnete Paul Benden eine Spur zu ernst.

Es war eine Reise ohne Rückkehr – kein Wunder, wenn man bedachte, was es kostete, mehr als sechstausend Kolonisten mitsamt ihrer Ausrüstung in einen derart entlegenen Sektor der Galaxis zu befördern. Sobald sie Pern erreicht hatten, blieb in den großen Transportschiffen gerade noch so viel Treibstoff übrig, daß sie in einen geostationären Orbit um den Planeten gehen konnten, während Menschen und Material mit Raumfähren nach unten gebracht wurden. Gewiß, sie hatten Peilkapseln, mit denen sie notfalls in nicht mehr als fünf Jahren das Hauptquartier der Konföderation Vernunftbegabter Rassen erreichen konnten, aber einem ehemaligen Marinetaktiker wie Paul Benden boten diese zerbrechlichen Dinger wenig Sicherheit und Rückhalt. Die Pern-Expedition bestand aus entschlossenen, einfallsreichen Menschen, die den High-Tech-Zivilisationen der KVR den Rücken gekehrt hatten und fest davon überzeugt waren, daß sie allein zurechtkommen würden. Und obwohl ihr Ziel im Rubkat-System genügend Erz- und Mineralvorkommen besaß, um den Aufbau eines auf landwirtschaftlicher Basis funktionierenden Gesellschaftssystem zu gewährleisten, war die Welt doch so arm und so weit vom Zentrum der Galaxis entfernt, daß sie dem Zugriff der habgierigen Technokraten wohl entgehen würde.

»Nicht mehr lange, Paul«, sagte Emily so leise, daß nur Benden ihre Worte verstand, »und wir können beide die Hände in den Schoß legen.«

Er verzog das Gesicht zu einem schwachen Grinsen, denn er wußte, daß es ihr ebenso schwergefallen war wie ihm, den Überredungskünsten der Technokraten zu widerstehen, die alles versucht hatten, um zwei so legendäre Kriegshelden in ihren Reihen zu halten – den Admiral, der in der Cygnus-Schlacht den entscheidenden Sieg errungen hatte, und die mutige Gouverneurin von Centauri First. Aber keiner konnte leugnen, daß diese beiden die idealen Führer für die Pern-Expedition waren.

»Ehe wir die Hände in den Schoß legen«, fuhr sie etwas lauter fort, »will ich versuchen, unsere Experten zu beruhigen – besonders jetzt, da die Sondendaten hereinkommen. Mir ist ja klar, daß jeder Wissenschaftler sein Fachgebiet für den Nabel der Welt halten *muß*, aber ich habe selten solche Streithähne erlebt wie auf dieser Expedition.« Sie unterdrückte ein Stöhnen, aber dann lachte sie und zwinkerte Paul Benden zu. »Noch ein paar Tage, und dann zählen Taten statt Worte, Admiral!«

Sie kannte ihn gut. Ihm waren die endlosen Diskussionen über Lappalien, in die sich die Verantwortlichen der Landeoperation so gern verrannten, gründlich zuwider. Er zog es vor, schnelle Entscheidungen zu treffen und sie unverzüglich in die Tat umzusetzen, anstatt sie zu Tode zu reden.

»Du hast mehr Geduld mit den Leuten als ich«, meinte der Admiral ruhig. Seit die drei Schiffe vor zwei Monaten das Rubkat-System erreicht und mit den Bremsmanövern begonnen hatten, waren die Tage von öden Besprechungen und Debatten erfüllt gewesen, die sich nach Pauls Ansicht erübrigten, da man sämtliche Details bereits siebzehn Jahre zuvor im Planungsstadium des Unternehmens gründlich breitgetreten hatte.

Die meisten der 2900 Kolonisten an Bord der *Yokohama* hatten die gesamte Reisezeit im Tiefschlaf verbracht. Das für die

Bedienung und Wartung der drei großen Schiffe erforderliche Personal hatte sich in einem fünfjährigen Turnus abgewechselt. Paul Benden hatte die erste und die letzte Fünfjahresschicht übernommen. Emily Boll war kurz vor den anderen Umweltexperten reanimiert worden, die nun nichts Besseres mit ihrer Zeit anzufangen wußten, als lauthals über die oberflächlichen Berichte des Erkundungs- und Vermessungs-Teams zu lamentieren. Die ehemalige Gouverneurin unterdrückte den Hinweis, daß sie die gleichen Berichte begeistert gelobt hatten, als sie sich um die Teilnahme an der Pern-Expedition bewarben.

Paul studierte weiterhin aufmerksam die Sondendaten. Seine Blicke wanderten von einem Schirm zum anderen, während er sich mit dem Daumen der linken Hand geistesabwesend über die drei Finger der Rechten strich. Obwohl Paul Benden als Mann nicht der Typ war, zu dem sich Emily hingezogen fühlte, mußte sie doch zugeben, daß er gut aussah, besonders jetzt, da er sein Haar nicht mehr so militärisch kurz trug wie zu Beginn der Expedition. Sie fand, daß die dichte blonde Mähne die kantigen Züge weicher erscheinen ließ – die etwas derbe Nase, das kräftige Kinn und den strengen Mund, der im Moment zu einem schwachen Lächeln verzogen war.

Die Reise hatte ihm gutgetan: Er strotzte vor Kraft und Energie, und sie hatte den Eindruck, daß er den Strapazen der kommenden Monate ohne weiteres gewachsen sein würde. Dabei erinnerte sie sich noch genau, wie entsetzlich hager er bei der offiziellen Siegesfeier nach der Cygnus-Schlacht ausgesehen hatte, jenem entscheidenden Kampf, in dem er an der Spitze der Purpur-Sektor-Flotte die Wende im Krieg gegen die Nathi herbeigeführt hatte. Damals ging das Gerücht, er sei siebzig Stunden ohne Unterbrechung auf der Kommandobrücke geblieben. Emily glaubte das ohne weiteres. Sie selbst hatte während der schlimmsten Nathi-Angriffe auf ihren Planeten ähnliche Leistungen vollbracht. Der Mensch konnte sich eine Menge abverlangen, wenn er dazu gezwungen wurde. Vielleicht forderte der Körper später seinen Tribut, aber im Moment war Benden, der jetzt in seinem sechsten Jahrzehnt stand, ein Urbild an Kraft und Gesundheit. Und auch sie

spürte kein Nachlassen ihrer Energien. Vierzehn Jahre Tiefschlaf schienen die bleierne Müdigkeit vertrieben zu haben,
die sie nach der kräftezehrenden Verteidigung von Centauri
First empfunden hatte.

Eine herrliche Welt, der sie sich jetzt näherten! Emily
seufzte. Immer noch fiel es ihr schwer, die Blicke länger als ein
paar Sekunden vom Hauptschirm abzuwenden. Den anderen
erging es nicht besser. Wer immer auf der Brücke Dienst tat
oder nach der letzten Schicht im Kommandoraum geblieben
war, war gefesselt vom Anblick des Planeten, dem sie entge-
genflogen.

Emily wußte nicht mehr, wer dieser Welt den Namen Pern
gegeben hatte – höchstwahrscheinlich hatten die Buchsta-
ben, die quer über dem veröffentlichten Bericht prangten, ursprünglich etwas ganz anderes bedeutet –, aber nun hieß sie
offiziell Pern, und sie gehörte ihnen. Sie flogen parallel zum
Äquator. Der Planet rotierte langsam; während sie in den
Monitor starrte, verschwand der Nordkontinent mit seinem
hohen Küstengebirge, und die Wüstengebiete im Westen der
südlichen Landmasse tauchten auf. Das wohl augenfälligste
topographische Merkmal war die weite Fläche des Ozeans,
etwas grünlicher als auf der alten Erde, mit Inseln, die in
einem weiten Ring aus dem Wasser ragten. In der Atmosphäre
zogen die Wolkenwirbel eines Tiefdruckgebiets rasch nach
Nordosten. Eine wunderschöne Welt! Sie seufzte erneut und
fing Pauls flüchtigen Blick auf. Ohne die Augen richtig vom
Schirm abzuwenden, lächelte sie ihm zu.

Eine schöne Welt! Ihre Welt! Bei allen Heiligen, diesmal
werden wir sie nicht mehr verpfuschen! gelobte sie sich feierlich. Es gibt so viel prächtiges, fruchtbares Land für alle, daß
die alten Gründe für Streit und Krieg keine Gültigkeit mehr
haben. Nein, überlegte sie mit einer Spur von Zynismus, aber
wir sind bereits dabei, neue zu finden. Sie dachte an die Spannungen zwischen den Konzessionären, welche die immensen
Summen für die Expedition nach Pern aufgebracht hatten, und
den Kontraktoren, den angeheuerten Experten, ohne deren
Fähigkeiten das Unternehmen zum Scheitern verurteilt gewesen wäre. Jede der beiden Gruppen würde auf der neuen Welt

großzügige Landparzellen oder Schürfrechte erhalten, aber die Tatsache, daß die Konzessionäre die erste Wahl hatten, sorgte bereits jetzt für böses Blut.

Unterschiede! Warum mußte es immer Unterschiede geben, arrogant als Überlegenheit zur Schau getragen oder als Minderwertigkeit verspottet? Jeder hatte die gleichen Chancen, egal, wie viele Morgen Land man nun diesem Konzessionär oder jenem Kontraktor zugesichert hatte. Auf Pern lag es wirklich an jedem einzelnen, ob er Erfolg hatte und das Beste aus dem Land machte, das er für sich und die Seinen beanspruchte, und nur daran würde er gemessen werden. Ach was, tröstete sie sich, nach der Landung werden alle so verdammt viel zu tun haben, daß keine Zeit zum Nachdenken über ›Unterschiede‹ bleibt! Fasziniert sah sie zu, wie sich vom verborgenen Nordkontinent ein zweites Tiefdruckgebiet näherte und über das Meer zog. Wenn sich die beiden Unwettersysteme trafen, würde es über dem östlichen Bogen der Inselkette zu einem gewaltigen Sturm kommen.

»Sieht gut aus«, murmelte Kommandant Ongola mit seiner dunklen, immer ein wenig traurigen Baßstimme. Emily hatte ihn in den sechs Monaten, seit sie wach war, nicht ein einziges Mal lächeln sehen. Sie wußte von Paul, daß Ongola bei einem Angriff der Nathi auf seine Militärkolonie seine Frau, seine Kinder und die gesamte übrige Familie verloren hatte. Paul hatte ihn persönlich aufgefordert, sich der Expedition anzuschließen. Nun saß Ongola an der Meßstation und überwachte die meteorologischen und atmosphärischen Werte. »Zusammensetzung der Atmosphäre wie erwartet. Temperaturen auf dem Südkontinent für spätwinterliche Verhältnisse normal. Auf dem Nordkontinent reichliche Niederschläge aufgrund von Tiefdruckluftmassen. Analysen und Temperaturen entsprechen dem EV-Vorbericht.«

Die erste Sonde umkreiste den Planeten in großer Höhe und auf einem Kurs, der es ihr erlaubte, Pern in seiner Gesamtheit zu fotografieren. Die zweite hatte einen niedrigeren Orbit eingeschlagen und konnte jedes gewünschte Teilgebiet im Detail untersuchen. Die dritte Sonde war auf einzelne Geländemerkmale programmiert.

»Sonden vier und sechs sind gelandet, Sir. Fünf befindet sich im Schwebeflug«, verkündete Sallah, als an der Konsole neue Lichter aufzublinken begannen. »Die Raupen schwärmen aus.«

»Kann ich das auf die Schirme bekommen, Telgar?« bat der Admiral. Sie legte die Bilder auf die Schirme drei, vier und fünf.

Der Planet Pern, der weiterhin den Hauptschirm beherrschte, drehte sich langsam nach Osten, von der Nacht- zur Tagseite. Die Küstenlinie des Südkontinents lag hell vor ihnen; die Gebirgskette und mehrere große Flüsse waren zu erkennen. Der Thermalscanner zeigte den Einfluß des Tageslichts auf die Spätwintertemperaturen des Südkontinents.

Bodensonden, die sogenannten Raupen, befanden sich an drei noch nicht sichtbaren Punkten der Südhemisphäre und übermittelten laufend die neuesten Daten über Geländebeschaffenheit und sonstige Verhältnisse. Der Südkontinent war von Anfang an als Landeplatz favorisiert worden. Der EV-Report hatte eine Reihe von Pluspunkten aufgeführt: das mildere Klima auf den Hochflächen; eine größere Vielfalt von Pflanzenarten, manche davon sogar für Menschen genießbar; hervorragendes Ackerland; gute Häfen für die widerstandsfähigen Fischerboote aus Siliplex, die im Moment noch als numerierte Bausätze in den Ladeluken der *Buenos Aires* und der *Bahrain* ruhten. In den Meeren von Pern wimmelte es von Leben, und zumindest einige der Spezies konnten ohne Gefahr von Menschen verzehrt werden. Die Meeresbiologen hegten große Hoffnungen, daß sie in den Buchten und Flußmündungen terrestrische Fische züchten konnten, ohne das bestehende ökologische Gleichgewicht zu stören. In den Tiefkühltanks der *Bahrain* befanden sich fünfundzwanzig Delphine, die aus eigenem Entschluß auf die lange Reise mitgekommen waren. Die Ozeane von Pern waren hervorragend geeignet als Lebensraum für die intelligenten und allem Neuen aufgeschlossenen Säugetiere, die sich auch gern als Fischhirten betätigten.

Bodenanalysen hatten gezeigt, daß sich die meisten irdischen Getreide- und Gemüsesorten, die auch auf Centauri gut gediehen, an die Verhältnisse von Pern anpassen würden, ein wichtiger Punkt, denn die einheimischen Gräser waren für terrestrische Tiere ungeeignet. Eine der ersten Aufgaben der Agronomen würde darin bestehen, Futterpflanzen anzubauen, um die verschiedenen Pflanzenfresser und Wiederkäuer zu ernähren, die man in Form befruchteter Eizellen von den Zuchtbänken auf Terra erhalten und hierhergebracht hatte.

Um das Überleben dieser Tiere auf Pern zu sichern, hatte man den Kolonisten nach einigem Widerstreben die Erlaubnis erteilt, einige der hochentwickelten biogenetischen Verfahren der Eridani anzuwenden – vor allem Metasynthese, Genveränderung und Chromosomenverbesserung. Obwohl sich Pern in einem abgelegenen Teil der Galaxis befand, wollte die Konföderation Vernunftbegabter Rassen unbedingt weitere Katastrophen wie die Bio-Freaks vermeiden, die zu einem gewaltigen Aufschwung der Fraktion Reinrassiger Menschen geführt hatten.

Emily unterdrückte einen Schauder. Diese Erinnerungen gehörten der Vergangenheit an. Der Schirm vor ihr zeigte die Zukunft – und damit von Anfang an alles in die richtigen Bahnen gelenkt wurde, verschwand sie jetzt wohl am besten nach unten und kümmerte sich um die Spezialisten. »Ich habe lange genug herumgetrödelt«, sagte sie leise zu Paul Benden und tippte ihm zum Abschied leicht auf die Schulter.

Paul wandte sich einen Moment lang vom Schirm ab und drückte ihr lächelnd die Hand. »Aber iß zuerst noch etwas!« Er hob mahnend den Zeigefinger. »Du vergißt immer wieder, daß die Vorräte an Bord der *Yoko* nicht rationiert sind.«

»Stimmt.« Sie sah ihn ein wenig überrascht an. »Wird sofort erledigt – großes Ehrenwort!«

»Tu das! Die nächsten Wochen werden bestimmt an deinen Kräften zehren.«

»Mag sein. Aber ich freue mich darauf.« Ihre blauen Augen strahlten, doch im nächsten Moment knurrte ihr Magen hörbar. »Verstanden, Admiral!« Sie zwinkerte ihm zu und ging.

Er sah ihr nach, als sie dem Ausgang zustrebte, eine schlanke, fast hagere Frau mit grauem, natürlich gewelltem Haar, das ihr bis auf die Schultern fiel. Was Paul am meisten imponierte, war ihre Spannkraft, moralisch wie physisch, gepaart mit einer Schonungslosigkeit, die ihn manchmal verblüffte. Sie besaß eine ungeheuere Vitalität, die ansteckend wirkte. Allein ihre Nähe reichte aus, um ihm neuen Schwung zu geben. Gemeinsam würden sie das Beste aus der neuen Welt machen.

Er wandte sich wieder dem Schirm und dem fesselnden Anblick von Pern zu.

Man hatte den großen Salon zum Besprechungsraum für die Leiter der Exobiologen-, Agronomen-, Botaniker- und Ökologenteams umfunktioniert. Außerdem hatten sich sechs Vertreter der Farmer eingefunden, noch ein wenig benommen nach dem langen Kälteschlaf. Ringsum zeigten die Bildschirme an den Wänden ständig wechselnde Daten – mikrobiologische Berichte, Statistiken, Vergleiche und Analysen. Heftige Debatten waren im Gang. Die Männer und Frauen an den Schreibtischmonitoren, die in aller Eile die hereinkommenden Informationen zu Diagrammen und Tabellen ordneten, versuchten die Nervosität zu übersehen, die von den sechs Expertenvertretern in der Mitte des Raumes ausging. Angespannt lauerten sie auf alle Daten, die ihr jeweiliges Fachgebiet betrafen.

Mar Dook, der Leiter der Agronomen, war ein feingliedriger Mann, dessen Herkunft aus dem asiatischen Teil der Erde in Hautfarbe, Gesichtszügen und Körperbau deutlich erkennbar war. Er war drahtig und hager, mit leicht hängenden Schultern, und in den intelligenten schwarzen Augen blitzten der Eifer und die Erregung über die schwierige Aufgabe, die es zu bewältigen galt.

»Der Zeitplan ist doch längst festgelegt, meine lieben Kollegen. Wir gehen mit der ersten Landegruppe nach unten. Die Sondendaten bestätigen voll und ganz unsere bisherigen Informationen. Boden- und Vegetationsproben stimmen überein. Auch die roten und grünen Algenspezies entlang der Küsten kennen wir bereits aus den Vorberichten. Die Ozeansonde hat eine Reihe von Meereslebewesen gesichtet. Und eine der tieffliegenden Landsonden bestätigt den Hinweis des EV-Teams, daß es auf Pern eine große Insektenvielfalt gibt. Beruhigend, nicht wahr? Auf dem Luft-Fax sind außerdem diese

Fluggeschöpfe zu sehen, die unsere Vorgänger Wherries oder Wherhühner nannten – aus welchem Grund auch immer.«

Phas Radamanth schaute lächelnd auf. »Ein Begriff aus dem englischen Sprachraum, soviel ich weiß. Damit wurden früher einmal große schwerfällige Luftfrachter bezeichnet. Seht euch die Biester doch an – plump, fett und träge!«

Kwan Marceau nickte geistesabwesend. »Ja«, murmelte er mit gerunzelter Stirn, »aber andere Raubtiere werden nirgends erwähnt.«

»Oh, es gibt sicher eine Spezies, die sich von den Wherhühnern ernährt«, meinte Phas zuversichtlich.

»Oder sie fressen sich gegenseitig«, bemerkte Mar Dook und handelte sich dafür einen strengen Blick von Kwan ein. Plötzlich deutete Mar erregt auf ein neues Fax, das auf einem der Bildschirme erschien. »Seht doch! Die Raupensonde hat ein Reptiloid aufgenommen! Ein ziemlich großes Exemplar, zehn Zentimeter stark und sieben Meter lang. Da hast du deinen Wherhuhnvertilger, Kwan!«

»Eine andere Raupe ist soeben durch eine halbflüssige Exkrementenmasse gefahren, die eine reiche Darmflora aus Parasiten und Bakterien enthält«, meldete Pol Nietro und markierte den Bericht hastig, um sich später damit zu befassen. »Außerdem scheint es im Boden jede Menge von Würmern zu geben. Eine ungemein wichtige Entdeckung, wenn ihr mich fragt. Nematoden, Insektoiden, Maden, wie man sie auch in einem terrestrischen Komposthaufen finden könnte. Ted, hier ist etwas für dich: Gewächse, die Ähnlichkeit mit unserer Mykorrhiza haben – Baumschwämme. Und da wir schon beim Thema sind – ich möchte gern wissen, wo das EV-Team dieses lumineszierende Myzel entdeckt hat!«

Ted Tubberman, einer der Botaniker, schnaubte verächtlich. Er war ein vierschrötiger Mann, der nach knapp fünfzehn Jahren im Tiefschlaf kein Gramm Fett mehr auf den Rippen hatte, und er neigte ein wenig zur Überheblichkeit. »Lumineszierende Organismen finden sich in der Regel in Höhlen, Nietro«, dozierte er. »Mit Hilfe ihrer Leuchtstoffe locken sie Insekten und andere Opfer an. Das Myzel, von dem das Team berichtete, befand sich in einem Höhlensystem auf der großen Insel unterhalb des Nordkontinents. Überhaupt scheint der Planet eine beträchtliche Anzahl ausgedehnter Höhlensysteme zu besitzen. Warum hat man eigentlich nicht die eine oder andere Raupensonde für unterirdische Erkundungen eingesetzt?« fragte er vorwurfsvoll.

»Wir hatten nur eine begrenzte Anzahl zur Verfügung, Ted«, erklärte Mar Dook besänftigend.

»Da, seht doch! Darauf hatte ich gehofft!« Kwans sonst so ernste Züge leuchteten, und er beugte sich über den winzigen Schirm, bis er fast mit der Nase daranstieß. »Das sind Felsenriffe. Und dort, eine empfindliche, aber ausgewogene Meeresökologie entlang der Ringinseln. Das ist sehr ermutigend. Die verstreuten Punkte, die damals entdeckt wurden, stammen vielleicht doch von einem Meteoritenschauer.«

Ted winkte ungeduldig ab. »Niemals. Keine Einschlagstellen, und das Nachwachsen der Vegetation paßt nicht zu dieser Art von Phänomen. Ich werde mich mit diesem Problem so rasch wie möglich befassen.«

»Zuerst«, warf Mar Dook mit leisem Tadel ein, »müssen wir die geeigneten Ackerflächen auswählen, den Boden umbrechen, testen und ihn notfalls mit symbiotischen Bakterien- und Pilzkulturen, vielleicht sogar mit Käfern versorgen.«

»Aber wir wissen bis jetzt doch nicht einmal, *wo* wir landen werden!« Auf Teds Wangen zeigten sich hektische rote Flecken.

»Auf einem der drei Landeplätze, die im Moment näher untersucht werden«, erklärte Mar Dook mit nachsichtigem Lächeln. Tubbermans gereizte Betriebsamkeit wurde allmählich lästig. »Alle drei bieten uns mehr als genug Raum für Saatkulturen und Versuchsfelder. Unsere Aufgabe bleibt die gleiche, egal, wo wir landen. Wichtig ist nur, daß wir diese erste Anbausaison nicht verpassen.«

»Die Zuchttiere müssen ebenfalls rasch reanimiert werden«, sagte Pol Nietro. Der Leiter des Zoologenteams wartete ebenso ungeduldig wie alle anderen darauf, sich in die praktische Arbeit zu stürzen. »Aber wenn wir sie nur mit Luzerne aus den Kulturen füttern, werden sie ihre Verdauung kaum auf die neue Umgebung umstellen. Wir müssen gleich von Anfang an dafür sorgen, daß Pern uns liefert, was wir brauchen.«

Die anderen murmelten zustimmend.

»Der einzige neue Faktor in diesen Berichten«, meinte der Xenobiologe Phas Radamanth, ohne den Blick von den Bildschirmen abzuwenden, »ist die Vegetationsdichte. Das Gebiet Fünfundvierzig Süd Elf erfordert vermutlich mehr Rodungsarbeiten, als wir dachten. Hier ...« Er legte die Aufnahmen des EV-Protokolls neben die neuesten Bilder. »Der spärliche Pflanzenbewuchs von damals hat sich in dichte und zum Teil auch sehr hohe Vegetation verwandelt.«

»Das zumindest kann man nach mehr als zweihundert Jahren wohl auch erwarten!« fuhr Ted Tubberman dazwischen. »Ich hatte von Anfang an meine Bedenken wegen dieser nahezu kahlen Zonen. Das roch doch geradezu nach geschwächtem Ökosystem. He, seht doch, die meisten dieser kreisförmigen Gebilde sind überwuchert! Felicia, spiel mal die zugehörigen EV-Bilder ein!« Er beugte sich über ihre Schulter und starrte auf den Doppelschirm unterhalb des Sondenmonitors. »Da, diese Kreise sind kaum noch zu erkennen. Das Team hatte recht, als es behauptete, die Vegetation würde sich weiterentwickeln. Keine Grasarten, hm ... Falls es sich um mutierte Pflanzen handeln sollte ...« Er verstummte, schüttelte den Kopf und streckte energisch das Kinn vor. Tubberman hatte immer wieder lautstark betont, daß der Erfolg einer Kolonie auf Pern von einer gesunden Vegetation abhängen würde.

»Auch ich wäre erleichtert, wenn du mit der Pflanzensukzession recht hättest«, begann Mar Dook, »aber nach den EV-Protokollen ...«

»Vergiß die EV-Protokolle!« unterbrach ihn Ted. »Da steht nicht die Hälfte von dem drin, was wir wissen müßten! Erkundung und Vermessung nennt sich so was! Mal schnell den Planeten umkreist, und das war's dann. Das ist der oberflächlichste Bericht, den ich je in die Finger bekommen habe!«

»Das mag ja stimmen«, sagte Emily Boll ruhig. Sie hatte den Raum betreten, während der Botaniker sich immer mehr ereiferte. »Jetzt, da wir ihn direkt mit unserer neuen Heimat vergleichen können, erscheint der erste EV-Bericht tatsächlich recht unvollkommen. Aber er erwähnt die wesentlichen Dinge. Wir wissen, was wir unbedingt wissen mußten, und die

KVR hat uns den Planeten gern überlassen, weil er für sie kaum einen Wert besitzt. Zumindest werden sich die Syndikate nicht darum streiten. Ich finde, wir sollten dem Team dankbar sein, anstatt es zu kritisieren.« Lächelnd sah sie sich in der Runde um. »Die wichtigen Elemente – Atmosphäre, Wasser, Ackerboden, Erze, Mineralien, Bakterien, Insekten, Meereslebewesen – sind vorhanden. Pern eignet sich hervorragend für die Besiedlung durch die Menschen. Alles andere werden wir nach und nach herausfinden. Wir haben ein Leben lang Zeit dazu, und es soll eine Herausforderung für uns und unsere Kinder sein.« Obwohl sie leise sprach, drang ihre Stimme bis in den letzten Winkel des Raumes. »Jetzt hat es keinen Sinn mehr, über die Versäumnisse der Vergangenheit zu jammern. Konzentrieren wir uns lieber auf das große Werk, das wir in knapp zwei Tagen beginnen müssen. Wir sind für alle Überraschungen gewappnet, die Pern uns vielleicht zu bieten hat! Mar Dook, sind irgendwelche Hindernisse aufgetaucht, die eine Verschiebung des Zeitplans erzwingen?«

»Nein«, antwortete Mar Dook und schielte zu Ted Tubberman hinüber, der Emily Boll wütend anstarrte. »Schade, daß wir noch keine Boden- und Grünpflanzenproben haben. Damit könnten sich manche von uns sinnvoll beschäftigen.«

»Kann ich mir denken«, lachte Emily. »Aber da kommen deine Informationen ja schon – und nicht zu knapp!«

»Wir wissen immer noch nicht, wo wir landen!« beschwerte sich Ted.

»Der Admiral diskutiert dieses Thema gerade«, antwortete Emily versöhnlich. »Wir werden mit die ersten sein, denen er seine Entscheidung mitteilt.«

Die Agronomen sollten mit den ersten Fährentransporten auf Pern abgesetzt werden, denn es war für das künftige Gedeihen der Kolonie entscheidend, daß der Boden rechtzeitig für die Aussaat vorbereitet wurde. Noch während die Techniker das Landegitter in den Boden einließen, würde das Agronomenteam die ersten Felder pflügen, und Tubberman würde mit seiner Gruppe das kostbare, von der Erde stammende Saatgut ausbringen. Pat Hempenstall hatte die Aufgabe, ein Gewächshaus zu bauen und zu untersuchen, welche irdischen

Pflanzensorten oder in den anderen Kolonien verwendeten Abarten davon ohne Hilfe direkt im Erdreich von Pern gediehen. Auch symbiotische Bakterien sollten in dem fremden Boden getestet werden.

»Hoffentlich bestätigen die Berichte die Flug- und Kriechinsektoiden, von denen in den EV-Protokollen die Rede war«, murmelte Pol Nietro. »Falls sie in der Lage wären, die Aufgaben von terrestrischen Mistkäfern und Fliegen zu übernehmen, hätte die Landwirtschaft einen guten Start. Wir müssen dafür sorgen, daß die Nährstoffe aus dem Kot der Tiere zurück in den Boden gelangen – alle die Pansenbakterien, Protozoen und Hefen, ohne die unsere Kühe, Schafe, Ziegen und Pferde nicht leben können.«

»Wenn nicht, Pol, dann bitten wir Kitti um einen ihrer Mikrotricks. Sie kann die Eingeweide der Tiere ein wenig an die Gegebenheiten von Pern anpassen.« Emily lächelte der zierlichen alten Dame im Zentrum der kleinen Gruppe ehrerbietig zu.

»Die Bodenproben sind da!« unterbrach Ju Adjai das kurze Schweigen. »Und hier ist auch dein Gemüsebrei, Ted, damit du was zu kauen hast!«

Tubberman saß im Nu neben Felicia, und seine dicken Finger glitten geschickt und sicher über die Computertastatur.

Sekunden später hörte man nur noch das Klappern der Tasten, hin und wieder unterbrochen von einem Murmeln oder einem unterdrückten Ausruf. Emily und Kit Ping tauschten einen Blick, in dem wohlwollender Spott über die Wichtigtuerei der Jüngeren mitschwang. Dann wandte Kit Ping die Aufmerksamkeit wieder dem Hauptschirm zu und betrachtete eingehend die Welt, der sie sich rasch näherten.

Während Emily an ihrem Terminal Platz nahm, überlegte sie, welchem gütigen Schicksal es die Expedition wohl zu verdanken hatte, daß sich die berühmteste Genetikerin der Konföderation Vernunftbegabter Rassen in ihren Reihen befand – der einzige Mensch, der je von den Eridani eine Ausbildung in Gentechnik erhalten hatte. Emily hatte nur Bilder von den grauenvoll ›veränderten‹ Teilnehmern der ersten mißglückten Expedition nach Eridani gesehen. Sie unterdrückte einen Schauder. Diese Art von Eingriffen durfte es auf Pern niemals geben. Vielleicht hatte sich

Kit Ping deshalb bereiterklärt, die Reise an den Rand der Galaxis mitzumachen – um ihr ungeheuer langes und ereignisreiches Leben an einem stillen, abgeschiedenen Ort zu beenden, wo sie wenigstens einen Teil ihrer Erinnerungen beiseite schieben konnte. Es gab viele auf der Passagierliste, die mitgekommen waren, um zu vergessen, was sie gesehen und getan hatten.

»Diese grasähnlichen Pflanzen auf dem Landeplatz im Osten werden sich verdammt schlecht abmähen lassen«, meinte Ted Tubberman stirnrunzelnd. »Hoher Borgehalt. Macht die Schneiden stumpf und verstopft die Maschinen.«

»Aber vielleicht dämpfen sie den Aufprall bei der Landung«, meinte Pat Hempenstall mit leisem Lachen.

»Unsere Fähre ist schon auf weit schlimmerem Gelände sicher gelandet«, erinnerte Emily die anderen.

»Felicia, ich brauche Vergleichswerte für die Pflanzensukzession in der Nähe dieser komischen Tupfen«, erklärte Ted Tubberman und starrte wie gebannt auf seine Schirme. »Irgend etwas an ihrer Struktur gefällt mir nicht. Das Phänomen ist auf dem ganzen Planeten verbreitet. Und mir wäre wohler, wenn wir dazu die Meinung von diesem Supergeologen hören könnten, Tarzan ...« Er unterbrach sich.

»Tarvi Andiyar«, half ihm Felicia, die an seine Gedächtnislücken gewöhnt war.

»Gut. Hinterleg eine Notiz, daß ich ihn dringend sprechen muß, sobald er reanimiert ist. Verdammt, Mar, wie sollen wir weiterkommen, wenn sich die Hälfte aller Experten im Tiefschlaf befindet!«

»Bis jetzt geht doch alles glatt, Ted. Pern zeigt sich von seiner schönsten Seite, und die Daten stimmen haargenau mit dem Vorbericht überein.«

»Fast ein wenig unheimlich, nicht wahr?« bemerkte Pol Nietro ironisch.

Tubberman fauchte, Mar Dook hob die Schultern, und Kitti Ping lächelte.

Admiral Bendens Chronometer vibrierte an seinem Handgelenk und erinnerte ihn daran, daß es Zeit für die von ihm selbst angesetzte Besprechung war.

»Kommandant Ongola, übernehmen Sie die Brücke!« Paul verließ den Kommandoraum nur zögernd und behielt den Hauptschirm im Auge, bis sich die Schiebetür hinter ihm geschlossen hatte.

In den Korridoren des großen Kolonistenschiffes herrschte mit jeder Stunde mehr Gedränge, stellte Paul fest, als er zur Offiziersmesse hinüberschlenderte. Eben erst reanimierte Passagiere klammerten sich an die Geländer, versuchten mit zuckenden Bewegungen die steifen Muskeln zu lockern und bemühten sich, Körper und Geist auf die plötzlich höchst schwierige Aufgabe des aufrechten Stehens und Gehens zu konzentrieren. Die gute alte *Yoko* würde einer Sardinenbüchse ähneln, wenn erst einmal sämtliche Kolonisten wach waren und auf den Fährentransport nach Pern warteten. Aber die Aussicht auf die Freiheit und Weite einer neuen Welt machte die Enge sicher erträglich.

Paul hatte die verschiedenen Sondenberichte aufmerksam mitverfolgt und sich bereits für einen der drei empfohlenen Landeplätze entschieden. Natürlich verlangte es die Höflichkeit, daß er die Ansicht seiner Offiziere und der beiden anderen Kapitäne dazu einholte, aber die Wahl mußte einfach auf das große Plateau unterhalb jener Gruppe von Schichtvulkanen fallen. Das Wetter war dort im Moment sehr mild, und die nahezu ebene Fläche war weiträumig genug, um alle sechs Fähren aufzunehmen. Die neuen Daten hatten ihn in seinem Entschluß bestärkt, den er bereits siebzehn Jahre zuvor beim Lesen der EV-Protokolle gefaßt hatte. Bei der Landung hatte er ohnehin nie große Schwierigkeiten gesehen; das reibungslose, unfallfreie Entladen bereitete ihm mehr Kopfzerbrechen. Auf Pern schwebte kein Rettungsschiff am Himmel, und auf dem Boden gab es keine Mannschaft, die bei der Katastrophe einspringen konnte.

Die Organisation des Fährentransports nach Pern hatte Paul seinem ehemaligen Kampfgefährten Fulmar Stone übertragen, der während des gesamten Cygnus-Feldzugs nicht von seiner Seite gewichen war. In den letzten beiden Wochen hatten Fulmars Leute die drei Fähren der *Yoko* sowie die Admirals-Gig auf Herz und Nieren überprüft, um sicherzugehen, daß sich nach fünfzehn Jahren in den Kühlhallen des Flugdecks keine Defekte eingeschlichen hatten. Währenddessen hatte Kenjo Fusaiyuki die zwölf Piloten der *Yoko* einem harten Simulatordrill unterzogen, der mit den ausgefallensten Landezwischenfällen gespickt war. Die meisten der Männer hatten Einsätze als Kampfflieger hinter sich und besaßen genug Erfahrung, um auch schwierige Situationen zu meistern, aber keiner von ihnen kam auch nur entfernt an Kenjo Fusaiyuki heran. Einige der jüngeren Leute hatten sich über Kenjos Methoden beschwert; Paul Benden hatte sich ihre Klagen höflich angehört – und sie nicht zur Kenntnis genommen.

Paul war überrascht und geschmeichelt gewesen, als Kenjo sich für die Expedition meldete. Irgendwie hatte er erwartet, daß der Mann sich bei einer Forschungsgruppe verpflichten würde, wo er fliegen konnte, solange seine Reflexe nicht nachließen. Dann aber fiel ihm ein, daß Kenjo ein Kyborg war und ein künstliches linkes Bein hatte. Nach dem Krieg hatte das Erkundungs- und Vermessungs-Korps mit einem Mal mehr als genug erfahrenes, gesundes Personal zur Verfügung gehabt, und so war man dazu übergegangen, alle Kyborgs auf Verwaltungsposten abzuschieben. Unwillkürlich ballte Paul die linke Hand zur Faust und strich mit dem Daumen über die drei Ersatzfinger, die stets wie natürliche Gliedmaßen funktioniert hatten, auch wenn das Pseudofleisch gefühllos war. Langsam entspannte er die Hand, und selbst jetzt, nach so langer Zeit, glaubte er immer noch, ein schwaches Knarren in den Plastikknöcheln und im Handgelenk zu hören.

Dann wandte er die Gedanken wirklichen Problemen zu – dem Entladen der Kolonistenschiffe, die in einer Parkbahn um Pern bleiben würden. Er wußte, daß unvorhergesehene Verzögerungen oder Pannen den gesamten Transport von Menschen und Material gefährden konnten. Deshalb hatte er gute Leute als Frachtaufseher eingesetzt: Joel Liliencamp sollte die Operation auf Pern koordinieren, während Desi Arthied die Aufsicht an Bord der *Yoko* übernahm. Ezra und Jim von der *Bahrain* und der *Buenos Aires* konnten sich auf ihr Entladepersonal ebenfalls verlassen, aber der kleinste Schnitzer würde ausreichen, um den gesamten Zeitplan durcheinanderzubringen. Der Trick bestand darin, alles im Fluß zu halten.

Der Admiral bog vom Hauptkorridor nach Steuerbord ab und erreichte die Offiziersmesse. Er hoffte nur, daß sich die Besprechung nicht allzulange hinziehen würde. Als er die Hand hob, um den Mechanismus der Schiebetür zu betätigen, sah er, daß ihm noch zwei Minuten Zeit blieben, bis sich die Kapitäne der beiden anderen Schiffe per Bildschirm zuschalteten. Zuerst würde Ezra Keroon als Flottenastrogator formell die planmäßige Ankunft in der Parkbahn bestätigen, und dann würde man sich mit der Wahl des Landeplatzes befassen.

»Im Moment stehen die Wetten elf zu vier, Lili«, hörte der Admiral Drake Bonneau zu Joel sagen, als sich die Tür mit einem Zischen öffnete.

»Für oder gegen?« fragte Paul grinsend. Die Anwesenden, allen voran Kenjo, sprangen auf und salutierten, obwohl Paul lässig abwinkte. Er warf einen Blick auf die beiden noch leeren Bildschirme, auf denen in genau neunundfünfzig Sekunden die Gesichter von Ezra Keroon und Jim Tillek erscheinen würden, und wandte sich dann dem Hauptmonitor zu, wo Pern mitten in der Schwärze des Weltraums schwebte.

»Da gibt es ein paar Zivilisten, die nicht glauben, daß Desi und ich den Zeitplan einhalten können, Paul«, erklärte Joel und blinzelte zu Arthied hinüber, der mit großem Ernst nickte. Lilienkamp war ein mittelgroßer untersetzter Mann mit einem sympathisch verschmitzten Gesicht und dichtem, krausem, bereits ein wenig grauem Haar. Er hatte ein übersprudelndes, mitunter etwas sprunghaftes Wesen und konnte äußerst sarkastisch sein. Seine schnelle Auffassungsgabe wurde von einem eidetischen Gedächtnis unterstützt, und so wußte er nicht nur stets genau, mit wem er wann und um welchen Betrag gewettet hatte, sondern auch, wie viele Pakete, Kisten, Kästen und Kanister sich in seiner Obhut befanden. Desi Arthied, sein Stellvertreter, litt oft unter Liliencamps spöttischer Art, aber er bewunderte die Fähigkeiten seines Vorgesetzten. Desis Aufgabe würde es sein, nach Joels Angaben die Fracht auf die Ladedecks und an Bord der Fähren zu bringen.

»Zivilisten? Die keine Ahnung von deinen Fähigkeiten haben?« fragte Paul trocken und wandte sich dann mit einem unverbindlichen Lächeln Avril Bitra zu, die für die Simulationsübungen verantwortlich war. Der Ehrgeiz hatte die Züge der schönen Brünetten verhärtet, und er bereute allmählich, daß er ihr während der Reise einen so großen Teil seiner Freizeit gewidmet hatte, aber sie verstand es nun einmal, Männer für sich zu gewinnen. Nun, in Kürze würden sie alle viel zu beschäftigt sein, um persönliche Beziehungen zu pflegen. Immer mehr attraktive junge Frauen tauchten in den Korridoren auf. Er hoffte, daß eine von ihnen den Wunsch haben würde, nicht das Leben ›des Admirals‹, sondern ganz allein das von Paul Benden zu teilen. In diesem Augenblick leuchteten die beiden Schirme auf. Auf dem rechten erschien Ezra Keroon mit seinen ernsten, verschlossenen Zügen und der charakteristischen grauen Stirnlocke, auf dem linken tauchte das kantige Gesicht des stets gutgelaunten Jim Tillek auf.

»Hallo, Paul!« sagte er und winkte lässig.

Ezra salutierte. »Admiral«, begann er förmlich, »ich möchte hiermit melden, daß wir unseren programmierten Kurs auf die Minute genau eingehalten haben und unsere Parkbahn voraussichtlich in sechsundvierzig Stunden, dreiunddreißig Minuten und zwanzig Sekunden erreichen werden. Nach dem gegenwärtigen Stand der Dinge rechnen wir nicht mit Abweichungen.«

»Ausgezeichnet, Kapitän«, sagte Paul und salutierte ebenfalls. »Irgendwelche Probleme?«

Beide Kapitäne berichteten, daß die Reanimationsprogramme ohne Zwischenfälle angelaufen waren und daß die Fähren starten konnten, sobald sich die Schiffe im Orbit befanden.

»Schön, nun kennen wir also das Wann«, meinte Paul, »und können über das Wo diskutieren.« Er lehnte sich bequem zurück und warf einen ermunternden Blick in die Runde.

»Mach es nicht so spannend, Paul!« grinste Joel Liliencamp, wie üblich unter Mißachtung jedes Protokolls. Joels Respektlosigkeit hatte Paul Benden während des gesamten Nathi-Kriegs erheitert, in einer Zeit, da es im allgemeinen wenig zu lachen gab. Und wenn es etwas zu beschaffen gab, vollbrachte Joel wahre Wunder. Ezra Keroon runzelte die Stirn, aber Jim Tillek lachte.

»Wie stehen denn die Wetten, Lili?« fragte er hinterhältig.

»Wir sollten die Angelegenheit ganz unvoreingenommen besprechen«, warf Paul trocken ein. »Die drei vom EV-Team empfohlenen Landeplätze sind inzwischen alle von Sonden erfaßt. Sie befinden sich, wenn wir uns noch einmal die Koordinaten in Erinnerung rufen, bei Dreißig Süd Dreizehn Strich Dreißig, Fünfundvierzig Süd Elf und Siebenundvierzig Süd Vier Strich Sieben Fünf.«

»Meiner Ansicht nach kommt nur einer davon in Frage, Admiral«, unterbrach Drake Bonneau hitzig und deutete auf die Stelle mit den Schichtvulkanen. »Die Raupen melden, daß der Ort so eben ist, als hätte ihn jemand eigens für uns planiert – und breit genug, um alle sechs Fähren aufzunehmen. Der Platz bei Fünfundvierzig Süd Elf ist im Moment der reine Sumpf, und der im Westen liegt zu weit vom Meer entfernt. Außerdem haben Temperaturmessungen Werte um den Nullpunkt ergeben.«

Paul sah, wie Kenjo zustimmend nickte. Er warf einen Blick auf die von den beiden anderen Schiffen zugeschalteten Schirme. Ezra beugte sich so tief über seine Notizen, daß die kahle Stelle auf seinem Schädel sichtbar war. Unwillkürlich fuhr sich Paul mit den Fingern durch die eigene dichte Mähne.

»Dreißig Süd Elf befindet sich angenehm nahe am Meer«, stellte Jim Tillek freundlich fest. »Eine gute Hafenbucht ist nur fünfzig Kilometer entfernt. Und der Fluß ist schiffbar.« Tilleks Interesse an Segelschiffen wurde nur noch von seiner Liebe zu Delphinen übertroffen. Der Zugang zum Meer war daher ein wichtiger Faktor für ihn.

»Auf einigen der Anhöhen könnte man Wetterstationen und ein Observatorium errichten«, meinte Ezra zögernd. »Allerdings sagen die Protokolle kaum etwas über die Klimaverhältnisse aus. Und eine Siedlung so nahe an diesen Vulkanen – ich weiß nicht recht.«

»Ein wichtiger Einwand, Ezra, aber ...« Paul überflog kurz die Daten auf dem Monitor. »Bis jetzt haben die Sonden keine seismische Aktivität gemeldet. Das bedeutet, daß die Vulkane zumindest im Moment keine Gefahr bedeuten. Patrice de Broglie könnte das untersuchen. Hm – auch der EV-Bericht enthält keine Hinweise auf Vulkantätigkeit. Also ist es in dieser Region seit mehr als zweihundert Jahren zu keinem Ausbruch mehr gekommen. Außerdem sind die Wetterverhältnisse und die sonstigen Bedingungen bei den beiden anderen Landeplätzen wesentlich schlechter.«

»Das ist richtig«, gab Ezra zu. »Und was das Wetter angeht, so sieht es auch nicht so aus, als würde es sich in den nächsten beiden Tagen bessern.«

»Himmel, wir müssen doch nicht dort bleiben, wo wir landen!« warf Drake ungeduldig ein.

»Ich schlage vor, daß wir auf Dreißig Süd runtergehen – es sei denn, unsere Meteorologen sagen für die nächsten zwei Tage irgendein Unwetter in der Region voraus«, meinte Jim Tillek. »Das ist auch der Platz, dem das EV-Team den Vorzug gab. Die Raupen melden eine dicke Humusschicht – die müßte den Aufprall mildern, wenn du zu hart aufsetzt, Drake.«

»Ich?« Gespielte Empörung stand in Drakes grauen Augen. »Kapitän Tillek, ich habe seit meinem ersten Alleinflug keine harte Landung mehr gebaut.«

»Also gut, meine Herren, dann sind wir uns über den Landeplatz einig?« fragte Paul. Ezra und Jim nickten. »Sie erhalten die neuesten Daten sowie detaillierte Karten gegen 22 Uhr.«

»Na, Joel?« Jim Tilleks Grinsen verstärkte sich. »Gewonnen?«

»Aber Kapitän!« Joel war die gekränkte Unschuld in Person. »Ich wette doch nie auf eine sichere Sache!«

»Gibt es sonst noch Fragen, meine Herren?« Pauls Blicke wanderten von einem Schirm zum anderen.

»Alles klar, Paul«, versicherte Jim. »Ich weiß jetzt, daß diese Mühle rechtzeitig in ihrer Parkbahn sein wird, und wo ich meine Fähre hinschicken muß.« Er winkte Zera lässig zu und verschwand vom Bildschirm.

»Keine Fragen, Admiral«, erklärte Ezra und salutierte. »Guten Abend, meine Herren.« Der Schirm wurde dunkel.

»Ist das im Moment alles, Paul?« erkundigte sich Joel.

»Wir haben das Wann und das Wo«, antwortete Paul. »Aber

dein Zeitplan ist verdammt knapp kalkuliert, Joel. Glaubst du wirklich, daß du das schaffst?«

»Darauf können Sie sich verlassen, Admiral«, spöttelte Drake Bonneau. »Es steht eine Menge Geld für ihn auf dem Spiel.«

»Weshalb habe ich deiner Meinung nach so lange zum Beladen der *Yoko* gebraucht?« fragte Joel Liliencamp und grinste breit. »Weil ich wußte, daß ich den ganzen Krempel fünfzehn Jahre später wieder ausladen muß.« Er zwinkerte Desi zu, dessen Miene leise Skepsis verriet. »Du wirst schon sehen ...«

»Also dann, meine Herren«, sagte der Admiral und erhob sich. »Ich bin in meiner Kabine, falls sich irgendwelche Probleme ergeben sollten.«

Als Paul die Offiziersmesse verließ, versuchte Joel gerade, eine Wette darüber abzuschließen, wie lange es dauern würde, bis die Nachricht über die Wahl des Landeplatzes auf der *Yoko* die Runde gemacht hatte.

»Wieviel?« hörte er Avrils heisere Stimme, dann glitt die Schiebetür hinter ihm zu.

Die Stimmung war ausgezeichnet. Paul hoffte, daß Emilys Besprechung ebenso positiv verlaufen war. Siebzehn Jahre Planung und Organisation standen nun auf dem Prüfstand.

Auf den Kältedecks aller drei Schiffe arbeiteten die Mediziner rund um die Uhr, um die etwa fünftausendfünfhundert Kolonisten aus dem Tiefschlaf zu wecken. Techniker und Spezialisten wurden in der Reihenfolge ihrer Nützlichkeit für das Landeunternehmen reanimiert, aber Admiral Benden und Gouverneurin Boll hatten darauf bestanden, daß alle wach zu sein hatten, wenn die Schiffe ihre vorläufige Parkposition in einem stabilen Lagrange-Orbit – sechzig Grad vor dem größeren Mond von Pern – eingenommen hatten. Wenn die großen Schiffe erst einmal geräumt waren, gab es keine Möglichkeit mehr, den Planeten aus dem All zu betrachten.

Sallah Telgar, die eben ihre Wache auf der Brücke beendet hatte, kam zu dem Schluß, daß sie nun endgültig genug von der Raumfahrt hatte. Als Kind einer Offiziersfamilie war sie seit ihrer frühesten Jugend von einem Militärposten zum anderen geschoben worden. Der Tod beider Eltern während des Krieges hatte ihr eine hohe Abfindungssumme eingebracht, mit der sie sich einen Platz auf dem Kolonistenschiff sichern und die Konzession für ein großes Stück Land auf Pern erwerben konnte. Vor allem aber sehnte sie sich danach, endlich eine Heimat zu finden, wo sie den Rest ihres Lebens verbringen konnte. Pern schien für dieses Vorhaben gut geeignet.

Als sie vom Kommandodeck in den Hauptkorridor einbog, war sie überrascht über die vielen Menschen. Fast fünf Jahre lang hatte sie eine Kabine für sich allein gehabt. Der Raum war selbst für eine Person nicht gerade großzügig bemessen, aber nun, da sie ihn mit drei anderen teilen mußte, empfand sie die Enge als bedrückend. Sallah hatte keine große Lust dorthinzugehen, und schlenderte deshalb in den Aufenthaltsraum. Dort gab es einen riesigen Bildschirm, und sie konnte weiterhin den Planeten betrachten, während sie eine Kleinigkeit aß.

Am Eingang blieb sie unvermittelt stehen, erschrocken über das Gewühl, das hier herrschte. Nur wenige Plätze waren frei, und noch während sie sich ihr Essen aus dem Automaten holte, schrumpfte die Auswahl auf einen einzigen Stuhl ganz am Ende des großen Raumes, von wo man den Bildschirm nur sehr schlecht sehen konnte.

Sallah hob unschlüssig die Schultern. Wie eine Süchtige nahm sie jede Erschwernis in Kauf, nur um einen Blick auf Pern werfen zu können. Als sie jedoch Platz nahm, merkte sie, daß ihre Tischnachbarn genau die Leute waren, mit denen sie an Bord der *Yokohama* am wenigsten zu tun haben wollte: Avril Bitra, Bart Lemos und Nabhi Nabol. Sie saßen mit drei Männern zusammen, die Sallah nicht kannte; die Schildchen an ihren Hemdkrägen wiesen sie als Maurer, Maschinenbauingenieur und Bergmann aus. Die Gruppe war so ziemlich die einzige, die sich nicht von den Bildern Perns fesseln ließ. Die drei Spezialisten hörten mit gespielt gleichgültiger Miene den Ausführungen von Avril und Bart zu; nur der älteste der drei, der Ingenieur, warf hin und wieder einen Blick in die Menge, um sich zu vergewissern, daß niemand auf sie achtete. Avril hatte die Ellbogen auf den Tisch gestützt. Ein arrogantes, herablassendes Lächeln lag auf den makellosen Zügen, und die dunklen Augen glitzerten, als sie sich vorbeugte und dem unscheinbaren Bart Lemos zuhörte, der sich immer wieder mit der geballten Rechten in die linke Handfläche klatschte, um seine schnellen, leisen Worte zu unterstreichen. Nabhi betrachtete den Geologen mit gewohntem Hochmut, ein Ausdruck, der sehr viel Ähnlichkeit mit Avrils Mienenspiel hatte.

Der Anblick dieser Leute reichte aus, um einem den Appetit zu verderben, dachte Sallah und reckte den Hals, um den Bildschirm zu beobachten.

Es ging das Gerücht um, daß Avril in den letzten fünf Jahren viel Zeit in Paul Bendens Bett verbracht hatte. Sallah konnte sich durchaus vorstellen, daß sich ein Mann wie der Admiral von der rassigen dunklen Schönheit der Astrogatorin sexuell angezogen fühlte. Avril vereinte in sich die Vorzüge mehrerer ethnischer Gruppen. Sie war hochgewachsen, weder zu schlank noch zu üppig, und hatte herrliches, seidig schwarzes, gewelltes Haar, das sie meist offen trug. Ihre eher blassen Züge wirkten ebenso vollkommen wie ihre sorgfältig einstudierten Bewegungen, und ihre brennenden schwarzen Augen verrieten eine hochintelligente, wenn auch sprunghafte Persönlichkeit. Avril war eine Frau, der man besser nicht ins Gehege kam, und so hatte Sallah nicht nur zu Paul Benden betont Abstand gehalten, sondern auch zu allen anderen Männern, die sie öfter als dreimal in Avrils Gesellschaft sah.

Böse Zungen behaupteten zwar, daß sich Paul Benden in jüngster Zeit auffallend von Avril zurückgezogen habe und sie offenbar im Rennen um die Stellung als First Lady der künftigen Kolonie zurückgefallen sei, doch das ließ sich auch damit erklären, daß der Admiral im Moment mit den Landevorbereitungen alle Hände voll zu tun hatte und die Zeit der amourösen Abenteuer vorbei war.

Sallah hatte freilich andere Dinge im Kopf als Avril Bitras Intrigen. Sie brannte darauf zu erfahren, welchen Landeplatz die Expertengruppe ausgewählt hatte. Sie wußte, daß die Entscheidung gefallen war und daß man sie bis zur offiziellen Bekanntgabe durch den Admiral geheimhalten wollte, aber ihr war auch klar, daß die Neuigkeit rasch durchsickern würde. Es gab sogar heimliche Wetten, bis wann der Beschluß im Schiff die Runde gemacht haben würde. Sallah rechnete damit, bald Näheres zu erfahren.

»Da ist es!« rief ein Mann plötzlich aufgeregt. Er trat an den Schirm und deutete auf eine Stelle, die eben ins Bild gekommen war. An seinem Hemdkragen blitzte das Abzeichen der Agronomen. »Genau«, – er wartete einen Moment, weil sich der Planet ein winziges Stück verschob –, »hier!« Sein Zeigefinger berührte einen Punkt am Fuße eines Vulkans, eine winzige, aber doch deutlich erkennbare Landmarke.

»Wieviel hat Lili dabei kassiert?« wollte jemand wissen.

»Lili ist mir egal«, rief der Agronom. »Aber von Hempenstall habe ich eben einen Morgen Land gewonnen!«

Beifall und gutmütiger Spott klangen auf, und Sallah ließ sich von der gelösten Stimmung anstecken, bis ihr Blick auf Avrils verächtlich überlegenes Lächeln fiel. Die Astrogatorin hatte das Geheimnis also gekannt und ihren Tischgenossen vorenthalten. Bart Lemos und Nabhi Nabol steckten die Köpfe noch dichter zusammen und diskutierten erregt.

Avril hob die Schultern. »Der Landeplatz ist unwichtig.« Obwohl sie leise sprach, drang ihre erotische Stimme bis zu Sallah. »Glaubt mir, mit der Gig schaffen wir das.« Sie hob den Kopf und begegnete Sallahs Blick. Ihre Augen wurden schmal, und ihr Körper spannte sich. Dann lehnte sie sich betont lässig zurück und starrte ihr Gegenüber so unverschämt an, daß Sallah den Kopf abwandte.

Irgendwie fühlte sich die Pilotin von diesem Blick beschmutzt. Sie trank den letzten Schluck Kaffee und verzog das Gesicht bei dem bitteren Nachgeschmack. Der Kaffee an Bord war miserabel, aber sie würde selbst ihn vermissen, wenn die Vorräte erschöpft waren. Und Kaffeepflanzen waren bisher noch auf keiner Kolonialwelt gediehen, aus welchen Gründen auch immer. Das EV-Team hatte die Rinde eines auf Pern heimischen Strauches als Ersatz vorgeschlagen, aber Sallah erhoffte sich nicht allzuviel davon.

Nach dem Zwischenruf des Astronomen war der Lärmpegel im Aufenthaltsraum fast ins Unerträgliche gestiegen. Mit einem Seufzer kippte Sallah die Abfälle ihrer Mahlzeit in den Müllschacht, schob das Tablett in den Reiniger und stellte es ordentlich auf den Stapel. Dann gönnte sie sich einen letzten langen Blick auf Pern. Diese Welt werden wir nicht kaputtmachen, dachte sie. Ich werde mich mit allen Kräften dagegen wehren, wenn jemand es versuchen sollte.

Als sie sich zum Gehen wandte, fiel ihr Blick erneut auf Avril. Seltsam, daß ausgerechnet diese Frau sich für das Leben einer Kolonistin entschieden hat, dachte Sallah nicht zum ersten Mal. Avril machte die Reise als Kontraktorin mit und bekam als Entgelt ein ansehnliches Stück Land, aber sie war einfach nicht der Typ, der sich unter Farmern und Viehzüchtern wohl fühlte. Sie zeigte vielmehr das exaltierte Benehmen der Großstädterin. Die Expedition nach Pern hatte eine Reihe hochtalentierter Spezialisten angezogen, aber die meisten, mit denen Sallah ins Gespräch gekommen war, hatten als Grund für ihre Entscheidung angeführt, daß sie der von den Syndikaten beherrschten Technokratie mit ihrer ständig wachsenden Gier nach Rohstoffen den Rücken kehren wollten.

Sallah gefiel der Gedanke, sich einer unabhängigen Gemeinschaft weit weg von der Erde und ihren übrigen Kolonien anzuschließen. Seit sie zum ersten Mal die Prospekte über Pern gelesen hatte, war sie begeistert bereit gewesen, an dem Wagnis teilzunehmen. Mit sechzehn, zu einer Zeit, als alle jungen Leute für den erbittert geführten Krieg gegen die Nathi zwangsverpflichtet wurden, hatte sie die Pilotenlaufbahn eingeschlagen und sich zusätzlich im Umgang mit unbemannten Sonden ausbilden lassen. Als sie ihre Prüfungen machte, war der Krieg zu Ende, und sie nutzte ihre Fähigkeiten, um die von den Kämpfen verwüsteten Gebiete auf einem Planeten und zwei Monden zu kartieren. Als dann die Expedition nach Pern zusammengestellt wurde, brachte sie nicht nur ihr Geld in Form von Anteilen ein, sondern auch ihre vielseitigen Kenntnisse und Erfahrungen.

Sie verließ den Aufenthaltsraum, um in ihre Kabine zurückzukehren, aber sie war nicht sicher, ob sie Schlaf finden würde. Noch zwei Tage, und sie hatten das langersehnte Ziel erreicht! Ein interessantes neues Leben lag vor ihr!

Als Sallah in den Hauptkorridor einbog, torkelte ihr ein kleines Mädchen mit kupferrotem Haar entgegen und prallte mit ihr zusammen. Die Kleine versuchte, das Gleichgewicht wiederzuerlangen, aber sie stürzte und schluchzte laut auf, weniger vor Schmerz als aus Zorn. Dabei umklammerte sie Sallahs Beine mit erstaunlicher Kraft.

»Na, wer wird denn gleich weinen?« meinte Sallah besänftigend. »Am Anfang fällt es allen schwer, auf den Beinen zu bleiben.« Sie strich über das seidenweiche Haar des Kindes und versuchte gleichzeitig, sich aus dem Griff zu lösen.

»Sorka! Sorka!« Ein ebenfalls rothaariger Mann mit einem kleinen Jungen an der einen und einer sehr hübschen Brünetten an der anderen Hand stolperte unsicher auf Sallah zu. Die Frau schien eben erst reanimiert zu sein; die Pupillen waren geweitet, und sie hatte Mühe, sich auf ihre Umgebung zu konzentrieren.

Der Blick des Mannes streifte Sallahs Kragenschild. »Tut mir leid, Pilotin«, entschuldigte er sich mit einem schwachen Grinsen. »Wir sind noch nicht so ganz wach.«

Er wollte Sallah von dem zappelnden Bündel befreien, aber weder die Frau noch der kleine Junge ließen ihn los.

»Ich glaube, Sie brauchen Hilfe«, lächelte Sallah und fragte sich insgeheim, welcher Trottel von einem Arzt das taumelnde Quartett sich selbst überlassen hatte.

»Unsere Kabine ist nur ein paar Schritte entfernt.« Er nickte zu dem Quergang hin, der dicht hinter Sallah abzweigte. »Zumindest hat man uns das gesagt. Aber ich hatte keine Ahnung, wie weit ein paar Schritte sein können.«

»Welche Nummer? Ich habe gerade dienstfrei.«

»B-8851.«

Sallah warf einen Blick auf die Schilder an den Korridorecken und nickte. »Es *ist* der nächste Quergang. Komm, Sorka – so heißt du doch, nicht wahr? Ich bringe dich ...«

»Entschuldigen Sie«, unterbrach der Mann, als Sallah das Kind auf den Arm nehmen wollte, »aber man hat uns immer wieder eingeschärft, daß wir uns viel bewegen sollen – zur Übung.«

»Ich kann nicht gehen!« heulte Sorka. »Alles ist schief!« Sie umklammerte Sallahs Beine noch heftiger.

»Sorka! Benimm dich!« Der Rotschopf warf seiner Tochter einen strengen Blick zu.

»Ich weiß, was wir tun!« erklärte Sallah freundlich, aber bestimmt. »Du hältst dich an meinen Händen fest«, – sie löste Sorkas kleine Finger von ihren Beinen –, »und gehst vor mir her. Ich passe schon auf, daß du auf Kiel bleibst.«

Selbst mit Sallahs Hilfe kam die Familie nur langsam voran. Immer wieder wurden sie von Passagieren behindert, die fester auf den Beinen waren und wenig Rücksicht nahmen, wenn sie an ihnen vorbeistürmten.

»Mein Name ist Red Hanrahan«, stellte sich der Mann vor, als das erste Stück Weg geschafft war.

»Sallah Telgar.«

»Ich hätte nie gedacht, daß ich bereits vor dem Fährentransport die Dienste eines Piloten in Anspruch nehmen müßte.« Er grinste breit. »Meine Frau Mairi, mein Sohn Brian – und Sorka kennen Sie ja bereits!«

»Da sind wir schon«, stellte Sallah fest und öffnete die Tür zu einer Kabine. Sie schnitt eine Grimasse, als sie den winzigen Raum sah, aber dann sagte sie sich, daß die Leute nur noch für kurze Zeit in dieser Enge ausharren mußten. Obwohl die Kojen tagsüber hochgeklappt waren, bot das Abteil wenig Bewegungsfreiheit.

»Nicht viel größer als der Verschlag, aus dem wir eben kommen«, stellte Red gelassen fest.

»Wie sollen wir denn hier unsere Übungen machen?« Die Stimme der Frau klang schrill, als sie sich an einen Türpfosten lehnte und einen Blick ins Innere der Kabine warf.

»Nacheinander, schätze ich«, entgegnete Red. »Es ist ja nur für zwei Tage, Liebes! Dann haben wir einen ganzen Planeten für uns. Hinein mit euch – Brian, Sorka! Wir haben Pilotin Telgar lange genug aufgehalten. Sie waren unsere Rettung! Vielen Dank!«

Sorka, die sich an die Innenwand der Kabine gelehnt hatte, während ihr Vater den Rest der Familie in den Raum bugsierte, rutschte langsam zu Boden, zog die Knie bis zum Kinn hoch und blieb in dieser Stellung sitzen. »Vielen Dank auch von mir«, sagte sie etwas gefaßter und schielte zu Sallah hinauf.

»Es ist schon verdammt dämlich, wenn man nicht weiß, wo oben und unten oder rechts und links ist!«

»Da hast du recht, aber das Gefühl vergeht schnell. Wir haben das beim Aufwachen alle mitgemacht.«

»Ehrlich?« Sorkas ungläubig staunendes Gesichtchen verzog sich zu dem strahlendsten Lächeln, das Sallah je gesehen hatte, und sie mußte ebenfalls lachen.

»Ehrlich, sogar Admiral Benden«, schwindelte sie und strich der Kleinen über das weiche tizianrote Haar. »Wir sehen uns sicher noch, ja?«

Als Sallah die Tür hinter sich schloß, hörte sie, wie Red Hanrahan seine Tochter ermahnte: »Wenn du schon sitzt, Sorka, dann kannst du gleich die Übungen machen, die man uns gezeigt hat! Danach kommt Brian an die Reihe.«

Sallah erreichte ihre Kabine ohne weitere Zwischenfälle, obwohl die Korridore voll von frisch reanimierten taumelnden Menschen waren, deren Mienen abwechselnd angespannte Konzentration und hilfloses Entsetzen ausdrückten. Sie warf einen vorsichtigen Blick in das beengte Quartier und seufzte, als sie merkte, daß ihre Kabinengenossen schliefen. Sie selbst war viel zu überdreht, um sich hinzulegen; irgendwie mußte sie ihre Anspannung loswerden. Sallah beschloß, in den Bereitschaftsraum der Piloten zu gehen und sich an den Simulator zu setzen. Der Augenblick der Wahrheit hinsichtlich ihrer Fähigkeiten als Pilotin kam rasch näher.

Erneut versperrte ihr ein Kolonist den Weg, dessen motorische Koordination nach dem langen Kälteschlaf noch nicht so recht funktionierte. Er war so klapperdürr, daß Sallah befürchtete, er könnte sich die Knochen brechen, während er von einer Seite des Korridors auf die andere schwankte.

»Tarvi Andiyar, Geologe«, stellte er sich höflich vor, nachdem sie ihn am Ellbogen gefaßt und aufgerichtet hatte. »Befinden wir uns tatsächlich im Orbit um Pern?« Er schielte leicht, als er sie ansah, und Sallah mußte sich beherrschen, um nicht zu grinsen. Sie erklärte ihm, in welcher Position sich das Schiff im Moment befand. »Und Sie haben diesen Planeten mit Ihren eigenen wunderhübschen Augen gesehen?«

»Jawohl, und er ist noch schöner, als man es uns vorhergesagt hat!« versicherte sie ihm mit großem Nachdruck. Er lächelte erleichtert und entblößte dabei zwei Reihen schneeweißer gleichmäßiger Zähne. Dann schüttelte er den Kopf, das Schielen ließ nach, und sie stellte fest, daß sie selten einen Mann mit einem harmonischeren Gesicht gesehen hatte. Er besaß nicht Bendens harte kämpferische Züge, sondern ähnelte eher einem jener indischen oder kambodschanischen Prinzen, wie man sie hin und wieder auf halbzerstörten Steinreliefs sah. Sie errötete, als ihr einfiel, in welchen Stellungen man diese Prinzen einst abgebildet hatte.

»Wissen Sie, ob es schon neue Daten von den Sonden gibt? Ich brenne darauf, mit meiner Arbeit anzufangen.«

Sallah lachte, und die sinnliche Spannung, in die sein Gesicht sie versetzt hatte, löste sich. »Sie können noch nicht einmal laufen und wollen schon arbeiten?«

»Fünfzehn Jahre Urlaub haben mir voll und ganz gereicht – Ihnen nicht?« In seiner Stimme schwang ein leiser Vorwurf mit. »Ist das hier Kabine C-8411?«

»Genau.« Sie führte ihn auf die andere Seite des Korridors.

»Sie sind ebenso schön wie liebenswürdig«, erklärte er, während er mit einer Hand den Türstock umklammerte und sich tief verneigte. Sie mußte ihn an beiden Schultern festhalten, als er nach vorn kippte. »Und schnell!« Mit einem vorsichtigen Kopfnicken und einer unter den gegebenen Umständen sehr würdevollen Kehrtwende öffnete er die Tür.

»Sallah!« Drake Bonneau kam mit raschen Schritten den Korridor entlang auf sie zu. »Weißt du schon, wo wir landen?« Er schien begierig, ihr das Geheimnis unter vier Augen mitzuteilen.

»Es hat ganze neun Minuten gedauert, bis die Neuigkeit im Umlauf war«, entgegnete sie kühl.

»So lange?« Er hob die Schultern und schenkte ihr ein Lächeln, das er wohl für unwiderstehlich hielt. »Komm, darauf müssen wir trinken – nur wir beide, ja? Viel Zeit für private Dinge wird uns ohnehin nicht mehr bleiben.«

Sie ließ sich nicht anmerken, wie sehr er ihr mit seinen Schmeicheleien auf die Nerven ging. Vermutlich war ihm gar nicht bewußt, wie abgedroschen seine Phrasen klangen. Drake traktierte jede nur halbwegs attraktive Frau an Bord mit seinen Aufmerksamkeiten, und im Moment hatte sie wenig Lust, sich sein unaufrichtiges Geschwätz anzuhören. Im Grunde war er ganz nett, und im Krieg hatte er sicher mehr als einmal seine Tapferkeit unter Beweis gestellt. Dann wurde ihr klar, daß ihre ganz und gar untypische Reizbarkeit eine Reaktion auf den plötzlichen Lärm, das Gedränge und die Nähe so vieler Menschen nach den letzten paar Jahren der Ruhe war. Keine Aufregung! befahl sie sich streng. Nur noch ein paar Tage, und dann bist du so mit dem Fliegen beschäftigt, daß dir weder der Lärm noch die Menschen etwas ausmachen!

»Vielen Dank, Drake, aber Kenjo hat mich in«, – sie warf einen Blick auf ihr Handgelenk –, »fünf Minuten in den Simulatorraum bestellt. Ein anderes Mal vielleicht.«

Um die überfüllten Gänge zu meiden, nahm sie die Notrutsche hinunter zum Flugdeck. An den Frachtstapeln vorbei schlenderte sie zur Admirals-Gig, der *Mariposa*. Das kompakte Fahrzeug mit den Deltaflügeln und der schmalen Pilotenzelle war zwar auch nicht sehr geräumig, aber im Moment war es dort ruhig und leer. Sallah drückte auf die Einstiegsentriegelung.

Ihre nächste Wache, die Hundswache, teilte Sallah mit Kenjo Fusaiyuki. Viel zu tun hatten sie beide nicht, sie mußten nur reagieren, wenn durch irgendeinen Defekt die Programme ins Stocken gerieten. Sallah hackte auf der Tastatur herum und suchte nach etwas, um sich wachzuhalten, als sie bemerkte, daß Kenjo einen der kleineren Schirme seiner Computerstation aktiviert hatte.

»Was hast du da?« fragte sie, ohne daran zu denken, daß Kenjo im allgemeinen nicht sehr mitteilsam war und über die Störung vielleicht ungehalten sein mochte.

»Ich habe eben die Informationen über diesen exzentrischen Wanderstern dekodiert«, antwortete er, ohne aufzuschauen.

»Meinst du den Planeten, über den die Astronomen ganz aus dem Häuschen gerieten?« fragte Sallah und grinste, weil ihr wieder einfiel, wie der sonst so gesetzte, pedantische

Astronom Xi Chi Yuen mit vor Aufregung geröteten Wangen auf der Brücke herumgetanzt war.

»Wahrscheinlich«, sagte Kenjo. »Er scheint wirklich einen kolossal exzentrischen Orbit zu haben, eher wie ein Komet als wie ein Planet, obwohl seine Masse auf Planetengröße schließen läßt. Schau!« Er gab eine Sequenz ein, die die Satelliten des Sternensystems von Pern in Beziehung zu ihrem Zentralstern und zueinander zeigte. »Den Berechnungen nach überschreitet er die normale Bahn des vierten Planeten und dringt im Aphel sogar in die Oort'sche Wolke ein. Dieses System soll angeblich sehr alt sein, jedenfalls muß man das nach den EV-Protokollen annehmen, und da dürfte dieser Planet eigentlich keinen so unregelmäßigen Orbit haben.«

»Es wurde auch vermutet, es könnte ein Irrläufer sein, den die Sonne von Rubkat angezogen hat.«

Kenjo schüttelte den Kopf. »Das hat man inzwischen ausgeschlossen.« Er gab eine neue Kombination ein, und innerhalb von Sekunden war das Systemdiagramm von Gleichungen überlagert. »Sieh dir doch an, wie unwahrscheinlich das ist!« Er zeigte auf die blinkende neunstellige Wahrscheinlichkeitszahl. »In diesem Fall müßte er einer Kometenbahn folgen, die direkt ins System hineinführt, aber das ist nicht der Fall.« Er löschte den Bildschirm. »Ich finde nichts, was mit den anderen Planeten übereinstimmt. Ach ja, Kapitän Keroon vertritt die Ansicht, daß er vor etwa zehn hiesigen Zyklen von Rubkat eingefangen worden sein könnte.«

»Nein, ich glaube, das hat Xi Chi Yuen ausgeschlossen. Er hat berechnet, daß er sich gerade jetzt knapp hinter dem Aphel befindet«, sagte Sallah. »Wie hat er sich noch ausgedrückt?« Es wollte ihr nicht einfallen.

Kenjo griff bereits auf die betreffende Datei zu. »In seinem Bericht steht, daß der exzentrische Planetoid vor kurzem aus der Oort'schen Wolke ausgetreten sei und einen Teil der Wolkenmaterie mitgerissen habe.«

»Er sagte auch, und daran kann ich mich ganz deutlich erinnern, daß wir in etwa acht Jahren ein ziemlich spektakuläres Meteoritenschauspiel bewundern könnten, wenn nämlich unsere neue Welt von den Ausläufern der Oort-Materie getroffen wird.«

Kenjo schnaubte verächtlich. »Darauf könnte ich verzichten. Nachdem wir jetzt wissen, was tatsächlich da ist, halte ich nicht mehr besonders viel von diesem EV-Vorbericht. Diese Tupfen könnten doch Meteoreinschläge sein.«

»Mir wird das keine schlaflosen Nächte bereiten.«

»Mir auch nicht.« Kenjo sah mit verschränkten Armen zu, wie der Bericht weiter über den Bildschirm lief. »Yuen glaubt offenbar, daß dieser Plutokörper bei seinem exzentrischen, fast parabolförmigen Orbit das Sternensystem wieder verlassen oder in die Sonne stürzen könnte.«

»Und die würde gar nicht viel davon merken, oder?«

Kenjo schüttelte den Kopf, ohne mit dem Lesen aufzuhören. »Fest gefroren. Viel zu weit von Rubkat entfernt, bekommt nur auf einem kleinen Teil seiner Umlaufbahn ein wenig Wärme ab. Möglicherweise können wir einen Kometenschweif sehen, wenn er ganz in der Nähe ist.« Er verließ das Programm und tippte eine neue Zeichenfolge ein. »Die zwei Monde von Pern sind viel interessanter.«

»Warum? Die wollen wir doch nicht kolonisieren. Außerdem können wir aus Treibstoffmangel nicht mehr als einen Flug zu den Monden machen, um die Relaisstationen aufzustellen.«

Kenjo zuckte die Achseln. »Man sollte sich immer einen Fluchtweg offenhalten.«

»Zu einem Mond?« Sallah war sichtlich skeptisch. »Aber Kenjo, wir sind so weit weg vom Rest der Welt, daß wir mit nichts und niemandem Streit haben. Laß es gut sein!« Sie sagte es freundlich, denn sie wußte, daß Kenjo im Krieg gegen die Nathi mehrmals nur ganz knapp mit dem Leben davongekommen war.

»Alte Gewohnheiten legt man nicht so leicht ab«, murmelte er so leise, daß sie es fast überhört hätte.

»Sicher. Aber jetzt können wir alle einen neuen Anfang machen.«

Kenjo knurrte nur, zum Zeichen, daß er keine Lust hatte, das Gespräch fortzusetzen.

Je mehr die Kolonistenschiffe ihre Geschwindigkeit reduzierten, desto größer wurde die Betriebsamkeit an Bord. Immer mehr Schläfer wurden aufgeweckt, die riesigen Frachträume wurden geöffnet und ihr Inhalt auf die Decks gebracht, bis auch die Zugangskorridore vollgestellt waren. Als die Fähren für die lange Reise verschlossen wurden, waren bereits die Teile des Landegitters und andere Dinge verladen, die man brauchte, um für die Massen von Material und Menschen, die die Kolonistenschiffe ausspucken würden, einen sicheren Landeplatz zu bauen. Am dringendsten war es, die nächste Ladung – landwirtschaftliche Maschinen und Vorräte – bereit zu haben, um sie sofort an Bord zu schaffen, wenn die Fähren zurückkehrten. Die Agronomen hatten versprochen, mit dem Pflügen anzufangen, ehe die nächste Transportfähre den Planeten erreichte.

Die drei Schiffe verfügten zusammen über sechs Fähren: drei auf der *Yoko*, drei auf der *Buenos Aires* und eine, die speziell für den Transport von Vieh ausgerüstet war, auf der *Bahrain*. Sobald die Schiffe ihren Lagrange-Orbit erreicht hatten, sollte mit dem Entladen begonnen werden.

Zwölf Stunden vor diesem Ereignis waren auch die letzten Schläfer reanimiert. Über das Gedränge wurde ausgiebig gemurrt. Viele waren der Ansicht, man hätte die unwichtigen Leute, besonders die kleinen Kinder, weiterschlafen lassen sollen, bis die Unterkünfte auf dem Planeten fertiggestellt waren. Aber trotz der Unbequemlichkeiten war Sallah der gleichen Ansicht wie die Gouverneurin. Alle sollten die Chance haben, das Ende der langen Reise mitzuerleben und zu sehen, wie ihre neue Welt sich im schwarzen Weltraum drehte. Es war ein phantastischer Anblick, Sallah konnte sich nicht davon losreißen und starrte auf jeden verfügbaren Schirm, sogar auf den winzigen in ihrer Kabine. Es war ihr gelungen, sich für die wichtigste Wache der ganzen Reise auf den Dienstplan setzen zu lassen.

Hinterher behauptete Sallah stets im Brustton der Überzeugung, sie habe genau gewußt, wann die *Yokohama* ihren Orbit erreichte. Das große Schiff hatte seit Tagen abgebremst; das kurze Anspringen der Bremsraketen, die die Vorwärtsbewegung auf die Rotationsgeschwindigkeit des Planeten verringerten, war fast nicht wahrnehmbar gewesen. Plötzlich drehten sie sich mit ihrer neuen Welt, befanden sich über einem bestimmten Punkt auf Pern, schienen in bezug auf die Landschaft unter ihnen zum Stillstand gekommen zu sein. Diesen Augenblick hatte Sallah irgendwie gespürt. Sie blickte sogar von ihrem Terminal auf, als der Navigator sich mit unterdrückter Erregung umdrehte, um dem Kommandanten zu salutieren.

»Wir sind angekommen, Sir«, verkündete er.

Im gleichen Augenblick kamen ähnliche Meldungen von der *Bahrain* und der *Buenos Aires*, und alle auf der Brücke brachen in hemmungslosen Jubel aus, um ihrer Erleichterung und ihrer Freude Ausdruck zu verleihen. Kommandant Ongola teilte sofort dem Admiral mit, daß das Manöver abgeschlossen sei, und dieser übermittelte ihm förmlich seinen Dank. Dann ordnete er an, alle Kameras auf den Planeten zu richten, der sich unter ihnen ausbreitete, sich auf der einen Seite in die Nacht hineinwölbend, auf der anderen Seite in strahlend helles Tageslicht getaucht.

Sallah schloß sich dem allgemeinen Gegröle an, bis sie bemerkte, daß das Geschnatter der Sonde verstummt war, und auf den Monitor schaute. Die Sonde hatte nur gemäß ihrer Programmierung umgeschaltet. Als sie aufblickte, lag ein sehr trauriger, merkwürdig nachdenklicher Ausdruck auf Kommandant Ongolas Gesicht. Als er ihren forschenden Blick bemerkte, zog er zweifelnd eine Augenbraue hoch.

Sallah lächelte verständnisvoll. Das Ende seiner letzten Reise, dachte sie. Wer wäre da nicht traurig?

Dann zuckten Ongolas buschige Augenbrauen beide in die Höhe, er wandte sehr würdevoll den Kopf und erteilte Anweisung, die Tore der Fährenzellen zu öffnen. Die Crew und der erste Landetrupp saßen schon angeschnallt in den Fähren und warteten auf den Befehl, der Geschichte machen würde. Ganz leise wünschte Sallah Kenjo, Drake und Nabol, den Piloten der drei *Yoko*-Fähren, viel Glück.

Sirenen kündigten den Start an, und sofort schaltete der Hauptbildschirm auf den Landeplatz um. Die wachhabenden

Offiziere saßen gespannt an ihren Terminals. Kleinere Bildschirme zeigten die geöffneten Tore der Fährenzellen aus verschiedenen Winkeln, damit das Brückenpersonal beobachten konnte, wie sich die Fähren vom Mutterschiff lösten und mit Hilfe ihrer Düsen schnell nach unten sanken, ehe die Haupttriebwerke gezündet wurden. Sie würden sich dem Planeten in Spiralen nähern und am westlichen Rand des Nordkontinents in Perns Atmosphäre eintreten. Dann würden sie weiter um den Globus fliegen, dabei immer tiefer gehen und weiter abbremsen, bis sie schließlich ihren Landeplatz am östlichen Ende des Südkontinents erreichten. Außenkameras verfolgten die drei anderen Fähren, die jetzt ihren Platz in der Formation einnahmen. Elegant schossen alle sechs nach unten und verschwanden dann hinter der Wölbung des Planeten.

Sallahs Wache ging vor der geplanten Ankunft der Fähren auf Pern zu Ende, aber sie drückte sich, genau wie alle anderen aus ihrer Schicht, gegen die Seitenwand, um die bestmögliche Aussicht zu haben. Sie wußte, daß jeder Bildschirm auf dem Schiff dieselben Informationen ausstrahlte und daß die eigentliche Landung gleichzeitig auf allen drei Kolonistenschiffen übertragen wurde – aber irgendwie kam es ihr offizieller vor, das alles von der Brücke aus mitzuerleben. So blieb sie, zwang sich gelegentlich zu atmen und trat von einem ihrer müden, geschwollenen Beine auf das andere. Wenn die Rotation verlangsamt wurde, um die Fracht leichter bewegen zu können, würde das auch ihre Beine entlasten – aber bald würde sie sich auf einem Planeten befinden, und dort würde es keine Rotation geben, die man praktischerweise an- und abschalten konnte, um die Wirkung der Schwerkraft zu verringern.

»Bist du deine Kabinengenossen losgeworden?« fragte Stev Kimmer, als er nach einem schnellen Blick über die Schulter in Avrils Zimmer trat und die Tür hinter sich schloß.

Avril wandte sich ihm zu, streckte die Arme aus und schnippte zum Zeichen, daß die Luft rein war, selbstzufrieden lächelnd mit den Fingern. »Eine gehobene Stellung hat ihre Vorteile, und ich habe sie genützt. Schließ ab! Dieser Tölpel von Lensdale hat immer wieder versucht, mir jemanden aufzuhalsen, aber ich habe unter meinen Namen drei andere gesetzt, und jetzt hat er wohl aufgegeben.«

Da Kimmer in Kürze im Frachtraum sein mußte, um seinen Platz in einer der Fähren der *Yoko* einzunehmen, kam er ohne Umschweife zur Sache. »Wo hast du nun deinen hieb- und stichfesten Beweis?«

Immer noch lächelnd zog Avril eine Schublade auf und nahm einen dunklen Holzkasten heraus, der offenbar nirgends zu öffnen war. Sie reichte ihm die Schatulle, aber er schüttelte den Kopf.

»Ich habe dir doch gesagt, daß ich keine Zeit zum Rätselraten habe. Wenn das nur ein Trick ist, um einen Mann in dein Bett zu bekommen, Avril, dann hast du dir den falschen Zeitpunkt ausgesucht.«

Sie schnitt eine Grimasse, verärgert über seine Ausdrucksweise wie über die Tatsache, daß die veränderten Umstände sie zwangen, bei anderen Unterstützung zu suchen. Aber ihr erster Plan war an den Felsen von Paul Bendens plötzlicher und völlig unerwarteter Gleichgültigkeit gescheitert. Sie kaschierte ihren Abscheu mit einem Lächeln, rückte den Kasten auf ihrer linken Handfläche zurecht, strich an der ihr zugewandten Seite darüber und hob mühelos den Deckel ab. Wie erwartet, schnappte Stev Kimmer überrascht nach Luft, seine Augen leuchteten auf und spiegelten kurz den satten Glanz des Rubins wider, der in dem Kästchen lag. Seine Hände wollten danach greifen, und sie senkte die Schatulle ganz leicht, so daß der Edelstein boshaft im Licht funkelte.

»Phantastisch, nicht wahr?« Liebevoller Besitzerstolz ließ Avrils Stimme weich klingen, als sie die Hand drehte, um ihm den strahlenden Kern des Steins mit dem Rosettenschliff zu zeigen. Unvermittelt nahm sie das Juwel heraus und reichte es Stev. »Fühl mal! Betrachte ihn gegen das Licht! Er ist makellos.«

»Woher hast du ihn?« Er warf ihr einen vorwurfsvollen Blick zu, eine Mischung aus Neid, Gier und Bewunderung verhärtete seine Züge. Die Bewunderung galt allein dem herrlichen Stein, den er jetzt nach oben vor die Lichtschiene hielt, um ihn zu untersuchen.

»Ob du es glaubst oder nicht, ich habe ihn geerbt.« Als er sie argwöhnisch ansah, lehnte sie sich graziös gegen den kleinen Tisch, die Arme vor den wohlgeformten Brüsten verschränkt, und grinste. »Eine Vorfahrin von mir war vor sieben Generationen Mitglied des EV-Teams, das diesen Dreckklumpen erkundet hat. Shavva bint Faroud war ihr Mädchenname.«

»Donnerwetter!« Stev Kimmer war aufrichtig verblüfft.

»Außerdem«, fuhr Avril fort, während sie sich an seiner Reaktion weidete, »habe ich ihre Originalaufzeichnungen.«

»Wie ist es deiner Familie gelungen, diesen Stein die ganzen Jahre über zu bewahren? Er hat doch einen unermeßlichen Wert.«

Avril zog ihre schön geschwungenen Augenbrauen hoch. »Meine Urgroßmutter war nicht dumm. Dieser Klunker war nicht das einzige, was sie von hier und von den anderen Planeten mitgebracht hat, die sie erkundete.«

»Aber daß du ihn mitgenommen hast?« Kimmer mußte sich beherrschen, um den herrlichen Stein nicht mit den Fingern zu umklammern.

»Ich bin die letzte meiner Familie.«

»Du meinst, du kannst als direkter Abkömmling des EV-Teams einen Teil dieses Planeten beanspruchen?« Stev erwärmte sich allmählich für die Möglichkeiten, die sich aus dieser Sachlage ergaben.

Verärgert über die falsche Auslegung schüttelte sie den Kopf. »Das EV-Team paßt verdammt gut auf, daß so etwas nicht passiert, und das wußte auch Shavva. Außerdem war ihr klar, daß der Planet früher oder später zur Kolonisierung freigegeben werden würde. Der Rubin und ihre Aufzeichnungen«, – Avril legte eine dramatische Pause ein –, »wurden mir vererbt. Und ich befinde mich jetzt in der Umlaufbahn um Pern – mit diesen Aufzeichnungen.«

Stev Kimmer sah sie lange an. Dann streckte sie die Hand aus, nahm ihm den Rubin ab und rollte ihn unter seinen nervösen Blicken achtlos in der Hand hin und her.

»Nun, wie ist es, machst du mit bei meinem Plan?« fragte sie. »Wie schon meine geliebte weitsichtige Vorfahrin habe auch ich nicht den Wunsch, mein Leben am Ende der Galaxis auf einer siebtklassigen Welt zu beschließen.«

Stev Kimmer kniff die Augen zusammen und hob die Schultern. »Haben die anderen den Rubin schon gesehen?«

»Noch nicht.« Sie lächelte träge und boshaft. »Wenn du mir hilfst, ist das vielleicht auch gar nicht nötig.«

Als Stev Kimmer sich schließlich hastig auf den Weg zum Ladedock machte, war sich Avril seiner Unterstützung sicher. Ein Blick auf den Chrono verriet ihr, daß alles erfreulich genau nach Plan lief. Sie strich sich das Haar glatt, legte noch etwas von dem schweren Moschusparfüm auf, das sie liebte, und polierte sich ein wenig die Fingernägel, bis wieder diskret an die Tür geklopft wurde.

Nabhi Nabol trat ein. »Sind deine Zimmergenossen weg?«

Kenjo Fusaiyuki erstarrte, als die Fähre mit einem Zittern die Atmosphäre berührte. Der Admiral, der zwischen Kenjo und seinem Kopiloten Jiro Akamoto saß, beugte sich aufgeregt nach vorn, soweit es sein Sicherheitsgurt zuließ, und lächelte erwartungsvoll. Auch Kenjo gestattete sich ein Lächeln, doch dann wurde sein Gesicht wieder ausdruckslos. Alles ging viel zu glatt. Mit der Checkliste beim Countdown hatte es keine Probleme gegeben. Obwohl die Fähre *Eujisan* fünfzehn Jahre lang stillgelegen hatte, ließ sie sich einwandfrei steuern. Der Eintrittswinkel war ausgezeichnet, und sie würden voraussichtlich an einer Stelle, die, nach den Sondendaten zu urteilen, so eben war, wie ein natürliches Plateau nur sein konnte, eine perfekte Landung hinlegen.

Kenjo hatte sich immer über unvorhergesehene Schwierigkeiten den Kopf zerbrochen, eine Angewohnheit, die ihn zum besten Frachterpiloten in der Flotte des Cygnus-Sektors gemacht hatte. Trotzdem waren die wenigen Notfälle, mit denen er konfrontiert wurde, niemals vorhersehbar gewesen, und er hatte nur überlebt, weil er eben stets mit Pannen rechnete und auf alles gefaßt gewesen war.

Diese Landung war jedoch anders. Abgesehen von den längst verstorbenen Mitgliedern des Erkundungs- und Vermessungsteams hatte noch niemand einen Fuß auf Pern gesetzt. Und nach Kenjos Einschätzung hatte sich auch das EV-Team nicht lange genug dort aufgehalten, um eine eingehende Analyse vorzunehmen.

Neben ihm las Jiro leise murmelnd beruhigende Daten von seinen Instrumenten ab, und dann spürten beide Piloten den Widerstand, als die Fähre in die tieferen Atmosphäreschichten vorstieß. Kenjo umklammerte das Steuerjoch mit den Fingern, stemmte die Füße ein und drückte sich tief in seinen Sessel, um festen Halt zu haben. Er wünschte, der Admiral würde sich zurücklehnen – es störte ihn, wenn er in einem solchen Augenblick den Atem eines anderen im Nacken spürte. Wie hatte es der Mann nur geschafft, den Sicherheitsgurt so weit nach vorn zu ziehen?

Die Außenhaut der Fähre heizte sich auf, aber die Innentemperatur blieb unverändert. Kenjo warf einen schnellen Blick auf den kleinen Bildschirm. Seine Passagiere hielten sich gut, und das festgeschnallte Frachtgut war nicht verrutscht. Seine Augen schnellten von einer Anzeige zur nächsten, überprüften die Leistung und den Zustand seiner Maschine. Die Vibration wurde heftiger, aber das war nicht anders zu erwarten. Hatte er nicht die schützenden Gase von hundert Welten auf genau die gleiche Weise durchstoßen, sich wie ein Brieföffner unter die Klappe eines Briefumschlags geschoben, wie ein Mann in den Körper seiner Geliebten?

Sie befanden sich jetzt über der Nachtseite des Planeten – ein Mond tauchte die dunkle Landmasse in strahlend helles Licht – und rasten auf den Tag über dem gewaltigen Ozean von Pern zu. Er überprüfte die Höhe der Fähre. Sie lagen genau auf Kurs. Die erste Landung auf Pern konnte einfach nicht perfekt sein. Irgend etwas mußte schiefgehen, sonst war sein Glaube an die Wahrscheinlichkeit zerstört. Kenjo suchte das Armaturenbrett nach verräterischen roten Lichtern, nach einem gelben Blinken ab, das eine Störung anzeigte. Doch die Fähre setzte ihren schrägen Sturzflug fort, während Kenjo der Angstschweiß über den Rücken lief und ihm unter dem Helm in dicken Tropfen auf der Stirn stand.

Jiro wirkte äußerlich ruhig, aber dann kaute er nervös an

der Unterlippe. Als Kenjo das sah, wandte er den Kopf ab, um sich ja nicht anmerken zu lassen, wie sehr es ihn befriedigte, daß auch sein Kopilot unter der Anspannung litt. Die Atemzüge von Admiral Benden wurden schneller.

Würde die Freude den alten Mann neben ihm töten? Kenjo erschrak zutiefst. Vielleicht war es das. Die Fähre würde sicher landen, aber Admiral Benden würde tot sein, wenn sie das Land der Verheißung erreichten. Ja, das würde die Panne bei dieser Reise sein. Menschliche Schwäche, kein Maschinenversagen.

Während Kenjo in Gedanken die vielfältigen Folgen dieser Katastrophe durchspielte, verringerte sich die Reibung auf der Außenhaut, die Fähre unterschritt die Schallgeschwindigkeit. Die Temperatur der Hülle war in Ordnung, die Fähre reagierte gut auf das Ruder, und sie befanden sich in der richtigen Höhe und sanken wie geplant.

Denk daran, Kenjo, beim Bremsen so wenig Treibstoff zu verbrauchen wie nur möglich! Je mehr Treibstoff wir sparen, desto mehr Flüge können wir machen. Und dann ... Kenjo unterbrach diesen Gedanken. Schließlich würde es noch viele Jahre lang Atmosphärenflugzeuge geben. Bei vorsichtigem Wiederaufladen hielten sich Energiezellen über Jahrzehnte. Und wenn er die richtigen Teile organisieren konnte ... Er würde noch lange nicht am Boden festsitzen.

Er las schnell die Höhe ab, schaute auf den Kompaß, trimmte die Landeklappen, führte eine Geschwindigkeitsberechnung durch und blinzelte nach vorn, wo nun die Küstenlinie deutlich in Sicht kam. Seine Bildschirme sagten ihm, daß die anderen Fähren im vorgeschriebenen Sicherheitsabstand folgten. Die Fähre *Eujisan* mit Kenjo am Steuer und Admiral Benden sowie Gouverneurin Boll an Bord sollte als erste auf Pern landen.

Die Fähre raste nun über den östlichen Ozean, ihr Schatten schoß vor ihr über das Wasser, unter ihr zogen die kleinen Inselchen und die größeren Landmassen des Archipels vorbei, das sich vom Landeplatz aus nach Nordosten erstreckte. Als Kenjo einen herrlichen Schichtvulkan aus dem Wasser aufragen sah, hätte er sich beinahe ablenken lassen: die Ähnlichkeit mit dem berühmten Fujiyama war unglaublich. Dieser Berg war sicher ein gutes Omen.

Kenjo konnte schon die kochende Brandung am Fuß des felsigen Vorgebirges erkennen, der Landeplatz war nicht mehr weit.

»Bremsraketen, zwei Sekunden Schub«, sagte er und war froh, daß seine Stimme fest und ruhig klang, fast gelangweilt. Jiro bestätigte, und ein leichter Ruck durchlief die Fähre, als die Vorwärtsbewegung durch die Bremsraketen verringert wurde. Kenjo zog die Nase der Maschine hoch, um noch etwas mehr an Eigengeschwindigkeit zu verlieren. »Fahrwerk ausfahren.«

Jiro nickte. Kenjo hielt die Hand über den Schalter für die Bremsraketen, falls das Fahrwerk sich nicht lösen sollte, aber da leuchteten schon die grünen Lichter auf, und er spürte, wie sich der Wind in den großen Rädern fing, als sie einrasteten. Die Fluggeschwindigkeit war noch etwas zu hoch zum Landen. Das gewaltige Feld erschien unter ihnen, ein Feld, das wogte wie das Meer. Kenjo kämpfte die aufsteigende Panik nieder. Er überprüfte den Luftwiderstand und die Windgeschwindigkeit und zündete gezwungenermaßen wenn auch ungern, noch einmal kurz die Bremsraketen. Dann zog er die Fähre nochmals ein wenig hoch und setzte sie auf der Oberfläche von Pern ab.

Sobald die großen Räder den Boden berührten, holperten sie ein wenig auf dem unebenen Boden. Vorsichtig abbremsend, die Wirkung der Landeklappen voll nützend, beschrieb Kenjo einen weiten Kreis, bis die Fähre in die Richtung schaute, aus der sie eben gekommen war, und schließlich ausrollte.

Er gestattete sich ein zufriedenes Lächeln, dann wandte er die Aufmerksamkeit wieder dem Armaturenbrett zu, um die Checkliste für die Landung durchzugehen. Als er den Treibstoffverbrauch feststellte, knurrte er erfreut über seine Sparsamkeit. Einige Liter unterhalb der Vorgabe.

»Gute Landung, Kenjo! Jiro! Mein Kompliment!« rief der Admiral. Kenjo beschloß, ihm das begeisterte Schulterklopfen zu verzeihen. Dann schraken er und Jiro plötzlich zusammen, unerwartete Geräusche waren zu hören: Metallriegel schnappten auf, mit einem Rauschen entwich ein Luftschwall.

Erschrocken drehte sich Kenjo um, gerade rechtzeitig, um zu sehen, wie der Admiral und die Gouverneurin durch den Notausstieg der Kabine verschwanden. Entsetzt warf Kenjo einen Blick auf sein Armaturenbrett, überzeugt, daß irgendein Notfall eingetreten sein mußte, aber nur das rote Bremslicht leuchtete. Durch die offene Luke drang der Geruch nach verbranntem Gras, Öl und Raketentreibstoff zu den beiden Piloten. Gleichzeitig vernahmen sie die Schreie aus dem Fahrgastraum – Freudenschreie. Ein Blick auf die Schirme zeigte Kenjo, daß die Passagiere dabei waren, ihre Sicherheitsgurte zu lösen. Einige waren aufgestanden, streckten zaghaft Arme und Beine und schwatzten in freudiger Erregung, weil sie gleich den Boden ihrer neuen Heimat betreten würden. Aber warum hatten der Admiral und die Gouverneurin die Fähre so rasch verlassen – noch dazu durch den Notausstieg, anstatt durch den Hauptausgang.

Jiro sah ihn fragend an. Kenjo konnte nur die Schultern heben. Als dann der Jubel verstummte und nur gelegentlich noch nervöses Geflüster zu hören war, wurde Kenjo klar, daß es seine Aufgabe als Pilot war, die Initiative zu ergreifen. Er aktivierte den Entriegelungsmechanismus des Frachtraums, schaltete die Sensoren auf Außenbetrieb und richtete die Kameras so aus, daß sie den historischen Augenblick einfangen konnten. Vor allem mußte er so tun, als sei alles in Ordnung, auch wenn sich der Admiral und die Gouverneurin noch so merkwürdig benahmen.

Kenjo schnallte sich ab und winkte Jiro, das gleiche zu tun. Er bückte sich kurz, um den Lukenverschluß zu aktivieren, dann trat er mit drei Schritten an die Tür zwischen den beiden Kabinen und schob sie mit der Hand auf.

Jubel begrüßte ihn, und er senkte bescheiden den Kopf und blickte zu Boden. Die Freudenrufe verstummten, erwartungsvolles Schweigen trat ein, als er zur Rückseite des Fahrgastraums ging und dort die Luke entriegelte. Mit unnötigem Kraftaufwand stieß er die Tür auf. Als sich die Öffnung vergrößerte und die Rampe ausgefahren wurde, strömte die frische, sauerstoffreiche, würzige Luft der neuen Welt herein. Kenjo war nicht der einzige, der mit tiefen Atemzügen die Lungen füllte. Er überlegte noch, wie wohl bei einem solchen Anlaß das Protokoll auszusehen hatte, nachdem die wichtigsten Persönlichkeiten das Fahrzeug bereits verlassen hatten, aber Jiro, der neben ihm stand, deutete aufgeregt mit der Hand nach draußen. Kenjo spähte um die sich langsam öffnende Luke herum und blinzelte überrascht.

Da, nicht nur für ihn sichtbar, sondern auch für die fünf anderen Fähren, die in korrekten Abständen hinter ihnen gelandet waren, standen zwei leuchtend bunte Fahnen, das blaugoldene Banner der Konföderation Vernunftbegabter Rassen und eine brandneue Standarte für den Planeten Pern: blau, weiß und gelb, mit Sichel und Pflug in der oberen, linken Ecke als Symbol für den ländlichen Charakter der Kolonie. Gelegentlich verdeckte das Tuch, das in einer stetig über die Wiese streichenden Brise flatterte, die triumphierenden Gestalten von Admiral Benden und Gouverneurin Boll. Die beiden grinsten wie die Honigkuchenpferde und winkten den Passagieren begeistert zu.

»Meine Freunde, wir heißen euch auf dem Planeten Pern willkommen!« rief der Admiral mit Stentorstimme.

»Willkommen auf Pern!« rief die Gouverneurin. »Willkommen! Willkommen!«

Sie sahen sich an und sprachen dann einstimmig, die offensichtlich lang geprobte, offizielle Formel.

»Kraft der uns von der Konföderation Vernunftbegabter Rassen verliehenen Autorität erheben wir hiermit Anspruch auf diesen Planeten und geben ihm den Namen Pern!«

Die Ingenieure, die für die Energieversorgung zuständige Gruppe, die Allroundleute, alle gesunden, kräftigen Männer und Frauen, die mit einem Hammer umzugehen wußten, wurden eingesetzt, um die Landegitter zu verlegen. Ein zweiter Arbeitstrupp baute aus Fertigteilen den Tower für die Landekontrolle und die Wetterstation zusammen, wo Ongola und die anderen Meteorologen ihren Stützpunkt haben würden.

Der Turm war drei Stockwerke hoch und bestand aus zwei quadratischen, von einem breiteren und längeren rechteckigen Fundament gestützten Bauteilen. Zu Anfang sollte das Erdgeschoß als Hauptquartier für den Admiral, die Gouverneurin und den inoffiziellen Rat dienen. Später, wenn die eigentlichen Verwaltungsgebäude standen, würde man den ganzen Turm den Meteorologen und Kommunikationsexperten übergeben.

Die dritte und kleinste Gruppe – Mar Dooks acht Agronomen plus ein Dutzend kräftiger Leute, Pol Nietro von den Zoologen, Phas Radamanth und A. C. Sopers von den Xenobiologen, außerdem Ted Tubberman und seine Mannschaft – hatte die Aufgabe, das Land für die Versuchsfarm auszuwählen. Andere wurden ausgeschickt, um verschiedene Vegetationsformen ausfindig zu machen, die sich vielleicht für die Herstellung verschiedener für den Bau benötigter Plastikmaterialien eigneten. Mit dem einzigen Minischlitten, der auf der Fähre mitgekommen war, flog Emily Boll zwischen dem Stützpunkt der Agronomen und dem Kontrollturm hin und her, um die jeweiligen Daten aufeinander abzustimmen. Sobald das Notlazarett aufgebaut war, hatten die Mediziner alle Hände voll zu tun, um Prellungen und Schürfwunden zu versorgen und den älteren Arbeitern, die sich in ihrer Begeisterung übernahmen, energisch Ruhepausen zu verordnen.

Ab Mittag konnte man von den Schiffen aus bereits zusehen, wie auf der Oberfläche diszipliniert und kontinuierlich gearbeitet wurde.

»Da bleiben die Leute gern zu Hause«, bemerkte Sallah zu Barr Hamil, ihrer Kopilotin, als sie, vom Haupthangar kommend, wo sie die Ladungsverzeichnisse für ihren ersten Flug nach unten durchgesehen hatten, durch die fast leeren Korridore gingen.

»Ich finde es faszinierend, Sal. Und morgen sind wir da unten!« Barrs Augen glänzten, und auf ihrem Gesicht lag ein etwas albernes Grinsen. »Ich kann es noch gar nicht so recht fassen, daß wir hier sind, und daß ich dort sein werde!« Sie zeigte nach unten. »Es ist wie ein Traum. Ich habe ständig Angst, plötzlich aufzuwachen.«

Sie hatten ihre Kabine erreicht, und beide hatten nur Augen für den Videoschirm in der Ecke.

»Gut«, seufzte Barr erleichtert. »Sie haben die Lastesel zusammengebaut.«

Sallah lachte leise. »Wir müssen nur die Fähre in einem Stück runterbringen, Barr. Das Entladen ist Sache der anderen.« Aber auch sie war froh, als sie die stabilen Transportfahrzeuge in einer Reihe am Ende der fast fertigen Landebahn stehen sah. Die Lastesel würden das Entladen sehr erleichtern, so daß die Fähren schneller zu den Mutterschiffen zurückkehren und ihren nächsten Flug antreten konnten. Schon jetzt gab es einen inoffiziellen Wettbewerb zwischen den einzelnen Gruppen, jede wollte ihre Projekte so schnell und erfolgreich durchführen, daß die vorgegebene Zeit unterschritten wurde.

Wie alle anderen sahen auch Sallah und Barr zu, bis die dunkle mondlose Tropennacht hereinbrach und auf den Schirmen nichts mehr zu erkennen war. Die Übertragungsmöglichkeiten von der Oberfläche würden so lange primitiv bleiben, bis Drake Bonneau und Xi Chi Yuen Gelegenheit fanden, mit der Admirals-Gig zu den beiden Monden zu fliegen und die Nachrichtensatelliten zu installieren. Trotzdem mußte Sallah am Ende noch Tränen der Rührung zurückhalten, denn die letzte Szene erinnerte sie an die Jagdausflüge, die sie einst mit ihren Eltern in den Hügeln um First auf Centauri unternommen hatte.

Der Bildschirm zeigte müde Männer und Frauen, die um ein großes Lagerfeuer saßen und Eintopf löffelten, der aus tiefgefrorenem, von der Erde mitgebrachtem Gemüse und Fleisch in einem großen Kessel gekocht worden war. Im schwindenden Licht waren die weißen Streifen der Landepisten und der in der frischen Brise zuckende Windsack kaum zu erkennen. Die Planetenflagge, die an diesem Morgen so stolz gehißt worden war, hatte sich um die Fahnenstange auf dem Kontrollturm gewickelt. Jemand begann leise auf einer Harmonika zu spielen, eine uralte Weise, so vertraut, daß Sallah der Name nicht einfiel. Eine Blockflöte stimmte ein. Zuerst gedämpft und zögernd, dann mit größerer Sicherheit begannen die müden Kolonisten mitzusingen oder zu -summen. Ober- und Unterstimmen ergänzten den Chor, und Sallah erinnerte sich, daß das Lied ›Home on the Range‹ hieß. ›Entmutigende Worte‹ waren an diesem Tag sicher nicht gefallen. Und diese Abendserenade ließ den Landeplatz etwas anheimelnder wirken.

Am nächsten Morgen waren Sallah und Barr schon lange auf den Beinen und stellten letzte Gewichtsberechnungen an, als die Sirene die Passagiere zusammenrief. Kommandant Ongola hatte die Piloten noch einmal eindringlich ermahnt, Treibstoff zu sparen.

»Wir haben gerade genug Flüssigtreibstoff, um alle Männer, Frauen und Kinder, Tiere, Pakete, Kisten und wiederverwendbaren Schiffsteile auf den Planeten hinunterzubefördern. Spar in der Zeit, so hast du in der Not. Nur Dummköpfe verschwenden Treibstoff! Wir können uns keine Verschwendung leisten. Außerdem«, fügte er mit seinem traurigen Lächeln hinzu, »haben wir keine Dummköpfe unter uns.«

Auf den Bildschirmen in der Verladehalle verfolgten Sallah und Barr, wie die sechs Fähren von der Planetenoberfläche abhoben. Dann wechselte das Bild und zeigte eine Gesamtansicht des Hauptlandeplatzes.

»Atemberaubend, Sal, einfach atemberaubend!« schwärmte Barr. »Ich habe in meinem ganzen Leben noch nie soviel unbewohntes, ungenutztes Land auf einmal gesehen.«

»Dann gewöhn dich daran!« grinste Sallah.

Da sie dem Landetrupp bei seiner Tätigkeit zusehen konnten, verging die Zeit bis zum Andocken der Fähren wie im Flug. Noch ehe Kenjo und Jiro ausgestiegen waren, rollte der Ladetrupp bereits die ersten Kisten in den Frachtraum. Sallah ärgerte sich ein wenig über Kenjo, weil er Barrs aufgeregte Fragen so brüsk abwehrte. Sogar Jiro schien etwas verlegen, als Kenjo Sallah kurz und knapp Anweisungen für das Landeverfahren gab, sie auf die kleinen Mucken der Fähre hinwies und ihr die Frequenz der Wetterstation im Tower mitteilte. Dann wünschte er ihr einen sicheren Flug, salutierte, drehte sich auf dem Absatz um und verließ die Halle.

»Na, dann guten Tag und auf Wiedersehen«, sagte Barr, die sich von der Zurechtweisung inzwischen erholt hatte.

»Gehen wir an die Vorkontrollen, nachdem Fusi Pingelig

eine so ausführliche Übergabe gemacht hat«, sagte Sallah und schlüpfte eine Handbreit vor der nächsten Kiste durch die Schleuse der *Eujisan*. Als die Beladung der Fähre abgeschlossen war, hatten sie auch den Check beendet. Barr kümmerte sich um die Passagiere und vergewisserte sich besonders, daß General Cherry Duff, die älteste Konzessionärin und vorläufige Friedensrichterin der Kolonie, bequem untergebracht war. Dann bekamen sie die Startfreigabe.

»Wir haben doch eben erst aufgesetzt«, beklagte sich Barr, als Sallah acht Stunden später die *Eujisan* am Ende der Landebahn in Startposition brachte. »Und jetzt müssen wir schon wieder weg.«

»Unsere Richtschnur ist die Leistung. Spar in der Zeit, so hast du in der Not«, zitierte Sallah, den Blick auf die Instrumente gerichtet, und öffnete das Drosselventil der *Eujisan* für den Startschub. Nervös schnellten ihre Augen zwischen dem Treibstoffmesser und dem Tourenzähler hin und her, sie wollte keinen Tropfen Treibstoff mehr verbrauchen als nötig. »Kenjo und die nächste ungeduldige Kolonistengruppe knabbern inzwischen sicher schon die Frachtluke an. Also nichts wie weg hier!«

»Hat Kenjo in seinem ganzen Leben nie einen Fehler gemacht?« wollte Barr einige Zeit später von Sallah wissen. Der berühmte Pilot hatte sich abfällig über den Treibstoffverbrauch der Fähre bei den Flügen der beiden Frauen geäußert.

»Deshalb ist er heute noch am Leben«, gab Sallah zurück. Aber die Bemerkung nagte doch an ihr. Obwohl sie wußte, daß sie nicht mehr Treibstoff verbraucht hatte als unbedingt nötig, begann sie, sich bei jedem ihrer Flüge den Verbrauch zu notieren. Sie bemerkte auch, daß Kenjo in der Regel das Auftanken der *Eujisan* überwachte und die alle fünfzig Flugstunden stattfindenden technischen Überprüfungen leitete. Sie wußte zwar, daß sie eine überdurchschnittlich fähige Pilotin war, sowohl auf Raumfahrzeugen wie auf Atmosphäremaschinen, aber sie wollte sich nicht mit einem Helden anlegen, der über weit mehr Erfahrung verfügte als sie selbst – solange es nicht unbedingt nötig war und nicht ohne mit genauen Zahlen aufwarten zu können.

Schnell fand man in eine gewisse Routine. Die Bodenmannschaften errichteten jeden Morgen als erstes Unterkünfte und Arbeitsstätten für jene, die im Lauf des Tages eintreffen sollten. Die Agronomen-Teams rodeten von Hand die für den Anbau bestimmten Flächen. Das Lazarett hatte schon seine ersten Patienten versorgt; glücklicherweise war es bisher nur zu kleineren Unfällen gekommen. Und trotz der schweren Arbeit behielten die Leute ihren Sinn für Humor. Ein Witzbold hatte Schilder aufgestellt, die in Lichtjahren die Entfernung zur Erde, nach First Centauri und zu den Heimatwelten der anderen Angehörigen der Konföderation Vernunftbegabter Rassen angaben.

Wie alle anderen, die auf den Transport nach unten warten, saß Sorka Hanrahan lange vor den Bildschirmen und beobachtete die Fortschritte der Siedlung, die den inoffiziellen Namen ›Landing‹ erhalten hatte. Sorka wollte sich nur die Zeit vertreiben, wirklich interessiert war sie nicht, schon gar nicht, seit ihre Mutter ständig bemerkte, hier würde Geschichte gemacht. Geschichte war etwas, worüber man in Büchern las. Sorka war immer ein sehr lebhaftes Kind gewesen, die erzwungene Untätigkeit und die Enge des Lebens an Bord wurden allmählich bedrückend. Es war nur ein schwacher Trost zu wissen, wie wichtig ihr Vater als Tierarzt auf Pern sein würde, wenn alle Kinder, die sie in den Speisesälen und auf den Gängen kennengelernt hatte, früher nach Pern hinuntergebracht wurden als sie und ihr Bruder.

Brian hingegen hatte es nicht eilig. Er hatte sich mit den Jepson-Zwillingen angefreundet, die zwei Quergänge weiter untergebracht waren. Die beiden hatten auch einen größeren Bruder in Sorkas Alter, aber mit dem verstand Sorka sich nicht. Ihre Mutter versicherte ihr immer wieder, auf Pern würde sie genügend gleichaltrige Mädchen kennenlernen, sobald einmal die Schule angefangen hatte.

»Ich brauche aber jetzt einen Freund«, murmelte Sorka vor sich hin, als sie durch die Schiffskorridore schlenderte. Sich so frei bewegen zu können, war ungewohnt für ein Mädchen, das stets vor Fremden gewarnt worden war. Selbst zu Hause in Clonmel auf der Farm hatte sie stets in Sichtweite eines Erwachsenen bleiben müssen, selbst dann, wenn sie ihren alten Hund Chip als Beschützer bei sich hatte. Auf der *Yokohama* brauchte sie nicht nur nicht auf der Hut zu sein, das ganze Schiff stand ihr offen, vorausgesetzt, sie hielt sich von den Maschinenräumen und vom Kommandodeck fern und störte die Besatzung nicht. Aber im Augenblick hatte sie keine Lust, auf Entdeckungsreise zu gehen; sie suchte Trost und strebte deshalb ihrem Lieblingsplatz zu, dem Garten.

Auf ihrem ersten längeren Streifzug hatte sie den Teil des Schiffes entdeckt, wo sich große breitblättrige Pflanzen über die Decke wölbten und ineinander verflochtene Äste grüne Höhlen bildeten. Sie liebte den Geruch nach feuchter Erde und grünen Pflanzen, der einen so sauberen, frischen Geschmack im Mund hinterließ, wenn sie tief einatmete. Unter den riesigen Sträuchern wuchsen alle möglichen Kräuter und kleineren Gewächse, die bald auf die neue Welt gebracht werden sollten. Die meisten Namen auf den Schildern waren ihr fremd, aber von einigen der Kräuter kannte sie die umgangssprachlichen Bezeichnungen, weil ihre Mutter sie auch zu Hause im Garten gezogen hatte. Kühn betastete sie zuerst den Majoran und dann die winzigen Thymianblätter, damit der Geruch an den Händen haften blieb. Sie konnte sich nicht sattsehen an den blauen, blaßgelben und rosafarbenen Blüten und betrachtete neugierig die vielen hundert Regale, wo in kleinen Röhrchen mit Wasser – Nährflüssigkeit, hatte ihr Dad ihr erklärt – Schößlinge standen, die erst vor ein paar Monaten gekeimt hatten und eingepflanzt werden konnten, sobald sie Pern erreichten.

Sie hatte sich gerade gebückt, um vorsichtig ein haariges silbriggrünes Blatt zu befühlen, das sie nicht kannte – der Geruch gefiel ihr –, als sie ein Paar tiefblaue Augen entdeckte, die nicht zu einer Pflanze gehören konnten. Sie schluckte, aber dann sagte sie sich, daß es auf dem Schiff keine Fremden gab. Sie war nicht in Gefahr. Die Augen konnten nur einem anderen Fahrgast gehören, der wie sie den friedlichen Garten erforschte.

»Hallo!« sagte sie überrascht, aber keineswegs unfreundlich.

Die blauen Augen blinzelten. »Geh weg! Du hast hier nichts zu suchen«, knurrte eine junge männliche Stimme.

»Warum? Der Garten steht allen offen, solange man die Pflanzen nicht beschädigt. Und du solltest wirklich nicht so tief drunterkriechen.«

»Geh weg!« Eine schmutzige Hand unterstrich den Befehl.

»Ich will aber nicht. Wer bist du?«

Ihre Augen hatten sich an das Dunkel im Gebüsch gewöhnt, und sie konnte das abweisende Gesicht des Jungen deutlich erkennen. Sie kauerte sich nieder und spähte zu ihm hinein. »Wie heißt du?« fragte sie.

»Meinen Namen brauch ich keinem zu sagen.« Der Akzent war ihr vertraut.

»Oh, entschuldige bitte vielmals!« sagte sie geziert. Dann wurde ihr klar, woher sie diesen Akzent kannte. »He, du bist ja Ire. Genau wie ich.«

»Ich bin *nicht* wie du.«

»Du willst doch wohl nicht abstreiten, daß du Ire bist?« Als er nicht antwortete – er konnte es nicht leugnen, und das wußten sie beide –, legte sie den Kopf schief und lächelte freundlich. »Ich verstehe, warum du dich hier versteckst. Hier ist es ruhig, und alles riecht so frisch. Fast wie zu Hause. Mir gefällt es auf dem Schiff auch nicht; ich fühle mich«, – Sorka schlang die Arme um sich –, »die ganze Zeit irgendwie eingezwängt.« Sie dehnte die Worte, um ihre Gefühle deutlich zu machen. »Ich komme aus Clonmel. Bist du da mal gewesen?«

»Sicher.« Es klang verächtlich, aber der Junge strich sich eine lange rotblonde Haarsträhne aus dem Gesicht und veränderte seine Stellung, um sie weiter ansehen zu können.

»Ich bin Sorka Hanrahan.« Sie sah ihn fragend an.

»Sean Connell«, gestand er trotzig nach längerem Zögern.

»Mein Vater ist Tierarzt. Der beste in ganz Clonmel.«

Seans Gesicht erhellte sich. »Arbeitet er mit Pferden?«

Sie nickte. »Mit allen kranken Tieren. Habt ihr Pferde gehabt?«

»Als wir noch in Ballinasloe waren.« Seine Miene verdüsterte sich, aber jetzt wirkte er sehnsüchtig und traurig. »Wir hatten gute Pferde«, fügte er stolz hinzu, wie um sich zu verteidigen.

»Hattest du ein eigenes Pony?«

Die Lider des Jungen zuckten, und er ließ den Kopf sinken.

»Ich vermisse mein Pony auch«, sagte Sorka voll Mitgefühl. »Aber wenn wir auf Pern sind, kriege ich wieder eins, und mein Dad hat gesagt, für euch haben sie ein paar ganz besondere Tiere in den Samenbänken eingelagert.« Sie war sich dessen keineswegs sicher, aber irgendwie schien es angebracht, so etwas zu sagen.

»Das möchte ich ihnen auch geraten haben. Man hat es uns versprochen. Ohne Pferde kommen wir nirgends hin, weil es hier keine Schwebefahrzeuge oder so was mehr geben soll.«

»Und auch keine Gardai*.« Sie grinste ihn verschmitzt an. Sie war eben erst dahintergekommen, daß er zum fahrenden Volk gehören mußte. Ihr Vater hatte erwähnt, daß einige von diesen Leuten unter den Kolonisten seien. »Keine Farmer, die euch von ihren Feldern verjagen, kein ›In vierundzwanzig Stunden müßt ihr weiterziehen‹, keine Straßen außer denen, die ihr euch selbst baut und – ach, so vieles, was ihr euch eigentlich wünscht, und nichts von den unangenehmen Dingen.«

»Zu schön, um wahr zu sein«, bemerkte Sean zynisch.

Plötzlich lärmte die Lautsprecheranlage im Garten los. »Der Aufruf für den Morgenflug ist bereits ergangen. Alle Passagiere werden gebeten, sich sofort in der Verladehalle auf Deck fünf zu versammeln.«

Wie eine Schildkröte zog sich Sean in die Schatten zurück.

»He, bist damit etwa du gemeint?« Sorka bemühte sich, Seans Gesicht in der Dunkelheit zu erkennen, und glaubte zu sehen, daß er zögernd nickte. »Mann, hast du ein Glück, daß du schon so bald an die Reihe kommst. Am dritten Tag! Was ist los? *Willst* du nicht?« Sie ließ sich auf Hände und Knie nieder und spähte zu ihm hinein. Dann wich sie langsam zurück. Sie hatte oft genug zutiefst verängstigte Menschen gesehen,

---

* irische Polizei – *Anm. d. Ü.*

um zu begreifen, was mit Sean los war. »O Gott, ich würde am liebsten mit dir tauschen. Ich kann es gar nicht erwarten, runterzukommen. Ich meine, so lang ist der Flug doch gar nicht. Und es wird nicht anders sein als damals, als wir von der Erde auf die *Yoko* gebracht wurden«, fuhr sie fort, um ihn zu beruhigen. »Das war doch gar nicht so schlimm, oder?« Sie war so aufgeregt gewesen, obwohl sie wußte, daß man sie fast unmittelbar nach der Ankunft an Bord in Tiefschlaf versetzen würde, daß sie außer dem ersten Andruck beim Start gar nichts mitbekommen hatte.

»Uns hat man eingeschläfert und dann erst raufgebracht.« Es war nur ein verängstigtes Gemurmel.

»Gott, da habt ihr ja das Beste versäumt. Natürlich hat die Hälfte der Erwachsenen«, fuhr sie ein wenig herablassend fort, »beim letzten Blick auf das alte Terra geweint. Ich habe mir vorgestellt, daß ich Raumfahrerin Yvonne Yves bin, und mein Bruder Brian, der ist viel jünger als wir, aber er hat so getan, als sei er Raumfahrer Tracey Train.«

»Wer ist das denn?«

»Komm, Sean! Ich weiß, daß ihr alle Videoschirme in euren Wohnwägen hattet. Hast du dir niemals *Abenteuer im Weltraum* angesehen?«

Jetzt zeigte er seine Verachtung ganz unverhüllt. »Das ist doch Kinderkram.«

»Na, jetzt bist du selbst ein Weltraumabenteurer, und wenn es nur Kinderkram ist, dann braucht man doch auch keine Angst davor zu haben, oder?«

»Wer sagt, daß ich Angst habe?«

»Stimmt es vielleicht nicht? Warum versteckst du dich denn sonst im Garten.«

»Ich wollte nur mal wieder anständig frische Luft schnappen.« Plötzlich kroch er heraus.

»Obwohl du unter dir, nur ein paar Stunden entfernt, einen ganzen Planeten voll frischer Luft hast?« Sorka grinste. »Stell dir doch einfach vor, du bist ein Weltraumheld!«

Der Lautsprecher erwachte wieder zum Leben, und diesmal klang die Stimme des Einschiffungsoffiziers gereizt. Bisher hatte Desi Arthied noch keine Passagierladung zum zweiten

Mal auffordern müssen, sich zu sammeln. »Die Fähren starten in exakt zwanzig Minuten. Für diesen Flug eingeteilte Passagiere, die sich nicht melden, werden ans Ende der Liste gesetzt.«

»Er ist wütend«, erklärte Sorka und schob Sean auf die Tür zu. »Sieh zu, daß du wegkommst! Deine Eltern ziehen dir die Haut ab, wenn sie deinetwegen nicht mitfliegen können.«

»Mehr fällt dir auch nicht ein«, fauchte er und stapfte zornig aus dem Gartenraum.

»Angsthase«, murmelte sie mit einem theatralischen Seufzer. »Na ja, er kann schließlich nichts dafür.«

Dann wandte sie sich wieder der duftenden Pflanze zu.

Am sechsten Tag waren alle wichtigen Leute auf dem Planeten. Aus allen bis auf eine Fähre waren die Sitze ausgebaut und am Freudenfeuerplatz aufgestellt worden, bis man sie wieder benötigte. Berge von Vorräten wurden hinunterbefördert, verteilt und eingelagert. Empfindliche Instrumente in stoßsicheren Schutzhüllen folgten, zusammen mit dem Sperma und den kostbaren befruchteten Eizellen von der Erde und von First – Sallah war überzeugt, daß Barr während dieser Flüge kein einziges Mal tief durchzuatmen wagte. Die befruchteten Eier wurden sofort jenen Kühen, Ziegen und Schafen eingepflanzt, die sich vom Kälteschlaf vollständig erholt hatten. Man hatte kleine kräftige Rassen mitgebracht, an sich nicht die besten auf der Erde verfügbaren Genotypen, aber als Ersatzmuttertiere gut geeignet; die Embryonen waren wieder anders, besonders auf Ausdauer und Widerstandsfähigkeit hin gezüchtet. Die daraus entstehende Nachkommenschaft würde, so hoffte man, auf Pern angebautes Grünfutter und auch eine Reihe einheimischer Wildpflanzen verdauen können, die sehr viel mehr Bor enthielten als die gewohnten Futterpflanzen von der Erde. Sollte es Probleme geben, dann würden Kitti Ping und ihre Enkelin Windblüte mit den Methoden der Eridani die nächste Generation so verändern, daß sie den Anforderungen entsprach. Geplant war, mindestens einige der Tiere mit gentechnischen Maßnahmen so zu modifizieren, daß sie die erforderlichen Verdauungsenzyme in ihren eigenen Drüsen erzeugen konnten, anstatt sich wie ihre Vorfahren auf der Erde mit Symbiosebakterien zu behelfen.

Admiral Benden bemerkte stolz, wenn die Schiffe völlig geleert seien, würden auf Pern wahrscheinlich schon die ersten Küken ausschlüpfen. Weiterhin verkündete er, es gäbe Anzeichen, daß der Planet auch eigene eierlegende Tiere hervorgebracht habe, denn man hatte über der Hochwasserlinie am Strand, wo gerade der Hafen und die Fischzüchterei gebaut wurden, zerbrochene Schalen entdeckt. Die Zoologen versuchten bereits herauszufinden, von welchen Wesen diese den Hühnereiern ähnlichen Gebilde stammten; man hoffte, daß es die recht schönen und ungewöhnlichen Vögel waren, die im EV-Bericht erwähnt wurden, aber die dort ebenfalls aufgeführten reptilienartigen Geschöpfe waren bisher nicht beobachtet worden. Da sich bei der Analyse der Schalen ein hoher Borgehalt ergab, setzte das Team die Eier samt den dazugehörigen Küken auf die etwas zweifelhafte Liste nicht zum Verzehr geeigneter einheimischer Lebewesen.

Im Lauf der nächsten vier Tage machten die Fähren nicht mehr als zwei Flüge pro Tag, denn das Be- und Entladen aller Materialien war sehr zeitaufwendig.

»Zur Abwechslung hätte ich ganz gern mal wieder ein paar Passagiere«, bemerkte Barr, als sich die dienstfreien Piloten im Speisesaal ihr Essen schmecken ließen, »nicht immer nur Kisten und wieder Kisten, groß, klein, mittel, oder diese absolut unersetzlichen Kräuter und Büsche. Es sind immer noch genügend Leute da, die hinuntergebracht werden müssen.« Der Speisesaal war zwar bei weitem nicht mehr so überfüllt wie früher, aber doch voll besetzt.

Als Sallah sich umsah, bemerkte sie ganz links die rothaarige Familie. Sie winkte und lächelte aufmunternd, weil die Kinder so bedrückte Gesichter machten.

»Das rote Haar ist doch prachtvoll, findet ihr nicht?« bemerkte Sallah wehmütig.

»Zu ausgefallen«, spottete Avril Bitra.

»Ich weiß nicht«, meinte Drake und starrte zu der Gruppe hinüber. »Mal was anderes.«

»Sie ist zu jung für dich, Bonneau«, sagte Avril.

»Ich kann warten«, konterte Drake und grinste, weil es ihm nicht oft gelang, diese heißblütige Schönheit aus der Reserve zu locken. »Ich werde sie schon zu finden wissen, wenn sie ins richtige Alter kommt.« Er schien zu überlegen. »Der Kleine kommt für dich natürlich nicht in Frage, Avril. Da liegt eine ganze Generation dazwischen.«

Avril warf ihm einen langen empörten Blick zu, griff nach dem Weinkrug und stolzierte zu den Automaten. Sallah und Barr sahen sich an. Avril war morgen früh für die erste Schicht eingeteilt, und die Windfaktoren ließen genügend Gefahren erwarten, auch wenn die Reaktionen nicht vom Alkohol vernebelt waren. Sie wandten sich Nabol, Avrils Kopiloten zu, aber der hob nur gleichgültig die Schultern. Viel Unterstützung hatte sich Sallah von dem Mann ohnehin nicht erhofft. Auf Avril hatte niemand großen Einfluß.

»He, Avril, laß die Finger von dem Zeug!« meldete sich Drake und stand auf, um ihr den Weg abzuschneiden. »Du hast mir eine Revanche im Gravball versprochen. Die Halle müßte jetzt frei sein.« Er lächelte herausfordernd, und Sallah konnte von ihrem Platz aus sehen, wie seine Hand über Avrils Arm streichelte. Der unzufriedene Zug um den Mund der Astrogatorin milderte sich etwas. »Wir sollten die Gelegenheit nützen«, fügte er hinzu, und sein Lächeln wurde breiter. Er legte ihr den Arm um die Schultern, nahm ihr den Krug aus der Hand und stellte ihn auf den nächsten Tisch, dann führte er sie, ohne sich noch einmal umzusehen, aus dem Speisesaal.

»Da sieht man's wieder, Charme zahlt sich eben aus«, sagte Barr.

»Sollen wir nachsehen, ob sie im Gravraum wirklich Ball spielen?« schlug Nabol mit unruhig glitzernden Augen vor.

»Es gibt solche und solche Ballspiele«, sagte Sallah achselzuckend. »Alles schon erlebt. Entschuldigt mich!« Sie stand auf und ging zum Tisch der Hanrahans hinüber, obwohl sie wußte, daß sie ihre Freundin damit im Stich ließ. Aber Barr konnte ja auch gehen, wenn es ihr in Nabols Nähe unbehaglich wurde. »Hallo! Wann fliegen Sie runter?« fragte sie, als sie die Hanrahans erreichte.

»Morgen«, sagte Red, grinste sie dabei an und zog vom

nächsten Tisch einen Stuhl heran. »Setzen Sie sich ein wenig zu uns? Ich glaube, wir sind auf Ihrem Schiff.«

»Das stimmt.« Sorka strahlte Sallah an.

»Sie mußten lange warten«, bemerkte Sallah und setzte sich.

»Ich bin Tierarzt, und Mairi ist für Kinderbetreuung zuständig«, antwortete Red. »Wir gehören nicht gerade zu den wichtigsten Leuten.«

»Jetzt vielleicht noch nicht.« Sallah lächelte breit, um zu zeigen, daß ihr die künftige Bedeutung dieser Spezialgebiete durchaus klar war.

»Ist es da unten wirklich so schön, wie es aussieht?« fragte Sorka.

»Ich habe bisher nicht viel Zeit gehabt, um es festzustellen«, sagte Sallah mit kläglicher Miene. »Wir fliegen runter, entladen und starten wieder. Aber die Luft ist wie Wein.« Sie blähte die Nüstern, um ihre Geringschätzung für die wiederaufbereitete Atmosphäre des Schiffs zum Ausdruck zu bringen. »Und Wind gibt es auch. Manchmal eine ganz schön steife Brise.« Sie tat so, als kämpfe sie mit dem Steuerjoch der Fähre. Mairi machte ein wehmütiges Gesicht, während ihr Mann seine Ungeduld offenbar kaum bezähmen konnte. Sallah wandte sich den Kindern zu. »Und die Schule ist toll. Im Freien! Man bringt euch alles bei, was wir über unsere neue Heimat wissen.« Bei ihrem ersten Satz hatten die beiden Kinder gestöhnt, aber als sie weitersprach, hellten sich die Gesichter auf. »Manchmal sind die Lehrer den Schülern nur einen Schritt voraus.«

»Gestern abend haben sie kein Feuer angezündet«, sagte Brian enttäuscht.

»Nur deshalb, weil die Lichtmasten aufgestellt wurden, aber wart mal bis heute abend. Du bist nicht der einzige, der das Feuer vermißt hat. Soviel ich gehört habe, soll es einen eigenen Freudenfeuerplatz geben, und jeden Abend darf ein anderer das Feuer anzünden, eine Belohnung, die man sich durch besondere Leistungen verdienen kann.«

»Mann!« Brian war begeistert. »Was muß man tun, damit man es anzünden darf?«

»Dir wird schon etwas einfallen, Brian«, versicherte ihm sein Vater.

»Wir sehen uns dann alle frisch und munter morgen früh?«
Sallah stand auf und fuhr Sorka durch das Haar.

»Wir sind bestimmt vor Ihnen da«, grinste Red.

Zu Sallahs Überraschung standen die Hanrahans tatsächlich bereits an der Fähre, als sie kam, denn Mairi hatte sich unbedingt vergewissern wollen, daß ihr kostbares persönliches Gepäck sicher im Frachtraum verstaut war. Mairi hatte sich die größten Sorgen um die wertvollen Familienerbstücke gemacht, besonders um die Brauttruhe aus Rosenholz, die seit Generationen im Besitz ihrer Familie war. Sie war vorsichtig zerlegt worden und beanspruchte fast das ganze Gewicht, das ihnen zustand, aber Mairi hatte sie um keinen Preis zurücklassen wollen. Sorka konnte sich das Schlafzimmer ihrer Eltern ohne die Brauttruhe unter dem Fenster gar nicht mehr vorstellen. Sie hatte von ihrer geliebten Sammlung von Spielzeugpferden nur die drei kleinsten mitnehmen dürfen und nicht mehr als zehn Lesebänder. Brians Modellschiffe waren auseinandergenommen worden, und nun machte er sich Gedanken, ob er wohl den richtigen Kleber dafür finden würde.

Das war sein dringendstes Anliegen, als Sallah und Barr sie begrüßten.

»Kleber?« wiederholte Sallah überrascht. »Man hat alles mögliche hinunterbefördert; warum in aller Welt sollte man gerade den Kleber vergessen haben?« Sie zwinkerte Red zu, und der grinste. »Und wenn, dann sind unsere hiesigen Experten bestimmt in der Lage, einen Ersatz zusammenzumischen. Pern scheint gut versorgt zu sein. Und jetzt an Bord mit dem Hanrahan-Clan! Wir sind der heutigen Horde nur einen Schritt voraus.«

Da die Hanrahans als erste gekommen waren, durften sie sich ihre Plätze aussuchen, und Sorka schlug vor, die letzte Reihe zu nehmen, damit sie unten als erste aussteigen konnten. Die Aufregung schnürte ihr die Kehle zu, und sie litt fast Höllenqualen, bis alle angeschnallt waren und der Flug begann. Daß der vordere Bildschirm nicht funktionierte, war eine Enttäuschung, denn nun wußte sie nicht genau, wann die Fähre ablegte. Außerdem hätten die Bilder sie etwas von den Vibrationen abgelenkt. Sie warf einen flehenden Blick auf ihre

Eltern, aber die hatten die Augen geschlossen. Brian war allem Anschein nach ebenso verängstigt wie sie, aber sie würde ihm nicht die Genugtuung geben, ihre Gefühle zu zeigen. Plötzlich fiel ihr wieder ein, wie Sean Connell sich im Garten versteckt hatte, und stellte sich mit aller Kraft vor, sie sei Raumfahrerin Yvonne Yves und leite eine abenteuerliche Expedition zu einem geheimnisvollen Planeten.

Und dann waren sie da. Die Bremsverzögerung drückte sie in den gepolsterten Sitz zurück und nahm ihr fast den Atem, dann spürte sie einen leichten Ruck, als das Fahrwerk den Boden berührte.

»Wir sind gelandet! Wir haben es geschafft!« rief sie.

»Das klingt ja gerade so, als ob dich das überrascht, mein Kleines!« lachte ihr Vater und tätschelte ihr das Knie.

»Gibt es etwas zu essen, wenn wir draußen sind?« quengelte Brian. Weiter vorn lachte jemand leise.

Sorka hörte das Zischen, als die Passagierluke geöffnet wurde. Dann erschienen die beiden Pilotinnen vorn im Mittelgang und gaben Anweisung zum Aussteigen. Helles Sonnenlicht und frische Luft strömten in das Raumschiff, und Sorkas Herz begann vor Freude schneller zu klopfen.

Lachend löste ihr Vater ihren Sicherheitsgurt und drängte sie zum Aufstehen. Aber sie war plötzlich unsicher geworden und zögerte.

»Komm schon, du kleines Gänschen!« sagte Red und grinste zum Zeichen, daß er ihr Zaudern verstand.

»He, Sorka, du kannst jetzt aussteigen«, rief Sallah.

Sorkas Beine waren ein wenig wackelig. »Ich bin wieder schwer!« rief sie. Volles Gewicht war nach der Halbschwerkraft auf der *Yoko* ein ganz ungewohntes Gefühl. Am Ausgang blieb sie stehen, überwältigt von ihrem ersten Blick auf Pern, auf das gewaltige Panorama des Grasplateaus mit den komisch kugeligen blauen Büschen und dem blaugrünen Himmel.

»Du versperrst den Weg, mein Kind«, sagte eine Frau, die draußen neben der Rampe stand.

Sorka ging hastig weiter, aber sie wußte nicht, wie sie die Rampe hinunterkam, soviel gab es zu sehen. Der Bodenbewuchs war ein wenig anders als das Gras auf der Farm. Die Büsche waren eher blau als grün und hatten merkwürdig geformte Blätter, fast wie die geometrischen Formen eines Zusammensetzspiels, mit dem sie sich als Kleinkind beschäftigt hatte.

»Schau, Daddy, Wolken! Genau wie zu Hause!« schrie sie und deutete aufgeregt zum Himmel.

Lachend legte ihr Vater ihr den Arm um die Schultern und schob sie weiter.

»Vielleicht sind sie uns gefolgt, Sorka«, sagte er freundlich und lächelte sie an. Sorka wußte, daß er ebenso aufgeregt war wie sie, weil sie nun endlich auf Pern gelandet waren.

Sorka hielt das Gesicht in den frischen Wind, der über das Plateau fegte. Es roch nach wunderbaren Dingen, neu und erregend. Am liebsten hätte sie getanzt, es war so herrlich, wieder frei unter einem Himmel zu stehen, ohne von einer Decke oder von Wänden eingeengt zu werden.

»Sind Sie die Hanrahans oder die Jepsons?« fragte eine Frau mit einem Verzeichnis in der Hand.

»Die Hanrahans«, antwortete Red. »Mairi, Peter, Sorka und Brian.«

»Willkommen auf Pern!« sagte sie und lächelte höflich, ehe sie die Namen auf ihrer Liste abhakte. »Sie haben Haus vierzehn am Asienplatz. Hier ist Ihr Ortsplan. Alle wichtigen Einrichtungen sind deutlich gekennzeichnet. Wenn Sie jetzt mit anpacken könnten, die Fähre muß entladen und alles überprüft werden ...« Sie reichte ihm ein Blatt, zeigte auf den kleinen Elektrowagen, der rückwärts auf die offene Frachtluke zufuhr, und ging dann weiter zu den Jepsons, die eben die Fähre verlassen hatten.

»Wir haben es geschafft, Mairi, mein Liebes«, sagte Red und umarmte seine Frau. Sorka sah verwundert, daß ihre Eltern Tränen in den Augen hatten.

Es gab mehr zu entladen als das persönliche Gepäck der Passagiere. Immer noch mußten Kartons mit Vorräten von der Liste des Frachtaufsehers gestrichen werden.

»Sagen Sie dem Disponenten, daß wir noch mehr Möbel brauchen«, bat man Sallah, als der Frachtraum der Fähre leer war. »Sonst haben einige Leute heute nacht kein Bett.«

562

»Da siehst du, was Tüchtigkeit heißt«, bemerkte Sallah zu Barr und winkte den Hanrahans zu, als sie zur Vorbereitung auf den Rückflug die Luke schloß. »Bald ist niemand mehr da oben, und von den Schiffen wird außer den Rümpfen kaum mehr etwas übrig sein.«

»Ich weiß«, antwortete Barr. »Ich habe mich schon fast damit abgefunden, daß unsere Kojen verschwunden sind, bis wir kommen.«

Die beiden gingen die Checkliste für den Start durch, und Sallah grinste, als sie sich ihre Notizen machte. Den Gleitflug beherrschte sie jetzt perfekt, und das bedeutete, daß sie auf jeder Etappe fast zwanzig Liter einsparte. Der Wind schwenkte nach achtern um, und sie drängte Barr zur Eile.

»Ich will den Rückenwind ausnützen. Das spart Treibstoff.«

»Lieber Himmel, Sal, du bist schon genauso schlimm wie Fusi Pingelig!« Trotzdem brachte Barr die Liste mit Schwung zu Ende. »Ich möchte nur wissen, warum wir uns den Arsch aufreißen, um Sprit zu sparen. Es gibt doch kein vernünftiges Ziel, das wir mit dem anfliegen könnten, was wir erspart haben. Und wenn die Schiffe einmal ausgeschlachtet sind, haben wir doch auch keine Verwendung mehr für die Raumfähren, oder etwa doch?«

Sallah warf ihr einen forschenden Blick zu und kicherte dann amüsiert. »Eine gute Überlegung, meine Beste. Eine sehr gute Überlegung. Ich glaube«, fügte sie nach kurzem Überlegen hinzu, »ich werde mal die Tanks überprüfen, während Pingelig unterwegs ist.«

Aber danach war sie auch nicht sehr viel klüger. Wenn sie soviel Treibstoff einsparten, hätte die Menge in den Tanks eigentlich größer sein müssen. Barr flirtete gerade mit einem der Planungsingenieure und hatte ihre flüchtig hingeworfene Bemerkung bereits vergessen. Sallah ging sie dagegen nicht aus dem Kopf. Als Kenjo unterwegs war, suchte sie ein wenig in den Datenspeichern des Hauptcomputers herum.

Der Treibstoffverbrauch in den beiden noch vorhandenen Tanks der *Yoko* hielt sich auf einem akzeptablen Niveau. Sallah gab ihren Durchschnittsverbrauch pro Flug plus eine Schätzung der von Kenjo verbrauchten Menge ein. Dem Ergebnis nach hätten zusätzlich zweitausend Liter Treibstoff verfügbar sein müssen. Sie zog ein paar Prozent für Schwerlastflüge ab, bei denen Abdrift und Windfaktoren einen höheren Aufwand an Treibstoff erforderlich gemacht hatten. Wieder kam ein Defizit heraus, etwas niedriger als vorher, aber immer noch höher als die zur Verfügung stehende Menge.

Wer hatte etwas davon, wenn er Treibstoff hortete? Avril? Aber Avril und Kenjo waren keineswegs gute Freunde, ganz im Gegenteil. Avril hatte sich mehrfach abfällig über Kenjo geäußert, widerliche Verleumdungen mit rassistischem Unterton.

»Wenn man allerdings jemanden von der Spur abbringen wollte ...«, murmelte Sallah vor sich hin.

Sie stellte die Entfernung zum nächsten Sonnensystem fest, das ein Jahrhundert zuvor vom EV-Team für unbewohnbar erklärt worden war, und die Entfernung zum nächsten bewohnbaren System. Als sie dann den Aktionsradius und die Geschwindigkeit der Admirals-Gig eingab, erhielt sie die Antwort, daß die *Mariposa* selbst bei größter Sparsamkeit nur das unbewohnbare System erreichen konnte. Aber wem sollte das etwas nützen? Verärgert über den vergeudeten Nachmittag, machte sich Sallah auf die Suche nach Barr. Sie waren für den Abendflug eingeteilt, und das bedeutete, daß sie auf dem Planeten übernachten würden.

Zu Sorkas großer Begeisterung konzentrierte sich die Schule auf Pern ausschließlich darauf, die Schüler auf die Bedingungen der neuen Heimat vorzubereiten. Alle wurden im sicheren Umgang mit gewöhnlichem Werkzeug unterwiesen, und die über Vierzehnjährigen führte man in die Bedienung der weniger gefährlichen Maschinen ein. Man zeigte ihnen die bereits katalogisierten Pflanzen, vor denen man sich hüten mußte, und verschiedene Arten von Früchten, Blattgemüsen und Knollengewächsen, die harmlos waren und in Maßen verzehrt werden konnten. Eine der Aufgaben der jungen Kolonisten sollte darin bestehen, möglichst viele von diesen eßbaren Pflanzen zu sammeln, um damit den Vorrat an mitgebrachten Nahrungsmitteln zu ergänzen. Man führte ihnen auch Dias von einheimischen Insektoiden und Herpetoiden vor. Schließlich versammelten sich alle Kinder unter zwölf Jahren im großen Klassenraum, während die älteren draußen verschiedenen, von Erwachsenen geleiteten Arbeitsgruppen zugeteilt wurden.

»In der ersten Zeit«, hatte Rudi Shwartz, der Direktor der Schule, den älteren Kindern erklärt, »bekommt ihr Gelegenheit, mit einer Reihe verschiedener Spezialisten zusammenzuarbeiten und das Handwerk oder den Beruf zu erlernen, in dem ihr auf Pern gern für die Allgemeinheit tätig sein möchtet. Wir wollen hier das System der Lehrlingsausbildung wieder einführen. Auf der alten Erde hat es recht gut funktioniert, auf First Centauri war es erfolgreich und für unsere ländliche Kolonie ist es besonders geeignet. Wir müssen alle hart arbeiten, wenn wir auf Pern Fuß fassen wollen, aber Fleiß wird auch belohnt.«

»Womit?« fragte ein Junge von hinten ein wenig herablassend.

»Mit dem Gefühl, etwas geleistet zu haben und«, Mr. Shwartz hob die Stimme und grinste den Skeptiker an, »mit der Zuweisung von Land oder Material, wenn ihr volljährig seid und auf eigenen Beinen stehen wollt. Hier auf Pern haben alle die gleichen Chancen.«

»Mein Dad sagt, am Ende werden doch die Konzessionäre das beste Land an sich reißen«, sagte eine junge männliche Stimme aus der Anonymität der Gruppe heraus.

Rudolf Shwartz musterte die Kinder scharf und ließ sich mit seiner Antwort Zeit, bis die Zuhörer unruhig wurden.

»Ihre Konzession berechtigt sie, als erste zu wählen, das stimmt. Aber der Planet ist groß, es gibt Millionen von Morgen Ackerland. Auch Konzessionäre müssen sich auf dem Land bewähren, das sie beanspruchen. Für deinen Vater und auch für dich wird genug übrigbleiben. Und nun ... wie viele von euch haben schon eine Ahnung, wie man einen Schlitten steuert?«

Sorka hatte sich ihre Mitschüler sorgfältig angesehen und mußte sich, wenn auch widerwillig, eingestehen, daß es keine Mädchen in ihrem Alter gab. Die Mädchen im Teenageralter hatten bereits eine Gruppe gebildet, zu der sie keinen Zugang hatte, und die anderen Mädchen waren alle weit jünger als sie. Resigniert hielt sie Ausschau nach Sean Connell, aber vergeblich. Das sah diesem Bengel nun wieder ähnlich, so bald wie möglich die Schule zu schwänzen.

Zum Schluß des Unterrichts an diesem ersten Vormittag wurde erklärt, daß man alles, was man benötigte, aus dem Magazin bekommen konnte, von streng rationierten Süßigkeiten und anderen Leckereien von der Erde bis hin zu Gummistiefeln oder neuer Kleidung. Jeder, so betonte der Direktor, hatte Anspruch auf gewisse Luxusartikel. Wenn ein Gegenstand vorrätig war, würde er auch ausgegeben werden. Nach einer kurzen Mahnung zur Mäßigung wurden die Schüler entlassen und bekamen in der Gemeinschaftsküche in der Nähe des Freudenfeuerplatzes ihr Mittagessen. Um 13 Uhr sollten sie sich wieder an der Schule einfinden, um mit den für den Nachmittag angesetzten Arbeiten zu beginnen.

Nach fast zwei Wochen untätigen Herumsitzens auf dem Schiff übernahm Sorka sogar die Handlangerdienste mit Begeisterung. Aber mit dieser Einstellung stand sie ziemlich allein. Besonders die älteren Mädchen waren empört, daß man ihnen schwere körperliche Arbeit zumutete. Sorka, auf einer Farm aufgewachsen, fühlte sich den Stadtpflanzen überlegen und half so eifrig mit, die Felder von Steinen zu befreien, daß ihre Gruppenleiterin, eine Agronomin, sie mahnte, es nicht zu übertreiben.

»Wir wissen deine Energie durchaus zu schätzen, Sorka«, sagte sie ein wenig spöttisch, »aber du darfst nicht vergessen, daß du fünfzehn Jahre lang untätig warst. Deine Muskeln müssen schonend an die Umstellung gewöhnt werden.«

»Na, wenigstens habe ich Muskeln«, gab Sorka mit einem verächtlichen Blick auf eine Gruppe von Mädchen zurück, die mit mürrischen Gesichtern halfen, aus Plastikstangen einen Zaun zu errichten.

»Sie werden sich an Pern gewöhnen. Schließlich sind sie für immer hier.« Die Gruppenleiterin schnaubte verächtlich. »Genau wie wir alle.«

Sorka seufzte so zufrieden, daß die ältere Frau ihr liebevoll durch das Haar fuhr. »Hast du schon mal daran gedacht, Agronomin zu werden?«

»Nein, ich werde Tierarzt wie mein Vater«, antwortete Sorka fröhlich.

Die Agronomin war nur die erste von vielen Gruppenleitern, die Sorka Hanrahan gern als Lehrling unter ihre Fittiche genommen hätten. Das Mädchen blieb nur ein paar Tage beim Steinesammeln, dann wurde sie mit fünf anderen in die Hafenbucht und zur Zuchtanstalt geschickt.

»Du hast bewiesen, daß du auch ohne Aufsicht arbeiten kannst, Sorka«, lobte Direktor Shwartz. »Genau die Einstellung, die wir brauchen, um die Dinge auf Pern in Gang zu bringen.«

Nachdem man ihnen einen Vormittag lang die bereits bekannten Meerespflanzen gezeigt hatte, wurden Sorka und die fünf anderen jungen Leute in zwei Gruppen aufgeteilt und in entgegengesetzten Richtungen losgeschickt, um entlang der natürlichen Hafenbucht noch nicht identifizierte Seetang- und Seegrasarten und alles andere zu sammeln, was nach dem Gewitter der vergangenen Nacht vielleicht in den Meerwassertümpeln zurückgeblieben war. Sorka machte sich eifrig mit Jacob Chernoff auf den Weg, der als der älteste zum Führer ernannt wurde und einen Piepser für Notfälle ausgehändigt bekam.

»Der Sand sollte hier anders sein, nicht so wie überall«, beklagte sich das dritte Mitglied der Gruppe.

»Chung, der Ozean zermahlt die Steine auf Pern genauso wie auf der Erde, und das Ergebnis kann gar nichts anderes sein als Sand«, erklärte Jacob freundlich. »Wo kommst du denn her?«

»Aus Kansas«, antwortete Chung. »Wetten, daß du nicht weißt, wo das ist?« Er sah Sorka spöttisch an.

»Es liegt zwischen den alten Staaten Missouri im Osten, Oklahoma im Süden, Colorado im Westen und Nebraska im Norden«, antwortete Sorka mit gespielter Bescheidenheit. »Und da gibt es keinen Sand, sondern Dreck!«

»Du kennst dich aber gut aus in Geographie«, stellte Jacob bewundernd fest. »Woher kommst du?«

»Aus Colorado?« fragte Chung sarkastisch.

»Aus Irland.«

»Ach, eine von diesen europäischen Inseln!« bemerkte Chung abfällig.

Sorka deutete auf einen großen violetten Pflanzenstengel direkt vor ihnen. »He, ob sie das wohl schon haben?«

»Nicht berühren!« warnte Jacob, als sie das Gewächs erreichten. Mit einer Zange hob er es an, um es genauer zu untersuchen. Es hatte dicke Blätter, die unregelmäßig von einem zentralen Stamm ausgingen.

»Sieht aus, als wäre es auf dem Meeresboden gewachsen«, bemerkte Sorka und zeigte auf ein Gewirr von Fäden am unteren Ende, die wie Wurzeln aussahen.

»Etwas so Großes haben sie uns nicht gezeigt«, sagte Chung. Also steckten sie die Pflanze in einen Präparatenbeutel, um sie mitzunehmen und untersuchen zu lassen.

Das war an diesem Nachmittag fast ihr einziger Fund, obwohl sie viele Haufen von Meerespflanzen durchsuchten, die aber alle bereits bekannt waren. Als sie einen der verwitterten grauen Felsen umrundeten, die überall aus dem langen, halbmondförmigen Strand aufragten, standen sie vor einem ziemlich großen Tümpel, in dem sich verschiedene Meerestiere gefangen hatten, Wesen mit zahlreichen Beinchen, zwei violette blasenförmige Objekte – bestimmt giftig, behauptete Sorka – und einige fingerlange durchsichtige Geschöpfe, die fast wie Fische aussahen.

»Wie können sie fast wie Fische aussehen?« fragte Chung, als Sorka diese Ansicht äußerte. »Sie leben im Wasser, oder nicht? Also sind es Fische.«

»Nicht unbedingt«, widersprach Jacob. »Und sie sehen eigentlich auch nicht wie Fische aus, sondern eher ... Na ja, ich kann auch nicht genau sagen, wie«, gab er zu. Diese Lebensform hatte offenbar mehrere Reihen von Flossen an der Seite, und einige davon waren in ständiger Bewegung. »Haarig sehen sie aus.«

»Ich weiß nur, daß wir so etwas in den Becken in der Zuchtanstalt nicht gesehen haben«, sagte Chung. Er holte ein Präparatenfläschchen heraus und beugte sich über den Rand des Tümpels, um ein Exemplar zu fangen.

Es gelang Jacob zwar, eine der Blasen in ein Gefäß zu praktizieren, und drei Exemplare der vielbeinigen Spezies sprangen fast freiwillig in die Gläser, aber die Fingerfische entschlüpften ihnen immer wieder.

Da die beiden Jungen auf Sorkas Ratschläge nicht eingingen, schlenderte sie weiter am Strand entlang. Hinter einem zweiten Stapel Felsblöcke fand sie einen großen Stein, der aussah wie ein grobschlächtiger Männerkopf; Brauenbögen, Nase, Lippen und Kinn, alles war vorhanden, nur das Kinn war zum Teil im Sand vergraben, und die Wellen schlugen dagegen. Sorka stand vor Freude wie erstarrt. Der Felsen war wunderschön, und sie hatte ihn entdeckt. Eines der Mädchen zu Hause am Asienplatz war in ein Loch gefallen, und später stellte sich heraus, daß dieses Loch einer von vielen Eingängen zu einer Reihe von Höhlen war, die sich von Landing aus nach Süden und Westen erstreckten. Nach ihrer ahnungslosen Entdeckerin hatte man sie offiziell die Catherine-Höhlen genannt.

»Sorkas Kopf?« Sie murmelte es ganz leise vor sich hin. Nein, dann könnten die Leute meinen, es sei ihr Kopf, und sie sah nun gar nicht so aus. Während sie noch darüber nachdachte und dabei über die herrliche Klippe blickte, sah sie das Geschöpf, das scheinbar reglos in der Luft hing. Sie keuchte überrascht auf, denn in diesem Augenblick glitt ein Sonnenstrahl über das Wesen und ließ es aufleuchten wie eine goldene Statue. Plötzlich stieß es herab und verschwand hinter dem steinernen Kopf.

Niemand hatte Sorka bisher etwas gezeigt, was diesem wundervollen Tier ähnlich gewesen wäre, und sie war ganz außer sich vor Erregung. Wenn sie zur Zuchtanstalt zurückkam, hatte sie etwas Unerhörtes zu berichten. Sie rannte auf den riesigen Felsen zu, der nun einem Kopf gar nicht mehr so ähnlich schien, aber das war ihr inzwischen egal. Sie hatte etwas viel Wichtigeres entdeckt: ein Wesen von Pern.

Sie mußte eine Reihe von Felsblöcken erklettern, um den Gipfel zu erreichen. Kurz bevor sie oben war, hielt sie inne und spähte hinüber, in der Hoffnung, die geflügelte Lebensform genauer beobachten zu können. Aber dann richtete sie sich enttäuscht auf. Es war nichts zu sehen als nackter Fels mit

Sprüngen und einigen Löchern. Sie wich hastig zurück, als die gegen die Klippenwand peitschende Brandung in einem dikken Strahl aus einem der Löcher schoß und sie von einem kalten Wasserschwall getroffen wurde.

Niedergeschlagen kletterte sie, die Gischtlöcher sorgsam vermeidend, ganz auf die Schädeldecke hinauf. Von hier oben hatte sie einen guten Blick über die ganze halbkreisförmige Bucht. Neben dem Meerwassertümpel konnte sie Jacob und Chung liegen sehen, sogar die Zuchtanstalt konnte sie erkennen und davor das erste der Fischerboote, das vor Anker lag. Nach Westen hin hatte sie eine herrliche Aussicht auf kleine Strände, die von weiteren Felsvorsprüngen aus dem gleichen Stein eingerahmt wurden. Vor ihr war nichts als Ozean, sie wußte freilich, daß sich irgendwo hinter der Wölbung des Planeten der Nordkontinent befand.

Sie drehte sich um und betrachtete die dichten Pflanzen, die bis zum Rand der Klippe hinaufwuchsen. Plötzlich war sie durstig. Sie entdeckte einen Rotfruchtbaum und beschloß, ein paar Früchte zu pflücken. Wahrscheinlich hatten auch die Jungen nichts gegen einen kleinen Imbiß einzuwenden.

Dann geschahen zwei Dinge gleichzeitig: Sie wäre fast in eine große Senke getreten, in der eine Reihe heller gefleckter Eier lagen, und etwas stieß auf sie herab und verfehlte mit den Klauen nur knapp ihren Kopf.

Sorka warf sich zu Boden und spähte erschrocken um sich, um zu sehen, wer sie da angegriffen hatte. Wieder schoß etwas mit ausgestreckten Klauen auf sie zu, und sie wartete, wie früher schon einmal bei einem gereizten Stier, um sich im letzten Augenblick zur Seite zu rollen. Eine Welle von Zorn und Empörung überspülte sie, so stark, daß sie unwillkürlich aufschrie.

Verwirrt von den unerwarteten Gefühlen, aber sich der unmittelbaren Gefahr voll bewußt, in der sie schwebte, rappelte sich Sorka auf und rannte gebückt an den Rand der Klippe. Schreie des Zorns und der Enttäuschung zerrissen die Luft und drängten sie zur Eile. Als sie ein Zischen in der Luft hörte, duckte sie sich instinktiv, um einem weiteren Angriff auszuweichen, dann schob sie sich unter einen überhängenden Felsen und drückte sich fest gegen die Wand. Von hier konnte sie den Angreifer nur allzu deutlich sehen, ein Wesen, dessen beherrschendes Merkmal rot und gelb schillernde Augen waren. Der Körper war golden, die fast durchsichtigen Flügel waren etwas heller und zeichneten sich mit ihren dunklen Rändern scharf vor dem blaugrünen Himmel ab.

Das Wesen schrie überrascht und verwirrt auf, schoß hoch in die Luft und verschwand. Sorka fragte sich, ob es sie im Schatten unter dem Felssims wohl sehen konnte. Wieder hörte sie einen Schrei, diesmal leiser, aus größerer Entfernung, und durch das Rauschen der Wellen gedämpft.

Plötzlich schwappte neben ihr eine Welle über die Felsen und durchnäßte sie bis auf die Haut. Sie begriff, daß die schwache Flut von Pern das Wasser allmählich immer höher auf den Strand herauftrieb und daß es ratsam wäre, diesen Platz bald zu verlassen.

Vorsichtig sah sie sich um und lauschte, aber die Schreie des Wesens klangen noch immer fern. Eine zweite Welle mahnte sie, sich schleunigst an den Abstieg zu machen. Die nassen Felsen waren glitschig, und das letzte Stück rutschte sie unkontrolliert hinunter. Mit den Armen um sich schlagend, um das Gleichgewicht wiederzufinden, landete sie schließlich auf dem Strand. Sie war noch nicht zu alt, um zu weinen, wenn sie sich weh getan hatte, und so begann sie zu jammern, denn sie hatte sich bei dem Sturz Hände, Kinn und Knie aufgeschürft und geprellt.

Von oben kamen Laute, die ihr Klagen so exakt nachahmten, daß sie ihre Schmerzen vergaß und in den Himmel starrte, wo das Flugwesen schwebte.

»Willst du dich über mich lustig machen?« Sorka war plötzlich so verärgert, als habe ein anderes Kind sie verspottet. »Na, was ist?« fragte sie das goldene Geschöpf. Es verschwand unvermittelt.

»Mann!« Sorka suchte ungläubig blinzelnd den Himmel ab. Das Wesen schien sich in Luft aufgelöst zu haben. »Mann! Das war ja schneller als ein Blitz.«

Sie stand langsam auf und drehte sich einmal ganz um sich selbst. Irgendwo mußte das Fluggeschöpf doch geblieben sein. Dann brach sich direkt vor ihren Füßen eine neue Welle, und sie trat hastig zurück, obwohl sie bereits völlig durchnäßt war. Das Salzwasser brannte ihr auf den zerschundenen Händen und Knien; bis zur Zuchtanstalt war es noch weit, und außer den Schürfwunden hatte sie eigentlich nichts vorzuweisen. Im Unterbewußtsein hatte sie schon beschlossen, vorerst noch niemandem etwas von dem fliegenden Wesen zu erzählen.

Sie zuckte überrascht zusammen, als sich über ihr auf der Klippe die Büsche bewegten und ein blonder Kopf erschien.

»Du verdammtes Großmaul, blöde Stadtpflanze. Jetzt hast du es verscheucht!«

Sean Connell kam den Hang heruntergerutscht, seine Haut war nicht mehr weiß, sondern sonnenverbrannt, und die blauen Augen blitzten. »Seit dem Morgengrauen lieg ich jetzt im Versteck und warte drauf, daß es mir in die Schlinge geht, und dann kommst du daher und machst alles kaputt. Du bist aber auch zu gar nichts zu gebrauchen!«

»Du wolltest es mit einer Schlinge fangen? Dieses herrliche Geschöpf? Und was ist mit den Eiern?« Entrüstet stürzte sich Sorka auf Sean, ihre Hände spreizten sich automatisch, ihre Finger spannten sich, und sie begann wütend auf den Jungen einzuprügeln. »Untersteh dich! Untersteh dich, ihm etwas anzutun!«

Sean duckte sich, um der vollen Wucht ihrer Schläge zu entgehen.

»Ich wollte ihm doch gar nichts tun! Ich wollte es nur zähmen!« brüllte er und wehrte mit den Händen ihre Hiebe ab. »Wir töten nichts. Ich will es haben. Für mich!«

Er tat einen plötzlichen Schritt nach vorn und stellte ihr ein Bein. Sie stürzte längelang in den Sand, und er fiel auf sie. Da er etwas größer und schwerer war, konnte er sie festhalten, aber sobald sie wieder zu Atem gekommen war, begann sie zu zappeln und versuchte, die Beine anzuwinkeln, um nach ihm zu treten.

»Sei doch nicht albern, Mädchen! Ich tu dem Tier doch nichts! Ich beobachte es schon seit zwei Tagen. Und ich habe keiner Menschenseele was davon erzählt.«

Sorka registrierte endlich, was er sagte, beruhigte sich und musterte ihn argwöhnisch. »Meinst du das ehrlich?«

»Ja.«

»Trotzdem wär's nicht richtig.« Sorka stemmte sich versuchsweise gegen ihn, aber er drückte sie noch fester in den Sand. Steine bohrten sich in ihren Rücken. »Es von seinen Eiern wegzuholen!«

»Die wollte ich doch bewachen.«

»Aber du weißt nicht, ob die Jungen beim Ausschlüpfen ihre Mutter brauchen oder nicht. Du darfst sie nicht wegholen.«

Sean betrachtete Sorka mit dem gleichen zornigen Mißtrauen. »Und was hattest du damit vor? Für so'n Tier gibt's eine Belohnung. Und wir brauchen das Geld sehr viel nötiger als ihr.«

»Auf Pern gibt es kein Geld! Was könnte man schon damit anfangen?« Sorka musterte überrascht sein bestürztes Gesicht, aber dann begriff sie. »Du kriegst alles, was du brauchst, im Magazin. Hat man dir das in der Schule nicht erklärt?« Sean beobachtete sie wachsam. »Ach, du bist nicht einmal so lange in der Schule geblieben, um das zu erfahren, was?« Sie schnaubte entrüstet. »Laß mich los! Sonst bohren mir die Steine noch Löcher in den Rücken. Du bist wirklich unmöglich.« Sie stand auf, klopfte sich den Sand aus den Kleidern und wandte sich wieder an Sean. »Hast du wenigstens mitbekommen, welche Pflanzen giftig sind?« Als er langsam nickte, seufzte er erleichtert. »Die Schule ist gar nicht so schlecht. Wenigstens hier nicht.«

»Kein Geld?« Sean schien diese erstaunliche Behauptung gar nicht fassen zu können.

»Höchstens, wenn jemand ein paar alte Münzen als Andenken mitgebracht hat, aber das bezweifle ich. Münzen wären zu schwer. Paß auf!« sagte sie und packte ihn schnell am Arm, als er sich verdrücken wollte. »Du gehst ins Magazingebäude in Landing. Es ist das größte Haus dort. Dann sagst du, was du willst, schreibst deinen Namen auf eine Quittung, und wenn sie es haben, geben sie es dir. Man nennt das Anforderung, und jeder von uns, Kinder eingeschlossen, hat das Recht, Dinge aus dem Magazin anzufordern. Vernünftige Dinge jedenfalls.« Sie grinste und hoffte, daß sich auch seine finstere Miene aufheitern würde. »Was suchst du eigentlich so weit draußen?« Wieder stieg Zorn in ihr auf, als ihr klar wurde, daß sie sicher nicht die erste war, die die Klippe gesehen hatte, wenn er und seine Familie sich in dieser Gegend aufhielten, und daß deshalb auch nicht zu erwarten war, daß man sie nach ihr benannte.

»Wie du mir auf dem Raumschiff gesagt hast ...« Er grinste plötzlich, ein anziehendes, verschmitztes Lächeln. »Sobald wir hier angekommen waren, konnten wir hingehen, wohin wir wollten. Nur kommen wir nicht sehr weit, solange wir keine Pferde haben.«

»Du wirst mir doch nicht erzählen wollen, daß ihr eure Wagen mitgebracht habt!« Sorka war entsetzt, sie mußten doch viel zu schwer gewesen sein.

»Es sind Wagen für uns da«, erklärt er. »Nur haben wir nichts, womit wir sie ziehen können.« Er deutete auf das dichte Gestrüpp. »Aber wir sind wieder frei und schlagen unser Lager auf, wo es uns paßt, bis wir unsere Tiere bekommen.«

»Das wird ein paar Jahre dauern«, erklärte sie ernst. Wieder nickte er feierlich. »Angefangen haben wir aber schon. Mein Dad ist Tierarzt, und er sagte, sie haben ein paar Pferde- und Eselsstuten, Kühe, Ziegen und Schafe aufgeweckt und sie mit unseren Tierarten schwanger gemacht.«

»Aufgeweckt?« Sean fielen fast die Augen aus dem Kopf.

»Sicher, wer könnte schon fünfzehn Jahre lang Viehställe ausmisten? Aber trotzdem wird es elf Monate dauern, bis die Pferde geboren werden, wenn du darauf wartest.«

»Pferde, nichts anderes. Man hat uns Pferde versprochen.« Es klang energisch, aber auch sehnsüchtig, und einen Augenblick lang hatte sie Mitleid mit ihm.

»Und ihr bekommt sie auch. Mein Vater hat es gesagt«, schwindelte sie. »Er sagte, die Zi ... Die Fahrensleute stehen als erste auf der Liste.«

»Das möchte ich euch auch geraten haben«, brummte Sean finster. »Sonst könnt ihr was erleben.«

»Komm erst zu mir, ehe ihr hier Schwierigkeiten macht!

Mein Dad ist in Clonmel mit euren Leuten immer gut zurechtgekommen. Du kannst mir glauben, ihr kriegt eure Pferde.« Sie sah, daß er mißtrauisch war. »Und jetzt hör mir genau zu: Sollte ich erfahren, daß du unserem Tierchen etwas angetan hast, dann werde ich dafür sorgen, daß du dein Pferd in den Wind schreiben kannst, Sean Connell!« Sie hob warnend die Hand, die Kante angriffslustig ihm zugewandt. »Obwohl ich nicht glaube, daß du es fangen könntest. Die Kleine ist schlau. Sie versteht, was du denkst.«

Sean musterte sie eher verächtlich als skeptisch. »Woher weißt du denn soviel über sie?«

»Ich kann gut mit Tieren umgehen.« Sie zögerte, dann grinste sie. »Genau wie du. Wir sehen uns sicher bald wieder. Und vergiß das Anfordern nicht!«

Sie drehte sich um und ging am Strand entlang zu Jacob und Chung zurück – gerade rechtzeitig, um ihnen zu helfen, die gesammelten Pflanzen und Tiere zur Zuchtanstalt zurückzutragen.

Als Sallah Telgar hörte, daß Freiwillige für eine Stammbesatzung gesucht wurden, damit alle, die noch nicht auf dem Planeten gewesen waren, ein Wochenende auf Pern verbringen konnten, zögerte sie, bis sie die ersten drei Namen auf der Liste sah: Avril, Bart und Nabhi. Dieses Trio tat doch so etwas nicht, wenn es sich nicht einen Nutzen davon versprach. Warum sollten ausgerechnet sie sich freiwillig melden? Mißtrauisch geworden, trug Sallah sich sofort ebenfalls ein. Außerdem war sie immer noch neugierig, was Kenjo wohl mit seinen Treibstofferparnissen vorhatte. Die *Eujisan* hatte regelmäßig ihr Quantum bezogen, doch ihre privaten Berechnungen ergaben eine immer größer werdende Menge, die weder von der *Eujisan* verbrannt worden war, noch sich in den Treibstofftanks der *Yoko* befand. Sehr merkwürdig. Bald würde es auf der alten *Yoko* keinen Winkel mehr geben, wo man auch nur einen Fingerhut voll Treibstoff verstecken konnte, ganz zu schweigen von den Fehlmengen, die sie ermittelt hatte. Aber Kenjo war nicht unter den Freiwilligen.

Alle sechs Fähren flogen hinauf, um die Schiffsbesatzung

abzulösen und noch weitere Dinge mit herunterzubringen, die benötigt wurden. Sallah flog die *Eujisan* samt der Stammbesatzung für die *Yoko* hinauf. Das selbstgefällige Lächeln auf Avrils Gesicht überzeugte sie, daß die Frau ihre eigenen Pläne für das Wochenende hatte. Bart Lemos wirkte nervös und rutschte ständig hin und her, während Nabhi wie gewohnt eine hochmütige Miene aufgesetzt hatte. Die drei führten etwas im Schilde, davon war Sallah überzeugt, aber sie hatte keine Ahnung, was es sein könnte.

Als Sallah die Luke auf dem Landedeck der *Yoko* öffnete, wurde sie fast umgeworfen von den jubelnden Männern und Frauen, die darauf warteten, die *Eujisan* zu ihrer ersten Reise auf die Oberfläche ihrer neuen Heimat zu besteigen. So schnell war die Fähre noch nie beladen worden. Bald würde es auf der *Yoko* nur noch den leeren Rumpf und die Korridore zur Brücke geben. Die Datenbänke des Zentralcomputers sollten erhalten bleiben. Der gewaltige Speicher war zum größten Teil kopiert worden, um die Daten auf dem Planeten zu verwenden, aber nicht ganz – die meisten militärischen und Flottenprogramme waren kopiergeschützt und ohnehin bedeutungslos. Sobald Passagiere und Besatzung die drei Raumschiffe im Orbit verlassen hatten, brauchte niemand mehr etwas über die Strategie von Raumschlachten zu wissen.

Die Freiwilligen erhielten die nötigen Instruktionen von den Besatzungsmitgliedern, die sie ablösten, und dann zog die Gruppe der Landurlauber fröhlich ab.

»Mein Gott, ist das hier unheimlich!« flüsterte Boris Pahlevi, als er mit Sallah zur Brücke ging. In den Korridoren hallte jeder Schritt wider, denn man hatte die Wandverkleidungen abgenommen, und über den Fußboden führte nur noch eine Planke.

»Ob wohl der letzte Mann das Brett hinter sich herziehen wird?« scherzte Sallah. Sie schauderte, als sie bemerkte, daß sogar die feuerhemmenden Türen zwischen den einzelnen Abteilungen entfernt worden waren. In jedem Korridor gab es nur noch drei Lichtquellen, und man mußte genau aufpassen, wohin man trat.

»Man hat das alte Mädchen richtiggehend vergewaltigt«, bemerkte Boris bekümmert, als er sich umblickte, »und ihr dann die Eingeweide rausgerissen.«

»Iwan der Schreckliche«, sagte Sallah. Das war der Spitzname der Piloten für den Quartiermeister des Schiffs, der die Demontage leitete. »Er ist nämlich Alaskaner und ein richtiger Schnorrer und Geizhals.«

»Na, na!« tadelte Boris mit gespielter Strenge. »Wir sind jetzt alle Perner, Sal. Was ist überhaupt ein Alaskaner?«

»Meine Güte, du bist wirklich ein ungebildeter Bastard, selbst für einen Centaurier der zweiten Generation! Alaska war ein Territorium auf der Erde, nicht weit vom Polarkreis entfernt und sehr kalt. Den Alaskanern wurde nachgesagt, daß sie nie etwas wegwerfen. Mein Vater war auch so. Es muß ihm im Blut gelegen haben, denn meine Großeltern stammten zwar aus Alaska, aber er selbst ist auf First aufgewachsen.« Sallah seufzte wehmütig. »Dad hat nie etwas weggeworfen. Ich mußte neun Lagerplätze räumen, ehe wir aufbrachen. Achtzehn Jahre lang hat er gesammelt – nun ja, es war nicht direkt Schrott, ich konnte schließlich praktisch alles auf dem Berg gut verkaufen, aber es war schon eine Aufgabe. Im Vergleich dazu war der Augiasstall des Herkules ein Kinderspiel.«

»Herkules?«

»Nicht so wichtig«, sagte Sallah und fragte sich, ob Boris sie auf den Arm nehmen wollte, indem er so tat, als wisse er nichts von den Sagen und Völkern der alten Erde. Manche Leute hatten alles zurücklassen wollen, Literatur, Legenden, Sprachen, alles, was die Menschen so interessant gemacht und sie voneinander unterschieden hatte. Aber weisere, tolerantere Köpfe hatten sich durchgesetzt. General Cherry Duff, die Historikerin und Bibliothekarin der Kolonie, hatte darauf bestanden, daß schriftliche und Bilddokumente aller Volkskulturen nach Pern mitgenommen wurden. Diejenigen, die lieber ganz neu angefangen hätten, trösteten sich mit der Tatsache, daß alles, was in der neuen Umgebung nicht zu verwenden war, nach einer Weile von selbst verschwinden und durch neue Traditionen ersetzt werden würde.

»Man weiß nie«, mahnte Cherry Duff häufig, »wann alte Informationen wieder neu, brauchbar und sogar wertvoll wer-

den. Wir behalten den ganzen Krempel!« Die wackere Vertei-
digerin von Cygnus III, eine gesunde Frau im elften Jahrzehnt
ihres Lebens, die in Begleitung einiger Urenkel auf der *Buenos
Aires* reiste, bediente sich gern solch einprägsamer umgangs-
sprachlicher Wendungen. »Bei den vielen Chips, die wir haben, nimmt das so gut wie keinen Platz weg.«

Sallah und Boris waren beruhigt, als sie das Kommandodeck unverändert vorfanden. Sogar die Feuertüren waren
noch da, wo sie hingehörten. Boris setzte sich in den Kom-
mandosessel und bat Sallah, die Stabilität des Orbits zu überprüfen. Er war Ingenieur und Amateurprogrammierer und
würde sich wahrscheinlich während des ganzen Wochen-
endes nicht vom Zentralcomputer wegrühren. Auf jeden Fall
war er erfahren genug, um jede unerwünschte Abweichung
vom Orbit festzustellen und die erforderlichen Maßnahmen zu
treffen. Er hatte nichts dagegen, von der Arbeit im Freien eine
Weile wegzukommen, da er es versäumt hatte, seine empfindliche Haut vor der Sonne zu schützen, als er beim Aufstellen
der provisorischen Strommasten für das Wasserkraftwerk half.
Nun bereute er es bitter, diese einfache Vorsichtsmaßnahme
unterlassen zu haben, nur weil die anderen die Hemden ausgezogen hatten, um braun zu werden.

»Das Programm läuft noch«, erklärte Sallah und glitt in den
Stuhl vor dem Terminal des Navigators. »Die *Yoko* liegt haargenau auf Kurs.«

»Die Diensthabende hätte wirklich so lange hierbleiben sollen, bis ich offiziell übernommen hatte«, murrte Boris und
seufzte. »Aber sie hatte vermutlich Angst, daß die anderen
ohne sie starten würden. Es ist ja auch nichts passiert.«

Boris rief nun die anderen bemannten Stationen an und
überprüfte anhand seiner Liste das diensttuende Personal.
Avril Bitra und Bart Lemos waren für das Lebenserhaltungs-
system zuständig und Nabhi Nabol für den Nachschub. Während Boris mit dem Appell beschäftigt war, begann Sallah am
großen Terminal diskret mit einigen privaten Nachforschungen. Als erstes startete sie ein Programm, das feststellen sollte,
wer sonst noch auf den Zentralcomputer zugriff. Diese Art von
interner Prüfung war nur mit dem Terminal auf der Brücke

und mit dem Gerät möglich, das früher in der Admiralssuite gestanden hatte. Wenn Sallah die *Yoko* wieder verließ, würde sie genau wissen, wer wonach gefragt hatte, wenn auch nicht, warum.

»Weißt du, ob man schon alle Bibliotheksbänder runtergeschafft hat?« fragte Boris und lehnte sich entspannt im Sessel zurück, nachdem er seinen Appell beendet und alles ins Log eingetragen hatte.

»Ich glaube, General Duff sagte so etwas, aber warum machst du dir nicht selbst Kopien, solange noch Bänder da sind?«

»Höchstens ein paar für den Privatgebrauch. Immerhin habe ich mir die Haut ruiniert, damit wir Energie haben, um sie ablaufen zu lassen.«

Sallah lachte, aber der arme Boris tat ihr unwillkürlich leid. Sein Gesicht glühte, und er hatte die weiteste Kleidung angezogen, die er finden konnte. Sie beobachtete ihn auffällig, bis er sich in den Bibliothekskatalog vertieft hatte, dann wandte sie sich wieder dem Computer zu.

Avril fragte an, wieviel Treibstoff in den Tanks aller drei Kolonistenschiffe noch vorhanden war. Nabol erkundigte sich nach bereits abtransportierten Maschinenteilen und Ersatzgeräten und wollte genau wissen, wo sie im Magazin zu finden waren. Damit er nicht zu fragen braucht, wenn er sie sich holen will, dachte Sallah. Besorgniserregender waren Avrils Pläne, denn sie war die einzige voll qualifizierte und erfahrene Astrogatorin. Wenn jemand mit dem überschüssigen Treibstoff etwas anfangen konnte, dann sie. Und wo waren die vielen Liter, die Kenjo beiseite geschafft hatte?

Avril ließ sich die Koordinaten der nächstgelegenen Planeten geben, auf denen Humanoide überleben konnten. Für zwei davon lagen EV-Berichte vor, die feststellten, daß sich dort intelligentes Leben entwickelte. Sie waren weit entfernt, aber mit der Admirals-Gig gerade noch erreichbar. Sallah sah nicht ganz ein, warum Avril sich überhaupt für diese Planeten interessierte, selbst wenn sie in Reichweite der *Mariposa* waren. Selbst angenommen, die Astrogatorin konnte den Weg dorthin berechnen, es wäre in jedem Fall eine lange anstrengende Reise, auch wenn die Gig ständig mit Höchstgeschwindigkeit flog. Dann fiel Sallah ein, daß das kleine Raumschiff mit zwei Kälteschlaftanks ausgestattet war: ein letzter Ausweg, den sie selbst allerdings niemals nehmen würde. Wenn sie in Tiefschlaf ging, legte sie Wert darauf, daß jemand wach blieb und die Anzeigen überprüfte. So narrensicher war das Verfahren schließlich auch nicht. Aber es gab zwei Tanks. Wer war also der Glückliche, der Avril begleiten durfte? Falls sie tatsächlich eine Flucht von Pern geplant hatte. Aber warum jemand von Pern fliehen sollte, wenn er gerade erst angekommen war, war für Sallah unbegreiflich. Da gab es eine ganze funkelnagelneue Welt, und Avril wollte ihr nicht einmal eine Chance geben? Oder doch?

Sallah ließ die Überwachung während der ganzen drei Tage weiterlaufen und druckte die Ergebnisse aus, ehe sie die Datei löschte. Als sie die Fähre bestieg, um auf den Planeten zurückzukehren, verstand sie, warum die Besatzung Landurlaub gebraucht hatte. Die arme, alte, fast völlig leere *Yoko* war ein deprimierender Aufenthaltsort, und auf den beiden kleineren Schiffen, der *Buenos Aires* und der *Bahrain*, bekam man wohl Platzangst. Aber die Demontage war fast beendet, und bald würde man die drei Kolonistenschiffe allein in ihrem Orbit zurücklassen. Dann waren sie nur noch morgens und abends zu sehen, als drei von Rubkats Strahlen beschienene Lichtpunkte.

Obwohl Sorkas Eltern die Freundschaft ihrer Tochter mit Sean Connell stillschweigend mißbilligten, fand das Mädchen immer wieder einen Anlaß, um sich weiter mit ihm zu treffen. Sein Mißtrauen ihr gegenüber hatte sich inzwischen etwas gelegt, allerdings stellte sie fest, daß seine Familie von dieser Freundschaft merkwürdigerweise ebensowenig begeistert war wie die ihre. Das verlieh der Sache einen gewissen Reiz.

Sie waren beide fasziniert von jenem Geschöpf und seinem Gelege, und das war es, was sie verband. Sorka beobachtete das Nest stets gemeinsam mit Sean, einerseits weil sie sichergehen wollte, daß es ihm nicht gelang, das Tierchen zu fangen, aber auch um das Ausschlüpfen der Brut nicht zu versäumen.

An diesem Morgen – einem Ruhetag – hatte sich Sorka auf eine lange Wache eingerichtet und einen Rucksack voll Sandwiches mitgenommen, genug, um sie mit Sean zu teilen. Die beiden Kinder hatten sich am Rand des Küstenfelsens an einer Stelle im Unterholz versteckt, wo sie das Nest im Blickfeld hatten. Das kleine goldene Tier sonnte sich am Strand und bewachte die Eier; sie konnten seine Augen glitzern sehen.

»Genau wie eine Eidechse«, murmelte Sean, und sein Atem kitzelte Sorkas Ohr.

»Ganz und gar nicht«, protestierte Sorka, und dabei fielen ihr die Illustrationen in einem alten Märchenbuch ein. »Eher wie ein kleiner Drache. Ein Zwergdrache«, sagte sie fast aggressiv. Sie fand, ›Eidechse‹ passe überhaupt nicht zu einem so prachtvollen Geschöpf.

Vorsichtig schob sie ein vielbeiniges Insekt beiseite, das den dreigeteilten Körper eilig durch das Unterholz schob. Felicia Grant, die Botaniklehrerin der Kinder, hatte diese Tiere als eine Art von Tausendfüßlern bezeichnet und sich sehr gefreut, sie zu sehen. Sie hatte der Klasse auch ihren Fortpflanzungszyklus erklärt: die Erwachsenen produzierten Junge, die mit den Eltern verbunden blieben, bis sie die gleiche Größe erreicht hatten, daraufhin wurden sie abgestoßen. Oft wurden gleich zwei halbwüchsige Sprößlinge mitgeschleppt.

Sean baute gelangweilt einen Damm aus Blättern, um das Insekt von sich abzulenken. »Die Schlangen fressen viele von denen, und die Wherries fressen die Schlangen.«

»Die Wherries fressen auch Wherries«, sagte Sorka empört, denn sie erinnerte sich, wie sie die Räuber bei ihrem Tun beobachtet hatte.

Sie lagen in der Mittagshitze und waren fast am Eindösen, als ein leises Gurren sie aufhorchen ließ. Der kleine goldene Zwergdrache breitete die Schwingen aus.

»Sie will sie beschützen«, sagte Sorka.

»Nein, begrüßen.«

Sean hatte die Angewohnheit, bei allen Diskussionen genau das Gegenteil zu behaupten. Sorka hatte sich inzwischen daran gewöhnt und erwartete gar nichts anderes mehr.

»Vielleicht beides«, meinte sie friedfertig.

Sean schnaubte nur verächtlich. »Wetten, daß dieser Walzenkäfer vor Schlangen davongelaufen ist?«

Sorka unterdrückte ein Schaudern. Sean durfte nicht merken, wie sehr sie die glitschigen Tiere verabscheute. »Du hast recht. Es ist eine Begrüßung.« Sorka riß die Augen auf. »Sie singt!«

Sean lächelte, als der Gesang immer jauchzender wurde. Das kleine Geschöpf legte den Kopf schief und sie sahen seine Kehle vibrieren.

Plötzlich wimmelte es über dem Felsen von Zwergdrachen. Überrascht griff Sean nach Sorkas Arm, um sie zum Schweigen zu veranlassen. Aber Sorka war so verblüfft, daß sie ohnehin keinen Laut hervorgebracht hätte, und starrte die Versammlung nur verzückt an. Blaue, braune und bronzefarbene Zwergdrachen schwebten in der Luft und stimmten in den Gesang der kleinen Goldenen ein.

»Es müssen Hunderte sein, Sean.« Die blitzschnell umherschwirrenden Tiere schienen den Himmel wie eine Wolke zu verdunkeln.

»Es sind nur zwölf Eidechsen«, entgegnete Sean ungerührt. »Nein, sechzehn.«

»Zwergdrachen.« Sorka ließ sich nicht von dieser Bezeichnung abbringen.

Sean schien sie gar nicht gehört zu haben. »Ich möchte nur wissen, warum.«

»Schau!« Sie zeigte auf einen neuen Schwarm von Zwergdrachen, die plötzlich aufgetaucht waren und tropfnasse Seetangsträhnen hinter sich herzogen. Es wurden immer mehr, nun hatten sie etwas Zappelndes im Maul und legten es auf dem Seetang ab, der einen unregelmäßigen Kreis um das Nest herum bildete. »Wie ein Damm«, murmelte Sorka staunend. Weitere Fluggeschöpfe, vielleicht auch dieselben auf dem Rückweg, brachten Walzenkäfer und Sandwürmer, die über den Tang hüpften oder sich hineinwühlten.

Dann sahen Sorka und Sean, wie das erste Ei einen Sprung bekam und ein kleiner nasser Kopf sich hindurchzwängte, und klammerten sich vor Aufregung aneinander. Die fliegenden Wesen hörten auf zu sammeln und trillerten eine komplizierte Melodie.

»Siehst du, sie begrüßen das Kleine!« Sean wußte, daß er die ganze Zeit über recht gehabt hatte.

»Nein! Sie wollen es beschützen!« Sorka zeigte auf zwei riesige gefleckte Schlangen mit stumpfen Köpfen auf der anderen Seite des Dickichts.

Sobald die Flieger die Eindringlinge entdeckt hatten, stieß ein halbes Dutzend von ihnen auf die sich vorschiebenden Köpfe hinab. Vier Zwergdrachen verfolgten sie bis in das Unterholz hinein, und die Äste schwankten heftig, bis die Angreifer laut schnatternd wieder auftauchten. In dieser kurzen Zeit waren vier weitere Eier aufgebrochen. Die erwachsenen Tiere bildeten eine lebende Versorgungskette, als das erste Junge sich aus der Schale befreite und jämmerlich kreischend herumstolperte. Seine Mutter trieb es mit Flügelschlägen und ermutigendem Zirpen auf einen anderen Zwergdrachen zu, der dem Kleinen ein zuckendes Fischlein entgegenhielt.

Eine Felsenschlange hatte sich im Sand versteckt und versuchte nun, an der Felswand hinaufzukriechen und sich einen weiteren Nestling zu schnappen. Sie stemmte sich mit den mittleren Gliedmaßen ein, hob den Kopf und wollte sich mit weit aufgerissenem Maul auf ihre Beute stürzen. Sofort wurde sie aus der Luft angegriffen. Das Junge hatte bereits einen recht gut ausgeprägten Selbsterhaltungstrieb und tapste unbeholfen über die dammähnliche Tangmauer auf das Gebüsch zu, unter dem sich Sorka und Sean versteckten.

»Geh weg!« murmelte Sean mit zusammengebissenen Zähnen und wollte das winselnde Junge mit einer Handbewegung verscheuchen. Das hätte ihm gerade noch gefehlt, daß die erwachsenen Verwandten nun ihn attackierten.

»Es hat Hunger, Sean«, sagte Sorka und tastete nach dem Paket mit den Sandwiches. »*Spürst* du nicht, wie hungrig es ist?«

»Komm ja nicht auf die Idee, es zu bemuttern!« murmelte er, obwohl auch er die Gier des kleinen Wesens spürte. Aber er hatte gesehen, wie die Flieger mit ihren scharfen Klauen die Fische zerrissen hatten, und wollte lieber nicht ihr nächstes Opfer sein.

Ehe er Sorka zurückhalten konnte, hatte sie ein Stück Brot auf den Felsen geworfen. Es landete direkt vor dem hin- und herschwankenden schreienden Nestling, und der stürzte sich darauf und verschlang es gierig. Jetzt klang sein Geschrei verzweifelt und fordernd, und er wackelte zielbewußt auf die Stelle zu, von der das Futter gekommen war. Zwei weitere kleine Wesen hoben die Köpfe und wandten sich in die gleiche Richtung, obwohl ihre Mutter sich alle Mühe gab, sie zu den Erwachsenen zu treiben, die ihnen saftige Meerestiere entgegenstreckten.

»Jetzt ist es passiert«, stöhnte Sean.

»Aber es hat doch solchen Hunger.« Sorka brach noch mehr Brot ab und warf es den drei Nestlingen zu.

Die beiden anderen kamen hastig näher, um sich ihren Anteil zu holen. Sean sah bestürzt, daß Sorka aus ihrem Versteck gekrochen war und dem vordersten Nestling ein Stück Brot direkt aus der Hand reichte. Sean wollte sie zurückreißen, verfehlte sie aber und schlug sich am Felsen das Kinn auf.

Sorkas Tierchen nahm das Brotstück, kletterte dann auf ihre Hand und schniefte kläglich.

»O Sean, sieh doch, wie niedlich! Und es ist bestimmt keine Eidechse. Es ist warm und fühlt sich weich an. Komm, nimm doch auch ein Sandwich und füttere die anderen! Sie sind am Verhungern.«

Sean warf einen kurzen Blick auf die Mutter und sah erleichtert, daß sie viel zu sehr damit beschäftigt war, die anderen sattzubekommen, um den drei Ausreißern zu folgen. Die Tierchen faszinierten ihn so, daß er seine Vorsicht vergaß. Er griff nach einem Sandwich, kniete neben Sorka nieder und lockte einen der braunen Zwergdrachen zu sich. Als der zweite hörte, wie sich die Schreie seines Geschwisterchens veränderten, breitete er seine feuchten Flügel aus, kreischte schrill und stürzte hektisch heran. Sean mußte zugeben, daß Sorka recht hatte: die Tiere hatten eine weiche Haut und fühlten sich warm an, ganz anders als Eidechsen.

Bald waren die Brote verschwunden, die Nestlinge hatten dicke Bäuche, und Sorka und Sean hatten, ohne sich dessen bewußt zu sein, Freunde fürs Leben gewonnen. Sie waren mit ihren dreien so beschäftigt gewesen, daß sie gar nicht bemerkt hatten, wie die anderen verschwunden waren. Nur die leeren Eierschalen in der Felssenke zeugten noch von dem Ereignis, das eben stattgefunden hatte.

»Wir können sie nicht allein zurücklassen. Ihre Mutter ist fort«, sagte Sorka, überrascht, daß die Zwergdrachenverwandtschaft so einfach abgezogen war.

»Ich hätte die meinen auf keinen Fall hiergelassen«, sagte Sean ein wenig spöttisch. Sorkas Ratlosigkeit amüsierte ihn. »Ich will sie behalten, und du kannst mir auch deins geben, wenn du es nicht mit nach Landing nehmen willst. Deine Mutter wird sicher nicht erlauben, daß du ein wildes Tier aufnimmst.«

»Es ist nicht wild«, entgegnete Sorka gekränkt und streichelte mit dem Zeigefinger die winzige bronzefarbene Eidechse, die sich in ihre Armbeuge kuschelte. Das Kleine regte sich, drückte sich fester an sie und stieß einen Laut aus, der große Ähnlichkeit mit einem Schnurren hatte. »Meine Mutter kann phantastisch mit Babys umgehen. Früher hat sie immer die Lämmer gerettet, die sogar mein Vater aufgegeben hatte.«

Sean gab sich zufrieden. Er hatte die Braunen in sein Hemd gesteckt und zog nun den Ledergürtel strammer, den er aus dem Magazin angefordert hatte. Daß ihm das so ohne weiteres gelungen war, hatte ihm Vertrauen zu Sorka eingeflößt, und es hatte seinem Vater bewiesen, daß die ›anderen‹ die vielen Dinge, die mit den Raumschiffen nach Pern geschafft worden waren, gerecht verteilten. Zwei Tage, nachdem er sich den Gürtel besorgt hatte, sah Sean richtige Kochtöpfe anstelle der alten Blechbüchsen über dem Lagerfeuer hängen, und seine Mutter und seine drei Schwestern trugen neue Hemden und Schuhe.

Die braunen Zwergdrachen lagen warm an seiner Haut, ihre winzigen Stacheln kratzten ein wenig, aber er war mehr als zufrieden mit seinem Erfolg. Sie hatten nur drei Zehen, die vordere lag zurückgeklappt zwischen den beiden hinteren. Im Lager seines Vaters hatten alle am Strand nach Eidechsennestern – na schön, nach Zwergdrachennestern und Schlangenlöchern gesucht. Nach Spuren der legendären Eidechsen suchten sie zum Spaß, die Schlangen jagten sie aus Sicherheitsgründen. Die räuberischen Reptilien waren eine Gefahr für die Menschen, die in primitiven Unterständen aus geflochtenen Zweigen und breitblättrigen Wedeln wohnten. Sie waren bis ins Innere der Behausungen vorgedrungen und hatten in Decken gehüllte schlafende Kinder gebissen. Nichts war vor ihnen sicher. Und essen konnte man sie nicht.

Seans Vater hatte verschiedene Schlangen gefangen, abgehäutet und gebraten. Von jeder Sorte hatte er einen winzigen Bissen gekostet und sich sofort den Mund ausspülen müssen, weil das Schlangenfleisch brannte und die Mundhöhle anschwellen ließ. So war an alle im Lager die Anweisung ergangen, das Ungeziefer zu fangen und zu töten. Wenn sie natürlich erst einmal Terrier oder Frettchen in die Löcher schicken konnten, würden sie mit dieser Plage kurzen Prozeß machen. Porrig Connell war sehr aufgebracht, weil die anderen Mitglieder der Expedition nicht zu begreifen schienen, wie dringend seine Leute Hunde brauchten. Es waren keine Schoßtiere – sie waren für die Lebensweise seines Volkes unerläßlich. Auf Pern würde es also nicht anders sein als auf der Erde: die Connels waren die letzten, die brauchbare Dinge bekamen, und die ersten, denen man mit dem Knüppel drohte. Immerhin hatte er jede seiner fünf Familien für einen Hund vormerken lassen.

»Dein Dad wird sich freuen«, sagte Sorka, die ihre Begeisterung irgendwie loswerden mußte. »Nicht wahr, Sean? Wetten, daß sie bei der Schlangenjagd sogar noch besser sind als Hunde? Denk nur daran, wie sie auf die Gefleckten losgegangen sind.«

Sean schnaubte verächtlich. »Doch nur, weil die Nestlinge angegriffen wurden.«

»Ich glaube nicht, daß es nur daran lag. Ich habe fast gespürt, wie sie die Schlangen haßten.« Sie wollte ganz einfach daran glauben, daß die Flugechsen ungewöhnlich waren, genau wie sie ihren rötlichgelben Kater Duke immer für den besten Jäger im ganzen Tal und den alten Chip für den besten Hirtenhund in ganz Tipperary gehalten hatte. Aber plötzlich kamen ihr Zweifel. »Vielleicht sollten wir sie doch lieber hier lassen, damit ihre Mutter sie findet.«

Sean runzelte die Stirn. »Die anderen hat sie aber ganz schnell ins Meer gescheucht.«

Sie standen gleichzeitig auf und gingen mit vorsichtigen Schritten, um ihre schlafenden Schützlinge nicht zu wecken, auf die Landspitze zu.

»Sieh doch nur!« rief Sorka und deutete erregt auf das Wasser hinaus, wo gerade der zerfetzte Körper eines Nestlings hinuntergezogen wurde. »Oh, wie schrecklich!« Sean sah mit ausdrucksloser Miene zu, aber Sorka wandte sich ab und ballte die Fäuste. »Sie ist doch keine gute Mutter.«

»Nur die Besten überleben«, sagte Sean. »Unsere drei sind in Sicherheit, weil sie schlau genug waren, zu uns zu kommen!« Dann drehte er sich um, legte den Kopf schief und sah sie aus schmalen Augen an. »Wird dein Junges in Landing *auch* in Sicherheit sein? Die sitzen uns nämlich dauernd im Nacken, wir sollen ihnen Tiere bringen, weil mein Dad sich so gut aufs Fallenstellen und Schlingenlegen versteht.«

Sorka drückte ihren schlafenden Schützling fester an sich. »Mein Vater würde nicht zulassen, daß dem Kerlchen hier etwas geschieht. Das weiß ich ganz sicher.«

Zynisch bemerkte Sean: »Ja, aber er ist nicht der Leiter seiner Gruppe, oder? Wenn er einen Befehl bekommt, muß er gehorchen.«

»Die wollen sich die Lebensformen doch nur *ansehen*, nicht etwa aufschneiden oder so was.«

Sean war nicht überzeugt, aber er folgte Sorka, als sie sich vom Meer abwandte und sich durch das Unterholz zum Rand des Plateaus vorkämpfte.

»Sehen wir uns morgen?« fragte Sean. Plötzlich fürchtete er, sie müßten ihre Treffen aufgeben, weil die gemeinsame Wache nun zu Ende war.

»Na ja, morgen muß ich arbeiten, aber könnten wir uns nicht abends treffen.« Sorka zögerte keinen Augenblick mit ihrer Antwort. Die strengen Sitten der Erde hatten keine Gültigkeit mehr, hier konnte sie kommen und gehen, wie sie wollte. Allmählich hielt sie es für ebenso selbstverständlich, daß ihr auf Pern keine Gefahr drohte, wie sie es als ihre Pflicht ansah, für die Zukunft des Planeten zu arbeiten. Auch

Sean trug zu diesem Gefühl der Sicherheit bei, trotz seines tief verwurzelten Mißtrauens gegenüber jedem, der nicht zu seinen eigenen Leuten gehörte. Auch wenn er es nicht wahrhaben wollte, er und sie waren nach dem kurzen Erlebnis auf dem Felsenkopf auf ganz besondere Weise miteinander verbunden.

»Glaubst du wirklich, daß sie Schlangen jagen?« fragte Porrig Connell, als er eine von Seans schlafenden Neuerwerbungen untersuchte. Das Tierchen regte sich nicht, als er einen der schlaffen Flügel auseinanderzog.

»Wenn sie Hunger haben«, antwortete Sean und hielt den Atem an, weil er Angst hatte, sein Vater könnte die kleine Echse aus Unachtsamkeit verletzen.

Porrig war nicht überzeugt. »Wir werden sehen. Wenigstens stammt es von hier. Immer noch besser, als bei lebendigem Leibe aufgefressen zu werden. Eine von den Blaugefleckten hat gestern nacht einen ganzen Brocken Fleisch aus Sineads Baby rausgebissen.«

»Sorka sagt, in *ihr* Haus kommen keine Schlangen rein. Das Plastik hält sie ab.«

Porrig knurrte wieder skeptisch, dann nickte er zu dem schlafenden Nestling hin. »Du hast sie angeschleppt. Jetzt kümmere dich auch darum.«

In Haus vierzehn am Asienplatz wurde Sorkas kleines Geschöpf mit sehr viel mehr Begeisterung empfangen. Mairi schickte als erstes Brian los, damit er seinen Vater aus dem Veterinärschuppen holte. Dann kleidete sie einen der Körbe, die sie aus den zähen Binsen von Pern geflochten hatte, mit getrockneten Pflanzenfasern aus, hob das Tierchen ganz vorsichtig von Sorkas Arm und legte es in sein neues Bett. Es rollte sich sofort zusammen, seufzte so tief, daß der Brustkorb so dick wurde wie der Bauch, und schlief weiter.

»Es ist keine richtige Eidechse, oder?« fragte Mairi und streichelte sanft die warme Haut. »Es fühlt sich an wie gutes Wildleder. Eidechsen sind trocken und hart. Und es lächelt. Siehst du?«

Gehorsam schaute Sorka hinunter und lächelte ebenfalls.

»Du hättest sehen sollen, wie es die Sandwiches verschlungen hat.«

»Soll das heißen, daß du den ganzen Tag nichts zu essen bekommen hast?« Bestürzt machte sich Mairi sofort daran, diesem Umstand abzuhelfen.

Obwohl die Gemeinschaftsküche die meisten der sechstausend Stammbewohner von Landing versorgte, gingen immer mehr Familien dazu über, ihr Essen selbst zuzubereiten und nur die Abendmahlzeit zusammen mit den anderen einzunehmen. Die Hanrahans hatten eine typische Familienwohnung: ein mittelgroßes und zwei kleinere Schlafzimmer, ein größerer Wohnraum und winziges Badezimmer. Bis auf die kostbare Brauttruhe aus Rosenholz stammten alle Möbel aus den Kolonistenschiffen oder waren von Red in seiner unregelmäßigen Freizeit selbst gebaut worden. In einer Ecke des großen Raumes befand sich eine kleine, aber ausreichende Küchenzeile. Mairi war stolz auf ihre Kochkünste und experimentierte gerne mit den neuen Nahrungsmitteln.

Sorka war bei ihrem dritten Sandwich angelangt, als Red Hanrahan mit dem Zoologen Pol Nietro und der Mikrobiologin Bay Harkenon eintraf.

»Weckt mir das kleine Ding ja nicht auf!« warnte Mairi sofort.

Fast ehrfürchtig betrachteten die drei die schlafende Echse. Red Hanrahan überließ sie den Spezialisten, während er seine Tochter umarmte und küßte und ihr mit liebevollem Stolz durchs Haar fuhr. »Du bist doch mein kluges Mädchen!« rief er.

Er setzte sich an den Tisch, streckte die langen Beine aus, schob die Hände in die Taschen und sah zu, wie die beiden anderen über dem ersten einheimischen Wesen von Pern gluckten.

»Wirklich ein erstaunliches Exemplar«, bemerkte Pol zu Bay, als sie sich aufrichteten.

»Einer Eidechse sehr ähnlich«, antwortete diese und lächelte Sorka zu. »Könntest du uns bitte genau erzählen, wie du es zu dir gelockt hast?«

Sorka zögerte kurz, aber als ihr Vater ihr beruhigend zunickte, erzählte sie alles, was sie über die Eidechsen wußte, von ihrer ersten Begegnung mit dem kleinen goldenen Tier, das seine Eier bewachte, bis zu dem Moment, als sie das bronzefarbene Junge dazu gebracht hatte, ihr aus der Hand zu fressen. Sean Connell erwähnte sie nicht, doch aus den Blicken, die ihre Eltern wechselten, erkannte sie, daß diese bereits vermuteten, wer bei ihr gewesen war.

»Bist du der einzige Glückspilz?« fragte ihr Vater leise, während die beiden Biologen das schlafende Geschöpf fotografierten.

»Sean hat zwei Braune mit nach Hause genommen. Sie haben in ihrem Lager furchtbar unter Schlangen zu leiden.«

»Am Kanadaplatz stehen Häuser für sie bereit«, erinnerte ihr Vater. »Sie hätten den ganzen Platz für sich allein.«

Sämtliche Nomadengruppen der Kolonie hatten Unterkünfte zugewiesen bekommen, und zwar aufmerksamerweise am Rand von Landing, damit sie sich nicht so eingeschlossen fühlen sollten. Aber nach ein paar Tagen waren sie alle fort gewesen, hatten sich in den unerforschten Gebieten außerhalb der Siedlung verstreut. Sorka hob die Schultern.

Dann bombardierten Pol und Bay sie zum zweiten Mal mit Fragen, um auch die letzten Unklarheiten auszuräumen.

»Sorka, wir möchten uns deine Neuerwerbung gern für ein paar Stunden ausborgen.« Bay betonte das Wort ›ausborgen‹. »Ich versichere dir, daß wir ihm kein – nun, kein Fleckchen Haut ankratzen werden. Wir können eine Menge feststellen, indem wir Tiere einfach beobachten oder behutsam mit den Händen untersuchen.«

Sorka sah ihre Eltern ängstlich an.

»Warum soll es sich nicht erst einmal an Sorka gewöhnen?« fragte Red beiläufig und legte leicht eine Hand auf die geballten Fäuste seiner Tochter. »Sorka kann sehr gut mit Tieren umgehen, sie scheinen Vertrauen zu ihr zu haben. Und ich halte es im Moment für weit wichtiger, diesen bissigen Burschen zu beruhigen, als herauszufinden, wie er tickt.« Sorka wagte wieder zu atmen und entspannte sich. Sie wußte, daß auf ihren Vater Verlaß war. »Wir wollen ihn doch nicht verscheuchen. Er ist erst heute morgen geschlüpft.«

»Mein Berufseifer geht mit mir durch.« Bay Harkenon lächelte reumütig. »Du hast natürlich recht, Red. Wir müssen ihn Sorkas fähigen Händen überlassen.« Die Frau schickte sich zum Gehen an, als ihr Kollege sich räusperte.

»Wenn Sorka allerdings darauf achten könnte, wie viel er frißt, wie oft, was er am liebsten mag ...«, begann Pol.

»Außer belegten Broten«, lachte Mairi.

»... würde uns das sehr viel weiterhelfen.« Wenn Pol so charmant lächelte, sah er viel weniger grau und ungepflegt aus. »Und du sagst, du brauchtest nicht mehr zu tun, als ihn mit Futter zu locken?«

Sorka sah plötzlich im Geist vor sich, wie der ziemlich gebückt gehende, unsportliche Pol Nietro mit einem Korb voll Leckerbissen in einem Gebüsch lauerte und Eidechsen anlockte.

»Ich glaube, das lag daran, daß er nach dem Ausschlüpfen so schrecklich hungrig war«, sagte sie nachdenklich. »Ich meine, ich war während der ganzen Woche jeden Tag am Strand und hatte Sandwiches in der Tasche, aber die Mutter ist nie in meine Nähe gekommen, um zu betteln.«

»Hmm. Nicht von der Hand zu weisen. Wenn sie frisch ausgeschlüpft sind, sind sie gefräßig.« Pol brummelte weiter vor sich hin, während er diese Information geistig verarbeitete.

»Und die Erwachsenen haben tatsächlich den Nestlingen Nahrung gebracht?« murmelte Bay. »Fische und Insekten? Hmm. Vielleicht eine Art Prägungsritual? Die Jungen konnten fliegen, sobald die Flügel trocken waren? Hmm. Ja. Faszinierend. Das Meer wäre die nächstgelegene Nahrungsquelle.« Sie sammelte ihre Notizen ein und bedankte sich bei Sorka und ihren Eltern. Dann verließen die beiden Spezialisten das Haus.

»Ich muß auch wieder an die Arbeit, meine Lieben«, sagte Red. »Gut gemacht, Sorka! Da sieht man wieder, was die alten Iren so alles fertigbringen.«

»Peter Oliver Plunkett Hanrahan«, schimpfte seine Frau. »Fang endlich an, pernesisch zu denken. Pernesisch. Pernesisch«, wiederholte sie mit gespielter Strenge immer lauter.

»Perner, nicht Iren. Wir sind Perner«, leierte Red gehorsam, grinste keineswegs reumütig und tänzelte im Takt zu ›pernesisch, pernesisch‹ aus dem Haus.

An diesem Abend wurde Sorka aufgefordert, das Feuer anzuzünden, was sie sehr überraschte und in Verlegenheit brachte und bei ihrem Bruder heftige Eifersucht auslöste. Als Pol Nietro verkündete, warum die Wahl auf sie gefallen war, gab es allseits Jubel und stürmischen Beifall. Sorka sah erstaunt, daß Admiral Benden und Gouverneurin Boll, die es sich nicht hatten nehmen lassen, dieser kleinen abendlichen Zeremonie beizuwohnen, genau wie alle anderen schrien und klatschten.

»Ich war nicht allein«, sagte Sorka laut mit klarer Stimme, als ihr der Bürgermeister von Landing feierlich die Fackel überreichte. »Sean Connell hat zwei braune Echsen, nur ist er heute abend nicht hier. Sie sollten aber wissen, daß er das Nest als erster gefunden hat, und dann haben wir es beide beobachtet.«

Sie wußte, daß es Sean Connell nicht kümmerte, ob er die ihm gebührende Anerkennung bekam oder nicht, aber ihr war es nicht egal. Mit diesem Gedanken stieß sie die brennende Fackel mitten in den Holzstoß hinein. Als das trockene Material Feuer fing und hell auflöderte, sprang sie schnell zurück.

»Gut gemacht, Sorka«, sagte ihr Vater und legte ihr leicht die Hände auf die Schultern. »Gut gemacht.«

Sorka und Sean blieben fast eine ganze Woche lang die einzigen stolzen Besitzer der hübschen Echsen, obwohl allabendlich ein Sturm auf die Strände und Landspitzen einsetzte. Aber dann wurde ein Nest nach dem anderen entdeckt und scharf bewacht. Mit Hilfe des Verfahrens, das Sorka so exakt beschrieben hatte, gelang es schließlich noch einigen Leuten, eine Reihe der kleinen Geschöpfe an sich zu binden. Und Sorkas Bezeichnung – Zwergdrachen – wurde allgemein übernommen.

Der Besitz eines solchen Tierchens war, wie Sorka bald feststellen mußte, kein ungetrübtes Vergnügen. Ihr kleiner Zwergdrache, den sie zur Erinnerung an ihren alten rötlichgelben Kater Duke getauft hatte, war gefräßig. Er fraß alles, was sie ihm gab, in dreistündigen Abständen, und in der ersten Nacht weckte er mit seinem Hungergeschrei den ganzen Platz auf. Zwischen den Fütterungen schlief er. Als Sorka bemerkte, daß seine Haut Risse bekam, verordnete ihr Vater eine Salbe, die er mit Hilfe eines Kinderarztes und eines Biologen aus dem Tran einheimischer Fische zusammengerührt hatte. Der Kinderarzt war von dem Ergebnis so begeistert, daß er den Apotheker beauftragte, größere Mengen davon als Allheilmittel gegen trockene Haut herzustellen.

»Duke wächst, und seine Haut dehnt sich«, lautete Reds Diagnose.

Duke als Männchen zu bezeichnen, war reine Willkür, denn bisher hatte niemand das Geschöpf genau genug untersuchen können, um sein Geschlecht festzustellen, falls es überhaupt eines hatte. Da die goldenen Zwergdrachen Eier legten, neigte man dazu, sie für Weibchen zu halten, freilich wies einer der Biologen einschränkend darauf hin, daß sich bei manchen Gattungen auf der Erde die Männchen um die Eier kümmerten. Die abgestreiften Hautteile wurden eifrig gesammelt und analysiert. Es war den wissensdurstigen Zoologen bisher nicht gelungen, Duke zu röntgen, denn er schien es sofort zu merken, wenn jemand etwas mit ihm vorhatte. Am zweiten Tag nach seiner Ankunft hatten die Zoologen versucht, ihn unter das Gerät zu legen, während Sorka nervös im Nebenraum wartete.

»Das ist doch nicht zu fassen!«

»Was?«

Sorka hörte die erschrockenen Ausrufe von Pol und Bay, und im gleichen Augenblick tauchte Duke ziemlich außer sich über ihrem Kopf auf. Er stieß ein teils erleichtertes, teils erbostes Kreischen aus, landete auf ihrer Schulter, wickelte den Schwanz fest um ihren Hals und krallte die Klauen in ihr Haar, dabei zeterte er wütend, und die Facettenaugen schillerten rot und gelb vor Zorn.

Hinter Sorka öffnete sich plötzlich die Tür, und Pol und Bay stürmten mit erstaunt aufgerissenen Augen in den Raum.

»Er ist eben aufgetaucht«, erklärte das Mädchen den beiden Wissenschaftlern, und sie beruhigten sich allmählich und sahen sich verwundert an. Schließlich verzog sich Pols breites Gesicht zu einem Lächeln, und auch Bay schien sehr erfreut.

»Die Amigs sind also doch nicht die einzigen, die telekinetische Fähigkeiten besitzen«, stellte Bay mit selbstzufriedenem Lächeln fest. »Ich habe immer behauptet, Pol, daß sie nicht einmalig in der Galaxis sein können.«

»Wie hat er das geschafft?« fragte Sorka ein wenig unsicher, denn es war schon öfter vorgekommen, daß Duke verwirrend schnell verschwunden war.

»Er hat sich wohl vor dem Röntgenapparat gefürchtet. Er ist ziemlich klein, und das Ding sieht wirklich bedrohlich aus«, erklärte Bay. »Und deshalb ist er teleportiert, glücklicherweise zu dir, weil er dich als seine Beschützerin ansieht. Die Amigs setzen Teleportation ein, wenn sie sich bedroht fühlen. Eine sehr nützliche Fähigkeit.«

»Ob wir wohl herausfinden können, wie die kleinen Kerle das *machen?*« überlegte Pol.

»Wir könnten es mit den Gleichungen der Eridani versuchen«, schlug Bay vor.

Pol sah Duke an. Die Augen der Echse waren noch immer rot vor Zorn, und sie klammerte sich weiterhin fest an Sorka, hatte jetzt aber die Flügel angelegt.

»Um sie auszuprobieren, müssen wir mehr über den Burschen und seine Spezies wissen. Vielleicht könntest du ihn festhalten, Sorka.«

Doch auch als Sorka ihn sanft beruhigte, ließ sich Duke nicht unter das Röntgengerät legen. Nach einer halben Stunde gaben Pol und Bay widerwillig auf und gaben ihr sich heftig sträubendes Versuchsobjekt frei. Bei jedem Schritt beschwichtigend auf die immer noch empörte Echse einredend, trug Sorka sie zu ihrem Geburtsort. Sean lag im Schatten der Büsche, und seine beiden Braunen kuschelten sich an seinen Hals. Als sie Sorka kommen hörten, blinzelten sie mit schwach blaugrün funkelnden Augen zu ihr auf. Duke begrüßte sie zirpend, und sie antworteten mit ähnlichen Lauten.

»Ich wollte gerade ein bißchen schlafen«, murmelte Sean verdrießlich, ohne auch nur die Augen zu öffnen. »Mein Dad hat mich zu den Babys reingelegt, weil er sehen wollte, ob die Burschen hier die Schlangen verjagen.«

»Und, haben sie's getan?« fragte Sorka, ehe er wieder einschlafen konnte.

»Ja.« Sean gähnte herzhaft und schlug lässig nach einem Insekt. Sofort schnappte es einer der Braunen aus der Luft und verschlang es.

»Sie fressen alles.« Sorka sagte es bewundernd. »Dr. Marceau sagt, sie sind Omnivoren.« Sie setzte sich neben Sean auf den Felsen. »Und sie können zwischen verschiedenen Orten wechseln, wenn sie Angst haben. Dr. Nietro hat versucht, Duke zu röntgen, und er hat mich aus dem Zimmer geschickt. Ich war kaum draußen, als Duke schon wieder an mir hing und sich festklammerte, als wolle er nie wieder loslassen. Sie sagen, er kann teleportieren. Er verwendet Telekinese.« Sie war stolz, daß sie all diese schwierigen Worte ohne Stocken herausgebracht hatte.

Sean öffnete ein Auge, legte den Kopf schief und schaute zu ihr auf. »Und was heißt das?«

»Er kann sich sofort außer Gefahr bringen.«

Sean gähnte wieder. »Na und? Wir haben doch beide schon gesehen, wie sie diese Nummer abgezogen haben. Und sie tun es nicht nur, wenn sie in Gefahr sind.« Erneutes Gähnen. »Du warst ganz schön schlau, daß du nur einen genommen hast. Wenn einer satt ist, hat der andere Hunger. Die beiden und die Babys, auf die ich aufpassen muß, schaffen mich vollkommen.« Er schloß auch das eine Auge wieder, faltete die Hände vor der Brust und schlief weiter.

»Dann spiele ich eben goldene Echse und bewache dich, damit nicht eine große, garstige, gefleckte Stumpfnase kommt und dich beißt!«

Sie weckte ihn auch nicht, als sie eine Schar der Echsen am Himmel kreisen und herabstoßen sah, ein atemberaubendes akrobatisches Schauspiel. Duke beobachtete den Schwarm ebenfalls und gurrte dabei leise vor sich hin, aber entgegen ihrer anfänglichen Befürchtung, er wolle sich vielleicht den anderen anschließen, löste er nicht einmal den Schwanz von ihrem Hals. Ehe Sorka nach Hause ging, stellte sie Sean noch eine Büchse mit der Salbe hin, die für Dukes rissige Haut hergestellt worden war.

Sorka war an diesem Tag nicht die einzige, die auf Pern akrobatische Kunststücke in der Luft beobachtete. Einen halben Kontinent weiter südwestlich sah Sallah Telgar mit klopfendem Herzen zu, wie Drake Bonneau den kleinen Luftschlitten aus einer Thermik heraus über den großen Binnensee zog, für den er unbedingt den Namen Drake-See durchsetzen wollte. Von dem kleinen Bergwerksteam hatte niemand etwas dagegen, aber Drake neigte dazu, jedes Thema totzureiten. Außerdem konnte er es nicht lassen, sich mit seinen Flugkünsten aufzuspielen. Seine Kapriolen sind törichte Treibstoffvergeudung, dachte Sallah, und sicher nicht der richtige Weg, um ihr Herz und ihre Achtung zu gewinnen. In letzter Zeit trieb er sich ständig um ihre Unterkunft herum, hatte aber bisher keinen nennenswerten Erfolg damit.

Ozzie Munson und Cobber Alhinwa tauchten aus der Hütte auf, wo sie eben ihre Sachen verstaut hatten, blieben neben Sallah stehen und folgten ihrem Blick.

»Du meine Güte, jetzt ist er schon wieder dabei!« stöhnte Ozzie und grinste Sallah boshaft an.

»Der knallt noch mal runter«, fügte Cobber kopfschüttelnd hinzu, »und dieser verdammte See ist so tief, daß wir ihn nie finden werden. Und den Schlitten auch nicht. Dabei brauchen wir den.«

Als Sallah Svenda Olubushtu kommen sah, drehte sie sich hastig um und ging auf die größte Hütte des kleinen Erzsucherlagers zu. Auf Svendas spöttische, eifersüchtige Kommentare konnte sie verzichten. Es war ja nicht so, als ob sie Drake Bonneau ermuntert hätte, ganz im Gegenteil, sie hatte mit allem Nachdruck mehrmals öffentlich ihr Desinteresse kundgetan.

Vielleicht packe ich es falsch an, dachte sie. Wenn ich ihm nachliefe, ständig an seinen Lippen hinge und ihm bei jeder sich bietenden Gelegenheit auflauerte wie Svenda, würde er mich vielleicht eher in Ruhe lassen.

In der großen Hütte war Tarvi Andiyar bereits dabei, die

Funde dieses Tages auf dem großen Bildschirm zu markieren. Seine Spinnenfinger flogen so schnell über die Tastatur, daß das Textverarbeitungsprogramm kaum Schritt halten konnte, und dabei murmelte er ununterbrochen vor sich hin. Seine Selbstgespräche verstand niemand, denn er führte sie in seiner Muttersprache, einem unbekannten indischen Dialekt. Wenn man ihn auf diesen Tick ansprach, pflegte er mit seinem zu Herzen gehenden Lächeln zu antworten:

»Auch andere Ohren sollen diese herrlich schmelzende Sprache hören, auf daß sie auch hier auf Pern gesprochen werde, solange noch ein Mensch lebt, der sie nach so vielen Jahrhunderten noch fließend beherrscht. Klingt sie nicht wunderbar, so rhythmisch und melodisch, ein Genuß für jedes Ohr?«

Tarvi war ein hochspezialisierter Bergbauingenieur mit einer besonderen Begabung. Man sagte ihm nach, er könne auch schwer faßbare Adern durch viele unterirdische Schichten und Verwerfungen hindurch verfolgen. Der Pernexpedition hatte er sich angeschlossen, weil man, wie er sich ausdrückte, ›Mutter Erde bereits all ihr Blut und ihre Tränen entrissen hatte‹. Auch auf First hatte er geschürft, aber auf die fremden Metalle hatten seine Fähigkeiten nicht angesprochen, und so war er quer durch eine ganze Galaxis gereist, um an seinem ›Lebensabend‹, wie er es nannte, sein Handwerk weiter auszuüben.

Da Tarvi Andiyar erst sein sechstes Jahrzehnt erreicht hatte, wurde er daraufhin von wohlmeinenden Menschen stets beschwichtigt, von denen, die ihn kannten, erntete er dagegen nur höhnisches Gelächter. Sallah mochte seine feine Ironie, die sich stets gegen die eigenen Schwächen richtete. Er wäre nie auf die Idee gekommen, jemand anderen damit zu kränken.

Seit sie ihn nach dem Kälteschlaf zum ersten Mal getroffen hatte, hatte der hochgewachsene, fast ausgemergelt wirkende Mann kein Gramm zugenommen. »In meiner Familie gab es so viele Generationen von Gurus und Mahatmas, die ganz versessen darauf waren, zur Läuterung ihrer Seelen und zur Entschlackung ihrer Eingeweide zu fasten, daß es eine erbliche Eigenschaft aller Andiyars geworden ist, so dürr zu sein wie eine Zaunlatte. Aber ich bin nicht schwach. Um stark zu sein, braucht man weder schwellende Muskeln noch einen gewaltigen Leibesumfang. Von der Kraft her kann ich es mit jedem Sumo-Ringer aufnehmen.« Wer ihn den ganzen Tag ohne Pause mit Ozzie und Cobber hatte arbeiten sehen, wußte, daß dies keine leere Prahlerei war.

Sallah fühlte sich von dem schlaksigen Ingenieur mehr angezogen als von jedem anderen Mann in der Kolonie. Aber wie sie Drake Bonneau nicht klarmachen konnte, wie wenig ihr an ihm lag, so war sie auch unfähig, Tarvi näherzukommen.

»Wie sieht es aus, Tarvi?« fragte sie und nickte Valli Lieb zu, die sich bereits bei einem Glas Quikal entspannte.

Mit das erste Anliegen menschlicher Siedler auf einer neuen Welt war offenbar stets die Suche nach gärungsfähigen Stoffen, um möglichst schnell alkoholische Getränke zu entwikkeln. Jedes Labor in Landing, ganz gleich, was seine eigentliche Aufgabe war, hatte sich daran versucht, den Saft einheimischer Früchte zu destillieren oder zu vergären, um trinkbaren Alkohol herzustellen. Die Quikal-Destille war das erste Gerät, das aufgestellt wurde, als die Erzsucher ihr Basislager errichteten, und niemand hatte Einwände erhoben, als Cobber und Ozzie den ganzen ersten Tag damit verbrachten, die mitgebrachten vergorenen Säfte zu verarbeiten. Nur Svenda hatte sie heftig beschimpft, während Tarvi und Sallah einfach die Vermessung allein fortgesetzt hatten. Der Drink an jenem ersten Abend im Lager war mehr gewesen als eine Tradition: man hatte ihn sich erarbeitet.

Als Svenda die Hütte betrat, schenkte sich Sallah gerade ein Glas Quikal ein. Valli machte ihr auf der Bank Platz. Die Geologin hatte sich gewaschen und sah sehr viel besser aus als am Nachmittag, als sie, mit zähem Schleim bedeckt, aber mit ein paar sehr interessanten Proben für die Analyse, aus dem Gestrüpp aufgetaucht war.

In diesem Augenblick hörten sie draußen den Schlitten landen. Svenda verrenkte sich den Hals, um Drake vom Landeplatz kommen zu sehen; Ozzie und Cobber mußten sich an ihr vorbeidrängen, um die Hütte betreten zu können.

»Wie war die Analyse, Valli?« fragte Sallah.

»Verheißungsvoll, sehr verheißungsvoll«, sagte die Geologin, und das Gesicht glühte ihr vor Stolz. »Bauxit ist so vielseitig verwendbar! Allein für diesen Fund hat sich die Expedition gelohnt.«

»Aber es wäre viel einfacher«, – Cobber verneigte sich förmlich vor Valli –, »den Fund im Tagebau auszubeuten.«

»Ha! Es lohnt sich auch unter Tage«, sagte Ozzie. »Hochwertiges Erz wird immer gebraucht.«

»Und«, schaltete sich Tarvi ein und setzte sich zu ihnen an den Tisch, lehnte aber den Drink ab, den Svenda ihm wie immer anbot, »in nicht allzu großer Entfernung gibt es so viel Kupfer und Zinn, daß es sich auszahlen würde, an diesem herrlichen See eine Bergarbeiterstadt zu bauen. Die Wasserfälle könnten Strom für die Verhüttung des Erzes liefern, und die Fertigprodukte könnte man auf dem Wasserweg zur Küste und von dort nach Landing befördern.«

»Also«, strahlte Svenda, »ist die Gegend hier ergiebig?« Sallah fand ihren Besitzerstolz etwas verfrüht. Die erste Wahl hatten die Konzessionäre, dann erst kamen die Kontraktoren und Experten an die Reihe.

»Empfehlen werde ich sie sicher«, sagte Tarvi und lächelte auf seine onkelhafte Art, die Sallah immer ärgerte. Er war nicht alt. Er war sehr attraktiv, aber wie sollte sie ihn dazu bringen, sie überhaupt einmal richtig anzusehen, wenn er sich ständig wie jedermanns Onkel benahm? »Ich *habe* sie sogar schon empfohlen«, fuhr er fort. »Besonders, nachdem der Schleim, in den Sie heute reingefallen sind, Valli, sich als hochwertiges Mineralöl herausgestellt hat.« Als der Jubel sich gelegt hatte, schüttelte er den Kopf. »Metalle ja, Petroleum nein. Das wißt ihr alle. Wenn unsere Kolonie lebensfähig sein soll, müssen wir lernen, uns mit einem niedrigeren technologischen Niveau zu begnügen. Hier kommt das Können ins Spiel, man muß sich auf alte Techniken besinnen.«

»In diesem Punkt sind nicht alle einer Meinung mit unseren Führern«, sagte Svenda mit finsterer Miene.

»Wir haben die Verfassung unterzeichnet, und wir haben alle versprochen, uns daran zu halten«, sagte Valli und warf einen schnellen Blick auf die anderen, um zu sehen, ob sich noch jemand auf Svendas Seite stellte.

»Ihr seid eben Dummköpfe«, spottete das blonde Mädchen, goß sich noch einen Schuß Quikal in den Becher und verließ die Hütte.

Tarvi sah ihr nach, sein lebhaftes Gesicht wirkte beunruhigt.

»Nichts als dummes Geschwätz«, sagte Sallah leise.

Er zog die Augenbrauen hoch, seine dunklen Augen ruhten einen Moment lang ausdruckslos auf ihr, dann kehrte sein gewohntes Lächeln zurück, und er klopfte ihr auf die Schulter – leider nur so wie einem braven Kind. »Ach, da kommt Drake mit den Vorräten und mit Nachrichten von unseren Kameraden.«

»He, wo seid ihr denn alle?« fragte Drake, sobald er, mit Paketen beladen, eingetreten war. »Im Schlitten ist noch mehr davon.«

Sallah senkte den Kopf, damit er ihr Gesicht nicht sehen konnte. »Es gibt etwas zu feiern, Drake«, sagte Valli und brachte ihm ein Glas Quikal. »Zwei neue Funde, groß und leicht abzubauen. Das Geschäft läuft.«

»Die Bergbau- und Hüttenwerke Drake-See können also eröffnet werden?«

Alle lachten, und als er sein Glas zu einem Toast erhob, hatte niemand etwas gegen den Namen einzuwenden.

»Ich habe auch Neuigkeiten für euch«, sagte er, nachdem er getrunken hatte. »In drei Tagen sollen wir alle nach Landing zurückkehren.«

Diese Ankündigung wurde mit großer Bestürzung aufgenommen. Grinsend hob Drake die freie Hand und bat um Schweigen. »Zu einer Dankfeier.«

»Dafür? Das kann doch noch gar keiner wissen«, staunte Valli.

»So etwas müßte doch eigentlich im Herbst stattfinden, nach der Ernte«, meinte Sallah.

»Warum?« fragte Tarvi schlicht.

»Weil der Start in unser neues Leben so erfreulich begonnen hat. Die letzte Ladung von den Raumschiffen ist in Landing angekommen. Damit sind wir offiziell gelandet.«

»Und deshalb so ein Theater?« fragte Sallah.

»Nicht jeder ist so arbeitssüchtig wie du, meine schöne Sallah«, stichelte Drake und faßte ihr zärtlich unter das Kinn. Als sie merkte, daß er sie gleich küssen würde, zog sie den Kopf weg, grinste aber dabei, um der Abfuhr den Stachel zu nehmen. Er schmollte. »Unsere edlen Führer haben so entschieden, und außerdem sollen bei dem Fest viele wundersame Dinge verkündet werden. Alle Forschungsteams werden zurückgerufen, das ganze Volk soll in Freude schwelgen.«

Sallah war fast verstimmt. »Wir sind doch erst letzte Woche hergekommen!«

Um mehreren unangenehmen, aber nicht zu beweisenden Schlüssen zu entgehen, die sie gezogen hatte, hatte sie sich dazu gemeldet, die Geologen und Bergbauspezialisten zu dem gewaltigen Binnensee zu fliegen, wo es dem EV-Bericht zufolge reiche Erzvorkommen geben sollte. Sie hatte gehofft, ein wenig Abstand zu gewinnen, um das, was sie beobachtet hatte, objektiver beurteilen zu können.

Vor etwa einer Woche war sie eines Abends zur *Mariposa* gegangen, um nach einem Band zu suchen, das sie während ihrer ersten Einsätze als Pilotin für Admiral Benden an Bord gelassen hatte, und da hatte sie Kenjo mit zwei Säcken in jeder Hand hinten aus der kleinen Wartungsluke kommen sehen. Er war hastig in die Dunkelheit davongeeilt, und sie war ihm neugierig nachgegangen. Dann war er plötzlich verschwunden. Sie hatte sich hinter einem Busch versteckt und gewartet, bis er mit leeren Händen wieder auftauchte. Dann war sie seinen Spuren gefolgt, um herauszufinden, wo er seine Last abgestellt hatte.

Nachdem sie eine Weile herumgestolpert war und sich die Schienbeine angeschlagen und die Hand abgeschürft hatte, war sie auf eine Höhle gestoßen – und hatte mit Entsetzen festgestellt, welche Mengen an Treibstoff Kenjo beiseite geschafft hatte. Insgesamt waren es mehrere Tonnen, schätzte sie, nachdem sie auf einem Etikett die Menge nachgelesen hatte, alles in leicht zu transportierenden Plasäcken verpackt. Die Felsspalte befand sich am äußersten Ende des Landegitters, gut versteckt hinter den stacheligen Dornenbüschen, die die Farmer auf ihren Äckern ausgruben und hier aufhäuften.

Zwei Abende später hatte sie ein sehr merkwürdiges Gespräch zwischen Avril und Stev Kimmer belauscht, jenem Bergbauingenieur, der an dem Tag, an dem der Landeplatz bekanntgegeben worden war, mit der Astrogatorin an einem Tisch gesessen hatte.

»Schau, diese Insel strotzt nur so von Edelsteinen«, sagte Avril gerade, als Sallah sich in den Schatten des Deltaflügels der Fähre drückte, hörte sie, wie eine Plasfolie entrollt wurde. »Hier ist die Kopie des ursprünglichen EV-Berichts, und ich brauche kein Bergbauspezialist zu sein, um mir auszurechnen, was diese rätselhaften Zeichen bedeuten.« Die Plasfolie knisterte, als Avril mit dem Finger auf verschiedene Stellen zeigte. »Ein Vermögen, das man sich nur zu holen braucht!« Ein triumphierender Unterton schwang in ihrer Stimme mit. »Und ich habe die Absicht, es mir zu holen.«

»Nun ja, ich gebe zu, daß Kupfer, Gold und Platin auf jeder zivilisierten Welt gebraucht werden«, begann Stev.

»Ich rede nicht von industrieller Nutzung, Kimmer«, sagte Avril scharf. »Und auch nicht von kleinen Steinchen. Dieser Rubin war nur eine Kostprobe. Hier, lies Shavvas Notizen!«

Kimmer schnaubte geringschätzig. »Sie hat übertrieben, um ihre Prämie zu steigern.«

»Nun, ich besitze eine Übertreibung in der Größenordnung von fünfundvierzig Karat, mein Lieber, und du hast sie gesehen. Wenn du nicht mitspielen willst, findet sich bestimmt ein anderer, der eine solche Herausforderung mit Freuden annimmt.«

Avril wußte jedenfalls, wie man die Leute an die Angel bekam, dachte Sallah grimmig.

»Diese Insel steht noch jahrelang nicht auf dem Plan«, erklärte Stev.

Avril lachte leise. »Ich kann mehr als Raumschiffe steuern, Stev. Ich habe mir einen Schlitten geben lassen, schließlich habe ich wie jeder andere auf diesem Klumpen Dreck das Recht, mir die paar kümmerlichen Morgen Land auszusuchen, auf die ich als Kontraktor Anspruch habe. Aber du bist Konzessionär, und wenn wir unsere Parzellen zusammenlegen, könnte uns die ganze Insel gehören.«

Sallah hörte, wie Kimmer scharf die Luft einzog. »Ich dachte, die Fischer wollen die Insel wegen der Hafenbucht.«

»Die sind nur am Hafen interessiert, nicht an der Insel. Es sind Fischer, für sie sind die Delphine wichtig. Mit dem Land können sie nichts anfangen.«

Er murmelte etwas und trat unruhig von einem Fuß auf den anderen.

»Wer sollte es denn schon erfahren?« fragte Avril mit seidenweicher Stimme. »Wir könnten am Wochenende hinfliegen, uns erst einmal das Zeug holen, das am leichtesten zugänglich ist, und es in einer Höhle lagern. Es gibt so viele Inseln, daß man jahrelang suchen könnte, ohne je die richtige zu finden. Und wir brauchen ja auch niemanden mit der Nase draufzustoßen, indem wir unseren Anspruch offiziell anmelden, es sei denn, man zwingt uns dazu.«

»Aber du hast gesagt, im Großen Westgebirge gäbe es auch Vorkommen?«

»Das stimmt«, lachte Avril leise. »Ich weiß sogar, wo. Nur ein Katzensprung von der Insel entfernt.«

»Du hast alles geplant, wie?« Kimmers Stimme klang leicht sarkastisch.

»Natürlich«, gab Avril ungerührt zu. »Ich denke nicht daran, den Rest meines Lebens hier in der Provinz zu verbringen, wenn ich eine Möglichkeit gefunden habe, ein Leben zu führen, das ich bei weitem vorziehe.« Wieder war ihr perlendes Lachen zu hören, und dann trat Stille ein, nur von einem Schmatzen unterbrochen, als feuchte Lippen sich voneinander lösten. »Aber solange wir beide hier sind, Kimmer, wollen wir das Beste daraus machen. Hier und jetzt unter den Sternen.«

Verlegen und angewidert von Avrils aufdringlicher Sexualität hatte sich Sallah davongeschlichen. Kein Wunder, daß Paul Benden diese Frau nicht in seinem Bett behalten hatte. Er war zwar ein sinnlicher Mann, dachte Sallah, aber an Avrils primitiver Hemmungslosigkeit konnte er wohl nicht lange Gefallen finden. Die elegante ausgeglichene Ju Adjai paßte viel besser zu ihm, obwohl sie es beide offenbar nicht eilig hatten, ihre Verbindung öffentlich bekanntzugeben.

Avrils Stimme hatte nur so getrieft vor unersättlicher Habgier. Hatte Stev Kimmer das auch gehört? Oder hatte Avril ihm völlig die Sinne vernebelt? Sallah hatte immer gewußt, daß Pern reich an Edelsteinen war. Der Shavva-Rubin gehörte ebenso zur Legende um den Planeten wie der Liu-Nugget. Nur die Entfernung Perns von den übrigen Welten verhinderte, daß die Habgierigen allzusehr in Versuchung gerieten. Sollte es jedoch jemandem gelingen, mit einer Schiffsladung Edelsteine zur Erde zurückzukehren, dann konnte er oder sie zweifellos bis ans Ende seiner Tage in Saus und Braus leben.

Avrils Pläne würden Perns Bodenschätze wohl kaum erschöpfen. Sallah machte sich vor allem Sorgen, wie die Astrogatorin sich den Treibstoff für eine solche Reise beschaffen wollte. Sallah wußte, daß in der Admirals-Gig, der *Mariposa*, noch Treibstoff vorhanden war. Das war nicht allgemein bekannt, aber als Pilotin hatte Avril sicher Zugang zu dieser Information. Aufgrund der Berechnungen, die Avril damals auf der *Yokohama* durchgeführt hatte, wußte Sallah, daß die Frau tatsächlich ein unbewohntes System erreichen konnte. Aber was dann?

Sallah hatte es Spaß gemacht, mit Ozzie, Cobber und den anderen die Gegend zu vermessen, und bisher war sie immer zu müde gewesen, um über ihr Dilemma nachzudenken. Aber jetzt, da die Rückkehr nach Landing unmittelbar bevorstand, stürmten die Fragen wieder auf sie ein. Sie hatte zwar keine Skrupel, Avril anzuzeigen, aber ihr war klar, daß sie dann auch von Kenjos Aktivitäten berichten mußte. Sie hätte gern gewußt, warum Kenjo den Treibstoff zurückgehalten hatte. Hatte er den verrückten Plan, die beiden Monde zu erforschen? Oder den unberechenbaren Planeten, der in etwa acht Jahren Perns Orbit kreuzen würde?

Daß Kenjo sich mit jemandem wie Avril Bitra eingelassen haben sollte, schien ausgeschlossen. Sallah war überzeugt, daß die für jedermann sichtbare Feindseligkeit zwischen den beiden nicht gespielt war. Für Kenjo war das Fliegen vermutlich so etwas wie eine Religion und gleichzeitig wie eine unheilbare Krankheit. Aber er konnte doch über ganz Pern herumkreuzen und das jahrzehntelang, wenn er mit den Energiezellen, mit denen die Luftschlitten der Kolonie betrieben wurden, schonend umging.

Was Sallah am meisten Sorgen machte, war die wenn auch noch so entfernte Möglichkeit, daß Avril Kenjos Hort entdeckte. Sie hatte überlegt, ob sie sich einem der anderen Piloten anvertrauen sollte, aber Barr Hamil konnte ein solches Problem nicht bewältigen, Drake würde es nicht ernstnehmen, und Jiro, Kenjos Kopilot, würde seinen Vorgesetzten niemals verraten. Die anderen kannte sie nicht gut genug, um ihre Reaktionen auf eine solche Enthüllung abschätzen zu können. Geh ganz nach oben! sagte sie sich. Dort sind solche Dinge am besten aufgehoben. Ongola würde sie sicher anhören, und er konnte ihr auch sagen, ob sie mit ihrem Verdacht an Paul und Emily herantreten sollte oder nicht.

Verdammt! Sallah ballte die Fäuste. Derlei kleinliche Intrigen und Ränke sollte es auf Pern eigentlich nicht geben. Wir haben doch alle ein gemeinsames Ziel, dachte sie. Eine Zukunft in Sicherheit und Wohlstand und ohne Vorurteile. Warum muß jemand wie Avril diese herrliche Vision mit ihrer mürrischen Egozentrik trüben?

Dann berührte Ozzie sie am Arm und riß sie aus ihren bedrückenden Gedanken.

»Tanzen Sie auch mal mit mir, Sallah?« fragte er mit seiner leicht näselnden Stimme, und seine Augen funkelten sie herausfordernd an.

Sallah versprach es lächelnd. Sobald sie in Landing eingetroffen war, würde sie Ongola aufsuchen und ihm alles erzählen. Danach konnte sie guten Gewissens das Tanzbein schwingen.

»Und dann«, Ozzie war nicht mehr zu bändigen, »soll Tarvi mit Ihnen tanzen, damit sich meine armen Zehen wieder erholen können.«

Tarvi erklärte sich mit einem wehmütigen Blick einverstanden. Bei so vielen Zeugen und ohne eine Chance, sich eine Ausrede zu überlegen, blieb ihm auch kaum etwas anderes übrig, das war Sallah schon klar. Trotzdem war sie dem gerissenen alten Ozzie dankbar.

Als der Bergbautrupp Landing erreichte, schlugen die Flammen auf dem Freudenfeuerplatz schon hoch, und das Fest kam allmählich in Schwung. Als Sallah den Schlitten an die Grenzlinie heranflog und auf dem Landestreifen aufsetzte, hätte sie die so sehr auf Zweckmäßigkeit ausgerichtete Siedlung von oben fast nicht wiedererkannt. In fast allen Fenstern brannte Licht, und alle Straßenlaternen waren eingeschaltet. Auf einer Seite des Freudenfeuerplatzes hatte man ein Podium errichtet und mit bunten Lämpchen dekoriert. Drake hatte erzählt, jeder, der ein Instrument spielen könne, sei aufgerufen worden, an diesem Abend etwas zum Besten zu geben. Überall auf dem Podium standen alte weiße Plastikkartons als Sitzgelegenheit für die Musiker.

Aus den Wohnungen hatte man Tische und Stühle geholt und sie auf einem frischgemähten Viereck hinter dem Platz aufgestellt. In Feuergruben garten riesige Wherries, auf kleineren Spießen bräunten die letzten, noch von der Erde stammenden Fleischstücke zusammen mit anderen Köstlichkeiten. Der Duft nach Braten und Grillfleisch ließ einem das Wasser im Mund zusammenlaufen. Die Kolonisten hatten sich in Schale geworfen. Alles eilte geschäftig umher, half mit, schleppte, rückte zurecht und bereitete die letzten Leckerbissen zu, die noch von der alten Welt stammten und für dieses letzte große Schlemmermahl in der neuen Heimat aufgespart worden waren.

Sallah stellte ihren Schlitten schräg auf dem Landegitter ab, denn sie dachte, wenn noch mehr Fahrzeuge kreuz und quer auf dem Streifen parkten, würde die *Mariposa*, die am anderen Ende des Feldes stand, nicht genug Platz zum Starten haben. Aber wie lange würden in Landing so viele Schlitten sein?

»He, beeilen Sie sich, Sallah!« schrie Ozzie, als er und Cobber aus dem Schlitten sprangen.

»Ich muß mich noch beim Tower melden«, sagte sie und winkte ihnen fröhlich zu, sie sollten schon vorausgehen.

»Ach, das können Sie sich doch heute mal sparen«, drängte Cobber, aber sie ließ sich nicht umstimmen.

Als sie den Wetterbeobachtungsturm erreichte, wollte Ongola gerade gehen. Mit einem resignierten Nicken öffnete er die Tür und bemerkte dabei, wie sie ihren Schlitten geparkt hatte. »Ist das klug, Sallah, ihn so stehenzulassen?«

»Ja. Eine Vorsichtsmaßnahme, Kommandant«, sagte sie ernst, um ihn darauf vorzubereiten, daß sie in einer wichtigen Angelegenheit gekommen war.

Er setzte sich erst, als sie ihm ihre Geschichte bereits zur Hälfte erzählt hatte, und dann ließ er sich so müde in seinen Stuhl sinken, daß sie es schon bereute, überhaupt den Mund geöffnet zu haben.

»Gewarnt sein heißt gewappnet sein, Sir«, sagte sie abschließend.

»Damit haben Sie recht, Telgar.« Sein tiefer Seufzer zeigte, daß seine Zweifel zurückgekehrt waren. Er winkte ihr, sich zu setzen. »Wieviel Treibstoff?«

Als sie ihm zögernd die genauen Zahlen nannte, war er überrascht und besorgt.

»Könnte Avril von Kenjos Vorrat wissen?« Ongola richtete sich schnell auf, und daran merkte sie, daß ihn ihr Verdacht auf die Astrogatorin viel mehr beunruhigte als Kenjos Diebstahl. »Nein, nein!« verbesserte er sich mit einer schnellen, abwehrenden Handbewegung. »Die beiderseitige Abneigung ist echt. Ich werde den Admiral und die Gouverneurin informieren.«

»Aber nicht heute abend, Sir!« bat Sallah und hob unwillkürlich protestierend die Hand. »Ich bin doch nur gekommen, weil dies für mich die erste Gelegenheit war, Sie darauf anzusprechen ...«

»Gewarnt sein heißt gewappnet sein, Sallah. Haben Sie irgend jemandem sonst von Ihrem Verdacht erzählt?«

Sie schüttelte energisch den Kopf. »Nein, Sir! Es ist schlimm genug, wenn man Maden im Fleisch vermutet, man muß nicht auch noch anderen einen Bissen davon anbieten.«

»Richtig! Und Eden wird wieder einmal von der Habgier der Menschen verdorben.«

»Es geht nur um einen Menschen«, glaubte sie sagen zu müssen.

Er hob bedeutungsvoll zwei Finger. »Mindestens um zwei, vergessen Sie Kimmer nicht. Und mit wem hat sie an Bord sonst noch gesprochen?«

»Mit Kimmer, Bart Lemos, Nabhi Nabol und zwei anderen Männern, die ich nicht kenne.«

Ongola schien nicht überrascht. Er holte tief Luft und seufzte, dann stützte er beide Hände auf die Oberschenkel und richtete sich zu voller Höhe auf. »Ich bin Ihnen sehr dankbar und weiß, daß der Admiral und die Gouverneurin der gleichen Ansicht sein werden.«

»Dankbar?« Sallah stand auf, aber sie empfand nicht die Erleichterung, die sie sich von diesem Gespräch mit ihrem Vorgesetzten erhofft hatte.

»Wir hatten damit gerechnet, daß es einige Probleme geben würde, wenn die Leute allmählich merken, daß sie jetzt *hier* sind«, sagte Ongola und deutete mit seinem langen Zeigefinger nach unten, »und nirgendwo anders mehr hinkönnen. Die Euphorie der Reise ist vorüber; die heutige Feier soll den Schock dämpfen, den diese Erkenntnis auslösen wird. Mit vollem Bauch, leicht angeheitert und müde vom Tanzen plant man keinen Aufruhr.«

Ongola öffnete die Tür und ließ ihr höflich den Vortritt. Auf Pern wurde keine Tür versperrt, nicht einmal dann, wenn sie in ein offizielles Verwaltungsgebäude führte. Sallah war auf diesen Grundsatz stolz gewesen, aber jetzt machte sie sich Sorgen.

»So dumm sind wir auch wieder nicht, Sallah«, sagte Ongola, als habe er ihre Gedanken gelesen, und klopfte sich an die Stirn. »Das hier ist immer noch die beste Datenbank, die je erfunden wurde.«

Sie seufzte erleichtert, und ihr Gesicht hellte sich ein wenig auf.

»Es gibt trotzdem sehr vieles auf Pern, wofür wir dankbar sein sollten«, mahnte er.

»Das bin ich doch auch!« entgegnete sie und dachte an ihren Tanz mit Tarvi.

Als sie sich gewaschen, sich feingemacht und den Freudenfeuerplatz erreicht hatte, war das Fest in vollem Gange, und das improvisierte Orchester spielte eine Polka. Sallah blieb außerhalb von Licht und Lärm im Dunkeln stehen und betrachtete staunend die unerwartet große Zahl von Musikern, die mit den Füßen den Takt klopften, während sie warteten, bis sie an die Reihe kamen.

Die Musik wechselte ständig, immer neue Musiker traten auf. Verblüfft sah Sallah, daß sogar Tarvi Andiyar eine Panflöte hervorholte und eine fremdartige kleine Melodie spielte, sehr eindringlich und ruhig, eine Abwechslung nach der lauten Fröhlichkeit der anderen Stücke.

Die Tanzmusik wurde nun von Solodarbietungen abgelöst, und die Amateurkapelle forderte das Publikum auf, die alten Hits mitzusingen. Emily Boll ging ans Keybord, Ezra Keroon fiedelte begeistert ein Potpourri von alten englischen Hornpipes, und alle stampften mit den Füßen den Takt, während mehrere Paare eine komische Version des traditionellen Seemannstanzes vorführten.

Sallah hatte nicht nur einen, sondern sogar zwei Tänze mit Tarvi hinter sich. Mitten im zweiten, sie wiegten sich gerade im Dreivierteltakt zu einer alten Weise, blieb ihr fast das Herz stehen, denn es schien, als ließe auch Pern sich von den neuen Melodien mitreißen. Das Geschirr auf den langen Tischen klapperte, die Tänzer gerieten aus dem Rhythmus, und die Sitzenden spürten, wie ihre Stühle schwankten.

Das Beben dauerte keine zwei Herzschläge lang, und darauf folgte tiefe Stille.

»Pern will also mittanzen, wie?« ertönte belustigt Paul Bendens Stimme. Er sprang mit ausgebreiteten Armen auf die Plattform, als hielte er das Beben für eine etwas ausgefallene Form der Begrüßung. Seine Bemerkung rief Geflüster und Gemurmel hervor, aber sie löste die Spannung. Während Paul den Musikern ein Zeichen gab, sie sollten weiterspielen, suchte er im Publikum nach bestimmten Gesichtern.

Tarvi, der neben Sallah stand, nickte fast unmerklich mit dem Kopf und ließ die Arme sinken. »Kommen Sie, diesen Tanz müssen wir uns genauer ansehen.«

Sallah bemühte sich, ihre Enttäuschung zu verbergen. Das Beben hatte Vorrang. Sie hatte noch nie einen Erdstoß erlebt, trotzdem hatte sie sofort begriffen, was eben geschehen war. Als sie mit Tarvi die Tanzfläche verließ, bewegte sie sich ganz vorsichtig, als erwarte sie jeden Moment eine neue Erschütterung.

Jim Tillek sammelte seine Seeleute um sich, um nachzuprüfen, ob die Boote innerhalb des neu gebauten Wellenbrechers sicher vertäut waren. Er hoffte, daß der Tsunami, sollte es einer gewesen sein, seine Kraft an den vorgelagerten Inseln austoben würde. Die Delphinwärter, ausgenommen Gus, den man zum Bleiben drängte, damit er weiter Akkordeon spielte, begaben sich zum Hafen, um mit den Meeressäugetieren zu sprechen, die ihnen melden würden, wenn der Tsunami sich näherte, und die auch abschätzen konnten, wie verheerend er sich auswirken würde.

Patrice de Broglie zog mit einer Gruppe ab, um seismische Untersuchungen durchzuführen, aber seiner Ansicht nach war es nur ein sehr schwacher Stoß gewesen, der Ausläufer eines weit entfernten Epizentrums.

Sallah konnte ihren Tanz mit Tarvi doch noch beenden, wenn auch nur, weil man ihm sagte, die Leute könnten unruhig werden, wenn zu viele Spezialisten verschwanden.

Am nächsten Morgen hatte man das Epizentrum festgestellt, es lag in östlicher bis nordöstlicher Richtung weit draußen im Ozean, wo schon das EV-Team vulkanische Aktivität festgestellt hatte. Da keine weiteren Stöße das Festland erschütterten, konnten die Geologen die leichte Unsicherheit zerstreuen, die das Dankfest getrübt hatte.

Als Tarvi sich bei Patrice meldete, um bei der Untersuchung des Epizentrums mitzuwirken, erklärte sich Sallah sofort bereit, den großen Schlitten zu fliegen. Es störte sie nicht einmal, daß die Maschine vollgepackt war mit neugierigen Geologen und ihren Geräten. Sie sorgte nur dafür, daß Tarvi den Sitz zur rechten Hand des Piloten einnahm.

Nach dem Dankfest kehrten die Kolonisten wieder an ihre Routinearbeiten zurück. Die Delphine hatten den größten Spaß dabei, die Tsunami-Welle zu verfolgen; wie Tarvi prophezeit hatte, war sie über das Nordmeer gerast und hatte ihre Gewalt größtenteils an den östlichen Vulkanhängen und an der Westspitze des Nordkontinents sowie auf der großen Insel ausgetobt. Jim Tilleks Hafenbucht hatte keinen Schaden gelitten, große Brecher hatten lediglich ein leuchtend rotes Stück Seetang weit auf den Strand hinaufgeschleudert. Etwas wie diese Tiefseepflanze hatte man bisher noch nicht entdeckt, und man brachte sofort Proben zur Analyse ins Labor. Eine eßbare Meerespflanze wäre sehr erwünscht gewesen.

Die Delphine waren äußerst erregt über das Erdbeben, denn die Reaktionen der größeren Meereslebewesen, die sich hastig in Sicherheit brachten, hatten es ihnen schon vorher angekündigt, und sie freuten sich, daß die Lebensformen in ihren neuen Ozeanen ein Gespür für derartige Gefahren zeigten. Teresa beklagte sich in entrüsteten Schnalz- und Zischlauten bei Efram, daß sie immer wieder die am Ende der Mole angebrachte Meeresglocke geläutet hätten, ohne daß jemand gekommen sei. Die Meeresaufseher hatten Mühe, die blauweißen Delphine und Tümmler zu beruhigen und zu beschwichtigen.

»Was hatte denn die ganze Mentasynthese für einen Sinn«, fragte Teresa, der größte der Blauweißen, »wenn ihr Menschen euch dann nicht einmal anhört, was wir euch zu sagen haben?«

Inzwischen wurden im Norden, am Fuß eines mächtigen Gebirgszugs Vorkommen von hochwertigem Kupfer-, Zinn- und Vanadiumerz analysiert. Zufällig befand sich der Fundort dicht an einem schiffbaren Fluß mit einer breiten Mündung, auf dem das Erz bis zum Meer gebracht werden konnte. Tarvi, inzwischen Leiter des gesamten Bergbauwesens auf Pern, hatte sich die Stelle zusammen mit dem Führer des betreffenden Teams angesehen, und die beiden hatten dem Rat empfohlen, dort eine zweite Siedlung zu errichten. Man konnte das Erz an Ort und Stelle aufbereiten und flußabwärts weiterbefördern, was viel Zeit, Mühe und Schwierigkeiten ersparen würde. Das Komitee für Energieversorgung hatte außerdem festgestellt, daß man aus den nahegelegenen Wasserfällen genügend Strom gewinnen konnte. Der Rat beschloß, die Sache bei der nächsten Monatsversammlung vorzutragen. Bis dahin sollten die Geologenteams die beiden Kontinente weiter erkunden.

Zu Land und zu Wasser gingen die Arbeiten gut voran. Weizen und Gerste gediehen; die meisten Knollengewächse entwickelten sich gut; zwar gab es Probleme mit mehreren Kürbissorten, aber das ließ sich durch Besprühen mit Nährlösung in Grenzen halten. Leider schienen die Wurzeln der Gurken und aller bis auf zwei Flaschenkürbisse für einen auf Pern heimischen Pilzwurm anfällig zu sein, und wenn es den Agronomen nicht gelang, ihn mit eigens gezüchteten Schmarotzern zu bekämpfen, würde man vielleicht die gesamte Familie der Cucurbitaceae verlieren. Die Technologen befaßten sich bereits mit diesem Problem.

Die Obstbäume hatten bis auf ein paar Exemplare von jeder Gattung geblüht und standen gut im Laub. Transplantate von zwei pernesischen Obstbaumsorten schienen sich in der Nähe der terrestrischen Exemplare besonders wohl zu fühlen, und die Technologen hofften auf eine Symbiose. Bei zwei pernesischen Nutzpflanzen gab es Anzeichen, daß sie von einem von den Menschen eingeschleppten Virus befallen waren, aber man konnte noch nicht sagen, ob sich daraus eine Symbiose oder eine Schädigung entwickeln würde. Für den Reisanbau geeignetes Land hatte man noch immer nicht gefunden, aber der Kartograph der Kolonie, der eifrig damit beschäftigt war, Sondenaufnahmen auf Landkarten zu übertragen, hielt es für möglich, daß man vielleicht in den südlichen Sumpfgebieten Erfolg haben könnte.

Joel Lilienkamp, der Magazinverwalter, meldete keine Probleme und bedankte sich bei allen, besonders bei den Kindern, weil sie so großartig gearbeitet und so viele eßbare Dinge herangeschafft hatten. Auch den Seeleuten sprach er seinen Dank aus. Einige der auf Pern heimischen fischähnlichen Wesen waren trotz ihres abstoßenden Aussehens sehr wohlschmeckend. Von neuem warnte er die Leute, sich vor den Flossen der Tiere in acht zu nehmen, die sie ›Packschwänze‹ getauft hatten, weil sich jede kleine Wunde sofort infizierte, wenn man damit in Berührung kam. Er würde gerne Handschuhe zur Verfügung stellen, nachdem die Plastikgruppe jetzt in der Lage war, eine feste, dünne Folie dafür zu produzieren.

Von der Zoologenfront berichteten Pol Nietro und Chuck Havers zurückhaltend über ihre Erfolge bei der Befruchtung und Paarung. Von jeder großen Tierart waren einige Exemplare trächtig, die ersten Truthahneier hatten allerdings nicht überlebt. Drei Hündinnen konnten jeden Augenblick werfen, und vier Kätzinnen hatten insgesamt siebzehn Junge zur Welt gebracht. Sechs weitere Hündinnen und die anderen Kätzinnen würden bald läufig beziehungsweise rollig sein, und dann würde man sie künstlich befruchten oder ihnen Embryos einpflanzen. Man hatte mit Bedauern darauf verzichtet, die Eridani-Techniken, besonders die Mentasynthese, auf die Hunde anzuwenden, weil es auf der Erde bei solchen Versuchen große Probleme gegeben hatte. Ein Teil des Tierbestandes und auch viele Menschen hatten Vorfahren, die auf diese Weise ›verändert‹ worden waren, und ihre Nachkommen zeigten noch immer eine starke empathische Veranlagung, was für Hunde offenbar unerträglich war.

Gänse, Enten und Hühner legten regelmäßig und bereiteten keine Schwierigkeiten. Man hielt sie in Freigehegen, denn sie waren noch zu wertvoll, um sie frei herumlaufen zu lassen, und die Gehege wurden von Erwachsenen wie von Kindern gerne besucht. Es dauerte fast sechs Wochen, bis die allesfressenden Wherries, wie das EV-Team die plumpen Flugwesen getauft hatte, diese neue Nahrungsquelle entdeckten und bis der Hunger die Oberhand über ihre Vorsicht – manche nannten es auch Feigheit – gewann. Aber als der Angriff schließlich erfolgte, war er verheerend.

Zum Glück befanden sich zu dieser Zeit dreißig der kleinen Zwergdrachen in Landing. Obwohl sie kleiner waren als ihre Gegner, waren sie in der Luft beweglicher und schienen sich irgendwie untereinander verständigen zu können. Sobald ein Wherry vertrieben war, begleitete ihn ein Zwergdrache, im allgemeinen ein großer Bronzedrache, um sicher zu sein, daß er auch wirklich abzog, während die anderen Tiere ihren Genossen halfen, den nächsten Angreifer abzuwehren.

Sorka stand in der Zuschauermenge, und ihr fiel bei der

standhaften Verteidigung der Zwergdrachen etwas sehr Merkwürdiges auf: Es sah fast so aus, als habe ihr Duke einen besonders aggressiven Wherry mit einer kleinen Flamme angegriffen. Jedenfalls stieg zwischen den Kämpfenden Rauch auf, und der Wherry ließ plötzlich von Duke ab und ergriff die Flucht. Es ging so schnell, daß sie nicht ganz sicher war, was sie wirklich gesehen hatte, und so sprach sie mit niemandem über das Phänomen.

Die Wherries waren stets von einer Wolke von Gestank begleitet, der an den Schwefelgeruch der Flußmündung oder der Schlammebenen erinnerte. Wenn sie gegen den Wind flogen, bemerkte man sie schon von weitem. Die Zwergdrachen rochen sauber nach Meer und Salz und manchmal, wie Sorka feststellte, wenn Duke sich auf ihrem Kissen zusammengerollt hatte, ein wenig nach Zimt und Muskat. Diese Gewürze würden freilich bald nur noch Erinnerungen sein, wenn man in den Treibhäusern keine besseren Resultate erzielte.

Für die Kolonisten war es keine Frage, daß die Zwergdrachen das Geflügel gerettet hatten.

»Bei allem, was mir heilig ist! Was wären das für Krieger«, erklärte Admiral Benden beeindruckt. Er und Emily Boll hatten den Angriff vom Wetterbeobachtungsturm aus gesehen und waren herbeigeeilt, um bei der Verteidigung zu helfen.

Obwohl die Siedler überrascht wurden, hatten sie sich Besen, Harken und Stöcke geschnappt – was eben zur Hand war – und waren zu den Gehegen geeilt. Die Feuerwehrleute – sie waren gut ausgebildet und hatten schon mehrere kleinere Brände löschen müssen – verjagten mit ihren Wasserschläuchen die wenigen Wherries, die den kleinen Verteidigern entkommen waren. Erwachsene und Kinder trieben das quäkende, verängstigte Federvieh in die Hütten zurück. Einen komischen Anblick, so erzählte Sorka später Sean, boten die würdigen Wissenschaftler bei ihren Bemühungen, die Küken zu fangen. Ein paar Leute trugen von den Klauen der Wherries Kratzer davon, aber es hätte mehr – und wahrscheinlich schlimmere – Verletzungen gegeben, wenn die Zwergdrachen nicht eingegriffen hätten.

»Ein Jammer, daß sie nicht größer sind«, bemerkte der Admiral, »sie würden gute Wächter abgeben. Vielleicht könnten unsere Biogenetiker ein paar fliegende Hunde züchten.« Er deutete mit einer respektvollen Kopfbewegung auf Kitti und Windblüte Ping. Kitti Ping nickte frostig. »Diese Zwergdrachen haben nicht nur von sich aus die Initiative ergriffen, sondern, und das schwöre ich bei allem, was mir heilig ist, sie haben sich auch untereinander verständigt. Habt ihr gesehen, wie sie eine Grenzwache aufgestellt haben? Und wie sie ihre Angriffe aufeinander abstimmten? Eine großartige Taktik. Ich selbst hätte es nicht besser machen können.«

Pol Nietro war von dem Vorfall ebenfalls beeindruckt. Er hatte gerade eine Phase eines geplanten Projekts abgeschlossen und war nicht der Typ, der sich dem Müßiggang hingab. Als daher wieder Ruhe eingekehrt war und man zuverlässige junge Kolonisten als Wachtposten eingesetzt hatte, falls sich der Angriff wiederholen sollte, machte er mit Boy einen Besuch am Asienplatz.

Mairi Hanrahan empfing ihn lächelnd. »Du hast Glück, Pol, sie ist zufällig zu Hause. Duke bekommt gerade eine Extramahlzeit als Belohnung, weil er den Geflügelhof so tapfer verteidigt hat.«

»Dann war er also dabei.«

»Sorka behauptet, daß er den Zwergdrachenschwarm anführte«, sagte Mairi leise, und mütterlicher Stolz ließ ihre Augen leuchten. Sie führte den Zoologen ins Wohnzimmer, das jetzt mit seinen hellen Vorhängen und den blühenden Topfpflanzen, einige einheimisch und andere offensichtlich aus irdischen Samen gezogen, sehr gemütlich wirkte. Mehrere Kupferstiche ließen die Wände weniger kahl erscheinen, und bunte Kissen machten die Plastikstühle bequemer.

»Ein Schwarm Zwergdrachen? So wie ein Rudel Löwen oder eine Herde Gänse? Ja, das ist eine gute Beschreibung«, sagte Pol Nietro und sah Mutter und Tochter mit funkelnden Augen an. »Bei einem ganz gewöhnlichen Schwarm von Iren gäbe es diese Art von Zusammenarbeit allerdings nicht.«

»Pol Nietro, wenn du hier irgendwie die Iren verunglimpfen willst ...« grinste Mairi.

»Verunglimpfen, Mairi? Das ist doch gar nicht meine Art.«

Pol zwinkerte ihr verschmitzt zu. »Aber dieser Zwergdrachen-*schwarm* hat sich als sehr nützlich erwiesen. Es sah in der Tat so aus, als arbeiteten sie koordiniert auf ein gemeinsames Ziel hin. Besonders Paul Benden ist dies aufgefallen, und er will, daß Kitti und ich ...«

Mairi packte ihn am Arm, ihr Gesicht verdüsterte sich. »Ihr werdet doch nicht ...«

»Natürlich nicht, meine Liebe.« Er tätschelte ihr beruhigend die Hand. »Aber ich glaube, Sorka und Duke könnten uns helfen, wenn sie wollen. Wir haben bereits eine ganze Menge Informationen über unsere kleinen Freunde zusammengetragen, aber eben haben wir erlebt, daß noch viel mehr in ihnen steckt. Wir wissen noch immer viel zuwenig. Geschöpfe, die so tückische Lufträuber wie die Wherries abwehren könnten, haben wir nicht mitgebracht.«

Sorka war dabei, den schon fast gesättigten Duke zu füttern, der aufrecht auf dem Tisch saß. Sein Schwanz lag auf der Platte, und die Spitze zuckte jedesmal sehr entschlossen, wenn er säuberlich einen Krümel entgegennahm, den Sorka ihm reichte. Er verströmte einen eigenartigen, nicht sonderlich angenehmen Duft, den sie mit Rücksicht auf seine Heldentaten zu ignorieren versuchte.

»Aha, der Diener erhält seinen Lohn«, sagte Pol.

Sorka sah ihn nachdenklich an. »Ich will ja nicht unverschämt sein, Sir, aber ich sehe Duke keineswegs als einen Diener an. Er hat doch wohl bewiesen, daß er uns ein wahrer Freund ist!« Sie machte eine Handbewegung, die die gesamte Siedlung einschloß.

»Er und seine ... Heerscharen«, sagte Pol taktvoll, »haben uns heute ganz sicher ihre Freundschaft bewiesen.« Er setzte sich neben Sorka und beobachtete, wie der kleine Kerl das nächste Stückchen zwischen die Klauen nahm. Duke betrachtete den Krümel von allen Seiten, beschnüffelte ihn, leckte daran und nahm schließlich einen kleinen Bissen. Pol sah ihm bewundernd zu.

Sorka mußte lachen. »Er ist voll bis oben hin, aber einen Bissen abzulehnen, das kommt nicht in Frage.« Dann fügte sie hinzu: »Aber so viel wie früher frißt er nicht mehr. Jetzt braucht er nur noch eine Mahlzeit pro Tag, es könnte also sein, daß er bald ausgewachsen ist. Ich habe mir Notizen über sein Wachstum gemacht, Sir, er scheint tatsächlich genauso groß zu sein wie seine wilden Artgenossen.«

»Interessant. Bitte gib mir deine Aufzeichnungen, ich werde sie zu den Akten nehmen.« Pol rutschte ein wenig näher. »Weißt du, die Evolution hier ist wirklich faszinierend. Besonders, wenn sich herausstellen sollte, daß diese Planktonfresser, von denen die Delphine berichten, tatsächlich so etwas wie gemeinsame Vorfahren der Tunnelschlangen und der Zwergdrachen sind.«

Mairi war überrascht. »Tunnelschlangen *und* Zwergdrachen?«

»Hmm, ja, denn hier auf Pern hat sich das Leben ebenso aus dem Meer entwickelt wie auf der Erde. Natürlich mit einigen Abweichungen.« Pol war fröhlich ins Dozieren geraten, und sein Publikum hörte ihm aufmerksam, wenn auch etwas ungläubig zu. »Ja, ein im Wasser lebender, aalähnlicher Vorfahre. Mit sechs Gliedmaßen. Die beiden vorderen«, – er zeigte auf den Zwergdrachen, der immer noch mit den Krallen seinen Krümel festhielt –, »waren ursprünglich als Fangnetze ausgebildet. Man sieht noch, wie sich die Vorderklaue gegen die statischen Hinterklauen bewegt. Bei den Zwergdrachen wurden die Netze durch drei Finger ersetzt, sie haben sich auch für Flügel entschieden anstelle der stabilisierenden Mittelflossen, während das hintere Gliedmaßenpaar der Vorwärtsbewegung dient. Bei unserer Tunnelschlange, die sich an das Leben auf dem Trockenen angepaßt hat, entwickelten sich aus den vorderen Gliedmaßen Grabwerkzeuge, das mittlere Paar dient weiterhin der Stabilisierung, und mit den hinteren Gliedmaßen steuert sie oder hält sich fest. Ja, ich bin ziemlich sicher, daß die Planktonfresser den Vorfahren unserer lieben Freunde hier sehr ähnlich sind.« Pol strahlte Duke an, der gemächlich einen neuen Krümel von Sorka entgegennahm. »Aber ...« Er zögerte.

Sorka wartete höflich, sie wußte ja, daß der Zoologe mit seinem Besuch einen bestimmten Zweck verfolgte.

»Kennst du vielleicht zufällig ein unberührtes Nest?« fragte er schließlich.

»Ja, Sir, aber es ist kein großes Gelege, und die Eier sind kleiner als viele andere, die ich gesehen habe.«

»Na ja, vielleicht gehören sie einem der kleineren grünen Weibchen«, meinte Pol. »Nun, da die Grünen nicht so besorgt um ihre Nester sind wie die Goldenen, wird sie nicht allzusehr darunter leiden, wenn wir uns ein paar Eier ausborgen. Aber ich wollte dich noch um einen zweiten, größeren Gefallen bitten. Ich kann mich gut daran erinnern, daß du erzählt hast, du hättest den Körper eines Nestlings im Wasser gesehen. Passiert so etwas häufig?«

Sorka überlegte und begann dann in dem gleichen sachlichen Tonfall zu erklären: »Ich glaube schon. Manche von den Nestlingen schaffen es einfach nicht. Entweder bekommen sie nicht genug zu fressen, um das Trauma des Ausschlüpfens zu überwinden –« Sie war so vertieft, daß sie gar nicht bemerkte, wie ein schwaches Lächeln um Pol Nietros Mundwinkel zuckte. »– oder sie werden von Wherries getötet. Kurz vor dem Ausschlüpfen bringen die älteren Zwergdrachen nämlich Seetang und bauen damit einen Ringwall um das Gelege, und dann bieten sie den Nestlingen Fische und Krabbelgetier an und alles, was sie sonst finden können.«

»Hm, das ist eindeutig eine Prägung«, murmelte Pol.

»Wenn die Kleinen ihren Bauch gefüllt haben, sind auch die Flügel trocken, und sie können mit dem Rest des Schwarms davonfliegen. Die älteren Zwergdrachen halten inzwischen alle Schlangen und die Wherries fern, um den Kleinen eine Chance zu geben. Aber einmal hat Sean ein aalähnliches Wesen gesehen, das bei Flut aus dem Meer heraus angriff. Dieser Nestling hatte keine Chance.«

»Sean ist dein so schwer zu fassender, aber oft erwähnter Verbündeter?«

»Ja, Sir. Wir beide haben gemeinsam das erste Nest entdeckt und es bewacht.«

»Meinst du, er würde uns helfen, Nester und ... die Nestlinge zu finden?«

Sorka sah den Zoologen lange prüfend an. Er hatte bisher immer sein Wort gehalten, und an jenem ersten Tag, als sie Duke nach Hause brachte, war er sehr rücksichtsvoll gewesen.

Sie entschied, daß er vertrauenswürdig sei, aber sie dachte auch daran, daß er in Landing großen Einfluß hatte und vielleicht einiges für Sean tun konnte.

»Wenn Sie mir versprechen, *versprechen* – ich müßte mich für Sie verbürgen –, daß seine Familie eines der ersten Pferde bekommt, wird er Ihnen fast nichts abschlagen.«

»Sorka!« Mairi schämte sich für ihre Tochter. Das Mädchen verbrachte wirklich zuviel Zeit mit diesem Jungen, und er hatte einen schlechten Einfluß auf sie. Zu ihrer Verwunderung lächelte Pol jedoch belustigt und streichelte Sorkas Arm.

»Laß gut sein, Mairi, deine Tochter hat einen wachen Instinkt. Solche Tauschgeschäfte sind auf Pern allgemein üblich.« Er wandte sich mit gebührendem Ernst wieder an Sorka. »Er ist einer von den Connells, nicht wahr?« Als sie feierlich nickte, fuhr er energisch fort: »Ich kann dir versichern, daß ihr Name als erster auf der Liste derer steht, die Pferde erhalten sollen. Oder Ochsen, wenn ihnen das lieber ist.«

»Pferde. Sie haben immer Pferde gehabt«, erklärte Sorka eifrig.

»Und wann kann ich mit diesem jungen Mann ein paar Worte sprechen?«

»Wann immer Sie wollen, Sir. Wäre Ihnen heute abend recht? Ich weiß, wo Sean dann wahrscheinlich ist.« Wie sie es ihr ganzen Leben lang gewohnt war, bat sie ihre Mutter mit einem Blick um Erlaubnis. Mairi nickte.

Auf Befragen erklärte auch Sean, daß es in der Nähe nur Eier von Grünen gebe, deutete aber an, daß man gut daran täte, ziemlich weit von Landings vielbegangenen Stränden entfernt die Küste abzusuchen. Sorka hatte ihn am Felsenkopf gefunden, wo seine beiden Zwergdrachen in den seichten Tümpeln nach Fingerfischen suchten, die dort oft von der Flut angespült wurden.

»Dürfen wir dich bei diesem Unternehmen um deine Hilfe bitten, Sean Connell?« fragte Pol Nietro höflich.

Sean legte lässig den Kopf schief und sah den Zoologen lange und abschätzend an. »Was springt für mich heraus, wenn ich auf Eidechsenjagd gehe?«

»Zwergdrachen«, verbesserte Sorka entschieden.

Sean beachtete sie nicht. »Hier gibt es kein Geld, und mein Da braucht mich im Lager.«

Sorka trat unruhig von einem Fuß auf den anderen, sie war nicht sicher, ob der Wissenschaftler sich der Situation gewachsen zeigen würde. Aber Pol war nicht umsonst Leiter einer prestigeträchtigen Zoologieabteilung der riesigen Universität auf First gewesen, er hatte gelernt, mit empfindlichen, rechthaberischen Menschen umzugehen. Der junge Schurke, der ihn jetzt mit uralter, ererbter Skepsis beäugte, stellte nur eine etwas andere Facette eines wohlbekannten Problems dar. Jedem anderen Burschen hätte der Zoologe vielleicht angeboten, das abendliche Freudenfeuer zu entzünden, ein inzwischen heiß begehrtes Privileg, aber er wußte, daß Sean sich daraus nichts machen würde.

»Hattest du auf der Erde ein eigenes Pony?« fragte Pol, lehnte sich gegen einen Felsen und verschränkte seine kurzen Arme vor der Brust.

Sean nickte; die unerwartete Frage hatte seine Aufmerksamkeit geweckt.

»Erzähl mir von ihm!«

»Was gibt es da zu erzählen? Es ist schon lange geschlachtet worden, und wahrscheinlich sind auch die, die das Fleisch gegessen haben, jetzt ein Fraß für die Würmer.«

»War es in irgendeiner Weise ungewöhnlich? Außer für dich?«

Sean sah ihn von der Seite her nachdenklich an, dann warf er einen kurzen Blick auf Sorka, die keine Miene verzog. Sie würde sich nicht weiter einmischen; sie hatte bereits ein etwas schlechtes Gewissen, weil sie Pol Seans größten Wunsch verraten hatte.

»Es war ein Welsh Mountain mit einem Schuß Connemarablut. Von der Sorte gibt es nicht mehr viele.«

»Wie groß?«

»Vierzehn Handbreiten.« Sean sagte es fast mürrisch.

»Farbe?«

»Stahlgrau.« Sean runzelte die Stirn, sein Mißtrauen wuchs. »Warum wollen Sie das wissen?«

»Weißt du, was ich auf diesem Planeten mache?«

»Tiere aufschneiden.«

»Das natürlich auch, aber daneben kombiniere ich verschiedene Dinge, darunter bestimmte Merkmale, Farbe, Geschlecht. Damit beschäftigen wir, meine Kollegen und ich, uns hauptsächlich. Durch eine gezielte Veränderung der Genstrukturen können wir herstellen, was der Kunde –« Pol deutete auf Sean, »– wünscht.«

Sean starrte ihn an, er verstand die Begriffe nicht ganz und wagte nicht zu hoffen, was Pol Nietro anzudeuten schien.

»Du könntest Cricket wiederbekommen, hier auf Pern«, sagte Sorka leise mit leuchtenden Augen. »Und er kann es wirklich. Er kann dir ein Pony verschaffen, das genauso ist wie Cricket.«

Sean hielt den Atem an, und sein Blick huschte hin und her zwischen ihr und dem alten Zoologen, der ihn mit größter Gelassenheit beobachtete. Dann deutete er mit dem Daumen auf Sorka. »Hat sie recht?«

»Damit, daß ich ein graues Pferd herstellen könnte – du gestattest mir vielleicht die Bemerkung, daß du für ein Pony inzwischen zu groß bist – mit allen körperlichen Merkmalen deines Cricket, ja, damit hat sie recht. Wir haben sowohl Sperma als auch befruchtete Eier von einer Vielzahl terrestrischer Pferderassen mitgebracht. Ich weiß, daß wir die Genotypen sowohl der Welsh Mountains wie der Connemaras zur Verfügung haben. Beides sind ausdauernde, sehr anpassungsfähige Rassen. Die Sache ist ganz einfach.«

»Nur, damit ich Echseneier suche?« Seans angeborenes Mißtrauen war nicht so leicht einzuschläfern.

»Zwergdracheneier«, verbesserte ihn Sorka hartnäckig. Er sah sie finster an.

»Wir tauschen Eier gegen Eier, junger Mann. Ein faires Geschäft, inbegriffen ist ein Reitpferd aus deinem Ei, nach deinen Angaben maßgeschneidert, als Gegenleistung für die Zeit und die Mühe, die die Suche dich kostet.«

Sean warf noch einen Blick auf Sorka, die ihm ermunternd zunickte. Dann spuckte er in seine rechte Hand und reichte sie Pol Nietro. Ohne Zögern besiegelte der Zoologe den Handel.

Die Geschwindigkeit, mit der Pol Nietro eine Expedition organisierte, raubte vielen seiner Kollegen ebenso wie dem Verwaltungspersonal den Atem. Am nächsten Morgen hatte Jim Tillek sich bereiterklärt, ihnen unter der Bedingung, daß er als Kapitän mitfuhr, die *Southern Cross* zu überlassen. Man bat ihn, sie mit Vorräten für eine Küstenfahrt von längstens einer Woche auszurüsten; die Hanrahans und Porrig Connell hatten erlaubt, daß Sorka und Sean mitkamen; und Pol hatte Bay Harkenon überredet, ihr tragbares Mikroskop und einige Präparatenkästen, Objektträger und ähnliches Zubehör mitzunehmen. Zu Sorkas Überraschung und Seans Belustigung stand Admiral Benden an der Mole, um ihnen zu ihrem Unternehmen viel Glück zu wünschen, und half der Besatzung, die Heckleinen loszuwerfen. Mit diesem offiziellen Segen glitt die *Southern Cross*, von einer schönen, frischen Brise getrieben, aus der Bucht.

Für den auf dem Festland aufgewachsenen Sean war seine erste Seereise keineswegs ein Vergnügen, aber es gelang ihm, Angst und Übelkeit zu unterdrücken, weil er entschlossen war, sich sein Pferd zu verdienen und vor Sorka, die allem Anschein nach das Abenteuer genoß, keine Schwäche zu zeigen. Fast die ganze Reise über saß er mit dem Rücken an den Mast gelehnt auf Deck, das Gesicht nach vorne gerichtet, und streichelte seine braunen Zwergdrachen, die wohlig ausgestreckt auf den sonnenwarmen Brettern schliefen. Sorkas Duke blieb auf ihrer Schulter und stützte sich mit einer Klaue elegant gegen ihr Ohr, um das Gleichgewicht zu halten, während sein Schwanz leicht, aber fest um ihren Hals gewickelt war. Von Zeit zu Zeit drückte sie ihn beruhigend an sich, oder er gurrte ihr etwas ins Ohr, als sei er überzeugt, daß sie ihn verstand.

Die zwölf Meter lange Schaluppe *Southern Cross* konnte mit einer dreiköpfigen Besatzung gefahren werden, besaß acht Kojen und war sowohl als Forschungsschiff wie als schnelles Kurierboot zu verwenden. Jim Tillek war bereits in westlicher Richtung bis zu dem Fluß gesegelt, den sie ›Jordan‹ getauft hatten, und nach Osten, zusammen mit einer Gruppe, die die Vulkantätigkeit messen sollte, bis zu dem Inselvulkan, dessen Eruption das Dankfest gestört hatte. Er hoffte auf die Erlaubnis, eine noch längere Fahrt zu der großen Insel vor dem Nord-kontinent unternehmen und das Delta des Flusses erforschen zu dürfen, auf dem das Erz oder das fertige Metall von dem ge-planten Bergwerk zur See befördert werden sollte. Wie er der gebannt lauschenden Sorka erzählte, hatte er alle Meere und Ozeane der Erde befahren, wenn er als Kapitän eines Handels-schiffes im Astroidengürtel Urlaub hatte, und war alle schiff-baren Flüsse hinaufgesegelt: den Nil, die Themse, den Ama-zonas, den Mississippi, den Lorenzstrom, den Columbia, den Rhein, die Wolga, den Jangtse und andere, weniger bekannte Wasserstraßen.

»Natürlich habe ich das alles nicht berufsmäßig gemacht, und auf First hatte man noch keine Verwendung für einen Seg-ler, deshalb war diese Expedition für mich sozusagen die Chance, mein Hobby zum Beruf zu machen«, vertraute er ihr an. »Ich bin verdammt froh, daß ich hier bin!« Er nahm einen tiefen Atemzug. »Die Luft ist phantastisch. Wie früher auf der Erde. Wir dachten immer, es sei das Ozon! Atme mal tief durch!«

Sorka gehorchte gern. In diesem Augenblick kam Bay Har-kenon aus der Kajüte; sie sah viel besser aus als vorhin, als sie hastig hinuntergestiegen war, um mit ihrer Übelkeit allein zu sein.

»Die Tablette hat also gewirkt?« erkundigte sich Jim Tillek besorgt.

»Ich bin Ihnen wirklich sehr verbunden«, sagte die Mikro-biologin mit einem zittrigen, aber dankbaren Lächeln. »Ich hatte ja keine Ahnung, daß ich anfällig für Kinetose bin.«

»Sind Sie schon mal gesegelt?«

Bay schüttelte den Kopf, daß die dichten, grauen Locken um ihre Schultern schwangen.

»Woher sollten Sie es dann auch wissen?« fragte er liebens-würdig. Er blinzelte in die Ferne, wo bereits die Halbinsel und die Mündung des Jordanflusses zu erkennen waren. Backbord beherrschte der hoch aufragende Mount Garben – nach dem Senator benannt, der so tatkräftig mitgeholfen hatte, der Expe-dition die Wege durch das Labyrinth der Bürokratie der Konfö-deration Vernunftbegabter Rassen zu ebnen – die Landschaft, sein Kegel zeichnete sich scharf vor dem hellen Morgenhimmel ab. Es gab Bestrebungen, seine drei kleineren Gefährten nach Shavva, Liu und Turnien zu nennen, den Angehörigen des ersten EV-Landeteams, aber bisher war bei den monatlichen Namensgebungsversammlungen, die nach den förmlicheren, offiziellen Sitzungen des Rates am abendlichen Lagerfeuer abgehalten wurden, noch keine Entscheidung gefallen.

Kapitän Tillek wandte sich den Karten zu und maß mit seinem Stechzirkel den Abstand von der Mole bis zur Flußmündung und von dort bis zum Festland dahinter.

»Warum hören die Farben hier auf?« fragte Sorka, als sie bemerkte, daß der größte Teil der Karte nicht koloriert war.

Mit anerkennendem Grinsen klopfte er auf das Blatt. »Die hat Fremlich nach den Sondenbildern für mich gezeichnet, und bisher hat sie bis auf den letzten Zentimeter gestimmt, aber wenn wir selbst über das Festland gehen oder an der Küste entlang segeln, setze ich die jeweils passenden Farben ein. Eine gute Möglichkeit, um festzuhalten, wo wir schon gewesen sind und was noch aussteht. Ich habe Anmerkungen über die vorherrschenden Winde und die Strömungsgeschwindigkeiten hinzugefügt, die vielleicht einem Seemann nützlich sein könnten.«

Erst jetzt bemerkte Sorka auch diese Zeichen. »Sehen ist eine Sache, Wissen eine andere, nicht wahr?«

Er zog an einem ihrer tizianroten Zöpfe. »Eigentlich ist das Entscheidende, dortgewesen zu sein.«

»Und wir sind – hier – wirklich die ersten Menschen?« Sie deutete mit der Spitze ihres Zeigefingers auf die Halbinsel.

»Ganz bestimmt«, versicherte Tillek tief zufrieden.

Jim Tillek war in seinem Leben, das bereits sechs Jahrzehnte umfaßte, noch nie so ausgefüllt und glücklich gewesen. Seine Liebe zur See und zu Schiffen hatte ihn in der High-Tech-Gesellschaft stets zum Außenseiter gemacht, und die monotone Asteroidengürtelstrecke – zu mehr hatte er es dank seines Mangels an Takt oder dank seiner unerschütterlichen Aufrichtigkeit nie gebracht – hatte ihn gelangweilt. Für Tillek war Pern genau richtig, und jetzt bekam alles noch einen zusätzlichen Reiz, weil er als einer der ersten die

Ozeane befahren und ihre Besonderheiten entdecken durfte. Er war ein kräftiger, mittelgroßer Mann mit hellblauen, scharfen Augen und sah mit seiner Schirmmütze, die er bis über die Ohren heruntergezogen hatte, und in dem alten Pullover aus Guernsey-Wolle, den er gegen den kräftigen, etwas kühlen Morgenwind trug, wie das Urbild eines Seekapitäns aus. Obwohl er die *Southern Cross* auf Knopfdruck elektronisch aus dem Cockpit hätte steuern können, zog er das Ruder vor und verließ sich lieber auf sein Gefühl für den Wind, wenn es darum ging, die Segel zu brassen. Seine Besatzung war vorne, machte auf den Plasiplex-Decks klar Schiff und erledigte die sonstigen auf dem kleinen Boot anfallenden Routinearbeiten.

»Wir werden in der Abenddämmerung anlegen, wahrscheinlich etwa hier, wo auf der Karte eine tief eingeschnittene Hafenbucht verzeichnet ist. Wieder etwas zum Anmalen. Vielleicht finden wir dort auch, was wir suchen.« Er zwinkerte Sorka und Bay Harkenon zu.

Als die *Southern Cross* in sechs Faden Tiefe verankert war, brachte Jim Tillek den Trupp mit dem kleinen Motorboot ans Ufer. Sean, der für eine Weile von der Gesellschaft der anderen genug hatte, schickte Sorka nach Osten auf die Suche nach Zwergdrachennestern, während er selbst am Strand entlang nach Westen ging. Seine beiden Braunen kreisten über seinem Kopf und stießen fröhliche Schreie aus. Jim Tillek war verärgert, weil Sean das Mädchen so herumkommandierte, und wollte sich den Burschen schon vornehmen, aber Pol Nietro warf ihm einen warnenden Blick zu, und der Kapitän fügte sich. Sean verschwand schon in den dichten Büschen, die den Strand säumten.

»Wenn ihr zurückkommt, gibt es eine warme Mahlzeit«, rief Pol den beiden Kindern nach. Sorka winkte zurück.

Als sie in der Abenddämmerung zu dem versprochenen Essen zurückkehrten, hatten beide Erfolge zu melden.

»Ich glaube, die ersten drei, die ich gefunden habe, sind nur von Grünen«, sagte Sorka ruhig, aber bestimmt. »Für eine Goldene sind sie viel zu dicht am Wasser. Duke ist der gleichen Meinung. Er mag die Grünen anscheinend nicht. Aber das Gelege, das am weitesten weg war, liegt hoch über der Hochwasserlinie, und die Eier sind größer. Ich glaube, sie werden bald ausschlüpfen, weil sie schon so hart sind.«

»Zwei grüne Gelege, und bei zweien bin ich sicher, daß es goldene sind«, sagte Sean knapp, machte sich über das Essen her und hielt nur inne, um seinen beiden Braunen ihren Anteil zu geben. »Es sind auch viele in der Gegend. Wollen Sie alle mitnehmen, die Sie finden können?«

»Du lieber Himmel, nein!« Pol warf bestürzte beide Hände hoch. Sein weißes Haar, drahtig und dicht, stand wie ein Heiligenschein um seinen Kopf und ließ ihn so gütig aussehen, wie er auch tatsächlich war. »Diesen Fehler werden wir auf Pern nicht machen.«

»O nein, niemals«, bestätigte Bay Harkenon und beugte sich zu Sean, als wolle sie ihm beruhigend auf die Schulter klopfen. »Bei unseren Untersuchungsmethoden brauchen wir nämlich nicht mehr unzählige Exemplare, um unsere Schlußfolgerungen zu bestätigen.«

»Exemplare?« Sean runzelte die Stirn, und Sorka machte ein ängstliches Gesicht.

»Vertreter wäre vielleicht ein besserer Ausdruck.«

»Und wir würden die Eier verwenden ... natürlich von der Grünen«, fügte Pol schnell hinzu, »da die grünen Weibchen keine so starken mütterlichen Gefühle zu haben scheinen wie die goldenen.«

Sean war verwirrt. »Sie wollen gar keine Eier von einer Goldenen?«

»Nicht alle«, wiederholte Bay eindringlich. »Und nur einen toten Nestling von den anderen Farben, wenn das möglich ist. Von den Grünen sind mehr als genug umgekommen.«

»Die kriegt man auch erst, wenn sie tot sind«, murmelte Sean.

»Wahrscheinlich hast du recht«, seufzte Bay. Sie war eine stattliche Frau Ende der Fünfzig, aber noch kräftig und beweglich genug, um die Expedition nicht zu behindern. »Ich habe noch nie eine enge Beziehung zu einem Tier aufbauen können.« Sie betrachtete wehmütig Sorkas Bronzedrachen, der völlig entspannt um den Hals des Mädchens lag und schlief, seine Beine hingen vor ihrem Oberkörper herab, und der schlaffe Schwanz reichte ihr fast bis zur Taille.

»Wenn ein Zwergdrache geboren wird, ist er so hungrig, daß er Futter nimmt, wo immer er es herbekommt«, sagte Sean betont taktlos.

»Oh, ich glaube nicht, daß ich jemanden so berauben ...«

»Angeblich sind wir hier doch alle gleich, oder nicht?« fragte Sean. »Dann haben Sie auch die gleichen Rechte wie jeder andere.«

»Gut gesagt, Kleiner«, lobte Jim Tillek. »Gut gesagt!«

»Wenn die Zwergdrachen nur ein wenig größer wären«, murmelte Pol, mehr zu sich selbst als zu den anderen, und dann seufzte er.

»Was wäre, wenn die Zwergdrachen ein wenig größer wären?« fragte Tillek.

»Dann wären sie den Wherries gewachsen.«

»Das sind sie jetzt auch!« behauptete Sean loyal und streichelte einen von seinen Braunen. Wenn er ihnen Namen gegeben hatte, so behielt er sie für sich. Er hatte ihnen beigebracht, verschiedene Pfiffe zu verstehen und sie auch zu befolgen. Sorka wagte nicht, ihn zu fragen, wie er das gemacht hatte. Nicht, daß Duke jemals ungehorsam gewesen wäre – er mußte nur erst einmal begreifen, was sie von ihm wollte.

»Vielleicht hast du recht«, sagte Pol mit leichtem Kopfschütteln.

»Man sollte nicht leichtfertig herumpfuschen. Du weißt, wie viele Versuche fehlschlagen oder zu Mißgeburten führen.« Bay lächelte, um ihren Worten den Stachel zu nehmen.

»Mißgeburt?« Sean horchte auf.

»Sie hat doch nicht dich gemeint, Dummkopf«, flüsterte Sorka.

»Warum sollte man Wesen ... äh ... manipulieren«, fragte Jim Tillek, »die es jahrhundertelang recht gut geschafft haben, sich zu verteidigen. Und jetzt auch uns.«

»Aus dem ganzen Eintopf der Schöpfung überleben nur wenige Arten, und oft sind es nicht die offensichtlich besser konstruierten oder an die Umwelt angepaßten«, erklärte Pol mit einem langen, geduldigen Seufzer. »Es erstaunt mich immer wieder, wenn ich sehe, wer das Evolutionsrennen gewinnt und der Vorfahre einer großen, neuen Gruppe wird. Ich hätte auf einem anderen Planeten nie eine Lebensform erwartet, die unseren Wirbeltieren so nahesteht wie die Wherries oder die Zwergdrachen. Aber der merkwürdigste Zufall ist doch, daß unsere Geschichtenerzähler sich so oft ein vierbeiniges Geschöpf mit zwei Flügeln ausgemalt haben, obwohl es auf der Erde niemals existierte. Hier ist es, Hunderte von Lichtjahren entfernt von den Leuten, die es sich nur vorgestellt haben.« Er deutete auf den schlafenden Duke. »Bemerkenswert. Und nicht so schlecht konstruiert wie die alten chinesischen Drachen.«

»Schlecht konstruiert?« fragte der Seemann belustigt.

»Na, sehen Sie ihn doch an. Sowohl Vordergliedmaßen als auch Flügel zu haben, ist eine Redundanz. Die Vögel auf der Erde haben ihre Vordergliedmaßen zugunsten von Flügeln aufgegeben, nur ein paar haben noch rudimentäre Klauen, wo einst die Zeigefinger waren, ehe das Glied sich zu einem Flügel entwickelte. Ich gebe zu, daß ein gewölbtes Hinterglied nützlich ist, um vom Boden abzuspringen – und die Hinterbeine der Zwergdrachen sind sehr kräftig, ihre Muskeln reichen bis zum Rücken und stützen ihn –, aber dieser lange Rücken ist verwundbar. Ich frage mich, wie sie es mit ihrem Körperbau vereinbaren können, so lange reglos aufrecht zu sitzen.« Pol betrachtete den schlafenden Duke und berührte seinen schlaffen Schwanz. »Eine leichte Verbesserung gibt es: die Ausscheidungsöffnung liegt in der Schwanzgabel anstatt darunter. Und die Nüstern und die Lungen sind rückständig, unbedingt ein Vorteil. Wir Menschen sind nämlich sehr schlecht konstruiert«, fuhr er fort, glücklich, einer gebannt lauschenden Zuhörerschaft seine Lieblingsklage vorführen zu können.

»Ich meine, Sie begreifen doch sicher, wie absurd es ist, eine Luftröhre zu haben«, – er griff sich an die Nase –, »die die Speiseröhre kreuzt.« Er berührte seinen sehr ausgeprägten Adamsapfel. »Ständig ersticken Menschen. Und einen verletzlichen Schädel: ein ordentlicher Schlag, und die Gehirnerschütterung kann zu dauernder Behinderung, wenn nicht zum Tode führen. Bei den Weganern liegt das Gehirn in einem festen Sack in der Bauchhöhle und ist gut geschützt. Ein Weganer kann nie eine Gehirnerschütterung bekommen.«

»Ich habe aber in der Mitte lieber Bauchschmerzen, als Kopfschmerzen«, scherzte Tillek. »Außerdem sind nach allem, was ich gesehen habe, ein paar andere Dinge bei den Weganern äußerst unpraktisch angelegt, besonders die Sexual- und Fortpflanzungsorgane.«

Pol schnaubte verächtlich. »Sie finden es also vernünftiger, die Spielwiese zwischen den Kloaken anzusiedeln?«

»Das habe ich nicht gesagt, Pol«, antwortete Jim mit einem hastigen Blick auf die beiden Kinder, die freilich die Erwachsenen gar nicht beachteten. »Für uns ist es aber doch etwas handlicher.«

»Und verletzlicher. Ach du meine Güte, jetzt bin ich schon wieder mitten im Dozieren. Aber es gibt unendlich viele Möglichkeiten, wie man uns Menschen entscheidend verbessern könnte ...«

»Aber das tun wir doch, nicht wahr, mein lieber Pol?« fragte Bay freundlich.

»O ja, mit den Mitteln der Kybernetik und *in vitro* können wir gewisse grobe genetische Fehler korrigieren. Sicher, wir dürfen die Mentasynthese der Eridani verwenden, obwohl ich persönlich nicht sicher bin, ob unsere Reaktion darauf ein Segen ist oder nicht. Die Leute fühlen sich zu sehr in ihre Versuchstiere ein. Aber natürlich können wir dank der Gesetze, die die Fraktion Reinrassiger Menschen erzwungen hat, um drastische Veränderungen auszuschließen, noch nicht viel machen.«

»Wer würde das auch wollen?« fragte Tillek stirnrunzelnd.

»Wir bestimmt nicht«, versicherte Bay ihm hastig. »Dafür besteht auf dieser Welt kein Bedarf. Aber ich finde manchmal, die Fraktion Reinrassiger Menschen hat einen Fehler gemacht, als sie sich gegen Veränderungen stellte, die es den Menschen gestattet hätten, auf den Wasserwelten in Ceti IV zu leben. Lungen gegen Kiemen auszutauschen und Schwimmhäute an Händen und Füßen zu erzeugen, ist keine so entscheidende und gotteslästerliche Veränderung. Der Foetus durchläuft *in utero* eine ähnliche Phase, und es gibt stichhaltige Gründe für die Annahme, daß in der Vergangenheit auch die Erwachsenen noch viel mehr an das Leben im Wasser angepaßt waren. Man muß sich nur vorstellen, wie viele Planeten dem Menschen offenstünden, wenn wir uns nicht auf Landgebiete beschränken müßten, die unseren Anforderungen in bezug auf Schwerkraft und Atmosphäre entsprechen! Es wäre ja schon ein Fortschritt, wenn wir spezielle Enzyme für einige der gefährlicheren Gase herstellen könnten. Die Zyanide haben uns schon so viele Planeten verschlossen. Warum ...« Sie rang die Hände, weil ihr die Worte fehlten.

Sean beobachtete die beiden Spezialisten mit einigem Argwohn.

»Lagerfeuergeschwätz«, erklärte Sorka weise. »Das ist nicht ernst gemeint.«

Sean schnaubte verächtlich, rückte vorsichtig seine zwei Braunen zurecht und erhob sich. »Ich möchte morgen aufstehen, ehe es hell wird. Das ist die beste Zeit, um die Zwergdrachen beim Fressen zu erwischen und zu sehen, wer die Nester bewacht.«

»Ich auch«, sagte Sorka und stand auf.

Tillek hatte weit über der Hochwasserlinie Hütten errichtet, als Schutz gegen plötzliche Windstöße, wie sie für den Frühsommer offenbar charakteristisch waren. Die Schlafsäcke waren innen mit Thermodecken ausgekleidet, und Sorka kroch dankbar hinein. Ohne aufzuwachen, paßte sich Duke ihrer neuen Stellung an. Das Einschlafen fiel ihr nicht schwer, denn der Strand schien eine Weile unter ihr zu schwanken und die Bewegung der Wellen nachzuahmen.

Ein kleines, warnendes Zirpen von Duke weckte sie. Die Erwachsenen schnarchten, aber als ihre Augen sich an die frühmorgendliche Dunkelheit gewöhnt hatten, sah sie, wie Sean sich erhob. Sie konnte undeutlich erkennen, wie er den Kopf erst zu ihr und dann nach Westen drehte. Mit kaum wahrnehmbaren Bewegungen kroch er zur erloschenen Feuerstelle, kramte leise in den Vorratssäcken und nahm mehrere Dinge heraus, die er in sein Hemd steckte.

Sorka wartete, bis er außer Sicht war, dann erhob sie sich. Sie steckte eine Schachtel mit Proviant und eine der vor dem

Abendessen gesammelten Rotfrüchte ein und hinterließ den Erwachsenen auf einem Zettel die Nachricht, sie und Sean wollten nach den Nestern sehen und würden bald nach dem Morgengrauen zurückkehren, um Meldung zu machen.

Während sie am Strand entlanglief, aß sie die Rotfrucht und spuckte dabei ein verdorbenes Stück aus, wo sich Schimmel gebildet hatte, genau wie sie früher auf der Erde Falläpfel gegessen und das Braune weggeworfen hatte. Ein kleines Stück von den beiden Nestern entfernt hatte sie kleine Häufchen aus weißen, vom Wasser glattgeschliffenen Steinen aufgeschichtet, um die Gelege finden zu können, ohne hineinzutreten. Die beiden ersten entdeckte sie auch ohne Mühe, dann eilte sie zu dem dritten, das sie für das Nest eines goldenen Zwergdrachen hielt. Am östlichen Horizont zeigte sich ein schwacher Lichtschein, und sie wollte in den Büschen versteckt sein, ehe der Tag wirklich anbrach.

Es war ein herrliches Gefühl, ganz allein in einem Teil der Welt zu sein, den noch nie ein menschlicher Fuß betreten hatte und wo keine Gefahr drohte. Sorka hatte die Protokolle und Landkarten des EV-Teams oft genug studiert, um zu wissen, daß diese unerschrockenen Leute nie an diesem Strand gewesen waren. Sie war wie verzaubert und seufzte vor Glück. Ihr alter Wunsch, einem bestimmten Platz *ihren* Namen zu geben, war durch einen anderen Traum abgelöst worden; sie wollte den schönsten Fleck auf der neuen Welt entdecken, einen wirklich einmaligen Ort, der die Menschen später auch an sie erinnern würde. Noch besser wäre es, wenn die Kolonisten den Wunsch verspürten, einen Berg, einen Fluß oder ein Tal nach Sorka Hanrahan zu benennen, weil sie irgendeine besondere Tat vollbracht hatte.

Sie war so in ihren Träumereien gefangen, daß sie fast über den Steinhügel gestolpert und in das halbvergrabene Gelege getreten wäre. Duke warnte sie gerade noch rechtzeitig mit einem Piepsen.

Sie streichelte dankbar seinen kleinen Kopf. Wenn sie etwas an Duke verändern könnte, dann würde sie ihm die Fähigkeit zu sprechen geben. Sie hatte gelernt, seine verschiedenen Laute zutreffend zu deuten, und konnte auch verstehen, was andere Zwergdrachen zu ihren Besitzern sagten, aber es wäre noch schöner, wenn sie sich mit Duke in einer gemeinsamen Sprache verständigen könnte. Jemand hatte jedoch gesagt, Wesen mit gespaltenen Zungen seien unfähig zu sprechen, und sie wollte auch auf keinen Fall, daß Duke drastisch verändert wurde – schon gar nicht seine Größe, denn dann könnte er nicht mehr so bequem auf ihrer Schulter sitzen.

Vielleicht sollte sie sich einmal mit den Meeresaufsehern unterhalten, die mit den Delphinen arbeiteten. Diese Tiere verständigten sich untereinander über komplexe Sachverhalte, und es war doch durchaus möglich daß das auch die Zwergdrachen taten. Man brauchte sich nur anzusehen, wie sie die Wherries verjagt hatten. Sogar Admiral Benden war es aufgefallen.

Bei dem Gedanken an den Helden von Cygnus fiel ihr ein, daß auch sie Vorsicht walten lassen und ihre Spuren beseitigen mußte. Die goldenen Zwergdrachen waren sehr viel klüger als die dummen grünen. Sie suchte sich einen dicht belaubten Ast und verwischte damit ihre Fußabdrücke im trockenen Sand. Dann kroch sie ins Gestrüpp und suchte sich eine Stelle, von der sie das Nest und den Strand im Blickfeld hatte, ohne von dort gesehen zu werden.

Mit dem ersten Tageslicht ertönte ein fröhlicher Morgenchor, und ein Schwarm von Zwergdrachen stieß auf den Strand herab. Nur das goldene Weibchen näherte sich dem Nest; die anderen, Braune, Bronzefarbene und Blaue, hielten taktvoll Abstand. Ihre Körper hoben sich scharf vom weißen Sand ab, und Sorka konnte sie gut beobachten. Das goldene Weibchen war das größte, es überragte die kräftigen Bronzenen um zwei Fingerspannen. Ein oder zwei Braune reichten fast an die Bronzenen heran. Die eindeutig kleineren Blauen bewegten sich mit schnellen, nervösen Schritten, wühlten im Seetang, sortierten einige Wedel aus und zerrten andere mit zufriedendem Zirpen zum Nest. Die Bronzefarbenen und Braunen schienen murmelnd und piepsend etwas zu besprechen, während sich die Blauen offenbar nur für eßbare Dinge interessierten. Jetzt wurde das Nest mit einem Seetangwall umgeben. Als es fertig war, wurden die Braunen und Bronze-

farbenen aktiv und begannen eifrig das zappelnde Meeresge-
tier zu sammeln, genau wie damals, als Duke ausgeschlüpft
war.

Mit einem herrischen Kreischen erhob sich das goldene
Weibchen vom Nest, fegte dicht über die Köpfe der Braunen
und Bronzefarbenen hinweg, schlug mit den Flügeln nach den
Blauen und raste auf das Meer zu. Die anderen folgten ihr
flink, aber mit weniger anmutigen Bewegungen, wie Sorka
fand. Sie schwebten über der sanften Brandung, stießen plötzlich mit triumphierendem Zirpen auf die Wellen hinab und
schnappten nach Fischen. Auf einmal waren sie alle verschwunden. Eben waren sie noch über dem Ozean geflattert,
im nächsten Augenblick war kein einziger Zwergdrachenkör-
per mehr am Himmel zu sehen. Sorka blinzelte verdutzt.

Dann hatte sie eine Idee: Wenn die Jungen so kurz vor dem
Ausschlüpfen standen, konnte sie doch ein Ei noch rechtzeitig
zu Bay Harkenon bringen. Wenn Bay das Junge dann fütterte,
hätte sie endlich ein eigenes Tier. Die Wissenschaftlerin war
nett und freundlich, gar nicht so verknöchert wie manche der
anderen Bereichsleiter, und sie würde einen Zwergdrachen sicher wie einen Gefährten behandeln.

Sorka überlegte nicht lange. Mit einem Satz sprang sie aus
ihrem Versteck zum Nest, packte das nächstgelegene Ei auf
dem Stapel und rannte, so schnell sie konnte, wieder ins Unterholz.

Sie war gerade verschwunden, die Äste schwankten noch,
als die Zwergdrachen zurückkamen, offenbar in noch größerer Zahl als zuvor. Die kleine Goldene landete direkt neben
den Eiern, während die Bronzefarbenen, Braunen und Blauen
hilflos zuckende Fische innerhalb des Seetangwalls ablegten.
Plötzlich setzte der Begrüßungsgesang ein, und Sorka war hin-
und hergerissen zwischen dem Wunsch, den magischen Augenblick des Ausschlüpfens zu beobachten und der Notwendigkeit, das gestohlene Ei rechtzeitig zu Bay zu bringen. Sie
hatte es unter ihren Pullover geschoben, um es zu wärmen
und zu beschützen, und jetzt spürte sie, wie es sich an ihrem
Körper bewegte.

»Keinen Laut, Duke!« zischte sie streng, als sie hörte, wie es in Dukes Brust zu grummeln begann. Sie nahm sein kleines Maul zwischen die Finger und starrte ihm fest in die Facettenaugen, die jetzt in fröhlichen Farben zu schillern begannen. »Sonst bringt sie mich um!«

Er hatte verstanden und schmiegte sich fester an sie, krallte sich mit seinen scharfen Klauen in ihr Haar und drückte sein Gesicht an ihren Zopf. Sie kroch rückwärts vom Strand weg, bis sie sich so weit entfernt hatte, daß sie aufzustehen wagte. Ranken und Äste wickelten sich um ihre Füße, als sie zu laufen begann, und schrecklich viele Dornbüsche und Nadelgewächse stellten sich ihr in den Weg. Aber sie ließ sich nicht entmutigen und stürmte weiter.

Als sie die Schreie der Zwergdrachen nicht mehr hören konnte, wandte sie sich nach Westen und kämpfte sich wieder zum Strand durch. Sie rannte über den Sand, so schnell sie konnte, ohne auf die Stiche in ihrer Seite zu achten; sie dachte nur an das Ei, das wild gegen ihre Rippen pochte. Duke kreiste über ihrem Kopf und jammerte ängstlich, aber mit gehorsam gedämpfter Stimme.

Jetzt konnte das Lager nicht mehr weit sein. War der Steinhügel, an dem sie eben vorübergekommen war, der erste oder der zweite? Sie stolperte, und Duke schrie erschrocken auf, ein schrilles, durchdringendes Kreischen, als litte er Höllenqualen; so hatten einst die Pfauen auf der Farm ihres Vaters geschrien. Der kleine Kerl stieß herab und zerrte energisch an ihrer Schulter, als könne er sie stützen.

Sein Geschrei hatte die Schläfer geweckt. Als erster rappelte sich Jim Tillek auf und machte, die Füße noch in den Schlafsack verwickelt, ein paar Schritte. Pol und Bay wurden erst munter, als sie Sorka erkannten.

Ohne Tilleks erregte Fragen und seine hilfreich ausgestreckten Hände zu beachten, stolperte Sorka auf die rundliche Mikrobiologin zu, ließ sich erschöpft auf die Knie fallen und zerrte ungeschickt an ihrem Pullover, um das Ei zu befreien, denn sie spürte, wie die Schale den ersten Riß bekam.

»Hier! Das ist für Sie, Bay!« keuchte sie, packte die Hände der erstaunten Frau und legte sie um das Ei.

Bays erste Reaktion war, es zu Sorka zurückzuschieben,

aber das Mädchen war schon auf die Vorratssäcke zugestürzt und bemühte sich verzweifelt, ein Paket mit Proteinriegeln zu öffnen und einen davon in winzige Stücke zu brechen.

»Es reißt auf, Sorka. Pol! Was soll ich machen? Es bekommt überall Sprünge!« rief Bay unsicher.

»Es gehört Ihnen, Bay, ein Tier, das nur Sie lieben wird«, keuchte Sorka und kam mit vollen Händen zurückgetaumelt. »Er schlüpft gerade aus. Es wird Ihnen gehören. Hier, füttern Sie es damit. Pol, Kapitän, suchen Sie unter dem Seetang nach Futter. Spielen Sie Bronzedrachen. Passen Sie auf, wie Duke das macht.«

Duke zerrte begeistert zirpend einen riesigen Seetangast von der Hochwasserlinie her.

»Sie müssen den Seetang bündeln, Pol«, sagte Tillek Augenblicke später und zeigte es ihm.

»Es ist offen!« schrie Bay, halb ängstlich und halb entzückt. »Da ist ein Kopf! Sorka! Was soll ich jetzt tun?«

Zwanzig Minuten später fielen die ersten Sonnenstrahlen auf das müde, aber aufgeregte Quartett. Bay wiegte mit seligem, ungläubigem Lächeln einen reizenden goldenen Zwergdrachen auf dem Unterarm. Der Kopf lag wie ein Schmuckstück auf ihrem Handrücken, die Vorderarme umfaßten locker ihr Handgelenk. Der dick angeschwollene Bauch wurde von Bays gut gepolstertem Arm gestützt, die Hinterbeine hingen an beiden Seiten des Ellbogens herab, und der Schwanz war lose um ihren Oberarm geschlungen. Ein leichtes Geräusch, fast wie ein Schnarchen, war zu hören. Von Zeit zu Zeit streichelte Bay das schlafende Wesen. Staunend betrachtete sie die weiche Haut, die kräftigen und doch zierlichen Klauen, die durchsichtigen Flügel und den kräftigen Schwanz des Neugeborenen. Immer wieder fand sie etwas Neues, das ihr Entzücken erregte.

Jim Tillek schürte das Feuer und brachte etwas Warmes zu trinken, denn vom Meer her wehte ein kühler Wind.

»Ich glaube, wir sollten zum Nest zurückgehen, Pol«, sagte Sorka, »um zu sehen, ob ... ob ...«

»Einige es nicht geschafft haben?« ergänzte Jim. »Erst mußt du etwas essen.«

»Aber dann ist es zu spät.«

»Wahrscheinlich ist es jetzt schon zu spät, kleines Fräulein«, erklärte Jim entschieden. »Es war schon eine großartige Leistung, daß du uns die goldene Echse gebracht hast. Das ist die höchste Form der Gattung, nicht wahr?«

Pol nickte und betrachtete scheinbar gelassen Bays schlafenden Schützling. »Ich glaube, von den Biologen hat noch niemand so ein Exemplar. Ironie des Schicksals.«

»Die eigenen Leute sind immer die letzten, wie?« fragte Jim und zog spöttisch die Augenbrauen hoch, grinste aber dabei. »Ach, wen haben wir denn da?« Er zeigte mit seiner langen Kochgabel auf die Gestalt, die von Westen herangestapft kam. »Er hat etwas bei sich. Kannst du es mit deinen jungen Augen besser erkennen, Sorka?«

»Vielleicht bringt er noch mehr Eier, dann bekommen Pol und Jim auch eines.«

»Für so uneigennützig halte ich Sean eigentlich nicht, Sorka«, bemerkte Pol trocken. Sie errötete. »Nein, nein, Kind, das soll keine Kritik sein. Es hat eben nicht jeder die gleiche Einstellung und das gleiche Temperament.«

»Er trägt etwas, es ist größer als ein Ei, und seine beiden Drachen sind sehr aufgeregt. Nein«, verbesserte sich Sorka, »sie sind verstört!«

Duke stellte sich auf ihrer Schulter auf die Hinterbeine und stieß einen schrillen Klageschrei aus. Sie spürte, wie er in sich zusammensackte, als er eine Antwort erhielt, und dann ließ er ein leises Jammern hören, fast ein Schluchzen, dachte sie und griff hinauf, um ihn zu streicheln. Er schmiegte sich an ihre Hand, als sei er dankbar für ihr Mitgefühl. Sie spürte die Spannung in seinem kleinen Körper, seine Klauen krallten sich heftig in ihren Pullover. Wieder einmal war sie froh, daß ihre Mutter das Gewebe verstärkt hatte, denn sonst hätte er ihr die Haut aufgerissen. Sie drehte den Kopf und rieb ihre Wange an seiner Seite.

Alle Augen waren auf Sean gerichtet, der nun ganz nahe war. Bald konnte man erkennen, daß das Bündel in seinen Händen aus Schichten von breiten Blättern bestand, die mit grünen Kletterranken fest zusammengebunden waren. Er spürte die forschenden Blicke, und er sah müde und, wie Sorka fand, traurig aus. Er ging direkt auf die beiden Wissenschaftler zu und legte sein Bündel behutsam vor Pol ab.

»Bitte sehr. Zwei. Einer ist fast unversehrt. Und ein paar von den grünen Eiern. Ich mußte beide Nester absuchen, um welche zu finden, die nicht von den Schlangen ausgesaugt waren.«

Pol legte eine Hand auf das Bündel. »Danke, Sean. Ich danke dir sehr. Sind die zwei – aus dem Gelege einer Goldenen oder einer Grünen?«

»Natürlich aus einem goldenen«, sagte Sean verächtlich. »Grüne schlüpfen selten aus. Die Schlangen hatten sie schon angefressen. Ich kam gerade noch rechtzeitig.« Er sah Sorka fast herausfordernd an.

Sie wußte nicht, was sie sagen sollte.

»Genau wie Sorka«, bemerkte Jim Tillek stolz und nickte zu Bay hin.

Erst jetzt sah Sean den schlafenden Zwergdrachen. Überraschung, Bewunderung und Ärger zuckten schnell hintereinander über sein Gesicht, dann ließ er sich unvermittelt zu Boden plumpsen.

Sorka wagte nicht, ihm in die Augen zu sehen. »Du warst besser als ich«, hörte sie sich sagen. »Du hast das mitgebracht, was wir besorgen sollten. Ich nicht.«

Sean knurrte etwas, ohne eine Miene zu verziehen. Über seinem Kopf tauschten seine Braunen mit ihrem Bronzefarbenen in einem Schnellfeuer von Pieps-, Zirp- und Murmellauten Neuigkeiten aus. Dann schwebten sie herab, legten sich auf den Boden und ließen sich mit angelegten Flügeln von der Sonne wärmen.

»Essen ist fertig«, sagte Jim Tillek und begann, die Teller zu füllen. Es gab gebratenen Fisch und eine Obstart, die durch das Kochen genießbar wurde.

»Nun, Ongola, was gibt es Neues?« fragte Paul Benden. Emily Boll verteilte ein wenig von Bendens kostbarem Brandy auf drei Gläser und reichte sie herum, dann nahm auch sie Platz. Ongola nutzte die Zeit, um seine Gedanken zu ordnen. Die drei hatten sich wie schon oft im Wetterbeobachtungsturm neben der Landebahn getroffen, die jetzt nur noch von den Schlitten und einer einzigen, zum Frachttransporter umgebauten und so selten wie möglich benützten Fähre angeflogen wurde.

Der Admiral und die Gouverneurin hatten von Natur aus eine helle Haut, aber jetzt waren sie beide fast so braun wie Ongola. Alle drei hatten schwer gearbeitet, in den Feldern, in den Bergen und auf dem Meer, und sich an allen Unternehmungen der Kolonie aktiv beteiligt.

Sobald die Kolonisten das ihnen zustehende Land in Besitz genommen und Landing damit seinen Zweck erfüllt hatte, sollten die bisherigen Führer die Rolle von Beratern einnehmen, die nicht mehr Befehlsgewalt besaßen als die anderen Grundbesitzer. Der Rat sollte regelmäßig zusammentreten, um allgemeine Themen zu besprechen und Mißstände abzustellen, die die gesamte Kolonie betrafen. Einmal im Jahr sollten in einer Generalversammlung demokratisch die Entscheidungen gefällt werden, die der Zustimmung aller bedurften. Richterin Cherry Duff sprach in Landing Recht und sollte als Anlaufstelle für Beschwerden und Streitfälle fungieren. Nach der Verfassung von Pern waren Konzessionäre wie Kontraktoren auf ihrem eigenen Besitz gleichermaßen autonom. Das mochte idealistisch gedacht sein, aber, wie Benden wiederholt betonte, gab es ausreichend Land und Bodenschätze, um allen genügend Spielraum zu gewähren.

Bisher war nur vereinzelt über Joel Lilienkamps Methoden bei der Verteilung von Vorräten und Material aus dem Magazin gemurrt worden. Alle wußten, daß die mitgebrachten Vorräte irgendwann erschöpft sein würden und sie lernen mußten, mit dem auszukommen, was sie hatten, Dinge mit eigenen Mitteln zu ersetzen oder mit den jeweiligen Handwerkern zu tauschen. Viele Leute waren stolz auf ihr Improvisationstalent, und alle gingen mit unersetzlichen Werkzeugen und Maschinen pfleglich um.

Dank der wöchentlich stattfindenden inoffiziellen Treffen und der monatlichen Massenversammlungen, bei denen über die meisten Verwaltungsangelegenheiten demokratisch abgestimmt wurde, lief in der Kolonie alles reibungslos. Bei einer der ersten Massenversammlungen war ein Schiedskomitee bestimmt worden, dem drei ehemalige Richter, zwei frühere Gouverneure und vier Nichtjuristen angehörten. Sie alle sollten dieses Amt zwei Jahre lang innehaben. Das Komitee sollte Beschwerden nachgehen und Streitigkeiten schlichten, die etwa beim Abstecken von Parzellen oder bei vertraglichen Unklarheiten entstehen mochten. Die Kolonie verfügte über vier ausgebildete Juristen und zwei Rechtsanwälte, aber man hoffte, daß sie nur höchst selten in Anspruch genommen werden müßten.

»Kein Streit ist so erbittert, daß er nicht von einem Gremium von Unparteiischen oder von einer Gruppe Gleichgestellter geschlichtet werden könnte«, hatte Emily Boll bei einer der ersten Massenversammlungen, an denen alle einschließlich der schlafenden Säuglinge teilnahmen, die Kolonisten beschworen. »Die meisten von euch haben den Krieg am eigenen Leibe erfahren.« Sie hatte eine dramatische Pause eingelegt. »Zermürbungskriege zu Land und zu Wasser, schreckliche Vernichtungskriege direkt im Weltraum. Pern ist weit, weit weg von jenen alten Schlachtfeldern. Ihr seid hier, weil ihr euch nicht von den territorialen Machtgelüsten anstecken lassen wolltet, die die Menschen seit Anbeginn der Zeiten wie eine Seuche plagen. Wenn man einen ganzen Planeten mit den verschiedensten herrlichen Landschaften zur Verfügung hat, der Reichtum für alle verspricht, dann besteht kein Anlaß mehr, dem Nächsten seinen Besitz zu neiden. Steckt eure Parzellen ab, baut eure Häuser, lebt in Frieden mit den anderen und helft uns, diese Welt zu einem wahren Paradies zu machen.«

Ihre kraftvolle, wohlklingende Stimme und die aufrichtigen, leidenschaftlichen Worte hatten an jenem wunderbaren Abend alle angespornt, diesen Traum zu erfüllen. Emily Boll war freilich auch Realistin und wußte sehr wohl, daß es unter jenen, die ihr so höflich zugehört hatten, um ihr dann mit lautem Jubel zu applaudieren, auch Andersdenkende gab. Avril, Lemos, Nabol, Kimmer und eine Handvoll anderer waren bereits als potentielle Störenfriede identifiziert. Aber Emily hoffte inständig, die Dissidenten würden mit ihrem neuen

Leben auf Pern so beschäftigt sein, daß sie wenig Zeit, Energie oder auch Gelegenheit haben würden, sich mit Intrigen zu befassen.

In die Verfassung und die Verträge war auch das Recht mit aufgenommen worden, gegen die Unterzeichner bei ›Verstößen gegen das Gemeinwohl‹ disziplinarische Maßnahmen zu ergreifen. Solche Verstöße mußten allerdings erst noch definiert werden.

Emily und Paul hatten sich nicht einigen können, ob eine Notwendigkeit für einen Gesetzeskodex bestand. Paul Benden vertrat den Standpunkt, die Strafe müsse sich am Vergehen orientieren und den Missetätern und jenen, die häufig Ruhe und Ordnung einer Gemeinde störten, eine heilsame Lehre erteilen. Er war auch dafür, daß solche Strafen sofort und in aller Öffentlichkeit verhängt wurden, um die Schuldigen zu beschämen. Sie sollten verpflichtet werden, gewisse unangenehme Aufgaben zu übernehmen, die für das Funktionieren der Kolonie erforderlich waren. Bisher war diese primitive Form der Rechtsprechung ausreichend gewesen.

Inzwischen wurden eine Reihe von Leuten weiterhin unauffällig überwacht, und Paul und Emily trafen sich von Zeit zu Zeit mit Ongola, um die allgemeine Moral in der Gemeinschaft und jene Probleme zu besprechen, die besser nicht in die Öffentlichkeit gelangten. Der Admiral und die Gouverneurin hielten es auch für wichtig, ständig für alle Kolonisten erreichbar zu sein, denn sie hofften, auf diese Weise kleine Mißhelligkeiten aus der Welt schaffen zu können, ehe sie sich zu ernsthaften Problemen auswuchsen. So hielten sie an sechs Tagen der offiziell verfügten Siebentagewoche ›Bürostunden‹ ab.

»Wir sind vielleicht nicht im überlieferten Sinne des Wortes religiös, aber es ist vernünftig, Mensch und Tier einen Ruhetag zu gönnen«, verkündete Emily in der zweiten Massenversammlung. »Die Bibel der Judäer, die einigen alten religiösen Sekten auf der Erde als Richtschnur diente, enthält eine Menge vernünftiger Vorschläge für eine ländliche Gemeinschaft und einige moralische und ethnische Traditionen, die man durchaus beibehalten sollte« – sie hob eine Hand und lächelte freundlich – »aber ohne jeden Fanatismus! Den haben wir zusammen mit dem Krieg auf der Erde zurückgelassen!«

Obwohl die beiden Führer wußten, daß selbst diese lockere Form einer demokratischen Regierung unhaltbar sein würde, sobald die Siedler Landing verlassen und sich auf ihre eigenen Besitzungen begeben hatten, hofften sie, daß ihnen bis dahin bestimmte Dinge in Fleisch und Blut übergegangen sein würden. Die ersten amerikanischen Pioniere, die den Westen des Landes erschlossen hatten, hatten einen starken Drang nach Unabhängigkeit besessen, aber gegenseitige Hilfe war selbstverständlich gewesen. Die später in Australien und Neuseeland entstandenen Gemeinden hatten trotz tyrannischer Gouverneure und trotz ihrer Isolation charakterfeste, einfallsreiche und unglaublich anpassungsfähige Menschen hervorgebracht. Auf der ersten internationalen Mondbasis waren diese Fähigkeiten – Unabhängigkeit, Zusammenarbeit und Einfallsreichtum – noch weiter ausgebaut worden. Die ersten Siedler auf First waren größtenteils Nachfahren von erfinderischen Bergleuten auf dem Mond und im Asteroidengürtel gewesen, und zur Kolonie auf Pern gehörten viele Abkömmlinge jener früheren Pioniere.

Paul und Emily schlugen vor, einmal im Jahr sollten so viele Leute von den abgelegenen Siedlungen wie möglich zusammenkommen, um die Grundsätze der Kolonie neu zu bekräftigen, Fortschritte zu registrieren und zur Lösung allgemeiner Probleme viele Ideen zu sammeln. Weiterhin bot ein solches Treffen Gelegenheit, Handel zu treiben und Feste zu feiern. Cabot Francis Carter, einer der Juristen, hatte angeregt, ein bestimmtes Gebiet in der Mitte des Kontinents als Zentrum für diese jährlichen Zusammenkünfte auszuweisen.

»Es wäre die beste aller möglichen Welten«, hatte Cabot mit seiner einschmeichelnden Baßstimme verkündet, mit der er schon so manchen Obersten Gerichtshof auf der Erde und auf First zu Tränen gerührt hatte. Emily hatte einmal zu Paul geäußert, Cabot sei eigentlich der unwahrscheinlichste Konzessionär, den man sich denken könne, aber seine Juristenvereinigung hatte die Verfassung aufgesetzt und erreicht, daß sie den ganzen Instanzenweg durchlief und vom KVR-Rat ratifiziert wurde. »Vielleicht läßt sie sich nicht auf Pern verwirklichen. Aber wir können es, verdammt noch mal, versuchen!«

Allein mit Emily und Ongola, mußte Pol an diese aufrüttelnde Herausforderung denken, während er an seinen langen schwieligen Fingern Namen abzählte. »Und deshalb sollten wir Leute wie Bitra, Tashkovich, Nabol, Lemos, Olubushtu, Kung, Usuai und Kimmer weiterhin überwachen, meine ich. Im Verhältnis zu unserer Gesamtbevölkerung ist die Liste glücklicherweise nicht sehr lang. Kenjo zähle ich nicht dazu, weil er absolut keine Verbindung zu den anderen zu haben scheint.«

»Es gefällt mir trotzdem nicht. Geheime Überwachung, das riecht zu sehr nach den Praktiken, derer sich andere Regierungen in schwierigeren Zeiten bedienten«, sagte Emily grimmig. »Ich finde, es entwürdigt mich selbst und mein Amt, mit solchen Methoden zu arbeiten.«

»Es ist doch nicht entwürdigend, wenn man weiß, wer gegen einen ist«, hielt Paul dagegen. »Nachrichtendienste haben sich noch immer als unschätzbare Hilfe erwiesen.«

»In Revolutionen, Kriegen, bei Machtkämpfen, ja, aber nicht hier auf Pern.«

»Hier nicht weniger als sonstwo in der Galaxis, Em«, gab Paul heftig zurück. »Die Menschheit, ganz zu schweigen von den Nathi und in gewissem Maße auch den Eridani, hat auf vielerlei Weise bewiesen, daß Habgier ein allgemein verbreiteter Charakterzug ist. Ich bin nicht der Meinung, daß der Überfluß auf Pern daran etwas ändert.«

»Laßt doch diesen fruchtlosen alten Streit, Freunde!« mahnte Ongola mit seinem weisen, traurigen Lächeln. »Man hat bereits die erforderlichen Schritte unternommen, um die Gig funktionsunfähig zu machen. Ich habe auf Ihren Rat hin« – er nickte Paul zu – »aus der Gig mehrere kleine, aber notwendige Teile des Zündsystems entfernt, deren Fehlen sich frühzeitig bemerkbar machen würde, und im Steuermodul zwei blinde Chips eingesetzt, was nicht gleich ins Auge fällt.« Er deutete zum Fenster hinaus. »Schlitten dürfen überall auf der Landebahn parken, dadurch wird die Gig wirksam, aber unauffällig am Start gehindert. Aber ich weiß wirklich nicht, warum sie starten sollte.«

Paul Benden zuckte zusammen, und die beiden anderen wandten den Blick ab, denn sie wußten, daß er sich auf der Reise hierher unklugerweise zu sehr und zu lange mit einer gewissen Dame eingelassen hatte.

»Nun, ich würde mir größere Sorgen machen, wenn Avril über Kenjos Treibstoffhort Bescheid wüßte«, sagte Paul. »Telgars Zahlen zeigen, daß dort eine halbe Tankfüllung für die *Mariposa* bereitstünde.« Er verzog das Gesicht. Es war ihm schwergefallen zu glauben, daß Kenjo Fusaiyuki so viel Treibstoff beiseite geschafft haben sollte. Allein das Ausmaß des Diebstahls und besonders die Risiken, die Kenjo während all dieser treibstoffsparenden Fährenflüge erfolgreich eingegangen war, erfüllten ihn mit widerwilliger Bewunderung, auch wenn er das Motiv nicht begriff.

»Avril beehrt uns so selten mit ihrer Gesellschaft, daß ich nicht befürchte, sie könnte den Hort entdecken«, sagte Emily mit einem spöttischen Lächeln. »Außerdem habe ich Lemos, Kimmer und Nabol verschiedenen Sektionen zugewiesen, wo sie nur selten Gelegenheit haben, hierher zurückzukehren. ›Teile und herrsche‹, hat einmal ein Mann gesagt.«

»Sehr unpassend, Emily«, entgegnete Paul grinsend.

»Falls, und ich betone, wie unwahrscheinlich das ist«, begann Ongola mit erhobenem Zeigefinger, »Avril Kenjos gestohlenen Treibstoff entdecken und verwenden sowie die fehlenden Teile finden und unbemerkt mit der Gig von hier starten sollte, hätte sie nur einen halbvollen Tank. Damit könnte sie nicht das letzte aus dem Schiff herausholen. Ehrlich gesagt, ich würde ihr und ihrem Begleiter, wem diese Ehre auch immer zuteil wird, keine Träne nachweinen. Ich glaube, wir machen uns um die Sache zu viele Gedanken. Die seismologischen Berichte aus dem östlichen Archipel sind weit besorgniserregender. Der Young Mountain raucht wieder und scharrt ungeduldig mit den Füßen.«

»Ganz meine Meinung.« Paul war nur zu gern bereit, sich diesem dringenderen Problem zuzuwenden.

»Ja, aber zu welchem Zweck hat Kenjo so viel Treibstoff

abgezweigt?« wollte Emily wissen. »Diese Frage habt ihr mir noch nicht beantwortet. Warum sollte er seine Fahrgäste und seine Ladung in Gefahr bringen? Dabei ist er doch ein wirklich überzeugter Kolonist! Er hat sich sogar schon seine Parzelle ausgesucht.«

»Ein Pilot mit Kenjos Fähigkeiten hat gar nichts riskiert«, antwortete Paul ruhig. »Seine Fährenflüge verliefen ohne Zwischenfälle. Ich weiß, daß Fliegen sein Leben ist.«

Ongola sah den Admiral etwas überrascht an. »Hat er denn noch immer nicht genug davon?«

Paul lächelte verständnisvoll. »Kenjo nicht. Ich kann ihm sehr gut nachfühlen, daß es für ihn ein Abstieg ist, nur einen Motorschlitten zu fliegen, ein Prestige-, ein Gesichtsverlust, wenn man bedenkt, welche Maschinen er vorher hatte und wo er überall gewesen ist. Du sagst, er hat sich seinen Besitz ausgesucht, Emily? Wo?«

»In der Gegend, die mittlerweile als das Asowsche Meer bezeichnet wird, so weit weg von Landing wie nur möglich, aber auf einer recht hübschen Hochebene, den Sondendaten nach zu urteilen«, antwortete Emily. Sie hoffte, daß die Sitzung bald zu Ende sein würde. Pierre hatte ihr ein besonderes Essen versprochen, und sie schätzte diese ruhigen Mahlzeiten zu zweit inzwischen viel mehr, als sie das je für möglich gehalten hätte.

»Wie, zum Teufel, will Kenjo die vielen Tonnen Treibstoff dort hinschaffen?«

»Das werden wir wohl abwarten müssen«, antwortete Ongola mit einem schwachen Lächeln. »Es steht ihm ebenso wie jedem anderen zu, seine Habe mit Motorschlitten zu transportieren, und er hat mit den Arbeitstrupps in der Ausgabestelle ausgedehnte Verhandlungen geführt. Soll ich mich mal bei Joel erkundigen, was er alles angefordert hat?«

Emily warf Paul einen schnellen Blick zu, aber der stand unerschütterlich zu Kenjo. »Na schön, ich mag keine ungelösten Rätsel. Ich hätte gerne irgendeine Erklärung, und ich glaube, Paul, dir geht es ähnlich.« Als Benden zögernd nickte, erbot sich Emily, mit Joel Lilienkamp zu sprechen.

»Womit wir wieder bei diesem dritten Erdstoß wären«, sagte Paul Benden. »Wie geht es mit der Abstützung der Lagerhallen im Magazin und des Gebäudes mit den Medikamenten voran? Wir können es uns nicht leisten, diese unersetzlichen Dinge zu verlieren.«

Ongola sah in seinen Notizen nach. Seine kühne, eckige Schrift wirkte aus Emilys Blickwinkel wie die Verzierungen in alten Manuskripten. Alle drei hatten, ebenso wie die meisten Bereichsleiter, demonstrativ auf die Sprachprozessoren verzichtet. Die Energiezellen konnten zwar aufgeladen werden, aber nicht unbegrenzt, und mußten wesentlichen Dingen vorbehalten bleiben, deshalb wurde nun allenthalben die Kunst des Schreibens wiederentdeckt.

»Die Arbeit ist nächste Woche beendet. Das seismische Netz wurde bis zu dem tätigen Vulkan im östlichen Archipel und bis zum Drake-See ausgedehnt.«

Paul schnitt eine Grimasse. »Sollen wir ihm das durchgehen lassen?«

»Warum nicht?« grinste Emily. »Niemand hat Einwände erhoben. Drake hat den See als erster entdeckt. Wenn dort eine Siedlung entstünde, hätte sie reichlich Platz, um sich auszudehnen, und genügend Industrie für ihren Lebensunterhalt.«

»Ist dieser Punkt für die Abstimmung vorgesehen?« fragte Paul, nachdem er genüßlich einen Schluck Brandy getrunken hatte.

»Nein«, sagte Ongola wieder mit dem Anflug eines Lächelns. »Drake ist noch dabei, Stimmen zu werben. Er will keine Opposition, und inzwischen hat er auch jeden niedergeredet, der vielleicht dagegen gewesen wäre.«

Paul schnaubte verächtlich, und Emily verdrehte in gespielter Verzweiflung die Augen. Dann betrachtete Paul nachdenklich den Rest Brandy in seinem Glas. Während Emily zum nächsten Punkt ihrer informellen Tagesordnung überging, nahm er noch einen Schluck, den er lange im Mund behielt, um das Getränk, das bald zur Neige gehen würde, gründlich auszukosten. Quikal war zwar trinkbar, und er verschmähte es auch nicht, aber für seinen verwöhnten Gaumen war es zu scharf.

»Allgemein gesehen machen wir gute Fortschritte«, sagte Emily energisch. »Ihr habt sicher gehört, daß einer von den

Delphinen gestorben ist, aber die Gruppe hat Olgas Tod erstaunlich gelassen aufgenommen. Nach allem, was Ann Gabri und Efram sagten, hatten sie mit mehr Ausfällen gerechnet. Olga war offenbar«, fügte sie grinsend hinzu, »älter, als sie zugab, aber sie hatte ihr letztes Kalb nicht allein ins Ungewisse ziehen lassen wollen.«

Alle drei lachten leise und hoben mit Paul die Gläser, als er einen Trinkspruch auf die Mutterliebe ausbrachte.

»Sogar unsere ... Nomaden ... haben sich eingelebt«, fuhr Emily nach einem Blick auf ihren Notizblock fort. »Oder sind vielmehr ausgeschwärmt.« Sie klopfte mit dem Bleistift auf den Block; handschriftliche Notizen waren noch immer ungewohnt, aber sie gab sich alle Mühe, sich an die altertümlichen Gedächtnishilfen zu gewöhnen. Das einzige mit der Stimme zu aktivierende Gerät, das noch existierte, war der Akustikkoppler von Pern zu den Datenspeichern auf der *Yokohama*, aber er wurde kaum noch benützt. »Die Nomaden haben ziemliche Mengen an Kleiderstoff angefordert, aber wenn die Vorräte erschöpft sind, ist Schluß damit, dann müssen sie sich selbst welche herstellen oder sie eintauschen wie wir anderen auch. Wir haben alle Lagerplätze ausfindig gemacht. Selbst zu Fuß kann das Kontingent der Tuareg erstaunliche Entfernungen zurücklegen, aber jetzt lagern sie erst einmal in zwei getrennten Sektoren.«

»Schließlich haben sie ja einen ganzen Planeten, auf dem sie sich verlieren können«, sagte Paul begeistert. »Haben sie sonst irgendwie Schwierigkeiten gemacht, Ongola?«

Der dunkelhäutige Mann schüttelte den Kopf und senkte die Lider über seine tiefliegenden Augen. Er war angenehm überrascht, wie reibungslos sich die Nomaden in das Leben auf Pern eingefügt hatten. Jeder Stamm schickte jede Woche einen Vertreter zu den Veterinärschuppen. Die zweiundvierzig Stuten, die die Kolonisten im Kälteschlaf mitgebracht hatten, waren ausnahmslos tragend, und die Führer der Nomaden hatten sich wohl oder übel damit abgefunden, daß sich ein Fohlen auf Pern nicht anders als auf der Erde bis zur Geburt elf Monate Zeit ließ.

»So lange die Tierärzte den Humor behalten, ist es ja gut.

Aber Red Hanrahan versteht sie offenbar und kann mit ihnen umgehen.«

»Hanrahan? Hat nicht seine Tochter die Zwergdrachen gefunden?«

»Sie und ein Junge, einer von den Fahrensleuten«, antwortete Ongola. »Sie haben auch die Kadaver besorgt, mit denen sich die Bios jetzt so eifrig beschäftigen.«

»Die Tierchen könnten nützlich sein«, sagte Benden.

»Das sind sie schon«, fügte Emily resolut hinzu.

Ongola lächelte. Eines Tages, dachte er, würde er ein Nest finden, das kurz vor dem Ausschlüpfen stand, und dann würde auch er eines dieser reizenden, freundlichen, fast intelligenten Wesen als Haustier bekommen. Er hatte einmal Delphinisch gelernt, aber seine Angst, unter Wasser zu ersticken, niemals so weit überwinden können, um richtig an ihrer Welt teilzuhaben. Er brauchte freien Raum um sich. Auf der Reise nach Pern, während einer langen gemeinsamen Wache mit Paul, hatte der Admiral ihm des langen und breiten erklärt, daß die Gefahren des Tiefraums für das menschliche Leben noch sehr viel bedrohlicher seien als die der Tiefsee.

»Im Wasser gibt es zwar keine Luft«, hatte Paul gesagt, »aber es enthält Sauerstoff, und wenn der Widerstand der Fraktion der Reinrassigen gegen die genetische Veränderung von Menschen einmal gebrochen ist, falls es dazu jemals kommt, wird es Menschen geben, die ohne künstliche Hilfsmittel schwimmen können. Im Weltraum gibt es dagegen keine Spur von Sauerstoff.«

»Aber im Weltraum ist man gewichtslos. Das Wasser drückt einen hinunter. Man spürt es.«

»Wehe, wenn man den Weltraum spürt«, hatte Paul gelacht, aber nicht weiter auf seiner Ansicht beharrt.

»Und jetzt zu erfreulicheren Dingen«, sagte Paul. »Wie viele Eheverträge sollen morgen beurkundet werden?«

Lächelnd blätterte Emily in ihrem Notizblock weiter bis zum nächsten siebenten Tag, denn dies war der übliche Termin für solche Feierlichkeiten geworden. Um das Genreservoir der nächsten Generation zu vergrößern, gestattete die Verfassung Verbindungen von unterschiedlicher Länge, wobei vorrangig der Unterhalt einer schwangeren Frau und dann die ersten Jahre des aus der Verbindung hervorgegangenen Kindes gesichert werden mußten. Künftige Partner konnten sich aussuchen, welche Bedingungen ihnen zusagten, aber es gab schwere Strafen bis hin zum Verlust sämtlicher Parzellen, wenn man einen vereinbarten und vor der erforderlichen Zahl von Zeugen unterschriebenen Kontrakt nicht erfüllte.

»Drei!«

»Es läßt nach«, bemerkte Paul.

»Ich habe meine Pflicht erfüllt«, sagte Ongola mit einem vielsagenden Blick auf die beiden Führer, die immer noch solo waren.

Ongola hatte Sabra Stein so geschickt umworben, daß nicht einmal seine engsten Freunde bemerkt hatten, was vor sich ging, bis vor sechs Wochen die Namen der beiden auf dem Heiratsplan erschienen waren. Sabra war sogar schon schwanger, was Paul zu der Bemerkung veranlaßt hatte, die große Kanone schieße nicht mit Übungsmunition. Mit seinen zweideutigen Scherzen hatte er freilich nur seine Erleichterung verbergen wollen, denn er wußte, daß Ongola immer noch um die Frau und die Familie seiner Jugend trauerte. Sein Haß auf die Nathi und sein unstillbarer Rachedurst hatten Ongola den Krieg überstehen lassen. Lange Zeit hatte Paul befürchtet, sein bester Adjutant und geschätzter Raumschiffkommandant würde auch in friedlicheren Zeiten nicht imstande sein, diesen verzehrenden Haß zu überwinden.

»Emily, hat Pierre schon zugestimmt?« fragte Ongola, und ein wissendes Lächeln erhellte sein Gesicht, das auch im Glück seinen finsteren Ausdruck nicht ganz verloren hatte.

Emily war verblüfft, denn sie hatte gedacht, sie und Pierre seien äußerst diskret gewesen. Aber in letzter Zeit war ihr selbst aufgefallen, daß sie öfter lächelte und häufig ohne ersichtlichen Grund in einem Gespräch den Faden verlor.

Sie und Pierre waren ein ungewöhnliches Paar, aber das allein machte die Sache schon reizvoll. Ihre Beziehung hatte ganz unerwartet etwa in der fünften Woche nach der Landung begonnen, als Pierre sie nach ihrer Meinung zu einem nur aus einheimischen Zutaten bereiteten Schmorgericht gefragt hatte.

Er hatte es übernommen, die gesamte Bevölkerung auf Pern zu verpflegen, und in Anbetracht der vielen unterschiedlichen Geschmacksrichtungen und Diätvorschriften machte er seine Sache ihrer Ansicht nach ausgezeichnet. Dann hatte Pierre de Courci angefangen, ihr besondere Gerichte zu servieren, wenn sie im großen Speisesaal aß, und schließlich hatte er ihr persönlich den bestellten Imbiß gebracht, wenn sie, was häufig vorkam, in der Mittagspause durcharbeiten mußte.

»Wenn ich egoistisch wäre, würde ich seine Kochkünste ganz für mich allein beanspruchen«, antwortete sie. »Vergeßt bitte nicht, daß ich über das gebärfähige Alter hinaus bin, da habt ihr Männer es besser. Was ist, Paul? Wirst du auch deine Pflicht tun?« Emily wußte, daß ihr Ton ein wenig bissig klang, weil sie neidisch war. Keines ihrer inzwischen erwachsenen Kinder hatte sie auf dieser Reise ohne Wiederkehr begleiten wollen.

Paul Benden ließ sich nicht aus der Ruhe bringen, er lächelte nur geheimnisvoll und nippte an seinem Brandy.

»Höhlen!« rief Sallah, stieß Tarvi an und zeigte auf die vor ihnen im Sonnenschein liegende Felsenbarriere. In der steilen Wand waren Öffnungen zu erkennen.

Er reagierte spontan und begeistert, mit der fast unschuldigen Entdeckerfreude, die Sallah an ihm so anziehend fand. Die sich ständig weiter erschließende Schönheit von Pern hatte für Tarvi Andiyar nichts von ihrem Reiz verloren. Jedes neue Wunder wurde mit ebensoviel Interesse begrüßt wie das letzte, dessen Großartigkeit, dessen Reichtum oder dessen Möglichkeiten er eben noch gepriesen hatte. Sie hatte skrupellos alle Fäden gezogen, um ihm als Pilotin für seine Expedition zugeteilt zu werden. Dies war ihre dritte gemeinsame Reise – und zum ersten Mal waren sie allein.

Sallah ging sehr behutsam zu Werke. Sie konzentrierte sich darauf, sich für Tarvi aus beruflicher Sicht so unentbehrlich zu machen, daß er sich nicht mehr in seinen gewohnten Panzer makelloser Höflichkeit aber ebenso makelloser Unpersönlichkeit zurückziehen konnte, wenn sie schließlich Gelegenheit bekam, ihre Weiblichkeit auszuspielen. Sie hatte erlebt, wie die energischen Versuche anderer Frauen, den gutaussehenden, charmanten Geologen einzufangen, an dieser Haltung abprallten; überrascht, verwirrt und manchmal gekränkt, hatten sie zusehen müssen, wie er ihren Manövern geschickt entschlüpfte. Eine Weile hatte sich Sallah gefragt, ob Tarvi überhaupt etwas für Frauen übrighatte, aber er hatte auch kein Interesse für die männlichen Liebhaber in Landing gezeigt, die durchaus akzeptiert wurden. Er behandelte jeden, ob Mann, Frau oder Kind, mit der gleichen charmanten, verständnisvollen Liebenswürdigkeit. Aber wo auch immer seine sexuellen Neigungen lagen, man erwartete auf jeden Fall von ihm, daß er seinen Beitrag zur nächsten Generation leistete. Sallah war bereits entschlossen, das Medium dafür zu sein, sie wartete nur noch auf den richtigen Augenblick.

Vielleicht war dieser Augenblick jetzt gekommen. Tarvi hatte eine besondere Schwäche für Höhlen, die er verschiedentlich als Körperöffnungen von Mutter Erde bezeichnet hatte, als Zugang zu den Mysterien ihrer Schöpfung und ihres Aufbaus, als Fenster zu ihrem Zauber und ihrem Überfluß. Auch hier auf Pern verehrte er das Mysterium, das bisher sein Leben beherrscht hatte.

Der Zweck dieser Reise war es, aus der Luft den Standort mehrerer Mineralvorkommen zu erkunden, die von den Metallurgiesonden entdeckt worden waren. Sie folgten im Moment dem Lauf eines Flusses in Richtung auf seine Quelle, und Sallah steuerte einen Gebirgszug an, in dem es Eisen-, Vanadium-, Mangan- und sogar Germaniumlagerstätten gab. Außerdem hatte sie ganz allgemein den Auftrag, alle ungewöhnlichen Landschaften auf der Karte zu vermerken und zu fotografieren, weil man den Leuten, die ein Anrecht auf Grundeigentum hatten, soviel Auswahl bieten wollte wie nur möglich. Erst ein Drittel hatte sich bereits für Parzellen entschieden. Man übte leichten Druck aus, um – zumindest in den ersten paar Generationen – alle auf dem Südkontinent zu halten, aber in der Verfassung war keine derartige Bestimmung zu finden. Das breite, lange Flußtal, das nun zu ihrer Rechten lag, war nach Sallahs Meinung das schönste, das sie bisher gesehen hatten.

Rene Mallibeau, der fest entschlossen war, die Kolonie mit Wein zu versorgen, war noch immer auf der Suche nach den richtigen Hängen und dem geeigneten Boden für seine Weingärten, obwohl er, um sein Projekt in Gang zu bringen, bereits einen Teil seiner in versiegelten Tanks mitgebrachten Spezialerde für Versuche freigegeben hatte. Quikal wurde als Ersatz für die herkömmlichen Alkoholika nicht allgemein akzeptiert, denn obwohl man es durch eine Reihe von Filtern mit und ohne Zusätzen laufen ließ, war es bisher nicht gelungen, den scharfen Nachgeschmack völlig zu beseitigen. Man hatte Rene die mit Keramik ausgekleideten Treibstofftanks versprochen, die nach gründlicher Reinigung ausgezeichnete Weinfässer abgeben würden. Wenn die Eichenwälder einmal soweit herangewachsen waren, daß sie Bretter lieferten, konnten seine Nachkommen selbstverständlich wieder zu den herkömmlichen Holzfässern zurückkehren.

»Großartig, diese Wand, nicht wahr, Tarvi?« Sallah grinste ein wenig töricht, so als habe sie sich diese Aussicht als Überraschung für ihn ausgedacht.

»In der Tat. ›In Xanadu fand Kublai Khan‹«, murmelte er mit seiner vollen, tiefen Stimme.

»Höhlen unermeßlich weit?‹« ergänzte Sallah, vermied es aber, sich mit ihren literarischen Kenntnissen zu brüsten. Tarvi zitierte oft aus obskuren Sanskrit- und Pushtu-Texten, und dann war sie stets um eine passende Antwort verlegen.

»Genau, o du Mond meines Entzückens.«

Sallah hätte fast eine Grimasse geschnitten. Tarvi redete manchmal recht zweideutig daher, aber diesmal war sie sicher, daß er nicht meinte, was seine Worte andeuteten. So plump konnte er doch nicht sein. Oder hatte sie etwa endlich den Panzer seiner Ironie durchstoßen? Sie zwang sich, das gewaltige steinerne Bollwerk zu betrachten. Seine natürlich geriffelten Säulen sahen aus wie von einem unerfahrenen oder schlampig arbeitenden Bildhauer gemeißelt, doch diese Unvollkommenheit betonte eher noch den überwältigenden Gesamteindruck.

»Das Tal ist sechs oder sieben Kilometer lang«, sagte sie leise, von diesem Naturwunder aufrichtig begeistert.

Von der schroffen, senkrecht abfallenden Wand führten

steile Klippen in ziemlich gerader Linie noch etwa drei Kilometer weiter und gingen dann in eine weniger scharf gezeichnete Felsfront über, die in der Ferne bis zum Talboden hin abfiel. Sie lenkte den Schlitten nach Steuerbord, so daß sie nun flußaufwärts blickten. Hier lag der von der Sonde entdeckte See, seine Oberfläche glitzerte so stark im Sonnenlicht, daß sie fast geblendet wurden.

»Nein, landen Sie hier«, sagte Tarvi schnell und so ungeduldig, daß er sogar ihren Arm ergriff. Im allgemeinen vermied er jeden Körperkontakt, und Sallah mußte sich zusammennehmen, um seine Aufregung nicht mißzuverstehen. »Ich muß die Höhlen sehen.«

Er löste die Sicherheitsgurte und schwenkte seinen Sitz herum. Dann ging er nach hinten und kramte in den Vorräten.

»Lichter, wir brauchen Lichter, Seile, Nahrungsmittel, Wasser, Aufzeichnungsgeräte und die Ausrüstung für die Probenentnahme«, murmelte er, während er flink und geschickt zwei Rucksäcke packte. »Stiefel? Haben Sie feste Stiefel an ... o ja, die sind in Ordnung, wirklich. Sie sind immer auf alles vorbereitet, Sallah.« Sein strahlendes Lächeln verschlimmerte die unabsichtliche Kränkung noch.

Wieder einmal schüttelte Sallah den Kopf über sich selbst. Warum hatte sie sich ausgerechnet einen der abweisendsten Männer ihrer Bekanntschaft aussuchen müssen? Natürlich, tröstete sie sich, was leicht zu haben ist, lohnt sich selten. Sie setzte den Schlitten am Fuß der hoch aufragenden Wand ab, so dicht an dem langen, schmalen Höhleneingang wie nur möglich.

»Klettereisen, Greifhaken – die erste Platte überragt das Geröll um etwa fünf Meter. Hier, Sallah!«

Er reichte ihr den Rucksack und wartete gerade so lange, bis sie einen Riemen in der Hand hatte, dann öffnete er das Kanzeldach, sprang hinunter und schritt auf die Wand zu. Mit einem resignierten Achselzucken schaltete Sallah das Funkfeuer, das Funksprechgerät und das Aufzeichnungsgerät für eintreffende Nachrichten ein, knöpfte ihre Jacke zu, schwang sich den ziemlich schweren Rucksack auf den Rücken und folgte ihm, nachdem sie das Kanzeldach wieder geschlossen hatte.

Er kletterte die Geröllhalde hinauf, legte dann eine Hand flach gegen den Felsen und schaute verzückt an der gewaltigen Fläche hinauf. Sanft, fast zärtlich streichelte er den Stein, bevor er sich nach allen Seiten umsah, um den besten Weg zum Höhleneingang ausfindig zu machen. Als er sie kommen sah, lächelte er in kindlicher Freude. Daß sie zu allem bereit war, hielt er für selbstverständlich.

»Gerade nach oben. Mit den Kletterelsen keine große Sache.«

Der Anstieg war strapaziös. Sallah hätte gerne eine Pause eingelegt, als sie auf das Felssims kroch, aber da war der Höhleneingang, und nichts konnte Tarvi davon abhalten, sofort hineinzugehen und sich in Ruhe umzusehen. Nun ja, es war gerade dreizehn Uhr. Sie hatten genügend Zeit. Sie kam auf die Beine, löste ein paar Sekunden nach ihm die Handlampe von ihrem Gürtel und war an seiner Seite, als er in die Öffnung spähte.

»Bei allen großen und kleinen Göttern!«

Er flüsterte es nur, feierlich und voll Ehrfurcht, wie ein wisperndes Echo. Die erste gewaltige Höhle war größer als der Frachtraum der *Yokohama*. Dieser Vergleich kam Sallah sofort in den Sinn, weil sie sich erinnerte, wie unheimlich ihr dieser riesige leere Raum bei ihrem letzten Aufenthalt vorgekommen war, und in der nächsten Sekunde fragte sie sich, wie die Höhle wohl aussehen würde, wenn sie bewohnt wäre. Sie hätte eine phantastische Große Halle abgegeben, wie man sie von den mittelalterlichen Burgen der Erde her kannte – nur noch großartiger.

Mit angehaltenem Atem streckte Tarvi zögernd seine noch nicht eingeschaltete Handlampe aus, als widerstrebe es ihm, dieses majestätische Gewölbe mit Licht zu erfüllen. Sie hörte ihn tief einatmen, fast als schicke er sich an, einen Frevel zu begehen, und dann ging das Licht an.

Geflatter war zu hören, die Schatten wichen lautlos in dunklere Winkel zurück. Sallah und Tarvi duckten sich, als die geflügelten Bewohner in Scharen dicht über ihre Köpfe hinweg aus der Höhle flüchteten, obwohl der Eingang mindestens vier Meter hoch war. Ohne darauf zu achten, trat Tarvi scheu in den riesigen Raum.

»Erstaunlich«, murmelte er, als er den Lichtstrahl auf- und abgleiten ließ und feststellte, daß die Außenwand über ihnen kaum zwei Meter dick war. »Der Fels ist sehr dünn.«

»Eine Blase«, sagte Sallah; es klang respektlos, aber sie war so überwältigt, daß sie irgendwie ihr seelisches Gleichgewicht wiederfinden mußte. »Schauen Sie, hier könnte man eine Treppe hineinschlagen.« Ihre Lampe erhellte ein Felsband, das schräg zu einem Sims hinaufführte. Darüber herrschte tiefe Dunkelheit, offenbar befand sich dort eine weitere Höhle.

Sie sprach zu tauben Ohren, denn Tarvi war schon weitergegangen, um die Breite des Eingangs und die Außenmaße der Höhle festzustellen. Sie eilte ihm nach.

Der erste Raum des gewaltigen Höhlenkomplexes maß an der breitesten Stelle siebenundfünfzig Meter und verjüngte sich links auf sechsundvierzig und rechts auf zweiundvierzig Meter. An der Rückwand befanden sich in verschiedenen Höhen unzählige unregelmäßig geformte Öffnungen; einige der unteren führten offenbar in Tunnelsysteme, deren Gänge meist so hoch waren, daß nicht einmal Tarvi mit dem Kopf an die Decke stieß. Andere Löcher befanden sich weiter oben an der Innenwand und spähten wie riesige, tote Augen auf sie herab. Tarvi war von der Entdeckung wie verzaubert, aber das setzte seine geschulte, wissenschaftliche Beobachtungsgabe nicht außer Kraft. Mit Sallahs Hilfe begann er, einen genauen Plan der Haupthöhle einschließlich der Öffnungen zu kleineren Höhlen und der nach innen führenden Tunnelsysteme zu zeichnen. In jeden Tunnel drang er bis in eine Tiefe von hundert Metern vor, durch ein Seil mit der nervösen Sallah verbunden, die ständig zur Höhlenöffnung zurückschaute, wo das ständig schwächer werdende Tageslicht ein wenig Sicherheit versprach.

Im Schein des Gaskochers ergänzte er seine Notizen, während Sallah mit dem Abendessen beschäftigt war. Tarvi hatte beschlossen, so tief in der Höhle zu lagern, daß sie vor dem frischen Wind geschützt waren, der durch das Tal blies, und weit genug links, um die natürlichen Höhlenbewohner nicht zu stören. Später sollte der kleine Gaskocher auf niedriger Flamme weiterbrennen, um die wilden Tiere Perns davon abzuhalten, sich die Eindringlinge näher anzusehen.

Sallah fühlte sich im Innern der Höhle tatsächlich wie ein Eindringling, obwohl sie das vorher nicht so empfunden hatte. Ein wahrhaft gespenstischer Ort.

Tarvi war zum Schlitten hinuntergestiegen, um Zeichenmaterial und einen Klapptisch zu holen, dann hatte er sich sofort in seine Arbeit gestürzt. Den Eintopf, den sie mit solcher Sorgfalt zubereitet hatte, hatte er kommentarlos hinuntergeschlungen und ihr dann mechanisch den Teller zum Nachfüllen hingehalten.

Sallah wußte nicht so recht, was sie von dieser Geistesabwesenheit halten sollte. Einerseits war sie eine gute Köchin und legte Wert darauf, daß ihr Können gewürdigt wurde. Andererseits war sie froh, daß er so zerstreut war. Einer der Apotheker hatte ihr ein Pulver gegeben, das angeblich ein starkes einheimisches Aphrodisiakum sein sollte, und sie hatte Tarvis Portion damit gewürzt. Sie selbst hatte es nicht nötig, seine Gegenwart hier in dieser Einsamkeit war erregend genug. Aber sie fragte sich allmählich, ob das Aphrodisiakum wohl stark genug war, um gegen Tarvis Begeisterung über die Höhle anzukommen. Da hatte sie ihn endlich einmal ein oder zwei Nächte für sich allein, und schon belegte ihn die gute alte Mutter Erde im pernesischen Gewand völlig mit Beschlag. Aber sie hatte sich nicht so lange geduldet, um eine so ausgezeichnete Gelegenheit ungenützt vorübergehen zu lassen. Sie hatte Zeit. Die ganze Nacht lang. Und den morgigen Tag. Sie hatte genug von dem Lustpulver, um ihm auch noch morgen abend etwas davon ins Essen zu tun. Vielleicht dauerte es eine Weile, bis es wirkte.

»Wirklich unglaublich, diese Ausmaße, Sallah. Hier, sehen Sie!« Er richtete sich auf und drückte die Wirbelsäule durch, um seine verkrampften Rückenmuskeln zu entlasten. Sallah trat hinter ihn, kniete nieder und begann besorgt seine Schultern zu massieren, während sie ihm über die Schulter spähte.

Die zweidimensionale Skizze war geschickt, mit kühnen Strichen gezeichnet: hinten, vorne und an den Seiten hatte er Höhenangaben eingefügt, die ehrlicherweise nicht weiter reichten, als er tatsächlich gemessen hatte. Aber das machte die Höhle nur noch beeindruckender und geheimnisvoller.

»Was wäre das in alten Zeiten für eine Festung gewesen!« Er sah in die Dunkelheit hinein, seine großen, feuchten Augen glänzten, und sein Gesicht strahlte, während er im Geist den Raum veränderte. »Ganze Stämme hätten hier Platz gefunden und wären über Jahre vor Invasionen sicher gewesen. Im dritten Tunnel links gibt es nämlich frisches Wasser. Das Tal ist natürlich an sich schon gut zu verteidigen, und dies wäre das geschützte innere Bollwerk, die Felsplatte draußen würde jeden Kletterer abschrecken. Die Hauptkammer hat nicht weniger als achtzehn verschiedene Ausgänge.«

Ihre Hände hatten seinen Halsansatz erreicht und strichen mit festen Massagebewegungen über die Trapezmuskeln und die Deltamuskeln, aber ihre Finger verharrten immer wieder an bestimmten Stellen, denn sie wußte aus Erfahrung, daß hier die entspannende Wirkung am größten war.

»Ach, Sallah, Sie sind ein Engel, Sie wissen genau, wo die Verhärtungen sind.« Er drehte sich ein wenig zur Seite, nicht, um ihren suchenden, knetenden Fingern zu entgehen, sondern um sie an die schmerzenden Knoten zu führen. Dann schob er den niedrigen Tisch zur Seite, ließ die Arme locker in den Schoß fallen und drehte den Kopf hin und her. »Es gibt da eine Stelle am elften Wirbel ...« Gehorsam suchte sie die Verspannung und beseitigte sie geschickt. Er seufzte genüßlich wie eine Katze, die gestreichelt wird.

Schweigend beugte sie sich ein klein wenig nach vorn, bis ihr Körper den seinen berührte. Während ihre Finger zu seinem Nacken zurückkehrten, drückte sie sich zaghaft an ihn, ihre Brüste streiften leicht seine Schulterblätter. Sie spürte, wie ihre Brustwarzen hart wurden und ihr Atem schneller ging. Ihre Finger hörten auf zu kneten und begannen zu streicheln, glitten in langgezogenen, trägen Bewegungen über seine Brust. Er ergriff ihre Hände, und sie spürte, wie er innerlich still wurde, wie er zu atmen aufhörte und sein Körper leicht zu zittern begann.

»Vielleicht ist dies die rechte Zeit«, überlegte er, als sei er allein. »Eine bessere wird nicht kommen. Und es muß geschehen.«

Mit der Geschmeidigkeit, die ebenso ein Markenzeichen Tarvi Andiyars war wie sein unbeschreiblicher Charme, zog er sie in seine Arme, bis sie quer über seinem Schoß lag. Er betrachtete sie merkwürdig distanziert, als sähe er sie zum ersten Mal. Seine großen braunen Augen hatten noch nicht ganz den zärtlichen, liebevollen Ausdruck, den sie sich so gewünscht hätte, sondern wirkten fast traurig, doch seine makellos geformten Lippen verzogen sich zu einem unendlich sanften Lächeln – als ob, der Gedanke durchdrang störend ihr Entzücken über ihren Erfolg, er sie nicht erschrecken wollte.

»Nun, Sallah«, sagte er mit seiner vollen, leisen, sinnlichen Stimme, »du sollst es also sein.«

Sie wußte, daß sie diese rätselhafte Bemerkung eigentlich deuten sollte, aber da begann er sie zu küssen, seine Hände entwickelten plötzlich ein sehr erotisches Eigenleben, und sie vergaß alles um sich herum.

Vier Stuten, drei Delphine und zwölf Kühe brachten ihre Jungen exakt im gleichen Augenblick zur Welt, so stand es jedenfalls in den Zuchtprotokollen für diese Morgenstunde. Sean hatte Sorka sogar gestattet, bei der Geburt des Fohlens zuzusehen, das Pol und Bay für ihn bestimmt hatten. Er hatte sich bis zum Schluß skeptisch gegeben, was Farbe und Geschlecht des Tieres anging, obwohl er drei Tage zuvor bereits erlebt hatte, daß das erste der Zugtiere für die Gruppe seines Vaters wie gewünscht ausfiel: eine kräftige braune Stute mit weißen Fesseln und einer Stirnblesse, die bei der Geburt mehr als siebzig Kilo wog und dem schon lange verstorbenen Shire-Hengst, mit dessen Samen sie gezeugt worden war, zum Verwechseln ähnlich sein würde.

Ein Witzbold hatte gesagt, die Zuchtprotokolle von Landing würden allmählich zu den biblischen Stammbäumen der Chronik von Pern. Innerhalb von zwei Jahren war eine kräftige neue Generation entstanden, die sich täglich vermehrte. Menschliche Geburten wurden weniger penibel aufgezeichnet als die Erfolge bei den Tieren, aber mindestens ebenso stürmisch gefeiert.

Schafe und Ziegen einer nubischen Rasse, die sich irgendwie den herrschenden Bedingungen angepaßt hatte, wo andere widerstandsfähige Züchtungen versagt hatten, grasten auf Landings Wiesen und sollten bald auf die Farmen in den gemäßigten Klimazonen des Südkontinents verteilt werden. Die wachsenden Herden wurden von so großen Scharen von Zwergdrachen bewacht, daß die Ökologen allmählich befürchteten, die Tiere könnten die natürliche Fähigkeit, sich selbst zu schützen, verlieren. Die zahmen Zwergdrachen zeigten sich gegenüber den Menschen, die sie beim Ausschlüpfen an sich gebunden hatten, außerordentlich treu, obwohl der Heißhunger sich legte, wenn sie erwachsen wurden, und sie durchaus in der Lage waren, sich ihre Nahrung selbst zu suchen.

Die Biologieabteilung brachte täglich mehr über die kleinen Geschöpfe in Erfahrung. Bay Harkenon und Pol Nietro hatten ein besonders überraschendes Phänomen entdeckt. Als Bays kleine Königin sich mit einem Bronzezwergdrachen paarte, den Pol für sich gewonnen hatte, wurden sie von der starken Sinnlichkeit ihrer Schoßtiere völlig überrumpelt und stellten fest, daß sie auf sehr menschliche Weise auf den erregenden Stimulus reagierten. Nach dem ersten Schock zogen sie daraus beide den gleichen Schluß und nahmen gemeinsam eine größere Wohnung. Beeindruckt von dem empathischen Potential der Zwergdrachen, baten Bay und Pol Kitti Ping um Erlaubnis, an den vierzehn Eiern, die Bays Mariah beim Paarungsflug empfangen hatte, die Wirkung der Mentasynthese zu erproben. Sie machten um die kleine goldene Mariah viel mehr Wesens als nötig, aber weder der Zwergdrache noch sein Gelege trugen einen Schaden davon. Als Mariah schließlich ihre genetisch manipulierten Eier auf dem eigens dafür gebauten künstlichen Strand ablegte, waren Bay und Pol stolz und zufrieden mit sich und der Welt.

Durch die Anwendung der Mentasynthese, einer Technik, die ursprünglich von den Beltrae, einer sehr zurückgezogen lebenden, bienenstockähnlich strukturierten Kultur der Eridani, entwickelt worden war, kamen latente, empathische

Fähigkeiten zum Ausbruch. Die Zwergdrachen hatten schon früher gezeigt, daß diese Fähigkeiten bei ihnen vorhanden waren, mit einigen Menschen konnten sie sich sogar fast telepathisch verständigen. Die kleinen Tiere waren eindeutig ein bemerkenswertes Produkt der Evolution, die hier, ähnlich wie bei den Delphinen, ein Wesen hervorgebracht hatte, das seine Umgebung verstand – und beherrschte. Angespornt durch die Erfolge bei der Anwendung der Mentasynthese auf die Delphine, hofften Pol und Bay daher, daß die Zwergdrachen eine noch engere empathische Bindung mit den Menschen eingehen würden.

Anfänglich waren die Menschen von Beltrae, die ›beeinflußt‹ waren, natürlich mit großem Argwohn betrachtet worden, aber sobald man ihre bemerkenswerte empathische Wirkung auf Tiere und andere Menschen erkannte, verbreitete sich die Technik schnell. Mit der Zeit gab es bei vielen Bevölkerungsgruppen hochgeachtete Heiler, deren Fähigkeiten auf diese Weise verstärkt worden waren. Glücklicherweise geschah all dies, lange bevor die Fraktion Reinrassiger Menschen an die Macht gelangte.

Nachdem Bay und Pol sich eingehend mit den Tunnelschlangen und den Wherries beschäftigt hatten, konnten sie das Potential der reizenden und nützlichen Zwergdrachen besser einschätzen. Dennoch waren viele Versuche mit Zwergdrachengewebe und mit mehreren Generationen der kleinen Tunnelschlangen nötig, bis man die Technik der Mentasynthese erfolgreich anwenden konnte, aber die lange Erfahrung mit anderen Gattungen wie etwa den Delphinen – und natürlich den Menschen – zahlte sich aus.

Jedermann in Landing war inzwischen einigermaßen im Bilde, was die biologischen und psychologischen Eigenschaften der Zwergdrachen anging, man hatte schließlich allen Grund, den Tierchen dankbar zu sein, und tolerierte es, wenn sie, was selten vorkam, einmal über die Stränge schlugen. Theoretisch hatte Bay durchaus gewußt, daß einige der Besitzer die ›primitiven Triebe‹ ihrer Freunde – Hunger, Furcht, Zorn und einen intensiven Paarungsdrang – mitzuempfinden schienen, sie hatte sich nur nicht vorstellen können, daß sie selbst dafür ebenso empfänglich sein würde wie ihre jüngeren Kollegen. Es war eine höchst angenehme Überraschung gewesen.

Red und Mairi Hanrahan waren froh, daß die Zwergdrachen, die Sorka und Sean an sich gebunden hatten – der Ausdruck hatte als Bezeichnung für den Akt der Prägung eines Zwergdrachen irgendwie den Weg in die Sprache gefunden –, sich sicher nicht miteinander paaren würden. Sie waren noch immer nicht begeistert von Sorkas enger Beziehung zu dem Jungen und fanden, ihre Tochter sei noch zu jung, um ein so übermächtiges sexuelles Verlangen am eigenen Leibe zu erfahren.

An diesem Morgen – seit der Landung waren fast zwölf Monate vergangen, und die Stute, die Sean sich als Mutter für sein versprochenes Fohlen ausgesucht hatte, lag in Wehen – konnte kein Zweifel mehr daran bestehen, daß Sorka, gerade dreizehn geworden, und Sean, zwei Jahre älter, mit ihren erwartungsvollen Drachen in engem psychischem Kontakt standen. Die beiden Braunen und der Bronzefarbene hockten auf der obersten Stange der Box, ihre Augen schillerten in wachsender Erregung, und sie gurrten ihren Geburtsgesang. Die kleine kastanienbraune Stute ließ sich ins Stroh fallen und preßte die Vorderbeine und den Kopf des Fohlens heraus. Die Dachbalken der Scheune schienen zu wogen, denn die gesamte Zwergdrachenbevölkerung von Landing hatte sich dort niedergelassen, um das Tier mit unablässigem Gurren und Zirpen anzufeuern.

Zwergdrachen hatten ein sehr gefühlsbetontes Verhältnis zu Geburten, sie versäumten keine einzige in ganz Landing, und jedes Neugeborene wurde mit schrillen Trompetentönen begrüßt. Zum Glück waren sie wenigstens taktvoll genug, um nicht auch noch in die Wohnungen der Menschen einzudringen. Die Ärzte und Hebammen der Kolonie hatten in letzter Zeit rund um die Uhr gearbeitet, Pflegerinnen waren zwangsverpflichtet und Lehrlinge angeworben worden. Eine Ansammlung von Zwergdrachen auf einem Dach war inzwischen ein unmißverständliches Signal für eine unmittelbar bevorstehende Geburt: die Zwergdrachen irrten sich nie. An der sich steigernden Intensität ihres Begrüßungsgesangs konnten die

Geburtshelfer den Stand der Wehen ablesen. Der Chor raubte den Nachbarn vielleicht den Schlaf, aber die meisten Bewohner machten gute Miene zum bösen Spiel, denn selbst die Mißgünstigsten hatten erlebt, wie die Kleinen die Herden beschützt hatten, und mußten ihren Wert anerkennen.

Wieder preßte die braune Stute, das Fohlen schob sich weiter heraus. Da die Beine, der Kopf und der vordere Teil des Körpers vom Fruchtwasser naß waren, konnte Sean die Farbe des Tieres nicht erkennen. Dann erschien der restliche Körper, beim nächsten Schub folgten die Hinterbeine. Kein Zweifel, das Fohlen war nicht nur dunkel gefleckt, sondern auch ein kleiner Hengst. Mit einem ungläubigen, freudigen Aufschrei fiel Sean neben dem Kopf des kleinen Kerls auf die Knie und begann ihn trockenzureiben, noch ehe die Stute sich um ihn kümmern konnte. Sorka liefen die Tränen über das staubige Gesicht, und sie schlang die Arme um sich. Wie aus weiter Ferne drangen die aufgeregten Kommentare der anderen Geburtshelfer in der großen Scheune zu ihr.

»Es ist das einzige Hengstfohlen«, sagte ihr Vater, als er zu Sean und Sorka zurückkam. »Wie bestellt.« Obwohl die Kolonie eigentlich so viele weibliche Tiere brauchte, wie man nur züchten konnte, hatte man Seans Wunsch nach einem Hengst tatsächlich berücksichtigt. Und ein Hengst am Ort war eine zusätzliche Vorsichtsmaßnahme, obwohl man mehr als genug verschiedenes Sperma in Reserve hatte. »Ein großartiger Bursche«, bemerkte Red und nickte anerkennend mit dem Kopf. »Der kommt bestimmt auf gute sechzehn Handbreiten, wenn er ausgewachsen ist. Geburtsgewicht mindestens achtundfünfzig Kilo, würde ich sagen. Ein Prachtkerl, und sie hat sich tapfer gehalten.« Er streichelte den Hals der kleinen Stute, die das nun kräftig saugende Fohlen ableckte. »Na komm, Sorka«, fuhr er fort, als er ihr tränenverschmiertes Gesicht sah, und umarmte sie tröstend. »Ich halte mein Versprechen, du bekommst auch ein Pferd.«

»Das weiß ich doch, Dad«, sagte sie und vergrub das Gesicht an seiner Brust. »Ich weine nur, weil ich mich so für Sean freue. Er hat Bay nämlich nicht geglaubt. Keinen Augenblick lang.«

Red Hanrahan lachte leise, denn Sean durfte es keinesfalls hören. Freilich hatte der Junge ohnehin nur Augen und Ohren für das Fohlen, das jetzt seinen Stummelschwanz krampfhaft hin- und herdrehte, als könne es dadurch den Milchfluß beschleunigen. Auf Seans stets mißtrauischem, oft zynischem Gesicht lag ausnahmsweise ein weicher, fast zärtlicher Ausdruck, und er schien das Fohlen mit seinen Blicken verschlingen zu wollen.

Nachdem Sorka ihren Vater dankbar umarmt hatte trat sie zurück, und Duke flog ihr fröhlich schwatzend auf die Schulter und legte seinen Schwanz besitzergreifend um ihren Hals. Dann beugte er sich mit blau und grün funkelnden Augen vor, um das Neugeborene seinerseits genau zu begutachten. Dadurch ermutigt, flatterten Seans Braune auf die untere Stange der Fohlenbox und begannen piepsend und zirpend eine Unterhaltung mit Duke.

»Seid ihr einverstanden?« fragte Sean sie und grinste trotz seines etwas aggressiven Tonfalls.

Sie nickten energisch mit den Köpfen und spreizten die Flügel, wobei sich jeder beschwerte, daß der andere ihm im Weg sei. Schließlich legten sie die Schwingen an und versicherten Sean wortreich, sie hätten nicht das geringste auszusetzen. Er grinste.

»Er ist wirklich eine Schönheit, Sean. Genau das, was du wolltest«, sagte Sorka.

Unbegreiflicherweise schüttelte Sean den Kopf und machte ein skeptisches Gesicht. »Er ist noch zu jung, man kann noch nicht sagen, ob er an Cricket rankommt.«

»Also du bist wirklich unmöglich!« fauchte Sorka wütend, stürmte aus der Box und schlug die Stange so heftig zu, daß sie sich fast verklemmte.

»Was habe ich denn gesagt?« wollte Sean von Red Hanrahan wissen.

»Ich glaube, da mußt du selbst dahinterkommen mein Junge!« Red klopfte ihm auf die Schulter, hin- und hergerissen zwischen Belustigung und einer gewissen Sorge um seine Tochter. »Du fütterst bitte die Stute, ehe du gehst, ja, Sean?«

Als Red Hanrahan durch die Stallgasse ging, um die anderen

Neugeborenen zu besichtigen, dachte er über Sorkas Verhalten nach. Sie war erst dreizehn, aber gut entwickelt und menstruierte bereits seit fast einem Jahr. Daß sie in Sean vernarrt war, sah jeder außer Sean selbst. Er tolerierte sie nur, ebenso wie seine Familie. Mairi und Red hatten oft darüber gesprochen, die Herkunft des Jungen machte sie mißtrauisch, obwohl sie beide der Ansicht waren, daß es an der Zeit war, die alten Vorurteile über Bord zu werfen.

Auch Sean hatte einige beträchtliche Zugeständnisse gemacht. Vielleicht wollte er nicht hinter Sorka zurückstehen, vielleicht war es auch nur männliche Arroganz, jedenfalls hatte er sich im Lesen und Schreiben sehr verbessert und benützte häufig das Lesegerät in Reds Büro, um tiermedizinische Texte zu studieren. Red hatte die Interessen des Jungen tatkräftig gefördert und ihn ermuntert, bei den Zuchttieren mitzuhelfen. Der Junge hatte zweifellos eine Hand für alle Tiere, nicht nur für Pferde; mit den Schafen wollte er allerdings nichts zu tun haben.

»Sean sagt, Schafe sind zum Stehlen, zum Tauschen und zum Essen da«, erklärte Sorka ihrem Vater, als er sich zu diesem Phänomen äußerte.

Mairi machte sich gelegentlich Sorgen, als die beiden gemeinsam auf zoologische Expeditionen geschickt wurden, weil Sorka dabei zwangsläufig ständig mit Sean zusammen war. Aber Sorka erklärte unbekümmert, sie käme mit Sean gut aus und außerdem seien sie beide mehr daran gewöhnt, mit Haus- und Wildtieren umzugehen als in der Stadt aufgewachsene junge Leute. Solange sie ihre Pflichten für die Kolonie nicht nur erfüllten, sondern auch noch Freude daran hatten, waren sie den anderen voraus. Im übrigen leistete Sean mehr für Landing als die meisten seiner Leute. Es war eben nur, daß Sean und Sorka in ganz Landing allmählich als Pärchen angesehen wurden, bemerkte Mairi eines Abends etwas wehmütig zu Red, der sich zu seiner Überraschung plötzlich in der Rolle des Advocatus Diaboli wiederfand. Aber schließlich hatte er sich wie Sorka an Seans Art gewöhnt und wußte, worüber er hinwegsehen mußte.

Soweit es Red bekannt war, hatte sich Sorka an diesem

Morgen zum ersten Mal auf typisch weibliche Art verärgert gezeigt, und er fragte sich nachdenklich, ob ihre Geduld mit Seans Begriffsstutzigkeit erschöpft war oder ob ihre Beziehung lediglich in eine neue Phase trat. Sorka war über sexuelle Dinge ausreichend aufgeklärt worden, aber bis heute hatte sie Seans Verhalten und seine Schrullen geduldig hingenommen. Er mußte bei nächster Gelegenheit mit Mairi darüber sprechen.

»Red! Reeeddd!« rief ein anderer Tierarzt besorgt.

Red rannte zu Hilfe. Erst viel später an diesem Abend dachte er wieder an das Problem Sorka und Sean, aber da schlief Mairi schon lange, und sie hatte ihre Ruhe nötig, denn die Arbeit im Kinderhort war anstrengend, und außerdem befand sie sich im zweiten Drittel einer Schwangerschaft.

Der nach Westen gerichtete Ausläufer des Nordkontinents zeigte direkt auf die große Insel, die lavendelblau aus dem morgendlich grauen Ozean aufragte. Avril hatte das Wüstencamp vor Tagesanbruch verlassen und nur eine Nachricht hinterlegt, daß sie sich einen Tag freinehmen wolle. Den anderen würde es nichts ausmachen, und sie hatte Ozzie Munson und Cobber Alhinwa ebenso gründlich satt wie umgekehrt.

Gestern hatten die zwei Bergleute ein paar wirklich schöne Türkise gefunden, sich aber geweigert, ihr den Fundort zu verraten. Nur einen kurzen Blick auf die schönen, himmelblau gebänderten Steine hatten sie ihr gestattet, um sie zu quälen. Als sie am Abend ins Camp gekommen war, hatte sie gleich gemerkt, wie aufgeregt die beiden über den Brocken waren, den sie wie einen Ball zwischen sich hin und her warfen. Sie hatte nur gebeten, ihn sehen zu dürfen, und war ärgerlich geworden, als die Bergleute so geheimnisvoll taten. Mit diesen beiden mußte sie vorsichtig sein, dachte sie. Die hielten sich für sehr schlau. Jedenfalls waren Türkise, obwohl sie wegen ihrer Seltenheit auf der Erde geschätzt wurden, es eigentlich nicht wert, daß sie sich diesen beiden Blödmännern an den Hals warf.

Als sie dann beim Abendessen immer noch miteinander flüsterten und mit hinterhältigem Lächeln zu ihr hinsahen, begann sie sich zu fragen, ob es wohl einen besonderen Grund gab, daß sie auf ihre höfliche und bescheidene Frage so reagierten.

Sie versuchte sich zu erinnern, ob die zwei jemals mit Bart Lemos zusammengearbeitet hatten, aber der befand sich bei Andiyars Erzberg. Über die Goldnuggets, die er mit der Pfanne aus einem Gebirgsbach oberhalb des Camps gewaschen hatte, mußte er wohl ausnahmsweise den Mund gehalten haben. Wie es der auf der *Yoko* geschlossene Pakt verlangte, hatte er sie ihr gegeben, und sie hatte sie in ihr Versteck in Landing gebracht. Viel von ihrem Plan hatte sie ihm nicht anvertraut, denn man brauchte Bart Lemos nur ein paar Becher Quikal einflößen, dann erzählte er jedem seine ganze Lebensgeschichte.

Vielleicht war Stev Kimmer doch kein so guter Verbündeter, wie sie zuerst gedacht hatte, als sie im letzten Jahr der endlosen Reise zu diesem gottverlassenen Planeten seine hinterhältigen, witzigen Klagen hörte. Er war attraktiver als die anderen, äußerst attraktiv sogar und, was noch wichtiger war, er besaß Temperament und war auch bereit, Wagnisse einzugehen, Eigenschaften, die der hochgepriesene Admiral Benden nie hatte erkennen lassen. Ein bißchen langweilig im Bett, der gute Admiral. Zur Hölle mit Paul Benden. Warum er sich wohl auf einmal so betont von ihr zurückgezogen hatte? Dabei hatte er ihr so stürmisch seine Zuneigung beteuert, daß sie geglaubt hatte, den Ehekontrakt bereits in der Tasche zu haben. Und dann, knapp ein Jahr von ihrem Ziel entfernt, als Rubkat in der Schwärze des Weltraums von einem Funken zu einer Kerzenflamme angewachsen war, hatte Benden sich verändert. Plötzlich hatte er keine Zeit mehr für sie gehabt. Nun, er würde schon sehen, aus welchem Holz Avril Bitra geschnitzt war. Aber dann würde es zu spät sein.

Damals auf der Erde, als der Krieg gegen die Nathi vorbei war und die Aufregung sich gelegt hatte, war ihr das Kolonistendasein als recht verlockend erschienen. Alles andere bis auf Centauri First, und das wurde, wie jedermann wußte, von den Ersten Familien und den Gründerfirmen beherrscht, war nicht besser als die Erde oder die schwerfälligen Handelsschiffe, wo man in den unteren Dienstgraden verschimmeln konnte. Sie hatte sogar mit dem Gedanken gespielt, sich als Navigatorin auf ein Bergwerksschiff im Asteroidengürtel zu melden, aber dann war ohne ersichtlichen Grund die Roosevelt-Kuppel explodiert, und dabei waren bis auf eine Handvoll alle zehntausend Einwohner umgekommen. Die Chance, über eine neue Welt zu herrschen, hatte sie gereizt. Im Lauf der Jahre hatte sie genügend Erfahrung mit Psychotests gesammelt, um zu wissen, wie man seinen Puls kontrollierte und welche Antworten man auf die idiotischen Fragen geben mußte, die angeblich aufdecken sollten, was Wahrheit war und was Fiktion. So war sie als Astrogatorin für die Pern-Expedition angenommen worden.

Aber nachdem es ihr nicht gelungen war, Paul Benden einzufangen, der Perns erster Führer sein würde – ihrer Schätzung nach würde die etwas farblose Emily Boll von dem präsentableren Admiral verdrängt werden, sobald die Landung auf Pern abgeschlossen war –, fand sie die Aussicht, den Rest ihres Lebens in einem finsteren Winkel am Ende der Milchstraße zu verbringen, unerträglich. Schließlich war sie eine qualifizierte Astrogatorin, und mit einem Schiff, Sternenkarten und einem Kälteschlaftank mußte es doch möglich sein, sich zu irgendeinem zivilisierten und höher entwickelten Planeten durchzuschlagen, wo sie das Leben so genießen konnte, wie sie es sich wünschte.

Mit Stev Kimmer hatte sie eigentlich nur angebändelt, um sich darüber hinwegzutrösten, daß sie Paul Benden verloren hatte. Als sie bemerkte, daß Bart Lemos jedesmal um sie herumstrich, wenn Stev Dienst hatte, ermutigte sie auch ihn. Eines Abends stieß Nabhi Nabol zusammen mit einigen anderen zu der Gruppe. Bart und Nabhi waren Piloten, und jeder hatte noch eine zweite Ausbildung, die für ihre Pläne interessant war: Bart im Bergbauwesen und Nabhi in Computertechnik. Stev war Maschinenbauingenieur und ein Genie, wenn es darum ging, Computerfehler zu diagnostizieren und Chips so umzugruppieren, daß sie das Doppelte der Leistung brachten, für die sie ausgelegt waren.

Für den Plan, der in ihrem Kopf allmählich Gestalt annahm,

sammelte sie noch weitere Helfer. Die meisten waren Kontraktoren wie sie selbst oder Konzessionäre mit kleinen Einlagen, die allmählich das Gefühl bekamen, zu kurz gekommen zu sein. Ganz am Rande spielte sie auch mit dem Gedanken, daß es vielleicht Spaß machen würde, die Leute so lange aufzustacheln, bis sie ihre wohlwollenden Führer stürzten, um Pern schließlich allein zu regieren, nicht nur als Lebensgefährtin von Paul Benden. Aber dazu mußte sie einen günstigen Moment abwarten, wenn die Kolonie zur Ruhe gekommen war und die Schwierigkeiten begannen.

Bis auf kleinere Hindernisse war bisher nichts passiert, was sie für ihre Zwecke hätte verwenden können. Alle waren vollauf damit beschäftigt, in der Gegend herumzulaufen, sich einzurichten, Vieh zu züchten und hierhin und dorthin zu fliegen, um sich Grundstücke anzusehen. Sie verachtete die Kolonisten für ihre Begeisterung von dieser gräßlich leeren Wüste von einer Welt mit ihrer lärmenden Tierwelt und den Tausenden von kriechenden, sich schlängelnden oder fliegenden Wesen. Auf dem ganzen Planeten gab es kein anständiges und nützliches einheimisches Tier, und sie hatte es allmählich mehr als satt, ständig nur Fisch oder Wherry zu essen, wobei die Wherries manchmal mehr nach Fisch schmeckten als das, was tatsächlich aus dem Meer kam. Selbst Pökelfleisch wäre schon eine willkommene Abwechslung gewesen.

Ihre Entschlossenheit, dieses Provinznest zu verlassen, wuchs immer mehr. Aber sie würde es in großem Stil verlassen, und alle anderen konnten zum Teufel gehen.

Auf Stev Kimmer konnte sie bei dieser Flucht nicht verzichten. Er baute ihr gerade ein Notfunkfeuer aus Teilen, die er auf der *Yokohama* ›gefunden‹ hatte; ohne dieses lebenswichtige Gerät hätte sie ihren Plan aufgeben müssen. Außerdem mußte sie sich Kimmer für den Augenblick warmhalten, wenn sie sich die Admirals-Gig aneignen wollte.

Wichtiger war noch seine Bereitschaft, ihr dadurch in die Hand zu arbeiten, daß er diejenigen Inselabschnitte absteckte, wo es auch wirklich Edelsteine gab. Großmutter Shavva hatte ihrer einzigen noch lebenden Nachfahrin ein Erbe hinterlassen, das es jetzt anzutreten galt.

Kimmer sollte für sieben Tage einen Schlitten anfordern, um nach einem Grundstück zu suchen, was sein gutes Recht war, und dabei durchblicken lassen, daß er sich auf dem Südkontinent umsehen wollte. Als Veteran des Nathi-Krieges war sein Anspruch doppelt so groß wie der von Avril. Daß die Konzessionäre mehr Land zugesprochen bekommen sollten als jeder Kontraktor, auch als sie selbst, die Astrogatorin, die sie alle sicher an diesen elenden Ort gebracht hatte, war eine Tatsache, die ihr noch nie so recht in den Kram gepaßt hatte.

Zum Teufel mit Munson und Alhinwa. Sie hätten ihr sagen können, wie sie den Türkis ausgebuddelt hatten. Pern war eine jungfräuliche Welt, bisher noch unberührt von rücksichtslosen Prospektoren und habgierigen Händlern, und es gab Metall und Mineralien in Hülle und Fülle, genug für alle. Auf höherentwickelten Welten würden sich passionierte Sammler um jeden großen, farblich einwandfreien Brocken dieses himmelblauen Steins reißen – je höher der Preis, den man verlangte, desto größer das Interesse der Sammler!

Warum hatte sie eigentlich von Nabhi nichts mehr gehört? Sie hatte ihn im Verdacht, sein eigenes Süppchen zu kochen und sich nicht an die Regeln zu halten, die sie aufgestellt hatte. Sie mußte ihn scharf im Auge behalten, er war ein unsicherer Kantonist, ähnlich wie sie selbst. Auf lange Sicht hatte sie als Astrogatorin freilich die besseren Karten, weil Nabhi nicht in der Lage sein würde, alleine nach Hause zu gelangen. Er brauchte sie, aber sie brauchte ihn nicht – wenn es ihr nicht paßte. Nabol war im Ganzen gesehen für ihre Zwecke nicht so geeignet wie Kimmer, aber wenn es hart auf hart ging, würde auch er genügen.

Sie hatte die Insel fast erreicht und konnte schon die Wellen gegen den Granitfelsen schlagen sehen. Sie schwenkte nach Backbord ab und suchte nach der Mündung der natürlichen Hafenbucht, wo das längst verstorbene EV-Team gelagert hatte. Kimmer sollte sie hier erwarten, denn sie fühlte sich erheblich wohler an einem Ort, wo bereits einmal Menschen gewesen waren. Das idiotische Geschwätz der Kolonisten, sie hätten dies oder jenes als ›erste‹ gesehen oder irgendwelche Gebiete als ›erste‹ betreten, oder die Streitereien über die Namengebung, die Abend für Abend am Freudenfeuer geführt wurden, fand sie unerträglich. Scheiß auf den Drake-See! Drake war ein alberner Esel! Und ein lausiger Gravballspieler!

Sie korrigierte ihren Kurs, als sie die beiden Felsspitzen entdeckte, die am Eingang der ungefähr ovalen Hafenbucht einen natürlichen Wellenbrecher bildeten. Kimmer hatte den Schlitten sicher ohnehin irgendwo versteckt, für den Fall ... Sie unterbrach den Gedankengang und schnaubte belustigt, aber auch mit einer gewissen Erbitterung. Als ob auf dieser ach so tugendhaften Welt einer dem anderen nachspionieren würde! »Wir sind hier alle gleich.« Unsere tapferen, edlen Führer haben es so bestimmt. Jeder bekommt den gleichen Anteil an Perns Reichtum. Darauf könnt ihr wetten. Nur werde ich mir meinen gleichen Anteil vor allen anderen holen, und mir dann den Staub dieses Planeten von den Füßen schütteln!

Als sie den Wellenbrecher überflog, sah sie im dichten Gebüsch auf der Steuerbordseite auf einem Sims oberhalb des Sandstrandes etwas Metallisches aufblitzen. Ganz in der Nähe stieg der Rauch von Kimmers kleinem Feuer auf. Sie setzte ihren Schlitten dicht neben dem seinen ab.

»Du hast recht gehabt mit dieser Stelle, Baby«, begrüßte er sie, hob eine Faust und schüttelte sie triumphierend. »Ich kam gestern nachmittag hierher, die ganze Strecke über herrlicher Rückenwind, hab's also in Rekordzeit geschafft. Nun sieh dir mal an, was ich als erstes gefunden habe!«

»Zeig her«, sagte sie und tat so, als könne sie ihre Neugier kaum mehr bezähmen, obwohl ihr dieser Alleingang gar nicht zusagte.

Er grinste breit, öffnete langsam die Finger und streckte die Hand aus, so daß sie den großen grauen Felsbrocken sehen konnte. Ihr Eifer schlug um in Enttäuschung, bis er den Stein ein klein wenig drehte und sie auf einer Seite, halb vergraben, ein unverkennbares grünes Glitzern entdeckte.

»Donnerwetter!« Sie riß ihm den Stein aus der Hand und drehte sich hastig in die Sonne, die inzwischen über dem Ozean aufgegangen war. Dann benetzte sie einen Finger und rieb über die grün glitzernde Stelle.

»Ich habe noch etwas gefunden«, sagte Kimmer.

Sie blickte auf und sah, daß er einen eckigen, grünen Stein in der Hand hielt, etwa so groß wie ein Löffelkopf, mit rauhen Kanten, wo er aus seinem Kalksteinbett herausgelöst worden war.

Sie hätte den Stein mit dem noch verborgenen Schatz beinahe fallen lassen, so hastig griff sie nach dem rohen Smaragd. Sie hielt ihn in die Sonne, sah eine Verunreinigung im Innern, hatte aber an dem klaren, tiefen Grün nichts auszusetzen. Sie wog ihn in der Hand. Es mußten dreißig oder vierzig Karat sein. Wenn sie einen geschickten Steinschneider fand, der die fehlerhafte Stelle aussparte, würde ein Edelstein von fünfzehn Karat übrigbleiben. Und wenn dieser Stein nur eine Kostprobe war ... Die Vorstellung, bei einem Edelsteinschleifer in die Lehre zu gehen und diesen herrlichen Stein zum Üben zu benützen, erheiterte sie.

»Wo?« fragte sie heiser vor Ungeduld.

»Da drüben.« Er drehte sich um und zeigte hinauf in das dichte Pflanzengewirr. »In den Felsen gibt es eine ganze Höhle voll.«

»Du bist einfach reingegangen, und da hat er dich angefunkelt?« Sie zwang sich zu einem unbekümmerten, ein wenig spöttischen Tonfall und zu einem anerkennenden Lächeln. Er sah so verdammt selbstzufrieden aus. Sie lächelte weiter, knirschte aber dabei mit den Zähnen.

»Ich habe *Klah* gekocht«, sagte er und deutete auf das Feuer, über dem ein Bratspieß und eine Steinplatte für den Kessel aufgebaut waren.

»Dieses gräßliche Zeug«, rief sie. Sie hatte sich bei der Flotte eine Vorliebe für starken Kaffee angewöhnt, und der war zum letzten Mal bei dieser jämmerlichen Denkparty ausgeschenkt – und verschüttet worden, als der Erdstoß die Kannen von den Ständern warf. Der letzte Kaffee von der Erde war nutzlos im Dreck von Pern versickert.

»Ach, wenn man es genug süßt, ist es gar nicht so übel.« Er schenkte ihr unaufgefordert einen Becher ein. »Angeblich soll es ebensoviel Koffein enthalten wie Kaffee oder Tee. Der Trick bestand darin, die Rinde gründlich zu trocknen, ehe man sie mahlt und aufbrüht.«

Er hatte Süßstoff in den Becher geschüttet und reichte ihn ihr, in der Erwartung, sie würde seine Aufmerksamkeit zu schätzen wissen. Sie konnte es sich nicht leisten, Kimmer zu vergraulen, auch wenn er sich noch so widerlich anerkennend wie ein braver kleiner Kolonist über die guten kolonialen Ersatzstoffe äußerte.

»Tut mir leid, Stev«, sagte sie mit einem entschuldigenden Lächeln und nahm den Becher. »Morgens ist mit mir nichts anzufangen. Und der Kaffee fehlt mir wirklich.«

Er zuckte die Achseln. »Jetzt dauert es ja nicht mehr lange, oder?«

Sie lächelte weiter und fragte sich dabei, ob er wohl wußte, wie albern er sich anhörte, wenn er nur den Mund aufmachte. Doch dann nahm sie sich zusammen. Sie hätte First Lady auf Pern werden können, wenn sie mit Paul ein wenig behutsamer umgegangen wäre. Was hatte sie eigentlich falsch gemacht? Sie hätte schwören können, daß es ihr gelingen würde, sein Interesse an ihr wachzuhalten. Alles war glattgegangen, bis sie das Rubkat-System erreichten. Dann hatte er auf einmal so getan, als gäbe es sie gar nicht mehr. Und dabei habe ich sie alle hierher gebracht!

»Avril?«

Die Ungeduld in Stev Kimmers Stimme holte sie in die Gegenwart zurück. »Entschuldige!« sagte sie.

»Ich sagte, ich habe genug Proviant für heute zusammengepackt, wir können also aufbrechen, sobald du fertig bist.«

Sie kippte den Becher aus und beobachtete, wie die dunkle Flüssigkeit kurz einen dunklen Flecken in den weißen Sand zeichnete. Dann schüttelte sie auch den letzten Tropfen aus dem Becher heraus, stellte ihn mit der Öffnung nach unten neben das Feuer, wie es sich für eine brave kleine Kolonistin gehörte, stand auf und lächelte Kimmer strahlend an. »Nun, dann laß uns gehen!«

TEIL II

FÄDEN

4. 5. 08 Pern

Vielleicht lag es daran, daß die Leute nach acht Jahren so an die Zwergdrachen gewöhnt waren, daß sie auf das Verhalten der Tiere nicht mehr besonders achteten. Wer ihre ungewöhnlichen Kapriolen bemerkte, hielt sie für irgendein neues Spiel, denn die kleinen Kerle kamen immer wieder auf die komischsten Ideen. Später sollten sich die Leute daran erinnern, daß die Zwergdrachen versuchten, das Geflügel und die Schafe und Ziegen in die Scheunen zurückzutreiben, und die Meeresaufseher wußten zu berichten, daß die großen Tümmler Bessie, Lottie und Maximilian sich verzweifelt bemüht hatten, ihren menschlichen Freunden zu erklären, warum die einheimischen Meerestiere so hastig nach Osten zu einer neuen Nahrungsquelle zogen.

Als Sabra Ongola-Stein in ihrem Haus am Europaplatz aus dem Fenster sah, dachte sie tatsächlich, Fancy, das Zwergdrachenweibchen der Familie, wolle ihren drei Jahre alten Sohn angreifen, der im Hof spielte. Die kleine Goldene riß heftig an Shuvins Hemd und wollte ihn unbedingt von seinem Sandhaufen und seinem geliebten Spielzeuglaster wegzerren. Sabra schlug nach Fancy und zog den Jungen weg, und danach kreiste der Zwergdrache erleichtert zirpend über ihr. Sehr merkwürdig, sicher, und das Hemd war zerrissen, aber am Körper des Jungen fand Sabra keine Verletzungen. Shuvin weinte auch nicht. Er wollte nur zu seinem Lastwagen zurück, während Sabra darauf bestand, ihm ein anderes Hemd anzuziehen.

Zu Sabras Verwunderung wollte Fancy sich mit ihnen ins Haus drängen, sie konnte gerade noch rechtzeitig die Tür schließen. Als sie sich ganz außer Atem von innen dagegenlehnte, sah sie durch das hintere Fenster, daß auch andere Zwergdrachen sich sehr sonderbar verhielten. Sie war nicht allzu sehr beunruhigt, weil es noch nie vorgekommen war, daß Zwergdrachen einen Menschen *verletzten*, nicht einmal, wenn sie bei der Paarung in Hitze gerieten, aber auch das schien nicht der Grund für ihre Erregung zu sein, denn die Grünen schwirrten ebenso hektisch in der Luft umher wie alle anderen, und die Grünen räumten stets das Feld, wenn eine Goldene sich paarte. Außerdem konnte Fancy zu diesem Zeitpunkt gar nicht in Hitze sein.

Während Sabra geschickt ihren zappelnden kleinen Sohn festhielt, um ihm das Hemd zu wechseln, fiel ihr auf, daß sich die Schreie, die durch die dicken Plastikwände des Hauses drangen, verängstigt anhörten. Sabra war mit den verschiedenen Lauten der Zwergdrachen ebenso vertraut wie jeder in Landing. Wovor mochten sie sich fürchten?

Das riesige Flugwesen – ein sehr großer Wherry vielleicht –, das gelegentlich in der Nähe des Westlichen Grenzgebirges gesichtet worden war, wagte sich doch wohl kaum so weit nach Osten. Und was konnte es an einem so schönen Vorfrühlingsmorgen sonst für Gefahren geben? Die graue Wolkenbank weit weg am Horizont verhieß Regen, aber das wäre nur gut für das Getreide, das auf den Feldern schon aus dem Boden spitzte. Vielleicht sollte sie die Wäsche von der Leine holen. Manchmal vermißte sie die praktischen Einrichtungen der alten Erde, die einem auf Knopfdruck die eintönige, anstrengende Hausarbeit abgenommen hatten. Schade, daß der Rat nie auf die Idee kam, gewisse Leute für ihr unbotmäßiges Verhalten damit zu bestrafen, daß er ihnen häusliche Pflichten aufbürdete. Sie zog Shuvin das Hemd über die Hosen, und er gab ihr einen dicken, feuchten Kuß.

»Laster, Mami, Laster? Jetzt gleich?«

Bei der sehnsüchtigen Frage wurde ihr plötzlich bewußt, wie still es geworden war, der gewohnte, mißtönende Zwergdrachenchor, der den Alltag in Landing wie in fast allen Ansiedlungen auf dem Südkontinent ständig begleitete, war verstummt. Diese Totenstille war beängstigend. Sabra hielt Shuvin zurück, der unbedingt wieder nach draußen wollte, um im Sand zu spielen, und spähte erst durch das hintere Fenster, und dann durch das Plasglas vor sich. Kein einziger Zwergdrache war zu sehen, nicht einmal auf dem Haus von Betty Musgrave-Blake, wo eine Geburt bevorstand und sich üblicherweise ein riesiger Schwarm versammelt hätte. Betty erwartete ihr zweites Kind, und Sabra hatte gesehen, daß Basil, der Geburtshelfer mit seinem Lehrling Greta, die einmal eine tüchtige Hebamme abgeben würde, bereits eingetroffen war.

Wo waren die Zwergdrachen? Sie ließen sich doch niemals eine Geburt entgehen.

Landing war zwar gut organisiert, aber es wurde doch erwartet, daß man sofort meldete, wenn sich auf Pern etwas Ungewöhnliches ereignete. Sabra ging zum Komgerät und wählte Ongolas Nummer, aber sie war besetzt. Während sie den Hörer in der Hand hatte, streckte Shuvin seine schmutzige Hand zum Türgriff hinauf, schob die Tür auf und grinste seine Mutter voll Stolz über diese neue Leistung verschmitzt an. Sie ließ ihn lächelnd gewähren, während sie Bays Nummer eintippte. Vielleicht wußte die Zoologin, was mit ihren Lieblingstieren los war.

Ziemlich weit östlich und etwas südlich von Landing waren Sean und Sorka auf der Jagd nach Wherries für das Ruhetagsessen. Die menschlichen Ansiedlungen breiteten sich immer mehr aus, und die Jäger mußten ziemlich weit gehen, um Wild zu finden.

»Sie geben sich ja gar keine Mühe, Sorka.« Sean machte ein finsteres Gesicht. »Den ganzen Vormittag haben sie sich nur gezankt. Verdammte Narren.« Er drohte mit seinem muskulösen, braunen Arm zornig zu seinen acht Zwergdrachen hinauf. »Reißt euch zusammen, ihr geflügelten Schwächlinge! Wir sind zum Jagen hier!«

Niemand beachtete ihn, seine beiden ältesten Braunen schienen mit den Mentas zu streiten, am heftigsten mit Blazer, Seans Königin. Das war ungewöhnlich, denn die durch Bay Harkenons gentechnische Künste gezüchtete Blazer genoß im allgemeinen durchaus den Respekt, den die andersfarbigen Zwergdrachen allen fruchtbaren goldenen Weibchen entgegenbrachten.

»Die meinen sind nicht anders«, stellte Sorka fest und nickte, als ihre fünf sich Seans Schwarm anschlossen. »Du lieber

Himmel, jetzt gehen sie auch noch auf *uns* los!« Sie gab ihrer braunen Stute den Kopf frei und drückte ihr die Schenkel an den Leib, hielt aber inne, als sie sah, wie Sean, der Cricket herumgerissen hatte und den heranstürmenden Zwergdrachen entgegensah, gebieterisch die Hand hob. Noch mehr erschrak sie, als die Zwergdrachen Angriffsformation einnahmen und dabei ein Geschrei ausstießen, das entsetzliche Angst ausdrückte und vor einer Gefahr warnte.

»Gefahr? Wo?« Sean wendete Cricket schnell auf der Hinterhand, ein Kunststück, das Sorka trotz Seans Hilfe und ihrer eigenen unendlichen Geduld ihrer Stute Doove nie hatte beibringen können. Er hielt sein Pferd zurück und suchte den Himmel ab, als die Zwergdrachen einhellig die Köpfe nach Osten wandten.

Blazer landete auf seiner Schulter, ringelte ihren Schwanz um seinen Hals und seinen linken Oberarm und kreischte die anderen an. Sean spürte erstaunt, was da vorging. Eine Königin nahm Befehle von Braunen entgegen? Aber er wurde abgelenkt, als ihre Gedanken lebhafte Befürchtungen ausdrückten.

»Landing in Gefahr?« fragte er. »In Deckung gehen?«

Sobald Sean es ausgesprochen hatte, verstand auch Sorka, was ihre Bronzefarbenen ihr begreiflich zu machen suchten. Sean schaffte es immer als erster, die geistigen Bilder seiner mit Mentasynthese behandelten Zwergdrachen zu deuten, besonders bei Blazer, die sie am klarsten übermitteln konnte. Sorka hatte sich oft ein goldenes Weibchen gewünscht, aber sie liebte ihre Bronzefarbenen und Braunen zu sehr, um sich zu beklagen.

»Mehr kann ich auch nicht verstehen«, sagte sie, als ihre fünf an verschiedenen Stellen ihrer Kleidung zu zupfen begannen. Sean konnte mit nacktem Oberkörper reiten, aber bei ihr schwabbelte zu viel, als daß sie sich dabei wohl gefühlt hätte; die ärmellose Lederweste war da eine gewisse Stütze, außerdem schützte sie die Haut vor den Klauen der Zwergdrachen. Emmet, der Bronzefarbene, ließ sich gerade so lange auf Dooves Kopf nieder, um ein Ohr und die Stirnlocke zu packen, und versuchte dann, den Kopf der Stute herumzuziehen.

»Etwas Großes, Gefährliches, und in Deckung gehen!« sagte

Sean kopfschüttelnd. »Es ist doch nur ein Gewitter, Kinder. Schaut, nichts als eine Wolke!«

Sorka blickte stirnrunzelnd nach Osten. Sie befanden sich so weit oben auf der Hochfläche, daß sie gerade noch das Meer sehen konnten.

»Diese Wolkenformation ist irgendwie komisch, Sean. So etwas habe ich noch nie gesehen. Fast wie die Schneewolken, die wir hin und wieder in Irland hatten.«

Sean legte mit finsterem Gesicht die Beine an. Cricket hatte die verzweifelte Angst der Zwergdrachen gespürt und tänzelte nervös auf der Stelle. Noch vollführte er nur die Piaffe, die Sean ihm beigebracht hatte, aber sobald er die Zügel locker ließ, würde der Hengst sofort in rasendem Galopp davonstürmen. Seine Augen verdrehten sich entsetzt, bis nur noch das Weiße zu sehen war, und er schnaubte. Auch Doove ließ sich von Emmets merkwürdiger Unruhe anstecken.

»Hier schneit es nicht, Sorka, aber was Farbe und Form angeht, hast du recht. Himmel, was immer da abregnet, es ist so verflixt dicht, daß man es fast greifen kann. So sieht der Regen hier nicht aus.«

Duke und die beiden ältesten Braunen von Sean sahen es ebenfalls und kreischten in hilflosem Entsetzen. Blazer trompetete einen strengen Befehl. Ehe Sean und Sorka wußten, wie ihnen geschah, waren beide Pferde von wohlgezielten Klauenhieben der Zwergdrachen auf die Kruppe aufgescheucht worden und rasten, geführt vom ganzen Schwarm, nach Nordwesten. Zügel, Schenkel, Sitz, Stimme, nichts zeigte mehr Wirkung auf die vor Schmerz wie rasenden Pferde, denn jedesmal, wenn sie ihren Reitern gehorchen wollten, versetzten ihnen die wachsamen Zwergdrachen einen neuen Hieb.

»Was, zum Teufel, ist bloß in sie gefahren?« schrie Sean und riß an der Lederschlinge, die er an Stelle einer Gebißstange durch Crickets weiches Maul gezogen hatte. »Ich schlage ihm noch seine verdammte Nase ein!«

»Nein, Sean!« schrie Sorka und duckte sich tief auf den Hals ihrer vorwärtsrasenden Stute. »Duke hat eine Heidenangst vor dieser Wolke. Mein ganzer Schwarm hat Angst. Sie würden

den Pferden sonst niemals weh tun! Wir wären verrückt, wenn wir nicht auf sie hörten!«

»Als ob uns etwas anderes übrigbliebe!«

Die Pferde stürmten nun eine Schlucht entlang. Sean mußte seine ganze Kraft und Geschicklichkeit aufwenden, um sich im Sattel zu halten, aber er spürte, wie erleichtert Blazer war, daß sie sich durchgesetzt hatte und alle auf dem Weg zu einer sicheren Zuflucht waren.

»Sicher wovor?« knurrte er wütend. Er haßte es, hilflos auf einem Tier zu sitzen, das ihm in sieben Jahren kein einziges Mal den Gehorsam verweigert hatte, auf einem Tier, das er besser zu kennen glaubte als irgendeinen Menschen auf dem ganzen Planeten.

Das rasende Tempo ging weiter, obwohl Sean spürte, wie der graue Hengst, so gut er auch in Form war, allmählich müde wurde. Die Zwergdrachen trieben die beiden Pferde direkt auf einen der kleinen Seen zu, mit denen dieser Teil des Kontinents übersät war.

»Warum zum Wasser, Sean?« schrie Sorka, lehnte sich zurück und hob die Zügel an. Als die Stute bereitwillig langsamer wurde, protestierten Duke und die beiden anderen Bronzefarbenen mit schrillem Kreischen und schlugen wieder ihre Klauen in die blutende Kruppe des Tiers.

Wiehernd und verängstigt die Augen rollend, sprang die Stute ins Wasser und hätte dabei ihre Reiterin fast abgeworfen. Getrieben von den scharfen Klauen von Seans Zwergdrachen, folgte ihr der Hengst.

Der See, ein tiefes Becken, in dem sich das abfließende Wasser von den umliegenden Hügeln sammelte, hatte nur ein schmales Ufer, und bald schwammen die Pferde, von den Zwergdrachen unerbittlich angespornt, auf einen Felsüberhang auf der gegenüberliegenden Seite zu. Sean und Sorka hatten auf diesem Sims oft in der Sonne gelegen und waren mit Vergnügen von hoch oben in das tiefe Wasser gesprungen.

»Das Felssims? Wir sollen *unter* das Felssims? Das Wasser ist dort verflixt tief.«

»Warum?« fragte Sorka immer noch. »Was da kommt, ist doch nur Regen.« Sie schwamm neben Doove her und ließ sich, eine Hand am Sattelknauf, in der anderen die Zügel, von der Stute mitziehen. »Wo sind sie denn alle abgeblieben?«

Sean, der neben Cricket schwamm, legte sich auf die Seite und schaute zurück. Seine Augen weiteten sich. »Das ist kein *Regen*. Schwimm, so schnell du kannst, Sorka! Schwimm zum Felssims!«

Sie warf ebenfalls einen Blick über die Schulter und sah, was den gewöhnlich durch nichts zu erschütternden jungen Mann so aufgeregt hatte. Das Entsetzen verlieh ihr neue Kräfte; sie riß an den Zügeln und drängte Doove zu größerer Eile. Sie hatten das Sims fast erreicht, diese armselige Zuflucht vor dem zischenden, silbernen Niederschlag, der so bedrohlich über die Wälder Perns herabrauschte, die sie eben noch durchquert hatten.

»Wo sind die Zwergdrachen?« heulte Sorka auf, als sie in den Schatten unter dem Sims hineinschwamm. Sie ruckte an Dooves Zügeln, um die Stute mit sich unter das schützende Dach zu ziehen.

»Bestimmt in Sicherheit!« Seans Stimme klang verbittert, er hatte Mühe, Cricket unter das Sims zu bringen. Es gab gerade genügend Raum, daß die Köpfe der Pferde über der Wasseroberfläche bleiben konnten, aber ihre um sich schlagenden Beine fanden keinen Halt.

Plötzlich hörten beide Pferde auf, sich gegen ihre Reiter zu wehren; sie wieherten statt dessen verschreckt und drückten Sorka und Sean gegen die innere Felswand.

»Zieh die Beine an, Sorka! Stütz dich gegen die Wand!« schrie Sean und machte es ihr vor.

Dann hörten sie es zischen. Als sie um die Köpfe ihrer Pferde herumspähten, sahen sie lange, dünne Fäden ins Wasser stürzen. Plötzlich begann der See zu wogen, von allen Seiten zogen die Flossen der Elritzen, die man in den Bächen ausgesetzt hatte, Furchen durch seine Oberfläche.

»Himmel, sieh dir das an!« Sean deutete aufgeregt auf eine kleine Flammenzunge, die dicht über der Seeoberfläche ein großes Fadenknäuel in Asche verwandelte, ehe es das Wasser erreichte.

»Da drüben auch!« sagte Sorka, und dann hörten sie das erregte, aber freudige Geschnatter der Zwergdrachen. Da sie sich so tief unter das Sims hineindrängten, wie nur möglich, erhaschten sie nur ab und zu einen flüchtigen Blick auf die Tiere und die seltsamen Flammen.

Ganz plötzlich erinnerte sich Sorka an jenen längst vergangenen Tag, als sie zum ersten Mal erlebt hatte, wie die Zwergdrachen das Geflügel verteidigten. Damals war sie überzeugt gewesen, daß Duke auf einen Wherry Feuer gespien hatte. »Das ist früher schon mal passiert, Sean«, sagte Sorka, und wollte seine nasse Schulter packen, damit er ihr auch zuhörte, aber ihre Finger rutschten ab. »Irgendwie können sie Flammen spucken. Vielleicht ist dazu der zweite Magen da.«

»Jedenfalls bin ich froh, daß sie nicht feige sind«, murmelte Sean und näherte sich vorsichtig der Öffnung. »Nein«, sagte er erleichtert und stieß einen tiefen Seufzer aus. »Feige sind sie ganz bestimmt nicht. Komm her, Sorka.«

Mit einem ängstlichen Blick auf Doove schwamm Sorka an Seans Seite und schrie gleich darauf überrascht und begeistert auf. Ihr Zwergdrachenschwarm hatte sich um eine ganze Menge anderer Tiere vergrößert. Die kleinen Krieger schienen abwechselnd auf den verheerenden Regen loszuschießen, ihre Flammen verkohlten das gräßliche Zeug, und die Asche fiel ins Wasser, wo sie von flinken Fischmäulern verschlungen wurde.

»Schau nur, Sorka, sie beschützen unser Sims.«

Sorka sah, daß der schreckliche Regen auf beiden Seiten der Feuerzone der Zwergdrachen ungehindert in den See fiel.

»Himmel, Sean, sieh nur, was das Zeug mit den Büschen macht!« Sie zeigte ans Ufer. Das dichte, stachelige Gestrüpp, durch das sie vor kurzem noch geritten waren, war nicht mehr zu sehen, alles war bedeckt von einer ekelhaften Masse von ›Dingern‹, die immer weiter aufzuschwellen schienen. Sorka wurde übel dabei, und sie mußte sich sehr zusammennehmen, um ihr Frühstück nicht wieder von sich zu geben. Sean war ganz weiß um den Mund. Seine Hände, die ihn mit ihren rhythmischen Bewegungen über Wasser hielten, ballten sich zu Fäusten.

»Verdammt noch mal, kein Wunder, daß die Zwergdrachen

Angst hatten.« Wütend über seine Hilflosigkeit schlug er mit den Fäusten so heftig ins Wasser, daß die Wellen nach allen Seiten schwappten. Sofort erschien Sorkas Duke dicht vor dem Sims und spähte herein. Er nahm sich die Zeit, ihnen beruhigend zuzuquieken, und im nächsten Moment war er buchstäblich verschwunden. »Na ja«, sagte Sean. »Wenn ich Pol Nietro wäre, würde ich sagen, dieses plötzliche Auslöschen ist der beste Verteidigungsmechanismus, den eine Gattung nur entwickeln kann.« Ein langer Faden glitt über ihnen vom Sims herab und schwebte einen Augenblick lang vor ihren entsetzten Augen, bis eine Flamme ihn verkohlen ließ.

Angewidert spritzte Sean Wasser auf die Überreste und fegte mit der Hand die herabsinkenden Stäubchen von sich und Sorka weg. Hinter ihnen war das schwere Atmen der Pferde zu hören; die Tiere schienen völlig erschöpft zu sein.

»Wie lange?« fragte Sean, glitt zu Crickets Kopf und streichelte das Pferd, um es zu beruhigen. »Wie lange wird der Spuk dauern?«

»Es ist *keine* Paarung«, erklärte Bay, als Sabra sie anrief, »sondern ein völlig irrationales Verhaltensmuster.« Bay ging im Geiste alles durch, was sie über die Zwergdrachen wußte und beobachtet hatte, während sie weiter aus ihrem Fenster schaute. In diesem Augenblick hob ein Schlitten von einem Abstellplatz nahe am Wetterbeobachtungsturm ab und raste mit Höchstgeschwindigkeit auf den Sturm zu. »Ich will mir noch einmal die Dateien über die Verhaltensmuster ansehen und mit Pol sprechen, dann rufe ich zurück. Die Sache ist wirklich äußerst ungewöhnlich.«

Pol arbeitete im Gemüsegarten hinter ihrem Haus. Als er sie kommen sah, winkte er ihr fröhlich zu, schob sich die Schildmütze in den Nacken und wischte sich den Schweiß von der Stirn. Die Gartenerde war sorgfältig angereichert und mit verschiedenen terrestrischen Käfern und Würmern verbessert worden, die den Boden von Pern ebenso gern durchlüfteten, wie sie es auf der Erde getan hatten, und die trägeren einheimischen Arten gut ergänzten. Bay sah, wie

Pol mitten in der Bewegung innehielt und sich umsah, und nahm an, er habe erst jetzt das Fehlen der Zwergdrachen bemerkt.

»Wo sind sie denn alle hin?« Er blickte zu den anderen Häusern und auf Bettys leeres Dach. »Das ging aber schnell, nicht wahr?«

»Sabra hat mich eben angerufen. Sie sagt, ihre Fancy habe allem Anschein nach den kleinen Shuvin angreifen wollen. Völlig ohne Grund, allerdings hat sie ihm mit ihren Klauen nicht einmal die Haut geritzt. Dann hat Fancy versucht, mit ihnen ins Haus zu kommen. Sabra sagte, sie sei ganz verstört gewesen.«

Pol zog überrascht die Augenbrauen hoch und wischte sich weiter über die Stirn und dann über das Schweißband seiner Mütze, bis er sich wieder gefangen hatte. Dann lehnte er sich auf seine Hacke und blickte sich um. In diesem Moment entdeckte er die grauen Wolken.

»Die gefallen mir gar nicht, Liebes«, sagte er. »Ich mache lieber eine Pause, bis der Sturm vorüber ist.« Er lächelte ihr zu. »Inzwischen können wir uns deine Notizen über die Mentazucht ansehen. Fancy ist eine Menta, kein einheimischer Zwergdrache.«

Plötzlich war die Luft erfüllt von kreischenden, schreienden, trompetenden und völlig verängstigten Zwergdrachen.

»Wo waren die kleinen Plagegeister denn?« fragte Paul. »Pfui Teufel! Sie stinken!« Er riß sich die Mütze vom Kopf und schwenkte sie heftig vor seinem Gesicht hin und her.

Bay hielt sich die Nase zu und eilte zum Haus. »Und wie! Eindeutig nach Schwefel.«

Sechs Zwergdrachen lösten sich aus dem Wirbel, stießen auf Bay und Pol herab, schlugen von hinten auf sie ein und drängten sie mit schrillen Schreien zur Eile.

»Ich habe tatsächlich den Eindruck, als wollten sie uns ins Haus scheuchen, Pol«, sagte Bay. Als sie stehenblieb, um dieses exzentrische Verhalten genauer zu studieren, packte ihre Königin sie an den Haaren, und die zwei Bronzefarbenen krallten sich in ihre Tunika und zerrten sie weiter. Die Schreie wurden immer aufgeregter.

»Ich glaube, du hast recht. Und bei anderen Leuten machen sie es genauso.«

»Ich habe noch nie so viele Zwergdrachen gesehen. Normalerweise kommen sie doch nicht in solchen Scharen hierher«, fuhr Bay fort und tat den Tieren den Gefallen, einen schwerfälligen Trab anzuschlagen. »Die meisten sind wilde! Sieh nur, wieviel kleiner einige von den Königinnen sind. Und überwiegend Grüne. Faszinierend.«

»Äußerst faszinierend«, stimmte Pol zu und beobachtete amüsiert, daß die Zwergdrachen, die ihre speziellen Freunde waren, sich mit ihnen ins Haus gedrängt hatten und sich nun gemeinsam bemühten, die Tür hinter den Menschen zu schließen. »Sehr bemerkenswert.«

Bay saß schon am Terminal. »Es muß sich offensichtlich um etwas handeln, was für sie wie für uns gefährlich ist.«

»Es wäre mir lieber, wenn sie sich irgendwo niederlassen würden«, sagte Pol. Die Zwergdrachen schossen im Wohnraum umher, ins Schlafzimmer, ins Badezimmer und sogar in den Anbau, den sich die beiden Wissenschaftler als kleines, aber gut ausgestattetes Heimlabor eingerichtet hatten. »Das geht ein bißchen zu weit. Bay, sag deiner Königin, sie soll sich hinsetzen, dann werden die anderen schon folgen.«

»Sag es ihr selbst, Pol, ich rufe gerade das Verhaltensprogramm auf. Sie gehorcht dir ebenso wie mir.«

Pol versuchte, Mariah auf seinen Arm zu locken, aber sie war kaum gelandet, als sie auch schon wieder davonflatterte, und die anderen hinterher. Ein Stückchen ihres Lieblingsfischs fand keine Beachtung. Für Pol war das Ganze allmählich nicht mehr komisch. Er blickte aus dem Fenster, um zu sehen, ob andere Tiere ebenfalls von dieser Massenhysterie erfaßt waren, und stellte fest, daß die Plätze wie ausgestorben dalagen. Drüben bei den Veterinärschuppen sah er Staubwolken aufsteigen, und dazwischen flitzten wie dunkle Schatten Zwergdrachen hin und her und versuchten, das Vieh zusammenzutreiben. Von ferne hörte er das mißtönende Geschrei verängstigter Tiere.

»Hoffentlich gibt es dafür eine Erklärung«, murmelte er und blieb hinter Bay stehen, um auf den Bildschirm zu schauen.

»Bei meiner Seele, sieh dir mal Bettys Haus an!« Er zeigte über den Schirm hinweg zum Fenster hinaus auf ein Gebäude, das völlig unter einer Masse von Zwergdrachen verschwand. »Mein Gott, soll ich rübergehen und fragen, ob sie Hilfe brauchen?«

Als er nach dem Türöffner greifen wollte, schoß Mariah zornig kreischend auf ihn los, stieß seine Hand beiseite und kratzte ihn.

»Geh nicht raus, Pol! Bleib hier! Sieh doch nur!«

Bay hatte sich halb aus ihrem Stuhl erhoben und war in dieser Stellung erstarrt, in ihrem Gesicht stand das nackte Entsetzen. Pol legte ihr schützend den Arm um die Schultern, und dann hörten sie beide, wie ein schrecklicher Regen auf Landing heruterzischte, und sahen, wie einzelne längliche ›Tropfen‹ auf die Oberfläche trafen. Manchmal fielen sie nur in den Staub, dann wieder wickelten sie sich um Sträucher und Gräser, und alles verschwand, nur vollgefressene, schneckenähnliche Gestalten blieben übrig, die weiter in rasendem Tempo über alle grünen Pflanzen herfielen, die ihnen in den Weg kamen. Pols herrlicher Garten war im Nu eine Wüste voll sich windender, grauweißer ›Dinger‹, die in Sekundenschnelle mit jeder neuen Beute weiter anschwollen.

Mariah stieß einen heiseren Schrei aus und verschwand. Die anderen fünf Zwergdrachen folgten ihr sofort.

»Ich traue meinen Augen nicht«, flüsterte Pol starr vor Staunen. »Sie teleportieren in Scharen, fast in Formation. Die Telekinese wurde also ursprünglich als Überlebenstechnik entwickelt. Hmm.«

Der gräßliche Regen war weiter vorgerückt, hinter ihm breitete sich seine schreckliche Fracht immer weiter aus, und nun fielen die Fäden auf Pols sauber gepflasterte Patio und näherten sich unaufhaltsam dem Haus.

»Dem Stein können sie nichts anhaben«, bemerkte Pol mit wissenschaftlichem Interesse. »Hoffentlich schützt uns das Silikonplastikdach ebenso gut.«

»Die Zwergdrachen haben noch mehr bisher unentdeckte Fähigkeiten«, bemerkte Bay stolz und deutete aus dem Fenster. Draußen schossen die Zwergdrachen auf und ab und spien

Feuer, um die angreifende Lebensform einzuäschern, ehe sie das Haus erreichte.

»Ich wäre ruhiger, wenn ich wüßte, daß diese Dinger keine Chance haben«, wiederholte Pol mit leicht zitternder Stimme und blickte zu dem durchscheinenden Dach auf. Etwas traf auf den Belag und rutschte ab. Pol zuckte erschrocken zusammen und duckte sich instinktiv, noch ein Aufprall, und dann sah er kurze Feuerstöße über das dunkle Material fegen.

»Immerhin ein Trost«, sagte er und richtete sich erleichtert auf.

»Aber sie sind so lange auf das Dach gefallen, bis die Zwergdrachen, der Himmel möge es ihnen vergelten, sie in Flammen aufgehen ließen.« Bay spähte aus dem Fenster zu Betty Musgrave-Blakes Haus hinüber. »Bei meiner Seele! Sieh dir das an!«

Das Haus war von Feuerwirbeln und Flammengarben wie von einem Schirm umgeben, ein ganzer Schwarm von Zwergdrachen sorgte dafür, daß kein einziges Stück des unheimlichen Regens das Haus einer in Wehen liegenden Frau erreichte.

Pol war geistesgegenwärtig genug, sich aus dem Durcheinander auf einem Regal sein Fernglas zu holen und es auf die Felder und die Veterinärschuppen zu richten. »Ob sie wohl auch unsere Tiere beschützen? Es sind zu viele, um sie alle in Sicherheit zu bringen, aber in dieser Gegend scheinen sich Massen von Zwergdrachen aufzuhalten.«

Zutiefst besorgt um die Sicherheit der Tiere, die sie schließlich mit geschaffen hatten, beobachteten sie abwechselnd das Gebiet um die Schuppen. Plötzlich ließ Bay das Fernglas sinken; ein Schauder durchlief sie, und sie übergab es wortlos an Pol. Der Anblick einer ausgewachsenen Kuh, die sich innerhalb weniger Augenblicke in einen versengten, von Massen sich windender Lebewesen bedeckten Kadaver verwandelte, hatte sie zutiefst erschüttert. Pol stellte das Glas schärfer, dann stöhnte er in hilfloser Verzweiflung auf und setzte es ab.

»Eine Pest. Gefräßig. Unersättlich. Offenbar verschlingen sie alles, was organisch ist«, murmelte er. Dann holte er tief Luft und hob entschlossen das Glas wieder an die Augen. »Leider machen sie offenbar auch vor Plastik auf Kohlenstoffbasis nicht halt, den Spuren auf den Dächern der Hütten nach zu schließen, die wir als erste aufgestellt haben.«

»Du meine Güte. Das ist ja entsetzlich. Könnte es sich um ein regional begrenztes Phänomen handeln?« fragte Bay mit immer noch zitternder Stimme. »Auf den bewachsenen Flächen gab es diese merkwürdigen Kreise, die im ursprünglichen EV-Fax ...« Sie wandte sich vom Fenster ab, setzte sich wieder vor ihr Terminal, machte den Schirm frei und rief verschiedene Dateien auf.

»Hoffentlich ist niemand so verrückt und geht hinaus, um die letzten paar Kühe und Schafe zu retten«, sagte Pol mit gepreßter Stimme. »Und hoffentlich sind wenigstens alle Pferde in Sicherheit. Die neue Züchtung ist zu vielversprechend, als daß wir sie verlieren dürften, ganz gleich, wie grauenvoll die Katastrophe ist.«

Mit einiger Verspätung begann die Alarmsirene auf dem Wetterbeobachtungsturm zu heulen.

»Na, damit bleibst du aber hinter den Ereignissen zurück, alter Junge«, sagte Pol und richtete das Glas auf den Turm. Er konnte Ongola erkennen, der sich einen Lappen gegen die Wange drückte. Der Schlitten, der gestartet war, um das Gewitter zu untersuchen, parkte dicht am Turmeingang, und Pol vermutete, daß Ongola direkt aus der Kanzel zur Tür gesprungen war.

»Nein, der Schall trägt und schaltet die Zwischenstationen ein«, erklärte Bay zerstreut, während ihre Finger über die Tasten flogen.

»Ach ja, das hatte ich vergessen. Heute morgen sind nämlich eine ganze Menge Leute auf die Jagd gegangen.«

Bays flinke Finger stockten, und sie drehte sich langsam zu Pol um. Ihr Gesicht war aschgrau.

»Nicht aufregen, mein Schatz, so viele Leute haben inzwischen Zwergdrachen und mindestens einen von den schlaueren Mentas, die du entwickelt hast.« Er trat hinter sie und strich ihr beruhigend über das Haar. »Es war erstklassig, wie sie uns gewarnt und beschützt haben. Da! Horch!«

Das jubelnde Trällern der Zwergdrachen, das stets eine Geburt verkündete, war nicht zu überhören. Trotz der gräßlichen Katastrophe, die in diesem Moment über Pern hereinbrach, war neues Leben in die Welt gekommen. Der Begrüßungsgesang unterbrach jedoch nicht das schützende Flammennetz, das das Haus einhüllte.

»Das arme Baby! Ausgerechnet jetzt geboren zu werden!« klagte Bay. Ihre runden Wangen waren eingefallen, und ihre Augen lagen tief in den Höhlen.

Ohne auf den stechenden Schmerz in seiner linken Gesichtshälfte zu achten, drückte Ongola mit einem Finger auf den Sirenenknopf und begann gleichzeitig, die anderen Stationen des Sendernetzes anzurufen.

»Mayday! Mayday! Mayday in Landing! Alles in Deckung! Bringt das Vieh unter Dach! Höchste Gefahr! Alle Lebewesen in Deckung.« Die Erinnerung an den entsetzlichen Anblick zweier streunender Schafe, die in kürzester Zeit von dem grausigen Niederschlag zerfressen worden waren, ließ ihn schaudern. »Nehmt Deckung unter Felsen, unter Metall, im Wasser! Ein unnatürlicher Regen dringt in unregelmäßigen Schauern nach Westen vor. Tödlich! Tödlich! Alles in Deckung. Mayday von Landing! Mayday von Landing! Mayday von Landing!« Von seinem Kopf und seinem Hals tropfte Blut und bekräftigte die knappen Sätze. »Unnatürliche Wolkenformation. Tödliche Niederschläge. Mayday von Landing! Alles in Deckung. Mayday. Mayday.«

Sein eigenes Haus war durch den dichten Regen fast nicht zu erkennen, aber er sah die Flammengarben über den anderen noch bewohnten Häusern von Landing und nahm erstaunt zur Kenntnis, daß sich tausende von Zwergdrachen versammelt hatten, um ihren menschlichen Freunden zu helfen, und daß sie einen lebenden Flammenschild über Betty Musgrave-Blakes Haus gelegt hatten und in Scharen über den Veterinärschuppen und den Weiden flatterten. Er erinnerte sich auch, daß Fancy versucht hatte, in das Fenster hineinzufliegen, hinter dem er Wache hielt. Als ihm plötzlich aufgefallen war, daß keines der meteorologischen Instrumente die Wolkenmasse registrierte, die sich unaufhaltsam von Osten näherte, hatte er Emily zu Hause angerufen.

»Sehen Sie sich die Sache an, Ongola. Mir kommt es vor wie ein ordentliches Äquinoktialgewitter, aber wenn die Wasserdampfinstrumente nichts anzeigen, sollten Sie lieber die Windgeschwindigkeit feststellen und nachsehen, ob die Wolken Hagel oder Graupel enthalten. Heute sind nicht nur Farmer unterwegs, sondern auch Jäger und Fischer.«

Ongola war so dicht an die Wolke herangeflogen, daß er ihre ungewöhnliche Zusammensetzung feststellen – und beobachten konnte, welchen Schaden sie anrichtete. Er wollte Emily vom Schlitten aus anrufen, und als das Komgerät nicht funktionierte, versuchte er, Jim Tillek in der Hafenverwaltung zu warnen. Aber er hatte den nächstbesten Schlitten genommen, eine kleine, schnelle Maschine, die nicht über die raffinierte Ausrüstung der größeren verfügte. Er probierte jede Nummer, die ihm einfiel, erreichte aber nur Kitti, die meistens zu Hause blieb, weil sie mit ihren hundert Jahren schon recht gebrechlich war, auch wenn künstliche Gliedmaßen ihr eine gewisse Beweglichkeit ermöglichten.

»Vielen Dank für die Warnung, Ongola. Man kann nicht vorsichtig genug sein. Ich werde die Veterinärschuppen informieren, damit das Vieh unter Dach gebracht wird. Ein gefräßiger Regen?«

Ongola holte aus dem kleinen Schlitten das letzte an Geschwindigkeit heraus und konnte nur hoffen, daß die Zellen genug Energie enthielten, um dieser Belastung standzuhalten. Die Maschine tat ihr Bestes, aber ihr Pilot schaffte es nur mit knapper Not bis zum Turm zurück, und sie hatte kaum den Boden berührt, als auch schon der Motor aussetzte.

Das Zeug prasselte auf das Kanzeldach herunter. Es war ihm nicht gelungen, der Regenfront davonzufliegen. Ongola packte das Klemmbrett für die Flugpläne – ein unzureichender Schutz vor dem tödlichen Regen, aber besser als nichts. Dann holte er tief Luft, drückte auf die automatische Verriegelung und sprang geduckt aus der Kanzel. Mit drei langen Sätzen, eher springend als laufend, erreichte er die Tür zum Turm, als gerade ein Knäuel herabsank. Das schräg gehaltene Brett lenkte das Zeug direkt auf seine ungeschützte linke Kopfseite. Schreiend vor Schmerz schlug er mit der Hand auf sein Ohr ein, doch in diesem Moment kam ihm schon ein feuerspeiender Zwergdrache zu Hilfe. Ongola schrie »Danke«, warf sich durch die Tür und knallte sie hinter sich zu. Automatisch zog er den Riegel vor, schnaubte verächtlich, als ihm bewußt wurde, wie sinnlos das war, und jagte dann, zwei bis drei Stufen auf einmal nehmend, die Treppe hinauf.

Der stechende Schmerz hielt an, und er spürte, wie etwas an seinem Hals herunterrann. Blut! Er tupfte die Verletzung mit seinem Taschentuch ab und stellte fest, daß das Blut mit schwarzen Teilchen vermischt war. Außerdem roch er verbrannte Wolle. Der Feueratem des Zwergdrachen hatte seinen Pullover angesengt.

Nachdem er die Warnung abgesetzt hatte und gerade das Aufzeichnungsgerät einschaltete, spürte er einen zweiten, stechenden Schmerz an seiner linken Schulter und blickte nach unten. Das vordere Ende einer Faser bewegte sich, und es sah keineswegs wie Wolle aus. Der Schmerz schien die Faser zu begleiten. Ongola hatte sich noch nie so schnell ausgezogen. Und es reichte gerade noch: die Faser war dicker geworden und bewegte sich schneller und zielbewußter. Vor seinen entsetzten Augen verschwand die ganze Wolle, und das grotesk zuckende, wurmförmige Segment, das zurückblieb, erfüllte ihn mit Ekel.

Wasser! Er griff nach dem Wasserkrug und nach der Thermosflasche mit *Klah* und leerte beides über das ... das Ding. Sich windend und Blasen werfend, löste es sich langsam auf und wurde zu einem Häufchen Matsch, das er voller Genugtuung zertrampelte. Mit den gleichen Gefühlen hatte er einst die Gefechtsstellungen der Nathi vernichtet.

Dann sah er sich seine Schulter an und fand eine dünne, blutige Linie, wo sich das tödliche Stück Faden in sein Fleisch gefressen hatte. Ein krampfhaftes Zittern erfaßte seinen Körper, und er mußte sich an einem Stuhl festhalten, weil ihm die Knie weich wurden.

Das Komgerät begann zu jaulen. Er atmete ein paarmal tief durch, richtete sich auf und kehrte an seine Arbeit zurück.

»Vielen Dank für die Warnung, Ongola. Wir hatten gerade noch Zeit, die Luken dichtzumachen. Wir wußten zwar, daß die Tiere uns etwas sagen wollten, aber wie, zum Teufel, sollten wir auf *so etwas* kommen?« Jim Tillek meldete sich von der Brücke der *Southern Star*. »Dank allen höheren Mächten, daß unsere Schiffe samt und sonders aus Siliplex sind.«

Das Hafenbüro von Monaco Bay berichtete von gekenterten Kleinbooten und leitete Rettungsaktionen ein.

Das Lazarett meldete, daß die Menschen in und um Landing nur geringfügige Verletzungen erlitten hatten: hauptsächlich Kratzer von Zwergdrachenklauen. Die Tiere hatten vielen das Leben gerettet.

Red Hanrahan erklärte für die tiermedizinische Abteilung, daß sie fünfzig bis sechzig verschiedene Stück Vieh von den Zuchtherden verloren hätten, die in der Gegend von Landing weideten. Zum Glück hatte man erst einen Monat zuvor dreihundert Kälber, Lämmer, Kitze und Ferkel in neue Heimstätten verfrachtet. Größere Verluste gab es jedoch auf den nähergelegenen Anwesen, die noch keine Stallungen hatten und über die der grausige Regen hinweggegangen war. Red fügte hinzu, daß man alle Tiere, die man frei hatte herumlaufen lassen, als verloren betrachten müsse.

Zwei der größeren Fischdampfer meldeten starke Verbrennungen bei all jenen, die es nicht rechtzeitig geschafft hatten, in Deckung zu gehen. Einer der Hegelman-Jungen war über Bord gesprungen und ertrunken, als ein Klumpen von den Dingern auf seinem Gesicht landete. Maximilian, der die *Perseus* begleitete, hatte ihn nicht retten können. Der Delphin hatte weiterhin erzählt, daß einheimische Meerestiere in Scharen an die Oberfläche strömten und sich um die ertrinkenden Zappeldinger stritten. Er selbst mochte sie nicht besonders: zu wenig Substanz.

Auf Ongolas Tisch wurde der Stapel mit den Meldungen schnell höher, und er rief Emily an und bat um Hilfe.

Der Kapitän der *Maid of the Sea*, die im Norden auf Fischfang war, wollte wissen, was eigentlich vorging. In seiner Gegend war der Himmel bis zum südlichen Horizont frei. Patrice de Broglie, der mit dem Seismologenteam draußen am Young

Mountain stationiert war, fragte an, ob er seine Crew zurückschicken sollte. In den letzten Wochen hatte es nur ein paarmal gegrummelt, allerdings zeigten die Aufzeichnungsgeräte
der Gravimeter ein paar interessante Veränderungen. Ongola
bat ihn, so viele Leute freizustellen, wie er entbehren konnte,
denn er wollte gar nicht darüber nachdenken, was mit den
Heimstätten geschehen war, die auf dem Weg des verheerenden Fädenfalls lagen.

Bonneau rief vom Drake-See aus an, wo es noch Nacht und
der Himmel klar war. Er erbot sich ebenfalls, ein Kontingent
von Helfern zu schicken.

Aus Karachi Camp teilte Sallah Telgar-Andiyar mit, Hilfe sei
bereits unterwegs. Wie verbreitet der Regen eigentlich sei,
wollte sie wissen.

Ongola fertigte alle diese Anrufe kurz ab, als sich die erste
der nähergelegenen Siedlungen meldete.

»Wenn die Zwergdrachen nicht gewesen wären«, sagte Aisling Hempenstahl von Bordeaux, »wären wir alle bei lebendigem Leib aufgefressen worden.« Sie schluckte hörbar. »Weit
und breit ist kein Hälmchen Grün zu sehen, und wir haben
kein Stück Vieh mehr, bis auf die Kuh, die die Zwergdrachen
in den Fluß getrieben haben, und sie sieht schaurig aus.«

»Irgendwelche Verletzungen?«

»Damit komme ich schon zurecht, aber wir sind etwas
knapp an frischen Nahrungsmitteln. Ach, und Kwan möchte
wissen, ob ihr ihn in Landing braucht?«

»Ich würde sagen, ja, wir brauchen ihn dringend«, antwor-
tete Ongola mit bewegter Stimme. Danach bemühte er sich
erneut, die Du Vieux, die Radelins, die Grant van Toorns, die
Ciottis und die Holstroms zu erreichen. »Versuchen Sie es
weiter, Jacob.« Er reichte Jacob Chernoff, der mit drei jungen
Lehrlingen gekommen war, um ihm zu helfen, die Liste.
»Kurt, Heinrich, ihr versucht es mit den Nummern am Fluß,
Calusa, Cambridge und Wien.« Ongola rief Lilienkamp im
Magazin an. »Joel, wie viele haben sich heute zur Jagd abge-
meldet?«

»Zu viele, Ongola, zu viele.« Der sonst so abgebrühte Joel
weinte.

»Ihre Söhne auch?«

Die Antwort war nur ein Flüstern. »Ja.«

»Tut mir leid, das zu hören, Joel. Wir haben Suchaktionen organisiert. Und die Jungen haben Zwergdrachen.«

»Sicher, aber Sie wissen doch, wie viele nötig waren, um Landing zu schützen!« Joels Stimme wurde schrill.

»Sir.« Kurt zog ungeduldig an Ongolas nacktem Ellbogen. »Einer von den Schlitten ...«

»Ich melde mich wieder, Joel.« Ongola nahm den Anruf entgegen. »Ja?«

»Was kann man machen, um das Zeug zu vernichten, Ongola?« Als Ongola Ziv Marchanes qualvollen Schrei hörte, durchfuhren ihn Entsetzen und Wut wie Messerstiche.

»Kauterisieren, Ziv. Wer ist es?«

»Das, was vom jungen Joel Lilienkamp noch übrig ist.«

»Schlimm?«

»Sehr schlimm.«

Ongola schwieg und schloß einen Moment lang fest die Augen. Er mußte an die beiden Schafe denken. »Dann geben Sie ihm den Gnadenschuß!«

Ziv unterbrach die Verbindung, und Ongola starrte wie gelähmt die Konsole an. Er hatte so etwas schon mehrmals getan, zu oft, vor allem im Krieg gegen die Nathi, wenn sein Zerstörer einen Treffer abbekommen hatte und seine Männer in Stücke gerissen worden waren. Bei Kämpfen zu Land war es allgemein üblich. Man überließ niemals einen Verwundeten der Gnade der Nathi. Gnade, ja, es war gnädig, so zu handeln, aber Ongola hatte nicht geglaubt, daß es noch einmal nötig sein würde.

Paul Bendens kräftige Stimme durchbrach seine qualvolle Trance. »Was, zum Teufel, ist eigentlich los, Ongola?«

»Verdammt, Admiral, ich wollte, ich wüßte es.« Ongola schüttelte den Kopf, dann lieferte er einen genauen Bericht der Ereignisse und verlas eine Liste der bekannten und mutmaßlichen Opfer.

»Ich komme sofort.« Paul hatte für sein Anwesen ein Gelände auf den Höhen über der Deltamündung des Boca-Flusses gewählt. Dort würde bald der Tag anbrechen. »Ich sehe auch auf den Besitzungen nach dem Rechten, die auf meinem Weg liegen.«

»Pol und Kitti hätten gern Proben von dem Zeug in der Luft – wenn es einigermaßen gefahrlos möglich ist. Es brennt Löcher durch dünnes Material, also verwenden Sie unbedingt Behälter aus dickem Metall oder Siliplex. Von dem, was unsere Felder kahlgefressen hat, haben wir genug. Ich habe alle großen Schlitten losgeschickt, um diesen dreimal verfluchten Niederschlag zu verfolgen. Kenjo kommt mit seinem hochfrisierten Flitzer von Honshu. Das Zeug ist einfach aus dem Nichts aufgetaucht, Paul, aus dem Nichts!«

»Wurde von keinem Gerät registriert? Nein? Gut, wir werden alles nachprüfen.«

Die ruhige Zuversicht in Paul Bendens Stimme wirkte ansteckend auf Ongola. Diesen Tonfall hatte er während der ganzen Cygnus-Schlacht gehört, und auch jetzt flößte er ihm neuen Mut ein.

Den hatte er freilich auch dringend nötig. Ehe Paul Benden am Spätnachmittag eintraf, war die Zahl der Toten und Verwundeten erschreckend angestiegen. Von den zwanzig Leuten, die an diesem Morgen auf die Jagd gegangen waren, waren nur drei zurückgekehrt: Sorka Hanrahan, Sean Connell und David Catarel. Letzterer hatte, hilflos im Wasser stehend, zusehen müssen, wie seine Begleiterin, Lucy Trubberman trotz heftigster Bemühungen ihrer Zwergdrachen am Flußufer von dem Regen zerfressen wurde. Er hatte tiefe Brandwunden auf der Kopfhaut, auf der linken Wange, an Armen und Schultern und stand unter einem schweren Schock.

Zwei Säuglinge, die man offensichtlich im letzten Augenblick in einen kleinen Metallbehälter geworfen hatte, waren die einzigen Überlebenden des größten Tuareg-Lagers auf den Ebenen westlich der großen Biegung des Paradiesflusses. Sean und Sorka hatten sich auf die Suche nach den Connells gemacht, die zuletzt am östlichen Ausläufer der Provinz Kahrain gesichtet worden waren. Auf den nördlichen Besitzungen am Jordan meldete sich niemand. Es sah schlimm aus.

Porrig Connell hatte ausnahmsweise auf die Warnungen der Zwergdrachen gehört und in einer Höhle Unterschlupf gesucht. Sie war nicht groß genug gewesen, um alle seine Pferde aufzunehmen, und vier von den Stuten waren umgekommen. Als sie draußen schrien, hatte der Hengst in der engen Höhle durchgedreht, und Porrig war nichts anderes übriggeblieben, als ihm die Kehle durchzuschneiden. Für die restlichen Stuten gab es kein Futter mehr, also kehrten Sean und Sorka noch einmal mit Heu und Lebensmitteln zu ihm zurück. Dann zogen sie weiter, um nach anderen Überlebenden zu suchen.

Die Du Vieux und die Holstroms auf Amsterdam, die Radelins und Duquesnes auf Bavaria und die Ciottis auf Mailand waren tot; weder von ihnen, noch von ihrem Vieh fand man eine Spur. Nur die Metalle und das dicke, freilich von tiefen Narben gezeichnete Silikonplastikdach zeugten noch davon, daß es hier einmal eine blühende Siedlung gegeben hatte. Die Leute hatten zum Bau ihrer Häuser die neuen, aus Pflanzenfasern gepreßten Platten verwendet. Niemand auf Pern würde dieses Material jemals wieder benützen.

Aus der Luft war die Schneise der Verwüstung, die der fadenförmige Regen in die Landschaft geschlagen hatte, unübersehbar. An ihren Rändern zappelten aufgequollene, wurmähnliche Wucherungen, die von feuerspeienden Zwergdrachengeschwadern angegriffen wurden. Der Streifen endete fünfundsiebzig Kilometer hinter dem schmalen Paradiesfluß, wo er die Lager der Tuareg vernichtet hatte.

Als es Abend wurde, fütterten die erschöpften Siedler zuerst ihre eigenen Zwergdrachen und legten dann gekochtes Getreide in kleinen Häufchen für die wilden Tiere aus, die zu scheu waren, um aus der Hand zu fressen.

»Davon war im EV-Bericht nirgends die Rede«, murmelte Mar Dook verbittert.

»Niemand hat je eine Erklärung für diese elenden Tupfen gefunden«, sagte Aisling Hempenstahl so laut, daß alle es hören konnten.

»Wir sind dieser Möglichkeit nachgegangen«, verteidigte sich Pol Nietro und nickte zu Bay hin, die müde an seiner Schulter lehnte.

»Trotzdem sollten wir, glaube ich, noch vor morgen früh zu

einigen ersten Schlüssen kommen«, sagte Kitti. »Die Leute brauchen Tatsachen, das wird sie beruhigen.«

»Bill und ich haben die Berichte nachgelesen, die wir über die Tupfen gemacht haben ...« Carol Duff-Vassaloe lächelte grimmig. »... im Jahr der Landung. Wir haben uns nicht mit jeder Stelle beschäftigt, aber jene, die wir untersucht haben und wo man das Wachstum der Bäume messen konnte, lassen auf eine Zeitspanne von mindestens hundertsechzig oder - siebzig Jahren schließen. Für mich ist es ziemlich offensichtlich, daß diese schreckliche Lebensform die Ursache für diese Muster war, weil sie alle organische Materie absorbiert, auf die sie trifft. Dem Himmel sei Dank, daß unsere Plastikbaustoffe größtenteils auf Silikon basieren. Wäre die Basis Kohlenstoff, dann wären wir zweifellos alle umgekommen. Diese Seuche ...«

»Seuche?« Chuck Havers' Stimme schnappte in ungläubigem Zorn über.

»Wie soll man es sonst nennen?« bemerkte Phas Radamanth auf seine trockene Art. »Wir müssen in Erfahrung bringen, wie oft sie auftritt. Alle hundertfünfzig Jahre? Diese Muster gab es überall auf dem Planeten, nicht wahr, Carol?« Sie nickte. »Und wie lange dauert sie, wenn sie einmal auftritt?«

»Dauern?« Chuck war entsetzt.

»Wir werden die Antworten finden«, erklärte Paul Benden entschlossen.

Am späten Abend wurden die beiden Psychologen der Kolonie eingeflogen, im Lazarett drängten sich noch immer die Verwundeten und unter Schock Stehenden, und die Spezialisten machten sich sofort an die Arbeit, um bei der Bewältigung der Traumata behilflich zu sein. Cherry Duff hatte auf die Nachricht hin einen Schlaganfall erlitten, erholte sich aber glänzend. Joel und seine Frau waren durch den Verlust ihrer Söhne völlig niedergeschmettert. Bernhard Hegelman hatte seinen eigenen Schmerz zurückgedrängt, um seine verstörte Frau und die anderen von Verlusten betroffenen Familien zu trösten.

Sean und Sorka hatten unermüdlich mit Schlitten alle Verwundeten herbeigeschafft, die sie finden konnten. Selbst die

Unverletzten waren wie betäubt, manche weinten hemmungslos, bis man ihnen Beruhigungsmittel gab, andere waren erschütternd still. Porrig Connell hatte seine älteste Tochter und seine Frau geschickt, damit sie sich um die Überlebenden kümmerten, während er mit seiner Großfamilie in der Höhle blieb.

»Das ist das erste Mal, daß Porrig Connell irgend etwas für andere Leute getan hat«, bemerkte sein Sohn leise zu Sorka, die ihn wegen seines Zynismus schalt. »Er möchte, daß Cricket seine restlichen Stuten deckt, wenn sie gefohlt haben. Er erwartet von mir, daß ich *meinen* Hengst hergebe, nur weil er den seinen nicht richtig erzogen hatte!«

Sorka hielt klugerweise den Mund.

Mit einer Ausnahme hatten alle entfernten Siedlungen Kontakt mit Landing aufgenommen und entweder ihre Hilfe angeboten oder wenigstens ihr Mitgefühl zum Ausdruck gebracht. Die eine Ausnahme war das Bergwerkscamp Große Insel, bestehend aus Avril Bitra, Stev Kimmer, Nabhi Nabol und einigen anderen. Als Ongola die Protokolle durchsah, vermißte er diesen Außenposten.

Kenjo war wie durch Zauberei von seinem fernen Honshu-Plateau aufgetaucht und leitete die Lufterkundung. Bei Einbruch der Dunkelheit konnten er und sein Team genaue Karten und Aufnahmen vorlegen, die das Ausmaß des schrecklichen ›Fädenfalls‹, wie das Ereignis bald genannt wurde, dokumentierten. Die Biologengruppe traf sich nun wieder in der ursprünglichen Zusammensetzung in Landing, um festzustellen, mit was für einem Wesen man es hier zu tun hatte. Sobald die ersten Proben herangeschafft worden waren, stellten Kitti Ping und Windblüte ihre besonderen Kenntnisse für die Analyse der Lebensform zur Verfügung.

Leider lagen zu viele der von Freiwilligen unter beträchtlichen Gefahren gesammelten Exemplare allem Anschein nach sterbend in den Behältern aus Metall oder schwerem Plastik, in denen man sie aufbewahrt hatte. Offenbar kam nach etwa zwanzig Minuten die hektische Aktivität, die vieltausendfache Reproduktion der ursprünglichen Strähne zu dicken, zappelnden ›Würsten‹, zum Stillstand. Die Fäden verloren ihre Form, wurden schwarz und verwandelten sich unter der festeren Außenhaut in eine völlig leblose, klebrige, teerähnliche Masse.

Der Kapitän der *Mayflower*, die am ausfransenden Nordrand der Niederschlagsfront mit Schleppnetzen gefischt hatte, entdeckte zufällig ein Fadensegment in einem Eimer mit Fischköder, legte einen festen Deckel darauf und meldete den Fund nach Landing. Man bat ihn, das Wesen wenn möglich durch vorsichtige Fütterung am Leben zu erhalten, bis man es nach Landing einfliegen konnte.

Bis dahin mußte das Ding im größten, dickwandigsten Plastikfaß an Bord der *Mayflower* untergebracht werden. Ongola zog den luftdicht verschlossenen Behälter an einer langen, am großen Transportschlitten befestigten Stahltrosse hinter sich her. Erst als die Besatzung das Flugzeug in der Ferne verschwinden sah, wagte sie sich wieder an Deck. Später erfuhr der Kapitän erstaunt, daß seine Tat als äußerst heldenhaft gerühmt wurde.

Als die pulsierende Lebensform Landing erreichte, hatte sie eine Gesamtlänge von einem Meter und einen Umfang von etwa zehn Zentimetern erreicht und ähnelte zusammengerollt einem dicken Kabeltau. Doppeltstarke Platten aus transparentem Silikonplastik wurden mit Metallstreifen zu einem stabilen Käfig verbunden, den man mit Quikplas am Boden befestigte. Mehrere dünne Schlitze wurden in die Wände gefräst und mit verschließbaren Klappen versehen. In die Deckplatte schnitt man ein Loch von der Größe der Faßöffnung, dann lockerte man den Faßdeckel und beförderte mit Hilfe grimmig entschlossener, aber dennoch ängstlicher Freiwilliger das schreckliche Geschöpf in den Käfig. Sobald die Lebensform sich im Innern des Plastikwürfels befand, wurde die Öffnung versiegelt.

Einer der Männer hastete in eine Ecke und übergab sich. Andere wandten das Gesicht ab. Nur Tarvi und Mar Dook beobachteten scheinbar ungerührt das sich windende Geschöpf, das die im Würfel bereitgelegte Nahrung gierig verschlang.

Während das Wesen hastig fraß, begann es in den verschiedensten, schmierig glänzenden Farben zu schillern: widerliche Grüntöne, mattes Rosa und gelegentlich ein Streifen Gelb strömten in Wellen über seine Oberfläche, und der Anblick wurde durch das dicke, klare Plastik widerwärtig verzerrt. Die Außenhaut des Wesens schien sich zu verfestigen. Erst bei seinem Tod bildete sich wahrscheinlich eine harte Schale, vermuteten die Beobachter, denn solche Hülsen hatte man in steinigem Gelände gefunden, wo der Organismus verhungert war. Das Innere verweste offensichtlich ebenso schnell, wie es sich ursprünglich vergrößert hatte. War es wirklich ein Lebewesen? Oder eine angriffslustige chemische Verbindung, die sich von Lebewesen ernährte? Sein Appetit war jedenfalls enorm, obwohl gerade der Vorgang des Essens seine physische Organisation zu stören schien, es war, als beschleunige das, was es verzehrte, seine Vernichtung.

»Seine Wachstumsgeschwindigkeit ist bemerkenswert«, sagte Bay ganz ruhig. Pol lobte sie hinterher, weil sie den anderen, die wie gelähmt vor dieser fetten Bedrohung gestanden hätten, ein Beispiel gegeben habe. »Eine solche Expansion erwartet man unter dem Mikroskop, aber nicht im Makrokosmos. Wo mag es hergekommen sein? Aus dem Weltraum?«

Verständnisloses Schweigen war die Antwort auf diese erstaunliche Frage, und alle im Raum wechselten teils überraschte, teils verlegene Blicke.

»Haben wir irgendwelche Informationen bezüglich der Periodizität von Kometen in diesem System?« fragte Mar Dook hoffnungsvoll. »Über diesen exzentrischen Himmelskörper vielleicht? Könnte unsere Oort'sche Wolke etwas mitgebracht haben? Außerdem gibt es auch noch die Theorie von Hoyle-Wickramansingh über das mögliche Vorhandensein von Viren, die nie völlig widerlegt werden konnte.«

»Das wäre aber ein verdammt großer Virus, Mar«, meinte Bill Duff skeptisch. »Und hat nicht jemand auf Ceti III diese alte Theorie in tausend Stücke zerrissen?«

»Wenn man bedenkt, daß das Zeug vom Himmel fällt«, überlegte Jim Tillek, »warum sollte es dann nicht aus dem Weltraum stammen? Ich bin nicht der einzige, dem aufgefallen ist, daß dieser rote Morgenstern im Osten in den letzten paar Wochen heller geworden ist. Ein merkwürdiges Zusammentreffen, nicht wahr, daß der Planet mit dem verrückten

Orbit gerade in dem Augenblick die Bahn der inneren Planeten kreuzt, in dem dieses Zeug auf uns runterkommt? Könnte es von dort stammen? Gibt es in der Bibliothek irgendwelche Daten über diesen Planeten? Oder über etwas Ähnliches wie diese Fäden?«

»Ich werde Cherry fragen. Nein«, verbesserte sich Bill Duff, ehe jemand ihn daran erinnern konnte, daß die respekteinflößende Richterin momentan nicht verfügbar war. »Ich werde mir die Informationen selbst suchen und Ausdrucke mitbringen, damit wir sie studieren können.« Er verließ hastig den Raum, fast als sei er froh, eine Ausrede gefunden zu haben, um sich verdrücken zu können.

»Ich besorge mir eine Probe von dem Teil, der sich gegen den unteren Schlitz drückt«, sagte Kwan Marceau und suchte sich die notwendigen Instrumente so überstürzt zusammen, als wolle er nicht allzu lange über sein Vorhaben nachdenken.

»Wird eigentlich die – aufgenommene Menge kontrolliert?« fragte Bay. Den Ausdruck ›Nahrung‹ brachte sie angesichts dessen, was diese Wesen bereits konsumiert hatten, seit sie auf Pern gefallen waren, nicht über die Lippen.

»Im Moment nur, um zu beurteilen, wie häufig ... diese Aufnahme erfolgen muß«, – Pol übernahm dankbar den Euphemismus –, »um den ... Organismus am Leben zu erhalten.«

»Und um zu sehen, wie er stirbt«, fügte Kitti sanft, aber mit einem deutlich befriedigten Unterton hinzu.

»Und herauszufinden, warum alle anderen Vertreter der Gattung damals beim ersten Ansturm umgekommen sind«, ergänzte Phas Radamanth und zog die EV-Bilder aus dem Stapel von Ausdrücken heraus, den er vor sich liegen hatte.

»Sind sie denn wirklich alle umgekommen?« fragte Kitti.

Als am Morgen noch kein Bericht von den Wissenschaftlern vorlag, die die ganze Nacht durchgearbeitet hatten, ging das Murren los: erst ein immer noch schockiertes Geflüster beim Morgen-*Klah*; dann Gerüchte, die in alle Büros und auch in die hastig wiedereröffneten Wohnungen an den verlassenen Plätzen drangen. Am Abend zuvor hatte man am Freudenfeuerplatz ein riesiges Feuer angezündet, das noch immer brannte. An jeder Ecke waren Pechfackeln aufgestapelt, die nur noch angesteckt zu werden brauchten, und im Laufe des Tages wurden die Stapel immer größer.

Viele der leichteren Schlitten, die in Landing gestanden hatten, brauchten neue Kanzeldächer. Die verwesten Fädenhülsen fegte man mit Masken und dicken Arbeitshandschuhen hinaus.

Die geflügelten Freunde hatten einen neuen, Respekt verratenden Namen bekommen: Feuerdrachen. Auch Leute, die die Tiere bisher verachtet hatten, trugen nun Leckerbissen für sie in den Taschen. Landing wimmelte von dickbäuchigen Zwergdrachen, die in der Sonne schliefen.

Mittags wurde von der alten Gemeinschaftsküche eine Mahlzeit ausgegeben, und die Gerüchte verdichteten sich. Am Nachmittag führten Ted Tubberman und ein Gleichgesinnter mit tränenverschmierten und schmerzverzerrten Gesichtern Angehörige von Opfern der Katastrophe zur Tür der Isolierstation.

Paul und Emily kamen mit Phas Radamanth und Mar Dook heraus.

»Nun? Habt ihr festgestellt, was das für ein Wesen ist?« wollte Ted wissen.

»Es ist ein komplexes, aber durchschaubares Netzwerk von feinen Fasern, das etwa einer terrestrischen Mykorrhiza entspricht«, begann Mar Dook. Tubbermans Verhalten erregte seinen Unmut, aber er respektierte seinen Kummer.

»Das sagt nicht viel, Mar«, gab Ted zurück und schob streitlustig das Kinn vor. »In all den Jahren, seit ich Botaniker bin, habe ich noch nie einen Pflanzensymbionten gesehen, der für Menschen gefährlich gewesen wäre. Was kommt denn als nächstes? Ein tödliches Moos?«

Emily wollte die Hand auf Tubbermans Arm legen, um ihm ihr Mitgefühl zu zeigen, aber er zuckte zurück.

»Es gibt nicht viel, worauf wir uns stützen können«, meldete sich Phas scharf zu Wort. Er war müde, und die ganze Nacht in der Nähe dieses monströsen Wesens zu arbeiten, war eine schreckliche Nervenbelastung gewesen. »Auf keinem der Planeten, die von Menschen erkundet wurden, hat man je so etwas entdeckt. Am nächsten kommen der Sache noch einige fiktive Vorstellungen aus dem Religiösen Zeitalter. Wir müssen uns eingehender damit befassen, um es besser zu verstehen.«

»Es lebt also noch? Ihr *haltet* es am Leben!« Teds Gesicht wurde aschgrau vor blinder Empörung. Seine Begleiter nickten zustimmend, und neue Tränen liefen ihnen über die Gesichter. Mit zornigem Gemurmel drängte sich die Delegation näher an den Eingang; sie alle suchten nach einem Ventil für ihre Frustration und ihren ohnmächtigen Kummer.

»Natürlich müssen wir es studieren, Mann.« Mar Dook bemühte sich, ruhig zu bleiben. »Um genau herauszufinden, was es ist. Dazu muß es gefüttert werden, um ... sich zu halten. Wir müssen feststellen, ob dies erst der Beginn seines Lebenszyklus ist.«

»Erst der Beginn!« schrie Tubberman. Paul und Phas sprangen herbei, um den rasenden Botaniker festzuhalten. Lucy war seine Tochter, aber auch sein Lehrling gewesen, und zwischen den beiden hatte eine tiefe Zuneigung bestanden. »Bei allem, was heilig ist, damit mache ich jetzt ein Ende!«

»Ted, sei doch vernünftig. Du bist Wissenschaftler!«

»Zuerst einmal bin ich Vater, und meine Tochter ist ... von einem dieser Wesen aufgefressen worden! Ebenso wie Joe Milan, Patsy Swann, Eric Hegelman, Bob Jorgensen und ...« Tubbermans Gesicht war jetzt totenblaß. Er hatte die Hände zu Fäusten geballt, und sein ganzer Körper bebte in hilflosem Zorn. Er starrte Emily und Paul anklagend an. »Wir haben euch beiden vertraut. Wie konntet ihr uns an einen Ort bringen, wo unsere Kinder und alles, was wir in den vergangenen acht Jahren geschaffen haben, einfach aufgefressen werden!« Das Gemurmel der Delegation unterstützte seinen Vorwurf. »Wir«, – seine Handbewegung schloß die dichtgedrängte Menge hinter sich mit ein –, »wollen, daß das Wesen getötet wird. Ihr habt lange genug Zeit gehabt, es zu studieren. Kommt, Freunde. Wir wissen, was wir zu tun haben!« Er warf den Biologen einen letzten, verbitterten Blick zu, drehte sich um und stieß grob die Leute zur Seite, die ihm im Weg standen. »Feuer vernichtet es.«

Damit stapfte er wütend davon. Seine Anhänger folgten ihm.

»Was sie auch tun, es ist egal, Paul«, sagte Mar Dook und hielt Paul Benden zurück, der hinterherlaufen wollte. »Das Vieh liegt schon jetzt im Sterben. Laß ihnen den Kadaver, sollen sie doch ihre Wut daran auslassen. Die Untersuchungen, die wir durchführen können, sind ohnehin fast abgeschlossen.« Er zuckte müde die Achseln. »Auch wenn sie uns nicht viel gebracht haben.«

»Und was haben sie gebracht?« fragte Paul ermunternd. Mar Dook und Phas winkten ihm und Emily, noch einmal mit in die Isolierstation zu kommen, wo Pol, Bay und die beiden Genetikerinnen immer noch mit ihren Notizen beschäftigt waren.

Mar Dook rieb sich das Gesicht, seine fahle Haut war grau vor Erschöpfung, als er sich über einen Tisch beugte, der mit Bändern und Objektträgern übersät war. »Wir wissen jetzt, daß es hauptsächlich aus Kohlenstoffverbindungen aufgebaut ist, aus komplexen, sehr großen Eiweißkörpern, die ruckartig den Zustand wechseln und Bewegung erzeugen, und aus anderen, die eine unglaubliche Vielfalt von organischen Substanzen angreifen und verdauen. Es sieht fast so aus, als sei dieses Wesen ganz gezielt darauf angelegt, unsere Art von Leben zu bekämpfen.«

»Ich bin froh, daß du das für dich behalten hast«, stellte Emily trocken fest und deutete mit einer Kopfbewegung nach draußen, wo sich die Gruppe der Unzufriedenen langsam entfernte.

»Mar Dook, was du eben gesagt hast, kann nicht dein Ernst sein«, begann Paul und legte beide Hände auf die Schultern des übermüdeten Biologen. »Gefährlich mag es sein, ja – aber darauf angelegt, *uns* zu töten?«

»Es ist eigentlich nur so ein Gedanke«, entgegnete Mar Dook mit einem etwas verlegenen Grinsen. »Phas hat eine noch verrücktere Idee.«

Phas räusperte sich nervös. »Na ja, es ist so unerwartet aus dem Nichts aufgetaucht, daß ich mich gefragt habe, ob es möglicherweise eine Waffe sein könnte, die den Boden für eine Invasion vorbereiten soll.« Wie vom Blitz getroffen starrten Paul und Emily ihn an, Bay rümpfte abfällig die Nase, und

Kitty Ping schien sich zu amüsieren. »So unlogisch ist diese Interpretation nämlich gar nicht. Und mir ist sie immer noch lieber als Bays Überlegung, diese Form könnte nur der Anfang eines Lebenszyklus sein. Was danach folgen könnte, macht mir Angst.«

Wie betäubt von einer so schrecklichen Möglichkeit blickten Paul und Emily sich um. Aber Pol Nietro stand von seinem Stuhl auf, räusperte sich und sah nachsichtig in die Runde.

»Das ist wieder so eine Idee aus der Mottenkiste des Religiösen Zeitalters, Mar«, sagte er dann und lächelte ironisch. Er warf seiner Frau einen entschuldigenden Blick zu und bemerkte dann Kitti Pings ermunterndes Lächeln. »Und meiner Ansicht nach sehr wahrscheinlich. Wenn der Lebenszyklus Formen produziert, die uns feindlich gesinnt sind, wo sind dann die Nachkommen der späteren Metamorphosen? Das EV-Team mag sich geirrt haben, als es die Tupfen für ungefährlich erklärte, aber es hat auch keine anderen mit dieser Welt nicht zu vereinbarenden Lebensformen entdeckt.

Was eine Invasion aus dem Weltraum angeht, so hat man festgestellt, daß jeder andere Planet in diesem Raumsektor für Lebensformen ungeeignet ist, die auf Kohlenstoff basieren.« Pol begann sich für seine eigene Theorie zu erwärmen und sah, daß Emily sich allmählich von ihrem Schock erholte. »Und wir haben nachgewiesen, daß *dieses* Wesen« – er deutete mit dem Daumen auf den verfärbten Würfel – »aus Kohlenstoffverbindungen besteht. Es scheint also, als wäre es mehr oder weniger auf unser System hier beschränkt. Und wir werden herausfinden, wo es herkommt.« Nach dieser hastig hervorgesprudelten Erklärung war Pol offenbar am Ende seiner Kräfte, und er lehnte sich erschöpft gegen den hohen Laborständer. »Aber ich glaube, daß ich recht habe. Daß wir die schlimmsten Interpretationen vorgetragen haben, die man aus den gewonnen Informationen herauslesen kann, hat sozusagen die Atmosphäre gereinigt.« Er zuckte leicht die Achseln, fast als wolle er sich entschuldigen, und lächelte Phas und Bay hoffnungsvoll an.

»Ich habe immer noch das Gefühl, daß wir bei der Untersuchung etwas übersehen haben«, meinte Phas kopfschüttelnd. »Etwas, das offenkundig und wichtig ist.«

»Nach vierzig Stunden im Geschirr kann keiner mehr klar denken.« Pol packte Phas an den Schultern und schüttelte ihn. »Wir sehen uns deine Notizen noch einmal an, wenn du dich ein wenig ausgeruht und etwas gegessen hast, und zwar anderswo, nicht in diesem Gestank hier. Jim, Emily und ich bleiben noch und kümmern uns um Teds Delegation. Die Leute sind völlig überreizt.« Er seufzte. »Ich kann es ihnen nicht verdenken. Ein so plötzlicher Verlust ist immer ein Schock. Persönlich würde ich allerdings sagen, wir sollten uns auf das Schlimmste einstellen. Da ihr mehrere gräßliche Möglichkeiten angedeutet habt, kann uns nichts mehr überraschen. Und wir sollten uns überlegen, wie wir künftig die Auswirkungen solcher Vorkommnisse auf die Siedlungen mildern können.«

Paul sprach leise mit einem der Psychologen, der der Ansicht war, die angestaute Aggression der Hinterbliebenen könnte am besten durch eine Zeremonie abgebaut werden, die er als ›rituelle Verbrennung‹ bezeichnete. Also ließ man Ted Tubberman und seine Anhänger gewähren, als sie die Herausgabe des Würfels verlangten, ein großes Feuer entfachten und ihn darin verbrannten. Bei dem dabei entstehenden Gestank wurde vielen übel, aber das führte dazu, daß die Zuschauer sich schnell zerstreuten. Nur Ted blieb mit ein paar anderen zurück, um zu warten, bis die Asche ausgekühlt war.

Der Psychologe schüttelte langsam den Kopf. »Ich glaube, ich muß Ted Tubberman eine Weile im Auge behalten«, erklärte er Paul und Emily. »Es hat offensichtlich nicht genügt, um seinen Kummer zu lindern.«

Am nächsten Morgen richtete man Teleskope auf den exzentrischen Planeten. Seine rötliche Farbe war, wie Ezra Keroon vermutete, auf die Staubwirbel zurückzuführen, die er vom Rand des Systems mitgebracht hatte. Obwohl es keinen Beweis gab, hatten alle Beobachter das Gefühl, daß der Planet irgendwie für die Katastrophe verantwortlich war.

Im Laufe des Tages entdeckte Kenjos Gruppe Spuren eines früheren Fädenfalls auf der Insel Ierne, ein Augenzeuge hatte ihn allerdings eher als Gewittersturm mit schwarzen Staubteilchen in Erinnerung. Ein auf den Nordkontinent entsandter Kundschafter fand dort auf der östlichen Halbinsel Spuren von

Zerstörungen aus jüngerer Zeit. Diese Entdeckung machte die Hoffnung zunichte, daß der Niederschlag einmalig oder auf ein bestimmtes Gebiet beschränkt sein konnte. Auch eine Überprüfung der Sondenaufnahmen des EV-Protokolls löste die Spannung nicht, denn das Fax zeigte eindeutig, daß die Niederschläge vor zweihundert Jahren sehr weit verbreitet gewesen sein mußten. Man errechnete, daß das Ereignis kurz vor dem Eintreffen des Teams stattgefunden haben mußte. Mit immer bedrohlicherem Nachdruck wurde gefordert, das Ausmaß und die Häufigkeit der Fadenfälle festzustellen.

Um die immer größer werdenden Ängste und Spannungen abzubauen, machten sich Betty Musgrave-Blake und Bill Duff daran, die ersten botanischen Informationen der EV-Berichte zu überprüfen. Ted Tubberman war der einzige qualifizierte Botaniker, der noch am Leben war, aber er war die ganze Zeit damit beschäftigt, jede einzelne Fadenhülse aufzuspüren und seine Ausbeute allabendlich zu verbrennen. Die Psychologen überwachten ihn weiterhin.

Aus den ursprünglichen Daten leiteten Betty und Bill ab, daß die Bedrohung in Abständen von zweihundert Jahren auftrat. Nachdem sie das Alter der größten Bäume aus der Zeit des letzten Fädenfalls mit einbezogen hatten, gaben sie noch zehn bis fünfzehn Jahre für die Regeneration der Vegetation auf den beschädigten Kreisen zu. Betty formulierte diese Schlußfolgerungen als definitive Erkenntnisse, die Optimismus verbreiten sollten, aber auf die entscheidende Frage, wie lange der tödliche Regen noch fallen würde, konnte auch sie keine Antwort geben.

Um Mars Theorie eines gezielten Plans oder Phas' ebenso beunruhigende Vermutung einer Invasion zu entkräften, verbrachte Ezra Keroon einen ganzen Tag am Interface mit dem Zentralcomputer auf der *Yokohama*. Seine Berechnungen ergaben zweifelsfrei, daß der exzentrische Planet eine Umlaufbahn von 250 Jahren Dauer hatte. Im inneren System verbrachte er jedoch nur kurze Zeit, ähnlich wie der Halley'sche Komet, der sich in regelmäßigen Abständen der Sonne näherte. Man konnte nun eigentlich nicht mehr davon ausgehen, daß zwischen den beiden Ereignissen kein Zusammenhang bestand, und deshalb programmierte Ezra nach Rücksprache mit Paul und Emily eine der wenigen noch vorhandenen Sonden der *Yokohama* darauf, den Planeten zu umfliegen und seine Zusammensetzung und besonders die Bestandteile seiner offenbar gasförmigen Hülle festzustellen.

Obwohl alle Berichte sofort nach ihrem Eintreffen ehrlich und vollständig der ganzen Bevölkerung bekanntgemacht wurden, waren bis zum Abend die alarmierendsten Deutungen und Spekulationen entstanden. Verbissen bemühten sich die verantwortungsbewußteren Bewohner, jene zu beruhigen, die sich von Panik überwältigen ließen.

Dann kam Kenjo völlig ratlos zu Betty und erzählte ihr von einer beunruhigenden Beobachtung. Sie informierte unverzüglich Paul und Emily, und man rief ohne Aufsehen all jene Leute zusammen, die in der Lage waren, die Situation einigermaßen objektiv zu betrachten.

»Sie wissen alle, daß ich die betroffenen Gebiete überflogen habe, um das Ausmaß der Verwüstungen festzustellen«, begann Kenjo. »Ich merkte gar nicht, was ich sah, bis es mir oft genug begegnet war und ich begriff, daß etwas *nicht* da war.« Er zögerte, als wappne er sich gegen Vorwürfe oder Zweifel. »Ich glaube nicht, daß alle Fäden verhungert sind. Und der verrückte Tubberman ist nicht so weit vorgedrungen wie ich. An den meisten Stellen findet man Hülsen! Aber in neun Kreisen, die ich gesehen habe – und ich bin sogar gelandet, um ganz sicher zu gehen – gab es keine Hülsen.« Er fuchtelte mit beiden Händen durch die Luft. »Überhaupt keine. Diese Kreise lagen weit auseinander, nicht in einer Gruppe, und das Gebiet – das verwüstete Gebiet – war nicht so groß wie üblich.« Er blickte der Reihe nach in die ernsten Gesichter. »Ich habe es gesehen. Ich habe es beobachtet. Ich habe auch Bilder davon.«

»Schön«, sagte Pol mit einem müden Seufzer und streichelte zerstreut die gefalteten Hände seiner Frau, die neben ihm am Tisch saß. »Aus biologischer Sicht ist es konsequent, wenn zur Erhaltung einer Art viele berufen, aber nur wenige auserwählt werden. Vielleicht werden die meisten Organismen auf dem Weg durch den Weltraum geschädigt. Es erleichtert mich fast, daß ein paar tatsächlich überleben und sich entwickeln. Das ergibt eher einen Sinn. Ich ziehe diese Theorie manchen anderen vor, die in letzter Zeit verbreitet wurden.«

»Ja, aber was wird in der nächsten Metamorphose daraus?« fragte Bay deprimiert. Manchmal war man auch gescheitert, wenn man recht behielt.

»Das müssen wir eben herausfinden«, erklärte Paul und sah sich um Unterstützung heischend um. »Gibt es in der Nähe eine dieser Stellen, Kenjo?« Als der Pilot ihm die Lage auf der Karte zeigte, nickte er. »Schön. Phas, Pol, Bill, Ezra, Bay und Emily, ihr verlaßt Landing unauffällig mit kleinen Schlitten. Mal sehen, ob wir den nächsten Schwung wilder Phantastereien nicht im Ansatz stoppen können. Meldet euch zurück, sobald ihr könnt.«

Paul schickte Betty zu ihrem Baby nach Hause und befahl ihr, sich auszuruhen. Boris Pahlevi und Dieter Clissman wurden herbeordert, um ein umfassendes Computerprogramm zu entwerfen, das die ständig eintreffenden Daten analysieren sollte. Dann warteten Paul und Ongola gespannt auf die Rückkehr der anderen Spezialisten.

Als erste kamen Pol, Bay und Phas, und sie brachten wenig gute Nachrichten.

»Alle Insekten, Schneckenformen und Raupen, die wir an diesen Stellen gefunden haben«, berichtete Phas, »scheinen harmlos zu sein. Einige sind bereits katalogisiert, aber«, fügte er achselzuckend hinzu, »wir haben noch kaum angefangen, die einzelnen Geschöpfe und ihre Funktion im ökologischen System dieses Planeten zu bestimmen. Kenjo hatte recht, uns zu warnen. Einige der Fäden oder Sporen überleben eindeutig und pflanzen sich auch fort, Bays Theorie ist also momentan die stichhaltigste.« Phas wirkte erleichtert. »Aber ich werde so lange nicht mehr ruhig schlafen, bis ich den ganzen Zyklus kenne.«

Am Spätnachmittag des dritten Tages nach jenem ersten Fädenfall kam ein fast hysterischer Anruf von Wade Lorenzo auf Sadrid in der Provinz Mazedonien. Jacob Chernoff war am Komgerät und nahm sofort Kontakt mit Ongola und Paul im Verwaltungsgebäude auf. »Er sagt, es kommt direkt über das Meer, geradewegs auf ihn zu, Sir. Sein Anwesen liegt genau westlich auf der Zwanzig-Grad-Linie. Ich habe ihn auf Kanal siebenunddreißig gelegt.«

Noch während Paul den Hörer aufnahm und den Kanal eintippte, suchte er auf der großen Karte des Kontinents die Küstensiedlung Sadrid.

»Alles soll unter Silikonplastik in Deckung gehen«, ordnete er an. »Stecken Sie das Zeug in Brand, wenn es auf den Boden trifft, nötigenfalls mit Fackeln. Haben Sie Zwergdrachen?«

Die tiefen Atemzüge des um Fassung ringenden Farmers drangen aus dem Hörer. »Wir haben einige Zwergdrachen, Sir, und auch zwei Flammenwerfer – wir haben damit das Gestrüpp gerodet. Wir dachten, es sei nur ein besonders schlimmes Gewitter, bis wir die Fische fressen sahen. Können Sie nicht herkommen?«

»Wir sind so schnell wie möglich da.«

Paul bat Jacob, niemandem von dem neuen Fädenfall zu erzählen.

»Man soll die Panik, die wir ohnehin schon haben, nicht noch schüren, Sir«, stimmte Jacob zu.

Paul lächelte kurz über den leidenschaftlichen Ernst des Jungen, dann rief er Jim Tillek in der Hafenmeisterei von Monaco Bay an und fragte, ob sich irgendwelche Fischdampfer im Südwesten in der Nähe von Sadrid aufhielten.

»Heute nicht. Probleme?«

Soviel zu dem Versuch, sich nichts anmerken zu lassen, dachte Paul. »Kannst du hierher ins Verwaltungsgebäude kommen, ohne daß es überstürzt aussieht?«

Ongola starrte verbissen auf die Karte, sein Blick huschte zwischen Mazedonien und dem Delta hin und her. »Ihr Anwesen am Bocafluß ist nicht sehr weit von Sadrid entfernt«, erklärte er dem Admiral.

»Ich habe es bemerkt.« Paul wählte seine eigene Nummer, brachte seiner Frau in knappen Sätzen die schlechte Nachricht bei und erklärte ihr, welche Vorsichtsmaßnahmen sie treffen sollte. »Ju, vielleicht kommt es nicht bis zu uns, aber ...«

»Man sollte lieber auf Nummer Sicher gehen, nicht wahr?«

Paul war stolz, daß sie so ruhig reagierte. »Ich halte dich auf dem laufenden, sobald wir neue Informationen bekommen.

Wenn wir Glück haben, bleibt dir mindestens noch eine Stunde Zeit, falls es in diesem Moment Sadrid erreicht hat. Ich komme, sobald ich kann. Durchaus möglich, daß Boca weit genug im Norden liegt. Das Zeug scheint nach Südwesten abgetrieben zu werden.«

»Fragen Sie sie, ob ihre Zwergdrachen sich normal verhalten«, schlug Ongola vor.

»Sie sonnen sich, wie immer zu dieser Tageszeit«, berichtete Ju. »Ich werde sie beobachten. Wissen sie wirklich im voraus, wann das Zeug kommt?«

»Ongola glaubt es. Ich melde mich später, Ju.«

»Ich habe eben die Logorides in Thessalien erreicht«, sagte Ongola. »Könnte sein, daß sie auf der Bahn liegen. Sollten wir Caesar auf Roma nicht auch warnen? Er hat so viel Vieh.«

»Er war allerdings auch schlau genug, Steingebäude zu errichten, aber rufen Sie ihn ruhig an, und fragen Sie dann nach, ob das neue Programm von Boris und Dieter schon läuft. Verdammt, wenn wir nur genau wüßten, wann es angefangen hat und wie weit es gehen wird«, murmelte Paul nervös. »Ich werde den Transport organisieren.« Er rief den Technikerschuppen an und fragte nach Kenjo.

»Ein neuer Fädenfall? Wie weit entfernt?« fragte Kenjo. »Sadrid? Auf dem zwanzigsten? Ich habe da etwas, damit können wir in etwas mehr als einer Stunde dort sein.« Kenjos normalerweise so gelassene Stimme zitterte vor Aufregung. »Fulmar hat einen der mittelgroßen Schlitten mit Düsenverstärkern ausgerüstet und glaubt, wir müßten selbst bei voller Beladung mindestens siebenhundert Stundenkilometer rausholen können. Bei geringem Gewicht noch mehr.«

»Wir müssen so viele Flammenwerfer mitnehmen wie möglich und außerdem Notvorräte. Wir verwenden HNO_3-Zylinder – das ist, als ginge man gleichzeitig mit Feuer und Wasser gegen die Sporen vor. Pol und Bay wiegen nicht viel, und als Beobachter sind sie von unschätzbarem Wert. Wir brauchen mindestens einen Mediziner, zwei Sanitäter, außerdem werden Tarvi, Jim und ich dabei sein. Insgesamt acht Leute. Schön, wir sind dann gleich bei Ihnen.« Paul wandte sich an Ongola. »Etwas erreicht?«

»Wenn wir ihnen schon nicht sagen können, wann es angefangen hat, dann möchten sie wenigstens wissen, wann es aufhört«, sagte Ongola. »Je mehr Fakten wir ihnen geben können, desto genauer werden die Voraussagen – beim nächsten Mal. Gehöre ich zu den acht Leuten?«

Paul schüttelte bedauernd den Kopf. »Ich brauche Sie hier, falls irgendwo Panik ausbricht. Verdammt, wir müssen diese Sache irgendwie in den Griff bekommen.«

Ongola schnaubte belustigt. Paul Bendens Fähigkeit, in Notsituationen eine bestens funktionierende Organisation aufzubauen, war bereits legendär. Innerhalb von zwanzig Minuten nach dem ersten Anruf waren Beobachter, Crew und Vorräte an Bord des frisierten Schlittens, und die Maschine war schon in der Luft und außer Sicht, ehe Ongola das gedämpfte Röhren des verstärkten Antriebs hörte.

Passagiere und Vorräte waren fest angeschnallt, und Kenjo flog den Schlitten mit Höchstgeschwindigkeit. Sie rasten über die grüne Landspitze der unberührten Halbinsel am Jordan vorbei und dann hinaus auf das Meer, wo sporadische, aber heftige Gewitterschauer Turbulenzen verursachten und den ohnehin schon unruhigen Flug in der nicht für solche Geschwindigkeiten gebauten Maschine noch unangenehmer machten.

»Keine Spur vom vordersten Rand des Niederschlags. Die Wolkenformation südlich von uns besteht zur Hälfte nur aus Regen«, sagte Paul, blickte vom Teleskop auf und rieb sich die Augen. »Vielleicht, aber wirklich nur vielleicht«, fügte er leise hinzu, »haben diese Schauer auch Sadrid gerettet.«

Trotz der hohen Geschwindigkeit schien der hauptsächlich über Wasser führende Flug kein Ende nehmen zu wollen. Plötzlich verringerte Kenjo das Tempo. Auf der Steuerbordseite war nun das Meer zu erkennen, nicht mehr nur ein blauer Wischer, und backbords konnte man durch den Dunst der Regenschauer undeutlich das riesige Festland näher kommen sehen. Die Sonne brach durch die Wolken und beschien vom Wind gepeitschte Pflanzen ebenso wie kahlgefressene Stellen.

»Selten ein Schaden ohne Nutzen«, bemerkte Jim Tillek und

zeigte auf das Meer, das unter Wasser mehr aufgewühlt wurde als an der Oberfläche durch den Wind. »Übrigens habe ich, ehe ich Monaco Bay verließ, unsere mit Flossen ausgestatteten Freunde beauftragt, sich umzusehen und so viel wie möglich herauszufinden.«

»Du lieber Himmel!« rief Bay und preßte das Gesicht gegen das dicke Plastik des Kanzeldachs. »So schnell können sie doch nicht bis hierher gekommen sein.«

»Wohl kaum«, lachte Jim leise, »aber für die Einheimischen ist der Tisch wirklich reich gedeckt.«

»Sitzen bleiben!« schrie Kenjo und kämpfte mit dem Steuerjoch.

»Wenn die Delphine feststellen könnten, wo es angefangen hat ... Fakten, das ist es, was Dieter und Boris brauchen.« Paul ging wieder an das vordere Teleskop. »Sadrid hatte nur teilweise Glück«, fuhr er stirnrunzelnd fort. »Es sieht aus, als hätte jemand die Pflanzen dicht über dem Boden mit einem heißen Messer abrasiert«, murmelte er leise und wandte sich ab. »Bringen Sie uns runter, so schnell es geht, Kenjo!«

»Es war der Wind«, erklärte Wade Lorenzo der Rettungsmannschaft. »Der Wind hat uns gerettet, und die Regenschauer. Es hat in Strömen gegossen, aber es war Wasser, keine Fäden. Nein, uns ist nicht viel passiert«, versicherte er ihnen und zeigte auf die Zwergdrachen, die auf den Dachbalken saßen und sich putzten. »Sie haben uns beschützt, genau wie damals in Landing.« Die jüngeren Kinder wurden gerade aus einem der großen Gebäude geführt und sahen sich mit großen Augen ängstlich um. »Aber wir wissen nicht, ob Jiva und Bahka durchgekommen sind. Sie waren draußen beim Fischen.« Er zeigte mutlos nach Westen.

»Wenn sie nach Nordwesten gefahren sind, hatten sie eine gute Chance«, beruhigte ihn Jim.

»Aber wir sind ruiniert«, schaltete sich Athpathis ein. Der Agronom deutete verzweifelt auf die verwüsteten Felder und Obstgärten.

»In Landing gibt es noch genügend Sämlinge«, versicherte ihm Pol Nietro und klopfte ihm unbeholfen auf die Schulter. »Und das Klima hier ermöglicht mehrere Ernten im Jahr.«

»Wir kommen später wieder«, sagte Paul und half mit, die Flammenwerfer auszuladen. »Jim, kannst du hier die Aufräumarbeiten leiten? Du weißt, was zu tun ist. Wir müssen die Hauptwolke bis ans Ende verfolgen. Hier, Wade. Machen Sie Asche aus dem Zeug!«

»Aber Admiral –« begann Athpathis; das Weiße seiner angstvoll aufgerissenen Augen hob sich grell von seinem sonnengebräunten Gesicht ab.

»Es liegen noch zwei weitere Anwesen im Gefahrenbereich«, erklärte Paul, kletterte in den Schlitten und schloß die Luke.

»Direkt zu Ihnen nach Hause, Paul?« fragte Kenjo, als der Schlitten abhob.

»Nein, fliegen Sie zuerst nach Norden. Mal sehen, ob wir Jiva und Bakha finden können. Und dann bis an den Rand des Niederschlags.«

Sobald der Schlitten in der Luft war, schaltete Kenjo die Düsenverstärker zu, und die Passagiere wurden in die Sitze gepreßt. Aber gleich darauf verringerte er das Tempo wieder. »Sir, ich glaube, Ihr Besitz ist verschont geblieben.«

Sofort preßte Paul ein Auge an das Teleskop und sah zu seiner Erleichterung, wie die Pflanzen am Strand von den Windböen geschüttelt wurden. Jetzt war er beruhigt und konnte sich ohne Ablenkung auf die vordringlichsten Aufgaben konzentrieren.

»Aber das hört ja einfach auf wie abgeschnitten«, sagte Bay überrascht.

»Es ist Regen, glaube ich«, bemerkte Pol, auch er verrenkte sich den Hals, um durch das Siliplex des Kanzeldachs sehen zu können. »Seht mal, ist das nicht ein orangefarbenes Segel?«

Paul blickte mit einem müden Lächeln vom Teleskop auf. »Ja, tatsächlich, und es ist unversehrt. Stellen Sie die Position fest, Fusaiyuki, und dann weiter zu Caesar, mit allem, was die Kiste hergibt.« Er lehnte sich in seinem Sessel zurück und umfaßte die Armstützen.

»Aye, aye, Sir.«

Wieder wurden die sechs Passagiere durch die Beschleunigung in die Sitze gepreßt, und wieder bremste Kenjo unvermittelt ab. Diesmal legte er den Schlitten auch noch so stark nach Backbord, daß er auf dem Schwanz zu rotieren schien.

»Position festgestellt, Admiral. Wie lauten die Befehle, Sir?«

Paul Benden lief es unwillkürlich kalt über den Rücken. Hoffentlich war das nur der Schreck über das unerwartete Manöver, dachte er, und nicht etwa eine Reaktion auf Kenjos militärische Anrede.

»Wir folgen der Bahn der Wolke und stellen fest, wie weit sich die Verwüstungen nach der Seite hin erstrecken. Ich werde den anderen Anwesen mitteilen, daß die Gefahr vorüber ist.«

Er gestattete sich, als erstes Kontakt mit seiner Frau aufzunehmen, und gab ihr einen kurzen Bericht, einerseits, um sie zu beruhigen, aber auch, um sich die Einzelheiten selbst genau einzuprägen.

»Soll ich eine Hilfsmannschaft schicken?« fragte sie. »In dem Bericht von Landing heißt es, das Zeug muß oft verbrannt werden, um es ganz zu vernichten.«

»Johnny Greene und Greg Keating sollen mit dem schnelleren Schlitten kommen. Flammenwerfer haben wir dabei.«

Auch andere Besitzer erboten sich, ihre Söhne zu schicken, und Paul lehnte nicht ab. Caesar Galliani machte den gleichen Vorschlag, fügte aber hinzu, seine Söhne müßten rechtzeitig zurück sein, um die große Herde auf Roma zu melken.

»Ich hatte doch recht, nicht wahr?« lachte der Tierarzt zufrieden, »daß ich mit meinen Steingebäuden soviel Aufwand getrieben habe?«

»Nicht zu leugnen, Caesar.«

»Wenn man sich sicher fühlen will, gibt es nichts Besseres als Steinmauern. Die Jungen brechen auf, sobald Sie mir eine Position angeben. Sie halten uns auf dem laufenden, Admiral, nicht wahr?«

Als Paul nun schon zum zweiten Mal so automatisch mit seinem alten Titel angesprochen wurde, zuckte er zusammen. Er hatte sieben Jahre lang glücklich als Zivilist und Agronom gelebt und verspürte nicht den Wunsch, sich nun wieder die Verantwortung des Befehlshabers aufzuladen. Dann blieben seine Augen an den verwüsteten Stellen hängen, die aus der

Luft so gräßlich deutlich zu sehen waren. Dazwischen gab es unversehrte Streifen, wo Regenschauer die Fäden ertränkt hatten, ehe sie den Boden erreichten. Regen und Zwergdrachen! Schwache Verbündete gegen ein solches Unheil. Wenn es nach ihm ginge ... Paul unterbrach diesen Gedankengang. Er hatte nicht das Kommando und wollte es auch gar nicht übernehmen. Dafür gab es jüngere Männer.

»Ich würde sagen, der Korridor ist fünfzig Kilometer breit«, verkündete Kenjo. Paul merkte, daß die anderen leise miteinander gesprochen hatten.

»Man kann zusehen, wie sich die Vegetation Meter für Meter auflöst«, sagte Bay erschrocken und sah Paul an. »Regen genügt nicht.«

»Er war eine Hilfe«, antwortete Tarvi, aber auch seine Augen waren auf Paul gerichtet.

»Wir bekommen Verstärkung von Thessalien und Roma. Auf dem Rückweg nach Sadrid verbrennen wir soviel, wie nötig ist. Gehen Sie runter, sobald Sie können, Kenjo. Landing braucht die Informationen, die wir heute gesammelt haben. Sie wollen Fakten, und sie werden sie kriegen.«

Als alle zur Verfügung stehenden HNO$_3$-Zylinder erschöpft waren, waren auch die Leute am Ende. Pol und Bay waren den Flammenwerferteams gefolgt, hatten sich gewissenhaft Notizen über die Verteilung der Fäden gemacht und dankbar festgestellt, daß der Regen die Schäden doch ein wenig in Grenzen gehalten hatte. Paul bedankte sich bei den Männern von Thessalien und Roma und gab Kenjo Anweisung, mit mäßiger Geschwindigkeit nach Sadrid zurückzufliegen und Jim Tillek abzuholen.

»So müssen wir uns denn mit Flammenzungen rüsten, um gegen diese Bedrohung unseres gütigen, großzügigen Planeten anzukämpfen«, sagte Tarvi leise zu Paul, als sie schließlich nach Osten flogen, der schnell hereinbrechenden Nacht entgegen. »Ist Sadrid jetzt in Sicherheit?«

»Nach dem Grundsatz, daß ein Blitz nie zweimal ins gleiche Haus einschlägt?« scherzte Paul. »Solche Versprechungen können wir nicht geben, Tarvi. Ich hoffe jedoch, daß Boris und Dieter uns bald ein paar Antworten liefern werden.« Dann wandte er sich beunruhigt an Pol. »Das Zeug kann doch nicht völlig willkürlich fallen, oder?«

»Ziehen Sie die Theorie vor, daß es geplant ist? Nein, Paul, wir haben festgestellt, daß wir es mit einem nicht denkenden, heißhungrigen Organismus zu tun haben. Intelligenz ist nicht erkennbar«, antwortete Pol, er ballte und lockerte abwechselnd die Faust und wunderte sich über seine heftige Reaktion, »und noch viel weniger eine Spur von Vernunft. Ich ziehe weiterhin Bays Theorie eines Lebenszyklus mit zwei oder drei Phasen vor. Auch dabei ist die Wahrscheinlichkeit sehr gering, daß sich in einer der späteren Phasen Intelligenz entwickelt.«

»Die Wherries?« witzelte Tarvi.

»Nein, nein, lächerlich. Wir haben sie zurückverfolgt bis zu einem Seeaal, der ein gemeinsamer Vorfahre von ihnen wie von den Zwergdrachen ist.«

»Die Zwergdrachen haben uns mehr geholfen, als ich erwartet hätte«, gestand Tarvi. »Sallah behauptet steif und fest, sie hätten einen hohen Intelligenzgrad.«

»Pol, haben Sie oder Bay versucht, diese Intelligenz zu messen, als Sie die Mentasynthesebehandlung vornahmen?« fragte Paul Benden.

»Nein, eigentlich nicht«, gestand Pol. »Es war kein Grund dafür vorhanden, nachdem sich gezeigt hatte, daß ein gesteigertes Empathievermögen sie gefügiger machte. Es gab andere Prioriräten.«

»Absoluten Vorrang hat momentan, den Rahmen dieser Bedrohung abzustecken«, murmelte Paul. »Wir sollten alle ein paar Stunden schlafen.«

Sobald die Rettungsmannschaft nach Landing zurückgekehrt war, konnte man nicht mehr abstreiten, daß ein neuer Einfall stattgefunden hatte. Obwohl während der Reise Funkstille geherrscht hatte, waren Gerüchte nicht zu unterbinden gewesen.

»Das einzig Gute war«, sagte Paul zu Emily, während er eine hastig zubereitete Mahlzeit verzehrte, »daß es weit genug von hier entfernt passierte.«

»Wir haben immer noch nicht genug Fakten, um die Häufigkeit und die wahrscheinlichen Bahnen des Zeugs zu berechnen«, meldete Dieter Clissman. »Die Delphine konnten offenbar nicht herausfinden, wo und wann es angefangen hat. Im Meer achtet man nicht auf die Zeit. Boris fügt auf gut Glück Werte für Temperaturvariationen, Hoch- und Tiefdruckgebiete, Regenhäufigkeit und Windgeschwindigkeit in die Berechnungen ein.« Er stieß einen langgezogenen Seufzer aus und strich sich das dichte Haar aus der Stirn. »Im Regen ertrinkt es, wie? Feuer und Wasser vernichten es! Wenigstens ein Trost.«

Nur wenige ließen sich so leicht trösten. In Landing gab es sogar ein paar Leute, die froh waren, daß auch andere Teile des Kontinents unter der Katastrophe zu leiden hatten. Angst und Entsetzen hatten jedoch auch eine positive Auswirkung, niemand wehrte sich mehr gegen die Notverordnungen. Einige hatten zuerst gedacht, die von Landing ausgehenden Vorsichtsmaßnahmen sollten nur die vertraglich zugesicherte Autonomie einschränken, doch auch wer das offen ausgesprochen hatte, zog seine Einwände zurück, als Bilder der Verwüstung im Sadrid-Korridor – Pol hatte ihn so genannt – verteilt wurden. Danach hatten Ongola und sein Kommunikationsteam alle Hände voll zu tun, um abgelegenen Besitzungen Verhaltensmaßregeln zu geben.

Tarvi holte sich eine Mannschaft zusammen, mit der er rund um die Uhr leere Zylinder zu Flammenwerfern umbaute und sie mit HNO_3 füllte. Dieses Oxidationsmittel hatte sich nicht nur als sehr geeignet zur Vernichtung der Fäden erwiesen, sondern war auch einfach und billig aus Luft und Wasser synthetisch herzustellen. Den dazu nötigen Strom lieferte die Wasserkraft, und es verschmutzte die Umwelt nicht. Am wichtigsten war jedoch, daß die Haut der Zwergdrachen wie der Menschen nicht allzu stark geschädigt wurde, wenn einmal ein Feuerstrahl danebenging. Mit einem innerhalb von zwanzig Sekunden aufgelegten nassen Tuch konnte man schwere Verbrennungen verhindern. Kenjo brachte mit einer Gruppe an den schwereren Schlitten Halterungen für die Flammenwerfer an. Er war nicht davon abzubringen, daß der Angriff nicht nur die beste Verteidigung sei, sondern auch aus der Luft erfolgen müsse. Von den Leuten in Landing, die den Ersten Fädenfall überlebt hatten, stimmten ihm viele bereitwillig zu.

Das Feuer war die beste Waffe. Wie ein Witzbold es formulierte, war es die einzig zuverlässige Verteidigung, weil es schließlich noch niemand geschafft hatte, nach Bedarf Regen zu machen. Selbst die glühendsten Anhänger der Zwergdrachen wollten sich nicht völlig auf die Hilfe der kleinen Tiere verlassen.

Es gab nicht genug Hände, um alle notwendigen Arbeiten zu erledigen. Zweimal wurden Paul und Emily in Fällen von Arbeitspiraterie zu Schlichtern bestellt. Die Agronomen und Veterinäre verstärkten hastig die Unterstände für das Vieh. Höhlen wurden als mögliche Alternative in Betracht gezogen und erforscht. Leerstehende Lagerhallen in Landing wurden zu Stallungen für diejenigen Grundbesitzer umfunktioniert, die aus Sicherheitsgründen ihr Vieh hier unterbringen wollten. Joel Lilienkamp verlangte, wegen des Arbeitskräftemangels müßten die Siedler die Gebäude, die sie in Anspruch nehmen wollten, selbst ausbauen. Viele Grundbesitzer waren dagegen der Ansicht, das sei die Aufgabe von Landing, manche wollten auch ihr Anwesen nicht verlassen, solange man ihnen keine sicheren Unterkünfte garantierte. In den vergangenen acht Jahren hatte sich die Bevölkerung so stark vermehrt, daß die ursprünglichen Gebäude nicht einmal mehr die Hälfte der Siedler zu fassen vermochten.

Porrig Connell blieb in seiner Höhle, denn er hatte so viele miteinander verbundene Kammern entdeckt, daß er seine gesamte Großfamilie mit ihren Tieren unterbringen konnte. Außer den Ställen für seine Stuten und Fohlen hatte er noch eine Hengstbox gebaut, wo Cricket es sehr bequem hatte. In einem Anfall von Großmut erlaubte er sogar den Überlebenden einiger anderer Familien, in seinem Höhlenkomplex zu bleiben, bis sie einen eigenen gefunden hatten.

Obwohl Paul Benden und Emily Boll ihre offiziellen Ämter längst aufgegeben hatten, stellten sie – ebenso wie Jim Tillek, Ezra Keroon und Ongola – fest, daß man wegen vieler Entscheidungen zu ihnen kam, weil sie einst die Führer der Kolonie gewesen waren.

»Es ist mir immer noch lieber, sie wenden sich an mich als an Ted Tubberman«, bemerkte Paul müde zu Ongola, als der ehemalige Nachrichtenoffizier ihm die neuesten, dringenden Anfragen von entlegenen Besitzungen brachte. Dann wandte er sich wieder dem Psychologen Tom Patrick zu, der ihn über die jüngsten Nörgeleien und Gerüchte informiert hatte. »Tom?«

»Ich glaube nicht, daß Sie die Konfrontation noch lange aufschieben können«, sagte der Psychologe, »sonst verlieren Sie und Emily jede Glaubwürdigkeit, und das wäre ein großer Fehler. Sie beide wollen vielleicht das Kommando gar nicht übernehmen, aber jemand muß es tun. Tubberman untergräbt ständig die Moral und die Anstrengungen der Gemeinschaft. Er ist absolut negativ eingestellt, Sie müßten eigentlich froh sein, daß er die meiste Zeit unterwegs ist, um den Kontinent im Alleingang von verwesenden Fädenhülsen zu befreien. Der Kummer hat seine Wahrnehmungsfähigkeit und sein Urteilsvermögen vollkommen gestört.«

»Auf seine Phrasendrescherei fällt doch sicher niemand herein?« fragte Emily.

»Im Moment haben sich so viel Unbehagen, Groll und gute, ehrliche, kreatürliche Angst angestaut, daß einige Leute doch auf ihn hören. Besonders, wenn offizielle Stellungnahmen ausbleiben«, gab Tom zu bedenken. »Tubbermans Klagen enthalten immerhin ein Körnchen Wahrheit, wenn auch natürlich verzerrt.« Tom zuckte die Achseln und hob beide Hände. »Im Lauf der Zeit wird er sich selbst den Boden unter den Füßen wegziehen – hoffe ich. Inzwischen hat er freilich ziemlich viel untergründige Unzufriedenheit geschürt, der man bald entgegenwirken muß. Und das sollten am besten Sie tun, meine Herren, und Emily und die anderen Kapitäne. Man vertraut Ihnen nämlich immer noch, trotz Tubbermans Anklagen.«

»Dann muß der Rubikon also noch einmal überschritten werden«, scherzte Paul und seufzte dann. Als er merkte, daß er mit dem linken Daumen an der gefühllosen Haut seiner Ersatzfinger rieb, hörte er sofort damit auf, lehnte sich müde in seinem Stuhl zurück und verschränkte beide Hände hinter dem Kopf, als müsse er ein zusätzliches Gewicht stützen.

»Eine Versammlung kann ich leiten, Paul«, sagte Cabot, als Paul ihn auf einer abhörsicheren Frequenz anrief, »aber im Unterbewußtsein betrachtet man Sie und Emily als die Führer der Kolonie. Macht der Gewohnheit.«

»Jede Entscheidung, uns wieder als solche einzusetzen, muß spontan fallen«, entgegnete Paul nach einer langen Pause nachdenklich. Emily nickte langsam. Die letzten Tage hatten den Admiral wie auch die Gouverneurin altern lassen. »Die Sache muß strikt nach der Verfassung gehandhabt werden, obwohl ich, bei allem, was heilig ist, nie damit gerechnet hatte, mich auf diese Eventualklauseln berufen zu müssen.«

»Allen höheren Mächten sei Dank, daß es sie gibt«, bemerkte Cabot salbungsvoll. »Es wird ein bis zwei Stunden dauern, um hier alles zu organisieren. Ach, übrigens, gestern am frühen Morgen sind auch ein paar Nachrichten von jenseits des Flusses eingegangen. Habe sie erst heute gegen Mittag bemerkt. Es hat den Südrand von Bordeaux erwischt. Wir sind Pat und seiner Crew ein wenig zur Hand gegangen. Dort ist alles in Sicherheit.« Damit legte er auf und ließ Paul völlig verdutzt zurück.

»Nach unserem kleinen Scharmützel mit dem Zeug«, sagte Cabot, als er persönlich eintraf, »kann ich allmählich einschätzen, wie ernst die Lage der Kolonie ist.« Ein hoffnungsvolles Lächelns das seine scharfen, grauen Augen nicht erreichte, spielte um seinen kraftvollen Mund. »Ist es wirklich so schlimm, wie die Gerüchte behaupten?«

»Wahrscheinlich. Kommt auf den Ursprung der Gerüchte an«, antwortete Paul und verzog das Gesicht.

»Beziehungsweise darauf, ob man Optimist oder Pessimist ist«, fügte Jim Tillek hinzu. »Ich war auf der Asteroidenlinie schon schlimmer in der Klemme und bin mit heiler Haut wieder rausgekommen. Mir ist es lieber, wenn ich einen Planeten habe, in, auf und über dem ich manövrieren kann. Und vor allem das Meer.«

Cabots Lächeln verschwand, als er die fünf Leute betrachtete, die sich ohne Aufsehen im Wetterbeobachtungsturm versammelt hatten.

»Das meiste, was wir wissen«, sagte Paul, »ist negativ.

Aber ...« Er zählte die häufigsten Gerüchte an seinen kräftigen, von der Arbeit fleckigen Fingern ab, um sie gleich zu widerlegen. »Es ist unwahrscheinlich, daß die Sporen die Vorläufer einer fremden Invasion sind, denn sie waren nicht auf dieses Gebiet allein begrenzt, sondern haben den Planeten den EV-Protokollen zufolge vor fast genau zweihundert Jahren auf mehr oder weniger die gleiche Weise befallen. Sie können von dem exzentrischen Planeten ausgehen oder auch nicht, er hat jedenfalls einen Orbit von zweihundertfünfzig Jahren. Und obwohl wir nicht wissen, wie ihr Lebenszyklus aussieht oder ob sie überhaupt einen haben – was die bisher brauchbarste Theorie behauptet –, sind die Sporen nicht das erste Stadium zum Beispiel der Tunnelschlangen, die haben viel ehrbarere Vorfahren, und auch keiner anderen Lebensform, die wir uns bisher angesehen haben.«

»Ich verstehe.« Cabot wiegte langsam das mächtige Löwenhaupt und zupfte sich nachdenklich an den Lippen. »Keine beruhigende Voraussage verfügbar?«

»Bisher nicht. Tom hier empfiehlt uns, ein Forum einzurichten, wo man Beschwerden vorbringen und Mißverständnisse korrigieren kann«, fuhr Paul fort. »Die Fäden haben Boca nicht verfehlt, weil es Paul Benden gehört, sie sind auch nicht auf Sadrid gefallen, weil es die neueste Ansiedlung ist, oder haben kurz vor Thessalien haltgemacht, weil Gyorgy als einer der ersten Konzessionäre seine Parzelle abgesteckt hat. Wir können und werden diese Gefahr überleben, aber wir können nicht zulassen, daß Techniker und kräftige Arbeiter wahllos zwangsverpflichtet werden. Jeder, der einen Augenblick nachdenkt, muß auch einsehen, daß wir nicht überleben können, wenn jeder kopflos in eine andere Richtung rennt. Oder wenn man nicht einige der wilderen Vorstellungen, die von Tubberman eingeschlossen, aus der Welt schafft und die Moral wiederherstellt.«

»Kurzum, was Sie wollen, ist die Aufhebung der Autonomie?«

»Ich will das keineswegs«, widersprach Paul mit deutlichem Nachdruck, »aber eine zentralisierte Verwaltung«, Cabot grinste über die Wortwahl des Admirals –, »wäre in der Lage, ver-

fügbare Arbeitskräfte wirksam zu organisieren, Versorgungsgüter und Nahrungsmittel zu verteilen und sicherzustellen,
daß die Mehrheit überlebt. Joel Lilienkamp hat heute, um Pa-
nikforderungen vorzubeugen, das Magazin unter dem Vorwand geschlossen, er müsse Inventur machen. Die Leute müssen begreifen, daß es hier tatsächlich ums Überleben geht.«

»Gemeinsam stehen wir, getrennt fallen wir?« Cabot ge-
brauchte die alte Redensart mit großem Respekt.

»Genau so ist es.«

»Das Kunststück besteht darin, all unseren radikalen Indivi-
dualisten begreiflich zu machen, daß dies die klügste Lösung
ist«, sagte Tom Patrick, und Cabot nickte zustimmend.

»Ich muß betonen«, fuhr Paul nach einem schnellen Blick
auf Emily fort, die beifällig nickte, »daß es nicht darauf an-
kommt, wer während dieser Notlage die Regierung führt, solange irgendeine Autorität, die das Überleben sichert, anerkannt wird und man ihr gehorcht.«

Nach einer Pause bemerkte Cabot nachdenklich: »Wir sind
Jahre von jeder Hilfe entfernt. Haben wir alle Brücken hinter
uns abgebrochen?«

Als Cabot Francis Carter, der älteste Jurist der Kolonie, am
nächsten Morgen überall verkündete, daß für den folgenden
Abend eine Massenversammlung anberaumt sei, war ganz
Landing überrascht und erleichtert. Vertreter aller größeren
Ansiedlungen, Konzessionäre ebenso wie Kontraktoren, wur-
den ebenfalls zur Teilnahme aufgefordert.

Am Abend der Versammlung war es den Elektrikern gelungen, mittels unterirdischer Leitungen eine Seite des Freudenfeuerplatzes wieder mit Strom zu versorgen. Wo die Lampen
noch dunkel blieben, hatte man an den Laternenpfählen
Fackeln befestigt. Im erleuchteten Bereich waren Bänke und
Stühle aufgestellt worden. Auf der ursprünglich für die Musiker bei den abendlichen Feuern gebauten Plattform stand
ein langer Tisch mit sechs Stühlen an einer Seite. Es war hell
genug, um zu erkennen, wer die Plätze dort einnahm.

Als weder Paul Benden noch Emily Boll erschienen, ging ein
erstauntes Gemurmel durch die Reihen der Versammelten.

Cabot Francis Carter trat, gefolgt von Mar Dook, Pol und Bay Harkenon-Nietro, Ezra Keroon und Jim Tillek, auf die Bühne.

»Wir hatten Zeit, unsere Verluste zu beklagen«, begann Cabot, und seine sonore Stimme drang mühelos bis zur letzten Bank. Selbst die Kinder lauschten schweigend. »Und sie waren schwer. Aber sie hätten noch schlimmer sein können, und es ist wohl niemand unter uns, der unseren kleinen, feuerspeienden, drachenähnlichen Verbündeten nicht dankbar ist.

Ich habe heute abend nicht nur schlechte Nachrichten für Sie, aber ich wünschte doch, sie wären besser. Wir können jetzt sagen, was einige unserer Lieben getötet und fünf Besitzungen ausgelöscht hat: es ist eine sehr primitive, mykorrhizoide Lebensform. Mar Dook hier hat mir erklärt, daß auf anderen Planeten, auch auf unserer Erde, überall solche einfachen Pilze in symbiotischer Verbindung mit Bäumen zu finden sind, das Myzel des Pilzes mit den Wurzeln einer Samenpflanze. Wir haben alle erlebt, wie dieses Zeug die Pflanzen angegriffen hat ...«

»Und fast alles andere«, rief Ted Tubberman aus der linken Seite des Publikums.

»Ja, das ist leider wahr.« Cabot sah den Mann nicht an und versuchte auch nicht, die Leute aufzuheitern, aber er würde keine Panik dulden. Er hob leicht die Stimme. »Was uns erst allmählich klar wird, ist, daß das Phänomen den ganzen Planeten betrifft und daß es das letzte Mal vor etwa zweihundert Jahren auftrat.« Er machte eine Pause, um den Zuhörern Gelegenheit zu geben, diese Tatsache zu verdauen, dann hob er ruhig die Hände, um dem anschwellenden Gemurmel Einhalt zu gebieten. »Bald werden wir in der Lage sein, genau vorherzusagen, wo und wann dieser Fädenfall wieder zuschlagen wird, denn das wird er leider tun. Aber dies ist *unser* Planet«, fuhr er mit wilder Entschlossenheit fort, »und kein verdammtes, hirnloses Fadenwesen wird uns von hier vertreiben.«

»Wir *können* doch gar nicht weg, du blöder Hund!« Ted Tubberman war aufgesprungen und fuchtelte mit den geballten Fäusten wild in der Luft herum. »Ihr habt dafür gesorgt, daß wir hier verfaulen müssen, ausgesaugt von diesen gottverdammten Biestern. Wir können nicht weg! Wir werden alle zu-grundegehen.«

Sein Ausbruch löste dumpfes Gemurre im Publikum aus. Sean, der mit Sorka am Rand der Menge saß, war entrüstet.

»Verdammter, großmäuliger, strohdummer Konzessionär«, murmelte er. »Er hat doch vorher gewußt, daß es kein Zurück gibt, aber jetzt, wo ihm nicht alles glatt genug läuft, muß *irgend jemand* daran schuld sein.« Sean schnaubte laut, um seine Verachtung kundzutun.

Sorka brachte ihn zum Schweigen, um Cabots Erwiderung zu hören.

»Ich betrachte unsere Lage nicht als hoffnungslos, Tubber-man«, begann Cabot, und seine geschulte Stimme übertönte mit ihrem festen, zuversichtlichen und entschlossenen Tonfall das Gemurmel. »Keineswegs! Ich denke lieber positiv. Ich sehe dies alles als Herausforderung an unseren Erfindungs-reichtum, an unsere Anpassungsfähigkeit. Die Menschheit hat schon an schlimmeren Orten überlebt, als Pern es ist. Wir haben ein Problem, und wir müssen damit fertigwerden. Wir müssen es lösen, um zu überleben. Und wir werden überle-ben!« Als Cabot sah, wie der große Botaniker Luft holte, hob er die Stimme. »Als wir die Verfassung unterschrieben haben, wußten wir alle, daß dies eine unwiderrufliche Entscheidung war. Aber selbst wenn wir könnten, ich jedenfalls würde nicht daran denken, wieder nach Hause zu laufen.« Seine Stimme triefte nun vor Verachtung für die Kleinmütigen, die Feiglinge, die Drückeberger. »Denn auf diesem Planeten habe ich mehr gefunden, als First oder die Erde mir jemals geben konnten! Ich werde nicht zulassen, daß dieses Phänomen mich aus dem Haus vertreibt, das ich mir gebaut habe, mich dazu zwingt, das Vieh zu verlassen, das ich züchten will, und das Leben auf-zugeben, das mir gefällt!« Mit einer Handbewegung tat er die Bedrohung als kleinere Unbequemlichkeit ab. »Ich werde je-desmal dagegen kämpfen, wenn es meinen Besitz oder den meiner Nachbarn trifft, mit jedem Funken Kraft, mit allen Mit-teln, die mir zur Verfügung stehen.

Diese Versammlung«, fuhr er ruhiger fort, »wurde einberu-fen, um demokratisch, wie es in unserer Verfassung verankert ist, zu überlegen, wie wir unsere Kolonie am besten durch diese Notlage bringen können. Wir werden von diesem Mykorrhizoid sozusagen belagert. Also müssen wir Maßnahmen ergreifen und Strategien entwickeln, mit dem Ziel, die Auswirkungen dieser Belagerung auf unser Leben und unser Hab und Gut möglichst gering zu halten.«

»Wollen Sie vorschlagen, das Kriegsrecht auszurufen, Cabot?« fragte Rudi Shwartz mit verschlossener Miene und stand auf.

Cabot lachte ironisch. »Da es auf Pern keine Armee gibt, Rudi, kann es auch kein Kriegsrecht geben. Die Umstände zwingen uns jedoch zu der Erwägung, ob wir unsere gegenwärtige Autonomie nicht vorübergehend aufheben sollen, um die Schäden zu verringern, die diese Fäden offensichtlich sowohl der Ökologie des Planeten als auch der Wirtschaft dieser Kolonie zufügen können – und werden. Ich gebe zu bedenken, daß eine Rückkehr zu einer zentralisierten Regierung, wie wir sie in unserem ersten Jahr auf Pern hatten, im Moment vielleicht ratsam wäre.« Bei seinen nächsten Worten mußte er fast brüllen, um die laut werdenden Proteste zu übertönen. »Und daß wir eventuell zu gewissen Mitteln greifen müssen, um das Überleben der Kolonie zu sichern, die uns als Individuen, denen ihre Autonomie teuer ist, keineswegs zusagen.«

»Und über diese Mittel wurde bereits entschieden?« fragte eine Frau.

»Keineswegs«, versicherte ihr Cabot. »Dazu wissen wir noch nicht genug über unseren – Gegner –, aber es müssen jetzt Pläne für alle nur denkbaren Möglichkeiten gemacht werden. Wir wissen, daß die Sporen weltweit fallen, früher oder später wird also jedes Anwesen betroffen sein. Wir müssen die Gefahren so gering wie möglich halten. Das bedeutet, Zentralisierung der vorhandenen Vorräte an Nahrungsmitteln und Versorgungsgütern und eine Rückkehr zum hydroponischen Anbau. Und es bedeutet unbedingt, daß einige von den Technikern nach Landing zurückbeordert werden müssen, weil ihre speziellen Fähigkeiten hier am nutzbringendsten eingesetzt werden können. Es bedeutet, daß wir alle wieder zusammenarbeiten müssen, anstatt unsere eigenen, getrennten Wege zu gehen.«

»Was haben wir denn für Alternativen?« fragte eine andere Frau, als eine kleine Pause entstand. Es klang resigniert.

»Einige von Ihnen haben ziemlich große Gemeinschaftsbesitzungen«, antwortete Cabot ganz nüchtern. »Sie kämen wahrscheinlich ganz gut allein zurecht. Eine Zentralverwaltung hier in Landing müßte vorrangig die Bedürfnisse der hiesigen Bevölkerung berücksichtigen, aber es würde nicht heißen ›Tritt nie wieder über unsere Schwelle‹.« Er lächelte kurz in ihre Richtung. »Deshalb sind wir ja heute abend hier zusammengekommen, um alle Möglichkeiten ebenso eingehend zu diskutieren, wie zu Anfang die Grundsätze der Verfassung und die Aussichten der Kolonie diskutiert wurden.«

»Augenblick mal!« schrie Ted Tubberman, sprang wieder auf, breitete die Arme aus und blickte mit aggressiv vorgerecktem Kinn in die Runde. »Eine todsichere Möglichkeit bleibt uns noch, und die ist realistisch. Wir können eine Peilkapsel zur Erde schicken und um Unterstützung bitten. Das ist ein Notfall. Wir brauchen Hilfe!«

»Ich hab's dir ja gesagt«, murmelte Sean Sorka zu, »er quiekt wie ein angestochenes Schwein. Wenn die Erde hier landet, Mädchen, dann ziehen wir ins Grenzgebirge und lassen uns nie wieder blicken.«

»Ich würde mich nicht darauf verlassen, daß die Erde uns Hilfe schickt«, sagte Joel Lilienkamp aus der vordersten Reihe, aber seine Worte gingen unter im Geschrei derjenigen Kolonisten, die Ted zustimmten.

»Wir wollen nicht, daß die Erde auf Pern herumpfuscht«, rief Sean, auch er war aufgesprungen und fuchtelte wild mit den Armen herum. »Das ist *unser* Planet!«

Cabot bat um Ruhe, aber der Aufruhr wollte sich nicht legen. Ezra Keroon stand auf, um ihm zu Hilfe zu kommen, legte schließlich die Hände wie einen Trichter an den Mund und brüllte: »Jetzt haltet mal die Luft an, Freunde. Ich muß euch alle daran erinnern – *hört doch zu!* –, daß es mehr als zehn Jahre dauern würde, bis wir eine Antwort bekämen. Wie immer sie ausfällt.«

»Na, ich bin jedenfalls nicht scharf darauf«, sagte Jim Tillek in das Geschrei hinein, das nun erneut einsetzte, »daß das gute alte Terra oder auch First die Nase in *unsere* Angelegenheiten steckt. Das heißt, falls sie uns überhaupt einer Antwort würdigen. Sollten sie sich tatsächlich herablassen, uns zu helfen, dann würden sie uns dafür sicher bis zum Hals mit Hypotheken zuschaufeln. Und am Ende hätten sie alle Schürfrechte und den größten Teil des Ackerlandes. Oder habt ihr vergessen, was auf Ceti III geschehen ist? Ich begreife auch nicht, warum eine Zentralregierung in einer solchen Notlage etwas so Schreckliches sein soll. Für mich klingt es vernünftig. Gleiches Recht für alle!«

Deutlich hörbar erhob sich leises, zustimmendes Gemurmel, viele Gesichter blickten freilich mürrisch oder entmutigt drein.

»Er hat recht, Sorka«, sagte Sean so laut, daß auch andere ringsum es hören konnten.

»Dad und Mutter finden das auch.« Sorka zeigte auf ihre Eltern, die ein paar Reihen weiter vorn saßen.

»Wir müssen eine Botschaft schicken«, schrie Ted Tubberman und schüttelte die Hände der neben ihm Sitzenden ab, die ihn auf seinen Platz ziehen wollten. »Wir müssen ihnen sagen, daß wir in Schwierigkeiten sind. Wir haben ein Recht auf Hilfe! Was ist so schlimm daran, eine Botschaft zu schicken?«

»Was schlimm daran ist?« rief Wade Lorenzo von hinten. »Wir brauchen jetzt Hilfe, Tubberman, nicht erst in zehn oder zwanzig Jahren. Bis dahin haben wir die Sache wahrscheinlich auch selbst bewältigt. Ein Fädenfall ist so schlimm auch wieder nicht«, fügte er mit der Sicherheit der Erfahrung hinzu. Pfiffe und Buhrufe ertönten, hauptsächlich von den Leuten, die während der Tragödie in Landing gewesen waren.

»Und vergeßt nicht, daß es fünfzig Jahre gedauert hat, bis die Erde Ceti III zu Hilfe kam«, sagte Betty Musgrave-Blake und sprang auf.

Auch andere Stimmen meldeten sich.

»Ja, Kapitän Tillek hat recht. Wir müssen unsere Probleme selbst lösen. Wir können nicht auf die Erde warten.«

»Vergiß es, Tubberman!«

»Setz dich hin und halt den Mund, Tubberman!«

»Cabot, rufen Sie ihn zur Ordnung! Wir wollen weitermachen.«

Von allen Seiten waren ähnliche Kommentare zu hören.

Der Botaniker wurde von seinen Nachbarn auf seinen Platz gedrückt. Empört über den Mangel an Unterstützung schüttelte er die Hände ab und verschränkte trotzig die Arme. Tarvi Andiyar und Fulmar Stone stellten sich in seine Nähe. Sallah beobachtete sie ängstlich, obwohl sie genau wußte, wieviel Kraft in Tarvis hagerem Körper steckte.

Sean stieß Sorka an. »Sie werden ihn zum Schweigen bringen, und dann können wir endlich zur Sache kommen«, sagte er. »Ich hasse solche Versammlungen – die Leute schwafeln endlos, nur damit die Luft bewegt wird, und spielen sich auf, obwohl sie gar nicht wissen, wovon sie reden.«

Rudi Shwartz hob die Hand und stand wieder auf. »Wenn, wie Sie angedeutet haben, Cabot, die größeren Ansiedlungen sich weiterhin selbst verwalten könnten, wie soll dann eine Zentralverwaltung organisiert sein? Hätten die großen Besitzungen ihr gegenüber denn überhaupt Verpflichtungen?«

»Es geht eher um die gerechte Verteilung von Nahrungsmitteln, Versorgungsgütern und Unterkünften, Rudi«, sagte Joel Lilienkamp, »als um ...«

»Soll das heißen, daß wir nicht genug Lebensmittel haben?« mischte sich eine ängstliche Stimme ein.

»Im Moment schon, aber wenn dieses Fädenzeug planetenweit fällt ... wir haben alle gesehen, was mit den Feldern von Landing passiert ist«, erklärte Joel mit einer Handbewegung auf das dunkle, verwüstete Gebiet, »und wenn es immer wiederkommt, nun ja ...« Der bestürzte Protestschrei einer Frau war nicht zu überhören. »Nun«, fuhr der Magazinverwalter fort und rückte seinen Hosenbund zurecht, »jeder hat das Recht auf einen fairen Anteil an allem, was wir besitzen. Für mich spricht nichts dagegen, für die nächste Zeit wieder auf die Hydroponik zurückzugreifen. An Bord sind wir fünfzehn Jahre lang ganz gut damit gefahren, oder nicht? Ich gehe jede Wette ein, daß wir das auch jetzt wieder schaffen.«

Diese humorvolle Herausforderung wurde unterschiedlich aufgenommen, manche reagierten erheitert, andere deutlich erschrocken.

»Vergeßt auch nicht, Leute, daß die Fäden dem Meer nichts anhaben können«, sagte Jim Tillek ungekünstelt jovial. »Wir können vom Meer allein leben, und zwar gut.«

»Die meisten frühen Zivilisationen haben allein vom Meer gelebt«, rief Mairi Hanrahan herausfordernd. »Joel hat recht – wir können alternative Anbaumethoden anwenden. Und solange wir frisches Eiweiß aus dem Meer bekommen, wird es uns nicht schlecht gehen. Ich finde, wir sollten uns alle ranhalten, anstatt bei der ersten kleinen Schwierigkeit den Kram gleich hinzuschmeißen.« Sie warf einen vielsagenden Blick auf Ted Tubberman.

»Kleine Schwierigkeit?« brüllte der. Er machte Anstalten, sich durch die Menge zu drängen, und wäre auf Mairi losgegangen, wenn man ihn nicht zurückgehalten hätte. Tarvi und Fulmar rückten näher an ihn heran.

»Man kann wohl kaum von einer *kleinen* Schwierigkeit sprechen«, schaltete sich Mar Dook schnell ein. Er sprach laut genug, um das Gemisch aus Protestrufen und zustimmendem Gemurmel zu übertönen. »Und für viele von uns war es gewiß auch tragisch. Aber wir sollten jetzt nicht anfangen, uns gegenseitig zu bekämpfen. Ebenso sinnlos ist es, sich darüber aufzuregen, daß das EV-Team den Planeten nicht gründlich untersucht und uns grob getäuscht hat. Diese Welt hat doch schon bewiesen, daß sie eine solche Plage überleben und sich wieder regenerieren kann. Sind wir Menschen mit den Mitteln, die uns zur Verfügung stehen, weniger belastbar?« Er klopfte sich bedeutungsvoll an die Stirn.

»Ich will nicht einfach dahinvegetieren und nur von der Hand in den Mund leben«, schrie Ted Tubberman und reckte wieder streitlustig das Kinn vor, »ich will nicht in einem Gebäude eingepfercht sein und mich ständig fragen, ob diese Dinger sich zu mir durchfressen werden oder nicht.«

»Ted, das ist das dümmste Geschwätz, das ich von einem erwachsenen Mann jemals gehört habe«, sagte Jim Tillek. »Wir haben ein paar Probleme mit unserer neuen Welt, und ich will verdammt sein, wenn ich nicht mithelfe, sie zu lösen. Also hör mit dem Genöle auf und laß uns überlegen, was zu tun ist. Wir sind nun einmal hier, Mann, und wir werden überleben!«

»Ich möchte, daß wir eine Kapsel nach Hause schicken und um Hilfe bitten«, sagte eine andere Stimme ruhig, aber entschieden. »Ich glaube, wir werden die Mittel brauchen, die eine hochentwickelte Gesellschaft uns bieten kann, um uns zur Wehr zu setzen, besonders, nachdem wir selbst so wenig Technologie mitgebracht haben. Und ganz besonders, wenn dieses Zeug so oft wiederkommt.«

»Wenn wir einmal um Hilfe gebeten haben, müssen wir nehmen, was man uns gibt«, sagte Cabot schnell.

»Lili, was wettest du, daß die Erde uns Hilfe schicken würde?« fragte Jim Tillek.

Ted Tubberman sprang wieder auf. »Wettet nicht, stimmt ab! Wenn es hier wirklich demokratisch zugeht, dann laßt uns darüber abstimmen, ob wir eine Kapsel zur Konföderation Vernunftbegabter Rassen schicken wollen oder nicht.«

»Ich unterstütze den Antrag«, sagte einer der Ärzte, und mehrere andere schlossen sich ihm an.

»Rudi«, bat Cabot, »ernennen Sie noch zwei Ordner, wir stimmen mit Handzeichen ab.«

»Es sind aber nicht alle anwesend«, wandte Wade Lorenzo ein.

»Wenn jemand an einer vorher angekündigten Versammlung nicht teilnehmen will, dann muß er sich an die Entscheidungen halten, die die Teilnehmer getroffen haben«, gab Cabot streng zurück. Die Menge reagierte mit begeisterter Zustimmung. »Wir stimmen nun über den vorliegenden Antrag ab. Wer dafür ist, eine Peilkapsel zur Konföderation Vernunftbegabter Rassen zu schicken und um Hilfe zu bitten, der hebe die Hand.«

Gehorsam gingen Hände in die Höhe, die Ordner zählten, und Rudi Shwartz hielt das Ergebnis fest. Dann bat Cabot um Gegenstimmen, und sie waren in der Mehrheit. Als das Ergebnis verkündet wurde, brach Ted Tubberman in wüste Beschimpfungen aus.

»Ihr seid alle verdammte Narren. Wir werden mit dem Zeug

nicht allein fertig. Auf dem ganzen Planeten ist man nirgends sicher davor. Erinnert ihr euch nicht mehr an die EV-Berichte? Der gesamte Planet wurde zerfressen. Er hat mehr als zweihundert Jahre gebraucht, um sich wieder zu erholen. Was haben wir denn für eine Chance?«

»Das reicht, Tubberman«, brüllte Cabot. »Sie haben eine Abstimmung verlangt. Sie wurde vor aller Augen abgehalten, und die *Mehrheit* hat sich gegen einen Hilferuf entschieden. Selbst wenn die Entscheidung anders ausgefallen wäre, ist unsere Lage so ernst, daß gewisse Maßnahmen sofort in die Wege geleitet werden müssen.

Ein wichtiger Punkt ist die Herstellung von Metallverkleidungen zum Schutz bestehender Gebäude, ganz gleich wo. Zweitens müssen HNO_3-Zylinder und Flammenwerferteile produziert werden. Drittens sind alle Versorgungsgüter und Lebensmittel zu rationieren. Ein weiteres Problem ist, daß in jeder Ansiedlung nach Osten hin ständig Wachen aufgestellt werden müssen, bis man erkennen kann, nach welchem System diese Sporen fallen.

Ich schlage vor, daß wir einstweilen Emily Boll und Paul Benden wieder als Führer einsetzen. Gouverneurin Boll ist es gelungen, trotz einer fünf Jahre dauernden Raumblockade durch die Nathi ihren Planeten zu ernähren und ihm die Freiheit zu bewahren, und Admiral Benden ist bei weitem der beste Mann, wenn es darum geht, eine wirksame Verteidigungsstrategie aufzustellen und zu organisieren.

Ich bitte jetzt um Handzeichen, später, wenn wir wissen, wie lang der Ausnahmezustand genau dauern muß, werden wir eine reguläre Volksbefragung durchführen.« Seine knappen, entschiedenen Sätze wurden mit zustimmendem Gemurmel aufgenommen. »Rudi, bereiten Sie eine weitere Zählung vor.« Er wartete einen Augenblick, bis die Menge sich wieder beruhigte. »Wer dafür ist, die oben genannten Projekte unter Leitung von Admiral Benden und Gouverneurin Boll durchzuführen, der hebe die Hand.«

Viele Hände schossen sofort in die Luft, einige folgten etwas langsamer, weil die Unentschlossenen erst abwarteten, was ihre Nachbarn taten. Noch ehe Rudi ihm das Ergebnis mitteilte, sah Cabot, daß die Abstimmung deutlich zugunsten des Notprogramms ausgefallen war.

»Gouverneurin Boll, Admiral Benden, wollen Sie das Mandat annehmen?« fragte er förmlich.

»Das war alles getürkt!« schrie Ted Tubberman. »Ich sage euch, alles Schwindel. Die wollen nur wieder an die Macht.« Er verstummte plötzlich, als Tarvi und Fulmar ihn energisch auf die Bank zurückstießen.

»Gouverneurin? Admiral?« Cabot ignorierte die Störung. »Sie beide sind immer noch am besten für die anstehenden Aufgaben qualifiziert, aber falls Sie ablehnen, nehme ich weitere Vorschläge aus dem Plenum entgegen.« Er schwieg erwartungsvoll, ohne sich anmerken zu lassen, welche Antwort er selbst gerne hören würde, und ohne auf die Unruhe der Zuhörer und das anschwellende, ängstliche Geflüster zu achten.

Emily Boll stand langsam auf. »Ich nehme an.«

»Ich ebenfalls«, sagte Paul Benden und stellte sich neben die Gouverneurin. »Aber nur für die Dauer dieses Notstandes.«

»Glaubt ihr das?« brüllte Tubberman und riß sich los als man ihn erneut zurückhalten wollte.

»Jetzt ist es wirklich genug, Tubberman«, schrie Cabot und gab sich den Anschein, als sei er mit seiner von Amts wegen erforderlichen Geduld am Ende. »Die Mehrheit ist für diese zeitweilige Maßnahme, auch wenn Sie dagegen sind.« Das Publikum beruhigte sich langsam. Cabot wartete, bis es völlig still geworden war. »Nun, ich habe mir die schlimmsten Nachrichten noch aufgespart, bis ich sicher sein konnte, daß wir alle zur Zusammenarbeit entschlossen sind. Dank Kenjo und seinem Beobachtungsteam glauben Boris und Dieter, allmählich ein Schema erkennen zu können. Wenn das stimmt, müssen wir damit rechnen, daß diese Fäden morgen nachmittag am Malayfluß fallen und über die Provinz Cathay nach Mexiko am Maori-See weiterziehen.«

»Auf Malay?« Chuck Kimmage sprang auf, seine Frau umklammerte seinen Arm, beide waren entsetzt. Phas hatte alle anderen Grundbesitzer von Malay und Mexiko vorher ausfindig machen und warnen können, aber Chuck und Chaila waren dafür zu spät eingetroffen.

»Wir werden alle mithelfen, Ihre Anwesen zu schützen«, versprach Emily Boll mit lauter und fester Stimme.

Paul sprang auf die Plattform, hob die Hände und bat Cabot mit einem Blick um das Wort. »Ich brauche Freiwillige, um die Schlitten zu fliegen und die Flammenwerfer zu bedienen. Kenjo und Fulmar haben eine Möglichkeit gefunden, sie an den Schlitten zu befestigen. Die Maschinen, die sie requirieren konnten, sind bereits damit ausgerüstet. Wer von ihnen mittelgroße und große Schlitten besitzt, hat sie eben freiwillig zur Verfügung gestellt. Die Sporen sind am besten in der Luft zu vernichten, ehe sie landen können. Wir brauchen auch Leute am Boden, die mit dem aufräumen, was den Flugzeugen durch die Lappen geht.«

»Was ist mit den Feuerechsen oder wie man sie nennt? Werden sie nicht mithelfen?« fragte jemand.

»Sie haben uns damals in Landing geholfen« fügte eine Frau mit vor Angst überschnappender Stimme hinzu.

»Vor zwei Tagen auf Sadrid ebenfalls«, sagte Wade.

»Auch der Regen war sehr nützlich«, ergänzte Kenjo, der sich nicht gerne auf Unterstützung aus dem nichttechnischen Bereich verlassen wollte.

»Jeder, der Zwergdrachen hat, ist bei den Bodenmannschaften sehr willkommen«, fuhr Paul fort. Er begrüßte alle Hilfstruppen, ganz gleich, woher sie kamen. Aber auch er war skeptisch; er war bisher zu beschäftigt gewesen, um einen Zwergdrachen an sich zu binden, seine Frau und sein ältester Sohn hatten allerdings jeweils zwei von den Tierchen. »Ich brauche besonders Leute mit Kampf- und Flugerfahrung. Unsere Feinde sind diesmal nicht die Nathi, aber es ist unsere Welt, die überfallen wird. Halten wir die Invasion auf, morgen und wann immer es nötig ist.«

Die zündenden Worte lösten spontanen Jubel aus. Das Geschrei wurde immer lauter, schließlich erhoben sich die Leute von ihren Plätzen und schwenkten die geballten Fäuste. Auf der Plattform beobachtete man die Demonstration erleichtert und beruhigt. Ongola war vielleicht der einzige, der registrierte, wer nicht aufstand oder stumm blieb.

Wenn Dieter und Boris recht hatten, würde der bevorstehende Fädenfall die Halbinsel Kahrain knapp verfehlen und etwa um 16.30 Uhr ungefähr 120 km nordwestlich der Mündung des Paradiesflusses, 25 Grad Süd beginnen. Dieter und Boris waren nicht sicher, ob der Niederschlag sich so weit nach Südwesten erstrecken würde, daß er Mexiko am Maori-See erreichte, aber man traf auch dort Vorsichtsmaßnahmen.

Kommandant Kenjo Fusaiyuki sammelte seine Geschwader an der bezeichneten Stelle. Dort ertranken die Sporen zwar im Meer, aber seine Teams würden wenigstens etwas Übung darin bekommen, mit Flammen gegen den ›wahren Feind‹ zu kämpfen.

›Übung‹ war nicht der richtige Ausdruck für das Chaos, das dabei entstand. Kenjo konnte nur noch kategorisch Befehle in das Komgerät fauchen, während die unerfahrenen, aber dafür übereifrigen Schlittenpiloten auf der Jagd nach den Fäden wild durch den Himmel schossen und sich dabei häufig gegenseitig mit HNO_3 streiften.

Der Kampf gegen die Sporen erforderte eine vollkommen andere Technik als die Jagd auf Wherries oder der Beschuß eines großen Flugzeugs, das von einem einigermaßen intelligenten Feind gesteuert wurde. Sporen besaßen keinen Verstand. Sie fielen einfach – in schräger Front nach Südwesten, gelegentlich von Windböen zu Knäueln zusammengetrieben. Dieses unerbittliche Herabfallen war es, was die Leute so wütend machte, entmutigte und frustrierte. Ganz gleich, wie viele Fäden am Himmel zu Asche versengt wurden, es folgten immer noch mehr. Nervöse Piloten gingen in Sturzflug, drehten scharf ab und ließen die Maschinen absacken. Untrainierte Schützen feuerten auf alles, was in ihre Reichweite kam, und das war nur allzuoft ein anderer hinter einem Fädenknäuel herjagender Schlitten. Neun zahme Zwergdrachen fielen dieser Unerfahrenheit zum Opfer, und die Zahl der wilden Tiere, die sich dem Kampf angeschlossen hatten, wurde plötzlich merklich geringer.

In der ersten halben Stunde waren sieben Schlitten in Zusammenstöße verwickelt, drei wurden schwer beschädigt, bei zweien bekamen die Kanzeldächer Sprünge, so daß sie nicht mehr einsetzbar waren. Sogar Kenjos Schlitten zeigte Brandspuren. Vier gebrochene Arme, sechs gebrochene oder verstauchte Hände, vier Schlüsselbeinbrüche und ein Beinbruch setzten vierzehn Schützen außer Gefecht; viele andere machten trotz Fleischwunden und Prellungen weiter. Niemand hatte daran gedacht, Haltegurte für die Schützen anzufertigen.

Zu Beginn der zweiten Stunde, als die Sporen noch über dem Wasser fielen, wurde auf einer abhörsicheren Frequenz hastig eine Konferenz der Geschwaderführer einberufen. Die Geschwaderführer – Kenjo, Sabra Stein-Ongola, Theo Force und Drake Bonneau, außerdem Paul Benden als Anführer der Bodenmannschaften – beschlossen, jedem Geschwader in Abständen von hundert Metern eine eigene Flughöhe zuzuweisen. Die Maschinen sollten in enger Keilformation den fünfzig Kilometer breiten Fädenkorridor abfliegen. Das wichtigste war, daß jeder der aus sieben Schlitten bestehenden Keile die ihm zugewiesene Höhe auch einhielt.

Sobald die Schlitten anfingen, voneinander Abstand zu halten, gingen die Kollisionen und Verbrennungsschäden deutlich zurück. Kenjo flog mit den fähigsten Piloten auf der tiefsten Ebene, um dort so viele bis dahin noch unverbrannte Sporen zu erwischen wie nur möglich, und um den Bodenmannschaften mitzuteilen, wo Knäuel durchgeschlüpft waren. Paul Benden koordinierte die schnellen Bodengleiter, die Teams mit kleinen Flammenwerfern beförderten. Man hielt ständig Funkverbindung mit den Geschwadern, den Bodenmannschaften und mit Landing. Joel Lilienkamp organisierte den Austausch der leeren HNO_3-Zylinder und Energiezellen. Ein Team von Medizinern hielt sich in Bereitschaft.

Mitten im Fädenfall erkannte Paul, daß seine Bodenmannschaften zu weit auseinandergezogen waren, um wirklich etwas ausrichten zu können, obwohl es glücklicherweise weite Strecken gab, wo die Sporen auf steinigem oder kargem Boden landeten, einschrumpften und schnell zugrunde gingen. Gegen Ende, als den müden Piloten allmählich die Kräfte versagten und die Energiezellen der Schlitten fast erschöpft waren, kamen mehr Fäden durch. Es paßte zu der immer schlimmer werdenden Pechsträhne, daß diese über dichte Vegetation und über die Farm der Mexiko-Besitzung fielen.

Der Niederschlag endete so jäh am Rand des Maori-Sees und vor den Hauptgebäuden von Mexiko, daß es alle, die sich so sehr bemüht hatten, die Fäden zu zerstören, wie einen Schock empfanden. Die Geschwaderführer wiesen ihre Leute an, am Seeufer zu landen, wo sie sich mit den Koordinatoren der Bodenmannschaften absprechen konnten. Die Bewohner von Mexiko, die nicht bei der Bodenverteidigung mitgeholfen hatten, brachten nun heiße Suppe und *Klah*, frisches Brot und Obst, und in einem der Häuser hatte man ein Lazarett eingerichtet. Tarvi und das Team von Karachi hatten gerade noch Metalldächer fertigstellen können, ehe die Fäden das Gebiet erreichten. Dann traf Joel Lilienkamps Versorgungsschiff mit frischen Energiezellen und HNO_3-Zylindern ein.

Der Tag war noch nicht zu Ende. Piloten flogen langsam den Korridor ab und suchten nach ›aktiven‹ Sporen. Paul kehrte mit seinen verschwitzten, rußverschmierten, müden Leuten zum Malay-Anwesen und zur Küste zurück, um an den Stellen, wo weder Hülsen noch verwesende Materie zu sehen waren, nach Spuren eines Sekundärbefalls zu suchen. Sie fanden nur zwei solcher Flecken, und auf Pauls Anweisung hin wurde dort der Boden mit Dauerfeuer aus HNO_3-Zylindern sterilisiert.

Ein Angehöriger des Bodentrupps erklärte dem Admiral, er hielte dies für Verschwendung. »Die Zwergdrachen benehmen sich ganz unbekümmert, Admiral. Wenn Fäden da sind, reagieren sie ganz anders.«

»Wir dürfen in diesem Stadium kein Risiko eingehen«, antwortete Paul lächelnd und keineswegs gekränkt. Er hielt das Feuerbad nicht für überflüssig. Die Zwergdrachen hatten unverkennbar ein Gespür für Sporen, aber das Vorhandensein des zweiten und möglicherweise noch schlimmeren Stadiums dieses Lebenszyklus nahmen sie ganz offensichtlich nicht wahr.

Paul Bendens Respekt vor den Zwergdrachen war noch gewachsen, als er sah, wie gewissenhaft sie auf frisch gefallene

Fäden losgingen. Während des Kampfes fiel ihm mehrmals ein Schwarm auf, der Seite an Seite mit Sean Connell und dem rothaarigen Hanrahanmädchen kämpfte. Die Geschöpfe schienen Befehle auszuführen und bewegten sich diszipliniert, während andere Gruppen kopflos hin- und herflitzten.

Fast zu häufig beobachtete Paul, daß die kleinen Wesen genau dann plötzlich verschwanden, wenn man sicher war, daß sie von einem Feuerstoß erfaßt worden waren, und er wünschte sich, daß auch die Schlitten über diese Fähigkeit oder wenigstens über größere Wendigkeit verfügten. Schlitten waren nicht die geeignetsten Kampfflugzeuge. Er erinnerte sich, wie er die Zwergdrachen während des Wherry-Angriffs bewundert hatte. Aus Berichten über die inzwischen legendäre ›Schirm‹-Verteidigung von Landing beim Ersten Fädenfall wußte er, daß Hunderte von wilden Tieren ihren zahmen Verwandten beigestanden hatten. Sie könnten ausgezeichnete Verstärkungstruppen abgeben. Paul fragte sich, wie groß wohl die Chance war, *alle* Zwergdrachen zu rekrutieren, um sie von Connel und Hanrahan ausbilden zu lassen.

Auch diesmal hatten die Sporen kahle Stellen auf der Oberfläche hinterlassen, aber trotz aller anfänglichen Pfuscherei, trotz der Unerfahrenheit der Schlittenbesatzungen und Bodenmannschaften war die Verwüstung nicht so umfangreich wie nach jener ersten, schrecklichen Katastrophe.

Die meisten der erschöpften Kämpfer beschlossen, die Nacht auf Malay zu verbringen. Pierre de Courci übernahm die Rolle des Küchenchefs, und seine Leute brieten in großen Gruben am Strand Fische und Knollenfrüchte. Müde Männer, Frauen und Kinder saßen erschöpft um die anheimelnden Lagerfeuer herum, zu müde, um sich zu unterhalten, aber froh, die Strapazen des Tages lebend überstanden zu haben.

Sean und Sorka richteten am Strand von Malay ein Notlazarett für die verletzten Feuerechsen ein und behandelten von Fäden versengte Flügel und Hautverbrennungen mit schmerzstillenden Kräutern.

»Glaubt ihr, daß mein Bronzefarbener und mein Brauner zurückkommen, wenn Sira zu schreien aufhört?« fragte Tarrie Chernoff. Sie war mit Ruß- und Grasflecken übersät, und ihr

Wherlederwams zeigte zahlreiche alte und neue Brandstellen, aber wie alle treuen Zwergdrachenbesitzer versorgte sie zuerst ihr Tierchen, ehe sie sich um ihr eigenes Wohlbefinden kümmerte.

Sean hob nur die Schultern, aber Sorka legte Tarrie beruhigend die Hand auf den Arm. »Normalerweise schon. Sie sind immer ziemlich außer sich, wenn einer von ihrem Schwarm verletzt wird, besonders eine Königin. Schlaf du dich erst einmal richtig aus und warte ab, was der Morgen bringt.«

»Warum tröstest du sie mit leeren Versprechungen, Sorka?« fragte Sean leise, als Tarrie, ihre inzwischen ruhiger gewordene Königin auf den Armen wiegend, zu den Feuern zurückgestapft war. »Du weißt doch inzwischen verdammt genau, daß eine Feuerechse nicht wiederkommt, wenn sie so schwer verletzt ist.« Sean machte ein grimmiges Gesicht. Er und Sorka hatten bisher mit ihrem Schwarm Glück gehabt, aber er hatte schließlich auch dafür gesorgt, daß die Tiere sich diszipliniert verhielten.

»Sie muß sich erst einmal ausschlafen, ohne vor Sorgen den Verstand zu verlieren. Und viele kommen doch zurück.«

Sorka seufzte vor Müdigkeit, als sie den Sanitätskasten schloß, und versuchte, ihre überanstrengten Rückenmuskeln zu entspannen. »Massiere mich doch bitte mal, Sean. An der rechten Schulter.« Sie wandte ihm den Rücken zu und stöhnte erleichtert, als sich unter seinen kräftigen Fingern die Verspannung löste.

Es war herrlich, Seans Hände auf ihrem Rücken zu spüren; er wußte genau, wie man Verkrampfungen beseitigte. Dann wanderten sie zärtlich über ihren Nacken und wühlten liebevoll in ihrem Haar. Trotz ihrer Erschöpfung reagierte sie auf die stumme Bitte, trat lächelnd zurück und sah sich schnell nach ihrem Schwarm um.

»Die haben alle schon ein ruhiges Nest gefunden und sich zusammengekuschelt.« Seans leise Stimme klang verführerisch.

»Komm, wir suchen uns auch eines.« Sie nahm ihn an der Hand und führte ihn vom Strand weg in ein dichtes Gebüsch, das mit ihrer Hilfe vor den Fäden bewahrt worden war.

Erfrischt durch die warme Mahlzeit und ein großzügiges Quantum sehr milden Quikals, das Chaila Xavior-Kimmage aus einheimischen Früchten gebraut hatte, beriefen Paul und Emily in aller Stille in einem der unversehrten Außengebäude von Malay eine Sitzung ein, an der außer dem Admiral und der Gouverneurin Ongola, Drake, Kenjo, Jim Tillek, Ezra Keroon und Joel Lilienkamp teilnahmen.

»Beim nächsten Mal geht es bestimmt besser, Admiral«, versicherte Drake Bonneau und salutierte flott vor Paul. Kenjo, der hinter ihm eintrat, betrachtete den hochgewachsenen Kriegshelden mit belustigter Herablassung. »Heute haben wir gelernt, daß diese Fäden ganz andere Flug- und Kampftechniken erfordern. Wir werden die Keilformation so verfeinern, daß nichts mehr durchschlüpft. Die Schlittenpiloten müssen üben, bestimmte Höhen einzuhalten. Die Schützen müssen lernen, ihre Feuerstöße gezielt anzubringen. Es reicht nicht, nur auf den Knopf zu drücken. Ein paarmal ging es verdammt knapp her. Auch ein paar von den kleinen Zwergdrachen haben wir verloren. Wir können nicht so viele Leben aufs Spiel setzen, von den Schlitten ganz zu schweigen.«

»Die Schlitten lassen sich reparieren, Drake«, bemerkte Joel Lilienkamp trocken, ehe Paul zu Wort kam, »aber die Energiezellen halten nicht ewig. Wir können es uns nicht leisten, sie für sinnlose Übungsflüge zu verschwenden. Trotz unseres Nachschubsystems, das ich sicher noch verbessern kann, mußten neun Piloten bei Maori im Gleitflug runtergehen. Das zeugt von schlechter Einteilung. Übrigens werden bei der Keilformation die Zellen geschont, Drake. Aber es dauert trotzdem Tage, bis man sie wieder aufgeladen hat, wenn sie einmal erschöpft sind. Wie lange wird das Zeug noch fallen, Paul?« Joel blickte von seinen Berechnungen auf.

»Das wissen wir noch nicht«, antwortete Benden und rieb sich mit dem linken Daumen über die Knöchel seiner Hand. »Boris und Dieter sammeln gerade bei einer Abschlußbesprechung mit den Piloten Informationen.«

»Hölle und Teufel, das alles sagt uns doch nicht, was wir wissen müssen, Paul«, klagte Drake müde. »Wo kommt das Zeug her?«

»Die Sonde ist abgesetzt«, erklärte Ezra Keroon. »Es wird noch ein paar Tage dauern, bis die ersten Berichte eintreffen.«

Drake fuhr fort, als habe er ihn gar nicht gehört. »Ich möchte herausfinden, ob das Zeug in der Atmosphäre nicht vielleicht empfindlicher ist. Wäre ein Angriff aus großer Höhe nicht vielleicht wirkungsvoller, auch wenn wir nur zehn Schlitten mit Druckkabinen haben? Trifft dieser Schrott möglicherweise in Klumpen auf die Atmosphäre und verteilt sich erst dann? Können wir eine Verteidigungsmethode entwickeln, die mehr Wendigkeit gestattet als die Flammenwerfer? Wir müssen mehr über diesen Feind in Erfahrung bringen.«

»Jedenfalls wehrt er sich nicht«, bemerkte Ongola und rieb sich die Schläfen, um die hämmernden Kopfschmerzen zu lindern, die ihn nach Kämpfen stets überfielen.

»Das ist richtig«, antwortete Paul und wandte sich mit grimmigem Lächeln an Kenjo. »Was meinen Sie, ob wir wohl bei einem orbitalen Erkundungsflug brauchbare Informationen gewinnen könnten? Wieviel Treibstoff befindet sich im Tank der *Mariposa*?«

»Mit mir als Piloten reicht es für drei, wenn nicht sogar für vier Flüge«, antwortete Kenjo und wich betont Drakes Blick aus, »das hängt davon ab, wie viele Manöver erforderlich sind und wieviel Umkreisungen.«

»Du bist der richtige Mann dafür, Kenjo«, sagte Drake mit einer schwungvollen Handbewegung und sah ihn neiderfüllt an. »Du kannst noch mit einem Fingerhut voll Treibstoff landen.« Kenjo lächelte ein wenig und verneigte sich kurz aus der Taille. »Wissen wir, wann oder wo das Zeug wieder zuschlagen wird?«

»Das wissen wir«, versicherte Paul tonlos. »Wenn die Daten stimmen, und das war heute der Fall, dann haben die Grundbesitzer Glück. Die Fäden werden an zwei Orten niedergehen: Um 19.30 Uhr über Arabien bis zum Asowschen Meer«, – in seinem Gesicht war zu lesen, daß er den Verlust Arabiens und seiner ursprünglichen Besitzer noch immer nicht verwunden hatte – »und um 3.30 Uhr vom Meer her über die Spitze von Delta. Beide Gebiete sind unbewohnt.«

»Wir dürfen das Zeug aber nirgends unkontrolliert runterkommen lassen, Paul«, mahnte Ezra erschrocken.

»Ich weiß, aber wenn wir alle drei Tage Mannschaften ausschicken müssen, sind wir bald völlig erschöpft.«

»Nicht alles muß geschützt werden«, sagte Drake und entfaltete seine Fliegerkarte. »Es gibt dort viel Sumpf und Gestrüpp.«

»Man wird den Fädenfall trotzdem überwachen«, sagte Paul in einem Ton, der keinen Widerspruch duldete. »Betrachten Sie es als Chance, die Manöver zu verfeinern und die Teams auszubilden, Drake. Es ist zweifellos am wirkungsvollsten, das Zeug zu erwischen, solange es noch in der Luft ist. Die Sporen haben heute nicht so viel Land zerstört, aber wir können es uns nicht leisten, jedesmal, wenn sie kommen, diese breiten Korridore zu verlieren.«

»Stellt doch noch ein paar von diesen Zwergdrachen in Dienst«, scherzte Joel. »Die sind am Boden genausogut wie in der Luft.«

Emily sah ihn traurig an, während die anderen grinsten. »Leider sind sie einfach nicht groß genug.«

Paul drehte sich auf seinem Stuhl um und warf der Gouverneurin einen langen, forschenden Blick zu. »Das ist der beste Einwand, den ich heute gehört habe, Emily.«

Drake und Kenjo sahen sich verständnislos an, aber Ongola, Joel und Ezra Keroon richteten sich mit erwartungsvollen Gesichtern auf. Jim Tillek grinste.

Vor der Südküste der Großen Insel lagen fünf Hauptinseln und mehrere kleine Überreste von Vulkanen, die aus dem strahlend grünblauen Meer herausragten. Die Kuppe, der Avril und Stev sich nun erwartungsvoll näherten, war nichts anderes als der Krater eines versunkenen Vulkans. Ihre Seiten fielen steil ins Meer ab und bildeten ringsum eine schmale Küste, außer im Süden, wo der Kraterrand am niedrigsten war. Avril fieberte vor Ungeduld, als Stev den Bug des kleinen Bootes im Norden auf den Strand schob.

»Die Nielsen, das kleine Dummchen, konnte doch unmöglich recht haben«, murmelte sie und sprang auf den Kiesstrand, noch ehe Stev den Motor abgeschaltet hatte. »Wie sollten wir denn einen ganzen Strand voll Diamanten übersehen haben?«

»Wir hatten schon aussichtsreichere Stellen, Avril, weißt du noch?«

Stev sah zu, wie sie eine Handvoll der schwarzen Steine aufhob und durch die Finger rinnen ließ. Sie behielt nur den größten, und den schob sie ihm hin.

»Hier! Untersuche ihn!« Als er den handflächengroßen Stein in den tragbaren Scanner legte, sah sie sich empört um. »Es ergibt einfach keinen Sinn. Es können doch nicht alles schwarze Diamanten sein, oder?«

»Das hier ist jedenfalls einer!«

Er gab ihr den Stein zurück, und sie hielt ihn einen Augenblick in die Sonne. »Und was ist mit dem?« Sie hob einen faustgroßen Stein auf und warf ihn ihm zu, aber er sah gerade noch, wie sie den ersten Stein in ihren Beutel schob. »Ein Glück, daß die kleine Nielsen nur unser Lehrling ist. Das hier gehört alles – uns!«

»*Wir*« – Stev war nicht entgangen, daß Avril kurz gestockt hatte – »werden aufpassen müssen, daß wir den Markt nicht überschwemmen.« Er legte den großen Stein mit ungeduldigen und nicht ganz sicheren Fingern in den Scanner. »Es ist tatsächlich ein schwarzer Diamant. Etwa vierhundert Karat und einigermaßen rein. Herzlichen Glückwunsch, meine Liebe, du hast das große Los gezogen.«

Es klang spöttisch, und sie verzog das Gesicht, riß ihm den Diamanten aus der Hand und drückte ihn an sich, fast als wolle sie ihn beschützen. »Es können nicht alles schwarze Diamanten sein«, murmelte sie. »Oder doch?«

»Warum nicht? Nichts kann einen Vulkan davon abhalten, Diamanten auszubrüten, wenn die richtigen Zutaten vorhanden sind und zu irgendeinem Zeitpunkt der Druck hoch genug ist. Ich gebe zu, daß dies vielleicht der einzige Strand aus schwarzen Diamanten oder überhaupt aus Diamanten im ganzen Universum sein könnte, aber genau den« – Stev grinste boshaft – »hast *du* hier gefunden.«

Sie sah ihn mißtrauisch an und rang sich ein Lächeln ab. »*Wir* haben ihn gefunden, Stev.« Sie lehnte sich an ihn, ihre

Haut berührte warm die seine. »Das ist der aufregendste Moment meines Lebens.« Sie legte ihre freie Hand um seinen Nacken, küßte ihn leidenschaftlich und preßte sich so fest an ihn, daß sich der Diamant in seine Rippen bohrte.

»Nicht einmal Diamanten dürfen zwischen uns stehen, mein Liebes«, murmelte er, nahm ihr den Stein aus den widerstrebenden Fingern und warf ihn hinter sich in den offenen Schlitten.

Stev war nicht allzu überrascht, als er am nächsten Morgen feststellte, daß Avril mit seinem schnellsten Schlitten das Bergwerkscamp Große Insel verlassen hatte. Er kontrollierte vorsichtshalber auch die Felshöhle, wo sie, wie er genau wußte, die sensationellsten Funde versteckt hatte. Die Höhle war leer.

Stev grinste schadenfroh. Sie mochte die Warnung von Landing als unwichtig abgetan haben, aber er nicht. Er hatte verfolgt, was auf dem Südkontinent vor sich ging, und behielt stets den Osten im Auge, sobald eine Wolke erschien. Er hatte auch Pläne für den Notfall gemacht, bezweifelte jedoch, daß Avril ebenso umsichtig gewesen war. Er hätte gern ihr Gesicht gesehen, wenn sie entdeckte, daß es in Landing von emsigen Leuten nur so wimmelte und sich auf dem Startgitter Schlitten und Techniker drängten. Deshalb brüllte er vor Lachen, als einer der Lehrlinge ängstlich meldete, Avril sei nirgends zu finden.

Nabhi Nabol fand das gar nicht komisch.

Kenjo erreichte den Orbit mit minimalem Treibstoffaufwand und konzentrierte sich voll auf die vor ihm liegende Aufgabe, obwohl er den Aufwärtsschub der wendigen Maschine spürte und das herrliche Gefühl der Befreiung von der Schwerkraft genoß. Es wäre schön, wenn alle seine Sorgen ebenso leicht von ihm abfallen könnten, aber wenigstens hatte er seine Hand für Raumschiffe nicht verloren. Liebevoll glitt er mit den Fingern am Rand der Steuerkonsole entlang.

Die letzten drei Tage waren hektisch gewesen, die ruhenden Systeme der *Mariposa* mußten gewartet und alle wichtigen Teile auf mögliche Materialermüdung oder Beschädigungen untersucht werden. Er hatte sich sogar von Theo Force bei seinem Geschwader vertreten lassen, als die Fäden über die Berge südöstlich von Karachi fielen und Longwood auf der Insel Ierne streiften. Für ihn war es wichtiger, die *Mariposa* zu reaktivieren. Ongola hatte sich die Zeit genommen, die Schaltkreise des Komgeräts einzustellen und bei den letzten Checks mitzuhelfen. Das kleine Schiff war dafür gebaut, inaktiv im Vakuum des Weltraums zu schweben, und obwohl die wichtigeren Stromkreise in Vakuumbehältern gelagert worden waren, konnte man nie ganz ausschließen, daß irgendeine kleine, aber wichtige Verbindung *nicht* genau überprüft worden war. Aber schließlich hatten alle Systeme einwandfrei funktioniert, die Triebwerke hatten beim Probelauf beruhigend laut und ruhig geklungen – und Kenjo hatte protestiert, als man ihn zwang, sich in den letzten zwölf Stunden vor dem Start auszuruhen.

»Sie mögen ein verdammt guter Jockey sein, Kenjo, aber es gibt bessere Mechaniker auf Pern als Sie«, hatte ihm Paul Benden kategorisch erklärt. »Sie brauchen *jetzt* Ruhe, damit Sie im Weltraum wach sind, wo wir Ihnen nicht helfen können.«

Man hatte den Flugplan so kalkuliert, daß Kenjo sich zu dem Zeitpunkt in der richtigen Position befand, zu dem nach Boris' und Dieters Berechnungen die nächste Fädenwand in Perns Atmosphäre eindringen würde. Ihr Programm hatte ergeben, daß die Fäden in einem Rhythmus von annähernd zweiundsiebzig Stunden fielen, mit einer Stunde Spielraum. Kenjos Auftrag bestand darin, die Genauigkeit des Programms zu überprüfen, die Zusammensetzung der Sporen vor dem Eintritt festzustellen und, wenn möglich, ihre Flugbahn zurückzuverfolgen. Außerdem, und das war bei weitem nicht das unwichtigste, sollte er sie zerstören, ehe sie die Atmosphäre erreichten. Der nächste Fädenfall würde auf die Provinz Kahrain gleich oberhalb des verlassenen Anlegeplatzes von Oslo niedergehen, dann über die Paradiesflußsiedlung ziehen und über den Ebenen von Arabien enden.

Kenjo befand sich hundertfünfzig Kilometer unterhalb der leeren Raumschiffe, zu weit entfernt, um sie mit seinem Teleskop erkennen zu können, aber er versuchte es trotzdem mit der größtmöglichen Einstellung. Dann zuckte er die Achseln.

Die Schiffe gehörten der Vergangenheit an. Er würde jetzt einen neuen Beitrag zur Geschichte leisten, eine unerhörte Tat. Kenjo Fusaiyuki würde entdecken, woher die Sporen kamen, er würde sie ein für allemal ausrotten und der Held des Planeten werden. Dann würde ihn niemand mehr verurteilen, weil er so viel Treibstoff für seinen Privatgebrauch ›gespart‹ hatte. Der Fleck auf seiner Ehre würde getilgt werden, und die heftigen Gewissensbisse würden verstummen.

Der Bau seines superleichten Flugzeugs hatte sich wirklich gelohnt. Er hatte den Plan auf einem Band in der Bibliothek der *Yokohama* entdeckt, in der Abteilung ›Geschichte der Luftfahrt‹. Es war nicht gerade sehr treibstoffökonomisch, auch dann noch nicht, als er das Triebwerk umgestaltet hatte, aber die Mengen, die er bei seinen Fährenflügen erübrigt hatte, hatten für diese flotte Maschine ausgereicht. Seine einsam gelegene Honshu-Besitzung im Westlichen Grenzgebirge zu überfliegen, hatte ihm eine Befriedigung verschafft, wie er sie sich nie hätte träumen lassen, auch wenn Gerüchte entstanden waren, dort treibe sich ein großes, bis dahin unbekanntes Flugwesen herum. Seine geduldige, ruhige Frau hatte sich zu seiner Nebenbeschäftigung nicht weiter geäußert, sondern sogar beim Bau mit angepackt. Sie war Maschinenbauingenieurin und hielt das kleine Wasserkraftwerk in Gang, das ihr Heim auf der Hochebene und drei kleine Anwesen im nächsten Tal mit Strom versorgte. Sie hatte ihm vier Kinder geschenkt, darunter drei Söhne, war eine gute Mutter und schaffte es darüber hinaus noch, ihm bei der Veredelung der Obstbäume behilflich zu sein, deren Ernte er verkaufen wollte.

Die Fäden waren keine Gefahr für sie, denn sie hatten ihr Haus direkt in den Berg hineingehauen und nur für die Innenausstattung Holz verwendet. Sie hatte ihm auch bereitwillig geholfen, mit den Steinschneidern, die er sich von Drake Bonneau ausgeliehen hatte, einen Hangar für sein Flugzeug in den Fels zu treiben. Von der zweiten, gut versteckten Höhle, wo er seinen Vorrat an Flüssigtreibstoff lagerte, wußte sie freilich nichts. Es war ihm bisher noch nicht gelungen, die ganze Menge aus der Höhle bei Landing nach Honshu zu bringen.

Ja, niemand würde mehr gegen Kenjos Handlungsweise

protestieren, wenn er die so dringend benötigten Informationen brachte. Und er würde schon dafür sorgen, daß dazu drei oder vier derartige Flüge notwendig wurden. Er hatte die Stille und die Herausforderung des Weltraums vermißt. Was für ein jämmerliches Ding war doch sein kleiner Atmosphärenflieger, verglichen mit der eleganten, kraftvollen *Mariposa*. Wie schwerfällig war dagegen der Schlitten, den er als Geschwaderführer gesteuert hatte. Er war endlich wieder in seinem wahren Element – im Weltraum!

Der Schiffsalarm schlug an, und Augenblicke später begann das Klingeln. Er befand sich inmitten einer Wolke aus kleinen, eiförmigen Kokons. Mit einem Schrei, wie ihn einst die längst verstorbenen japanischen Krieger ausgestoßen hatten, feuerte Kenjo die Steuerbordrepulsoren ab und grinste, als auf dem Schirm winzige Sterne der Zerstörung aufblühten.

Avril Bitra war ganz bleich vor Schreck. Es war unfaßbar, wie sehr Landing sich verändert hatte, und dabei hatte sie damit gerechnet, es so gut wie verlassen vorzufinden. Als Stev sie überredet hatte, Lehrlinge anzunehmen, damit niemand sich allzu genau dafür interessierte, was sie eigentlich auf der Großen Insel machten, hatte die Bevölkerung von Landing noch aus ganzen zweihundert Leuten bestanden.

Das Landing, das jetzt vor ihr lag, wimmelte hingegen von Menschen. Überall brannten Lichter, und trotz der späten Stunde eilten die Leute geschäftig umher. Und was das schlimmste war, auf dem Landestreifen herrschte ein Gedränge von großen, kleinen und mittelgroßen Schlitten, dazwischen liefen Techniker hin und her – und die *Mariposa* war nicht da! Was unter allen Sonnen war geschehen?

Sie hatte ihren Schlitten ganz am Rand des Streifens abgestellt, in der Nähe der Stelle, wo sie die kleine Raum-Gig zum letzten Mal gesehen hatte. Die Enttäuschung erfüllte sie von neuem mit hilflosem Zorn. Da hatte sie nun ein Vermögen, mit dem sie diesen elenden Klumpen Dreck verlassen konnte. Es war ihr sogar gelungen, alle ihre Gefährten abzuschütteln, und sie hatte auch keinerlei Skrupel, Stev Kimmer zurückzulassen. Er hatte sich als nützlich und amüsant erwiesen – bis er vor kurzem diese schwarzen Diamanten taxiert hatte. Ja, es war richtig gewesen, sofort aufzubrechen, ehe er auf die Idee kam, die Schlitten unbrauchbar zu machen oder sonst etwas Drastisches zu unternehmen, um sie zu zwingen, ihn mitzunehmen. Aber wo in allen Höllen auf siebzehn Welten war die *Mariposa*? Wer verbrauchte den Treibstoff, den sie benötigte, um zu den Kolonistenschiffen zu gelangen? Sie bemühte sich, ihren Zorn zu beherrschen. Sie mußte nachdenken!

Erst nach einer Weile fiel ihr der Alarm ein. Jetzt wünschte sie, genauer zugehört zu haben. Nun, so ernst war es wohl nicht gewesen, sonst ginge es in Landing nicht zu wie in einem Bienenstock. Aber vielleicht war das sogar günstig für sie. Bei so vielen Leuten würde es niemandem auffallen, ob sich ein Arbeiter mehr oder weniger herumtrieb.

Sie schauderte, die Kühle der Nachtluft auf dem Plateau kam ihr plötzlich zu Bewußtsein. Sie war an das Tropenklima auf der Großen Insel gewöhnt. Leise, aber kräftig fluchend, kramte sie in den Stauräumen des Schlittens und fand einen einigermaßen sauberen Overall. Sie schnallte sich auch den Mechanikergürtel um, den sie darunter gefunden hatte. Wahrscheinlich gehörte er Stev – er war immer gut ausgerüstet. Sie grinste höhnisch. Aber nicht immer auf alles vorbereitet.

Ehe sie sich auf die Suche nach der *Mariposa* machte, mußte sie den Schlitten verstecken. Sie versuchte, im Dunkeln wenigstens einen der dichten Büsche zu finden, die am Rand des Landestreifens wuchsen, aber sie sah keinen. Statt dessen stolperte sie in ein kleines Loch, das sich als groß genug erwies, um die Säcke mit den Schätzen zu verstecken. Sie holte sie aus dem Schlitten, ließ sie in das Loch fallen, schichtete Steine und Erde darüber und leuchtete dann mit der Taschenlampe auf die Stelle, um zu sehen, ob sie gut getarnt war. Nach einigen kleinen Veränderungen war sie zufrieden.

Mit kühnen Schritten ging sie am Gitter entlang auf die Lichter und das rege Treiben der Stadt zu.

Als Sallah Telgar-Andiyar aus dem Erdgeschoßfenster des Wetterbeobachtungsturms schaute, wo Drake Bonneau gerade Unterricht hielt, traute sie ihren Augen nicht: die Frau sah sicher nur so aus wie Avril Bitra. Sie trug einen Werkzeuggürtel und ging zielbewußt auf einen zerlegten Schlitten zu. Aber Sallah kannte sonst niemanden, der sich so arrogant bewegte, so provozierend die Hüften schwenkte. Die Frau blieb stehen und machte sich an dem Schlitten zu schaffen. Sallah schüttelte den Kopf. Avril war auf der Großen Insel; sie hatte nicht einmal auf den Alarm reagiert und war auch nicht erschienen, als vor kurzem alle Piloten nach Landing zurückbeordert worden waren. Niemand hatte sie besonders vermißt, Stev Kimmers geniale Fähigkeiten im Umgang mit Schaltkreisen hätte man allerdings gut gebrauchen können. Ongola versuchte immer noch, Paul Benden dazu zu bringen, daß er den Bergleuten auf der großen Insel die Rückkehr *befahl*.

»Laßt den Finger nicht auf dem Auslöser.« Drakes Stimme riß sie aus ihren Gedanken.

Armer Kerl! dachte Sallah. Er gab sich alle Mühe, diesen eifrigen Kindern beizubringen, wie man Fäden bekämpfte. Wenn das, was Tarvi ihr über diese tödliche Bedrohung erzählt hatte, nur zur Hälfte stimmte, war dies verteufelt schwer.

»Schwenkt immer vom Bug zum Heck. Die Fäden fallen in südwestlicher Richtung, wenn ihr also unter den vordersten Rand kommt, könnt ihr mehr verbrennen.« Drake hatte allmählich keinen Platz mehr auf der Tafel, die er mit seinen Diagrammen und Flugschemata vollgekritzelt hatte. Sallahs erster Einsatz stand noch bevor, deshalb hatte sie aufgepaßt – bis zu dem Augenblick, als sie geglaubt hatte, Avril Bitra zu erkennen.

Der Tag hatte auch so etwas wie eine Wiedersehensfeier der Fährenpiloten gebracht. Bis auf Nabhi Nabol und Kenjo war die ganze alte Gruppe dem Ruf gefolgt. Sallah wußte, wo Kenjo war, und beneidete ihn ein wenig, daß Nabol nicht dabei war, war ihr hingegen ganz recht. Er hätte sich bestimmt darüber mokiert, mit all den jungen Leuten zusammenarbeiten zu müssen, die sich erst nach der Landung auf dem Planeten ihre Fluglizenz erworben hatten. Tja, einige von ihnen hatte sie noch als Heranwachsende gekannt.

In Karachi Fuß zu fassen hatte mehr Zeit gekostet, als ihr bewußt gewesen war. Und es gab so viel Neues, zum Beispiel die

Zwergdrachen, die auf den Schultern der Kinder saßen oder sich an Beinen in Wherlederhosen hinaufhangelten. Ihren drei eigenen – einer Goldenen und zwei Bronzefarbenen – hatte sie genau wie ihren Kindern beigebracht, sich einigermaßen manierlich zu benehmen. Im Moment hockten sie ganz oben auf den Regalen des großen Bereitschaftsraums. Zwei davon waren Mentas, und sie fragte sich, ob sie wohl verstanden, was vor ihren wachsamen, in allen Regenbogenfarben schillernden Augen vor sich ging.

Drakes eindringliche Warnung holte sie erneut in die Gegenwart zurück. »Weicht *nicht* von der vorgeschriebenen Flughöhe ab. Wir versuchen, Geräte zu bauen, die euch labile Piloten warnen, wenn ihr aus der Reihe tanzt. Wir müssen bestimmte Flughöhen einhalten, um Kollisionen zu vermeiden. An Leuten, die fliegen können, fehlt es uns weniger als an Schlitten. *Ihr*«, sagte er und deutete dabei mit dem Finger auf seine Zuhörer, »seid zu ersetzen. Der Schlitten nicht, und wir werden jede Maschine brauchen, die sich in der Luft halten kann.«

»Nun, bei einem Schwenk vom Bug zum Heck mit einem einsekündigen Stoß werden alle Fäden in der Reichweite dieser Flammenwerfer verkohlt. Wenn ihr auch nur ein Ende von den Dingern erwischt, frißt sich das Feuer meistens von selbst weiter. Verschwendet also kein HNO_3.« Er ratterte die chemische Formel so schnell herunter, daß es sich eher wie ›Agenodrei‹ anhörte, dachte Sallah, und ihre Gedanken schweiften wieder ab. Verdammt, sie mußte aufpassen, aber sie war inzwischen mehr daran gewöhnt, auf Geräusche zu hören als auf Worte. Und auf Stille. Auf die Stille zum Beispiel, die bei allen Kindern eintrat, wenn sie unfolgsam waren oder etwas Verbotenes ausprobierten. Und die ihren waren sehr erfinderisch. Sie spürte, wie sich ihre Lippen zu einem stolzen, mütterlichen Lächeln verzogen, und nahm sich schnell zusammen, weil sie Drakes Blick auf sich ruhen fühlte.

Sie vermißte ihre drei älteren Kinder schon jetzt schrecklich. Ram Da, ihr kräftiger, zuverlässiger, sieben Jahre alter Sohn hatte versprochen, auf Dena und Ben aufzupassen. Die drei Monate alte Cara hatte sie mitgenommen – das Baby war unter

Mairi Hanrahans Meute gut untergebracht – sie war also nicht ganz allein. Aber Tarvi war in Karachi und preßte rund um die Uhr Metallblech, er schuftete ebenso hart wie seine Leute, die er bis zum Umfallen antrieb.

»... damit ihr mit jedem Zylinder möglichst lange auskommt«, sagte Drake. »Je mehr Agenodrei und Energie ihr spart, desto länger könnt ihr in der Formation bleiben. Und dort werdet ihr gebraucht. Nun haben die meisten von euch schon Erfahrung mit Turbulenzen. Legt eure Sicherheitsgurte erst ab, wenn ihr am Boden seid. Die leichteren Schlitten können beim Landen umkippen, wenn plötzliche Böen auftreten, weil sie durch die Flammenwerferbefestigungen vorderlastig sind.«

Nachdem Tarvi so unter Druck stand, war es ganz gut, daß sie eine eigene Aufgabe hatte, dachte Sallah. Er hatte ohnehin nur wenig Zeit für sie, und sie würde nicht einmal das Vergnügen haben, neben ihm zu schlafen – oder ihn im Morgengrauen, wenn er zu müde war, um Widerstand zu leisten, mit ihren Zärtlichkeiten zu erregen.

Was machte sie nur falsch? fragte sie sich zum hundertsten Mal. Sie hatte Tarvi nicht eingefangen. Das Verlangen, die Leidenschaft an jenem Tag in der Höhle waren doch auf beiden Seiten echt gewesen. Als sie schwanger geworden war, hatte Tarvi ihr sofort angeboten, das Verhältnis zu legalisieren. Sie hatte nicht darauf bestanden, war aber sehr erleichtert gewesen, daß er die Initiative ergriffen hatte. Während der Schwangerschaft war er rücksichtsvoll, zärtlich und besorgt gewesen, und als sein erstes Kind, ein kräftiger, gesunder Junge, zur Welt kam, hatte er sich vor Freude nicht zu lassen gewußt. Er vergötterte alle seine Kinder, war entzückt, wenn sie geboren wurden und verfolgte begeistert ihre Entwicklung. Nur seine Frau wurde gemieden, beiseitegeschoben, ignoriert.

Sallah seufzte, und ihre alte Freundin Barr warf ihr einen fragenden Blick zu. Sallah zuckte lächelnd die Achseln, zum Zeichen, daß Drake ihr diese Reaktion entlockt hatte. Wie wäre ihr Leben wohl verlaufen, wenn sie sich in trauter Zweisamkeit mit Drake Bonneau an seinem See niedergelassen hätte? Svenda schien es an nichts zu fehlen, sie prahlte sogar damit, daß sie ihre Schwangerschaften auf zwei beschränken wolle. In der Öffentlichkeit mochte Drake den selbstsicheren Paradeflieger markieren, aber am Abend zuvor war er doch auffallend nach der Pfeife seiner dominierenden Frau getanzt. Sallah hatte schon immer den Verdacht gehabt, daß bei Drake hinter der Fassade nicht allzuviel steckte. Trotz aller Verschrobenheiten zog sie ihren Tarvi vor und hätte jene freilich immer seltener werdenden Gelegenheiten, zu denen sie seine Leidenschaft wecken konnte, nicht missen mögen. Vielleicht war das der Fehler: vielleicht sollte sie ihm die Initiative überlassen. Nein, das hatte sie schon einmal versucht und war ein Jahr lang kreuzunglücklich gewesen, ehe sie auf die Idee mit den ›Angriffen im Morgengrauen‹ verfiel.

Sie hatte von Jivan einige Pushtu-Ausdrücke gelernt und sich ganz harmlos nach Frauennamen erkundigt. Nach wem Tarvi auf dem Gipfel der Leidenschaft auch immer rief, eine andere Frau war es nicht. Und soviel sie feststellen konnte, auch kein anderer Mann.

»Nun«, sagte Drake, »hier ist der Einsatzplan für den nächsten Fädenfall. Vergeßt nicht, er erfolgt an zwei Stellen, am Jordan und in Dorado. Wir schicken die Dorado-Geschwader voraus, damit ihr ausgeruht seid, wenn der Kampf beginnt.« Wieder schweifte Drakes Adlerblick über seine bewundernden Schüler. »Und jetzt zurück mit euch zu euren Schlitten, helft den Technikern, wo ihr könnt. Um Mitternacht gehen die Lichter aus. Wir brauchen alle unseren Schlaf«, schloß er fröhlich und entließ sie mit einer Handbewegung.

Svenda trat schnell an seine Seite und schreckte mit ihrer finsteren Miene alle ab, die mit privaten Fragen an Drake herandrängten.

»Seit wann bist du hier, Sallah?« fragte Barr und wandte sich ihr mit dem gewohnt freundlichen Grinsen zu. »Ich bin erst gegen Mittag von unserem Anwesen gekommen. Von der alten Gruppe wußte niemand, bis wann du es schaffen würdest. Mir war gar nicht bewußt, daß die Lage so ernst ist, bis ich auf dem Weg hierher sah, was diese Sporen alles angerichtet hatten.«

Sallah lachte. Die temperamentvolle Barr war ganz die alte geblieben, nur etwas rundlicher war sie geworden. »Wie viele

Kinder hast du jetzt, Barr?« fragte sie. »Wir haben uns doch ziemlich aus den Augen verloren, seit du auf der anderen Seite des Kontinents lebst.«

»Fünf!« Barr ließ ein backfischhaftes Kichern hören und warf Sallah einen verschmitzten Blick zu. »Beim letzten Mal waren es Zwillinge, und damit hätte ich nie gerechnet. Dann hat Jess mir erzählt, daß er auch ein Zwilling ist und daß Zwillingsgeburten in seiner Familie nichts Ungewöhnliches sind. Ich hätte ihn erwürgen können.«

»Aber du hast es nicht getan.«

»Nein! Er ist ein guter Mann, ein liebevoller Vater, und er arbeitet schwer.« Barr nickte bei jeder der aufgezählten Tugenden nachdrücklich mit dem Kopf und grinste Sallah wieder an. Dann trat ein besorgter Ausdruck in ihr lebhaftes Gesicht. »Bei dir alles in Ordnung, Sallah?«

»Sicher. Ich habe vier Kinder. Cara habe ich mitgebracht. Sie ist erst drei Monate alt.«

»Ist sie bei Mairi oder bei Chris MacArdle-Cooney?«

»Bei Mairi. Aber wir sollten uns den Dienstplan ansehen und feststellen, wann wir eingeteilt sind. Wo ist Sorka denn inzwischen?« Sallah hatte auch das rothaarige Hanrahanmädchen aus den Augen verloren. »Alle anderen habe ich getroffen.«

»Ach, sie lebt mit einem Tierarzt zusammen. Am Irenplatz.«

»Wie passend!« Plötzlich stieg Groll in Sallah auf, zum Teil wegen der Freiheit, die junge Leute genießen durften, zum Teil hatte es auch mit ihrer Enttäuschung über Tarvis Zurückhaltung zu tun. Aber gleichzeitig wurde ihr klar, daß sie im Moment relativ wenig Verantwortung hatte und daß ihre beruflichen Fähigkeiten wieder gefragt waren. »Komm, wir besorgen uns was zu trinken und erzählen uns gegenseitig, was in den letzten Jahren passiert ist!«

Sorka und Sean kamen aus verschiedenen Richtungen und trafen sich vor ihrer Wohnung, Sean hatte an einer außerordentlichen Sitzung bei Admiral Benden teilgenommen, Sorka war in einem der Veterinärschuppen gewesen. Sein harter Schritt verriet ihr, daß er sich vor Wut kaum noch beherrschen konnte, aber er hielt sich zurück, bis sie im Haus waren.

»Dieser verdammte Narr, dieser dreimal verfluchte Narr«, sagte er und knallte die Tür hinter sich zu. »Dieser aufgeblasene, dickschädelige, vernagelte Blödmann.«

»Admiral Benden?« fragte sie überrascht. Sean hatte bisher nie einen Anlaß gefunden, den Admiral zu kritisieren, und er war sehr stolz gewesen, als er zu dieser Sonderbesprechung geladen wurde.

»Dieser blöde Admiral will eine Kavallerieeinheit!«

»Kavallerie?« Sorka holte gerade das Abendessen aus dem Gefrierfach, aber jetzt hielt sie inne.

»Um mit Flammenwerfern in der Gegend herumzurasen, nicht mehr und nicht weniger.«

»Ist ihm denn nicht bekannt, daß Pferde Feuer hassen?«

»Jetzt schon.« Sean ging an ihr vorbei an den kleinen Schrank, zog eine Flasche Quikal heraus und hielt sie vielsagend hoch.

»Ja, bitte. Wenn ich nicht ruhiger werde, bekommt mir das Essen nicht.« Sie unterdrückte ihre Neugier. Daß er nach Alkohol verlangte, war ein deutliches Zeichen für seine Anspannung, denn Sean war gewöhnlich kein starker Trinker.

»Wir brauchen nicht oben zu essen, oder?« fragte er und deutete mit dem Kopf in Richtung der wiedereröffneten Gemeinschaftsküche.

»Nein, ich habe Mutters Tiefkühltruhe geplündert.« Sie schob ein Gefäß in den Herd und stellte die Zeit ein.

Sean reichte ihr ein Glas und erhob das seine zu einem Trinkspruch. »Auf idiotische Admiräle, die sich zwar im Weltraum bestens auskennen, aber nicht die leiseste Ahnung von Pferden haben. Als ob wir solche Mengen von den Tieren hätten, daß wir sie mit hirnlosen Kapriolen verheizen könnten. Außerdem bildet er sich ein, ich könnte Feuerechsengeschwader ausbilden«, – Sean hatte sich nicht davon abbringen lassen, die Tiere mit seinem eigenen Namen zu bezeichnen –, »die die Fäden auf Kommando vernichten. Er glaubt sogar, ich müßte mir auch so ein Tier anschaffen. Und dann weiß er nicht einmal, daß sie erst im Sommer wieder schlüpfen! Wenn diese Paradeflieger sie bis dahin nicht alle angezündet haben.«

Sorka hatte Sean noch nie so wütend gesehen. Sein Gesicht

war zornrot. Um sich abzureagieren, ging er auf und ab, fuchtelte mit dem rechten Arm wie wild in der Luft umher und nippte zwischen den Sätzen an seinem Glas. Ständig warf er den Kopf zurück, um sich das sonnengebleichte Haar aus dem Gesicht zu schütteln. Seine starre Miene ließ ihn undurchschaubar, fast beängstigend wirken. Sorka hörte ihm mit einem Teil ihres Bewußtseins zu und pflichtete ihm bei, während er seine Befürchtungen und Ansichten zum besten gab; aber daneben registrierte sie wieder einmal erfreut, was sich hinter der beherrschten, fast gefühllosen Fassade, die er den meisten Leuten präsentierte, für eine leidenschaftlich engagierte, intelligente, kritische und durch und durch vernünftige Persönlichkeit verbarg.

Sie wußte nicht mehr genau, wann ihr klar geworden war, daß sie ihn liebte – es schien schon immer so gewesen zu sein –, aber sie erinnerte sich an den Tag, an dem sie gemerkt hatte, daß auch er sie liebte: damals war er zum ersten Mal in ihrer Gegenwart wegen einer Kleinigkeit explodiert. Diesen Luxus hätte Sean sich nie gestattet, wenn er sich bei ihr nicht völlig sicher gefühlt, wenn er nicht unbewußt ihre Zuneigung und ihre besänftigende Anwesenheit gebraucht hätte. Mit einem kleinen Lächeln, das sie jedoch taktvoll hinter ihrem Glas verbarg, beobachtete sie nun, wie er sich seinen Ärger von der Seele redete.

»Weißt du, Sean, eigentlich war es doch auch ein Kompliment für dich«, bemerkte sie schließlich. Als sie seinen überraschten Blick sah, lächelte sie. »Insofern, als der Admiral sich an *dich* gewandt hat. Dir ist es vielleicht gar nicht aufgefallen, aber er hat uns da draußen im Malay-Korridor beobachtet und gesehen, wie gut sich unser Schwarm benimmt. Und er weiß sicher, daß du eher als alle anderen die Stellen finden wirst, wo die Königinnen ihre Eier verstecken.«

»Hm. Ja, wahrscheinlich hast du recht.« Sean ging weiter auf und ab, aber seine Erregung hatte nachgelassen.

Sorka liebte Sean in jeder Stimmung, aber seine gelegentlichen Explosionen faszinierten sie. Sein Zorn hatte sich nie gegen sie gerichtet; er kritisierte sie selten, und dann nur auf sehr knappe und unpersönliche Weise. Einige ihrer Freundinnen wunderten sich, wie sie seine Schweigsamkeit, seine fast mürrische Launenhaftigkeit ertragen konnte, aber wenn sie mit ihm allein war, war er nie mürrisch. Er war im allgemeinen rücksichtsvoll, wurde nie ausfallend, selbst wenn er völlig anderer Ansicht war, und war sicher ein Mann, der seine Meinung für sich behielt – es sei denn, Pferde waren in Gefahr. Seine schlanke Gestalt bewegte sich selbst jetzt noch mit einer gewissen Eleganz, obwohl er mit schweren Schritten hin und her stapfte und in dem dicken Wollteppich, den sie selbst gewebt hatte, Abdrücke hinterließ. Sie ließ ihn weiterlamentieren und hörte belustigt zu, wie er sich in abfälligen Vermutungen über die Abstammung des Admirals erging, vor dem er normalerweise größten Respekt hatte, und sämtliche Biologen als Idioten beschimpfte, weil sie mit Tieren herumpfuschten, obwohl sie zu dumm waren, um ihr Wesen zu verstehen.

»Hast du nun dem Admiral angeboten, ihm ein Zwergdrachenei zu besorgen, wenn die Zeit kommt, oder nicht?« fragte sie, als er nach einer weiteren ausführlichen Verurteilung aller militärischen Esel eine Pause einlegte, um wieder zu Atem zu kommen.

»Ha! Falls ich das kann, ja.« Er machte auf dem Absatz kehrt und ließ sich neben sie auf die Couch fallen. Sein Gesicht war plötzlich ruhig geworden, Zorn und Frustration waren verflogen, seine Augen ruhten auf der bernsteinfarbenen Flüssigkeit in seinem Glas. Sie spürte, daß er noch etwas auf dem Herzen hatte, und wartete, daß er weitersprach. »Du weißt ebensogut wie ich, daß wir hier in der Gegend von den wilden Feuerechsen keine Flügelspitze mehr gesehen haben. Seit dem Fädenfall von Sadrid machen sie sich rar. Himmel, wenn es auf diesem Planeten einen sicheren Platz gäbe, sie würden ihn finden!«

»Im Malay-Korridor haben uns aber eine Menge von ihnen geholfen.«

»So lange, bis ein paar Irre auch auf sie gefeuert haben!« Sean trank sein Glas leer, um seinen Abscheu hinunterzuspülen. »Wenn sich das rumspricht, wird uns von den Wilden überhaupt keiner mehr helfen.« Er schenkte sich noch einmal ein. »Sag mal, wo sind eigentlich deine?« fragte er plötzlich, weil ihm auffiel, daß die gewohnten Plätze leer waren.

»Genau da, wo auch deine sind, nämlich irgendwo draußen«, antwortete sie sanft.

Sean begann zu lachen, über sich selbst und weil er sich jetzt erinnerte, wie seine Feuerechsen sich verdrückt hatten, sobald er das Verwaltungsgebäude verließ.

»Ein Wunder ist es nicht, oder?« neckte sie ihn grinsend. Er legte ihr einen Arm um die Schultern und zog sie dichter an sich, ohne daß sie sich gewehrt hätte. »Als Emmett mir berichtete, Blazer sei wegen deines gerechten Zorns ganz aus dem Häuschen, habe ich den meinen gesagt, sie müßten sich heute abend selbst etwas zu essen suchen. Von Käse sind sie sowieso nicht begeistert.«

»Es passiert nicht oft, daß wir einen Abend für uns allein haben«, flüsterte Sean ihr leise ins Ohr. »Trink aus, mein kleiner Rotschopf.« Er fuhr ihr durchs Haar, dann schob sich seine Hand in zärtlichem Streicheln über ihre Wange und faßte nach ihrem Kinn. »Und schalte den Herd aus«, fügte er hinzu, ehe er sie küßte.

Sorka gehorchte gern. Es war umständlich, sich jedesmal irgendwelche Scheinaufträge für die Zwergdrachen einfallen lassen zu müssen. Aber die Tiere genossen starke Gefühle, auch wenn sie selbst nicht in Hitze waren, und wenn ein dreizehnköpfiger Chor seinen Ermunterungsgesang anstimmte, wußte die ganze Nachbarschaft, was im Haus Hanrahan-Connell vorging.

Am späten Abend, als es in Landing allmählich ruhig wurde, fragte sich Sorka, ob sie wohl diesmal empfangen hatte. Sean schlief ruhig neben ihr, die Finger leicht um ihren Oberarm gelegt. Sie hatte ihm gegenüber nie den Wunsch geäußert, ihr Verhältnis zu legalisieren, oder darauf hingewiesen, daß sie in den Augen von ganz Landing ein festes Paar waren. Sie waren bei fast allem, was sie taten, einer Meinung und nützten ihre Veterinärlehrzeit dazu, das beste Material aus dem Genvorrat auszuwählen, der ihnen entweder in den Samenbanken oder an lebendigen Hengsten zur Verfügung stand, um kräftige Pferde zu züchten. Bald würden sie ihr Abschlußexamen in Tiermedizin ablegen, und sie hatten schon genau die richtige Stelle für ihr künftiges Heim gefunden – ein Tal etwa in der Mitte des Östlichen Grenzgebirges. Sean hatte Red mitgenommen und ihm das geplante Killarney-Anwesen gezeigt, und ihr Vater hatte ihrer Wahl begeistert zugestimmt. Sorka deutete das als stillschweigende Zustimmung zu ihrer immer noch inoffiziellen Beziehung.

Sorkas Eltern hatten sich also mittlerweile mit Sean abgefunden, aber Porrig Connell behandelte die Freundin seines Sohnes immer noch sehr förmlich, wie einen Gast, den er nicht allzuoft zu sehen wünschte. Seine Frau hatte nie ihre Bemühungen aufgegeben, ihren Sohn an den Herd zurückzubringen, an den er ihrer Ansicht nach gehörte. Sie hatte sich sogar eine Schwiegertochter ausgesucht und brachte manchmal alle Beteiligten in Verlegenheit, weil sie ihm das Mädchen bei jeder sich bietenden Gelegenheit aufdrängte.

»Ich will niemanden, der so nahe mit mir verwandt ist, Mam«, hatte Sean ihr erklärt, als sie ihn einmal zu oft damit geplagt hatte. »Dabei kommt nichts Gutes heraus. Der Vater von Lally Moorhouse ist ein Vetter ersten Grades von dir. Wir müssen den Genpool vergrößern, nicht begrenzen.«

Sorka hatte es gehört, aber sie kannte Sean inzwischen so gut, daß sie nicht gekränkt war, obwohl er nichts davon erwähnt hatte, daß seine Wahl bereits getroffen war. Vielleicht hatte er damals noch nicht gemerkt, daß er die fünfzehn Jahre alte Sorka Hanrahan liebte, die ihrerseits ganz genau wußte, wem ihr Herz gehörte.

Sie war siebzehn gewesen, als er zum ersten Mal so etwas wie Leidenschaft gezeigt hatte, und das war eine denkwürdige Nacht gewesen. Sie hatten die Rollen getauscht: sie war die Zügellose gewesen, er der zögernde, zärtliche Liebhaber. Ihre heftige Reaktion auf seine vorsichtigen Annäherungsversuche hatte sie beide überrascht und befriedigt, aber eine eigene Wohnung hatten sie erst nach ihrem achtzehnten Geburtstag genommen. In ihrer Generation hatte es sich eingebürgert, erst einmal eine Weile auf Probe zusammenzuleben, ehe man vor dem Richter eine offizielle Bindung einging.

Sorka wollte unbedingt ein Kind von Sean. Seit jener

schrecklichen halben Stunde, in der sie unter dem Steinsims im Wasser gestanden hatten, war ihr bewußt, daß sie sterblich waren. Sie wollte etwas von Sean für sich haben – nur für den Fall der Fälle. Nicht daß er besonders wild oder unvorsichtig gewesen wäre, aber die Lilienkampsöhne waren auch nicht leichtsinnig gewesen, und die arme Lucy Tubberman ganz gewiß nicht. Bei jenem ersten Fädenfall waren so viele Menschen ausgelöscht worden!

Sorka wollte nicht allein zurückbleiben, ohne irgendein Andenken an Sean zu haben. Sie hatte sich bisher nicht bemüht, ein Kind zu empfangen, weil eine Schwangerschaft ihre Pläne für das Killarney-Anwesen verzögert hätte: sie brauchte die Anrechnungspunkte für ihre Arbeit, um möglichst viele Morgen Land erwerben zu können. Sie hatte sich allerdings schon Sorgen gemacht, weil sie bisher nicht schwanger geworden war, obwohl sie und Sean sich bisher bei ihren Spielereien nie besonders vorgesehen hatten. Aber jetzt war Schluß mit den Spielereien, soweit es sie anging. In dieser Nacht war sie aufs Ganze gegangen.

Windblüte öffnete Paul Benden, Emily Boll, Ongola und Paul und Bay Harkenon-Nietro weit die Tür und neigte anmutig den Kopf zur Begrüßung.

Kitti Ping saß auf einem gepolsterten Stuhl, der nach Pauls Ansicht unter dem Bezug auf einem Podest stehen mußte, so daß er aussah wie ein archaischer Thron. Für jemanden, der nur halb so groß war wie er selbst, wirkte sie beeindruckend. Der schmächtige Körper war in eine herrlich weiche, gewebte Decke gewickelt, und auch die langärmelige, kunstvoll bestickte Tunika steigerte die Ausstrahlung von Kraft und Autorität. Sie hob eine zarte Hand, nicht größer als die seiner ältesten Tochter, und bedeutete ihnen, auf den Hockern Platz zu nehmen, die in einem unregelmäßigen Halbkreis vor ihr aufgestellt waren.

Paul mußte seine langen Beine anwinkeln, um sich niederzulassen, und dabei wurde ihm klar, daß sie sich damit einen fast unmerklichen Vorteil vor ihren Besuchern verschafft hatte. Belustigt von dieser Taktik lächelte er zu ihr auf und glaubte, in ihren Augen eine leise Reaktion zu entdecken.

Nur ganz wenige starke Volkstraditionen hatten das Religiöse Zeitalter überstanden, aber vier Völker, Chinesen, Japaner, Maori und Amazonasindianer, hatten einige ihrer alten Sitten beibehalten. In Kittis mit erlesenen Familienerbstücken ausgestattetem pernesischem Haus hätte Paul nie gewagt, das Ritual der Gastfreundschaft zu stören. Windblüte servierte den Besuchern duftenden Tee in zarten Porzellantassen. Die kleine Teepflanzung, die man nur angelegt hatte, um diese wunderschöne Zeremonie zu ermöglichen, war dem ersten Fädenfall zum Opfer gefallen. Paul war sich schmerzlich bewußt, daß der Tee, an dem er jetzt nippte, vielleicht der letzte sein würde, den er je zu kosten bekam.

»Hatte Mar Dook schon Gelegenheit, Ihnen zu sagen, daß er im Treibhaus noch mehrere Teesträucher in Reserve hatte, Kitti Ping?« fragte Paul, als alle genügend Zeit gehabt hatten, das Getränk zu genießen.

Kitti Ping senkte zum Zeichen der Dankbarkeit tief den Kopf und lächelte. »Das ist eine große Beruhigung.«

Ihre unverbindliche Höflichkeit lieferte ihm keinen Ansatzpunkt. Paul rutschte auf der Suche nach einer bequemeren Stellung unruhig auf dem Hocker hin und her und war sich durchaus bewußt, daß Pol und Bay es kaum erwarten konnten, auf den Grund für diese Unterredung zu sprechen zu kommen.

»Wir wären alle noch beruhigter, Kit Ping Yung«, – er dämpfte unvermittelt seine Stimme, die nach ihrer zarten Antwort so laut geklungen hatte –, »wenn wir ... irgendeine zuverlässige Unterstützung im Kampf gegen diese Bedrohung hätten.«

»Ach?« Ihre bleistiftstrichdünnen Augenbrauen gingen in die Höhe, und ihre winzigen Hände auf den Armlehnen vollführten eine unbestimmte Geste.

»Ja.« Paul räusperte sich, er ärgerte sich über seine Unbeholfenheit und darüber, daß er sich durch eine Kleinigkeit wie die Sitzordnung so aus der Fassung bringen ließ. Sie mußte doch wissen, warum er diese Privatkonferenz arrangiert hatte. »Die

Wahrheit ist, daß wir nur sehr schlecht dafür gerüstet sind, uns gegen die Sporen zu verteidigen. Rundheraus gesagt, in fünf Jahren sind unsere Vorräte erschöpft. Wir haben nicht die Mittel, um Schlitten oder Energiezellen herzustellen, wenn die mitgebrachten am Ende sind. Kenjos Versuch, die Sporen im Weltraum zu zerstören, war nur zum Teil erfolgreich, und für die *Mariposa* ist nicht mehr viel Treibstoff vorhanden.

Wie Sie wissen, hat keines der Kolonistenschiffe irgendwelche Defensiv- oder Vernichtungswaffen mitgeführt. Selbst wenn wir Laserkanonen bauen könnten, wir hätten nicht genug Treibstoff, um auch nur ein Schiff in eine Position zu bringen, von der aus es die Kokons wirkungsvoll vernichten könnte. Trotzdem bleibt die Zerstörung der Sporen aus der Luft die beste Möglichkeit, den Boden zu schützen.

Boris und Dieter haben unsere schlimmsten Befürchtungen bestätigt: die Fäden werden nach einem Schema über Pern hinwegfegen, das den ganzen Planeten in eine Wüste verwandelt, wenn wir sie nicht aufhalten können. Wir haben auch nicht viel Hoffnung, daß Ezra Keroons Sonde uns irgendwelche brauchbaren Informationen liefert.« Paul spreizte die Hände, die Hoffnungslosigkeit drohte ihn zu überwältigen.

Kitti zog aufrichtig überrascht ihre zarten Augenbrauen in die Höhe. »Der Morgenstern ist also der Ursprung?«

Paul seufzte schwer. »So lautet die aktuelle Theorie. Wenn die Sonde ihre Daten schickt, werden wir mehr wissen.«

Kitti Ping nickte nachdenklich, ihre gertenschlanken Finger umklammerten die Armlehnen fester.

»Kit Ping Yung«, sagte Emily und setzte sich noch aufrechter auf ihren Hocker, »wir sind in einer verzweifelten Lage.«

Paul fand es auf undefinierbare Weise ermutigend, daß sich die Gouverneurin nicht weniger wie ein nervöses Schulkind benahm als er selbst. Pol und Bay nickten ihr aufmunternd zu. Kitti Ping und Windblüte, die links hinter ihrer Großmutter stand, warteten geduldig.

»Wenn die Zwergdrachen größer wären, Kitti«, schaltete sich Bay ungewöhnlich schroff ein, »und intelligent genug, um Anweisungen zu befolgen, wären sie uns eine gewaltige Hilfe. Ich konnte mit Hilfe der Mentasynthese ihre latent vorhandenen empathischen Fähigkeiten verstärken, aber das ist vergleichsweise einfach. Um Zwergdrachen zu züchten, die groß genug sind – Drachen – sie müssen sehr groß sein –« Bay streckte die Arme aus, so weit sie konnte, und deutete mit den Fingern etwa die Größe eines Zimmers an, »– intelligent, folgsam, stark genug, um die erforderliche Aufgabe zu erfüllen: Fäden am Himmel zu verbrennen.« Sie stockte, denn sie wußte sehr wohl, wie Kitti Ping über den Einsatz von Biotechnik dachte, wenn es über einfache Korrekturen hinausging, um Lebewesen an neue, ökologische Rahmenbedingungen anzupassen.

Wieder nickte Kitti Ping, und ihre Enkelin sah sie überrascht an. »Ja, Größe, Kraft und beträchtliche Intelligenz wären nötig«, sagte sie kaum hörbar. Sie schob die Hände in die Manschetten ihrer langen Ärmel, verschränkte die Arme, neigte den Kopf und schwieg so lange, daß die Besucher sich schon fragten, ob sie vielleicht in den letzten Schlaf der Greise gefallen sei. Dann fuhr sie fort: »Und Begeisterungsfähigkeit, die man manchen Wesen leicht einflößen kann, während es bei anderen unmöglich ist. Die Zwergdrachen besitzen bereits die Züge, die Sie verstärken und verbessern wollen.« Sie lächelte, ein sanftes, fast entschuldigendes Lächeln, hinter dem sich große Traurigkeit und Mitgefühl verbargen. »Ich war nur eine – wenn auch sehr willige und lerneifrige – Schülerin in den Großen Beltrae-Hallen der Eridani. Man hat mich gelehrt, was geschehen würde, wenn ich dies oder jenes täte, wenn ich vergrößerte oder verkleinerte, jene Synapse durchtrennte oder dieses Genmuster veränderte. Die meiste Zeit funktionierte das, was man mir beigebracht hatte, aber leider«, fügte sie hinzu und hob warnend eine Hand, »wußte ich nie, warum manchmal eine Veränderung scheiterte und der Organismus zugrunde ging. Ich sollte es auch nicht erfahren. Die Beltrae lehrten uns das Wie, aber niemals das Warum.«

Paul seufzte tief auf, die Verzweiflung drohte ihn zu überwältigen.

»Aber ich kann es versuchen«, sagte sie. »Und ich werde es versuchen. Denn obwohl mein Leben fast zu Ende ist, sind andere da, auf die es Rücksicht zu nehmen gilt.« Sie drehte sich um und lächelte freundlich zu Windblüte auf, die demütig den Kopf senkte.

Paul schüttelte den Kopf, er glaubte, nicht recht gehört zu haben.

»Sie werden es tun?« Bay sprang auf und beherrschte sich gerade noch so weit, daß sie nicht auf Kittis hohen Stuhl zustürmte.

»Natürlich werde ich es *versuchen!*« Wieder hob Kitti warnend ihre winzige Hand. »Aber ich muß vorausschicken, daß nicht unbedingt mit einem Erfolg zu rechnen ist. Was wir vorhaben, ist gefährlich für die Spezies, es könnte gefährlich für uns ein, und es gibt keine Garantie, daß es gelingt. Es ist in höchstem Maß ein Glücksfall, daß die kleinen Zwergdrachen bereits so viele der Eigenschaften besitzen, die das genetisch veränderte Tier braucht, um unsere dringendsten Bedürfnisse zu erfüllen. Trotzdem ist es uns vielleicht nicht möglich, genau das richtige Wesen zu schaffen und auch noch einer genetischen Progression sicher zu sein. Wir haben weder hochwertige Laboreinrichtungen noch die Analysemethoden, die uns die Schwierigkeiten erleichtern könnten. Wiederholung, die Arbeit vieler Hände und Augen müssen uns die Präzision und die Empfindlichkeit der Geräte ersetzen. Die Aufgabe ist nicht unlösbar, aber die Mittel sind barbarisch.«

»Aber wir müssen es versuchen!« sagte Paul Benden und erhob sich mit entschlossen geballten Fäusten.

Alles medizinische Personal, das nicht im Lazarett oder bei den Bodenmannschaften Dienst tat, die Veterinäre und alle Lehrlinge, auch Sean und Sorka, arbeiteten in Schichten an Kitti Pings Projekt, das Vorrang vor allem anderen erhielt. Jeder, der in Biologie, Chemie oder irgendwelchen Labortechniken ausgebildet war, wurde zu dieser Arbeit herangezogen – manchmal auch einfach Leute mit geschickten Fingern, um die Objektträger vorzubereiten, oder Rekonvaleszenten von Fädenverletzungen, um die Monitore zu beobachten. Kitti, Windblüte, Bay und Pol extrahierten einen genetischen Kode aus den Chromosomen der Feuerechsen. Obwohl die Tiere nicht von der Erde stammten, war ihre Biologie nicht allzu fremdartig.

»Wir hatten Erfolg mit den Chiropteroiden auf Centauri«, sagte Pol, »und deren genetisches Material waren Silikonketten.«

Man mußte viel mit Terminen jonglieren, um genügend Leute zusammenzubekommen, wenn über bewohnten Gebieten Fäden fielen. Das von Boris Pahlevis und Dieter Clissmanns erschöpftem Team bis ins kleinste ausgearbeitete Schema der Niederschläge strukturierte das Leben aller, und dem hatte sich auch Kitti Pings Projekt zu beugen. Daraus entstand ein Dienstplan in vier Schichten, der versuchte, jedem noch etwas Zeit für sich selbst zu lassen – sei es, um sich zu entspannen, oder sich um seine eigene Besitzung zu kümmern; einige Spezialisten schoben solche Überlegungen jedoch beiseite und mußten zum Schlafen gezwungen werden.

Alle über Zwölfjährigen wurden herangezogen, wenn die Sporen fielen. Die Hoffnung, daß Kenjo in der *Mariposa* die Sporenkokons in den oberen Bereichen der Atmosphäre ablenken könnte, mußte man begraben. Der vorhergesagte Doppeleinfall – über Cardiff in der Mitte des Jordan und Bordeaux in Kahrain, sowie über Seminole und der Insel Ierne – kam in unregelmäßigen Schauern, aber widersinnigerweise lagen gerade nicht die bewohnten Gebiete in den Lücken.

Man mußte mit weiteren Doppeleinfällen rechnen: am einunddreißigsten Tag nach dem Ersten Fädenfall würden die Sporen über Karachi Camp und die Spitze der Halbinsel Kahrain dahinfegen; drei Tage später würde sich ein Landkorridor von Kahrain bis über die Paradiesflußsiedlung erstrecken, während ein zweiter Niederschlag ohne Schaden anzurichten weit jenseits der Spitze der Provinz Cibola über dem Meer herunterkommen würde. Nach weiteren drei Tagen würde ein gefährlicher Doppeleinfall sowohl die Boca-Siedlung als auch die dichten Wälder im unteren Teil von Kahrain und Arabien treffen, die einzigen brauchbaren Holzvorräte, die dringend benötigt wurden, um die Gruben von Karachi Camp und am Drake-See abzustützen, wo eifrig gearbeitet wurde.

Ezra verbrachte Stunden in der Hütte, in der die Interface-station, die Verbindung zum Hauptcomputer der *Yokohama* untergebracht war, und durchforstete die Marine- und Militär-geschichte nach einem Mittel, um die Gefahr zu bekämpfen. Mit viel weniger Optimismus suchte er auch nach abwegigen Gleichungen oder Geräten, mit denen man eventuell den Orbit des Planeten verändern konnte, um vielleicht auf diese Weise dem nächsten Fädenfall zu entrinnen. Inzwischen war jedoch der ganze Orbit von Pern mit Spiralen der verkapselten Sporen übersät, und dieser Gefahr konnten die Kolonisten auf keinen Fall entgehen. Er stellte auch Vergleiche mit Daten aus Kittis Programm an, wühlte in wissenschaftlichen Akten und ver-schaffte sich mit Hilfe seines geschützten Paßworts Zugang zu geheimen oder vertraulichen Informationen. Außerdem war-tete er auf die Ergebnisse der Sonde. Und weil jedermann wußte, wo Ezra zu finden war, konnte er oft Beschwerden und kleinere Probleme abfangen, die den Admiral und die Gouver-neurin unnötigerweise noch weiter belastet hätten.

Kenjo wurde noch dreimal mit der Admirals-Gig ausge-schickt und bemühte sich jedesmal, eine wirksame Methode zu finden, um so viele Sporen im Weltraum zu zerstören, daß der Verbrauch des kostbaren Treibstoffs gerechtfertigt wurde. Die Anzeigen der *Mariposa* sanken bei jeder Reise nur leicht, und Kenjo wurde für seine Sparsamkeit gelobt. Drake verlieh seinem Neid auf das Können des Raumschiffpiloten sogar offen Ausdruck.

»Himmel, Mann«, pflegte er zu sagen, »du fliegst das Ding mit den Auspuffgasen.«

Kenjo nickte nur bescheiden und schwieg. Er war jedoch froh, daß es ihm nicht gelungen war, alle Treibstoffsäcke in das Versteck auf Honshu zu schaffen. Zu bald schon würde er diesen Vorrat angreifen müssen, um weitere Flüge in den Weltraum zu ermöglichen. Nur dort fühlte er sich mit allen Sinnen, mit jedem Nerv wach und seiner Umwelt bewußt.

Aber er brachte auch jedesmal nützliche Informationen mit. Es stellte sich heraus, daß die Sporen sich in einem Kokon be-fanden, der verbrannte, wenn sie auf die Atmosphäre von Pern trafen, so daß eine innere Kapsel zurückblieb. Etwa fünfzehntausend Fuß über der Oberfläche öffnete sich dann diese Kapsel und entließ die Bänder, von denen einige nicht dick genug waren, um in den oberen Bereichen zu überleben. Aber wie ganz Landing am eigenen Leib erfahren hatte, erreichten immer noch genügend viele die Oberfläche.

Die meisten der Schlitten besaßen keine Druckkabinen, so daß sie höchstens auf einer Höhe von zehntausend Fuß fliegen konnten. Es gab immer noch nur eine Möglichkeit, die Sporen am Himmel zu beseitigen: Flammenwerfer.

Da am vierzigsten Tag Fäden auf der Besitzung Große Insel zu erwarten waren, beorderte Paul Benden Avril Bitra und Stev Kimmer nach Landing zurück. Auf Stevs Anfrage, was Landing von den auf der Großen Insel geförderten Erzen gebrauchen könne, lieferte ihm Joel Lilienkamp nur zu gern eine Liste. Als dann vier bis zum Kanzeldach mit Metallbarren bepackte Schlitten in Landing eintrafen, sprach niemand mehr davon, daß Kimmer und seine Kollegen sich so lange nicht gemeldet hatten.

»Ich sehe Avril nicht«, bemerkte Ongola, als die Schlitten bei den Metallschuppen entladen wurden.

Stev sah ihn überrascht an. »Sie ist schon vor Wochen zurückgeflogen.« Er spähte den Landestreifen entlang und sah die Sonne auf dem Rumpf der *Mariposa* glitzern. »Hat sie sich nicht gemeldet?« Ongola schüttelte langsam den Kopf. »Das ist doch nicht zu fassen!« Stevs Blick ruhte so lange nachdenklich auf der *Mariposa*, daß es Ongola auffiel. »Vielleicht haben die Fäden sie erwischt!«

»Sie vielleicht, aber den Schlitten sicher nicht«, antwortete Ongola. Avril Bitra war durchaus fähig, auf ihre eigene Haut aufzupassen, das wußte er. »Wir werden die Augen offen halten.«

Überall waren Fädenfallpläne ausgehängt, die ständig auf den neuesten Stand gebracht wurden; frühere Einfälle wurden gelöscht, die zu erwartenden begrenzte man auf die nächsten drei, damit die Leute eine Woche vorausplanen konnten. Avril konnte sich keine zehn Minuten in Landing aufgehalten haben, ohne von dieser Gefahr zu erfahren. Ongola nahm sich vor, den Chip im Steuermodul der *Mariposa* zu entfernen, sobald Kenjo gelandet war. Er wußte genau, wie der Raumschiff-pilot den Treibstoff gestreckt hatte, aber er wollte nicht, daß jemand anderer, schon gar nicht Avril Bitra, es entdeckte. Paul Benden hatte recht behalten, was Kenjo betraf. Ongola hatte nicht den Ehrgeiz, es ihm in bezug auf die Astrogatorin gleich-zutun.

»Wo wollen Sie mich einsetzen, Ongola, nachdem ich nun schon mal hier bin?« fragte Stev mit schiefem Grinsen.

»Fragen Sie Fulmar Stone, wo er Sie am dringendsten braucht, Kimmer. Freut mich jedenfalls, Sie heil wiederzu-sehen.«

Avril war in dieser Nacht nur so lange in der Nähe von Landing geblieben, bis ihr klar war, daß sie von keinem der verschiede-nen Teams vereinnahmt werden wollte, die ihre besonderen Fähigkeiten gebrauchen konnten. Das einzige, was sie wirk-lich gern getan hätte – Navigation im Weltraum –, wurde ihr verwehrt. Ehe also in Landing der Tag anbrach, und ehe je-mand den zusätzlichen Schlitten bemerkte, startete sie die mit Nahrungsmitteln und Versorgungsgütern beladene Maschine wieder.

Sie landete auf den felsigen Höhen über dem verwüsteten Mailand-Anwesen, wo sie einen guten Blick auf Landing und, was noch wichtiger war, auf das belebte, hell erleuchtete Lan-degitter hatte, wo die *Mariposa* niedergehen würde. Sie ver-brachte die frühen Morgenstunden damit, aus den Metallble-chen, die sie sich organisiert hatte, über dem Siliplex-Kanzel-dach des Schlittens einen Schirm zu errichten, denn mit dem tödlichen Zeug aus der Luft wollte sie kein Risiko eingehen. Am späten Vormittag hatte sie ihren Adlerhorst getarnt und das Schlittenteleskop auf ihr Ziel eingestellt. Der provozie-rende Anblick von Kenjos Rückkehr belohnte sie.

Indem sie sorgfältig alle mit dem Komgerät des Schlittens zu empfangenden Kanäle abhörte, bekam sie heraus, worum es bei seinem Auftrag ging und wie begrenzt sein Erfolg ge-wesen war.

Im Lauf der nächsten Tage fühlte sie sich in ihrem Versteck immer sicherer. Wegen der alten Vulkane bewegte sich der

Luftverkehr zum größten Teil durch Korridore, die sich weitab von ihrem Standort befanden. Vormittags lag der Schatten des höchsten Gipfels wie ein breiter, direkt auf sie zeigender Finger über ihrer Zuflucht und verursachte ihr eine Gänsehaut. Grandiose Ausblicke hatte sie eigentlich noch nie so recht zu schätzen gewußt, allerdings garantierte ihr die Tatsache, daß sie den Jordan entlang auf der einen Seite bis zur Bucht und auf der anderen bis Bordeaux sehen konnte, daß man sie wohl nicht so leicht überraschen würde. Sie bemühte sich, in aller Ruhe abzuwarten, aber in Anbetracht der erhofften Belohnung fiel es ihr schwer, sich in Geduld zu üben.

»Haben Sie denn *irgendwelche* Fortschritte zu melden, Kitti?« fragte Paul Benden die kleine Genetikerin.

Er hatte eigentlich immer wieder festgestellt, daß es die Leistungen keineswegs verbesserte, wenn man den Leuten ständig im Nacken saß, aber er brauchte wenigstens einen Anflug von Ermunterung, um seine deprimierten Leute ein wenig aufzuheitern. Als der zweite Monat der Fadeneinfälle sich hinschleppte, meldeten die Psychologen ein Absinken der Moral. Die anfängliche Begeisterung und Entschlossenheit wurden allmählich von der gewaltigen Arbeitsbelastung untergraben, die nur wenig Zerstreuung zuließ. Das einst so großzügig angelegte Landing war überfüllt, weil man viele Techniker in die Labors geholt hatte und weil sich die Familien vieler Grundbesitzer in die zweifelhafte Sicherheit der ersten Siedlung flüchteten.

Niemand war untätig. Mairi Hanrahan hatte sich für die Fünf- bis Sechsjährigen, die bereits über eine gute Feinmotorik verfügten, ein Spiel ausgedacht, bei dem sie Schalttafeln nach der Farbe der Chips zusammensetzen mußten. Selbst die Ungeschicktesten konnten mithelfen, auf den noch nicht verwüsteten Feldern Obst und Gemüse zu ernten, oder sie konnten um die Wette nach auffallend gefärbtem Seetang suchen, der nach der Flut oder nach Stürmen an den Stränden angetrieben wurde. Die Sieben- bis Achtjährigen bekamen Angeln und durften unter strenger Aufsicht beim Fischen helfen. Aber sogar bei den kleinsten Kindern machte sich die ständig steigende Gereiztheit allmählich bemerkbar.

Es wurde viel davon geredet, daß man mehr Grundbesitzern gestatten sollte, auf ihr eigenes Land zurückzukehren und von dort aus gegen die Fäden zu fliegen. Aber das würde bedeuten, daß man die Vorräte aufteilte und die Arbeitsprogramme der wertvollen Techniker durcheinanderbrachte. Paul und Emily mußten schließlich streng auf der Zentralisierung bestehen.

An jenem Abend sah Kitti die beiden Führer der Kolonie mit einem weisen, verständnisvollen Lächeln an. Sie saß aufrecht auf einem Hocker neben den großen, mikrobiologischen Apparaten, deren winzige Laserwerkzeuge von der Manipulatorkammer zurückgeklappt waren, und man sah ihr keine Erschöpfung an, nur die blutunterlaufenen Augen verrieten, welche Strapazen die Arbeit mit sich brachte. Ein Programm lief flüsternd und klickend ab, auf mehreren Monitoren erschienen unverständliche Anzeigen. Kitti hielt kurz inne, betrachtete einen Graphen auf einem Schirm und einen Satz Gleichungen auf einem anderen, dann richtete sie ihren Blick wieder auf die ungeduldigen Besucher.

»Es gibt keine Möglichkeit, Admiral, das Reifen zu beschleunigen, nicht, wenn Sie gesunde, lebensfähige Exemplare wollen. Diesen Vorgang konnten nicht einmal die Beltrae verkürzen. Wie ich in meinen letzten Berichten dargelegt habe, ist es uns gelungen, die Ursache unserer ersten Fehlschläge genau zu eruieren und die notwendigen Korrekturen vorzunehmen. Zeitraubend, das ist mir klar, aber es lohnt die Mühe. Die zweiundzwanzig gentechnisch behandelten Prototypen, die wir im Moment haben, sind schon recht weit entwickelt. Wir alle« – ihre zarte Hand vollführte eine anmutige Geste, die sämtliche in dem riesigen Laborgebäude beschäftigten Techniker einschloß – »sind über diesen hohen Erfolgsgrad sehr erfreut.« Sie drehte ein wenig den Kopf, um eine über den Bildschirm flackernde Anzeige zu lesen. »Wir überwachen die Exemplare ohne Unterbrechung. Sie zeigen die gleichen Reaktionen wie die kleinen Tunnelschlangen, deren Entwicklung wir sehr gut durchschauen. Lassen Sie uns hoffen, daß alles reibungslos vonstatten geht. Bisher hatten wir unendlich viel Glück. Jetzt müssen Sie Geduld aufbringen.«

»Geduld«, wiederholte Paul ironisch. »Geduld ist Mangel-ware.«

Kitti hob in einer hilflosen Geste die Hände. »Die Embryos wachsen Tag für Tag. Windblüte und Bay verfeinern das Pro-gramm immer weiter. In zwei Tagen beginnen wir mit einer zweiten Gruppe. Wir werden die Manipulationen auch weiter-hin verbessern, sind stets auf Vervollkommnung bedacht. Wir stehen nicht still. Wir schreiten fort.

Unsere Aufgabe ist groß und höchst verantwortungsvoll. Man verändert nicht leichtfertig das Wesen und den Zweck eines Geschöpfes. Wie schon gesagt wurde, gebietet es die Klugheit, vorsichtig zu differenzieren, damit alles seinen Platz findet. Besonnenheit und Behutsamkeit sind unerläßliche Vor-aussetzungen für den Erfolg.«

Kitti entließ die beiden Führer mit einem hoheitsvollen Lächeln und wandte den schnell wechselnden Bildern auf den Monitoren wieder ihre ungeteilte Aufmerksamkeit zu. Paul und Emily verneigten sich ebenso höflich vor ihrem schmalen Rücken und verließen den Raum.

»Nun ja«, begann Paul und schüttelte seine Enttäuschung mit einem Achselzucken ab. »So ist es eben.«

»Welche Stadt wurde nicht an einem Tag erbaut, Paul?« fragte Emily schelmisch.

»Rom.« Paul grinste, weil sie über seine prompte Antwort so verwundert war. »Alte Erde, erstes Jahrhundert, glaube ich. Gute Kämpfer zu Lande und gute Straßenbauer.«

»Militaristen.«

»Ja«, sagte Paul. »Hmm ... Sie hatten auch eine besondere Methode, für Zufriedenheit im Volk zu sorgen. Zirkus nannten sie es. Ich überlege ...«

Am zweiundvierzigsten Tag nach dem Ersten Fädenfall – die Sporen würden unbewohnte Teile von Arabien und Cathay überqueren, ohne Schaden anzurichten, in das Nordmeer oberhalb von Delta fallen und die Westspitze von Dorado ver-fehlen – verfügten Admiral Benden und Gouverneurin Boll, daß alle einen Ruhetag einlegen sollten. Gouverneurin Boll bat die Leiter der einzelnen Abteilungen, die Arbeit so einzuteilen, daß jeder am nachmittäglichen Festmahl und am abendlichen Tanz teilnehmen konnte. Selbst die am weitesten entfernten Grundbesitzer wurden aufgefordert, zu kommen und so lange zu bleiben, wie es ihnen möglich war. Admiral Benden bat um zwei Geschwader von Freiwilligen, die um 9.30 Uhr den östlichen Korridor durchfliegen sollten, und um weitere zwei, die sich am frühen Abend bereithalten sollten, um den westlichen zu kontrollieren.

Die Plattform auf dem Freudenfeuerplatz war mit bunten Wimpeln geschmückt, und eine neue Planetenflagge flatterte an der Stange im Wind. Tische, Bänke und Stühle wurden um den Platz herum aufgestellt, die Mitte blieb frei für den Tanz. Fässer mit Quikal sollten angestochen werden, und Hegelman würde Bier brauen – niemand wollte daran denken, daß es vielleicht für lange Zeit das letzte sein würde. Joel Lilienkamp knauserte nicht und gab großzügig Vorräte heraus. »Bedankt euch bei den Kindern, die sie gesammelt haben! Kinderarbeit kann sehr einträglich sein«, grinste er. Die Fischer von Monaco Bay brachten kistenweise glänzende Fische und saftigen Seetang. Das alles sollte in den großen, nun schon so lange nicht mehr benützten Gruben schmoren; zwanzig Farmen steuerten ebensoviele Stiere bei, die man am Spieß braten wollte; Pierre de Courci hatte die ganze Nacht hindurch Kuchen gebacken und köstliches Naschwerk hergestellt. »Sollen doch lieber die Menschen fett werden als die Sporen!« Er war immer am glücklichsten, wenn er eine Großaktion leiten konnte.

»Es tut gut, Musik, Gesang und Gelächter zu hören«, murmelte Paul, als er mit Ongola von einer Gruppe zur anderen schlenderte.

»Ich glaube, es wäre nicht schlecht, das zu einer ständigen Einrichtung zu machen«, antwortete Ongola. »Die Leute hätten etwas, worauf sie sich freuen könnten. Man trifft alte Freunde wieder, Beziehungen werden gefestigt, jeder hat eine Chance, mal rauszukommen und zu vergleichen, wie es die anderen machen.« Er nickte einer Gruppe zu, die aus seiner Frau Sabra, Sallah Telgar-Andiyar und Barr Hamil-Jessup bestand, alle plauderten und lachten, und jede hatte ein schläfriges Kind auf dem Schoß. »Wir müssen uns öfter treffen.«

Paul nickte, dann schaute er auf seinen Chrono, fluchte leise und verließ das Fest, um die Freiwilligen gegen die Fäden im Westen zu führen.

Ongola war in etwas angeschlagener Verfassung, als er am nächsten Morgen seine Wache im Wetterbeobachtungsturm antrat. Er hatte sogar zuvor das Lazarett aufgesucht, wo ihm die Apothekerin eine Tablette gegen den Kater gegeben und ihm versichert hatte, daß er bei weitem nicht der einzige sei. Ihre Bemerkung über beunruhigende Ausfälle beim letzten Fädenfall hatte seine Kopfschmerzen freilich eher noch verschlimmert.

Der Bericht, der ihn im Wetterbeobachtungsturm erwartete, war gleichzeitig schockierend und überraschend. Ein Schlitten war völlig zerstört, die dreiköpfige Besatzung war tot; ein zweiter Schlitten war bei einem Frontalzusammenstoß in der Luft stark beschädigt worden, der Steuerbordschütze war tot, der Pilot und der Backbordschütze schwer verletzt. Jemand hatte sich nicht an die vorgegebenen Flughöhen gehalten. Ongola stöhnte unwillkürlich, als er die Verlustliste las: Becky Nielsen, Bergwerkslehrling, eben erst von der Großen Insel zurückgekehrt – bei Avril war sie doch besser aufgehoben gewesen; Bart Nilwan, ein vielversprechender junger Mechaniker, und Ben Jepson. Ongola rieb sich die Augen. Der zweite getötete Pilot war Bob Jepson. Zwei aus einer Familie. Diese Zwillinge! Vollführten halsbrecherische Kunststücke, anstatt sich an die Befehle zu halten. Verdammter Mist! Was sollte er ihren Eltern erzählen? Ein eher unbedeutender Fädenfall, hinterher wartete ein Fest, und sie kamen dabei um!

Ongola streckte die Hand nach dem Komgerät aus und wollte gerade die Nummer der Verwaltung wählen, als jemand zaghaft an die Tür klopfte.

»Herein!« rief er.

Catherine Radelin-Doyle stand mit großen Augen und blassem Gesicht vor ihm.

»Ja, Cathy?«

»Sir, Mr. Ongola ...«

»Eins von beiden reicht.« Er rang sich ein freundliches Lächeln ab. In Anbetracht der Schwierigkeiten, in die Cathy immer wieder geriet, angefangen damit, daß sie schon als Kind in Höhlen stolperte, bis hin zu der Tatsache, daß sie den größten Tunichtgut auf dem ganzen Planeten geheiratet hatte, war ihre Schüchternheit eigentlich nicht verwunderlich. Das arme Kind gehörte einfach zu den Leuten, denen ständig etwas zustieß, ohne daß sie das Geringste dazu getan hätte.

»Sir, ich habe eine Höhle gefunden.«

»Ja?« ermunterte er sie, als sie zögerte. Sie fand am laufenden Band Höhlen.

»Sie war nicht leer.«

Ongola richtete sich auf. »Waren eine Menge Treibstoffsäcke darin?« fragte er. Wenn Catherine die Höhle gefunden hatte, würde dann auch Avril darauf stoßen? Nein, Avril war kein solches Glückskind wie Catherine.

»Woher wissen Sie das denn, Mr. Ongola?« Ihr war ganz flau vor Erleichterung.

»Möglicherweise, weil ich weiß, daß sie da sind.«

»Tatsächlich? Ist das wahr? Ich meine, sie wurden nicht von ›ihnen‹ dorthin gebracht?«

»Nein, von uns.« Er wollte von Kenjos Hort so wenig Aufhebens wie möglich machen. Er hatte die ständig weniger werdenden Säcke gezählt und sich schon gefragt, warum Kenjo nach jedem Flug so mit sich zufrieden schien. Ongola warf einen schnellen Blick in die im Schatten liegende Regalecke, wo in einem Schaumstoffkasten die Steuerchips versteckt waren.

Catherine ließ sich plötzlich in den nächsten Stuhl sinken. »O Sir, Sie können sich nicht vorstellen, wie ich erschrocken bin. Ich dachte, es sei noch jemand da, schließlich wissen wir doch alle, wie wenig Treibstoff noch übrig ist. Und als ich dann sah ...«

»Aber du hast doch gar nichts gesehen, Catherine«, erklärte Ongola streng. »Überhaupt ·nichts. Unter diesem speziellen Spalt gibt es keine Höhle, die der Rede wert wäre, und du wirst mit niemandem ein Wort darüber sprechen. Ich werde es dem Admiral persönlich sagen. Aber du hältst den Mund.«

»Ja, Sir.«

»Diese Information darf keinesfalls – ich wiederhole, *darf keinesfalls* – an irgendwelche anderen Personen verraten werden.«

»Verstanden, Mr. Ongola.« Sie nickte mehrmals feierlich mit dem Kopf, dann lächelte sie strahlend. »Soll ich weitersuchen?«

»Ja, ich glaube, das wäre nicht schlecht. Und sieh zu, daß du etwas findest!«

»Das habe ich doch schon, Mr. Ongola, und Joel Lilienkamp sagt, es sind ausgezeichnete Lagerräume.« Ihr Gesicht verdüsterte sich kurz. »Aber er hat nicht gesagt, wofür.«

»Geh nur, Cathy, und suche etwas – anderes.«

Sie zog ab, und Ongola hatte gerade wieder angefangen, über die ersten schweren Verluste bei der Verteidigung nachzugrübeln, als Tarvi die Treppe heraufgestürmt kam.

»Es hat uns die ganze Zeit ins Gesicht gestarrt, Zi«, sagte er und schwenkte in seiner etwas überspannten Art die Arme. Sein Gesicht strahlte vor Begeisterung, obwohl seine Haut nach den Exzessen der letzten Nacht ein wenig grau wirkte.

»Was?« Ongola war nicht in Stimmung für Rätsel.

»Sie! Da!« Tarvi deutete aufgeregt durch das Nordfenster. »Die ganze Zeit.«

Wahrscheinlich lag es an den Kopfschmerzen, dachte Ongola, er hatte jedenfalls keine Ahnung, wovon Tarvi redete.

»Worum geht es eigentlich?«

»Die ganze Zeit plagen wir uns damit ab, Erz zu fördern, zu verhütten, zu gießen, wir schlagen uns damit Wochen um die Ohren, obwohl wir die ganze Zeit vor der Nase hatten, was wir brauchen.«

»Keine Rätsel, Tarvi, bitte!«

Tarvis ausdrucksvolle Augen weiteten sich erstaunt und bestürzt. »Ich gebe dir keine Rätsel auf, mein Freund Zi, sondern ich nenne dir die Quelle vieler kostbarer Metalle und anderer Materialien. Die Fähren, Zi, die Fähren können zerlegt und ihre Bestandteile für unseren spezifischen Bedarf hier und jetzt verwendet werden. Sie haben ihren Zweck erfüllt. Warum lassen wir sie auf der Wiese langsam verkommen?« Tarvi begleitete jeden Satz mit einem Schnippen seiner langen Finger, dann zog er Ongola, voll Ungeduld über dessen Begriffsstutzigkeit, in die Höhe und zeigte mit seinem langen, nicht ganz sauberen Zeigefinger direkt auf die Schwanzflossen der alten Fähren. »Da! Wir werden alles verwenden. Hunderte von Schaltkreisen, Kilometer geeigneter Kabel und Röhren, sechs kleine Berge wiederverwertbaren Materials. Hast du eine Ahnung, wieviel Zeug da drin ist?« Im nächsten Moment war die Begeisterung im Gesicht des Geologen erloschen. Er legte Ongola beide Hände auf die Schultern. »Wir können den Schlitten ersetzen, den wir heute verloren haben, auch wenn wir diese wundervollen jungen Leute nicht wieder zum Leben erwecken und die trauernden Familien nicht trösten können. Die Teile ergeben ein neues Ganzes.«

Die Arbeit dämpfte den Schmerz, den ganz Landing nach dem Verlust vier junger Leute empfand. Die beiden Überlebenden gestanden widerstrebend ein, daß sich die beiden Jepsonzwillinge gegen Ende des Fädenfalls ein paar lebensgefährliche Eskapaden geleistet hatten. Bens Schlitten war nach dem Fädenfall zur Wartung vorgemerkt, weil der letzte Pilot festgestellt hatte, daß er bei Backbordwendungen etwas träge reagierte, aber man hatte geglaubt, für einen Überwachungsflug sei er sicher genug.

Weitere derartige Kollisionen wurden durch diese Katastrophe freilich nicht verhindert, im Gegenteil, während der nächsten Fädeneinfälle häuften sie sich. Tarvis Crew begann, die erste Fähre zu zerlegen, und Fulmars Leute konnten aus der Fundgrube von Ersatzteilen die anderen Maschinen warten und reparieren.

Am längsten wurde immer noch in Kitti Pings Labor gearbeitet, die Entwicklung der Exemplare mußte ständig überwacht werden, um jede Abweichung vom Programm sofort festzustellen.

»Geduld«, lautete Kittis Antwort auf alle Fragen. »Alles geht gut voran.«

Drei Tage nach der Luftkollision entdeckte Windblüte, daß ihre Großmutter immer noch am Elektronenmikroskop saß und offenbar ein Präparat betrachtete. Aber als sie Kittis Arm berührte, hatte das unerwartete Folgen. Die zarten Finger, die locker auf der Tastatur lagen, rutschten weg, und der Körper sackte nach vorne, nur von dem Stützband gehalten, das ihn während der langen Sitzungen am Mikroskop an den Hocker gefesselt hatte. Windblüte stöhnte laut auf, fiel auf die Knie und drückte die winzige, kalte Hand an ihre Stirn.

Bay hörte ihr verzweifeltes Weinen und sah nach, was geschehen war. Sofort rief sie Pol und Kwan und telefonierte dann nach einem Arzt. Sobald Windblüte hinter der Trage mit der Leiche ihrer Großmutter den Raum verlassen hatte, nahm Bay ihre rundlichen Schultern zurück, trat an die Konsole und fragte den Computer, ob er sein Programm beendet habe.

PROGRAMM BEENDET, flimmerte es über den Bildschirm – fast entrüstet, ging es Bay trotz ihrer Trauer durch den Kopf. Sie tippte eine Informationsanfrage ein. Der Bildschirm zeigte eine verwirrende Folge von Berechnungen und endete mit der Aufforderung: KAPSEL SOFORT ENTFERNEN! HÖCHSTE GEFAHR!

Erstaunt erkannte Bay die Utensilien, die neben dem Elektronenmikroskop auf dem Arbeitstisch lagen. Kitti Ping hatte wieder Genmuster manipuliert, ein komplizierter Prozeß, den Bay trotz der Ermunterungen der Genetikerin ebenso beängstigend fand wie Windblüte. Kitti hatte also diese winzigen Veränderungen an den Chromosomen vorgenommen. Bay fröstelte, eine schreckliche Angst schüttelte sie. Sie preßte die Lippen aufeinander. Das war nicht der richtige Augenblick, um in Panik zu geraten. Sie durften nicht verlieren, was Kitti Ping aus dem Rohmaterial von Pern geschaffen hatte.

Mit nicht ganz ruhigen Händen öffnete sie den Mikrozylinder, entfernte die winzige Gelatinekapsel und legte sie in die von Kitti vorbereitete Kulturschale. Ein Schmerz, fast so heftig wie ein Messerstich, durchzuckte sie, und sie hätte sich fast gekrümmt, aber sie kämpfte ihre Erschütterung über die Erkenntnis nieder, daß Kit Ping Yung gestorben war, um diese veränderte Eizelle zu erzeugen. Sogar das Etikett lag schon bereit: Versuch 2684/16/M: Nukleus #22A; Mentasynthgeneration B2; Bor/Silikon System 4, Größe 2H; 16.204.8.

Allmählich faßte sich Bay, trug, so schnell es ihre zittrigen Beine gestatteten, das letzte Vermächtnis der genialen Technikerin in die Brutkammer und legte es vorsichtig neben die einundvierzig anderen Kapseln, die Perns ganze Hoffnung enthielten.

»*Das* war die zweite Sonde, die versagt hat«, erklärte Ezra Paul und Emily, und seine ruhige Stimme war heiser vor Enttäuschung. »Als die erste hochging, hielt ich es für eine Panne. Selbst das Vakuum schützt nicht vollkommen gegen Verfall. Sondenmotoren können fehlzünden, ihr Aufzeichnungsmechanismus kann irgendwie steckenbleiben. Also habe ich das Programm für die zweite Sonde noch verbessert. Sie kam genauso weit wie die erste, und dann wurden alle Lichter rot. Entweder ist die Atmosphäre so ätzend, daß sie sogar die Sondenlegierungen angreift, oder die Garage auf der *Yokohama* wurde irgendwie beschädigt und damit auch die Sonden. Ich weiß es nicht, Leute.«

Ezra neigte nicht zu heftigen Bewegungen, aber jetzt ging er mit großen Schritten in Pauls Büro auf und ab und fuchtelte mit den Armen herum wie eine Vogelscheuche im Sturm. Die Strapazen der letzten Tage hatten ihn altern lassen. Paul und Emily wechselten besorgte Blicke. Kitti Pings Tod, noch dazu so kurz nach den Schlittenkollisionen, war ein großer Schock gewesen. Alle hatten die Genetikerin trotz ihrer körperlichen Hinfälligkeit für unverwüstlich gehalten. Sie hatte den Eindruck vermittelt, sie sei unsterblich, aber dieser Eindruck hatte sich als falsch erwiesen.

»Wer hat doch noch die Theorie aufgestellt, daß uns jemand aus dem Weltraum bombardiert, um uns gefügig zu machen?« fragte Ezra, blieb unvermittelt stehen und starrte die beiden Führer an.

»Ach, Ezra, kommen Sie!« höhnte Paul. »Denken Sie doch mal nach, Mann! Wir stehen alle unter Druck, aber doch nicht so weit, daß wir den Verstand verlieren. Wir wissen alle, daß es Atmosphären gibt, die Sonden zerstören können und es auch schon getan haben. Außerdem ...« Er stockte, denn er wußte nicht, was er noch sagen sollte, um Ezra und sich selbst zu beruhigen.

»Außerdem ist der Organismus, der uns angreift«, fuhr Emily mit bewundernswerter Gelassenheit fort, »aus Kohlenwasserstoffen aufgebaut, und wenn er von diesem Planeten kommt, dann ist die Atmosphäre dort nicht ätzend. Ich tippe eher auf eine Panne.«

»Das ist auch meine Ansicht.« Paul nickte energisch mit dem Kopf. »Donnerwetter, Ezra, reden wir uns doch nicht noch mehr Probleme ein, als wir ohnehin schon haben.«

»Wir müssen« – Ezra schlug mit beiden Fäusten auf den Tisch – »diesen Planeten mit einer Sonde erforschen, das ist die einzige Möglichkeit, wie wir genügend Informationen bekommen können, um das Zeug zu bekämpfen. Die Hälfte der Siedler will wissen, wo es herkommt, um die Quelle zu zerstören, damit wir unser altes Leben wiederaufnehmen können. Den Schutt zusammenharken und alles vergessen.«

»Wem sagen Sie das, Ezra?« fragte Emily, legte leicht den Kopf schief und sah den Kapitän an, ohne mit der Wimper zu zucken.

Ezra erwiderte den Blick lange, dann richtete er sich aus seiner halb gebückten Haltung auf und lächelte verlegen.

»Sie haben zu lange am Interface gesessen, Ezra, und Sie haben schließlich nicht Däumchen gedreht, während die Programme liefen«, fuhr Emily fort.

»Meine Berechnungen sind beängstigend«, sagte er leise und sah sich nach allen Seiten um. »Wenn das Programm auch nur einigermaßen fehlerfrei arbeitet, und ich habe es fünfmal von Anfang bis Ende durchlaufen lassen, müssen wir uns mit den Sporen noch herumschlagen, wenn dieser rote Planet das innere System schon lange verlassen hat.«

»Und wie lange wird das sein?« Paul spürte, wie seine Finger sich um die Armlehnen krampften, und zwang sich, sie zu lockern, während er gleichzeitig versuchte, sich an irgendeine beruhigende Einzelheit in bezug auf Planetenumlaufbahnen zu erinnern.

»Meinen Ergebnissen nach zwischen vierzig und fünfzig Jahre!«

Emily verzog das Gesicht und schnappte überrascht nach Luft, dann atmete sie langsam aus. »Vierzig oder fünfzig Jahre, sagen Sie?«

»Wenn«, fuhr Ezra grimmig fort, »die Bedrohung tatsächlich von diesem Planeten ausgeht.«

Paul sah ihm fest in die Augen und bemerkte die tiefe Müdigkeit und Resignation darin. »Wenn? Gibt es noch eine Alternative?«

»Ich habe eine Trübung um den Planeten entdeckt, die nichts mit seiner Atmosphärenhülle zu tun hat. Einen Schleier, der sich hinter dem Wanderstern im System verteilt und an seiner Bahn entlangwirbelt. Das Teleskop vergrößert nicht so weit, daß ich Genaueres sagen könnte. Vielleicht handelt es sich auch um Weltraumschutt, um einen Nebelfleck, um die Reste eines Kometenschweifes, es könnte alle möglichen harmlosen Erklärungen dafür geben.«

»Und wenn es nicht harmlos ist?« fragte Emily.

»Es würde fast fünfzig Jahre dauern, bis dieser Schweif aus dem Orbit um Pern verschwindet, ein Teil wird in Rubkat stürzen – und der Rest, wer weiß?«

Lange Zeit schwiegen alle.

»Irgendwelche Vorschläge?« fragte Paul schließlich.

»Ja«, sagte Ezra, nahm mit einem Ruck die Schultern zurück und hob zwei Finger. »Wir fliegen zur *Yokohama*, stellen fest, was mit den Sonden los ist und schicken zwei davon zu dem Planeten, um so viele Daten zu bekommen, wie nur möglich. Die beiden anderen lassen wir an diesem Kometenstaub entlangfliegen, und mit dem stärkeren Weltraumteleskop auf der *Yokohama* versuchen wir, ohne Störung durch den Planeten seinen Ursprung und seine Zusammensetzung zu bestimmen.« Ezra verschränkte die Finger und knackte mit den Knöcheln, eine Angewohnheit, bei der Emily jedesmal ein Schauder über den Rücken lief. »Entschuldigung, Em.«

»Wenigstens ein positives Konzept«, bemerkte Paul anerkennend.

»Die große Frage ist, ob wir genügend Treibstoff haben, um

jemanden zur *Yoko* und wieder zurück zu bringen. Kenjo hat schon mehr Flüge gemacht, als ich für möglich gehalten hätte.«

»Er ist ein guter Pilot«, sagte Paul diskret. »Für das, was wir dazu brauchen, reicht es. Kenjo wird fliegen, wollen Sie mit?«

Ezra schüttelte langsam den Kopf. »Für solche Dinge ist Avril Bitra ausgebildet.«

»Avril?« fauchte Paul schroff, dann schüttelte er den Kopf und grinste säuerlich. »Avril ist die letzte, die ich in die *Mariposa* setzen würde, ganz gleich, aus welchem Grund. Selbst wenn wir wüßten, wo sie ist.«

»Tatsächlich?« Ezra sah Emily fragend an, aber die zuckte nur die Achseln. »Na, dann soll Kenjo beides machen. Nein«, verbesserte er sich. »Wenn mit den Sonden etwas nicht stimmt, brauchen wir einen guten Techniker. Stev Kimmer. Er ist wieder da, oder nicht?«

»Wer noch?« Paul kritzelte Namen auf einen Block, um Ezra nicht mit weiteren Verdächtigungen zu beunruhigen.

»Kenjo ist ein sehr fähiger Techniker«, betonte Emily.

»Aus Sicherheitsgründen sollte der Auftrag von zwei Leuten durchgeführt werden«, beharrte Ezra stirnrunzelnd. »Wir müssen die Ergebnisse bekommen, wir brauchen sie dringend.«

»Zi Ongola«, schlug Paul vor.

»Ja, das ist genau der richtige Mann«, stimmte Ezra zu. »Wenn er auf Schwierigkeiten stößt, kann ich Stev als fachkundigen Berater ans Interface setzen.«

»Hm, vierzig Jahre?« Emily sah zu, wie Paul die beiden Namen, für die man sich schließlich entschieden hatte, auf dem Block unterstrich. »Einiges länger, als wir gerechnet hätten, mein Freund. Wir sollten anfangen, unsere Nachfolger einzuarbeiten.«

Unwillkürlich wanderten ihre Gedanken zu Windblüte, die ganz offensichtlich zu schwach war, um die Arbeit fortzusetzen, die ihre Großmutter begonnen hatte.

Avrils Mißtrauen wurde nicht durch etwas geweckt, was sie hörte, obwohl das, was sie nicht hörte, ebenso bedeutsam war, sondern durch das, was sie in den langen Stunden am Schlittenteleskop sah. Es war normalerweise auf die am anderen Ende des Landegitters stehende *Mariposa* gerichtet. Kenjo hatte bisher vor jedem seiner Flüge am Abend die Maschine von außen und von innen inspiziert. Fusi Pingelig! Der Spitzname war nicht nur spöttisch gemeint, denn sie konnte sich einfach nicht vorstellen, wie es ihm gelungen war, die kleine Treibstoffreserve in den Tanks der *Mariposa* so weit zu strecken. Letzte Nacht hatte sie beobachtet, daß um die Gig herum einiges los war, aber von Kenjo war nichts zu sehen gewesen. Da keiner der beiden Monde schien, hatte sie eigentlich nur sich bewegende Schatten erkennen können, die auf Aktivität hindeuteten, und war sehr nervös geworden. Beruhigend fand sie nur, daß es sich um mehrere Gestalten handelte. Aber niemand bestieg das Raumschiff, was wiederum verwirrend war.

Im ersten Morgengrauen, so früh, daß sich noch kein Lastesel am Skelett der Fähre zeigte, die während der ganzen Woche das Zentrum reger Betriebsamkeit gewesen war, beobachtete sie überrascht, daß sich Fulmar Stone und Zi Ongola dem Schiff näherten. Das wochenlange Warten hatte ihre Nerven aufs äußerste angespannt, und jetzt entfernte sie hastig die Schutzhülle über ihrem Schlitten und bereitete alles für einen schnellen Start vor. Mit Höchstgeschwindigkeit konnte sie das Landegitter in weniger als fünfzehn Minuten erreichen. Der morgendliche Verkehr würde ihr auf dem Weg nach Landing genügend Deckung bieten.

Einen Augenblick lang wurde sie unsicher. Vielleicht waren bei der *Mariposa* irgendwelche Probleme aufgetreten, und man zerlegte die Fähre, weil man Ersatzteile brauchte. Kenjo hatte vor drei Tagen einen Flug absolviert und war auf gewohnt sparsame Weise gestartet und gelandet. Eines mußte sie ihm lassen – er glitt so sanft herein, daß er überhaupt keinen Schub brauchte. Nur, wo bekam er eigentlich den Treibstoff für den Start her?

Die drei Männer schlüpften schnell, fast verstohlen in das kleine Raumschiff und schlossen die Luftschleuse. Nun, zu den Triebwerken gelangte man durch Platten an der Außenseite, also kein Grund zur Aufregung. Die beiden blieben drei Stunden im Innern des Schiffs, lange genug für eine vollständige Überprüfung der internen Systeme. Das deutete freilich nicht auf einen gewöhnlichen Flug hin. Vielleicht war die *Mariposa* doch defekt. Dann sollte Kenjo der Teufel holen. Sie brauchte die *Mariposa* in raumtüchtigem Zustand. Avril fluchte.

Oder war Kenjo etwas zugestoßen, so daß jetzt Ongola das Schiff übernahm? Aber wie? Viel Treibstoff konnte nicht mehr übrig sein. Warum überprüften sie also die internen Systeme? Warum wollten sie noch eine Spritztour unternehmen? Ungehalten beendete Avril ihre Startvorbereitungen.

Sallah Telgar-Andiyar saß auf der schattigen, überdachten Veranda des Hauses von Mairi Hanrahan am Asienplatz und fütterte ihre kleine Tochter, als sie eine Gestalt den Weg entlanggehen sah, die ihr bekannt vorkam. Sie trug einen weiten Overall und eine Schirmmütze, die sie tief ins Gesicht gezogen hatte, aber dem Gang nach war es unverkennbar Avril, besonders von hinten. Die verschmierten Hände, das Klemmbrett, das Auspuffrohr, das so demonstrativ in einer Hand getragen wurde, konnten Sallah nicht beirren. Es war Avril, und sie mußte schon einen triftigen Grund haben, um sich die Hände schmutzig zu machen. Seit sie die Große Insel verlassen hatte, war sie wie vom Erdboden verschwunden. Sallah sah ihr nach, bis Avril sich in das Gedränge der Techniker am Hauptdepot mischte, die um Ersatzteile und andere Dinge anstanden.

Seit Sallah Avrils Gespräch mit Kimmer belauscht hatte, war ihr klar, daß die Frau versuchen würde, Pern zu verlassen. Wußte Avril von Kenjos Treibstofflager? Gereizt schüttelte Sallah den Kopf. Cara blinzelte und starrte ihre Mutter mit ihren großen, braunen Augen ängstlich an.

»Entschuldige, mein Schatz, aber deine Mutter ist mit ihren Gedanken meilenweit weg.« Sallah häufte Püree auf den Löffel und schaufelte es in Caras gehorsam aufgesperrtes Mäulchen. Nein, sagte sie sich nachdrücklich, weil sie es so gern glauben wollte, Avril konnte den Treibstoff nicht entdeckt haben: sie war zu sehr damit beschäftigt gewesen, auf der Großen Insel nach Edelsteinen zu suchen. Wenigstens bis vor drei Wochen. Und wo hat sie sich seither versteckt? fragte sich Sallah. Hat sie beobachtet, wie oft Kenjo mit der *Mariposa* geflogen ist? Dann hatte Avril Bitra sich bestimmt einige Gedanken gemacht.

Nun, Sallah mußte ohnehin bald ihren Dienst antreten, und wie es der Zufall so wollte, stand der Schlitten, den sie warten sollte, auf dem Gitter. Sie würde die *Mariposa* und jeden, der sich ihr näherte, ungehindert beobachten können. Wenn Avril sich irgendwo zeigte, würde sie Alarm schlagen.

Es war nicht die Rede davon gewesen, daß Kenjo noch einen Versuch machen sollte, in der Atmosphäre Sporen zu vernichten. Außerdem wurden seine Flüge gewöhnlich so angesetzt, daß er das morgendliche Startfenster nützen konnte, und Sallahs Schicht begann sehr viel später.

Dann ging alles sehr schnell. Sallah näherte sich dem Schlitten, den sie warten sollte, als Ongola und Kenjo in Raumanzügen den Turm verließen, begleitet von Ezra Keroon, Dieter Clissmann und zwei anderen Gestalten in Overalls, der Haltung nach Paul und Emily, wie Sallah erstaunt feststellte. Ongola und Kenjo schienen gerade letzte Anweisungen zu erhalten. Dann gingen sie fast gemächlich auf die *Mariposa* zu, während die anderen in den Wetterbeobachtungsturm zurückkehrten. Plötzlich kam eine andere Gestalt in einem Raumanzug über das Gitter, als wolle sie Ongola und Kenjo den Weg abschneiden. Sogar in der weiten Raumkleidung war Avrils Gang unverkennbar!

Sallah schnappte sich den nächsten großen Schraubenschlüssel und begann zu laufen. Ongola und Kenjo verschwanden hinter einem Stapel von Schlittenteilen am Rand des Feldes. Auch Avril hatte zu laufen begonnen, und Sallah steigerte ihr Tempo. Sie verlor Ongola und Kenjo aus den Augen und sah gerade noch, wie Avril eine kurze Eisenstrebe von dem Stapel nahm, dann war auch sie verschwunden.

Als Sallah um den Stapel herumkam, sah sie Kenjo und Ongola flach auf dem Boden liegen. Kenjos Kopf und Ongolas Schulter und Hals waren blutüberströmt. Sallah spurtete los und duckte sich dabei hinter die Schrotthaufen, die zwischen ihr und der *Mariposa* lagen. Auf diese Weise erreichte sie die Gig gerade in dem Moment, als die Luftschleuse sich schloß. Sie sprang mit einem Satz hinein und spürte noch, wie etwas über ihren linken Fuß schrammte. Dann hörte sie ein gewaltiges Zischen und verlor die Besinnung.

Mairi Hanrahan wunderte sich, als Sallah zur Mittagszeit nicht anrief, um ihr zu sagen, daß sie sich verspäten würde. Da so viele Kleinkinder zu füttern waren, bemühte sich jede Mutter, zu den Mahlzeiten da zu sein. Mairi beauftragte eines ihrer älteren Kinder, Cara zu füttern, und dachte sich, es gebe sicher einen wichtigen Grund für Sallahs Ausbleiben.

Niemand von den Leuten im Wetterbeobachtungsturm oder im Verwaltungsgebäude rechnete damit, daß Ongola oder Kenjo sich meldeten, solange die Gig sich in der Ionosphäre befand. Ezra saß am Interface, hatte per Sprachsteuerung die Monitorschirme an Bord der *Yokohama* aktiviert und konnte so den Flug verfolgen. Die *Mariposa* näherte sich schnell dem Schiff und erreichte bald die Andockluke. »Gut angekommen«, teilte Ezra über Funk dem Turm und dem Verwaltungsgebäude mit.

Eine halbe Stunde später kamen Kinder, die am Rand des Landegitters gespielt hatten, schreiend zu ihrem Lehrer gelaufen und berichteten etwas von toten Männern. Wie sich herausstellte, war Ongola jedoch noch am Leben. Paul traf sich mit dem Ärzteteam im Lazarett.

»Er wird durchkommen, aber er hat sehr viel Blut verloren«, erklärte der Doktor. »Was zum Teufel ist mit ihm und Kenjo passiert?«

»Wie wurde Kenjo getötet?« fragte Paul.

»Mit einem stumpfen Gegenstand, wie in alten Zeiten. Die Sanitäter haben in der Nähe eine blutverschmierte Eisenstrebe gefunden. Das war es vermutlich. Kenjo hat überhaupt nichts mitbekommen.«

Paul war nicht sicher, ob es ihm anders erging, denn plötzlich wollten ihn seine Beine nicht mehr tragen. Der Arzt winkte hastig einen der Sanitäter heran, damit er dem Admiral auf einen Stuhl half, und schenkte ein Glas Quikal ein.

Paul versuchte, die hilfsbereiten Hände abzuschütteln. Er war zutiefst betroffen. Für Kenjos Verlust gab es kein Gegenmittel, obwohl das verdammte Quikal den ersten Schock milderte. Während er den Alkohol hinunterkippte, beschäftigte ihn unwillkürlich die Frage, wo Kenjo wohl den Rest des Treibstoffs versteckt hatte. Warum, haderte er mit sich selbst, hatte er den Mann nicht früher gefragt? Vor oder nach Kenjos letzten Flügen mit der *Mariposa* hätte er so oft Gelegenheit dazu gehabt. Als Admiral wußte er genau, wieviel Treibstoff beim letzten Flug noch in der Gig gewesen war. Jetzt war es zu spät! Es sei denn, Ongola wußte Bescheid. Er hatte Paul gegenüber erwähnt, im ursprünglichen Versteck sei nicht mehr viel übrig, aber Kenjo habe die *Mariposa* nachgetankt. Die Zahlen, die Sallah zu Anfang gemeldet hatte, deuteten auf sehr viel größere Mengen hin, als Paul neulich nachts in der Höhle gesehen hatte. Nun, das veruntreute Gut – ja, das war der richtige Ausdruck – war schließlich doch noch der richtigen Verwendung zugeführt worden. Vielleicht wußte Kenjos Frau, wo er den Rest gelagert hatte.

Mit diesem Gedanken tröstete sich Paul. Kenjos Frau wußte bestimmt, ob es auf der Honshu-Besitzung noch weitere Treibstoffsäcke gab. Aber jetzt mußte er sich mit dem unmittelbar anstehenden Problem beschäftigen. Ein Mann war ermordet worden, und ein zweiter war dem Tode nahe, und das auf einem Planeten, auf dem es bis zu diesem Augenblick kein Kapitalverbrechen gegeben hatte.

»Ongola wird es überleben«, sagte der Arzt und schenkte Paul noch einmal ein. »Er hat eine phantastische Konstitution, und wir werden jedes erforderliche Wunder wirken. Wahrscheinlich hätten wir auch Kenjo retten können, wenn wir früher gekommen wären. Hirntod. Trinken Sie das – Sie sehen miserabel aus.«

Paul leerte das Glas und stellte es mit entschlossenem Schwung ab. Dann holte er tief Luft und stand auf. »Danke, es geht wieder. Kümmern Sie sich lieber um Ongola. Wir müssen wissen, was passiert ist, sobald er das Bewußtsein wiedererlangt. Und möglichst keine Gerüchte, Leute!« bat er die übrigen Anwesenden.

Er verließ den Notaufnahmeraum und wandte sich sofort dem Gebäude zu, wo Ezra am Interface saß. Unterwegs grübelte er über das Rätsel nach, gegen das sich sein in geordneten Bahnen verlaufendes Denken sträubte. Er hatte die *Mariposa* starten sehen. Wer hatte sie geflogen? Er holte Emily von ihrem Büro ab und berichtete ihr von der Katastrophe. Ezra war überrascht, als der Admiral und die Gouverneurin bei ihm auftauchten; der Flug der *Mariposa* sollte als Routineangelegenheit behandelt werden.

»Kenjo ist tot und Ongola schwer verletzt, Ezra«, sagte Paul, sobald er die Tür hinter sich geschlossen und versperrt hatte. »Wer fliegt also die *Mariposa*?«

»Bei allen Göttern im Himmel!« Ezra sprang auf und zeigte auf den Monitor, auf dem die sicher angedockte Gig deutlich zu erkennen war. »Der Flug war so berechnet, daß er das richtige Fenster erwischte, aber das Andocken sollte dem Piloten überlassen werden. Es hat alles perfekt geklappt. Das schafft nicht jeder.«

»Ich werde nachprüfen, wo sich die einzelnen Piloten aufhalten, Paul«, sagte Emily und griff nach einem Hörer.

Paul starrte auf den Monitor. »Ich glaube, das ist nicht nötig. Ruf –« Paul hatte ›Ongola‹ sagen wollen und fuhr sich nun mit der Hand über das Gesicht. »Wer ist im Wetterbeobachtungsturm?«

»Jake Chernoff und Dieter Clissmann«, meldete Emily.

»Dann frag Jake, ob irgendwelche nicht umgebauten Schlitten auf dem Gitter stehen. Stell genau fest, wo sich Stev Kimmer, Nabhi Nabol und Bart Lemos befinden. Und« – Paul hob warnend die Hände – »ob Avril Bitra irgendwo gesehen wurde.«

»Avril?« wiederholte Ezra und machte gleich wieder den Mund zu.

Plötzlich stieß Paul einen Schwall von so wüsten Beschimpfungen aus, daß sogar Ezra ihn entgeistert ansah, und verließ türenknallend den Raum. Emily konzentrierte sich darauf, die Piloten zu suchen, und hatte sie alle gefunden, als Paul zurückkehrte und sich schwer atmend gegen die geschlossene Tür lehnte.

»Wo Stev, Nabhi und Lemos sind, wissen wir. Wo warst du?« fragte Emily.

»Ich habe Ongolas Raumanzug durchsucht. Doc sagt, er wird sich von seinen Verletzungen erholen. Die Strebe hätte fast seinen Schultermuskel durchtrennt und ihn zum Krüppel gemacht. Aber –« Paul hielt mit Daumen und Zeigefinger einen kleinen Kristallwürfel in die Höhe. »Mit der *Mariposa* wird niemand sehr weit kommen.« Er nickte grimmig, als Ezra erkannte, was der Admiral in der Hand hatte. »Eines der wichtigeren Teile des Steuersystems! Ongola hatte es noch nicht wieder eingebaut.«

»Aber wie konnte dann – Avril?« Emily wartete auf eine Bestätigung. Paul nickte langsam. »Ja, es muß Avril sein, nicht wahr? Aber was will sie auf der *Yoko*?«

»Der erste Schritt, um das System zu verlassen, Emily. Wir waren sträflich leichtsinnig. Ja, ich weiß, wir haben dies hier«, gab er zu, als Emily auf den Chip deutete. »Aber wir hätten nicht zulassen dürfen, daß es überhaupt so weit kommt. Und wir wußten doch alle, was für ein Mensch sie ist. Sallah hat uns gewarnt, und die ganzen Jahre ...«

»Und die ungewöhnlichen Ereignisse in jüngster Zeit«, warf Ezra ein und deutete damit behutsam an, Paul brauche sich nicht in Selbstzerfleischung zu üben.

»Wir hätten die *Mariposa* bewachen müssen, solange auch nur ein Tropfen Treibstoff in den Tanks war.«

»Wir hätten auch so schlau sein sollen, Kenjo zu fragen, woher er all den Treibstoff hatte«, fügte Ezra hinzu.

»Das war uns bekannt«, grinste Emily.

»Das war bekannt?«

»Wenigstens ist Ongola kein Risiko eingegangen«, fuhr Paul fort und zuckte zusammen, als er sich an die zerschmetterte Schulter des Mannes erinnerte. »Dies«, – er legte den Steuerchip sehr vorsichtig auf das Regal über dem Computer –, »war Ongolas spezielle Vorsichtsmaßnahme, und sie wurde mit Kenjos vollem Einverständnis getroffen.«

Emily ließ sich schwer in den nächsten Stuhl fallen. »Und wo stehen wir jetzt?«

»Ich würde sagen, Avril ist am Zug.« Ezra schüttelte traurig den Kopf. »Sie hat mehr als genug Treibstoff, um wieder runterzukommen.«

»Das ist nicht ihre Absicht«, sagte Paul.

»Leider«, erklärte Emily, »hat sie eine Geisel, ob sie es weiß oder nicht. Sallah Telgar-Andiyar wird ebenfalls vermißt.«

Als Sallah wieder zu sich kam, fühlte sie sich elend, und ihr linker Fuß schmerzte heftig. Jemand hatte ihr die Hände auf dem Rücken gefesselt und sie mit den ebenfalls gefesselten Füßen verbunden, so daß sie sich nicht bewegen konnte. Sie schwebte frei im Raum und berührte nur mit der Seite leicht den Boden des Raumschiffs; die Schwerelosigkeit verriet ihr, daß sie sich nicht mehr auf Pern befand. Sie vernahm ein rhythmisches, aber unangenehmes Geräusch im Hintergrund, außerdem rutschten verschiedene Gegenstände klappernd hin und her.

Dann identifizierte sie die gräßlichen, monotonen Geräusche: Avril Bitra fluchte.

»Was zum Teufel hast du mit den Steuersystemen gemacht, Telgar?« fragte sie und trat der Gefesselten in die Rippen.

Der Tritt ließ Sallah in die Höhe schweben, bis sie nur wenige Zentimeter vom Gesicht der tobenden Avril Bitra entfernt war. Daß sie überhaupt atmen konnte, lag vermutlich daran, daß die Kabine der *Mariposa* ihre eigene Sauerstoffversorgung hatte. Kenjo hatte die Tanks doch sicher bis zum Rand gefüllt? fragte sie sich in kurz aufflackernder Panik, während sie dicht vor Avril weiter in die Höhe schwebte. Die Astrogatorin trug einen Raumanzug; der Helm lag griffbereit auf dem Regal über dem Pilotensitz.

Avril packte Sallahs Arm. »Was weißt du davon? Sag es mir, und zwar schnell, oder ich werfe dich raus, das spart Atemluft!«

Sallah zweifelte nicht daran, daß diese Frau zu so etwas fähig war. »Ich weiß von gar nichts, Avril. Ich habe gesehen, wie du Ongola und Kenjo aufgelauert hast, und da wußte ich, daß du etwas im Schilde führst. Also bin ich dir gefolgt und konnte gerade noch vor dem Start in die Luftschleuse schlüpfen.«

»Du bist mir gefolgt?« Avrils Faust schnellte vor, durch den Aufprall wurden die beiden Frauen auseinandergetragen. Avril hielt sich an einem Handgriff fest. »Wie konntest du es wagen?«

»Ich hatte dich monatelang nicht gesehen und wollte gerne wissen, wie es dir geht, und da dachte ich, es sei eine gute Idee.« Jetzt ist schon alles egal, dachte Sallah. Es war ihr nicht möglich, die Achseln zu zucken. Was war nur mit ihrem Fuß passiert? Er schmerzte entsetzlich.

»Verdammte Schweinerei. Du hast diese verfluchte Kiste geflogen. Wie kann ich die vor dem Flug eingegebenen Anweisungen aufheben? Du mußt das doch wissen.«

»Vielleicht, wenn du mich an die Konsole läßt.« Sie sah erst Hoffnung und dann einen irren Funken des Zweifels in Avrils Augen aufflackern. Sallah log nicht. »Wie soll ich das von hier aus sagen können? Ich weiß nicht, wo wir sind. Ich bin doch auch nur mit Schlitten gegen Fäden geflogen.« Selbst wenn jemand leicht paranoid war, mußte er merken, daß das die Wahrheit war. Sallah nahm sich vor, ganz behutsam vorzugehen. »Laß mich wenigstens mal sehen.«

Sie bat nicht darum, losgebunden zu werden, obwohl sie sich das verzweifelt wünschte. Beim Sprung in die Kabine mußte sie sich die rechte Schulter geprellt haben, und jetzt hatten sich alle Muskeln schmerzhaft verkrampft.

»Bilde dir ja nicht ein, daß ich dir die Fesseln abnehme«, warnte Avril und gab Sallah einen verächtlichen Schubs, der diese quer durch die Kabine trug. Dann packte sie einen Handgriff und korrigierte die Richtung der sich hilflos Drehenden, bis Sallah schmerzhaft gegen die Steuerkonsole prallte. »Jetzt sieh es dir an!«

Sallah gehorchte, obwohl sie fast mit dem Kopf nach unten in der Luft hing, was nicht gerade die ideale Stellung war. Sie mußte scharf nachdenken, denn Avril hatte Fähren geflogen und verstand etwas von ihren Systemen. Die kleine *Mariposa* war allerdings für interplanetarische Entfernungen gebaut, konnte an den verschiedensten Raumstationen oder Raumschiffen andocken und hatte komplizierte Steuerelemente, die es ihr gestatteten, eine große Anzahl von Manövern im Weltraum und auf Planetenoberflächen auszuführen. Sallah hatte die leise Hoffnung, daß ein Teil dieser Instrumente Avril unbekannt sein würde.

»Um festzustellen, was das Schiff eben gemacht hat«, erklärte sie, »mußt du den Wiederholungsknopf in der unteren grünen Reihe drücken. Nein, backbord.«

Avril riß so heftig an ihrem Arm, daß ihre ohnehin schon überdehnten Muskeln schmerzhaft protestierten und sie mit dem Kopf gegen das Beobachtungsfernrohr stieß. Ihr langes, aufgestecktes Haar löste sich und schwebte ihr ins Gesicht.

»Spiel hier nicht den Schlaukopf!« fauchte Avril, und hielt den Finger über dem richtigen Knopf. »Ist es der hier?«

Sallah nickte und wurde wieder abgetrieben. Avril drückte mit einer Hand auf den Knopf, zog sie mit der anderen zurück und faßte wieder nach ihrem Handgriff.

Jede Aktion ruft eine Reaktion hervor, dachte Sallah. Sie mußte jetzt scharf überlegen, trotz ihrer Schmerzen und des Schwindelgefühls.

Auf dem Monitor erschien der Plan der vor dem Flug eingegebenen Befehle.

»Die *Mariposa* wurde darauf programmiert, hier an der *Yoko* anzudocken.« Es war immerhin angenehm zu wissen, wo man war, dachte Sallah. »Ab dem Moment, in dem die Triebwerke eingeschaltet wurden, konnte man den Kurs nicht mehr korrigieren.«

»Na schön«, sagte Avril jetzt in ganz anderem Tonfall. »Ich wollte sowieso zuerst hierher. Nur wäre ich lieber allein gewesen.« Sallah konnte zwar nichts sehen, weil ihr die Haare vor den Augen schwebten, aber sie spürte, wie die Spannung der anderen nachließ. Wut und Enttäuschung waren aus Avrils Gesicht gewichen, und es hatte einen Teil seiner früheren Schönheit zurückgewonnen. »In diesem Fall brauche ich dich hier nicht mehr.« Avril versetzte Sallah einen genau berechneten Stoß, der sie bis ans gegenüberliegende Ende der Kabine trug, wo sie, ohne sich zu verletzen, gegen die Wand prallte und in der Luft verharrte. »Ich mache mich jetzt an die Arbeit.«

Wie lange Sallah so im Raum schwebte, wußte sie nicht. Es gelang ihr, mit einer Kopfdrehung die Haare, die ihr die Sicht verdeckten, in eine andere Richtung zu lenken, aber sehr viel mehr wagte sie nicht zu tun – jede Aktion rief eine Reaktion hervor, und sie wollte Avril nicht auf sich aufmerksam machen. Eigentlich tat ihr alles weh, aber der Schmerz in ihrem Fuß war fast unerträglich.

Avril stieß einen Strom empörter Beschimpfungen aus. »Kein einziges Programm läuft, verdammtes Pech. Nichts funktioniert!«

Sallah konnte gerade noch den Kopf einziehen, als Avril auf sie zugeschossen kam. Dafür begann sie unkontrolliert zu rotieren, und Avril setzte ihr noch mit einem schadenfrohen Lachen zu, bis Sallah zu würgen begann.

»Du verdammte Hure!« Avril bremste die Drehung ab, um zu verhindern, daß noch mehr Erbrochenes durch die Luft schwebte. »Na schön! Wenn das so ist, du weißt also, was ich wissen muß, und du wirst es mir sagen, oder ich bringe dich zentimeterweise um.« Ein Raumfahrermesser mit vielen in den Griff eingeklappten Werkzeugen fuhr über Sallahs Nasenrücken.

Dann durchschnitt die Klinge unsanft die Fesseln an ihren Händen und Füßen. Das gestaute Blut schoß ihr durch die Adern, und ihre überdehnten Muskeln machten sich schmerzhaft bemerkbar. Wenn sie nicht im freien Fall gewesen wäre, wäre sie zusammengebrochen. So aber begann sie vor Schmerzen zu schluchzen und zu zittern.

»Zuerst putzt du deine Kotze auf«, befahl Avril und stieß einen Toiletteneimer zu ihr hin.

Sallah gehorchte, sie war froh über die Schwerelosigkeit, froh, daß sie die Fesseln los war, und fragte sich schon wieder, was sie tun konnte, um die Oberhand zu gewinnen. Sie hatte jedoch nicht lange Gelegenheit, ihre Freiheit zu genießen, denn Avril hatte noch andere Mittel auf Lager, um sich die Kooperation ihrer Gefangenen zu sichern.

Ehe Sallah wußte, wie ihr geschah, hatte die Astrogatorin ein Seil an ihrem verletzten Fuß befestigt und riß daran. Ein stechender Schmerz jagte durch Sallahs Bein und hinauf bis in ihre Lenden. Sie hatte nicht mehr genug im Magen, um sich zu übergeben. Avril zog sie mit einem Ruck zur Konsole hinüber, stieß sie in den Pilotensessel und band sie dort fest, wobei sie immer wieder an ihrem improvisierten Führungsseil zog, um Sallah an ihre Hilflosigkeit zu erinnern.

»Jetzt sieh nach, wieviel Treibstoff an Bord ist und wieviel sich in den Tanks der *Yoko* befindet – ich habe das schon gemacht, ich kenne die Zahlen, also komm mir nicht mit irgendwelchen Tricks.« Ein weiterer Ruck an Sallahs verletztem Fuß unterstrich die Drohung. »Dann gib ein Programm ein, das mich aus diesem verdammten Misthaufen von einem System rausbringt.«

Sallah tat wie verlangt, obwohl sie Kopfschmerzen hatte und ihr wiederholt alles vor den Augen verschwamm. Als sie sah, welche Menge Treibstoff sich in den Tanks der *Mariposa* befand, konnte sie ihre Überraschung nicht verbergen.

»Ja, da hat jemand gehortet. Warst du es?« Wieder ein Ruck am Seil.

»Vermutlich Kenjo.« Sallah unterdrückte einen Aufschrei und antwortete ganz ruhig. Sie war fest entschlossen, Avril keinerlei Genugtuung zu geben.

»Fusi Pingelig? Ja, das könnte passen. Es kam mir gleich komisch vor, daß er so zahm geworden sein soll! Wo hat er das Zeug versteckt?« Das Seil spannte sich. Sallah mußte sich fest auf die Unterlippe beißen, um nicht aufzuschluchzen.

»Wahrscheinlich auf seinem Anwesen. Es liegt am Ende der Welt. Niemand kommt jemals hin. Dort könnte er alles verstecken.«

Avril schnaubte wütend, sagte aber nichts mehr. Sallah zwang sich, tief durchzuatmen, um die Adrenalinproduktion anzuregen und besser gegen den Schmerz, die Müdigkeit und die Angst ankämpfen zu können.

»Na schön, dann programmiere mir einen Kurs nach ...« Avril sah in einem Notizbuch nach. »Hierhin.«

Nur weil Sallah die Koordinaten schon kannte, wußte sie, worum es ging. Avril wollte das nächstgelegene System erreichen, das zwar unbewohnt war, sich aber näher an den besiedelten Raumsektoren befand. Auf diesem Kurs würde die *Mariposa* den gesamten verfügbaren Treibstoff verbrauchen, auch wenn Avril noch die Tanks der *Yoko* leerte. Der Gedanke, daß das kleine Schiff vielleicht jahrhundertelang dahintrieb, während Avril ruhig und sicher im Tiefschlaf lag, tröstete Sallah nicht. Es sei denn, Ongola hätte sich auch an den Kälteschlaftanks zu schaffen gemacht. Die Vorstellung gefiel ihr, aber sie kannte Ongola zu gut, als daß sie ihm so viel Weitblick zugetraut hätte.

Leider wurden die Avrils der Galaxis in jeder Zeit und in jeder Kultur schnell heimisch. Wenn Avril also in Tiefschlaf ging, würde irgendwann jemand oder etwas sie und die *Mariposa* retten. Sallah wußte, ohne es sehen zu müssen, daß die Astrogatorin an Bord der *Mariposa* ein riesiges Vermögen an Juwelen und Edelmetallen mitführte. Niemand hatte je daran gezweifelt, warum sich Avril ausgerechnet die Große Insel ausgesucht hatte, aber es hatte niemanden weiter interessiert. Wer hätte aber auch gedacht, daß sie so aberwitzig sein könnte, Pern verlassen zu wollen, selbst wenn die Sporen den Planeten bedrohten?

Sallah fragte sich zwar, warum Avril, die immerhin Astrogatorin war, einen so simplen Kurs nicht selbst hatte einprogrammieren können, aber sie wehrte sich nicht. Sie hatte schließlich mehr Erfahrung mit dem Bordcomputer der *Mariposa*. Aber das Programm wurde nicht akzeptiert. ERROR 259 IN ZEILE 57465534511 lautete die Meldung.

Avril riß hart am Seil, und Sallah zog zischend die Luft ein, als ein brennender, fast unerträglicher Schmerz durch ihren Fuß schoß.

»Versuch es noch mal! Es gibt doch mehrere Möglichkeiten, einen Kurs einzugeben.«

Sallah gehorchte. »Ich muß die bestehenden Parameter umgehen.«

»Du kannst meinetwegen das ganze verdammte Ding löschen, aber gib mir diesen Kurs ein«, verlangte Avril.

Während Sallah sich daranmachte, auf einem mühsamen Umweg ins Befehlszentrum des Kurscomputers vorzudringen, wurde ihr bewußt, daß Avril sich von dem Regal, auf dem auch ihr Helm lag, einen langen, schmalen Zylinder geholt hatte. Sie spielte damit herum, summte tonlos vor sich hin und schien sehr zufrieden mit sich selbst.

Als Sallah schließlich auf die ›Return‹-Taste drückte, betrachtete Avril mit gespannter Aufmerksamkeit die flackernde Konsole, und Sallah riskierte einen Blick auf das Ding, mit dem sie gespielt hatte. Es war eine selbstgebaute Kapsel. Keine Peilkapsel – die waren dicker und länger –; es glich eher einem Standardfunkfeuer. Plötzlich durchschaute sie Avrils Plan.

Avril würde sich mit der *Mariposa* so weit vom Rubkat-System entfernen wie nur möglich, und dann mit dem Funkfeuer einen Notruf auf die Raumfahrtstraßen richten. Alle Planetensysteme, die Verbindung zur Konföderation Vernunftbegabter Rassen hatten, und auch einige Lebensformen, bei denen das nicht der Fall war, würden einen Notruf bis zu seinem Ursprung zurück verfolgen. Die Geräte schalteten sich bei der Zerstörung eines Schiffes automatisch ein und wurden oft von Leuten aufgespürt, die es auf das möglicherweise wertvolle Treibgut abgesehen hatten.

Avrils Plan war nicht so verrückt, wie er sich anhörte. Sallah war sicher, daß Stev Kimmer eigentlich beabsichtigt hatte, sie auf dieser Reise zu begleiten, um dann mit Hilfe des von ihm gebauten Funkfeuers mit ihr gerettet zu werden.

Auf dem Schirm erschienen Worte. KEIN ZUGRIFF OHNE STANDARD FCP120GM.

»Mist! Genau das habe ich auch gekriegt. Versuch es noch einmal, Telgar.« Avril preßte Sallahs Fuß gegen den Sockel der Konsole und steigerte den Schmerz, bis Sallah fast ohnmächtig wurde. Avril kniff sie brutal in die linke Brust. »Daß du mir ja nicht umkippst, Telgar!«

»Jetzt hör mir mal zu«, sagte Sallah, und ihre Stimme schwankte mehr, als ihr lieb war. »Ich habe es zweimal versucht, du selbst hast es auch versucht. Ich habe die narrensichere Methode angewendet, die man mir beigebracht hat. Jemand ist dir zuvorgekommen, Bitra. Nimm die Platte ab, dann kann ich dir sagen, ob du deine Zeit verschwendest.« Sie zitterte, nicht nur vor Schmerz, sondern weil sie dringend ihre Blase entleeren mußte, aber sie wagte nicht einmal um diese Vergünstigung zu bitten.

Bleich vor Enttäuschung und Wut und lauthals fluchend, entfernte Avril geschickt die Abdeckplatte und schlug wie eine

Rasende auf die Konsole ein. Sallah beugte sich so weit zur Seite, wie es ihre Fesseln gestatteten, um nicht aus Versehen etwas abzubekommen.

»Wie haben sie das gemacht? Was haben sie rausgenommmen, Telgar, sag es mir, oder ich fange an, dich in Stücke zu zerlegen.« Avril legte Sallahs linke Hand flach über die freiliegenden Chips und schnitt mit dem Messer bis auf den Knochen in den kleinen Finger. Sallah erstarrte vor Schreck und Schmerz. »Der ist sowieso überflüssig!«

»Blut schwebt in der Luft, genauso wie Erbrochenes oder Urin, Bitra. Und wenn du nicht aufhörst, fliegt beides hier rum.«

Ihre Augen bohrten sich ineinander, ein Wille kämpfte gegen den anderen.

»Was ... haben ... sie ... entfernt?« Mit jedem Wort sägte Avril weiter an dem kleinen Finger. Sallah schrie. Das Schreien tat gut, und sie wußte, daß sie damit das Bild vervollständigte, das Avril von ihr hatte: weich. Sallah hatte sich in ihrem ganzen Leben noch nie so hart gefühlt.

»Steuerung. Sie haben den Steuerungschip entfernt. Du kannst nirgendwohin.«

Die Klinge ließ von ihrem Finger ab, und Sallah starrte wie gebannt das Blut an, das sich zu Tropfen formte und zu schweben begann. Das lenkte sie von Avrils Getobe ab, bis diese nach ihrer Schulter faßte.

»Sind alle Ersatzteile auf dem Planeten? Hat man aus der *Yoko* alles ausgebaut?«

Sallah riß sich mit Mühe von dem Blut und von ihren Schmerzen los und konzentrierte sich auf die einzig wichtige Überlegung: Wie konnte sie Avrils Pläne vereiteln, ohne daß es auffiel? »Ich würde sagen, in der Leitzentrale müßten noch Steuerchips sein, die man einsetzen könnte.«

»Hoffentlich.« Avril ließ das Messer durch die Schnur gleiten, mit der Sallah am Sessel festgebunden war. »Okay. Wir ziehen diese Anzüge an und gehen auf die Brücke.«

»Erst wenn ich auf der Toilette war, Avril«, antwortete Sallah. Sie sah auf ihre Hand hinunter. »Und das muß verbunden werden. Du willst doch schließlich kein Blut auf den Chips.«

Sie gestattete sich den Luxus, vor Schmerz zu schreien, als Avril wieder an ihrem Fuß riß, aber sie hatte das Gefühl, ihre Unterwerfung gut gespielt zu haben. Wenn sie schneller kapituliert hätte, wäre Avril mißtrauisch geworden. »Und ich brauche einen anderen Stiefel.«

Endlich konnte Sallah einen teilnahmslosen Blick auf ihren Fuß werfen. Die Hälfte der Ferse fehlte, und eine Blutlache schwappte, von Avrils Tritten erschüttert, langsam hin und her.

»Warte!« Auch Avril hatte das Blut bemerkt. Sie wirbelte zu den Spinden neben der Luke und kam mit einem Raumanzug und einem schmutzigen Lappen zurück. »Hier! Reiß dir ein paar Streifen ab!«

Sallah verband ihren Finger mit dem am wenigsten schmutzigen Stoffstück und wickelte den Rest um ihren Fuß. Er tat sehr weh, und sie spürte, daß sich Teile ihres Arbeitsstiefels ins Fleisch gebohrt hatten. Sie durfte auch die Toilette benützen, Avril sah ihr zu und stellte dabei hämisch fest, wie sehr die Mutterschaft doch den Körper einer Frau veränderte. Sallah tat so, als schäme sie sich sehr, und Avril fühlte sich sehr überlegen. Wer hoch steigt, wird tief fallen, dachte Sallah grimmig und zwängte sich in den Raumanzug.

»Sie hat die Gig verlassen, Admiral!« sagte Ezra plötzlich. In dem überfüllten Interfaceraum herrschte gespanntes Schweigen. Man hatte Tarvi verständigt. Er stand stumm dabei, aber sein Gesicht war tränenüberströmt. »Sie hat die Sensoren im Andockbereich passiert. Nein«, verbesserte er sich. »Zwei Personen haben die Sensoren passiert.« Tarvi schluchzte auf.

Steinchen für Steinchen hatte man das Mosaik zusammengesetzt, bis das Rätsel um Sallahs Verschwinden und Avril Bitras Wiederauftauchen schließlich gelöst war.

Ein Techniker, der unweit von Sallah an einem anderen Schlitten gearbeitet hatte, hatte beobachtet, wie sie sich entfernte und auf den Schrotthaufen am Ende des Landegitters zuschlenderte. Er hatte auch Kenjo und Ongola zur *Mariposa* gehen sehen. Sonst war niemand in der Nähe gewesen. Kurz darauf war die Gig gestartet.

Sobald man erst einmal danach suchte, wurde der Schlitten, den Avril benützt hatte, recht schnell gefunden. Er hatte nicht die Zusatzausrüstung aller übrigen pernesischen Schlitten und war zwischen anderen zur Wartung anstehenden Fahrzeugen am Rand des Gitters abgestellt worden. Man rief Stev Kimmer, damit er ihn identifizierte. Avril hatte nichts zurückgelassen, Steve deutete jedoch auf einige Kratzer, die ihm neu waren. Seine persönliche Ansicht über seine ehemalige Partnerin behielt er für sich, seine Miene war allerdings so finster, daß Paul und Emily den Verdacht hatten, er sei hereingelegt worden. Er hatte einen Moment lang gezögert, dann jedoch achselzuckend alle Fragen beantwortet, die sie ihm stellten.

»Sie wird nicht weit kommen«, sagte Emily, um Zuversicht ringend.

»Nein, sicher nicht.« Paul blickte auf den Steuerkristall, um nicht Tarvi ansehen zu müssen.

»Könnte sie das Ding nicht mit ähnlichen Chips von der Brücke ersetzen?« fragte Tarvi; sein Gesicht war merkwürdig fahl, seine Lippen waren trocken, und seine glänzenden Augen blickten gequält.

»Falsche Größe«, sagte Ezra traurig. »Die *Mariposa* war moderner und arbeitete mit kleineren, technisch ausgefeilteren Kristallen.«

»Außerdem«, fügte Paul schwerfällig hinzu, »ist der Chip, den sie wirklich braucht, genau der, den Ongola durch eine Attrappe ersetzt hat. Oh, sie kann vermutlich einen Kurs eingeben, und es wird auch so aussehen, als würde er akzeptiert. Das Schiff wird rückwärts ablegen, sobald sie jedoch die Zündung betätigt, wird es einfach geradeaus fliegen.«

»Aber Sallah!« fragte Tarvi verzweifelt. »Was wird aus meiner Frau?«

Sallah wartete, bis Avril mit der *Mariposa* abgelegt und sich vom gewaltigen Rumpf der *Yokohama* entfernt hatte und bis ein Feuerstrahl aus den Heckdüsen schoß und anzeigte, daß sie die Triebwerke gezündet hatte, erst dann schaltete sie das Komgerät ein. Avril hatte an der Kommandokonsole so viel Schaden angerichtet, wie sie nur konnte, aber sie hatte vergessen, daß man vom Admiralsterminal aus eine Überbrückungs-möglichkeit hatte. Sallah griff darauf zu, sobald ihre Gegnerin die Brücke verlassen hatte.

»*Yokohama* an Landing. Ezra, bitte kommen. Sie müssen doch da sein!«

»Hier Keroon, Telgar! Wie ist Ihre Position?«

»Ich sitze«, sagte Sallah.

»Himmel noch mal, Telgar, Sie sollten in einem solchen Augenblick keine Witze machen«, schrie Ezra.

»Entschuldigen Sie, Sir«, sagte Sallah. »Ich kann keine Sicht-verbindung herstellen.« Das war gelogen, aber sie wollte nicht, daß jemand sah, in welchem Zustand sie war. »Ich schalte jetzt um zur Sondengarage. Für diesen Bereich liegt keine Scha-densmeldung vor. Es sind noch drei Sonden übrig. Wie soll ich sie programmieren?«

»Hölle und Teufel, Mädchen, lassen Sie doch jetzt die Son-den! Wie können wir Sie da runterholen?«

»Ich glaube nicht, daß Sie dazu in der Lage sind, Sir«, sagte sie gelassen. »Tarvi?«

»Sal-lah!« Der Tonfall dieser beiden Silben ließ ihr das Herz bis zum Hals schlagen und trieb ihr die Tränen in die Augen. Warum hatte er ihren Namen bisher nie so ausgesprochen? War dies die lang erwartete Liebeserklärung? Der Schmerz in seiner Stimme ließ ahnen, welche Qualen er litt.

»Tarvi, mein Liebster.« Sie sprach ganz ruhig, obwohl ihr die Kehle eng wurde. »Tarvi, wer ist bei dir?«

»Paul, Emily und Ezra«, antwortete er heiser. »Sallah! Du mußt zurückkommen!«

»Auf den Schwingen eines Gebets? Nein. Geh zu Cara! Ver-laß den Raum. Ich habe noch einiges zu erledigen, für Pern. Paul, sorgen Sie dafür, daß er geht. Ich kann nicht denken, wenn ich weiß, daß er zuhört.«

»Sallah!« Ihr Name hallte ihr in den Ohren wider.

»Okay, Ezra, sagen Sie mir, wo Sie sie haben wollen.«

Ein ersticktes Räuspern war zu hören. »Eine soll den Kome-tenkörper ansteuern, die zweite soll ihn umfliegen.« Ezra räus-perte sich wieder. »Die dritte soll der Spiralkurve dieses Ne-belflecks folgen. Wenn das große Teleskop funktionsfähig ist, möchte ich, daß es an dem verdammten Ding entlanggeführt wird und mir die Daten übermittelt. Mit unserem Teleskop hier können wir den Planeten nicht beobachten – die Auflösung ist zu gering. Hätte nie gedacht, daß wir das große brauchen würden, sonst hätten wir es ausgebaut.« Er faselte irgend etwas, dachte Sallah gerührt, um die Beherrschung wiederzufinden. Hatte sie da eben ein Weinen gehört? Gouverneurin Boll und der Admiral waren doch hoffentlich so verständnisvoll gewesen, Tarvi wegzuschicken?

Dann mußte sie sich auf die Informationen konzentrieren, die Ezra ihr gab, um die einzelnen Sonden auf ihre Aufgaben und ihre Ziele zu programmieren.

»Sonden abgesetzt, Sir«, sagte sie und erinnerte sich, wann sie diese Antwort das letzte Mal gegeben hatte. Sie sah Pern auf dem großen Bildschirm; sie hätte nie gedacht, daß sie die Welt, die inzwischen ihre Heimat geworden war, noch einmal vom Weltraum aus beobachten würde. »Jetzt schicke ich noch ein paar Daten, die Dieter entschlüsseln soll. Avril sagte, sie habe Ongola und Kenjo getötet. Ist das wahr?«

»Kenjo schon. Ongola wird durchkommen.«

»Alte Soldaten sind nicht so leicht umzubringen. Hören Sie, Ezra, was ich für Dieter übermittle, sind einige Notizen über verfügbaren Treibstoff, die ich mir gemacht habe. Ongola weiß schon, was sie bedeuten. Und ich habe Avrils Kurs eingegeben. Sie flog in die richtige Richtung, aber ich habe im Steuersystem einen sehr merkwürdigen Kristall entdeckt, den ich auf der *Mariposa* noch nie gesehen habe. Habe ich recht? Sie wird nicht weit kommen.«

»Sobald Bitra die Triebwerke zündet, fliegt sie eine gerade Linie.«

»Ausgezeichnet.« Sallah war zutiefst befriedigt. »So gerade und schmal wie nur möglich für unsere liebe Freundin, die uns eben verlassen hat. Ich aktiviere jetzt das große Teleskop und werde es so programmieren, daß es die Daten über das Interface zu Ihnen schickt. In Ordnung?«

»Geben Sie mir die Daten selbst, Telgar«, befahl Ezra schroff.

»Das ist nicht möglich, Kapitän«, sagte sie, froh, diese unpersönliche Anrede gebrauchen zu können. Im Geiste sah sie Ezra Keroons mageren Körper vor sich, wie er sich über das Interface beugte. »So viel Zeit habe ich nicht mehr. Ich verfüge nur über den Sauerstoff in meinen Tanks. Als Avril mir erlaubte, sie anzulegen, waren sie voll, aber sie hat mir gesagt, sie würde das unabhängige System der Brücke abschalten. Ich habe keinen Anlaß, an ihren Worten zu zweifeln. Ein weiterer Grund, warum ich die Teleskopdaten zu Ihnen schalte, sind die Raumhandschuhe. Sie sind zwar sehr praktisch, aber für Feineinstellungen nicht geeignet. Avril hat ihre Wut an der Konsole ausgelassen, und es ist mir mit Mühe gelungen, sie teilweise zu reparieren, wenigstens provisorisch. Falls ... falls jemand die Chance hat, hier heraufzukommen, wird fast alles funktionieren.«

»Wieviel Zeit haben Sie, Sallah?«

»Ich weiß es nicht.« Sie spürte, daß ihr das Blut in dem großen Stiefel schon bis zur Wade reichte, und auch ihr linker Handschuh war vollgesogen. Wieviel Blut hatte ein Mensch? Sie fühlte sich schwach und merkte, daß ihr das Atmen zunehmend schwerer fiel. Es paßte alles zusammen. Schade, sie hätte Cara gern besser kennengelernt.

»Sallah?« Ezras Stimme klang ganz sanft. »Sallah, Sie müssen mit Tarvi reden. Er läßt sich nicht wegschicken und führt sich auf wie ein Wahnsinniger. Er will unbedingt mit Ihnen sprechen.«

»Sicher, in Ordnung, geben Sie ihn mir«, sagte sie, und merkte selbst, wie belegt ihre Stimme klang.

»Sallah!« Tarvi hatte sich wieder einigermaßen unter Kontrolle. »Geht raus hier, alle! Sie gehört jetzt mir. Sallah, du Edelstein meiner Nacht, mein Goldmädchen, meine smaragdäugige Rani, warum habe ich dir nie gesagt, wieviel du mir bedeutest? Ich war zu stolz. Ich war zu eitel. Aber du hast mich gelehrt zu lieben, du hast dich für mich geopfert, als ich zu verblendet war von der Liebe zu meiner Arbeit – um das unschätzbare Geschenk deiner Güte und Zuneigung zu erkennen. Wie konnte ich so töricht sein? Wie konnte ich übersehen, daß du mehr warst als ein Körper, um meinen Samen zu empfangen, mehr als ein Ohr, um meinen ehrgeizigen Plänen zu lauschen, mehr als Hände, um – Sallah? Sallah! Antworte mir, Sallah!«

»Du – hast – mich geliebt?«

»Ich liebe dich, Sallah. Ich liebe dich! Sallah? Sallah? *Sall-llaaaah!*«

»Was meinen Sie, Dieter?« fragte Paul, als der Programmierer die Zahlen überprüfte, die er von Ezra bekommen hatte.

»Nun, dieser ersten Zahlenreihe nach haben wir mehr als zweitausend Liter Treibstoff. Die zweite Reihe ist eine Schätzung der Mengen, die die *Mariposa* auf Kenjos vier Flügen und bei ihrem heutigen Flug verbraucht hat. Irgendwo muß hier unten noch ein ziemlich großer Posten vorhanden sein. Die dritte Reihe zeigt offenbar, wieviel noch in den Tanks der *Yoko* war und sich jetzt in denen der *Mariposa* befindet. Aber ich möchte ebenso wie Sallah darauf hinweisen, daß die Menge in der Überlaufwanne der *Yoko* ausreicht, um noch ein paar Jahrhunderte lang kleinere Orbitalkorrekturen durchführen zu können.«

Paul nickte frostig. »Weiter.«

»Dieser Abschnitt gibt uns den Kurs, den Bitra zu programmieren versuchte. Die erste Kurskorrektur sollte inzwischen eingeleitet worden sein.« Dieter betrachtete stirnrunzelnd die Gleichungen auf seinem Monitor. »Sie müßte jetzt geradewegs auf unseren exzentrischen Planeten zustürzen. Vielleicht werden wir früher erfahren, wie seine Oberfläche beschaffen ist, als wir dachten.«

»Avril wird aber sicher nicht so lange ruhig zusehen, bis sie uns brauchbare Informationen geben kann, im Gegensatz zu – zu Sallah.« Die Stimme des Admirals klang so rabiat, daß Dieter erschrocken aufschaute. »Tut mir leid. Kommen Sie mit. Das ist Ihr gutes Recht. Und wenn etwas schiefgeht ...« Paul brach ab und ging vor Dieter her zum Interfaceraum.

Emily hatte Tarvi begleitet, um ihn zu trösten, soweit das überhaupt möglich war, Ezra war also allein im Raum. Er sah alt aus, und auch Paul fühlte sich nach den emotionellen Erschütterungen dieses Tages wie ein Greis.

»Irgendwelche Nachrichten?«

»Nichts, was man unter anständigen Leuten wiedergeben könnte«, schnaubte Ezra. »Sie hat eben entdeckt, daß die erste Kurskorrektur nicht ausgeführt wurde.« Er drehte die Scheibe, bis die fauchenden, haßerfüllten Beschimpfungen deutlich zu hören waren.

Paul grinste Dieter schadenfroh an. »Genau wie Sie sagten.« Er schaltete die Lautsprecher ein.

»Avril, kannst du mich hören?«

»Benden! Was zum Teufel hat diese Hure angerichtet? Wie hat sie es gemacht? Die Überbrückung funktioniert nicht. Ich kann nicht einmal steuern. Ich wußte doch, daß ich ihr den Fuß hätte absägen sollen.«

Ezra wurde blaß, und Dieter sah so aus, als würde ihm gleich übel, und Paul lächelte nur böse. Avril hatte Sallah also unterschätzt. Er war stolz auf die tapfere Frau.

»Du wirst den roten Planeten erforschen, mein Liebling. Warum bist du nicht einmal im Leben anständig und erstattest uns laufend Bericht?«

»Häng dich auf, Benden. Du kannst mich mal! Aus mir kriegst du nichts raus. Oh, Scheiße! Scheiße! Das ist nicht – Oh, Scheiiiße!«

Der letzte Ausruf ging unter in einem Knistern und Jaulen, das Ezra nach dem Lautstärkeregler greifen ließ.

»Scheiße!« wiederholte Paul ganz leise. »Es ist nicht ...‹ – was denn? Verdammt, Avril, fahr doch zur Hölle! *Was* ist es denn nicht?«

Emily und Pierre flogen zusammen mit Chio-Chio Yorimoto, die auf der *Buenos Aires* die Kabinengenossin von Kenjos Frau gewesen war und später am Irenplatz ein Haus mit ihr geteilt hatte, mit dem schnellen Schlitten zu Kenjos Honshu-Besitzung. Fast ganz Landing wußte zwar von Kenjos Tod und von Ongolas schwerer Verletzung, aber es war nicht öffentlich verkündet worden. Nur die Gerüchte beschäftigten sich eifrig mit dem ›unbekannten‹ Angreifer.

Als Emily am Abend zurückkehrte, brachte sie dem Admiral eine versiegelte Nachricht.

»Sie hat uns erklärt«, sagte Emily trocken, »sie würde lieber auf Honshu bleiben, um ihren vier Kindern den Besitz zu erhalten. Sie brauche nicht viel und würde uns nicht belästigen.«

»Sie hängt sehr am Althergebrachten«, bemerkte Chio-Chio atemlos. »Sie wollte keine Trauer zeigen, denn das schmälert das Ansehen des Toten.« Sie zuckte die Achseln, senkte die Augen, und ihre Hände ballten sich zu Fäusten und öffneten sich wieder. Dann blickte sie fast trotzig auf. »So war sie schon immer. Kenjo hat sie geheiratet, weil sie niemals in Frage stellen würde, was er tat. Er hat vorher mich gefragt, aber ich war vernünftiger, auch wenn er ein Kriegsheld war. Oh!« Sie schlug die Hände vors Gesicht. »Aber so umzukommen! Von hinten erschlagen. Ein schmähliches Ende für jemanden, der dem Tod so oft von der Schippe gesprungen ist!« Sie drehte sich um und verließ fluchtartig den Raum; ihr Schluchzen war noch lange in der Nacht zu hören.

Emily bedeutete Paul mit einer Handbewegung, die kleine Notiz zu öffnen, die mit Wachs versiegelt und mit irgendeinem Zeichen gestempelt war. Er erbrach das Siegel, entfaltete das schöne, dicke, handgeschöpfte Papier und reichte es verblüfft an Emily und Pierre weiter.

»Der verbrauchten Treibstoffmenge und dem aufgehäuften Schutt nach zu schließen wurden zwei Höhlen gegraben. In einer Höhle war das Flugzeug untergebracht. Wo die andere war, weiß ich nicht««, las Emily laut vor. »Er hat es also geschafft, einen Teil des Treibstoffs wegzuschaffen? Wieviel?«

»Wir werden sehen, ob Ezra es berechnen kann – oder Ongola, wenn er wieder auf den Beinen ist. Pierre?« Paul bat den Küchenchef um strengstes Stillschweigen.

»Natürlich. In unserer Familie wird die Diskretion seit Generationen gepflegt, Admiral.«

»Paul«, verbesserte der Admiral.

»In solchen Fällen, mein alter Freund, bist du für mich der Admiral!« Pierre schlug die Hacken zusammen, verneigte sich leicht aus der Hüfte heraus und lächelte kurz. »Emily, du bist müde. Du solltest dich jetzt ausruhen. Paul, sag du es ihr!«

Paul legte eine Hand auf die Schulter von Pierre de Courci

und nahm mit der anderen Emilys Arm. »Eine Pflicht müssen wir heute noch erledigen, Pierre, und du solltest mit dabei sein.«

»Das Feuer!« Emily sträubte sich gegen Pauls Arm. »Ich weiß nicht, ob ich ...«

»Wer kann das schon?« schaltete Paul sich ein, als sie stockte. »Tarvi hat darum gebeten.«

Die drei gingen zögernd hinter den paar anderen, die die gleiche Richtung eingeschlagen hatten, zum dunklen Freudenfeuerplatz hinunter. In jedem Haus brannte ein Licht. Am Himmel leuchteten ein paar vereinzelte Sterne, und Timor, der erste Mond, zeigte sich nur als schmale Sichel am östlichen Horizont.

Neben der Pyramide aus Reisig und Farn stand Tarvi mit gesenktem Kopf, fast so dürr wie manche der Äste, die man auf den Haufen geschichtet hatte. Plötzlich, als wüßte er, daß nun niemand mehr kommen würde, zündete er eine Fackel an. Sie loderte auf und erhellte sein Gesicht. Es war abgezehrt vor Kummer, und die Haare hingen ihm über die tränennassen Wangen.

Tarvi hielt die Fackel hoch und drehte sich langsam nach allen Seiten, als wolle er sich die Gesichter der Anwesenden für immer einprägen.

»Von jetzt an«, rief er heiser, »heiße ich nicht mehr Tarvi oder Andiyar. Ich heiße Telgar, auf daß ihr Name tagtäglich gesprochen werde und allen in Erinnerung bleibe, denn sie hat heute für *uns* ihr Leben hingegeben. Auch unsere Kinder werden diesen Namen tragen. Ram Telgar, Ben Telgar, Dena Telgar und Cara Telgar, die ihre Mutter niemals kennen wird.« Er atmete tief ein, sein Brustkorb weitete sich. »*Wie ist mein Name?*«

»Telgar!« antwortete Paul, so laut er konnte.

»Telgar!« schrie Emily neben ihm, und Pierres Bariton wiederholte es einen Atemzug später. »*Telgar!*«

»Telgar!« »Telgar!« »Telgar!« »*Telgar!*« »*Telgar!*« Fast dreitausend Stimmen nahmen den Ruf auf wie einen Gesang und schwenkten die Arme, bis Telgar die brennende Fackel ins Feuer warf. Als die Flamme sich prasselnd durch das trockene

Holz und das Farnkraut fraß, schallte der Name noch lauter durch die Nacht. »*Telgar!*« »*Telgar!*« »*Telgar!*«

Sallah Telgars Tod rief auf dem ganzen Kontinent Bestürzung hervor. Viele hatten sie entweder als Fährenpilotin während der Landung oder als fähige Verwalterin des Karachi Camps gekannt. Ihre mutige Tat hatte jedoch eine unerwartete Stärkung der Moral zur Folge, es war fast, als müßten sich jetzt, nachdem Sallah so bereitwillig die letzten Augenblicke ihres Lebens dem Wohl der Kolonie gewidmet hatte, alle noch mehr bemühen, um ihr Opfer zu rechtfertigen. So schien es jedenfalls während der nächsten acht Tage, bis sich erneut beunruhigende Gerüchte zu verbreiten begannen.

»Hör zu, Paul«, begann Joel Lilienkamp, noch ehe er die Tür hinter sich geschlossen hatte. »Jeder hat das Recht, sich im Magazin zu bedienen. Aber dieser Ted Tubberman holt sich in letzter Zeit Sachen, die für einen Botaniker recht ungewöhnlich sind.«

»Nicht schon wieder Tubberman!« Paul lehnte sich mit einem tiefen Seufzer in seinem Stuhl zurück. Tarvi – Telgar, verbesserte sich Paul – hatte am Tag zuvor angerufen und gefragt, ob Tubberman die Genehmigung habe, sich Teile der Fähre zu holen, die sie eben zerlegten.

»Ja«, sagte Joel. »Wenn du mich fragst, der hat nicht mehr alle Chips im Computer. Du hast genug am Hals, Paul, aber du mußt doch wissen, was dieser Narr treibt. Ich wette meine letzte Flasche Brandy, daß der was im Schilde führt.«

»Auf Windblütes Bitte hin hat Pol ihm verboten, die Biologielabors noch einmal zu betreten«, sagte Paul müde. »Offenbar hat er sich so aufgeführt, als sei *er* dort der Boß. Bay kann ihn auch nicht besonders leiden.«

»Da ist sie nicht die einzige«, stellte Joel fest, ließ sich in einen Stuhl sinken und rieb sich das Gesicht. »Ich brauche deine Erlaubnis, um ihm ebenfalls die Ladentür vor der Nase zuzumachen. Ich habe ihn in Gebäude G erwischt, wo hochempfindliche technische Geräte untergebracht sind. Ich will nicht, daß sich da jemand ohne mein Einverständnis rumtreibt. Und er hat aufgetrumpft, als sei das sein gutes Recht. Bart Lemos war auch dabei.«

»Bart Lemos!« Paul richtete sich wieder auf.

»Ja. Er, Bart und Stev Kimmer glucken zur Zeit ständig zusammen und machen auf alte Kumpel. Und was ich aus meinen Quellen über die Gerüchte höre, die sie verbreiten, gefällt mir gar nicht.«

»Stev Kimmer gehört auch dazu?«

Joel zuckte die Achseln. »Eine richtig dicke Freundschaft.«

Paul rieb sich nachdenklich die Fingerknöchel. Bart Lemos war ein leicht zu beeinflussender Niemand, aber Stev Kimmer war hochqualifizierter Techniker. Paul hatte den Mann nach Avrils Flucht diskret überwachen lassen. Stev war drei Tage lang auf Sauftour gegangen, und dann hatte man ihn in der zerlegten Fähre schlafend aufgefunden. Nachdem er sich von den Nachwirkungen des Quikal erholt hatte, war er wieder an die Arbeit gegangen. Fulmar sagte, die anderen Techniker hätten ihn nicht gerne in ihrem Team, weil er wortkarg war, um nicht zu sagen brummig. Der Gedanke, daß Tubberman von Kimmers Fachkenntnissen profitieren könnte, bereitete Paul Unbehagen. »Was hast du genau gehört, Lili?« fragte er.

»Einen Haufen dummes Zeug«, sagte der kleine Magaziner und faltete die Hände vor der Brust. »Ich meine, niemand, der auch nur einen Funken Verstand hat, glaubt die Geschichte, daß Avril und Kenjo miteinander im Bunde gewesen sein sollen. Oder daß Ongola Kenjo tötete, um die beiden davon abzuhalten, mit der *Mariposa* loszufliegen, um Hilfe zu holen. Aber ich warne dich, Paul, wenn Kittis Biotechnikprogramm keine positiven Ergebnisse bringt, könnten wir dran sein. Ich wette jeden Betrag, daß man dann von dir und Emily verlangt, die Entscheidung rückgängig zu machen und die Peilkapsel doch noch abzuschicken.«

Am Abend zuvor hatte Paul mit Emily, Ezra und Jim über dieses letzte Mittel gesprochen. Keroon war am entschiedensten dagegen gewesen, mittels einer Peilkapsel Alarm zu geben, er bezeichnete das als aussichtsloses Unterfangen. Paul stellte noch einmal fest, daß Hilfe von den technisch höherentwickelten Welten frühestens in zehn Jahren eintreffen könne. Und die Chance, daß die KVR sich besonders beeilen würde, war bedrückend gering. Eine solche Maßnahme erschien ihnen nicht nur wie eine Mißachtung von Sallahs Opfer, sondern auch wie eine feige Kapitulation zu einer Zeit, da sie den Erfindungsreichtum und die Fähigkeiten ihrer Kolonie noch nicht bis zum letzten ausgeschöpft hatten.

»Was für Material hat Ted denn angefordert, Lili?« fragte Paul.

Joel zog einen Packen Papier aus seiner Hüfttasche, entfaltete ihn umständlich und las. »Ein ganzes Sammelsurium, von hydroponischem Zubehör über Isoliermaterial, Maschendraht und Pfosten bis hin zu einigen Computerchips, von denen Dieter behauptet, er könne sie unmöglich brauchen, einsetzen oder auch nur verstehen.«

»Hast du Tubberman zufällig gefragt, was er damit vorhat?«

»Ganz zufällig habe ich genau das getan. Und er hat mir sehr von oben herab erklärt, er benötige das alles für seine Experimente« – Joel zweifelte sichtlich an deren Wert – »um eine wirksamere Verteidigung gegen die Sporen zu entwickeln, bis Hilfe eintrifft.«

Paul verzog das Gesicht. Er hatte von den wilden Behauptungen des Botanikers gehört, er, nicht die Biologen und ihre hochgezüchteten, mutierten Echsen, würde Pern schützen. »Dieses ›bis Hilfe eintrifft‹ gefällt mir nicht«, murmelte Paul zähneknirschend.

»Dann gib mir Anweisung, ihn auszusperren, Paul. Auch wenn er Konzessionär ist, er hat seinen Kredit schon um einiges überzogen.« Er schwenkte seinen Zettel. »Das kann ich beweisen.«

Paul nickte. »Ja, aber wenn er dir das nächste Mal eine Liste vorlegt, dann laß dir erst sagen, was er will, und danach schlägst du ihm die Tür vor der Nase zu. Ich muß wissen, was er vorhat.«

»Gib ihm Hausarrest!« empfahl Joel und stand mit aufrichtig besorgtem Gesicht auf. »Du ersparst uns damit allen eine Menge Ärger. Er ist unberechenbar, man weiß nie, wo er das nächste Mal aneckt.«

Paul grinste den Magaziner an. »Das würde ich ja gern tun, Lili, aber es wäre gegen die Verfassung.«

Joel schnaubte höhnisch, zögerte noch einen Augenblick

und verließ dann, auf seine unnachahmliche Art mit den Achseln zuckend, das Büro.

Paul vergaß dieses Gespräch nicht, aber an diesem Morgen standen ihm noch dringendere Probleme bevor. Trotz aller Bemühungen Fulmars und seiner Techniker hatten drei weitere Schlitten die Lufttauglichkeitsprüfungen nicht bestanden. Das bedeutete, daß man die Bodentrupps verstärken mußte, die letzte Verteidigungslinie, der aufreibendste Einsatz für Leute, die ohnehin schon bis an die Grenze ihrer Kräfte beansprucht waren. Weder Paul noch Emily erkannten die Bedeutung dreier unabhängig voneinander eintreffender Berichte: der erste kam vom Veterinärlabor und besagte, daß in der Nacht die Vorratsräume geplündert worden seien; dann meldete Pol Nietro, Ted Tubberman sei im Biotechniklabor gesehen worden; und als letzter teilte Fulmar mit, jemand habe sich mit den Auspuffzylindern der zerlegten Fähre heimlich davongemacht.

Als Joel Lilienkamps zorniger Anruf kam, hatte Paul wenig Mühe, eine Schlußfolgerung zu ziehen.

»Alle Körperöffnungen sollen ihm zufrieren und alle Extremitäten abfallen.« Joel schrie aus vollem Halse. »Er hat die Peilkapsel!«

Paul fuhr wie von der Tarantel gestochen von seinem Stuhl hoch, während Emily und Ezra ihn erstaunt ansahen. »Bist du sicher?«

»Natürlich bin ich sicher, Paul. Ich hatte den Karton zwischen Ofenrohren und Heizgeräten versteckt. Verstellt wurde er nicht, aber wer zum Teufel konnte denn wissen, daß Karton #45/879 eine Peilkapsel enthielt?«

»Tubberman hat ihn genommen?«

»Darauf verwette ich meine letzte Flasche Brandy.« Joel sprach so schnell, daß er kaum mehr zu verstehen war. »Dieser Schweinehund! Dieser Scheißefresser, diese schleimige Made!«

»Wann hast du festgestellt, daß die Kapsel weg ist?«

»Gerade eben! Ich spreche von Gebäude G aus. Ich prüfe dort mindestens einmal pro Tag alles nach.«

»Könnte dir Tubberman gefolgt sein?«

»Für wie verblödet hältst du mich eigentlich?« Joel regte sich über diese Anschuldigung fast ebenso sehr auf wie über den Diebstahl. »Ich prüfe jeden Tag jedes Gebäude nach, und ich kann dir genau sagen, was gestern und vorgestern angefordert wurde, deshalb weiß ich auch verdammt genau, wenn etwas fehlt!«

»Daran zweifle ich doch keinen Augenblick, Joel!« Paul rieb sich mit der Hand über den Mund und überlegte angestrengt. Dann sah er die ängstlichen Mienen von Emily und Ezra. »Warte mal«, sagte er in den Hörer und berichtete den beiden, was Joel gesagt hatte.

»Ach so!« sagte Ezra, und ein Ausdruck tiefster Erleichterung trat in seine hageren Züge. »Tubberman kriegt doch nicht einmal einen Drachen in die Luft und kann kaum mit einem Schlitten umgehen. Seinetwegen würde ich mir keine Sorgen machen.«

»Seinetwegen nicht. Aber Stev Kimmer und Bart Lemos wurden in letzter Zeit oft in seiner Gesellschaft gesehen, und das beunruhigt mich sehr«, sagte Paul leise. Ezra schien in sich zusammenzusinken und vergrub den Kopf in den Händen.

»Jetzt ist Ted Tubberman dran«, sagte Emily, legte die Akte, in der sie gelesen hatte, entschlossen auf den Tisch und stand auf. »Seine Stellung als Konzessionär oder die Privatsphäre seines Anwesens kümmern mich einen Dreck. Wir durchsuchen Calusa.« Sie knuffte Ezra in die Schulter. »Kommen Sie, Sie müßten wissen, was für Teile er dazu braucht.«

Schnelle Schritte waren zu hören, dann wurde die Tür aufgerissen, und Jake Chernoff kam ins Büro gestürmt.

»Sir, Verzeihung, Sir«, rief der junge Mann. Sein Gesicht war von der Anstrengung gerötet, und er atmete schwer. »Ihr Komgerät –« Er deutete aufgeregt auf den Hörer in der Hand des Admirals. »Zu wichtig. Die Scanner im Turm - Von der Anlegestelle Oslo ist etwas gestartet, vor drei Minuten - Und es war kein Schlitten. Zu klein.«

Paul, Emily und Ezra rannten gleichzeitig zur Tür und weiter in den Interfaceraum. Ezra hatte es so eilig, das Programm zu starten, daß er kaum die Tasten fand. Am Himmel war deutlich ein Kondensstreifen zu sehen, der nach Nordwesten zog. Leise fluchend schaltete Ezra auf den Monitor der *Yoko* um, der den Echoimpuls weiterverfolgte. Lange standen sie alle drei vor Wut und Enttäuschung wie erstarrt, dann richtete Ezra seinen hageren Körper auf und ließ die Hände sinken.

»Was geschehen ist, ist geschehen.«

»Nicht ganz«, sagte Emily mit belegter Stimme, und die Worte kamen in einem merkwürdigen Singsang heraus. Sie wandte sich mit unversöhnlicher Miene an Paul und schürzte die Lippen. »Anlegestelle Oslo, wie? Die Kapsel wurde eben abgeschossen. Die Scheißkerle holen wir uns.«

Paul und Emily überließen es Ezra, den Flug der Kapsel zu überwachen, und machten sich im Laufschritt auf den Weg zum Landegitter. Die drei ersten kräftigen Männer, die sie unterwegs trafen, mußten mitkommen. Paul entdeckte Fulmar und befahl ihm, Kenjos frisierten Schlitten zu steuern.

»Keine Fragen, Fulmar«, sagte er und holte sich noch zwei weitere, stämmige Techniker zu Hilfe. »Fliegen Sie einfach in Richtung Jordan, und alles achtet auf den Schlittenverkehr.« Er griff nach dem Komgerät, während er die Sicherheitsgurte anlegte. »Wer ist im Turm? Tarrie? Ich möchte wissen, wer über dem Fluß in der Luft ist, wo er hin will und wo er herkommt.«

Fulmar startete so steil, daß der Lärm einen Augenblick lang Tarrie Chernoffs Antwort übertönte.

»Nur ein Schlitten über dem Jordan, Sir, abgesehen von jenem – anderen Flug.« Sie brachte die Worte fast nicht heraus, aber dann fand sie die für einen Funkoffizier erforderliche nüchterne Besonnenheit wieder. »Der Schlitten antwortet nicht.«

»Das wird er schon noch tun«, versicherte Paul ihr grimmig. »Überwachen Sie weiter allen Verkehr in dieser Gegend!«

Tubberman war dumm genug, um sich erwischen zu lassen, aber Paul war nicht der Ansicht, daß Stev Kimmer, oder wer auch immer von Ted dazu überredet worden war, sich auf so feige Weise über die demokratische Entscheidung der Kolonie hinwegzusetzen, als dumm zu bezeichnen war.

Tubberman war allein im Schlitten, als Fulmar ihn zwang, auf dem öden Gelände des vom Schicksal heimgesuchten Bavaria-Anwesens am Fluß zu landen. Verstockt trat er vor sie hin, verschränkte die Arme vor der Brust und streckte trotzig das Kinn vor.

»Ich habe getan, was nötig war«, stellte er hochtrabend und selbstgefällig fest. »Ich habe den ersten Schritt unternommen, um diese Kolonie vor der Vernichtung zu retten.«

Paul ballte die Fäuste. Neben ihm zitterte Emily vor Wut.

»Ich will die Namen Ihrer Komplizen, Tubberman«, preßte Paul erregt hervor, »und zwar jetzt, auf der Stelle!«

Tubberman atmete tief ein. »Tun Sie, was Sie wollen, Admiral, ich bin Manns genug, es zu ertragen.«

Die falsche Heldenpose wirkte auf die Zuschauer so grotesk, daß einer der Männer hinter Paul kurz und ungläubig auflachte, um gleich wieder zu verstummen. Der Heiterkeitsausbruch ließ jedoch Pauls Stimmung umschwenken.

»Tubberman, ich würde nicht zulassen, daß jemand Ihnen ein Haar krümmt«, grinste er. Seine Spannung hatte sich gelöst. »Es gibt durchaus geeignete Mittel, um mit Ihnen fertig zu werden, sie werden in der Verfassung deutlich formuliert – und sind nicht so grob und barbarisch wie körperliche Mißhandlungen.« Dann drehte er sich um. »Bringt ihn mit seinem Schlitten nach Landing zurück. Setzt ihn in mein Büro und ruft Joel Lilienkamp. Er wird sich um den Gefangenen kümmern.« Befriedigt sah Paul, wie der Märtyrerblick aus Tubbermans Augen verschwand und an seine Stelle eine Mischung aus Angst und Überraschung trat. Paul drehte sich auf dem Absatz um und winkte Emily, Fulmar und den anderen, ihren Schlitten zu besteigen.

Tarrie meldete, daß sich in dieser Gegend keine weiteren Maschinen aufhielten, und entschuldigte sich, daß der Verkehr nicht mehr ständig erfaßt wurde. »Bis auf dieses ... Raketending war alles normal, Sir. Ach ja, Jake ist zurück. Wollen Sie mit ihm sprechen?«

»Ja«, antwortete Paul und wünschte sich im stillen, Ongola würde das Kommando wieder übernehmen. »Jake, ich möchte wissen, wo sich Bart Lemos und Stev Kimmer aufhalten. Und Nabhi Nabol.« Emily nickte beifällig.

Inzwischen hatte Fulmar die kurze Strecke zwischen Bavaria und der Anlegestelle Oslo zurückgelegt. Die Überreste der Startplattform qualmten noch. Während Paul mit den andern die Gegend nach Schlittenspuren absuchte, stocherte Fulmar sorgfältig in dem überhitzten Kreis herum und schnupperte dabei.

»Dem Geruch nach ist es Fährentreibstoff, Paul«, meldete er. »Für eine Peilkapsel würde man nicht viel brauchen.«

»Aber man müßte sich damit auskennen«, sagte Paul grimmig. »Man braucht Fachkenntnisse, und Sie und ich wissen genau, wie viele Leute in der Lage sind, mit dieser Art von Technologie umzugehen.« Er schaute Fulmar fest in die Augen, und der Mann ließ die Schultern hängen. »Nicht Ihre Schuld, Fulmar. Ich habe Ihren Bericht bekommen, und es war nicht der einzige. Ich habe es nur versäumt, eins und eins zusammenzuzählen.«

»Wer hätte auch gedacht, daß Ted eine solche Wahnsinnstat vollbringt? Kein Mensch glaubt doch auch nur die Hälfte von dem, was er so daherredet«, verteidigte sich Fulmar.

Emily und die anderen kamen von ihrer erfolglosen Suche zurück. »Jede Menge Schlittenspuren, Paul«, meldete sie. »Und Müll.« Sie zeigte auf einen leeren Treibstoffsack und eine Handvoll Stecker und Drähte. Fulmars Miene verdüsterte sich noch mehr.

»Wir vergeuden hier nur unsere Zeit«, sagte Paul und unterdrückte dabei seine Gereiztheit.

»Cherry und Cabot sollen in meinem Büro auf uns warten«, murmelte Emily, als sie in den Schlitten stiegen.

»Er ist auch noch *stolz* darauf«, wütete Joel, als Paul und Emily ihn nach ihrer Rückkehr in Emilys Büro riefen. »Behauptet, es sei seine *Pflicht* gewesen, die Kolonie zu retten, und wir würden überrascht sein, wie viele Leute ihm zustimmten.«

»Er ist derjenige, der überrascht sein wird«, gab Emily zurück. Sie hatte das Kinn entschlossen vorgereckt und die Lippen zu einem merkwürdigen Lächeln verzogen, das ihre müden Augen nicht erreichte.

»Ja, Em, aber was *können* wir denn mit ihm machen?« fragte Joel in ohnmächtigem Zorn.

Emily schenkte sich einen neuen Becher *Klah* ein und trank einen Schluck, dann antwortete sie: »Er wird geächtet.«

»Wer wird geächtet?« fragte Cherry Duff, die in diesem Augenblick den Raum betrat, mit ihrer tiefen Stimme. Cabot Carter kam dicht hinter ihr, er hatte, als ihn Emilys Aufforderung erreichte, die Richterin in ihrem Büro abgeholt und hierher geleitet.

»Geächtet?« Carters markantes Gesicht wurde von einem Lächeln erhellt, das in ein breites Grinsen überging, als er erwartungsvoll von Paul zu Emily blickte, und sich abschwächte, als er den mürrischen Magaziner ansah.

Paul grinste zurück. »Geächtet!«

»Geächtet?« rief Joel empört.

Emily winkte Cherry, sich in den bequemsten Stuhl zu setzen, und forderte auch die anderen auf, Platz zu nehmen. Auf ein Nicken von Paul hin gab sie einen knappen Bericht, der in Tubbermans unrechtmäßiger Aneignung der Peilkapsel gipfelte.

»Wir sollen also Tubberman für geächtet erklären, wie?« Cherry sah sich zu Carter um.

»Illegal wäre es nicht, Cherry«, erklärte der Jurist, »es ist keine körperliche Züchtigung per se, was nach den Grundsätzen der Verfassung verboten wäre.«

»Frischt doch mal mein Gedächtnis auf«, sagte Cherry, und es klang sehr belustigt.

»Die Acht war ein Verfahren«, begann Emily, »mit dem passive Gruppen ein Mitglied bestrafen konnten, das vom rechten Weg abgewichen war. Religiöse Gemeinschaften setzten es ein, wenn Angehörige ihrer Sekte sich nicht an die jeweiligen Vorschriften hielten. Eigentlich ganz wirkungsvoll. Die übrige Sekte tat so, als existiere der Schuldige nicht. Niemand sprach mit ihm, niemand nahm von seiner Anwesenheit Notiz, niemand half ihm in irgendeiner Weise. Es hört sich gar nicht so grausam an, aber in Wirklichkeit ist diese Art des Ausstoßens psychologisch vernichtend.«

»Das genügt«, sagte Cherry und nickte befriedigt. »Eine phantastische Strafe für jemanden wie Tubberman. Wirklich phantastisch.«

»Und vollkommen legal!« pflichtete Cabot ihr bei. »Soll ich die Erklärung aufsetzen, Emily, oder wollen Sie das übernehmen, Cherry?«

Cherry winkte gebieterisch mit der Hand. »Machen Sie nur, Cabot! Sie haben sicher die richtigen Formulierungen parat. Aber erklären Sie genau, was aus der Acht folgt. Die meisten von uns haben sein Geschwätz und seine Gerüchte ohnehin so satt, daß sie begeistert sein werden, wenn sie eine offizielle Ausrede haben, um ihn … äh … zu ächten! Zu ächten!« Sie legte den Kopf zurück und begann aus vollem Halse zu lachen. »Bei allem, was heilig – und legal – ist, mir gefällt das, Emily. Es gefällt mir ausgezeichnet!« Unvermittelt schlug ihre Stimmung um, und sie fügte ohne jede Spur von Humor hinzu: »Das ist eine kalte Dusche für einige Hitzköpfe.« Sie streifte Paul und Emily mit einem scharfen Blick. »Tubberman hat das doch nicht allein gemacht. Wer hat ihm geholfen?«

»Wir haben keinen Beweis«, begann Paul, aber gleichzeitig sagte Joel: »Stev Kimmer, Bart Lemos und vielleicht Nabhi Nabol.«

»Die werden auch geächtet«, rief Cherry und schlug mit ihren mageren Greisenhänden auf die Armlehne ihres Stuhls. »Verdammt, wir können keine Uneinigkeit gebrauchen. Wir brauchen Unterstützung, Kooperation, harte Arbeit. Sonst gehen wir zugrunde. Bei allen Feuern der Hölle!« Sie streckte beide Hände in die Höhe. »Haben wir denn überhaupt eine Chance, wenn uns die Kapsel diese blutsaugerischen Aasfresser von der KVR auf den Hals hetzt?«

»Darauf würde ich keine Wette eingehen«, antwortete Joel und rollte die Augen.

Cherry musterte ihn argwöhnisch. »Es freut mich, daß es noch etwas gibt, worauf Sie nicht wetten, Lilienkamp. Schön, was *machen* wir nun mit Tubbermans Komplizen?«

Cabot beugte sich vor und berührte leicht ihren Arm. »Wir müssen erst einmal beweisen, daß sie seine Komplizen waren, Cherry.« Er sah Paul und Emily erwartungsvoll an. »Die Verfassung bestimmt, daß eine Person so lange für unschuldig gehalten wird, bis ihre Schuld erwiesen ist.«

»Wir behalten sie im Auge«, sagte Paul. »Wir beobachten sie.

Carter, setzen Sie diese Erklärung auf und sorgen Sie dafür, daß sie überall in Landing verbreitet wird, und daß auch jeder Grundbesitzer davon erfährt. Cherry, würden Sie Tubberman das Urteil verkünden?« Er reichte ihr den Arm und half ihr beim Aufstehen.

»Mit dem größten Vergnügen. Eine phantastische Art, eine solche Nervensäge loszuwerden«, fügte sie leise hinzu, während sie losmarschierte. Die diebische Freude auf ihrem Gesicht heiterte auch Joel Lilienkamp auf, und er rieb sich vergnügt die Hände, als er ihnen folgte.

Der Bote brachte mit Freuden eine Kopie der offiziellen Verlautbarung zu Bay und Windblüte, die in der großen Brutkammer arbeiteten. Der Raum war vom Hauptlabor abgetrennt und gegen Temperaturveränderungen und Lärm abgeschirmt. Der Brutkasten selbst stand auf dicken Stoßdämpfern, damit die im Anfangsstadium sehr empfindlichen Embryos in ihren Eisäcken keiner Erschütterung ausgesetzt waren, wenn im Hauptlabor irgendwelche Geräte herumgeschoben wurden.

In einem natürlichen Mutterleib oder auch in einer richtigen Schale konnten Eier eine Menge aushalten, aber die *ex utero*-Befruchtung und die genetischen Veränderungen waren so kompliziert gewesen, daß man auch nicht den kleinsten Stoß riskieren wollte. Die Entwicklung lief noch nicht in festen Bahnen, und die neue Genstruktur war so unausgewogen, daß jede Veränderung in der Umgebung der Embryos zweifellos zu Schäden führen würde. Später, wenn die Eier das Stadium erreichten, in dem sie normalerweise abgelegt wurden, würde man sie in ein anderes Gebäude bringen, wo ein angewärmter Sandboden und künstliche Sonnenlampen die natürlichen Bedingungen simulierten, unter denen junge Zwergdrachen ausschlüpften. Dieser Zeitpunkt war jedoch noch einige Wochen entfernt.

Man hatte mehrere schwach entfernte Sichtfenster geschaffen, die kein Licht in die mutterleibähnliche Dunkelheit dringen ließen, während etwaige Beobachter den kostbaren Inhalt des Brutkastens deutlich erkennen konnten. Man hatte auch ein tragbares Vergrößerungsgerät entwickelt, das man an jeder

Stelle der vier Glaswände des Brutkastens aufstellen konnte, um grobe Routineuntersuchungen durchzuführen. In den Laboratorien auf First und auf der Erde wäre jeder sich entwickelnde Embryo per Fernkontrolle überwacht und alles automatisch aufgezeichnet worden. Doch bei den relativ primitiven Verhältnissen auf Pern, über die Windblüte sich ständig beklagte, verbot es sich schon deshalb, Sensoren in die Nähe der Embryos in den Aufzuchtkammern zu bringen, weil alle toxischen Substanzen von ihnen ferngehalten werden mußten.

Bay machte sich gerade Notizen über Windblütes Diagnose, als der Bote die Nachricht überbrachte. Der Junge hätte nur zu gerne in allen Einzelheiten erklärt, was unter der Maßnahme der Ächtung zu verstehen war, aber Bay scheuchte ihn gleich weiter.

»Äußerst ungewöhnlich«, sagte sie, nachdem sie Windblüte die Verlautbarung vorgelesen hatte. »Ted war in letzter Zeit auch wirklich lästig. Haben Sie gehört, was für Gerüchte er verbreitete, Windblüte? Als ob diese verdammte Bitra etwas anderes als ihre eigenen Pläne verfolgt hätte, als sie die *Mariposa* stahl. Hilfe holen, von wegen!« Sie spähte in den Brutkasten, wo die zweiundvierzig Zukunftshoffnungen von Pern ruhten. »Aber eine Peilkapsel loszuschicken, nachdem ganz eindeutig dagegen gestimmt worden war ...«

»Ich bin froh darüber«, seufzte Windblüte leise.

»Ja, er hat Sie allmählich aus dem Gleichgewicht gebracht«, bemerkte Bay freundlich. Sie sagte sich immer wieder, daß Windblüte den Tod ihrer Großmutter noch nicht überwunden hatte. In letzter Zeit hätte Bay sie freilich hin und wieder gern daran erinnert, daß nicht nur die Familie Yung einen schmerzlichen Verlust erlitten hatte. Sie hatte es nicht getan, weil Windblüte momentan ziemlich unausgeglichen war und eine solche Bemerkung vielleicht als Kritik an ihren Fähigkeiten, das geniale, gentechnische Programm ihrer Großmutter fortzusetzen, aufgefaßt hätte. Als erste Assistentin ihrer Großmutter hatte sie streng genommen die Verantwortung für das im Biologiecomputer Mark 42 gespeicherte Programm. Bay hatte es sich ebenfalls angesehen, um sich mit dem Verfahren vertraut zu machen. Kitti Ping hatte ausführliche Anweisungen hinterlassen und alle möglicherweise erforderlichen kleinen Korrekturen, Ausgleichsoperationen und sonstigen Veränderungen vorausgesehen. Sie schien alles vorausgesehen zu haben bis auf ihren eigenen Tod.

»Sie haben mich mißverstanden«, gab Windblüte zurück und neigte den Kopf in einer Art, die an ihre Großmutter erinnerte, wenn sie einen Lehrling bei einem Fehler ertappte. »Ich bin froh, daß die Peilkapsel abgeschickt wurde. Nun kann uns niemand einen Vorwurf machen.«

Bay war nicht sicher, ob sie richtig gehört hatte. »Was bei allen Sonnen meinen Sie damit, Windblüte?«

Windblüte warf Bay einen langen Blick zu. »Wir haben alles auf eine Karte gesetzt«, sagte sie mit einem unergründlichen Lächeln und veränderte die Stellung der Beobachtungslinse.

Als Pol und Phas Radamanth kamen, um sie abzulösen, verließ Bay das Labor noch nicht gleich. Sie und Pol hatten nur noch wenig Zeit füreinander, und das eintönige Abendessen in der Gemeinschaftsküche lockte sie nicht besonders.

»Wie ich sehe, habt ihr auch eine Kopie bekommen«, sagte Pol und deutete auf die Ächtungserklärung.

»Es ist unglaublich.«

»Wurde höchste Zeit«, sagte Phas und blickte von Windblütes Notizen auf. »Wir können nur hoffen, daß er beim Starten der Kapsel nicht genauso unfähig war wie als Botaniker.«

Bay starrte den Xenobiologen erstaunt an, und Phas besaß immerhin soviel Anstand, verlegen zu werden.

»Niemand billigt Tubbermans Handlungsweise, meine Liebe«, versicherte ihr Pol.

»Ja, aber wenn sie kommen ...« Bays Handbewegung schloß den Brutkasten, das Labor und alles andere ein, was die Kolonisten sich auf ihrer neuen Welt geschaffen hatten.

»Wenn es dich tröstet«, sagte Phas, »Joel Lilienkamp hat noch keine Wetten über die geschätzte Ankunftszeit angenommen.«

»Ach ja! Und was ist jetzt mit Tubberman?« fragte sie dann.

»Er wurde auf seine Besitzung zurückgeleitet, und man hat ihn angewiesen, dort zu bleiben.«

Pol konnte ziemlich gewalttätig aussehen, wenn er wollte, fand sie. »Und Mary und seine kleinen Kinder?« wollte sie wissen.

Pol zuckte die Achseln. »Sie kann bleiben oder gehen. Sie fällt nicht unter die Acht. Ned Tubberman wirkte ziemlich verstört, aber er stand seinem Vater nie sehr nahe, und Fulmar Stone hält ihn für einen vielversprechenden Mechaniker.« Er zuckte wieder die Achseln und lächelte seiner Frau aufmunternd zu.

Bay hatte sich gerade zum Gehen gewandt, als die Erde unter ihren Füßen erbebte. Instinktiv sprang sie auf den Brutkasten zu und stellte fest, daß Pol und Phas dicht neben ihr waren. Auch ohne das Vergrößerungsgerät konnten sie sehen, daß sich das Fruchtwasser in den Eisäcken nicht bewegte. Die Stoßdämpfer hatten ihren Zweck erfüllt.

»Das hat uns gerade noch gefehlt!« rief Pol empört, stapfte zum Komgerät und wählte die Nummer des Wetterbeobachtungsturms, dann knallte er den Hörer auf die Gabel. »Belegt! Bay, beruhige sie!« Er deutete auf die erste Gruppe von erschrockenen Technikern, die sich der Tür der Kammer näherte. Er wählte wieder und kam gerade durch, als Kwan Marceau sich in den Raum drängte. »Wird es noch mehr Stöße geben, Jake?« fragte Pol. »Warum hat man uns nicht benachrichtigt?«

»Es war nur ein kleines Beben«, beschwichtigte ihn Jake Chernoff. »Patrice de Broglie hat es gemeldet, aber ich mußte zuerst das Lazarett warnen, falls eine Operation im Gange ist, und dann war bei Ihnen belegt.« Pol akzeptierte die Erklärung. »Patrice sagt, im Osten gibt es ein paar tektonische Verschiebungen, und in den nächsten paar Wochen könnte es noch ein paarmal rumpeln. Der Brutkasten steht doch auf Stoßdämpfern, oder nicht? Kein Grund zur Besorgnis.«

»Kein Grund zur Besorgnis?« fragte Pol und knallte den Hörer wieder auf die Gabel.

Es klopfte leise an die Tür des Admiralsbüros, und auf Pauls nicht übermäßig freundliches »Herein« trat Jim Tillek ein. Emily lächelte erleichtert. Der Herr von Monaco Bay war stets willkommen. Paul lehnte sich in seinem Drehstuhl zurück; er hatte nichts dagegen, bei der bedrückenden Bestandsaufnahme lufttauglicher Schlitten und einsatzbereiter Flammenwerfer unterbrochen zu werden.

»Hallo«, sagte Jim. »Ich bin nur hier, um meinen Gleiter warten zu lassen.«

»Seit wann brauchst du dabei Hilfe?« fragte Paul.

»Seit Joel Lilienkamp alle meine Ersatzteile von Monaco zurückverlangt hat.« Es klang eher vergnügt.

»Und seit die Schweine fliegen können«, gab Paul zurück.

»Ach, steht das als nächstes auf dem Programm?« Jim grinste, ließ sich in den nächsten Stuhl fallen und faltete die Hände vor dem Bauch. »Übrigens, Maximilian und Teresa haben die Erkundung durchgeführt, die Patrice verlangt hat. Der illyrische Vulkan hat ziemlich umfangreiche Lavaströme abgegeben. Es ist nur ein kleiner Vulkan, aber wundert euch nicht, wenn der Ostwind schwarzen Staub mitbringt. Es sind keine toten Fäden, nur guter, alter Vulkanstaub. Ich wollte es euch nur sagen, ehe neue Gerüchte entstehen.«

»Vielen Dank«, sagte Paul trocken.

»Logische Erklärungen sind immer willkommen«, fügte Emily hinzu.

»Ich habe auch bei unserem Lieblingspatienten vorbeigeschaut.« Jim drückte sich tiefer in den Stuhl und sah Paul unverwandt an. »Er kann es nicht erwarten, wieder aufzustehen, und droht, in den zweiten Stock des Wetterbeobachtungsturms zu ziehen und von dort aus den Funkverkehr zu leiten. Sabra droht ihm mit Scheidung, wenn er etwas unternimmt, ehe die Ärzte ihr Okay geben. Ich habe ihm gesagt, er braucht sich nicht aufzuregen, der junge Jake Chernoff macht seine Sache bisher sehr gut. Der Junge äußert nicht einmal einen Verdacht über das Wetter, solange er nicht den Satellitenbericht zweimal gelesen und aus dem Fenster geschaut hat.«

Paul und Emily lächelten über die witzige Charakterisierung.

»Ongola *muß* aber wieder an die Arbeit«, erklärte Emily.

»Er ist überzeugt, daß er seinen Arm nie wieder gebrauchen kann. Es wäre nicht schlecht, wenn er so viel zu tun hätte, daß ihm für solche Grübeleien gar keine Zeit bleibt.« Jim sah Paul mit schiefgelegtem Kopf an.

»Nach Meinung der Ärzte«, erklärte Emily mit dankbarem Lächeln, »*wird* Ongola seinen Arm wieder gebrauchen können – auch wenn er es nicht glauben will –, aber es ist noch fraglich, wie groß die Beweglichkeit sein wird.«

»Er schafft es schon«, meinte Jim unbesorgt. »He, ist eigentlich an dem Gerücht etwas dran, daß Stev Kimmer mit Tubberman unter einer Decke steckte?«

Paul schnitt eine Grimasse, und Emily warf ihm einen schnellen Blick zu. »Ich habe dir doch gesagt, daß es die Runde macht.«

Jim beugte sich neugierig vor. »Und stimmt es auch, daß er mit einem der großen Schlitten mit Druckkabine abgehauen ist und in der Nähe des Westlichen Grenzgebirges gesehen wurde, wo Kenjos Besitzung liegt? Kimmer ist weit gefährlicher, als Ted Tubberman es jemals war.«

Paul fuhr sich mit dem Daumen über seine künstlichen Finger und hielt inne, als er sah, daß Jim Tillek die nervöse Angewohnheit bemerkt hatte. »Das ist richtig. Da das Komgerät in dem gestohlenen Schlitten funktionierte, als er startete, weiß er sicher auch, daß wir ihn hierhaben wollen, um ihm ein paar Fragen zu stellen.«

Jim nickte ernst. »Hat Ezra mit den Berichten der Sonden etwas anfangen können, die Sallah ...« Er blinzelte, und seine Augen wurden verräterisch feucht.

»Nein.« Auch Paul räusperte sich. »Er versucht immer noch, sie zu übertragen. Der Ausdruck ist unklar.«

»Hör zu«, sagte Jim, »ich habe ein paar Stunden Zeit, bis mein Gleiter fertig ist. Ich habe mir damals Hunderte von EV-Protokollen angesehen, bis ich einen Planeten gefunden hatte, der mir zusagte. Kann ich ihm vielleicht behilflich sein?«

»Ein Paar ausgeruhte Augen wäre vielleicht nicht schlecht«, meinte Paul. »Ezra sitzt ununterbrochen darüber.«

»Habe ich recht gehört«, fragte Jim leise, »daß die *Mariposa* direkt in den Wanderstern gestürzt ist?«

Paul nickte. »Aber sie hat nichts Brauchbares gesagt.« Avrils rätselhafte Worte ›Es ist nicht ...‹ dröhnten Paul noch immer in den Ohren. Sie enthielten eine Botschaft, die er glaubte, entziffern zu müssen. »Paß auf, Jim, schau mal bei Ezra rein, vielleicht kannst du ihm helfen. Wir könnten eine gute Nachricht gebrauchen. Nach den Morden ist die Stimmung noch immer auf dem Tiefpunkt, und daß wir Ted Tubberman ächten und erklären mußten, wie er diese Peilkapsel in die Hände bekam, hat das Image der Regierung auch nicht gerade verbessert.«

»Es war aber eine raffinierte Lösung«, lachte Jim und stand auf. »Dadurch braucht ihr die Autonomie der Besitzungen nicht aufzuheben, und der Narr kann keinen weiteren Schaden anrichten. Ich geh mal rüber zu Ezra.« Er winkte Emily und Paul zu und verließ den Raum.

Der Besuch hatte die beiden sehr beflügelt, und jetzt machten sie sich mit neuer Energie wieder an die mühselige Aufgabe, Mannschaften für die kommenden Fadeneinfälle einzuteilen und Teams zusammenzustellen, die in Gegenden, die der verheerende Organismus bisher noch verschont hatte, eßbare Grünpflanzen zum Silieren sammeln sollten.

»Weißt du, Jim, ich finde einfach keine andere logische Erklärung für die Zerstörung der Sonden und *dafür*.« Ezra Keroon schwenkte eine Handvoll Sondenaufnahmen, die so verschwommen waren, daß man keine Einzelheiten erkennen konnte. »Eine, vielleicht zwei Sonden können versagen. Aber ich habe sieben losgeschickt! Und Sallah ...« Ezra stockte einen Augenblick, in seinem Gesicht spiegelte sich die Trauer, die er noch immer um sie empfand. »Sallah hat uns gesagt, daß für die Sondengarage keine Schadensmeldung vorlag. Und dann die *Mariposa*. Sie ist nicht auf der Oberfläche aufgeschlagen, sie ist mit irgend etwas kollidiert, etwa zur gleichen Zeit, als eine der Sonden hochging!«

»Du ziehst also die Annahme vor, daß irgend etwas auf diesem Himmelskörper sich gegen eine Untersuchung wehrt?« fragte Jim Tillek ironisch. Er lehnte sich zurück, um seine Schultern zu entlasten, die vom stundenlangen Sitzen über dem Vergrößerungsgerät völlig verkrampft waren. »Daran kann ich einfach nicht glauben, Ez. Überleg doch mal, Mann! Wie könnte auf diesem Planeten irgend etwas funktionieren?

Die Oberfläche ist gefroren. Sie kann in der kurzen Zeit, seit er sich Rubkat nähert, nicht merklich aufgetaut sein.«

»Auf einer unbewohnten Welt gibt es keine so regelmäßigen Formationen. Ich sage nicht, daß sie nicht natürlich entstanden sein können, sie sehen nur einfach nicht so aus. Und ich werde ganz gewiß keine Vermutungen darüber anstellen, was für Geschöpfe sie geschaffen haben könnten. Und dann sieh dir die Thermalwerte hier, hier und hier an.« Ezra deutete mit dem Finger auf die Aufnahmen, die er die ganze Zeit betrachtet hatte. »Sie sind höher, als ich sie auf einer fast gefrorenen Oberfläche erwartet hätte. Das haben wir alles von der einen Sonde erfahren, die überhaupt Daten geschickt hat.«

»Vulkantätigkeit unter der Kruste könnte eine Erklärung sein.«

»Aber diese ebenmäßig *konvexen*, nicht etwa konkaven Formationen entlang des Äquators?«

Jim ließ sich nicht überzeugen. »Du *willst* daran glauben, daß dieser Planet der *Ausgangspunkt* der Angriffe sein könnte?«

»Es ist mir immer noch lieber als eine Bestätigung der Hoyle-Wickramansingh-Theorie, Jim, das kann ich dir sagen.«

»Wenn Avril die Gig nicht genommen hätte, könnten wir feststellen, woraus dieser Nebelfleck besteht. Dann wüßten wir es genau! Hoyle-Wickramansingh oder kleine blaue Eismännchen.« Es klang etwas anzüglich.

»Wir hätten noch die Fähren«, meinte Ezra vorsichtig und klopfte mit seinem Bleistift auf den Tisch.

»Kein Treibstoff, und unter den Piloten, die wir noch haben, würde ich keinen mit einem so diffizilen Unternehmen betrauen wollen. Man müßte sich der Orbitalgeschwindigkeit anpassen. Ich habe die Beulen im Rumpf der *Mariposa* gesehen, als die Abwehrschirme zusammenbrachen. Außerdem haben wir keine schweren Raumanzüge mitgebracht, die gegen einen Meteorsturm Schutz bieten könnten. Und wenn deine Theorie stimmt, würde man den Piloten abschießen.«

»Nur, wenn er sich zu dicht an den Planeten heranwagt«, tastete sich Ezra behutsam weiter vor. »Aber um eine Probe aus dem Schweif zu entnehmen, wäre das gar nicht nötig. Wenn der Schweif nur aus Eis, Schmutz und Steinen, also dem üblichen Kometenschrott besteht, dann wüßten wir, daß die Bedrohung wirklich vom Planeten selbst ausgeht und nicht vom Schweif. Richtig?«

Jim sah ihn nachdenklich an. »Gefährlich wäre es in jedem Fall. Und außerdem haben wir keinen Treibstoff!« Er breitete entmutigt die Arme aus.

»Wir *haben* Treibstoff!«

»Was?« Jim setzte sich ruckartig auf und starrte ihn überrascht an.

Ezra lächelte traurig. »Das wissen nur ein paar Auserwählte.«

»Na ja!« Jim zuckte mit den Augenbrauen, grinste aber, um zu zeigen, daß er nicht gekränkt war, weil man ihn nicht ins Vertrauen gezogen hatte. »Wieviel?«

»Bei einem sparsamen Piloten genug für unser Vorhaben. Vielleicht noch mehr, wenn wir Kenjos Hauptdepot finden können.«

»Noch mehr?« Jim blieb vor Staunen der Mund offen stehen. »Kenjos Depot? Er hat Treibstoff beiseite geschafft?«

»Er war schon immer ein Könner. Hat ihn bei den Fährenflügen eingespart, sagte Ongola.«

Jim war fassungslos. »Deshalb schnüffelt Kimmer also im Westlichen Grenzgebirge herum. Er versucht, Kenjos Lager zu finden. Für seine eigenen Zwecke oder für uns?«

»Wohlgemerkt, es ist nicht so viel, daß jemand sich Hoffnungen machen könnte«, fuhr Ezra mit warnend erhobener Hand fort. »Vielleicht ist es gar nicht so schlecht, daß Tubberman die Kapsel abgefeuert hat, denn wenn es wirklich der Planet ist, brauchen wir Hilfe, und ich bin nicht zu stolz, um darum zu bitten.« Ezra verzog das Gesicht. »Kimmer hat allerdings zu niemandem ein Wort gesagt, als er sich mit dem großen Schlitten und so vielen Nahrungskonzentraten und Energiezellen davonmachte, daß er jahrelang nicht wiederzukommen braucht. Joel Lilienkamp hat fast der Schlag getroffen, als er merkte, daß jemand aus seinem Magazin *gestohlen* hat. Wir wissen nicht einmal, woher Stev von Kenjos Hort erfahren hat. Er wußte nur, wieviel Treibstoff die *Mariposa* vor acht Jahren in ihrem Tank hatte. Also muß er sich damals, als Kenjo diese Erkundungsflüge unternommen hat, ausgerechnet haben, daß irgendwo Treibstoff zurückgehalten wurde.« Als Jim den Mund aufmachte, fügte er noch hinzu: »Mach dir keine Sorgen, daß Kimmer sich aus dem Staub machen könnte, selbst wenn er den Treibstoff findet. Ongola und Kenjo haben die Fähren schon vor einiger Zeit unbrauchbar gemacht. Und Kimmer weiß nicht, wo wir hier die Treibstoffsäcke aufbewahren. Ich übrigens auch nicht.«

»Ich fühle mich geehrt – durch dein Vertrauen und weil du mir freundlicherweise neue Sorgen auf meine ohnehin schon gebeugten Schultern lädst.«

»Du bist vor drei Tagen hier reingekommen und hast freiwillig deine Dienste angeboten«, erinnerte ihn Ezra.

»Drei Tage ist das erst her? Mir kommt es vor wie drei Jahre. Ob wohl mein Gleiter schon fertig ist?« Er stand auf und streckte sich wieder, bis seine Wirbel mit hörbarem Knacken einrasteten. »Sollen wir also jetzt dieses Durcheinander« – er zeigte auf die vielen Fotos und Kopien, die in ordentlichen Stapeln auf dem Arbeitstisch lagen –, »den Leuten bringen, die entscheiden müssen, was wir damit machen?«

Paul und Emily hörten wortlos zu, bis beide Männer ihre widerstreitenden Auffassungen dargelegt hatten.

»Aber wenn der Planet in acht oder neun Jahren an uns vorübergezogen ist, werden die Fadeneinfälle doch aufhören«, sagte Paul etwas voreilig.

»Das hängt davon ab, wessen Theorie du vorziehst«, grinste Jim boshaft. »Oder wie weit Ezras Aliens entwickelt sind. Im Augenblick sind sie, wenn du ihm seine Theorie abkaufst, dabei, sich uns vom Leibe zu halten, während die Sporen uns mürbe machen.«

Davon wollte Paul Benden nichts wissen. »Ich kann das einfach nicht glauben, Ezra. Beim letzten Versuch waren die Fäden wirkungslos. Aber es könnte sein, daß der Pluto-Planet sich verteidigen will. Dieser Teil ihrer Theorie läßt sich mit dem vereinbaren, was wir wissen, und damit könnte ich leben.«

Emily sah Jim fest an: »Wie lange wird dieses klebrige Zeug fallen, wenn es aus eurem Kometenschweif stammt?«

»Zwanzig bis dreißig Jahre. Wenn ich wüßte, wie lang der Schweif ist, könnte ich eine genauere Schätzung abgeben.«

»Ich frage mich, ob Avril das gemeint hat«, sagte Paul langsam, »als sie ›es ist nicht ...‹ sagte. Meinte sie, daß wir nicht den Planeten zu fürchten hätten, sondern den Schweif, den er aus der Oort'schen Wolke mitgebracht hat?«

»Wenn sie die *Mariposa* nicht gestohlen hätte, hätten wir die Chance, es herauszufinden.« Emilys Stimme klang scharf.

»Die Chance haben wir immer noch«, sagte Ezra. »Es ist genügend Treibstoff vorhanden, um eine Fähre hinaufzuschikken. Sie wäre nicht so sparsam wie die *Mariposa*, aber ausreichend.«

»Ist das sicher?« Pauls Züge hatten sich verhärtet, er griff nach einem Rechenblock und stellte mehrere Gleichungen auf. Dann lehnte er sich nachdenklich zurück und reichte Emily und Jim den Block. »Es könnte gerade hinkommen.« Er sah Emily an. »Wir müssen wissen, was wir schlimmstenfalls zu erwarten haben, erst dann können wir Pläne für die Zukunft machen.«

Ezra machte ein bedenkliches Gesicht und hob warnend die Hand. »Wohlgemerkt, man könnte nicht dicht an den Planeten heranfliegen! Wir haben sieben Sonden verloren. Ob es nun Minen oder Raketen waren – auf jeden Fall sind sie explodiert.«

»Wer immer das Wagnis eingeht, wird genau wissen, wo die Risiken liegen und wie groß sie sind«, sagte Paul.

»Allein der Flug ist schon riskant genug«, bemerkte Ezra düster.

»Es klingt vielleicht naiv, aber es wird doch ein Pilot zu finden sein, der die Herausforderung annimmt, um unsere Welt zu retten«, entgegnete Paul.

Zuerst wandte man sich an Drake Bonneau. Er hielt das Projekt für durchführbar, äußerte aber Bedenken wegen der Fähre, die seit acht Jahren nicht mehr in Betrieb war und sich sicher nicht mehr in bestem Zustand befand. Dann wies er darauf hin, daß er verheiratet sei und eine gewisse Verantwortung trage. Es gebe doch noch andere, ebenso qualifizierte Piloten. Paul und Emily drangen nicht weiter in ihn.

»Eine Ehefrau und unmündige Kinder, diese Entschuldigung hat praktisch jeder«, erklärte Paul seinen Privatberatern Ezra, Jim und Zi Ongola, dem die Ärzte widerstrebend vier Stunden Arbeit am Tag gestattet hatten. »Der einzige, der noch ungebunden ist, ist Nabhi Nabol.«

»Er ist ein fähiger Pilot«, meinte Ongola nachdenklich, »allerdings nicht unbedingt der Typ Mensch, von dem die Zukunft eines Planeten abhängen sollte. Andererseits genau der Typ, der das Risiko eingeht, wenn die Belohnung attraktiv genug ist.«

»Und was müßte man ihm anbieten?« fragte Emily skeptisch.

Nabhi war schon ein dutzendmal wegen sozialen Fehlverhaltens zurechtgewiesen worden, und Cherry Duff hatte ihn wegen Ruhestörung in betrunkenem Zustand, mehrfachen Fernbleibens von der Arbeit und einer ›unsittlichen Belästigung‹ bestraft. In letzter Zeit hatte er sich etwas gebessert und sich als guter Geschwaderführer erwiesen; die jungen Männer unter seinem Kommando bewunderten ihn sehr.

»Er ist Kontraktor«, sagte Ongola. »Wenn man ihm, sagen wir, die Besitzrechte eines Konzessionärs anbieten würde, könnte er meiner Meinung nach durchaus zugreifen. Er hat sich oft genug beschwert, daß die Ländereien so ungleich verteilt sind. Vielleicht stimmt ihn das gnädig. Außerdem hält er sich für einen Superpiloten.«

»Wir haben ein paar sehr gute junge Piloten«, begann Jim.

»Die keinerlei Weltraumerfahrung mit einer Fähre haben.« Ongola wehrte den Vorschlag entschieden ab. »Es wäre allerdings keine schlechte Idee, einen von ihnen als Kopiloten mitzuschicken, damit sie ein Gefühl dafür bekommen. Aber ich verlasse mich noch lieber auf Nabhi, als daß ich einen kompletten Neuling in den Weltraum schicke.«

»Wenn wir durchblicken ließen, daß er der zweite war, an den wir dachten, und nicht etwa der letzte ...«, bemerkte Emily.

»Wir sollten uns beeilen, ganz gleich, wie wir uns entscheiden«, sagte Ezra. »Ich kann die Leute nicht ewig vertrösten. Wir brauchen Fakten, und wir brauchen Proben von dem Zeug im Kometenschweif. Dann wissen wir genau, wie unsere Zukunft aussieht.«

Das Feilschen mit Nabhi begann noch am selben Nachmittag. Er reagierte mit einem spöttischen Lächeln, als man ihm schmeichelte und an seine Fähigkeiten appellierte, und verlangte genau zu wissen, wie viele Morgen Land und andere Rechte ihm der Flug einbringen würde. Als er die gesamte Provinz Cibola verlangte, ließen Paul und Emily ihr Verhandlungsgeschick spielen. Als Nabhi darauf bestand, daß man ihm den Status eines Konzessionärs zuerkannte, stimmten sie so widerstrebend zu, daß der Mann sich zufrieden als Sieger wähnte.

Dann erwähnte Emily ganz nebenbei, daß die Große Insel jetzt leerstehe, und es gelang ihr und Paul nur mit Mühe, ihre Erleichterung zu verbergen, als er sofort darauf einging, Avrils ehemaligen Besitz zu übernehmen.

Nabhi verlangte die gleiche Fähre, die er bei den Landungstransporten geflogen hatte, und bestimmte genau, welche Leute unter seiner Aufsicht die Wiederinstandsetzung der *Moth* vornehmen sollten. Die Tatsache, daß alle von ihm Benannten schon bei wichtigen Projekten im Einsatz und unabkömmlich waren, kümmerte ihn nicht. Er würde den Flug nur unternehmen, wenn er überzeugt war, daß die seit langem stillgelegte Fähre technisch einwandfrei funktionierte. Alles andere mußte ihm sofort gewährt werden.

Dann forderte er Bart Lemos als Kopiloten und stellte die Bedingung, daß auch Bart den Status eines Konzessionärs erhielt. Dies ging Paul und Emily besonders gegen den Strich, aber sie stimmten zu.

Daraufhin veränderte sich Nabols Haltung gegenüber dem Admiral und der Gouverneurin schlagartig, und er gab sich so arrogant und blasiert, daß Emily sich zusammennehmen mußte, um sich ihre Antipathie nicht anmerken zu lassen. Sein triumphierendes Lächeln war schon fast ein höhnisches Grinsen, als er das Büro mit der unterzeichneten Konzes-

sionärsurkunde verließ. Dann nahm er einen der Schnell-
schlitten in Beschlag, obwohl der für einen unmittelbar bevorstehenden Fädeneinfall benötigt wurde, und flog los, um sich
seine Neuerwerbung anzusehen.

Der Admiral und die Gouverneurin gaben das geplante Unternehmen, seine Ziele und die daran beteiligten Personen offiziell bekannt. Die Nachricht stellte alle anderen interessanten Belange in den Schatten, mit einer Ausnahme: die Verlegung der siebenundzwanzig reifen Eier in die künstliche
Brutstätte.

Das gesamte Veterinärsteam half den Biologen bei dieser
Prozedur. Sorka Hanrahan und Sean Connell hatten im Rahmen ihrer Ausbildung unter Kitti Pings strenger Aufsicht auch
einen Teil der ersten Analysen und der mühsamen Dokumen-
tation des Projekts übernommen. Es dauerte nicht lange, die
Verlegung durchzuführen, aber Sorka bemerkte, daß das ständige Hin und Her der übermäßig besorgten Biologen ihrem
Liebhaber auf die Nerven ging. Das Projekt bedeutete ihm jedoch so viel, daß er seine Gereiztheit unterdrückte. Endlich
waren die Eier zur Zufriedenheit von Windblüte, Pol und Bay
in einem Doppelkreis angeordnet, siebzehn im inneren Ring,
zwanzig im äußeren, und man häufte ringsum warmen Sand
zu einem hohen Wall auf, um die natürliche Umgebung der
Zwergdrachen möglichst genau nachzubilden.

»Das hätte man alles in einem Drittel der Zeit erledigen können«, murmelte Sean Sorka zu. »Das ganze Getue ist nicht gut
für die Eier.« Er betrachtete finster die exakten Kreise.

»Sie sind viel größer, als ich gedacht hatte«, meinte Sorka
nach kurzem Schweigen.

»Und auch viel größer, als *sie* gedacht hatten«, spottete Sean.
»Vermutlich haben wir Glück, daß bis jetzt überhaupt so viele
überlebt haben – und das ist nur Kit Ping zu verdanken, wenn
man bedenkt, was alles nötig war, um sie zu schaffen.«

Sorka wußte, daß Sean ebenso stolz darauf war, an diesem
Projekt beteiligt zu sein, wie sie selbst. Schließlich waren sie
die ersten gewesen, die ein Nest entdeckt hatten. Aufgeregt,
aber müde balancierte sie auf einem der Balken, die das
Gelege umgaben, um ihre Füße nicht mit dem unangenehm

warmen Sand der künstlichen Brutstätte in Berührung zu bringen.

Obwohl die Aktion beendet war, hatten sich die Helfer noch nicht zerstreut. Windblüte, Pol, Bay und Phas waren in ein Gespräch mit dem Admiral und der Gouverneurin vertieft, die als offizielle Vertreter der Kolonie erschienen waren. Sorka fand, daß besonders Emily Boll abgekämpft und erschöpft wirkte, aber ihr Lächeln war immer noch von aufrichtiger Herzlichkeit. Auch sie schien sich nicht trennen zu können.

Die Zwergdrachen von Landing flogen ständig in der Brutstätte aus und ein, schossen zu den Dachbalken hinauf und kämpften miteinander um Sitzplätze. Sie schienen sich mit der Rolle von Zuschauern zu begnügen; keines der Tiere war so mutig gewesen, die Eier genauer zu untersuchen. Sorka deutete das leise Zirpen als Ausdruck der Ehrfurcht.

»Ob sie wohl wissen, was das ist?« fragte sie Sean leise.

»Wissen wir es denn?« gab Sean mit einem belustigten Prusten zurück. Er hatte beide Arme über der Brust verschränkt; jetzt deutete er mit einer Hand auf das nächste Ei. »Das ist das größte. Ob es wohl eines von den goldenen ist? Bei dem Tanz, den wir eben aufgeführt haben, weiß ich nicht mehr, welches Ei wohin gelegt wurde. Unter denen, die wir verloren haben, waren mehr Männchen als Weibchen, und Lili nimmt schon Wetten an, wer von uns was bekommt.«

Sorka warf dem Ei einen langen, kritischen Blick zu, überlegte, ob es wohl ein goldenes war oder nicht, und entschied dann etwas willkürlich im stillen, nein, wohl doch nicht. Es war ein Bronzeei. Sie teilte Sean ihre Schlußfolgerung jedoch nicht mit. Sean fing in solchen Fällen immer Streit an, und sie wollte nicht, daß dieser Augenblick, in dem sie das erste ›Drachengelege‹ betrachteten, verdorben wurde. Sie seufzte.

Zwergdrachen waren für sie ebenso wichtig geworden wie Pferde. Sie gab bereitwillig zu, daß Seans Schwarm besser erzogen war als der ihre. Er hatte seine Tiere soweit im Griff, daß er sie bei Fädeneinfällen effektiv einsetzen konnte. Aber sie wußte, daß sie jedes Tier – die seinen, ihre eigenen und alle anderen auf Pern, die sich an Menschen angeschlossen hatten – besser *verstand* als er, besonders, wenn sie beim Kampf gegen die Fäden verletzt wurden. Vielleicht hatte sie auch im Lauf der letzten zwei Monate, seit sie schwanger war, mütterliche Gefühle entwickelt. Der Arzt hatte ihr bescheinigt, daß sie völlig gesund war und keine Probleme zu erwarten seien. Sie konnte so lange reiten, wie sie sich im Sattel wohl fühlte.

»Sie werden schon merken, wenn Sie nicht mehr reiten können«, hatte er ihr grinsend erklärt. »Und ab dem fünften Monat müssen Sie bei den Bodenmannschaften kürzertreten. Ab dann ist es nicht mehr empfehlenswert, stundenlang einen schweren Flammenwerfer zu schwingen.«

Sorka hatte sich noch nicht durchringen können, Sean über das bevorstehende Ereignis zu informieren, denn sie fürchtete seine Reaktion. Sie hatten genügend Anrechnungspunkte gesammelt, um für die Killarney-Besitzung ein ausreichend großes Stück Land zu erwerben, aber solange die Fäden fielen, kam das nicht in Frage. Sean hatte Killarney seit dem dritten Fädenfall nicht mehr erwähnt, aber das hieß nicht, daß er nicht daran dachte. Von Zeit zu Zeit sah sie den abwesenden Blick in seinen Augen.

Sie hatte gedacht, er würde von Killarney sprechen, als sein Vater ihm Cricket zurückgab, nachdem der Hengst seine Arbeit getan hatte, aber sie hatte sich geirrt. Da jedermann für zwei arbeitete, damit alles einigermaßen weiterlief, hatten nur sehr wenige Leute Zeit, sich über private Dinge Gedanken zu machen. Wenn Sean und Sorka ein wenig Muße hatten, dann kümmerten sie sich um ihre Pferde und ritten mit ihnen über das zerstörte Gebiet hinaus, um sie eine Stunde grasen zu lassen.

Die Haupttür ging auf, einer der Sicherheitsingenieure kam herein, und sofort wurde es auf der Galerie der geflügelten Beobachter unruhig. Sean lachte leise. »Hier drin braucht man kein Sicherheitssystem«, murmelte er Sorka zu. »Komm, Schätzchen, in fünf Minuten fängt die Sprechstunde an.«

Mit einem sehnsüchtigen Blick zurück auf die Kreise mit den gefleckten Eiern gingen die beiden Lehrlinge zu ihrer Arbeitsstätte. Als sie eine der Gassen überquerten, konnten sie deutlich die Lastesel sehen, die die Fähre *Moth* langsam in Startposition zogen.

»Glaubst du, sie werden es schaffen?« fragte Sorka.

»Genug Aufwand haben sie ja getrieben«, antwortete er verdrießlich. Seit ihrem plötzlichen Aufstieg in die Reihen der Konzessionäre hatten sich weder Nabhi Nabol noch Bart Lemos besonders beliebt gemacht. »Trotzdem, ich möchte um keinen Preis in ihren Schuhen stecken!«

Sie kicherte. »Raumfahrerin Yvonne. Du hast mir nie erzählt, Sean, ob dir das damals beim Flug geholfen hat.«

Er blickte ihr lange und forschend ins Gesicht, und ein leichtes Lächeln zuckte um seine Lippen. Dann legte er ihr den Arm um die Schultern und zog sie an sich. »Ich hatte nur einen Gedanken, ich wollte dir beweisen, daß ich keine Angst hatte. Aber ich hatte Angst, und wie!« Dann änderte sich sein Ausdruck, er blieb stehen, drehte sie mit hartem Griff zu sich herum, betastete mit beiden Händen ihren Bauch, zog den unförmigen Overall straff um ihren Körper und funkelte sie vorwurfsvoll an. »Warum hast du mir nicht gesagt, daß du schwanger bist?«

»Es ist doch eben erst bestätigt worden«, verteidigte sie sich trotzig.

»Und jeder außer mir weiß Bescheid, was?« Er war wütend; zum ersten Mal in all den Jahren, seit sie zusammen waren, richtete sich sein Zorn gegen sie. Seine Augen blitzten, und seine Hände umfaßten grob ihre sich rundende Taille.

»Außer dem Arzt weiß es niemand, und der will mich erst in drei Monaten aus dem Verkehr ziehen.« Sie versuchte, seine Hände wegzuschieben. »Aber da ist auch noch Killarney, und ich weiß, daß du immer daran denkst ...«

»Weiß es deine Mutter?«

»Wann bekomme ich sie denn zu sehen? Sie kümmert sich um die Hälfte aller Babies von Landing, und außerdem hat sie meinen jüngsten Bruder zu versorgen. Du bist der einzige, der es sonst noch weiß.«

»Manchmal begreife ich dich nicht, Sorka«, sagte Sean. Sein Zorn war verraucht, und er schüttelte den Kopf. »Warum hast du mir das nicht gleich gesagt? Killarney ist für uns inzwischen in weite Ferne gerückt. Wir werden hier gebraucht. Ich dachte, das sei dir klar.« Er legte ihr beide Hände auf die Schultern und schüttelte sie heftig. »Ich wollte immer der Vater deiner Kinder sein. Du sollst nur von mir Kinder bekommen, und ich möchte auch, daß du sie jetzt bekommst, mein Liebes, aber ich dachte, ich hätte nicht das Recht, von dir zu verlangen, in diese Welt, wie sie jetzt ist, ein Kind zu setzen.« Seine Stimme klang so zärtlich wie sonst nur, wenn sie sich liebten.

»Nein, es ist die beste Zeit, um ein Kind zu bekommen. Dann haben wir beide etwas«, sagte sie. Sie fügte nicht ›falls‹ hinzu, aber er wußte, was sie dachte, und sein Griff wurde fester. Seine Augen zwangen sie, ihn anzusehen. An die Stelle der Wut war Entschlossenheit getreten.

»Sofort nach der Sprechstunde gehen wir zu Cherry Duff. Dieses Kind wird beide Elternteile haben, oder ich will nicht mehr Sean Connell heißen!«

Sorka begann zu lachen und hörte nicht mehr auf, bis sie den Veterinärschuppen erreichten.

Ongola mußte bei der Überholung der *Moth* immer wieder als Schiedsrichter auftreten. Nabhi Nabol trieb die Crew zum Wahnsinn, weil er sie in kritischen Augenblicken bei der Reparatur ständig störte, um sich zu erkundigen, ob dieser Schaltkreis oder jenes Rumpfsegment überprüft worden war. Obwohl er sich mit den komplizierten Systemen der Fähre recht gut auskannte, war er keine Hilfe, sondern hielt eher die Leute von der Arbeit ab. Auf der Fähre *Mayfly*, die neben der *Moth* lag, waren Büros für Ongola, Fulmar und Nabhi eingerichtet und ein Dutzend Funkkanäle installiert worden, damit Ongola sich auch anderen Aufgaben widmen konnte und trotzdem bei der Fähre zur Hand war. Die Wände seines Büros waren tapeziert mit Sondenaufnahmen und Vermessungskarten sowie mit Plänen für die verschiedenen Startfenster, die Nabhi offenstanden. Nabhi kam häufig herein, starrte grüblerisch die Umlaufbahnen an und zupfte dabei an seiner Unterlippe. Ongola beachtete ihn nicht.

Die *Moth* war im Grunde genommen in überraschend gutem Zustand gewesen: die internen Schaltkreise und Leitungen hatten so gut wie gar nicht gelitten. Aber alles mußte gründlichst überprüft werden, darin war sich Ongola mit Nabhi einig. Die

Techniker waren dadurch ziemlich stark beansprucht, aber das war nicht der Grund, weswegen Fulmar mit dem selbstherrlichen Nabhi immer wieder aneinandergeriet.

»Es wäre mir egal, was er von mir will«, erklärte der Techniker Ongola, »wenn er wenigstens höflich fragen würde. Aber er führt sich auf, als täte er *mir* einen Gefallen. Sind Sie sicher, daß er als Pilot so gut ist, wie er glaubt?«

»Er ist gut«, gab Ongola widerstrebend zu.

»Mir wäre es lieber gewesen, wenn Bonneau diese Mission übernommen hätte«, gab Fulmar zurück und schüttelte bekümmert den Kopf. »Aber bei seinem großen Anwesen, den Kindern und allem kann ich es ihm nicht verargen, daß er abgelehnt hat. Es ist nur ...« Er brach ab und hob ratlos die großen, schmutzigen Hände.

»Die Mission muß Erfolg haben, Fulmar.« Ongola klopfte dem Mann ermutigend auf die Schulter. »Und Sie sind der Mann, der am besten dafür Sorge tragen kann.«

In der dreizehnten Woche nach dem ersten Fädeneinfall stimmten plötzlich die Vorhersagen nicht mehr. Als die Geschwader den angegebenen Ort erreichten, hauptsächlich unbewohntes Gebiet, sah nur die Spitze den vordersten Rand der Fädenfront. Sie befand sich weit nördlich ihrer Position; der graue, schimmernde Fleck am Horizont war nur allzu leicht zu identifizieren.

»Hölle und Verdammnis!« schrie Theo Force und rief sofort Ongola in Landing an. »Das verdammte Zeug hat sich nach Norden verlagert, Zi. Wir brauchen Verstärkung.«

»Geben Sie mir die Koordinaten«, sagte Ongola, erteilte knappe Befehle und signalisierte Jake, mit Dieter oder Boris Kontakt aufzunehmen. »Fliegt hinterher. Wir stellen ein oder zwei weitere Geschwader zusammen, damit sie euch helfen. Ich werde Drake alarmieren.«

Boris wurde gefunden und stellte schnell ein paar Berechnungen an. »Es wird Calusa und Bordeaux treffen. Offenbar hat es sich um fünf Grad nach Norden verschoben. Ich verstehe das nicht. Warum in aller Welt mag es sich wohl so plötzlich verändern?«

Auf diese Frage gab es keine Antwort. Ongola legte auf. »Haben Sie den Dienstplan für diese Woche da, Jake? Sehen Sie nach, wo Kwan heute ist. Ich rufe Chuck Havers in Calusa an.«

Sue Havers meldete sich. Nach dem ersten Schreck über die Nachricht beruhigte sie sich schnell. »Dann haben wir also noch ein paar Stunden Zeit? Und vielleicht verfehlt es uns knapp? Hoffentlich! Ich weiß nicht, wo Chuck heute arbeitet. Danke, Zi. Noch etwas«, fügte sie ein wenig unsicher hinzu, »rufen Sie Mary Tubberman an, oder soll ich sie warnen?«

»Wir schicken Ned hin.« Ongola unterbrach die Verbindung.

Die Achtung war für die Verwandten sehr hart. Ned hatte das Recht, seiner Mutter, seinen jüngeren Brüdern und seiner Schwester beim Kampf gegen die Fäden zur Seite zu stehen. Wenn er in diesem Notfall auch seinem Vater helfen wollte, würde es nur die Familie sehen. Tubberman hatte seine Gebäude schon sehr früh mit Metall verkleidet, seine Besitzung war also so weit geschützt. Darüber hinaus würde er keine Hilfe erhalten.

Als nächstes nahm Ongola Verbindung mit Drake auf und befahl ihm, das Tubberman-Anwesen zu umgehen. Drake protestierte zuerst, man könne nicht zulassen, daß Sporen sich im Boden eingruben, ganz gleich, wo.

»Ned kann mit Hilfe seiner Mutter das Anwesen soweit schützen, Drake, aber wir werden Ted Tubberman nicht helfen.«

»Aber es geht um Fäden, Mann!«

»Das ist ein Befehl, Mann«, gab Ongola in eisigem Tonfall zurück.

»Verstanden!«

Danach informierte Ongola Paul Benden und Emily Boll von der Veränderung.

»Jetzt wird Ezra endgültig überzeugt sein, daß die Fäden von einer Intelligenz gelenkt werden«, bemerkte Paul zu Emily.

»Wir verlieren so oder so, wie mir scheint«, gab Emily mit einem schweren Seufzer zurück.

»Es ist nur gut, daß wir nicht mehr lange zu warten brauchen, bis wir Bescheid wissen.« Paul nickte zum Landegitter hin, wo die *Moth* gerade den letzten Countdown hinter sich brachte. Keinem der Techniker war es gestattet worden, sich den zusätzlichen Hilfsgeschwadern anzuschließen. Die Arbeit an der Fähre hatte Vorrang vor allem anderen.

Wie es inzwischen der Brauch geworden war, machte Drake Bonneau auf dem Rückweg nach dem Ende des Fädeneinfalls einen Kontrollbesuch auf der Besitzung der Havers. Die Front hatte das jenseits des Jordan gelegene Bordeaux gerade noch am Rande berührt. Bonneau landete in Sichtweite des größeren Hauses der Tubbermans.

»Ned und Mary waren mit Flammenwerfern draußen«, berichtete Chuck dem Geschwaderführer, »und dann hat sie Ted aus irgendeinem verrückten Grund wieder zurückgescheucht. Großer Schaden kann nicht entstanden sein, sonst würde man es sehen.«

»Na, hier ist jedenfalls alles gutgegangen«, meinte Drake freundlich.

»Der Bodentrupp ist früh genug eingetroffen. Weiß eigentlich jemand, warum das Schema nicht mehr stimmt?« fragte Sue. Sie war müde vom Kampf und brauchte wenigstens einen Funken Zuversicht.

»Nein«, antwortete Drake fröhlich, »aber man wird es uns wahrscheinlich bald sagen.«

Er trank einen Becher von dem erfrischenden Fruchtgetränk, das die älteste Tochter der Havers ihm und seiner Mannschaft brachte, dann verabschiedete er sich. Drake hatte Ongolas Befehl befolgt und das Tubberman-Anwesen während des Fädenfalls ausgespart, aber Havers' Bericht hatte ihn neugierig gemacht. Seiner Ansicht nach mußten alle Sporen vernichtet werden, auch wenn sie auf die Heimstatt eines Geächteten fielen. Die Sporen kümmerten sich nicht um die Streitigkeiten der Menschen: sie fraßen alles. Drake wollte nicht, daß wegen einer von Menschen verfügten Beschränkung ein Nest entstand.

Daher flog er nach dem Start langsam eine Runde über dem Tubberman-Anwesen. Ned stand auf dem grünen Rasen vor dem Haus und winkte und gestikulierte ziemlich heftig, aber jetzt fühlte sich Drake doch verpflichtet, seine Befehle zu verfolgen, drehte nach Nordwesten ab und hielt auf Landing zu.

Er aß schnell einen Bissen im Speisesaal, als Ned Tubberman auftauchte.

»Du hast es gesehen, Drake, ich weiß es. Du mußt es gesehen haben.« Ned zerrte aufgeregt an Drakes Ärmel, um ihn zum Aufstehen zu bewegen. »Komm, du mußt ihnen erzählen, was du gesehen hast!«

Drake machte seinen Arm frei. »Wem soll ich was sagen?« Er schaufelte sich noch eine Gabelvoll in den Mund. Beim Fädenkampf entwickelte man einen unglaublichen Appetit.

»Du mußt Kwan, Paul und Emily erzählen, was du gesehen hast.«

»Ich habe doch gar nichts gesehen!« Dann überfiel ihn blitzartig die Erinnerung: Ned stand auf einem grünen Fleck, auf einem grünen Fleck inmitten von verbrannter Erde. »Ich kann es nicht glauben!« Er wischte sich den Mund ab und kaute zerstreut weiter, während er der Erinnerung nachhing. »Aber die Fäden waren eben erst über euer Anwesen weggegangen, und Chuck und Sue haben gesehen, wie dein Vater euch gehindert hat, sie zu verbrennen!«

»Genau!« Ned grinste breit und zerrte wieder an Drakes Ärmel. Der Geschwaderführer stand auf und folgte Ned aus dem Raum. »Ich möchte, daß du ihnen erzählst, was du gesehen hast, daß du meine Aussage bestätigst. Ich *weiß* allerdings nicht, was Dad gemacht hat.« Das Grinsen verblaßte, und Neds Begeisterung flaute ein wenig ab. »Er sagt, Ächten funktioniert nach beiden Seiten. Mutter hat erzählt, daß er sich in seinem Labor einschließt und niemanden in seine Nähe läßt. Meine Brüder und meine Schwester sind fast ständig bei Sue drüben, aber Mutter will Dad nicht allein lassen, auch wenn er nur selten im Haus ist. Sie sorgt dafür, daß alles weiterläuft.«

»Dein Vater macht irgendwelche Experimente?« Drake war etwas verwirrt.

»Nun ja, er ist ausgebildeter Botaniker. Und er hat immer gesagt, bis Hilfe käme, müsse sich der Planet selbst verteidigen.« Ned verlangsamte seine Schritte. »Und dieser Grasfleck muß sich – irgendwie – gegen die heutigen Fäden selbst verteidigt haben, denn er ist noch da!«

Drake erzählte Kwan, Paul, Emily und auch Pol und Bay, die hastig herbeigerufen worden waren, was er beobachtet hatte. Ned beharrte darauf, daß er die Sporen auf die Grasnarbe habe fallen sehen, daß diese aber weder verdorrt noch aufgefressen worden sei. Später, als Drake das Anwesen überflogen hatte, sei nicht mehr zu erkennen gewesen, daß auf dieses zwölf mal zwanzig Meter große Rechteck jemals Fäden niedergegangen seien.

»Ich kann mir nicht vorstellen, wie er das gemacht haben soll«, sagte Pol schließlich und sah Bay fragend an. »Vielleicht hat er Kitti Pings Grundprogramm so abgewandelt, daß es auf eine weniger komplexe Lebensform angewendet werden konnte. Vom Fachlichen her muß ich das allerdings bezweifeln.«

»Aber ich habe es gesehen.« Ned ließ nicht locker. »Und Drake ebenfalls.«

Ein langes Schweigen trat ein, bis endlich Emily das Wort ergriff. »Ned, wir zweifeln weder an Ihrem Bericht noch an Drakes Bestätigung, aber wie Ihr Vater sagte, Ächten funktioniert nach beiden Seiten.«

»Sind Sie zu stolz, um ihn zu fragen, was er gemacht hat?« fragte Ned. Er wurde unter seiner Sonnenbräune bleich, und seine Nasenflügel blähten sich entrüstet.

»Mit Stolz hat das nichts zu tun«, erklärte Emily sanft. »Aber mit dem Bedürfnis nach Sicherheit. Er wurde geächtet, weil er sich dem Willen der Kolonie widersetzt hat. Wenn Sie ehrlich sagen können, daß er seine Haltung geändert hat, dann können wir über eine Wiedereingliederung sprechen.«

Ned senkte vor Emilys nachsichtigem Blick errötend die Augen und seufzte tief. »Er will von Landing und seinen Bewohnern nichts wissen.« Dann umfaßte er die Tischkante und beugte sich zur Gouverneurin vor. »Aber er hat etwas Unglaubliches gemacht. Drake hat es gesehen.«

»Ich habe tatsächlich eine Grasnarbe gesehen, wo keine hätte sein dürfen«, räumte Drake ein.

»Könnte Ihre Mutter für ihn aussagen?« fragte Paul, um Neds willen um eine ehrenvolle Lösung bemüht.

»Sie sagt, er redet nur mit Petey, und Petey sagt, er mußte feierlich versprechen, den Mund zu halten, deshalb hat sie ihn nicht gedrängt.« Ein schmerzlicher Ausdruck zuckte über Neds Gesicht. »Aber ich werde sie fragen. Ich werde auch Petey fragen. Ich kann es versuchen!«

»Für Sie war das nicht leicht, Ned«, sagte Emily. »Wir wären alle froh, wenn diese Sache zu einem vernünftigen Ende gebracht werden könnte.« Sie berührte seine Hand, die immer noch die Tischkante umklammerte. »Gerade jetzt brauchen wir jeden einzelnen.«

Ned sah ihr fest in die Augen und nickte langsam. »Ich glaube Ihnen, Gouverneurin.«

»Manchmal bringt mir meine Stellung mehr Pflichten ein, als die ganze Sache wert ist«, sagte Emily leise zu Paul, als die Luke der Fähre sich endlich hinter Nabhi Nabol und Bart Lemos schloß. Sie mußte vorsichtig sein, denn alle jungen Männer aus Nabhis Geschwader waren gekommen, um ihrem Anführer Glück zu wünschen. Sie drehte sich um, lächelte ihnen zu und ging dann auf den Seitenstreifen, um pflichtschuldigst zusammen mit den Technikern auf den Start zu warten.

Es dauerte so lange, daß sowohl der Admiral als auch die Gouverneurin ängstliche Blicke zum Wetterbeobachtungsturm warfen. Gerade als beide zu der Ansicht gelangt waren, ihr Verdacht könne sich bestätigen und Nabhi würde nun vielleicht doch kneifen, hörten sie das Dröhnen der Zündung und sahen die gelbweißen Flammen aus den Rohren schlagen.

»Hört sich gut an«, brüllte Paul über den Lärm hinweg. Emily begnügte sich mit einem Nicken und stopfte sich die Finger in die Ohren.

Sie verstand nicht viel von der Funktionsweise einer Fähre, aber die jungen Männer grinsten und winkten triumphierend. Fulmar wirkte so erleichtert, daß es schon fast komisch war. Majestätisch begann sich die Fähre über das Landegitter zu bewegen, wurde immer schneller und erhob sich in einem steilen, aber anmutigen Bogen in die Lüfte. Die Flamme verlor sich im Blau des Himmels, und die Zuschauer hielten die

Hand über die Augen, weil die aufgehende Sonne sie blendete. Dann blühte der flaumige Kondensstreifen auf, markierte in Wellen den Weg der Fähre. Die Techniker, die dies ermöglicht hatten, klopften sich jubelnd auf den Rücken.

»Mein lieber Mann, das ist vielleicht ein Gefühl, wieder mal 'nen Vogel steigen zu lassen«, rief einer der Männer. »He, was ist denn mit denen los?« fragte er und zeigte auf mehrere Zwergdrachenschwärme, die wie aus dem Nichts ziemlich tief über das Gitter gerast kamen und dabei merkwürdig gurrende Laute ausstießen.

»Bei wem ist ein Baby fällig?« wollte Fulmar wissen.

Emily und Paul sahen sich an. »Bei uns«, sagte sie und schlüpfte schnell in den Gleiter. »Seht ihr nicht? Sie fliegen geradewegs zur Brutstätte.«

Wenn man in Richtung Landing schaute, konnte man nicht mehr daran zweifeln, daß ganze Schwärme von Zwergdrachen dorthin unterwegs waren. Niemanden hielt es jetzt mehr auf dem Landegitter. Das Dach der Brutstätte war mit den gurrenden und schnatternden Tieren bedeckt. Das mißtönende Geschrei war eher aufregend als störend. Als der Admiral und die Gouverneurin eintrafen, mußten sie sich erst einen Weg durch die Menge bahnen, um die offene Doppeltür zu erreichen.

»Willkommen im neunhundertstimmigen Chor«, murmelte Emily, als sie und Paul den Rand des angewärmten Sands erreichten. Dort blieben sie stehen und beobachteten ehrfürchtig das Geschehen.

Kitti Ping hatte genaue Anweisungen hinterlassen, wer beim Ausschlüpfen anwesend sein sollte. Sechzig junge Leute im Alter zwischen achtzehn und dreißig, die bereits bewiesen hatten, daß sie mit den Zwergdrachen gut harmonierten, waren auserwählt worden und durften um den Kreis der Eier herumstehen. Windblüte, Pol, Bay und Kwan befanden sich seitlich auf einer Holzplattform; ihre Gesichter waren erwartungsvoll gerötet.

Von draußen drang weiterhin leise der Jubelgesang der Zwergdrachen herein, während das Gurren der wenigen, die einen Platz im Inneren gefunden hatten, wie eine gedämpfte, fast scheue Ermutigung klang.

»Sie können doch nicht wissen, worauf wir heute warten, Paul, oder doch?«

»Der junge Sean Connell« – Paul zeigte auf den jungen Mann, der neben seiner Frau vor den Eiern stand – »würde behaupten, daß sie Bescheid wissen. Aber Geburten haben sie schließlich immer angezogen! Sie schützen doch auch ihre eigenen Jungen vor Angriffen.«

Tiefe Stille trat ein, als ein deutliches Knacken zu hören war. Eines der Eier schaukelte leicht, und die Bewegung rief ein erregtes Flüstern hervor.

Emily drückte fest die Daumen, verbarg aber die Hände in den Falten ihrer Hose. Sie bemerkte mit einem schwachen Grinsen, daß andere es ebenso machten. Von den Ereignissen dieses Tages hing so viel ab, sowohl von der ersten Drachenbrut wie von dem Unternehmen, das für Nabhi Nabol nun unwiderruflich begonnen hatte.

Ein zweites Ei bekam einen Sprung, und ein drittes wackelte. Der Gesang wurde betörend, drängend, und alle Zuschauer ließen sich von den Tönen anstecken.

Dann brach plötzlich eines der Eier auf, und ein noch ganz feuchtes Geschöpf erschien; es schüttelte seine kurzen Stummelflügel, stolperte aus der Schale und quäkte verschreckt. Die Zwergdrachen gurrten beschwichtigend. Die jungen Leute im Kreis wichen nicht von der Stelle, und Emily bewunderte ihren Mut, denn dieses plumpe Geschöpf war nicht das anmutige Wesen, das sie erwartet hatte, nicht das Tier, an das man sich aus alten Legenden und aus Illustrationen in seltenen Büchern erinnerte. Sie merkte, daß sie den Atem angehalten hatte, und stieß nun schnell die Luft aus.

Das Wesen spreizte die Flügel, die größer und dünner waren, als sie erwartet hatte. Es war so lang und mager, so unbeholfen, und seine gelb und rot funkelnden Augen hatten eine sehr merkwürdige Form. Emily war ganz starr vor Schreck. Das Wesen stieß einen verzweifelten Schrei aus, der vielstimmige Chor über ihm antwortete tröstend. Es stolperte mit flehentlichem Gewimmer nach vorne, und dann wurde daraus ein Jauchzen, ein langgezogener, lieblicher, hoher

Ton. Es machte noch einen unsicheren Schritt und fiel dann David Catarel zu Füßen, der sich niederbeugte, um ihm zu helfen.

Als er aufblickte, waren seine Augen vor Staunen weit aufgerissen. »Er will mich!«

»Dann nimm ihn an!« brüllte Pol und winkte einem der Aufseher, eine Schüssel mit Futter zu bringen. »Füttere ihn! Nein, laß dir von niemandem helfen. Die Bindung muß jetzt vollzogen werden!«

David kniete neben seinem neuen Schützling nieder und bot ihm einen Brocken Fleisch an. Der kleine Drache schlang ihn gierig hinunter, stieß mit dem Kopf energisch gegen Davids Bein und schrie nach mehr.

»Er sagt, er hat großen Hunger«, rief David. »Er spricht mit mir. In meinem Kopf! Es ist unglaublich. Wie hat sie das gemacht?«

»Die Mentasynthese funktioniert also!« murmelte Emily, und Paul nickte, als sei das selbstverständlich.

»Ihr Götter, was ist es häßlich«, sagte er ganz leise.

»Du warst bei deiner Geburt wahrscheinlich auch nicht gerade eine Schönheit.« Emily war selbst überrascht über ihre Worte und grinste, als er sie erstaunt ansah.

David lockte seinen neuen Freund aus dem Kreis der Menschen heraus an den Rand der Brutstätte und rief nach mehr Futter. »Polenth sagt, er ist am Verhungern.«

Bay hatte genügend rotes Fleisch bereitstellen lassen, von Tieren, die sich gut an die verbesserten pernesischen Gräser gewöhnt hatten. Die jungen Drachen brauchten in den ersten Monaten für ihre Entwicklung viel Bor, und das konnten sie am besten aus Rindfleisch aufnehmen.

Ein zweites Ei brach auf, ein zweiter kleiner Bronzedrache stürmte geradewegs auf Peter Semling zu. Von Peters Zwergdrachenschwarm kam schrille Zustimmung. Dann geschah lange nichts mehr. Ein besorgtes Summen stieg unter den Zuschauern auf. Dann zersplitterten plötzlich vier weitere Eier, aus zweien kamen unerwartet zierliche Geschöpfe heraus, ein goldener und ein Bronzedrache, die sich Tarrie Chernoff und Shih Lao als Partner aussuchten; die beiden anderen waren kräftig aussehende Braune, die auf Otto Hegelman und Paul Logorides zustrebten.

»Wird eigentlich erwartet, daß sie heute alle ausschlüpfen?« fragte Emily.

»Gehen wir doch zu Pol und Bay rüber«, schlug Paul vor. Sie drängten sich vorsichtig durch die Menge und blieben kurz stehen, um David Catarels Bronzedrachen zu bewundern, der seine Fleischbrocken so schnell hinunterschlang, als atme er sie ein. David war wie verzückt.

»Na ja, es wäre möglich«, antwortete Pol, als sie ihn erreichten. Er verbarg seine Nervosität recht gut, im Gegensatz zu Windblüte, die den leisen Gruß des Admirals und der Gouverneurin kaum zur Kenntnis nahm. »Sie wurden innerhalb einer Zeitspanne von sechsunddreißig Stunden erzeugt. Die sechs, die bereits ausgeschlüpft sind, stammen aus der ersten und zweiten Gruppe. Aber vielleicht müssen wir noch warten. Aus unseren Beobachtungen der wilden Zwergdrachen wissen wir, daß das Eierlegen sich über mehrere Stunden hinziehen kann. Ich vermute, die Grünen und Goldenen haben Ähnlichkeit mit den Vipern auf der Erde, die ihre Eier im Körper behalten konnten, bis sie den passenden Ort oder Zeitpunkt gefunden haben, um sie abzulegen. Wir wissen, daß die Jungen aus natürlich entstandenen Eiern mehr oder weniger gleichzeitig ausschlüpfen. Dies«, sagte er und deutete auf die Brutstätte, »ist ein Zugeständnis an Kitti Ping. Sie wollte die Lebensbedingungen der Vorfahren der Gattung möglichst genau imitieren. Ach, da bricht noch eins auf.« Er blickte auf die Liste in seiner Hand. »Es ist aus der dritten Gruppe!«

»Sechs Männchen, aber nur ein Weibchen«, sagte Bay leise. »Offen gestanden, ich hätte lieber mehr Weibchen. Was meinen Sie, Windblüte?«

»Ein vollkommenes Männchen und ein vollkommenes Weibchen, mehr brauchen wir nicht«, sagte Windblüte mit etwas belegter, aber beherrschter Stimme. Sie hatte die Hände in ihren weiten Ärmeln verborgen; die Anspannung hatte tiefe Falten in ihr Gesicht gegraben, und ihre Augen blickten düster.

»Peter Semlings Bronzedrache sieht recht kräftig aus«, meinte Emily ermunternd. Windblüte gab keine Antwort, sie starrte wie gebannt auf die Eier. »Sind sie so, wie Sie erwartet haben?« fragte die Gouverneurin Pol und Bay.

»Nein«, gestand Bay, »aber schließlich hatte nur Kitti das zugehörige Bild im Kopf. Wenn nur ...« Sie stockte. »Ach, wieder ein goldenes Weibchen. Ich glaube, Kitti Ping hat die Wahl geschlechtsabhängig gemacht. Für Nyassa Clissmann. Wie reizend sie doch sind!«

Emily konnte die Nestlinge gar nicht so anziehend finden, aber sie war froh, daß so viele am Leben waren. Aber was hatte Kitti Ping sich vorgestellt, als sie die Eier der Zwergdrachen manipulierte? Das waren keine Drachen, wie Emily sie kannte. Und doch sah sie plötzlich im Geiste den Himmel voll von solchen Geschöpfen, sah sie schweben, herabstoßen und Feuer speien. Hatte Kitti Ping eine ähnliche Vision gehabt?

»Die Fähre!« sagte Pol plötzlich. »Habe ich sie starten hören?«

»Ja, er hat es geschafft«, antwortete Paul. »Ongola wird uns auf dem laufenden halten. Wir haben nicht genug Treibstoff für einen Direktflug. Die Fähre muß eine Woche lang ohne Antrieb fliegen, bis sie den Schweif erreicht.«

»Verstehe.« Pol wandte sich wieder den Eiern zu.

Es herrschte ein ständiges Kommen und Gehen, einige Leute mußten an ihre Arbeit zurück, andere nahmen ihre Plätze ein. Man brachte den Biologen und den Führern der Kolonie etwas zu essen und Holzbänke, damit sie sich setzen konnten. Windblüte blieb stehen. Auch der Kreis der hoffnungsvollen Drachenreiter wurde mit Essen versorgt. Die Zwergdrachen setzten ihren Ermunterungsgesang unermüdlich fort. Emily fragte sich, wie sie es nur so lange durchhalten konnten.

Es wurde dunkel, ehe sich wieder etwas tat, und dann sprengten ein Brauner und zwei Goldene gleichzeitig ihre Eier. Marco Galliani bekam den Braunen, die beiden Goldenen schlossen sich an Kathy Duff und Nora Sejby an. Die Menge jubelte.

Die Zuschauer zerstreuten sich allmählich, doch die Zwergdrachen blieben auf dem Posten und sangen weiter. Emily wurde allmählich müde, und sie sah, daß auch die anderen von der Erschöpfung übermannt wurden. Als Catherine Radelin-Doyle ihre Goldene an sich band, war sie halb eingeschlafen.

»Schließen sich immer Drachenweibchen an Menschenfrauen an?« fragte Emily. »Und Männchen an Männer?«

»Nachdem man die Männchen als Kämpfer einsetzen will und die Weibchen die Eier legen sollen, hat Kitti es logischerweise so eingerichtet«, antwortete Pol.

»Für sie war es vielleicht logisch«, meinte Emily ein wenig nachdenklich. »Es sind keine Blauen und Grünen darunter«, fiel ihr plötzlich auf.

»Kitty hat die größeren Männchen ausgewählt, aber ich glaube, ihr Sperma enthält Zellen für die ganze Bandbreite der Gattung. Die Grünen sind die kleinsten, die Kämpfer; die Blauen sind kräftiger und haben mehr Durchhaltevermögen; die Braunen sollen so etwas wie die Nachhut in der Formation bilden, sie haben noch mehr Ausdauer. Sie müssen vier bis sechs Stunden kämpfen, das darf man nicht vergessen! Die Bronzefarbenen sind die Anführer, und die Goldenen ...«

»Sitzen zu Hause und brüten die Eier aus.«

Pol warf Emily einen langen, verwunderten Blick zu.

»In der Wildnis haben die Grünen keine starken mütterlichen Instinkte, ganz im Gegensatz zu den Goldenen«, warf Bay ein, und auch sie sah die Gouverneurin merkwürdig an. »Kitti Ping hat so viele natürliche Instinkte beibehalten wie möglich. Jedenfalls ist das ihrem Programm zu entnehmen.«

»Da!« sagte Nahbi und lehnte sich von der Konsole zurück. Sein dunkles Gesicht strahlte vor innerer Befriedigung. »Kenjo war nicht der einzige, der Treibstoff sparen konnte.«

Bart starrte ihn überrascht und verständnislos an. »Wofür sparen, Nabhi?« Er sagte es schärfer, als es eigentlich seine Absicht war, aber seine Anspannung wollte einfach nicht weichen. Nicht, daß er Nabhi als Piloten nicht vertraut hätte – Nabhi verstand seine Sache, sonst hätte sich Bart niemals zu diesem Wahnsinnsunternehmen überreden lassen, nicht für das beste Land auf ganz Pern.

»Zum Manövrieren«, sagte Nabhi. Sein spöttisches Grinsen war nicht dazu angetan, Barts Unruhe zu dämpfen.

»Wo? Du ... du bist doch wohl nicht so verrückt und willst auf dem Teufelsplaneten landen?« Bart riß an der Gurtentriegelung, aber Nabhis träges Kopfschütteln ließ ihn innehalten.

»Ich denke gar nicht daran. Ich will diese Hülsen holen oder wie immer man sie nennt.« Sein Lächeln wurde breiter, und Bart registrierte erstaunt, daß er sich ins Fäustchen lachte. »Wir fliegen praktisch den gleichen Kurs wie Avril.« Er drehte den Kopf und sah seinen Kopiloten direkt an.

»Und?«

»Angeblich ist die Gig explodiert.« Jetzt war Nabhis Lächeln nur noch schadenfroh. »Schalte die Schirme ein. Vielleicht treibt da interessantes Strandgut herum. Diamanten, Goldnuggets, was immer Avril mitgenommen hatte. Niemand braucht zu wissen, was wir sonst noch auffischen. Es ist auf jeden Fall eine einfachere Methode, als wenn man sich das Zeug eigenhändig aus der Erde scharren muß.«

Um Mitternacht beschlossen Pol und Bay, die noch verbliebenen Eier zu untersuchen, und machten langsam die Runde. Man hatte den Kandidaten Holzplattformen gebracht, damit sie sich ausruhen konnten, denn die Hitze im Sand war auf die Dauer unerträglich. Niemand von den Erwählten war bereit, die Brutstätte zu verlassen und sich damit der Chance zu begeben, einen Nestling an sich zu binden.

Als die beiden Biologen zurückkamen, schüttelte Pol den Kopf und Bays Züge wirkten verhärmt. Sie ging sofort zu Windblüte und berührte ihren Arm.

»Der Rest der ersten Gruppe gibt kein Lebenszeichen. Aber das Ergebnis übertrifft schon jetzt die Prognose. Bei den anderen regt sich noch etwas. Wir können nur warten. Sie wurden nicht alle zur gleichen Zeit befruchtet.«

Windblüte blieb weiter reglos stehen wie eine Statue.

Sean stieß Sorka in die Rippen, um sie aufzuwecken. Sie hatte sich an ihn gelehnt und war, die Wange an seinen Oberarm gedrückt, eingeschlafen. Jetzt fuhr sie mit einem Ruck hoch und wußte sofort wieder, wo sie war. Sean zeigte auf das größte Ei, das fast direkt vor ihnen lag. Diesen Platz hatte er sich gleich zu Anfang ausgesucht. Er hatte lange warten müssen, aber jetzt schaukelte das Ei leicht hin und her.

»Wie spät ist es?« fragte sie.

»Fast Morgen. Sonst hat sich nichts gerührt. Aber hör dir die Zwergdrachen an, vor allem Blaze. Sie kann doch bald keine Stimme mehr haben!«

Ihre eigenen Zwergdrachen waren von Anfang an dabeigewesen, und Sorka hatte der unermüdliche Gesang immer wieder neue Kraft gegeben.

»Das Ei da drüben bewegt sich seit etwa zwei Stunden immer wieder einmal«, sagte er leise. »Das dahinter hat eine Weile geschaukelt, aber jetzt hat es völlig aufgehört.«

Sorka versuchte, ein Gähnen zu unterdrücken, dann gab sie nach und fühlte sich besser. Sie hätte sich gerne gestreckt, aber ein Kandidat lag fest schlafend quer über ihren Beinen. Die anderen dahinter erwachten allmählich.

Irgendwann, während Sorka geschlafen hatte, waren der Admiral und die Gouverneurin gegangen. Pol und Bay lehnten aneinander, Kwan hatte den Kopf auf die Brust sinken lassen, und seine Arme lagen schlaff in seinem Schoß. Windblüte hatte sich offenbar nicht bewegt, seit sie ihre Wache begonnen hatte.

»Sie ist mir unheimlich«, sagte Sorka und wandte sich von der Genetikerin ab.

Ein lautes Knacken ließ alle aufschrecken. Das Ei vor ihnen zerfiel in zwei gezackte Hälften. Der bronzefarbene Nestling kam mit hoch erhobenem Kopf herausstolziert und gab einen Laut von sich wie eine stotternde Trompete. Alle waren jetzt hellwach. Sean sprang auf, und Sorka stieß ihn von hinten an, um ihn zur Eile zu mahnen. Sie hätte sich keine Sorgen zu machen brauchen. Sobald Sean dem Nestling in die Augen sah, ließ er ein leises, ungläubiges Ächzen hören und ging auf das Tier zu. Ihr Schwarm schmetterte triumphierend.

»Futter, schnell«, rief Sorka und winkte einem schläfrigen Aufseher. Hoffentlich war das Fleisch in der Hitze nicht schlecht geworden! Sie rannte dem Mann entgegen, entriß ihm die Schüssel, lief zurück und schob sie Sean in die Hand. Einen so vollkommen hingerissenen Blick hatte sie in seinen Augen noch nie zuvor gesehen.

»Er sagt, er heißt Carenath, Sorka. Er kennt seinen eigenen Namen!« Sean schaufelte Carenath das Fleisch aus der Schüssel ins Maul, so schnell er nur konnte. »Ich brauche mehr Fleisch. Schnell, ich brauche mehr Fleisch!«

Seine sonore Stimme hatte alle in der Brutstätte aufgeweckt. Dann zersprang das andere Ei, und ein goldenes Weibchen schlenderte schnatternd heraus und sah sich ungeduldig um. Sorka war so damit beschäftigt, Sean die Fleischschüsseln zu reichen, daß sie es gar nicht bemerkte, bis Betsy sie am Arm zupfte.

»Sie sucht nach dir, Sorka. Du mußt sie ansehen!«

Sorka wandte den Kopf, und plötzlich spürte auch sie, wie mit unglaublicher Kraft ein anderer Geist in den ihren eindrang, ein Geist, der sich freute, einen Gleichgesinnten, einen lebenslangen Partner gefunden zu haben. Sorka war so von Jubel erfüllt, daß es fast schmerzte.

Ich heiße Faranth, Sorka!

»Wir haben eigentlich eine Menge aus den Eiern gelernt, die nicht aufgebrochen sind«, erklärte Pol, als er mit Windblüte und Bay zwei Tage später Emily und Paul Bericht erstattete.

»So weit, so gut?« fragte Paul hoffnungsvoll.

»Oh, sehr gut sogar.« Bay grinste begeistert und nickte energisch mit dem Kopf. Windblüte rang sich nur ein sprödes, starres Lächeln ab. Der undurchdringliche Pessimismus, den sie am Tag des Ausschlüpfens verbreitet hatte, war jetzt einer reservierten Arroganz gewichen.

»Dann glauben Sie also, daß sich die achtzehn Jungen alle zu lebensfähigen Erwachsenen entwickeln werden?« fragte Paul.

Sie neigte den Kopf. »Wir müssen geduldig abwarten, bis sie zur Reife gelangen.«

»Aber sie werden doch fähig sein, wie die Zwergdrachen aus phosphinhaltigem Gestein Flammen zu erzeugen und ins *Dazwischen* zu gehen?« bohrte Paul weiter.

»Ich persönlich bin sehr zuversichtlich«, schaltete sich Pol ein, als Windblüte schwieg. »Auch Bay, vor allem, weil die Mentasynthese eine starke empathische Bindung und die Fähigkeit zur telepathischen Kommunikation bewirkt hat.«

»Ein echter Kontakt von Geist zu Geist«, fügte Bay mit befriedigtem Lächeln hinzu. »Besonders stark ausgeprägt bei Sorka und Sean.«

»Die Drachen wurden so *geschaffen*«, erklärte Windblüte gespreizt, »daß sie auch mit anderen, nicht zu ihrer eigenen Art gehörenden Wesen eine Bindung eingehen. Insoweit war das Programm erfolgreich.« Sie hob die Hand. »Wir müssen unsere Ungeduld bezähmen und danach streben, das vollkommene Exemplar zu schaffen.«

»Die Stabilisierung der Bindung an eine andere Spezies war der wichtigste Aspekt«, sagte Pol und zog leicht die Augenbrauen zusammen. »Schließlich ist für Zwergdrachen die Teleportation so selbstverständlich wie das Atmen.«

»Für *Zwergdrachen* schon«, gab Windblüte kühl zurück. »Ob das bei Drachen auch so ist, bleibt abzuwarten.«

»Kitti Ping hat diese Fähigkeiten nämlich nicht verändert. Aber sie müssen natürlich vervollkommnet und kontrolliert werden«, fuhr Pol fort. Windblütes Haltung, ihre Weigerung, die bereits erreichten Erfolge als solche anzuerkennen, gefiel ihm nicht. »Ich muß sagen, ich bin sehr froh, daß die jungen Connells beide einen Nestling an sich binden konnten. Sie sind veterinärmedizinisch ausgebildet, auch sonst sehr tüchtig und haben bereits bewiesen, daß sie in der Lage sind, ihre Zwergdrachenschwärme unter Kontrolle zu halten, wir könnten uns keine besseren Partner wünschen.«

Windblüte gab ein mißbilligendes Geräusch von sich.

»Sie sind qualifiziert«, betonte Bay unerwartet gereizt. »Jemand muß den Anfang machen.«

»Die Entwicklung muß streng überwacht werden«, sagte Windblüte, »damit wir wissen, welche Fehler beim nächsten Mal zu vermeiden sind.«

»Beim nächsten Mal?« Emily blinzelte überrascht und bemerkte, daß Bay und Pol ähnlich reagierten.

»Ich weiß noch nicht, ob diese Wesen auch auf allen anderen Gebieten die gewünschten natürlichen oder von uns angezüchteten Verhaltensweisen zeigen werden.« Ihre Grabesstimme ließ erkennen, daß sie schwere Zweifel hegte.

»Wie können Sie so kleinmütig sein ...« begann Pol ziemlich heftig.

Windblüte gebot ihm mit einer energischen Handbewegung Schweigen, und er starrte sie verständnislos an.

»Ich werde noch einmal ganz von vorn anfangen«, teilte ihnen die Genetikerin in einem fast märtyrerhaften Tonfall mit. Pol und Bay sahen sie erstaunt an. »Nach allem, was wir aus den Obduktionen erfahren haben, kann ich nicht sicher sein, daß die überlebenden Exemplare fruchtbar oder fortpflanzungsfähig sind. Wichtiger noch – fähig, sich selbständig fortzupflanzen! Ich muß es so lange versuchen, bis der Erfolg gesichert ist. Das war erst der Anfang.«

»Aber Windblüte ...« Pol war wie vom Blitz getroffen.

»Kommen Sie, Sie werden mir assistieren.« Mit einer gebieterischen Geste fegte sie aus dem Zimmer.

Weder die Veterinäre noch die Xenobiologen verfügten über Orientierungshilfen, um zu beurteilen, ob sich die achtzehn Vertreter der neuen Gattung normal entwickelten. Aber der herzhafte Appetit der Drachen, die kräftige Farbe ihrer wildlederähnlichen Haut und die Mühelosigkeit ihrer Bewegungen – hauptsächlich beim Fressen und beim Spreizen der Flügel – wurden als Maßstab ihres Wohlbefindens angesehen. In der ersten Woche ihres Lebens waren sie alle mindestens um eine Handbreit gewachsen und sahen auch nicht mehr so verhungert aus. Und als sich immer deutlicher zeigte, wie stabil ihre durchsichtigen Schwingen waren, waren auch jene erleichtert, die sich in dieser Hinsicht Sorgen gemacht hatten.

Fasziniert sahen die offiziellen medizinischen Berater zu, wie die beiden Connells ihre zehn Tage alten Drachen badeten und einölten. In der Nähe der Wohnungen aller Drachenpartner waren große, seichte Badeteiche aus Siliplas aufgestellt worden. Faranth registrierte geschmeichelt die bewundernden Blicke.

»Sie ist eitel, Dad«, sagte Sorka belustigt und goß Öl auf eine schuppige Stelle zwischen den Rückenwülsten. »Juckt es hier, Farrie?«

Ich heiße Faranth, und hier juckt es auch, erklärte Faranth erst vorwurfsvoll und dann zunehmend erleichtert. *An meinem Hinterbein ist noch eine Stelle.*

»Sie kann Spitznamen nicht leiden«, erklärte Sorka nachsichtig und grinste ihren Vater an. »Meine Güte, man hat ganz schön zu schrubben.« Zu diesem Zweck war eine harte Bürste angefertigt worden, fest genug, um das Öl einzumassieren, aber mit abgerundeten Borsten, damit die zarte, glatte Haut nicht verletzt wurde.

Plötzlich waren alle klatschnaß, denn Carenath hatte angefangen, mit den Flügeln zu schlagen, und sie alle mit Wasser vollgespritzt.

»Carenath, benimm dich!« Sorka und Sean sagten es gleichzeitig in scharfem Tonfall.

Ich bin doch schon sauber, du gefleckter Idiot, schimpfte Faranth, und es hörte sich genauso an, als ließe Sorka ihre Ermahnungen vom Stapel. *Ich war schon fast trocken, und jetzt muß ich noch einmal eingeölt werden.*

Sean und Sorka lachten und beeilten sich dann, den durchnäßten Männern zu erklären, daß Faranths Worte der Anlaß für die plötzliche Heiterkeit waren, nicht etwa Carenaths ausgelassenes Benehmen. Sean winkte zu den Zwergdrachen hinauf, die auf dem Dachfirst hockten und offensichtlich alles beobachteten, was unter ihnen vorging. Gleich darauf fielen Handtücher auf die durchnäßten Zuschauer herab.

»Nützliche Tiere, Sean«, sagte Red Hanrahan, trocknete sich Gesicht und Hände ab und wischte an seiner Kleidung herum.

»Auch bei den jungen Drachen sind sie eine große Hilfe, Red«, antwortete Sean. »Sie fangen ständig Fische, damit wir diese wandelnden Gierhälse satt bekommen.«

Mache ich dir so viel Mühe? fragte Carenath bekümmert.

»Überhaupt nicht, Kleiner«, versicherte ihm Sean schnell und streichelte liebevoll den traurig gesenkten Kopf. »Dummes Zeug. Du bist jung, du hast Appetit, und es ist unsere Pflicht, dich zu füttern.«

Red gewöhnte sich allmählich daran, daß seine Tochter und

sein Schwiegersohn dauernd zusammenhanglose Sätze in den Raum stellten, aber für die anderen war es noch unheimlich. Faranth stupste Sorka an und wollte auch gestreichelt werden, und als sie ihr Ziel erreicht hatten, funkelten ihre Augen in ruhigem, zufriedenem Blau.

»Können sie noch nicht geritten werden? Und selbst auf die Jagd gehen?« wollte Phas Radamanth wissen.

»Man reitet auch kein Fohlen, auch wenn es noch so groß und kräftig ist«, gab Sean zurück und massierte Öl in eine rauhe Stelle auf Carenaths breitem Rücken ein. »Kitti Pings Programm empfiehlt, damit ein ganzes Jahr zu warten.«

»Können wir denn so lange warten, bis sie erwachsen sind?« Die Sporen und der Kampf gegen sie waren allen stets im Bewußtsein.

»Ich habe noch nie ein Pferd gedrängt«, sagte Sean, »und bei meinem Drachen werde ich nicht damit anfangen. Sie wachsen sehr schnell, und wenn sich herausstellt, daß ihre Knochenstruktur – die Knochen bestehen nämlich aus Borsilikat, das härter ist als unser Kalkmaterial – sich gut entwickelt, können sie, glaube ich, wie geplant zu bemannten Flügen eingesetzt werden. Meine Güte, das wird ein Spaß, was, alter Junge?« grinste er dann.

Die fürsorgliche Zärtlichkeit und die tiefe Zuneigung in Seans Stimme machte die anderen fast verlegen. Red sah seinen Schwiegersohn überrascht an. Die Beziehung zu seinem Drachen hatte den jungen Connell also ebenso verändert wie alle anderen Drachenpartner. Auch Sorka, die schon immer mütterliche Züge gezeigt hatte, schien jetzt noch mehr Kraft zu besitzen und von innen heraus zu leuchten, und das konnte nicht nur von ihrer Schwangerschaft herrühren.

Am auffallendsten hatte sich der junge David Catarel gewandelt. Geistig wie physisch seit jenem Ersten Fädenfall und Lucy Tubbermans tragischem Tod schwer angeschlagen, hatte sich der junge Mann in sich selbst zurückgezogen und in Selbstekel und unbegründeten Schuldgefühlen geschwelgt. Nicht einmal eine Intensivtherapie hatte diese Blockade durchbrechen können. David bekämpfte die Fäden mit einem erbarmungslosen Haß, der beängstigend war. Die ungestüme Zuneigung der Zwergdrachen hatte er erst geduldet, als er sah, wie nützlich sie für die Bodentrupps waren.

Die Erneuerung seiner Persönlichkeit hatte in dem Augenblick begonnen, als Polenth gegen sein Knie gestoßen war. Ein strahlend lächelnder, völlig verzückter David hatte, seinen stolpernden kleinen Drachen fürsorglich und geschickt stützend, den Sand der Brutstätte verlassen. Auch die anderen Jugendlichen hatten sich zu ihrem Vorteil verändert, auch wenn Catherine Radelin-Doyles Angewohnheit, über irgendeine unhörbare Bemerkung ihrer goldenen Partnerin in Gekicher auszubrechen, recht störend sein konnte. Der früher so in sich gekehrte Shih Lao, der den Bronzedrachen Firth an sich gebunden hatte, lief seither mit einem Lächeln auf dem Gesicht herum. Tarrie Chernoff hatte aufgehört, sich für jedes kleine Mißgeschick und jeden Fehler zu entschuldigen, und Otto Hegelmans Stottern war völlig verschwunden.

»Sie machen euch beiden alle Ehre«, sagte Caesar Galliani zu Sean und Sorka. »Obwohl Marcos Duluth, wenn ich das sagen darf, auch sehr gut aussieht.«

Sean grinste den Besitzer von Roma an. »Das ist wahr. Solange sie essen, schlafen ...«

»Gebadet, verhätschelt, geölt und gekratzt werden, haben sie *keinerlei* Klagen«, ergänzte Sorka und wischte ein letztes Mal über Faranths Nase. »So, mein Schatz, jetzt rollst du dich zusammen und machst ein Nickerchen.«

Carenath ist noch nicht fertig, beschwerte sich Faranth, aber sie war schon auf dem Weg zu dem sonnenwarmen Plasbeton, wo sie am liebsten lag. *Ich mag es, wenn ich mich an ihn lehnen kann. Außerdem habe ich ein wenig Hunger.*

Sorka steckte zwei Finger in den Mund und stieß einen durchdringenden Pfiff aus. Sofort verschwanden die Zwergdrachen.

Alles sauber, rief Carenath und sprang aus dem Teich. Da Sean ihn verwarnt hatte, schüttelte er sich nicht vor allen Zuschauern, sondern breitete vorsichtig seine nassen, glänzenden Flügel aus und hielt sie in die leichte Brise, während Sean mit Sorkas Hilfe seine Unterseite trockenrieb.

»Brauchst du etwas, Sean, wenn wir schon mal hier sind?« fragte Red.

»Nein«, knurrte Sean und bückte sich, um das Klauenbett abzutrocknen. Die Klauenform war eine der wenigen Veränderungen, die Kitti Ping an den Zwergdrachen vorgenommen hatte. Die fingerförmigen Klauen würden, so hatte sie gedacht, geeigneter sein, um laufende Tiere zu packen, als die zangenähnlich angeordneten Greifwerkzeuge der Zwergdrachen. »Sobald sie ihren Imbiß bekommen haben, werden wir auch etwas essen.«

»Ein erstaunliches Paar«, sagte Phas Radamanth und lächelte zu Red auf. »Wenn der Bronzefarbene fruchtbar ist und die Goldene willig, dann haben wir die nächste Generation.«

»Wir sollten uns nicht zu viel erwarten«, mahnte Caesar und blickte noch einmal über die Schulter zurück. »Windblüte sagt, bei diesem ersten Gelege müsse man äußerst vorsichtig sein.«

»Ihre *Großmutter* hat sie geschaffen.« Phas war stehengeblieben und sprach sehr entschieden.

»Sie hat aber auch unvollkommene Exemplare erzeugt, die nicht ausgeschlüpft sind.«

»Achtzehn war ein sehr gutes Ergebnis, und wir haben bei der Obduktion der Fehlschläge viel gelernt«, sagte Phas.

Sie wollten sich gerade abwenden, als ein riesiger Schwarm Zwergdrachen am Himmel erschien; jedes Tier hielt einen ziemlich großen Packschwanz in den Klauen. Die Drachen hoben die Köpfe, rissen die Mäuler auf und nahmen die Gabe wie eine ihnen zustehende Huldigung entgegen. Die Männer grinsten und setzten ihre Morgenrunde fort.

Sobald Faranth und Carenath gesättigt waren, kuschelten sie sich bereitwillig zusammen, um zu schlafen. Carenath legte seinen dreieckigen Kopf bequem auf die ausgestreckten Vorderbeine, Faranth plazierte Kopf und Hals über seinen Rücken, ihr Schwanz zuckte gelegentlich vor seiner Schnauze hin und her, und die auf dem Rücken gefalteten Flügel sanken ein wenig herab. Die frisch geölte Haut der beiden glänzte in der Sonne.

»Ich bin wirklich froh, wenn sie einmal selbst jagen können«, murmelte Sean Sorka zu und ließ sich müde im Schatten der Ostwand ihres Hauses auf dem Boden nieder.

»Bis dahin«, sagte Sorka und griff nach einem Krug mit Wasser, »würden wir es ohne den Schwarm gar nicht schaffen.« Sie schickte Duke, Emmet, Blazer und den anderen starke Gefühle der Dankbarkeit zu. Mit Rücksicht auf die schlafenden Drachen gedämpft, kam die Antwort: ›Gern geschehen.‹

»Die Bedürfnisse von Drachen haben die Architekten von Landing eindeutig nicht berücksichtigt«, bemerkte Sean und nahm seinerseits den Wasserkrug. Drachenwaschen machte durstig. »Wenn sie größer werden, muß etwas geschehen. In Landing gibt es schon nicht mehr genug Häuser für die Menschen, von Drachen ganz zu schweigen.«

»Glaubst du, sie würden sich in einer von Catherines Höhlen wohl fühlen? Sie hat gestern wieder davon gesprochen.«

»Ja, und dann hat sie gekichert.«

Die beiden Connells grinsten sich belustigt und nachsichtig an. Die menschlichen Drachenpartner hatten sich plötzlich in einer eigenen Gruppe wiedergefunden, weil sie sich durch ihre mit sehr viel Engagement verbundene Tätigkeit, aber auch durch die subtilen Veränderungen, die sie erfahren hatten, von allen anderen unterschieden. Obwohl alle Mitglieder der Mediziner-, Veterinär- und Biologenteams sie uneingeschränkt unterstützten, stellten sie fest, daß sie besser zurechtkamen, wenn sie kleinere Probleme untereinander besprachen. Man mußte der Partner eines Drachen *sein*, um die damit verbundenen Schwierigkeiten – und Freuden – begreifen zu können.

Sorka stellte mit leisem Stolz fest, daß Sean offenbar häufiger als alle anderen um seine Meinung gefragt wurde. Und sie stimmte dem zu. Er hatte schon immer ein feines Gefühl für Tiere besessen. Aber sie erkannte auch, daß man die Drachen eigentlich nicht als ›Tiere‹ bezeichnen konnte. Dafür waren sie zu ... menschlich. Sogar ihre Stimmen: Carenath hörte sich genau so an wie Seans heller Bariton am Ende eines langen Tunnels. Und Sorka hatte den Verdacht, daß Faranths Stimme eine Kopie ihrer eigenen war.

Von dem Augenblick an, als sie die beiden Nestlinge zum

Irenplatz gebracht hatten, konnte Sorka sowohl Faranth als auch Carenath hören, Sean dagegen nur Carenath. Das schien keinen der Drachen zu stören. Sie waren allem aufgeschlossen, was das Leben brachte, solange ihre Bäuche gefüllt waren und ihre Haut nicht juckte. Je mehr sich freilich Seans Beziehung zu dem Bronzedrachen weiterentwickelte, desto seltener wurde Sorka Zeuge von Privatgesprächen. Auch sie selbst hatte, wie vermutlich jeder Drachenpartner, gelernt, sich mit Faranth auf einer eigenen Wellenlänge zu verständigen.

»Ich würde sagen, in ein oder zwei Wochen sind sie so weit, daß sie jagen können – wenn wir die Tiere in einem kleinen Gehege einsperren.« Sean faßte nach ihrer Hand und drückte sie, dann betastete er ihren Bauch. »Das alles wird doch hoffentlich unserem Kind nicht schaden?«

Sorka stellte schuldbewußt fest, daß sie in den letzten Wochen gar keine Zeit gehabt hatte, an ihren Zustand zu denken: ständig gab es etwas für Faranth oder für einen anderen der jungen Drachen zu tun. Darüber hinaus taten sie und Sean weiterhin Dienst in der Zwergdrachenklinik und behandelten die Tiere, die beim Fädenkampf verletzt wurden.

»Der Arzt hat gesagt, ich sei gesund und könne reiten ...« Sorka stöhnte. »Sean, werden *wir* ihnen beibringen können, ins *Dazwischen* zu fliegen?« fragte sie leise und umklammerte ängstlich seine Hand.

»Ganz ruhig, mein Herz, wir werden alles können, was nötig ist.« Das Unbekannte hatte für Sean eindeutig seine Schrecken verloren.

»Aber Sean ...«

»Wenn *wir* wissen, wo sie hinfliegen sollen, dann werden sie es auch wissen. Sie werden es in unserem Geist lesen. Sonst sehen sie ja auch alles. Wie kommst du darauf, daß es schwierig sein könnte, ihnen eine Zielangabe zu übermitteln?«

»Aber wir wissen doch nicht einmal, wie die Zwergdrachen es machen?«

Sean grinste achselzuckend zu ihr hinunter. »Nein, das wissen wir nicht. Aber wenn die Feuerechsen in der Lage sind zu teleportieren, dann werden es auch die Drachen können.

Daran hat Kitti Ping nichts verändert. Wir sollten uns keine Sorgen machen und sie nicht beunruhigen.«

Sie sah ihn mißmutig an und drohte ihm mit dem Finger. »Dann mußt aber auch *du* aufhören, dir Sorgen zu machen.«

Er lachte über den geschickten Treffer, und seine blauen Augen funkelten, als er ihre Hand nahm und sie in seine Arme zog. Sie kuschelte sich an ihn; er gab ihr Kraft und sie ihm. Obwohl Sorka sich noch nie so zuversichtlich und so tatkräftig gefühlt hatte, gab es Augenblicke, in denen sie die Angst überfiel, sie könnte bei Faranth in einem kleinen, aber wesentlichen Punkt versagen. Das teilte sie auch Sean mit.

»Nein, das wirst du nicht«, sagte er und strich ihr das schweißfeuchte Haar aus der Stirn. »Ebensowenig wie ich bei Carenath. Sie gehören zu uns und wir zu ihnen.« Er hob sanft ihr Kinn an, so daß sie zu ihm aufschauen mußte, und in seinen Augen lag so viel Liebe und Sicherheit, daß ihr der Atem stockte. Wieder umarmte er sie fest. »Seit wir auf diesem Planeten gelandet sind, Sorka, ist dies unsere Bestimmung. Warum wären wir sonst die ersten gewesen, die die Feuerechsen gefunden haben? Warum haben sich die Feuerechsen von allen Menschen, die diese Welt erkundeten, ausgerechnet uns ausgesucht? Warum haben sich die letzten von Kitti Pings Geschöpfen gerade uns angeschlossen? Nein, du mußt Vertrauen zu dir selbst, zu uns beiden und zu unseren Drachen haben.« Er drückte sie noch einmal kurz an sich, dann gab er sie frei. »Ich glaube, wir müssen Cricket und Doove deinem Vater zurückgeben. Brian kommt mit Cricket sehr gut zurecht.«

Sorka hatte gewußt, daß in bezug auf ihre Pferde eine Entscheidung fallen mußte. Beide Tiere hatten von Anfang an eine Heidenangst vor den Drachen mit dem torkelnden Gang gezeigt, und daraufhin hatten Red und Brian sie in den Hauptschuppen der Veterinärabteilung gebracht. Sorka dachte kurz an die herrlichen Zeiten, die sie, meist zusammen mit Sean und Cricket, auf dem Rücken der Stute erlebt hatte. Aber jetzt waren die Drachen wichtiger als alles andere geworden.

»Ja«, hörte sie sich sagen, ohne weiter ihrem Bedauern nachzuhängen. »Ich hätte nie geglaubt, daß einmal ein Tag kommen könnte, an dem ich keine Zeit für Pferde haben würde.« Sie betrachtete liebevoll Faranths schlafende Gestalt und grinste über den aufgeschwollenen, goldenen Bauch, der nur allzu bald wieder in sich zusammenfallen würde. »Ich mache uns etwas zu essen.«

Sean küßte sie auf die Stirn. Daß er seit neuestem seine Zuneigung so offen zeigte, war auch ein Nebenprodukt der Beziehung zu Carenath, und Sorka liebte ihn mehr denn je. Sie lehnte sich an ihn und atmete seinen männlichen Geruch ein, der sich mit dem Duft des Kräuteröls für die Drachenhaut mischte.

»Mach Sandwiches, Liebes«, empfahl ihr Sean. »Da kommt Dave Catarel angetrabt. Wenn Polenth schläft, werden auch die anderen nicht lange auf sich warten lassen.«

»Sie haben es«, erklärte Ongola, als der Admiral in Emilys Quartier, wo er auf eine von Pierres erlesenen Mahlzeiten wartete, ans Komgerät ging. Emily hatte sich seiner erbarmt, denn Ju war am Tag zuvor nach Boca zurückgekehrt, um auf dem Anwesen nach dem Rechten zu sehen. »Nabhi hat sich eben gemeldet. Bart Lemos hat eine Kapsel voll von dem Zeug aufgefischt. Allerdings ...«

»Allerdings was?« fragte Paul und wechselte einen Blick mit Emily.

»Allerdings haben sie lange dazu gebraucht.« Ongola beendete den Satz mit einem besorgten Seufzer. »Sie hätten den Schweif schon längst erreicht haben müssen.« Es klang ratlos. »Aber sie haben das, was wir brauchen, und das ist das wichtigste: die Hülsen. Die Faxe sind im Moment zur Interfacestation unterwegs. Ezra und Jim müßten irgendwann morgen eine Analyse haben.«

»Sind Sie immer noch auf der *Mayfly*?« fragte Paul stirnrunzelnd. Ongola hatte sich von seinen Verletzungen noch nicht völlig erholt, und Paul neigte in seiner Sorge ein wenig zum Übertreiben. Ongola war in dem bevorstehenden Kampf um Autonomie und Überleben eine Schlüsselfigur.

»Ja, aber Sabra hat mir etwas zu essen gebracht.« Ongola gestattete sich den Luxus eines Lachens und legte auf.

»Sie haben, was wir brauchen«, erklärte Paul, als er sich wieder setzte. »Jetzt kann ich das Essen wirklich genießen.«

Das erste Rumpeln kam am nächsten Morgen, so früh, daß viele aus dem Schlaf gerissen wurden. Nur die jungen Drachen schlummerten ruhig weiter, ohne sich von dem Aufruhr der erschrockenen Menschen stören zu lassen.

»Gibt dieser Planet denn niemals Ruhe?« fragte Ongola, während er aus einem Schlafsack krabbelte und nach dem Komgerät tastete.

»War das ein Erdbeben?« fragte Sabra verschlafen. Sie hatte die Kinder bei einer Freundin untergebracht, um ein paar Stunden mit Ongola allein sein zu können. Sabra brauchte diese Entspannung fast ebenso dringend wie ihr Mann. Und dabei hatte sie eine Verfassung unterschrieben, die Ruhe und Ordnung versprach!

»Schlaf ruhig weiter«, riet ihr Ongola, während er wählte. »Was sagt Patrice, Jake?« fragte er seinen tüchtigen Assistenten.

»Er sagt, alle Gravimeter registrieren eine Störung in den Lavakammern rund um den Inselring. Er weiß nicht, was hochgehen wird, aber den Anzeigen nach wird irgend etwas kommen. Er versucht, den wahrscheinlichsten Ausbruchspunkt zu erraten.«

Ongolas nächster Anruf ging an Paul, der noch zu Hause war.

»Man gönnt uns keine Ruhe, wie?« fragte Paul resigniert.

»Vulkanische Störungen an der gesamten Kette.«

»Von wegen Kette! Es hat direkt unter meinem Ohr gepoltert, Ongola, und über uns türmen sich drei Vulkane auf.«

Ongola war so an die hohen Gipfel gewöhnt, daß er ganz vergessen hatte, daß auch sie eine Bedrohung darstellen konnten; freilich waren sich alle Experten einig gewesen, daß die letzte Eruption des Mount Garben vor tausend Jahren stattgefunden hatte.

Am Vormittag konnte Patrice mit der Meldung, daß ein neuer Vulkan jenseits der Ostspitze der Provinz Jordan aus dem Meer auftauche, die schlimmsten Befürchtungen entkräften. Der Young Mountain, den man während der vergangenen acht Jahre überwacht hatte, spuckte eine Wolke aus Rauch, Gas und etwas Asche aus, aber der Magmadruck schien dort nicht zu steigen.

Ein zweites unterirdisches Grollen erschreckte die Leute am Nachmittag. Als Patrice eintraf und seinen Schlitten am Verwaltungsplatz abstellte, um sich mit Paul und Emily zu beraten, sammelte sich schnell eine verängstigte Menge, um das Ergebnis dieses Treffens abzuwarten. Endlich erschienen die beiden Führer der Kolonie zusammen mit Patrice auf der Veranda. Patrice lächelte und schwenkte mit beiden Händen Faxe.

»Wir können einen neuen Vulkan taufen. Er ist wie Aphrodite dem Meer entstiegen, aber ich bestehe nicht unbedingt auf diesem Namen«, rief er.

»Wo?«

»Hinter der östlichsten Spitze von Jordan, in sicherer Entfernung von uns, meine Freunde.« Er hielt das größte Foto hoch, damit alle die aufgewühlte See und die herausragende Spitze des rauchenden Gipfels sehen konnten.

»Ja, aber das ist immer noch dieselbe tektonische Platte, auf der wir uns befinden, oder?« rief ein Mann und zeigte hinter sich auf den schroffen Gipfel des Mount Garben. »Der könnte auch wieder losgehen, nicht wahr?«

»Natürlich«, antwortete Patrice unbekümmert und zuckte die Achseln. »Aber das halte ich für sehr unwahrscheinlich. Er hat sich vor tausend Jahren selbst den Kopf abgesprengt. Wir haben dort keinerlei Aktivität festgestellt. Es ist ein alter Vulkan. Die jungen haben mehr zu sagen und tun es auch. Also keine Panik. In Landing sind wir sicher.« Es klang so überzeugt, daß das ängstliche Gemurmel verstummte und die Menge sich zerstreute.

Den ganzen Tag über war immer wieder ein Grummeln zu hören, wie Telgar es nannte. Er schlenderte ziellos durch Landing und stand jedem zur Verfügung, der beruhigt werden wollte. Es war das erste Mal seit Sallahs Tod, daß er wieder unter Menschen ging. An diesem Abend versammelte sich ein großer Teil der Bevölkerung von Landing auf dem Freudenfeuerplatz, und das Feuer wurde so hoch aufgeschichtet, daß es beinahe wie eine Trotzgeste wirkte.

»Unser schönes Pern hat einen Pickel auf dem Gesicht bekommen«, sagte Telgar mit einem Anflug seines früheren Humors zu einer Gruppe junger Leute. »Die Dame ist noch nicht so alt, daß ihre Verdauung reibungslos funktioniert. Und wir haben sie mit unserem Bohren und Graben ständig gestört.«

Als er wegging, folgte ihm einer der Geologenlehrlinge. »Hören Sie, Tar-Telgar«, begann der junge Mann ernst. »Wir sitzen hier in Landing nicht auf Grundgestein.«

»Sie haben ganz recht«, antwortete Telgar mit einem schwachen Lächeln. »Deshalb schaukelt es auch ein wenig. Aber ich mache mir weiter keine Sorgen.«

Der Lehrling errötete. »Nun ja, auf dem Nordkontinent, entlang des westlichen Gebirgszugs, gibt es einen langen, breiten Streifen Grundgestein.«

»Sie haben Ihre Lektion sehr gut gelernt«, bemerkte Telgar und nickte gelassen Cobber Alhinwa und Ozzie Munson zu, die sich ihnen angeschlossen hatten. »Kommen Sie, trinken Sie ein Glas mit uns!«

Beschämt, weil er eine Binsenwahrheit von sich gegeben hatte, entschuldigte sich der junge Mann hastig.

»Die Leute reden also von Grundgestein«, sagte Cobber, und Ozzie grinste breit.

»Ich weiß es, Sie wissen es, und er weiß es auch, aber für heute ist die Bevölkerung genügend verunsichert worden. Das Grundgestein läuft uns nicht weg. Wie Sie wissen, habe ich Paul, Emily und Patrice meine Ansicht mitgeteilt.« Telgar schaute an dem großen Bergmann vorbei in die Ferne. Cobber und Ozzie wechselten bedeutungsvolle Blicke. Der starre, schmerzliche Ausdruck auf Telgars Gesicht verriet ihnen, daß ihn irgend etwas an Sallah erinnert hatte.

Cobber stupste Ozzie und neigte sich mit Verschwörermiene zu Telgar. »Wollen wir uns jetzt alle ein wenig Grundgestein ansehen, Telgar?«

Am nächsten Morgen wurde Paul von einem Gepolter anderer Art geweckt, als Ju über ihn hinweg nach dem Komgerät griff.

»Für dich«, murmelte sie schläfrig, ließ den Hörer auf den Schlafsack fallen und drehte sich wieder um.

Paul tastete danach und räusperte sich. »Benden.«

»Admiral!« Ongolas Stimme klang drängend. »Sie sind beim Wiedereintritt, und Nabhis Kurs stimmt nicht.«

Paul löste die Befestigungsschnüre seines Schlafsacks und setzte sich mit einem Ruck auf. »Wie ist das möglich?«

»*Er* behauptet, bei ihm sei alles in Ordnung, Admiral.«

»Ich komme.« Paul verspürte den unvernünftigen Wunsch, einfach den Hörer aufzulegen und weiterzuschlafen. Statt dessen rief er Emily an, und sie versprach, sich am Wetterbeobachtungsturm mit ihm zu treffen. Dann alarmierte er Ezra Keroon und Jim Tillek.

»Paul?« fragte Ju verschlafen.

»Bleib liegen, Schatz. Kein Grund, dir Sorgen zu machen.«

Er hatte versucht, leise zu sprechen, und es tat ihm leid, daß er sie geweckt hatte. Sie war im zweiten Drittel einer neuen Schwangerschaft und brauchte viel Schlaf. Sie waren gestern noch lange aufgeblieben und hatten miteinander geredet, weil sie sich, wenn auch mit Bedauern, bewußt waren, daß sie ein Beispiel geben und ihre Besitzung schließen mußten. Die ständigen Fadeneinfälle waren eine schreckliche Belastung für die Vorräte und die Energieversorgung. Joel ängstigte sich besonders wegen der nachlassenden Leistung der Energiezellen. Laut Tom Patrick war die Bevölkerung von Landing im wesentlichen in erfreulich guter psychischer Verfassung, allerdings verlangten die Leute in steigendem Maße nach Therapien und Medikamenten, um ihre Erschöpfung überwinden und weitermachen zu können. Irgendwie hatte Paul keine Hoffnung, daß Nabhi Nabol und Bart Lemos die so dringend nötigen ermutigenden Ergebnisse mitbringen würden.

Gestern hatten Ezra und Jim ihre neueste Analyse der Umlaufbahn des Wandersterns vorgelegt. Der Planet war nach Jims Worten so unberechenbar wie eine betrunkene Hure am Samstagabend in einer Weltraumfabrik im Asteroidengürtel. Was zuerst wie ein vernünftiger, berechenbarer, elliptischer Orbit durch das Rubkat-System ausgesehen hatte, stellte sich als entschieden bizarrer heraus: Die Umlaufbahn verlief schräg zur Ekliptik. Der Planet würde alle zweihundertfünfzig Jahre in die Nähe von Pern gewackelt kommen. Ezra hatte allerdings einige Extrapolationen durchgeführt und war dabei zu einigen Kursabweichungen gelangt, die auf die Einwirkung anderer Planeten im System zurückzuführen waren. Es sah so aus, als würde der Wanderstern samt seiner Raumschrottwolke bei einigen Umläufen Pern verfehlen.

»Der ausgefallenste Planet, dessen Spur ich jemals verfolgt habe«, hatte Ezra bedauernd gesagt und sich den Kopf gekratzt, als er seinen Bericht zusammenfaßte.

»Natürlicher Orbit?« hatte Jim den Astronomen mit verschmitztem Grinsen gefragt.

Ezra hatte ihm einen langen, verächtlichen Blick zugeworfen. »An diesem Planeten ist überhaupt nichts natürlich.«

Obwohl die Fädeneinfälle sich in der gegenwärtigen – dritten – Runde um fünf Grad nach Norden verschoben hatten, hielt der Admiral Ezras Theorie, daß diese Einfälle bewußt gesteuert waren, daß eine vernunftbegabte Macht versuchte, die Bevölkerung von Pern zu zermürben, nicht mehr für sehr glaubhaft. Wenn das der Fall wäre, so seine Argumentation, dann müßten die Fäden jetzt noch häufiger und dichter fallen, weil der Planet die in bezug auf Pern nächstgelegene Position im Weltraum erreicht hatte. Aber sie fielen weiterhin ohne Sinn und Verstand und hielten sich an ein Schema, das genau der Verschiebung nach Norden entsprach. Mathematische Berechnungen, von Boris Pahlevi und Dieter Clissmann mehrfach nachgeprüft, bestätigten Ezras bedrückende Schlußfolgerung. Der Wanderstern würde sich von Pern und aus dem inneren System nur entfernen, um in zweihundertfünfzig Jahren wiederzukommen.

Das Fax, das Bart nach Pern geschickt hatte, zeigte, daß die Schuttspur endlos lang war.

»Sie reicht bis zum Rand des Systems«, erklärte Ezra, die Waffen streckend. »Der Planet durchdringt die Oort'sche Wolke und zieht das Zeug mit. Im Rubkat-System bestätigt sich die Theorie von Hoyle und Wickramansingh.«

»Ist das nicht ein Glück?« fügte Jim hinzu. »Es ist immer noch möglich, daß der Schrott nur aus Eis und Gestein besteht. Wir können erst sicher sein, wenn wir sehen, was Bart Lemos da draußen zusammengeschaufelt hat.« Jim war keineswegs erfreut darüber, daß seine Theorie sich als richtig herausstellen sollte. Eine vernunftbegabte Intelligenz, die auf diesem exzentrischen Planeten irgendwie überleben konnte, wäre ihm fast lieber gewesen. Mit intelligenten Wesen konnte man im allgemeinen verhandeln. Seine Theorie machte es Pern sehr viel schwerer.

Im kalten Licht des frühen Morgens zog Paul sich schnell an, zwängte sich in die Stiefel und machte seinen Overall zu. Er kämmte sich das Haar ordentlich zurück und stolperte dann in die Dämmerung hinaus. Er nahm den Gleiter – das machte weniger Lärm, als wenn er im Laufschritt zum Turm hinunterkeuchte. Gewöhnlich achtete er darauf, sich an das zu halten, was er in puncto Energiesparen predigte, aber an diesem Morgen wollte er möglichst unbemerkt bleiben.

Die *Moth* war schon seit mehreren Tagen überfällig, und diese Zeit war für ihn nicht leicht gewesen. Warten war nicht seine Stärke: er glänzte, wenn es darum ging, Entscheidungen zu treffen und für ihre Ausführung zu sorgen. Emily hatte wieder einmal bewiesen, daß sie sich selbst und ihre Untergebenen fest unter Kontrolle hatte. Sie war wirklich die beste Ergänzung zu seinen eigenen Vorzügen und Schwächen.

Am Irenplatz brannte Licht, und er erhaschte zwischen den Gebäuden einen flüchtigen Blick auf flatternde Schwingen. Die jungen Connells waren gerade dabei, ihre Drachen zu füttern. Auf dem nächsten Platz versorgte David Catarel seinen jungen Bronzefarbenen.

Bei dem Gedanken an diese jungen Leute, die sich mit ganzer Kraft für das Überleben auf Pern einsetzten, stieg plötzlich Zuversicht in Paul auf, und er war überzeugt, daß er und Emily sie alle durchbringen würden. Bei allem, was heilig war, sie würden es schaffen! Hatte er vor der Schlacht im Purpur-Sektor nicht schon schlimmere Zeiten durchgestanden? Und Emily war fünf Jahre lang von der Außenwelt abgeriegelt gewesen, und trotz des Mangels an Rohstoffen war es ihr gelungen, ihre Bevölkerung gesund und funktionsfähig zu erhalten.

Der Turm war noch dunkel, als Paul seinen Gleiter dahinter

abstellte. Die Fensterläden waren geschlossen, aber die Eingangstür war nur angelehnt. Er stieg die Treppe so leise hinauf, wie er nur konnte. Seit einiger Zeit schlief das Nachrichtenpersonal, das nicht im Dienst war, im Erdgeschoß, weil alle Schlafsäle überfüllt waren. Ganz Landing war überfüllt – mit Flüchtlingen, fügte Paul in Gedanken hinzu. Die Leute hatten sogar angefangen, sich in einigen der Catherine-Höhlen häuslich niederzulassen. Das mochte aus irgendeinem atavistischen Bedürfnis heraus geschehen sein, aber die Höhlen waren tatsächlich fädensicher, und einige waren sogar recht geräumig. Vielleicht wären sie auch eine gute Unterkunft für die schnell wachsenden Drachen.

Als er das oberste Stockwerk erreichte, wanderten seine Augen sofort zu dem großen Bildschirm, der die Position der *Moth* oberhalb von Pern zeigte, wie sie die Sendestation auf dem Mond übermittelte.

»Er hat seinen Kurs kein einziges Mal korrigiert«, sagte Ongola, schwenkte seinen Stuhl herum und bedeutete Jake mit einer Handbewegung, den zweiten Stuhl vor der Konsole freizumachen. Der junge Mann hatte vor Erschöpfung schwarze Ringe unter den Augen, aber Paul wußte, daß er ihm nicht vorschlagen durfte, sich auszuruhen, bis die Fähre sicher gelandet war. »Vor zehn Minuten hätte er die Bremsraketen abfeuern müssen, aber *er* behauptet, das sei nicht nötig.«

Paul ließ sich in den Stuhl fallen und schaltete das Komgerät ein. »Turm an *Moth*, hören Sie mich? Hier Benden. *Moth*, bitte kommen!«

»Guten Morgen, Admiral Benden«, antwortete Nabhi sofort in gewohnt dreistem Tonfall. »Wir liegen auf Kurs, und unser Eintrittswinkel ist gut.«

»Ihre Instrumente zeigen falsch an. Ich wiederhole, Sie bekommen falsche Anzeigen, Nabol. Kurskorrektur unbedingt erforderlich.«

»Da bin ich anderer Ansicht, Admiral«, kam es unbekümmert zurück. »Die Treibstoffverschwendung ist überflüssig! Unser Kurs ist vollkommen in Ordnung.«

»Korrektur, *Moth!* Auf unserem Schaltpult und auf unserem Bildschirm zeigen die Instrumente Rot und Orange an. Ihre Instrumente versagen seit längerer Zeit. Ich gebe Ihnen die Werte.« Paul las die Zahlen von dem Block ab, den ihm Ongola reichte, und glaubte, im Hintergrund ein erschrockenes Aufkeuchen zu hören.

Nabhi schien sich jedoch durch Pauls Informationen nicht aus der Ruhe bringen zu lassen und meldete tatsächlich Werte, die auf einen guten Eintrittskurs hindeuteten.

»Es ist nicht zu fassen«, sagte Ongola. »Er kommt aus dem falschen Quadranten, sein Winkel ist viel zu spitz, und er wird mitten in das Inselringmeer stürzen und zwar bald.«

»Wiederhole, *Moth*, Ihr Winkel stimmt nicht. Wiedereintritt abbrechen, Nabol, gehen Sie noch einmal in die Umlaufbahn. Bringen Sie die Sache in Ordnung! Ihre Instrumente zeigen falsche Werte.« Verdammt, wenn Nabol nicht spürte, wie ungünstig er hereinkam, dann war er keineswegs der Pilot, für den er sich hielt.

»Ich bin der Kapitän dieses Schiffes, Admiral«, fauchte Nabol zurück. »Wenn etwas versagt, dann ist es Ihr Bildschirm ... Was sagst du, Bart? Das ist unmöglich. Du mußt dich irren. Schlag drauf! *Tritt dagegen!*«

»Ziehen Sie die Nase Ihres Gefährts hoch und geben Sie drei Sekunden Schub, Nabol!« schrie Paul, die Augen auf den Schirm und die Anzeige gerichtet, die die Geschwindigkeit der hereinkommenden Fähre angab.

»Ich versuche es. Zündung funktioniert nicht. Kein Treibstoff!« Nabols Stimme wurde plötzlich schrill vor Angst.

Im Hintergrund hörte Paul, wie Bart kreischte. »Ich hab' dir doch gesagt, daß das nicht stimmen kann. Ich hab's dir gesagt! Wir hätten nicht ... Ich werfe die Kapsel ab. Dann haben sie wenigstens die!« schrie er dann. »Falls das verdammte Relais funktioniert.«

»Benützen Sie den Handhebel, Bart!« brüllte Ongola über Pauls Schulter in das Komgerät.

»Ich versuche es, ich versuche es ... Sie heizt sich zu schnell auf, Nabhi. Sie heizt ...«

Starr vor Entsetzen sahen Paul, Ongola und Jake zu, wie die Fähre zerfiel. Einer der kurzen Flügel brach ab, die Maschine geriet ins Trudeln. Dann löste sich der Schwanz, wirbelte auf einem anderen Weg davon und verglühte in der Atmosphäre. Der zweite Flügel folgte.

»Wird sie ins Meer stürzen?« Pauls Flüstern war kaum zu hören, er versuchte sich auszurechnen, mit welcher Wucht ein solches Geschoß auf festem Boden auftreffen würde. Ongola nickte kaum merklich.

Der Schirm leuchtete auf und zeigte eine Wolke von vielen kleinen, in der Sonne funkelnden Teilchen und einen größeren Körper, die auseinanderstoben und wie glänzender Flitter verschwanden. Perns letzte Hoffnung war dahin.

Eine Gruppe von Delphinen wurde ins Ringmeer geschickt, um das Wrack zu suchen. Maximilian und Teresa meldeten sich eine Woche später müde zurück, um den Menschen betrübt zu erklären, sie hätten den verbogenen Rumpf gesehen, er habe sich in einem Riff verkeilt, aber es befinde sich zu tief unter Wasser, und sie hätten es nicht genau erforschen können. Alle Delphine suchten weiterhin das Ringmeer nach der abgeworfenen Kapsel ab.

»Sag ihnen, sie brauchen sich nicht weiter zu bemühen«, murmelte Jim Tillek niedergeschlagen. »Wahrscheinlich ist nichts mehr übrig, was man analysieren könnte. Wir wissen, daß der Schrottschweif ein Jahr weit zurückreicht. Der bleibt uns erhalten. Heil Hoyle und Wickramansingh!«

»Ezra?« fragte Emily den ernsten Astronomen.

Keroons karamelfarbene Haut hatte einen grauen Schimmer, die Verantwortung lastete schwer auf ihm. Er stieß einen tiefen Seufzer aus und kratzte sich am Hinterkopf. »Ich muß zugeben, daß Jims Theorie richtig ist. Der Inhalt der Kapsel wäre der letzte Beweis gewesen, aber auch ich zweifle daran, daß noch etwas übrig ist. Selbst wenn, würde es Jahre dauern, sie in dem riesigen Gebiet zu finden. Die Jahre gelten, fürchte ich, auch für diesen Schweif. Wir werden erst urteilen können, wenn sein Ende in Sicht kommt.«

»Und wo stehen wir jetzt?« fragte Paul rhetorisch.

»Wir müssen eben kämpfen, Admiral, kämpfen!« antwortete Jim Tillek stolz. Mit einer Bewegung seiner kräftigen Schultern hatte er die Leichenbittermiene abgeschüttelt und forderte statt dessen alle anderen heraus. »In zwei Stunden fallen Fäden, wir sollten also aufhören, uns Sorgen um die Zukunft zu machen, und uns mit der Gegenwart befassen. Richtig?«

Emily sah Paul an und brachte ein zaghaftes Lächeln zustande. Es war auch an Zi Ongola gerichtet, der sie alle mit unergründlicher Miene beobachtete.

»Gut! Kämpfen wir!« Sie sagte es mit fester, entschlossener Stimme. Zehn Jahre können wir sicher durchhalten, dachte sie bei sich, wenn wir sehr vorsichtig sind. Sie fragte sich, warum niemand die Peilkapsel erwähnt hatte. Vielleicht, weil niemand großes Vertrauen zu Ted Tubberman hatte. »Wir müssen.«

»Bis die Drachen anfangen, sich ihren Unterhalt zu verdienen«, sagte Paul. »Aber die Siedlung muß reorganisiert werden.« Er und Emily hatten tagelang über die neuen Maßnahmen diskutiert und nur auf den richtigen Augenblick gewartet, um das Thema den anderen Teilnehmern des inoffiziellen Rats von Landing vorzutragen.

»Nein«, sagte Ongola zur allgemeinen Überraschung. »Wir müssen alles evakuieren. Landing hat sich überlebt. Es war einmal eine Art Bindeglied zu unseren Anfängen, zu den Schiffen, die uns hierher brachten. Dieses Gefühl der Kontinuität haben wir jetzt nicht mehr nötig.«

»Schon gar nicht«, setzte Jim die Überlegung fort, »wenn ganz in der Nähe Vulkane ausbrechen und Feuer spucken.« Jim rutschte auf seinem Stuhl herum und bereitete sich darauf vor, über grundlegende Probleme zu sprechen. »Ich habe mich umgehört, was die Leute so reden. Ezra ebenfalls. Telgars Idee, in dieses Höhlensystem zu ziehen, das im Norden auf Grundgestein liegt, gewinnt immer mehr Freunde. Der Höhlenkomplex ist groß genug, um die Bevölkerung von Landing aufzunehmen – samt den Drachen! Wir haben noch genug Rohstoffe, um Plastik und Metall für Häuser herzustellen. Aber das kostet Zeit, die uns bei den wesentlichen Aufgaben, gegen die Fäden zu kämpfen und uns am Leben zu erhalten, fehlt. Warum nehmen wir also nicht, was die Natur uns bietet? Warum setzen wir unsere Technologie nicht dazu ein, das Höhlensystem zu einem angenehmen, dauerhaften und völlig fädensicheren Domizil zu machen?«

Emily nahm sich nicht einmal die Zeit, um Atem zu holen. »Genau darüber haben Paul und ich diskutiert. Es ist, glaube ich, genügend Treibstoff vorhanden, um einige der schwereren Geräte mit der Fähre zu transportieren. Dann können wir die Metalle an Ort und Stelle verarbeiten. Jim, die Marine von Pern wird dienstverpflichtet werden.«

Paul grinste Emily an. Es war immer einfacher, wenn die Leute von selbst auf die Idee kamen, das zu tun, was ihre Führer für das beste hielten.

TEIL III

UMSIEDLUNG

»Beim Heiligsten«, murmelte Telgar respektvoll, als er seine Fackel in die Höhe hielt, aber trotzdem die Decke nicht erleuchten konnte. Seine Stimme löste in dem gewaltigen Raum Echos aus, die in den Seitengängen mehrfach widerhallten, bis sich das Geräusch schließlich in der Ferne verlor.

»Mann, was für eine Wahnsinnshöhle«, flüsterte Ozzie Munson. Seine Augen standen weiß und groß in seinem gebräunten, wettergegerbten Gesicht.

Cobber Alhinwa, der sich sonst nur selten beeindrucken ließ, war gleichermaßen überwältigt. »Ist das eine Pracht!« Er flüsterte ebenfalls.

»Allein in diesem Komplex gibt es Hunderte von bezugsfertigen Räumen«, sagte Telgar und entfaltete die Plasfolie, auf der er und seine geliebte Sallah acht Jahre zuvor die Resultate ihrer Erkundungen eingetragen hatten. »Es gibt mindestens vier Öffnungen nach oben zur Klippe hinaus, die man zur Belüftung verwenden könnte. Man legt einen Kanal bis hinunter zur Grundwasserebene, installiert Pumpen und Rohre – ich habe große artesische Wasserreservoire gefunden. Dann eine Kernbohrung bis zur wärmeführenden Schicht, und der ganze

Komplex, so groß er auch ist, kann in den Wintermonaten beheizt werden.« Er wandte sich wieder dem Eingang zu. »Wenn man diese Öffnung mit den hier vorkommenden Steinen verschließen würde, hätte man eine uneinnehmbare Festung. Bei Fädeneinfällen ist man auf dem ganzen Planeten nirgendwo sicherer. Weiter unten im Tal gibt es hochgelegene Höhlen in der Nähe des Weidegebietes. Natürlich müßte man es neu ansäen, aber wir haben ja noch die Luzerneverbesserer, die wir für das erste Jahr mitgebracht hatten.

Damals bestand keine Notwendigkeit für eine gründliche Untersuchung, aber die Anlage existiert. Als wir den Gebirgszug über uns überflogen, entdeckten wir, wie ich mich erinnere, etwa eine halbe Flugstunde von hier entfernt, eine mittelgroße Caldera, gespickt mit kleinen Klippen. Wir haben nicht festgestellt, ob sie vom Boden her zugänglich ist, aber sie könnte eine ideale Drachenunterkunft abgeben, und in diesem Fall wäre die Erreichbarkeit kein Thema, vorausgesetzt, die großen Drachen können ebenso gut fliegen wie die Zwergdrachen.«

»Wir haben auch zwei so alte Krater gesehen«, sagte Ozzie und blätterte in dem abgegriffenen Notizbuch, das er ständig in seiner obersten Hemdtasche bei sich trug. »Einen an der Ostküste und einen in den Bergen oberhalb der drei tiefen Seen, wo wir Versuchsbohrungen nach Metallerz durchgeführt haben.«

»Also« – Cobber hatte sich von seinem Staunen erholt – »als erstes müssen bis hier herauf Stufen gehauen werden.« Er trat an den Höhleneingang und schaute kritisch auf die Felswand hinab. »Vielleicht etwas Ähnliches wie eine Rampe, über die man einigermaßen problemlos Sachen befördern kann. Die Schräge da drüben ist ja schon beinahe eine Treppe.« Er zeigte nach links. »Bessere Stufen bis zur nächsten Ebene könnte man sich fast nicht wünschen.«

Ozzie winkte ab. »Nee, die von Landing bringen bestimmt ihre Klugscheißer von Ingenieuren und Architekten her und lassen das Ganze mit allen Schikanen aufmotzen.«

Cobber setzte sich einen Helm auf und schaltete das Licht ein. »Ja, sonst kriegen so ein paar arme Teufel noch Klauphobie.«

»Das heißt Klaustrophobie, du dämlicher Maulwurf«, verbesserte Ozzie.

»Wie auch immer. Jedenfalls ist man da drin in Sicherheit, solange einem dieses Teufelszeug dauernd auf den Kopf fällt. Komm, Oz, machen wir 'nen Rundgang. Der Admiral und die Gouverneurin warten nämlich auf ein Gutachten von uns.« Ächzend lud er sich den schweren Steinschneider auf die Schulter und strebte zielbewußt auf den ersten Tunnel zu.

Ozzie setzte ebenfalls den Helm auf und griff sich eine Rolle Seil, Kletterhaken und einen Gesteinshammer. Thermal- und Ultraviolettanzeiger, Komgerät und kleinere Bergmannswerkzeuge waren mit Haken an seinem Gürtel befestigt. Zuletzt hängte er sich noch einen der kleineren Steinschneider über die Schulter. »Geh'n wir mal die Klaustrophobie testen. Links fangen wir an, ja? Ich ruf' Sie dann bald, Telgar.«

Cobber war schon in der ersten Öffnung auf der linken Seite verschwunden, und Ozzie folgte ihm. Telgar blieb allein zurück und stand lange mit geschlossenen Augen da, den Kopf zurückgelegt, die Arme vom Körper weggestreckt, die Handflächen flehentlich nach oben gerichtet. Er hörte aufgescheuchte Tiere davonhuschen, und das leise Gemurmel von Ozzie und Cobber, die gerade die erste Tunnelbiegung umrundeten, drang verzerrt zu ihm.

In dieser Höhle war nichts von Sallah zurückgeblieben. Sogar die Stelle, wo ihr winziges Lagerfeuer gebrannt hatte, war bis auf den feuergeschwärzten Fels kahlgefegt. Und doch hatte sie sich ihm dort hingegeben, und er hatte gar nicht gewußt, was für ein Geschenk er in jener Nacht empfangen hatte.

Plötzlich riß ihn das hohe Winseln des Steinschneiders aus seinen Gedanken und erinnerte ihn daran, daß er eine dringende Aufgabe hatte: er mußte diese natürliche Festung für Menschen bewohnbar machen.

Das Summen weckte Sorka, und sie versuchte, ihren unförmigen Körper in eine bequemere Stellung zu bringen. Wie froh würde sie sein, wenn sie endlich wieder auf dem Bauch schlafen konnte. Das Summen hielt an, ein unterschwelliges Geräusch, das sie hartnäckig wach hielt. Es ärgerte sie, denn sie hatte in den letzten paar Wochen nicht gut geschlafen und brauchte soviel Ruhe, wie sie nur bekommen konnte. Gereizt streckte sie die Hand aus und zog den Vorhang zurück. Es konnte doch noch nicht Tag sein. Dann packte sie überrascht die Vorhangkante fester, denn vor ihrem Haus war Licht – das Licht vieler Drachenaugen, die in der frühmorgendlichen Dämmerung funkelten.

Sie gab einen Laut des Erstaunens von sich, und neben ihr regte sich Sean und streckte die Hand nach ihr aus. Sie rüttelte ihn an der Schulter.

»Wach auf, Sean! Schau!« Als sie sich bewegte, spürte sie plötzlich einen Schmerz in der Leistengegend, der ihr ein Zischen entlockte.

Sean fuhr hoch und legte die Arme um sie. »Was ist, mein Liebes? Das Baby?«

»Es kann nichts anderes sein«, sagte sie und fing an zu lachen, als sie aus dem Fenster deutete. »Man hat mich gewarnt!« Sie konnte nicht aufhören zu kichern. »Sieh nach, Sean, und sag mir, ob die Feuerechsen schlafen! Ich möchte nicht, daß sie dieses Ereignis versäumen.«

Sean rieb sich den Schlaf aus den Augen und wurde mühsam munter. Er war fast ein wenig ärgerlich über ihren unangebrachten Übermut, aber als ihr Lachen plötzlich wieder in ein schmerzliches Zischen überging, weil ein zweiter qualvoller Krampf ihren aufgeschwollenen Unterleib durchlief, gewann die Besorgnis unvermittelt die Oberhand.

»Ist es soweit?« Er fuhr zärtlich mit einer Hand über ihren Bauch, und seine Finger fanden instinktiv das kontrahierte Muskelband. »Ja, es ist soweit. Was ist daran so komisch?« Sie konnte sein Gesicht im schwachen Licht kaum sehen, aber seine Stimme klang ernst, fast entrüstet.

»Das Begrüßungskomitee natürlich! Alle, die sich da draußen versammelt haben. Faranth, meine Liebe, ist alles anwesend oder hat sich jemand entschuldigt?«

Wir sind hier, sagte Faranth. *Wo wir hingehören. Du amüsierst dich.*

»Ich amüsiere mich sehr«, sagte Sorka, doch dann kam die nächste Wehe, und sie klammerte sich an Sean. »Aber das war jetzt gar nicht komisch. Du solltest lieber Greta verständigen.«

»Himmel, wir brauchen sie doch gar nicht! Ich bin als Geburtshelfer genauso gut wie sie«, murmelte er und tastete mit seinen Füßen unter dem Bett nach den Schuhen.

»Wenn es um Pferde, Kühe oder Ziegen geht, ganz sicher, Sean, aber bei Menschen sind doch wohl Menschenhebammen zuständig ... oooh, Sean, die kommen jetzt sehr dicht aufeinander.«

Er stand auf und wollte sich gerade eine Decke gegen die Morgenkälte um die nackten Schultern legen, als es leise an die Tür klopfte. Er fluchte.

»Wer ist da?« brüllte er, keineswegs begeistert von dem Gedanken, daß ihn vielleicht gerade in diesem Augenblick jemand zu einem tiermedizinischen Notfall holen wollte.

»Greta!«

Sorka begann wieder zu lachen, aber plötzlich fiel ihr das sehr schwer, und sie schaltete auf die Atemtechnik um, die man ihr beigebracht hatte, und hielt sich krampfhaft den Bauch.

»Wie unter allen Sonnen hast du es erfahren, Greta?« hörte sie Sean mit erstaunter Stimme fragen.

»Ich wurde gerufen«, sagte Greta sehr würdevoll und schob ihn sanft beiseite.

»Von wem? Sorka ist doch eben erst aufgewacht«, antwortete Sean und folgte ihr ins Zimmer. »Sie ist es doch schließlich, die das Baby kriegt.«

»Aber das heißt nicht unbedingt, daß sie es als erste weiß, wenn die Wehen einsetzen«, erklärte Greta sehr ruhig, fast abweisend. »Jedenfalls nicht in Landing. Und ganz bestimmt nicht, wenn man eine Drachenkönigin hat, die jeden Gedanken mithört.« Sie schaltete das Licht ein, als sie das Zimmer betrat, und stellte ihre Hebammentasche auf die Anrichte. Das einst so schlaksige Mädchen war zu einer schlanken Frau herangewachsen, mit kaffeebrauner Haut und ebensolchen Haaren und ein paar Sommersprossen über dem Nasenrücken. Den tiefbraunen Augen in dem gütigen Gesicht entging nur wenig.

»Faranth hat es dir gesagt?« Sorka staunte. Daß ein Drache mit jemandem sprach, der nicht ihrer Gruppe angehörte, war noch nie vorgekommen.

»Nicht direkt«, lachte Greta. »Ein Schwarm von Feuerzwergdrachen kam in mein Fenster geflogen und hat mir mit bemerkenswerter Deutlichkeit erklärt, daß man mich braucht. Sobald ich aus dem Haus trat, war es nicht mehr schwer festzustellen, wessen Baby sich angemeldet hatte. Und jetzt laß mich mal nachsehen, wie weit wir eigentlich sind.«

Ich habe ihnen gesagt, sie sollen sie holen, erklärte Faranth selbstgefällig. *Du magst sie.*

Sorka legte sich zurück, um sich von Greta untersuchen zu lassen, und dachte angestrengt nach. Sie mochte auch ihren Arzt und hätte nichts dagegen gehabt, wenn er ihre Entbindung überwacht hätte. Wie hatte Faranth wissen können, daß sie in Wirklichkeit am liebsten Greta dabeihaben wollte? Konnte Faranth tatsächlich gespürt haben, daß sie sich immer zu Greta hingezogen gefühlt hatte? Oder hatte das goldene Drachenweibchen einfach seine Schlüsse daraus gezogen, daß Sorka der Hebamme bei Mairi Hanrahans letzter Niederkunft assistiert hatte, als Sorkas jüngster Bruder zur Welt kam? Daß Faranth allerdings einen unbewußten Wunsch erfüllen konnte ...

Sean trat vorsichtig an die andere Bettseite und griff nach ihrer Hand. Sorka drückte sie, in ihr sprudelte noch immer das Lachen. Sie hatte in den letzten Wochen heftig darunter gelitten, daß ihr Körper nicht mehr ihr selbst zu gehören schien, daß der munter um sich tretende, quicklebendige Fötus, der ihr keinen Augenblick Ruhe gönnte, offenbar völlig die Herrschaft übernommen hatte. Sie lachte aus purer Erleichterung, weil das nun bald vorüber sein würde.

»Jetzt laß mal sehen ... wieder eine Wehe?«

Sorka konzentrierte sich auf ihre Atmung, aber die Kontraktion war viel schlimmer, als sie erwartet hatte. Dann war der schmerzhafte Krampf vorbei. Ihre Stirn war schweißnaß. Sean tupfte sie sanft ab.

Du hast Schmerzen? Faranths Stimme wurde schrill.

»Nein, nein, Faranth. Mir geht's gut. Mach dir keine Sorgen!« rief Sorka.

»Faranth regt sich auf?« Ohne ihre Hand loszulassen, duckte sich Sean und sah aus dem Fenster nach den dort wartenden Drachen. »Ja, ihre Augen färben sich tief orange und funkeln immer aufgeregter.«

»Das habe ich befürchtet!« Sorka richtete einen stummen, flehentlichen Blick auf Sean. Über sein Gesicht zuckten verschiedene Empfindungen. Wenn sie seinen Ausdruck richtig gedeutet hatte, war er verärgert über Faranth, unschlüssig – eine Seltenheit –, was er tun sollte, und ihretwegen beunruhigt. Dann gewann die zärtliche Besorgnis die Oberhand, er sah auf sie hinunter, und sie wußte, daß sie ihn noch nie so sehr geliebt hatte wie in diesem Augenblick.

»Ein Jammer, daß wir deiner Drachendame nicht auftragen können, einen Topf Wasser heißzumachen, um sie zu beschäftigen«, bemerkte Greta, während ihre starken, fähigen Hände die Untersuchung beendeten. Dann klopfte sie leicht auf Sorkas gewaltigen Bauch. »Wir werden die Aufregung gleich abstellen. Kannst du dich auf die Seite legen? Sean, hilf ihr.«

»Ich komme mir vor wie eine riesige Flunder«, klagte Sorka, als sie sich mit Mühe herumwälzte. Schließlich half ihr Sean, geschickt und so sanft, wie sie es noch nie erlebt hatte, die Bewegung abzuschließen. Sie hatte gerade die neue Stellung erreicht, als wieder eine kräftige Wehe sie erfaßte und sie erstaunt nach Luft schnappen ließ. Draußen trompetete Faranth herausfordernd. »Daß du mir ja nicht den ganzen Ort aufweckst, Faranth. Ich kriege doch nur ein Baby!«

Du hast Schmerzen! Du quälst dich! Faranth war empört.

Sorka spürte einen leichten Druck am unteren Teil der Wirbelsäule, die Kühle der Luftpistole, und dann eine herrliche Gefühllosigkeit, die sich schnell über ihren ganzen Unterleib ausbreitete.

»Oh, Greta, du bist ein Eingel!«

Du hast keine Schmerzen mehr! So ist es besser. Faranths Unruhe legte sich, sie stimmte wieder in das merkwürdige Summen der anderen Drachen ein, und Sorka konnte ihre Stimme deutlich aus dem Chor heraushören. Das Summen wurde stärker, seltsamerweise wirkte es beruhigend – oder lag es einfach daran, daß sie diese schmerzhaften Krämpfe des Gebärmutter-muskels nicht mehr zu fürchten brauchte?

»Und jetzt stehen wir auf, Sorka, und gehen ein bißchen auf und ab«, sagte Greta. »Der Muttermund ist schon recht weit geöffnet. Ich glaube nicht, daß es noch lange dauert, bis das Baby kommt, auch wenn es dein erstes ist.«

»Ich spüre gar nichts«, entschuldigte sich Sorka, als Greta sie hochzog. Sean war sofort an ihrer Seite.

Er hatte sich angezogen, doch als Sorka auf ihre empfin-dungslosen Füße hinuntersah, bemerkte sie, daß er seine Socken vergessen hatte, und fand das sehr liebenswert. Merk-würdig, der Unterschied zwischen seinen und Gretas Hän-den – beide fürsorglich und sanft, aber Seans Griff strahlte zu-sätzlich liebevolle Besorgnis aus.

»Braves Mädchen«, lobte Greta. »Es geht prächtig voran, der Muttermund ist schon drei Fingerbreit geöffnet. Kein Wunder, daß die Schwärme unruhig waren. Und du bist heute nicht die einzige, die sie in Aufregung versetzt.« Greta lachte leise, als sie langsam den Rückweg durch das Wohnzimmer und die kleine Diele ins Schlafzimmer antraten. »Das Gehen ist wich-tig ... aha, wieder eine Wehe. Sehr schön. Die Atmung ist gut so.«

»Bei wem ist es noch soweit?« fragte Sorka. Es war besser, wenn man sich auf andere Dinge konzentrierte, nicht nur auf die Tätigkeit der eigenen Muskeln.

»Elizabeth Jepson. Ein Glück, denn das neue Baby wird ihr helfen, den Verlust der Zwillinge zu überwinden.«

Der Gedanke war schmerzlich. Sorka erinnerte sich noch gut an die beiden Lausbuben auf der *Yoko*; damals hatte sie ihren Bruder Brian beneidet, weil er gleichaltrige Freunde ge-funden hatte.

»Komisch, nicht wahr?« sagte sie schnell. »Man hat zwei komplette Familien aus zwei verschiedenen Generationen. Ich meine, mein Baby wird einen Onkel haben, der nur sechs Mo-nate älter ist. Und doch gehört er einer anderen Generation an ... eigentlich.«

»Ein Grund, warum wir die Geburtenbücher sehr genau führen müssen«, sagte Greta.

Sean brummte: »Wir sind alle Perner, und das allein zählt.«

In diesem Augenblick platzte die Fruchtblase, und draußen wurde das Summen um ein paar Töne höher und noch intensiver.

»Ich glaube, ich muß dich untersuchen, Sorka«, sagte Greta.

Sean starrte sie an. »Orientierst du dich bei jeder Entbindung am Drachengesang?«

Greta lachte leise. »Sie haben einen Instinkt für Geburten, Sean, und ich weiß, daß ihr Tierärzte das auch schon bemerkt habt. Komm, wir bringen sie ins Bett zurück.«

Ganz auf die zweite Phase der Entbindung konzentriert, empfand Sorka den Drachengesang gleichzeitig als tröstlich und beruhigend, wie eine Decke aus schimmernden Tönen, die sie wohltuend einhüllte. Plötzlich steigerte sich das Tempo, das Summen erreichte seinen Höhepunkt. Seans Hand umfaßte die ihre, gab ihr Mut und Kraft. Jedesmal, wenn sie die dank der Betäubung schmerzlosen Wehen spürte, half er ihr beim Pressen. Die Kontraktionen kamen jetzt schneller, fast ohne Unterbrechung, als wäre die Sache völlig ihrer Kontrolle entglitten. Sie überließ sich ihrem Instinkt, entspannte sich, wenn es möglich war, und half mit, weil ihr nichts anderes übrigblieb.

Plötzlich spürte sie, wie sich ihr Körper in einer gewaltigen Anstrengung krümmte, und dann empfand sie nur noch Erleichterung, der Druck, das Ziehen hatten aufgehört. Einen Augenblick lang war es draußen völlig still, dann vernahm sie einen neuen Laut. Seans Triumphgeschrei ging unter im Trompeten von achtzehn Drachen und niemand wußte wie vielen Feuerzwergdrachen! O je! dachte sie verwirrt. Sie werden wirklich ganz Landing aufwecken!

»Ihr habt einen gesunden Sohn, meine Lieben«, sagte Greta, und man hörte ihr die Befriedigung an. »Mit einem dichten, roten Haarschopf.«

»Einen Sohn?« fragte Sean, und es klang zutiefst überrascht.

»Jetzt erzähl mir bloß nicht, daß du eine Tochter wolltest, Sean Connell, nachdem ich mir so viel Mühe gegeben habe«, protestierte Sorka.

Sean umarmte sie nur verzückt.

»Manchmal kommt es mir so vor, als hätten uns alle vergessen«, sagte David Catarel zu Sean, während sie ihre beiden Bronzedrachen bei der Jagd beobachteten. Sean hatte den Blick auf Carenath geheftet und antwortete nicht.

Obwohl alle Drachen über kurze Strecken gut fliegen konnten und bewiesen hatten, daß sie in der Lage waren, wilde Wherries zu erwischen, wurden ihre menschlichen Partner nervös, wenn sie sich zu weit entfernten. Es war auch nicht immer möglich, einen Schlitten oder Gleiter zu bekommen, um sie zu begleiten. Sean hatte einen Kompromiß gefunden und Red dazu überredet, ihnen das Merzvieh und die verletzten Tiere aus den großen Herden zu überlassen. Alle Drachengefährten hatten gemeinsam in einer der Höhlen einen fädensicheren Unterstand für die Mischherde gebaut und versorgten abwechselnd die Hydroponikkästen, die ihnen das Viehfutter lieferten.

Die jungen Drachen waren kräftig und flogen schon recht sicher, aber die übervorsichtigen Veterinäre hatten entschieden, daß man mit den ersten Reitversuchen nicht vor Ablauf eines vollen Jahres beginnen sollte. Sean hatte bei Sorka seinem Ärger über diese zaghafte Haltung Luft gemacht, aber sie hatte ihm seinen Trotz ausgeredet, indem sie ihn daran erinnerte, wieviel sie zu verlieren hatten, wenn sie die jungen Drachen überforderten. Glücklicherweise war die Entscheidung ohne vorherige Rücksprache mit Windblüte getroffen worden, dadurch konnte Sean die ›Verschleppungstaktik‹, wie er es nannte, leichter akzeptieren. Es ging ihm gegen den Strich, daß die Genetikerin so tat, als gehörten die Drachen ihr allein. Sie arbeitete weiter mit Kitti Pings Programm, allerdings nicht mehr mit dem gleichen Erfolg. Bei den ersten vier Versuchen waren keine lebensfähigen Eier zustandegekommen, die sieben neuen Eisäcke im Brutkasten sahen jedoch vielversprechend aus.

Bei Joel Lilienkamp waren viele Wetten auf den Erfolg der ersten Brut abgeschlossen worden, aber kaum weniger Leute hatten dagegen gesetzt. Insgeheim war Sean entschlossen, allen Zweiflern das Gegenteil zu beweisen, aber er wollte weder eine offizielle Rüge riskieren noch die jungen Drachen in Gefahr bringen.

»Ich habe zu Windblüte einfach nicht soviel Vertrauen wie zu Kitti Ping«, hatte Paul Sean und Sorka in einem Gespräch unter vier Augen erklärt, »aber wir könnten alle aufatmen, wenn wir einen Fortschritt sähen. Eure Drachen fressen und wachsen, und sie fliegen sogar, wenn sie jagen. Aber werden sie auch Feuerstein fressen?« Paul begann die Punkte an seiner linken Hand abzuzählen. »Einen Reiter tragen? Und ihre kostbare Haut bei einem Fädeneinfall schützen? Die Energiezellen sind in kritischem Zustand, Sean, in wirklich sehr kritischem Zustand.«

»Ich weiß, Admiral«, verteidigte sich Sean grimmig. »Und achtzehn voll einsatzfähige Drachen werden beim Fädenkampf auch keine entscheidende Entlastung bringen.«

»Aber sich reproduzierende, sich selbst erhaltende Fädenkämpfer machen auf lange Sicht doch einen gewaltigen Unterschied. Und offen gesagt, die lange Sicht ist es, die mir Sorgen macht.«

Sean behielt seine Ansicht über Windblüte für sich. Zum Teil war sie von Loyalität gegenüber Carenath, Faranth und den anderen aus dem ersten Gelege bestimmt; eine große Rolle spielte auch, daß er nicht so recht an Windblütes Fähigkeiten glaubte, während er ihrer Großmutter rückhaltlos vertraut hatte. Schließlich hatte Kitti Ping ihre Ausbildung an der Quelle erhalten, bei den Eridani.

Während er beobachtete, mit welcher Eleganz Carenath herabstieß und sich einen fetten Hammel aus der kopflos flüchtenden Herde schnappte, gewann sein Vertrauen in diese erstaunlichen Geschöpfe neue Kraft.

»Er fliegt wirklich ganz schön hoch«, bemerkte David neidlos. »Schau, jetzt hat Polenth die Flügel angelegt. Er hat es auf den dort abgesehen!«

»Und ihn auch erwischt«, ergänzte Sean das Kompliment.

Vielleicht waren sie alle nicht mutig genug, wagten einfach nicht, etwas zu riskieren, um zu sehen, was dabei herauskäme. Carenath war ein kräftiger, geschickter Flieger. Der Bronzedrache hatte fast dieselbe Schulterhöhe wie Cricket, freilich einen ganz anderen Körperbau. Carenath war langgestreckter, hatte einen breiteren Brustkorb und kräftigere Hinterbeine. Ja, die Drachen besaßen bereits mehr Kraft als vergleichbare Pferde, und ihr Knochengerüst war viel stabiler, denn es bestand aus Kohlenstoff- und Korundverbindungen, die ihm Haltbarkeit und Elastizität verliehen. Pol und Bay waren an die Planung der Drachenkörper herangegangen, als sollten sie einen neuen Schlitten entwerfen, und Schlitten, dachte Sean ironisch, sollten die Drachen ja schließlich auch ersetzen. Dem Programm zufolge würden die Drachen im Laufe vieler Generationen allmählich immer größer werden, bis sie das Optimum erreicht hatten. Nach Seans Ansicht war Carenath jedoch genau richtig.

»Wenigstens essen sie manierlich«, sagte Dave und wandte die Augen von den beiden Drachen ab, die Fleischstücke aus ihrer Beute rissen. »Aber es wäre mir doch lieber, wenn sie nicht so deutlich zeigten, wie sehr sie es genießen.«

Sean lachte. »Du bist ein Stadtkind, nicht wahr?«

David nickte und lächelte schwach. »Nicht, daß ich für Polenth nicht alles tun würde. Nur ist es eben ein Unterschied, ob man etwas auf 3 D sieht oder in Wirklichkeit und dabei weiß, daß der beste Freund, den man hat, am liebsten lebende Tiere jagt. Was sagst du, Polenth?« In Daves Augen trat der merkwürdig verschwommene Blick aller Drachenpartner, wenn ihre Gefährten sich meldeten. Dann lachte er wehmütig.

»Na?« fragte Sean.

»Er sagt, alles ist besser als Fisch. Er ist zum Fliegen geboren, nicht zum Schwimmen.«

»Nur gut, daß er zwei Mägen hat«, bemerkte Sean, als er sah, wie Polenth das Schaf samt Hörnern, Hufen und Fell hinunterschlang. »So, wie er die Wolle in sich reinmampft, könnte er sonst einen verfrühten Feuerstoß auslösen, wenn er einmal Feuerstein kaut.«

»Das wird er doch tun, Sean, nicht wahr?« Dave flehte so inständig um Bestätigung, daß Sean sich Sorgen machte. Die Drachenpartner durften keinen Augenblick an ihren Tieren zweifeln, in keiner Hinsicht.

»Aber natürlich«, sagte Sean und stand auf. »Das reicht, Carenath. Mit zweien ist dein Bauch voll. Du darfst nicht so gierig sein. Es sind noch mehr da, die Hunger haben.«

Der Bronzedrache war eben im Begriff gewesen, sich wieder in die Lüfte zu erheben und zu einer Anhöhe im nächsten Tal zu fliegen, wo die verschreckte Herde hingeflüchtet war.

Ich hätte wirklich gern noch eines. Sie schmecken so lecker. Viel besser als Fisch. Jagen macht Spaß. Es klang ein wenig eigensinnig.

»Als nächstes jagt die Königin, Carenath.«

Mit einer mürrischen Kopfbewegung schlenderte Carenath zu Sean zurück, die Flügel spreizend, um das Gleichgewicht zu halten. Der Gang der Drachen sah komisch aus, weil ihre Vorderbeine kürzer waren als die Hinterbeine und sie sich zusammenkauern mußten. Einige bewegten sich mit einer Art Hopser und ließen sieh nur alle paar Schritte auf die Vorderbeine nieder oder verschafften sich mit den Flügeln Auftrieb. Sean störte es, wenn Drachen so plump und unbeholfen erschienen.

»Bis später«, sagte er zu David und machte sich mit Carenath auf den Weg zurück zu ihrer Wohnhöhle.

Die Drachen waren schnell zu groß geworden für ihre Quartiere in den Hinterhöfen, und in vielen Fällen hatten auch die Nachbarn, von denen manche in Nachtschicht arbeiteten und bei Tag schliefen, die Geduld verloren, denn für eine Gattung, die nicht laut sprechen konnte, machten die Drachen eine Menge Lärm. Also hatten sie zusammen mit ihren Partnern die Catherine-Höhlen erkundet, um eine etwas abgelegenere Unterbringungsmöglichkeit zu finden. Sorka hatte sich zuerst nicht mit der Vorstellung anfreunden können, mit ihrem kleinen Sohn Michael unter der Erde zu leben, aber die Höhle, die Sean ausgesucht hatte, war geräumig und bestand aus mehreren großen Kammern – sie hatten hier viel mehr Bewegungsfreiheit als in ihrem alten Haus am Irenplatz. Faranth und Carenath waren begeistert. Oberhalb des Höhleneingangs gab es sogar ein Erdsims, wo sie sonnenbaden konnten, eine Beschäftigung, die sie sogar noch mehr genossen als das Schwimmen.

»Wir passen alle viel besser hierher.« Mit diesem Ausruf hatte Sorka sich geschlagen gegeben, und dann war sie darangegangen, die neue Wohnung mit Lampen, ihren handgewebten Teppichen und Stoffen und mit den Bildern, die sie Joel abgeluchst hatte, gemütlich zu machen.

Im Lauf der Zeit hatte sich jedoch herausgestellt, daß die neue Wohnung nicht nur eine räumliche Trennung bedeutete, dachte Sean, während er mit Carenath dahinstapfte. Dave Catarel hatte mit seiner wehmütigen Bemerkung, man habe sie vergessen, den Finger auf die Wunde gelegt.

Der Weg ist ziemlich weit. Ich würde lieber vorausfliegen, sagte Carenath, der mit mühsamen Hopsern neben Sean herwatschelte. Wieder einmal konnte sich Sean des Gedankens nicht erwehren, daß sein tapferer, schöner Carenath wie eine mißglückte Kreuzung zwischen einem Kaninchen und einem Känguruh aussah.

»Du bist zum Fliegen bestimmt. Ich freue mich schon, wenn wir beide fliegen können.«

Warum fliegst du dann nicht mit mir? Es wäre viel einfacher, als auf diesem furchtsamen Wesen zu reiten. In Carenaths Augen war Cricket kein sehr geeignetes Reittier für seinen Gefährten.

Furchtsames Wesen, dachte Sean und mußte lachen. Armer Cricket. Dabei wäre es so einfach, sich auf Carenaths Rücken zu schwingen und abzuheben! Bei dem Gedanken stockte ihm der Atem. Auf Carenath zu fliegen, anstatt auf dem staubigen Pfad dahinzuschlurfen! Das Jugendjahr der Drachen war fast vorüber. Sean sah sich nachdenklich um. Wenn Carenath sich von der höchsten Stelle fallen lassen konnte, hätte er genügend Platz für jenen ersten unerläßlichen Flügelschwung ...

Sean hatte sich ebensoviel Zeit genommen, das Verhalten der Feuerechsen und der Drachen in der Luft zu beobachten, wie früher, als er geduldig den Pferden zugesehen hatte. Ja, ein Sprung von einer Anhöhe, das müßte gehen.

»Los, Carenath. Zum Glück habe ich nicht zugelassen, daß du dich zu sehr vollstopfst. Komm, ganz nach oben.«

Ganz nach oben? Auf den Grat? Sean spürte, wie sich Verständnis im Geist des Drachen ausbreitete, und dann kletterte Carenath so hastig den Hang hinauf, daß Sean in eine Staubwolke gehüllt wurde und zu husten begann. *Schnell! Der Wind ist genau richtig.*

Sean rieb sich den Staub aus den Augen und lachte laut; er war in Hochstimmung, doch gleichzeitig raste sein Puls vor

Angst. So etwas muß man *jetzt* tun, zur rechten Zeit, am rechten Ort, dachte er. Und dies war für ihn der rechte Moment, um zum ersten Mal auf Carenath zu reiten!

Er hatte keinen Sattel, in den er sich hätte hineinschwingen können, keine Steigbügel, um die hohe Schulter zu erklettern. Carenath duckte sich entgegenkommend, Sean setzte leicht den Fuß auf den dargebotenen Unterarm, packte fest die beiden Nackenwülste, schwang ein Bein hinüber und schob seinen Körper in die Kuhle.

»Himmel, du bist wie für mich gemacht«, lachte er triumphierend und gab Carenath einen liebevollen Klaps auf den Hals. Dann faßte er den Wulst vor sich.

Carenath stand ganz am Rand des Grates, und Sean konnte beängstigend genau den Grund der mit Felsen übersäten Schlucht erkennen. Er schluckte hastig. Auf Carenath zu fliegen war keineswegs dasselbe wie auf Cricket zu reiten. Er holte tief Atem. Aber dies war auch nicht der Zeitpunkt, um sich die Sache noch einmal zu überlegen. Er legte wie unter einem Zwang die Beine mit den vom jahrelangen Reiten gestählten Muskeln an und schob sich so tief in den natürlichen Sattel, wie er nur konnte.

»Wir fliegen, Carenath. Wir wagen es!«

Wir werden fliegen, bestätigte Carenath mit unerschütterlicher Ruhe und neigte sich nach vorne.

Obwohl Sean Connell jahrelang auf buckelnden, rutschenden und sich aufbäumenden Pferden gesessen hatte, war das, was er in diesem scheinbar endlos langen Augenblick empfand, völlig anders und vollkommen neu. Kurz schoß ihm die Erinnerung an die Stimme eines Mädchens durch den Kopf, die ihn drängte, an Raumfahrer Yves zu denken. Wieder fiel er durch den Weltraum. Einen sehr kleinen Weltraum. Hatte er den Verstand verloren, daß er so etwas versuchte?

Faranth möchte wissen, was wir tun, sagte Carenath gelassen.

Ehe Sean in seiner Verwirrung die Frage auch nur registrierte, hatten Carenaths Schwingen ihre Abwärtsbewegung beendet, und sie stiegen auf. Sean spürte, wie die Schwerkraft plötzlich wiederkehrte, er spürte Carenaths Hals unter sich, spürte sein eigenes Gewicht, und sein Selbstvertrauen, das ihm während dieses endlos scheinenden Sturzes völlig abhanden gekommen war, kehrte zurück. Carenath strebte mit machtvollen Schwingenschlägen weiter nach oben, und Sean wurde tiefer zwischen die Nackenwülste hineingedrückt. Jetzt waren sie auf gleicher Höhe mit dem nächsten Grat, der Grund der Schlucht war nicht mehr so bedrohlich nahe.

»Natürlich kannst du Faranth sagen, daß wir fliegen«, antwortete Sean. Er würde es Sorka niemals eingestehen – konnte es kaum vor sich selbst zugeben –, aber einen Augenblick lang hatte ihn tiefstes Entsetzen beherrscht.

Ich werde dich nicht fallen lassen, schalt ihn Carenath.

»Das habe ich auch nie geglaubt.« Sean zwang sich, seine angespannten Muskeln zu lockern, seine Beine lang nach unten hängen zu lassen und sie um Carenaths glatten Hals zu schließen, packte aber den Nackenwulst fester. »Ich habe nur befürchtet, daß ich mich keine Minute auf deinem Rücken würde halten können.«

Carenaths Flügel bewegten sich kurz hinter Seans Blickfeld auf und ab, und er spürte ihren kräftigen, regelmäßigen Schlag, auch wenn er sie nicht sehen konnte. Er spürte den Wind auf seinem Gesicht und seiner Brust. Um ihn herum war nichts als Luft, nichts als leere Weite, es war einfach großartig.

Ja, nachdem er einmal auf den Geschmack gekommen war, war dieser Flug auf seinem Drachen das Schönste, was er jemals erlebt hatte.

Mir gefällt es auch. Ich fliege gern mit dir. Du paßt auf meinen Rücken. Es geht gut. Wo wollen wir hin? Der Himmel gehört uns.

»Hör zu, Carenath, wir sollten es nicht gleich übertreiben. Du hast eben erst gefressen, und wir müssen uns das alles erst einmal gründlich überlegen. Es genügt nicht, sich einfach von einem Grat fallen zu lassen. Ooooooooooooh-« schrie er unwillkürlich auf, als sich Carenath in eine Kurve legte und er das weite, staubige, von Fäden zerfressene Gelände tief, tief unter sich sah. »Richte dich auf!«

Ich lasse dich schon nicht fallen! Es klang fast entrüstet, und Sean löste eine Hand, um dem Drachen einen beruhigenden

Klaps zu geben. Aber gleich packte er wieder zu. Himmel, ein Reiter kann nicht gegen Fäden fliegen, wenn er sich ständig mit aller Kraft festhalten muß!

»Du würdest mich nicht fallen lassen, mein Freund, aber mir selbst traue ich nicht so ganz!«

Bemüht, die aufsteigende Panik zu unterdrücken, wagte Sean einen Blick nach unten. Sie hatten fast die Höhlenreihe erreicht, die jetzt ihr Zuhause war. Sean entdeckte Faranth auf dem Erdsims, sie mußte sich wohl gesonnt haben. Jetzt hockte sie, die Flügel halb gespreizt, auf der Hinterhand. Mit wenigen kräftigen Schwingenschlägen hatte Carenath eine Strecke zurückgelegt, die sie normalerweise einen mühseligen halbstündigen Marsch hügelauf-hügelab gekostet hätte.

Faranth sagt, Sorka will, daß wir sofort runterkommen. Sofort! Carenaths Tonfall klang trotzig, ein Betteln lag darin, Sean möge der goldenen Drachenkönigin widersprechen und nicht zulassen, daß dieses neue Erlebnis abgekürzt wurde. *Wir fliegen zusammen, und genau das sollten Drachen und ihre Reiter tun.*

»Es ist phantastisch, Carenath, aber jetzt sind wir zu Hause, würdest du, sagen wir, neben Faranth landen? Dann kannst du ihr genau erzählen, wie wir es gemacht haben!«

Sean kümmerte es nicht, ob Sorka wegen seines spontanen, völlig ungeplanten Fluges hysterisch wurde. Er hatte es getan, es war gelungen, Ende gut, alles gut. Endlich gab es Reiter für die Drachen von Pern! Das würde die Einsätze bei Joels Wetten ins Gegenteil verkehren!

Die anderen siebzehn Reiter – auch Sorka, sobald Faranth sie in bezug auf Carenaths Fähigkeiten beruhigt hatte – waren begeistert über diesen gewaltigen Fortschritt. Dave wollte freilich wissen, warum Sean sich so überstürzt dazu entschlossen hatte.

»Hättest du nicht auf mich warten können? Polenth und ich waren dicht hinter dir. Du hast mir einen Augenblick lang einen fürchterlichen Schrecken eingejagt.«

Sean umfaßte in wortloser Entschuldigung Daves Arm. »Du hast gesagt, man hätte uns vergessen, Dave, und das war es.

Daraufhin mußte ich es einfach probieren, aber ich wollte keinen anderen in Gefahr bringen, falls es ein Fehler war.« Sean sah Sorkas finsteres Gesicht und zuckte in gespieltem Schrekken zusammen. »Mir wäre nichts passiert, mein Liebes. Das weißt du! Aber ...« Er sah die anderen, die um ihn herum auf den Teppichen saßen, warnend an. »Wir müssen die Sache logisch und vernünftig angehen, Leute. Auf einem Drachen zu fliegen ist etwas anderes, als ein Pferd zu reiten.«

Sein Blick fiel auf Nora Sejby. Er hätte es nie für möglich gehalten, daß ausgerechnet sie einen Drachen an sich binden würde, aber Tenneth hatte sie gewählt, und nun mußte man eben das Beste daraus machen. Nora neigte zu Unfällen, und Tenneth hatte ihre Gefährtin schon aus dem See gezogen und mehrfach verhindert, daß sie in die Spalten und Löcher stürzte, von denen die Hügel rund um die Catherine-Höhlen durchsetzt waren. Andererseits war Nora vor Monaco Bay gesegelt, seit sie kräftig genug war, um eine Ruderpinne zu halten, und konnte sowohl mit Schlitten als auch mit Gleitern umgehen.

»Zum einen ist ringsherum nichts als leere Luft. Wenn man stürzt, dann auf eine harte Oberfläche, und es geht sicher nicht ohne Verletzungen ab.« Sean begleitete seine Worte mit den passenden Gesten, zum Schluß schlug er mit der Faust in seine Handfläche, und das Geräusch ließ Nora aufschrecken.

»Na und?« fragte Peter Semling. »Dann verwenden wir eben einen Sattel.«

»Ein Drachenrücken ist voll mit Flügeln«, gab Sorka trocken zu bedenken.

»Man reitet vor den Flügeln, und das Gesäß befindet sich zwischen den beiden letzten Wülsten«, fuhr Sean fort, griff dabei nach einem Stück Folie und einem Stift, skizzierte den Rücken und die Schultern eines Drachen und zeichnete zwei Riemen ein. »Der Reiter trägt einen festen Gurt, so breit wie ein Werkzeugürtel. Man schnallt sich auf beiden Seiten fest, und die Riemen reichen auch noch über die Oberschenkel, das gibt zusätzliche Sicherheit. Außerdem brauchen wir besondere Reitkleidung und Schutzbrillen – der Wind hat mir die Tränen in die Augen getrieben, und dabei war ich gar nicht so lange oben.«

»Was war es eigentlich für ein Gefühl, Sean?« fragte Catherine Radelin mit erwartungsvoll leuchtenden Augen.

Sean lächelte. »Etwas so Unglaubliches habe ich noch nie erlebt. Kein Vergleich mit dem Fliegen in einer Maschine. Ich meine ...« Er hob die Fäuste, spannte die Arme an und stieß mit den Händen nach oben, um auszudrücken, wie unbeschreiblich dieses Erlebnis war. »Es ist ... es findet nur zwischen dir selbst und deinem Drachen statt und ...« Er breitete schwungvoll die Arme aus. »Und der ganzen, verdammten weiten Welt.«

Bei der hastig einberufenen Sitzung, wo er sich wegen des eingegangenen Risikos verantworten sollte, stellte er alles viel weniger dramatisch dar. Er hätte viel lieber unter vier Augen Bericht erstattet, vielleicht an Admiral Benden, Pol oder Red, aber er sah sich dem ganzen Rat gegenüber.

»Sehen Sie, Sir, das Risiko war einfach gerechtfertigt«, sagte er und blickte schnell vom Admiral zu Red Hanrahan. Sein Schwiegervater war gleichzeitig wütend und gekränkt gewesen, er empfand seine Handlungsweise als Verrat. Damit hatte Sean nicht gerechnet. »Wir hatten den Grat fast erreicht, als ich plötzlich ganz sicher war, beweisen zu müssen, daß die Drachen uns tragen können. Sir, alle Planung der Welt bringt einen manchmal nicht zur rechten Zeit an den rechten Ort.«

Admiral Benden nickte weise, aber der erschrockene Ausdruck auf Jim Tilleks offenem Gesicht und Ongolas plötzliches Aufhorchen verrieten Sean, daß er etwas Falsches gesagt hatte.

»Ich konnte meinen eigenen Hals riskieren, Sir, aber nicht den eines anderen«, fuhr er fort, »wir müssen uns also Zeit lassen, um einige der anderen Reiter auf das Fliegen vorzubereiten. Ich bin viel geritten und habe Erfahrung mit Schlitten, aber auf einem Drachen ist alles ganz anders, und ich werde nicht mehr aufsteigen, bis Carenath irgendein Reitgeschirr an seinem – und meinem – Körper trägt.«

Joel Lilienkamp beugte sich über den Tisch. »Und was wäre dazu erforderlich, Connell?«

Sean grinste erleichtert. »Keine Sorge, Lili, was ich brauche, gibt es auf Pern im Überfluß – Leder. Ich habe für die vielen gegerbten Wherhäute, die Sie im Magazin liegen haben, eine

Verwendung gefunden. Sie sind haltbar genug und werden weniger auf dem Drachenhals scheuern als die synthetischen Gewebe, die man für die Schlittengurte verwendet. Ich habe ein paar Skizzen gemacht.« Er entfaltete die Diagramme, die er bei seinen Gesprächen mit den anderen Drachenpartnern noch sehr verbessert hatte. »Hier sieht man, wie die Riemen und Gurte angeordnet sein müssen, die wir brauchen, außerdem benötigen wir Fliegeranzüge, und ein paar von den Arbeitsbrillen, die die Plastikabteilung herstellt, wären auch nicht schlecht.«

»Fliegeranzüge und Plastikbrillen«, wiederholte Joel und griff nach den Zeichnungen. Je länger er sie betrachtete, desto weniger ablehnend wurde seine Haltung.

»Sobald ich das Reitgeschirr für Carenath zusammengebastelt habe, Admiral, Gouverneurin, meine Herren«, wandte sich Sean höflich an alle Versammelten und lächelte obendrein die finster blickende Cherry Duff zaghaft an, »können Sie zusehen, wie gut mein Drache mich trägt.«

»Man hat Ihnen doch mitgeteilt«, sagte Paul Benden, und Sean sah, wie er die Knöchel seiner linken Hand rieb, »daß auf dem Sand der Brutstätte neue Eier heranreifen?«

Sean nickte. »Wie ich Ihnen schon sagte, Admiral, achtzehn genügen nicht, sie können nicht genug ausrichten. Es wird Generationen dauern, bis sie in ausreichender Zahl vorhanden sind.«

»Generationen?« rief Cherry Duff mit ihrer krächzenden Stimme und sah das Veterinärsteam vorwurfsvoll an. »Warum hat man uns nicht gesagt, daß es Generationen dauern wird?«

»Drachengenerationen«, antwortete Pol, ein wenig über das Mißverständnis lächelnd. »Keine Menschengenerationen.«

»Und wie lange ist eine Drachengeneration?« wollte sie immer noch empört wissen und funkelte Sean entrüstet an.

»Die Weibchen sollten mit drei Jahren ihr erstes eigenes Gelege produzieren. Sean hat bewiesen, daß ein männlicher Drache mit knapp einem Jahr fliegen kann.«

Cherry schlug mit beiden Händen kräftig auf den Tisch. »Ich will Fakten, Pol, verdammt noch mal.«

»Dann eben vier bis fünf Jahre.«

Cherry schürzte verärgert die Lippen, eine Angewohnheit, die sie noch mehr wie eine verschrumpelte Trockenpflaume aussehen ließ, dachte Sean.

»Hm, dann werde ich wahrscheinlich keine Drachengeschwader mehr am Himmel sehen können, wie? Vier bis fünf Jahre. Und wann werden sie anfangen, Fäden zu verbrennen? Das war doch ihr eigentlicher Zweck, oder nicht? Wann werden sie anfangen, sich nützlich zu machen?«

Sean hatte genug. »Früher, als Sie denken, Cherry Duff. Joel, Sie können schon Wetten annehmen.« Damit verließ er den Raum. Es war ihm zutiefst zuwider, mit einem Gleiter zu Sorka und den anderen zurückzukehren, die schon warteten, um zu hören, was passiert war.

Als Joel Lilienkamp ihnen zehn Tage später persönlich die angeforderten Gurte, Riemen, Fliegeranzüge und Schutzbrillen brachte, konnte die Flugausbildung der Drachen von Pern allen Ernstes beginnen.

Landing hatte sich während der vergangenen eineinhalb Jahre an das unterirdische Rumpeln und Poltern gewöhnt. Am Morgen des zweiten Tages im vierten Monat des neunten Frühlings auf Pern bemerkten Frühaufsteher noch ganz verschlafen die Rauchwolke, erkannten aber ihre Bedeutung nicht.

Auch Sean und Sorka fiel sie auf, als sie mit Carenath und Faranth aus ihrer Höhle traten.

Warum raucht der Berg? wollte Faranth wissen.

»Was tut der Berg?« fragte Sorka und wurde gerade so weit munter, daß die Worte ihrer Drachenkönigin in ihr Bewußtsein drangen. »Himmel, Sean, schau!«

Sean genügte ein scharfer Blick. »Das ist nicht der Garben. Es ist der Picchu-Gipfel. Patrice de Broglie hat sich geirrt! Oder nicht?«

»Was in aller Welt willst du eigentlich sagen, Sean?« Sorka starrte ihn verständnislos an.

»Ich meine, es wurde doch dauernd über Grundgestein geredet und daß man Landing an eine günstigere Stelle verlegen wolle, mit besonderen Unterbringungsmöglichkeiten für die Drachen und für uns ...« Sean ließ die Rauchfahne nicht aus den Augen. Sie ringelte sich träge von der Bergspitze empor, die neben dem mächtigen Garben zwergenhaft, aber deshalb nicht weniger bedrohlich wirkte. Er zuckte die Achseln. »Nicht einmal Paul Benden kann auf Kommando einen Vulkan ausbrechen lassen. Komm, wir können bei deiner Mutter frühstücken. Wir stecken Mick in seinen Fliegeranzug, und dann geht's los. Vielleicht hat dein Dad irgend etwas Offizielles gehört.« Er machte ein finsteres Gesicht. »Wir sind immer die letzten, die etwas erfahren. Ich muß Joel wenigstens ein Komgerät für die Höhlen abschwatzen.«

Sorka packte ihren zappelnden Sohn in den pelzgefütterten Tragesack, dann schlüpfte sie in ihre Jacke und setzte sich Helm und Schutzbrille auf. Sean trug Mick zu Faranth hinaus. Mit der Geschicklichkeit langer Übung sprang Sorka die zwei Stufen bis zu dem höflich ausgestreckten Vorderbein ihres Drachen hinauf und schwang sich auf Faranths Rücken. Sean reichte ihr das protestierende Bündel, sie hängte es sich auf den Rücken, und dann wandte er sich dem aufbruchbereiten Carenath zu und saß ebenfalls auf.

Die Drachen stießen sich von dem Sims vor der Höhle ab, das hoch genug lag für den ersten vollen Schwingenschlag. Im Lauf der letzten paar Wochen hatten sich die Rückenmuskeln der Drachen gekräftigt, und sie hielten jetzt Flüge von mehreren Stunden Dauer durch. Die Reiter, sogar Nora Sejby – Sean hatte ein besonderes Geschirr entworfen, das ihr das Gefühl gab, auf Tenneths Rücken sicher festgebunden zu sein – wurden immer geschickter. Lange Gespräche mit Drake Bonneau und einigen der anderen Piloten, die einerseits Kampferfahrung aus den alten Nathi-Kriegen besaßen und auch oft genug gegen die Fäden geflogen waren, hatten den Drachenreitern ein besseres Verständnis für die erforderlichen Fähigkeiten vermittelt. Und mit der Übung wuchs ihr Mut.

Vor drei Wochen waren die Ergebnisse von Windblütes letztem Versuch ausgeschlüpft. Die vier überlebenden Wesen hatten sich nicht an die Kandidaten angeschlossen, die auf sie warteten, obwohl sie das Futter verzehrten, das diese ihnen reichten. Es stellte sich heraus, daß die armen Tiere an Photophobie litten, aber Windblüte hatte, sehr zur Empörung von

Pol und Bay und gegen deren Rat, auf speziellen, verdunkelten Räumen für die Wesen bestanden, um diese Abart weiterhin studieren zu können.

Sogar die Feuerechsen waren nützlicher, dachte Sean, als die beiden Schwärme plötzlich ringsum in der Luft auftauchten und mit ihren hohen, lieblichen Stimmen den Morgen begrüßten. Wenn die Drachen nur auch dazu fähig wären, dachte Sean neidisch. Aber wie bringt man einem Drachen etwas bei, was man selbst nicht versteht? Die Drachen wurden jeden Tag klüger und lernten schnell, aber es war unmöglich, ihnen die Telekinese zu erklären oder sie aufzufordern, nach Art der Feuerechsen zu teleportieren. Kitti Ping hatte behauptet, das sei instinktives Verhalten, aber Sean fand nirgendwo in dem Genetikprogramm, das er sich genau eingeprägt hatte, einen weisen Rat, wie man einen Drachen dazu brachte, seine angeborenen Instinkte einzusetzen.

Und an solche Dinge ging man auch nicht spontan heran. Zuerst sollten die Drachen versuchen, Feuerstein zu fressen und Flammen zu erzeugen. Die Reiter wußten, wo die Feuerechsen das phosphinhaltige Gestein herbekamen; Sean hatte sogar beobachtet, wie die Braunen und Sorkas Duke sich die Stücke auswählten, die sie kauen wollten, und wie sorgfältig sie sich beim Kauen konzentrierten. Die Feuerechsen hatten gelernt, je nach Bedarf Flammen zu produzieren, daher hatte Sean keine Bedenken, daß man auch die Drachen darin unterweisen konnte. Aber sich *zwischen* einen Ort und einem anderen zu bewegen ... das war ihm unheimlich.

Ein Feuer ganz anderer Art erfaßte die Ratsmitglieder von Landing drei Tage später.

»Paul und Emily, die Leute wollen von Ihnen wissen«, sagte Cherry Duff und richtete ihren durchdringenden Blick erst auf den Admiral und dann auf die Gouverneurin, »wie lange vorher Sie von dem Ausbruch des Picchu erfahren haben.«

»Überhaupt nicht«, sagte Paul entschieden, und Emily nickte. »Patrice de Broglies Berichte wurden nicht verändert. Entlang des ganzen Rings gab es in letzter Zeit vulkanische Aktivität, außerdem ist dieser neue Vulkan aus dem Meer aufgetaucht.

Sie haben dieselben Stöße gespürt wie ich. Landing und sämtliche Grundbesitzer wurden über alle technischen Einzelheiten informiert. Für uns ist das eine ebenso unangenehme Überraschung wie für Sie!« Dann veränderte sich Pauls strenge Miene. »Bei allem, was heilig ist, Cherry, die viele schwarze Asche hat mich gestern genauso erschreckt wie alle anderen.«

»Und?« fragte Cherry, ohne einzulenken.

»Der Picchu ist offiziell als tätiger Vulkan registriert!« Paul breitete die Arme aus und blickte an Cherry vorbei zu Cabot Francis Carter und Rudi Shwartz. »Offiziell ist es auch wahrscheinlich, daß er weiterhin Rauch und Asche spuckt. Patrice und seine Leute sind momentan oben am Krater. Er wird heute abend am Freudenfeuerplatz öffentlich und vollständig berichten.«

Cherry sah ihn mit ihren schwarzen Augen scharf und bohrend an. Dann schnaubte sie. »Ich glaube ihm, aber das heißt nicht, daß es mir gefällt – auch die offizielle Prognose nicht. Landing bewegt sich, nicht wahr?«

Emily Boll nickte ernst.

»Und Ihre nächste Erklärung«, fuhr Cherry mit ihrer harten Stimme fort, »lautet, daß Sie einen anderen Platz für uns gefunden haben!«

Paul brach in schallendes Gelächter aus, Emily bezwang sich gerade noch, als sie sah, daß Rudi Shwartz an dieser übermütigen Reaktion Anstoß nahm.

»Sie hatten kein Recht«, sagte Paul, sich mit Mühe beherrschend, »Emily ihren Text zu stehlen, Cherry Duff! Verdammt, wir hatten gerade an der offiziellen Verlautbarung gearbeitet, als Sie reingeplatzt sind. Und Sie wissen verdammt gut, wie wir uns beeilt haben, um die Festung im Norden fertigzustellen. Landing war so nicht länger tragbar, selbst wenn uns der Picchu nicht mit Asche überschüttet hätte. Das heißt natürlich nicht«, versicherte er schnell und hob die Hand, um Cabots Explosion zuvorzukommen, »daß man von den Grundbesitzern verlangt, ihr Land zu verlassen. Aber die Regierung des Planeten muß an dem geschütztesten Ort untergebracht werden, den wir finden können. Landing hat sich ganz offensichtlich überlebt. Es war nie als Dauereinrichtung geplant.«

Emily lenkte nun die Aufmerksamkeit auf sich und verteilte an die ganze Delegation Kopien des von ihr und Paul verfaßten Aufrufs. »Der Transfer wird ähnlich organisiert wie die Reise hierher. Wir verfügen über die erforderlichen Techniker und Geräte, um eine Umsiedlung nach Norden so einfach wie möglich zu gestalten. Wir verfügen über genügend Treibstoff, um zwei von den Fähren zum Transport der Geräte einzusetzen, die für Jims Schiffe zu sperrig sind. Für die Fähren wird es der letzte Flug; sie werden hinterher zerlegt und die Teile anderweitig verwendet. Wenn noch Zeit bleibt, können wir auch eine Mannschaft zurückschicken, um die drei anderen auszuschlachten. Joel Lilienkamp hat Prioritätenlisten für die großen Schlitten ausgearbeitet, um möglichst wenige von den Kampfgeschwadern abzuziehen.«

»Da wir gerade von Kampfgeschwadern sprechen, hat dieser junge Emporkömmling ihnen irgendwelche neuen Tricks beigebracht?« verlangte Cherry gebieterisch zu wissen und spähte an ihrer langen Nase entlang zu Paul hinüber. »Und da wir gerade von Eruption sprechen, wie geht es mit den Tieren von Kitti Ping voran? Ich sehe sie die ganze Zeit herumflitzen. In der Formation sehen sie ja blendend aus, aber taugen sie auch zum Kämpfen?«

»Bisher«, begann Paul vorsichtig, »haben sie sich besser entwickelt, als man erwarten konnte. Die jungen Connells haben sich als großartige Anführer erwiesen.«

»Sie waren die besten Führer bei den Bodentrupps, die ich je hatte«, sagte Cabot Carter verstimmt.

»Als Luftkämpfer werden sie phantastisch sein«, fuhr Paul fort und wies damit die unausgesprochene Kritik des Juristen zurück. »Und sie pflanzen sich, im Gegensatz zu Schlitten und Gleitern, selbst fort.«

»Sind Sie da ganz sicher?« krächzte Cherry. »So erfolgreich sind Windblütes Experimente nun wieder nicht.«

»Aber die ihrer Großmutter«, gab Paul mit einer Zuversicht zurück, von der er hoffte, daß sie Cherry beruhigen würde. »Laut Pol und Bay produzieren die Männchen ein Spermaäquivalent. Man hat mit der Genanalyse begonnen, aber sie wird Monate in Anspruch nehmen. Vielleicht haben wir bis dahin schon direkte Beweise für die Fruchtbarkeit der Drachen, weil die goldenen Weibchen länger brauchen, um zur Geschlechtsreife zu gelangen.« Paul bemühte sich, seine Worte nicht wie eine Verteidigung klingen zu lassen, aber er wollte der schlechten Meinung entgegenwirken, die die Leute von Windblütes Kreaturen hatten. Besonders, weil die jungen Drachenreiter sich mit so großem Eifer auf den Kampf gegen die Fäden vorbereiteten. Es war zwar nicht allgemein bekannt, aber Sean und seine Gruppe hatten bereits Botendienste geleistet und mit Erfolg kleinere Lasten befördert.

Auf Pauls Schreibtisch lag ein Bericht von Telgar und seiner Gruppe. Sie hatten den alten Krater oberhalb der Fort-Festung mit seinen zahllosen Höhlenblasen und gewundenen Gängen erkundet und erklärt, er sei als Unterkunft für die Drachen und ihre Reiter geeignet. Telgar hatte ein Team dazu abgestellt, die Höhlen bewohnbar zu machen, solange die schweren Geräte noch Energie hatten. Im Moment wurde ein Bach aufgestaut, um einen Badeteich in Drachengröße anzulegen; man leitete mit Rohren Wasser für den Küchenbedarf in die größten, zu ebener Erde gelegenen Kavernen und bohrte ein Kaminloch für einen großen Herdkomplex.

Offensichtlich würden sich menschliche Behausungen auf Pern in Zukunft an diesem Vorbild orientieren, und die Menschen, die an ausgedehnte Besiedlungen auf der Oberfläche gewöhnt waren, würden einige Zeit brauchen, um sich darauf einzustellen. Aber es war die beste Möglichkeit, um zu überleben.

»Pol?«

Der Biologe wußte die zaghafte Stimme nicht gleich einzuordnen. »Mary?« Seine Antwort klang ebenso zögernd, aber er zupfte Bay, die gerade stirnrunzelnd auf einen Monitor starrte, am Ärmel, um ihre Aufmerksamkeit auf sich zu lenken. »Mary Tubberman?«

»Ich bitte dich, höre eine alte Freundin an!«

»Mary«, sagte Pol freundlich, »*dich* hat man doch nicht geächtet.« Er teilte sich den Hörer mit Bay, die energisch nickte.

»Das macht keinen Unterschied.« Es klang verbittert, dann begann die Stimme zu zittern, und schließlich hörten Bay und Pol die Frau weinen. »Hör zu, Pol, mit Ted ist etwas passiert. Die Tiere, mit denen er experimentiert hat, sind *frei*. Ich habe die Fädenjalousien heruntergelassen, aber sie streichen noch immer draußen herum und geben entsetzliche Laute von sich.«

»Tiere? Was für Tiere?« Pol starrte Bay an. Über ihnen erwachten ihre Zwergdrachen und zirpten, weil sie ihre Unruhe spürten.

»Diese Bestien, die er gezüchtet hat.« Es hörte sich an, als glaube Mary, Pol müsse wissen, wovon sie spreche, und stelle sich absichtlich dumm. »Er – er hat tiefgefrorene Zellkulturen aus dem Veterinärlabor gestohlen und Kittis Programm verwendet, um sie gefügig zu machen, aber es sind immer noch ... Bestien. Sein Meisterstück tut nichts, um sie aufzuhalten.« Wieder klang ihre Stimme vor Verbitterung schrill.

»Wie kommst du darauf, daß Ted etwas zugestoßen ist?« fragte Pol. Bay hatte ihm dies mit Lippenbewegungen und ungeduldigen Gesten souffliert.

»Er würde diese Tiere niemals freilassen, Pol! Sie könnten Petey etwas antun!«

»Mary, jetzt beruhige dich erst einmal. Bleib im Haus. Wir kommen.«

»Ned ist nicht in Landing!« Das klang vorwurfsvoll. »Ich habe versucht, ihn anzurufen. Er würde mir glauben!«

»Mit glauben hat das nichts zu tun, Mary.« Bay hatte die Sprechmuschel zu sich herangezogen. »Und *dir* kann jeder zu Hilfe kommen.«

»Sue und Chuck melden sich auch nicht.«

»Sue und Chuck sind nach Norden gezogen, Mary, als vom Picchu der erste schlimme Steinregen kam.« Bay bemühte sich um Geduld. Die Frau hatte allen Grund, sich verfolgt zu fühlen, nachdem sie so lange mit einem psychisch gestörten Mann, ständig von Erdbeben und Vulkangepolter erschreckt, in völliger Abgeschiedenheit gelebt hatte.

»Pol und ich kommen zu dir, Mary«, sagte Bay entschlossen. »Und wir bringen Hilfe mit.« Sie legte den Hörer auf.

»Wen?« fragte Pol.

»Sean und Sorka. Drachen wirken einschüchternd auf andere Tiere. Und auf diese Weise brauchen wir nicht den offiziellen Weg zu gehen.«

Pol sah seine Frau überrascht an. Bisher hatte sie niemals, weder offen noch versteckt, Kritik an Emily oder Paul geübt.

»Ich war immer der Meinung, daß man dem Bericht von Drake und Ned Tubberman hätte nachgehen sollen, und die beiden fanden das auch. Manchmal gehen in dem Durcheinander hier die wichtigen Dinge verloren.« Sie schrieb schnell eine Nachricht und befestigte sie am rechten Fuß ihres goldenen Zwergdrachenweibchens. »Such den Rotschopf«, sagte sie eindringlich und faßte den dreieckigen Kopf, um Mariahs volle Aufmerksamkeit auf sich zu ziehen. »Such den Rotschopf!« Sie ging mit der kleinen Echse ans Fenster, öffnete es und deutete energisch in Sorkas Richtung. Dann stellte sie sich ganz intensiv vor, wie Sorka sich gegen Faranth lehnte. Mariah zirpte fröhlich. »Und jetzt ab mit dir!« Als der Zwergdrache gehorsam davonflog, fuhr Bay mit einem Finger über die schwarze Schicht, die schon wieder das erst vor kurzem abgewischte Fensterbrett bedeckte. »Ich bin froh, wenn wir endlich nach Norden übersiedeln. Ich habe diesen schwarzen Staub überall so gründlich satt. Komm, Pol, wir müssen uns warm anziehen.«

»Du hast dich nur so schnell bereit erklärt, Mary zu helfen, weil du dadurch Gelegenheit bekommst, wieder auf einem Drachen zu reiten«, lachte Pol.

»Pol Nietro, ich mache mir schon lange Sorgen um Mary Tubberman!«

Fünfzehn Minuten später schossen zwei Drachen über die Anhöhe und landeten auf der Straße vor ihrem Haus.

»Wie elegant sie sich bewegen.« Bay überzeugte sich, daß ihr Kopftuch fest zugebunden war. Es sollte sie gegen den allgegenwärtigen Staub schützen, aber vielleicht brauchte sie es auch für den erhofften Ritt. Als sie das Haus verließ, kam Mariah herabgeschwebt und ließ sich mit einem selbstzufriedenen Zirpen auf ihrer Schulter nieder. »Du bist großartig, Mariah, einfach großartig«, lobte Bay ihre kleine Königin leise, während sie ohne Zögern zwischen Faranth und Carenath hindurch auf Sorka zuging. »Vielen Dank, daß du gekommen bist, meine Liebe. Mary Tubberman hat uns eben angerufen. In Calusa gibt es Schwierigkeiten. Irgendwelche Tiere laufen frei herum, und Mary glaubt, daß Ted etwas zugestoßen ist. Könntest du uns hinbringen?«

»Offiziell oder inoffiziell?« fragte Sean, als Sorka ihn ansah.

»Es ist nicht verboten, Mary zu helfen«, gab Bay zu bedenken und sah Pol, der gerade mit bewundernden Blicken an die Drachen herangetreten war, hilfesuchend an. »Außerdem treiben sich wer weiß was für Bestien ...«

»Drachen sind schon nützliche Wesen«, grinste Sorka. Sie hatte sich entschieden und winkte Bay heran. »Gib der Dame dein Bein, Faranth. Hier, nehmen Sie meine Hand.«

Mit Faranths Unterstützung gelang es Bay ohne große Schwierigkeiten, hinter Sorka aufzusitzen. Sie hätte niemals zugegeben, daß sie zwischen Wülsten vorne und hinten eingeklemmt wurde. Mariah quiekte wie üblich protestierend.

»Nur ruhig, Mariah, Faranth wird überhaupt nichts passieren«, sagte Bay und schaute zu Pol hinüber, der sich gerade hinter Sean zurechtsetzte. Der junge Drachenreiter grinste breit und zwinkerte Bay zu. Na ja, diesmal ist es wirklich ein Notfall, sagte sie sich. Eine Frau, die mit kleinen Kindern in ihrem Haus gefangensitzt, während draußen unbekannte, bedrohliche Wesen herumstreichen.

»Festhalten«, sagte Sean wie immer und gab mit einer Armbewegung das Zeichen zum Start.

Bay unterdrückte einen Aufschrei, als Faranth sich in die Lüfte schwang und sie schmerzhaft gegen die harten Rückenwirbel gepreßt wurde. Es dauerte nur einen Moment, dann ging der goldene Drache wieder in die Horizontale und schwenkte gemächlich nach rechts. Bay stockte der Atem. Sie würde sich nie daran gewöhnen, wollte es auch gar nicht. Ein Ritt auf einem Drachen war das Aufregendste, was sie erlebt hatte seit ... seit Mariah zum ersten Mal zum Paarungsflug aufgestiegen war.

Der Flug nach Calusa dauerte nicht lang, aber er war ein zutiefst beglückendes Erlebnis. Die Drachen gerieten in eine der vielen durch die Aktivität des Picchu entstandenen warmen Luftströmungen, und Bay steckte die Finger bis an die Knöchel in die Schlaufen von Sorkas Gürtel und klammerte sich fest. Auf einem Drachen zu fliegen war ein viel unmittelbareres, weit erregenderes Gefühl, als im geschlossenen Schlitten oder Gleiter zu sitzen. Bay drehte den Kopf, damit Sorkas hochgewachsener, kräftiger Körper sie vor der stärksten Luftströmung und vor dem Staub des Picchu schützte, der sogar in dieser Höhe die Luft erfüllte.

Unterwegs hatte Bay Zeit, darüber nachzudenken, was Mary über die ›Bestien‹ gesagt hatte. Red Hanrahan hatte einen nächtlichen Einbruch im Veterinärlabor gemeldet. Ein tragbarer Bioscanner wurde vermißt, und es gab keinen Eintrag, daß ihn jemand entliehen hatte, aber da sich das Biolabor ständig Geräte von den Veterinären ausborgte, achtete man nicht weiter darauf. Später hatte jemand bemerkt, daß die Behälter mit den gefrorenen Eizellen verschiedener terrestrischer Tierarten durcheinandergeraten waren. Das *konnte* freilich auch während eines Erdbebens geschehen sein.

Der unzufriedene Ted Tubberman war sehr fleißig gewesen, dachte Bay grimmig. Eine der wichtigsten Maximen in ihrem Beruf als Mikrobiologin war die strenge Einschränkung von Genmanipulationen. Sie war eigentlich überrascht, wenn auch erleichtert gewesen, als Kitti Ping Yung, die Seniorin unter den Wissenschaftlern der Pernexpedition, die biotechnische Veränderung der Zwergdrachen gestattet hatte. Ob Kitti Ping wohl wußte, was für ein herrliches Geschenk sie der Bevölkerung von Pern damit gemacht hatte?

Aber daß Ted Tubberman, der verärgerte *Botaniker*, mit Eizellen herumpfuschte – und er hatte *weder* die Techniken *noch* das Verfahren verstanden –, um ohne Rücksprache mit den anderen Veränderungen vorzunehmen, das war für sie beruflich wie persönlich unerträglich. Bay hielt sich für einen toleranten, freundlichen und rücksichtsvollen Menschen, aber Ted Tubbermans Tod würde sie nur als gewaltige Erleichterung empfinden. Und mit dieser Ansicht stand sie keineswegs allein. Schon der Gedanke an den Mann versetzte sie in so heftige Erregung, daß sie nicht mehr mit wissenschaftlicher Objektivität zu urteilen vermochte, und das ärgerte sie noch mehr. Da saß sie nun auf einem Drachenrücken, eine herrliche Gelegenheit, friedlichen Gedanken nachzuhängen, nur der Wind dröhnte in ihren Ohren, unter ihr lag Jordan ausgebreitet, und sie verschwendete diese Zeit an Ted Tubberman. Bay seufzte. Es gab so selten Augenblicke, in denen man ganz für sich war und sich entspannen konnte. Wie sehr beneidete sie doch die junge Sorka, Sean und die anderen.

Erstaunt entdeckte sie Calusa im nächsten Tal. Es war ein massiver Gebäudekomplex, den sich die Tubbermans als Zentrale für ihren Besitz gebaut hatten. Die wiederholten Vulkanascheschauer des Picchu, die der Wind überall verteilte, hatten die galvanisierten Dächer der Hauptgebäude zu einem stumpfen Dunkelgrau verfärbt. Aber Bay hatte kaum Zeit gehabt, das zu bemerken, als Sorkas überraschter Aufschrei zu ihr nach hinten drang.

»Himmel, das ist ja ein Trümmerhaufen!« Sorka zeigte nach rechts, und Faranth schwenkte auf die unausgesprochene Bitte hin unvermittelt ab. Ihre Rückenwirbel preßten sich in Bays Weichteile, und sie packte Sorkas Gürtel noch fester.

»Dort!« Sorka richtete den Blick nach unten.

Fünfundsiebzig Meter vom Haupthaus entfernt befand sich eine überdachte Anlage mit einzelnen Gehegen und einem L-förmigen Korridor, der zwei Seiten eines eingezäunten Bereichs bildete. Eine der Außenmauern und mehrere Zwischenwände waren zerstört, und eine Ecke des Dachs war nach außen aufgesprengt. Bay konnte sich nicht erinnern, ob es in diesem Gebiet weitere Erdstöße gegeben hatte, die solchen Schaden hätten anrichten können. Alle anderen Gebäude waren intakt.

Als der Drache noch einmal die Richtung änderte, legte Bay die Arme um Sorka, spürte den beruhigenden Druck ihrer Finger, und dann waren sie unten.

»Es ist ein Vergnügen, auf Faranth zu reiten. Sie hat so elegante, kraftvolle Bewegungen«, sagte Bay und streichelte zaghaft den warmen Drachenhals.

»Nein, steigen Sie nicht ab«, warnte Sorka. »Faranth sagt, hier streicht irgend etwas herum. Die Zwergdrachen werden mal nachsehen. He!«

Plötzlich war die Luft erfüllt vom Schnattern und Schwatzen zorniger Feuerechsen. Bays Mariah kreischte ihr ins Ohr.

»Nein, nein, schon gut. Faranth wird nicht zulassen, daß euch jemand etwas zuleide tut.« Bay streckte ihrer Goldenen den Arm entgegen, aber Mariah schloß sich den Schwärmen an, die die Gegend erkunden wollten. Bay registrierte verblüfft, daß der Drache knurrte, sie konnte es am ganzen Körper spüren. Faranth wandte ihren imposanten Kopf der Anlage zu, die Facetten ihrer Augen schillerten rot und orange.

Deutlich war ein durchdringendes Jaulen zu hören, dann war alles still. Die Schwärme sammelten sich aufgeregt über den Köpfen der beiden Drachenreiter und übermittelten ihnen mit lautem Schnattern die Neuigkeit. Faranth blickte mit funkelnden Augen nach oben und nahm die Bilder der Zwergdrachen in sich auf.

»Hier treibt sich irgendwo eine große, gefleckte Bestie herum«, erklärte Sorka Sean. »Und ein anderes Tier, das noch größer, aber stumm ist.«

»Dann brauchen wir Betäubungsgewehre«, sagte er. »Sorka, Faranth soll Verstärkung anfordern. Marco und Duluth wenn möglich; Dave, Kathy – vielleicht brauchen wir auch einen Arzt. Peters Gilgath ist kräftig, Nyassa gerät nicht in Panik, und verlange auch Paul oder Jerry. Ich glaube, wir sollten Mary und die beiden Kinder von hier wegbringen, bis man die Bestien eingefangen hat.«

Mary Tubbermans Leidenszeit war zu Ende, und sie weinte sich an Bays Schulter aus. Ihr Sohn Peter, normalerweise ein aufgeweckter Siebenjähriger, stand starr vor Angst mit ausdruckslosem Gesicht daneben. Seine zwei kleinen Schwestern hatten sich in einen Sessel verkrochen, klammerten sich aneinander und reagierten nicht auf Pols Tröstungsversuche, obwohl er im allgemeinen mit Kindern sehr gut umgehen konnte. Mary wehrte sich nicht gegen den Vorschlag, sich an einen sicheren Ort bringen zu lassen.

»Dad ist tot, nicht wahr?« fragte Petey und trat dicht an Sean heran.

»Vielleicht ist er auch draußen und versucht, die Tiere wieder einzufangen«, redete ihm die weichherzige Bay zu. Der

Junge sah sie nur verächtlich an und ging den Korridor hinunter zu seinem Zimmer.

Die angeforderte Verstärkung traf ein und brachte die Betäubungsgewehre mit. Sean sah zufrieden, daß die Drachenreiter genau in der Reihenfolge landeten, die er mit ihnen geübt hatte. Er gab Paul, Jerry und Nyassa die Gewehre und schickte sie mit ihren Drachen los, um die entflohenen Tiere zu suchen und außer Gefecht zu setzen.

Sorka blieb zurück, um den Tubbermans beim Packen zu helfen, und Sean und die anderen näherten sich, mit Pistolen bewaffnet, vorsichtig der demolierten Anlage. Im Inneren des Gebäudes hing ein starker Raubtiergeruch, überall lagen frische Kothaufen herum. Sie fanden Ted Tubbermans erbärmlich zerfleischten, angefressenen Körper vor seinem kleinen Labor liegen.

»Verdammt, wir haben hier keine Tiere, die so töten!« rief David Catarel aus und wich rückwärts in den Korridor zurück.

Kathy kniete mit ausdruckslosem Gesicht neben der Leiche nieder. »Was immer es war, es hatte Reißzähne und scharfe Klauen«, bemerkte sie und erhob sich langsam. »Es hat ihm den Rücken gebrochen.«

Marco riß einen alten Labormantel und ein paar Handtücher von einer Stange und deckte die Leiche zu. Dann hob er einen zerbrochenen Stuhl auf, der wie die meisten Möbel auf Pern aus gepreßten Pflanzenfasern bestand. »Den könnte man anzünden. Mal sehen, ob wir genug Brennmaterial finden, um die Leiche hier einzuäschern. Das würde uns einiges an Peinlichkeiten ersparen«, erklärte er mit einer Handbewegung in Richtung auf das Haupthaus. Dann erschauderte er; es war ihm ganz offensichtlich zuwider, den verstümmelten Körper zu berühren.

»Der Mann war wahnsinnig«, bemerkte Sean und stocherte mit einem Stock in den Kothaufen in einem der Gehege herum. »Große Raubtiere zu züchten. Als ob wir mit den Wherries und den Schlangen nicht schon genug Probleme hätten!«

»Ich werde Mary Bescheid geben«, murmelte Kathy.

Sean packte sie am Arm, als sie vorbeiging. »Sag ihr, er ist schnell gestorben.« Sie nickte.

»He!« Peter Semling zog aus dem Durcheinander auf dem Fußboden des Labors ein Klemmbrett hervor. »Sieht aus wie Notizen«, rief er und studierte die dünnen, mit kleiner, verkrampfter Schrift bedeckten Folien. »Das hier hat was mit Botanik zu tun.« Achselzuckend reichte er Kathy das Brett und hob ein anderes auf. »Das hier ist ... Biologie? Hm.«

»Wir müssen alle Notizen einsammeln«, sagte Sean. »Alles, was uns eventuell verraten kann, was für ein Tier ihn getötet hat.«

»He!« sagte Peter wieder und klappte den Deckel eines tragbaren Bioscanners mit Bildschirm und Tastatur zurück. »Der sieht genauso aus wie das Gerät, das uns vor einer Weile zusammen mit einigen Eizellenkulturen im Veterinärlabor abhanden gekommen ist.«

Sorgfältig suchten sie alles Material zusammen, das sie finden konnten, sogar eine an den Spritzschutz eines Wasserbeckens genagelte Platte mit der rätselhaften Gravierung *Heureka, Mykorrhiza!* nahmen sie mit. Dave trug mehrere Säcke hinaus, die sie nach Landing bringen wollten. Dann sammelten Sean und Peter brennbares Material und schichteten einen Scheiterhaufen auf, um ihn anzuzünden, sobald Mary und die Kinder fort waren.

»Sean!« rief David Catarel. Er kauerte vor einem breiten Grünstreifen, das einzige, was auf dem verwüsteten, mit Asche bedeckten Grundstück noch lebte, auch wenn der allgegenwärtige schwarze Staub die satte Farbe getrübt hatte. »Wie viele Fädeneinfälle gab es in dieser Gegend?« fragte er und blickte sich um. Dann fuhr er mit Hand über das Gras, eine widerstandsfähige Hybridsorte, die die Agronomen für die Gartenanlagen entwickelt hatten, ehe die Sporen kamen.

»Genug, um das Zeug zu vernichten!« Sean kniete neben ihm nieder und zog ein dickes Büschel heraus. In der Erde um die Wurzeln ringelten sich verschiedene Bodenbewohner, darunter mehrere pelzig aussehende Maden.

»Die Sorte habe ich noch nie gesehen«, bemerkte David und fing geschickt drei Exemplare auf, als sie zu Boden fielen. Dann kramte er in seiner Jackentasche, zog ein Stück Stoff heraus und wickelte die Maden sorgfältig ein. »Ned Tubberman hat was von einer neuen Grasart gequasselt, die hier die Sporen überlebt haben soll. Ich bringe die Dinger ins Agro-Labor.«

In diesem Moment kamen Sorka, Pol, Bay und Peter mit allen möglichen Habseligkeiten bepackt aus dem Haupthaus. Sean und Dave begannen, die acht Drachen zu beladen.

»Wir können auch noch einmal fliegen, Mary«, bot Sorka taktvoll an, als die Frau mit zwei vollgestopften Schlafsäcken zu ihnen trat.

»Außer Kleidung habe ich nicht viel«, sagte Mary und warf einen schnellen Blick auf die Anlage. »Kathy sagte, es sei schnell gegangen?« Ihre Augen flehten um Bestätigung.

»Kathy ist der Arzt«, erklärte Sean sanft. »Und jetzt rauf mit Ihnen! David und Polenth nehmen Sie mit. Alles aufsitzen. Seid ihr schon mal auf einem Drachen geritten, Kinder?«

Sean machte ein Spiel daraus, um ihnen über die Peinlichkeit des Augenblicks hinwegzuhelfen. Erst als alle fort waren, zündete er zusammen mit Pol den Scheiterhaufen an. Als auch sie schließlich aufbrachen, ging ein neuer Schauer Vulkanstaub nieder, der Staub, der mit der Zeit Landing unter sich begraben würde.

»Ich kann Teds Privatcode nicht knacken!« rief Pol frustriert und warf den Stift auf die mit Klemmbrettern und Folienstapeln übersäte Arbeitsplatte. »Dieser elende Narr!«

»Ezra liebt Codes, Pol«, schlug Bay vor.

»Den DNS/RNS-Reihen nach experimentierte er mit Katzenartigen, aber ich kann mir nicht vorstellen, warum. Hier in Landing streunen doch schon genug davon herum. Es sei denn ...« Pol unterbrach sich, nagte nervös an seiner Unterlippe und verzog das Gesicht, während er sich in Gedanken mit diversen unangenehmen Möglichkeiten beschäftigte. »Wir *wissen*« – er schlug heftig auf den Tisch – »daß Katzen nicht gut auf Mentasynthese ansprechen. *Er* wußte das auch. *Warum* sollte er alte Fehler wiederholen?«

»Was ist mit den anderen Notizen?« fragte Bay und deutete auf ein Klemmbrett, das gefährlich nahe an der Tischkante lag.

»Leider kann ich nur Teile aus Kittis Drachenprogramm entziffern.«

»Ach so?« Bay bewegte nachdenklich den Unterkiefer. »Er mußte also auch noch den Schöpfer spielen, die Rolle des Anarchisten reichte ihm nicht.«

»Warum sollte er sich sonst mit den genetischen Gleichungen der Eridani befassen?« Pol schlug gereizt mit der flachen Hand auf den Tisch, sein Gesicht war von banger Unruhe gezeichnet. »Und was wollte er erreichen?«

»Ich glaube, wir können froh sein, daß er nicht versucht hat, die Feuerzwergdrachen zu manipulieren, obwohl ich den Verdacht habe, daß er mit den aus dem Gefriervorrat gestohlenen Eizellen herumexperimentierte.«

Pol rieb sich die müden Augen. »In diesem Fall muß man für alles dankbar sein. Besonders, wenn man bedenkt, was Windblüte so treibt. Aber das hätte ich nicht sagen sollen, mein Liebes. Vergiß es.«

Bay rümpfte abfällig die Nase. »Wenigstens ist Windblüte so vernünftig, ihre elenden Photophoben unter Verschluß zu halten. Ich begreife einfach nicht, warum sie so hartnäckig an ihnen festhält. Sie ist die einzige, die mit ihnen zurechtkommt.« Bay wurde von Ekel geschüttelt. »Vor ihr kriechen sie richtiggehend.«

Pol schnaubte verächtlich. »Genau das ist der Grund«, sagte er zerstreut und blätterte dabei in den rätselhaften Notizen auf dem Klemmbrett. »Ich komme nicht dahinter, warum er sich ausgerechnet die Großkatzen ausgesucht hat.«

»Warum fragen wir nicht Petey? Er hat seinem Vater in der Anlage geholfen, oder nicht?«

»Du bist doch der Inbegriff der Vernunft, mein Schatz«, stellte Pol fest, hievte sich aus seinem Stuhl hoch, küßte sie liebevoll auf die Wange und zauste ihr das Haar. Sie schimpfte immer noch, als er schon die Nummer von Mary Tubbermans Wohnung eintippte. Er und Bay hatten sie täglich besucht, um ihr die Rückkehr in die Gemeinschaft zu erleichtern. »Mary, ist Petey erreichbar?«

Als Petey sich meldete, klang seine Stimme nicht übermäßig freundlich. »Ja?«

»Diese großen Katzen, die dein Vater gezüchtet hat, hatten die Flecken oder Streifen?« erkundigte sich Pol im Plauderton.

»Flecken.« Mit dieser Frage hatte der Junge nicht gerechnet.

»Aha, Geparden. Hat er sie so genannt?«

»Ja, Geparden.«

»Warum Geparden, Petey? Ich weiß, daß sie schnell laufen können, aber für die Jagd auf Wherries waren sie doch wohl nicht zu gebrauchen.«

»Sie waren aber wie wild hinter den großen Tunnelschlangen her.« Peteys Stimme wurde lebhaft. »Und sie gehorchten aufs Wort und machten alles, was Dad ihnen sagte ...« Er brach ab.

»Das kann ich mir gut vorstellen, Petey. Auf der Erde wurden sie von mehreren alten Kulturen gezüchtet und zur Jagd auf alle möglichen Wildarten eingesetzt. Das Schnellste, was je auf vier Beinen gelaufen ist!«

»Sind sie auf ihn losgegangen?« fragte Petey nach kurzem Schweigen.

»Ich weiß es nicht, Petey. Kommst du heute abend zum Feuer?« Pol wechselte das Thema, um das Gespräch nicht so traurig enden zu lassen. »Du hast mir Revanche versprochen. Ich kann doch nicht zulassen, daß du mich bei jeder Schachpartie schlägst.« Nachdem er eine Zusage für den Abend erhalten hatte, legte er auf. »Nach dem, was Petey sagte, hat Ted offenbar Geparden mit Mentasynthese behandelt, um sie gefügiger zu machen. Er hat sie auf Tunnelschlangen gehetzt.«

»Sind sie auf ihn losgegangen?«

»Wahrscheinlich. Nur, warum? Wenn wir wenigstens wüßten, wie viele Eizellen er sich aus dem Labor geholt hat. Und wenn wir diese Notizen entschlüsseln und feststellen könnten, ob er nur mit Mentasynthese oder auch mit anderen Teilen von Kittis Programm gearbeitet hat. Wie auch immer ...« Pol seufzte verdrossen. »Auf Calusa treibt sich eine unbekannte Zahl von Raubtieren herum!« Er lachte höhnisch. »Ob wohl Phas Radamanth mit seinen Unterlagen über die Maden mehr Glück hatte? *Die* könnten nützlich sein!«

Patrice de Broglie kam in Emilys Büro gestürmt. »Der Garben steht kurz vor dem Ausbruch. Wir müssen Landing evakuieren. Sofort!«

»*Was!*« Emily stand auf, die Folien, die sie gerade studiert hatte, glitten ihr aus der Hand und flatterten zu Boden.

»Ich war eben auf den Gipfeln. Das Schwefel-Chlor-Verhältnis hat sich verändert. Es ist der Garben, der ausbrechen wird.« Er schlug sich zerknirscht mit der Hand vor die Stirn. »Direkt vor meiner Nase, und ich habe es nicht begriffen.«

Von Emilys Aufschrei alarmiert, kam Paul aus dem Büro nebenan gelaufen. »Der Garben?«

»Sie müssen sofort evakuieren«, schrie Patrice mit verzerrtem Gesicht. »Es gibt in diesem verdammten Krater sogar einen erheblichen Anstieg bei Quecksilber und Radon. Und wir dachten, das sickert vom Picchu durch.«

»Aber der Picchu qualmt doch!« Paul war vor Schreck wie gelähmt und bemühte sich mit aller Kraft, Ruhe zu bewahren. Im gleichen Augenblick wie Emily griff er nach dem Komgerät. Sie erreichte es als erstes, und er zog die Hand zurück und überließ es ihr, Ongola anzurufen.

»Dieser Garben ist ebenso gerissen wie der Mann, nach dem wir ihn benannt haben. Die Vulkanologie ist noch immer keine exakte Wissenschaft«, sagte Patrice und rollte ratlos die Augen, während er in dem kleinen Büro auf und ab marschierte. »Ich habe einen Gleiter mit dem Korrelationsspektrometer raufgeschickt, damit er die Zusammensetzung der eben einsetzenden Fumarole-Emissionen im Garben-Krater feststellt«, fuhr Patrice fort. »Und ich habe neue Ascheproben mitgebracht. Aber da sich das Schwefel-Chlor-Verhältnis verändert, kann kein Zweifel mehr bestehen, daß das Magma ansteigt.«

»Ongola«, sagte Emily. »Schalten Sie die Sirene ein. Vulkanalarm. Rufen Sie sofort alle Schlitten und Gleiter zurück. Ja, ich weiß, heute ist Sporenfall gemeldet, aber wir müssen Landing *jetzt* räumen, nicht erst später. Wie lange haben wir Zeit, Patrice?«

Er zuckte hilflos die Achseln. »Ich kann Ihnen den genauen Zeitpunkt der Katastrophe nicht nennen, meine Freunde, und auch nicht, in welcher Richtung der Ausbruch erfolgen wird, aber wir haben starken Nordostwind. Die Asche wird schon jetzt dichter. Ist Ihnen das nicht aufgefallen?«

Erschrocken schauten der Admiral und die Gouverneurin aus dem Fenster und sahen, daß der Himmel grau war und daß die Asche sogar die Sonne verdeckte. Auch die gelbe Rauchfahne des Picchu war breiter als gewöhnlich, und aus dem Gipfel des Garben stiegen ähnliche Schwaden.

»Man kann sich sogar daran gewöhnen, im Schatten eines Vulkans zu leben«, bemerkte Paul trocken.

Patrice zuckte wieder die Achseln und rang sich ein Lächeln ab. »Aber das können wir uns nicht leisten, meine Freunde. Selbst wenn der Lavaaustritt minimal sein sollte, wird Landing bei der Aschenmenge, die jetzt fällt, bald verschwunden sein. Sobald wir die möglichen Lavastrombahnen festgestellt haben, werde ich Sie informieren, damit Sie die am meisten gefährdeten Gebiete als erste räumen können.«

»Welches Glück, daß wir bereits einen Evakuierungsplan haben!« bemerkte Emily und rief eine Datei auf. »Da!« Sie ließ das Programm vorrangig auf allen Druckern ausgeben. »Das geht an alle Sektionsleiter. Die Evakuierung hat offiziell begonnen, meine Herren. Daß wir nur so wenig Zeit haben, ist allerdings ungünstig. Irgend etwas wird immer vergessen, ganz gleich, wie sorgfältig man vorausplant.«

Die Bevölkerung von Landing war durch wiederholten Probealarm gut gedrillt und reagierte prompt auf die Sirenen. Alle gingen zu ihren Sektionsleitern, um sich Anweisungen zu holen. Eine kurz aufflackernde Panik wurde schnell unterdrückt, und von da an lief alles auf vollen Touren.

Der Himmel verdunkelte sich immer mehr, dicke, schwarze Aschewolken stiegen auf und bedeckten die Gipfel der Vulkane, die einst einen so harmlosen Eindruck gemacht hatten. Weiße Rauchfahnen stiegen von den neu erwachten Fumarolen des Garben und aus Spalten an seiner Ostseite auf. Der Morgen wurde zur Dämmerung, die Luftverschmutzung breitete sich immer weiter aus. Handlampen und Atemschutzmasken wurden verteilt.

Joel Lilienkamp, der für die eigentliche Evakuierung zuständig war, führte von einem der schnellen Schlitten aus die Oberaufsicht und hatte das Kanzeldach geöffnet, um den verschiedenen Trupps Befehle und ermunternde Worte zubrüllen und blitzartig Entscheidungen treffen zu können. Die Labors und Lagerhäuser, die dem schwelenden Vulkan am nächsten lagen, wurden zusammen mit dem Lazarett als erste geräumt, nur die Erste-Hilfe-Abteilung für Notfälle und die Brandkontrolle ließ man noch bestehen. Überall rollten die Lastesel umher, luden ihre Fracht am Landegitter ab oder schleppten sie weiter, um sie vorübergehend in den Catherine-Höhlen unterzustellen.

Patrices Gruppe hatte bereits berechnet, für welche Gebiete das pyroklastische Risiko besonders hoch beziehungsweise besonders niedrig war. Man hatte nach Osten hin bis Cardiff, nach Westen bis Bordeaux und nach Süden bis Cambridge Warnungen ausgeschickt. Monaco, wo ohnehin schon dichter Aschenregen fiel, war obendrein noch vom Vulkanauswurf bedroht. Jedes Boot, jedes Schiff, jeder Schleppkahn in der Bucht wurde mobilisiert, beladen und fortgeschickt, um jenseits der ersten Halbinsel von Kahrain zu warten.

Man leerte die restlichen Treibstoffsäcke in die Tanks der beiden letzten Fähren. Die meisten Drachenreiter wurden herangezogen, um das Vieh zur Hafenbucht zu treiben. Zum ersten Mal versammelte sich niemand am Maori-See, um gegen die Sporen zu kämpfen – ein tödlicherer Niederschlag drohte.

Niemand hatte Zeit zum Jubeln, als Drake Bonneau mit der alten *Swallow*, vollbeladen mit Kindern und Geräten, im letzten Tageslicht von der Hochfläche startete. Die Techniker gingen sofort weiter zur *Parrakeet*. Ongola und Jake, die vom Turm aus den Flugverkehr überwachten, nützten die Pause, um die warme Mahlzeit zu verzehren, die man ihnen geschickt hatte. Alle Funkapparaturen waren auf Handwagen verladen worden und konnten schnell weggebracht werden, falls der Turm bedroht sein sollte.

»Die *Swallow* sieht gut aus«, meldete Ezra vom Interfaceraum, wo er den Flug überwachte. Er hatte an diesem Tag viel Zeit damit verbracht, eine Abschirmung aus hitzebeständigem Material zu errichten, da er Patrices hastigen Versicherungen, das Gebäude liege in keiner der früheren Lavastrombahnen, nicht so recht traute. Leider konnte man das Interface mit der in der Umlaufbahn befindlichen *Yokohama* nicht abbauen, denn es war auf ein fest auf den Empfänger der *Yoko* eingestelltes Funkfeuer angewiesen. Da man die Justierung auf der *Yoko* nicht mehr verändern konnte, hatte es keinen Sinn, das Gerät mitzunehmen und anderswo neu zu installieren.

In dieser Nacht war die Luft von Schwefeldämpfen und Rußpartikeln durchsetzt, und Patrice warnte, der Druck im Vulkan nähere sich den kritischen Werten. Über dem Picchu wie über dem Garben hingen weiße Rauchfahnen am dunklen Himmel, darunter strahlte ein gedämpfter Schein bedrohlich aus Gipfel und Krater und tauchte die Siedlung in ein gespenstisches Licht.

Drake Bonneau meldete, er sei nach einem schwierigen Flug sicher gelandet. »Die verdammte Kiste hat gezittert, als wolle sie auseinanderfallen, aber nichts wurde beschädigt, und die Kinder haben nicht einmal eine Prellung abgekriegt, aber ich glaube, keines von ihnen wird jemals Begeisterung fürs Fliegen entwickeln. Harte Landung, haben eine Furche in den Boden gepflügt, als wir übers Ziel hinausgeschossen sind. Wir werden den Rest des Tages brauchen, um das Gelände für die *Parrakeet* freizumachen. Fulmar soll die Gyros und die Stabilisierungsmonitoren überprüfen. Ich könnte schwören, daß bei der *Swallow* Tunnelschlangen reingekommen waren.«

Ein ständiger Strom von Fahrzeugen bewegte sich auf den Hafen zu, die größeren Schiffe und Kähne wurden mit sich sträubenden Tieren beladen, für die man auf Deck Boxen errichtet hatte. Kisten mit Hühnern, Enten und Gänsen wurden überall festgezurrt, wo man Platz fand; sie sollten in der Bucht von Kahrain, die sich außerhalb der Gefahrenzone befand, ausgeladen werden. Mit etwas Glück würde man das Vieh zum größten Teil evakuieren können. Jim Tillek flog im Gleiter über dem Hafengelände umher, war überall, wo man ihn brauchte, und trieb seine Leute mit Ermunterungen und Beschimpfungen unaufhörlich an.

Als es dunkel wurde, verlangte Sean für seine Drachenreiter, die Menschen und Pakete zur Bucht von Kahrain beförderten, eine Pause. »Ich werde weder mit müden Drachen noch mit müden Reitern ein Risiko eingehen«, erklärte er Lilienkamp ziemlich hitzig. »Das ist zu gefährlich, und die Drachen sind einfach noch zu jung, um so unter Druck gesetzt zu werden.«

»Die Zeit drängt, Mann, wir können uns solche Mätzchen nicht leisten!« gab Joel wütend zurück.

»Kümmern Sie sich um die Räumung, Joel, ich kümmere mich um meine Drachen. Die Reiter werden arbeiten bis zum Umfallen, aber es ist einfach dumm, junge Drachen zu schinden! Das wird nicht geschehen, solange ich es verhindern kann.«

Joels zorniger Blick verriet seine Ratlosigkeit. Die Drachen hatten sich enorm nützlich gemacht, aber auch er sah ein, daß es unvernünftig war, sie zu gefährden. Wie eine kleine, aschebedeckte Statue hinter die Konsole geduckt, schoß er mit dem Schlitten davon.

Sean und die anderen Reiter arbeiteten tatsächlich bis zum Umfallen. Als sie schließlich einschliefen, legte sich jeder Drache schützend um seinen Partner. Niemandem fiel auf, daß nur wenige Zwergdrachen zu sehen waren.

Allzu früh war Joel wieder da und forderte sie aus der Luft zum Weitermachen auf, und sie beteiligten sich erneut an den herkulischen Anstrengungen der anderen.

Plötzlich stieß die Sirene drei durchdringende Töne aus. Sämtliche Arbeiten wurden eingestellt, alles lauschte auf die folgende Botschaft.

»Er geht hoch!« Patrices Schrei hallte fast triumphierend durch Landing.

Alle Köpfe drehten sich zum Garben, dessen Gipfel sich in der geisterhaften Helligkeit aus dem Krater deutlich abzeichnete.

»*Parrakeet* starten!« Ongolas Stentorstimme zerriß das betäubte Schweigen.

Die Triebwerke der Fähre wurden übertönt vom Poltern der Erde und dem ohrenbetäubenden Krach des gewaltigen Vulkanausbruchs. Die in andächtiger Haltung erstarrten Zuschauer wurden lebendig, jeder führte hastig zu Ende, was er gerade tat, Schreie waren über das Getöse hinweg zu hören. Später sagten einige, die beobachtet hatten, wie der Gipfel barst und die rotglühende Lava aus dem Riß zu dringen begann, alles habe sich wie in Zeitlupe abgespielt. Man habe die Spalten im Krater orangerot aufleuchten, die Trümmer über den Rand schießen und sogar einige Brocken aus dem Vulkan selbst hochsteigen sehen und ihre schwindelerregende Bahn verfolgen können. Andere behaupteten, es sei alles viel zu schnell gegangen, um Einzelheiten zu erkennen.

Leuchtend rote Lava wogte unheilvoll über den zerklüfteten Rand des Garben, ein Strom bewegte sich erstaunlich schnell direkt auf die westlichsten Gebäude von Landing zu.

In dieser Dämmerstunde hatte sich der Wind gelegt, dadurch blieb der Ostteil von Landing vor den schlimmsten Stein- und Ascheregen verschont. Die größeren, alles vernichtenden Geschosse, die Patrice gefürchtet hatte, blieben aus. Aber die Lava allein war bedrohlich genug.

Als die mit unersetzlichen Geräten beladene *Parrakeet* in die Finsternis im Westen eindrang, war der Feuerstrahl aus ihren Triebwerken deutlich zu sehen, aber nichts war zu hören. Dann schwenkte sie nach Nordwesten ab und war in Sicherheit.

Beim Klang der Sirene begannen die Delphine, schwer beladene, kleine Boote von Monaco Bay wegzuziehen, eine Flottille, die man unter normalen Umständen niemals auf eine längere Fahrt geschickt hätte. Die Delphine hatten den Menschen jedoch versichert, sie seien in der Lage, ihre Schützlinge unversehrt zu der geschützten Bucht jenseits der ersten Halbinsel von Kahrain zu bringen. Die *Maid* und die *Mayflower* waren noch nicht voll beladen, liefen aber trotzdem aus und warteten außerhalb der geschätzten Fallout-Zone, bis sie zurückkehren und auch den Rest ihrer Fracht aufnehmen konnten. Jim geleitete mit der *Southern Cross* Kähne und Logger an der Küste entlang auf dem weiten Weg bis Seminole, von wo aus sie die letzte Etappe nach Norden antreten sollten.

Schlitten und Gleiter strömten von Landing zur Paradiesflußbesitzung, dem nächsten sicheren Treffpunkt. Hier ging alles drunter und drüber, da lebenswichtige Versorgungsgüter zur Verfügung gehalten und andere Frachten an bestimmten Stellen am Strand umgeleitet werden mußten. Man wollte nichts in Landing zurücklassen, was man in der neuen Festung im Norden wieder gebrauchen konnte.

Dicke, nach Schwefel riechende Asche legte sich auf Landings Gebäude. Einige der leichteren Dächer brachen unter der Last zusammen, man konnte das Plastik ächzen und rutschen hören. Die Luft enthielt Spuren von Chlor und war fast nicht atembar. Jedermann bediente sich klaglos der Atemschutzmasken.

Am Spätnachmittag landete Joel Lilienkamp seinen ramponierten Schlitten erschöpft auf der windgeschützten Seite des Turms neben Ongolas Maschine und wartete einen Augenblick, bis er genug Kraft gesammelt hatte, um das Komgerät aufzuklappen.

»Wir haben geräumt, was wir konnten«, stieß er hervor; seine Stimme war heiser von den ätzenden Dämpfen in der Luft. »Die Lastesel stehen in den Catherine-Höhlen, bis wir sie zerlegen und verladen können. Sie können jetzt auch abziehen.«

»Wir kommen«, antwortete Ongola.

Augenblicke später erschien er an der Tür und schob auf einer Gravplattform langsam ein schweres Gerätepaket heraus. Hinter ihm kam Jake, ähnlich bepackt. Paul folgte mit zwei weiteren Teilen.

»Soll ich helfen?« fragte Joel automatisch, obwohl er so zusammengesunken vor der Konsole saß, daß er sichtlich zu keiner Anstrengung mehr fähig war.

»Ein Flug noch«, sagte Ongola, als sie die Geräte in seinem Schlitten verstaut hatten. »Reichen die Energiezellen für die Landung?« fragte er Joel.

»Jawohl. Meine letzte frische Zelle.«

Während Ongola und Jake noch einmal in den Turm zurückkehrten, trat Paul an die Fahnenstange und holte mit trostloser Miene feierlich die versengten Fetzen der Kolonieflagge herunter. Er zerknüllte sie zu einer Kugel und stopfte sie unter seinen Sitz im Schlitten. Dann warf er dem Magazinverwalter einen langen Blick zu. »Soll ich fliegen, Joel?«

»Ich habe euch hergebracht, ich bringe euch auch weg!«

Paul wagte nicht, zu den Ruinen von Landing zurückzuschauen, aber als Joel in weitem Bogen erst nach Osten und dann nach Norden flog, sah der Admiral, daß er nicht der einzige war, dem die Tränen über die Wangen liefen.

Dank einer steifen Brise aus Nordost wurde die Bucht von Kahrain auch weiterhin von der Asche und den ätzenden Dämpfen der Garben-Eruption verschont. Patrice blieb mit einem kleinen Team zurück, nachdem Landing verlassen worden war, um das Ereignis zu überwachen.

»Heute gehen wir auf die Jagd«, erklärte Sean den anderen Reitern.

Sie hatten eine stille Bucht gefunden, die vom Lager der Evakuierten aus gesehen strandaufwärts lag. Keiner der in der warmen Sonne liegenden Drachen hatte eine gesunde Farbe, und Sean machte sich insgeheim Sorgen, ob sich die noch nicht voll ausgewachsenen Tiere nicht vielleicht überanstrengt hatten. Dann entschied er resolut, alles, was ihnen fehle, sei eine anständige Mahlzeit, sah sich nach Feuerechsen um und fluchte leise. »Verdammt! Wir *brauchen* alle, die wir haben! Vier Königinnen und zehn Bronzefarbene können unmöglich genügend Packschwänze fangen, um achtzehn Drachen sattzukriegen! Sie haben doch sicher nicht zum ersten Mal einen Vulkanausbruch erlebt.«

»Aber nicht direkt über ihren Köpfen«, gab Alianne Zulueta zurück. »Ich konnte die meinen nicht beruhigen. Sie sind einfach verschwunden!«

»Rotes Fleisch wäre besser als Fische – mehr Eisen«, schlug David Catarel vor, und seine Augen ruhten auf der blassen Haut seines bronzefarbenen Polenth. »Hier gibt es Schafe.«

»Langsam«, wehrte Marco Galliani entschieden ab und hob beide Hände. »Mein Vater will die Tiere nach Roma transportieren, sobald Schlitten frei sind. Erstklassiges Zuchtmaterial.«

»Das sind Drachen auch.« Sean erhob sich mit einem merkwürdigen Grinsen. »Peter, Dave, Jerry, ihr kommt mit mir. Sorka, du kümmerst dich um Störungen – falls welche auftreten.«

»He, Sean, Moment mal.« Marco wußte nicht, auf welche Seite er sich stellen sollte.

Sean grinste verschmitzt und legte einen Finger an die Nase. »Was das Auge nicht sieht, Marco, darüber weint das Herz nicht.«

»Es geht schließlich um deinen Drachen, Mann«, murmelte Dave, als er an ihm vorbeiging.

Eine Stunde später verschwanden mehrere Drachen dicht über den Baumwipfeln in westlicher Richtung. Die anderen Reiter halfen so auffällig den Trupps, die sich bemühten, Ordnung in das Chaos am Strand zu bringen, daß niemand bemerkte, ob alle gleichzeitig anwesend waren. Am Mittag wälzten sich siebzehn gesättigte Drachen mit kräftiger Hautfarbe am Strand. Einer saß geduldig auf der Landspitze, während Zwergdrachen ins Wasser tauchten und nach Packschwänzen fischten.

Als Caesar und Stefano Galliani beim Verladen ihre Schafe zählten, stellten sie fest, daß etwa sechsunddreißig Tiere fehlten, darunter einer der besten Böcke. Caesar bat die Drachenreiter, die Gegend abzusuchen und die vermißten Tiere an die Küste zurückzutreiben.

»Die Taugenichtse streunen ständig herum«, bemerkte Sean verständnisvoll und nickte den ratlosen, verwirrten Gallianis zu. »Wir werden nachsehen.«

Als Sean sich eine Stunde später zurückmeldete, erklärte er, die Schafe müßten wohl in eine der vielen Höhlen in der Gegend gestürzt sein. Widerstrebend brachen die Gallianis mit der dezimierten Herde auf. Die großen Transportschlitten mußten ihre Termine einhalten, die Beförderung konnte nicht aufgeschoben werden.

Als der letzte Schlitten gestartet war, trat Emily an Sean heran. »Sind Ihre Drachen einsatzbereit?«

»Wir erfüllen jeden Wunsch!« erklärte Sean so liebenswürdig, daß Emily ihm einen scharfen Blick zuwarf. »Die Feuerechsen haben den ganzen Vormittag schwer gearbeitet, um Futter herbeizuschaffen.« Er deutete zur Bucht, wo Duluth gerade von einer Bronzeechse einen Packschwanz entgegennahm.

»Feuerechsen?« Das Wort ›Echsen‹ verblüffte Emily, bis ihr wieder einfiel, daß Sean für die kleinen Wesen seinen eigenen Namen hatte. »Ach, dann sind Ihre Schwärme also zurückgekehrt?«

»Nicht alle«, sagte Sean traurig und fügte dann schnell

hinzu: »Aber genügend Königinnen und Bronzefarbene, um sich nützlich zu machen.«

»Die Eruption hat sie alle erschreckt, nicht wahr?«

Sean schnaubte. »Die Eruption hat uns alle erschreckt!«

»Aber nicht so sehr, daß wir nicht mehr klar denken können, wie es scheint«, bemerkte Emily mit einem spöttischen Lächeln. »Jedenfalls hat sich niemand so töricht benommen wie die Schafe, nicht wahr?« Sean stellte sich weder ahnungslos, noch gab er zu, daß er verstand, was sie meinte, er erwiderte nur ihren Blick so lange, bis sie die Augen abwandte. »Wenn eure Drachen keinen Appetit mehr auf Fisch haben, dann jagt Wherries. Die Eruption hat uns schon genug Vieh gekostet, vielen Dank.« Sean nickte, immer noch unverbindlich, mit dem Kopf. »Es gibt viel zu tun, und es muß schnell getan werden.« Sie sah auf die dicken Folien auf ihrem Klemmbrett und rieb sich die Stirn. »Wenn eure Drachen nur voll einsatzfähig wären ...« Sie warf ihm einen reumütigen Blick zu. »Tut mir leid, Sean, das war eine unschöne Bemerkung.«

»Ich wünschte das ebenfalls, Gouverneurin«, entgegnete Sean aufrichtig. »Aber wir wissen nicht genau, *wie* man es macht. Wir wissen nicht einmal, was wir ihnen sagen sollen.« Seine Stirn und sein Hals waren schweißnaß, und das kam nicht nur von der heißen Sonne.

»Gut ausgedrückt, wir müssen uns darum kümmern, aber nicht hier und jetzt. Sehen Sie, Sean, Joel Lilienkamp macht sich Sorgen wegen der Vorräte, die noch in Landing zurückgeblieben sind. Wir befördern die Sachen so schnell von hier weg wie wir können.« Sie zeigte mit einer Armbewegung auf die Stapel von farbkodierten Kisten und schaumstoffbedeckten Paletten. »Das orangefarbene Zeug ist durch Fadeneinfälle gefährdet, es muß also schnellstmöglich nach Norden, um in der Fort-Festung gelagert zu werden. Aber wir sollten trotzdem versuchen, die noch in Landing verbliebenen Dinge zu retten, ehe die Asche sie zudeckt.«

»Die Asche ist ätzend, Gouverneurin. Sie frißt sich durch Drachenschwingen so leicht wie durch ...« Sean brach ab und starrte zum westlichen Strand, eine Hand hob sich zu einer vergeblichen Geste der Warnung. Emily drehte sich um, um zu sehen, was seine Besorgnis erregt hatte.

Das Trompeten eines Drachen hing schwach und dünn in der heißen Luft. Der Schlittenführer, der sich auf Kollisionskurs mit dem Wesen befand, schien gar nicht zu merken, daß unter ihm noch etwas flog. Dann, kurz bevor Drache und Reiter mit dem Schlitten zusammenstießen, waren sie plötzlich verschwunden.

»Instinkte sind doch etwas Wunderbares!« rief Emily aus und strahlte vor Erleichterung über die Rettung in letzter Minute und vor Freude, weil ein Drache diese angeborene Fähigkeit gezeigt hatte. Als sie Sean wieder ansah, veränderte sich ihr Ausdruck. »Was ist los?« Sie blickte schnell zum Himmel auf, wo weder der Drache mit seinem Reiter noch der Schlitten zu sehen war; letzterer hatte sich unter die vielen anderen Maschinen gemischt, die über der Bucht von Kahrain hin und her flogen. »O nein!« sie faßte sich an die Kehle, die auf einmal wie zugeschnürt war, und ihr Magen krampfte sich vor Angst zusammen. »Nein. O nein! Sie müßten doch inzwischen schon wieder aufgetaucht sein? Nicht wahr, Sean? Es ist doch angeblich nur eine kurzzeitige Dislokation.«

Bestürzt umfaßte sie seinen Arm und schüttelte ihn ein wenig, um seine Aufmerksamkeit auf sich zu ziehen. Er schaute auf sie hinab, und die Qual in seinen Augen ließ ihre Angst in Trauer umschlagen. Sie wiegte langsam den Kopf, wollte sich die Wahrheit nicht eingestehen.

Gerade als einer der Frachtaufseher, ein Bündel Plasfolien in der Hand, hastig auf sie zukam, ertönte ein entsetzliches Jammergeschrei. Die mißklingenden Töne waren so durchdringend, daß die Hälfte der Leute am Strand stehenblieben und sich die Ohren zuhielten. Im gleichen Augenblick, während der unerträgliche Laut ständig weiter anschwoll, füllte sich die Luft mit Zwergdrachen, die mit schrillen Stimmen in den Trauergesang einfielen.

Die anderen Drachen stiegen ohne ihre Reiter auf und flogen an der Stelle vorüber, wo einer von ihnen mit seinem menschlichen Partner umgekommen war. In einer komplizierten Formation, die die Zuschauer zu jeder anderen Gelegenheit fasziniert hätte, umkreisten die Zwergdrachen ihre größeren Vettern und setzten ihren schaurigen Kontrapunkt zu der tiefen, pulsierenden Drachenklage.

»Ich werde feststellen, wie das passieren konnte. Der Pilot des Schlittens ...« Emily verstummte, als sie den verstörten Ausdruck auf Seans Gesicht sah.

»Das bringt uns Marco Galliani und Duluth nicht wieder zurück, oder?« Er wehrte mit einer scharfen Handbewegung ab. »Morgen werden wir fliegen, wohin Sie wollen, und bergen, soviel wir können.«

Emily sah ihm lange nach, bis sich ihr das Bild des gramgebeugten jungen Mannes unauslöschlich eingeprägt hatte. Am Himmel strebten die eleganten Tiere kreisend und gleitend nach Westen ihrem Strand zu, als wollten sie Sean begleiten.

Der Schmerz, den Emily empfand, war nichts im Vergleich zu dem Gefühl des Verlustes, mit dem die Drachenreiter fertigwerden mußten, das war ihr klar. Sie rieb sich das Gesicht, das zitternde Kinn, schluckte entschlossen den Klumpen in ihrer Kehle hinunter und winkte den Frachtaufseher gereizt zu sich heran.!

»Finden Sie heraus, wer diesen Schlitten geflogen hat, und bringen Sie ihn oder sie mittags in mein Zelt. Und womit kann ich Ihnen helfen?«

»Marco und Duluth sind genauso verschwunden wie es die Feuerechsen tun«, sagte Sean mit seltsam sanfter Stimme.

»Aber sie sind *nicht* zurückgekommen!« protestierte Nora schrill. Sie begann wieder zu weinen und vergrub ihr Gesicht an Peter Semlings Schulter.

Der plötzliche Tod der beiden hatte allen einen traumatischen Schock versetzt. Die Klage der Drachen war im Laufe des Nachmittags leiser geworden. Am Abend hatten ihre Partner sie endlich bewegen können, sich im Sand zusammenzurollen und zu schlafen. Nachdem die Tiere versorgt waren, kauerten die jungen Leute mutlos und apathisch um ein kleines Feuer.

»Wir müssen herausfinden, was schiefgegangen ist«, sagte Sean, »damit es nie wieder geschieht.«

»Sean, wir wissen nicht einmal, was Marco und Duluth ge-macht haben«, schrie Dave Catarel.

»Duluth hat ganz instinktiv auf eine Gefahr reagiert«, sagte eine neue Stimme. Pol Nietro trat mit Bay in den Feuerschein. »Mit einem Instinkt, der ihm angeboren war. Dürfen wir euch im Namen aller, die mit dem Drachenprogramm zu tun hatten, unser Beileid aussprechen? Wir – Bay und ich – ja, ihr alle seid für uns wie eine Familie.« Pol fuhr sich verlegen über die Augen und schniefte.

»Bitte, setzen Sie sich zu uns«, sagte Sorka mit ruhiger Höf-lichkeit, stand auf und führte Pol und Bay ans Feuer. Zwei wei-tere Packkisten wurden in den Kreis gezogen.

»Wir haben uns bemüht herauszufinden, was eigentlich passiert ist«, fuhr Pol fort, nachdem er und Bay sich schwerfäl-lig niedergelassen hatten.

»Keiner hat sich umgesehen«, sagte Sean mit einem schwe-ren Seufzer. »Ich habe es beobachtet. Marco und Duluth sind vom Strand gestartet und waren im Steigflug, als sich der Schlittenpilot mit einer Wendung dem Landeplatz näherte. Er konnte die beiden unter sich nicht sehen. Drachen sind nicht mit einer Kollisonswarneinrichtung ausgerüstet.« Sean hob hilflos beide Hände. »Ich weiß aus sicherer Quelle, daß der Schlittenpilot seinen Alarm abgeschaltet hatte, weil ihm das ständige Piepsen bei dem starken Verkehr auf die Nerven ging.«

Pol beugte sich zu ihm. »Dann ist es um so wichtiger, daß ihr Reiter euren Drachen Disziplin beibringt.« Ärgerlicher Pro-test wurde laut, und er winkte beschwichtigend ab. »Das soll keine Krittelei sein, Freunde. Ich will euch aufrichtig helfen. Aber jetzt ist offenbar der Moment gekommen, bei der Ausbil-dung der Drachen einen Schritt weiterzugehen – sie müssen lernen, den Instinkt, der Marco und Duluth heute eigentlich hätte retten sollen, richtig einzusetzen.«

Diese Bemerkung rief erneut teils zorniges, teils erschrocke-nes Gemurmel hervor. Sean hob die Hand, sein müdes Gesicht wurde von den tanzenden Flammen erhellt. Sorka, die neben ihm saß, sah genau die verkrampften Kiefermuskeln und den Schmerz in seinen Augen.

»Ich glaube, unsere Überlegungen gehen in die gleiche Richtung, Pol«, sagte er, und seine gepreßte Stimme verriet dem Biologen, unter welcher Belastung der junge Drachenreiter stand. »Meiner Meinung nach sind Marco und Duluth in Panik geraten. Sie hätten einfach an die Stelle zurückkommen sollen, von der sie verschwunden waren, der verdammte Schlitten war ja schon weg!« Jetzt war der Schmerz fast mit Händen zu greifen. Sean atmete tief durch und sprach ruhiger, fast ungerührt weiter. »Wir alle haben Feuerechsen. Kit Ping hat uns unter anderem deshalb als Kandidaten ausgewählt. Wir haben sie alle schon mit Botschaften losgeschickt, nachdem wir ihnen gesagt hatten, wohin sie fliegen, was sie machen oder wen sie suchen sollten. Das müßten wir doch auch den Drachen beibringen können. Wir haben heute auf die harte Tour erfahren, daß sie ebenso wie die Feuerechsen fähig sind zu teleportieren. Diesen Instinkt müssen wir lenken. Wir müssen ihn disziplinieren, wie Pol vorhin sagte, damit wir nicht wie Marco in Panik verfallen.«

»Warum hat Marco eigentlich durchgedreht?« jammerte Tarrie Chernoff.

»Ich würde alles darum geben, wenn ich das wüßte«, sagte Sean, und jetzt klang der Schmerz wieder in seiner Stimme mit. »Aber eines weiß ich. Von jetzt an startet kein Reiter mehr, ohne sich zu vergewissern, was in seiner unmittelbaren Umgebung in der Luft vorgeht. Wir müssen defensiv fliegen, müssen uns bemühen, mögliche Gefahren im voraus zu erkennen. *Vorsicht*«, sagte er und tippte sich mit dem Zeigefinger gegen die Schläfe, »muß uns in die Augäpfel eingegraben sein.« Er sprach schnell, in knappen Worten. »Wir wissen, daß die Feuerechsen, um dahin zu gelangen, wohin sie auch immer wollen, *zwischen* einem Ort und dem anderen wechseln, also hören wir auf, diese Fähigkeit als selbstverständlich anzusehen, und *beobachten* wir genau, was sie tun. Überprüfen wir, wie sie kommen und gehen. Schicken wir sie an bestimmte Orte, an Orte, wo sie noch nicht gewesen sind, um zu sehen, ob sie unseren geistigen Anweisungen folgen können. Unsere Drachen hören uns auf telepathischem Wege, sie verstehen – im Gegensatz zu den Feuerechsen – genau, was wir sagen, wenn wir uns also angewöhnen, den Feuerechsen präzise Anweisungen zu geben, dann müßten damit eigentlich auch die Drachen etwas anfangen können. Wenn wir das Verhalten der Feuerechsen so weit verstehen, wie es irgend geht, *dann* erst werden wir versuchen, unsere Drachen von einem Ort zum anderen zu schicken.«

Die anderen Reiter begannen, leise miteinander zu reden, und Sean beobachtete sie scharf aus schmalen Augen.

»Aber bringen wir damit nicht unsere Zwergdrachen in Gefahr?« fragte Tarrie und strichelte die kleine Goldene, die sich in ihre Armbeuge kuschelte.

»Besser die Zwergdrachen als die Drachen!« bemerkte Peter Semling.

Sean schnaubte verächtlich. »Die Feuerechsen können recht gut auf sich selbst aufpassen. Versteht mich nicht falsch ...« Er hob die Hand, um Tarries prompt einsetzenden Protest abzuwehren. »Ich schätze sie. Sie sind großartige kleine Kämpfer. Himmel, ohne ihre Hilfe hätten wir die Nestlinge niemals satt bekommen, aber ...« – er hielt inne und sah in die Runde – »sie besitzen einen gut ausgeprägten Überlebensmechanismus, sonst hätten sie den ersten Durchzug dieser Oort'schen Wolke nicht überstanden. Wann immer das war. Wie Peter schon sagte, ist es weit weniger gefährlich, mit Feuerechsen zu experimentieren, als einen weiteren Drachen samt Reiter aufs Spiel zu setzen.«

»Du hast einige sehr wichtige Gesichtspunkte angesprochen, Sean.« Pol hatte selbst neuen Mut gefaßt. »Aber du willst doch sicher die goldenen und die bronzefarbenen Zwergdrachen dafür verwenden. Bay und mir erscheinen sie immer als die zuverlässigsten.«

»Das hatte ich vor. Besonders, nachdem sich die Blauen und Grünen nach der Eruption alle verdrückt haben.«

»Ich bin bereit, es zu versuchen«, sagte Dave Catarel, nahm mit einem Ruck die Schultern zurück, richtete sich auf und sah die anderen herausfordernd an. »Wir müssen etwas tun. Aber vorsichtig!« Er warf Sean einen schnellen Blick zu.

Auf dessen Gesicht erschien langsam ein Lächeln, und er schüttelte Dave über das Feuer hinweg die Hand.

»Ich mache auch mit«, sagte Peter Semling. Nora schloß sich etwas zaghaft an.

»Ich finde, es klingt äußerst vernünftig.« Otto nickte energisch und sah sich um. »Schließlich wurden die Drachen so gezüchtet, daß sie den Gefahren des Fädenfalls entgehen können, wozu die mechanischen Schlitten nicht in der Lage sind.«

»Danke, Otto«, sagte Sean. »Wir müssen alle positiv denken.«

»Und vorsichtig sein«, ergänzte Otto und hob warnend einen Finger.

Die Reiter waren aus ihrer Lethargie gerissen und begannen sich leise zu unterhalten.

»Weißt du noch, Sorka«, sagte Bay und beugte sich zu ihr, »wie ich Mariah an dem Tag zu dir geschickt habe, als man uns nach Calusa rief?«

»Sie hat mir Ihre Botschaft gebracht.«

»Das hat sie, aber ich habe ihr nur gesagt, sie soll den Rotschopf bei den Höhlen suchen.« Bay schwieg bedeutungsvoll. »Natürlich kennt dich Mariah, seit sie ausgeschlüpft ist, und es gibt in Landing und auf dem ganzen Planeten nicht so viele Rotschöpfe.« Bay wußte, daß sie faselte, und das passierte ihr nur selten, aber schließlich brach sie auch nur selten in Tränen aus, und als sie die schreckliche Nachricht gehört hatte, hatte sie fast eine Stunde lang geweint, ohne daß Pol sie hätte trösten können. Pol hatte es ganz richtig formuliert, es war, als habe man ein Familienmitglied verloren. Da sie kein Terminal zur Verfügung hatten, um nach möglichen Lösungen zu suchen, hatten sie zwei Stunden lang aufgeregt nach der Kiste gesucht, die alle ihre schriftlichen Aufzeichnungen über das Drachenprogramm enthielt; sie wollten irgendeinen positiven Vorschlag parat haben, um die jungen Leute ein wenig aufzumuntern. »Aber Mariah hat dich an diesem Tag mühelos gefunden, und du warst innerhalb von wenigen Minuten bei unserem Haus. Sie kann also nicht sehr lange gebraucht haben.«

»Nein, das ist richtig«, sagte Sorka nachdenklich und sah in die Runde der vom Feuer beschienenen Gesichter. »Bedenkt doch nur, wie oft wir den Zwergdrachen gesagt haben, sie sollen uns Fische für die Nestlinge bringen.«

»Fische sind Fische«, bemerkte Peter Semling und stocherte geistesabwesend mit einem Ast im Sand herum.

»Ja, aber die Zwergdrachen wußten, welche Sorte die Drachen am liebsten mögen«, meldete sich Kathy Duff. »Und sobald wir die Anweisung gegeben haben, sind sie sofort wieder da. Sie verschwinden einfach, und ein paar Atemzüge später kommen sie mit einem Packschwanz an.«

»Ein paar Atemzüge«, wiederholte Sean und starrte in die Dunkelheit hinaus. »Alle unsere Drachen haben länger als ein paar Atemzüge gebraucht, um zu begreifen, daß ... Marco und Duluth nicht zurückkommen würden. Können wir daraus schließen, daß es auch bei Drachen nur ein paar Atemzüge dauert, wenn sie teleportieren?«

»Vorsichtig ...« Otto hob wieder warnend den Finger.

»Richtig«, fuhr Sean lebhaft fort. »Das machen wir gleich morgen früh, wenn es hell wird.« Er griff nach Peters Stock und zeichnete eine zerklüftete Küstenlinie in den Sand. »Die Gouverneurin möchte, daß wir einige Sachen aus Landing holen und hierher bringen. Dave, Kathy, Tarrie, ihr alle habt goldene Feuerechsen. Ihr fliegt die erste Tour. Wenn ihr den Turm erreicht habt, schickt ihr eure Feuerechsen zu mir und Sorka hierher zurück. Bay, haben Sie und Pol morgen etwas vor?«

Bay rümpfte die Nase. »Wir zwei sind so lange überflüssig, bis wir in der Fort-Festung unsere Systeme wieder in Betrieb nehmen können. Und außerdem müssen wir auf Beförderung warten. Wir helfen euch gern, wo immer wir können!«

»Wir werden die Feuerechsen stoppen. Aber wir brauchen Funkgeräte, um genaue Ergebnisse zu bekommen.«

»Laßt mich die besorgen«, erbot sich Pol.

Sean grinste amüsiert. »Auf diesen Vorschlag hatte ich gehofft. Ihnen kann Lilienkamp nichts abschlagen, oder?«

Pol schüttelte energisch den Kopf, er fühlte sich jetzt viel besser als am Nachmittag, als er zutiefst niedergeschlagen vergeblich nach den verschwundenen Unterlagen gesucht hatte.

»Nun, dann werden Bay und ich jetzt gehen«, sagte er, erhob sich und half ihr beim Aufstehen. »Um Funkgeräte zu organisieren. Wie viele? Zehn? Wir treffen uns dann morgen früh hier, mit den Geräten.« Er verneigte sich vor den anderen und stellte dabei fest, daß nur Bay diese Marotte verstand. »Ja, im Morgengrauen werden wir mit unseren wissenschaftlichen Beobachtungen beginnen.«

»Und wir brauchen alle unseren Schlaf, ihr Reiter«, sagte Sean und begann, Sand auf das erlöschende Feuer zu schaufeln.

Pol hielt sich ein Funkgerät ans Ohr und zeigte mit dem Finger nach unten, während Bay, Sean und Sorka ihre Stoppuhren einschalteten. Mit dem Finger auf dem Knopf blickten sie alle nach Osten zum Himmel auf, Bay blinzelte gegen das grelle Sonnenlicht, das sich in der glatten See spiegelte.

»Jetzt!« Vier Stimmen sagten es, vier Finger drückten auf die Knöpfe, als ein aufgeregt zirpender Zwergdrache über ihren Köpfen erschien.

»Wieder acht Sekunden«, rief Pol zufrieden.

»Komm her, Kundi«, sagte Sorka und streckte den Arm aus, damit das Tierchen landen konnte. Dave Catarels Bronzeechse piepste und legte den Kopf schief, als ziehe sie die Einladung in Betracht, schwenkte dann aber ab, als Duke, Sorkas eigener Zwergdrache, sie verscheuchte. »Sei nicht so garstig, Duke.«

»Acht Sekunden«, sagte Sean bewundernd. »Länger brauchen sie nicht, um etwa fünfzig Kilometer zurückzulegen.«

»Ich frage mich«, sinnierte Pol und klopfte mit seinem Stift auf das Klemmbrett mit den erfreulichen Zahlen. »Der Wert verändert sich nicht, ganz gleich, wen wir in welche Richtung schicken. Wie lange würden sie wohl brauchen, um, sagen wir Seminole oder die Fort-Festung im Norden zu erreichen?« Er sah die anderen fragend an.

Sean schüttelte zweifelnd den Kopf, aber Sorka war begeistert.

»Mein Bruder Brian arbeitet in der Festung. Duke kennt ihn so gut wie mich. Und ich habe viele Faxe von dort gesehen. Zu Brian würde er gehen.« Duke kam angeflogen und landete auf Sorkas Schulter, als wisse er, daß über ihn gesprochen wurde. Sie lachte. »Seht ihr, er macht mit!«

»Er kommt vielleicht, wenn er gerufen wird«, sagte Sean,

»aber wird er auch ein Ziel ansteuern, zu dem man ihn schickt? Landing ist etwas anderes, das kennen sie alle gut.«

»Wir müssen es eben versuchen«, entschied Pol. »Und jetzt ist eine gute Zeit, um Brian in der Fort-Festung zu erreichen.« Er tippte eine Nummer auf dem Komgerät. »Ein Segen, daß der Turm funktioniert. Ach ja, hier Pol Nietro. Ich muß dringend mit Brian Hanrahan sprechen ... ich sagte dringend! Hier ist Pol Nietro. Dann holen Sie ihn! Idioten«, murmelte er vor sich hin. »Ist das ein wichtiger Anruf?«

Als Brian an den Apparat kam, war er überrascht, die Stimme seiner Schwester zu hören. »Sag mal, was soll das denn? Du kannst doch hier nicht einfach eine Vorzugsbehandlung verlangen. Ich versichere dir, daß Mick bei Mutter bestens aufgehoben ist. Sie vergöttert ihn.«

Seine etwas ärgerliche Stimme war für alle deutlich zu verstehen, und Sorka war konsterniert über seine wenig entgegenkommende Reaktion. Sean nahm ihr das Funkgerät aus der Hand.

»Brian, hier Sean. Marco Galliani und sein Drache Duluth sind gestern bei einem Unfall ums Leben gekommen. Wir versuchen zu verhindern, daß so etwas noch mal passiert. Wir bitten dich nur um ein paar Minuten deiner Zeit. Und das hat Vorrang.«

»Marco und Duluth?« Jetzt klang Brians Stimme zerknirscht. »Himmel, wir haben nichts davon gehört. Es tut mir leid. Was kann ich tun?«

»Bist du im Freien? An einer Stelle, wo du aus der Luft leicht zu finden bist?«

»Ja. Warum?«

»Dann beschreibe Sorka genau, wo du bist. Ich übergebe an sie.«

»Hölle und Verdammnis, Sorka, tut mir leid, daß ich dich so angefahren habe. Also, ich bin im Freien. Hast du das letzte Fax gesehen? Nun, ich stehe ungefähr zwanzig Meter von der neuen Rampe entfernt. Bei den Veterinärshöhlen. Man hat sie endlich etwas höher gemacht, und etwa einen Meter von mir liegt ein riesiger Steinhaufen, der fast so groß ist wie ich. Was soll ich jetzt tun?«

»Bleib einfach stehen. Ich schicke Duke zu dir. Wenn ich ›los‹ sage, schaltest du deine Stoppuhr ein.«

»Also weißt du, Schwesterchen«, begann er ungläubig, »du bist doch in der Bucht von Kahrain, oder nicht?«

»Brian! Mach bitte, was ich sage, nur dieses eine Mal!«

»Schön. Ich bin bereit, die Stoppuhr einzuschalten.« Es klang noch immer beleidigt.

Sorka hob den Arm, um Duke in die Luft zu werfen. »Flieg zu Brian, Duke. Er ist an dem neuen Ort! Hier!« Sie kniff die Augen zu und stellte sich mit aller Kraft Brian an der von ihm beschriebenen Stelle vor. »Los, Duke.«

Mit einem überraschten Quäken hob Duke ab und verschwand.

»*Mark!*« schrie Sorka.

»He, ich höre dich laut und deutlich, Schwester. Du brauchst nicht zu brüllen. Ich weiß nicht, was das Ganze eigentlich soll. Du willst doch wohl nicht behaupten, daß ein Feuerzwergdrache – Himmel!« Brians Stimme wurde ganz leise vor Staunen. »Verdammt, das ist unglaublich. Scheiße! Ich habe vergessen, die Zeit zu nehmen.«

»Das macht nichts«, sagte Sorka und nickte entzückt mit dem Kopf. »Wir haben dein ›Himmel‹ mitgestoppt.«

Pol sprang auf und ab, schwenkte seinen Armbandchronometer und schrie: »Acht Sekunden! *Acht Sekunden!*«

Er faßte Bay um die Taille und tanzte mit ihr herum. Sean hob Sorka hoch und küßte sie, während Mariah und Blazer mit einem riesigen Schwarm flötender Zwergdrachen in einem schwindelerregenden Reigen durch die Luft wirbelten.

»Acht Sekunden bis zur Festung, nur acht Sekunden«, keuchte Pol und blieb taumelnd stehen. Bay hielt sich an ihm fest.

»Das ergibt keinen Sinn, oder?« fragte Bay schwer atmend, eine Hand auf die Brust gelegt. »Die gleiche Zeit für fünfzig Kilometer wie für beinahe dreitausend.«

»He, Sorka«, ertönte Brians vorwurfsvolle Stimme. Sie hielt sich das Funkgerät wieder ans Ohr und wischte sich mit dem Ärmel den Schweiß von der Stirn. »Ich muß wirklich gehen, aber was soll ich mit Duke machen, nachdem er jetzt hier ist?«

»Sag ihm, er soll zu mir zurückkommen. Und gib uns ein Zeichen, wenn er verschwindet.«

»Gut. Mache ich. Auf die Plätze ... Duke, suche Sorka! Sorka! Suche – er ist fort. Mist! Jetzt!«

Am Strand der Bucht von Kahrain drückten vier Finger auf die Knöpfe von Stoppuhren, vier Augenpaare wandten sich nach Westen und schauten in den heißen Nachmittagshimmel, vier Stimmen zählten die Sekunden.

»Sechs ... sieben ... acht ... Er hat's geschafft!«

In die Freude mischte sich neue Gewißheit, als Duke fröhlich piepsend wieder auf Sorkas Schulter landete und seine kalte Schnauze an ihrer Wange rieb.

»Das war wirklich sehr zufriedenstellend und wirkungsvoll«, strahlte Bay.

»Bitte, Bay, erzählen Sie es Emily!« bat Sean und schob seine Hand unter Sorkas Ellbogen. »Wir müssen jetzt wohl unser heutiges Pensum an Lastenschlepperei hinter uns bringen.«

»Der Tod des Galliani-Jungen hat sich also als Katalysator erwiesen?« fragte Paul Benden, als er an diesem Abend mit Emily am Komgerät Neuigkeiten austauschte.

»Pol und Bay sind sehr viel zuversichtlicher«, antwortete Emily, der die Tragödie immer noch mehr zu schaffen machte, als sie eigentlich verstehen konnte. Aber sie wußte ja, daß sie müde war. Selbst jetzt, während sie mit Paul sprach und hoffte, von ihm irgendwelche tröstlichen Nachrichten vom Nordkontinent zu erhalten, beschäftigte sich ein Teil ihrer Gedanken noch immer mit all den Dingen, die einfach erledigt werden *mußten*.

»Telgars Gruppe hat sich gewaltig angestrengt, Em. Die Unterkünfte sind großartig. Man merkt gar nicht, daß man sich fünf oder zehn Meter tief in massivem Fels befindet. Cobber und Ozzie sind in sieben Tunnel ein paar hundert Meter weit vorgedrungen. Es gibt sogar ein Krähennest für Ongolas Funkausrüstung, man hat es hoch oben in die Klippenwand hineingehauen. Der Höhlenkomplex ist groß genug, um die gesamte Bevölkerung von Landing aufzunehmen.«

»Nicht jeder will in einem Loch unter der Erde leben, Paul.«
Emily sprach auch für sich selbst.

»Es gibt eine ganze Reihe von ebenerdigen Höhlen, mit direktem Zugang von außen«, beschwichtigte er sie. »Warte nur, du wirst schon sehen. Wann kommst du eigentlich? Ich muß mich beim nächsten Fädenfall sehen lassen, sonst schmeißen sie mich raus.«

»Wünsch dir das ja nicht!«

»Emily.« Pauls etwas schnoddriger Tonfall wurde ernst. »Laß dich von Ezra ablösen. Er und Jim sollen das Verladen dirigieren. Die Transporte und die Wartung der Schlitten und Gleiter können andere übernehmen. Pierre müßte auch hier sein, um die Verpflegung der Leute zu organisieren. Er hat hier die größten Küchenräume auf ganz Pern.«

»Eine willkommene Abwechslung nach der größten Grillgrube! Ich mache mir Sorgen wegen der Drachen, Paul.«

»Ich glaube, damit müssen sie selbst klarkommen, Emily. Und nach allem, was du mir berichtet hast, werden sie das wohl auch schaffen.«

»Danke, Paul«, sagte sie mit Nachdruck. Die Sicherheit in seiner Stimme hatte ihr neuen Mut gegeben. »Ich werde mir morgen einen Platz im Abendschlitten reservieren.«

Nach der Aufregung über Dukes Flug nach Norden war es nicht mehr so spannend, die Zwergdrachen zwischen Landing und Kahrain hin- und herzuschicken, aber es war doch ein Zeitvertreib auf der ermüdend langen Reise. Auf dem Rückweg ließ Sean die Drachenreiter üben, in geschlossener und weit auseinandergezogener Formation zu fliegen und, was noch wichtiger war, günstige Luftströmungen zu erkennen und auszunützen.

An diesem Abend machten sie ein größeres Lagerfeuer, und Pol und Bay schlüpften ebenfalls in den Kreis, um mit den anderen zu besprechen, was sie bei den Zwergdrachen beobachtet hatten, und zu überlegen, wie sich dies auf die Drachen anwenden ließ. Es war gar nicht nötig gewesen, daß Sean so eindringlich zur Vorsicht mahnte: Marco und Duluth waren allen noch sehr lebhaft im Gedächtnis. Um keinerlei trübsinnige Gedanken aufkommen zu lassen, schlug Sean vor, am nächsten

Tag weiter das Formationsfliegen zu exerzieren; beim Kampf gegen die Fäden würde es ihnen zugute kommen.

»Wenn man weiß, wo man sich in bezug auf andere Geschwaderflieger befindet, weiß man auch immer, wohin man zurückkehren muß«, betonte er.

»Eure Drachen sind noch sehr jung für diese Spezies«, schaltete sich Pol ein, als er sah, wie bereitwillig diese Anregung aufgenommen wurde. »Die Zwergdrachen zeigen keinerlei Verfallserscheinungen. Mit anderen Worten, sie altern, physiologisch gesehen, nicht so wie wir.«

»Soll das heißen, daß sie auch weiterleben, nachdem wir tot sind?« fragte Tarrie erstaunt und blickte sich nach Porth um, die wie ein dunkler Schatten vor den Pflanzen aufragte.

»Nach allem, was wir festgestellt haben ja, Tarrie«, antwortete Pol.

»Unsere wichtigsten Organe sind vom Verfall bedroht«, fuhr Bay fort, »obwohl die moderne Technologie vieles reparieren oder ersetzen kann und uns damit ein langes, aktives Leben ermöglicht.«

»Es ist also unwahrscheinlich, daß sie krank werden oder dahinsiechen?« strahlte Tarrie.

»Das *glauben* wir jedenfalls«, antwortete Pol, hob jedoch warnend den Finger. »Aber schließlich haben wir auch noch keine alten Zwergdrachen *gesehen*.«

Sean schnaubte verächtlich, und Sorka schwächte die Reaktion mit einem Lachen ab. »Wir können eigentlich nur nach *unserer* Generation urteilen«, sagte sie. »Außerdem lassen sich nur unsere eigenen Tiere von uns behandeln, weil sie uns vertrauen, und sie haben gewöhnlich nicht mehr als ein paar Kratzer oder Brandwunden und hin und wieder eine Hautabschürfung. Ich finde es tröstlich zu wissen, daß die Drachen ebenso langlebig sein könnten.«

»Solange *wir* keine Fehler machen«, mahnte Otto Hegelman düster.

»Dann *dürfen* wir eben keine Fehler machen!« Sean sagte es entschieden. »Und damit es nicht dazu kommt, werden wir uns morgen in drei Gruppen aufteilen. Sechs, sechs ... und fünf. Wir brauchen drei Anführer.«

Obwohl Sean niemanden benannt hatte, wurde er selbst sofort gewählt. Nach kurzer Diskussion entschied man sich außerdem für Dave und Sorka.

Später, als Sorka und Sean es sich zwischen Faranth und Carenath im Sand bequem gemacht hatten, umarmte sie ihn lange und gab ihm einen Kuß.

»Womit habe ich das verdient?«

»Du hast uns allen Hoffnung gegeben. Aber ich mache mir Sorgen, Sean.«

»Ach?« Sean entfernte ihr Haar von seinem Mund und wühlte sich mit seiner linken Schulter tiefer in den Sand.

»Ich glaube, wir sollten nicht zu lange warten, bis wir zu teleportieren versuchen.«

»Ganz meine Meinung, und ich bin Pol und Bay dankbar für ihre Äußerungen zur Langlebigkeit der Drachen. Hat mich auch aufgemuntert.«

»Solange *wir* also den Kopf nicht verlieren, behalten wir auch unsere Drachen.« Sie kuschelte sich an ihn.

»Ich wünschte, du hättest dein Haar nicht abgeschnitten, Sorka«, murrte er und zog sich wieder eine Locke aus dem Mund. »Früher hatte ich nicht so viel davon zwischen den Zähnen.«

»Unter dem Reithelm ist kurzes Haar praktischer«, murmelte sie schläfrig. Dann schliefen sie beide ein.

Die Pakete und die in Plastik verpackten Geräte in Landing wurden zwar zusehends weniger, aber die an der Bucht von Kahrain lagernde Fracht konnte nicht so schnell weggeschafft werden. Als Sean am zweiten Abend den Reitern seines Geschwaders beim Abladen half, entdeckte er einen der Frachtaufseher, der an einem behelfsmäßigen Schreibtisch saß und auf einen kleinen tragbaren Bildschirm blickte.

»Morgen bringen wir den Rest der Sachen aus Landing, Desi«, versicherte ihm Sean.

»Großartig, Sean, großartig«, sagte Desi kurz und winkte ab.

»Was zum Teufel ist los, Desi?« fragte Sean.

Die scharfe Frage ließ den anderen überrascht aufsehen. »Was los ist? Ich soll einen ganzen Strand voll Zeug wegschaf-

fen und habe keine Transportmittel.« Desis Gesicht war so verzerrt vor Anspannung, daß Seans Ärger verflog.

»Ich dachte, die großen Schlitten kommen zurück.«

»Sie müssen erst neu aufgeladen und gewartet werden. Ich
wünschte, man hätte mir das früher gesagt.« Seine Stimme zitterte vor Frustration. »Alle meine Terminpläne ... futsch. Was
soll ich tun, Sean? Bald fallen hier wieder die Sporen, und der
ganze Kram« – er wedelte mit einem schweißnassen Lappen
zu dem Stapel orangefarbener Kartons hin – »ist unersetzlich.
Wenn nur ...« Er brach ab, aber Sean konnte sich gut vorstellen, was er eigentlich hatte sagen wollen. »Ihr habt großartige
Arbeit geleistet, Sean, ich weiß das wirklich zu schätzen. Wieviel ist noch zu holen, sagtest du?«

»Morgen haben wir alles ausgeräumt.«

»Hör mal, einen Tag später ...« Desi rieb sich wieder das Gesicht, um zu verbergen, daß er rot geworden war. »Na ja, ich
habe es von Paul gehört. Er will, daß ihr Reiter euch auf den
Weg nach Seminole macht und von dort aus weiter nach Norden fliegt. Und ...« Desi verzog wieder das Gesicht.

»Und wir sollen einen Teil der orange kodierten Stücke aus
der Gefahrenzone bringen?« Sean spürte, wie erneut Groll in
ihm aufstieg. »Na ja, wohl immer noch besser, als wenn man
zu gar nichts taugt.« Er entfernte sich mit langen Schritten, ehe
sein Temperament mit ihm durchging.

Faranth und Sorka kommen, teilte ihm Carenath bedrückt
mit. Sean änderte die Richtung und ging ihnen entgegen. Er
konnte Sorka nicht täuschen, aber beim Entladen konnte er
doch einen Teil seiner Wut loswerden.

»Also, was ist passiert?« fragte Sorka und zog ihn auf die
dem Meer zugewandte Seite ihrer Drachenkönigin, wo sie von
den anderen Reitern, die immer noch Pakete nach Farbkodie-
rungen sortierten, nicht gesehen werden konnten.

Sean schlug sich mehrmals heftig mit der Faust auf die
Handfläche, ehe er seine Demütigung in Worte fassen konnte.

»Man sieht uns nur als elende Packtiere an, als Lastesel mit
Flügeln!« sagte er schließlich. Wenigstens dämpfte er seine
Stimme, obwohl er vor Wut schäumte.

Faranth drehte den Kopf und betrachtete die beiden Reiter,

in ihren blauen Augen glommen rote Funken auf. Carenath schob seinen Kopf über ihren Rücken. Dahinter hörte Sean die anderen Drachen murren. Ehe er wußte, wie ihm geschah, waren er und Sorka von Drachen umringt, und ihre Reiter strebten dem Zentrum des Kreises zu.

»Jetzt sieh mal, was du angerichtet hast«, seufzte Sorka.

»Was ist los, Sean?« fragte Dave und drängte sich an Polenth vorbei.

Sean holte tief Luft und schluckte seinen Zorn und seinen Groll hinunter. Wenn er sich selbst nicht unter Kontrolle hatte, konnte er auch andere nicht kontrollieren. Die Augen der Drachen, die auf ihn hinunterblickten, loderten in erschrockenem Gelb. Er mußte sie, sich selbst und die anderen Reiter beruhigen. Sorka hatte recht. Er hatte etwas angerichtet, was er schleunigst wiedergutmachen mußte.

»Offenbar sind wir das einzige verfügbare Lufttransportmittel«, sagte er und brachte so etwas wie ein Lächeln zustande. »Desi sagt, alle großen Schlitten sitzen erst einmal fest, bis sie gewartet werden können.«

»He, Sean«, protestierte Peter Semling und zeigte mit dem Daumen über die Schulter auf die Massen von Gütern am Strand. »Das können wir aber nicht alles wegschaffen!«

»Ausgeschlossen.« Sean wehrte mit einer entschiedenen Handbewegung ab. »Das verlangt man auch nicht von uns. Wenn wir Landing geräumt haben, möchte Paul, daß wir nach Seminole fliegen und von dort die letzte Etappe nach Norden antreten. Das ist in Ordnung.« Sein Lächeln wurde wehmütig. »Aber Desi hätte gern, daß wir einen Teil der unersetzlichen Dinge mitnehmen.«

»Solange allen klar ist, daß wir keine Fuhrleute sind«, sagte Peter gekränkt. Er empfand offenbar ebenso wie Sean.

»Das ist gar keine Frage, Pete«, erklärte Sean entschieden. »Wir machen Fortschritte als Drachenreiter, gute Fortschritte. Aber Desi steht mit dem Rücken an der Wand, und er braucht uns.«

»Ich wünschte nur, wir würden für das gebraucht, was wir eigentlich tun sollen«, bemerkte Tarrie.

»Sobald wir unsere Verpflichtungen hier erfüllt haben«, sagte Sean, »werden wir uns darauf konzentrieren und nur darauf. Ich habe mir vorgenommen, daß wir alle teleportieren können, bis wir Seminole erreichen.«

»An Orte, die wir nie gesehen haben?« fragte der praktisch denkende Otto.

»Nein, an Orte, wo wir kurz zuvor gewesen sind. Betrachtet unseren Flug nach Seminole als Chance, euch die wichtigsten Besitzungen im Süden anzusehen«, antwortete Sean lebhaft und stellte überrascht fest, daß er selbst an seine Worte glaubte. »Wir brauchen derartige Bezugspunkte, um zu teleportieren, wenn wir gegen Fäden kämpfen.« Sorkas Gesicht glühte vor Stolz, weil es ihm gelungen war, nicht nur seinen eigenen Zorn in die Gewalt zu bekommen, sondern auch den anderen das Vertrauen in eine würdevolle Zukunft wiederzugeben. Über ihren Köpfen erlosch das gelbe Funkeln in den Drachenaugen. »Ich rieche Essen. Ich habe Hunger. Kommt, wir haben es uns verdient.«

»Wir müssen die Drachen jagen lassen, ehe wir über den ganzen Kontinent flitzen«, sagte Peter und deutete mit dem Kinn auf die Tierpferche.

Emilys versteckter Warnung eingedenk, schüttelte Sean lächelnd den Kopf. »Zweimal können wir uns das nicht erlauben, Pete. Morgen machen wir Jagd auf die Biester, die uns in der Umgebung von Landing bisher entgangen sind.« Er drängte sich zwischen den Drachen hindurch. »Morgen kannst du dich satt essen, Carenath«, sagte er und versetzte seinem Bronzedrachen im Vorbeigehen einen liebevollen Stoß.

Mit Fisch? quengelte Carenath.

»Mit Fleisch. Mit rotem Fleisch«, versprach Sean. Als einige Drachen freudig zu trompeten anfingen, lachte er. »Aber diesmal werden wir es nicht für euch stehlen.«

Dann legte er den Arm um Sorka und ging auf den Strand und die Kochfeuer zu.

Als die drei Drachengeschwader am nächsten Tag den Jordan überquerten, schwärmten sie in drei verschiedene Richtungen aus, umgingen die unter einer Ascheschicht liegende Siedlung und strebten in geringer Höhe nach Süden und dann nach Osten.

Faranth sagt, sie hat laufendes Fleisch gefunden, meldete Carenath seinem Reiter. *Stimmt das?*

Sean hatte sein Fernglas auf ein kleines Tal gerichtet. Sie befanden sich nördlich der Bahn der beiden Fädeneinfälle, die dieses Gebiet betroffen hatten, daher gab es noch Vegetation, die Pflanzenfresser anlockte.

»Sag ihr, wir haben eine Goldgrube entdeckt.«

Kein Fleisch? fragte Carenath traurig.

Sean grinste und klopfte seinem Drachen auf die Schulter. »Doch, es ist Fleisch, aber unter einem anderen Namen. Und diesmal so viel, wie ihr fressen könnt«, fügte er hinzu, als die kleine, aus Rindern und Schafen gemischte Herde davonstürmte, um der Gefahr aus der Luft zu entgehen. Er gab dem Rest seines Geschwaders mit den übertriebenen Armbewegungen, die sie geübt hatten, ein Zeichen. Da die Drachen sich untereinander verständigen konnten, hatten die Reiter auf Funkgeräte verzichtet, aber Sean hatte die von Pol beschafften erhalten. Sie waren zwar zu wertvoll, um zu riskieren, daß sie aus großer Höhe herunterfielen, aber auch zu nützlich, um sie wieder abzugeben. »Setze mich auf diesem Grat ab, Carenath. Dort ist auch genügend Platz für die anderen.«

Porth sagt, es gibt genug für uns alle, meldete Carenath, als er elegant aufsetzte und die Schulter beugte, damit Sean absteigen konnte.

»Sag Porth, wir danken ihr, aber du solltest dich beeilen, um diese Schar einzuholen«, riet ihm Sean. Die Herde raste aus Leibeskräften das Tal hinunter. Sean hielt sich die Hände vor das Gesicht, denn Carenath hatte bei seinem überstürzten Aufbruch Kies und die überall vorhandene Asche aufgewirbelt. Helle Streifen erschienen hinter dem Bronzedrachen. »Herzlich willkommen«, sagte Sean ironisch, als er zwischen den kleinen farbigen Feuerechsenkörpern, die Blazer folgten, auch blaue und grüne entdeckte.

Der Rest seines Geschwaders war bald zur Stelle. Sogar Nora Sejby und Tenneth schafften eine akzeptable Landung; Nora verbesserte sich immer mehr. Mehr Sorgen machte ihm Catherine Radelin-Doyle, die seit der Tragödie kein einziges Mal mehr mit Singlath gekichert hatte. Nyassa, Otto und Jerry

Mercer, damit war die Gruppe vollständig. Sobald auch die anderen Drachen zur Jagd gestartet waren, richtete Sean sein Fernglas auf Carenath und sah gerade noch, wie der Bronzedrache herabstieß und sich, ohne seine Geschwindigkeit zu verringern, einen Stier schnappte.

»Gut gemacht, Carenath!« Sean reichte das Glas an Nyassa weiter, damit sie Milath beobachten konnte.

»Mir schienen in der Herde ziemlich viele Rinder zu sein«, sagte Jerry, nahm seinen Helm ab und fuhr sich durch das verschwitzte Haar. »Was soll aus ihnen werden?«

Sean zuckte die Achseln. »Das beste Vieh wurde nach Norden gebracht. Die hier werden überleben oder auch nicht.«

»Sean, sieh mal, wer zum Essen gekommen ist!« Nyassa zeigte nach Norden, wo die unverwechselbaren Silhouetten von fünf Wherries aufgetaucht waren. »Ran an den Feind!« fügte sie hinzu, als fünf Feuerzwergdrachen auf die Eindringlinge losgingen. »Ihr müßt schon warten, bis ihr an die Reihe kommt!«

»Ich habe einen Imbiß mitgebracht«, sagte Catherine und befreite sich von ihrem Rucksack. »Warum sollen wir nicht auch Mittagspause machen?«

Sean erklärte die Jagd für beendet, als jeder Drache zwei Tiere verschlungen hatte. Carenath beklagte sich, er habe nur ein großes Tier bekommen und brauche daher noch zwei von der kleineren Sorte. Sean erklärte ihm, dann würde sein Bauch so voll sein, daß er nicht mehr fliegen könne, und sie hätten noch einiges zu tun. Die Drachen murrten, und Carenath bemerkte hinterhältig, daß auch Faranth noch hungrig sei, aber Sean ließ sich nicht umstimmen, und die Drachen fügten sich.

Sobald sie in der Luft waren, formierte Sean sein Geschwader.

»Paß auf, Carenath«, sagte er und dachte erleichtert, daß dies die letzten Lasten in Landing waren. »Jetzt kehren wir so schnell wir können zum Turm zurück und bringen das hinter uns!«

Er hob den Arm und ließ ihn fallen.

Im nächsten Augenblick waren er und Carenath von einer

so absoluten Schwärze umgeben, daß Sean glaubte, sein Herz sei stehengeblieben.

Ich werde nicht in Panik geraten! ermahnte er sich mit aller Kraft und verdrängte die Erinnerung an Marco und Duluth. Sein Herz raste, und er spürte die betäubende Kälte des schwarzen Nichts.

Ich bin hier!

Wo sind wir, Carenath? Aber Sean wußte es bereits. Sie waren im *Dazwischen*. Er konzentrierte seine Gedanken intensiv auf ihr Ziel und rief sich das merkwürdig matte Licht in Erinnerung, in das Landing dank der Asche getaucht war, die Form des Wetterbeobachtungsturms, das flache Landegitter davor, die Bündel, die dort auf sie warteten.

Wir sind am Turm, erklärte Carenath ziemlich überrascht, und in diesem Augenblick waren sie auch tatsächlich dort. Sean war so erleichtert, daß er einen Schrei ausstieß.

Dann riß er plötzlich entsetzt die Augen auf. »Himmel! Was habe ich getan!« kreischte er. »Wo sind die anderen, Carenath! Sprich mit ihnen!«

Sie kommen, antwortete Carenath mit unerschütterlicher Ruhe und Zuversicht und kreiste über dem Turm.

Vor Seans ungläubigen Augen tauchte sein Geschwader, immer noch die Formation einhaltend, plötzlich hinter ihm auf.

»Bitte, Carenath, setz mich ab, ehe ich herunterfalle!« flüsterte Sean. Seine Erleichterung war so überwältigend, daß er sich ganz flau fühlte.

Als die anderen in den Landeanflug gingen, blieb Sean auf Carenath sitzen und ließ, halb staunend, halb entsetzt über das beispiellose Risiko, das er soeben rätselhafterweise überlebt hatte, alles noch einmal im Geist an sich vorüberziehen.

»Keeeeeeyoooo!« Nyassas triumphierendes Jodeln riß ihn aus seinen Gedanken. Sie schwenkte ihren Reithelm über dem Kopf, als Milath neben Carenath landete. Catherine und Singlath glitten auf der anderen Seite heran, Jerry Mercer und Manooth dahinter, und Otto und Shoth neben Tenneth und Nora.

»Hipp, hipp, hurra!« Jerry führte den Sprechchor an, während Sean sie alle anstarrte und nicht wußte, was er sagen sollte.

Es war doch ganz einfach. Du hast mir vorgedacht, wohin ich fliegen sollte, und dann habe ich es getan. Und du hast gesagt, ich soll so schnell wie möglich dorthin kommen. Carenaths Tonfall klang ein wenig vorwurfsvoll.

»Wenn das alles ist, warum haben wir dann so lange gewartet?« fragte Otto.

»Hat jemand eine Ersatzhose dabei?« fragte Nora kläglich. »Ich hatte solche Angst, daß ich mich naßgemacht habe. Aber wir haben es geschafft!«

Catherine kicherte, und das brachte Sean wieder zur Vernunft. Er gestattete sich ein Lächeln.

»Wir waren eben soweit!« stellte er mit lässigem Achselzucken fest, als er seine Reitriemen abschnallte. Dann merkte er, daß auch er irgendwo eine saubere Hose auftreiben mußte.

»Ich sagte, wir werden über Emilys Zustand Stillschweigen bewahren«, erklärte Paul barsch und sah Ongola, Ezra Keroon und den finster blickenden Joel Lilienkamp böse an. Er wollte *nicht*, daß Lilienkamp Wetten darüber annahm, ob sich Emily Boll von ihren zahlreichen Knochenbrüchen erholte oder nicht. Als sein Blick auf Fulmar Stone fiel, der mit gesenktem Kopf unaufhörlich an einem schmierigen Lappen zupfte, wich die Strenge aus seinem Gesicht. »Soweit es die Fort-Festung betrifft, ruht sie sich aus. Das ist nicht gelogen, das sagen auch der Arzt und alle Hilfssysteme, die ihren Zustand überwachen. Für Außenstehende ist sie beschäftigt – etwaige Anrufe werden zu Ezra geschaltet.«

Paul stand unvermittelt auf und begann in seinem neuen Büro, dem ersten Raum auf der Ebene oberhalb der Großen Halle, auf- und abzugehen. Aus den Fenstern hatte man einen freien Blick auf die in ordentlichen Reihen gestapelten Frachtgüter und Vorräte, die dieses Ende des Tals füllten. Mit der Zeit würde man alle diese Dinge in die großen, unterirdischen Kavernen von Fort verfrachten. Es war noch so viel zu tun, und er vermißte Emilys Unterstützung schmerzlich.

Er ertappte sich dabei, daß er an seinen Fingerprothesen

herumrieb, und steckte energisch beide Hände in die Taschen. Seine Stellung verlangte, daß er seine Betroffenheit für sich behielt, um nicht auch noch die anderen zu beunruhigen, die ohnehin unter großem Druck standen. Aber vor seinen engsten, vertrautesten Freunden konnte er sich die Ängste von der Seele reden, die sie alle teilten.

Das katastrophale Versagen der Gyros des großen Schlittens und der darauf folgende Absturz waren von den Bewohnern der Fort-Festung beobachtet worden, aber nur wenige hatten gewußt, daß die Gouverneurin an diesem Abend mitgeflogen war. Die Verletzungen des Piloten konnte man ehrlich zugeben, denn seine zwei gebrochenen Arme und die zahlreichen Schnittwunden würden problemlos heilen. Von den anderen Passagieren war niemand schwer verletzt worden, und die Helfer hatten Emily nicht erkannt, weil ihr aus einer Kopfwunde das Blut über das Gesicht strömte. Wenigstens so lange, bis sie sich auf dem Wege der Besserung befand, würde Paul nicht zulassen, daß die Tatsachen allgemein bekannt wurden. Bei dem Unfall waren außer dem Schlitten selbst auch einige unersetzliche Arzneimittel verlorengegangen, und da sich dies alles so kurz nach dem hastigen Auszug aus Landing ereignet hatte, mußte es heruntergespielt werden, um die Moral nicht zu gefährden.

»Pierre stimmt mir zu«, fuhr Paul fort. Er spürte den Widerstand der anderen, die unausgesprochene Überzeugung, daß dieses Vertuschungsmanöver seine Glaubwürdigkeit untergraben würde. »Er besteht sogar darauf. Emily würde es so wollen.« Während Paul weiter auf und ab ging, sah er unwillkürlich aus dem tiefen Fenster und wandte dann den Blick von der tiefen Furche ab, die der Schlitten vor zwei Tagen in den Boden gerissen hatte. »Ezra, lassen Sie das von jemandem planieren, ja? Ich muß es jedesmal sehen, wenn ich aus dem Fenster schaue.«

Ezra murmelte etwas und machte sich eine Notiz.

»Wie lange können wir damit rechnen, Emilys Zustand geheimhalten zu können?« fragte Ongola, in dessen Gesicht sich neue Sorgenfalten eingegraben hatten.

»Verdammt, Ongola, so lange, wie es nötig ist! Wir können

den Leuten doch wenigstens eine zusätzliche Sorge ersparen, besonders, wenn wir keine positive Prognose haben.« Paul atmete tief durch. »Die Kopfwunde war nicht so schlimm – kein Schädelbruch –, aber es hat eine Weile gedauert, bis man sie aus dem Schlitten herausholte. Das Trauma wurde nicht schnell genug behandelt, und wir haben nicht die Geräte, um den durch die vielen Knochenbrüche entstandenen Schock zu mildern. Sie braucht Zeit und Ruhe. Fulmar« – Paul drehte sich zu dem Ingenieur um –, »es wird doch heute ein Transportschlitten bereitstehen, um nach Süden zu fliegen, oder? Ich kann Desi nicht ständig vertrösten.«

»Alles mit orangefarbener Markierung ist unersetzlich«, fügte Joel hinzu und setzte sich auf seinem Stuhl zurecht. Wir haben zwar hier noch nicht einmal die Hälfte unter Dach gebracht, aber das Zeug wäre doch in unserem eigenen Vorgarten viel leichter zu schützen als auf einem lausigen Strand eine halbe Welt weit entfernt. Sonst muß Tillek noch mal zurückfahren und es holen. Und ich kann mir einen neuen Terminplan aus den Fingern saugen. Du könntest nicht vielleicht zwei Schlitten entbehren, Fulmar?«

Als Fulmar aufblickte, waren seine Augen vor Überanstrengung und Trauer so gerötet, daß sogar der hartgesottene Magaziner bestürzt zurückzuckte. Joel wußte, daß Stones Leute bis zum Umfallen gearbeitet hatten, um die großen Transportschlitten zu warten. Nur sich selbst gestand er ein, daß man den Schlittenabsturz eher dem Magazin zur Last legen konnte als den Wartungsmonteuren. Aber was konnte er schon tun, wenn man ihm einen Notfall nach dem anderen auflud?

»Wenn es geht, Fulmar«, sagte er etwas sanfter. »Sobald sie eben fertig sind.« Er verließ den Raum, ohne sich noch einmal umzusehen.

»Wir tun, was wir können, Admiral«, sagte Fulmar müde und rappelte sich auf. Er betrachtete den Lappen in seiner Hand, sah erstaunt, daß er zerfetzt war, und stopfte ihn in seine Hüfttasche.

»Ich weiß, Mann, ich weiß.« Paul führte den Ingenieur zur Tür und klopfte ihm verständnisvoll auf die Schulter. »Wenn

Sie einen Augenblick Luft haben, Fulmar, stellen Sie mir doch bitte eine Liste mit den Wartungsterminen für die kleineren Maschinen zusammen. Ich muß wissen, wie viele ich für den nächsten Fädenfall zur Verfügung habe.«

»Niemand war schuld an dem Absturz«, sagte er, als Fulmar gegangen war, dann kehrte er an seinen Schreibtisch zurück und ließ sich in seinen Stuhl fallen. »Fulmar macht sich Vorwürfe, weil er nicht früher auf einer Wartung bestanden hat. Genausogut könnte ich sagen, ich hätte Emily nicht drängen sollen, nach Norden zu kommen. Die Fracht in der Kabine war ungenügend gesichert. Aber, meine Herren, es ist töricht, in ein solches Ereignis mehr hineinzulesen als schlechte Koordination und ein fatales Zusammentreffen unglücklicher Umstände. Die Evakuierung von Landing ist einigermaßen geordnet vor sich gegangen. Man hatte neue Unterkünfte für uns bereit, und nun müssen wir genügend Personal und Maschinen auftreiben, um gegen die Sporen zu kämpfen.« Er hatte jede Hoffnung auf Unterstützung seitens der Zwergdrachen oder gar der Drachen aufgegeben.

»Was hast du getan?« schrie Sorka und wurde vor Zorn erst bleich und dann rot. In Faranths Augen begann es orange zu schillern, und sie senkte den Kopf. Carenath trompetete erschrocken.

Sean packte Sorka an beiden Armen, ihre Reaktion machte ihn seltsamerweise ärgerlich. Er hatte die anderen mit Mühe dazu bewegen können, mit der Verkündigung ihrer Heldentat noch zu warten, bis Sorkas Geschwader gelandet war.

»Aber Sorka, ich hatte das doch nicht geplant! Himmel, es war das letzte, was mir in den Sinn gekommen wäre. Ich habe Carenath nur gesagt, er soll so schnell wie möglich nach Landing zurückkehren. Und das hat er getan!«

Es war wirklich ganz einfach, sagte Carenath bescheiden. *Ich habe es Faranth erzählt. Sie glaubt mir.* Er drehte den Kopf und warf Sorka einen vorwurfsvollen Blick zu.

»Wie ... wie ... haben es denn die anderen erfahren?« Wieder verschattete Furcht ihre Augen. Sie achtete nicht auf die allgemeine Aufregung ringsum, wo Seans Geschwader mit ihren

Reitern herumtobte und alle durcheinanderredeten und sich lauthals in allen Einzelheiten erzählten, was geschehen war.

Er hat es ihnen gesagt, antwortete Faranth etwas scharf.

»Wir haben zwei Stunden gebraucht, um dahinterzukommen.« Sean lächelte und hoffte, auch Sorka ein Lächeln zu entlocken. Er legte ihr den Arm um die Schultern und führte sie zu den anderen zurück. »Ich glaube«, er wählte seine Worte sehr sorgfältig, »wir haben alle vor Angst fast den Verstand verloren, nachdem Marco und Duluth so umgekommen waren. Jetzt wissen wir aus erster Hand, warum Marco in Panik geriet. Sorka, so etwas hast du noch nie erlebt, du spürst überhaupt nichts, nicht einmal deinen Drachen zwischen den Beinen. Otto hat es als totale sensorische Deprivation bezeichnet.«

Es ist dazwischen, sagte Carenath fast belehrend. Er und Faranth folgten ihren Reitern zurück zu den in Netzen verpackten Bündeln, die sie als letzte Last befördern würden. Die Drachen aus Seans Geschwader saßen im Kreis auf ihren Hinterbeinen und schüttelten sich gelegentlich die überall herumfliegende Asche ab. Faranth grollte tief in der Kehle, und Sean mußte grinsen. Die goldene Königin war ebenso skeptisch wie ihre Reiterin.

»Kann mir Faranth sagen, wie weit Daves Geschwader entfernt ist?« fragte er Sorka.

Sie kommen jetzt in Sicht, sagte Carenath, und gleichzeitig antwortete Sorka: »Faranth sagt, daß sie gerade in Sicht kommen«, und zeigte nach Nordosten. »Polenth sagt, die Jagd sei gut gelaufen. Fleisch!« Sorka lächelte kurz, und Sean nahm das als Zeichen, daß sie ihm schon halb verziehen hatte.

Natürlich gab es erneut erstaunte Ausrufe und neidvolle Glückwünsche, als Dave und seine Reiter die Nachricht hörten.

»Na schön«, sagte Sean, stieg auf eine Kiste und wandte sich an alle. »Wir machen jetzt folgendes, ihr Reiter! Wir teleportieren zur Bucht von Kahrain. Sie ist uns aus der Luft ebenso vertraut wie Landing, also ein ausgezeichneter Test. Carenath behauptet steif und fest, er habe den anderen Drachen gesagt, wohin sie fliegen sollten, aber es wäre mir lieber, wenn ihr Reiter euren Drachen selbst erklärt, was ihr von ihnen wollt. Ich glaube, das gehört ebenso zu den Flugvorbereitungen wie das Anschnallen und das Überprüfen des unmittelbaren Luftraums.« Er grinste sie an.

»Und was sagen wir *ihnen?*« fragte Dave und deutete mit dem Daumen nach Norden.

»Emily ist zum Admiral geflogen. Pol und Bay sollten mit dem ersten Schlitten zurückkommen.« Sean hielt inne, sah sich wieder um und warf dann Sorka einen langen Blick zu. Sie nickte zustimmend. »Ich glaube, wir behalten das vorläufig für uns. Wir überraschen sie mit dem fertigen Produkt, mit einsatzbereiten Drachen! Nur mit Hilfe eines Fax eine Feuerechse nach Norden zu schicken, ist eine Sache, aber ich würde sicherlich nicht riskieren, Carenath an einen Ort zu schicken, wo ich noch nie war.« Sean atmete noch einmal tief durch, nachdem er gesehen hatte, daß alle wohlwollend reagierten. »Desi sagte, wir sollen an der Küste entlang nach Seminole fliegen. Dabei haben wir genügend Zeit, um zur Übung jeweils zwischen dem gegenwärtigen und dem letzten Standort hin und her zu teleportieren. Auf diese Weise können wir uns genau einprägen, wie wir jede der größeren Besitzungen erreichen, wenn wir über ihnen Fäden bekämpfen müssen.«

»Ja, aber die Drachen speien noch kein Feuer«, erinnerte ihn Peter Semling.

»Überall an der Küste gibt es phosphinhaltiges Gestein. Wir haben alle beobachtet, wie die Feuerechsen die Steine kauen. Das ist das geringste Problem«, antwortete Sean wegwerfend.

»Von einem Ort zum anderen zu gelangen, ist eine Sache«, begann Jerry langsam. »Das haben wir jetzt *gemacht*. Wir begeben uns von hier« – Er streckte den linken Zeigefinger in die Höhe – »nach dort.« Er hob den rechten Finger. »Und die Drachen tun die Arbeit. Aber wenn man Fäden oder einem Schlitten ausweichen muß ...« Er brach ab.

»Duluth hat Marco völlig überrascht, und er hat durchgedreht.« Sean sprach schnell und zuversichtlich. »Offen gestanden, Jerry, dieses *Dazwischen* hat mir eine Heidenangst eingejagt, und ich wette, euch ist es nicht anders ergangen. Aber nachdem wir jetzt Bescheid wissen, werden wir uns darauf

einstellen. Wir werden schnelle Ausweichmanöver planen.«
Sean zog das Messer aus seinem Stiefelschaft und kauerte sich
nieder. »Die meisten von uns haben bei Fadeneinfällen Schlitten oder Gleiter geflogen, wir haben also gesehen, *wie* das
Zeug fällt ... meistens jedenfalls.« Er zeichnete eine Reihe von
langen, schrägen Streifen in die Asche. »Ein Reiter sieht, daß er
sich auf Kollisionskurs mit den Sporen befindet ... hier« – er
setzte die Spitze ein – »und *denkt* einen Schritt weiter.« Er
setzte die Spitze ein Stück nach vorne. »Wir müssen üben, auf
diese Weise zu springen. Dazu muß man schnell reagieren.
Wir sehen, daß die Feuerechsen diese Taktik ständig anwenden – sie erscheinen und verschwinden blitzartig –, wenn sie
mit den Bodentruppen gegen die Fäden kämpfen. Wenn sie es
können, können es auch die Drachen!«

Die Drachen beantworteten diese Herausforderung mit lautem Trompeten, und Sean grinste breit.

»Richtig?« Seans Frage stachelte die Reiter an.

»Richtig!« riefen alle begeistert und schwenkten zum Zeichen ihrer Bereitwilligkeit die Fäuste.

»Also dann!« Sean stand auf und klatschte laut in die Hände.
Asche rieselte von seinen Schultern. »Wir laden auf und teleportieren nach Kahrain.«

»Und wenn uns jemand sieht, Sean?« fragte Tarrie ängstlich.

»Was gibt es denn schon zu sehen? Die fliegenden Lastesel
tun doch nur das, wofür sie geschaffen wurden«, antwortete er
bissig.

»Offensichtlich«, erklärte Paul den besorgten Piloten, »werden
wir mit unserer dezimierten Luftstreitmacht nicht mehr ganz
soviel Land schützen können wie früher.«

»Verdammt, Admiral«, sagte Drake Bonneau und runzelte
die Stirn. »Unsere Energiezellen sollten doch angeblich für
fünfzig Jahre reichen!«

»Das stimmt.« Joel Lilienkamp sprang wieder auf. »Bei normaler Beanspruchung. Aber man kann *nicht* behaupten, daß
sie in letzter Zeit normal beansprucht oder auch nur normal
gewartet worden wären. Und Fulmar und seine Leute können
nichts dafür. Ich glaube, sie haben seit Monaten keine ganze

Nacht mehr geschlafen. Nicht einmal die besten Mechaniker der Welt können aus einem Schlitten mit halb oder schlecht aufgeladenen Zellen die volle Leistung herausholen.« Er sah angriffslustig in die Runde, dann setzte er sich so heftig, daß der Stuhl auf dem Steinboden schaukelte.

»Wir haben also die Wahl, die Schlitten und Gleiter, die wir noch haben, mit größter Vorsicht zu behandeln, oder in einem Jahr überhaupt keine Flugzeuge mehr zu besitzen?« jammerte Drake.

Niemand antwortete sofort.

»Genau, Drake«, sagte Paul schließlich. »Geht mit den Flammenwerfern um eure Häuser herum und über die Gemüsegärten, die ihr habt retten können, haltet die Besitzung frei ... und dankt welcher höheren Macht ihr wollt, daß wir den hydroponischen Anbau haben.«

»Wo sind eigentlich diese Drachen? Es waren doch achtzehn«, sagte Chaila.

»Siebzehn«, verbesserte Ongola. »Marco Galliani ist mit seinem Braunen Duluth in Kahrain umgekommen.«

»Entschuldigung, das hatte ich vergessen«, murmelte Chaila. »Aber wo sind die anderen? Ich dachte, sie sollten einspringen, wenn die Maschinen ausfallen.«

»Sie sind auf dem Weg von Kahrain hierher«, antwortete Paul.

»Und?« bohrte Chaila weiter.

»Die Drachen sind noch kein Jahr alt«, sagte Paul. »Laut Windblütes« – die leise mißbilligende Reaktion auf diesen Namen entging ihm nicht – »Pols und Bays Prognosen werden die Drachen erst in zwei oder drei Monaten so weit ausgewachsen sein, daß man sie voll ... einsetzen kann.«

»In zwei oder drei Monaten«, rief jemand verbittert, »werden wir achtzehn bis zwanzig weitere uneingedämmte Fädeneinfälle hinter uns haben!«

Fulmar erhob sich und wandte sich dem hinteren Teil des Raums zu. »In drei Wochen stehen drei völlig neu instandgesetzte Schlitten zur Verfügung.«

»Ich hörte, es seien noch weitere Wesen ausgeschlüpft«, sagte Drake. »Ist das wahr, Admiral?«

»Ja, das ist wahr.«

»Taugen *die* etwas?«

»Es sind sechs weitere Drachen«, sagte Paul mit mehr Zuversicht, als er wirklich empfand.

»Und damit werden sechs weitere junge Leute aus unseren Verteidigungstruppen abgezogen!«

»Und wir bekommen sechs weitere wartungsfreie, sich selbst vermehrende potentielle Kämpfer!« Paul erhob sich. »Man muß das Projekt aus dem richtigen Blickwinkel betrachten. Wir brauchen eine Luftverteidigung gegen die Sporen. Wir haben mit biotechnischen Mitteln eine einheimische Lebensform so verändert, daß sie diesen dringenden Bedarf decken kann. Und das werden sie tun!« Er legte seine ganze Überzeugungskraft in diese Worte. »In ein paar Generationen ...«

»Generationen?« Der Aufschrei löste unter den durch die vorangegangenen unangenehmen Informationen ohnehin schon entmutigten Zuhörern zorniges Gemurmel aus.

»Drachengenerationen!« Paul hob die Stimme. »Die fruchtbaren Weibchen sind mit zweieinhalb bis drei Jahren so weit erwachsen, daß sie sich fortpflanzen können. Eine Drachengeneration beträgt also drei Jahre. Die Königinnen werden zehn bis zwanzig Eier legen. Wir haben zehn Goldene aus der ersten Brut und drei aus der zweiten. In fünf bis zehn Jahren steht uns ein unbesiegbares Luftverteidigungssystem zur Verfügung, mit dem wir diesen Eindringling schlagen können.«

»Ja, Admiral, und in hundert Jahren gibt es für die vielen Menschen keinen Platz mehr auf diesem Planeten!« Diese Vorstellung wurde mit nervösem Gelächter aufgenommen, und auch Paul lächelte und war dem anonymen Witzbold dankbar.

»So weit wird es nicht kommen«, sagte er, »aber wir werden ein einzigartiges Verteidigungssystem besitzen, das genau auf unsere Bedürfnisse zugeschnitten ist. Und die Drachen machen sich auch in anderer Beziehung nützlich. Desi sagte mir, daß die Reiter auf dem Weg hierher nach Fort den Besitzungen Vorräte bringen. Ich glaube, Sie haben alle Ihre Anweisungen.«

Damit erhob sich Paul Benden und verließ schnell den Raum, dicht gefolgt von Ongola.

»Verdammt, Ongola, wo zum Teufel sind sie denn nun wirklich?« rief Paul, sobald sie unter sich waren.

»Sie melden sich jeden Morgen. Sie kommen gut voran. Von einer noch nicht ausgewachsenen Spezies können wir nicht mehr verlangen. Ich habe gehört, wie Bay Ihnen sagte, sie und Pol fürchteten, die Drachen könnten bei der Evakuierungsaktion gefährlich überanstrengt worden sein.«

Paul seufzte. »Sie haben schließlich keine andere Möglichkeit, hierher zu gelangen, jedenfalls nicht bei der gegenwärtigen Transportsituation.« Er stieg die gewundene Eisentreppe hinunter, die vom Verwaltungsgeschoß in den unterirdischen Laborkomplex führte. »Windblütes Personal muß anderweitig eingesetzt werden. Wir haben weder die Zeit noch die Arbeitskräfte oder die Mittel für weitere Experimente, ganz gleich, was sie sagt.«

»Sie wird sich an Emily wenden wollen!« antwortete Ongola.

»Dann wollen wir inständig hoffen, daß sie das auch kann! Haben Sie heute morgen schon von Jim gehört?« Paul war momentan mit schlechten Nachrichten so übersättigt, daß ihn zusätzliche Schläge nicht mehr allzusehr treffen konnten. Die Nachricht des letzten Tages, daß Jim Tilleks Konvoi, gerade als er an Boca vorbeisegelte, in einen plötzlichen Sturm geraten war, der neun Schiffe zum Kentern gebracht hatte, war ihm fast bedeutungslos erschienen.

»Er meldet, daß es keine Toten gegeben hat«, beruhigte ihn Ongola, »alle Boote bis auf zwei konnten wieder flottgemacht werden und sind zu reparieren. Die Delphine bergen die Fracht. Für einige schwere Dinge werden wir allerdings Taucher einsetzen müssen. Glücklicherweise waren sie in flachem Wasser, und der Sturm dauerte nicht lange.« Ongola zögerte.

»Nur raus damit!« sagte Paul und blieb auf einem Treppenabsatz stehen.

»Es gab kein Ladungsverzeichnis, man kann also nicht feststellen, ob alles geborgen wurde.«

Paul sah Ongola gleichmütig an. »Hat er schon eine Vorstellung, wie lange ihn das aufhalten wird?« Ongola schüttelte den Kopf. »Ein Grund mehr, um Windblütes Leute umzubesetzen.

Wenn alles vorbei ist, werde ich ein Wörtchen mit Jim reden. Es ist unglaublich, daß er eine so buntgemischte Flottille überhaupt so weit gebracht hat! Durch Nebel, Fädenfall und Sturm!«

Ongola stimmte ihm aus vollem Herzen zu.

Während Carenath mit äußerster Konzentration kaute, war Sean ein wenig zur Seite getreten und bemühte sich, seine Nervosität zu unterdrücken. Feuerzwergdrachen flitzten um die Drachen herum und zirpten ihnen offenbar aufmunternd zu. Duke und eine der anderen Bronzeechsen hatten kleine Steine gefunden und demonstrierten ihnen, wie sie zu zerkleinern waren.

Die Drachen und ihre Reiter hatten das erforderliche phosphinhaltige Gestein auf einer Hochfläche auf halbem Weg zwischen dem Malayfluß und Sadrid entdeckt. Im Laufe der letzten paar Tage war es den Reitern wieder und wieder gelungen, von und zu vorgegebenen Landmarken zu teleportieren, und das hatte ihre Zuversicht gestärkt. Otto Hegelman hatte angeregt, jeder Reiter solle sich ein Log anlegen und sich darin Bezugspunkte für spätere Fälle notieren. Der Vorschlag war begeistert angenommen worden, obwohl man dazu erst einmal auf dem Malayfluß-Anwesen um Schreibmaterial bitten mußte. Zu ihrer Überraschung fanden sie dort nur Kinder vor, die von Phas Radamanths sechzehnjähriger Tochter beaufsichtigt wurden.

»Alle sind draußen und kämpfen gegen Fäden«, erklärte das Mädchen, legte den Kopf schief und sah die Drachenreiter, wie Tarrie später behauptete, eindeutig unverschämt an.

»Desi hat uns Vorräte für euch mitgegeben.« Sean bemühte sich, seinen Groll über die versteckte Kritik und das gegenwärtig so geringe Ansehen, in dem die Drachenreiter standen, zu unterdrücken, und winkte Jerry und Otto, das Frachtnetz ins Haus zu bringen. »Könnt ihr uns vielleicht ein paar Notizbücher überlassen?«

»Wozu?«

»Wir wollen eine Karte der Küstenlinie zeichnen«, erklärte Otto etwas von oben herab.

Das Mädchen sah ihn überrascht an, dann wich der feind-selige Ausdruck aus seinem Gesicht. »Ich glaube schon. Da drüben im Schulzimmer liegt alles mögliche herum. Wer hat momentan schon Zeit für Unterricht?«

»Du bist wirklich sehr freundlich«, grinste Jerry und ver-neigte sich kurz zum Abschied.

Dieser Vorfall erhöhte die Entschlossenheit der Reiter, ihr Ziel noch vor Ende der Reise nach Westen zu erreichen.

»Du kannst ihm das Kauen wirklich nicht abnehmen, Sean«, sagte Sorka und reichte Faranth ein weiteres Stück. »Wieviel müssen sie denn fressen?«

»Wer weiß, wie lange man schüren muß, um ein Drachen-feuer in Gang zu kriegen?« rief Tarrie fröhlich. »Ich würde sagen« – sie wog einen Stein in ihrer Hand – »der ist vergleich-bar mit den Kieseln, mit denen ich meinen goldenen Zwerg-drachen immer gefüttert habe. Nicht wahr, Porth?«

Die Königin senkte gehorsam den Kopf und nahm den Stein entgegen.

»Die Zwergdrachen kauen mindestens eine Handvoll, bis sie Feuer spucken können«, sagte Dave Catarel, aber er beobach-tete doch etwas skeptisch, wie Polenth mit der gleichen feier-lich-nachdenklichen Miene wie alle anderen seine Kiefer be-wegte. »Schau, Sorka, dein Schwarm macht es ihnen vor!«

Duke stieß einen langen Feuerstoß aus, während Blazer ze-ternd in die Luft flatterte.

In diesem Augenblick kreischte Porth auf, ihr Mund öffnete sich, und ein grünfleckiger Stein fiel dicht neben Tarries Fuß zu Boden. Porth klappte den Mund wieder zu und wimmerte.

»Was ist passiert?« fragte Dave.

»Sie sagt, sie hat sich auf die Zunge gebissen«, antwortete Tarrie und klopfte Porth mitfühlend auf die Schulter. »Tatsäch-lich. Seht nur!« Das grüne Blut auf dem Stein glitzerte im Son-nenlicht. »Soll ich nachsehen, Sorka? Vielleicht hat sie sich verletzt.«

»Was meint denn Porth dazu?« fragte Sorka mit routinierter Gelassenheit. Sie konnte sich nicht erinnern, jemals einen Drachen behandelt zu haben, der sich selbst gebissen hatte.

»Es tut weh, und sie will warten, bis es aufhört, ehe sie weiter Steine kaut.« Tarrie hob den Stein des Anstoßes auf und legte ihn auf den Haufen zurück, den sie zusammengetragen hatten.

Noch ein Drache schrie schmerzlich auf, Noras Tenneth war Porths schlechtem Beispiel gefolgt. Sean und Sorka tauschten besorgte Blicke, fuhren aber fort, ihren Drachen Feuerstein anzubieten.

Plötzlich rülpste Polenth, und vor seiner Nase zuckte eine winzige Flamme in die Höhe. Erschrocken sprang der Bronzedrache zurück.

»He, er hat's geschafft!« rief Dave stolz. »Puh!« stöhnte er dann und wedelte mit der Hand. »Stellt euch gegen den Wind, Leute. Das stinkt.«

»Vorsicht!« Sean sprang zur Seite, als Carenath aufstieß und alle mit einer ganz beachtlichen Flammenzunge überraschte, die beinahe seinen Reiter getroffen hätte. Über den Drachen drehten die Feuerechsen, abwechselnd freudig zirpend und Flammen speiend, ihre Kreise, und ihre Augen schillerten in zufriedendem Blau.

»Gegen den Wind und zur Seite, Reiter!« kommandierte Sean. »Versuch's noch einmal, Carenath!« Sean reichte ihm einen größeren Brocken.

»Himmel, das ist ja schrecklich!« rief Tarrie, als ihr der Wind den überwältigenden Schwefelgestank direkt ins Gesicht blies, und duckte sich hustend und Schutz suchend hinter Polenths Rücken.

»Wo Feuer ist, da riecht es auch«, witzelte Jerry. »Nein, Manooth, dreh den Kopf in die andere Richtung!«

Der braune Drache gehorchte, und im gleichen Augenblick schoß ein Flammenstrahl aus seinem Mund, und einige der kümmerlichen Büsche auf dem Plateau zerfielen zu Asche.

Jerry klopfte seinem Drachen triumphierend auf die Schulter. »Du hast es geschafft! Manooth! Du bist der Meisterspeier!«

Die anderen fütterten ihre Drachen mit neuer Hingabe weiter. Eine Stunde später hatten zwar alle Männchen Flammen produziert, aber keines der Weibchen. Obwohl die Goldenen unermüdlich gekaut hatten, hatten sie nur einen ekelhaften grauen Brei heraufgewürgt.

»Wenn ich das Programm richtig in Erinnerung habe«, versuchte Sean die enttäuschten Reiterinnen der Goldenen zu trösten, »gelangen die Königinnen erst mit fast drei Jahren zur Geschlechtsreife. Die Männchen sind ... nun ja ...« Er suchte nach einer taktvollen Umschreibung.

»Schon jetzt voll einsatzfähig«, ergänzte Tarrie nicht gerade entzückt.

»Selbst eine siebenköpfige Verstärkung wird man in Fort begeistert empfangen«, sagte Otto, ausnahmsweise bemüht, keine Überheblichkeit zu zeigen.

Sorka runzelte jedoch die Stirn, was für sie so ungewöhnlich war, daß sich Tarrie nach dem Grund erkundigte.

»Ich überlege nur. Kit Ping war doch so auf Tradition bedacht ...« Sorka sah ihren Mann so lange an, bis er den Kopf senkte, weil er ihren Blick nicht mehr ertrug. »Schön, Sean, du kennst jedes Symbol in diesem Programm. Hat Kit Ping eine Geschlechtsdifferenzierung vorgesehen?«

»Eine was?« fragte Tarrie. Die anderen Reiterinnen drängten näher heran, während die jungen Männer sich diskret zurückzogen.

»Eine Geschlechtshemmung ... das würde bedeuten, daß die Königinnen Eier legen und alle andersfarbigen kämpfen!« Sorka war empört.

»Es könnte auch ganz einfach sein, daß die Königinnen noch nicht ausgewachsen sind«, wollte Sean sie beruhigen. »Ich bin aus einigen von Kit Pings Gleichungen nicht schlau geworden. Vielleicht ist die Flammenproduktion geschlechtsreifen Tieren vorbehalten. Ich weiß nicht, warum alle Königinnen das Zeug ausgekotzt haben. Wir müssen Pol und Bay fragen, wenn wir nach Fort kommen. Aber warum sollt ihr Mädchen eigentlich nicht mit Flammenwerfern arbeiten können? Wenn man die Rohre ein wenig verlängert, besteht auch keine Gefahr, daß ihr aus Versehen eure Drachen versengt.«

Von diesem Vorschlag ließen sich die Reiterinnen vorläufig besänftigen, aber Sean hoffte inständig, Pol und Bay würden mit einer annehmbareren Lösung aufwarten können. Siebzehn Drachen waren eine viel imponierendere Streitmacht als sieben. Und er wollte unbedingt Eindruck machen, wenn die Drachenreiter in der Fort-Festung ankamen. Die einzige Last, die die Drachen jemals wieder tragen sollten, waren ihre Reiter und Feuerstein!

»Eigentlich«, sagte Telgar mit einem Blick auf Ozzie und Cobber, »haben sich Windblütes Photophoben bei unterirdischen Erkundungen als äußerst nützlich erwiesen, Paul. Sie haben einen untrüglichen Instinkt für verborgene Gefahren – Stolperfallen zum Beispiel, und blinde Tunnel.« Der Geologe zeigte sein freudloses Lächeln. »Ich würde sie gerne behalten, nachdem Windblüte sie sozusagen ausgesetzt hat«, erklärte er, an Pol und Bay gewandt.

»Ich bin froh, daß sie überhaupt zu etwas taugen«, sagte Pol mit einem tiefen Seufzer. Als man Windblüte aufforderte, das Drachenprogramm einzustellen, hatten er und seine Frau immer wieder versucht, vernünftig mit der empörten Genetikerin zu reden. Sie behauptete zwar, bei der überstürzten Verlegung von Landing nach Fort seien viele Eier in dem manipulierten Gelege beschädigt worden, aber Pol und Bay hatten die Obduktionsberichte gesehen und wußten, daß dies nicht stimmte. Sie hatten Glück gehabt, daß sechs lebensfähige Exemplare ausgeschlüpft waren.

»Sobald sie einmal Vertrauen gefaßt haben, sind sie ganz harmlos«, fuhr Telgar fort. »Cara ist ganz vernarrt in den jüngsten Nestling, und er läßt sie nicht aus den Augen, solange sie in der Festung ist.« Wieder zeigte er das starre Lächeln. »Nachts hält er vor ihrer Tür Wache.«

»Wir können aber nicht zulassen, daß sie sich unkontrolliert vermehren«, wandte Paul schnell ein.

»Dafür werden wir sorgen, Admiral«, versprach Ozzie feierlich, »aber die kleinen Dinger machen sich wirklich sehr nützlich.«

»Und stark sind sie. Schleppen mehr aus den Minen raus, als sie selbst wiegen«, fügte Cobber hinzu.

»Schon gut, schon gut. Haltet mir nur die Vermehrung in Grenzen.«

»Fressen alles«, fügte Ozzie noch hinzu, »einfach alles. Dadurch sorgen sie auch noch für Ordnung und Sauberkeit.«

Paul nickte wieder. »Ich will nur, daß Pol und Bay als Vertreter der Biologen gefragt werden, ehe es zur Fortpflanzung kommt.«

»Wir freuen uns jedenfalls sehr darüber«, sagte Bay. »Ich mochte diese Kreaturen nicht, aber ich kann auch nicht billigen, daß man Lebewesen, die sich als nützlich erweisen könnten, einfach ausrottet.«

Telgar stand unvermittelt auf, und Bay fragte sich schon, ob ihre Worte ihn wohl irgendwie an Sallahs Tod erinnert hatten, und machte sich insgeheim Vorwürfe, weil sie so unüberlegt dahergeredet hatte. Auch Ozzie und Cobber sprangen auf.

»Sie haben ja nun den Höhlenkomplex von Fort vollständig erkundet, Telgar«, sagte Paul und überspielte damit geschickt die aufkommende Verlegenheit. »Wie sehen denn Ihre weiteren Pläne aus?«

In den Augen des Geologen leuchtete ein Funke der Begeisterung auf. »Die Sondenberichte lassen auf Erzvorkommen in den Westbergen schließen, das wäre eine Alternative zum energieaufwendigen Transport von Karachi Camp. Es ist besser, wenn man die Rohstoffe in der Nähe hat.« Telgar verabschiedete sich abrupt mit einem Kopfnicken und verließ mit langen Schritten den Raum; Ozzie und Cobber murmelten noch ein paar Worte und folgten ihm.

»Wie sich der Mann verändert hat!« sagte Bay leise mit traurigem Gesicht.

Paul schwieg für eine Weile respektvoll. »Ich glaube, wir haben uns alle verändert, Bay. Nun, wie ist es, kann man gegen Windblütes Uneinsichtigkeit etwas unternehmen?«

»Nichts, solange sie nicht mit Emily persönlich sprechen kann«, sagte Pol, ohne eine Miene zu verziehen. Man hatte den beiden Wissenschaftlern den wahren Zustand der Gouverneurin, der sich auch zwölf Tage nach dem Unfall praktisch nicht verändert hatte, nicht verheimlichen können.

»Ich weiß nicht, warum sie Ihre Entscheidung nicht akzeptiert, Paul«, sagte Bay erregt.

»Tom Patrick sagt, Windblüte hat kein Vertrauen zur männlichen Hälfte dieser Regierung.« Paul grinste. Eigentlich fand er die Situation lächerlich, aber da Windblüte sich bis zu einer ›fairen Verhandlung‹ weigerte, ihre Räume zu verlassen, hatte er die Gelegenheit ergriffen und ihren Mitarbeitern produktivere Tätigkeiten zugewiesen. Die meisten waren darüber nicht unglücklich gewesen. »Sie werden natürlich die jungen Nestlinge weiterhin überwachen.«

»Selbstverständlich. Was hört man Neues von Sean und den anderen?« fragte Pol mit leichter Ungeduld. Er hatte mit Bay über die lange Abwesenheit der Drachenreiter gesprochen und fragte sich allmählich, ob sie sich nicht absichtlich soviel Zeit ließen. Beiden Biologen war bekannt, wie sehr Sean es verabscheute, wenn sie zu Botendiensten herangezogen wurden. Aber was konnte er erwarten? Jeder mußte tun, was er konnte. Auch Pol und Bay waren nicht gerade entzückt von Kwan Marceaus Projekt, die Maden aus dem Rasenstück auf Calusa zu überwachen, aber es war schließlich eine Aufgabe, bei der sie sich nützlich machen konnten.

»Sie müßten bald hier sein.« Weder Pauls Stimme noch seine Miene verrieten etwas von seinen Empfindungen. »Wann hat Kwan vor, seine Würmer probeweise im Norden auszusetzen?«

»Es sind eher Maden als Würmer«, belehrte ihn Pol. »Für einen Bodentest ist inzwischen eine ausreichende Anzahl vorhanden.«

»Das hört man wirklich gerne«, sagte Paul herzlich und stand auf. »Aber vergessen Sie nicht, morgen ist kein guter Tag für irgendwelche Tests!«

Pol und Bay sahen sich an. »Stimmt es, Admiral«, fragte Pol, »daß Sie nicht die ganze Fädenfront in den Bergen bekämpfen wollen?«

»Ja, Pol, das ist richtig. Es fehlt uns an Leuten, an Energie und an Schlitten, um mehr als die unmittelbare Umgebung zu schützen. Wenn also diese Maden irgendwie helfen könnten, wären wir Ihnen alle sehr dankbar.«

Als sie gegangen war, ließ Paul sich wieder in seinen Stuhl sinken und drehte sich zum Fenster, um in die Sternennacht hinauszuschauen. Hier im Norden war das Klima rauher als im Süden, aber in der kalten Luft waren die inzwischen vertrauten Sternbilder kristallklar zu erkennen. Manchmal konnte er sich beinahe einbilden, er sei wieder im Weltraum. Mit einem tiefen Seufzer setzte er sich ans Terminal. Er mußte in dem deprimierenden Bericht, den Joel abgeliefert hatte, wenigstens eine Spur von Hoffnung finden.

Falls sie die Schlitten und Gleiter wirklich nur einsetzten, wenn es absolut unerläßlich war, würden sie vielleicht gerade so lange halten, bis die Materie der Oort'schen Wolke an Pern vorübergezogen war. Aber was würden sie tun, wenn sie wiederkam? Paul zuckte zusammen, als er daran dachte, mit welcher Arroganz Ted Tubberman einfach die Peilkapsel abgesetzt hatte. Hatte der Mann überhaupt gewußt, wie man sie richtig aktivierte? Ironie des Schicksals! Würde sie ihr Ziel erreichen, würde man darauf reagieren? Mit Hilfe der hochtechnisierten Gesellschaft, von der sie sich losgesagt hatten, konnten seine Nachkommen überleben. Wollte er das? Hatten sie eine andere Wahl? Mit der entsprechenden Technologie konnte das Sporenproblem möglicherweise gelöst werden. Erfindungsreichtum und die Besinnung auf natürliche Mittel hatten bisher kläglich versagt.

Feuerspeiende Drachen! Eine lächerliche Vorstellung, ein Ammenmärchen. Und doch ...

Entschlossen ließ Paul die nackten Zahlen vor sich abrollen, die ihm Auskunft über die schwindenden Vorräte der Kolonie gaben.

»Tarrie!« Peter Chernoff kam aus der Scheunenhöhle am Ostrand des Hauptquartiers des Seminole-Anwesens gestürmt, um seine Schwester zu begrüßen. Er war ein hochgewachsener junger Mann und konnte auf die Reiter hinabschauen, die ihn umringten. »Sagt mal, Leute, wo wart ihr denn die ganze Zeit?«

»Wir haben uns jeden Tag auf Fort gemeldet«, gab Sean überrascht zurück.

»Ich habe den gestrigen Bericht verfaßt und sogar mit Bruder Jake gesprochen«, fügte Tarrie mit ängstlicher Miene hinzu. »Was ist los, Peter?«

Peter trat von einem Fuß auf den anderen, druckste herum

und wollte nicht mit der Sprache heraus. »Die Lage wird immer schlimmer. Wir sollen überhaupt nicht mehr fliegen, wenn nicht höchste Katastrophengefahr besteht.«

»Deshalb haben wir also so viele Sporenschäden gesehen«, sagte Otto erschrocken.

Peter nickte ernst. »Und heute ist ein Fädenfall über der Fort-Festung angesagt, und die müssen es einfach tatenlos über sich ergehen lassen.«

»Ohne auch nur zu versuchen ...« Dave Catarel war schokkiert.

»Die Umsiedlung von Landing nach Norden war zuviel für die Schlitten und die Energiezellen.« Peter starrte auf sie hinunter und versuchte, ihre Reaktion abzuschätzen. »Außerdem wurde die Gouverneurin verletzt. Seit Wochen hat sie niemand mehr gesehen.«

»O nein!« Sorka lehnte sich haltsuchend an Jean. Nora Sejby begann leise zu weinen.

Peter nickte wieder auf seine ernste Art. »Es ist schlimm. Wirklich schlimm.«

Plötzlich wurde er von allen Seiten mit Fragen nach den jeweiligen Angehörigen bestürmt, die er beantwortete, so gut er konnte. »Hört mal, Leute, ich sitze auch nicht die ganze Zeit am Komgerät. Die Parole heißt abwarten und den Besitz mit den Bodentrupps so weit wie möglich zu schützen. HNO_3 ist genügend vorhanden, und Tanks und Rohre sind leicht instandzuhalten.«

»Aber das Land nicht«, sagte Sean mit gebieterisch erhobener Stimme. Das Geplapper verstummte sofort, seine Reiter sahen ihn an. »Heute fallen Fäden über Fort, sagtest du. Wann?«

»In diesem Moment!« antwortete Peter. »Na ja, es fängt über der Bucht an ...«

»Und ihr habt Flammenwerfer hier? Könnten wir zehn Stück bekommen?« fragte Sean eifrig.

»Bekommen? Na ja, das müßtet ihr Cos fragen, und der ist im Moment nicht da. Wozu braucht ihr denn zehn Flammenwerfer?«

Grinsend drehte sich Sean um und zeigte mit einer schwungvollen Handbewegung auf die Königinnen und ihre Reiterinnen. »Die Mädchen brauchen sie, um gegen die Sporen zu kämpfen! Und wir müssen uns beeilen, damit wir rechtzeitig dort sind!«

»Was redest du da?« Peter war wie vom Donner gerührt. »Der Fädenfall hat schon angefangen. Und ihr kommt doch nicht mal mehr über den Ozean, ehe er vorbei ist. Außerdem sollt ihr euch sofort, wenn ihr hier eintrefft, mit Fort in Verbindung setzen!«

»Peter, sei nett und widersprich mir nicht! Zeige den Mädchen, wo die Flammenwerfer aufbewahrt werden, und laß mich das letzte Fax von der Fort-Festung sehen. Oder besser noch von dem Hafen, den man, wie ich höre, inzwischen gebaut hat. Unsere Drachen sind viel schneller als die Flotte, die Jim Keroon anführt. Die hat noch nicht einmal die Westspitze von Delta passiert.«

Er ließ Peter keine Zeit zum Überlegen oder Protestieren, sondern gab Otto den Auftrag, Kopien der Anlage an der Mündung des Flusses bei der Fort-Festung zu machen. Tarrie redete so lange auf ihren Bruder ein, bis er ihnen zeigte, wo die Flammenwerfer gelagert wurden, und den Mädchen half, die Tanks herauszuholen. Mit großem Geflatter landeten die Königinnen am Magazin und gestatteten sogar, daß Sean, Dave und Shih Reservetanks auf ihrem Rücken befestigten. Sean wies Jerry und Peter Semling an, die Tragnetze mit Feuerstein auf den Rücken der Braunen und der Bronzedrachen zu kontrollieren. Peter Chernoff ging von einem Reiter zum anderen und bekniete sie, sie möchten doch aufhören. Was sollte er denn machen? Wie sollte er das alles erklären? Wann würden sie die Sachen zurückbringen? Sie könnten doch Seminole nicht wehrlos zurücklassen.

Dann waren die hektischen Vorbereitungen beendet, und die Bronzedrachen und die Braunen hatten soviel Feuerstein gefressen, wie sie nur hinunterbrachten.

»Riemen überprüfen!« brüllte Sean. Seine Stimme wurde allmählich recht kräftig. Natürlich brauchte er eigentlich gar nicht zu schreien, weil alle Drachen auf Carenath hörten, aber es regte seine Adrenalinproduktion an und ermutigte die anderen, die ihm bald in die Gefahr folgen würden.

»*Überprüft!*« kam prompt die Antwort.

»*Wissen wir, wohin wir fliegen?*« Um den anderen ein Beispiel zu geben, breitete Sean das flatternde Fax aus und warf einen letzten langen Blick auf die Küstenanlage mit dem Kai und dem bizarr wirkenden Entladekran auf den hohen Stahlpfeilern, die einst Bestandteil eines Raumschiffs gewesen waren.

»*Wir wissen es!*«

»*Luftraum überprüft?*« Er wandte den Kopf nach rechts und nach links, obwohl Carenath schon vor Ungeduld zitterte.

»*Überprüft!*«

»*Vergeßt das Springen nicht! Es geht los!*«

Sean richtete sich auf Carenaths Hals so weit auf, wie es die Reitriemen gestatteten, hob den Arm, schwenkte die Hand und ließ ihn dann fallen: das Signal zum Absprung.

Siebzehn Drachen starteten, schossen in zwei V-Formationen in den hellen, tropischen Himmel hinauf. Und dann verschwanden die V's vor Peter Chernoffs verwirrtem, ungläubigem Blick.

Peter blieb der Mund offen stehen, und er starrte noch lange hinterher. Dann drehte er sich auf dem Absatz um, rannte ins Büro und setzte sich ans Komgerät. »Fort, hier spricht Seminole. Fort, hört ihr mich? Wehe, wenn nicht!«

»Peter, bist du das?« fragte sein Bruder Jake.

»Tarrie war hier, aber sie ist schon wieder fort. Mit einem Flammenwerfer.«

»Reiß dich zusammen, Peter, du redest Unsinn.«

»Sie waren alle hier. Sie haben unsere Flammenwerfer und die Hälfte der Tanks mitgenommen und sind wieder abgeflogen. Alle. Gleichzeitig.«

»Peter, beruhige dich und rede vernünftig.«

»Wie kann ich vernünftig reden, wenn ich meinen eigenen Augen nicht mehr trauen kann!«

»Wer war da? Tarrie und wer noch?«

»Sie. Die die Drachen reiten. Sie sind nach Fort geflogen. Um gegen die Fäden zu kämpfen!«

Paul nahm den Hörer des Komgeräts ab. Alles war besser, als wie eine Muschel auf einem Schiffsrumpf in einem verdunkelten Raum zu sitzen, während draußen ein gefräßiger Organismus vom Himmel fiel.

»Admiral?« Schon aus diesem einzigen Wort war Ongolas Erregung zu hören. »Wir haben Nachricht, daß die Drachenreiter hierher unterwegs sind.«

»Sean und seine Gruppe?« Paul begriff nicht, warum sich Ongola deshalb so aufregte. »Wann sind sie aufgebrochen?«

»Wann immer sie aufgebrochen sind, Sir, sie sind bereits hier.« Paul fragte sich, ob sein unerschütterlicher Stellvertreter nun vor Enttäuschung endgültig den Verstand verloren hatte, denn er hätte schwören können, daß der Mann lachte. »Der Seehafen fragt an, ob sie sich an der Luftverteidigung der Anlagen beteiligen sollen? Und, Admiral, Sir, ich habe es auf dem Sichtgerät! Unsere Drachen kämpfen gegen die Fäden! Ich schalte es auf Ihren Schirm.«

Paul wartete, bis sich der Bildschirm klärte und an Tiefe gewann, und dann sah auch er das Unglaubliche: winzige fliegende Wesen, aus deren Mündern ohne jeden Zweifel Feuerstrahlen auf den Silberregen schossen, der sich wie ein grausiger Vorhang über die Hafenanlagen senkte. Er sah es nur einen Augenblick lang, dann wurde das Bild von einer Fädenfront unterbrochen. Er wartete nicht länger.

Hinterher wunderte sich Paul, daß er sich nicht den Hals gebrochen hatte, als er, drei Stufen auf einmal nehmend, nach unten stürmte. Er hetzte quer durch die Große Halle und die Metalltreppe hinunter zu den Garagen, wo die Schlitten und Gleiter abgestellt waren. Fulmar und ein Mechaniker beugten sich gerade über einen Gyro und starrten ihn überrascht an.

»Sie da, machen Sie die Türen auf. Fulmar, Sie kommen am besten mit. Vielleicht brauchen sie Hilfe.« Er fiel fast in den nächsten Schlitten hinein und fummelte ungeschickt am Komgerät herum. »Ongola, sagen Sie Emily, Pol und Bay, daß ihre Schützlinge es geschafft haben. Zeichnet das auf, bei allem, was heilig ist, bringt alles auf den Film, was ihr nur könnt.«

Paul ließ den Motor aufheulen, noch ehe Fulmar das Kanzeldach geschlossen hatte, und manövrierte den Schlitten unter der Tür durch, noch ehe sie voll geöffnet war – jedem anderen hätte er dafür die Hölle heiß gemacht. Dann schaltete er die Zündung ein und schoß wie ein Pfeil aus dem Tal nach oben. Sobald die schützenden Klippen von Fort unter ihm zurückblieben, konnte er die bedrohliche Fädenfront erkennen.

»Admiral, sind Sie verrückt geworden?« fragte Fulmar.

»Schalten Sie den Bildschirm ein, starke Vergrößerung. Verdammt, Sie brauchen ihn gar nicht, Fulmar, Sie können es mit bloßen Augen sehen!« Paul fuchtelte wild durch die Luft. »Sehen Sie die Flammen? Die Feuerstöße? Ich zähle vierzehn, fünfzehn. Die Drachen kämpfen gegen die Fäden!«

Es war beängstigend, dachte Sean. Es war herrlich! Es war der schönste Augenblick seines Lebens, und doch hatte er eine Heidenangst. Sie waren alle genau am Zielort herausgekommen, direkt über dem Hafen, einige Drachenlängen vor der Fädenfront.

Carenath begann sofort Feuer zu speien, und dann, kurz bevor sie durch ein zweites Fädenknäuel geflogen wären, sprang er.

Bei den anderen alles in Ordnung? erkundigte sich Sean besorgt, als sie in den realen Raum zurückglitten.

Gute Feuerstöße und saubere Sprünge, versicherte ihm Carenath ruhig und würdevoll, schwenkte leicht ab, drehte den Kopf von einer Seite zur anderen und bahnte sich mit einem neuen Feuerstoß einen Weg durch die Sporen.

Sean blickte sich um und sah, daß ihm der Rest seines Geschwaders in der Staffelformation folgte, die sie von Kenjos Schlittentaktik übernommen hatten, weil dabei die zerstörerische Wirkung am größten war. Jerry und Manooth verschwanden vor seinen Augen und tauchten sofort wieder auf; ein geglücktes Manöver. Dann wagte er mit Carenath den nächsten Sprung.

Dreihundert Meter unter sich sah er Sorkas Fünfergeschwader und hinter dieser Formation flog Tarrie, gefolgt von den übrigen Königinnen.

Weiter! verlangte Carenath gebieterisch und schoß in einer Lücke zwischen den Sporen nach oben. Er drehte den Kopf nach hinten und öffnete weit das Maul. Sean tastete nach einem Klumpen Feuerstein. *Das muß noch geübt werden*, dachte er. Carenath sprang wieder.

Shoth hat sich am Flügel verbrannt, meldete der Drache. *Er wird weiterfliegen!*

Das wird ihn lehren, vorsichtiger zu sein! gab Sean zurück.

Dann strafften sich die Riemen an seinem Gürtel, denn Carenath schien sich auf seinen Schwanz zu stellen, um einem Fädenstrom auszuweichen, den er dann mit seiner Flamme verfolgte.

Formation wieder einnehmen! kommandierte Sean. Das fehlte noch, daß sie sich gegenseitig verbrannten. Als Carenath sich wieder einreihte, sah er, daß die anderen ihre Position gehalten hatten.

Diese erste Durchquerung der Fädenfront hatte allen Mut gemacht, und jetzt gingen sie ernsthaft an die Arbeit, bis sowohl Feuerspeien wie Ausweichmanöver ganz automatisch abliefen. Carenath ging mehrmals ins *Dazwischen*, um sich von Fäden zu befreien, die sich an seine Schwingen geheftet hatten. Jedesmal, wenn Carenath eine Verletzung erlitt, biß Sean die Zähne zusammen. Inzwischen hatten sich alle Bronzedrachen und Braunen kleinere Wunden zugezogen, aber sie kämpften trotzdem weiter. Die Königinnen ermunterten sie beständig. Dann meldete Faranth das Eintreffen eines Schlittens, als nächstes verkündete sie, daß in der Hafengegend Bodentrupps ausgerückt seien und die Hülsen zerstörten, die die Oberfläche erreicht hatten. Die Reiterinnen hatten die von Seminole mitgebrachten Tanks geleert, und Sorka wollte sich vom Hafen Nachschub holen.

Faranth will wissen, wie lange wir kämpfen werden? sagte Carenath.

Solange der Feuerstein reicht! antwortete Sean verbissen. Er hatte gerade verkohlte Fäden ins Gesicht bekommen, und seine Wangen brannten. Er notierte sich im Geist, daß Gesichtsmasken ganz nützlich wären.

Manooth sagt, sie haben keinen Feuerstein mehr! meldete Carenath plötzlich, nachdem sie eine Weile fast ohne zu denken gekämpft hatten. *Sollen sie nachsehen, ob es in der Fort-Festung noch welchen gibt?*

Sean hatte gar nicht gemerkt, wie weit sie sich im Laufe des Kampfes landeinwärts bewegt hatten. Sie befanden sich tatsächlich über den mächtigen Mauern der Fort-Festung. Er starrte sie einen Moment lang verwirrt an und wurde sich plötzlich sehr stark bewußt, wie sehr ihm die Kälte und die Anstrengung zugesetzt hatten. Die Reitriemen hatten sich tief in sein Fleisch eingedrückt, sein Gesicht brannte, und seine Finger, Zehen und Knie waren gefühllos.

Sag ihnen, sie sollen auf Fort landen! befahl er. *Die Sporen sind in die Berge hinaufgezogen. Mehr können wir heute nicht tun!*

Gut! antwortete Carenath so begeistert, daß Sean seine brennenden Wangen vergaß und grinste. Er gab seinem Drachen einen liebevollen Klaps auf die Schulter, die Formation flog eine Rechtskurve und setzte in Spiralen zur Landung an.

»Emily!« Pierre kam ins Zimmer seiner Frau gestürmt. »Emily, du wirst es nicht glauben!«

»Was werde ich nicht glauben?« fragte sie müde. Seit dem Unfall schienen ihre Kräfte sie völlig verlassen zu haben. Sie drehte den Kopf, der auf der gepolsterten Lehne des bequemen Stuhls lag, und schenkte ihm ein mattes Lächeln.

»Sie sind gekommen! Ich habe es gehört, aber ich mußte es mit eigenen Augen sehen, um es zu glauben. Alle Drachen haben mit ihren Reitern Fort erreicht. Sie kamen im Triumph! Sie haben tatsächlich gegen die Fäden gekämpft, wie du es dir erträumt, wie Kit Ping es geplant hat!« Er nahm die Hand, die sie ihm entgegenstreckte, den einzigen Teil ihres Körpers, der bei dem Absturz heil geblieben war. »All die siebzehn prächtigen, tapferen jungen Leute. Und sie haben eine richtige Schneise in die Sporen gebrannt, sagt Paul.« Er merkte erst jetzt, daß er lächelte, doch als er sah, wie ihr Gesicht Farbe bekam, wie sie tief einatmete und wie in ihren Augen Interesse aufflackerte, traten ihm die Tränen in die Augen. Sie hob den Kopf, und er plapperte weiter. »Paul hat zugesehen, wie sie die Fäden am Himmel verbrannt haben. Sie konnten natürlich nicht während des ganzen Einfalls bleiben, ein Teil davon ging ohnehin über dem Meer nieder, und der Rest fällt auf die Berge, wo er nicht viel Schaden anrichten kann.

Paul sagte, er habe noch nie etwas so Großartiges erlebt. Es sei noch besser gewesen als damals, als bei Cygnus die Verstärkung eintraf. Sie haben es auch aufgezeichnet, du kannst es dir später ansehen.« Pierre beugte sich über ihre Hand und küßte sie. Die Tränen in seinen Augen galten Emily, aber auch den mutigen jungen Leuten, die gegen die schreckliche Bedrohung am Himmel ihrer wundersamen und doch so beängstigenden Welt angeritten waren. »Paul ist hinuntergegangen, um sie zu begrüßen. Ein triumphaler Empfang. Ich schwöre dir, das gibt uns allen neuen Mut. Alles schreit und jubelt, und Pol und Bay haben geweint, ein sehr unwissenschaftliches Verhalten für die beiden. Vermutlich halten sie die Drachenreiter für ihr Werk. Und wahrscheinlich haben sie sogar recht, meinst du nicht auch?«

Emily bewegte sich in ihrem Stuhl, ihre Finger umklammerten seine Hand. »Hilfst du mir ans Fenster, Pierre? Ich muß sie sehen. Ich muß sie selbst sehen!«

Die meisten Bewohner der Fort-Festung strömten heraus, um sie zu begrüßen, sie schwenkten improvisierte Fahnen aus buntem Stoff und jubelten aus Leibeskräften, als die Drachen auf dem freien Feld landeten, wo die Bodentrupps hier und dort die wenigen dem Drachenfeuer entgangenen Fäden vernichtet hatten. Die Menge drängte nach vorne, umringte die einzelnen Reiter; jeder wollte unbedingt einen Drachen berühren, und anfangs achtete niemand auf die dringenden Bitten der Drachengefährten nach einem schmerzlindernden Mittel für die von Fäden zerfressenen Schwingen und die Brandwunden auf der Haut.

Dankbar sah Sean einen Gleiter heranschweben und hörte über Lautsprecher die Aufforderung, Platz zu machen, damit die Ärzte zu den Drachen gelangen konnten.

Der Lärm verringerte sich um ein oder zwei Dezibel. Die Menge teilte sich, gestattete den Ärzteteams Zutritt und machte Platz, damit die Reiter absteigen konnten. Mitleidiges Geflüster kam auf, als der Jubel sich so weit gelegt hatte, daß man das schmerzliche Wimmern der Drachen hören konnte. Einige der um Carenath Versammelten halfen Sean eifrig, ihn zu verarzten.

Sind sie alle hier, um uns zu sehen? fragte Carenath schüchtern und drehte seinen linken Flügel, damit Sean eine besonders breite Strieme erreichen konnte. Als die Betäubungssalbe aufgetragen wurde, seufzte er vernehmlich vor Erleichterung.

»Ich weiß nicht, womit wir so viel Glück verdient haben«, murmelte Sean vor sich hin, als er sicher war, Carenaths sämtliche Verletzungen versorgt zu haben. Er blickte sich um und sah, daß auch alle anderen Drachen behandelt worden waren. Sorka zeigte ihm den erhobenen Daumen und grinste ihn mit blut- und rußverschmiertem Gesicht zu. Er erwiderte das Zeichen mit beiden Fäusten. »Reiner Dusel, daß wir nur mit Verbrennungen und Kratzern davongekommen sind. Wir wußten ja gar nicht, was wir taten. Blindes Glück!« In seinem Kopf überstürzten sich die Gedanken, er überlegte, auf welche Weise man jegliche Verletzungen vermeiden und mit welchen Übungen man lernen konnte, die einzelnen Flammenstöße noch effektiver einzusetzen. Dies war schließlich nur das erste kleine Scharmützel in einem langen, langen Krieg gewesen.

»He, Sean, Sie haben auch etwas abgekriegt!« sagte eine Ärztin und nahm ihm den Helm ab, um seine Wangen mit der Salbe zu bestreichen. »Wir müssen Sie doch auf Vordermann bringen. Der Admiral wartet!«

Stille senkte sich über die Ebene, als wären diese Worte ein Stichwort gewesen. Die Reiter sammelten sich und machten sich auf den Weg zur Rampe, wo Paul Benden in der Uniform eines Flottenadmirals zusammen mit Ongola und Ezra Keroon, die ebenso formell gekleidet waren, die siebzehn jungen Helden erwartete.

Im Gleichschritt marschierten die Drachenreiter an den vor Stolz töricht grinsenden Menschen vorbei. Sean erkannte viele Gesichter: Telgar, dem die Tränen über die Wangen liefen, flankiert von Ozzie und Cobber; Cherry Duff, von zweien ihrer Söhne gestützt, mit freudig blitzenden schwarzen Augen. Er entdeckte die Hanrahans, Mairi hielt seinen kleinen Sohn in die Höhe, damit er den Aufmarsch sehen konnte. Gouverneurin Emily Boll war nirgends zu sehen, und Seans Herz krampfte sich zusammen. Was Peter Chernoff gesagt hatte, stimmte also. Ohne sie war dieser Augenblick nicht vollkommen.

Sie erreichten die Rampe; irgendwie waren die Reiterinnen einen Schritt zurückgeblieben, und Sean stand in der Mitte. Als sie anhielten, trat er einen Schritt nach vorne und salutierte, eine Förmlichkeit, die der Anlaß zu erfordern schien. Admiral Benden erwiderte den Gruß mit Tränen in den Augen.

»Admiral Benden, Sir«, sagte Sean, der Reiter des Bronzedrachen Carenath, »darf ich Ihnen die Drachenreiter von Pern vorstellen?«

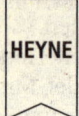